3,-

Buch

Der zweite Teil der Memoiren 1973–1974 befaßt sich mit den Ereignissen und den Folgen des Oktoberkrieges 1973, mit der amerikanischen Chinapolitik nach dem Rücktritt Tschou En-lais, den Schwierigkeiten mit den Verbündeten der USA, der Genfer Nahost-Konferenz, der amerikanischen Pendeldiplomatie im Spannungsfeld zwischen Ägypten und Israel sowie mit der Energiekrise in der Folge des ersten und zweiten Ölschocks.

Autor

Henry A. Kissinger wurde 1923 in Fürth/Bayern geboren. 1938 wanderte seine Familie in die Vereinigten Staaten aus, 1943 wurde er amerikanischer Staatsbürger. Die wichtigsten Stationen seiner Karriere sind bisher:

1954 Direktor eines Forschungsprogramms über die militärische Herausforderung der UdSSR
1954 Lehrauftrag an der Harvard-Universität
1957 Stellvertretender Direktor des »Harvard Center for International Affairs«
1958 Direktor von »Harvard's Defense Studies Program«
1962 Ordentlicher Professor der Harvard-Universität
1969 Sonderberater Präsident Nixons für Fragen der nationalen Sicherheit
1973 Verleihung des Friedensnobelpreises
1973–1977 Außenminister der USA

Die *Memoiren 1968–1973* sind als Kassette
in der Reihe Goldmann Sachbuch erschienen:
Band I: 1968–1970 (11327);
Band II: 1970–1972 (11328);
Band III: 1972–1973 (11329).

Weitere Titel im Goldmann Sachbuchprogramm vom selben Autor:
Amerikanische Außenpolitik – Analysen und Tendenzen (11284);
Die weltpolitische Lage – Reden und Aufsätze (11391 – Februar 1985).

Henry A. Kissinger

Memoiren

1973-1974

Teil 2

Wilhelm Goldmann Verlag

Die amerikanische Ausgabe ist unter dem Titel
»Years of Upheaval« im Verlag Little, Brown and Company
erschienen.

Das Gesamtregister für die Memoiren 1973–1974 befindet
sich im Teil 3 (11333).

Aus dem Amerikanischen von Hans-Jürgen Baron von Koskull.

Für Nancy

Printed in Germany · 9/84 · 1. Auflage · 1112
Genehmigte Taschenbuchausgabe

Umschlaggestaltung: Design Team München
Umschlagfoto: Bildarchiv Süddeutscher Verlag, München
Druck: Presse-Druck Augsburg
Verlagsnummer: 11332
E. R. · Herstellung: Sebastian Strohmaier
ISBN 3-442-11332-6

Teil 2

X. Ich werde Außenminister

Die Krise der Exekutive

Zu den grausamsten Foltern des Fegefeuers, das Watergate für Nixon bedeutete, gehörte es, daß ich die Leitung der amerikanischen Außenpolitik übernahm und damit ins Scheinwerferlicht des öffentlichen Interesses geriet. Richard Nixons größter Wunsch ist es gewesen, als Friedensstifter in die Geschichte einzugehen. Die Struktur und Organisation seiner Regierungsmannschaft sollten es ihm ermöglichen, als der Mann zu gelten, der allein für die Planung und Ausführung der amerikanischen Außenpolitik verantwortlich war. Er hatte deshalb dafür gesorgt, daß alle wichtigen internationalen Initiativen vom Weißen Haus ausgehen konnten; das Außenministerium und Außenminister William P. Rogers waren rücksichtslos und manchmal sogar in demütigender Weise von den Schlüsselentscheidungen ausgeschlossen.[1] Ich war das Hauptinstrument des Präsidenten, weil ich mich offenbar hervorragend dafür eignete, hinter den Kulissen zu wirken. Einem Professor aus Harvard wie mir fehlte die politische Basis; einem eingewanderten amerikanischen Bürger wie mir, der das Englische nicht akzentfrei sprach, würde es wahrscheinlich nicht gelingen, die besondere Aufmerksamkeit der Öffentlichkeit zu erregen; und schließlich konnte mein Zugang zu den Medien, weil ich zur unmittelbaren Umgebung des Präsidenten gehörte, vom Weißen Haus kontrolliert werden.

Zunächst verlief alles, wie Nixon es geplant hatte. Mein Büro war die Zentrale für die politischen Entscheidungsprozesse, und ich wurde mit einer Reihe wesentlicher Verhandlungen betraut. Allerdings trifft es nicht zu, wie später behauptet worden ist, daß der komplexe interministerielle Apparat des Nationalen Sicherheitsrats die Behörden in Atem halten sollte, während das eigentliche Geschäft der Außenpolitik von meinem Büro wahrgenommen wurde. Wir waren weder so vorausschauend noch so verschlagen. Der interministerielle Apparat beschäftigte sich mit wirklichen Problemen. Seine Aufgabe bestand darin, die brauchbarsten Ideen innerhalb der Regierung zu entwickeln und festzustellen, welche Möglichkeiten dem Präsidenten jeweils zur Verfügung standen. Die endgültige Entscheidung wurde oft von Nixon allein oder in Beratung mit mir getroffen. Doch wenngleich der Behördenapparat nicht am Entscheidungsprozeß teilnahm, spielte er doch paradoxerweise eine wichtige Rolle bei ihrem Zustandekommen, denn die von der Bürokratie erarbeiteten Optionen bildeten die Grundlage unserer Überlegungen.

Am Anfang arbeitete mein Büro in der von Nixon gewünschten Anonymität. Wenn ich mich mit den Medien in Verbindung setzte, dann ausschließlich auf Nixons Wunsch. Gelegentlich unterrichtete ich die Presse, meistens im Zusammenhang mit wichtigen Reden oder Maßnahmen des Präsidenten; meine Informationen bezogen sich immer nur auf den »Hintergrund« – damit der Eindruck entstand, daß der Sprecher nicht mehr als ein »höherer Beamter des Weißen Hauses« sei. Ich hatte großen Einfluß, nahm aber keine hohe Stellung ein.

Drei Ereignisse rückten mich persönlich ins Licht der Öffentlichkeit. Als im Juli 1971 meine Geheimreise nach China und im Januar 1972 meine Geheimverhandlungen über Vietnam bekannt wurden, wurde der Sinn der Amerikaner für das Abenteuerliche angesprochen, vielleicht aber auch das Verlangen der Nation, selbst in einer Zeit innerer Zerrissenheit eine bessere Zukunft aufzubauen. Die *Washington Post* beschleunigte den Prozeß, in dessen Verlauf ich zu einer bekannten Persönlichkeit wurde, indem sie sich weigerte, die Regel anzuerkennen, daß ich im Hintergrund blieb (puritanische Anwandlungen, von denen sich die Zeitung später wieder erholt hat): Die *Washington Post* wollte in mir den offiziellen Sprecher des Weißen Hauses sehen, auch wenn ich sie nur über periphere Aspekte der politischen Entscheidungen unterrichtete. Als ich im Oktober 1972 zum ersten Mal im Fernsehen auftrat, um über den Durchbruch bei den Friedensverhandlungen über Vietnam zu berichten, erlebte eine sehr große Zahl von Zuschauern den dramatischen Augenblick, in dem ein Jahrzehnt schwerster seelischer Belastungen zu Ende ging.

So war ich gegen alle Erwartungen – und selbstverständlich gegen Nixons ausdrücklichen Wunsch – bei Beginn der zweiten Amtsperiode des Präsidenten zu einer in der Öffentlichkeit bekannten Persönlichkeit geworden. Da Nixon keinen starken Außenminister haben wollte, wird er auch niemals auf die Idee gekommen sein, daß er schließlich mit einem Sicherheitsberater würde zusammenarbeiten müssen, der über eine eigene Anhängerschaft verfügte. In normalen Zeiten hätte mein neu gewonnenes Prestige höchstwahrscheinlich mein Ausscheiden aus der Regierung beschleunigt. Kein normaler Präsident konnte sich mit einem solchen Zustand abfinden, am wenigsten ein Mann, der so eifersüchtig wie Nixon darauf bedacht war, von der Öffentlichkeit als starker Mann angesehen zu werden. Während des ganzen Jahres 1972 haben der Präsident und Haldeman kaum eine Gelegenheit vergehen lassen, mich in den Hintergrund zu drängen, sich von mir zu distanzieren, wenn ich in Kontroversen geraten war, und mir zu beweisen, wie sehr ich von der Gunst des Präsidenten abhängig war. Wie ich schon im ersten Kapitel gesagt habe, lag darin einer der Gründe, weshalb ich zu Beginn der zweiten Amtsperiode Nixons fest entschlossen war, Ende 1973 zurückzutreten.

Durch Watergate hat sich das alles geändert. Nachdem die Aushöhlung der Autorität des Präsidenten begonnen hatte, hätte mein Rücktritt zu noch größeren Schwierigkeiten geführt und den Eindruck hinterlassen, daß sich das Weiße Haus in Auflösung befand. Es wäre unverantwortlich gewesen, meinen Posten zu einer Zeit zu verlassen, in der die Mitarbeit jedes einzelnen gebraucht wurde, um das Staatsschiff auf Kurs zu halten. Auch hat mich niemand im Weißen Haus gedrängt zu gehen. Die Beziehungen zwischen Nixon und mir verbesserten sich sogar in mancher Hinsicht. Nixon bemühte sich nicht mehr, mich ständig drüber im ungewissen zu lassen, was er von mir hielt – eine Taktik, mit der er bisher dafür hatte sorgen wollen, daß ich nicht den Sinn für Proportionen verlor.[2] Er hatte sich niemals persönlich mit den kleinlichen Manövern beschäftigen wollen, die das Werkzeug seiner Strategie waren, aber nachdem Alexander Haig Stabschef des Weißen Hauses geworden war, fehlten ihm die Untergebenen, die für ihn tätig werden wollten. Auch hatte Nixon jetzt nicht mehr die Nerven, die zwischen Rogers und mir bestehenden Spannungen auszunutzen und, wenn er es für notwendig hielt, zu erzeugen, was zur Folge gehabt hatte, daß wir uns beide an ihn selbst oder an Haldeman wenden mußten. Auch das Interesse des Präsidenten für außenpolitische Probleme ließ nach. Wenn er Denkschriften abzeichnete oder meinen Empfehlungen zustimmte, dann fast geistesabwesend. Es fehlten die Unterstreichungen und Randbemerkungen, die mir in der ersten Amtsperiode zeigten, daß er ein Schriftstück sorgfältig durchgelesen hatte. Er verwickelte mich auch nicht mehr in die langen, nachdenklichen und gelegentlich enervierenden Gespräche, mit denen er sich selbst Klarheit über die ihn bedrängenden Probleme zu verschaffen suchte. Er wickelte vielmehr die Regierungsgeschäfte zunehmend automatisch ab, ohne, wie früher, gelegentlich in starke Erregung zu geraten, was in normalen Zeiten die Entscheidungen vorangetrieben und ihm den Mut für einen besonderen Kraftakt gegeben hatte.

Meine Stellung war daher so stark wie nie zuvor, aber auch sehr gefährdet. Einerseits gab es im Weißen Haus keine Konkurrenten, die sich um die Aufmerksamkeit eines von den Regierungsgeschäften abgelenkten und in Mißkredit gebrachten Präsidenten bemühten. Die höheren Beamten im Weißen Haus bemühten sich jetzt nicht mehr um seine Gunst, sondern suchten sich nach Möglichkeit von ihm zu distanzieren. Andererseits wußte aber auch niemand mehr recht, welchen Einfluß das Weiße Haus noch hatte; Herausforderungen durch die lange Zeit unterdrückte Bürokratie und durch den Kongreß wurden zunehmend gefährlicher.

In dieser Lage nahm Nixon plötzlich gegenüber meinen persönlichen Erfolgen eine ganz andere Haltung ein. Er zeigte nicht mehr seinen Ärger über das Interesse der Öffentlichkeit an meiner Person (obwohl er ihn empfunden haben muß), das politische Kalkül zwang ihn vielmehr, dieses Interesse zu begrüßen, denn es stützte die Auffassung, daß Watergate nicht mehr war als eine unbedeutende Abweichung von der großen politischen Linie. Aber Nixons Autorität war schon so weit ausgehöhlt, daß alles, was er tat, ihn schwächen mußte. Je mehr er auf seine außenpolitischen Erfolge hinwies, desto mehr sahen sich seine Kritiker veranlaßt, zu behaupten, es wären meine Erfolge gewesen. Am Schluß hatte Nixon gar keine andere Wahl; er mußte mir die zentrale Rolle zubilligen, sosehr ihn das auch persönlich verletzte – und obwohl es unfair war.

Ich befand mich in einer wirklichen Ausnahmesituation. Als vom Präsidenten persönlich ernanntes Mitglied seines Stabes, vom Senat nicht im Amt bestätigt und allein vom guten Willen und Vertrauen des Präsidenten abhängig, war ich zum Ersatzpräsidenten geworden. Während die ganze übrige Regierungsmannschaft von allen Seiten angegriffen wurde, waren die meisten Kritiker offenbar bereit, mich zu verschonen und sogar vor den Auswirkungen der allgemeinen Erbitterung zu schützen, weil sie vielleicht eine in der Öffentlichkeit bekannte Persönlichkeit als Symbol der Kontinuität brauchten. Natürlich schmeichelte diese Haltung meiner Eitelkeit, aber am stärksten beherrschte mich die Vorahnung der Katastrophe. Wenn die Autorität des Präsidenten in diesem Ausmaß geschwächt war, dann mußte es früher oder später zu schweren außenpolitischen Rückschlägen kommen. Ich versuchte, nach außen unerschütterlich und selbstbewußt zu erscheinen, aber ich hatte keine Illusionen. Mit dieser Haltung konnte ich den unvermeidlichen Zusammenbruch vielleicht aufhalten, aber nicht verhindern.

Nixon war ein zu erfahrener Politiker, um die Gefahren für unsere Außenpolitik nicht zu erkennen. Er bemühte sich nach Kräften, die Konsequenz seiner verzweifelten Lage von mir fernzuhalten. Aufgrund eines stillschweigenden Übereinkommens nahm ich an den Beratungen des inneren Kreises im Weißen Haus über Watergate nicht teil. Nixon und Haig versuchten, die Außenpolitik nach Möglichkeit gegen den Skandal abzuschirmen. Haig warnte mich kurz vor explosiven Ereignissen, die sich auch auf diplomatischer Ebene auswirken konnten, aber im allgemeinen beteiligte man mich nicht an den Gesprächen über die bei Watergate zu verfolgende Strategie oder Taktik. Wenn der Präsident in einer Watergate betreffenden Erklärung ein außenpolitisches Thema berühren wollte, dann gab man mir die Gelegenheit, dazu Stellung zu nehmen.

Wie ich schon gesagt habe, lag nach meiner Ansicht Nixons einzige Chance darin, alles auf einmal offenzulegen. Ich habe mich gegenüber Len Garment immer wieder in diesem Sinne geäußert und, wenn es sich ergab, auch mit Al Haig darüber gesprochen. Wenn das nicht geschah, dann würde sich die Flutwelle der aufeinanderfolgenden Schocks nicht mehr aufhalten lassen. Nur so würde die Administration wieder zu ihrer eigentlichen Aufgabe zurückkehren können, das Land zu regieren. Garment und Haig stimmten mir im Grundsatz zu, aber in der Praxis waren ihnen die Hände gebunden. Keiner von ihnen kannte die Ereignisse, die die Katastrophe ausgelöst hatten. Nachdem die hochrangigen Präsidentenberater bis auf Ron Ziegler das Weiße Haus verlassen hatten, gab es niemanden mehr, der die Einzelheiten kannte und sich daran erinnerte. Nixon selbst übersah auch nicht mehr, welche Vorgänge unter dem Stichwort Watergate einzuordnen waren – wenn er es überhaupt jemals gewußt hatte. Bei der Art, wie er sich zu äußern pflegte, hatte er auch selbst Schwierigkeiten, ernstgemeinte Anordnungen von Temperamentsausbrüchen zu unterscheiden, bei denen er Befehle gab, mit deren Ausführung er nicht rechnete. Er neigte dazu, Ausflüchte als Tatsachen anzusehen und Wunschdenken mit der Wahrheit zu verwechseln.

So verging der Sommer 1973 mit periodischen Erklärungen des Weißen Hauses zu Watergate, die meist hinter den Ereignissen zurückblieben und in der Öffentlichkeit nur das Verlangen nach neuen Enthüllungen weckten. Nixon hatte für Mitte August eine ausführliche Stellungnahme versprochen. Er spielte mit dem Gedanken, bei dieser Gelegenheit die Einstellung aller Untersuchungsverfahren zu verlangen, um die damit verbundenen außenpolitischen Gefahren abzuwenden. Im Grunde hatte er damit recht, aber in der herrschenden Atmosphäre wäre die Außenpolitik durch ein solches Verfahren noch tiefer in den allgemeinen Strudel gerissen worden, ohne daß Nixon sich aus seiner Zwangslage hätte befreien können. In diesem Stadium wäre es unmöglich gewesen, die Untersuchungen einzustellen. Der Kongreß, die Medien und die Öffentlichkeit hätten es nicht zugelassen. Ich ersuchte Haig, Garment und Nixons Sonderberater für Watergate, Charles Alan Wright, die Außenpolitik nicht mit Watergate zu verknüpfen, was sie mir auch zusagten. Schließlich akzeptierte auch Nixon unseren gemeinsamen Rat ohne Murren. Bei Nixon rangierte die internationale Stellung der Vereinigten Staaten über allem Persönlichen, und zwar, wie auch seine Feinde anerkennen müssen, auch auf dem Höhepunkt seiner eigenen privaten Bedrängnis.

Die am 15. August endlich erfolgte Erklärung hatte die gleichen Mängel wie alle vorangegangenen »Erläuterungen« des Präsidenten. Sie sagte zu wenig und kam zu spät. Nixon wiederholte die schon in seiner Rede am 30. April dargestellte Version: Er habe von den miteinander in Verbindung stehenden Übergriffen erst durch die Untersuchungen etwas erfahren, die nach dem 21. März angeordnet wurden. Wie schon bei früheren Gelegenheiten versuchte Nixon einerseits, seinen Untergebenen die Schuld zuzuschieben, wollte es aber auf der anderen Seite vermeiden, sie so sehr zu verärgern, daß sie sich gegen ihn wenden könnten. Er machte auch keine neuen Enthüllungen und erklärte nichts, was die laufenden Untersuchungen nicht schon ans Licht gebracht hatten. Dabei vermied er die Beantwortung der Frage, ob die Tonbänder dem Sonderstaatsanwalt, Archibald Cox, zur Verfügung gestellt werden sollten. Wie nicht anders zu erwarten, reagierten die Medien und der Kongreß feindlich oder bestenfalls gleichgültig. Die Erklärung des Präsidenten hatte daher nicht den gewünschten Erfolg und stieß weder auf Sympathie noch auf Verständnis.

Kurz gesagt, im August war es Nixon nicht mehr möglich, in der bisher gewohnten Art mit Hilfe seiner Präsidentenberater zu regieren. Der Einfluß eines Präsidentenberaters stützt sich auf einen starken und wenn notwendig rücksichtslosen Präsidenten. Wenn sich der Präsident auf seine Berater verlassen will, dann muß er ihnen den Eindruck vermitteln, daß er sie eindeutig und entschieden unterstützt. Präsident Eisenhower hat diese Notwendigkeit in einem Brief an seinen Budgetdirektor, Joseph Dodge, 1953 wie folgt ausgedrückt:

> Sie müssen, wenn Sie an diesen Problemen arbeiten, als mein Bevollmächtigter handeln. Während natürlich jedes Ministerium immer direkten Zugang zu mir hat, halte ich es für sehr wichtig, daß Sie bei jedem Einspruch gegen Ihre Entscheidungen zugegen sind – und noch wichtiger ist es, daß Sie und ich die Probleme so entschieden vom gleichen Standpunkt aus behandeln, daß es nur ganz selten zu solchen Einsprüchen kommen kann.[3]

Mit anderen Worten, die Entscheidungen des Präsidentenberaters dürfen nicht mehr in Frage gestellt werden; man sieht es als selbstverständlich an, daß er für den Präsidenten spricht. (Hier entsteht natürlich die akute Gefahr, daß der Assistent willkürlich handelt, denn jetzt wird kaum noch jemand fragen, ob das, was er tut, tatsächlich den Wünschen des Präsidenten entspricht oder ob er im Namen des Präsidenten seine eigenen Vorstellungen durchzusetzen versucht.)

Etwa so lagen die Dinge Ende 1971. Ich stand in einzigartiger Weise direkt mit dem Präsidenten in Verbindung; über mein Büro gingen alle wichtigen Telegramme mit den Anweisungen für unsere Diplomaten im Ausland. Dadurch geriet Außenminister Rogers in eine unmögliche Position. Wenn er dem Inhalt eines Telegramms zustimmte oder sich für eine Option entschied, bevor das Weiße Haus davon Kenntnis genommen hatte, konnte er erleben, daß seine Entscheidung vor seinen Untergebenen rückgängig gemacht wurde. (Wenn er wartete, bis ich mich dazu geäußert hatte, konnte er entweder zustimmen oder einer Entscheidung widersprechen, die, wie er wußte, schon die Zustimmung des Präsidenten hatte. Wenn ein Präsidentenberater klug ist oder einige Erfahrung im Umgang mit der Bürokratie hat, dann wird er jedes kontroverse Problem mit dem Präsidenten besprochen haben.)

Theoretisch ließen sich solche Schwierigkeiten dadurch vermeiden, daß der Sicherheitsberater des Präsidenten und der Außenminister einen ständigen Gedankenaustausch pflegen und damit Konfrontationen verhindern – wie Brent Scowcroft und ich es später getan haben. Aber für Rogers und mich war der Konflikt zwischen dem Außenminister und dem Sicherheitsberater fast schon vorprogrammiert.

Nixon hatte dem Außenministerium von Anfang an mißtraut, weil er glaubte, daß es keine klare politische Linie verfolge und ein Widerstandsnest liberaler Beamter sei, die sich dort seit der Zeit seiner demokratischen Amtsvorgänger verschanzt hätten. Außerdem bin ich davon überzeugt, daß er seinem alten Freund und Mentor, Bill Rogers, der ihm so oft aus der Klemme hatte helfen müssen, wie zum Beispiel in der Krise, die zu der »Checkers-Rede« führte und nach dem ersten Herzanfall Eisenhowers, seine Überlegenheit beweisen wollte. Offenbar wollte Nixon zeigen, daß er von der Außenpolitik mehr verstand als Rogers, der zwar ein erfolgreicher Anwalt, aber auf diesem Gebiet ein Neuling war. Dazu war ich ein nützliches und oft unentbehrliches Instrument – was jedoch nicht bedeutete, daß mir Nixons komplexe, oft undurchschaubare Manöver erspart blieben. Nixon war nicht der erste Präsident, der bewußt die Rivalitäten unter seinen Untergebenen förderte, obwohl er sich selbst davon distanzierte und nicht bereit war, die so entstandenen Meinungsverschiedenheiten zu schlichten. Haldeman, Mitchell und gelegentlich auch Ehrlichman waren immer bereit, die Wogen zu glätten, solange nicht völlige Windstille eintrat.

Ob es nun Nixons Absicht gewesen ist oder er dieser Entwicklung nur untätig zugesehen hatte – wahrscheinlich war es eine Kombination aus beidem –, die Beziehungen zwischen Rogers und mir wurden im Laufe der Zeit so gespannt, daß sie sich nicht mehr normalisieren ließen. Am Anfang hatten wir beide erklärt, wir würden es nicht zulassen, daß es zwischen uns zu einem ähnlich gespannten Verhältnis kommen würde wie zwischen unseren beiden Amtsbereichen in früheren Regierungen. Aber sehr bald kam es zwischen uns zum Streit. Ich war zu arrogant und zu sehr von meiner geistigen Überlegenheit überzeugt, und Rogers bestand zu energisch auf seinen Vorrechten als Außenminister, als daß wir einen versöhnlichen Ton hätten finden können, der uns erlaubt hätte, die Spannungen in unseren Beziehungen zu beseitigen. Wäre es uns gelungen, dann hätten wir der Nation mit Sicherheit besser dienen können.

Zu Beginn der zweiten Amtsperiode Nixons hatten sich die Fronten versteift. Rogers und ich unterhielten keine privaten Beziehungen. Offiziell gingen wir korrekt miteinander um, aber ohne uns irgendwie entgegenzukommen. Ich war der wichtigste Berater des Präsidenten; Rogers saß an den Hebeln des Apparats, mit dem ein großer Teil unserer außenpolitischen Entscheidungen in die Tat umgesetzt werden mußte. Schließlich fuhren wir uns so fest, daß ich es für unmöglich hielt, auf dieser Basis weiterzuarbeiten. Im November 1972 hatte der Präsident seinen Außenminister wissen lassen, daß er ihn im Sommer 1973 ablösen werde, aber entweder hatte Rogers geglaubt, sein Chef würde, wie schon so oft, seinen Entschluß im letzten Augenblick zurücknehmen oder sein bevorstehender Rücktritt befreite ihn von allen Hemmungen, die sein Verhalten bis dahin noch gezügelt hatten.

Jedenfalls eröffnete Rogers jetzt den Angriff gegen das System, das es dem Weißen Haus bisher ermöglicht hatte, unter Umgehung des Ministeriums eine eigene Außenpolitik zu treiben. So beschloß das Außenministerium zum Beispiel Anfang Dezember 1972, mit Kuba über das Problem der Flugzeugentführungen zu verhandeln. Natürlich mußte jedes Gespräch mit Kuba, gleichgültig, um welches Thema es dabei ging, weitreichende außenpolitische Konsequenzen haben – besonders bei einem Präsidenten, für den Kuba ein neuralgischer Punkt war. Trotzdem wurde das Weiße Haus an einem Samstagnachmittag davon unterrichtet, daß der Außenminister den Beginn der Gespräche auf den folgenden Montagmorgen festgesetzt hatte. Damit blieben dem Stab des Nationalen Sicherheitsrats nur sechsunddreißig Stunden, die Folgen einer wichtigen außenpolitischen Initiative zu überdenken und unter Umständen dem Präsidenten ein Veto gegen eine schon vereinbarte Verhandlung zu empfehlen. Man mußte damit rechnen, daß das Weiße Haus nach dem Wochenende weitere sechsunddreißig Stunden brauchen würde, um seine Stellungnahme auf dem bürokratischen Dienstweg an das Außenministerium weiterzuleiten, so daß die Verhandlungen allein aus formalen Gründen hätten scheitern können. Eine ähnliche Lage entstand zu einer Zeit, als das Weiße Haus angeordnet hatte, gegenüber Indien kühle Zurückhaltung zu wahren, aber das Außenministerium ohne Zustimmung des Weißen Hauses in aller Öffentlichkeit begeistert auf eine indische Initiative reagierte, die Beziehungen zu verbessern. Von der Initiative des Außenministeriums gegenüber Ägypten Ende Januar 1973, von der das Weiße Haus nicht in Kenntnis gesetzt worden war, habe ich schon berichtet.

Das alles geschah noch, bevor ich durch Watergate die Rückendekkung durch einen starken Präsidenten verlor. Aber nach Watergate zeigte es sich deutlich, daß wir im Rahmen des bisherigen Systems nicht weiterarbeiten konnten. Im Frühjahr 1973 sagte mir Melvin Laird, der damals kurze Zeit als Berater des Präsidenten im Weißen Haus arbeitete, daß meine Position als Sicherheitsberater Nixons sehr bald unhaltbar werden würde. Ich würde zwischen dem Kongreß und dem immer selbstbewußter werdenden Beamtenapparat zerrieben werden. Entweder müßte ich Außenminister werden oder zurücktreten. (Ich weiß nicht, ob Laird in diesem Sinne auch mit Nixon gesprochen hat; wenn ja, dann bin ich von keinem der beiden Gesprächspartner davon unterrichtet worden.) Etwas später sagte mir Al Haig, er sei zu dem gleichen Schluß gekommen. Wenn ich noch etwas ausrichten wollte, dann müßte ich das Weiße Haus verlassen und das Außenministerium übernehmen. Er werde mit Nixon darüber sprechen, wisse jedoch, daß es schwierig sein würde, den Präsidenten zu überzeugen. Man müßte mit schmerzlichen und wahrscheinlich sehr langen Aussprachen rechnen.

Ich hatte vorher nicht daran gedacht, mich um einen Kabinettsposten zu bewerben. Ende 1972 hat Bob Haldeman in einem Buch, das manche nicht sehr schmeichelhafte Äußerungen über mich enthielt, meine Haltung zutreffend dargestellt: Solange die Autorität des Präsidenten Nixon nicht geschmälert war, spielte der Sicherheitsberater eine maßgebende Rolle. Damals hatte Nixon nicht die Absicht, mich zum Außenminister zu ernennen.[4] Auch glaube ich nicht, daß Nixon den Senator John Connally zum Außenminister ernannt hätte, es sei denn – wie er behauptete – aus Furcht, mich zu verlieren. Er wußte, daß ich Ende 1973 zurücktreten wollte, und zwar ohne Rücksicht darauf, wer Außenminister war. In normalen Zeiten wäre eine so starke Persönlichkeit wie John Connally nicht in Frage gekommen, weil Nixon dann auf seine Methoden, Außenpolitik zu treiben, hätte verzichten müssen.[5] Wäre es nicht zum Watergate-Skandal gekommen, dann wäre der stellvertretende Außenminister, Kenneth Rush, der am Zustandekommen der Berlin-Vereinbarungen von 1971 wesentlichen Anteil gehabt hatte, im Sommer 1973 Außenminister geworden, und ich hätte das Weiße Haus wenige Monate später verlassen.

Aber im Sommer 1973 standen alle diese Pläne nicht mehr zur Diskussion. Nachdem Watergate über uns hereingebrochen war, konnte ich als Präsidentenberater nichts mehr ausrichten. Nixon hatte genug von der Rivalität zwischen Rogers und mir und hatte schon beschlossen, Rogers zu entlassen. Rush war zu wenig bekannt, um befördert zu werden. Aber wenn Nixon darauf bestanden hätte, Kenneth Rush zu ernennen, dann wäre ich bereit gewesen, als Sicherheitsberater auf meinem Posten zu bleiben. Ich habe die Haltung, die ich bei Beginn der Watergate-Krise eingenommen hatte, nie aufgegeben: Solange die Krise andauerte, würde ich ohne irgendwelche Bedingungen zu stellen, auf meinem Posten bleiben.

Haig hatte recht gehabt; es war für den Präsidenten eine schmerzliche Entscheidung. Es muß Nixon außerordentlich schwergefallen sein, den wichtigsten Kabinettsposten einem Mann anzuvertrauen, der von seinen Gegnern groß herausgestellt wurde, um den Eindruck zu erwekken, daß der Präsident eigentlich entbehrlich sei. Alles, was für meine Ernennung sprach, unterstrich die tödliche Gefahr, in der sich der Präsident selbst befand. Deshalb reagierte Nixon auf Haigs Empfehlungen zunächst mit Stillschweigen. Er stimmte ihr nicht zu, lehnte sie aber auch nicht ab. Wie Haig mir sagte, nahm er sie kommentarlos zur Kenntnis und sprach mit mir auch nicht andeutungsweise davon – was für alle Beteiligten eine ungeheure Belastung war. Der Präsident wehrte sich dagegen, seine eigene Verwundbarkeit einzugestehen; Haig riskierte die Ungnade des Präsidenten, weil er die Angelegenheit zur Sprache gebracht hatte; und ich befand mich in einer unmöglichen Situation, falls Nixon sein Schweigen nicht brach.

Washington verträgt kein Vakuum. Mitte Juli beschleunigten meine Gegner eine Entscheidung, die meine Freunde bis dahin nicht hatten herbeiführen können. Während sich Rogers auf einer Reise in den Fernen Osten befand, meldete Dan Rather in den Abendnachrichten von CBS, daß man daran dächte, Rogers durch mich ablösen zu lassen. Andere Kommentatoren nahmen das Thema sofort auf. Jetzt kam es darauf an, wie das Weiße Haus auf diese Meldung reagierte.

Washington gleicht einer römischen Arena. Die Gladiatoren treten zum Kampf an, und die Zuschauer bestimmen ebenso wie seinerzeit im Kolosseum durch ein verabredetes Zeichen, wer am Leben bleiben darf. Fast unbemerkt von der großen Öffentlichkeit im Lande erfährt man durch bestimmte Nachrichten, die an die Presse durchgesickert sind, wie sich Macht und Einfluß verteilen. Wenn eine Kontroverse begonnen hat, dann wird ihr Ausgang wesentlich davon bestimmt, welche einflußreiche Persönlichkeit sich mit welcher Auffassung identifiziert. Das hat nicht unbedingt etwas mit der Wahrheit zu tun, sondern oft stehen bestimmte Absichten dahinter. Indiskretionen, die, auch wenn sie nicht der Wahrheit entsprechen, von den Mächtigen nicht dementiert werden, können dem Ansehen einer im Licht der Öffentlichkeit stehenden Persönlichkeit schweren Schaden zufügen oder auch das Gegenteil bewirken. Eine besonders subtile Version dieses Manövers ist die Zeitungsente, die zunächst die erwartete Wirkung erzielt und erst dementiert wird, wenn das geschehen ist. Sie hat den Vorteil, daß das Opfer fast den gleichen Schaden erleidet, die Quelle aber ihren guten Ruf bewahrt.

Die Journalisten sind zugleich neutrale Übermittler von Nachrichten und Mitglieder eines Tribunals. Sie schützen ihre Quellen mit dem Grundsatz der journalistischen Schweigepflicht und bestimmen oft den Ausgang von Kontroversen, indem sie über eine von verschiedenen Versionen besonders ausführlich berichten. Die Presse ist daher sowohl Beobachter als auch Beteiligter. Die Öffentlichkeit mag das Recht haben, unterrichtet zu werden, sie erfährt aber nur, was die Presse ihr sagen will. Im bürokratischen Kleinkrieg ist das Verschweigen einer Quelle häufig auch das Verschweigen des wichtigsten Teils der Nachricht. Der Journalist mag sich um Objektivität bemühen, seine Konkurrenten werden vielleicht bestrebt sein, seinem Bericht den Boden zu entziehen, aber durch Indiskretionen kann oft ein Drama entstehen, das durch die Reaktionen des Opfers und der Manipulatoren der Macht seine eigene Dynamik entwickelt. Augenscheinlich denkt man nur selten an die Motive der Quelle; ethische Probleme ergeben sich ja auch erst, wenn das Interesse des Journalisten für eine Erstmeldung und das Interesse der Quelle an der Wirkung dieser Meldung zusammentreffen, wie es manchmal geschieht, wenn es dem Journalisten darauf ankommt, unbekannte Zusammenhänge zu »enthüllen«. Dann wird es schwierig, zu entscheiden, wer wen mißbraucht hat.

In diesem Fall geriet der Bericht bald in Vergessenheit, aber nicht bevor der damit verbundene Zweck erreicht war. Nixon ist durch die Meldung zweifellos in Verlegenheit gebracht worden, behielt aber seine Gedanken auch weiterhin für sich, zwischen seinen Gefühlen, die gegen meine Ernennung rebellierten, und der Erkenntnis, daß sie unvermeidlich sei, hin und her gerissen. Haig sorgte dafür, daß die Reaktion des Weißen Hauses unverbindlich blieb. Ich bestritt vor der Presse, dieses Thema mit dem Präsidenten erörtert zu haben, was zwar den Tatsachen entsprach, womit ich aber wichtige Einzelheiten verschwieg. Die

Begleitung des Außenministers, der sich gerade in Tokio aufhielt, behauptete, ich hätte die Indiskretion begangen. Dan Rather – mit dem ich später andere Meinungsverschiedenheiten haben sollte – wollte mir seine Quelle nicht nennen, bekannte aber ganz offen, daß er die Informationen von meinen Gegnern hätte, die meine Ernennung verhindern wollten. Doch diese Leute verfügten offenbar nicht über weitere Informationen. Die Mitarbeiter des Außenministers in Tokio erkannten sehr bald, daß es keinen Zweck hatte, mir eigennützige Motive zu unterstellen, und daß es nur Rogers' Schwäche dramatisieren würde, wenn die Geschichte ausgewalzt wurde. Niemand hatte sich öffentlich hinter ihn gestellt, kein Senator hatte eine Erklärung abgegeben, und das Weiße Haus hatte die Meldung nicht dementiert. Der Schuß war nach hinten losgegangen.

Anfang August sagte mir Haig, Nixon, der noch immer nicht mit mir darüber gesprochen hatte, wäre einverstanden, mich zum Außenminister zu ernennen, aber nur, wenn er Rogers nicht persönlich entlassen müßte. Haig suchte den Außenminister daher am 8. August auf und schlug ihm vor zurückzutreten. Rogers, der sich während dieser ganzen Zeit durch ungewöhnliche Charakterstärke, Ehrenhaftigkeit und Selbstsicherheit ausgezeichnet hatte, setzte Haig praktisch vor die Tür. Er sagte, daß, wenn Nixon seinen Rücktritt wünschte, dieser ihn schon selbst darum bitten müßte. Er werde den höchsten Kabinettsposten nicht aufgeben, um eine Zwischenlösung zu ermöglichen. Wer Nixons Scheu vor persönlichen Konfrontationen kannte, wußte, daß nun wahrscheinlich eine lange Verzögerung in Aussicht stand.

Die Ungewißheit war schwer zu ertragen. Vielleicht zögerte Nixon mit Absicht, um mich fühlen zu lassen, wie ungern er diese Entscheidung traf. Auch Haig sagte er nichts. Der Präsident behauptete, daß er seine Erklärung zu Watergate vorbereiten müßte, und zog sich nach Camp David zurück. Wie fast immer, wenn er seine Reden vorbereitete, ging er tagelang nicht ans Telefon und weigerte sich sogar, außenpolitische Routineentscheidungen zu treffen. Schließlich ließ Nixon am 16. August, nachdem er Haig nur wenige Stunden vorher davon unterrichtet, mir aber nichts gesagt hatte, Rogers kommen, um ihm den Rücktritt nahezulegen. Zur Überraschung aller Beteiligten und zu Nixons großer Erleichterung machte es Rogers seinem alten Freund leicht. Ohne Nixon zu Wort kommen zu lassen, überreichte er ihm sein schriftliches Rücktrittsgesuch und enthielt sich dabei aller Vorwürfe oder Einwände. Rogers' Verhalten war vorbildlich.

Aber Nixon sprach auch jetzt noch nicht mit mir. Obwohl er Rogers' Rücktrittsgesuch schon einige Tage in der Hand hatte, hörte ich nichts von ihm. Ich wußte zwar, daß Rogers beim Präsidenten gewesen war, und Haig hatte mir gesagt, daß Nixon meine Ernennung auf der nächsten Pressekonferenz bekanntgeben werde, aber Nixon hüllte sich in Schweigen. Erst achtzehn Stunden vor meiner Ernennung sprach er am Spätnachmittag des 21. August in San Clemente mit mir. Er führte mich an eine Ecke des Schwimmbeckens, angeblich um einige Fragen und Antworten für die Pressekonferenz am nächsten Tag mit mir zu besprechen. Dann sprang er ins Wasser, und während er auf dem Rücken liegend neben mir herschwamm, sagte er mir kühl und sachlich und ohne einen Hinweis darauf, daß wir in der Folgezeit sehr eng zusammenarbeiten würden, er werde die Pressekonferenz mit der Bekanntgabe meiner Ernennung zum Außenminister eröffnen. Meine Antwort hätte sarkastisch klingen können, wenn ich nicht so bewegt gewesen wäre. Ich sagte ganz einfach: »Ich hoffe, daß ich Ihr Vertrauen verdiene.« Wir wußten beide, daß meine Ernennung für Nixon keine freiwillige Entscheidung war, sondern daß er sich dazu durchgerungen hatte, weil er hoffte, damit eine Katastrophe abwenden zu können.

Am 22. August um 11.30 Ortszeit gab Nixon meine Ernennung in einer im Freien abgehaltenen und vom Fernsehen übertragenen Pressekonferenz bekannt. Sein Kommentar dazu war knapp: »Die Qualifikationen Dr. Kissingers für diesen Posten sind, glaube ich, allgemein bekannt.« Das war alles.

Ich warte auf die Entscheidung des Senats

In den ersten Stunden nach meiner Ernennung lebte ich praktisch in einem Vakuum. Nach Wochen der Unsicherheit war ich zunächst wie betäubt und konnte kaum begreifen, was geschehen war. Vor fünfunddreißig Jahren war ich als politisch verfolgter Flüchtling nach Amerika gekommen. Ich hatte in einer Rasierpinselfabrik gearbeitet, war als einfacher Soldat in die amerikanische Armee eingetreten und amerikanischer Bürger geworden. Als Kind hatte ich Intoleranz und Haß in einem totalitär regierten Staat erfahren, und Amerika war für mich ein ferner Traum gewesen. Jetzt sollte ich die Mitverantwortung dafür übernehmen, mein neu gewähltes Vaterland durch eine der schwersten Verfassungskrisen seiner Geschichte zu steuern. Ich war freudig erregt, aber auch von einer gewissen Scheu ergriffen.

Auch hatte ich ein seltsames Gefühl der Erleichterung. Churchill berichtet, daß er sich nach seiner Ernennung zum Premierminister wie befreit gefühlt hätte: Endlich konnte er allein die Verantwortung übernehmen. Diese Stufe hatte ich nicht erreicht, und meine Gefühle waren nicht so eindeutig. Aber ich spürte die Ruhe, die über einen kommt, wenn man erkennt, daß alles, was man seiner Überzeugung entsprechend tut, an seinem Wert gemessen wird, ohne durch persönlichen Ehrgeiz belastet zu werden, der solchen Bestrebungen widersprechen könnte.

Von den vielen telefonischen Glückwünschen, die mich erreichten, freuten mich am meisten die Anrufe alter Freunde und Kampfgefährten. Zu ihnen gehörte zum Beispiel Dean Rusk, der es mit vornehmem Schweigen ertrug, daß man ihn jetzt ächtete, weil er seinem Präsidenten in einem erbitterten Konflikt zur Seite gestanden hatte. Er sprach von der kleinen Gemeinschaft ehemaliger Außenminister, die jetzt die nationale Verpflichtung hätten, einander über die Parteien hinweg zu unterstützen. Das gleiche galt für Robert McNamara, der jetzt von vielen bis aufs Messer bekämpft wurde, die zunächst für den Krieg in Indochina eingetreten waren, um es dann ihm allein zu überlassen, diesen Krieg trotz all seiner inneren Zweifel zu führen, weil er sich seinem Präsidenten und seiner Nation verpflichtet fühlte. Niemand hatte mich während Nixons erster Amtsperiode menschlich stärker unterstützt als McNamara, wenngleich er mit mancher politischen Entscheidung, von der wir glaubten, sie müßte um der Ehre der Nation willen getroffen werden, nicht einverstanden war. Natürlich riefen mich auch viele Mitglieder der Administration an, unter ihnen Elliot Richardson, mit dem ich so erfolgreich zusammengearbeitet hatte, als er Unterstaatssekretär gewesen war, und der jetzt während der Watergate-Periode mit einem gewissen Widerwillen die Pflichten des Justizministers übernommen hatte.

Die Mitglieder des Diplomatischen Korps übermittelten mir ihre guten Wünsche, was zwar keine besondere Bedeutung hatte, denn schließlich gehörte es zu den wichtigsten Aufgaben der Chefs der ausländischen Vertretungen in Washington, gut mit dem amerikanischen Außenminister auszukommen, aber ich spürte doch, wie positiv sie es aufnahmen, daß sich eine Kontroverse innerhalb unseres Behördenapparats ihrem Ende näherte. Sicherlich hatten einige dieser Diplomaten erkannt, wie sie die Gegensätze zwischen dem Weißen Haus und dem Außenministerium zu ihrem Vorteil nutzen konnten, und hatten es auch geschickt getan. Aber man überschätzt allzu leicht die Fähigkeit von Ausländern, unsere internen Konflikte zu begreifen oder sogar zu manipulieren. Für die meisten Diplomaten war die Rivalität zwischen dem Weißen Haus und dem Außenministerium eine alptraumhafte Komplikation unseres ohnedies ungewöhnlich komplexen politischen Systems.

Natürlich wurde ich auch aus dem Außenministerium angerufen. Kenneth Rush hat sicherlich gewußt, daß es nur an Watergate lag, wenn er jetzt nicht der Empfänger dieser Glückwünsche war. Außerdem mußte er erkennen, daß sein Einfluß zurückgehen würde, wenn ein neuer Außenminister mit ganz eigenen Vorstellungen seinen Beraterkreis ins Ministerium mitbrachte. Davon spürte man aber nichts, als er mich anrief und mir mit herzlichen Worten seine Hilfe für die Übergangsperiode anbot. Ich bat ihn, mich möglichst bald in San Clemente zu besuchen.

William Rogers rief mich schon vor Nixons Pressekonferenz von Washington aus an. Er sagte, daß er sein Äußerstes tun werde, um die Übernahme durch mich im Interesse der Nation nach Möglichkeit zu erleichtern. »Sie werden feststellen, daß es ein großartiges Ministerium ist«, sagte er. Ich versicherte ihm, daß seine bisherigen Mitarbeiter in verantwortlichen Stellungen weiter verwendet würden. Ich würde mich, was ihre Zukunft beträfe, weitmöglichst nach seinen Empfehlungen richten. Wir sicherten uns zu, auch weiterhin den Kontakt miteinander zu pflegen, aber sehr viel Sinn konnte darin nicht liegen. Angesichts der bisherigen Verständigungsschwierigkeiten konnten wir nicht erwarten, daß nach Rogers' Ausscheiden ein Vertrauensverhältnis zwischen uns entstehen würde. Nach diesem Gespräch hat es dann auch kaum noch Kontakte zwischen uns gegeben.

Ich bin es aber Bill Rogers schuldig, nachdrücklich darauf hinzuweisen, daß er seinen Posten in vornehmer Haltung verlassen und seine Pflichten mit großer Würde erfüllt hat. Er hat sich den Ärger, den er gespürt haben muß, niemals anmerken lassen. Bis heute hat er sich vorbildlich verhalten. Er hat mich weder hinter meinem Rücken kritisiert, noch sich an den Angriffen gegen mich beteiligt, obwohl er viel mehr Grund dafür gehabt hätte als die meisten. Berichte, aus denen hervorging, daß sein Einfluß als Außenminister relativ gering war – und auch ich habe das gesagt –, hat er mit Gleichmut hingenommen. Der Dienst für sein Land ist ihm wichtiger gewesen als der persönliche Erfolg.

Was ich über Rogers' bürokratische Niederlagen berichtet habe – um die pathologische Seite des Nixon-Apparates verständlich zu machen –, soll aber nicht die Tatsache verschleiern, daß Rogers' außenpolitisches Urteilsvermögen besser war, als es unter den gegebenen Umständen und aus persönlichen Gründen zum Ausdruck kommen konnte. Rogers' instinktiv versöhnliche Haltung veranlaßte ihn, die öffentlichen Konfrontationen zu scheuen, von denen die von Nixon geführte Vietnam-Debatte gekennzeichnet war. Bei den Beratungen innerhalb der Regierung neigte Rogers dazu, sich einer energischen Indochina-Politik zu widersetzen, hatte aber keine strategische Alternative anzubieten, was seinen Einfluß in derjenigen Frage verringerte, von der Nixons erste Amtszeit beherrscht wurde. Seine Vorschläge waren im allgemeinen vernünftig, und er ließ sich dabei von humanen Wertvorstellungen leiten. Was er über die möglichen Folgen von Maßnahmen sagte, die er für falsch hielt, war gewöhnlich richtig. Seine Stärke war die Analyse von Einzelproblemen und weniger die Entwicklung eines Gesamtkonzepts. Seine Auffassungen über einzelne Vorhaben wie etwa über die unter einem schlechten Stern stehende Laos-Invasion von 1971 waren wohl durchdacht. Als persönlicher Berater hätte er hervorragende Arbeit leisten können; aufgrund seines Temperaments und seiner beruflichen Ausbildung fiel es ihm jedoch schwer, im Rahmen eines ambivalenten Behördenapparats eine zusammenhängende Strategie zu entwickeln oder diesen Behördenapparat gegen feindliche Medien und den Kongreß zu verteidigen. Zweifellos hat Nixon mit diesen Schwächen seines Außenministers gerechnet, um ihn dann um so leichter überfahren und beherrschen zu können. Ich muß zugeben, daß ich diesen Umstand rücksichtslos ausgenutzt habe. Aber das alles ändert nichts daran, daß Bill Rogers ein hochanständiger Mann mit einem guten Urteilsvermögen war, dessen Qualitäten als Folge der psychischen Komplexität seines Präsidenten, des Widerstandes seiner Kollegen und der in einem innenpolitisch gespaltenen Land entstandenen Leidenschaften nicht zur Wirkung kommen konnte.

Die Anhörungen zur Bestätigung meiner Ernennung

Die gehobene Stimmung war bald verflogen. Schon nach wenigen Tagen mußte ich mich dem Bestätigungsverfahren im Senat stellen. In der durch Watergate erzeugten Atmosphäre mußten sich die Dinge komplizieren. Ich war seit vielen Jahren der erste Außenminister – seit Christian Herter –, der mitten in der Amtsperiode eines Präsidenten ernannt wurde, und ich war der erste, der dieses Amt übernahm, *nachdem* er die Außenpolitik der amerikanischen Regierung entscheidend mitgestaltet hatte. Nixons Außenpolitik war trotz ihrer Erfolge auch schon vor Watergate sehr umstritten gewesen. Das Verfahren zur Bestätigung meiner Ernennung war deshalb eine günstige Gelegenheit, alle Einwände dagegen öffentlich zum Ausdruck zu bringen. Außerdem ergab sich hier die Möglichkeit, öffentlich zu erörtern, inwieweit der Nationale Sicherheitsrat an den peripheren Aspekten von Watergate beteiligt war. Dabei ging es in der Hauptsache um das Abhören von Telefonleitungen, das ich im vierten Kapitel eingehend erörtert habe.

Die Senatoren des außenpolitischen Ausschusses befanden sich in einem Dilemma. Der Einfluß dieses Ausschusses läuft parallel zu dem des Außenministers. Der Minister ist das Sprachrohr des Ausschusses gegenüber der Exekutive. Er kann dafür verantwortlich gemacht werden, wenn die Auffassungen des Ausschusses nicht genügend zur Wirkung kommen, die ihm systematisch übermittelt werden. Wenn er einen starken Einfluß hat, dann steigert sich damit auch der Einfluß des Ausschusses. Wenn er in den Hintergrund tritt, dann verliert auch der Ausschuß an Bedeutung. Aber der Minister und der Ausschuß sind auch Konkurrenten. Der Minister muß dafür sorgen, daß die Exekutive einen gewissen Entscheidungsspielraum behält, während der Ausschuß darum bemüht sein wird, sich durchzusetzen. Wenn beide Seiten eine gewisse Zurückhaltung üben und jede Verständnis für die Bedürfnisse der anderen hat, dann können sie einander stärken. Wenn jedoch der Minister oder der Ausschuß in seinen Forderungen zu weit geht, kann die Außenpolitik gelähmt werden.

Dem Ausschuß war es sehr unangenehm gewesen, daß ich als Sicherheitsberater einen so großen Einfluß gehabt hatte, denn als Mitarbeiter im Weißen Haus unterstand ich nicht seiner Kontrolle. Deshalb begrüßten die meisten Mitglieder des Ausschusses jetzt die Ernennung eines Außenministers, der zugleich der erste Architekt der Außenpolitik des Präsidenten sein würde. Andererseits wollten nur wenige Senatoren den Eindruck erwecken, daß sie zu sanft mit einer Exekutive umgingen, die sich in ihrer Vietnam-Politik nicht um die Auffassungen des Auswärtigen Ausschusses gekümmert hatte und jetzt tief in den Watergate-Skandal verstrickt war. Jetzt hatten diese Senatoren die Möglichkeit, das Anzapfen von siebzehn Telefonen zu überprüfen.

Die Folge war eine der umfangreichsten Anhörungen zur Ernennung eines Außenministers in der ganzen Nachkriegsperiode. Sie nahm zwei Wochen, vom 7. bis zum 21. September 1973, in Anspruch. Es war ein seltsames Ritual, denn alle Mitglieder des Ausschusses waren mir persönlich wohl gesonnen und entschlossen, mich zu bestätigen. Sie waren sich auch der Tatsache bewußt, daß ich Nixon geraten hatte, die Mitarbeiter des Weißen Hauses vor Kongreßausschüssen aussagen zu lassen, obwohl er sich aufgrund der Vorrechte der Exekutive geweigert hatte, es zu tun. Mit seiner Zustimmung war ich zweimal jährlich mit den Mitgliedern des Ausschusses zusammengetroffen, und zwar nach außen hin im gesellschaftlichen Rahmen, aber diese Zusammenkünfte wurden sehr bald in der Praxis zu politischen Anhörungen. Zunächst versammelten wir uns im Hause des Vorsitzenden, des Senators J. William Fulbright, später in einem für Geheimsitzungen vorgesehenen Raum im Senat. Die Besprechungen nahmen im Lauf der Zeit immer mehr einen offiziellen Charakter an. 1972 führte der Stabsdirektor des Ausschusses, Carl Marcy, ein offizielles Protokoll. Im übrigen hielt ich ständig den persönlichen Kontakt mit den meisten Mitgliedern des

Ausschusses. Zu ihnen gehörten in erster Linie meine alten Freunde, die Senatoren Hubert Humphrey und Jacob Javits. Senator Fulbright schätzte ich trotz der zwischen uns bestehenden politischen Meinungsverschiedenheiten als hochgebildeten, fairen und patriotischen Mann. Jetzt, da Vietnam, die Quelle der meisten Meinungsverschiedenheiten, hinter uns lag, konnte der Ausschuß damit rechnen, daß für die Beziehungen zwischen der Exekutive und der Legislative eine neue Ära begann. An meiner Bestätigung war nicht zu zweifeln.

Trotzdem war es die Pflicht des Ausschusses, sorgfältig zu prüfen, ob er mir irgendwelche Verfehlungen nachweisen konnte. Deshalb verging die Hälfte der Zeit mit der Überprüfung des Abhörens von Telefonen. Die Mitglieder des Ausschusses haben sich mit diesem Thema sehr gewissenhaft und gründlich beschäftigt, wurden dann aber zu ihrem großen Ärger doch beschuldigt, daß sie mich zu leicht hätten davonkommen lassen.[6] In dieser gespannten Lage ist es mir leider nicht gelungen – und das hatte ich gehofft –, das Verfahren zu einem vielversprechenden Beginn der Zusammenarbeit beider Parteien in der Außenpolitik zu machen.

Ich versuchte, die Anhörungen in versöhnlichem Ton zu eröffnen. In meiner ersten, vom Fernsehen übertragenen Erklärung am 7. September wies ich ausdrücklich darauf hin, wie wichtig ein starkes, selbstbewußtes Amerika für den Frieden in der Welt wäre und weshalb wir dazu unsere inneren Spaltungen überwinden müßten:

> Wir Amerikaner haben eine beunruhigende Zeit der Attentate und Tumulte, des Rassenkampfs und des Generationenkonflikts und einen mit großer Erbitterung und unter schweren Verlusten geführten Krieg hinter uns. Unmittelbar nach Beendigung dieses letzten Konflikts ist uns eine neue schwere Prüfung auferlegt worden.
>
> Diese traumatischen Ereignisse haben tiefe Schatten auf unseren traditionellen Optimismus und unsere Selbstachtung geworfen . . . Wo uns früher ein begeisterter Optimismus dazu verführt hat, zuviel zu wagen, könnte uns jetzt Kleinmut veranlassen, zu wenig zu unternehmen. Eine solche Haltung – und eine davon bestimmte Außenpolitik – würde der globalen Stabilität einen schweren Schlag versetzen.
>
> Aber ich sehe voller Hoffnung in die Zukunft. Die Spannkraft Amerikas ist ungebrochen. Die Dynamik dieses Landes ist unerschöpflich. Was uns auch getrennt haben mag, wir können gemeinsam am Aufbau einer friedlichen Welt arbeiten, in der es möglich sein wird, menschliche Ideale zu verwirklichen. Wenn wir das tun, dann wird sich unser Glaube an die Zukunft stärken.

Der Ausschuß sah sich außerstande, im Verlauf der Anhörungen diesen Anregungen zu folgen, nicht aus Mangel an gutem Willen, sondern weil öffentliche Anhörungen bestimmte politische Voraussetzungen erfüllen müssen. Nicht nur Watergate spielte eine Rolle, sondern auch die Fernsehübertragung der Anhörungen. Gewählte Staatsbeamte brauchen, um überleben zu können, die Unterstützung durch die Öffentlichkeit. Sie wissen, daß in den Abendnachrichten kaum ein Ereignis länger als zwei Minuten behandelt wird, und in diesen zwei Minuten werden viel häufiger kontroverse Aspekte behandelt als Gesichtspunkte, die auf eine Harmonisierung der Gegensätze hindeuten. Ich habe Jacob Javits damals im Scherz gesagt, jedesmal wenn das rote Licht der Fernsehkameras aufleuchtete, stelle er auch die konstruktivsten Fragen mit lauter Stimme, drohend erhobenem Zeigefinger und pulsierender Schläfenader und erwecke dadurch bei jedem naiven Zuschauer den Eindruck, daß er mir als wachsamer Verteidiger des öffentlichen Interesses auch die Aussagen entlockt habe, die zu machen auch mir selbst besonders wichtig waren.

So reagierte Senator Fulbright auf meine einleitende Erklärung mit Fragen über das Abhören von Telefonen. Aber ebenso wie bei den mit schöner Regelmäßigkeit alljährlich wiederkehrenden Untersuchungen zu diesem Thema wurden auch hier keine neuen Tatsachen ans Licht gebracht. Bei allen Untersuchungen stellte sich der Ablauf der Ereignisse so dar, wie ich ihn im fünften Kapitel geschildert habe. Justizminister Elliot Richardson und der stellvertretende Justizminister und amtierende Direktor des FBI, William D. Ruckelshaus, haben eine Erklärung abgegeben, die in allen vorangegangenen und folgenden Untersuchungen bestätigt wurde:

> Soweit sich aus den Akten des FBI feststellen läßt, hat Dr. Kissinger seine Besorgnis über das Durchsickern von vertraulichem Material zum Ausdruck gebracht, und als auch der Präsident die gleichen Bedenken äußerte und diese dem Direktor des FBI übermittelt wurden, hat man Maßnahmen getroffen, durch die die undichten Stellen abgesichert werden sollten; dazu gehörte das Abhören der Telefonleitungen von Regierungsangestellten und Journalisten. Darüber hinaus hat er dem FBI Namen von Personen in der Regierung genannt, die Zugang zu vertraulichen Informationen hatten und gelegentlich Informationen überprüften, die im Rahmen dieses Programms anfielen, um ihren Nutzen festzustellen.[7]

Wenn weit zurückliegende Fragen immer wieder von neuem untersucht werden, dann liegt das Problem nicht in den Tatsachen. Wo es darum geht, ob bestimmte Maßnahmen der Regierung angemessen waren, da läßt sich diese Frage nur beantworten, wenn alle Zusammenhänge vollständig aufgeklärt werden. Die Schwierigkeit liegt darin, zu bestimmen, auf welche Einzelheiten es wirklich ankommt, und festzustellen, aus welcher Perspektive die Beteiligten gehandelt haben. Auch wenn der mit der Untersuchung Beauftragte unvoreingenommen vorgeht und die Zeugen zuverlässig sind, ist es fast unmöglich, bei vor Jahren getroffenen Entscheidungen die komplexen Zusammenhänge zu erkennen, die zu ihnen geführt haben. Ob die Untersuchung nun von einem Senator oder von einem Journalisten vorgenommen wird, jedem wird es schwerfallen, sich vorzustellen, unter welchen Zwängen Entscheidungen getroffen werden mußten. Bei der Untersuchung steht der Gegenstand, der untersucht werden soll, im Vordergrund. Andere Verpflichtungen der Regierung oder Fragen, die mit dem Thema unmittelbar nichts zu tun haben, interessieren weniger. Der mit der Untersuchung Beauftragte betrachtet den Vorgang, mit dem er sich zu beschäftigen hat, als einzige Tätigkeit der Beteiligten und tut so, als hätten sie sich ausschließlich damit beschäftigt.

Für die Arbeit in einem hohen Regierungsamt ist es jedoch bezeichnend, daß zwischen der Bedeutung einer Maßnahme und der Zeit, die dafür zur Verfügung steht, sich mit ihr zu beschäftigen, ein Mißverhältnis besteht. Wenn man eine Entscheidung aus dem Gesamtzusammenhang herausreißt, dann bekommt sie ein falsches Gewicht. Der Regierungsbeamte, der die Entscheidung getroffen hat, wird höchstwahrscheinlich die damit in Zusammenhang stehenden Probleme weniger gut gekannt haben als derjenige, der später die Auswirkungen zu untersuchen hat. Die Entscheidung ist unter Umständen innerhalb weniger Minuten gefallen, die spätere Überprüfung nimmt dagegen Tage und Wochen in Anspruch, und dabei ergibt sich die Gelegenheit, sie aus verschiedenen Gesichtswinkeln zu beurteilen – und außerdem lassen sich die Folgen hinterher immer leichter erkennen.

Wenn an der Entscheidung mehrere Personen teilgenommen haben, dann werden sich bei der Untersuchung wahrscheinlich Widersprüche ergeben. Jedes Ministerium und jede Behörde hat ihre eigenen schriftlichen Unterlagen, die anderen Behörden meist nicht zugänglich sind. Die jeweilige Darstellung des Ablaufs der Ereignisse wird stark beeinflußt von den Aufgaben der einzelnen Dienststelle und der natürlichen Neigung, die Verantwortung für umstrittene Entscheidungen auf andere abzuwälzen. Selbst wenn sich die Behörde um absolute Objektivität bemüht, sieht sie die Ereignisse durch die Brille ihrer eigenen vorgefaßten Meinungen. Wenn Dokumente erst nach Jahren bekannt werden, kann man sich gezwungen sehen, zu Behauptungen Stellung zu nehmen, die sich nach so langer Zeit nicht widerlegen lassen, und Ereignisse zu beurteilen, deren man sich auch schon damals kaum bewußt gewesen ist.

Die Anhörungen zu meiner Bestätigung als Außenminister beschäftigten sich mehr mit der Frage der abgehörten Telefone als mit irgendeinem internationalen Problem. Während der öffentlichen Sitzungen kam es zu langen Erörterungen. Die Senatoren John Sparkman und Clifford Case wurden beauftragt, als Unterausschuß die Akten des FBI durchzusehen, weitere Zeugen in nicht öffentlichen Sitzungen zu vernehmen und dann einen Bericht vorzulegen. Während eines ganzen Tages erörterte ich auf der Vollsitzung jeden einzelnen Fall, in dem ein Telefon abgehört worden war, vor dem Ausschuß – wenngleich ich mich in einigen Fällen nur noch schwach an die Zusammenhänge erinnern konnte.* Während dieser Anhörungen habe ich zum erstenmal J. Edgar Hoovers Akten (der im Mai 1972 gestorben war), gesehen. Sie enthielten eine Liste von Beamten, die nach Hoovers Angaben die einzelnen Abhöraktionen »angefordert« oder »genehmigt« hatten. Genehmigt waren die Aktionen ausnahmslos vom Justizminister Mitchell. Die Anforderungen waren nach dieser Aufstellung ausschließlich von Beamten außerhalb des Justizministeriums gestellt worden (in etwa einem Dutzend von Fällen entweder vom damaligen Oberst Haig oder von mir), auch wenn es – in vier oder fünf Fällen hatte ich persönlich Kenntnis davon – J. Edgar Hoover gewesen war, der Nixon den Vorschlag gemacht hatte, die betreffende Person abhören zu lassen. Die »Anforderung« bestand gewöhnlich darin, daß mein Büro Namen von Personen genannt hatte, die in die ersten der vom Präsidenten definierten Kategorien gehörten: Es waren Beamte, die Zugang zu vertraulichen durchgesickerten Informationen hatten. Nach einem knappen Jahr hat sich die Öffentlichkeit wieder sehr intensiv mit der Frage beschäftigt, ob ich die Abhöraktionen »angeregt« oder »verlangt« hätte (siehe 24. Kapitel).

Bei diesen Anhörungen unternahm niemand den Versuch, die Praktiken der Nixon-Regierung mit denen ihrer Vorgänger zu vergleichen, um festzustellen, ob bei uns öfter Telefone abgehört worden waren oder ob, wie ich glaube, die früheren Regierungen diese Methode öfter angewendet hatten als wir in den siebzehn Fällen, die jetzt eine solche Aufregung verursachten. Ich stellte mich jedenfalls entschieden hinter die Entscheidung des Obersten Gerichts von 1972, die drei Jahre *nach* den hier behandelten Fällen getroffen worden war, nach der zum erstenmal angeordnet wurde, daß das Abhören von Telefonen aus Sicherheitsgründen durch ein Gericht angeordnet werden müßte. In meiner Aussage präzisierte ich meine Auffassung wie folgt:

* Das Protokoll meiner Aussagen vor der Vollsitzung des Ausschusses ist später veröffentlicht worden, wobei nur wenige Sätze aus Sicherheitsgründen oder um die abgehörten Personen nicht in Verlegenheit zu bringen, gestrichen worden sind.[8]

> Nach der Anordnung (der Nixon-Regierung, Telefone abzuhören) im Mai 1969 hat das Oberste Gericht neue Bestimmungen für das Abhören von Telefonen erlassen, und damit sind viele Fragen, die im Zusammenhang mit dem Abhören von Telefonen durch diese oder frühere Regierungen gestellt werden, zum großen Teil gegenstandslos geworden. Bei allen künftigen Fällen, in denen es um die nationale Sicherheit geht, werden wir sehr sorgfältig zwischen den Bedürfnissen der nationalen Sicherheit und der Notwendigkeit, die persönliche Freiheit zu garantieren, unterscheiden müssen. Doch darüber hinaus ergibt sich aus der Frage, wieweit ein Abhören von Telefonen zulässig ist, auch die Frage nach der Ausgewogenheit zwischen der Freiheit des einzelnen und den Erfordernissen der nationalen Sicherheit. Ich würde sagen, daß die persönliche Freiheit den Vorrang hat, und wenn die persönliche Freiheit eingeschränkt werden soll, dann muß mit überzeugenden Argumenten nachgewiesen werden, daß die nationale Sicherheit gefährdet ist.

Der außenpolitische Ausschuß folgte den Empfehlungen der Senatoren Sparkman und Case und beschloß einstimmig, daß die Abhöraffäre meiner Ernennung nicht im Wege stehen dürfe.

Der Ausschuß interessierte sich aber nicht nur für das Abhören der Telefone, sondern auch für die »geheimen« Bombenangriffe gegen Kambodscha und den Putsch, der, während das Untersuchungsverfahren lief, Allendes Sturz in Chile herbeiführte. Einige Senatoren interessierten sich in diesem Zusammenhang für ganz besondere Fragen; Senator Javits für das Gesetz über die Vollmachten der Regierung im Kriege, gegen das ich ernste Bedenken äußerte; Humphrey erkundigte sich nach Möglichkeiten, wie wir im Rahmen unseres Auslandshilfeprogramms bedürftige Länder wirkungsvoller mit Lebensmittellieferungen unterstützen könnten. Ich versprach ihm, eine neue amerikanische Politik zur Bekämpfung des Hungers in der Welt zu entwickeln – eine Zusage, die ich im folgenden Jahr bei der auf amerikanische Initiative zustande gekommenen Konferenz der Vereinten Nationen über die Welternährung in Rom erfüllte, als ich ein umfassendes neues Programm vorlegte. Einige Senatoren sprachen das Thema der jüdischen Auswanderung aus der Sowjetunion an, als seien sie die ersten, die auf diese Idee gekommen wären.*

Die Fragesteller gaben zu verstehen, daß wir nach ihrer Ansicht die Menschenrechte und die moralische Dimension unserer Außenpolitik vernachlässigten. Offenbar übersahen sie die Tatsache, daß die Zahl der jüdischen Auswanderer aus der Sowjetunion während Nixons Re-

* Siehe 5. und 22. Kapitel.

gierungszeit von vierhundert auf nahezu fünfunddreißigtausend gestiegen war, und zwar *bevor* sich der Kongreß näher mit dieser Frage beschäftigt hatte. Senator Edmund Muskie, der dem sowjetischen Premierminister Kossygin im Januar 1971 in Moskau gesagt hatte, er hielte die Politik Nixons gegenüber der Sowjetunion für zu hart und der Kongreß werde dafür sorgen, daß der Präsident sich mäßigte[9], verlangte in einer besonderen Erklärung, mit der er meine Ernennung zum Außenminister unterstützte, daß »Fortschritte auf dem Wege zur Entspannung von einem weiteren Druck auf die Regierung der Sowjetunion begleitet sein müßten, die Menschenrechte stärker zu respektieren.«

Nach zwei Wochen näherten sich die Anhörungen schließlich ihrem Ende. Sie hatten ihren Zweck erreicht, denn der Kongreß hatte seine Wachsamkeit bewiesen, ohne die künftigen Beziehungen zwischen dem neu zu ernennenden Außenminister und dem Außenpolitischen Ausschuß zu belasten oder das Vertrauensverhältnis zwischen beiden zu stören. Die Senatoren hatten eindringliche Fragen gestellt, aber deutlich ihre Bereitschaft gezeigt, mit mir zusammenzuarbeiten. Wenn sich die Anhörungen mehr mit Streitfragen aus der Vergangenheit als mit Zukunftsplänen beschäftigt hatten, dann war es trotzdem gelungen, den Kontroversen die Schärfe zu nehmen und den Weg für einen neuen Anfang zu bereiten. Sie haben wesentlich dazu beigetragen, daß die guten Beziehungen zwischen mir als Außenminister und dem Außenpolitischen Ausschuß erhalten blieben, während sich Watergate mit seinen unausweichlichen Folgen dem Ende näherte. Diese Beziehungen blieben auch die gleichen, nachdem Präsident Ford die Regierungsgeschäfte übernommen hatte und die Gegensätze zwischen den politischen Parteien wieder deutlicher sichtbar wurden. Der Außenpolitische Senatsausschuß unter Senator Fulbright und später unter Senator Sparkman hat sich während der folgenden dreieinhalb Jahre an die klugen Worte gehalten, mit denen sein Bericht zu meiner Ernennung abschloß:

> Es wäre naiv, zu glauben, daß die Exekutive und die Legislative immer meiner Meinung sein werden. Wenn jedoch alle Fragen offen und klar diskutiert werden, dann sollte es möglich sein, die in der Öffentlichkeit deutlich spürbare Verwirrung, das Mißtrauen und die Spaltungen zu vermeiden, die sich in den vergangenen zehn Jahren entwickelt haben.
>
> Exekutive und Legislative haben jeweils ihre eigenen Vollmachten und Verantwortlichkeiten. Ein gewisser Widerspruch zwischen beiden ist unvermeidlich und kann gelegentlich im nationalen Interesse liegen. In den vergangenen Jahren haben beide vielleicht zu sehr danach gestrebt, ihre Vollmachten ganz auszuschöpfen, aber es ist klar,

daß das von unserer Verfassung geregelte Regierungssystem am besten funktioniert, wenn sich Exekutive, Legislative und Judikative der jeweiligen Grenzen ihrer Autorität ebenso bewußt sind wie der Rechte der anderen. Wir hoffen, daß diese Ausgewogenheit wiederhergestellt werden kann, denn keines der drei Verfassungsorgane ist allwissend oder allmächtig.

Am 18. September entschied sich der Ausschuß mit sechzehn gegen eine Stimme für meine Ernennung. Senator George McGovern, der als einziger gegen mich gestimmt hatte, rief mich am Abend zuvor an, um mir zu sagen, wie sehr er mich persönlich schätze. Auch er sei dafür, daß mich der Senat bestätige. Wenn er jetzt gegen mich stimme, dann sei er das seinen Wählern schuldig, die ihn im Wahlkampf als Präsidentschaftskandidaten unterstützt hatten – was jedoch nichts daran ändere, daß er mich persönlich schätze und selbstverständlich bereit sei, nach meiner Amtsübernahme mit mir zusammenzuarbeiten. McGoverns Versuch, es beiden Seiten recht zu machen, hat mich nicht sonderlich irritiert. Jeder höhere Staatsbeamte sieht sich gelegentlich zur Heuchelei gezwungen und kann nur hoffen, daß er damit, wenn die Schlußbilanz gezogen wird, einer guten Sache gedient hat.

Am 21. September bestätigte mich der Senat mit achtundsiebzig gegen sieben Stimmen. Am 22. September vereidigte mich der oberste Richter Warren Burger im Ostzimmer des Weißen Hauses in Gegenwart meiner Eltern und Kinder und des jovialen, aber doch von widersprüchlichen Gefühlen bedrängten Präsidenten Nixon. Das Ostzimmer ist nicht groß. Bei offiziellen Anlässen bietet es vielleicht hundertfünfzig Menschen Platz, denn auch die Medien beanspruchen einen Teil des Raumes. Auf der Ostseite hatte man eine Plattform und ein Rednerpult aufgebaut. Im Halbkreis davor waren die Stühle aufgestellt. Ordonnanzoffiziere in weißen Handschuhen führten die geladenen Gäste an ihre Plätze. Zu ihnen gehörten führende Kongreßabgeordnete beider Parteien und der Vorsitzende des Hauptausschusses der Demokratischen Partei, Robert Strauss, mit dem mich eine enge Freundschaft verbindet, die zeigt, daß die Außenpolitik der Vereinigten Staaten Ziele jenseits eines jeden Parteihaders verfolgt. Der oberste Richter Burger hatte eine Europa-Reise unterbrochen, um mich zu vereidigen – eine besonders freundliche Geste. Meine Eltern erlebten diesen Tag wie einen Traum. Man hatte sie aus ihrer Heimat vertrieben, und dreizehn Mitglieder unserer Familie waren zu Opfern verhängnisvoller menschlicher Vorurteile geworden. Sie konnten es kaum glauben, daß ihr Sohn fünfunddreißig Jahre später den höchsten Regierungsposten einnehmen sollte, zu dem ein Angehöriger der Exekutive ernannt werden konnte. Ich hatte mir für diese Gelegenheit eine kurze Ansprache aufschreiben wollen, war aber so erregt, daß ich es aufgab und mich auf die Inspiration des Augenblicks verließ.

Nur Nixon schien von seinen eigenen dämonischen Zwängen getrieben. Als wir uns mit dem obersten Richter unmittelbar vor der Vereidigung im Roten Zimmer versammelten, kam er nicht mit. Was er nach der Vereidigung sagte, war bedeutungslos und bizarr. Zunächst behauptete er, für meine Bestätigung hätte der entschiedene Widerstand des Kongresses überwunden werden müssen. Vielleicht wollte er damit sagen, daß nicht nur er Schwierigkeiten mit der Legislative hätte. Dann nannte er drei Gründe dafür, daß meine Ernennung ein einmaliges historisches Ereignis sei: 1. wäre ich der erste nicht in den Vereinigten Staaten geborene Außenminister; 2. wäre ich der erste Außenminister, der vor seiner Ernennung Peking und Moskau besucht hätte, und 3. wäre ich der erste Außenminister seit dem Zweiten Weltkrieg, der keinen Scheitel trug. Auf die ersten beiden Punkte ging er nicht näher ein, verbreitete sich aber um so mehr über den dritten. Unter anderem stellte er Überlegungen darüber an, in welche Kategorie Dean Rusk gehörte, der eine Glatze hatte: »Aber dann fragte ich meinen Friseur, einen sehr klugen Mann, der sich nur selten irrt: ›Aber wie steht es denn mit Minister Rusk?‹ Er antwortete: ›Nun ja, Herr Präsident, er hatte keinen starken Haarwuchs, aber die wenigen Haare, die er hatte, hat er auch gescheitelt.‹« In meiner Antwort habe ich es vermieden, auf dieses faszinierende Thema einzugehen, sondern versuchte, zum Ausdruck zu bringen, wie es mir ums Herz war:

Herr Präsident, Sie haben von meiner persönlichen Vergangenheit gesprochen, und es ist richtig, es gibt kein Land auf der Welt, in dem es vorstellbar wäre, daß ein Mann meiner Herkunft hier neben dem Präsidenten der Vereinigten Staaten steht. Und wenn meine Herkunft einen Beitrag zur Gestaltung unserer Politik leisten kann, dann deshalb, weil ich schon in jungen Jahren erlebt habe, was aus einer Gesellschaft werden kann, die sich auf Haß, Macht und Mißtrauen gründet, und daß ich dann erfahren habe, was Amerika mit seinen Hoffnungen und seinem Idealismus für andere bedeutet. Wenn wir daher unter Ihrer Führung, Herr Präsident, eine Struktur des Friedens realisieren, werden wir nicht nur um eine pragmatische Lösung dieser oder jener Schwierigkeiten bemüht sein, sondern auch erkennen, daß sich Amerika niemals treu bleiben kann, wenn es sich nicht als etwas begreift, das über Amerika selbst hinausweist.

Und wenn wir für eine Welt des Friedens wirken, in der Gerechtigkeit, Mitgefühl und Menschlichkeit herrschen, dann wissen wir, daß Amerika in der Verwirklichung der edelsten Bestrebungen des Menschen das Beste leistet, was in ihm beschlossen ist.

Die ambivalente Haltung der Familie Nixon gegenüber meiner Ernennung – um es milde auszudrücken – zeigte sich auch darin, daß Frau Nixon, die ich verehre, sich weigerte, nach meiner Vereidigung die Gäste zu begrüßen. Auch Nixon verschwand unmittelbar danach und blieb auch nicht für wenige Augenblicke zum traditionellen Empfang im Großen Speisesaal des Weißen Hauses.

Unmittelbar nach Abschluß der Zeremonie schickte das Außenministerium das folgende Telegramm an alle diplomatischen und konsularischen Vertretungen der Vereinigten Staaten:

DR. HENRY A. KISSINGER WURDE AM 22. SEPTEMBER 1973 UM 11.06 UHR ORTSZEIT VEREIDIGT UND HAT SEINE AMTSPFLICHTEN ALS 56. AUSSENMINISTER ÜBERNOMMEN.

Das Außenministerium

Die Büros im Westflügel des Weißen Hauses sind alle recht klein und schlicht eingerichtet, auch das des Präsidenten. Der Sicherheitsberater des Präsidenten hat sich trotz seiner angeblich so großen Machtbefugnisse immer mit einer sehr einfachen und räumlich beengten Unterbringung zufriedengeben müssen. Seine Arbeitsräume lagen manchmal im Erdgeschoß und manchmal im Keller. Im Gegensatz dazu stellt das Außenministerium wie die meisten anderen Ministerien dem Minister geräumige und elegant eingerichtete Büros in einem der oberen Stockwerke zur Verfügung, von denen aus man die ganze Stadt Washington mit ihren schönen Baudenkmälern überblicken kann. Es ist ein großartiges Panorama, das vom Lincoln-Denkmal über den Potomac bis zum Arlington-Nationalfriedhof reichte. Ich mußte mich erst an diesen Anblick gewöhnen. Wenn ich mich im Weißen Haus in meiner impulsiven Art über irgend etwas beschweren wollte, dann war ich mit wenigen Schritten an der Tür und konnte meinen Unwillen sofort an meinem im nächsten Zimmer sitzenden Stellvertreter auslassen. Im Außenministerium hatte ich den Eindruck, daß mein Stellvertreter, der am anderen Ende eines langen Korridors untergebracht war, viele Kilometer von mir entfernt sei, und mein eigenes Zimmer war so groß, daß ich, wenn ich die äußere Tür erreicht hatte, oft nicht mehr wußte, was mich veranlaßt hatte, meinen Schreibtisch zu verlassen. Wenn ich dann durch die Tür kam, begegnete ich dem mißbilligenden Blick von Jane Rothe (heute Jane Rothe-Mossellem). Die schöne, zurückhaltende, unerhört tüchtige Jane hatte an dieser Stelle schon vier Außenminister erlebt, sie hatte es verstanden, ihnen klarzumachen, wie ein Außenminister sich zu verhalten hat, und erwies sich schließlich für mich als ebenso unentbehrlich wie für meine Vorgänger.

Aber das war nicht der einzige und auch nicht der bedeutsamste Unterschied. Die Aufgaben des Nationalen Sicherheitsberaters lassen sich nicht so leicht auf die Verantwortlichkeiten des Außenministers übertragen, wie mancher vielleicht zunächst glauben könnte. Der Berater für Angelegenheiten der nationalen Sicherheit ist das Geschöpf des Präsidenten, arbeitet ausschließlich in dessen Auftrag und verfügt nur über einen ganz kleinen Stab von Mitarbeitern. Ursprünglich sollte es seine Aufgabe sein, dem Präsidenten zu sagen, ob die für die Außenpolitik verantwortlichen Behörden das Weiße Haus in der angemessenen Weise unterrichteten und dem Präsidenten die für seine Entscheidung notwendigen Optionen vorlegten. In der Praxis tut der Sicherheitsberater natürlich sehr viel mehr. Da er sein Büro in unmittelbarer Nähe des Ovalen Zimmers hat, sieht sich der Präsident veranlaßt, den Sicherheitsberater als seinen persönlichen Feuerwehrmann einzusetzen. (Ein Psychologe wird vielleicht eines Tages erklären können, weshalb die räumliche Nähe des Ovalen Zimmers dem Sicherheitsberater einen so viel größeren Einfluß verschafft als anderen hohen Staatsbeamten, deren Amtsräume mit dem Kraftwagen in zehn Minuten zu erreichen sind.)

Aber auch der Sicherheitsberater ist nur ein Mensch. Er ist ehrgeizig und sich der Tatsache nur zu deutlich bewußt, daß sein Einfluß von seiner Fähigkeit abhängt, den Präsidenten von seiner Unentbehrlichkeit zu überzeugen. Da nur der Präsident ihm seine Aufgabe zuweist, kann er es sich leisten, im »großen Rahmen« zu denken. Er kann geopolitische Analysen vorlegen, ohne durch die Flut von Einzelheiten oder durch dringende Probleme abgelenkt zu werden, die das tägliche Brot des Außenministers sind. Wenn er geschickt ist, kann er sich bei bürokratischen Meinungsverschiedenheiten an die Seite des Präsidenten stellen, dessen Auffassungen er gewöhnlich besser kennen wird als sein Konkurrent im Außenministerium.

Der Aufgabenbereich des Außenministers ist ein ganz anderer. Er überwacht täglich ein breites Spektrum internationaler Beziehungen, die nicht immer auch auf der Tagesordnung des Präsidenten stehen oder vom Nationalen Sicherheitsrat bearbeitet werden, und viele Probleme, mit denen er es zu tun hat, sind alles andere als faszinierend. Er muß sich ständig mit hundertfünfzig verschiedenen Ländern, einer großen Zahl multilateraler Fragen und internationaler Organisationen beschäftigen, mit Wirtschaftsproblemen, Rüstungskontrollen, Auslandshilfe, Einreise- und Auswanderungspolitik usw. Er ist verantwortlich für ein riesiges Arbeitsgebiet.

Zunächst gerät der Außenminister durch diesen großen Verantwortungsbereich in bürokratische Schwierigkeiten. Er muß sich mit vielen alltäglichen oder hochtechnischen Dingen beschäftigen. Er ist gezwungen, unpopuläre Maßnahmen zu vertreten wie etwa die Anträge zur Genehmigung von Geldmitteln für die Auslandshilfe. Es besteht immer die Gefahr, daß der Außenminister entweder den Präsidenten mit schwer verständlichen Problemen langweilt, die dessen sofortige Entscheidung verlangen, oder bei dem Präsidenten den Eindruck erweckt, er bemühte sich um besondere Vergünstigungen.

Und doch wird ein Präsident, der mit seinem schwerfällig erscheinenden Außenministerium keine Geduld hat, seinem Land auf die Dauer schaden. Ein außenpolitischer Erfolg muß, wenn er wirklich Bedeutung haben soll, irgendwann institutionalisiert werden; das heißt, man muß ihn in den permanenten Mechanismus einbauen. Keine Regierung sollte sich darauf einlassen, ihre politischen Ziele mit Gewalt und gestützt auf Einzelpersonen durchsetzen zu wollen. Wenn die Außenpolitik zu langfristigen Erfolgen führen soll, dann muß sie von dem Verständnis derer getragen sein, die mit den normalen Aufgaben der Diplomatie betraut sind, und sie muß mit der Zeit im Bewußtsein und in den Herzen der Nation verankert werden.

Eine solche Außenpolitik läßt sich nur durch eine auf Vertrauen gestützte Partnerschaft zwischen dem Präsidenten und dem Außenminister erreichen, wie sie zwischen Harry Truman und Dean Acheson, Dwight Eisenhower und John Foster Dulles oder den Präsidenten, denen ich gedient habe, und mir bestanden hat. Der Sicherheitsberater kann einen Mangel an Vertrauen nur kurze Zeit überbrücken; dann besteht das Risiko, daß der Behördenapparat demoralisiert und die ausländischen Regierungen verwirrt werden. Wenn der Präsident seinem Außenminister nicht vertraut, dann sollte er ihn ablösen lassen und nicht versuchen, ihn mit Hilfe seines Sicherheitsberaters zu umgehen. Jedes andere Verfahren kompliziert das Problem, das es lösen soll. Nixon fürchtete sich so sehr vor Indiskretionen des Außenministeriums, daß er es, wo irgend möglich, nicht an kritischen Verhandlungen beteiligte. Er hatte gewisse Gründe für sein Mißtrauen. Aber dieses Verhalten mußte auf die Dauer zu Mißerfolgen führen – wenngleich ich das während meiner Zeit im Weißen Haus nicht begriffen habe. Je mehr das Außenministerium von den politischen Entscheidungsprozessen ausgeschlossen war, desto weniger lag ihm daran, Informationen vertraulich zu behandeln, die ihm noch zugänglich waren. Unter diesen Voraussetzungen waren die Beamten des Außenministeriums sogar versucht, aus verletztem Stolz oder weil sie nicht wußten, wie schwierig bestimmte Verhandlungen waren, alles zu kritisieren, was sie dann doch erfuhren. Es war ein unhaltbarer Zustand, wenn Außenminister mit uns verbündeter Staaten über den Stand wichtiger Verhandlungen besser unterrichtet waren als unser eigener Außenminister. Wir haben diesen schizophrenen Zustand erst beendet, als ich im Herbst 1973 Außenminister wurde.

Die Beamten des Außenministeriums haben aber auch die Neigung, das Schicksal herauszufordern. Die Karrierediplomaten des Auswärtigen Dienstes sind so häufig schlecht behandelt worden, daß sie sich nicht nur eine defensive Haltung angewöhnt haben, sondern auch sehr genau wissen, welches ihre Vorrechte sind. Überzeugt von der großen Bedeutung der Arbeit des Außenministeriums, verlangen sie entschieden die offizielle Anerkennung dieser Tatsache, und zwar manchmal auf Kosten der so wichtigen engen persönlichen Beziehung zwischen dem Präsidenten und seinem Minister, welche die Voraussetzung für den Einfluß dieser Behörde ist. Schon vor der Amtsübernahme durch Nixon am 20. Januar 1969 kämpfte das Außenministerium erbittert um den Vorsitz in verschiedenen interministeriellen Unterausschüssen, die während der Amtszeit des Präsidenten Johnson eingerichtet worden waren. Dabei war es den Beamten des Ministeriums gleichgültig, daß diese Ausschüsse von Anfang an bedeutungslos waren, weil die wirklichen Entscheidungen bei den Zusammenkünften des Präsidenten Johnson getroffen wurden, die er jeden Dienstag zum Mittagessen mit dem inneren Kreis der Mitglieder seines Kabinetts abhielt. Die Statussymbole schienen wichtiger zu sein als die Realität.[10]

Unglückliche Zufälle bestätigten alle Vorurteile Nixons. Er wollte es auf keinen Fall zulassen, daß das Außeministerium eine Vorrangstellung einnahm, und der hartnäckige Kampf der Beamten des Ministeriums um ihre Vorrechte verstärkte sein Mißtrauen. In diesem im Grunde so sinnlosen Tauziehen ging auch die geringste Chance verloren, daß sich zwischen dem Präsidenten und dem Außenministerium ein Vertrauensverhältnis entwickelte. Doch während Nixon in seiner Beurteilung des Ministeriums zu hart war, hatte er doch einen gesunden Instinkt. Das Außenministerium ist ganz einfach nicht dazu geeignet, interministerielle Mechanismen zu beherrschen. Ich werde noch näher darauf eingehen, weshalb das Schlüsselpersonal dieses Ministeriums wegen seiner Haltung und Ausbildung sich scheut, sich mit begrifflichen Fragen auseinanderzusetzen. Organisatorisch ist das Ministerium besser geeignet, sich mit kurzfristigen Problemen auseinanderzusetzen als mit den Auswirkungen bestimmter Maßnahmen auf lange Sicht. Wenn der Außenminister versucht, die Beziehungen zwischen den einzelnen Behörden zu beeinflussen, bürdet er sich eine schwere Last auf. Denn selbst wenn es ihm gelingt, mit den in seinem Ministerium herrschenden Tendenzen fertig zu werden – und das muß er schließlich, gleichgültig wie die interministeriellen Mechanismen organisatorisch aussehen –, gerät er dabei bürokratisch in eine hoffnungslose Lage.

Unsere Regierung neigt dazu, Verfahren anzuwenden, in denen Gegensätze aufeinandertreffen. Aber der Vorsitzende einer interministeriellen Gruppe muß sich um Objektivität bemühen. Wenn ein Ministerium den Vorsitz in einem interministeriellen Ausschuß übernimmt, dann wird es entweder versucht sein, die Arbeit in diesem Ausschuß nach seinen Vorstellungen zu beeinflussen, oder sein Standpunkt wird nicht deutlich genug zum Ausdruck kommen – ein ironisches Ergebnis des Tauziehens um den größeren Einfluß. Selbst wenn es dem Außenministerium gelingen sollte, nur Ausschußvorsitzende zu nominieren, die sich durch salomonische Gerechtigkeit auszeichnen, würden sie sich gezwungen sehen, sehr viel Energie für die Verteidigung gegen ihre Kritiker aufzuwenden, die ihnen vorwerfen würden, sie nützten ihre Position zum Vorteil ihres Ministeriums aus. In unserem System wird kein Ministerium es über längere Zeit hinnehmen, daß ein anderes ihm übergeordnet wird. Es wird die gegen seine Interessen getroffenen Entscheidungen anfechten, und zwar sowohl aus Verfahrens- als auch aus sachlichen Gründen. Das Ergebnis wird schließlich nicht sein, daß sich ein Ministerium gegenüber allen anderen durchsetzt, sondern der Präsident wird über eine verhältnismäßig große Zahl von Streitfragen die Entscheidung treffen müssen.

Ich habe es selbst mit diesen Problemen zu tun bekommen, als ich versuchte, in diese Struktur eine neue Variante einzuführen. Als ich Außenminister wurde, blieb ich zugleich Sicherheitsberater des Präsidenten und übernahm damit, wie man früher gesagt hätte, in Personalunion auch die Leitung der interministeriellen Mechanismen. Aber der Versuch scheiterte. Die Vertreter des Außenministeriums bei den interministeriellen Sitzungen waren, wenn ich als Außenminister auftrat, meine Untergebenen; wenn ich daher den Vorsitz bei einer Sitzung übernahm, dann mußten sie sich meinem Standpunkt anschließen, oder ich verlor jeden Einfluß in interministeriellen Angelegenheiten, unter Umständen sogar innerhalb des Außenministeriums. Doch das bedeutete praktisch, daß ich mich entweder als Vorsitzender mit den Auffassungen meines Ministeriums durchsetzte oder mich von meinen Untergebenen distanzierte. Damit geriet ich in eine unhaltbare Lage. Zwei Jahre lang wurde mir immer wieder vorgeworfen, daß ich einen viel zu großen Einfluß auf die politischen Entscheidungen hätte. Soweit das zutraf, lag es an meinen engen Beziehungen zu den Präsidenten, denen ich diente, und nicht an der Struktur des jeweiligen Apparates. Daß ich die Aufgaben von zwei verschiedenen Ämtern übernommen hatte, war für mich eher ein Hindernis, denn ich bot damit eine größere Angriffsfläche. Im November 1975 entließ mich Präsident Ford von meinem Posten als Sicherheitsberater. Ich habe mich damals sehr über diese Entscheidung geärgert, weil ich glaubte, daß damit meine persönliche Stellung geschwächt würde. Während der folgenden Wochen habe ich sogar daran gedacht, zurückzutreten.

Eine solche Entscheidung wäre kindisch gewesen. Die organisatorische Umstellung hat meinen Einfluß nicht verringert und hat auch meinen Nerven gutgetan. Wenn ich mich durchsetzen konnte, dann, weil es mir gelungen war, Ford zu überzeugen. Wenn nicht, dann wäre es mir auch als Ausschußvorsitzendem nicht gelungen.

Heute bin ich davon überzeugt, daß es die Aufgabe des Sicherheitsberaters sein soll, die Beziehungen zwischen den Ministerien zu regeln (außer vielleicht in einer Krise). Ein energischer Außenminister wird sich immer Gehör verschaffen können, gleichgültig, wer in den Ausschußsitzungen den Vorsitz hat. Die Kontakte des Sicherheitsberaters zu den Medien und ausländischen Diplomaten sollten auf ein Mindestmaß beschränkt bleiben. Die außenpolitische Linie muß vom Präsidenten und dem Außenminister festgelegt werden, die auch für das außenpolitische Handeln verantwortlich sind (und in diesem Rahmen die Personen bestimmen, die mit der Durchführung ihrer Entschlüsse beauftragt werden). Das Erarbeiten von Optionen ist die Hauptaufgabe der interministeriellen Ausschüsse, deren Leitung in den Händen des Sicherheitsberaters liegen soll. Er muß sich durch Gerechtigkeitssinn, einen klaren Verstand, die Fähigkeit, mit den Behörden umzugehen, und die Bereitschaft auszeichnen, anonym zu bleiben. (General Andrew Goodpaster unter Eisenhower und General Brent Scowcroft unter Ford haben auf diesem Gebiet Großartiges geleistet.) Der Einfluß des Außenministeriums würde sich in diesem Fall aus dem persönlichen Vertrauensverhältnis zwischen dem Präsidenten und dem Außenminister und aus der Qualität der analytischen Arbeit des Ministeriums ergeben.

Unter solchen Voraussetzungen gute Arbeit zu leisten ist auch für den energischsten Außenminister eine ungeheuer schwierige Aufgabe, denn er hat es mit der ungeheuer komplexen Organisation des Ministeriums und dessen Allergie gegen begriffliches Denken zu tun. Wenn man die Gliederung des Außenministeriums betrachtet, kann man nur staunen. (Das Diagramm am Schluß des Buches zeigt sie für das Jahr 1973.) An der Spitze der Pyramide steht der Außenminister, in dessen Namen alle Maßnahmen getroffen werden; alle Anweisungen und Depeschen gehen in seinem Namen hinaus. Er kann sie unmöglich alle lesen. Wenn daher ein Telegramm vom Außenminister unterzeichnet ist, dann bedeutet das nur, daß er sich zur Zeit der Absendung in Washington befunden hat, nicht aber, daß er das Telegramm verfaßt oder davon Kenntnis genommen hätte. Zu meiner Zeit standen dem Außenminister ein stellvertretender Außenminister und drei Unterstaatssekretäre (für politische Angelegenheiten, für wirtschaftliche Angelegenheiten und für Sicherheitsfragen) zur Verfügung. Der Sonderberater wird vom Außenminister mit besonderen Aufgaben betraut. (Mein Sonderberater war Helmut Sonnenfeldt, ein hervorragender Fachmann für europäische Angelegenheiten und die Beziehungen der Vereinigten Staaten zur Sowjetunion.) Die Büros dieser Beamten liegen ebenso wie das des Ministers im siebten Stockwerk des Außenministeriums. Sie bilden, wenigstens theoretisch, seinen Generalstab. Zur nächsten Rangstufe gehören die stellvertretenden Unterstaatssekretäre. Während meiner Amtszeit gab es fünf für die verschiedenen Regionen der Welt, einen für die internationalen Organisationen und sieben für Fachgebiete wie Wirtschaft, Erziehung und Kultur, die Ozeane und naturwissenschaftliche Fragen, für öffentliche Angelegenheiten, für die Beziehungen zum Kongreß, für die Verwaltung und für Sicherheits- und Konsularfragen. Dann gibt es den juristischen Berater, den politischen Planungsstab und das Büro für Nachrichtendienst und Forschung. Die beiden letzten Abteilungen werden von Beamten mit dem Titel eines Direktors geleitet. Dazu verfügt der Außenminister über ungezählte andere Mitarbeiter mit besonderen Aufgaben – für die Beziehungen zur Presse, für internationale Arbeitnehmerfragen, für die Bekämpfung des Rauschgifthandels, für Flüchtlingsfragen und für Fragen der Menschenrechte. Jeder dieser Beamten untersteht in seinem Fachgebiet theoretisch unmittelbar dem Außenminister. Aber natürlich kann der Minister so vielen Ressorts ihre Aufgaben nicht im einzelnen zuweisen oder sie überwachen. Das müssen ihm seine engeren Mitarbeiter abnehmen.

Wie aus dem Diagramm ersichtlich ist, unterstützen die Unterstaatssekretäre im siebten Stockwerk den Minister bei der Koordinierung der Arbeit auf dem sechsten Stockwerk, wo die stellvertretenden Unterstaatssekretäre untergebracht sind. Aber in Wirklichkeit geht der Dienstbetrieb nicht ganz so geordnet vor sich. Ein Diagramm, aus dem sich die einzelnen Zuständigkeiten genau ablesen lassen, hat sich bisher nicht herstellen lassen. So liegt es zum Beispiel an den betreffenden Persönlichkeiten und dem Arbeitsstil des Ministers, welche Aufgaben sein Stellvertreter übernimmt. Zur Amtszeit von Dean Rusk haben er und George Ball sich die Welt gewissermaßen geteilt. Andere Stellvertreter des Ministers haben, wie Walter Bedell Smith unter Dulles, die Aufgaben des Generalstabschefs übernommen und die Arbeit des ganzen Ministeriums koordiniert. Ich übertrug meinem Stellvertreter die Aufsicht über die Abteilung für Außenwirtschaft und die Fachabteilungen, während ich selbst mit den Regionalbüros zusammenarbeitete.

Die Bedeutung der einzelnen Unterstaatssekretärposten ist verschieden groß. Der Mitarbeiterstab des Unterstaatssekretärs für wirtschaftliche Angelegenheiten ist für seine Aufgaben zu klein; der Unterstaatssekretär für Sicherheitsfragen hat einen zu gewichtigen Titel im Verhältnis zu seinen Verantwortlichkeiten. Der für die Wirtschaft verantwortliche Unterstaatssekretär muß sich mit dem ganzen Fragenkomplex der Außenhandelspolitik beschäftigen, verfügt dabei nur über eine Handvoll von Mitarbeitern und ein Büro (unter einem stellvertretenden Unterstaatssekretär), das viel zu klein ist und in der Hierarchie einen zu niedrigen Rang hat, um sich gegenüber den Ministerien und Behörden durchzusetzen, die auf unsere Außenhandelspolitik Einfluß nehmen. Der Posten des Unterstaatssekretärs für Sicherheitsfragen wurde zu einer Zeit geschaffen, als die Militärhilfe eine größere Rolle spielte als später. Deshalb hat mancher stellvertretende Unterstaatssekretär einen größeren Aufgabenkreis als er. Ich habe ihn dazu eingesetzt, neu entstandene Krisen zu bearbeiten wie zum Beispiel die ersten Phasen der 1973 entstehenden Energiekrise.

Der wichtigste Unterstaatssekretär ist der für politische Angelegenheiten. Das ist traditionsgemäß die höchste der am politischen Entscheidungsprozeß beteiligten Positionen für einen Beamten im Auswärtigen Dienst. Er ist verantwortlich für die interministerielle Koordinierung auf dem politischen Gebiet und vor allem für die Zusammenarbeit der für die einzelnen Regionen verantwortlichen Büros. In der Praxis gibt es zwei Faktoren, die seine Aufgabe erschweren. 1. läßt sich ein Beamter, der den Überblick und die Härte besitzt, die einzelnen Büros zu veranlassen, einem gemeinsamen Konzept zu folgen, nicht leicht finden. Der Unterstaatssekretär für politische Angelegenheiten gerät leicht in die Versuchung, die Verantwortung für ein Operationsgebiet zu übernehmen, das seine Spezialität gewesen ist, und vergrößert dadurch nur die Zahl der Beamten, die ohnedies dem Außenminister direkt unterstehen. 2. werden sich die stellvertretenden Unterstaatssekretäre im allgemeinen dagegen sträuben, daß sich andere Beamte zwischen sie und den Minister stellen; auch sie verlangen, persönlich angehört zu werden. Technisch ist ihnen das auch möglich, denn die Beamten auf dem siebten Stockwerk verfügen jeweils über nur wenige Mitarbeiter. Wenn sie nur einen oder zwei eigene Assistenten haben, dann werden diese Leute allzu leicht Gefangene der ihnen unterstellten

Büros, wenn die Verantwortlichkeiten nicht klar aufgeteilt sind und es dadurch unmöglich wird, sie zu übergehen.

Diese Umstände sind für manche Unklarheiten und die Schwerfälligkeit verantwortlich, die manchen Außenseiter, der mit dem Außenministerium zu tun hat, verwirren. Da das Ministerium immer wieder dazu neigt, in quasi autonome Einzelabteilungen zu zerfallen – und das geschieht besonders unter einem schwachen Minister –, vergeht sehr viel Zeit damit, die Abteilung zu finden, die für eine bestimmte Frage »zuständig« ist. Mit anderen Worten, jedes Büro muß zu jedem Problem konsultiert werden, das nur im entferntesten in seinen Verantwortungsbereich fällt. Keine Abteilung sieht es gern, wenn ihre Entscheidungen von höherer Stelle für ungültig erklärt werden – und in einem solchen Tauziehen will sich auch keine Abteilung wirklich als die stärkere erweisen, denn sie könnte das nächste Mal die schwächere sein. So etwas fördert natürlich die Tendenz zum Kompromiß, die Einigung auf den niedrigsten gemeinsamen Nenner, und lähmt daher die Phantasie.

Überläßt man das Außenministerium sich selbst, dann neigt der Mechanismus der Bürokratie eher zur Passivität als zur Kreativität. Das Ganze kann sich jeden Augenblick in eine riesige Telegramm-Maschine verwandeln. Allzu oft werden politische Entscheidungen als Reaktion auf bestimmte Ereignisse, Beschwerden oder im Ausland entstehende Bedürfnisse von unten her angeregt. Jedes wichtige Land wird von einem Beamten bearbeitet, der den vielsagenden Titel »Direktor« des jeweiligen Landes trägt. So sind einige dieser Beamten augenscheinlich stärker daran interessiert, die Ereignisse in »ihrem« Land zu beeinflussen als an der Gestaltung der Außenpolitik der Vereinigten Staaten. Oder sie neigen vielmehr dazu, beides miteinander zu identifizieren, und werden zu Sprechern des Landes, das ihnen zugeteilt worden ist. Der Direktor einer Länderabteilung entwirft eine Depesche als Reaktion auf eine bestimmte Lage. Er versichert sich der Zustimmung interessierter Dienststellen und reicht die Depesche auf dem Dienstweg nach oben weiter, manchmal mit einem erläuternden Begleitschreiben, oft aber auch ohne jede Erläuterung. Das Begleitschreiben befaßt sich jedenfalls mit dem aktuellen Problem, nimmt besondere Rücksicht auf die örtlichen Verhältnisse, und wenn es verschiedene Optionen darstellen soll, dann ist es in den meisten Fällen eine Empfehlung für die von dem Direktor bevorzugte Lösung. Wenn die Depesche nun alle Klippen überwunden hat und zu den wenigen gehört, denen eine besondere politische Bedeutung zukommt, landet sie schließlich auf dem Schreibtisch des Außenministers. Er weiß nicht, was auf dem Wege zu ihm darin gestrichen worden ist und in welcher Weise der ursprüngliche Vorschlag verändert wurde. Wenn er sich nicht schon selbst mit diesem Thema beschäftigt hat, weiß er auch nicht, was auf längere Sicht mit den hier gemachten Vorschlägen erreicht werden soll. Er kann den Text der Depesche ändern, aber im allgemeinen wird er kaum die dafür notwendige Zeit oder die Detailkenntnisse haben. Er kann sich aber auch weigern, die Depesche abschicken zu lassen, aber wenn er nicht sehr genau aufpaßt, dann wird die Depesche ihm sehr bald in einer leicht veränderten Form wieder vorgelegt werden. (Im Sommer 1976 wurden mir so viele inhaltlich praktisch identische Depeschen zur gleichen Frage vorgelegt, in der ich nichts unternehmen wollte, daß ich dem Drängen des betreffenden Direktors nur Einhalt gebieten konnte, indem ich mit der Versetzung drohte.)

Die schwierigste Aufgabe für jeden Außenminister ist es, in die Papierflut, in der er zu ersticken droht, eine einigermaßen klare Richtung zu bringen. Selbst für mich, der ich mich mein ganzes Leben mit außenpolitischen Fragen beschäftigt hatte und dessen besonderes Interesse diesem Wissensgebiet galt, war es gelegentlich unmöglich, die Übersicht zu behalten. Das System verführt zu Manipulationen. Ein Bürochef, der eine andere Meinung vertritt als der Außenminister, kann eine dringende Angelegenheit im Rahmen dieses Systems erheblich verzögern. So hat der für Afrika zuständige stellvertretende Unterstaatssekretär 1975 zum Beispiel meine Entscheidungen über Angola um fast zehn Wochen hinausgezögert, weil er fürchtete, daß ich etwas nach seiner Auffassung Falsches unternehmen würde. Er ging bei der Vorlage einer Denkschrift, mit deren Abfassung ich ihn beauftragt hatte, so methodisch vor, daß sie erst nach Wochen vorgelegt wurde. Inzwischen war sie so weit entschärft worden, daß meine Mitarbeiter sie zurückgehen ließen und den Verfasser aufforderten, sich präziser auszudrücken – was den Wünschen des Bürochefs mehr entsprach als meinen eigenen. Andererseits erlaubt es dieses System dem Stekkenpferd eines Beamten, wenn er es taktisch richtig zu plazieren weiß, sehr rasch alle bürokratischen Hürden zu nehmen und die Zustimmung des Außenministers zu gewinnen, der mit den Fachausdrücken in einer solchen Depesche nicht vertraut ist und sich nicht vorstellen kann, welche Folgen die vorgeschlagene Maßnahme haben wird.

Ich habe das Amt des Außenministers zu lange Zeit nach Beginn der zweiten Amtsperiode Nixons übernommen, um das Ministerium noch von Grund auf umzugliedern. Wenn das notwendig ist, dann sollte es bei Beginn der ersten Amtszeit eines Präsidenten geschehen. Im Rahmen einer solchen Umgliederung sollte jedes Büro einem Unterstaatssekretär unterstellt werden; der stellvertretende Außenminister müßte die Freiheit haben, als Alter ego des Ministers zu handeln, und es sollte auf dem siebten Stockwerk ein offizieller Apparat geschaffen werden, der eine außenpolitische Linie entwickeln kann, um langfristige Ziele anzusteuern.

In einer Regierung, die durch Watergate angeschlagen und durch einen Krieg im Nahen Osten erschüttert wurde, der zwei Wochen nach meiner Bestätigung im Amt ausbrach, kam eine Umgliederung des Außenministeriums durch gesetzgeberische Maßnahmen nicht in Frage. Ich versuchte deshalb, die Zusammenarbeit durch drei Schritte zu festigen. Erstens bemühte ich mich darum, der wichtigsten Verantwortung des Chefs eines Ministeriums gerecht zu werden: Jeder Untergebene sollte veranlaßt werden: Leistungen zu erbringen, deren er sich selbst nicht für fähig gehalten hätte. Ich verlangte geschliffene und inhaltlich ausgereifte schriftliche Vorlagen und stellte unbarmherzig hohe Anforderungen an meine Mitarbeiter. Viele konnten das Arbeitstempo oder meine persönliche Art nicht vertragen und traten von ihren Posten zurück. Von ihnen stammen zahlreiche unfreundliche öffentliche Äußerungen über meine Führungsmethoden. Aber die Mitarbeiter, die an ihren Posten blieben, und das waren die meisten, haben sich in vorbildlicher Haltung den Herausforderungen gestellt, und mit vielen von ihnen verbindet mich noch heute eine herzliche Freundschaft. Die analytische Arbeit innerhalb des Ministeriums wurde zusehends besser.

Zweitens besetzte ich Positionen, die sich mit langfristigen Planungen beschäftigen mußten, mit bewährten Mitarbeitern aus dem Stab des Nationalen Sicherheitsrats. Sie waren mit meinen Methoden vertraut und hatten begriffen, weshalb strategische Fragen für mich die wichtigsten waren. Helmut Sonnenfeldt übernahm als Sonderberater und Verantwortlicher für die Ost-West-Beziehungen einen Posten, auf dem er die Möglichkeit hatte, ungehindert zu wirken. Später hat man ihm »Weichheit« vorgeworfen. Das ist absurd und zeigt, daß seine Kritiker nicht die geringste Ahnung davon hatten, was dieser hervorragende Beamte geleistet hat. Ich habe in meinen Memoirenbänden immer wieder aus seinen scharfsinnigen Analysen zitiert, die sich auch noch nach Jahren als gründlich, zutreffend und klug erweisen.

William G. Hyland übernahm das Büro für Nachrichtendienst und Forschung. Dieser brillante Analytiker hatte seine Ausbildung in der CIA genossen. Er verstand es, alle Informationen und Meinungen mit der notwendigen Skepsis und großer Fachkenntnis zu prüfen, und sorgte dafür, daß die nachrichtendienstlichen Erkenntnisse die politischen Entschlüsse leiteten und nicht den Erwartungen der Politiker angepaßt wurden.

Zwei andere tüchtige Mitarbeiter aus dem Weißen Haus, mit denen mich eine aufrichtige Freundschaft verband und die ich ebenfalls in das

Außenministerium mitnahm, waren Lawrence Eagleburger und Winston Lord. Eagleburger war ein geschickter Menschenführer und Organisator. Als erfahrener Beamter im Auswärtigen Dienst kannte er die Schwächen seiner Kollegen und ließ sich nicht durch ihre Engstirnigkeit beeinflussen. Sein ganzes Interesse gehörte dem Auswärtigen Dienst; er hat es mit seiner Hingabe verstanden, eine großartige Einrichtung daraus zu machen. Zunächst arbeitete er als mein persönlicher Assistent, später als stellvertretender Unterstaatssekretär für die Verwaltung und sorgte dafür, daß organisatorische Initiativen in die Tat umgesetzt wurden. Wenn er es für notwendig hielt, hat er sich mir auch widersetzt. Er vertrat mutig seine Überzeugungen und war einer der hervorragendsten Staatsbeamten, die ich kennengelernt habe.

Als neuer Direktor des politischen Planungsstabes war Winston Lord vor allem dafür verantwortlich, dem begrifflichen Denken Anstöße zu geben. Er hatte schon im Weißen Haus im Rahmen wichtiger Vorhaben mit mir zusammengearbeitet, unter anderem auch bei der Wiederaufnahme neuer Beziehungen zu China und bei den Vietnam-Verhandlungen. 1970 hat ihn unser Vorstoß nach Kambodscha fast zum Rücktritt veranlaßt. Ich habe ihn damals gebeten, zu überlegen, daß, wenn alle jungen Männer seiner Generation ihren Idealismus nur in Protesten artikulierten, niemand mehr übrigbleiben würde, um eine bessere Welt aufzubauen. Ich sagte ihm, er werde seinen Grundsätzen besser dienen können, wenn er innerhalb der Regierung für die Beendigung des Krieges arbeitete, als wenn er von außen eine Protesthaltung einnähme. Ich war froh, als er sich zum Bleiben entschloß – was in nicht geringem Maß auch der Einfluß seiner wunderbaren, charakterfesten Frau Bette bewirkt hat. Er wurde zu einem meiner wertvollsten Mitarbeiter, meinem zweiten Gewissen und einem guten Freund. Kaum jemand hat meine Ansichten so gut gekannt wie er. Sein Gesichtskreis beschränkte sich nicht auf regionale Probleme, sondern war global und umfassend. Ich erlaubte ihm, für seinen Stab die geeignetsten Männer und Frauen auszusuchen. Er und seine Mitarbeiter überprüften die meisten an mich gerichteten Depeschen daraufhin, ob sie mit unserer politischen Linie übereinstimmten, und er beschaffte mir schriftliche Unterlagen für Entscheidungen über grundsätzliche und sich langfristig auswirkende Fragen, die von den operativen Abteilungen oft übersehen wurden oder nicht beschafft werden konnten. Zusammen mit Peter W. Rodman halfen Lord und seine Mitarbeiter mir beim Aufsetzen von Reden, in denen ich die Grundlagen und Ziele unserer Außenpolitik zu erläutern suchte.

Peter Rodman hatte eine der hervorragendsten Dissertationen verfaßt, die mir als Harvard-Professor vorgelegt worden sind. Nach Beendigung seines Jurastudiums in Oxford kam er im Sommer 1969 zu mir in den Stab des Nationalen Sicherheitsrats. Nach meiner Ernennung zum Außenminister blieb er als inoffizieller Verbindungsmann zu meinem Büro im Weißen Haus. Als selbstloser, unermüdlicher und hochintelligenter Mitarbeiter hat er sich so unentbehrlich gemacht, wie dies im Rahmen eines so umfangreichen Regierungsapparates möglich ist. Sein Aufgabengebiet läßt sich nicht ohne weiteres umschreiben. Er hat sich nicht nur als Redenschreiber ausgezeichnet, sondern war auch mein offizielles Gedächtnis. Darüber hinaus beschäftigte er sich mit Forschungsvorhaben und achtete darauf, daß alles, was bei Verhandlungen oder an der Öffentlichkeit gesagt wurde, mit früher gemachten Erklärungen zum gleichen Thema und mit unseren internen Planungen übereinstimmte. Er hat an fast allen vertraulichen Gesprächen teilgenommen, offiziell als Protokollführer, in Wirklichkeit als mein Vertrauter und Berater. Dadurch war er, auch wenn er von der Öffentlichkeit kaum beachtet worden ist, meine große Stütze während meiner Amtszeit als Außenminister.

Drittens stellte ich aus dieser Gruppe, dem stellvertretenden Außenminister, dem Unterstaatssekretär für politische Angelegenheiten und den stellvertretenden Unterstaatssekretären für die Regionen eine Art politischen Planungsstab zusammen, der mich dabei unterstützte, die außenpolitische Strategie zu entwerfen. Mit diesem Gremium erörterte ich praktisch jeden Tag die anstehenden wichtigsten Probleme. Aber die strukturellen Mängel des Außenministeriums haben sich während meiner ganzen Amtszeit nicht beheben lassen.

Der Auswärtige Dienst

Daß die Außenpolitik der Vereinigten Staaten während dieser Zeit erfolgreich gewesen ist, habe ich jedoch in nicht geringem Maße Männern und Frauen zu verdanken, die in neuerer Zeit stets die eigentliche Basis der Arbeit des Außenministers gebildet haben, dem Auswärtigen Dienst der Vereinigten Staaten.

Auf einer Ebene ist das relativ einfach, die Maschinerie des Außenministeriums in den Griff zu bekommen. Die klaren Anweisungen des Ministers werden gewissenhaft befolgt, wenigstens zu Beginn, weil der Auswärtige Dienst von der Voraussetzung ausgeht, daß der Minister seine Unterstützung verdient hat – bis man geprüft hat, wo die Grenzen seiner Toleranz liegen. Die Schwierigkeit besteht darin, daß es nicht immer einfach ist, Anweisungen in unmißverständlicher Form zu artikulieren. Die tüchtigen, stolzen, standesbewußten und eifrigen Beamten des Auswärtigen Dienstes stellen sehr bald fest, wo die Orientierungslücken ihres Chefs oder die Grenzen seiner Geduld liegen, und sie füllen sie mit Empfehlungen aus, die den Erfahrungen einer über lange Zeit eng verbundenen Gemeinschaft entsprechen. Sie sind mit Recht stolz auf ihren Professionalismus und verabscheuen es, wenn Außenseiter in ihre Reihen eindringen. Leider betrachten sie auch manchmal einen neuen Außenminister als Eindringling – wenn der Betreffende nach ihrer Auffassung nicht fähig gewesen wäre, den harten Anforderungen der normalen Laufbahn im Auswärtigen Dienst zu genügen.

In den Händen eines energischen Außenministers kann der Auswärtige Dienst ein hervorragendes Instrument sein, denn seine Angehörigen sind gut orientierte, taktvolle und tatkräftige Persönlichkeiten. Sie müssen allerdings ständig beaufsichtigt werden, damit sie nicht durch Überzeugungen, derentwegen sie diesen entsagungsvollen Beruf ergriffen haben, verleitet werden, Entscheidungen vorwegzunehmen. In Amerika gibt es die etwas primitive Vorstellung, daß unsere Berufsdiplomaten geckenhafte Snobs in gestreiften Hosen mit internationalistischen Auffassungen seien, die sich nicht genug darum bemühten, unsere nationalen Interessen wahrzunehmen. Darin soll häufig eine Ursache für die Schwierigkeiten liegen, die wir als ihre Auftraggeber im Ausland hätten. Politiker aller Schattierungen haben immer wieder von der Notwendigkeit einer »Säuberung« des Außenministeriums gesprochen. Mehrere Außenminister haben ihr Amt in der Absicht angetreten, es zu tun. Aber ich kenne keinen, der nach seinem Ausscheiden die pflichtbewußten Männer und Frauen nicht bewundert hätte, die im Auswärtigen Dienst für die Kontinuität und sachliche Durchführung unserer Außenpolitik sorgen. Ich habe das Außenministerium als Skeptiker übernommen und es als Bekehrter verlassen – mit der vielleicht nicht ganz ausgewogenen Überzeugung eines Mannes, der auf dem Weg zur Wahrheit ein Vorurteil aufgegeben hat.

Bis zur sogenannten Wriston-Reform 1954 war der Auswärtige Dienst eine kleine Elite-Organisation, aus der sich das Personal unserer diplomatischen Vertretungen in Übersee rekrutierte und aus deren Reihen einige Schlüsselpositionen im Außenministerium besetzt wurden. Die offizielle Bezeichnung Auswärtiger Dienst der Vereinigten Staaten bedeutete, daß es sich um ein Instrument des Präsidenten handelte. In der Praxis war jedoch der Außenminister der höchste Vorgesetzte dieser Beamten. Vor Einführung der Reformen war das Außenministerium mit zwei Typen von Beamten besetzt, denen, die ständig in Washington bleiben und als reguläre Beamte im Staatsdienst arbeiteten, und denen, die abwechselnd in den Vereinigten Staaten und in Übersee eingesetzt wurden, es aber im allgemeinen vorzogen, in den Botschaften beschäftigt zu werden – im traditionellen Auswärtigen Dienst. Während jener Zeit kamen die Angehörigen des Auswärtigen Dienstes in den meisten Fällen aus der vorwiegend protestantischen Oberschicht. Sie hatten die angesehenen Privatschulen des Establishments im Osten besucht und gehörten, kurz gesagt, zu der Gesellschaftsschicht, die sich am meisten dafür interessierte, daß die Vereinigten Staaten auf internationaler Ebene eine Rolle spielten. Viele dieser Leute verfügten über die finanziellen Mittel, ein Leben zu führen, das sie sich mit den vom Staat bezahlten Gehältern nicht hätten leisten können.

Mit den Wriston-Reformen wurde der Auswärtige Dienst vereinheitlicht. Jetzt war es nicht mehr möglich, nur noch in Washington oder im Ausland zu arbeiten. Jeder Beamte mußte entweder in den Auswärtigen Dienst eintreten oder darauf verzichten, im Rahmen des Außenministeriums Karriere zu machen. Die meisten entschieden sich zu bleiben. Hinter diesen Reformen stand eine vernünftige Idee. Solange das alte System galt, begriffen die Beamten in Washington, die den Botschaften ihre Anweisungen übermittelten, nicht immer, was es bedeutete, in vorderster Front zu stehen. Und Diplomaten, die nur im Ausland lebten, verloren im Lauf der Zeit das Gefühl dafür, wie die Dinge aus der Perspektive Washingtons aussahen. Sie hatten kaum die Gelegenheit, mit dem Kongreß umzugehen oder ihre Erfahrungen beim Tauziehen mit anderen Behörden zu machen. Sie verloren den Kontakt mit Amerika und konnte es daher im Ausland nicht mehr so gut repräsentieren. (Man stelle sich zum Beispiel vor, irgend jemand habe die Vereinigten Staaten 1970 verlassen und lebte nun schon zehn Jahre ununterbrochen im Ausland, wollte aber jetzt versuchen, einem Ausländer die Verhältnisse in den Vereinigten Staaten zu schildern.)

Die Wriston-Reformen wollten erreichen, daß die Angehörigen des Auswärtigen Dienstes ihre Kenntnisse erweiterten und über die Vereinigten Staaten ebensogut unterrichtet waren wie über die Gegebenheiten in Übersee. Der Beamte, der im Außenministerium Depeschen mit Anweisungen für unsere diplomatischen Vertretungen verfaßte, konnte sich jetzt vorstellen, was es hieß, diese Anweisungen auszuführen. Und der Diplomat in Übersee würde nun eine Vorstellung von den Gegebenheiten innerhalb der amerikanischen Gesellschaft haben und wissen, wo Prioritäten und Behörden in Konflikt gerieten, und damit die Probleme verstehen, die im Mittelpunkt jeder Regierungstätigkeit stehen.

Mit Einführung der Reformen wurden alle Schlüsselstellungen im Ministerium mit Karrierediplomaten besetzt. Mit Ausnahme der höchsten politischen Ebene erfolgte die Beförderung über die Stufen einer zunehmend erweiterten Verantwortlichkeit im Auswärtigen Dienst.

Daneben haben sich die einzelnen Außenminister energisch darum bemüht, die Basis des Auswärtigen Dienstes zu erweitern und dafür zu sorgen, daß seine Angehörigen das ganze amerikanische Volk besser repräsentierten. Deshalb wurden auch Frauen, Mitglieder ethnischer und rassischer Minderheiten und Personen in den Auswärtigen Dienst aufgenommen, die aus den verschiedensten Gegenden der Vereinigten Staaten stammten und nicht nur die schulische und akademische Standardausbildung ihrer Vorgänger genossen hatten.

Erstaunlicherweise hat sich die auf bestimmten Wertvorstellungen gegründete Struktur der früheren Periode trotz aller Neuerungen erhalten. Der Auswärtige Dienst blieb bewußt elitär. Ein Posten im Ausland, besonders der eines Botschafters, wurde höher bewertet als fast jeder andere in Washington – zum Teil, weil der Dienst im Ausland besser bezahlt wurde, aber vor allem, weil die Männer und Frauen, die diesen Beruf wählten, wirklich daran interessiert waren, die guten Beziehungen der Vereinigten Staaten zu der uns umgebenden Welt zu fördern. Daß man diese Diplomaten in Amerika oft als verweichlichte Gesellschaftslöwen kritisierte, hatte zur Folge, daß sie sich nur noch enger zusammenschlossen und eine besondere Solidarität entwickelten. Dieser Zusammenhalt wurde gestärkt durch gemeinsame Erfahrungen in entfernten Weltgegenden, die der gewöhnliche Staatsbeamte nie zu Gesicht bekam, mit denen jedoch der Auswärtige Dienst verbunden war – aber auch die Vorgesetzten dieser Diplomaten in Washington konnten kaum die gleichen Erfahrungen machen. Diese Haltung – und das kann nicht deutlich genug gesagt werden – entwickelte sich bei einer wirklich ausnehmend tüchtigen und hingebungsvoll arbeitenden Gruppe von Männern und Frauen, für die es nur natürlich war, daß sie sich als Elite betrachteten, denn um in den Auswärtigen Dienst aufgenommen zu werden, mußten sie das schwerste und umfassendste schriftliche und mündliche Examen bestehen, das zum Abschluß irgendeiner Berufsausbildung gefordert wird.

Die Einstellung der Angehörigen unseres Auswärtigen Dienstes zu den Problemen der Außenpolitik war trotzdem weitgehend von den geschichtlichen Erfahrungen Amerikas und der daraus resultierenden Grundhaltung bestimmt. Der Auswärtige Dienst war in den ersten Jahren unserer Geschichte entstanden, als noch keine direkte physische Bedrohung der Sicherheit Amerikas erkennbar war. Die Auslandsbeziehungen der Vereinigten Staaten wurden nach damaliger Auffassung weniger vom nationalen Interesse bestimmt – das hätte man für moralisch anfechtbar und kurzsichtig gehalten – als von aufklärerischen Ideen über die Freiheit des Handelns und die Verwirklichung moralischer oder wenigstens legaler Grundsätze. Wir glaubten, es sei allein unsere Sache, zu entscheiden, ob wir uns in Vorgänge außerhalb der Grenzen der Vereinigten Staaten einschalten sollten oder nicht. Wir waren bereit, uns für die Abwehr wirklich großer Gefahren zu engagieren, wollten aber nicht die Verantwortung dafür übernehmen, daß das Gleichgewicht der Kräfte durch unser tägliches Mitwirken aufrechterhalten wurde. Wir neigten sogar dazu, die Bedeutung dieses Gleichgewichts zu bestreiten, und suchten unsere moralische Überlegenheit damit unter Beweis zu stellen, daß wir erklärten, es sei eine der Ursachen für die bestehenden internationalen Spannungen. Amerikanische Diplomaten erklärten, daß sie auf das internationale Recht vertrauten. Sie interessierte eher die Frage, ob ein anderer Staat völkerrechtswidrig gehandelt hatte, als ob dieses Handeln das internationale Gleichgewicht der Kräfte und damit auch unsere Sicherheit auf lange Sicht gefährdete. Niemand verlangte von den Diplomaten, ein geopolitisches Konzept zu entwickeln; deshalb weigerten sie sich, begrifflich zu denken, und erklärten, das seien Anschauungen, die Amerika längst überwunden hätte.

Bis zum Ende des Zweiten Weltkrieges betrachtete sich der Auswärtige Dienst als ein Instrument, mit dessen Hilfe Verhandlungen geführt wurden, sah aber seine Aufgabe nicht darin, eine außenpolitische Linie zu entwickeln. Es kam unseren Diplomaten daher mehr darauf an, konkrete und aktuelle Probleme zu lösen, als eine Strategie zu entwickeln und die Ereignisse zu beeinflussen. Langjährige Erfahrungen im Auslandsdienst erzeugten eine größere Sensibilität für die immateriellen Gegebenheiten fremder Gesellschaften als für diejenigen in unserer eigenen. Da sich die Beamten im Auswärtigen Dienst der isolationistischen Tradition in Amerika bewußt waren, neigten sie dazu, diese auszugleichen, indem sie sich zu Sprechern der Länder machten, in denen sie akkreditiert waren oder für die sie im Außenministerium verantwortlich waren. Diese Haltung bezeichnet man im Ministerium als die Krankheit der »Lokalitis« oder des »Klientismus«. Ein Beamter im Auswärtigen Dienst macht sich das Leben leichter und angenehmer, wenn er dem Land, in dem oder für das er arbeitet, angenehme Nachrichten übermitteln kann. Er wird dann zum Beispiel bei auftretenden Meinungsverschiedenheiten besser unterstützt oder zu einem Gespräch mit dem Präsidenten eingeladen werden. Ein Diplomat im Ausland steht vor dem gleichen Dilemma wie ein Kongreßabgeordneter. Wie weit darf er sich hinter die Auffassungen seiner Wähler stellen und versuchen, sie durchzusetzen, ohne dabei zu riskieren, daß man ihm Engstirnigkeit vorwirft – gar nicht davon zu reden, daß er auf diese Weise seine Glaubwürdigkeit in Washington verlieren kann? Wie sehr soll er sich um einen Gesamtüberblick bemühen, den die Realität dem Präsidenten und dem Außenminister abverlangt – und dabei riskieren, die lokalen Interessen außer acht zu lassen, die sie berücksichtigen müssen, wenn sie Entscheidungen treffen? Er weiß, daß andere Botschafter oder Länderdirektoren sich energisch für ihre Klienten einsetzen, während er versucht, »fair« zu sein.

Im Auswärtigen Dienst spielt der Begriff der Verhandlungsfähigkeit eine große Rolle. Mit anderen Worten, es ist wichtig sich bewußt zu sein, was die andere Seite noch akzeptieren wird. Man hat aber weniger Verständnis dafür, mit welchen Druckmitteln oder Anreizen man – wenn man sich nicht scheut, sie anzuwenden – die Vorstellungen verändern kann, die ihrerseits die Verhandlungsfähigkeit eines Vorschlags bestimmen. Seinem Wesen nach neigt der Auswärtige Dienst eher zur Vorsicht als zur Risikobereitschaft; er beschäftigt sich lieber mit der Methodik der Diplomatie als mit ihren Absichten, mit bestimmten Verhandlungstaktiken, aber weniger gern mit der großen Linie, und ihm sind kurzfristig zu lösende Probleme lieber als die Beschäftigung mit der Frage, welche Folgen bestimmte Maßnahmen auf längere Sicht haben können.

In der Geschichte werden außenpolitische Erfolge in den meisten Fällen am höchsten gewertet, wenn sie von Persönlichkeiten errungen worden sind, denen die Fachleute widersprochen haben; das gilt für alle Länder. Schließlich liegt es in der Verantwortlichkeit der Experten, sich mit ihnen vertrauten Dingen zu beschäftigen, aber der politisch verantwortliche Führer muß über diesen Horizont hinausdringen. Das Außenministerium braucht eine starke und beharrliche Führung, deren Handeln von klaren Grundsätzen geleitet sein und bestimmte Ziele verfolgen muß. Häufige Richtungswechsel in der amerikanischen Außenpolitik demoralisieren den Auswärtigen Dienst ebenso wie die anderen Nationen. Ein Außenminister, der die Komplexität seines Amtes nicht begreift oder ständig über die elementarsten Probleme unterrichtet werden muß, wird damit den Horizont der Diplomaten im Auswärtigen Dienst in gefährlicher Weise einengen. Dann würde auch die so oft empfohlene Generalreinigung nichts bewirken können. Jede andere Gruppe hätte wahrscheinlich sehr bald die gleichen Vorurteile, die ihre Wurzeln schließlich in unserer Gesellschaft und in unserer Geschichte haben. Eine Atmosphäre der Furchtsamkeit würde eine gesunde Entwicklung zum Stillstand bringen. Aber unter einem starken Außenminister – wie Dean Acheson – ist der Auswärtige Dienst ein wunderbares Werkzeug und jeder einzelne absolut zuverlässig.

Da die Angehörigen des Auswärtigen Dienstes in den gleichen Vorstellungen und Vorurteilen befangen waren wie die Gesellschaft, die sie vertraten, mußten sie sich ebenso wie diese nach dem Krieg in einem oft schmerzlichen Prozeß an eine neue Welt anpassen – eine in unserer Geschichte beispiellose Erfahrung. Nachdem die Vereinigten Staaten im entscheidenden Augenblick zur Verteidigung der Freiheit in den Krieg eingegriffen hatten, ist es seit 1945 ihre Aufgabe gewesen, das globale Gleichgewicht der Kräfte zu erhalten. Unsere Diplomatie muß bereit sein, aufgrund von Lagebeurteilungen zu handeln, deren Richtigkeit sich zunächst nicht nachweisen läßt. Wir müssen Grenzsituationen vermeiden, denn wenn wir warten, bis die Herausforderung klar erkennbar geworden ist, dann kann es auch geschehen, daß wir nicht mehr damit fertig werden. Das alles erfordert eine viel größere Selbstsicherheit, Intuition und Wagemut, vor allem aber ein klareres begriffliches Denken, als wir es bisher gewohnt waren.

Ich habe meine Vorurteile sehr bald aufgegeben und erkannt, daß eine schöpferische Außenpolitik der Vereinigten Staaten ohne den Auswärtigen Dienst nicht möglich ist, aber erst recht nicht gegen ihn. Wir hatten die gemeinsame Aufgabe, uns gegenseitig zu erziehen und dabei unserer Gesellschaft ihre eigene neue Lage begreiflich zu machen. Dabei ist es mir bald klargeworden, daß es auf der ganzen Welt keinen Außenminister gibt, dem eine so schöpferische, tüchtige, fachlich geschulte und loyale Gruppe von Männern und Frauen zur Verfügung steht.

Die vier Wochen von meiner Ernennung bis zu meiner Bestätigung nutzte ich dazu aus, im Auswärtigen Dienst eine systematische Suche nach talentierten Mitarbeitern zu veranstalten. Trotz aller Klischeevorstellungen von meiner angeblichen Feindschaft gegenüber dem Behördenapparat stammten die meisten Persönlichkeiten, die ich in meiner Amtszeit auf entscheidende Posten berufen habe, aus dem Auswärtigen Dienst. Dabei habe ich diejenigen befördert, die die Achtung ihrer Vorgesetzten genossen und zu den tüchtigsten jungen Männern und Frauen gehörten, und mich darum bemüht, den vor mir abgelösten Beamten eine sinnvolle Tätigkeit zuzuweisen, darunter auch einigen, die sich aus Loyalität gegenüber Rogers gegen meine Ernennung ausgesprochen haben.

Der Auswärtige Dienst hat in meiner Amtszeit zweifellos Hervorragendes geleistet. Seine Beamten haben zu mir gehalten, wenn ich angegriffen wurde, meine Erfolge ermöglicht und sind nicht für meine Mißerfolge verantwortlich zu machen.

Die größte Herausforderung bei der Übernahme des Außenministeriums war es für mich, den Erwartungen gerecht zu werden, denen ich meine Ernennung zu verdanken hatte. Ich mußte angesichts der zunehmenden Schwäche unserer Exekutive eine starke Außenpolitik ermöglichen und den höchsten Kabinettsposten dazu verwenden, die Hoffnung auf eine Zukunft lebendig zu erhalten, die den Idealen unserer Nation mitten in einer politischen Krise gerecht wurde, wie sie in der neueren Geschichte der Vereinigten Staaten ohne Beispiel ist. In der Ansprache nach Übernahme meines Amtes im Ostzimmer des Weißen Hauses wollte ich erläutern, welche Aufgaben mir für meine Amtsführung am wichtigsten erschienen. Angesichts des Verfalls der Regierungsautorität mußten wir Gelassenheit, Stärke und Zielstrebigkeit beweisen, um unsere Gegner zu entmutigen und die Hoffnungen derer zu stärken, die sich auf uns verließen.

Wenn man sich von geschichtlichen Erfahrungen leiten lassen wollte, dann mußte man jetzt mit Krisen rechnen. Wir würden diese Krisen nur überstehen können, wenn das amerikanische Volk in unserer Außenpolitik das Streben nach Frieden und internationaler Ordnung erkannte, und zwar nicht nur als taktische Reaktion auf die durch die Schwäche der Exekutive veranlaßte Auflehnung. Wir mußten Vorstellungen entwickeln, die das elende Schauspiel des Zerfalls des Präsidentenamtes in die richtige Perspektive rückten, das täglich die Schlagzeilen und Nachrichtensendungen beherrschte. Jetzt kam es vor allem darauf an, die Amerikaner und unsere Freunde in der ganzen Welt davon zu überzeugen, daß unsere Regierung funktionsfähig war und die Lage beherrschte.

Aus diesem Grund bereitete ich mich darauf vor, während der ersten zwei Wochen als Außenminister drei Reden zu halten. Achtundvierzig Stunden nach meiner Vereidigung sprach ich vor der Generalversammlung der Vereinten Nationen. Da ich es nicht für richtig gehalten hatte, mich schon vor meiner Vereidigung an die Angehörigen des Außenministeriums zu wenden, wurde meine Ansprache unter erheblichem Druck innerhalb von etwa sechsunddreißig Stunden fertiggestellt. Am Abend zuvor überarbeitete ich drei Versionen, und dabei erlebten meine Mitarbeiter und Sekretärinnen im Außenministerium zum erstenmal, wie hohe Anforderungen ich an meine Untergebenen stellen konnte. Als alles erledigt war, drohte die Technik sich für diese Überbeanspruchung zu rächen. Ich stand am Eingang meines Büros vor dem Hotel Waldorf Towers und wartete ungeduldig darauf, durch die ganze Stadt zu den Vereinten Nationen fahren zu können. Der endgültige

Text meiner Rede mußte noch fotokopiert werden. Meine neue Sekretärin, Jane Rothe, teilte mir tapfer mit, eine Seite des einzigen mit der Maschine geschriebenen Entwurfs sei in dem überhitzten Kopiergerät verbrannt. Das Original war eingelegt worden und nicht wieder herausgekommen. Zum Glück hatten wir noch die mit der Hand geschriebenen Seiten. Jane setzte sich in aller Ruhe hin und schrieb die fehlende Seite noch einmal ab. Mein erster Auftritt vor der Generalversammlung der Vereinten Nationen konnte nicht dramatischer sein als diese Vorbereitungen.

In meiner Ansprache forderte ich die Nationen der Welt auf, »mit uns von der Entspannung zur Zusammenarbeit voranzuschreiten, von der Koexistenz zur Gemeinschaft«. Dann nannte ich die Hauptziele unserer Außenpolitik, was einen vor diesem Forum verpflichtet, jede wichtige Region und jeden Unruheherd in einem mehr oder weniger bedeutsamen Satz zu erwähnen. Einen Teil der Welt auszulassen könnte zu einem diplomatischen Zwischenfall führen. Oft ist Banalität der bessere Teil der Tapferkeit. (In meiner Unerfahrenheit vergaß ich diesen Grundsatz und erwähnte Europa nicht. Ich mußte den Preis dafür bezahlen; mein Versehen wurde in den Katalog meiner Fehler aufgenommen.) Weniger streng hielt ich mich an die Konventionen, als ich zur internationalen Zusammenarbeit auf vielen Gebieten aufrief und damit nachzuweisen suchte, wie sehr alle Nationen in der modernen Welt voneinander abhängig sind:

> Wir sind in der Tat Mitglieder einer Gemeinschaft, die durch die moderne Wissenschaft, die Technologie und neue Formen der Kommunikation so eng zusammengerückt ist, daß die politischen Verhältnisse diesem Zustand noch nicht gerecht werden können. Die Technologie überholt täglich die Fähigkeit unserer Institutionen, mit ihren Erzeugnissen fertig zu werden. Unsere politische Vorstellungskraft muß unsere wissenschaftlichen Erkenntnisse einholen.

Wie ich Senator Humphrey versprochen hatte, machte ich den Vorschlag, 1974 eine Welternährungskonferenz einzuberufen. Ich erklärte, die Vereinigten Staaten seien bereit zu sagen, welche Verantwortung sie im Dialog zwischen reichen und armen Nationen im Geist der Menschlichkeit und einer fruchtbaren Zusammenarbeit übernehmen wollten.

Am 8. Oktober hielt ich in Washington auf der Pacem-in-Terris-Konferenz eine gründlich vorbereitete Rede. Im siebten Kapitel habe ich aus dem Teil zitiert, der sich mit den Beziehungen zwischen den Vereinigten Staaten und der Sowjetunion beschäftigte. Mein Hauptthema war jedoch ein Aufruf zu einem neuen nationalen Konsensus im Hinblick auf die Rolle Amerikas in der Welt. Es war zu Meinungsverschiedenheiten darüber gekommen, daß die Administration das Gleichgewicht der Kräfte so sehr in den Vordergrund gestellt hatte, und man hatte diese meine Auffassung von der Weltpolitik als moralisch gebrandmarkt. Nun versuchte ich, die Beziehungen zwischen Moral und Pragmatismus philosophisch zu definieren:

> In diesem Land ist seit jeher das Gefühl für eine missionarische Aufgabe lebendig gewesen. Amerikaner sind immer überzeugt gewesen, Amerika bedeute mehr und Höheres als seine materiellen Leistungen. Eine rein pragmatische Politik böte anderen Nationen keine Kriterien, unsere Leistungen zu beurteilen, und keine hohen Ziele, die zu erreichen das ganze amerikanische Volk bestrebt sein könnte.
>
> Aber wenn die Politik übermäßig moralistisch wird, kann sie illusionär oder gefährlich werden. Ein angebliches Monopol auf die absolute Wahrheit behindert Verhandlungen und Ausgleich. Man verzichtet unter solchen Umständen auf befriedigende Ergebnisse, weil man nie zu erreichende Ideallösungen anstrebt. Der politische Erfolg fällt wirkungslosen Gesten oder abenteuerlichen Kreuzzügen zum Opfer.
>
> Die Voraussetzungen für eine fruchtbare öffentliche Diskussion sind das Verständnis der Politiker und ihrer Kritiker für die Perspektiven der anderen Seite und die Achtung vor den Absichten des anderen. Der Politiker muß begreifen, daß der Kritiker verpflichtet ist, auf Mängel hinzuweisen, um falsche Voraussetzungen in Frage zu stellen und zum richtigen Handeln anzuregen. Aber ebenso sollte sich auch der Kritiker der Tatsache bewußt sein, daß der Politiker vor komplexen Aufgaben steht und es schwer hat, die richtigen Entscheidungen zu treffen. Der Politiker muß sich um die bestmögliche praktische und nicht nur vorstellbare Lösung bemühen. Er muß handeln, wenngleich ihm noch nicht die Informationen zur Verfügung stehen, die dem Analytiker später die Kritik erleichtern. Er weiß – oder sollte wissen –, daß er für die Folgen der Katastrophe ebenso verantwortlich ist wie für die des Erfolges. Er wird sich unter Umständen gezwungen sehen, seine Ziele zurückzustecken, und zwar nicht, weil sie nicht erstrebenswert sind, sondern weil das Risiko des Scheiterns größer ist als die Erfolgschancen. Oft wird er sich mit allmählichen Fortschritten zufriedengeben müssen, sosehr er sich den sofortigen Durchbruch wünschen mag. Er muß mit anderen Kompromisse schließen, und das bedeutet in gewisser Weise auch den Kompromiß mit sich selbst.

Wir hatten noch immer gute Zukunftsaussichten. Ich war überzeugt, eine vernünftige Diskussion könnte dazu beitragen, daß die Nation das innere Gleichgewicht zurückgewann. Unser historischer Idealismus wies uns die sicherste Marschrichtung durch die neuen, vor uns liegenden Gefahren. Am 4. Oktober sprach ich im Metropolitan Museum of

Art in New York bei einem Essen vor den Delegationen, die an der Generalversammlung der Vereinten Nationen teilnahmen:

> Von allen Spezies, die diesen Planeten bewohnen, hat allein der Mensch sich seine Leiden selbst auferlegt.
>
> Im Zeitalter der potentiellen nuklearen Weltkatastrophe, in einem Zeitalter der ideologischen Konflikte und unmittelbaren Kommunikationsmöglichkeiten ist es unsere dringendste Aufgabe, diese augenscheinlich eiserne historische Gesetzmäßigkeit zu überwinden. Die Vision von einer Völkergemeinschaft auf dieser Welt, die sich auf Gerechtigkeit und nicht auf Macht gründet, ist das unbedingte Bedürfnis unseres Zeitalters ...
>
> Ich versichere Ihnen, daß die Vereinigten Staaten bereit sind, den Weg zu einer die Welt umfassenden Völkergemeinschaft zu gehen. Auch wenn wir nur gemessenen Schrittes vorankommen, wird sich unser Blickfeld erweitern. Wir werden keine unerfüllbaren Versprechungen machen, aber wir werden jedes Versprechen, das wir machen, erfüllen. Wir betrachten die Stabilität als Brücke zur Verwirklichung menschlicher Träume und nicht als Selbstzweck. Wir wissen, daß der Friede sich verwirklichen lassen wird, wenn sich alle – die Kleinen ebenso wie die Großen – an seiner Gestaltung beteiligen, und daß er dauerhaft sein wird, wenn alle – die Schwachen ebenso wie die Starken – aus seiner Fortdauer Nutzen ziehen können.

Zwei Tage später brach der Krieg im Nahen Osten aus.

XI. Der Krieg im Nahen Osten

Ein unsanftes Erwachen für uns alle

Am Samstag, dem 6. Oktober 1973, um 6.15 Uhr schlief ich noch fest in meinem Appartement im New Yorker Hotel Waldorf Towers, wo ich für die Dauer der Jahressitzung der Generalversammlung der Vereinten Nationen mein Hauptquartier eingerichtet hatte. Plötzlich stürmte der energische Stellvertretende Unterstaatssekretär für den Nahen Osten und Südasien, Joseph J. Sisco, in mein Schlafzimmer. Ich hatte kaum die Augen geöffnet, als ich hörte, wie Sisco mir mit heiserer Stimme zurief, Israel und die beiden arabischen Länder Ägypten und Syrien stünden unmittelbar vor einem Krieg. Er glaubte allerdings immer noch an ein Versehen und meinte, beide Seiten hätten die Absichten der jeweils anderen mißverstanden. Wenn ich sie unverzüglich und energisch über den tatsächlichen Stand der Dinge unterrichtete, ließe sich der Konflikt beilegen, bevor die ersten Schüsse fielen – eine sehr schmeichelhafte Beurteilung meiner Fähigkeiten. Leider hatte sich Sisco hier geirrt.

Sisco war von einer dringenden Depesche unseres Botschafters in Israel, des ehemaligen Senators Kenneth Keating, aufgeschreckt worden. Vor zwei Stunden hatte die israelische Premierministerin Golda Meir den amerikanischen Botschafter aufgefordert, in ihr Büro in Tel Aviv zu kommen. Es war ungewöhnlich, daß die israelische Regierungschefin an diesem Tage arbeitete, denn es war der Tag des Versöhnungsfestes, Yom Kippur, für die Juden der heiligste Tag des Jahres. Er wird mit Fasten, Gebet und Meditation zugebracht. Er erinnert den Menschen an seine Bedeutungslosigkeit gegenüber Gott und ist der Höhepunkt in einer Reihe von sechs religiösen Festtagen, an denen Gott nach der jüdischen Tradition über das Schicksal aller Sterblichen für das kommende Jahr entscheidet.

Die sensationelle Mitteilung Goldas besagte praktisch, daß die Begegnung Israels mit seinem Schicksal schon begonnen hatte: »Wir sind unter Umständen in große Schwierigkeiten geraten«, sagte sie Keating. Ägyptische und syrische Truppenbewegungen, die von Israel und den Vereinigten Staaten bisher als Manöver interpretiert worden waren, hatten plötzlich bedrohliche Formen angenommen. Keating erinnerte Frau Meir daran, daß ihm Beamte des israelischen Verteidigungsministeriums vor weniger als zwölf Stunden versichert hatten, daß die Lage nicht gefährlich wäre. Die Situation hätte sich jetzt geändert, sagte Frau Meir. Die Israelis wären überzeugt, daß noch am gleichen Spätnachmittag eine koordinierte ägyptisch-syrische Offensive beginnen werde. Sie meinte, da die Araber mit Sicherheit geschlagen werden würden, könnte die Krise nur entstanden sein, weil sie die Absichten Israels mißverstanden hätten. Sie bat den Botschafter, die Vereinigten Staaten sollten die Sowjetunion und die arabischen Nachbarn Israels sofort davon unterrichten, daß Israel nicht die Absicht habe, Ägypten oder Syrien anzugreifen. Israel habe zwar »einige« Reservisten einberufen, hätte aber, um seine friedlichen Absichten zu dokumentieren, auf eine allgemeine Mobilmachung verzichtet. Man fragte Keating, ob Israel beabsichtige, den Arabern mit einem Präventivschlag zuvorzukommen. Golda betonte noch einmal entschieden, daß Israel unter allen Umständen ein Blutvergießen vermeiden wolle. Es werde unter keinen Umständen mit den Feindseligkeiten beginnen.

Als Sisco mich weckte, waren es nur noch neunzig Minuten bis zum Ausbruch des Krieges im Nahen Osten. Ägypten und Syrien hatten ihre Kriegsvorbereitungen so geschickt getarnt, daß die Israelis auch jetzt noch damit rechneten, der Angriff werde vier Stunden später beginnen, als es in Wirklichkeit geschah. Ich wußte, daß, wenn sich die Araber zum Angriff entschlossen hatten, man mit diplomatischen Schritten nichts mehr ausrichten konnte. Aber ich stand immer noch unter dem Einfluß eindeutiger israelischer Berichte, die auch von unserer Botschaft bestätigt worden waren, daß ein solcher Angriff fast unmöglich sei. Deshalb bemühte ich mich sofort mit allen mir zur Verfügung stehenden diplomatischen Mitteln, einen Zusammenstoß abzuwenden, denn ich konnte mir nur vorstellen, daß das Vorgehen von Ägypten und Syrien die Folge einer falschen Interpretation israelischer Absichten war.

Eine Krise stellt sich dem politisch Verantwortlichen nicht immer als eine Folge dramatischer Ereignisse dar. Gewöhnlich erlebt er sie als eine Reihe ermüdender, nebensächlich erscheinender kleiner Schritte, die Konzentration und Ausdauer von ihm verlangen. Er muß innerhalb kürzester Frist auf unvollständige Informationen reagieren, und obwohl er unbedingt genauer unterrichtet sein sollte, muß er sich praktisch den richtigen Weg im Nebel suchen. Operativ stellt sich die Krise in winzigen Einzelheiten dar, auf die man mit großer Sorgfalt reagieren muß. Dazu gehört auch, daß alle Beteiligten ihre Informationen aus der gleichen Quelle beziehen. So war es auch an jenem Morgen des Yom Kippur, als der Nahe Osten in einen Krieg gestürzt wurde.

Um 6.40 Uhr rief ich den sowjetischen Botschafter, Anatoly Dobrynin, in seiner Botschaft in Washington an. Auch er mußte aus dem Bett geholt werden, war zunächst verschlafen und verwirrt (oder tat nur so). Ich bat ihn, er möge Moskau sowie Kairo und Damaskus unverzüglich davon unterrichten, daß Israel uns mitgeteilt hatte, es habe nicht die Absicht, irgendwelche offensiven Maßnahmen zu ergreifen. Zunächst behauptete Dobrynin, daß es sich hier um ein israelisches Manöver handeln müsse, mit dem ein Präventiv-Angriff gerechtfertigt werden sollte. Ich erwiderte, daß ich ihn gerade deshalb angerufen hätte, um ihn vom Gegenteil zu überzeugen. Mit diplomatischer Pedanterie wollte er nun wissen, wer wem etwas mitzuteilen habe. Wollte Israel die arabischen Länder beruhigen, oder war es eine Mitteilung der Vereinigten Staaten an die Sowjetunion? Ich unterbrach ihn ungeduldig: »Wenn das so weitergeht, wird der Krieg beginnen, bevor Sie begriffen haben, was ich Ihnen sagen will.« Aber Dobrynin fand sofort einen weiteren Vorwand, die Angelegenheit zu verzögern. Er bezweifelte, daß seine Mitteilung Moskau schnell genug erreichen könnte, um ein rechtzeitiges Eingreifen der Sowjetunion zu ermöglichen. Als ich ihm die Benutzung unseres »heißen Drahts« anbot, meinte er, daß die sowjetische Empfangsstelle zu weit vom Außenministerium entfernt sei.

(Das machte mich stutzig, denn welchen Sinn hätte eine solche Direktverbindung bei einer Krise zwischen den Großmächten?) Jedenfalls stellte ich Dobrynin die Telefonvermittlung des Weißen Hauses zur Verfügung, wofür er sich mit einigen freundlichen Worten bedankte.

Das war natürlich Spiegelfechterei. Dobrynin verfügte über ausgezeichnete Nachrichtenverbindungen. Er konnte innerhalb weniger Minuten eine Antwort aus Moskau bekommen (was er zu einem späteren Zeitpunkt während der gleichen Krise bewiesen hat). Heute nehme ich an, daß er damit gerechnet hat, abgehört zu werden, und deshalb die nicht abhörsichere Postleitung benutzte, um sich ein Alibi gegen den Verdacht zu verschaffen, daß die Sowjetunion mit ihren arabischen Freunden unter einer Decke steckte.

Um 6.55 Uhr rief ich den israelischen Geschäftsträger, Mordechai Shalev in seiner Botschaft an, einen sehr einsichtigen, warmherzigen und besonnenen Diplomaten (Botschafter Simcha Dinitz war zur Beisetzung seines Vaters nach Israel gereist.) Ich sagte Shalev, ich hätte die Sowjets davon unterrichtet, daß Frau Meir uns versichert hatte, Israel werde keinen Präventivschlag führen. Ich bat ihn, diese Mitteilung nach Jerusalem weiterzugeben und sie in meinem Namen dringend zu bitten, auf voreilige Maßnahmen zu verzichten.

Um 7.00 Uhr rief ich den ägyptischen Außenminister Mohamed el-Zayyat an, der an der Generalversammlung der Vereinten Nationen in New York teilnahm. Um Zeit zu sparen und auf lange Erklärungen verzichten zu können, las ich ihm die israelische Note vor. Noch am Tage zuvor hatten Zayyat und ich uns ironischerweise darüber unterhalten, wie man die Friedensverhandlungen für den Nahen Osten beginnen könnte. Die Vereinigten Staaten hatten die Absicht gehabt, sie unmittelbar nach den für den 30. Oktober angesetzten israelischen Parlamentswahlen einzuleiten. Ich bin überzeugt, daß Zayyat diese Vorschläge nicht unbeachtet gelassen hat. Aber Sadat hatte seine Pläne nicht vielen mitgeteilt.

Die Diplomatie kann am Rande eines Krieges kaum etwas ausrichten. Alles drängt zur Eile, aber Präzision erfordert zeitraubende Wiederholungen. Ebenso wie Dobrynin bat mich auch noch Zayyat, ihm die Botschaft noch einmal vorzulesen. Ich bin überzeugt, daß er wirklich verwirrt gewesen ist und nicht die Absicht hatte, die Sache zu verzögern. Er sagte, er werde den Inhalt meiner Mitteilung sofort weitergeben, erklärte jedoch, er fürchte, daß Israel nur einen Vorwand suchte. Ich sagte ihm verbindlich zu, daß wir uns hinter die Zusagen Israels stellen würden.

Nun versuchte ich, den stellvertretenden syrischen Außenminister,

Mohammed Zakariya Ismail, zu erreichen, der sich ebenfalls in New York aufhielt, zu dem ich aber keine Verbindung bekommen konnte. In der syrischen UN-Botschaft ging niemand ans Telefon.

Um 7.15 bestätigte mir Shalev Golda Meirs Zusicherung, daß Israel keinen Präventivangriff führen werde. Um 7.25 Uhr rief ich die sowjetische Botschaft an und stellte fest, daß Dobrynin gerade über die Vermittlung des Weißen Hauses mit Moskau sprach. Ich bat seinen Mitarbeiter Oleg Jedanow, dafür zu sorgen, daß Dobrynin sein Gespräch nicht beendete, ohne Moskau von der neuen Zusicherung Israels zu unterrichten.

Um 7.35 Uhr rief ich noch einmal den ägyptischen Außenminister Zayyat an und teilte ihm mit, daß Israel seine Zusage wiederholt hätte und wir sie garantieren wollten. Um 7.47 Uhr setzte ich mich noch einmal mit Dobrynin in Verbindung, der mir sagte, daß unsere Botschaft nach Moskau weitergegeben worden sei. Ich unterrichtete ihn von meinem Gespräch mit Zayyat und bat ihn, uns bei der Verbindungsaufnahme mit den Syrern zu helfen. Ich erklärte, daß wir uns auf kein Versteckspiel einlassen und Moskau vom Inhalt unserer Gespräche mit den Beteiligten unterrichten würden.

Unterdessen hatte ich meinen Stellvertreter beim Nationalen Sicherheitsrat in Washington, General Brent Scowcroft, angewiesen, in meiner Abwesenheit für 9.00 Uhr eine Sitzung der Washington Special Actions Group (WSAG) einzuberufen, um den anderen Mitgliedern der Regierung die Gelegenheit zur Stellungnahme zu geben.

Um 8.15 Uhr übermittelte mir Zayyat die Antwort aus Kairo: Er behauptete, daß Israel die Araber »provoziert« hätte. Israelische Flotteneinheiten hätten, von Kampfflugzeugen unterstützt, ägyptische Stellungen im Golf von Suez angegriffen. Dieser Angriff sei abgewehrt worden, und man hätte ein Kommuniqué veröffentlicht. Das war eine unglaubliche Unterstellung. Ich konnte mir nicht denken, daß Israel seine den Vereinigten Staaten vor wenigen Stunden gemachte Zusage nicht eingehalten hatte. Es war unvorstellbar, daß die Israelis am Versöhnungstag eine Offensive begannen und, ohne mobil gemacht zu haben, losschlugen. Es wäre unsinnig, wenn Israel die Feindseligkeiten mit einer Flottenoperation weit außerhalb der eigenen Grenzen eröffnete. In sehr kühlem Ton sagte ich Zayyat, ich hoffte, Ägypten werde seine militärische »Reaktion« auf den Raum beschränken, wo der »Angriff« stattgefunden hatte. Ich würde sofort die Verbindung zu Israel aufnehmen und versuchen, die Lage zu klären. Dann stellte ich auch Zayyat die Nachrichtenverbindungen des Weißen Hauses für Kontakte mit Kairo zur Verfügung. Zum Glück hatten sich unsere tüchtigen Telefonistinnen im Weißen Haus schon an meine Methoden gewöhnt, denn sonst wären sie dem plötzlichen Ansturm in so vielen verschiedenen Fremdsprachen nicht gewachsen gewesen.

Um 8.25 Uhr rief ich den israelischen Außenminister Abba Eban, der sich ebenfalls in New York aufhielt, an und sagte ihm, was mir Zayyat über einen israelischen Angriff im Golf von Suez mitgeteilt hatte. Eban und ich hielten es für ausgeschlossen, daß Israel sich an seinem heiligsten Feiertag zu einem solchen Schritt hätte entschließen können. Er wollte sich sofort in Jerusalem erkundigen. Um 8.29 Uhr rief mich Shalev von Washington aus an und teilte mir mit, er habe aus Israel erfahren, daß ägyptische und syrische Flugzeuge seit einer halben Stunde entlang der ganzen Front angriffen.* Über Bodenoperationen hatte er noch keine Nachrichten und wußte auch nichts von dem angeblichen »Angriff mit israelischen Seestreitkräften«.

Um 8.30 Uhr schickte ich dringende Funksprüche an die Könige von Jordanien und Saudi-Arabien, in denen ich sie aufforderte, alles zu tun, um den Ausbruch von Feindseligkeiten zu verhindern. (Solche dringenden Funksprüche haben die höchste Priorität und werden innerhalb weniger Minuten abgesetzt.) Ich hatte nur noch wenig Hoffnung. Wenn der Angriff von langer Hand vorbereitet war, dann konnten auch die gemäßigten arabischen Staaten nichts mehr dagegen unternehmen, und wenn ein Mißverständnis vorlag, dann konnten sie es auch nicht aufklären. Aus ihren am späten Abend eintreffenden Antworten konnte ich entnehmen, daß sie sich nicht an diesem Krieg beteiligen wollten. Hussein äußerte seine Besorgnis über den Ausbruch von Feindseligkeiten, und Faisal wies auf die Solidarität der arabischen Staaten hin. Beide Länder haben sich aus dem nun folgenden militärischen Konflikt herausgehalten.

Um 8.35 Uhr rief ich Al Haig, den Stabschef des Präsidenten, an, der sich mit Nixon in Key Biscayne, Florida, aufhielt, und bat ihn dem Präsidenten mitzuteilen, daß der Krieg augenscheinlich begonnen hätte. Haig und ich tauschten Vermutungen über die Rolle der Sowjetunion in diesem Konflikt aus, konnten aber zu keinem Schluß kommen. Ich glaubte, daß die Sowjets Ägypten nahegelegt hätten, durch eine gewisse Verschärfung der Lage die diplomatische Tätigkeit anzuregen, und vermutete, daß »diese Wahnsinnigen unter Umständen des Guten zuviel getan haben könnten«. Ich schlug vor, der Sprecher des Weißen Hauses in Florida, der stellvertretende Pressesekretär Gerald L. Warren, sollte nur erklären, daß der Präsident regelmäßig über die Entwicklung der Lage unterrichtet werde und die Dinge fest in der Hand hätte.

* Der ägyptisch-syrische Angriff begann gegen 2.00 Uhr nachts Ortszeit oder gegen 8.00 Uhr vormittags Washingtoner Zeit – einige Zeit bevor unser Behördenapparat zu dem Schluß gekommen war, daß der Krieg begonnen hatte oder die Araber zum Angriff angetreten waren.

Um 8.40 Uhr rief ich Kurt Waldheim, den Generalsekretär der Vereinten Nationen, an und gab ihm einen summarischen Überblick über das, was ich wußte. Er konnte die jetzt laufenden konkreten Gespräche nicht beeinflussen, erklärte sich jedoch bereit, uns in Verfahrensfragen zu unterstützen. Wenn notwendig, konnte er die Sitzungen des Sicherheitsrats oder der Generalversammlung verzögern oder beschleunigen. Und er war sehr mitteilsam. Man durfte sich darauf verlassen, daß er Dinge äußern würde, die man sich selbst zu sagen scheute – versteckte Drohungen oder Kompromißvorschläge, die zu delikat waren, als daß man sie selbst hätte vorlegen können. Jetzt kam es mir vor allem darauf an, daß er mir half, die Furcht vor einem israelischen Präventivschlag zu zerstreuen. Ich bat ihn dringend, beschwichtigend auf die Syrer einzuwirken, mit denen wir bisher noch keinen Kontakt hatten aufnehmen können, und auch die Ägypter im gleichen Sinne zu beeinflussen. Waldheim erzählte mir mit etwas trauriger Stimme, daß er gestern bei einem Essen neben dem syrischen Außenminister gesessen habe, der habe ihm aber nichts über die syrischen Pläne mitgeteilt. Ich hatte Verständnis für seine Enttäuschung, denn das gleiche hatte ich mit Sadat erlebt. Allerdings hätten wir nicht erwarten dürfen, daß Syrien und Ägypten uns von einem geplanten Überraschungsangriff unterrichteten.

Um 8.50 Uhr rief mich Eban an und wiederholte Shalevs Zusicherungen, daß Israel keinen Präventivschlag führen werde. Offenbar hatte die amerikanische Regierung nicht das Monopol auf eine Vielzahl von Nachrichtenverbindungen. Er wußte nichts von einem angeblichen Einsatz israelischer Seestreitkräfte im Golf von Suez oder anderswo.

Meine nächste Aufgabe bestand darin, Scowcroft Anweisungen für die Sitzung der WSAG zu geben. Wenn dies der Beginn eines regelrechten Krieges war (wir waren uns dessen noch nicht sicher), dann hatten wir zwei Probleme: Was sollten wir tun? Und was sollten wir sagen? Ich rechnete ebenso wie alle anderen mit einem raschen israelischen Sieg. Aber die Geschichte lehrt uns, daß jeder Nahostkrieg sich mit der Zeit zu einer internationalen Krise ausweitet. Arabische Rückschläge würden sowjetische Drohungen auslösen. Es bestand die Gefahr, daß sich Europa von uns distanzierte. Daß die Vereinigten Staaten Israel unterstützten, hatte den Europäern noch niemals recht gefallen wollen, und wie ich im 5. Kapitel ausgeführt habe, suchten einige europäische Regierungschefs nach Vorwänden, Europa aus der Abhängigkeit von den Vereinigten Staaten zu lösen – wenn es vielleicht auch nicht ihre Absicht war, sich gegen Amerika zu stellen. Schließlich wußte jedermann, daß Nixon durch Watergate schwer angeschlagen war. Wir würden zeigen müssen, daß wir entschlossen waren, eine sowjetische Intervention zu verhindern, aber wir mußten sehr behutsam vorgehen und Vertrauen erwecken, ohne Schwäche zu zeigen.

Von New York aus bat ich Scowcroft, bis zum Mittag zunächst einen Plan für die Verlegung der amerikanischen sechsten Flotte, die gegenwärtig auf verschiedene Häfen in Spanien und Griechenland verteilt war, in das östliche Mittelmeer vorzulegen. Zweitens sollte für den Notfall die Verstärkung unserer Flotteneinheit im Mittelmeer vorbereitet werden. An eine Verlegung der Bodentruppen dachten wir noch nicht, aber unsere Streitkräfte sollten in erhöhte Alarmbereitschaft versetzt werden. Die einzelnen Ministerien sollten keine eigenen Verlautbarungen herausgeben. Was gesagt werden müßte, würden Haig oder ich bestimmen. Der Präsident oder Haig sollten entscheiden, ob das Weiße Haus oder eine andere Behörde die Unterrichtung der Öffentlichkeit übernehmen würden.

Um 9.00 Uhr teilte mir Shalev in einem dringenden Telefongespräch mit, daß ägyptische Streitkräfte versuchten, den Suezkanal zu überschreiten. Der Bericht über eine Seeschlacht wäre ein ägyptisches »Täuschungsmanöver«. Um 9.07 Uhr rief mich Eban noch einmal an und sagte mir das gleiche. Die relative Verspätung seiner Mitteilung glich er durch seine Beredsamkeit aus: »Die Premierministerin hat mich gebeten, Ihnen zu sagen, daß der Bericht über den Einsatz unserer Seestreitkräfte im Golf von Suez falsch ist. Sie verfügt über einen sehr großen hebräischen Wortschatz und hat reichlich davon Gebrauch gemacht.« Er sagte, daß Israel seine Streitkräfte nur zur Verteidigung verwende.

In Washington trat um 9.00 Uhr vormittags die WSAG im Lagezimmer des Weißen Hauses zusammen. Die Meldungen unserer Nachrichtendienste trafen später ein als meine Berichte aus New York. Auch nach Beginn der militärischen Operationen glaubten die Nachrichtendienste wie schon während der ganzen Woche, daß der Ausbruch eines regelrechten Krieges sehr unwahrscheinlich sei:

> Wir (die Nachrichtendienste) können keine konkreten Anhaltspunkte für eine größere, koordinierte ägyptisch-syrische Offensive über den Kanal und im Raum der Golan-Höhen erkennen. Alle Anzeichen weisen vielmehr darauf hin, daß es sich hier um eine Lage handelt, in der beide Seiten auf vermeintliche Bedrohungen der jeweils anderen reagieren, so daß ein gefährliches Potential für eine Konfrontation entsteht. Die gegenwärtigen Feindseligkeiten sind offenbar das Ergebnis dieser Lage, allerdings können wir die Abfolge der Ereignisse im einzelnen noch nicht übersehen. Es ist möglich, daß die Ägypter oder die Syrer, besonders aber die letzteren, ein Kommandounternehmen oder irgendein anderes Unternehmen mit begrenztem Ziel vorbereitet haben.

Auf der Sitzung gab es keine Meinungsverschiedenheiten. Aber es konnte auch niemand erklären, wie Syrien und Ägypten an zwei mehr als dreihundertzwanzig Kilometer voneinander entfernt gelegenen Fronten gleichzeitig auf eine israelische Herausforderung »reagieren« konnten. Der Direktor der CIA, William Colby, meldete, ohne daß ihm widersprochen wurde, nach Berichten der Rundfunkstation in Damaskus hätte Israel den Angriff begonnen. Verteidigungsminister James Schlesinger meinte, zwar hätten wir mit der Wahrheitsliebe Syriens keine guten Erfahrungen gemacht, aber dies wäre das erste Mal in zwanzig Jahren, daß Israel einen Nahost-Krieg *nicht* begonnen hätte: »Ich kann für die ägyptisch-syrische Seite kein Motiv erkennen.« Der Vorsitzende der Joint Chiefs of Staff, Thomas Moorer, glaubte, Israel könnte angegriffen haben, um zu verhindern, daß Ägypten und Syrien modernere Fliegerabwehrwaffen in Stellung brachten. Nur der Stellvertreter von Sisco, Alfred L. (Roy) Atherton, war anderer Ansicht: »Dies ist der letzte Tag im Jahr, an dem sie (die Israelis) irgend etwas beginnen würden. Und es hat keine Anzeichen dafür gegeben, daß die Israelis einen Angriff vorbereiteten.«

Um 9.20 Uhr hatte ich selbst, der ich gegen keine vorgefaßten Meinungen zu kämpfen hatte, keinen Zweifel mehr daran, was geschehen war. Ich sagte Dobrynin, Ägypten und Syrien hätten einen Überraschungsangriff geführt. Als Dobrynin mir widersprach und erklärte, daß Sadat das Gegenteil behauptete, erwiderte ich scharf:

> Sie und ich wissen, daß das Unsinn ist. Wenn sie (die Israelis) angreifen wollen, dann beginnen sie ihre Operation nicht im Golf von Suez. Wie kommt es, daß Syrer und Ägypter an der ganzen Front gleichzeitig vorgehen, wenn alles mit einer israelischen Flottenoperation begonnen hat?

Ich warnte Dobrynin und sagte, daß hier alle Erfolge, die wir in den Ost-West-Beziehungen erreicht hätten, auf dem Spiel stünden, wenn der Nahe Osten außer Kontrolle geriete. Es war der Beginn eines über längere Zeit sich hinziehenden Duells zwischen Washington und Moskau, bei dem jede Seite ihre Bereitschaft zur Zusammenarbeit erklärte, dabei jedoch versuchte, die Gegenseite zu schwächen, ohne die offene Konfrontation zu riskieren.

Der Überraschungsangriff ist seit Beginn der Kriegsgeschichte ein Thema der Militärliteratur und der militärischen Analyse; in Amerika besonders seit dem 7. Dezember 1941. Eine bahnbrechende Studie über das Versagen der Nachrichtendienste bei Pearl Harbor von Roberta Wohlstetter kommt zu dem Ergebnis, daß die Überraschung zustande kommt, wenn das potentielle Opfer wichtige Informationen nicht von Nebensächlichkeiten unterscheiden kann. Hinweise auf einen bevorstehenden Angriff werden gewöhnlich durch »Hintergrundgeräusche« übertönt, durch die Vielzahl anderer Informationen, die entweder doppeldeutig, irrelevant oder widersprüchlich sind.[2] Eine sehr gründliche akademische Untersuchung über den Angriff Hitlers gegen Rußland im Juni 1941 geht noch einen Schritt über Wohlstetters Analyse hinaus: Der Angreifer kann seine Aktivitäten erkennen lassen, wenn er den Gegner über den Zweck seines Vorgehens täuscht.[3] So unternahm Hitler 1941 keinen Versuch, den deutschen Aufmarsch an der sowjetischen Grenze zu verschleiern. Dieser Aufmarsch nahm einen solchen Umfang an, daß er sich gar nicht mehr tarnen ließ. Aber Hitler erweckte den Eindruck – und Stalin glaubte ihm –, daß Deutschland die Absicht hätte, der Sowjetunion ein Ultimatum zu stellen, das zu Verhandlungen, aber nicht zum Kriege führen würde. Dieser Gedanke ist nicht ganz neu. Der Chinese Sun Tzu hat um 500 v. Chr. geschrieben: »Jede Kriegführung gründet sich auf Täuschung.«[4]

Der Angriff der Ägypter und Syrer war ein klassisches Beispiel für die strategische und taktische Überraschung. Aber die Überraschung im Oktoberkrieg läßt sich weder durch »Hintergrundgeräusche« noch durch Täuschungsmanöver ausreichend erklären. Sie entstand durch die falsche Interpretation offenkundiger Tatsachen, die durch keine widersprüchlichen Informationen verschleiert wurden. Sadat hatte praktisch ganz offen erklärt, was er tun werde, aber wir hatten ihm nicht geglaubt. Er überschüttete uns mit Informationen und ließ uns daraus die falschen Schlüsse ziehen. Der 6. Oktober war der Kulminationspunkt des Versagens der *politischen* Analyse auf seiten der Opfer.

Bis zum Oktober 1973 stimmten alle israelischen (und amerikanischen) Analysen darin überein, daß Ägypten und Syrien nicht über die militärische Kapazität verfügten, ihre von den Israelis besetzten Gebiete mit Waffengewalt zurückzugewinnen; deshalb würde es nicht zum Kriege kommen. Die arabischen Armeen müßten unterliegen, und deshalb würden sie nicht angreifen. Die Voraussetzungen waren richtig, die daraus gezogenen Folgerungen falsch. Nach dem Oktoberkrieg erfuhren die Israelis aus den Aussagen von Kriegsgefangenen, daß

Ägypten nicht ernstlich damit gerechnet hatte, die Sinai-Pässe fünfunddreißig bis fünfundvierzig Kilometer jenseits des Suez-Kanals zu erreichen. Die ägyptischen Streitkräfte hatten zwar jahrelang den Übergang über den Suez-Kanal geübt, aber darüber hinaus gab es keinen Operationsplan, sondern nur die simple Vorstellung, den Angriff weiter voranzutreiben. Die ägyptische Armee hat die Sinai-Pässe nicht erreicht. Die syrischen und ägyptischen Streitkräfte erlitten schwere Niederlagen. Aber Sadat erreichte sein Hauptziel; er erschütterte den Glauben an die Unbesiegbarkeit Israels und die Ohnmacht der Araber und verwandelte damit die psychologischen Grundlagen für die ins Stocken geratenen Verhandlungen.

Was buchstäblich niemand vorher begriffen hatte, war Sadats Konzept: Ihm kam es nicht auf Geländegewinn an, sondern er wollte eine Krise schaffen, um die erstarrte Haltung auf beiden Seiten zu ändern und damit den Weg zu Verhandlungen zu öffnen. Der Schock würde *beide* Seiten in die Lage versetzen, und zwar auch Ägypten, die Flexibilität zu zeigen, die unmöglich erreicht werden konnte, solange Israel sich für militärisch überlegen hielt und Ägypten durch die erlittenen Demütigungen gelähmt war. Mit anderen Worten: Es verfolgte in erster Linie psychologische und diplomatische und nicht militärische Ziele. Aus Gesprächen, die ich Anfang 1973 mit seinem Sicherheitsberater, Hafiz Ismail, geführt hatte, wußte Sadat, daß wir bereit waren, uns in die diplomatischen Bemühungen um die Beilegung des arabisch-israelischen Konflikts einzuschalten. Daraus muß er zwei Schlüsse gezogen haben: 1. daß das arabische Verlangen nach dem totalen Rückzug Israels nichts einbrachte und 2. daß alle gegenwärtig erreichbaren Lösungen von Ägypten nicht anerkannt werden konnten, solange damit der Eindruck erweckt wurde, die Ägypter wären durch ihre Schwäche zu solchen Zugeständnissen gezwungen. Deshalb begann Sadat diesen Krieg nicht, um ein bestimmtes Territorium zurückzuerobern, sondern um die Selbstachtung Ägyptens wieder herzustellen und seine diplomatische Flexibilität zu vergrößern. (Syrien kämpfte für konventionellere und konkretere Ziele. Es wollte besetzte Gebiete zurückerobern und Israel unter möglichst geringen eigenen Opfern möglichst hohe Verluste beibringen.) Man trifft nur sehr selten auf einen Staatsmann, der zu Beginn eines Krieges eine so klare Vorstellung von seinen politischen Zielen hat. Noch seltener wird ein Krieg geführt, um die Basis für eine gemäßigtere Haltung zu schaffen.

Die Kühnheit von Sadats Strategie lag darin, daß er etwas plante, was sich niemand vorstellen konnte. Das war der Hauptgrund dafür, daß es den Arabern gelang, ihren Gegner zu überraschen. Den höchsten politischen Entscheidungsgremien in Washington und Jerusalem fehlte es nicht an Tatsachen. Der Fehler lag darin, daß sie diese Tatsachen falsch beurteilten.

Sadat hatte seine Gegner mit ihren eigenen vorgefaßten Meinungen gelähmt:

• Seit 1971 hatte er jedes Jahr mit dem Krieg gedroht. Jahr um Jahr hatte er lautstark erklärt, dies sei das »Jahr der Entscheidung«. Doch seine Drohungen hatten in keinem Fall zu einer Lage geführt, in der man mit ihrer Verwirklichung rechnen mußte. Man hatte daher seine Kriegsdrohungen als Täuschungsmanöver abgetan.

• Die politisch Verantwortlichen in Israel hatten einfach geglaubt, Ägypten werde nicht angreifen, solange es in der Luft unterlegen wäre, und jeder Angriff werde sich wenigstens vierundzwanzig bis achtundvierzig Stunden vorher ankündigen.[5] Dann würden die Vereinigten Staaten Zeit haben, diplomatisch zu intervenieren, und Israel würde mobilmachen können.

• Niemand rechnete damit, daß die arabischen Nationen einen Krieg beginnen würden, ohne der Diplomatie eine letzte Chance zu geben. Sie würden deshalb die Ergebnisse unserer Friedensinitiative abwarten, die wir für die Zeit nach den israelischen Wahlen am 30. Oktober angekündigt hatten.

Alle diese Berechnungen erwiesen sich als falsch. Sadats nicht verwirklichte Drohungen tarnten seine wahren Absichten. Israel hatte nur knappe zehn Stunden Zeit, sich auf den arabischen Angriff vorzubereiten. Und Sadat hielt es für sinnlos, unsere diplomatische Initiative abzuwarten. Das wahrscheinliche Ergebnis – eine Art Zwischenvereinbarung über den Abzug von Streitkräften vom Suez-Kanal – konnte seinen politischen Zielen nicht dienen, wenn es nicht als Auswirkung arabischer Stärke dargestellt werden konnte. Die Aussicht auf Verhandlungen hat daher seine Entscheidung wahrscheinlich eher beschleunigt als verzögert. Sadat konnte es sich nicht leisten, daß wir Erfolg hatten, denn dieser Effekt hätte ihn innenpolitisch geschwächt, und ein Fehlschlag hätte dazu führen können, daß wir das Interesse an einer weiteren Vermittlung verloren. Die Aussicht auf eine diplomatische Initiative verzerrte aber auch die Perspektiven Israels. Die Israelis hatten ein Interesse daran, die Bedrohung durch die Araber herunterzuspielen, denn sie wünschten nicht, daß die Vereinigten Staaten die Kriegsgefahr zum Vorwand nahmen, Israel zu Zugeständnissen zu zwingen.

Die Sturmwolken hatten sich schon seit dem Frühjahr zusammengezogen, besonders im Mai, fünf Monate vor Kriegsausbruch. Breschnew und Gromyko hatten uns Anfang Mai in Zavidovo und auf dem Gipfel mit Nixon im Juni vor dieser Gefahr gewarnt. Wir hatten diese Warnungen jedoch als psychologische Kriegführung abgetan, weil wir an keine vernünftige militärische Lösung glaubten, die sich nicht ungünstig auf die Sowjetunion und die arabischen Länder auswirken mußte. Auch König Hussein hatte uns im Mai gesagt, die militärischen Vorbereitungen in Syrien und Ägypten wären zu realistisch, als daß man sie nur mit Manövern erklären dürfte. Ich versicherte dem König, wir »beobachteten die Situation sehr aufmerksam« – ein höflicher Hinweis darauf, daß wir nicht an eine Kriegsgefahr glaubten. Etwa um die gleiche Zeit sagte mir der erste diplomatische Korrespondent der Zeitschrift *News Week*, Arnaud de Borchgrave, bei einem gemeinsamen Mittagessen, im ganzen Nahen Osten und besonders in Ägypten nähme das Kriegsfieber zu. Im Mai hielt auch Israel die ägyptischen Kriegsvorbereitungen für so bedrohlich, daß es die Teilmobilmachung anordnete. Aber es war ein falscher Alarm.*

Diese Gefahrenzeichen veranlaßten mich, am 15. Mai eine Sitzung der WSAG einzuberufen, um über einen möglichen Kriegsausbruch zu beraten. Die gelassene Haltung der israelischen Regierung schien durch nichts beeinflußt zu sein. Mein Stab faßte die Ansicht der Israelis, die einen ägyptischen Angriff für unwahrscheinlich hielten, wie folgt zusammen:

> Es besteht nur eine geringe Wahrscheinlichkeit, daß Sadat den Kampf wieder aufnehmen wird, um aus der Sackgasse herauszukommen, und zwar nicht, weil Sadat den Krieg scheut, sondern weil er sich der ernsten Folgen eines solchen Schrittes angesichts der Kräfteverteilung in diesem Gebiet bewußt ist – der relativen Schwäche Ägyptens und der gegenwärtigen internationalen Lage.

Weiter hieß es in diesem Bericht, daß die militärischen Vorbereitungen Ägyptens nicht als Kriegsvorbereitungen anzusehen wären und ein gemeinsames Vorgehen von Ägypten und Syrien nicht in Frage käme. Wir teilten diese Auffassungen im wesentlichen, vielleicht auch im Vertrauen auf die Korrektheit der israelischen Lagebeurteilung. Am 5. Mai 1973 hatte mir der damalige Direktor der CIA, James Schlesinger, einen Bericht geschickt, nach dem der ägyptische Generalstab den Befehl erhalten hatte, einen detaillierten Plan für die Überquerung des Suez-Kanals auszuarbeiten. Aber die CIA fügte beschwichtigend hinzu, man glaubte nicht, daß die erwähnte Anordnung Sadats politischen Zielen entspräche. Der Nachrichtendienst unterstellte Sadat die Standarddefinition der Rationalität, erwähnte zwar die militärischen Vorbereitungen Ägyptens und anderer arabischer Länder, aber vermutete,

* Die hohen Kosten dieser vergeblichen Mobilmachung im Mai 1973 waren zum Teil die Ursache für das Zögern Israels, als es im Oktober zur wirklichen Krise kam.

daß damit psychologische Zwecke verfolgt würden. Vor allem glaubte die CIA nicht, daß es vor der nächsten UN-Debatte (die für den Hochsommer vorgesehen war) zu Feindseligkeiten kommen werde. Auch ein von mehreren Nachrichtendiensten erarbeiteter Bericht meldete Mitte Mai, wenn die UN-Debatte nicht zu brauchbaren Ergebnissen führen sollte, »bedeutet das noch nicht, daß der Ausbruch von Feindseligkeiten unvermeidlich oder sogar wahrscheinlich würde«.*

Auf der Sitzung der WSAG am 15. Mai sagte Schlesinger, daß die militärische Kapazität Ägyptens nur Überraschungsangriffe mit den Luftstreitkräften gegen Israel erlaubte, ein Vorgehen, das sehr wenig Erfolg verspräche. Ägypten wäre nicht einmal in der Lage, auch nur kleinere Geländegewinne jenseits des Suez-Kanals eine Woche lang zu halten.

Kein Wunder, daß die Sitzung der WSAG am 15. Mai nicht länger als fünfundvierzig Minuten dauerte und wir uns am Schluß mit der chronischen Krise im Libanon beschäftigten. Ich bat jedoch um die Ausarbeitung von zwei Eventualplänen. Der erste für den Fall, daß die Lage im Libanon außer Kontrolle geraten sollte. Zu dem zweiten machte ich die folgenden Ausführungen:

> (Es soll berücksichtigt werden), was die Ägypter unternehmen könnten, und welche diplomatischen Probleme sich daraus ergäben. Abgesehen von einer direkten sowjetischen Intervention kann man sich kaum vorstellen, daß die Vereinigten Staaten direkt eingreifen müßten. Wir sollten uns aber überlegen, was zu tun ist, um die Sowjets herauszuhalten; wie wir eine Krise dazu ausnutzen können, die Diplomatie in Bewegung zu setzen, wenn wir das wollen, oder wie wir zum Status quo ante zurückkehren können, wenn wir das für richtig halten.

Ich würde natürlich gern behaupten, daß ich die Entwicklung richtig vorausgesehen hätte, denn die von mir angesprochenen Probleme haben sich uns wenige Monate später ganz plötzlich gestellt. Aber leider hat die Richtigkeit meiner Analyse nicht dazu geführt, mit der gebotenen Eile etwas zu unternehmen. Bei Kriegsausbruch am 6. Oktober lagen die von mir verlangten Eventualpläne noch nicht vor.

* Das Büro für Nachrichtendienst und Forschung des Außenministeriums (INR) unter der Leitung von Ray S. Cline hat Ende Mai 1973 den einzigen weitblickenden Lagebericht verfaßt. Erstaunlicherweise schloß sich auch dieser Bericht der offiziellen Auffassung der anderen Nachrichtendienste an und erklärte, daß man wahrscheinlich nicht mit einem Krieg rechnen müßte. Das Büro legte jedoch am 31. Mai Außenminister Rogers eine Denkschrift vor, in der die Gefahr eines Krieges aus politischen Gründen als »etwas wahrscheinlicher« bezeichnet wurde als in dem Bericht der Nachrichtendienste. Hier wurde erklärt, wenn das diplomatische Patt weiter bestünde, dann »ist es unsere Auffassung, daß man im Herbst eher mit einer Wiederaufnahme der Feindseligkeiten rechnen muß«. Seltsamerweise änderte das INR seine Meinung, während der Krieg immer näher rückte.

Von Juni bis September stimmten die Meldungen unserer diplomatischen Vertretungen in der Auffassung überein, daß ein Krieg unwahrscheinlich sei. Es hieß, daß Ägypten und Syrien gegenüber den Motiven der Sowjetunion mißtrauisch wären und sich zunehmend auf die Wirkungen des wirtschaftlichen Drucks verließen, insbesondere auf das Erdöl als einer politischen Waffe. Diese Lagebeurteilung veränderte sich auch während des ganzen Monats September nicht, obwohl in Ägypten der Urlaub für einen Teil der Bevölkerung gestrichen wurde, man eine große Zahl von Reservisten einberief und größere militärische Übungen abhielt und obwohl Syrien an den Golan-Höhen Truppen zusammenzog. Durch die falsche Lagebeurteilung im Mai beruhigt, interpretierten Amerikaner und Israelis diese Aktivitäten nur als etwas realistischere militärische Manöver.

Am 28. September wurde Gromyko im Weißen Haus von Nixon empfangen und erklärte, es wäre gefährlich, zu glauben, daß sich die Lage im Nahen Osten beruhigt hätte: »Wir könnten alle eines Tages aufwachen, um festzustellen, daß es in diesem Gebiet zu einer Explosion gekommen ist.« Aber diese Warnung beruhigte uns sogar, denn anschließend erklärte Gromyko sich bereit, im November über die drohende Krise zu sprechen und mit den interessierten Parteien im Nahen Osten Vorgespräche zu führen, um im Januar 1974, zur Zeit eines von mir geplanten Besuchs in Moskau, zu einem Gedankenaustausch mit der Sowjetunion zusammenzukommen.

Doch am Sonntag, dem 30. September, wurde meine Besorgnis durch einen Zufall geweckt. Ich war seit meiner Ernennung zum Außenminister zum ersten Mal über das ganze Wochenende in Washington und blätterte einige Berichte des Nachrichtendienst-Büros (INR) des Außenministeriums durch, um mich über seine Leistungsfähigkeit zu orientieren. Dabei stieß ich auf ein Papier, in dem es hieß, daß man auf den Golan-Höhen starke Panzeransammlungen festgestellt habe. Ich fragte mich, ob Syrien sich einem israelischen Präventivschlag aussetzen würde, wenn es nicht selbst die Absicht hatte, anzugreifen. Deshalb ordnete ich sofort an, diese Meldung zu überprüfen.

Es gibt zwei Wege, auf denen die Berichte des Nachrichtendienstes die höchsten Beamten erreichen. Einmal in Form einer gemeinsam von allen Nachrichtendiensten erarbeiteten Lagebeurteilung, die dem US Intelligence Board vorgelegt werden, was gewöhnlich einige Tage in Anspruch nimmt. Zweitens gibt es die Lagebeurteilung der einzelnen Nachrichtendienste, die den Mitgliedern des Kabinetts zur Verfügung stehen: der militärische Nachrichtendienst (DIA) für den Verteidigungsminister und das INR für den Außenminister. Die CIA steht technisch allen Regierungsbehörden zur Verfügung, nimmt jedoch gewöhnlich besondere Untersuchungen für den Präsidenten vor. Der Direktor der CIA ist der nominelle Vorgesetzte und Koordinator aller Nachrichtendienste, die für die Ministerien arbeiten.

Diesmal wandte ich mich an sie alle und bat um die beschleunigte Vorlage einer gemeinsamen Lagebeurteilung. Bis dahin forderte ich in meiner Eigenschaft als Außenminister eine Beurteilung vom INR und als Sicherheitsberater des Präsidenten einen Bericht vom CIA an.

Zufällig hatte ich mich am gleichen Sonntag mit dem israelischen Botschafter Simcha Dinitz verabredet, um mit ihm über unseren Plan zu sprechen, Ende des Jahres die Nahost-Verhandlungen zu beginnen. Dinitz war sehr besorgt – aber nicht wegen der syrischen Panzer. Er wollte unbedingt über ein anderes Problem mit mir sprechen. Die sowjetischen Juden, welche die Sowjetunion nach der Liberalisierung der Auswanderungsbestimmungen in der Periode der Entspannung verließen, gingen im allgemeinen durch das österreichische Durchgangslager Schönau bei Wien. Am 28. September verübten arabische Terroristen auf einen Zug, in dem sowjetische Juden von Moskau nach Wien fuhren, am tschechoslowakischen Grenzübergang nach Österreich einen Anschlag und nahmen einige Emigranten als Geiseln. Der österreichische Bundeskanzler, Bruno Kreisky, ging auf die Bedingungen der Terroristen ein und verpflichtete sich, das Durchgangslager in Schönau zu schließen – was in Israel große Empörung auslöste. Die Aufmerksamkeit der Öffentlichkeit richtete sich in der entscheidenden Woche vor Kriegsausbruch auf Österreich und nicht auf Ägypten oder Syrien. Abba Eban hat später von dieser Woche gesagt: »Wenn die Historiker die israelischen Zeitungen lesen werden, die in den ersten Oktobertagen herausgekommen sind, dann werden sie erstaunt sein, festzustellen, daß darin nichts von einer Krise und schon gar nichts von einem drohenden Krieg zu finden ist.«[6]

Ich war daher der erste, der mit Dinitz über den arabischen Truppenaufmarsch sprach. Hatte er irgendwelche Informationen? Wie sich herausstellte, hatte seine Regierung ihn angewiesen, unseren Nachrichtendiensten mitzuteilen, was Israel über arabische Truppenbewegungen wußte, dieses Problem aber nicht auf »politischer« Ebene zur Sprache zu bringen, wenn er nicht darauf angesprochen würde. Israel wünschte nicht, uns zu einer verstärkten diplomatischen Aktivität anzuregen, besonders da die Israelis die Lage als nicht gefährlich beurteilten. Wenn Israel an eine ernste Kriegsgefahr geglaubt hätte, dann hätte es sich mit Sicherheit um Konsultationen auf höchster Ebene bemüht. Die Israelis glaubten jedoch, daß die arabischen Truppenbewegungen im Rahmen von Manövern stattfänden oder zur psychologischen Kriegführung gehörten. Ich war mir meiner Sache jedoch nicht ganz sicher und bat Dinitz, sich alle achtundvierzig Stunden eine neue Lagebeurteilung geben zu lassen. Unsere Nachrichtendienste forderte ich auf, das gleiche zu tun, nachdem sie mir (auf meine Anforderung) gemeldet hatten, daß sie zu den gleichen Schlüssen wie die Israelis gekommen seien. Das INR berichtete:

> Nach unserer Auffassung spricht das politische Klima in den arabischen Staaten gegenwärtig gegen ein größeres militärisches Unternehmen Syriens gegen Israel. Die Möglichkeit eines begrenzten syrischen Schlages, vielleicht als Vergeltung für die Niederlage, die die Israelis den syrischen Luftstreitkräften am 13. September beigebracht haben,* kann natürlich nicht ausgeschlossen werden.

Hier wurde also nur mit den bekannten Kommandounternehmen und Vergeltungsschlägen gerechnet; solche Zurückhaltung auf beiden Seiten konnte uns kaum beunruhigen.**

Die CIA versicherte uns am 30. September, Sadat bemühte sich seit dem Frühjahr allein darum, Israel moralisch, politisch und wirtschaftlich unter Druck zu setzen, weil er stillschweigend hinnehmen müßte, daß die arabische Seite auf einen Krieg nicht vorbereitet sei.

So waren meine Besorgnisse zerstreut, und ich wandte mich anderen Problemen zu. Unter anderem wollte ich die arabischen Außenminister kennenlernen, die an der Sitzung der Generalversammlung der Vereinten Nationen teilnahmen. Die neu eintreffenden Berichte der Nachrichtendienste klangen immer noch beruhigend. Am 3. Oktober äußerte ein Beamter des israelischen Außenministeriums, daß die ägyptischen Truppenbewegungen Routine wären und »die Stimme der Vernunft« sich auch in Damaskus durchsetzen werde. Am 4. Oktober äußerte sich Eban in New York mir gegenüber im gleichen Sinne. Unsere Berichte waren das Spiegelbild der israelischen. Der Morgenbericht des militärischen Nachrichtendienstes vom 3. Oktober schloß mit den Worten: »Die syrischen Truppenbewegungen und die militärischen Vorbereitungen in Ägypten halten wir für zufällig und glauben nicht, daß sie zu größeren Feindseligkeiten führen werden.« Zwei Tage später – am Tag vor Kriegsausbruch – wiederholte die CIA ihre Lagebeurteilung vom 30. September und meldete, daß Ägypten augenscheinlich keine Vorbereitungen für einen Krieg gegen Israel treffe.

* Am 13. September hatte die israelische Luftwaffe bei einem Überraschungsangriff dreizehn syrische, in der Sowjetunion gebaute Düsenjäger abgeschossen.

** Der Chef des INR, Ray Cline, hat in einer späteren Veröffentlichung argumentiert, seine Analyse habe zwar einen Angriff nicht vorausgesagt, aber »niemals behauptet, daß man nicht damit rechnen müßte«. Cline ist einer unserer besten Nachrichtendienst-Fachleute, aber deshalb ist er nicht unfehlbar. Der Leser wird beurteilen müssen, ob ein hart bedrängter Politiker aus den Folgerungen des INR-Berichts die Schlüsse ziehen konnte, von denen Cline sprich.[7]

Natürlich hatte der Nachrichtendienst hier versagt, aber nicht nur die Geheimdienste hatten die Lage falsch beurteilt. Auch die Politiker kannten alle Tatsachen. Die Israelis überwachten die Bewegungen jedes ägyptischen und syrischen Truppenverbandes. Die Angriffspläne, besonders die der Syrer, waren bekannt. Was niemand glaubte – weder die Politiker noch die Nachrichtendienste –, war, daß die Araber diese Pläne auch in die Tat umsetzen würden. Wir konnten uns nicht vorstellen, daß irgend jemand ohne eine wirkliche Gewinnchance einen Krieg nur deshalb beginnen werde, um seine Selbstachtung wiederherzustellen. Diese vorgefaßten Meinungen unserer eigenen politischen Führung und unserer Verbündeten ließen sich jedoch nicht rechtfertigen.

Wie sehr wir uns in unsere falschen Vorstellungen verrannt hatten, zeigte sich am 5. Oktober, als wir zu unserer Überraschung erfuhren, daß die Sowjetunion seit vierundzwanzig Stunden alle sowjetischen Bürger aus Ägypten und Syrien ausfliegen ließ. Die technischen und militärischen Berater schienen sie jedoch an ihren Posten zu lassen. Heute ist es unerklärlich, wie wir diese Vorgänge so falsch interpretieren konnten. Trotz all dieser Hinweise und der militärischen Übungen in Ägypten vertraten alle Teilnehmer an den morgendlichen Lagebesprechungen die Auffassung, daß Ägypten und Syrien sich nicht auf einen Krieg vorbereiteten.

Am gleichen Tage beobachteten die Angehörigen meines Büros im Weißen Haus die Entwicklungen im Nahen Osten jedoch mit besonderer Aufmerksamkeit, denn sie hatten von Shalev die geheimnisvolle Mitteilung bekommen, daß man mit einer wichtigen Nachricht über »alarmierende Entwicklungen über Nacht« aus Jerusalem rechnen müßte. Deshalb bereitete man für den frühen Nachmittag ein Treffen zwischen Eban, Shalev und mir in New York vor. Peter Rodman versuchte, vom Büro des Nationalen Sicherheitsrats zu erfahren, um welche »alarmierenden Entwicklungen« es sich handeln könnte, um mir die Möglichkeit zu geben, mich besser auf das Treffen vorzubereiten. Hier konnte er nur feststellen, daß unser Militärattaché in Tel Aviv in seinem nächtlichen Bericht von der Evakuierung sowjetischer Zivilisten gesprochen hatte. Auch im Lagezimmer des Weißen Hauses waren keine Depeschen eingetroffen, die von irgendwelchen alarmierenden Ereignissen berichteten.

Auf Vorschlag von Rodman rief General Scowcroft bei der CIA an und bat um die Übermittlung einer neuen politischen und militärischen Lagebeurteilung, um mich für das Treffen ins Bild zu setzen. Der Bericht traf am 5. Oktober gegen Mittag im Weißen Haus ein und erklärte ebenso wie alle vorangegangenen, daß mit einem Kriegsausbruch nicht zu rechnen sei:

> Man hat den Eindruck, daß auf beiden Seiten die Besorgnis um die Aktivitäten der jeweils anderen zunimmt. Gerüchte und Agentenberichte nähren vielleicht die sich augenscheinlich entwickelnde Unsicherheit. Die bisher getroffenen militärischen Vorbereitungen deuten nicht darauf hin, daß irgendeine Seite die Absicht hat, mit den Feindseligkeiten zu beginnen.

Was die Israelis auch alarmiert haben mochte, es veranlaßte sie offenbar nicht, ihre Botschaft an uns so rasch wie möglich weiterzugeben. Mein Treffen mit Eban wurde ein paar Mal verschoben, weil das versprochene Telegramm aus Jerusalem noch nicht eingetroffen war. Unterdessen hatte ich meine Gespräche mit den verschiedenen Außenministern begonnen, die an der Sitzung der Generalversammlung der Vereinten Nationen teilnahmen. Dann entschied man in Jerusalem, daß Shalev mir die Botschaft überbringen sollte. Deshalb erübrigte sich das Zusammentreffen mit Eban. Mit diesem Beschluß verringerte sich offenbar die Dringlichkeit der Mitteilung. Am Spätnachmittag setzte sich Rodman mit Shalev in Verbindung und sagte ihm, daß es die Dinge vielleicht beschleunigen könnte, wenn er die Botschaft nach ihrem Eintreffen im Büro des Nationalen Sicherheitsrats im Weißen Haus ablieferte, denn dann brauchte er nicht nach New York zu fliegen, um sie mir dort zu überreichen. Ich hatte ein volles Tagesprogramm, und wir verfügten über eine abhörsichere Leitung zwischen meinem Büro in Washington und meinem Appartement in dem Now Yorker Hotel.

Shalev setzte sich mit Jerusalem in Verbindung und erschien gegen 17.30 Uhr endlich im Weißen Haus. Hier übergab er Scowcroft *zwei* Botschaften für mich, die einander eigentlich aufhoben. Die »dringende« Botschaft ersuchte mich, die Sowjetunion und die Araber davon zu unterrichten, daß Israel keinen Präventivschlag führen wollte; wenn die militärischen Vorbereitungen der Araber zur Verteidigung getroffen worden seien, dann wären sie unnötig; Israel werde jedoch entschieden und mit starken Kräften reagieren, wenn die Araber einen Krieg anfingen. Gleichzeitig lieferte Shalev die neueste israelische Lagebeurteilung ab, die zu den gleichen Schlüssen kam wie der Bericht der CIA vor sechs Stunden – was uns natürlich noch mehr beruhigte. Nach Aufzählung der uns schon bekannten arabischen Vorbereitungen schloß der israelische Bericht:

> Nach unserer Auffassung haben Ägypten und Syrien ihre Truppen zum Teil deshalb in Alarmbereitschaft versetzt, weil (in Ägypten) Manöver stattfinden, und zum Teil, weil man mit Offensivaktionen Israels rechnet. Wir glauben, daß für den Beginn militärischer Operationen gegen Israel durch die beiden Armeen nur eine geringe Wahrscheinlichkeit besteht.

Scowcroft hörte sich Shalevs Botschaft an und gab sie telegrafisch an mein New Yorker Büro weiter.

Ich bekam die Depeschen jedoch erst am nächsten Morgen zu sehen. Ich hatte mich am Freitagabend in mein Appartement im Hotel Waldorf Towers zurückgezogen, privat zu Abend gegessen und am Text einer längeren Rede gearbeitet, die ich drei Tage später in Washington halten wollte. Seit meiner Ernennung zum Außenminister am 22. August war es der erste Abend, den ich allein und ungestört verbringen konnte. Ich hatte keine weiteren schriftlichen Berichte angefordert, und meine Mitarbeiter hatten keine dringenden Gründe, mich zu stören. Ich kann auch nicht sagen, ob ich nach Erhalt dieser Botschaft sofort etwas unternommen hätte. In allen Hauptstädten der beteiligten Länder war es Nacht, und die Lage schien nicht bedrohlich zu sein. Wir wußten nicht, ob Israel besondere Vorsichtsmaßnahmen ergriffen hatte – und die israelische Armee hatte ihre Reserven noch nicht einberufen. Man darf heute auch sagen, daß wir in dieser Lage nichts Konkretes mehr hätten unternehmen können. Die Araber waren zur Offensive entschlossen und keineswegs durch die Furcht vor einem israelischen Angriff dazu veranlaßt. In den Beratungszimmern in Kairo und Damaskus hätte man es mit großer Erleichterung aufgenommen, wenn in letzter Minute die Mitteilung eingetroffen wäre, daß Israel keinen Präventivschlag führen werde.

Hier handelte es sich nicht um ein administratives, sondern um ein intellektuelles Versagen. Spätestens am 5. Oktober, als wir von der Evakuierung sowjetischer Zivilisten aus den Ländern des Nahen Ostens erfuhren, hätten wir erkennen müssen, daß entscheidende Ereignisse bevorstanden. Unkritisch akzeptierten wir die israelische Lagebeurteilung, in der es hieß, der Grund wäre entweder »eine Krise in den Beziehungen zu Ägypten und Syrien oder das Ergebnis einer sowjetischen Lagebeurteilung, nach der es im Nahen Osten zu Feindseligkeiten kommen könnte«. Die einzige Gefahr bestand nach unserer Auffassung darin, daß die eine Seite auf eine Maßnahme der anderen vorschnell reagieren könnte, weil jede fürchtete, daß der Gegner ihn angreifen werde.

Es gab jedoch Fragen, die unbedingt nach einer Antwort verlangten, mit der wir sehr bald zum Kern der Sache vorgestoßen wären. Daß niemandem etwas aufgefallen ist, auch mir nicht, erscheint im Rückblick unerklärlich. Wie hätte es zwischen der Sowjetunion und den Arabern zu einer Krise kommen können, in die Ägypten *und* Syrien gleichzeitig verwickelt waren? Warum evakuierten die Sowjets die Angehörigen ihrer Berater, aber nicht die Berater selbst, wenn es sich um eine politische Krise handelte? Weshalb hatten sie es mit der Evakuierung so eilig, daß sie außerplanmäßige Flugzeuge einsetzen mußten, wenn die Aktion nicht bis zu einem bestimmten Zeitpunkt beendet sein mußte? Und was mußte man für diesen Termin erwarten, wenn nicht den Ausbruch von Feindseligkeiten? Die israelische Auffassung, daß die Sowjets vielleicht einen Kriegsausbruch befürchteten, hätte uns zu denken geben sollen. Wenn wir über diese Frage nachgedacht hätten, dann wäre uns klargeworden, daß die Sowjets keinen *israelischen* Angriff fürchteten. Hätten sie das getan, dann wären sie mit dem dringenden Ersuchen an die Regierung in Washington herangetreten, Israel von einem Angriff abzuhalten, und hätten dieses Ersuchen vielleicht sogar durch öffentliche Drohungen unterstützt. Wenn daher die Sowjets die Familienangehörigen ihrer Berater evakuierten, weil sie einen Kriegsausbruch befürchteten, dann mußten sie damit rechnen, daß die Araber den Krieg beginnen würden.

Die für politische Entscheidungen Verantwortlichen dürfen sich nicht hinter ihren Analytikern verstecken, wenn sie den Kern eines Problems nicht erkennen. Sie können zwar niemals alle Tatsachen wissen, sie haben jedoch die Pflicht, die richtigen Fragen zu stellen. Darin lag der große Fehler vor Ausbruch des Nahost-Krieges. Wir waren zu selbstsicher und klammerten uns zu sehr an unsere eigenen Vorstellungen. Wir wußten alles, begriffen aber zu wenig. Dafür müssen die höchsten Staatsbeamten, zu denen auch ich gehört habe, die Verantwortung übernehmen.

Die Gestaltung der Strategie

Nach Ausbruch des Krieges mußten wir einander anscheinend widersprechende Aufgaben übernehmen. Wir mußten das Überleben und die Sicherheit Israels sicherstellen; wir mußten die Beziehungen zu den gemäßigten arabischen Staaten wie Jordanien und Saudi-Arabien aufrechterhalten. Wir wußten, daß eine längere Krise Europa und Japan beunruhigen würde, die, wenn wir versagten, einen anderen politischen Kurs einschlagen würden als wir. Und während die Sowjetunion zweifellos sehr vorsichtig manövrieren würde, durften wir nicht erwarten, daß sie uns aus unserem Dilemma befreite; sie würde vielmehr alles tun, um uns die Lage zu erschweren.

Ich war von Anfang an überzeugt, daß es uns gelingen werde, die Lage in den Griff zu bekommen. Unser Defacto-Verbündeter Israel war stark genug, den Krieg zu gewinnen. Unsere gemäßigten arabischen Freunde fürchteten – wenngleich sie das nicht zugeben konnten – einen Sieg mit sowjetischen Waffen fast ebenso wie eine Niederlage ihrer arabischen Brüder. Wenn die Vereinigten Staaten eindeutig Stellung nahmen, dann konnten auch die Europäer veranlaßt werden, sich nicht mehr so eindeutig von den Ereignissen im Nahen Osten zu distanzieren. Die Sowjetunion konnten wir zu einer vorsichtigen Haltung veranlassen, wenn wir damit drohten, die Entspannungspolitik aufzugeben, und uns für den Fall eines Fehlschlags der diplomatischen Bemühungen auf eine Konfrontation vorbereiteten.

Diese Haltung würde uns allerdings gerade in diesem Augenblick, da die Autorität des Präsidenten schwer angeschlagen war, nicht leichtfallen. Niemand konnte sagen, ob Nixon in der Zwangslage, in der er sich befand, noch fähig sein würde, seine Vorstellungen durchzusetzen. Wir durften uns aber nicht ins Abseits drängen lassen, wenn die Lage im Nahen Osten außer Kontrolle geriet. Die ganze Welt würde darin den Zusammenbruch der amerikanischen Autorität sehen, gleichgültig, wie wir unser Verhalten begründeten. Wir mußten die Fähigkeit der Vereinigten Staaten schützen, ihre wichtige Aufgabe als Garant des Friedens und Quelle der Hoffnungen der freien Welt zu erfüllen. Dabei befanden wir uns in der Situation eines Seiltänzers: Blieben wir stehen, dann mußten wir stürzen. Wir mußten tapfer voranschreiten und durften die gähnende Tiefe unter uns nicht beachten.

Jetzt wurde die Strategie, die wir seit Nixons Amtsantritt im Nahen Osten verfolgt hatten, auf die entscheidende Probe gestellt. Wir hatten keine Möglichkeit für erfolgreiche Verhandlungen gesehen, solange radikale Tendenzen durch die Überzeugung genährt wurden, daß ein Kompromiß durch den Druck der Sowjetunion und die erpresserischen Methoden der Araber unmöglich gemacht wurde. Eine Zeitlang war es die Hautaufgabe unserer Diplomatie gewesen, zu beweisen, daß diese von der Sowjetunion unterstützten Erpressungsversuche keinen Erfolg haben konnten. Jetzt hatten wir überraschend einen dramatischen Höhepunkt erreicht, auf dem sich unsere Strategie bewähren mußte. Wenn wir unsere Chancen nutzten, könnten sich die arabischen Länder schließlich gezwungen sehen, die Hoffnung aufzugeben, daß sich ihre Forderungen mit Hilfe des sowjetischen Drucks erfüllen ließen, und zu versuchen, in Zusammenarbeit mit den Vereinigten Staaten das Mögliche zu erreichen.

Nach Ausbruch des Krieges zeigte es sich sehr bald, daß die Diplomatie wieder in Bewegung geraten würde. Aber die Aufgabe würde nicht leicht sein. Wenn Israel einen entscheidenden Sieg errang – womit wir zunächst rechneten –, dann mußten wir es vermeiden, zur Zielscheibe der arabischen Wut zu werden. Wir durften es nicht zulassen, daß die Sowjetunion am Schluß als die Retterin der arabischen Länder angesehen wurde, was die Sowjets entweder erreichen konnten, wenn sie behaupteten, daß ihre Drohungen die Israelis daran gehindert hätten, noch weiter vorzustoßen, oder wenn sie sich direkt am Krieg beteiligten. Falls das Unerwartete geschah und Israel in Schwierigkeiten geriet, würden wir alles unternehmen müssen, um es aus dieser Lage zu befreien. Wir durften nicht zulassen, daß von den Sowjets abhängige Länder einen alten Freund der Vereinigten Staaten besiegten. Aber nachdem wir demonstriert hatten, daß es keine militärische Lösung gibt, mußten wir diese Erkenntnis nutzen, um den Friedensprozeß einzuleiten. So hatten wir zwar die Möglichkeit, die Lage im Griff zu behalten, aber wir riskierten, bei jeder Kontroverse die Rolle des Prügelknaben übernehmen zu müssen.

Von Anfang an war ich entschlossen, den Krieg als Ausgangspunkt für den Friedensprozeß zu benutzen. Am Morgen des 6. Oktober sagte ich Haig bei unserem ersten längeren Gespräch über die von uns zu verfolgende Strategie: »Es gibt keinen Grund, länger zu zögern. Sobald es uns gelungen ist, die Waffen zum Schweigen zu bringen, müssen wir diesen Erfolg dazu ausnutzen, die Diplomatie in Gang zu bringen.« Nixon stimmte dieser Auffassung in den nächsten Tagen begeistert zu. Am 8. Oktober sagte er mir:

> Wir dürfen es ihnen (den Israelis) unter keinen Umständen erlauben, weil sie gesiegt haben – und sie werden Gott sei Dank siegen, sie sollten es – diese Sache darf uns nicht weitere vier Jahre belasten und unsere Beziehungen zur arabischen Welt stören. Wir werden das nicht noch einmal tun.

Ein großes Rätsel waren die Absichten der Sowjets. Was hatte die Sowjetunion von dem bevorstehenden Krieg gewußt? Würde sie die Fortsetzung des Krieges mit Rüstungslieferungen und auf diplomatischem Wege unterstützen? Oder würde sie bereit sein, mit uns zusammenzuarbeiten, um den Krieg zu beenden?

Wir wissen bis heute nicht, wie weit die Sowjets in die arabischen Pläne eingeweiht waren und ob sie die Araber zu diesem Krieg ermutigt haben. Ohne Zweifel hat die Sowjetunion spätestens am 3. Oktober erkannt, daß ein Krieg bevorstand, denn der sowjetische Botschafter in Kairo ist an diesem Tage offiziell unterrichtet worden.[8] Die sofortige Reaktion bestand in der Evakuierung der sowjetischen Zivilisten. Sowjetische Flotteneinheiten in Alexandria und Port Said sind am 5. Oktober ausgelaufen. Hat die Sowjetunion damit gerechnet, daß wir diese Signale verstanden, und haben wir auch hier nicht die richtigen Fragen gestellt? Haben die Sowjets uns in dieser Form warnen wollen, ohne ihre Verbündeten zu verraten, oder waren es nur Vorsichtsmaßnahmen?

Diese Fragen lassen sich schwer beantworten, besonders die letzte.

Unter Entspannung verstand man eine besondere Beziehung zwischen Gegnern; Entspannung war nicht gleichbedeutend mit Freundschaft. Kein arabischer Führer, mit dem ich unmittelbar nach dem Krieg gesprochen habe, hat zugegeben, daß Araber und Sowjets im stillschweigenden Einvernehmen gehandelt hätten. Sadat, der algerische Präsident Boumedienne und der syrische Präsident Asad erklärten übereinstimmend, so verschieden ihre Haltung auch in anderen Fragen sein mochte, daß Moskau die arabische Sache nur widerwillig unterstützt habe, mit den Waffenlieferungen in Verzug geraten sei und vom ersten Kriegstag an auf einen Waffenstillstand gedrängt habe. In seiner Autobiographie behauptet Sadat sogar, daß die Sowjetunion von den Einzelheiten seiner Pläne nichts gewußt habe. Moskau habe ein Vorgehen Ägyptens verhindern wollen, indem es die Lieferung von Rüstungsgütern verzögerte und in Syrien gegen Sadat arbeitete.[9] Andererseits war Ägypten nach Hafis Ismails Besuch in Moskau im Februar 1973 augenscheinlich zu der Überzeugung gekommen, daß es so weit den eigenen Interessen gemäß handeln könnte, solange dies nicht zu einem Krieg zwischen den Vereinigten Staaten und der Sowjetunion führte. Diplomatisch ausgedrückt lag darin die Aufforderung, einen begrenzten Krieg zu führen. Dann kam es zu dem eigenartigen Zwischenfall, bei dem Terroristen einen Zug angriffen, mit dem aus der Sowjetunion emigrierte Juden nach Österreich gebracht werden sollten. War dieser Angriff eine Woche vor Kriegsausbruch ein Zufall oder ein geplantes Ablenkungsmanöver? Wenn das letztere zutrifft, war die Sowjetunion von diesem Unternehmen unterrichtet und hat sie ihm stillschweigend zugestimmt? Seinerzeit gab es Berichte, nach denen die Guerillas in der Tschechoslowakei den Zug bestiegen haben, um Geiseln zu nehmen, nachdem der Zug die österreichische Grenze hinter sich gelassen hatte.[10] Es erscheint unvorstellbar, daß bewaffnete Männer in einem so intensiv von der Polizei überwachten Land wie der Tschechoslowakei ohne Billigung der Behörden in einen Zug eindringen könnten, wobei diese Behörden in einer Angelegenheit mit so schwerwiegenden Folgen nichts ohne Zustimmung der Sowjets unternehmen konnten.

Ich glaube, daß die Sowjetunion die arabischen Länder zwar nicht aufgefordert hat, diesen Krieg zu beginnen, aber auch nichts unternommen hat, um ihn zu verhindern. Der sowjetische Nachrichtendienst hat zweifellos vermutet, daß militärische Operationen vorbereitet wurden. Breschnew muß zu der Ansicht gekommen sein, daß er seine Verpflichtung gegenüber den Vereinigten Staaten erfüllt hatte, als er uns im Mai warnte. Anschließend hat die Sowjetunion nichts unternommen, um uns konkretere Hinweise zu geben (wenn man nicht die Evakuierung der sowjetischen Zivilisten als versteckte Warnung ansehen will). Es ist daher wahrscheinlich, daß der Kreml geglaubt hat, was auch geschehe, werde der Sowjetunion nützen. Wenn die Araber Erfolge hatten, dann würden sie sie den sowjetischen Waffen und der Unterstützung durch die Sowjetunion zu verdanken haben. Aber Moskau glaubte auch im Fall einer arabischen Niederlage ebenso wie 1967 als großer Freund der Araber aus dem Konflikt hervorgehen zu können. Die konsequente Radikalisierung der arabischen Welt würde die Freunde der Sowjetunion stärken und vielleicht sogar zum Sturz des unbequemen Sadat in Ägypten führen, der im Juli 1972 die sowjetischen Berater ausgewiesen hatte.

Am 6. Oktober war ich mir noch nicht klar darüber, ob die Sowjetunion schon vorher von den arabischen Absichten unterrichtet worden war. Was hier geopolitisch auf dem Spiel stand, ist mir jedoch von Anfang an bewußt gewesen. Etwa neunzig Minuten, nachdem ich vom Ausbruch der Feindseligkeiten erfahren hatte und wir noch mit einem raschen Sieg Israels rechneten, sagte ich Haig, daß er Nixon das Folgende ausrichten möge:

> Ich glaube, das Schlimmste, was wir tun könnten, wäre, solange die Kämpfe dauern, eine neutrale Haltung einzunehmen, es sei denn, die Sowjets nehmen auch uns gegenüber eine neutrale Haltung ein. Wenn sich die Sowjets eindeutig auf die andere Seite stellen, dann wissen wir, daß sie mit den Arabern unter einer Decke stecken, und dann sind wir wieder dort, wo wir im September 1970 waren, und müssen stahlhart bleiben.

Wir wußten natürlich beide, daß unsere Lage jetzt ganz anders war als während der Jordanien-Krise von 1970. Damals war Nixon auf der Höhe seiner Macht; jetzt schwand seine Autorität täglich mehr dahin. Im September 1973 beschäftigte die Frage, ob Nixon die in seinem Büro lagernden Tonbandaufzeichnungen vorlegen müßte, die Gerichte, und im Augenblick des Kriegsausbruchs stand die Entscheidung kurz bevor. Die ersten Anklagen im Rahmen des Watergate-Skandals waren erhoben worden, darunter auch gegen John Ehrlichman. Nixons Wahlhelfer, Donald Segretti, hatte sich in drei Anklagepunkten schuldig bekannt, bei denen es um »schmutzige Tricks« im Präsidentschaftswahlkampf von 1972 ging. Außerdem mußte Nixon jetzt damit rechnen, seinen Vizepräsidenten, Spiro Agnew, zu verlieren, der angeblich in einen Skandal verwickelt war, bei dem es um Bestechungen aus der Zeit ging, in der Agnew Gouverneur von Maryland gewesen war. Agnew trat am 10. Oktober zurück, dem vierten Kriegstag. Zehn Tage später kam es zu dem »Massaker vom Samstagabend«, zur Entlassung des Sonderstaatsanwalts Archibald Cox und zum Rücktritt des Justizministers Elliot Richardson, und zwar genau zu der Zeit, als ich in Moskau Gespräche über einen Waffenstillstand zur Beendigung des Nahost-Krieges führte.

Nixon war daher während der ganzen Nahost-Krise intensiv mit Watergate und seinen Folgen beschäftigt. Trotzdem ließ er sich laufend unterrichten und traf die wichtigsten Entscheidungen. Aber er zeigte nicht mehr den gewohnten energischen, unermüdlichen und klaren Führungsstil, den wir aus früheren Krisen kannten. Sein Mut hatte nicht gelitten; es war so, als hätte sich sein Fatalismus in der letzten Phase seiner Amtszeit noch gesteigert und als bemühte er sich verzweifelt um den Eindruck, daß er dem nationalen Interesse am besten auf dem Gebiet der Außenpolitik, wo seine Stärke lag, dienen könnte. Aber er war zu abgelenkt, um seine Entscheidungen zu formulieren, bevor sie fällig wurden; diese Aufgabe mußte ich jetzt übernehmen. Ich war mir schmerzlich der Tatsache bewußt, daß man uns, was wir auch unternahmen, Nebenabsichten unterstellen würde. Es würde uns große Schwierigkeiten bereiten, die Unterstützung der öffentlichen Meinung zu gewinnen, wenn wir gleichzeitig zwei Ziele verfolgten, die zunächst unvereinbar erschienen. Einerseits bemühten wir uns darum, den militärischen Erfolg der Seite zu verhindern, die von den Sowjets bewaffnet worden war, und versuchten auf der anderen Seite, das Vertrauen der Araber zu gewinnen, um schließlich die Rolle des Vermittlers zu übernehmen und zu beweisen, daß der Weg zum Frieden über Washington führte.

Das erste Problem, dem wir uns nach Kriegsbeginn stellen mußten, betraf unsere Taktik im Rahmen der Vereinten Nationen. Wir wollten eine Debatte in der Vollversammlung vermeiden, denn dort hätten sich die blockfreien Staaten auf die Seite der radikalen Araber gestellt, wobei die Sowjets die Rolle des Anwalts der Araber übernommen hätten, während unsere europäischen Verbündeten bestenfalls in peinliches Schweigen verfallen wären und die Vereinigten Staaten isoliert hätten. Im Sicherheitsrat hatten wir bessere Aussicht auf Erfolg, aber auch dort gab es Probleme. Hier konnten die Sowjets oder ein anderes Land in ihrem Auftrag eine Resolution einbringen, mit der ein unerreichbares umfassendes arabisches Programm unterstützt wurde, gegen das wir ein Veto einlegen mußten. Das wiederum würde unsere Beziehungen zu den gemäßigten arabischen Ländern gefährden. Es könnte aber auch die Neigung bestehen, eine Resolution einzubringen, in der ein Waffenstillstand gefordert wurde, bei dem die Streitkräfte beider Seiten in ihren gegenwärtigen Stellungen blieben – was wir vermeiden wollten, solange der Angreifer noch Gelände gewann, weil sonst die Neigung verstärkt würde, die Vereinten Nationen zur Ratifizierung der Gewinne eines Überraschungsangriffs zu benutzen. Denn nach kurzer Zeit –

nach Auffassung unserer Fachleute in weniger als zweiundsiebzig Stunden – würde sich das Kriegsglück wenden, und die Israelis würden die Araber wieder zurückdrängen. Dann würden wir vor der komplexen Situation stehen, daß die Israelis gesiegt hätten, die Araber sich empörten, die Sowjets sich einmischten und wir damit rechnen mußten, daß sich Ärger und Enttäuschung gegen uns wendeten.

Ich empfahl deshalb dem Präsidenten, zu versuchen, die Sowjets im Rahmen des Sicherheitsrats der Vereinten Nationen zu einem *gemeinsamen* Vorgehen zu bewegen. Dadurch würden wir Moskau daran hindern, uns mit seinen eigenen Vorschlägen zu belästigen, und schließlich erreichen, daß sich die Araber von den Sowjets abwendeten. Nach meinem Plan sollten die beiden Supermächte nicht die Schuldfrage klären, sondern eine sofortige Rückkehr auf die Linien verlangen, an denen der Konflikt begonnen hatte. Wenn die Sowjets diesem Plan zustimmten und die Araber sich ihn gefallen ließen, dann war der Konflikt beigelegt. Was wir dabei an Einfluß in der arabischen Welt verloren, würde durch entsprechende sowjetische Verluste ausgeglichen, denn die Araber würden ebenso wie 1972 den Eindruck gewinnen, daß den Sowjets die Beziehungen zu Washington wichtiger waren als ihnen. Wenn sich die Sowjets weigerten, auf diesen Vorschlag einzugehen, was wahrscheinlich war, würden wir die Zeit gewinnen, die Israel brauchte, um den Status quo ante mit militärischen Mitteln wieder herzustellen. Wenn dieser Zustand erreicht war, würden wir uns mit einem einfachen Waffenstillstand einverstanden erklären und verlangen, daß Israel seine Truppen hinter die Vorkriegsgrenzen zurückzog, wo es diese überschritten hatte. Sobald wir unsere ausgewogene Haltung unter Beweis gestellt hatten, würden sich die Gemüter unserer europäischen Verbündeten abkühlen, die bis dahin versucht sein könnten, voreilig einseitigere Lösungen vorzuschlagen.

Am 6. Oktober um 9.35 Uhr legte ich Dobrynin unseren Vorschlag vor. Ich warnte ihn und sagte, daß wir, wenn die Sowjets unbedacht reagierten, keine andere Wahl hätten, als den Dingen ihren Lauf zu lassen. Das heißt, wir würden ganz einfach den unvermeidlichen Sieg der Israelis abwarten. »Das wird auf unsere Beziehungen einen ziemlichen Einfluß haben.« Ich sagte Dobrynin, daß wir im Sicherheitsrat nichts unternehmen würden, bevor Moskau unseren Vorschlag beantwortet hätte, und gab der Hoffnung Ausdruck, daß auch Moskau nicht einseitig vorgehen werde.

Dobrynin blieb kühl und sachlich. Er erklärte, daß die Sowjetunion für unsere Haltung Verständnis hätte, und lehnte sie nicht von vornherein ab. Es folgte die übliche Diskussion über die schnellsten Nachrichtenverbindungen; diesmal glaubte er, daß der »heiße Draht« sich am besten eignen würde. Da er annehmen mußte, daß wir seine Mitteilungen entziffern konnten, wollte er mir damit wahrscheinlich sagen, daß er nichts zu verbergen hätte. Ich erteilte ihm die Genehmigung, den »heißen Draht« zu benutzen. Aber schließlich verzichtete er doch darauf. Wir hatten unser kleines Spiel gespielt und konnten uns wieder ernsteren Dingen zuwenden.

Uns kam es jetzt darauf an, Zeit zu gewinnen. Was die Zukunft auch bringen mochte, der Handlungsspielraum der Vereinigten Staaten würde sich nach der israelischen Mobilmachung (die noch zwei Tage in Anspruch nehmen würde) vergrößern. Gegen 10.20 Uhr unterrichtete ich Kurt Waldheim von unseren Überlegungen und wies darauf hin, daß wir uns einer Debatte im Rahmen der Vollversammlung widersetzen würden und auf die sowjetische Reaktion warten wollten, bevor wir den Sicherheitsrat einschalteten. Er erklärte sich einverstanden. Ich sagte ihm auch, daß wir der Wiederherstellung des Status quo ante den Vorzug geben würden. Ich konnte damit rechnen, daß Waldheim für die rasche Verbreitung des Inhalts unseres Gesprächs sorgen würde. Die darin angedeutete Möglichkeit einer Zusammenarbeit zwischen den Vereinigten Staaten und der Sowjetunion könnte den Befürwortern radikaler Lösungen den Wind aus den Segeln nehmen. Im Laufe des Tages unterrichtete ich mehrere NATO-Verbündete von unseren Absichten. Sie stellten sich positiv dazu ein, es kam ihnen aber vor allem darauf an, nicht selbst in die Schußlinie zu geraten. Wie ich erwartet hatte, wäre ihnen ein Waffenstillstand, bei dem Araber und Israelis ihre Truppen in den erreichten Stellungen ließen, lieber gewesen als die Rückkehr zum Status quo ante. Mit anderen Worten, sie waren bereit, den Arabern ihre Geländegewinne zu lassen und sich schon in den ersten Stunden des Konflikts von uns zu distanzieren, obwohl wir im Interesse aller Beteiligten die größten Risiken auf uns genommen hatten – ein Hinweis darauf, was uns noch erwartete. Jetzt rief ich auch einige Kongreßabgeordnete an, die noch nicht klar Stellung bezogen hatten und daher im allgemeinen dazu neigten, uns zu unterstützen.

Um 11.25 Uhr sagte ich Dobrynin, wir hätten gerüchtweise gehört, daß Ägypten beabsichtige, einen Apell an die Generalversammlung der Vereinten Nationen zu richten; wir würden uns einem solchen Ansinnen widersetzen. Moskau sollte nicht »alles zerstören, was wir in drei Jahren aufgebaut haben«. Ich erklärte, daß unser Angebot, bei einem Waffenstillstand zum Status quo ante zurückzukehren, ebenso im Interesse der Sowjetunion wie in dem der Vereinigten Staaten läge:

Wir glauben nicht, daß es zweiundsiebzig Stunden dauern wird, und dann wird die Schwierigkeit darin bestehen, die Israelis dazu zu be-

> wegen, zur Waffenstillstandslinie zurückzugehen. Wenn wir uns auf diesen Kurs einigen können, dann werden wir uns ohne Rücksicht auf den Verlauf der militärischen Operationen und ohne Rücksicht darauf, welche Erfolge die Israelis zu verzeichnen haben, an diesen Vorschlag halten und bereit sein, uns notfalls den Israelis zu widersetzen.

Ich bat Dobrynin um eine baldige Antwort.

Wir befanden uns jetzt in einer günstigen Lage. Kurz darauf sprach ich mit Haig und sagte ihm, daß der Krieg, wenn die Sowjets den Köder nähmen und mit einem gemeinsamen Vorgehen einverstanden wären, rasch beendet werden könne. Wenn sie sich weigerten, dann sollten die Israelis »ihnen in den nächsten Tagen ein paar harte Schläge beibringen, die sie beruhigen werden. Wir sollten in der Sache hart bleiben, aber keine dramatischen Schritte unternehmen.« Doch leider hatte ich mich in meinen Erwartungen getäuscht. Die Israelis konnten die militärische Lage nicht in wenigen Tagen wiederherstellen und gerieten bei dem Versuch an den Rand der Katastrophe.

Ich hatte Glück, in Joe Sisco einen hervorragenden »Generalstabschef« zu haben, der mir während der ganzen Krise unermüdlich geholfen hat, den Kontakt zu den vielen Diplomaten in New York und Washington zu halten, die sich eifrig darum bemühten, ihre Sonderinteressen zur Geltung zu bringen. Mit großem Geschick verstand es Sisco, unsere jeweilige Verhandlungsposition zu formulieren, und dabei schadete es nichts, daß er eine laute Stimme hatte und immer in Eile zu sein schien. So konnte er sich stets bei mir Gehör verschaffen und alle anderen Mitarbeiter zu größeren Leistungen anspornen.

Ich versuchte mir indessen ein möglichst genaues Bild von der militärischen Lage zu verschaffen und ließ mir deshalb jede einzelne Nachricht vorlegen, die uns aus dem Kampfgebiet erreichte. Die Israelis setzten alle verfügbaren Luft- und Bodenstreitkräfte ein, um dem koordinierten arabischen Angriff auf den Golan-Höhen und am Suez-Kanal zu begegnen, den ägyptische Panzer an mehreren Stellen überschritten hatten.

Um 14.30 Uhr flog ich von New York nach Washington ab. Während ich im Flugzeug saß, übergab Dobrynin im Weißen Haus die erste Note Moskaus nach Beginn der Feindseligkeiten. Es war ein Hinhaltemanöver, abgefaßt im vertrauten Stil der sowjetischen Botschaft:

> Die sowjetische Führung ist über den Beginn der militärischen Operationen im Nahen Osten zur gleichen Zeit unterrichtet worden wie Sie. Wir unternehmen alles, um uns über die wirkliche Situation in jenem Gebiet Klarheit zu verschaffen, denn die Nachrichten von dort sind widersprüchlicher Natur. Wir teilen vollkommen Ihre Besorgnis wegen der explosiven Situation im Nahen Osten. Wir haben schon in

der Vergangenheit wiederholt auf die gefährliche Lage in diesem Gebiet hingewiesen.

Jetzt überlegen wir uns ebenso wie Sie, welche Schritte unternommen werden können. Wir hoffen, bald wieder Kontakt mit Ihnen aufnehmen zu können, um unsere Positionen nach Möglichkeit zu koordinieren.

Die sowjetische Verzögerungstaktik paßte gut in unsere Strategie, denn wir wollten abwarten, bis Israel die militärische Lage wiederhergestellt hatte. Solange Moskau davon sprach, daß wir unsere Bemühungen koordinieren sollten, mußten wir nicht befürchten, daß die Sowjets uns in den Vereinten Nationen angriffen. Ich hielt es aber doch für richtig, die Sowjetunion auch weiterhin unter Druck zu setzen. In Washington angekommen, nahm ich gegenüber Dobrynin wie folgt zu der sowjetischen Note Stellung: »Anatol, ich habe Ihre Note erhalten. Ich kann nicht gerade sagen, daß sie Ihre Haltung klar und unzweideutig zum Ausdruck bringt. Das heißt entweder, daß Sie verwirrt sind oder daß Sie mit ihnen zusammenarbeiten.« Dobrynin wich aus und erklärte, daß Moskau noch ein paar Stunden brauche, um sich darüber klarzuwerden, wie die Sowjetunion vorgehen sollte. In diesem Augenblick fänden die Beratungen über diese Frage statt. Ich warnte ihn und sagte, daß wir eine Debatte in der Generalversammlung als »frivolen Akt« ansehen würden, und drehte die Schraube ganz bewußt noch ein wenig fester zu:

Wenn es zur Debatte in der Generalversammlung kommt, werden wir nichts dagegen unternehmen. Wir sind überzeugt, daß die Israelis militärisch siegen werden. Dann wird jeder zu uns kommen. Wenn die Debatte einen häßlichen Verlauf nimmt, werden wir eine Zeitlang nicht mehr gesprächsbereit sein.

Am Abend wurden wir von den verschiedensten Seiten bedrängt und unter Druck gesetzt. In New York wollte Eban eine Stellungnahme der Vereinten Nationen hinauszögern, um Israel die Möglichkeit zu geben, die Mobilmachung abzuschließen und den Angriff der Ägypter und Syrer zurückzuschlagen. In Key Biscayne wollte Nixon eine Erklärung abgeben, um zu zeigen, daß er den Lauf der Ereignisse bestimmte – was er glaubte erreichen zu können, indem er den Konflikt vor den Sicherheitsrat der Vereinten Nationen brachte. Theoretisch hatte er recht. Wären die Vereinten Nationen wirklich in der Lage, ihren Auftrag zu erfüllen und den Weltfrieden zu erhalten, dann müßte der Sicherheitsrat schon in diesem Augenblick tagen. Aber die Vereinten Nationen konnten die in sie gesetzten Hoffnungen nicht erfüllen. Die unter kommunistischem Einfluß stehende »blockfreie« Mehrheit billigte praktisch mit militärischen Mitteln errungene Erfolge (wenn diese Mehrheit überzeugt war, daß die von ihr begünstigte Seite gewann, aber bisher konnte noch niemand sagen, was wirklich geschah, und deshalb wollte man sich nicht vorzeitig festlegen). Bei einer Sitzung des Sicherheitsrates würden voraussichtlich Äußerungen fallen, mit denen wir in die Defensive getrieben werden sollten, oder es konnte zu einem Beschluß kommen, gegen den wir ein Veto einlegen müßten. Deshalb riet auch ich zum Abwarten.

Als die sowjetische Antwort endlich um 18.00 Uhr abends eintraf, mußte ich feststellen, daß Moskau auch weiter an seiner Verzögerungstaktik festhielt. Die Sowjets erklärten, daß sie noch immer nichts von den Arabern gehört hätten und daher auch nicht auf unseren Vorschlag eingehen könnten. Keine Seite hätte bisher den Sicherheitsrat angerufen, und die Sowjetunion würde sich nur in eine peinliche Lage bringen, wenn sie unter diesen Voraussetzungen eine Abstimmung im Sicherheitsrat verlangte. Ebenso wie alle anderen wartete Moskau auf die militärische Entscheidung.

Ich versuchte, einen Ausweg aus diesem Dickicht zu finden, und sagte Haig in Key Biscayne, daß wir demnächst den Sicherheitsrat einschalten würden, ohne eine Sitzung einzuberufen. Dazu wies ich unseren gewandten Botschafter bei den Vereinten Nationen, John Scali, an, noch am gleichen Abend in »Konsultationen« einzutreten – in inoffizielle, gewöhnlich bilaterale Gespräche mit den Delegierten, in deren Verlauf der Sicherheitsrat zu klären sucht, wie er zu einem bestimmten Problem Stellung nehmen muß, ohne eine offizielle Sitzung abzuhalten oder eine Abstimmung zu erzwingen. Um 19.20 Uhr teilte ich Dobrynin mit, was wir beschlossen hatten, und erläuterte ihm noch einmal unsere Alternativen. Wir verlangten kein besonderes Entgegenkommen, denn die Zeit war auf unserer Seite:

> Nach unserer Lagebeurteilung ist der Angriff der Araber zum Stillstand gebracht worden. Jetzt werden sie zum Rückzug gezwungen werden, und dieser Vorgang wird sich beschleunigen, sobald die (israelische) Mobilmachung abgeschlossen ist, was spätestens am Montagmorgen geschehen wird. Anschließend werden wir das gleiche erleben, was wir schon früher erlebt haben.

Ich sagte, daß die Araber ihre Absicht deutlich gemacht hätten; sie hätten den Suez-Kanal überschritten. Jetzt käme es darauf an, den Krieg sofort zu beenden und zur diplomatischen Tagesordnung zurückzukehren, auf die wir uns vor Ausbruch der Feindseligkeiten geeinigt hätten. Dobrynin erläuterte in seiner Antwort noch einmal die Besorgnisse Moskaus: »Wie ich unsere Lage verstehe, besteht die Schwierigkeit jetzt darin, daß die Araber versuchen, die von Israel besetzten Gebiete zurückzugewinnen. Sie haben uns dieses Argument vorgetragen, und es wäre lächerlich, wenn wir ihnen sagen wollten, daß sie ihre eigenen Gebiete nicht befreien dürften.«

Er hatte nicht ganz unrecht. Für die Sowjets war es nicht leicht, sich unserem Vorschlag anzuschließen, besonders angesichts der Siegeszuversicht der Araber. Andererseits hatte man in den ersten Stunden des Krieges den Eindruck, daß die Lage für die Sowjets gar nicht so günstig war. Wenn sie nichts unternahmen, würden die Israelis siegen, und man würde den Eindruck gewinnen, daß die Sowjets nichts dagegen unternehmen könnten. Wenn Moskau dagegen auf unsere Vorschläge einging, setzte es die Freundschaft der Araber aufs Spiel. Aber die Sowjetunion konnte ihren arabischen Freunden nicht helfen, ohne selbst in den Krieg hineingezogen zu werden, und damit wäre die ganze Entspannungspolitik in Frage gestellt. Diese Überlegungen ermutigten mich, und am Schluß unseres Telefongesprächs setzte ich Dobrynin eine Frist bis zum nächsten Tag, dem Sonntag, um 9.00 Uhr, mich wissen zu lassen, ob wir gemeinsam den Sicherheitsrat anrufen würden, oder ob die Sowjetunion sich unabhängig von uns um eine Beendigung des Krieges bis spätestens Dienstag, dem 9. Oktober, bemühen werde. Wenn in einem solchen Fall die eigene Seite den Krieg gewinnt – oder man das annimmt –, dann kann man sich ein solch hastiges Verfahren leisten. Man darf aber nicht glauben, daß es eine diplomatische Standardlösung darstellt.

Am Ende eines hektischen Tages, am 6. Oktober, übernahm ich wieder den Vorsitz bei einer Sitzung der WSAG. Nach den uns vorliegenden Meldungen hatten die Israelis den Angriff auf den Golan-Höhen zum Stehen gebracht und stellten sich zum Gegenangriff am folgenden Tag bereit. Aber die Ägypter befestigten ihre Stellungen östlich des Suez-Kanals und bereiteten sich darauf vor, über mehrere inzwischen von ihnen geschlagene Brücken weitere Truppen hinüberzubringen. Wir waren jedoch alle überzeugt, daß Israel innerhalb der folgenden zwei bis drei Tage die Oberhand gewinnen werde. Eban hatte mir noch am Abend mitgeteilt, daß die Israelis glaubten, »gute Aussichten« zu haben, die ägyptischen und syrischen Truppen innerhalb von drei Tagen aus ihren Stellungen zu werfen. Unsere Hauptsorge galt daher den möglicherweise gefährlichen Auswirkungen des Krieges auf unsere Beziehungen zu den arabischen Ländern auf lange Sicht. Neben der Erörterung rein theoretischer Fragen wurde auf der Sitzung nur ein konkreter Beschluß gefaßt: Die 6. Flotte sollte näher an das Kampfgebiet herangeführt werden – was besonders am Wochenende keine einfache Sache war. Einer der beiden Flugzeugträger ankerte in Griechenland, der andere in Spanien. Die Besatzungen hatten Landurlaub. Es würde zwei Tage in Anspruch nehmen, beide Schiffe in eine Position vor Kreta zu verlegen, woraus die Sowjets schließen würden, daß die Vereinigten Staaten sich auf einen Eventualfall vorbereiteten. Die Flottenverbände konnten im Notfall von hier aus eingreifen, lagen aber doch noch so weit vom Kampfgebiet entfernt, daß man uns keine aggressiven Absichten vorwerfen konnte. Die anderen amerikanischen Schiffe der 6. Flotte lagen weiter westlich. Wenn wir sie in das Seegebiet vor Zypern beorderten, dann konnten wir damit unsere erhöhte Besorgnis zum Ausdruck bringen. Interessanterweise nahmen die sowjetischen Flottenverbände, die am 5. Oktober aus ägyptischen Häfen ausgelaufen waren, *Kurs nach Westen.* Auch sie demonstrierten damit, daß sie nicht die Absicht hatten, einzugreifen, aber trotzdem einsatzbereit blieben. (Beide Flotten, die mit ihrem Verhalten ähnliche Absichten signalisierten, trafen sich später vor Kreta und blieben in diesem Seegebiet. Wenige Tage später überreichte uns Dobrynin eine in gemäßigtem Ton abgefaßte Protestnote, mit der sich die Sowjets über die amerikanischen Flottenbewegungen beschwerten, aber die Note klang nicht sehr überzeugend. Nicht einmal die Sowjetunion besaß die Unverschämtheit, sich darüber zu beschweren, daß wir unsere Flotte in ein Seegebiet verlegt hatten, in dem ihr Geschwader schon seit Tagen manövrierte.)

Kurz vor 21.00 Uhr sprach ich noch einmal mit dem ägyptischen Außenminister Zayyat. Er wollte meinem Vorschlag, die ägyptischen Streitkräfte in ihre Ausgangspositionen zurückzunehmen, nicht folgen und war noch weniger bereit, mir darin zuzustimmen, daß Ägypten angesichts des demnächst zu erwartenden israelischen Vorstoßes schon nach wenigen Tagen in einer günstigeren Lage sein werde, wenn es unseren Anregungen folgte. Zuerst sagte er, daß meine Ideen ihm »sehr eigenartig« vorkämen, aber dann steigerte sich seine Erregung, und er bezeichnete sie als »Wahnsinn«. Trotzdem sprach Zayyat nicht im Ton eines Eroberers, sondern blieb ganz ruhig und behauptete auch nicht, daß das Nahost-Problem sich mit militärischen Mitteln lösen ließe. Er erklärte, daß Ägypten mit diesem Krieg nur ein begrenztes Ziel verfolgte. Es wollte Israel demonstrieren, daß die Sicherheit Israels nicht durch eine Verteidigungslinie am Suez-Kanal garantiert sei. Die Sicherheit gegenüber einem Land wie Ägypten müßte sich vielmehr auf die gegenseitige Achtung stützen. Ich sagte ihm, daß ich begriffen hätte, was er meinte, und erklärte, daß jetzt Zeit wäre, Frieden zu schließen. Zayyat stimmte mir zu. »Mir liegt nicht sehr viel an einem Krieg«, sagte er. Ich betonte, Ägypten und die Vereinigten Staaten dürften, auch wenn sich beide Länder jetzt während eines mit Leidenschaft geführten Krieges auf zwei entgegengesetzten Seiten sähen, nicht vergessen, daß wir später, wenn es darum ging, einen dauerhaften Frieden zu gestalten, zusammenarbeiten müßten. Zayyat ging auf meine in diesem Augenblick vielleicht etwas eigenartig klingende Erklärung ein und sagte, daß die Vereinigten Staaten »einen kühlen Kopf« bewahrt hätten. Wir sollten einen Vorschlag machen: »Jetzt haben Sie die Gelegenheit, mit beiden (Ägypten und Israel) zu sprechen, ohne daß Ihnen Israel wie bisher sein uneingeschränktes Vertrauen entgegenbringt und ohne daß es bei uns so sehr an Vertrauen mangelt wie in der Vergangenheit.«

Damit hatte Zayyat den Kern der Sache berührt. Jeder Krieg endet irgendwie mit einem Frieden, aber nur allzu oft werden die Absichten der politischen Führung durch die militärischen Operationen bestimmt. Die Politiker beachten nicht Bismarcks Warnung, daß der Staatsmann sich davor hüten müßte, am Ende eines Krieges nicht ebenso plausible Argumente zu haben wie an dem Tag, an dem der Krieg begonnen hat. Die zwischen Israel und den arabischen Staaten und besonders Ägypten bestehenden Schwierigkeiten waren im wesentlichen psychologischer Natur. Ironischerweise war die militärische Selbstsicherheit der einen Seite von einem Gefühl der Unsicherheit begleitet, während die andere Seite sich trotz der zwar zahlenmäßigen Überlegenheit gedemütigt fühlte. Durch den Krieg würden sich diese Gegensätze vielleicht überbrücken lassen, so daß es uns gelingen könnte, mit Vorsicht und Geduld, nach Wiederherstellung der Selbstachtung der Araber und nachdem Israel sich davon überzeugt hatte, daß es eine diplomatische Lösung geben müßte, nach diesem schmerzlichen Konflikt die Grundlagen eines Friedens zu erarbeiten, der schließlich die bis dahin gebrachten Opfer rechtfertigte.

Sonntag, der 7. Oktober: ein Kampf um Zeitgewinn

Der zweite Kriegstag, der 7. Oktober, war ein Sonntag. In Washington herrschte feuchtes, mildes Herbstwetter. Den Ägyptern war es augenscheinlich gelungen, etwa acht Kilometer jenseits des Suez-Kanals eine durchgehende Verteidigungslinie aufzubauen; die Syrer waren an verschiedenen Stellen auf den Golan-Höhen in die feindlichen Stellungen eingebrochen. Unser Militärattaché in Tel Aviv, Oberst Billy Forsman, dessen Berichte sich während des ganzes Krieges durch Präzision und Klarheit auszeichneten, kabelte nach Washington, daß die israelischen Streitkräfte sich nach wie vor in der Defensive befänden und noch eine gewisse Zeit bis zum Abschluß der Mobilmachung brauchten. Am ersten Kriegstag hatte Israel den Verlust von fünfunddreißig Flugzeugen modernster Bauart zugegeben. Beobachter in Washington bezweifelten diese Angaben und glaubten, daß die Israelis nur so hohe Verluste gemeldet hätten, um damit ihrer in Kürze zu erwartenden Bitte um Nachlieferung von Rüstungsmaterial Nachdruck zu verleihen. Aber die Meldungen waren korrekt und bewiesen die Leistungsfähigkeit der von den Sowjets gelieferten Flugabwehrraketen, besonders an der ägyptischen Front. Wir hatten aber trotzdem noch keinen Grund daran zu zweifeln, daß Israel einen raschen Sieg erringen werde. Der israelische Gegenangriff sollte erst am folgenden Tag beginnen. Auch die Mitteilung der Israelis, daß sie neun von elf Brücken über den Suez-Kanal zerstört hätten, beruhigte uns. (Diese Meldung erwies sich als nicht ganz richtig, denn die Brücken waren nur beschädigt und für kurze Zeit unbrauchbar gemacht worden.)

Am Sonntagmorgen um 9.30 Uhr übergab uns der israelische Geschäftsträger Shalev eine persönliche Note Golda Meirs, deren Inhalt uns in unserer Lagebeurteilung bestätigte. Sie schrieb: »Unsere Militärs glauben – und ich verlasse mich auf ihre Beurteilung, denn sie haben bisher weder sich selbst noch die Regierung getäuscht –, daß wir jetzt zwar in schwere Kämpfe verwickelt sind, die Lage sich aber angesichts unserer Reserven an Mannschaften und Ausrüstung zu unseren Gunsten wenden wird.« Allerdings konnte sich Golda eines Seitenhiebs gegen uns nicht enthalten, der uns noch mehr geärgert hätte, wenn wir sie nicht so hoch geschätzt und weniger Verständnis für ihren Ärger gehabt hätten:

> Sie wissen, weshalb wir keinen Präventivschlag geführt haben. Daß wir es nicht getan haben, hat uns in die gegenwärtige Lage gebracht. Hätte ich dem Chef des Generalstabes erlaubt, den Präventivschlag zu führen, den er wenige Stunden vor Angriffsbeginn empfohlen hatte, dann befänden wir uns jetzt ohne Zweifel in einer ganz anderen Lage.

Es ist richtig, daß ich schon vor Jahren dem israelischen Botschafter Simcha Dinitz und seinem Vorgänger, Yitzhak Rabin, gesagt hatte, daß nach meiner persönlichen Ansicht die Möglichkeiten der Vereinigten Staaten, Israel in einem Krieg zu helfen, um einiges geringer wären, wenn Israel zuerst zu den Waffen griffe. Aber als sich diese Krise am Horizont abzeichnete, hatten wir über einen möglichen Präventivangriff nicht gesprochen. Ein solches Gespräch hätte auch kaum geführt werden können, denn Israel hatte uns immer wieder gesagt, daß keine Kriegsgefahr bestünde. An dem Morgen des Kriegsbeginns hatte Golda Keating unaufgefordert gesagt, daß Israel keinen Präventivschlag führen werde. Das war ihre eigene Entscheidung gewesen, und sie erfolgte nicht auf einen in letzter Zeit erteilten amerikanischen Rat.[11] Mit dieser Erklärung hatte Frau Meir nur bestätigt, was wir den Arabern einen Tag vor Kriegsausbruch hatten sagen sollen, und auch ihre Bitte um Übermittlung dieser Botschaft entsprang ihrem eigenen

Entschluß. Ich glaube auch heute noch, daß diese Haltung richtig gewesen ist. Hätte Israel den Krieg begonnen, dann wäre es für die Vereinigten Staaten sehr schwierig gewesen, die Israelis zu unterstützen. Die meisten Teilnehmer an der ersten Sitzung der WSAG am frühen Morgen glaubten ohnedies, daß Israel die Feindseligkeiten eröffnet hätte. Darüber hinaus können wir auch heute noch nicht sagen, ob ein Präventivschlag die militärische Lage zugunsten von Israel entscheidend verändert hätte. Mosche Dajan schrieb später, daß der einzige Vorschlag für einen Präventivangriff dem Kabinett vom Generalstabschef David Elazar gemacht worden sei, der empfohlen habe, die Fliegerabwehrstellungen im Inneren Syriens anzugreifen, eine Maßnahme, die sich jedoch auf den mit Bodentruppen geplanten Überraschungsangriff gegen Israel nicht ausgewirkt hätte.[12]

Jetzt forderte uns Golda Meir in ihrer Note auf, die Abstimmung im Sicherheitsrat der Vereinten Nationen auf Mittwoch oder Donnerstag (den 10. oder 11. Oktober) zu verschieben, auf einen Zeitpunkt, zu dem die Israelis an allen Fronten in der Offensive sein wollten. »Ich wäre nicht zu Ihnen gekommen«, erklärte Golda, »wenn ich nicht glaubte, daß die Lage sich in den nächsten Tagen bessern werde.« Golda bestätigte noch einmal das Interesse Israels an der Lieferung von bestimmten Rüstungsgütern, insbesondere von hitzegesteuerten Sidewinder-Flugabwehrraketen, um die Erfolgschancen der Israelis zu erhöhen. Eine Transportmaschine vom Typ Boing 747 sei schon auf dem Wege nach New York, um das Material abzuholen, das wir zur Verfügung stellen könnten. Indessen ersuchte uns Shalev um die beschleunigte Auslieferung von Rüstungsmaterial, das den Israelis im Rahmen des schon bestehenden Lieferprogramms in den vergangenen Wochen zugesagt worden war. Ich konnte Shalev versprechen, daß wir die Abstimmung im Sicherheitsrat verschieben würden, wenngleich ich es für klüger gehalten hätte, eine Sitzung des Sicherheitsrats einzuberufen und die Entscheidung durch den Antrag zu verzögern, daß beide Seiten sich auf die Stellungen zurückziehen sollten, die sie vor Beginn der Feindseligkeiten eingenommen hatten.

> Wenn wir die Sitzung einberiefen und unseren Antrag vorlegten, wären wir die ersten, die sich zu diesem Problem äußern, und es wäre die erste Resolution, über die abgestimmt werden müßte.
> Wenn wir dagegen gezwungen würden, gegen eine Resolution unser Veto einzulegen, die einen einfachen Waffenstillstand verlangt, dann würde man uns nicht verstehen.
> Wir würden versuchen, die Entscheidung zu verzögern, denn uns liegt nichts an einer baldigen Abstimmung. Wenn es zu einer Debatte kommt, werden natürlich auch andere aufgefordert werden, sich zu

äußern, so etwa Außenminister Eban. Ich bin überzeugt, daß allein die Einleitung zu seiner Rede mehr als zwei Stunden in Anspruch nehmen könnte. Das wäre, glaube ich, die beste Methode. Wir würden unserem Vertreter in New York sagen, daß auch er sich Zeit lassen sollte.

Was nun die Lieferung von Rüstungsgütern betraf, so waren die Meinungen in unserer Regierung entschieden geteilt. Es ist über dieser Frage zu scharfen Kontroversen gekommen – was vor allem daran lag, daß alle amerikanischen Behörden einschließlich des Außenministeriums mit einer Wiederholung des Sechs-Tage-Krieges von 1967 rechneten. Kein höherer Beamter irgendeines Ministeriums glaubte in dieser Phase, daß größere Rüstungslieferungen Israel vor Beendigung des Krieges erreichen könnten – mit Ausnahme geringer Mengen von Spezialausrüstung. Wir alle glaubten, daß alles andere zu spät kommen werde, um den Ausgang der Kämpfe noch beeinflussen zu können.

Als die erste Sitzung der WSAG am Morgen des 6. Oktober in meiner Abwesenheit abgehalten wurde, hatten die Israelis schon ihre erste Anforderung für dringend benötigte Rüstungsgüter vorgelegt. Der stellvertretende zweite Verteidigungsminister James H. Noyes meinte, »in Wirklichkeit brauchen sie diese Ausrüstung gar nicht«. Keiner der Anwesenden widersprach ihm. Als die zweite Sitzung am gleichen Tag einberufen wurde, lag eine Anforderung für Spezialausrüstung vor. Verteidigungsminister Schlesinger empfahl, die Auslieferung zu verzögern, denn »wenn wir jetzt dieses Material an Israel liefern, wird es uns niemand mehr abnehmen, daß wir die Rolle des ehrlichen Maklers spielen wollen«. Der stellvertretende Außenminister Kenneth Rush meinte dazu, »eigentlich fehlt ihnen auch kaum etwas«.

Ich widersprach als einziger, und zwar aus außenpolitischen und nicht aus militärischen Gründen. Ich bezweifelte zu diesem Zeitpunkt nicht, daß Israel den Krieg gewinnen würde, bevor umfangreiche Rüstungslieferungen eingetroffen waren. Aber ich hielt es für richtig, Israel mit Waffenlieferungen zu unterstützen, falls die Sowjets nicht im Rahmen der Vereinten Nationen mit uns zusammenarbeiteten, um den Krieg rasch zu beenden. Wenn wir Israel unsere Waffenhilfe versagten, hätte es keinen Anlaß, nach Beendigung des Krieges bei den diplomatischen Verhandlungen auf unseren Rat zu hören. Wenn Israel andererseits feststellen konnte, daß wir es in einer Notlage nicht im Stich ließen, würde sich unser Verhalten auf die Verhandlungen nach dem Kriege auswirken und die Israelis zur Mäßigung bei ihren territorialen Forderungen anregen. Natürlich war ich mir der Tatsache bewußt, daß wir mit einem solchen Verhalten die Araber verärgern würden. Aber nach meiner Auffassung würde der *Ausgang* des Krieges die Nachkriegsbeziehungen bestimmen und nicht die Frage, ob wir Israel Waffen geliefert hatten. Wenn die Araber mit Unterstützung der Sowjetunion den Krieg gewannen, dann würde Moskau als die stärkere Macht dastehen, der radikale Kurs – die militärische Option – wäre bestätigt, und die gemäßigten arabischen Länder befänden sich in einer noch schwächeren Position. In diesem Fall mußten die Vereinigten Staaten an Einfluß verlieren, gleichgültig eine wie gemäßigte Haltung wir während des Krieges eingenommen hatten. Wenn jedoch ein arabischer Sieg durch unsere Waffenlieferungen unmöglich gemacht wurde, blieb unsere Position unangefochten. Erst *nach* dem Krieg und nach Einleitung des Friedensprozesses war die Zeit gekommen, Verständnis für die Position der Araber zu zeigen.

Aus diesem Grund hatte ich Haig am Morgen des 6. Oktober gesagt, daß wir, wenn die Sowjets nicht bereit sein sollten, im Rahmen der Vereinten Nationen mit uns zusammenzuarbeiten, Israel mit begrenzten Rüstungslieferungen unterstützen müßten. Shalev hatte ich am gleichen Tag gesagt, »wir werden höchstwahrscheinlich morgen die Lieferung von militärischer Ausrüstung in dem Umfang genehmigen, wie Sie sie brauchen; besonders wenn sich die Sowjets auf die Seite der Araber stellen, werden wir es bestimmt tun«.

Unmittelbar nach meinem Gespräch mit Shalev am Morgen des 7. Oktober sprach ich mit Haig und bat ihn, Nixon zu sagen: »Wenn die Araber gewinnen, werden sie nicht mit sich reden lassen, und es wird keine Verhandlungen geben.« Haig stimmte mir zu: »Wir werden liefern müssen, wozu wir uns verpflichtet haben, es sei denn, sie können diese Sache rasch – innerhalb von zwei oder drei Tagen – stabilisieren.« Damit war die Frage nach unseren Rüstungslieferungen an Israel entschieden. Auf der mittleren Ebene im Verteidigungsministerium hat man die Angelegenheit offenbar nicht für so dringend gehalten. Die Beamten waren überzeugt, daß wir den guten Willen der gemäßigten Araber riskierten und unsere Ölversorgung für eine im Grunde nutzlose Geste gefährdeten. Aber auch hier zögerte man vor allem, weil man mit einem baldigen israelischen Sieg rechnete, und nicht, weil man den Israelis im Kampf gegen die arabischen Angreifer Schwierigkeiten machen wollte.

Um 10.15 Uhr ermöglichte Dobrynin die diplomatische Verzögerung, die sowohl nach Israels als auch nach unserer Auffassung im gemeinsamen Interesse lag. Er teilte uns telefonisch mit, daß zwar mit einer Stellungnahme der sowjetischen Führung zu rechnen sei, aber nicht vor zwei Stunden. Ich setzte mich sofort mit Nixon in Verbindung und empfahl ihm dringend, wir sollten jede offizielle Erklärung darüber, daß wir eine Sitzung des Sicherheitsrats beantragen wollten, auf einen späteren Zeitpunkt verschieben. Wie sich herausstellte, mußten wir noch fast den ganzen Tag auf die sowjetische Erklärung warten – was unserer Strategie entgegenkam, denn wir wollten nichts unternehmen, bevor Israel die Mobilmachung abgeschlossen hatte.

Unterdessen erhielten wir über Sadats Haltung widersprüchliche Berichte. Angeblich hatte Sadat einem westeuropäischen Botschafter gesagt, daß er keine Sitzung des Sicherheitsrats wünschte und keinem Waffenstillstand zustimmen werde, bevor die ägyptischen Streitkräfte alle Gebiete zurückerobert hatten, die 1967 von Israel besetzt worden waren. Wenn diese Information richtig war, mußte jeder Versuch, einen Waffenstillstand zu erreichen, scheitern. Sie schien jedoch dem Verhalten der ägyptischen Armee zu widersprechen, die an der jetzt erreichten, wenige Kilometer östlich des Kanals gelegenen Linie stehenblieb. Im Gegensatz dazu berichtete ein anderer europäischer Botschafter in Kairo, daß Sadat keine Sitzung des Sicherheitsrats beantragen werde, sich aber unter Umständen mit einer Resolution für einen Waffenstillstand einverstanden erklären könnte, wenn der Antrag von anderer Seite käme. Aber eine einfache Waffenstillstandsresolution zu diesem Zeitpunkt würde die bei dem Angriff erzielten Geländegewinne bestätigen – und gerade das wollten wir vermeiden.

So wurde am zweiten Tag eines größeren Krieges der Sicherheitsrat der Vereinten Nationen, die Institution, deren besondere Aufgabe es war, etwas gegen Verletzungen des Friedens zu unternehmen, durch die Obstruktion von allen Seiten paralysiert. Die Sowjets wollten offenbar Zeit gewinnen; Ägypten wollte, wenn man dem einen Botschafter Glauben schenkte, die Entscheidung hinauszögern oder, wenn der andere Botschafter recht hatte, einem Waffenstillstand in den bisher erreichten Stellungen zustimmen. Israel brauchte Zeit, um seine Mobilmachung abzuschließen, und von Syrien hatte man nichts gehört. Nur die Vereinigten Staaten waren bereit, die Angelegenheit vor den Sicherheitsrat zu bringen, aber die von uns bevorzugte Resolution lief in der Praxis auf eine verfeinerte Verzögerungstaktik hinaus, weil uns voraussichtlich kein anderes Ratsmitglied unterstützen würde. Da nun alle Beteiligten Zeit gewinnen und wir die Angelegenheit nicht vor die Generalversammlung der Vereinten Nationen bringen wollten, hatten wir uns entschlossen, gegen Abend eine offizielle Sitzung des Sicherheitsrats zu beantragen, um die Debatte auf den nächsten Tag zu verschieben und es am Dienstag oder Mittwoch zu einer Abstimmung kommen zu lassen. Wenn die Lagebeurteilungen unserer Nachrichtendienste richtig waren, dann würde Israel bis zu diesem Zeitpunkt die Lage wiederhergestellt haben, wie sie vor Angriffsbeginn bestanden hatte. Dann würden vielleicht beide Seiten bereit sein, einem Waffenstillstand an Ort und Stelle zuzustimmen.

Um 13.00 Uhr war die Botschaft Breschnews, die uns für 12.00 Uhr zugesagt worden war, noch nicht eingetroffen. Ich drängte Dobrynin und sagte ihm, daß wir alle Bemühungen bei den Vereinten Nationen eingestellt hätten, weil wir darauf warteten, etwas aus Moskau zu hören. Es kann niemals schaden, wenn man eine Behauptung aufstellt und die Gegenseite veranlaßt, sich eine Maßnahme zu überlegen, die in die eigene Strategie paßt. Wir beschlossen, solange sich die Sowjetunion nicht bereit zeigte, mit uns für die Beendigung des Krieges zusammenzuarbeiten, uns auf begrenzte Waffenlieferungen an Israel vorzubereiten. Um 13.30 Uhr sagte ich Schlesinger, daß er Munition und andere hochtechnologische Ausrüstung, besonders Flugabwehrraketen vom Typ Sidewinder, bereitstellen sollte, damit besonders gekennzeichnete Flugzeuge der israelischen Luftfahrtgesellschaft El Al dieses Material von einer abgelegenen Flottenbasis in Virginia abholen könnten. Ich müßte noch einmal mit dem Präsidenten sprechen und würde ihm dann den endgültigen Befehl übermitteln. Schlesinger meinte, da die Israelis noch nicht zu einer Gegenoffensive mit starken Kräften angetreten seien, besonders im Süden, wollten sie vielleicht zeigen, daß sie in eine ungünstige Lage geraten wären, weil sie keinen Präventivschlag geführt hatten, um so den Anspruch auf amerikanische Hilfe zu begründen. Ich hatte meine Zweifel: »Ich glaube, sie sind diesmal wirklich überrascht worden.«

Um 15.10 Uhr hatten wir noch immer nichts von Dobrynin gehört. Deshalb sagte ich Haig, daß wir jetzt die Anforderungen der Israelis aus psychologischen und militärischen Gründen wenigstens zum Teil erfüllen sollten. Die Sowjets sollten wissen, daß sie die Lage ihrer Satelliten durch ihre Verzögerungstaktik nicht verbessern könnten. Die Araber dürften nicht mit Hilfe sowjetischer Waffen den Krieg gewinnen, denn sonst würden wir mit ihnen nicht mehr fertig werden. Haig stimmte mir zu und sagte, daß der Präsident der gleichen Auffassung sei. Um 15.45 Uhr wies ich Schlesinger an, die für Israel bestimmten Rüstungsgüter auszuliefern.

Dieser Schritt wurde uns erleichtert, da die um 15.30 Uhr eingetroffene Antwort Breschnews sich als weiteres Verzögerungsmanöver herausstellte. Entweder wußte man in Moskau wirklich nicht, was man unternehmen sollte, oder die Sowjets beurteilten die Lage anders als wir. Wenn die Lage der Araber wirklich so verzweifelt war, wie wir glaubten, dann hätte die sowjetische Führung den Vorschlag für die Rückkehr zum Status quo ante begrüßen müssen. Sie hätte dadurch die Möglichkeit gewonnen, etwas gegen weitere Vorstöße der Israelis tief in arabisches Gebiet zu unternehmen. Aber Breschnew erwähnte in seinem Brief an Nixon mit keinem Wort ein gemeinsames amerikanisch-sowjetisches Vorgehen im Sicherheitsrat. Das Schreiben behandelte nicht die Frage, wie man den Krieg beenden sollte, sondern beschäftigte sich mit Breschnews Lieblingsthema, dem Nahen Osten: Die Vereinigten Staaten und die Sowjetunion sollten ihre gemeinsamen diplomatischen Bemühungen darauf richten, im Nahen Osten einen Frieden zu den von den Arabern geforderten Bedingungen herbeizuführen. Diese Lösung gründete sich auf das bekannte Verlangen nach dem totalen Rückzug der Israelis als Gegenleistung für nicht im einzelnen definierte Sicherheitsgarantien. Breschnew schrieb, bis dahin wäre es »sehr wichtig«, daß Israel »vorbehaltlos« seine Bereitschaft erklärte, sich aus allen arabischen Gebieten zurückzuziehen, und deutete an, daß dadurch die Beendigung des Krieges beschleunigt werde, sagte aber nicht, zu welchen Gegenleistungen die Araber bereit wären. Uns wurde großzügig die Aufgabe zugewiesen, durch unseren »Einfluß« die Zustimmung Israels zu erwirken. Offenbar wollten die Sowjets den Krieg noch etwas länger dauern lassen, oder sie hatten bei ihren arabischen Freunden doch nicht so viel Einfluß, wie wir bisher geglaubt hatten.

Sadat setzt sich mit uns in Verbindung

Kurz darauf traf die erste Note aus Kairo ein. (Im Gegensatz dazu hat sich Syrien während des ganzen Krieges in keinem einzigen Fall direkt mit uns in Verbindung gesetzt.) Der Ton der ägyptischen Note war freundlich, und ihr Inhalt war Ausdruck einer Stimmung und nicht eines politischen Kurses. In einem an mich adressierten Schreiben, das mich über die Nachrichtendienste erreichte, teilte uns Sadats Sicherheitsberater, Hafiz Ismail, die Bedingungen Ägyptens für die Beendigung des Krieges mit. Es waren dieselben, die man uns schon im Mai vorgelegt hatte, und sie waren heute nicht realistischer als damals: Israel sollte sich aus allen besetzten Gebieten zurückziehen; erst *nach* dem Truppenabzug könnten auf einer Friedenskonferenz andere Themen wie etwa die ungehinderte Benutzung der Seewege in der Straße von Tiran besprochen werden, die von Sharm el-Sheikh aus zeitweilig international garantiert werden müßte. In der Note wurden Teil- oder Zwischenvereinbarungen ausdrücklich abgelehnt.

Es handelte sich offenbar nur um Eröffnungsvorschläge. Aus seinen früheren Kontakten mit uns wußte Sadat sehr gut, daß wir diese Bedingungen für unannehmbar hielten. Ich glaube nicht, daß er in dieser Phase schon eine Übereinstimmung mit uns erreichen wollte; er bemühte sich vielmehr um die Eröffnung des Dialogs. Überhaupt mit uns zu sprechen, war schon riskant genug. Er durfte es nicht riskieren, Syrien und vielleicht die Sowjetunion, deren Unterstützung er für die Fortführung des Krieges brauchte, zu verärgern, indem er sofort Zugeständnisse anbot, die Syrien veranlassen könnten, den gemeinsamen Kampf aufzugeben, oder dazu führen würden, daß die Sowjetunion ihre Materiallieferungen reduzierte.

Wichtig war jetzt nur die Tatsache, daß Ägypten sich direkt mit uns in Verbindung gesetzt hatte, nicht aber der Inhalt der ägyptischen Note. Sadat forderte uns auf, an den Bemühungen um den Frieden teilzunehmen oder sie sogar in die Wege zu leiten, und zwar, obwohl wir in den Vereinten Nationen dafür eingetreten waren, daß er auf Gebiete verzichtete, die er als ägyptisches Staatsgebiet ansah und die seine Armeen eben erst in Besitz genommen hatten. Die Botschaft enthielt auch eine Zusage, die zeigte, daß Sadat sehr gut wußte, wo die Grenzen des Erreichbaren lagen: »Wir beabsichtigten nicht, die Kämpfe zu intensivieren oder die Konfrontation zu verschärfen.« Wenn dieser Satz überhaupt etwas bedeutete, dann wollte Sadat damit sagen, daß Ägypten die offensiven Operationen gegen Israel nicht über das bereits besetzte Gebiet hinaus fortsetzen oder Amerika als Prügelknaben benutzen wollte, wie Nasser es 1967 getan hatte. Wenn wir Sadat richtig verstanden und begriffen hatten, was dieser Krieg bedeutete, dann mußte eine Diskrepanz zwischen den militärischen Dispositionen Ägyptens und seinen politischen Zielen entstehen, was früher oder später zu politischen Verhandlungen führen mußte.

Ismails Schreiben war der Beginn eines eigenartigen Dialogs mit einem Land, das unseren Verbündeten angegriffen hatte und dessen Absichten mit Hilfe amerikanischer Waffen vereitelt wurden. Während des ganzen Krieges verging kaum ein Tag, ohne daß ein Gedankenaustausch mit Kairo fortgesetzt wurde. Auch als sich das Kriegsglück Ägyptens wendete, weil wir die Israelis über unsere Luftbrücke unterstützten, hielt Sadat sein Versprechen, den gegen Amerika gerichteten Haß in der ägyptischen Öffentlichkeit nicht zu schüren. Er wollte uns damit nicht einen besonderen Gefallen tun, sondern nur vermeiden, daß wir uns in den zu erwartenden Verhandlungen unwiderruflich auf die Seite Israels stellten. Seine Absicht war es, eine Beziehung zu den Vereinigten Staaten herzustellen, die es uns ermöglichte, nicht nur als offizieller, sondern auch als überzeugter Vermittler aufzutreten und die ägyptischen Ansprüche ebenso zu berücksichtigen wie die israelischen – eine erstaunliche Haltung für Nassers Nachfolger nach zwanzig Jahren der Feindschaft.

Bis zum Beginn dieses Gedankenaustausches hatte ich Sadat nicht ernst genommen. Er hatte so oft mit dem Krieg gedroht, ohne wirklich etwas zu unternehmen, daß ich ihn zunächst für einen Schauspieler und nicht für einen Staatsmann hielt. Jetzt begann ich zu begreifen, daß seine großartigen Gesten Teil einer wohldurchdachten Strategie gewesen waren. Er hatte damit die Überraschung sichergestellt. Dramatische Ankündigungen, auf die keine Taten folgen, erwecken den Eindruck, daß nie etwas geschehen wird. Die Ausweisung der sowjetischen Berater aus Ägypten im Jahr 1972 bekam plötzlich eine neue Bedeutung. Damals hatte ich Schwierigkeiten gehabt, zu verstehen, weshalb Sadat über diese Absicht nicht mit uns verhandelt, sondern uns dieses Gratisgeschenk gemacht hatte. Aber Sadat hatte recht gehabt. Wenn er die sowjetischen Berater loswerden wollte, dann mußte diese Maßnahme rasch und ohne Ankündigung erfolgen. Wenn er darüber verhandelt hätte, wäre er unter Umständen in die paradoxe Lage geraten, die Sowjets im Lande lassen zu müssen, weil wir ihm keine befriedigende Gegenleistung anbieten konnten. Für Sadat waren die sowjetischen Berater ein Hindernis auf dem Wege zum geplanten Krieg und zu der von ihm beabsichtigten Annäherung an die Vereinigten Staaten. Maßnahmen von historischer Tragweite dürfen nicht durch kleinliche Manöver belastet werden, denn sonst erzielt man nur unbedeutende Augenblickserfolge und setzt dafür den entscheidenden Durchbruch aufs Spiel.

Sadats Fähigkeit, von der ersten Stunde des Kriegsbeginns an niemals den Kern seines Problems aus dem Auge zu verlieren, hat mich davon überzeugt, daß wir es hier mit einem erstklassigen Staatsmann zu tun hatten. Hafiz Ismails Note enthielt zwar sehr weitgesteckte Forderungen, sprach aber auch von einem bescheidenen und in erster Linie psychologischen politischen Ziel. Hier hieß es, Ägypten wollte »zeigen, daß wir uns nicht fürchten und daß wir nicht hilflos sind«. Das ist Sadat ausgezeichnet gelungen, und damit hatte er die Voraussetzungen für die später erfolgten diplomatischen Schritte zum Frieden geschaffen.

Da wir jetzt die sowjetische und die ägyptische Note in der Hand hatten, konnten wir unseren politischen Kurs festlegen. Aus Gründen, die sich im Lichte unserer bisherigen Vorstellungen schwer begreifen ließen, unternahmen sowohl die Sowjets als auch Sadat alles, um die Entscheidung über den Ausgang des Krieges auf dem Schlachtfeld zu suchen. Da wir überzeugt waren, daß Israel bald die Oberhand gewinnen werde, paßte uns diese Haltung recht gut. Deshalb unternahmen wir jetzt auch die Schritte, vor denen wir Dobrynin am Tag zuvor gewarnt hatten. Wir wollten aus der Not eine Tugend machen, dem Schicksal seinen Lauf lassen und uns bei der bevorstehenden UN-Debatte so verhalten, daß die Enttäuschung der Araber, mit der wir fest rechneten, nicht zu groß würde. Am späten Sonntagnachmittag, dem 7. Oktober, beantragten wir eine Sitzung des Sicherheitsrats. Auf der Sitzung der WSAG um 18.00 Uhr faßte ich unsere Strategie wie folgt zusammen:

Ägypten wünscht in den Vereinten Nationen keine Konfrontation mit uns, und die Sowjetunion wünscht ebenfalls keine Konfrontation mit uns. Wir streben grundsätzlich die Wiederherstellung der alten Waffenstillstandslinien an. Die Araber werden lautstark dagegen protestieren, daß man sie ihres Geburtsrechts beraubt, aber am Donnerstag (dem 11. Oktober) werden sie uns auf Knien um einen Waffenstillstand bitten. Wir versuchen, die Sache so hinter uns zu bringen, daß unsere Beziehungen zu den Arabern und zur Sowjetunion möglichst geringen Schaden leiden. Wenn es uns dabei gelingt, unser Kapital bei den Israelis aufzustocken, um bei den folgenden Verhandlungen Gebrauch davon zu machen, um so besser.*

Kissinger: Wie interpretieren Sie die Keckheit der Araber? Warum verlangen Sie keinen Waffenstillstand?

Schlesinger: Sie sind in eine euphorische Stimmung geraten.

Colby: Die Syrer glauben, daß die Lage sich günstig für sie entwickelt habe. Sie bedenken nicht, mit welchen Entwicklungen sie auf lange Sicht rechnen müssen. Ägypten hat vielleicht nur eine Offensive mit begrenztem Ziel über den Kanal hinaus führen wollen.

Kissinger: Weshalb sichern sie nicht die jetzt gemachten Gewinne? Sadat hat allen ausländischen Botschaftern, mit denen er heute zusammengetroffen ist, gesagt, daß Ägypten keinen Waffenstillstand wünsche, bevor die ägyptischen Truppen nicht die israelische Grenze erreicht hätten.

Schlesinger: Sie denken logisch, Sie dürfen von denen nicht die gleiche Logik erwarten.

Rush: Man kann sich schwer vorstellen, daß Sadat nur den Suez-Kanal überschreitet und dann dort stehenbleibt.

Kissinger: Ich glaube, er *wird* den Suez-Kanal überschreiten und dann dort *stehenbleiben*. Ich glaube nicht, daß er weiter vorstoßen wird.

Am gleichen Abend kehrte Botschafter Dinitz aus Israel zurück. Damit deuteten sich dramatische Entwicklungen an. Dinitz hatte im März den schweigsamen Yitzhak Rabin auf einem der drei oder vier wichtigsten Posten abgelöst, den die israelische Regierung zu vergeben hat. Denn Israel ist so sehr von den Vereinigten Staaten abhängig wie kaum ein anderes Land von einer befreundeten Macht. Die Regierung in Washington ist in der Tat die einzige, die Israel auf internationaler Ebene

* Das folgende Gespräch zeigt jedoch, daß ich schon jetzt an der Richtigkeit der Lagebeurteilung unserer Nachrichtendienste, die mit einem baldigen israelischen Sieg rechneten, zweifelte.

eindeutig unterstützt. Die Vereinigten Staaten sind Israels einzige Rüstungslieferanten und seine einzigen militärischen Verbündeten (wenngleich wir keine offiziellen Verpflichtungen übernommen haben). Die arabischen Nationen machen uns für die starre Haltung Israels verantwortlich. Israel erblickt in seiner Unnachgiebigkeit die einzige Hoffnung, in einer einseitigen Beziehung seine Würde wahren zu können. Es hat das instinktive Gefühl, daß ein einmaliges Zugeständnis der Schwäche, eine einzige Nachgiebigkeit zu einer unabsehbaren Reihe von Forderungen führen werde, wobei jedes Land versuchen würde, seine Probleme auf Kosten Israels zu lösen. Es gehört schon eine besondere Art des Heroismus dazu, in der totalen Abhängigkeit eine so herausfordernde Haltung einzunehmen, die gewährte Unterstützung als Recht zu beanspruchen und nicht als Vergünstigung zu betrachten und jeden amerikanischen Widerspruch gegen einen israelischen Kabinettsbeschluß als zu bestrafenden Verrat zu bezeichnen und nicht als Meinungsverschiedenheit, über die man verhandeln könnte.

Doch dient die israelische Halsstarrigkeit, sosehr sie uns gelegentlich auch ärgern mag, dem Interesse beider Länder. Wenn Israel sich nachgiebig zeigte, dann würde es unter ständig stärkeren Druck geraten. Die Nachbarn Israels wären versucht, immer höhere Forderungen zu stellen. Und wir würden für jede ausweglos erscheinende Situation verantwortlich gemacht werden. So hat jedenfalls unsere Beziehung zu Israel ausgesehen – aufregend und frustrierend, aber zugleich veredelt durch Hingabe und Zuversicht, die in unserem Zeitalter des Zynismus als beispielhaft bezeichnet werden dürfen. Die Israelis haben uns oft der Verzweiflung nahegebracht, denn die Interessen einer Supermacht und eines regionalen Kleinstaats lassen sich nicht immer vereinbaren und sind gelegentlich grundverschieden. Israel beinflußt unsere Entscheidungen durch seine Begeisterung, seine Standhaftigkeit und die wohlüberlegte, aber nicht immer feinfühlige oder diskrete Einwirkung auf unsere Innenpolitik.

In diesem Gestrüpp muß sich der israelische Botschafter zurechtfinden und einen Einfluß ausüben, den er in Amerika nicht eingestehen darf, den sein Kabinett jedoch aus wahltaktischen Gründen in Israel unter Umständen zu stark betont. Er muß uns zu Hilfeleistungen bewegen, wie sie Amerika noch nie einem anderen Land gewährt hat. Trotzdem muß er dafür sorgen, daß der amerikanische Bürger diesen Zustand nicht nur hinnimmt, sondern die Unterstützung Israels als eine moralische Pflicht empfindet.

Dinitz war der für diese Aufgabe geeignete Mann. Witzig und aggressiv, hartnäckig und kühn, intelligent und herausfordernd verfügte er über viele bewunderswerte Eigenschaften, und ebenso wie sein Vorgänger Rabin hat er niemals versucht, sich bei uns einzuschmeicheln. Starke Männer tun das nicht; sie sagen, was sie denken. Aber es ist nicht immer leicht, mit starken Männern gut auszukommen. Ohne Selbstsicherheit würden sie niemals wagen, zu tun, was sie für notwendig halten. Das ist der Preis, den die Konvention dem Glauben entrichten muß.

Dinitz hatte sich als Golda Meirs persönlicher Berater im Büro des Premierministers die Sporen verdient. Mit anderen Worten, er mußte im Rahmen eines Kabinetts manövrieren, dessen Mitglieder zwar vom Premierminister ernannt worden waren, von ihm aber nicht entlassen werden durften. Jede Regierung in Israel war bisher eine Koalitionsregierung gewesen. Mit der Entlassung eines Kollegen riskiert der Premierminister den Verlust der unverzichtbaren Unterstützung einer Partei oder Fraktion und setzt damit das Überleben der Regierung aufs Spiel. Es ist deshalb kein Wunder, daß die Politik in Israel allen akademischen Theorien über die Notwendigkeit des Zusammenhalts einer Koalitionsregierung widerspricht. Es gibt keine Disziplin. Jeder Koalitionspartner bemüht sich darum, die Verantwortung für schwierige Entscheidungen auf seine Kollegen abzuwälzen. Das Durchsickernlassen vertraulicher Informationen wird zur Methode, weil es die Kabinettsmitglieder in die Lage versetzt, ihre eigene Bedeutung oder Wachsamkeit zu demonstrieren.

Dinitz war auf die Aufgaben, die ihn in Washington erwarteten, gut vorbereitet. Zäh, warmherzig und mit einem nicht zu übertreffenden Sinn für Humor kam er auf mich zu wie eine leicht verärgerte Hornisse, die erstaunt fragt, was ein so kleines und harmloses Tier einem so mächtigen Mann wie mir antun könnte. So beschwerte er sich über die zahlreichen schweren Ungerechtigkeiten, die Israel von kurzsichtigen amerikanischen Beamten und Politikern angetan worden seien. Die wenigen Männer an der Spitze unseres Systems, die seine Lage wirklich begreifen konnten, erhielten nun das Privileg, den Schaden wieder gutzumachen. Doch dahinter stand immer die Drohung, daß, wenn sie ihre moralische Pflicht nicht erfüllten, sich der ganze Hornissenschwarm auf sie stürzen werde.

Zwischen Dinitz und mir entwickelte sich bald eine enge Freundschaft, und ich bin stolz, sagen zu dürfen, daß diese Freundschaft auch heute noch andauert, nachdem wir beide aus unseren Ämtern ausgeschieden sind. Später entstand die Legende, daß wir zu eng miteinander befreundet gewesen wären und Dinitz sich zu sehr von mir hätte beeinflussen lassen – um nicht zu sagen, daß ich ihn übertölpelt hätte. Israel ist wahrscheinlich das einzige mit uns verbündete Land, dessen Botschafter im eigenen Lande dafür kritisiert werden kann, daß er einen zu engen Kontakt mit dem amerikanischen Außenminister pflegt. (Die meisten Länder beklagen sich darüber, daß ihre Botschafter zu selten die Gelegenheit haben, mit dem Außenminister zu sprechen.) Ich habe schon wiederholt darauf hingewiesen, wie unklug es ist, wenn ein Diplomat mit Tricks arbeitet, ja, daß solche Methoden zur Katastrophe führen können. Da man es immer wieder mit der gleichen Persönlichkeit zu tun hat, gelingt es jedem höchstens einmal, den Gegenspieler zu überlisten. Weitere Versuche muß man mit der Verhärtung der Beziehungen bezahlen. Aber niemand konnte einen so gewandten und harten Verhandlungspartner wie Dinitz überlisten. Simcha und ich haben in Krieg und Frieden zusammengearbeitet. Aber wir beide haben nie vergessen, daß es die vornehmste Pflicht eines jeden von uns war, seinem Land zu dienen, und zumindest dieser Umstand ließ uns gemeinsame Probleme aus verschiedenen Perspektiven sehen.

Wie alle erfahrenen Diplomaten achteten wir sehr sorgfältig darauf, unsere Meinungsverschiedenheiten niemals persönlich werden zu lassen. Eine – gewöhnlich sehr durchsichtige – Methode besteht darin, für schmerzliche Entscheidungen Dritte verantwortlich zu machen. Dinitz hatte ein besonderes Geschick dafür, die Medien zu mobilisieren und im Kongreß Stimmung zu machen, aber er war viel zu klug, sein Geschick zu deutlich zu zeigen. Wenn man ihm zuhörte, dann mußte man staunen, daß so viele, normalerweise individualistische Amerikaner jetzt spontan zu der Überzeugung gelangt waren, wir täten nicht genug für Israel. Wenn ich jedoch schlechte Nachrichten für Dinitz hatte, dann machte es mir nichts aus, diese der Schwerfälligkeit des Behördenapparats oder bedauerlichen Entscheidungen von Vorgesetzten zuzuschreiben. Aber wir täuschten einander nicht. Ich wußte, daß Dinitz die Kräfte aufeinander abstimmte, die uns unter Druck setzten, und er hatte begriffen, daß ich nicht in diese hohe Stellung aufgestiegen war, weil ich im Gerangel mit Behörden viele Niederlagen erlitten hatte.

An jenem Sonntag, dem 7. Oktober um 19.40 Uhr, als wir uns nach Kriegsausbruch zum ersten Mal trafen, hatte Dinitz gute Nachrichten aus Jerusalem. »Wir gehen an beiden Fronten mit denkbar stärksten Kräften vor«, sagte er. Dann wiederholte er, was die Israelis uns schon am Tage zuvor mitgeteilt hatten, daß nämlich neun von elf der von den Ägyptern über den Suez-Kanal gebauten Brücken zerstört worden seien. Israel werde, um die begonnenen militärischen Operationen abzuschließen, von Montagmittag an (zu diesem Zeitpunkt sollte die Mobilmachung beendet sein) nur achtundvierzig Stunden brauchen. Ich war überzeugt, eine Resolution der Vereinten Nationen über einen Waffenstillstand wenigstens über den Dienstag hinaus aufhalten zu können. Dann sprachen wir eine Zeitlang über unsere Rüstungslieferungen. Angesichts der militärischen Prognose schien der israelische Nachholbedarf nicht ungewöhnlich dringend zu sein. Ich sagte Dinitz, daß eine nicht gekennzeichnete El Al-Maschine in der Nacht auf der Marinebasis in Virginia achtzig Sidewinder-Raketen und die entsprechenden Bombenaufhängevorrichtungen abholen könnte. Die Beamten im Verteidigungsministerium nahmen unsere Geheimhaltungsvorschriften jedoch zum Vorwand, die Ausführung unserer Anweisungen zu verzögern, und interpretierten sie so wörtlich, daß sie kein israelisches Flugzeug landen ließen, auch wenn es nicht gekennzeichnet war. Aber Scowcroft beendete dieses kleinliche Spiel in meinem Auftrag. Die Lieferung verzögerte sich um nicht mehr als vierundzwanzig Stunden – was nicht sehr viel zu bedeuten schien, denn noch waren wir alle überzeugt, daß der Krieg bald vorüber sein werde. Die Lieferung der Sidewinders sollte in erster Linie eine moralische Unterstützung darstellen. Nach allem, was die Israelis selbst uns gesagt hatten, konnten sie das Kampfgeschehen nicht mehr beeinflussen.

8. Oktober: Alles verläuft nach Plan

Am Montagmittag, dem 8. Oktober, hatten wir den Eindruck, daß sich unsere strategischen Erwartungen erfüllten. Der Sicherheitsrat der Vereinten Nationen war zu einer Sitzung einberufen worden, die in dem von uns gewünschten gemächlichen Tempo vorankam. Man war über die Vorbesprechungen noch nicht hinausgekommen, und die erste offizielle Sitzung würde frühestens am Spätnachmittag beginnen. In nächster Zeit würden keine Resolutionen eingebracht werden und daher auch keine Abstimmungen stattfinden. Der Morgenbericht der Nachrichtendienste schien unsere Interpretationen zu bestätigen. Nach einer gemeinsamen Lagebeurteilung der CIA und der DIA würden die Israelis am Dienstagabend die entscheidende Wende an den Golan-Höhen herbeiführen. »Bis die Offensive gegen die Syrer an Schwung gewinnt, könnten noch ein bis zwei Tage vergehen«, und dabei würde wahrscheinlich die ganze syrische Armee aufgerieben werden. Für die ägyptische Front wurde die Entscheidung spätestens am Mittwoch erwartet. Diese relativ neutrale Erklärung wurde in einer Weise erweitert, daß am endgültigen Ausgang kaum noch ein Zweifel zu bestehen schien: »Die schweren Kämpfe, in denen die Israelis versuchen werden, einen möglichst großen Teil der ägyptischen Armee zu vernichten, könnten noch einige Tage dauern.«

In dieser Lage schien die Verzögerung auf diplomatischer Ebene genau unseren Absichten zu entsprechen. Mit jeder Stunde, die verging, würden die Differenzen, die uns von den anderen Mitgliedern des Sicherheitsrats trennten – in der Frage, ob ein Waffenstillstand in den gegenwärtigen Stellungen oder eine Rückkehr zum Status quo ante angestrebt werden sollte, was unsere Absicht war – durch die Ereignisse überholt werden. Sobald die israelische Armee die Linien erreichte, an denen der Krieg begonnen hatte, konnten wir uns mit einem einfachen Waffenstillstand einverstanden erklären. Wenn Israel über diese Linien vorstieß, konnte man damit rechnen, daß die Mehrheit im Sicherheitsrat auf unseren Vorschlag eingehen würde, den Status quo ante wiederherzustellen, und wir würden uns damit einverstanden erklären und die arabischen Armeen vor der endgültigen Katastrophe bewahren. Es lag also anscheinend in unserem Interesse, nach Möglichkeit für Ruhe zu sorgen, damit der bevorstehende israelische Sieg die freundlich eingestellten arabischen Nationen nicht gegen uns aufbrachte oder die Sowjets in die Versuchung führte, unerwartete und aufsehenerregende Maßnahmen zu ergreifen.

Am frühen Montagmorgen, dem 8. Oktober, traf eine Note Breschnews ein:

> Wir haben uns mit den Führern der arabischen Staaten wegen der Frage eines Waffenstillstands in Verbindung gesetzt. Wir hoffen, in Kürze eine Antwort zu bekommen. Wir glauben, in Zusammenarbeit mit Ihnen vorgehen zu sollen, denn wir lassen uns von dem allgemeinen Interesse an der Aufrechterhaltung des Friedens und der Weiterentwicklung der sowjetisch-amerikanischen Beziehungen leiten. Wir hoffen, Präsident Nixon wird im gleichen Sinne handeln.

Als Dobrynin mir Breschnews Note am Telefon vorlas, glaubte ich, daß sie durchaus unseren Absichten entspräche. Da wir keinen Resolutionsantrag stellen wollten und die Sowjetunion anbot, mit uns zusammenzuarbeiten, waren wir überzeugt, auch diesen Tag ohne Konfrontationen und für uns unangenehme Vorschläge hinter uns zu bringen. Wir glaubten fest daran, daß die Israelis mit ihrer Offensive am nächsten Tag Erfolg haben würden. Dann würde der Sicherheitsrat einen Waffenstillstand an den erreichten Linien verlangen. Das mit uns verbündete Israel würde einen mit sowjetischen Waffen geführten Angriff abgeschlagen haben. Wir konnten die Friedensverhandlungen beginnen und die Araber darauf hinweisen, daß wir den israelischen Angriff zum Stehen gebracht hätten. Den Israelis konnten wir sagen, daß wir ihnen während der ganzen Krise treu zur Seite gestanden hätten. Ich zögerte daher nicht, Dobrynin zu sagen, daß wir uns im Sinne von Breschnews Botschaft verhalten würden. Wir würden heute noch keinen Resolutionsantrag stellen, und wenn wir es täten, würden wir die Sowjetunion einige Stunden vorher davon unterrichten. Wir würden

Botschafter Scali anweisen, sich im Sicherheitsrat bedachtsam zu äußern, würden keine Erklärungen abgeben, die die Gemüter erregen könnten, und erwarteten, daß die Sowjetunion einen ähnlichen Kurs einschlagen werde. Dobrynin stimmte mir zu.

Die Parteien, mit denen wir in Verbindung standen – die Sowjets, Ägypten und Israel – waren stillschweigend mit uns darüber einig, daß kein Land eine Resolution einbringen werde und wir alle Zurückhaltung in unseren Äußerungen üben würden. Ich sagte Eban, daß er seine Beredtsamkeit, wenn möglich, im Zaum halten und dafür eine um so längere Rede halten sollte – was für den israelischen Außenminister ein großes Opfer bedeutete. Ich bat auch Zayyat, Ruhe zu bewahren. Es stellte sich schon jetzt heraus, daß wir die einzige Regierung waren, die Kontakte zu beiden Seiten unterhielt. Wenn es uns gelang, auch weiterhin in dieser günstigen Position zu bleiben, dann konnten wir damit rechnen, bei den Friedensverhandlungen eine zentrale Rolle zu spielen.

Um diese Aussichten zu fördern, beantwortete ich um 11.40 Uhr Hafiz Ismails Note vom vergangenen Tag. Die von Sadat gestellten und von Ismail erläuterten Bedingungen waren selbstverständlich keine geeignete Basis für die Verhandlungen, waren aber wahrscheinlich nicht das letzte Wort der Ägypter. Ich hielt es daher für das beste, die Verbindung zu den Ägyptern zu halten, ohne über Bedingungen zu sprechen. Denn die Bedingungen würden sich weitgehend danach richten, welchen Ausgang die jetzt im Gang befindlichen Kämpfe nahmen. Ich stellte den Ägyptern deshalb zwei Fragen und machte ihnen eine feste Zusage. Zunächst fragte ich, ob Ägypten wirklich verlangte, daß Israel sich aus allen besetzten Gebieten zurückzog, bevor eine Friedenskonferenz stattfinden könnte, oder ob es nicht genügte, wenn sich die Israelis grundsätzlich mit einem Rückzug einverstanden erklärten. Das war eine der typischen dunklen Fragen, die im Verlauf der Nahost-Verhandlungen immer wieder gestellt wurden. Ihre Beantwortung brauchte Zeit, ohne daß damit eine Lösung gefunden wurde. Mit der zweiten Frage bat ich Ismail, gewisse Unklarheiten in einer Note aufzuklären, die wir über den Schah des Iran erhalten hatten. In ihr hieß es, daß Ägypten bereit wäre, in den von Israel geräumten Gebieten einer Präsenz der Vereinten Nationen zuzustimmen.

Mit beiden Fragen wollte ich andeuten, daß wir mit einem Rückzug der Israelis auf eine Linie rechneten, die *irgendwo* hinter den jetzt erreichten Stellungen lag, um die Ägypter gefügiger zu machen, aber ohne uns auf genau definierte Bedingungen festzulegen. Dabei setzten wir voraus, daß die ägyptische Armee nicht mehr sehr viel weiter vorankommen würde. Am Schluß meiner Note erklärte ich, daß wir die

Absicht hätten, bei den Verhandlungen zu helfen. Ägypten hatte seinen Standpunkt klargemacht. Militärisch ließ sich nichts mehr erreichen. Mehr brauchten wir auch nicht, um uns diplomatisch einschalten zu können:

> Ich möchte wiederholen, daß die Vereinigten Staaten ihr möglichstes tun werden, um beiden in den Konflikt verwickelten Parteien zu helfen, die Kämpfe zum Abschluß zu bringen. Die Vereinigten Staaten und ich persönlich werden die Parteien aktiv unterstützen, eine gerechte Lösung der Probleme zu finden, die den Nahen Osten schon seit so langer Zeit in Bedrängnis gebracht haben.

Dann wandte ich mich den innenpolitischen Kräften zu, deren Unterstützung wir brauchten. Die Senatoren Mike Mansfield und Hugh Scott, die Führer der Mehrheit und der Minderheit im Senat, boten mir die offizielle Unterstützung des Senats bei unserem Vorgehen im Nahost-Konflikt an. Ich bat sie dringend, keine Resolution zu verabschieden, mit der irgend jemandem die Schuld für den Ausbruch der Feindseligkeiten zugewiesen wurde. Der Senat sollte seine Zustimmung zu den Methoden zum Ausdruck bringen, mit denen wir der Krise Herr zu werden versuchten. Er sollte die Wiederherstellung des Waffenstillstandes auf der Basis des Status quo ante als »wünschenswertes Ziel« unserer Politik bezeichnen. Noch am gleichen Tag faßte der Senat einstimmig diesen Beschluß, was eine große Hilfe für unsere außenpolitischen Bemühungen bedeutete. (Einige Senatoren hatten Einwände dagegen erhoben, daß ich die arabischen Nationen nicht für den Konflikt verantwortlich machen wollte. Das war zuviel gesagt, aber hier lag meine Hauptsorge: Da ich überzeugt war, daß die Niederlage der Araber kurz bevorstünde, hielt ich es nicht für sinnvoll, uns zum Ziel des Unwillens und der Frustration zu machen, die einem solchen Ausgang folgen mußten.)

Die am gleichen Tage noch eintreffenden Berichte der Nachrichtendienste beruhigten uns. Gegen Mittag meldete die CIA schwere israelische Angriffe an der syrischen und der ägyptischen Front. Sie erwähnte unbestätigte israelische Berichte, nach denen die israelischen Streitkräfte den Suez-Kanal am Nord- und Südflügel der Front überschritten hätten. Auch diese Meldungen entsprachen unseren Erwartungen und waren mitverantwortlich dafür, daß wir uns falsche Vorstellungen machten. In Wirklichkeit lagen nicht die geringsten Beweise dafür vor, daß die israelischen Bodentruppen an irgendeiner Stelle den Kanal hätten überschreiten können. Man hatte jedoch so fest damit gerechnet, daß alle Operationen – auch solche, die wir heute als verzweifelte Defensivmaßnahmen erkennen müssen wie die Bombardierung von Port Said – so interpretiert wurden, als bestätigten sie diese Entwicklung.

Um 13.14 Uhr rief mich Dinitz an und bestätigte die optimistische Lagebeurteilung:

> Die Lage an der Front sieht wesentlich günstiger aus. Wir sind von der Defensive zum Angriff im Sinai und auf den Golan-Höhen übergegangen. Unsere Militärs glauben, es sei durchaus möglich, die Syrer über die Waffenstillstandslinie zurückzuwerfen; wir drängen auch die ägyptischen Kräfte im Sinai zurück.

Dinitz fügte hinzu, das Büro des Premierministers hätte die Meldung, daß israelische Streitkräfte den Kanal überquert hatten, noch *nicht* bestätigen können, als wollte er sagen, das wäre nur eine Frage der Zeit. Daß er mit Sicherheit damit rechnete, ging aus seiner nächsten Andeutung hervor, mit der er eine Vermutung bestätigte, die ich seit Kriegsausbruch gehabt hatte: Israel könnte sich entschließen, über die Linien hinauszugehen, an denen der Krieg begonnen hatte, um neue Stellungen auf arabischem Territorium zu beziehen und damit einer Wiederholung des Überraschungsangriffs vorzubeugen. Wir hatten schon vorher beschlossen, eine solche Maßnahme nicht zu unterstützen. Wir wollten vielmehr die Israelis ebenso wie die Araber auffordern, die Kampfhandlungen an den Linien einzustellen, an denen sie begonnen hatten.

Alles schien so glatt zu laufen, daß wir auch die Debatte in der Vollversammlung verhindern konnten, die uns solche Sorgen bereitet hatte. Ich hatte vorher mit dem Präsidenten der Vollversammlung, Leopoldo Benites aus Equador, vereinbart, daß vor diesem Forum nur die Vertreter der direkt Beteiligten zu Wort kommen sollten, und er hatte sich bereit erklärt, die Angelegenheit dann an den Sicherheitsrat zu verweisen. Im Sicherheitsrat sollte unser Vertreter, John Scali, eine einfache, rein theoretische Erklärung abgeben und darauf hinweisen, daß es am besten wäre, wenn sich beide Seiten auf die Vorkriegslinien zurückzögen. Eine Resolution sollte er jedoch nicht beantragen. Die Sitzung des Sicherheitsrats verlief ganz undramatisch. Zayyat gab Israel die Schuld am Ausbruch der Feindseligkeiten und gab dafür die schon bekannten Gründe an, vermied es jedoch, sich in einen scharfen Gegensatz zu den Vereinigten Staaten zu stellen. Mit gewohnter Beredsamkeit trug Eban seine historische Interpretation vor und widersprach damit der ägyptischen Darstellung. Damit bewahrheitete sich wieder die alte Auffassung, daß Kriege darum geführt werden, wessen historische Vorstellungen sich durchsetzen sollen.

Um 17.40 Uhr rief mich Dobrynin an und teilte mir offiziell mit, die Sowjetunion werde »im Sicherheitsrat nichts unternehmen. Keine Resolution im Sicherheitsrat. Unser Vertreter im Sicherheitsrat hat die Anweisung, sich auf keine Polemik mit dem amerikanischen Vertreter einzulassen. Unterdessen führen wir dringende Konsultationen mit der arabischen Seite.« Er sagte, er hoffte, daß auch wir keine Resolution einbringen würden, bevor die Sowjets ihre Verbündeten konsultiert hätten. Ich versicherte ihm gern, daß wir diesem Vorschlag folgen würden, denn er läge auf unserer Linie.

Anschließend nahm ich an der täglichen Sitzung der WSAG, die schon begonnen hatte, im Lagezimmer teil. Die CIA meldete, daß die Israelis ihre Gegenangriffe an beiden Fronten mit starken Kräften begonnen und die Golan-Höhen praktisch schon zurückerobert hätten. Unsere Absichten schienen sich verwirklicht zu haben. Israel würde wahrscheinlich innerhalb der folgenden achtundvierzig Stunden einen entscheidenden Sieg errungen haben. Deshalb mußten wir uns jetzt darauf konzentrieren, die Scherben aufzusammeln und eine Explosion in der arabischen Welt sowie ein mögliches Ölembargo zu vermeiden. Die versöhnliche Haltung der Sowjetunion entsprach wahrscheinlich ihrer Vermutung, daß die Araber den Krieg verlieren würden. Ich stellte aber doch wieder die Frage, die mich schon die ganze Zeit beunruhigt hatte: Wenn das alles richtig war, weshalb verlangten die Araber dann nicht nach einem Waffenstillstand? Wußten sie mehr als wir? Aber ich ließ mich durch die übereinstimmenden Überzeugungen der anderen Sitzungsteilnehmer beruhigen: Den Arabern waren ihre Anfangserfolge, bei denen sie die Vorkriegslinien überschritten hatten, zu Kopf gestiegen. Jetzt waren sie so freudig erregt, daß nur schwere militärische Rückschläge sie zum Rückzug veranlassen konnten.

Dinitz und ich trafen uns um 18.40 Uhr. Wir scherzten über die entspannte Atmosphäre im Sicherheitsrat. Dinitz war überzeugt, daß Ägypten und Syrien »in zwei bis drei Tagen« sehr gern auf einen Waffenstillstand an den Vorkriegslinien eingehen würden, und meldete optimistisch:

> Heute vormittag haben wir an beiden Fronten erfolgreiche Angriffe geführt. In Syrien haben wir sie von den Höhen geworfen, und sie halten sich nur noch im Gebiet des Hermon-Berges. Unsere Leute sind zu ihren Siedlungen zurückgekehrt, um das Vieh zu versorgen. In Quneitra sind sie wieder gegen unsere Stellungen vorgegangen, und jetzt findet dort ein Gegenangriff statt. Wir haben jetzt fast die vollständige Luftüberlegenheit, obwohl die Gegenseite Fliegerabwehrraketen des Typs SA-6 eingesetzt hat. An der ägyptischen Front haben wir Teile der feindlichen Streitkräfte vernichtet. Morgen werden die Operationen weitergehen. Unsere Luftstreitkräfte und Panzer haben die Ägypter daran gehindert, weitere Kräfte über den Kanal zu führen. Morgen werde ich Ihnen sagen können, was wir für den weiteren Verlauf des Krieges planen.

Ich sagte, jetzt käme es vor allem darauf an, daß wir diese Woche hinter uns brächten, ohne daß uns die Ölzufuhr abgeschnitten würde. Dinitz fing sogar an, über die von Israel geforderten Friedensbedingungen zu spekulieren. Alle israelischen Kriegsgefangenen in Ägypten und Syrien müßten entlassen werden, auch diejenigen, die während der Jahre des »Zermürbungskrieges«, der diesem Krieg vorangegangen sei, in Gefangenschaft geraten waren. Ich erwiderte, daß wir gegen eine Entlassung der Kriegsgefangenen nichts einzuwenden hätten, uns aber mit territorialen Eroberungen nicht einverstanden erklären würden. »Ich möchte mit allem Nachdruck eine Rückkehr zu den Vorkriegslinien empfehlen.« Wir würden die Auslieferung einiger Phantom-Jagdflugzeuge vom Typ F-4 beschleunigen, zu der wir uns schon vor dem Krieg verpflichtet hatten, und wir bearbeiteten die Anträge auf Lieferung von Sonderausrüstung: »Was Sie auf einem (El Al-)Flugzeug verladen können, das können Sie heute abend haben«, sagte ich Dinitz. In dieser allgemein so ruhigen Atmosphäre gab es jedoch einen besorgniserregenden Umstand. Wir hatten erfahren, daß Sadat, Asad und König Faisal Hussein aufgefordert hatten, in den Krieg einzutreten. Vielleicht befanden sie sich in einer noch verzweifelteren Lage, als uns bisher bewußt gewesen war – oder glaubten noch nicht daran, den Krieg verloren zu haben. Doch schließlich machten wir uns wegen dieser Meldung keine besonderen Sorgen mehr.

Als ich bald darauf mit Nixon sprach, beschäftigten wir uns in der Hauptsache mit den nach Beendigung des Krieges einzuleitenden diplomatischen Schritten. »Wenn wir es fertigbringen«, sagte ich übermütig, »diese Sache zu Ende zu bringen, ohne daß es mit den Arabern oder den Sowjets zum Krach kommt, dann wird das ein Wunder und ein Triumph für uns sein.« Nixon äußerte sich im gleichen Sinn und dachte dabei vor allem an die Zeit nach dem Kriege:

> Das, womit wir uns beschäftigen müssen, was Sie und ich wissen, wenn wir in die Zukunft sehen, ist, daß die Israelis, wenn sie – was geschehen wird – die Ägypter und die Syrer verprügelt haben, noch schwieriger zu behandeln sein werden als vorher. Sie und ich müssen den festen Vorsatz fassen, hier eine diplomatische Lösung zu finden.

Ich fand jetzt sogar die Zeit, am Montagabend, dem 8. Oktober, meine lange vorbereitete Rede auf der Pacem in terris-Konferenz in Washington zu halten. Ich hatte in die Rede jetzt noch eine an die Sowjetunion gerichtete Warnung eingebaut: »Unsere Haltung zur Entspannungspolitik ist klar: Wir werden uns gegen jede aggressive Außenpolitik stellen. Die Entspannung verträgt es nicht, wenn in irgendeinem Gebiet in unverantwortlicher Weise vorgegangen wird, und das betrifft auch den Nahen Osten.« Aber diese Warnung sollte keine Drohung sein, sondern eher der letzte Pinselstrich auf einem fast vollendeten Gemälde. Am Ende des dritten Kriegstages gingen wir in der Erwartung zu Bett, daß sich der Sechs-Tage-Krieg von 1967 wiederholen werde. Aber die Hybris der Menschen ist eine Beleidigung der Götter. Sie vertragen es nicht, wenn man es als selbstverständlich betrachtet, daß sich bedeutende Ereignisse nach den Wünschen der Menschen richten. Historische Veränderungen, wie wir sie anstrebten, können nicht durch Kunstgriffe herbeigeführt werden. Es muß eine Realität dahinterstehen, und von dieser Realität wurden wir in jener Nacht eingeholt.

Der 9. und 10. Oktober: Das Kriegsglück wendet sich

Mitten in der Nacht um 1.45 Uhr, ich war eben eingeschlafen, wurde ich durch einen telefonischen Anruf von Dinitz geweckt, der mir eine überraschende Frage stellte: Er wollte wissen, ob wir unsere Rüstungslieferungen verstärken könnten. Ich war verwirrt, denn erst vor wenigen Stunden hatte er gesagt, daß Israel kurz vor dem entscheidenden Sieg stünde. Wo lagen die Schwierigkeiten? Was wurde gebraucht, und weshalb die plötzliche Eile? Bisher hatten die Israelis hauptsächlich Sondermunition und elektronische Ausrüstung angefordert. Wir hatten fast allen diesen Anforderungen entsprochen. Zwar hatte das Verteidigungsministerium die Lieferungen zunächst verzögert, aber inzwischen waren die Sidewinder-Raketen abgeholt worden. Jetzt lagen uns nur noch Anforderungen für weitere Phantom-Jäger vor. Wir hatten zugesagt, die schon genehmigten Lieferungen beschleunigen zu wollen, was uns vor ein besonderes Problem stellte, weil wir über nur wenige überzählige Maschinen dieses Typs verfügten. Von den für Israel bestimmten wurden monatlich zwei produziert. Darüber hinaus besaßen wir nur die Phantom-Jäger, mit denen unsere eigenen fliegenden Verbände ausgerüstet waren. Wenn wir die Israelis aus diesem Bestand belieferten, dann würden unsere eigenen Streitkräfte, aber auch die Araber heftig dagegen protestieren. Einen Augenblick hatte ich den bösen Verdacht, daß die Israelis uns jetzt zu umfangreicheren Rüstungslieferungen veranlassen wollten, weil sich solche Anforderungen nach einem israelischen Sieg nicht mehr so gut begründen ließen. Ich sagte Dinitz, daß wir am frühen Morgen über die Angelegenheit sprechen könnten, und ging wieder zu Bett.

Um 3.00 Uhr rief mich Dinitz wieder an und wiederholte seine dringende Bitte. Wenn er seinem Kabinett nicht beweisen wollte, daß er mich jederzeit aus dem Bett holen konnte, dann mußte sich die Lage sehr ungünstig entwickelt haben. Ich wiederholte, daß wir die Angelegenheit am gleichen Vormittag in Ruhe besprechen sollten.

Wir trafen uns also am Dienstag, dem 9. Oktober, um 8.20 Uhr in dem elegant ausgestatteten, aber wenig benutzten Kartenzimmer im Erdgeschoß des Weißen Hauses. Hier war ich schon oft mit Dinitz und seinem Vorgänger Rabin (aber auch mit Dobrynin) zusammengetroffen, wenn ich in meiner Eigenschaft als Sicherheitsberater ein solches Treffen geheimhalten wollte. Das Zimmer ist etwas dunkel, denn dicht vor den Fenstern stehen hohe Rhododendron-Büsche. An den Wänden hängen militärische Lagekarten aus dem Zweiten Weltkrieg, als Präsident Roosevelt diesen Raum als Kommandozentrale und Kommunikationszentrum benutzt hatte. Diesem Umstand verdankte das Zimmer seinen Namen. Dinitz hatte seinen Militärattaché, General Mordechai (»Motta«) Gur, mitgebracht, der mich über die militärische Lage unterrichten sollte. Mich begleiteten Scowcroft und Rodman.

Dinitz und Gur kamen sofort auf den Kern der Sache zu sprechen. Man merkte ihnen ihre tiefe Besorgnis an, als sie mir mitteilten, daß die Israelis unerwartet hohe Verluste erlitten hätten. Neunundvierzig Flugzeuge, darunter vierzehn Phantom-Jäger, waren zerstört – was allerdings sehr schmerzlich war, uns aber nicht überraschen durfte, denn Syrien und Ägypten verfügten über eine große Zahl sowjetischer Fliegerabwehrraketen. Doch der große Schock war der Verlust von fünfhundert Panzern, von denen vierhundert an der ägyptischen Front abgeschossen worden waren. Dinitz flehte mich an, die Verlustziffern unbedingt geheimzuhalten und sie nur dem Präsidenten mitzuteilen. Wenn sie bekannt würden, könnten die Araber, die sich zur Offensive bereitgestellt hatten, den entscheidenden Vernichtungsschlag führen. Jetzt löste sich manches Rätsel. »Also deshalb sind die Ägypter so selbstsicher«, rief ich aus. »Wie konnte das geschehen?« Gur erklärte, daß sehr viele israelische Panzer schon auf dem Weg ins Kampfgebiet ausgefallen seien, weil die in den Depots schlecht gewarteten Motoren sich heißgelaufen hätten. Ich war so schockiert, daß ich Dinitz taktlos seine erst vor zwei Tagen gemachte Voraussage in Erinnerung brachte, am Mittwoch könnte man mit einem israelischen Sieg rechnen. Er gab zu, daß »offensichtlich irgend etwas mißlungen ist«. Er konnte aber nicht sagen, was.

Das war jetzt auch ganz gleichgültig. Denn was Dinitz mir jetzt mitteilte, erforderte eine fundamentale Umstellung der Strategie. Unsere ganze Diplomatie und das Programm für die materielle Unterstützung Israels hatten sich auf einen raschen israelischen Sieg gegründet. Diese Annahmen waren jetzt überholt. Doch das alles mußte tiefere Gründe haben. Ich wies darauf hin, daß die syrische Armee trotz schwerer Verluste ihre Kampfbereitschaft nicht eingebüßt hatte. Es werde Israel daher schwerfallen, seine Truppen von den Golan-Höhen auf die Sinai-Halbinsel zu verlegen. Und Israels Materialverluste an der ägyptischen Front waren fast ebenso hoch wie die Ägyptens. Israel stand jetzt an der Schwelle eines erbittert geführten Ermattungskrieges, den es angesichts der überlegenen Mannschaftsstärke seiner Gegner unmöglich gewinnen konnte. Deswegen mußte etwas Entscheidendes geschehen. Gur erklärte, daß es am ehesten möglich wäre, den Krieg gegen Syrien zu gewinnen. Wenn die ägyptischen Panzer sich nicht allzu weit aus dem durch Flugabwehrraketen abgeschirmten Raum herauswagten, würde eine israelische Offensive auf der Sinai-Halbinsel zu verlustreich sein. Ich sagte, daß, soweit ich die Lage beurteilen könnte, die ägyptischen Streitkräfte keinen allzu kühnen Vorstoß unternehmen würden. Gur glaubte dagegen, daß sie versuchen würden, die Pässe bei Mitla und Giddi zu erreichen – besonders wenn Syrien unter Druck geriet. Zum Glück für Israel sollte Gur recht behalten.

Die Lage der Israelis war so unübersichtlich, daß Dinitz und Gur nicht sagen konnten, welches Rüstungsmaterial Israel außer Flugzeugen am dringendsten benötigte. Panzer, die jetzt vor allem gebraucht wurden, gab es nicht genug, und es war schwierig, sie rasch heranzubringen. Gur schlug vor, sie in Europa zu beschaffen, aber auch diese Maßnahme würde einige Wochen in Anspruch nehmen. Wir einigten uns darauf, daß El Al-Maschinen sofort weiteres Gebrauchsmaterial und elektronische Ausrüstung abholen sollten. Aber die kleine zivile Luftflotte konnte schweres Gerät nicht transportieren. Diese Frage versprach ich auf einer Sondersitzung der WSAG zu erörtern, deren Ergebnis ich Dinitz am Abend mitteilen wollte.

Gur fragte nach den Berichten unserer Nachrichtendienste. Ich wies Scowcroft an, »Ihnen alles zu geben, was unsere Nachrichtendienste ermittelt haben«. Ich zweifelte keinen Augenblick daran, daß eine Israel durch sowjetische Waffen beigebrachte Niederlage für die Vereinigten Staaten eine geopolitische Katastrophe bedeuten würde. Ich sagte, daß es jetzt auf einen raschen Sieg an einer Front ankäme, bevor territoriale Gewinne der Araber an anderer Stelle von den Vereinten Nationen ratifiziert würden. »Wir konzentrieren uns jetzt auf einen raschen Sieg gegen die Syrer«, antwortete Dinitz. »Mit den Ägyptern wird es länger dauern.«

Am Schluß der Unterredung bat mich Dinitz um ein Fünf-Minuten-Gespräch unter vier Augen. Er sagte mir, daß die Premierministerin Meir bereit sei, persönlich für eine Stunde in die Vereinigten Staaten zu kommen, um bei Präsident Nixon wegen der dringenden Waffenlieferungen vorstellig zu werden. Dieser Besuch brauchte nicht öffentlich bekanntgegeben zu werden. Ich lehnte diesen Vorschlag kurzerhand und ohne mit Nixon darüber gesprochen zu haben ab. Er hätte nur als Hysterie oder Erpressungsversuch gedeutet werden können. Golda hätte dazu Israel für mindestens sechsunddreißig Stunden verlassen müssen. Wenn sie es täte, während ihre Truppen dem Feind in einer Entscheidungsschlacht gegenüberstanden, dann läge darin ein Zeichen so großer Panik, daß sich unter Umständen auch die bisher nicht am Krieg beteiligten arabischen Staaten einschalten würden. Israel bliebe in dem Augenblick führerlos, da Goldas Unerschrockenheit und Kühnheit am meisten gebraucht wurden und unter Umständen wichtige Entscheidungen getroffen werden mußten. (Nach dem Kriege habe ich erfahren, daß Dajan gerade in diesem Augenblick einen Rückzug tief in das Innere der Sinai-Halbinsel empfohlen hatte.) Und weil ihr Besuch nicht geheimgehalten werden konnte, würden wir gezwungen sein, massive Rüstungslieferungen zuzugeben, und damit wäre uns jede Möglichkeit genommen, in diesem Konflikt eine Vermittlerrolle zu übernehmen. Die ganze arabische Welt würde sich empört gegen uns stellen, und die Sowjetunion hätte freie Hand.

Am gleichen Dienstag um 9.40 Uhr beraumte ich eine dringende Sondersitzung der WSAG an, an der nur die ranghöchsten Vertreter der Ministerien teilnahmen. Alle anderen Mitarbeiter waren von der Teilnahme ausgeschlossen, um die Geheimhaltung zu garantieren. Ich berichtete über mein Gespräch mit Dinitz und Gur, nannte aber nicht die Verlustziffern für Panzer. Meine Kollegen waren skeptisch. Colby berichtete, daß die Lage an der syrischen Front sich für Israel günstig entwickelt hätte und die Stellungen auf der Sinai-Halbinsel gehalten würden. Er glaubte, daß Israel nur versuchte, uns noch vor dem Sieg zu möglichst großen Waffenlieferungen zu bewegen. Dadurch sollte der Eindruck entstehen, daß wir Israel rückhaltlos unterstützten, was weniger für den Krieg als für die Nachkriegsperiode eine Bedeutung hätte. Da ich auf dieser Sitzung den Vorsitz als Sicherheitsberater des Präsidenten übernommen hatte, sprach der stellvertretende Außenminister, Kenneth Rush, für das Außenministerium. Ich hatte keine Zeit gehabt, ihm irgendwelche Anweisungen zu geben, und deshalb unterstützte Rush Colbys Auffassung. Schlesinger sagte, daß er keine Schwierigkeiten darin sähe, Ausrüstungsgegenstände nach Israel zu schicken, zu deren Bedienung keine amerikanischen Techniker gebraucht wurden. Aber er machte sich Sorgen darum, daß es unsere Beziehungen zu den Arabern zu sehr belasten könnte, wenn wir Israels Anforderungen erfüllten und damit der Schlacht, die die Araber jetzt zu gewinnen schienen, eine neue Wendung gaben. Schlesinger wies darauf hin, welcher Unterschied zwischen einer Verteidigung des Überlebensrechts Israels innerhalb der Grenzen von vor 1967 und einem Eingreifen bestand, das es Israel ermöglichte, seine Eroberungen aus dem Krieg von 1967 zu behalten. Andere Sitzungsteilnehmer schlossen sich dieser Auffassung an.

Nach meiner Ansicht hatte sich die Lage so drastisch verändert, daß es jetzt auf solche Feinheiten nicht mehr ankam. Die theoretisch günstigste Lösung wäre ein israelischer Sieg gewesen, bei dem der arabische Angriff abgewehrt wurde, ohne die Araber in eine Katastrophe zu stürzen. Aber die Dinge waren schon zu weit gediehen: »Israel hat eine strategische Niederlage hinnehmen müssen, gleichgültig, was jetzt noch geschieht«, erklärte ich. »Sie haben doppelt so hohe Verluste erlitten wie die Araber, und das können sie nicht durchhalten.«

Jetzt begann ich auch an der Haltung der Sowjets zu zweifeln. Sie hatten unsere Verzögerungstaktik hingenommen, weil sie offenbar besser über die Kriegslage unterrichtet waren als wir. Selbst wenn es zunächst nicht so gewesen sein sollte, inzwischen mußten auch sie den wirklichen Stand der Dinge kennen, und nun wollten sie offenbar im trüben fischen. Während einer Pause in den Beratungen der WSAG erfuhr ich von unserem Botschafter in Amman, Dean Brown, daß der sowjetische Geschäftsträger in Jordanien König Hussein mit der Zusage der vollen diplomatischen Unterstützung der Sowjetunion gedrängt hatte, sich am Krieg zu beteiligen. Noch am gleichen Tage wurde bekannt, daß Breschnew dem Präsidenten von Algerien, Houari Boumedienne, einen ähnlichen Vorschlag gemacht hatte. Auf der Sitzung der WSAG sagte ich: »Es gibt zwei Probleme: die Versorgung der Israelis und die Nachricht, daß die Sowjetunion die Araber aufhetzt. Wir dürfen ein solches Verhalten der Sowjets nicht hinnehmen.« Die Lage hatte sich seit gestern abend dramatisch verändert! Ich schloß die Sitzung und bat für den Abend um die Vorlage verschiedener Möglichkeiten für die Belieferung Israels mit Rüstungsgütern. Schlesinger forderte ich auf, alle aus der Produktion kommenden Phantom-Jäger, die noch nicht an amerikanische Verbände ausgeliefert worden waren, sofort nach Israel abzuschicken.

Dann bemühte ich mich, die sowjetische Absicht, den Konflikt zu einem heiligen Krieg der Araber werden zu lassen, zu durchkreuzen. König Hussein hatte sich bisher geweigert, am Krieg teilzunehmen, und sogar die Aufforderung König Faisals vom Tage zuvor abgelehnt, eine in Jordanien stationierte saudiarabische Brigade nach Syrien zu verlegen. Ich schickte Hussein eine Note, appellierte an seine staatsmännische Klugheit und versprach, daß Amerika sich sofort nach der Beendigung des Krieges aktiv an den Bemühungen um den Frieden beteiligen werde. In seiner Antwort erklärte er ausdrücklich seine Solidarität mit den Zielen seiner arabischen Brüder und tadelte Israel dafür, daß es sich seit 1967 geweigert hatte, Frieden zu schließen. Er werde so lange wie möglich Zurückhaltung üben, was aber nur möglich sein werde, wenn es uns gelang, bald zu einem Waffenstillstand zu kommen. Ein längerer Krieg werde die sowjetische Position in der arabischen Welt stärken.

Es war mir bewußt, daß es zu keinem Waffenstillstand kommen konnte, wenn Israel nicht Erfolge zu verzeichnen hatte. Deshalb mußte Israel jetzt alles daransetzen, die Schwächen zu überwinden, die offenbar bei Beginn des Krieges bestanden hatten. Um das Selbstvertrauen der Israelis wiederherzustellen, mußte die amerikanische Unterstützung konkrete Formen annehmen. Zugleich mußten wir die Sowjets daran hindern, die (wenigstens für uns) plötzliche Veränderung der militärischen Lage auszunutzen. Ich warnte Dobrynin noch am gleichen Tag davor, andere Nationen zur Teilnahme am Konflikt zu ermutigen. Er behauptete, daß der Bericht aus Jordanien auf einem Mißverständnis beruhen müsse und Breschnews Appell an Boumedienne nichts anderes gewesen sei als lautstarke sowjetische Propaganda. Aber wenn eine Supermacht in weit voneinander entfernt gelegenen Hauptstädten »mißverstanden« wird, dann muß man dahinter eine Absicht vermuten.

Als die WSAG am Dienstagmittag, dem 9. Oktober, wieder zusammentrat, lagen sechs Vorschläge für unsere Reaktion auf die Materialanforderungen Israels vor. Danach konnten wir fortfahren, die Israelis wie bisher mit einer relativ geringen Menge von Rüstungsgütern zu beliefern und unsere Anstrengungen so weit steigern, daß wir alle verfügbaren Mittel einsetzten und das Material sogar mit amerikanischen Maschinen nach Israel einflogen. Einige Skeptiker wollten immer noch nicht recht glauben, daß sich die israelischen Streitkräfte in einer wirklich schwierigen Lage befanden. Colby meldete zum Beispiel, daß die israelische Armee noch Munition für wenigstens zwei Wochen hätte.

Aber das Problem ging jetzt weit über logistische Berechnungen hinaus. Wenn Golda Meir bereit war, Israel während eines Krieges zu verlassen, bei dem es um das Überleben ging, dann mußte Israel kurz vor der Panik stehen. (Ich konnte den Zynikern nicht zustimmen, die meinten, wenn Golda glaubte, jetzt reisen zu können, müßte die israelische Armee kurz vor dem Sieg stehen.) Es mußte etwas Entscheidendes geschehen, und zwar sowohl aus psychologischen als auch aus militärischen Gründen. Es lag jedoch in unserem Interesse – das in diesem Fall nicht identisch mit dem israelischen war –, die Lieferungen auf einem möglichst unauffälligen Wege vorzunehmen. Ich sagte, daß ich Nixon die Vorschläge vorlegen würde, was aber erst gegen Abend nach Beendigung des Staatsbesuchs des Präsidenten der Elfenbeinküste, Félix Houphouet-Boigny, geschehen könnte.

Dinitz war indessen nicht untätig geblieben. Nach Verlassen der Sitzung wurde ich mit Telefonanrufen aus dem Kapitol bombardiert, in denen mich die Senatoren drängten, die Waffenlieferungen nicht länger hinauszuzögern. Dinitz behauptete natürlich, unschuldig daran zu sein, und sagte, daß viele Senatoren spontan und unabhängig von ihm zu dem gleichen Schluß gekommen seien. Meine Geduld war zu Ende, als Senator Frank Church, der uns während des Vietnam-Krieges immer wieder wegen unserer »hinterhältigen« Methoden kritisiert hatte, nun verlangte, daß wir ein paar Phantom-Flugzeuge nach Israel »schmuggeln« sollten, wahrscheinlich, weil niemand etwas davon merken sollte. Ich sagte ihm, daß es mir nichts ausmachen würde, wenn er uns diese Empfehlung in aller Öffentlichkeit gäbe – ein interessanter Rollentausch. Ich hielt es sogar für ganz günstig, wenn der Eindruck entstanden wäre, daß der Kongreß uns drängte, mehr für Israel zu tun. So ließe sich vielleicht der Ärger der Araber etwas dämpfen.

Am Nachmittag um 16.45 Uhr gingen Haig, Scowcroft, Ziegler und ich zu Nixon. Ich erläuterte ihm unser Problem. Auf diplomatischer Ebene war unsere Position nicht schlecht. Wir waren das einzige Land, das Kontakte zu den meisten Beteiligten unterhielt, einschließlich der Sowjetunion. Sobald die Verhandlungen aufgenommen wurden, konnten wir unsere zentrale Position sehr gut nutzen. Aber der theoretische Vorteil würde nicht zum Tragen kommen, wenn der Eindruck entstand, daß Israel den Krieg verlöre. »Wenn die Araber den Eindruck gewinnen, daß die Israelis hohe Verluste haben hinnehmen müssen, dann werden sie sich unter Umständen an diesem Krieg beteiligen.«

Nixon war um diese Zeit fast ausschließlich mit seinen innenpolitischen Skandalen beschäftigt. Er hatte einen großen Teil des Tages damit zugebracht, mit Agnews Rücktritt ins reine zu kommen, der innerhalb der nächsten vierundzwanzig Stunden bekanntgegeben werden sollte. Aber obwohl er sich aus diesem Grund nicht um die Einzelheiten kümmern konnte, hatte sich sein Blick für das Wesentliche nicht getrübt. »Wir dürfen es nicht zulassen, daß die Israelis den Krieg verlieren«, sagte er und handelte entsprechend. Er befahl, die Lieferung von Gebrauchsmaterial und Flugzeugen zu beschleunigen. Schweres Gerät würde Israel vor Beendigung des Konflikts nicht mehr erreichen. Wir würden Israel jedoch den Ersatz für die Materialverluste garantieren. Dadurch brauchte Israel, solange die Kämpfe andauerten, nicht übermäßig große Materialvorräte in Reserve zu halten. Am Dienstag um 18.10 Uhr unterrichtete ich Dinitz von dieser ausschlaggebenden Entscheidung des Präsidenten:

Was Ihre Sonderanforderungen betrifft, so hat der Präsident die ganze Liste des Gebrauchsmaterials genehmigt, das heißt, militärische Ausrüstung aller Art und elektronische Geräte – alles, was auf der Liste steht, mit Ausnahme der Laser-Bomben. Der Präsident hat sich damit einverstanden erklärt – und lassen Sie mich das jetzt ganz offiziell wiederholen –, daß *alle* Ihre Verluste an Flugzeugen und Panzern ersetzt werden. Als Ersatz für ausgefallene Panzer werden Sie zahlreiche M-60 bekommen, das sind unsere neuesten. An Flugzeugen werden wir Ihnen sofort fünf Maschinen vom Typ F-4s liefern, daß heißt, zwei plus drei. Für den Rest schlagen Sie uns die Liefertermine vor. Die Panzerabwehrmunition und -geschütze hat Schlesinger bereitgestellt. Sie wissen, mit wem Sie sich im Verteidigungsministerium in Verbindung setzen müssen. Sollte es Schwierigkeiten geben, setzen Sie sich mit Scowcroft in Verbindung. Das heißt, wenn es sich um das Material auf der Liste mit Ausnahme der Laser-Bomben handelt. Für die Panzer werden Sie sich auch über die Liefertermine einigen müssen. Das Problem bei den Panzern liegt nicht darin, was Sie jetzt in diesen Kämpfen brauchen, sondern es kommt auf die Lage nach Abschluß der Kämpfe an. Sie haben die Zusicherung, daß wir die ausgefallenen Panzer ersetzen werden. Außerdem haben Sie die Zusicherung, daß wir Ihnen notfalls, wenn sich die Lage sehr verschlechtern sollte, die Panzer mit amerikanischen Flugzeugen einfliegen werden.

Ich hatte Schlesinger gesagt, daß er freie Hand hätte, zu entscheiden, was Israel brauchte, solange der Krieg andauerte. Wenn er glaubte, daß Israel noch während des Krieges weitere Panzer brauchte, sollte er sie sofort auf den Weg bringen. Dinitz teilte mir mit, daß Israel so viel Material wie möglich in nicht gekennzeichneten El Al-Maschinen abholen werde. Über eine amerikanische Luftbrücke wurde nicht gesprochen – es sei denn, die israelischen Streitkräfte brauchten in einem dringenden Notfall weitere Panzer.

So viel zu der Falschmeldung, daß die Nixon-Regierung die Belieferung Israels mit Rüstungsgütern bewußt hinausgezögert hätte, um es für die kommenden Verhandlungen gefügiger zu machen. Als wir feststellen mußten, daß ein israelischer Sieg in immer weitere Ferne rückte, mußten wir mit zwei Gefahren rechnen: mit einem längeren militärischen Unentschieden oder dem plötzlichen Vorschlag für einen Waffenstillstand an Ort und Stelle, bevor Israel an einer der beiden Fronten die Vorkriegslinien erreicht hatte. Wir bemühten uns daher darum, Israel das Selbstvertrauen und die Mittel zu geben, die es brauchte, um die nächsten entscheidenden Tage zu überstehen, denn der Ausgang der Kämpfe hing ebenso sehr von der Zuversicht der Israelis wie von der Bewaffnung seiner Streitkräfte ab. Unsere Lieferungen wollten wir jedoch möglichst unauffällig durchführen, denn wir wußten, daß wir unter allen Umständen auf die Selbstachtung der Araber Rücksicht nehmen mußten.

Um den Dialog mit Ägypten nicht abbrechen zu lassen, beantwortete ich noch am gleichen Abend Hafiz Ismails letzte Note, die am Vormittag in Washington eingetroffen war und die die Anerkennung unserer »guten Absichten« durch die Ägypter zum Ausdruck brachte. Ich teilte Ismail in etwas zweideutiger Form mit, daß unsere Maßnahmen das mindeste dessen seien, was die öffentliche Meinung in den Vereinigten Staaten zuließe. Damit wollte ich Ägypten die Möglichkeit geben, sich mit unseren Maßnahmen abzufinden, ohne das Gesicht zu verlieren. Ich unterstrich, daß die Vereinigten Staaten »jetzt die ägyptische Haltung im Hinblick auf eine Friedensregelung deutlich verstehe«. Ich vermied jedoch jede Stellungnahme, was nach den diplomatischen Gepflogenheiten bedeutete, daß wir auf die ägyptischen Forderungen nicht eingehen würden.

Doch dann wurde ich konkreter und stellte Ismail eine praktische Frage, die eine detaillierte Antwort zuließ. Aus ihr ergab sich die günstige Möglichkeit, unsere Verzögerungstaktik im Sicherheitsrat als Rücksichtnahme auf die ägyptische Haltung darzustellen:

> Die amerikanische Seite ist sich jedoch weniger klar über die Auffassungen der ägyptischen Seite, wie die gegenwärtigen Kämpfe beendet werden sollen. Diese Auffassungen wären der amerikanischen Seite für die Formulierung ihrer Haltung in der gegenwärtigen Debatte im Sicherheitsrat sehr nützlich. In der Hoffnung, die Auffassungen der ägyptischen Seite zu erfahren, wird die amerikanische Seite so lange wie möglich warten, bevor sie im Sicherheitsrat die definitive Haltung der Vereinigten Staaten zum Ausdruck bringt.
>
> Die amerikanische Seite möchte noch einmal auf ihre Bereitschaft hinweisen, dringend notwendige Beratungen mit den beteiligten Parteien zu führen, um im Nahen Osten zu einer gerechten Friedenslösung zu kommen. Unter so schwierigen Umständen ist es wichtig, diese langfristige Perspektive im Auge zu behalten und Konfrontationen und scharfe Debatten zu vermeiden, solange wir uns darum bemühen, eine Lösung für die gegenwärtige Krise zu finden.

Am Mittwochmorgen, dem 10. Oktober, wurden wir von der wenig erfreulichen Nachricht überrascht, daß die Sowjets eine Luftbrücke nach Syrien eingerichtet hatten. Etwa zwanzig Transportflugzeuge befanden sich auf dem Weg über Ungarn und Jugoslawien ins Kampfgebiet. Eine Luftbrücke solchen Ausmaßes konnte nicht improvisiert sein. Man hatte sie mit Sicherheit schon seit Tagen vorbereitet. In dieser Phase des

Krieges handelte es sich wahrscheinlich um die Lieferung von Gebrauchsmaterial, was den von uns zu Gunsten von Israel am Sonntag getroffenen Entscheidungen entsprach, wenngleich die sowjetischen Lieferungen viel umfangreicher waren und die Sowjetunion keinen Versuch unternahm, die Aktion zu tarnen. Wollte sie damit den Konflikt weiter anheizen oder nur einen Freund unterstützen und die Möglichkeit offenhalten, sich an den Friedensverhandlungen zu beteiligen? Wollten die Sowjets den Arabern bei ihrer Unnachgiebigkeit den Rükken stärken oder für den Friedensprozeß ihr Vertrauen gewinnen? Halfen die Sowjets ihrem am härtesten bedrängten Verbündeten, um ihn vor der Niederlage zu bewahren, oder ermunterten sie ihn zu einer neuen Offensive?

Bis heute lassen sich diese Fragen nicht klar beantworten. Wahrscheinlich hat die sowjetische Führung versucht, sich mehrere Optionen offenzuhalten, und dabei alle Nachteile miteinander kombiniert. Sie hat genug getan, um für die Fortführung des Krieges zu sorgen, aber zuwenig, um die von ihr gewünschte Entscheidung herbeizuführen. Vielleicht hat auch die Sowjetunion einen Waffenstillstand angestrebt, was uns alle arabischen Führer nach dem Kriege in verächtlichem Ton gesagt haben – dann jedoch so vorsichtig und, wie Sadat in seinen Memoiren schreibt, in so hinterhältiger Weise, daß es die Zweifel Ägyptens an der Zuverlässigkeit seines Verbündeten nur verstärkte.

Sadat schreibt, daß Moskau ihn schon unmittelbar nach Beginn der Feindseligkeiten – am 6. Oktober um 20.30 Uhr Kairoer Ortszeit, also sechseinhalb Stunden nach Kriegsbeginn – gedrängt habe, einem Waffenstillstand zuzustimmen. Damals sagte ihm der sowjetische Botschafter, der syrische Präsident Asad habe dem Kreml *vor* Kriegsausbruch gesagt, daß man schon innerhalb der ersten achtundvierzig Stunden einen Waffenstillstand vorschlagen müßte. Das klingt eigentlich zu plump, um plausibel zu sein. Asad hat zwar bestritten, diesen Vorschlag gemacht zu haben (was angesichts der politischen Methoden der Araber noch kein Beweis zu sein braucht), aber die Sowjets haben diese Forderung über mehrere Tage täglich wiederholt, bis Sadat schließlich mit aller Schärfe erklärte, daß er den Krieg fortsetzen werde, bis er die israelische »Theorie der Sicherheit« vernichtet habe.[13]

Sadats Bericht – der mit Sicherheit nicht durch sehr freundschaftliche Gefühle für die sowjetische Führung gefärbt ist – entspricht dem, was die Sowjets uns während dieser Zeit gesagt haben. Am Mittwoch, dem 10. Oktober, um 20.00 Uhr rief mich Dobrynin an, um mir eine nach seiner Ansicht wichtige Mitteilung zu machen: Die sowjetischen Konsultationen mit Ägypten und Syrien hätten sich »in die Länge gezogen« und wären »nicht leicht«. Moskau könnte Nixon jedoch jetzt sagen, daß die Sowjetunion »bereit ist, die Annahme einer Waffenstillstandsresolution im Sicherheitsrat nicht zu blockieren«. Mit anderen Worten, die Sowjetunion würde sich bei der Abstimmung über eine Resolution für einen Waffenstillstand an Ort und Stelle der Stimme enthalten; sie würde jedoch eine Rückkehr zu den Vorkriegslinien nicht unterstützen – das heißt, sie würde dagegen ihr Veto einlegen. Dazu erklärte die Note die Bereitschaft der Sowjetunion, sich für einen Verhandlungsfrieden einzusetzen »auf der Basis der Befreiung aller von Israel besetzten arabischen Gebiete«.

Die sowjetische Initiative für einen Waffenstillstand an Ort und Stelle lag jetzt auf dem Tisch, und zwar unter den für unsere Strategie ungünstigsten Umständen. Wenn die Sowjets ihren Vorschlag jetzt vorlegten, würden sie dafür von fast allen in den Vereinten Nationen vertretenen Regierungen und sogar auch von unseren europäischen Verbündeten unterstützt werden. Israel dagegen würde sich einer solchen Regelung widersetzen, solange die Vorkriegslage nicht wiederhergestellt war. Würden wir dem sowjetischen Plan zustimmen und Israel unter Druck setzen, das gleiche zu tun, dann wäre der Krieg mit einem eindeutigen Sieg der von den Sowjets mit Waffen unterstützten arabischen Streitkräfte beendet. Die Stellung der Vereinigten Staaten in den Friedensverhandlungen nach dem Kriege wäre dadurch erheblich geschwächt. Die Vorstellung, daß wir als einzige Supermacht Fortschritte erreichen könnten, wäre geplatzt. Sowjetische Waffen hätten die Entscheidung gebracht, und diese Entscheidung würde nun durch das diplomatische Eingreifen der Sowjetunion geschützt. Nach einem solchen Ausgang mußte man mit einer baldigen Wiederaufnahme des Krieges rechnen, denn da Israel die militärische Überlegenheit würde zurückgewinnen wollen, müßten die Araber zu der Überzeugung kommen, daß sie mit einem neuen Angriff aus jeder Sackgasse herauskommen könnten, in die sie während der Verhandlungen gerieten.

Hätte die Sowjetunion eine klare politische Linie verfolgt oder hätten die arabischen Nationen sich nicht von der zu Beginn herrschenden euphorischen Stimmung hinreißen lassen, dann hätten sie unter Umständen versucht, sich die territorialen Gewinne des ersten Vorstoßes zu sichern und am 10. Oktober nach einem Waffenstillstand an Ort und Stelle verlangt. Uns wäre es dann schwergefallen, dieses Verlangen abzulehnen. Aber entweder unterschätzten Ägypten und Syrien die Möglichkeit Israels, sich von den ersten Schlägen zu erholen, oder sie konnten das zwischen ihnen bestehende Mißtrauen nicht überwinden. Wahrscheinlich spielte beides eine Rolle. Es läßt sich schwer ergründen, welches die eigentlichen Absichten der Sowjetunion gewesen sind. Ihre ambivalente Haltung verschaffte uns die Möglichkeit, Zeit zu gewinnen und eine neue Strategie zu entwickeln. Wenn die Sowjets gehofft hatten, daß sie uns veranlassen könnten, die Waffenlieferungen an Israel zu verlangsamen, dann hatten sie sich getäuscht. Mit der sowjetischen Luftbrücke nach Damaskus war diese Frage ein für allemal entschieden. Deshalb akzeptierte ich den sowjetischen Vorschlag »im Prinzip«, um eine diplomatische Offensive der Sowjetunion bei den Vereinten Nationen zu verhindern oder die Auswirkungen einer solchen Initiative hinauszuschieben. Ich wollte in der Zwischenzeit feststellen, ob die Israelis mit ihrer Behauptung recht gehabt hatten, innerhalb der nächsten achtundvierzig Stunden an der syrischen Front siegen zu können.

Ich sagte Dobrynin deshalb, er sollte nach Moskau berichten, daß wir den Waffenstillstandsvorschlag für »konstruktiv« hielten, aber noch Bedenkzeit brauchten. Etwas später rief ich ihn noch einmal an und teilte ihm mit, daß der Präsident offiziell nicht Stellung nehmen könne, bevor ein zweiter Gast aus Afrika, der Präsident von Zaire, Mobutu Sese Seko, ihn gegen 11.30 Uhr verlassen hätte. Aber der eigentliche Zweck meines Anrufs war es, Dobrynin wissen zu lassen, daß wir von der sowjetischen Luftbrücke nach Syrien mit großen Mengen von Rüstungsgütern wußten. Ich sagte, sie wäre »nicht hilfreich«. Dobrynin tat überrascht. Ich sagte sarkastisch: »Ich bin sicher, daß (der sowjetische Verteidigungsminister) Gretschko davon weiß. Sie kommen über Budapest und werden wahrscheinlich von dort den Zielflughafen ansteuern.« Dobrynin kann angesichts der Pedanterie des sowjetischen Beamtenapparats nicht vollkommen ahnungslos gewesen sein. Er sagte mir, daß er in Moskau anfragen werde. Ich erwiderte, was auch geschehen mochte, die sowjetische Luftbrücke würde »uns zwingen, wenigstens das gleiche zu tun«.

Watergate veranlaßte uns, die Angelegenheit weiter zu verzögern. Agnews Rücktritt als Vizepräsident sollte am gleichen Tage um 14.00 Uhr bekanntgegeben werden. Um 11.45 Uhr rief ich Dobrynin an – angeblich, um ihn darauf aufmerksam zu machen. Ich erklärte ihm, daß der Präsident sich aus diesem Grunde während der folgenden Stunden nicht mit dem sowjetischen Vorschlag befassen könne, und bat Dobrynin, dafür zu sorgen, daß wir nicht zu voreiligen Entscheidungen gezwungen würden. Er versicherte mir, daß die Sowjets dem Sicherheitsrat keine Resolutionsentwürfe vorlegen würden.

In den Pausen zwischen den Telefongesprächen mit Dobrynin sprach ich mit Dinitz über die Lage im Kampfgebiet. Dabei las er mir einen Brief vor, in dem sich Golda Meir bei Nixon für seine lebenswichtige Entscheidung bedankte, Israel mit Kriegsmaterial zu unterstützen. Wir hatten der israelischen Regierung diesen Beschluß am Tage zuvor mitgeteilt, und Frau Meir erklärte, er werde einen »sehr günstigen Einfluß haben. Wir kämpfen gegen einen sehr starken Gegner, aber wir sind überzeugt, daß wir siegen werden. Wenn wir gesiegt haben, werden wir an Sie denken.« Ich sagte Dinitz, daß Israel, nachdem die Ergänzungslieferungen gesichert seien, keine Materialreserven zu horten brauchte. Für komplizierte Maßnahmen hätte man jetzt keine Zeit. Alles hinge davon ab, daß Israel den Gegner so rasch wie möglich auf die Vorkriegslinien zurückwarf, an einer Front jedoch auch darüber hinaus. Wir könnten den Waffenstillstand nicht auf ewig hinausschieben.

Unserem Dialog mit Ägypten konnten wir entnehmen, daß es noch eine gewisse Zeit dauern würde, bis im Sicherheitsrat etwas unternommen werden konnte. Am gleichen Mittwoch um 13.00 Uhr erhielten wir Ismails Antwort auf meine Anfrage zu den Waffenstillstandsbedingungen vom Vortage. Aus dieser Antwort ging deutlich hervor, daß Kairo noch nicht bereit war, sich zur Sicherung der bisher gemachten Geländegewinne zur Verteidigung einzurichten. Ägypten verlangte noch immer unsere Zustimmung zu einem umfassenden Friedensplan, wenn auch in sehr viel gemäßigterer Form:

> Herr Ismail möchte auch zum Ausdruck bringen, daß die ägyptische Seite zwar von den Motivationen für die von der amerikanischen Regierung eingenommenen Haltung Kenntnis genommen hat, er es aber begrüßen würde, wenn Dr. Kissinger Verständnis für die politischen und anderen Faktoren zeigte, auf welche sich die ägyptische Haltung gründet, nach der es dringend geboten erscheint, über ein umfassendes Programm für die Wiederherstellung des Friedens im Nahen Osten zu beraten.

Diese vorsichtige Formulierung, die zum Ausdruck bringen sollte, daß die ägyptischen Bedingungen genaugenommen über die Erfordernisse des nationalen Interesses hinausgingen, zeigten, daß das Verlangen Ägyptens nach einer umfassenden Lösung unter den richtigen Voraussetzungen verhandlungsfähig sein könnte. Im übrigen modifizierte Ismail in seiner Note die ägyptischen Bedingungen für einen Waffenstillstand in fünf Punkten, deren wichtigste die folgenden waren: Ägypten bestand nicht mehr darauf, daß sich die israelischen Truppen *vorher* auf die vor 1967 geltenden Grenzen zurückziehen sollten, sondern gab sich mit der entsprechenden israelischen Verpflichtung zufrieden, vorausgesetzt, die Israelis verpflichteten sich, es bis zu einem bestimmten Termin zu tun. Der Kriegszustand sollte mit dem Abschluß dieses Rückzuges beendet sein. Darauf hin sollten die Friedensverhandlungen aufgenommen werden.

Ismail muß sehr genau gewußt haben, daß noch keine Möglichkeit bestand, die Zustimmung Israels zu diesen Bedingungen zu gewinnen, es sei denn, die Israelis hätten eine totale militärische Niederlage erlitten. Aber in schwierigen Verhandlungen kommt es nicht auf den konkreten Inhalt der Modifizierungen an, sondern in erster Linie auf die Tatsache, daß überhaupt ein modifiziertes Angebot gemacht worden ist, und hier hatte uns Ismail nicht vor die Alternative gestellt, entweder seine Bedingungen anzunehmen, oder die Verhandlungen als gescheitert anzusehen. Er bat vielmehr »Dr. Kissinger, (den Vorschlag) in Erwägung zu ziehen« – und rechnete daher offenbar mit einem Gegenvorschlag.

Trotz meiner neu gewonnenen Bewunderung für die Subtilität der ägyptischen Verhandlungsmethoden war ich überzeugt, daß es zu keinen ernsthaften Gesprächen kommen würde, solange sich die militärische Lage nicht verändert hatte. Aber zunächst war es wichtig, dafür zu sorgen, daß sich der Krieg nicht ausweitete. Noch am gleichen Tag erfuhren wir, daß Sadat König Hussein drängte, in den Krieg einzutreten. Dean Brown meldete, daß der König daran dächte, eine Panzerbrigade nach Syrien zu schicken, um nicht eine noch gefährlichere Entscheidung treffen und etwa durch einen Angriff entlang des Jordan eine neue Front errichten zu müssen. Doch jede jordanische Initiative in dieser Richtung könnte andere arabische Staaten ermutigen, in den Krieg einzutreten, und die Araber veranlassen, die militärische Entscheidung zu suchen. Deshalb richtete ich die dringende Bitte an den König, jede Entscheidung wenigstens um achtundvierzig Stunden zu verschieben. Ich sagte ihm, daß ich mich nach Kräften bemühte, durch vertraulich geführte diplomatische Gespräche die Beendigung der Feindseligkeiten herbeizuführen. Dazu brauchte ich Zeit und seine Hilfe. Hussein beantwortete meine Note nicht, und das war klug, aber er folgte meiner Empfehlung und handelte damit wie ein erfahrener Staatsmann.

Die Meinungen in unserer Regierung darüber, wie dringend notwendig es sei, Israel mit Waffen zu beliefern, blieben geteilt (obwohl man sich darin einig war, daß die Materialverluste ersetzt werden müßten). Jedermann war überzeugt, daß, bevor schwere Ausrüstung nach Israel gelangen und den Ausgang des Krieges entscheidend beeinflussen könnte, die Entscheidung auf dem Schlachtfeld gefallen sein würde. Es bestand die berechtigte Sorge, daß wir durch die Waffenlieferungen die gemäßigten Araber verärgern könnten, ohne Israel wirklich geholfen zu haben – besonders als wir am Morgen des 10. Oktober erfuhren, daß König Faisal, nachdem Hussein es abgelehnt hatte, die in Jordanien stationierte saudi-arabische Brigade nach Syrien zu schicken, den Syrern jetzt eine Brigade aus Saudi-Arabien zur Verfügung stellen wollte. Schlesinger hatte mich gegen 8.30 Uhr davon unterrichtet und mir dringend empfohlen, möglichst rasch einen Waffenstillstand zustande zu bringen. Er war so besorgt, daß er sogar daran dachte, amerikanische Truppen an einer »Besetzung« zu beteiligen. Ich lehnte diesen Vorschlag ab und sagte Schlesinger:

> Was die Saudis betrifft, so sollten wir die Dinge in aller Ruhe abwarten. Wenn eine saudische Brigade in Marsch gesetzt wird, dann kann sie frühestens in zwei Tagen im Kampfgebiet eingetroffen sein, und wahrscheinlich werden auch die Jordanier eine Brigade hinschicken, was ganz in Ordnung ist. Das ist das wenigste, was sie tun können. Wir werden noch etwa einen Tag an unserem Kurs festhalten, weil wir glauben, daß wir die Dinge auf diese Weise in den Griff bekommen können. Ich halte es nicht für notwendig, jetzt an die Beteiligung an irgendeiner Besetzung zu denken.

Während eines Essens, das ich im Außenministerium dem belgischen Außenminister Renaat van Elslande gab, wurde ich, wie vorher abgemacht, ins Weiße Haus gerufen, um Agnews Rücktritt entgegenzunehmen. Aus irgendeinem geheimnisvollen verfassungsrechtlichen Grund muß der Außenminister den Rücktritt des Präsidenten oder des Vizepräsidenten entgegennehmen. Diese Bestimmung war bisher noch niemals in die Praxis umgesetzt worden, und ich bin überzeugt, daß kein anderer Außenminister je wieder gezwungen sein wird, den Rücktritt unserer beiden höchsten gewählten Staatsbeamten innerhalb von zehn Monaten entgegenzunehmen.

Während ich mich mit Agnew beschäftigen mußte, traf sich Scowcroft mit Dinitz, um ihn von dem sowjetischen Vorschlag für eine gemeinsame Stimmenthaltung (bei einer Abstimmung über einen einfachen Waffenstillstand) zu unterrichten und mit ihm über die Lieferung von Rüstungsmaterial an Israel zu sprechen. Dinitz war an einem Waffenstillstand in den gegenwärtigen Stellungen ebensowenig interessiert wie wir. Ich hatte Scowcroft gesagt, er sollte darauf drängen, daß Israel in den nächsten achtundvierzig Stunden die größtmöglichen militärischen Anstrengungen unternahm. Er sagte Dinitz, wir könnten die Entscheidung nicht sehr viel länger hinauszögern und nicht etwa von den Arabern verlangen, daß sie Israel arabische Gebiete überlassen sollten, welche die Israelis nicht hatten zurückerobern können. Aber Dinitz konnte Scowcroft nichts über einen israelischen Operationsplan und dessen zeitlichen Ablauf sagen, weil es solche Pläne nicht gab oder weil seine Regierung uns (oder ihm) ihre Absichten nicht anvertrauen wollte.

Aus dem gleichen Gespräch ging auch hervor, daß Israel das bereitgestellte Material nicht mit den sieben Düsenmaschinen der El Al abholen konnte. Nachdem wir uns mit der WSAG beraten hatten, beschlossen wir, daß die Regierung der Vereinigten Staten Israel erlauben sollte, Maschinen privater Fluggesellschaften für den Transport des Materials zu chartern, das die Israelis nicht selbst abtransportieren konnten. Wir erklärten uns sogar bereit, der israelischen Regierung dabei zu helfen.

Dieses Unternehmen endete mit einem Fiasko. Deshalb beschlossen wir nach weiteren achtundvierzig Stunden, eine amerikanische Luftbrücke einzurichten. Später hat man behauptet, daß wir die Einrichtung der Luftbrücke absichtlich verzögert hätten, um Israel zur Annahme des Waffenstillstands zu zwingen.[14] Die hier von mir gegebene Erläuterung unserer Strategie läßt kaum einen Zweifel daran, daß diese Annahme falsch ist. Als wir am Morgen des 13. Oktober schließlich erkennen mußten, wie sehr unser Plan, Privatflugzeuge zu chartern, durch die Unbeweglichkeit unserer Behörden und logistische Schwierigkeiten behindert wurde, erläuterte ich der WSAG noch einmal unsere Strategie und forderte im Namen des Präsidenten jeden Beamten zum Rücktritt auf, der nicht bereit war, sie zu unterstützen: »Das Material hätte geliefert werden müssen, als wir eine Offensive brauchten. Jetzt wird es später eintreffen, und zwar zu einem Zeitpunkt, da wir eine diplomatische Lösung wünschen. Wenn Israel glaubt, wir hätten es im Stich gelassen, und wenn die Araber glauben, sie hätten uns dazu veranlaßt, dann sind wir verloren.«

Es gab die verschiedensten Gründe für die Verzögerung. Keine Chartergesellschaft hatte ein Interesse daran, einen arabischen Boykott zu riskieren oder ihre Flugzeuge ins Kampfgebiet zu schicken. Das Verteidigungsministerium hätte die Chartergesellschaften unter Druck setzen können, denn das Pentagon gibt ihnen viel zu verdienen, aber man hielt die Angelegenheit dort nicht für so dringend, weil man glaubte, daß die Munitionsvorräte Israels noch für zwei Wochen reichten – also länger als der Krieg nach der Einschätzung aller Experten dauern würde. Das Verkehrsministerium (das ebenfalls hätte eingeschaltet werden können) wollte mit einer militärischen Konfrontation nichts zu tun haben. So schoben sich beide Ministerien immer wieder gegenseitig das heiße Eisen zu. Brent Scrowcroft und Joe Sisco, die sich unermüdlich um die Chartermaschinen bemühten, wurden praktisch immer wieder in die Runde gehetzt. Das eigentliche Problem bestand jedoch darin, alle Alternativen zu erkunden, bevor wir mit der Realität konfrontiert wurden, daß die Vereinigten Staaten entweder das Risiko übernehmen mußten, die Luftbrücke selbst einzurichten, oder die Maschinen im Namen der amerikanischen Regierung chartern mußten, denn keine private Gesellschaft war bereit, Chartermaschinen nach Israel fliegen zu lassen. Ich kann nicht sagen, ob diese Verzögerung den Ausgang des Krieges schließlich beeinflußt hat. Selbst wenn wir die militärische Luftbrücke sofort eingerichtet hätten, hätte sie die militärischen Operationen Israels nicht beeinflussen können, bevor am 12. und 13. Oktober die erste, jedoch vergebliche Initiative zur Herbeiführung eines Waffenstillstands erfolgte.

Aber am 10. Oktober mußten wir, wie wir das Problem der Lieferungen an Israel auch betrachteten, in unseren diplomatischen Bemühungen eine Pause einlegen, um eine Veränderung der Kriegslage an der Front abzuwarten. Die nach unserer Meinung für die diplomatischen Bemühungen nach dem Kriege günstigste militärische Lage wäre es, wenn Israel den Zustand von vor dem Kriege wiederherstellen oder sogar hier und dort über die damals gehaltenen Linien vorstoßen könnte. Damit wäre bewiesen, daß die militärische Option, die sich auf die sowjetischen Waffen stützte, eine Illusion war und daß ein Fortschritt auf diplomatischer Ebene nur mit Unterstützung der Vereinigten Staaten erzielt werden konnte. Wenn sich diese Situation nicht erreichen ließ, dann könnte man sich bei den Verhandlungen auf einen Vorstoß der israelischen Streitkräfte an einer Front stützen, selbst wenn es an der anderen Rückschläge gegeben hatte. Damit würde sich die Angelegenheit jedoch sehr komplizieren.

Aber am 10. Oktober war es noch nicht so weit. Israel hatte die Golan-Höhen mit Ausnahme einiger syrischer Vorposten am Berg Hermon gerade zurückerobert. Zwei ägyptische Armeen hatten ihre Stellungen westlich des Suez-Kanals bezogen und ausgebaut. An eine erfolgreiche Offensive auf der Sinai-Halbinsel war nicht zu denken. So blieb Israel nur noch die Möglichkeit, am folgenden Morgen gegen die Syrer zum Angriff anzutreten. Wir konnten indessen jede sowjetische Initiative so lange verzögern, bis sich erkennen ließ, wie erfolgreich diese Operationen verliefen. (Dabei darf man nicht vergessen, daß man uns noch am gleichen Tag gesagt hatte, Ägypten wäre nicht bereit, von seinem Verlangen nach einem totalen Abzug der Israelis Abstand zu nehmen. Und von Syrien hatten wir noch nichts gehört.)

Um Zeit zu gewinnen, sagte ich Dobrynin am 10. Oktober um 17.40 Uhr, daß wir bisher noch nicht dazu gekommen wären, über seinen Vorschlag für eine gemeinsame Stimmenthaltung bei der Abstimmung über einen einfachen Waffenstillstand zu sprechen. Ich würde mich später mit ihm in Verbindung setzen. Beruhigend fügte ich hinzu, daß wir einen Waffenstillstand ernsthaft in Erwägung ziehen würden, auch wenn die Durchführung technische Schwierigkeiten bereiten werde – eine schwache Ausrede, die mich aber davor bewahrte, Dobrynin zu verärgern. Am gleichen Abend rief Kurt Waldheim an und sagte, daß *kein* Resolutionsantrag im Sicherheitsrat eine Mehrheit finden werde und nur Peru, Kenia und Guinea für die morgige Sitzung um das

Wort gebeten hätten. Weder die Araber noch Israel wünschten augenscheinlich einen Waffenstillstand. Das paßte uns sehr gut. Aber Waldheim machte sich Sorgen: »Ich werde immer wieder gefragt, was der (Generalsekretär) unternimmt, um den Kämpfen ein Ende zu bereiten.« Eine verständliche Frage, wenn man bedenkt, daß der Krieg schon fast eine Woche dauerte, ohne daß die Vereinten Nationen offiziell irgend etwas unternommen hatten.

Am Abend um 21.45 Uhr rief ich Dobrynin wieder an: »Anatoly, wir werden Ihnen vor morgen keine Antwort geben können.« Dobrynin, der sehr wohl wußte, was ich tat, drohte mir gutmütig: »Sie treiben ein sehr geschicktes Spiel. Sie dürfen aber das Thema der russischen Verantwortungslosigkeit nicht überstrapazieren.« Ich warnte ihn noch einmal vor den Folgen einer »massiven« sowjetischen Luftbrücke.

Am Abend des 10. Oktober erhielten wir über Beirut eine ganz überraschende Botschaft: Der Chef der palästinensischen Befreiungsorganisation PLO, Yasir Arafat, meldete sich zu Wort. Heute erinnert man sich kaum noch daran, welche relativ unbedeutende Rolle die PLO bis zum Oktober-Krieg gespielt hat. Die oft zitierte Resolution 242 des Sicherheitsrats der Vereinten Nationen erwähnt die PLO mit keinem Wort, sondern spricht nur von palästinensischen Flüchtlingen. Im »Schwarzen September« von 1970 hatte König Hussein die PLO aus Jordanien vertrieben und damit eine Krise in seinen Beziehungen zu Syrien heraufbeschworen, das die PLO unterstützte, weil es gegenüber Jordanien schon seit langem bestimmte Absichten verfolgte, nicht aber weil es sich politisch besonders mit den Palästinensern verbunden fühlte. Bis weit in das Jahr 1974 hinein hatte man allgemein den Eindruck gehabt, daß Jordanien und nicht die PLO mit Israel über das Gebiet westlich des Jordan verhandeln werde. Wir hatten keinen politischen Kontakt mit Arafat. Gelegentlich waren auf unterer Ebene Mitteilungen ausgetauscht worden, die jedoch keine besondere politische Bedeutung hatten. Jetzt erklärte Arafat, es bestünde

> die neunundneuzigprozentige Sicherheit, daß die Israelis die Ägypter und Syrer in den nächsten Tagen vernichtend schlagen werden. Die Vereinigten Staaten sollten daher nicht intervenieren und auch Israel nach Beendigung der Feindseligkeiten keine Hilfe mehr gewähren. Die Vereinigten Staaten sollten sich um einen möglichst baldigen bedingungslosen Waffenstillstand bemühen.

Daraus ließ sich schließen, daß die Araber, denen es gelungen war, an allen Fronten in das gegnerische Gebiet einzudringen, ihr Selbstvertrauen so weit gefestigt hatten, um konkrete Verhandlungen führen zu können, auch wenn sie den Krieg schließlich militärisch verlieren sollten, was Arafat anzunehmen schien. Nach Arafat war die PLO bereit, an diesen Gesprächen teilzunehmen, behielt sich allerdings das Recht vor, seine alte Rechnung aus dem Jahr 1970 mit Jordanien zu begleichen. Das konnte, wenn man die Botschaft Arafats wörtlich nahm, bedeuten, daß die PLO sich bereit finden könnte, mit Israel, aber niemals mit Jordanien Frieden zu schließen. Arafat versprach, nichts gegen amerikanisches Personal oder amerikanische Einrichtungen zu unternehmen – es sei denn, die Vereinigten Staaten setzten ihre Waffenlieferungen an Israel fort, solange der Krieg noch dauerte. Glaubte Arafat wirklich an diese Lagebeurteilung und wollte er an den Verhandlungen beteiligt werden? Oder versuchte er wie alle anderen, die Entscheidung hinauszuzögern? Wollte er uns daran hindern, Israel weiter mit Kriegsmaterial zu beliefern, um seinen Freunden zum Sieg zu verhelfen? In der Praxis spielte die Antwort keine Rolle, denn wir haben mit unserer Antwort gewartet, bis der Krieg vorüber war (siehe 13. Kapitel).

Am Abend überdachte ich noch einmal die Ereignisse des Tages und überlegte, welche Fortschritte wir gemacht hatten. Wir würden die Verbindung zu allen Beteiligten halten. Wir wollten das Tempo der diplomatischen Bemühungen herabsetzen, ohne den Eindruck zu erwecken, daß wir uns einer Lösung widersetzten, und die militärischen Operationen beschleunigen, ohne uns der direkten Einmischung beschuldigen zu lassen. Dann wollten wir einen Waffenstillstand erzwingen, bevor die Ungeduld und Frustration der Beteiligten oder unerwartete Ereignisse das fein gesponnene Netz unseres Lösungsversuchs zerstörten.

Der 11. Oktober: Israel stößt nach Syrien vor

Am folgenden Tag, Dienstag, dem 11. Oktober, mußten wir erkennen, daß Dobrynin es mit seinen Drohungen ernst gemeint hatte. Am frühen Morgen stellten wir fest, daß die Sowjets wieder zehn Transportmaschinen nach Syrien geschickt hatten. Die sowjetische Luftbrücke versorgte jetzt sogar auch Ägypten und den Irak. Im weiteren Verlauf des Tages erfuhren wir, daß drei sowjetische Luftlandedivisionen alarmiert worden waren.

Auch die Strategie Israels wurde an diesem Morgen deutlich erkennbar. Die israelischen Verbände stießen an der syrischen Front über die Vorkriegslinien vor und griffen mit ihren Luftstreitkräften tief im Inneren Syriens gelegene Ziele an. Die Nachrichtenagenturen meldeten, daß der israelische Verteidungsminister Moshe Dajan erklärt hätte, das Angriffsziel der israelischen Armee sei Damaskus. Am Abend hatten die Israelis an den Golan-Höhen einen jenseits der Vorkriegslinien liegenden, elf Kilometer tiefen und zwölf Kilometer breiten Frontvorsprung besetzt. Die vordersten israelischen Stellungen lagen jetzt nur noch fünfunddreißig Kilometer vor Damaskus. Diese israelischen Erfolge entsprachen genau unseren strategischen Absichten, nur hätten die Israelis sie für sich behalten sollen. Schließlich war es uns gelungen, die Sowjets über einen Zeitraum von mehr als vierundzwanzig Stunden davon zu überzeugen, daß sie sich mit einem Waffenstillstand in den erreichten Stellungen einverstanden erklären sollten – was sie jetzt kaum noch tun würden, wenn Israel bekanntgab, daß seine Armeen sich im Vormarsch auf die Hauptstadt eines sowjetischen Verbündeten befänden. Gegen 11.00 Uhr sprach ich mit Shalev über dieses Problem:

> Es ist nicht sehr gut, wenn Sie mich einerseits bitten, die Entscheidungen vor den Vereinten Nationen hinauszuzögern, und andererseits Dayan im Radio und Fernsehen sagen lassen, daß Sie gegen Damaskus vorstoßen würden. Wie können wir die Vereinten Nationen veranlassen, ihre Entscheidungen noch weiter zu verzögern, wenn Ihr Verteidigungsminister solche Erklärungen abgibt? Damit erwecken Sie den Eindruck, daß wir schamlos hinter dem Rücken der anderen Beteiligten mit Ihnen zusammenarbeiten, und damit verlieren wir jede Glaubwürdigkeit.

Aber ich versuchte immer noch, Dobrynin hinzuhalten, diesmal unter dem Vorwand, daß wir Israel und die anderen Beteiligten anhören müßten, bevor ein vernünftiger Vorschlag für einen Waffenstillstand gemacht werden könnte. Es war zwar richtig, daß wir ständig Gespräche mit Israel führten, aber dabei ging es nicht um den Waffenstillstand. Aber jetzt mehrten sich auch die kritischen Stimmen in der amerikanischen Öffentlichkeit, angeführt von Senator Henry Jackson und einigen Leitartiklern, die behaupteten, daß wir die Waffenlieferungen an Israel verschleppten und die Sowjetunion die Entspannungspolitik dazu nutze, uns in Sicherheit zu wiegen. Die letzte Behauptung war besonders komisch, weil gerade wir darum bemüht waren, Moskau durch Entspannung zu beruhigen, um Israel die für die Wiederherstellung der Lage notwendige Zeit zu geben. Diese Kritik war sehr ungerecht. Haig, Scowcroft, Sisco und ich bemühten uns nach Kräften, die materielle Versorgung der israelischen Streitkräfte sicherzustellen. Wir beschäftigten uns mit so ausgefallenen Problemen wie dem Chartern von Zivilflugzeugen und gingen bei alledem von der uns durch Israel nahegelegten Voraussetzung aus, daß der Krieg gegen Syrien gewonnen sein werde, wenn unsere Materiallieferungen im Kampfgebiet eintrafen. Wir bemühten uns außerdem nach Kräften, Israel vor Angriffen aus anderen Richtungen zu schützen. Die Stimmung wurde so gereizt, daß Nixon mich bat, ich sollte Dinitz warnen und ihm sagen, der Präsident werde Dinitz persönlich dafür verantwortlich machen, wenn die Presse weiterhin so feindlich über ihn berichtete – eine unsinnigere und bedeutungslosere Drohung konnte man sich nicht vorstellen.

Am späten Abend des 11. Oktober rief mich der britische Premierminister Edward Heath an, um mich darauf aufmerksam zu machen, daß König Hussein immer mehr unter Druck gesetzt wurde, etwas für seine arabischen Brüder zu tun. Hussein dachte daran, eine Panzerbrigade nach Syrien zu verlegen, aber, wenn es sich irgendwie machen ließ, nicht ins Kampfgebiet. Jetzt wollte er erreichen, daß Israel nichts gegen diesen Schritt unternahm. Wenigstens wollte er sich vergewissern, daß Israel die Verlegung nicht zum Vorwand für einen Angriff gegen Jordanien nahm.

Nur im Nahen Osten ist es vorstellbar, daß eine kriegführende Macht den Gegner um die Zustimmung zu einem gegen ihn gerichteten feindlichen Akt bittet. Als ich mit Dinitz darüber sprach, spöttelte er: »So kann man Krieg führen und sich dabei noch sehr wohl fühlen.« Wie nicht anders zu erwarten, lehnten die Israelis dieses Ersuchen am nächsten Tag ab. Man konnte nicht erwarten, daß eine Nation, die um ihr Überleben kämpfte, offiziell der Verstärkung ihres Gegners zustimmte. Aber in der israelischen Antwort wurde keine Vergeltung angedroht und auch nicht gesagt, daß Israel beabsichtigte, den Krieg auszuweiten. Die israelische Note hatte sich mit einer Botschaft Husseins gekreuzt, in welcher der König mir mitteilte, was ich schon wußte: Die Frist von achtundvierzig Stunden, um die ich ihn am Mittwoch gebeten hatte, war abgelaufen. Jordanien mußte jetzt wenigstens eine provokative Maßnahme ergreifen – die Verlegung einer Brigade nach Syrien. Hussein wollte damit »irakisch-sowjetischen Absichten« begegnen und die Katastrophe »auf einen möglichst engen Raum begrenzen«. In meiner Antwort empfahl ich dem König, sich auch weiterhin um die Begrenzung des Konflikts auf einen möglichst engen Raum und auf den Einsatz von möglichst schwachen Streitkräften zu bemühen. Wir befanden uns alle in einer sehr schwierigen Lage, aber ich zweifelte nicht daran, daß wir die Katastrophe, von welcher der Nahe Osten zum wiederholten Mal heimgesucht wurde, zu einem guten Ende bringen konnten, wenn wir die Nerven behielten und klug und entschlossen handelten. Ich sagte ihm, ich hätte den Israelis Zurückhaltung empfohlen und es sei daher ebenso wichtig, daß seine Truppen umsichtig geführt würden.

Am Abend des 11. Oktober erhielt ich eine weitere Botschaft von Hafiz Ismail, der mich ersuchte, Israel zum Verzicht auf Bombenangriffe gegen zivile Ziele im ägyptischen Nil-Delta zu bewegen. Mehr als fünfhundert Ägypter waren dort schon getötet oder verwundet worden. Als ich ihm am folgenden Tag mitteilte, daß wir Israel auffordern würden, keine ausschließlich zivilen Ziele mehr anzugreifen, benutzte ich die Gelegenheit, auf zwei andere Punkte hinzuweisen. Ich nahm falsche Berichte der ägyptischen Presse, nach denen amerikanische Kampftruppen an diesem Krieg beteiligt wären, zum Vorwand, Ägypten davor zu warnen, eine Beteiligung der Sowjetunion zuzulassen. Es werde unser direktes Eingreifen zur Folge haben, und zwar gegen Ägypten. Außerdem ließ ich Sadat durch Ismail einen Gedanken nahebringen, auf den er – ohne daß ich es wußte – schon selbst gekommen war, daß Ägypten nämlich die Vereinigten Staaten brauchen würde, wenn die Verhandlungen nach dem Krieg zum Erfolg führen sollten:

> An den militärischen Operationen sind keine amerikanischen Streitkräfte beteiligt. Keine Streitkräfte der Vereinigten Staaten werden sich in irgendeiner Weise beteiligen, wenn nicht andere Mächte von außerhalb dieses Gebiets direkt militärisch eingreifen. Die Vereinigten Staaten sind bereit, jeden ägyptischen Vorschlag für die Beendigung der Feindseligkeiten mit Verständnis und gutem Willen zu prüfen. Nach Beendigung der Feindseligkeiten werden sie ihre Hilfe anbieten. Welches auch die unausweichlichen Zwänge des Augenblicks sein mögen, die Vereinigten Staaten hoffen, daß beide Seiten dieses Ziel nicht aus dem Auge verlieren werden.

12. bis 13. Oktober: Unsere Luftbrücke wird eingerichtet

Gegen Ende der ersten Woche, als die Schlacht um die Golan-Höhen noch nicht entschieden war und ein Vorschlag für einen Waffenstillstand schon fast auf dem Tisch zu liegen schien, wurde deutlich, daß die Beziehungen zwischen der Sowjetunion und den Vereinigten Staaten ein typisches Beispiel dafür waren, welche Möglichkeiten die Entspannungspolitik bot und wo ihre Grenzen lagen. Die Sowjets unterstützten ihre arabischen Freunde in der gewohnten Lautstärke. Ihre Luftbrücke war beunruhigend. Jetzt erfuhren wir sogar, daß sieben und nicht drei sowjetische Luftlandedivisionen alarmbereit waren. Aber mit dieser Hilfe hatte die Sowjetunion die Grenzen ihrer Möglichkeiten noch lange nicht erreicht. Nach dem Krieg haben sich alle arabischen Führer bei mir darüber beklagt, daß die sowjetische Luftbrücke nur widerwillig eingerichtet worden wäre und der Nachschub zur See sehr lange Zeit in Anspruch genommen hätte, als wollten die Sowjets den Arabern deutlich zeigen, wie abhängig sie von ihnen waren. Außerdem hat die Sowjetunion keine diplomatische Offensive begonnen, um uns bei den Vereinten Nationen in eine peinliche Lage zu bringen oder zu isolieren. Ich glaube nicht, daß wir im Urteil der Geschichte als diejenigen dastehen werden, deren guter Wille mißbraucht worden ist. Es ist allen Beteiligten gelungen, den Krieg in Grenzen zu halten, und die Vereinigten Staaten haben es mit geschickten Manövern erreicht, den Einfluß der Sowjetunion im Nahen Osten auf ein Mindestmaß zu begrenzen.

Es ist sehr wichtig, die Ost-West-Beziehungen so zu begreifen, wenn man verstehen will, was ich auf meiner ersten Pressekonferenz während des Krieges, am Freitag, dem 12. Oktober, gesagt habe. Meine Äußerungen sind kritisiert worden, weil ich mich weigerte, die Entspannungspolitik zu begraben, wenngleich ich die Sowjets warnte und erklärte, daß sie sich sehr rasch ihren Grenzen näherten. Aber ein verbaler Angriff gegen Moskau hätte die Entwicklungen beschleunigt, als es in unserem Interesse lag, sie zu verlangsamen. Ein solches Verhalten hätte zu einer Zeit eine Konfrontation herbeiführen können, in der die militärische Lage unsere Strategie noch nicht begünstigte. Deshalb habe ich mich bewußt maßvoll und zurückhaltend ausgedrückt:

> Wir haben die sowjetische Erklärung gegenüber dem Präsidenten von Algerien nicht für hilfreich gehalten. Nach unserer Auffassung ist auch die Luftbrücke zur Versorgung mit militärischer Ausrüstung nicht nützlich gewesen. Wir glauben aber auch nicht, daß die bisher von der Sowjetunion getroffenen Maßnahmen so verantwortungslos sind, daß sie, wie ich am Montagabend erklärt habe, die Entspannung bedrohen. Wenn dieser Punkt erreicht ist, werden wir in dieser Krise wie auch schon in anderen Krisen nicht zögern, eine feste Haltung einzunehmen. Aber in diesem Augenblick bemühen wir uns noch darum, mäßigend auf den Konflikt einzuwirken. Gegenwärtig müssen wir gegenüber den Maßnahmen, die wir – ganz entschieden – mißbilligen, die relative Zurückhaltung in Rechnung stellen, welche die öffentlichen Medien in der Sowjetunion geübt haben und die im Verhalten ihrer Vertreter im Sicherheitsrat zum Ausdruck kommt.

Im Hinblick auf die sowjetische Luftbrücke verband ich in gleicher Weise Elemente der Bedrohung und der Zurückhaltung:

> Gegenwärtig hält sich die sowjetische Luftbrücke in Grenzen. Ihr Umfang ist nicht gering. Es werden bedeutende Materialmengen herangebracht. Und sie muß danach beurteilt werden, wie weit sie die militärischen Operationen unmittelbar beeinflussen kann.
>
> Was uns betrifft, so wissen Sie alle, daß zwischen uns und Israel eine militärische Beziehung besteht, die auch weiterbestehen wird. Und wir führen mit Israel Gespräche über die durch die jüngsten Ereignisse entstandene besondere Lage.

Ein Journalist fragte, ob es unsere Entscheidung, Israel mit Rüstungsmaterial zu versorgen, beeinflussen würde, wenn die Araber drohten, uns die Ölzufuhr abzuschneiden. Ich antwortete:

> Wir haben uns in dieser Krise sehr ernsthaft darum bemüht, die arabischen Sorgen und die arabischen Auffassungen zu berücksichtigen. Andererseits müssen wir an dem von uns für richtig gehaltenen Kurs festhalten; wir werden die Folgen tragen.

Auf die Frage, ob die Vereinigten Staaten bereit seien, jetzt ebenso fest zu bleiben wie in der Jordanien-Krise von 1970, antwortete ich mit einer kaum verschleierten Warnung: »Die Situationen lassen sich niemals vergleichen, aber die Grundprinzipien, von denen sich unsere Politik während dieser Administration hat leiten lassen, bleiben unverrückt bestehen.« Am Schluß faßte ich die Strategie, die ich meinen Kollegen im vertrauten Kreis erläutert hatte, öffentlich zusammen:

> Wir haben nicht von uns aus nach Gelegenheiten zur Konfrontation in der Öffentlichkeit gesucht, durch die sich die Fronten verhärten und die es uns sehr erschweren könnten, eine Friedensregelung zu finden. Unsere Absicht ist es, die Feindseligkeiten so zu beenden, daß wir dabei mit allen Beteiligten und mit den ständigen Mitgliedern des Sicherheitsrates auch nach Beendigung der Feindseligkeiten in Verbindung bleiben, weil wir glauben, daß wir auf diese Weise den wertvollsten Beitrag zu einem gerechten und dauernden Frieden im Nahen Osten leisten können.

Am Freitagmorgen, am Ende der ersten Kriegswoche, sprach ich mit Nixon. Er war damit beschäftigt, sich nach einem neuen Vizepräsidenten umzusehen. Es war das erste Mal, daß ein amtierender Präsident seinen Nachfolger bestimmen konnte. Ich berichtete, wie es um die Möglichkeit stand, Transportmaschinen zu chartern, und daß wir den sowjetischen Waffenstillstandsvorschlag, der jetzt schon achtundvierzig Stunden alt war, auf Eis gelegt hatten.

Aber Dobrynin wurde jetzt unruhig. Während eines in gereizter Stimmung eingenommenen Mittagessens legte er mir eine nicht unterzeichnete Note vor, in der die »Überraschung« der sowjetischen Führung über meine Beschwerde darüber zum Ausdruck kam, daß die Sowjetunion mit öffentlichen Erklärungen die Araber unterstützte. Gaben denn nicht auch wir viele Erklärungen zur Unterstützung Israels ab? (Diese Frage war nicht ganz unbegründet, aber sie wich der Tatsache aus, daß die Araber die Feindseligkeiten eröffnet hatten.) Die Note erhob auch Einwände gegen die Verlegung unserer 6. Flotte in den östlichen Mittelmeerraum, die jetzt ebenso wie die sowjetische vor Kreta kreuzte. Das Geplänkel war an sich unbedeutend, sollte uns aber zeigen, daß die Sowjets ungeduldig wurden. Dobrynin horchte auf, als ich die Alarmierung der sowjetischen Luftlandedivision erwähnte. Nichts irritiert sowjetische Beamte so sehr wie der Beweis, daß unsere Nachrichtendienste etwas leisten können. Besonders Diplomaten ärgern sich darüber, wenn sie über militärische Maßnahmen ihrer eigenen Regierung nicht informiert worden sind. Dobrynin erwiderte erregt, daß der Sowjetunion die Bedrohung von Damaskus nicht gleichgültig bleiben könnte. Wenn Israel seinen Vormarsch fortsetzte, dann könnte die Lage außer Kontrolle geraten. Ich warnte ihn und sagte, daß wir uns jeder militärischen Intervention der Sowjetunion widersetzen würden, und so das mühsam geknüpfte Netz der amerikanisch-sowjetischen Beziehungen zerreißen könnte.

Vor meiner Pressekonferenz hatte Israel uns davon unterrichtet, daß es jetzt bereit sei, in Gespräche über einen Waffenstillstand an Ort und Stelle einzutreten. Ich hätte auf diese Zusage hin schon etwas unternehmen können, aber um sicherzugehen, daß wir dabei auf keine neuen Schwierigkeiten stießen, erkundigte ich mich, ob Israel Vorschläge für einen Zeitplan hätte. Um 15.15 Uhr teilte mir Shalev mit, daß es Israel am liebsten sein würde – es bestünde aber nicht darauf –, wenn der Sicherheitsrat über die Resolution nicht vor dem Nachmittag des folgenden Tages, des Samstags, abstimmte. Wir könnten jedoch nach eigenem Gutdünken sofort mit den Konsultationen beginnen. Am Nachmittag um 17.50 Uhr sagte ich Eban in New York, wir würden dafür sorgen, daß es nicht vor dem späten Samstagnachmittag zur Abstimmung käme. Um uns taktisch mit den Israelis abzustimmen, setzten wir für Samstagmorgen, dem 13. Oktober, um 9.00 Uhr – es war der achte Tag des Krieges – in Washington eine Sitzung an. Um 18.50 Uhr setzte ich mich mit dem britischen Botschafter, Lord Cromer, in Verbindung und machte ihm den Vorschlag, daß Großbritannien am nächsten Tag im Sicherheitsrat einen Waffenstillstand in den gegenwärtig eingenommenen Stellungen vorschlagen sollte. Cromer hielt die Idee für gut, hatte aber offenbar keine Anweisungen seiner Regierung. Wir würden also darauf warten müssen, was Premierminister Heath und der britische Außenminister, Sir Alec Douglas-Home, dazu sagten.

Um 19.00 Uhr bat mich der sowjetische Gesandte, Juli Worontsov, Dobrynin sofort zu empfangen, der mir eine »dringende« Note zu übergeben habe. Da Nixon um 21.00 bekanntgeben wollte, wer nach seiner Entscheidung Vizepräsident werden sollte, würde ich um 20.30 Uhr im Weißen Haus sein müssen. (Haig hatte mir am Nachmittag gesagt, daß es Gerald Ford wäre.) So konnte ich Dobrynin um 20.00 Uhr im Außenministerium empfangen und 15 Minuten mit ihm sprechen.

Um 19.45 Uhr teilte ich Dinitz mit, daß die Sowjets mir eine Note vorlegen würden. Er sagte mir, daß Israel wegen der versteckten sowjetischen Drohungen, die Dobrynin mir beim Mittagessen übermittelt hatte, in großer Sorge sei. Golda habe ihn ermächtigt, mir zu sagen, daß ich, wenn ich es für klug hielte, die Waffenstillstandsresolution noch am gleichen Abend einbringen sollte. Diesen Vorschlag lehnte ich ab. Niemand würde bereit sein, sich so kurzfristig auf dieses Verfahren einzulassen, und wenn die Vereinigten Staaten zeigten, daß sie solche Eile hatten, würde man versuchen, uns wieder unter Druck zu setzen. Ich sagte Dinitz, noch wichtiger sei jedoch, zu bedenken, »wenn man einmal bedroht worden ist, dann ist es besser, an dem einmal eingeschlagenen Kurs festzuhalten«.

Das war eine Grundregel, die ich stets zu befolgen suchte. Ein Staatsmann, der dafür bekannt ist, daß er sich einschüchtern läßt, fordert weitere Einschüchterungsversuche heraus. Wenn er jedoch den Ruf hat, angesichts von Drohungen hart zu bleiben, lassen sich zwar nicht alle Versuche, ihn unter Druck zu setzen, vermeiden, aber seine Gegner werden nur so weit gehen, wie sie es für unbedingt erforderlich halten. Niemand kann allen Konfrontationen ausweichen, wenn man aber vorsichtig und entschlossen manövriert, kann man es vermeiden, Konfrontationen zu provozieren, indem man entweder zu aggressiv oder zu nachgiebig ist.

Jetzt wurde es wirklich spannend. Entweder rechneten die Sowjets mit dem unmittelbar bevorstehenden Sieg, oder sie fürchteten die Demoralisierung ihrer Trabanten. Bevor Dobrynin zu mir ins Büro kam, war schon die erste öffentlich ausgesprochene Drohung Moskaus auf meinem Schreibtisch. Die sowjetische Nachrichtenagentur Tass griff das »kriminelle Vorgehen des israelischen Militärs« bei der Bombardierung ziviler Ziele in Syrien und Ägypten an, wobei es angeblich auch zu sowjetischen Verlusten gekommen war. In der Tass-Meldung hieß es, daß die Sowjetunion diese Aktionen nicht »gleichgültig« hinnehmen könnte. Als Dobrynin in bester Laune in meinem Büro erschien, brachte er nicht eine, sondern zwei Noten zum gleichen Thema mit. Die erste verurteilte die »barbarischen Bombenangriffe der israelischen Luftstreitkräfte auf friedliche Bevölkerungszentren in Ägypten und Syrien einschließlich von Damaskus«. In drohendem Ton hieß es dann, daß auch die israelischen Bevölkerungszentren nicht auf ewig immun bleiben würden. Die gleiche Note protestierte auch in scharfem Ton gegen einen Angriff israelischer Torpedoboote gegen ein sowjetisches Handelsschiff in einem syrischen Hafen. Die schärfste darin ausgesprochene Drohung lautete: »Die Sowjetunion wird selbstverständlich Maßnahmen ergreifen, die sie für notwendig hält, um ihre Schiffe und andere Transportmittel zu verteidigen.«

Die zweite sowjetische Note war eine reine Unverschämtheit. Die Sowjetunion hatte im Rahmen ihrer Luftbrücke nach Syrien und Ägypten innerhalb von drei Tagen etwa vierundachtzig Flugzeuge eingesetzt. Ich hatte seit dem 10. Oktober immer wieder dagegen protestiert, was die Sowjets nicht daran hinderte, uns vorzuwerfen, daß wir Israel mit Waffen belieferten. Sie bezogen sich dabei, wenn überhaupt auf irgend etwas, auf die sieben El Al-Maschinen, die zwischen den Vereinigten Staaten und Israel hin- und hergeflogen waren, um Kriegsmaterial nach Israel zu bringen. Die geplanten massiven amerikanischen Rüstungslieferungen waren noch gar nicht angelaufen.

Ich wies den Protest in kühlem Ton zurück. Dann sagte ich Dobrynin, daß wir schon mit Hafiz Ismail über die Bombenangriffe gesprochen hätten und alles tun würden, um die Bombardierung rein ziviler Ziele zu unterbinden. Ich warnte den sowjetischen Botschafter jedoch und sagte, daß jede militärische Intervention von sowejtischer Seite – gleichgültig unter welchem Vorwand – auf die Abwehr durch amerikanische Streitkräfte stoßen werde. (An jedem anderen Tag wäre eine solche Drohung glaubwürdiger gewesen. Denn gerade an diesem Tag hatte der Kongreß ein Gesetz über die Vollmachten im Kriege, den sogenannten War Powers Act, verabschiedet, mit dem die Vollmachten des Präsidenten für die Verwendung amerikanischer Streitkräfte eingeschränkt werden sollten.) Dobrynin wies mich darauf hin, daß die Note die Bereitschaft Moskaus bestätigte, »die Ereignisse auf einen Waffenstillstand im Nahen Osten hinzuführen«, was uns schon vor zwei Tagen mitgeteilt worden sei. Ich sagte ihm, ich hätte Großbritannien gebeten, festzustellen, ob es möglich sei, morgen eine Resolution über einen Waffenstillstand im Sicherheitsrat einzubringen.

Kaum war Dobrynin gegangen, als Cromer mich anrief und sagte, daß London grundsätzlich bereit wäre, eine solche Resolution einzubringen, aber nur wenn es überzeugt sein könnte, daß sie angenommen würde. Whitehall bezweifelte, daß mein Vorschlag realistisch sei. Die britische Regierung glaubte, daß Ägypten einem Waffenstillstand nicht zustimmen werde, wenn Israel sich nicht einverstanden erklärte, auf die Grenzen von 1967 zurückzugehen. (Auch Ismail hatte uns das gesagt.) London hatte sogar gewisse Zweifel daran, daß Israel der Resolution zustimmen werde. Über diese Frage war ich besser orientiert; Israel lag sehr viel daran, daß die Verhandlungen über einen Waffenstillstand bald aufgenommen wurden. Da ich immer noch annahm, daß enge Beziehungen zwischen Kairo und Moskau bestünden, versicherte ich Cromer, Dobrynin werde ohne die Zustimmung Kairos nichts unternehmen. Ich könnte mich aber während der Zeremonie im Weißen Haus zur Amtsübergabe an den neuen Vizepräsidenten noch einmal bei Dobrynin erkundigen.

Jetzt hatte ich gerade noch Zeit genug, um Dinitz kurz vom Inhalt der sowjetischen Noten zu unterrichten. Ich sagte ihm, daß wir einen weiteren Flugzeugträger ins Mittelmeer schicken würden, und ich persönlich glaubte, obwohl ich es noch nicht mit dem Präsidenten besprochen hatte, daß wir intervenieren würden, wenn »sowjetisches Personal, Flugzeuge oder Bodentruppen in das Gebiet verlegt werden«. Ich verabredete mich mit Dinitz zu einem neuen Treffen gegen 23.00 Uhr.

Die Zeremonie im Ostzimmer des Weißen Hauses wurde zu einem unheimlichen Zwischenspiel im Rahmen des Dramas von Watergate. Die Teilnehmer waren die führenden Kongreßabgeordneten, die Kabinettsmitglieder, die ranghöheren Mitarbeiter im Stab des Weißen Hauses und die dienstältesten Angehörigen des Diplomatischen Corps (zu denen auch Dobrynin gehörte, der von allen in Washington akkreditierten Diplomaten seinen Posten am zweitlängsten innehatte). Die Stimmung war erwartungsvoll, als könnte der ostentative gute Wille aller Anwesenden ihre besorgten Zweifel übertönen, denn jeder wußte, daß die Verfassungskrise mit diesem Abend nicht beendet sein würde, sondern man noch immer mit dem Schlimmsten rechnen mußte. Daß die Wahl auf den beliebten Gerald Ford gefallen war, löste eine Welle der Begeisterung aus, die zunächst die Sorgen um die Zukunft eines Landes in den Hintergrund treten ließ, dessen Exekutive einen großen Teil ihrer Autorität verloren hatte. Fünfzehn Minuten lang verbarg jeder seine privaten Befürchtungen und Zweifel hinter dem herzlichen Gefühl für diesen so typischen Amerikaner, der, wie alle im Unterbewußtsein spürten, bald die Führung in unserem Land übernehmen würde. Aber leider endete die Euphorie mit der Einführungszeremonie.

Beim Hinausgehen sprach ich kurz mit Dobrynin. Ich sagte ihm, die Briten hätten den Eindruck, daß Sadat nicht für einen Waffenstillstand in den gegenwärtigen Stellungen sei. Dobrynin war um eine Antwort nicht verlegen. Mit der überlegenen Miene eines Mannes, der es wieder einmal mit der unheilbaren Verständnislosigkeit der Amerikaner zu tun hat, sagte er, natürlich hätte er nicht das Recht, uns eine feste Zusage zu machen und zu sagen, daß Ägypten einer Waffenstillstandsresolution zustimmen würde. Er könnte mir jedoch versichern, wenn wir die Resolution einbrächten, hätten wir eine »gute Chance«, daß Ägypten zustimmt. Ich hatte den Eindruck, er wollte damit sagen, die Sowjets wüßten, daß Ägypten nicht schon vorher zustimmen, sich aber mit einem ohne ägyptisches Mitwirken zustande gekommenen Waffenstillstand einverstanden erklären werde.

In diesem Sinne sprach ich auch mit Cromer, als ich ihn vom Inhalt meines Gesprächs mit Dobrynin unterrichtete. Cromer sagte, daß Home sich morgen früh mit mir in Verbindung setzen werde. Der Zeitunterschied zwischen London und Washington gab ihm noch acht Stunden für Konsultationen mit anderen Regierungen. Ich empfahl dringend, die Waffenstillstandsinitiative möglichst bald zu beginnen, »bevor eine dieser verrückten Parteien ihre Meinung ändert.«

Daß die Beteiligten ihre Meinung ändern könnten – wenn sie überhaupt einen Entschluß gefaßt hatten –, zeigte sich nicht nur in der Zweideutigkeit ihrer Reaktionen, sondern ging auch aus ihren militärischen Vorbereitungen hervor. Jetzt hatte es den Anschein, als wollte Ägypten anstatt des Waffenstillstands im Sinai eine neue Offensive beginnen, um aus dem Brückenkopf am Ostufer des Suez-Kanals auszubrechen. Die ägyptische Armee brachte ihre Artillerie hinüber, und es gab Berichte, daß zwei Panzerdivisionen folgen sollten. Ich glaubte immer noch nicht, daß Ägypten mit seinen Panzern den Schutzschirm der Flugabwehrraketen verlassen und weiter nach Osten vorstoßen würde, aber wenn ich mich irrte, war die Waffenstillstandsinitiative ein totgeborenes Kind. Auch die Sowjets brachten auf dem Luftwege immer größere Mengen Kriegsmaterial heran. Am Samstag, dem 13. Oktober, stellten wir fest, daß sie siebenundsechzig Versorgungsflüge unternahmen, die meisten nach Ägypten. Sollte den Ägyptern damit die Annahme des Waffenstillstands erleichtert werden, oder wollten die Sowjets den Waffenstillstandswillen der ägyptischen Armee stärken? Außerdem wurde uns gemeldet, daß die Sowjetunion um Erlaubnis gebeten hatte, den Iran auf dem Wege nach Irak oder Syrien mit Militärflugzeugen überfliegen zu dürfen. Der Schah hatte die Erlaubnis verweigert und nur einer Maschine die Genehmigung erteilt, die angeblich Ersatzteile für zivile Flugzeuge der Aeroflot nach Syrien bringen sollte. Auch wenn man daran zweifelte, daß dies wirklich der Auftrag der sowjetischen Maschine gewesen ist – wie ich es getan habe –, erkannte man, daß der Schah in der Stunde der Not auf unserer Seite stand, eine Haltung, die wir ihm nicht in angemessener Weise gedankt haben.

Während ich auf das Ergebnis der Konsultationen Homes wartete, erschien Dinitz am Freitagabend um 23.20 Uhr in meinem Büro im Weißen Haus und veranlaßte uns zu einer der entscheidensten Gegenmaßnahmen dieser Woche. Das Gespräch führte dazu, daß sich die Vereinigten Staaten bereit erklärten, die Versorgung der israelischen Armee mit Flugzeugen der amerikanischen Luftstreitkräfte zu übernehmen.

Das Büro des Sicherheitsberaters im Weißen Haus war vor drei Jahren aus dem Kellergeschoß in ein geräumiges Zimmer im Erdgeschoß verlegt worden, dessen hohe Fenster vom Boden bis zur Decke reichten. So wirkte der Raum größer, als er in Wirklichkeit war. Er schien unmittelbar in den Rasenplatz überzugehen, der das Weiße Haus mit der Pennsylvania Avenue verband. Wenn man hinausblickte, sah man die Lichter der vorüberfahrenden Kraftfahrzeuge, ohne von dem Verkehrslärm gestört zu werden. In dieser friedlichen Atmosphäre unterrichtete mich Dinitz über die militärische Lage im Kampfgebiet. Zunächst gab er mir einen Überblick über die Gliederung der an der Front eingesetzten Truppen und erklärte dann zum wiederholten Mal die Bereitschaft Israels, über einen Waffenstillstand in den erreichten Stellungen zu verhandeln. Es dauerte ein paar Minuten, bis wir die Lage auf der Karte festgelegt hatten. Aber dann erkannte ich plötzlich, daß die israelischen Streitkräfte an diesem Tag nicht sehr weit vorangekommen waren. Meine Verzögerungstaktik auf diplomatischer Ebene war umsonst gewesen, was zum folgenden Wortwechsel führte:

Kissinger: Wollen Sie, daß wir noch heute abend (mit den Verhandlungen) beginnen? Sind Sie heute zur Offensive angetreten? Ich habe nicht den Eindruck.

Dinitz: Nein.

Kissinger: Wenn wir Ihre Maßnahmen besser synchronisieren könnten – ich denke, es wird nicht mehr so dringend sein, wenn es morgen zu keinen weiteren militärischen Schritten kommt. Hätte ich gewußt, daß die Offensive heute nicht begonnen hat, dann hätte ich früher angefangen.

Dinitz: Ich muß Ihnen sagen: Die Entscheidung, ob wir eine neue Offensive beginnen oder nicht, hängt von unseren Fähigkeiten ab. Wir haben angenommen, bis zu diesem Zeitpunkt die notwendigen Mittel zur Verfügung zu haben – die Bomben, die Fernlenkwaffen usw.

Kissinger: Ich habe das auch geglaubt. Wo genau liegt das Hindernis?

Dinitz sagte, er hätte um 18.00 Uhr ein schwieriges Gespräch mit Schlesinger geführt, und der Verteidigungsminister hätte keine klare Entscheidung über die Waffenlieferungen treffen können. Das überraschte mich. Noch am Nachmittag um 17.40 Uhr hatte mir Schlesinger gesagt, daß er Dinitz ein umfangreiches Paket mit Kriegsmaterial im Wert von fünfhundert Millionen Dollar anbieten werde, darunter sechzehn Phantom-Jagdmaschinen vom Typ F-4, dreißig Maschinen vom Typ A-4 Skyhawk, hundertfünfundzwanzig Panzer (darunter fünfundsechzig des Modells M-60), die Ausrüstung mit Fernlenkwaffen vom Typ Hawk für drei Bataillone und »eine Menge anderes Material«. Ich hatte Schlesinger sogar gesagt, er sollte durchblicken lassen, daß die Israelis diese Lieferungen auch dem Weißen Haus zu verdanken hätten. Jetzt beklagte sich Dinitz darüber, daß das schwere Kriegsmaterial zu spät eintreffen werde und die Charterflugzeuge, die Verbrauchsmaterial heranbringen sollten – das für die Gegenoffensive benötigt wurde –, drei Tage später eintreffen würden als vorgesehen. Dinitz wies besonders darauf hin, daß die Munition knapp würde. Wenn der Munitionsnachschub nicht klappte, dann würde Israel seine Vorräte in zwei bis drei Tagen verbraucht haben. Die Offensive an der syrischen Front müßte verlangsamt werden, und die Truppen an der Sinai-Front befänden sich in großer Gefahr.

Der Bericht von Dinitz enthielt Einzelheiten, die mir nicht ganz verständlich waren. Seit dem frühen Morgen hatte er dringend nach einem Waffenstillstand verlangt, ohne uns zu sagen, daß die israelische Armee bestimmte Ausrüstungsgegenstände brauchte oder die Munition knapp sei. (Nach einem Bericht des militärischen Nachrichtendienstes, der am folgenden Morgen eintraf, konnte Israel seine Operationen, wenn der Munitionsverbrauch der gleiche blieb, noch weitere zehn Tage fortsetzen.) Andererseits hatten sich frühere Schätzungen der Nachrichtendienste als sehr unzuverlässig erwiesen, aber auch wenn die Zahlen im allgemeinen stimmten, bestand die Möglichkeit, daß bestimmte dringend benötigte Ausrüstungsgegenstände fehlten. Wir durften daher kein weiteres Risiko eingehen.

Ich rief sofort bei Schlesinger an, der es nicht glauben wollte, daß die israelische Armee plötzlich ihre Munition verschossen hätte, ohne uns etwas davon zu sagen. (Wenige Stunden später sprach er mit Haig und sagte ihm, daß er das ganze für ein Manöver mit dem Ziel hielte, uns noch fester an Israel zu binden, nicht aber für eine militärische Notwendigkeit.) Aber darauf kam es jetzt nicht mehr an. Nur Entschlossenheit konnte die durch die Sowjets herbeigeführte allmähliche Eskalation eindämmen und die Araber dazu bewegen, einem Waffenstillstand zuzustimmen, bevor sich der Konflikt auf andere Staaten ausdehnte.

Nachdem wir mit Haig Rücksprache gehalten hatten, beschlossen Schlesinger und ich um 0.50 Uhr, drei vorläufige Maßnahmen zu ergreifen: Wir wollten zehn Transportflugzeuge vom Typ C-130, die wir Israel schon zugesagt hatten, mit Munition beladen lassen und ins Kampfgebiet schicken. Weiteren Nachschub wollten wir auf die Azoren bringen, wo die Israelis das Material abholen konnten. Damit verkürzte sich die Entfernung, die ihre Flugzeuge zurücklegen mußten, und sie konnten eine größere Ladung mitnehmen, weil sie weniger Treibstoff brauchten. Schließlich wollten wir uns auch weiterhin um Charterflugzeuge bemühen. Ich wies Schlesinger darauf hin, daß diejenigen, die eine Reaktion der Araber fürchteten, daran denken sollten, daß unsere Beziehungen zu den arabischen Staaten am meisten durch eine Verlängerung des Krieges und die dadurch entstehende Radikalisierung des ganzen Gebiets gefährdet würden. Schlesinger stimmte mir zu. Kurz nach 1.00 Uhr unterrichtete ich Dinitz von unseren Entschlüssen.

Was die Charterflugzeuge betraf, so mußte jetzt entschieden werden, ob sie von Isarel oder von der Regierung der Vereinigten Staaten gechartert werden sollten. Vielleicht sollten wir amerikanische Militärflugzeuge verwenden, wie etwa das Langstreckenflugzeug Jumbo C-5A. Nach wenigen Stunden Schlaf traf ich mich am Samstagmorgen, dem 13. Oktober, kurz mit Abba Eban. Jerusalem hatte ihn über die Einzelheiten der Gespräche am gestrigen Abend noch nicht unterrichtet (jetzt befand er sich allerdings in Begleitung von Dinitz). Deshalb besprachen wir noch einmal alle Aspekte der Versorgung über eine Luftbrücke. Eban glaubte nicht, daß die arabischen Staaten anders reagieren würden, wenn wir anstelle von Charterflugzeugen Maschinen der amerikanischen Luftstreitkräfte einsetzten. Um diese Frage ging es in erster Linie auf der Sondersitzung der WSAG, die um 10.30 Uhr im Lagezimmer des Weißen Hauses einberufen wurde.

Vor der Sitzung sprach ich noch mit Nixon. Er war bester Stimmung und freute sich, daß er mit Fords Ernennung einen Überraschungseffekt erzielt hatte. Er glaubte, daß der neue Vizepräsident uns in nächster Zeit im Kongreß nützlich sein könne. Seine Entscheidung werde die Befürworter einer Anklage wegen Amtsmißbrauchs besänftigen, weil der Kongreß es nicht riskieren würde, einem angeblich unerfahrenen Mann die Verantwortung für die Außenpolitik aufzubürden – ein Symptom dafür, wie falsch Nixon immer noch die Entschlossenheit der Kräfte einschätzte, die jetzt gegen ihn aufmarschiert waren, und wie wenig er begriffen hatte, daß das Vertrauensverhältnis, das die Regierungsfähigkeit eines jeden Präsidenten wesentlich mitbestimmt, endgültig zerstört war. Schließlich glaubte Nixon auch, daß Ford seiner Absicht, John Connally für 1976 als seinen Nachfolger zu bestimmen, nicht im Wege stehen werde.

Wie immer nach einem erfolgreichen Auftritt in der Öffentlichkeit befand sich Nixon in Hochstimmung. Der Beifall, mit dem seine kurze, aber sehr geschickte Rede am vergangenen Abend begrüßt worden war, klang ihm noch in den Ohren. Dabei begriff er nicht, daß der Applaus in erster Linie Ford gegolten hatte. Auch wußte er noch nicht, daß sein Schicksal sich nicht mehr durch taktische Manöver wenden ließ. Nixon befand sich jetzt in einer so unglücklichen Lage, daß Fords Ernennung zum Vizepräsidenten seinen Sturz beschleunigen und nicht aufhalten würde, auch wenn Ford ein so unbedeutender Mann war, wie Nixon es glaubte – und das war er mit Sicherheit nicht. Wenn die Demokraten annehmen durften, daß sie Nixons Nachfolger in den Präsidentschaftswahlen von 1976 schlagen konnten, dann mußte ihnen um so mehr an Nixons Amtsenthebung gelegen sein.

Als wir uns der Luftbrücke zuwendeten, zeigte Nixon wieder die gewohnte Energie. Das Pentagon hatte indessen drei große Transportflugzeuge vom Typ C-5A bereitgestellt, die jeweils eine Ladung von sechzig bis achtzig Tonnen direkt nach Israel fliegen konnten. Nixon stimmte diesem Vorschlag sofort zu. »Tun Sie es jetzt!« rief er aus.

Damit kam die WSAG auf ihrer Sitzung am Samstagvormittag zu einem klaren Entschluß. Die Teilnehmer waren Schlesinger, sein Stellvertreter Bill Clements, Admiral Moorer, Ken Rush, Bill Colby und ich. Ich eröffnete die Diskussion damit, daß ich im Namen des Präsidenten erklärte, jede weitere Verzögerung müßte mit dem Freispruch des Schuldigen enden. Im übrigen beschäftigten wir uns auf der ganzen Sitzung ausschließlich mit den technischen Einzelheiten der Luftbrücke. Wir waren alle der Auffassung, daß es für uns am günstigsten wäre, wenn Israel die Flugzeuge charterte. Aber wie die Dinge lagen, würden wir die Flugzeuge im Namen der Regierung der Vereinigten Staaten chartern müssen. Der Unterschied zwischen diesem Verfahren und der Bereitstellung amerikanischer Militärflugzeuge war so gering, daß er gegenüber den Arabern kaum ins Gewicht fallen dürfte. Schließlich beschlossen wir, die Lieferung der F-4-Phantom-Jäger wesentlich zu beschleunigen. Israel sollte am Sonntag zehn und am Montag mindestens vier Maschinen bekommen. Schlesinger meldete der WSAG, daß die ersten dieser Flugzeuge schon unterwegs seien.

Um 12.30 Uhr konnte ich Dinitz mitteilen, daß wir die C-5A-Transportmaschinen direkt nach Israel fliegen würden, bis die Frage nach den Charterflugzeugen geklärt sei, daß das auf den Azoren lagernde Material, soweit es nicht von der E1 A1 abtransportiert werden konnte, mit amerikanischen Maschinen vom Typ C-141 nach Israel gebracht werden würde und daß Israel sofort vierzehn Phantom-Jäger des Typs F-4 bekommen werde.

Am Sonntagmorgen – vierundzwanzig Stunden nach Einrichtung der Luftbrücke – empfahlen wir Nixon, die ganze Operation mit Maschinen der amerikanischen Luftstreitkräfte durchführen zu lassen. Nixon war wie immer mit der Watergate-Krise beschäftigt. »Wir werden immer die gleichen Vorwürfe zu hören bekommen, ob wir nun drei oder dreihundert Flugzeuge einsetzen«, sagte er mir, als wir über die C-5A sprachen. Er hatte recht.

Die Rüstungslieferungen an Israel haben in der amerikanischen Innenpolitik zu erheblichen Kontroversen geführt, und die dahinter stehende Strategie ist von einander widersprechenden Beschuldigungen und Dementis verschleiert worden. Es ist deshalb notwendig, noch einmal im einzelnen darzustellen, wie sich die Lage nach Golda Meirs dramatischem Appell vom Dienstagmorgen, dem 9. Oktober, entwickelt hat. Am Abend des 9. Oktober hatten wir Israel zugesagt, daß die in den Kämpfen eingetretenen Materialverluste ersetzt werden würden. Auf diese Zusicherung hin hatte die israelische Armee den Verbrauch von Kriegsmaterial gesteigert, was unsren Absichten entsprach. Die israelischen Voraussagen verführten uns zunächst zu der Annahme, daß die Entscheidungsschlacht am Mittwoch vorüber sein würde. Nach einer neuen israelischen Lagebeurteilung verschob sich dieser Termin auf den Samstag. Zu diesem Zeitpunkt sollten die Bemühungen um den Waffenstillstand entsprechend dem Vorschlag von Dobrynin vom Mittwochmorgen schon begonnen haben, und wir rechneten damit, daß Israel am Freitag seine Zustimmung geben würde. Deshalb glaubte niemand, daß zwingende militärische Gründe uns daran hinderten, inzwischen nach den besten Methoden für die Belieferung Israels mit Kriegsmaterial zu suchen, die unsere Interessen in der arabischen Welt und die Abhängigkeit der Industriestaaten vom importierten arabischen Öl am wenigsten gefährdeten. Die Pflicht der für unsere nationale Sicherheit Verantwortlichen war es, alle wesentlichen Gesichtspunkte in einem Gesamtplan zu berücksichtigen.

Ich habe immer wieder und energischer als meine Kollegen auf die Beschleunigung der Lieferungen gedrängt, aber nicht weil ich glaubte, daß dieses Material den Ausgang der gegenwärtigen Kämpfe entscheidend beeinflussen könnte, sondern weil ich der sowjetischen Luftbrücke demonstrativ etwas entgegensetzen wollte. Das israelische Grundproblem bestand jedoch nicht darin, wie rasch unsere Rüstungslieferungen erfolgten, sondern in der durch die Erinnerung an große Siege erzeugten Selbstzufriedenheit. Die israelische Strategie war von der Voraussetzung ausgegangen, daß sich die Erfolge des Blitzkrieges von 1967 wiederholen ließen. Unterdessen hatten die arabischen Länder gelernt, daß sich ihre Lage, wenn sie die ersten Schlachten nicht verloren, in einem Ermattungskrieg ständig verbessern würde. Ihre Verteidigungsstellungen mußten zwar in einigen Abschnitten zurückgenommen werden, wurden aber nicht durchbrochen, und sie brachten ihrem Gegner Verluste bei, die ein kleines Land mit weniger als drei Millionen Einwohnern, auch wenn es noch so heldenhaft kämpfte, kaum ertragen konnte. Erst als Israel seine Taktik in der zweiten Kriegswoche den Gegebenheiten anpaßte und dabei durch schwere strategische Fehler Ägyptens und die psychologische Auswirkung der massiven amerikanischen Rüstungslieferungen unterstützt wurde, wendete sich das Kriegsglück entscheidend.

Glückliche Umstände sorgten schließlich dafür, daß die massive amerikanische Luftbrücke in einem diplomatischen Kontext eingerichtet werden konnte, innerhalb dessen diese Maßnahme die Leidenschaft der Araber nicht so stark erregte, wie wir zunächst befürchtet hatten.

Nach dem 13. Oktober konnten wir die massive Belieferung Israels als Reaktion auf die sowjetische Luftbrücke darstellen und damit begründen, daß Moskau seine Zusage, selbst die Initiative für einen Waffenstillstand ergreifen zu wollen, nicht eingehalten hatte. Denn als wir begannen, Dobrynins Vorschlägen vom Mittwoch, dem 10. Oktober, zu folgen, blieben unsere Bemühungen erfolglos.

13./14. Oktober: Der Waffenstillstand kommt nicht zustande

Nach dem am Freitagabend mit den Briten geführten Gespräch hatte ich damit gerechnet, am Samstagmorgen, dem 13. Oktober, ihre klare Stellungnahme zu der von den Sowjets vorgetragenen Waffenstillstandsinitiative zu bekommen. Dieser Plan sah vor, daß Großbritannien am gleichen Spätnachmittag im Sicherheitsrat der Vereinten Nationen eine Resolution für einen Waffenstillstand in den erreichten Stellungen einbringen sollte. Ich war beunruhigt, als wir bis 9.30 Uhr noch nichts gehört hatten, denn zu dieser Zeit war es im Nahen Osten schon Spätnachmittag, und die Konsultationen von Sir Alec müßten abgeschlossen sein.

Ich rief deshalb Dobrynin an und sagte ihm, wenn sich die Briten bis Mittag nicht entschieden haben sollten, würden wir Australien bitten, die Waffenstillstandsresolution einzubringen. Dobrynin sagte, daß er vorher in Moskau anfragen müßte, aber »ich kann wirklich nicht erkennen, daß das etwas an der Lage ändern würde«. Ich sagte ihm, es lägen beunruhigende Anzeichen dafür vor, daß man mit einer ägyptischen Offensive an der Sinai-Front rechnen müßte, und warnte, daß irgendwelche Täuschungsmanöver unseren Beziehungen schweren Schaden zufügen könnten. Dobrynin meinte, daß wir an dem vereinbarten Kurs festhalten sollten, gleichgültig, welche unvorhergesehenen Maßnahmen eine der beiden Parteien ergriffe. Es gäbe keine unüberbrückbaren Hindernisse, die gegen eine gemeinsame Stimmenthaltung bei einem Aufruf zum Waffenstillstand durch den Sicherheitsrat spräche.

Kaum hatte ich das Gespräch mit Dobrynin beendet, als Sir Alec mich anrief. Um zu verstehen, welchen Einfluß er hatte, muß ich kurz sagen, wie wir ihn einschätzten. Zwar war er kein Analytiker, aber doch einer der klügsten Männer, die ich kennengelernt habe. Er gehörte zu den seltenen Staatsmännern, deren Integrität sogar ihre Kritiker entwaffnet. Seine Anständigkeit erschien so selbstverständlich, daß er es nicht nötig hatte, besonders darauf hinzuweisen. Weil er absolut vertrauenswürdig war, hatten seine Worte Gewicht, auch wenn das, was er sagte, schmerzlich war. Seine Urteilsfähigkeit zwang uns, seine Auffassungen bei allen Konsultationen zu berücksichtigen. Ein Staatsmann sollte sich mehr auf in der Praxis verwirklichte Wertvorstellungen als auf nur mit Worten artikulierte Annahmen verlassen. Home verstand es, uneingeschränktes Vertrauen zu wecken. Seine Äußerungen wirkten ungewöhnlich zurückhaltend; er führte seinen Gesprächspartner in einem gründlichen und an den Kern der Sache gehenden Dialog, ohne daß dieser es gewahr wurde, zu den gewünschten Schlüssen. Er war ein vorbehaltloser Freund der Vereinigten Staaten. Er setzte sich ebenso wie wir für das Ideal der Freiheit ein, und es gab buchstäblich niemanden, dem wir mehr vertrauten.

Home hielt den Waffenstillstand in den jetzt besetzten Stellungen für eine Fata Morgana. Sadat würde sich mit nichts anderem zufrieden geben, als der Verpflichtung Israels, sich auf die Grenzen von 1967 zurückzuziehen. Unsere Vorschläge würden daher nicht angenommen werden, wenn sich Moskau nicht bereit erklärte, Sadat unter Druck zu setzen, indem es die Militärhilfe für Ägypten einstellte. Doch Home zweifelte daran, daß die Sowjets so weit gehen würden. Er machte statt dessen einen Kompromißvorschlag, zu dem ein Waffenstillstand in den gegenwärtigen Stellungen und der Einsatz einer internationalen Polizeitruppe in den übrigen besetzten Gebieten gehörten. Diesen Maßnahmen sollte eine internationale Konferenz folgen. Es bestand jedoch keine Chance, daß Israel auf diesen Vorschlag eingehen würde, der für die Israelis in gewisser Weise auch noch ungünstiger war als die von Sadat aufgestellten Forderungen. Schließlich bedeutete die Präsenz einer internationalen Polizeitruppe den Rückzug der Israelis auf die Grenzen von 1967 unmittelbar nach Inkrafttreten solcher Beschlüsse, während Sadat nur das grundsätzliche Einverständnis Israels mit diesem Schritt verlangte. Ich sagte Home daher, daß seine Vorschläge zu kompliziert seien und wir sie nicht unterstützen würden. (Schon nach einer Stunde teilte ich Cromer mit, er sollte Home berichten, daß wir dagegen unser Veto einlegen würden.)

Ich erklärte Home, daß Dobrynins vorläufiger Vorschlag sich offenbar auf die Annahme stützte, Sadat werde sich nicht schon vorher mit einem Waffenstillstand einverstanden erklären, aber einem von den Supermächten getragenen Beschluß des Sicherheitsrats nachkommen. Ich konnte mir nicht vorstellen, daß die Sowjets unser Vertrauen durch bewußt falsche Informationen über die vorhandenen Möglichkeiten aufs Spiel setzen könnten – besonders weil sich die Unrichtigkeit ihrer Behauptungen sofort würde nachweisen lassen. Was konnten sie dabei gewinnen? Ich muß gestehen, daß ich diese Frage auch heute noch nicht beantworten kann. Was also konnte Großbritannien verlieren, wenn es diese Hypothese auf die Probe stellte und eine Waffenstillstandsresolution einbrachte? Home fürchtete, daß ein Vorgehen ohne Sadats vorherige Zustimmung Großbritannien in der arabischen Welt schaden werde, ohne uns etwas zu nützen. Er erklärte sich jedoch bereit, noch einmal in Kairo nachzufragen, um festzustellen, ob meine Hypothese richtig sei.

Ich unterrichtete Dobrynin sofort von Homes negativer Haltung. Dobrynin konnte es nicht begreifen. Er bestätigte noch einmal, daß sich die Sowjetunion unabhängig von Sadats Ansichten bei der Abstimmung über den Waffenstillstand der Stimme enthalten werde. Aber die Schwierigkeit lag jetzt darin, daß Großbritannien keine Resolution einbringen würde, die Sadat ablehnte. »Vielleicht sollten wir uns jetzt an Australien wenden«, schlug Dobrynin vor. Ich sagte ihm, daß wir vielleicht so vorgehen würden, nachdem wir uns noch einmal mit Home in Verbindung gesetzt hatten.

Gegen 13.40 Uhr rief mich Dobrynin wieder an und teilte mir zu meiner Überraschung mit, daß die »australische Variante keine wirklich gute« wäre – was mir ganz unverständlich war. Wenn Moskau einen Waffenstillstand wünschte und überzeugt war, die Zustimmung Sadats gewinnen zu können, dann mußte es gleichgültig sein, wer den Resolutionsantrag stellte. Die Weigerung, Australien einzuschalten, konnte nur bedeuten: Der Kreml war zu dem Schluß gekommen, daß Home Sadat richtig beurteilt hatte und die Sowjets jetzt nicht Homes Mißfallen erregen wollten. (Es sei denn, das ganze war von Anfang an ein Täuschungsmanöver gewesen.) Ich sagte Dobrynin, er dürfte nicht vergessen, daß es in der Außenpolitik »keine leichten Siege gibt«.

Während ich auf die britische Antwort wartete, sagte ich Scowcroft, daß er weitere Lieferungen von Rüstungsmaterial vorbereiten sollte. Wenn es nicht gelang, einen Waffenstillstand auszuhandeln, weil sich die Sowjetunion jetzt weigerte, mit uns zusammenzuarbeiten, dann mußte der Grund darin liegen, daß die Sowjets mit einem arabischen Sieg rechneten oder nicht bereit waren, auf einen Kompromiß einzugehen. In beiden Fällen wußte ich genau, was wir zu tun hatten. Wir mußten eine militärische Lage schaffen, welche die Hauptbeteiligten zwang, ihre Haltung zu überdenken: »Wir dürfen es nicht zulassen, daß Israel den Krieg verliert. Wenn die sowjetische Seite gewinnt, wird die Sache für uns sehr unangenehm.« Ich sagte Haig, wenn die Bemühungen um einen Waffenstillstand scheitern sollten, müßten wir die Luftbrücke bis zur höchsten Kapazität steigern und alle verfügbaren Flugzeuge einsetzen, ohne auf mögliche Konfrontationen Rücksicht zu nehmen. Dann könnten wir erst wieder Gespräche aufnehmen, wenn die Kämpfe eine entscheidend neue Wendung genommen hatten.

Am Nachmittag des 13. Oktober um 15.35 Uhr rief mich Home an und teilte mir die endgültige britische Entscheidung mit: Sadat lehnte jede Art von Waffenstillstand ab. Wenn die Resolution gegen seine Vorbehalte eingebracht würde und man damit rechnen müßte, daß der Sicherheitsrat sie annahm, weil sich die Sowjetunion und die Vereinigten Staaten der Stimme enthielten, würde Sadat die Chinesen bitten, ihr Veto einzulegen. Der französische Botschafter beurteilte Sadats Haltung ebenso. Home fragte, ob hinter unseren Überlegungen die Entspannungspolitik stünde. Ich sagte ihm: »Die Entspannung ist kein Selbstzweck. Ich glaube, daß die Entwicklung uns jetzt auf eine Konfrontation zutreibt.«

Alle Nachrichten, die wir jetzt erhielten, schienen in diese Richtung zu weisen. Die ägyptische 21. Panzerdivision – die Sadat bisher in Reserve gehalten hatte – hatte den Suez-Kanal überschritten. Wenigstens eine zweite Panzerdivision stellte sich bereit, ihr zu folgen.

Die Würfel waren gefallen. Wir waren an einen Punkt gelangt, an dem jedes weitere Manövrieren selbstmörderisch sein und jedes Zögern katastrophale Folgen haben konnte. Es war nicht möglich, die Gegner zur Beendigung des Krieges zu veranlassen, indem man sie aufforderte, ihre Interessen abzuwägen; auch die Sowjets waren nicht bereit, uns darin zu unterstützen. Alles, was wir im Interesse der Beteiligten tun konnten, war, eine Entscheidung zu erzwingen. Deshalb entschlossen wir uns zur massiven Nachrüstung der israelischen Armee. Wir waren bereit, die Konfrontation zu riskieren, und würden die diplomatischen Gespräche erst wiederaufnehmen, wenn kein Zweifel mehr daran bestand, daß sich eine Lösung nicht erzwingen ließe.

Eine Versöhnung ist nur sinnvoll, wenn angenommen werden kann, daß man eine Alternative hat. Als wir beschlossen, Israel mit weiteren massiven Lieferungen von Kriegsmaterial zu unterstützen, konnten wir nicht wissen, ob die Frustration der arabischen Staaten in erbitterte Feindschaft umschlagen werde oder ob die Sowjetunion die Herausforderung annehmen und einen Block von Ländern organisieren würde, die in der ganzen Region gegen unsere Interessen zusammenarbeiteten. Aber wir hatten keine Alternative. Wenn die von den Sowjets bewaffneten Staaten den Krieg gewannen, dann würde die Sowjetunion den Verlauf aller diplomatischen Bemühungen nach dem Krieg diktieren. Wenn Israel keine Entscheidung erzwang, dann würde es in einem Zermürbungskrieg zerrieben werden, in dem sogar israelischer Mut und Erfindungsgeist nichts dagegen ausrichten konnten, daß sich das kleine israelische Volk einer dreißigfachen Überlegenheit gegenüber sah.

Aber die Ereignisse der vergangenen Woche hatten auch gezeigt, daß unsere Diplomatie auf einer sehr unsicheren Basis stand. Wenn wir eine Entscheidung erzwangen, würden wir mit Israel allein dastehen und in den Vereinten Nationen isoliert sein. Was wir auch von der Doppelzüngigkeit oder Unaufrichtigkeit der Sowjets halten mochten, und im Augenblick waren sie nicht besonders freundlich, bisher hatten sie noch nicht versucht, uns in eine wirklich unangenehme Lage zu bringen. Sie hatten sich nicht hinter die ägyptische Forderung gestellt, den Waffenstillstand mit der Rückkehr zu den Grenzen von 1967 zu verknüpfen, was uns gezwungen hätte, gegen eine für die Araber heilige Forderung ein Veto einzulegen. Aber Moskau hatte uns auch in keiner Weise geholfen. Wir hatten es jetzt mit einer ganzen Kombination von Faktoren zu tun, mit arabischem Druck, europäischen Befürchtungen und sowjetischem Opportunismus, der sich darum bemühte, die Risiken für die Araber zu verringern. Ägypten und Syrien würden, wenn die Lage für sie zu gefährlich werden sollte, immer eine Mehrheit für einen Waffenstillstand finden. Und wir würden auf die Dauer nichts dagegen unternehmen können, ohne einen enormen politischen Preis dafür bezahlen zu müssen.

Ich unterrichtete Dinitz von unserer Entscheidung, die Luftbrücke so weit zu verstärken, wie es in unseren Kräften stand, und zwar ausschließlich mit amerikanischen Militärflugzeugen. Dabei verlangte ich, daß Israel seine Offensivoperationen verstärkte, um sie achtundvierzig Stunden nach Beginn der Beratungen im Sicherheitsrat abzuschließen – wann immer das sein mochte. Länger würden wir diese Beratungen nicht hinauszögern können, und wir konnten auch ein Veto gegen einen Beschluß nicht rechtfertigen, den wir, wie viele Nationen wußten, noch vor kurzer Zeit selbst befürwortet hatten.

Das Verhalten der Sowjetunion blieb rätselhaft. Hatten die Sowjets uns nur hingehalten und niemals wirklich die Absicht gehabt, einen Waffenstillstand herbeizuführen? Hatten sie mit ihren Manövern den Krieg verlängern wollen? Ich machte Dobrynin diesen Vorwurf, als ich ihm sagte, daß die Briten sich geweigert hätten, eine Waffenstillstandsresolution einzubringen. Er wehrte zwar ab, fragte mich jedoch, was die Sowjets mit einer solchen Taktik bezwecken könnten. Das gab auch mir zu denken, und deshalb behauptete ich, ohne selbst davon überzeugt zu sein, daß wir morgen mit einer ägyptischen Offensive rechnen müßten. Es hatte keinen Sinn zu sagen, daß ich es wußte. Wir hatten das Vorgehen im Sicherheitsrat zweiundsiebzig Stunden lang verzögert, um den Israelis bei ihrer Offensive in Syrien zu helfen. Die Sowjets waren am Mittwoch bereit gewesen, dem Waffenstillstand zuzustimmen. Dobrynin, der sich nie etwas vormachen ließ, hatte unsere Strategie durchschaut. Nun fragte er mich, ob ich sagen wollte, daß die Sowjetunion die Dinge verzögert hätte, damit Israel die Syrer schlagen könnte? »Das ist eine sehr interessante Annahme.« Wie ich schon gesagt habe, behauptet Sadat in seiner Autobiographie, daß die Sowjets ihn vom ersten Kriegstage an gedrängt hätten, einem Waffenstillstand an Ort und Stelle zuzustimmen. Die sowjetischen Rüstungslieferungen für Ägypten begannen erst am Donnerstag, dem 11. Oktober, und es handelte sich dabei nicht um große Mengen, bis zum Samstagmorgen, dem 13. Oktober, also eine Woche nach Kriegsbeginn.

Wahrscheinlich haben die Sowjets versucht, die Vorteile miteinander zu verbinden, die sich aus den verschiedenen Entscheidungsmöglichkeiten für sie ergab. So wollten sie auf die Entspannungspolitik gegenüber den Vereinigten Staaten nicht verzichten, wollten ihre arabischen Freunde so weit unterstützen, daß sie, wenn alles gutging, bewiesen hatten, wie notwendig ihre Hilfe gewesen sei, aber sie waren nicht bereit gewesen, weit genug zu gehen, um eine Konfrontation mit den Vereinigten Staaten zu riskieren. Vielleicht hat der Kreml auch damit gerechnet, daß es die Position der Sowjetunion im Nahen Osten stärken werde, wenn die sowjetische Führung uns in einen Waffenstillstand lockte, solange die arabischen Armeen mit Hilfe sowjetischer Waffen Geländegewinne gemacht hatten und bevor die israelische Gegenoffensive zu greifbaren Ergebnissen geführt hatte. Auch noch am 13. Oktober, nachdem Israel im Kampf gegen die Syrer erfolgreich gewesen war, wäre Ägypten bei einem Waffenstillstand in einer sehr starken militärischen Lage gewesen. Aber entweder überschätzte Sadat seine eigenen Erfolge, oder er fühlte sich verpflichtet, das mit ihm verbündete Syrien vom feindlichen Druck zu entlasten. Mit den Syrern hatten wir keinen unmittelbaren Kontakt, aber es wäre ganz untypisch gewesen, wenn sie sich weniger hartnäckig gezeigt hätten als ihr Verbündeter und Rivale in Kairo. Die Europäer wollten sich die Gunst der Araber nicht verscherzen und haben damit objektiv die arabische Euphorie angeheizt. Die Sowjets waren nicht bereit, Sadat so weit unter Druck zu setzen, daß er in dieser Lage auf einen Waffenstillstand einging.

Es ist falsch, die strategischen Einsichten des Gegners zu überschätzen, aber ebenso gefährlich, sie zu unterschätzen. Zu Beginn haben die Vereinigten Staaten und die Sowjetunion tatsächlich vergleichbare strategische Ziele verfolgt. Beide wollten ihre Freunde in die Lage versetzen, auf dem Schlachtfeld die Oberhand zu gewinnen. Als sich ein militärisches Patt entwickelte, unterstützten beide ihre Freunde mit Kriegsmaterial. Wir haben früher damit begonnen, und zwar am Sonntag, als wir den Einsatz von El-Al-Maschinen genehmigten. Die Sowjets richteten am Mittwoch ihre Luftbrücke ein und transportierten dabei größere Mengen von Kriegsmaterial als wir. Wenn der Versuch, Chartermaschinen aufzutreiben, die Angelegenheit nicht verzögert hätte, dann hätten wir am Donnerstagabend oder am Freitagmorgen entsprechende Lieferungen auf den Weg gebracht. Am Sonntag waren die von uns gelieferten Mengen an Kriegsmaterial größer als die sowjetischen.

Aber wir konnten zwei Pluspunkte für uns verbuchen. Unser Verbündeter war am Schluß stärker und konnte das gelieferte Material besser verwenden als die Gegenseite. Und wir waren bereit gewesen, mehr zu riskieren als Moskau. Als die militärischen Operationen dann ins Stocken geraten waren – entweder weil die Sowjets es so wollten oder sich über ihre Haltung noch mehr klargeworden waren –, gingen wir entschlossen und sogar brutal vor, um die Entscheidung zugunsten der Israelis zu erzwingen. Ich hatte während Nixons erster Amtsperiode, vor allem unter seiner Anleitung, gelernt, daß sich eine Großmacht, wenn sie sich zu etwas verpflichtet hat, auch durchsetzen muß. Es gereicht ihr nicht zur Ehre, wenn sich ihre inneren Zweifel als Unentschlossenheit manifestieren. Wenn es ihr auch noch so schwergefallen ist, sich zu einem Entschluß durchzuringen, muß sie den einmal eingeschlagenen Weg unbeirrt fortsetzen, um zum Erfolg zu kommen. Sonst gerät sie in jeder Kontroverse über den Wert ihrer Entscheidung in ein falsches Licht, und man wird ihr Unfähigkeit vorwerfen.

Nach diesen Grundsätzen haben wir jedenfalls gehandelt, als London es ablehnte, die Resolution für einen Waffenstillstand einzubringen, und Moskau sich weigerte, Australien darum zu bitten. Ich warnte Dobrynin sofort: »Jetzt lehnen wir jede Verantwortung ab und lassen den Dingen ihren Lauf.« Scowcroft sagte ich, was ich damit gemeint hatte: »Da wir in eine Konfrontation hineingeraten werden, müssen wir alles tun, um uns durchzusetzen.« Ich wies ihn an, Schiffe mit Kriegsmaterial für Israel beladen zu lassen, damit ein Waffenstillstand, der die Einstellung der Luftbrücke zur Folge haben würde, nicht auch den Lebensnerv Israels traf. Ich teilte Cromer mit, daß wir eine Luftbrücke nach Israel einrichten würden, und gab ihm zu verstehen, daß dies die Folge des Scheiterns der Waffenstillstandsinitiative sei – was nicht ganz den Tatsachen entsprach. Cromer fragte: »Was werden Sie tun, wenn die Araber mit einem Ölembargo drohen?«

»Wir werden die Herausforderung annehmen«, antwortete ich und spielte Churchill.

»Ist das alles?« fragte Cromer verständlicherweise, »das wird recht hart sein, glauben Sie nicht?«

»Wir haben keine andere Wahl.«

Unterdessen hatten wir von Portugal die Erlaubnis erhalten, unsere Maschinen auf dem Flugplatz von Lajes auf den Azoren aufzutanken. Als wir am Freitag, dem 12. Oktober, den ersten Kontakt mit der portugiesischen Regierung aufnahmen, wichen die Portugiesen aus. Es lag nicht in ihrem Interesse, sich die Feindschaft der arabischen Nationen zuzuziehen. Dann versuchten die Portugiesen, uns zur Lieferung militärischer Ausrüstung für ihre Kolonialkriege in Mosambik und Angola zu bewegen. Darauf wollten wir nicht eingehen. Aus diesem Grund hatte ich für den Präsidenten einen ungewöhnlich schroffen Brief an den portugiesischen Premierminister, Marcello Caetano, entworfen, in dem wir es ablehnten, Portugal Waffen zu liefern, und damit drohten, das Land in einer feindlichen Welt seinem Schicksal zu überlassen. Am Samstagnachmittag gewährten uns die Portugiesen die uneingeschränkten Transitrechte auf dem Flughafen von Lajes.

Am 13. Oktober um 17.30 Uhr – die Luftbrücke war schon eingerichtet – führte ich mit Nixon ein längeres Gespräch über die Lage. Wir hatten erkannt, daß, wenn die ägyptische Offensive Erfolg hatte, sich der Krieg innerhalb der folgenden vierundzwanzig Stunden in eine Richtung entwickeln konnte, die unseren Interessen widersprach. Ich überlegte, daß die ägyptischen Panzer, wenn sie den Schutzschirm der Flugabwehrraketenstellungen verließen, durch die israelische Luftwaffe schwere Verluste erleiden könnten und dann die Möglichkeit für ein Scheitern der ägyptischen Offensive bestünde. Aber die Araber waren jetzt übermütig geworden. Wenn sie in dieser Lage die Oberhand behielten, dann würden wir wirklich »den Gürtel enger schnallen müssen«. Nixon glaubte nicht, daß die israelischen Streitkräfte in einer offenen Feldschlacht unterliegen würden, denn er konnte sich nicht vorstellen, daß sie in so kurzer Zeit schon so weit geschwächt seien. Aber er stimmte mir darin zu, daß es jetzt darauf ankäme, wer den stärkeren Willen hatte. »Das ist eine dieser entscheidenden Situationen«, sagte er, und »dafür sind wir hier.«

Zwar befand sich Nixon selbst in einer äußerst bedrängten Lage, aber ich hatte den Eindruck, daß er bei der Stange bleiben würde. Kleinmut würde ihn nicht dazu bewegen, von dem einmal eingeschlagenen Kurs abzuweichen. Und wenn er als Folge seiner persönlichen Schwierigkeiten jetzt nicht mehr mit der gleichen Intensität reagierte wie früher, dann zeigte er vielleicht gerade deshalb die Haltung eines Mannes, der die schlimmsten Rückschläge erlebt hatte und jetzt nichts mehr fürchtete. Wahrscheinlich begrüßte er es sogar, seine Zukunft von der Verteidigung der Interessen freier Völker abhängig zu machen, wie er sie begriff, als von dem Ausgang eines mit schmutzigen Mitteln geführten Rechtsstreits um Vorkommnisse, die ihm aus den Händen geglitten waren.

Wie schon so oft, wenn sie es mit dem entschlossenen Handeln der Vereinigten Staaten zu tun bekommen hatten, begannen die Sowjets auch diesmal zurückzuweichen. Am Abend erhielten wir eine »Verbalnote« von Breschnew. Hier hieß es, daß Moskau zwei Tage lang bereit gewesen wäre, einen Waffenstillstand herbeizuführen, aber als die Vereinigten Staaten die Sache verzögert hätten, hätten die Araber ihre Meinung geändert. In sarkastischem Ton sagte ich Dobrynin, daß vielleicht die verstärkte sowjetische Luftbrücke (jetzt waren hundertvierzig Flugzeuge daran beteiligt) die Araber zu einer entschlosseneren Haltung bewogen hätten. Dobrynin erklärte noch einmal, die sowjetische Führung hoffte, daß das, was geschehen wäre, die Erfolge, die wir zu verzeichnen hätten, nicht zunichte machen werde. Aber damit endete der erste versöhnliche Teil unseres Gesprächs über Grundsatzfragen. Eine akzeptable Lösung war nur denkbar, wenn wir die Sowjets davon überzeugen konnten, daß wir bei unserer Haltung bleiben würden, und zwar ohne Rücksicht auf die Entspannungspolitik oder auf mögliche Reaktionen der Araber. Ich sagte: »Wir werden es unter keinen Umständen zulassen, daß die Entspannung zum Vorteil einer Seite ausgenutzt wird. Glauben Sie nicht, daß wir einen militärischen Rückschlag im Nahen Osten hinnehmen werden.« Die durch unsere Bemühungen um die Charterflugzeuge eingetretene Verzögerung kam mir jetzt zugute, denn ich konnte behaupten, daß wir mit unseren Maßnahmen gewartet hätten, um der Diplomatie eine Chance zu geben. Aber das ägyptische Verlangen, die Rückkehr zu den Grenzen von 1967 zur Vorbedingung für den Waffenstillstand zu machen, wäre »unannehmbar« und würde es auch bleiben. Wir könnten uns höchstens vorstellen, daß eine Bezugnahme auf die Resolution 242 des Sicherheitsrats in den Text der Waffenstillstandsbedingungen aufgenommen würde. Wir wären aber nicht bereit, darüber hinauszugehen oder die Worte »sichere Grenzen« genauer zu definieren. Ich erklärte, daß wir die Entwicklung während der nächsten drei bis vier Tage abwarten würden, um zu sehen, wie sich die Lage dann darstellte. Wir wären bereit, über eine Friedensregelung im Nahen Osten zu sprechen, aber erst *nach* einem Waffenstillstand. Moskau dürfte nicht glauben, daß es uns militärisch unter Druck setzen könnte. Dobrynin lag nichts an einer Kontroverse. Er sagte, er werde alles, was ich ihm vorgetragen hätte, wörtlich – wie er mir versicherte – weitergeben.

In fast jeder Krise kommt der manchmal auch nur flüchtige Augenblick, in dem man deutlich erkennt, daß die andere Seite es nicht auf eine Konfrontation ankommen lassen will. Aus Breschnews Verbalnote und Dobrynins gemäßigtem Verhalten konnte ich entnehmen, daß wir, wenn Moskau nicht seine Meinung änderte, bis zum Schluß an unserem Kurs würden festhalten können. Der nächste Akt in diesem Schauspiel hatte begonnen; die erste Szene würde die Panzerschlacht auf der Sinai-Halbinsel sein.

Jetzt kam es darauf an, daß wir die Ruhe bewahrten und überlegt handelten. Wie erwartet, traten die ägyptischen Streitkräfte am Sonntag, dem 14. Oktober, auf der Sinai-Halbinsel zum Angriff an – vor allem, um die Syrer zu entlasten. Aber den Ausgang dieser Schlacht konnten wir nicht beeinflussen. Während sie wütete, überdachten wir unsere Pläne und bemühten uns darum, die Auswirkungen unserer Entscheidungen auf die arabische Welt nach Möglichkeit zu verringern. Am Sonntagmorgen sprach ich wieder mit Nixon. Wir glaubten beide, daß die Schlacht auf der Sinai-Halbinsel nicht lange dauern würde. Der Nachschub für beide Seiten mußte über weite Strecken herangebracht werden und würde bald verbraucht sein. Außerdem eignete die Wüste sich nicht für lange andauernde Kampfhandlungen.

Auf der Sitzung der WSAG, die um 9.16 Uhr begann, wurden die technischen Einzelheiten für die Luftbrücke endgültig festgelegt. Wir würden uns nicht weiter um Charterflugzeuge bemühen, sondern für den Lufttransport ausschließlich amerikanische Militärflugzeuge einsetzen. Die nächste und vielleicht wichtigste Aufgabe, die wir am gleichen Tag noch erledigen mußten, bestand darin, dafür zu sorgen, daß die Hauptbeteiligten unsere Absichten begriffen und nicht vergaßen, den sich jetzt verschärfenden Konflikt möglichst rasch zu beenden. Um die Mittagszeit sagte ich Dobrynin, daß das Vorgehen der Sowjetunion uns veranlaßt hätte, eine wesentlich stärkere Luftbrücke einzurichten. Ich warnte ihn vor Gegenmaßnahmen und sagte, daß wir über die Kapazitäten verfügten, jede sowjetische Eskalation zu übertreffen. Andererseits wären wir aber auch bereit, die Versorgung der Israelis mit Flugzeugen unmittelbar nach Eintreten des Waffenstillstands einzustellen. Dobrynin blieb auch diesmal sehr ruhig und sagte, daß er mich in seinem Bericht an die sowjetische Führung »wörtlich zitieren« werde. Es sei »wichtig für sie, die Stimmung zu kennen«.

Am Abend schickte ich an Hafiz Ismail in Kairo eine Note für Sadat. Ich habe schon gesagt, daß nur Amateure glauben, ein kluger Diplomat hätte für jeden Gesprächspartner eine andere Version seiner Geschichte. In Wirklichkeit muß man damit rechnen, daß alle Beteiligten Informationen austauschen, besonders im Nahen Osten, wo das Geschichtenerzählen eine Kunstform ist. Besonders betonte ich den Umstand, daß es uns nicht gelungen war, einen Waffenstillstand herbeizuführen, um den wir uns bemüht hatten, weil die Sowjets behaupteten, Ägypten wäre bereit, ihn zu akzeptieren. Ich wies darauf hin, daß die Vereinigten Staaten die sowjetische Luftbrücke in den Nahen Osten nicht ignorieren könnten. Natürlich war es nicht selbstverständlich, daß

Sadat unserer Argumentation folgen würde; wir hätten das Recht, Israel mit Waffen zu beliefern, weil die Sowjetunion Ägypten bewaffnete, oder daß unsere Fähigkeit, den militärischen Erfolg Ägyptens zu vereiteln, uns auch dazu berechtigte, am Friedensprozeß teilzunehmen:

> Die amerikanische Seite möchte die ägyptische Seite davon unterrichten, daß sie bereit ist, ihre Versorgungsoperationen mit Flugzeugen sofort nach Abschluß eines Waffenstillstands einzustellen.
> Die Vereinigten Staaten möchten noch einmal darauf hinweisen, daß sie die Unannehmbarkeit der Bedingungen, die vor Ausbruch der jüngsten Feindseligkeiten bestanden haben, für die ägyptische Seite anerkennt. Die amerikanische Seite wird unmittelbar nach Einstellung der Feindseligkeiten große Anstrengungen unternehmen, um einen Beitrag zur Erreichung eines gerechten und dauernden Friedens im Nahen Osten zu leisten. Sie hofft auch weiterhin, daß die unter so großen Schwierigkeiten zu Ägypten hergestellte Verbindung auch unter dem Druck der Ereignisse aufrechterhalten bleibt.
> Die Vereinigten Staaten werden in diesem Sinne alles ihnen mögliche tun.

Es gab aber auch noch ein anderes Land, mit dessen gemäßigter Haltung wir rechneten und das wir von unserer Entscheidung unterrichten mußten: Saudi-Arabien. Nixon hielt sehr viel von dem entschieden prowestlichen König Faisal und mochte ihn persönlich gern, ohne dabei die Grundsätze der komplexen innenpolitischen Struktur zu billigen, die dieser repräsentierte. Bis dahin hatte ich noch keine Erfahrungen mit Saudi-Arabien und kannte nicht die indirekten, geschmeidigen und subtilen Methoden, mit denen die saudische Politik geführt wird. Das bei unvorstellbarem Reichtum unterentwickelte Königreich Saudi-Arabien, das sich im Übergang vom Feudalismus in eine Zukunft befindet, die es noch nicht definieren kann, bemüht sich vor allem darum, jede offene Konfrontation zu vermeiden, und will sich auf keinen Fall festlegen, sondern versucht, seine Sicherheit zu wahren. Seine Herrscher verfolgen eine Politik, mit der sie die Interessen anderer gegeneinander auszugleichen suchen, nicht aber spezifisch saudische Ziele verfolgen. Sie können sich mit Gegebenheiten abfinden, die sie nur ungern befürworten. Sie können privat erleichtert sein, wenn radikale Bestrebungen vereitelt werden, denen sie öffentlich zustimmen müssen. Ich habe später gelernt, daß man den Saudis keinen Gefallen tut, wenn man sie um ihre Zustimmung zu Angelegenheiten bittet, die sie nicht beeinflussen können, besonders wenn eine solche Stellungnahme ihren politischen Balanceakt gefährden könnte.

Aber damals hatte ich diese Erkenntnisse noch nicht. Deshalb schickten wir König Faisal am 14. Oktober zwei Schreiben. Das erste war ein

Brief Nixons, das zweite eine von mir unterschriebene Note. Da Nixon zu dieser Zeit vor allem mit Watergate beschäftigt war, sind beide Texte unter meiner Anleitung im Außenministerium verfaßt worden. Aber heute ließe sich diese Behauptung aus dem Inhalt nicht beweisen – es sei denn, wir hätten uns damals für eine Taktik entschieden, sowohl auf höherer als auch auf niedriger Ebene vorzugehen, woran ich mich nicht mehr erinnern kann. Nixons Brief war psychologisch im richtigen Ton verfaßt. Er erwähnte die Luftbrücke nicht. Der Präsident bat nur darum, Saudi-Arabien möge verstehen, daß wir uns um die Beendigung des Krieges bemühten und an der Suche nach einem dauerhaften und gerechten Frieden beteiligten. Dann erwähnte er seine Pressekonferenz vom 5. September, auf der er erklärt hatte, daß die Vereinigten Staaten weder für Israel noch für die Araber, sondern für den Frieden wären. Mit beredten Worten sprach Nixon schließlich von seinem Wunsch, zur Erreichung gemeinsamer Ziele vertrauensvoll mit dem König zusammenzuarbeiten. Er forderte Faisal nicht auf, sich mit irgend etwas einverstanden zu erklären, und nahm auch nicht offiziell Stellung zu Entwicklungen, denen Faisal sich, wenn er davon Kenntnis nahm, nur widersetzen konnte.

Die moralische Wirkung des für Nixon entworfenen Briefes wurde durch die viel zu grobe, für meine Unterschrift vorbereitete Note fast zunichte gemacht. Ich unterrichtete Saudi-Arabien offiziell von unserer Luftbrücke nach Israel und zwang den König damit, Stellung zu nehmen. Ich erläuterte unsere Haltung fast mit den gleichen Worten wie in den an Ägypten gerichteten Noten. Doch während Ägypten, das sich im Krieg befand, die Möglichkeit hatte, aus übergeordneten Gründen gewisse Zugeständnisse zu machen, konnte sich Saudi-Arabien als unbeteiligtes Land diesen Luxus nicht erlauben. Die Saudis mußten die anderen arabischen Staaten bedingungslos unterstützen.

Am Schluß setzte ich mich mit dem Schah des Iran in Verbindung. Sein Land war der östliche Anker unserer Nahost-Politik. Seine von uns ausgerüsteten Streitkräfte hielten die irakischen Ambitionen im Persischen Golf in Schach und sorgten dafür, daß dieses radikale Land nur mit relativ schwachen Kräften am Nahost-Krieg teilnehmen konnte. Im April 1972 hatte der Irak einen Freundschaftsvertrag mit der Sowjetunion abgeschlossen. Solche Verträge hatten in anderen Fällen jedesmal nicht nur Waffenlieferungen, sondern auch eine Abstimmung auf die sowjetische Außenpolitik bedeutet. Der Iran hatte außerdem eine lange gemeinsame Grenze mit der Sowjetunion. Im Rahmen der Strategie des Westens stellte der Iran ein Hindernis für das Eingreifen der Sowjets dar, das nur durch einen massiven Einmarsch überwunden werden konnte. Die zweite Aufgabe des Iran war es, gemeinsam mit uns dafür zu sorgen, daß die Regierungen der für uns lebenswichtigen Länder am Persischen Golf stabil blieben. Wenn das Land seine Unabhängigkeit bewahrte, schützte es uns vor feindlichen Einflüssen und trug zur Sicherheit der Vereinigten Staaten und der mit uns verbündeten demokratischen Industrienationen bei.

Die alptraumhafte Situation im Persischen Golf, die nach dem Sturz des Schahs entstanden ist, zeigt mit großer Deutlichkeit, welchen Beitrag er zum Schutz der Sicherheit der freien Welt geleistet hat. Uns hat er seine Haltung während des Oktober-Krieges in dramatischer Weise bewiesen. Der Irak wagte nicht, mehr als eine Division nach Syrien zu entsenden, und bedrohte auch nicht seine anderen Nachbarn, Jordanien und Saudi-Arabien. Der Iran war auch das einzige Land, das den Sowjets die Erlaubnis verweigerte, sein Staatsgebiet zu überfliegen. Einige unserer Verbündeten in der NATO fühlten sich nicht stark genug, sich zu einem solchen Akt des Widerstandes aufzuschwingen. Unsere Flotte im Indischen Ozean wurde vom Iran mit Öl versorgt. Der Schah hielt auch enge Verbindungen zu Sadat. Als Sadat nach dem Krieg seinen kühnen, aber gefährlichen Weg zum Frieden begann, gewährte ihm der Schah seine moralische, politische und materielle Unterstützung.

Aber während er eine mit der ägyptischen parallel laufende Politik trieb, kam es ihm darauf an zu zeigen, daß er mit diesem Kurs die gemäßigten Regierungen im Nahen Osten stärkte. Wenn es um wesentliche Entscheidungen ging, sorgten wir dafür, daß er unsere Gründe und Absichten verstand. In diesem Sinne schrieb ich am 14. Oktober an den Schah, und meine Note zeigt, welcher Unterschied zwischen einem Verbündeten und einer von einer Großmacht abhängigen Marionette besteht:

> Die Vereinigten Staaten versuchen, sich im Hinblick auf den Nahost-Konflikt so zu verhalten, daß sie bei der Lösung der Probleme in diesem Gebiet eine nützliche Rolle spielen können, und zwar sowohl bei der Beendigung der gegenwärtigen Feindseligkeiten als auch bei der Wiederherstellung eines dauernden und auf Gerechtigkeit gegründeten Friedens.
>
> Es gibt einen Faktor, den man immer im Auge behalten muß. Wir hoffen, der Schah wird verstehen, daß ein arabischer Sieg im gegenwärtigen Konflikt, der mit sowjetischen Waffen errungen werden würde, ebenso wie der mit sowjetischen Waffen im indisch-pakistanischen Konflikt von 1971 errungene Sieg mit Sicherheit zur Radikalisierung des Regimes in diesem Gebiet und in einem gewissen Ausmaß auch zu einer Radikalisierung überall auf der Welt führen wird.
>
> Der Schah sollte wissen, daß wir uns nach Kräften darum bemühen, den Krieg zum Abschluß zu bringen, und zwar unter Berücksichtigung

aller obigen Überlegungen. Wir hoffen aufrichtig, daß sich der Schah nicht durch taktische Überlegungen des Augenblicks dazu veranlaßt sehen wird, die größeren strategischen Ziele aus dem Auge zu verlieren, die unsere beiden Länder gemeinsam verfolgen. Selbstverständlich achtet der Präsident ganz besonders den Mut und die Entschlossenheit, die der Schah bewiesen hat, als er der Sowjetunion die Erlaubnis verweigerte, den Iran mit Militärflugzeugen zu überfliegen.

Wenn sich die militärische Lage festgefahren hat, dann kommen die Dinge wieder in Bewegung, wenn sich das Kriegsglück wendet oder einer der Hauptbeteiligten zu einer neuen Lagebeurteilung kommt. Am Montagmorgen, dem 15. Oktober, zeichneten sich diese beiden Entwicklungen ab. Die ägyptische Offensive auf der Sinai-Halbinsel war von den Israelis abgewehrt worden. Etwa zweitausend Panzer hatten sich in einer der größten Panzerschlachten der Geschichte gegenübergestanden. Sobald die ägyptischen Panzer den Schutzschirm ihrer Fliegerabwehrraketen verlassen hatten, waren sie den Angriffen israelischer Kampfflugzeuge ausgesetzt. Wenigstens zweihundertfünfzig wurden durch israelische Panzer, Panzerabwehrwaffen und Schlachtflieger zerstört. Damit machte die israelische Armee die Niederlage wett, die sie in der Woche zuvor hatte hinnehmen müssen. Der Panzer verlor seine Überlegenheit auf dem Schlachtfeld, sobald er nicht von Artillerie und Fliegerabwehrwaffen unterstützt wurde. Jetzt würden die Israelis auch an der Südfront mit starken Kräften vorstoßen können.

Daraufhin fingen auch die Sowjets an, sich für unseren Köder zu interessieren. Dobrynin teilte mir mit, Moskau beschäftige sich mit unserem Vorschlag, den Waffenstillstand nicht mit der Forderung zu verknüpfen, daß Israel sich auf die Grenzen von 1967 zurückziehen müßte, sondern mit einer allgemeinen Bestätigung der Resolution 242, die – zumindest nach der von uns nicht bestrittenen Interpretation Israels – in diesem Punkt zweideutig war. Wenn eine solche Formulierung schließlich akzeptiert wurde, mußte es zu raschen Fortschritten im Sicherheitsrat führen.

15./16. Oktober: Das Kriegsglück wendet sich noch einmal

Auf der Sitzung der WSAG am Morgen des 15. Oktober meinte Admiral Moorer, daß Israel, nachdem die ägyptische Offensive abgewehrt worden war, noch drei bis vier Tage brauchen werde, um die ägyptische Front zu durchbrechen. Diese Lagebeurteilung erwies sich als sehr vorsichtig, denn die ägyptische Front wurde schließlich nicht durchbrochen, sondern umgangen.

Unsere Luftbrücke wurde indessen zu einem großartigen Erfolg. Nachdem das Verteidigungsministerium seine Bedenken aufgegeben hatte, organisierte es ein Unternehmen, wie es in dieser Weise von keinem anderen Land durchgeführt werden könnte. Am Anfang beteiligten sich täglich vier Maschinen vom Typ C-5A an den Versorgungsflügen, später waren es noch mehr. Insgesamt waren fünfundzwanzig Maschinen der Typen C-5A, C-130 und C-141 täglich an den Versorgungsflügen beteiligt und transportierten durchschnittlich tausend Tonnen Kriegsmaterial, also etwa fünfzig Tonnen in der Stunde. Schon am ersten Tag hatten wir Israel mehr geliefert, als die Sowjetunion allen arabischen Ländern (Ägypten, Syrien und dem Irak) an den vergangenen vier Tagen zur Verfügung gestellt hatte. Wir mußten die Sowjetunion daher innerhalb kürzester Zeit eingeholt haben. Tausendachthundert Tonnen Versorgungsgüter waren bereits gelandet, und weitere dreitausend Tonnen waren unterwegs. In einem etwas aggressiven Ton sagte ich Schlesinger: »Ich muß sagen, wenn Sie arbeiten wollen, dann leisten Sie Großartiges. Aber wenn Sie sich weigern, können Sie einem auch ganz schön Angst einjagen.« Das war nicht falsch, aber unnötig, denn es verschärfte die Spannungen, die sich später in der Ford-Administration ergaben, als Schlesinger meine gelegentliche Kritik mit der gleichen Schärfe erwiderte. Colby machte den vernünftigen Vorschlag, daß wir über den Umfang der Luftbrücke keine detaillierten Angaben machen und es den Sowjets überlassen sollten, selbst herauszufinden, was sie wissen wollten.

In Nixons erster Amtsperiode hatte ich gelernt, daß man nicht aufhören darf, seinen Gegner unter Druck zu setzen, wenn er diesem Druck nachzugeben scheint. Die richtige Strategie ist es, in zwei einander scheinbar entgegengesetzten Richtungen vorzugehen: Man muß den Druck *verstärken* und der Gegenseite gleichzeitig einen Ausweg aus dem Dilemma zeigen. Ich empfahl der WSAG das gleiche Verfahren. Über die Notwendigkeit, die Gegenseite unter Druck zu setzen, sagte ich:

> Wir können diese Sache nur zum Abschluß bringen, wenn die Sowjets sicher sind, daß wir nicht aufgeben und nicht in Panik geraten, und wenn die Europäer einsehen, daß die NATO ihren Zusammenhalt verlieren wird, wenn sie sich nicht an unsere Seite stellen. Dadurch wird unsere Beziehung zur PRC (Volksrepublik China) gestärkt und die Abenteuerlust der Sowjetunion gedämpft. Wenn die Europäer das Gleichgewicht wiedergefunden haben, dann werden sie erkennen, daß wir unseren Freunden helfen.

Zugleich wies ich alle Behörden an, auf jede Konfrontationsrhetorik zu verzichten und keine lautstarken Erklärungen über die Luftbrücke abzugeben. Damit wollte ich die Sowjets daran hindern, sich allzu deutlich gegen uns zu stellen, und die Atmosphäre für die Beratungen im Sicherheitsrat beruhigen, die, wenn Moorer recht hatte, wahrscheinlich am Wochenende beginnen würden.

Um die gleiche Zeit gab Nixon von sich aus eine öffentliche Erklärung ab, um der arabischen Seite zu zeigen, in einer wie gefährlichen Lage sie sich befand. Während der Verleihung der Congressional Medal of Honor an neun Angehörige unserer Streitkräfte erklärte der Präsident spontan, daß unsere Politik jetzt die gleiche wie 1958 während der Libanon-Krise sei oder 1970 während der Krise in Jordanien. Wir verteidigten das Recht jeder Nation im Nahen Osten auf Unabhängigkeit und Sicherheit. Der Vergleich stimmte nicht ganz. 1958 betrachteten die gemäßigten Araber unser Vorgehen im Libanon als wesentlichen Beitrag zur Sicherung ihrer Existenz. 1973 stellte die Sicherheit Israels, des Landes, das wir jetzt unterstützten, um es milde auszudrükken, kein Problem dar, das auch den gemäßigsten arabischen Staat besonders interessierte. Mit der Erwähnung des Libanon konnte der Präsident nur gemeint haben, daß wir die Möglichkeit eines militärischen Eingreifens an der Seite Israels nicht ausschlossen. Als wir von der Presse mit Fragen überschüttet wurden, leugnete ich nicht, daß die Äußerungen des Präsidenten als Drohung aufgefaßt werden könnten, ließ aber durchblicken, daß ich eine militärische Intervention nicht empfehlen würde. Ich wies den Sprecher des Außenministeriums, Robert McCloskey, an, zu erklären, daß der Präsident nur über »Grundsätze«, aber nicht über eine bestimmte Taktik gesprochen hätte – eine so undurchsichtige Äußerung, daß ich auch heute nicht sagen kann, was sie eigentlich bedeutete.

Angesichts unserer harten Haltung überraschte mich die Reaktion auf unsere Noten vom vergangenen Tag. Vielleicht hatten die arabischen Länder noch nicht begriffen, wie umfangreich unsere auf dem Luftweg herangebrachten Materiallieferungen waren, aber sie mußten wissen, daß es sich um erhebliche Mengen handelte. Trotzdem war ihre Reaktion weniger heftig als erwartet. Am 15. Oktober traf die Antwort des Schahs ein. Er erklärte nur, daß er schon seit einiger Zeit vor den Folgen eines militärischen Sieges gewarnt hätte, der in diesem Gebiet mit sowjetischen Waffen errungen werden könnte. Mit anderen Worten: Er schloß sich unserer Politik an.

Am späten Abend des 15. Oktober traf Ismails Antwort ein, die man in der gegenwärtigen Lage nur als ungewöhnlich bezeichnen konnte. Er bestätigte die ägyptische »Entschlossenheit«, »diesen für unsere Kontakte notwendigen Kanal« auch weiterhin offenzuhalten. Niemand sonst könnte im Namen Ägyptens sprechen. Mit anderen Worten, wir sollten die Interpretationen der Sowjets nicht beachten, die sich von denen unterschieden, die Kairo uns unmittelbar mitteilte. Ismail bestritt jede Absicht, Israel zu demütigen, »weil Ägypten erfahren hat, was eine Demütigung bedeutet.« Er verlieh seiner »Befriedigung« darüber Ausdruck, daß wir uns um einen Waffenstillstand als *Voraussetzung* für eine politische Lösung bemühten – wenngleich dieser Waffenstillstand nicht im unmittelbaren Interesse Ägyptens lag. Ägypten wußte jedoch aus Erfahrung, daß man trotz solcher Differenzen in der Praxis zusammenarbeiten konnte. Mit anderen Worten, Ismail sprach mit den Hauptwaffenlieferanten des Feindes wie ein Gentleman mit dem anderen. Er erklärte, sein Einwand gegen unsere Methoden bestünde darin, daß er sie für undurchführbar hielt. Wenn wir zeigen könnten, unter welchen Voraussetzungen unsere diplomatischen Bemühungen zum Erfolg führen würden, könnte Ägypten seine Haltung ändern.

Erst nach diesen Ausführungen kam Ismail auf die Luftbrücke zu sprechen und erklärte, daß Ägypten sich mit ihr ebensowenig einverstanden erklären könnte wie mit den vorangegangenen Waffenverkäufen an Israel. Aber er drohte auch nicht mit Konsequenzen. Vielmehr drängte er mich, meine Bemühungen um eine Verknüpfung der politischen und militärischen Lösung zu verdoppeln. Dann lud er mich zu meiner großen Überraschung ein, Ägypten zu besuchen:

> Ägypten wird den Besuch von Dr. Kissinger in Anerkennung seiner Bemühungen begrüßen. Die ägyptische Seite wird bereit sein, über jedes Thema, jeden Vorschlag und jedes Projekt zu sprechen, solange zwei Grundsätze anerkannt werden – die, wie man hier annimmt, weder Dr. Kissinger noch sonst jemand ablehnen wird –, daß Ägypten nämlich im Hinblick auf territoriale Fragen oder seine Souveränität keine Zugeständnisse machen kann.
> Mit herzlichen Grüßen, Hafiz Ismail.

Das war der Brief eines Staatsmannes, denn zweifellos sprach Ismail in Sadats Namen. Es ist leicht, mit dem Strom zu schwimmen, aber es ist schon schwieriger zu sagen, wohin einen dieser Strom trägt. Aber nur die weisesten Staatsmänner haben den Weitblick, ein Fernziel ins Auge zu fassen und es unbeirrt zu verfolgen. Sadat wußte, daß wir entschlossen waren, seine militärischen Absichten zu durchkreuzen. Er hätte die Luftbrücke ohne weiteres für die Rückschläge verantwortlich machen können, die nach dem Scheitern seiner Offensive an der Sinai-Front unvermeidlich geworden waren. Ebenso hätte er die Volksmassen in der arabischen Welt gegen uns mobilisieren können, wie es Nasser 1967 getan hatte, als er viel weniger deutlich provoziert worden war. Aber Sadat war nicht mehr bereit, für eine verlorene Sache Blut zu vergießen. Anders als Nasser wollte er sich nicht an die Spitze der radikalen Araber stellen, die starke Worte mit konkreten Leistungen verwechselten. Er hatte erkannt, welchen Wert eine Unterstützung durch die Sowjetunion hatte: Sie genügte wohl, um die Spannungen aufrechtzuerhalten, aber reichte niemals aus, um eine Lösung der Probleme herbeizuführen.

Man durfte sich aber nicht täuschen lassen und glauben, daß Sadat sich von seinen Emotionen leiten ließ. Er wußte, wie er die Interessen seines Landes verteidigen mußte. Während er sich in seinen in der Öffentlichkeit gemachten Erklärungen zurückhielt und stets die Regeln der Höflichkeit beachtete, ließ er uns nie im unklaren darüber, daß er auch andere Optionen hatte. Es besteht kein Zweifel daran, daß er der Pate des Ölembargos gewesen ist, das nun über uns verhängt werden sollte. Auf diese komplexe Weise gelang ihm das Meisterstück, sich allmählich von der Sowjetunion abzuwenden, von deren Lieferungen er immer noch abhängig war, und sich fast unmerklich uns zuzuwenden, die wir seine kurzfristigen Pläne durchkreuzten. Mitten im Kriege beschritt er den Weg zum Frieden.

Die Reaktion der Saudis auf meine Note war viel komplexer. Der stellvertretende Premierminister, Prinz Fahd, teilte uns mit, daß die Lage ständig schwieriger würde. Die Freunde Amerikas stünden vor einem aussichtslosen Dilemma. Wenn die Araber »gewannen«, dann wäre der Nahe Osten der Sowjetunion ausgeliefert. Wenn die Araber »verloren«, dann müßte man damit rechnen, daß die Sowjetunion die arabischen Armeen wieder aufrüstete. Die sowjetischen Berater würden aufgefordert werden, nach Ägypten zurückzukehren. Dann würde kein Araber mehr mit Stolz darauf hinweisen können, daß er ein Freund Amerikas sei.

Wir widersprachen Fahds Analyse nicht, nach der Saudi-Arabien und die Vereinigten Staaten nur die Wahl zwischen zwei Möglichkeiten hatten. Aber die Bilanz, die er daraus zog, unterschied sich von der unseren. Die Aussicht, daß die Sowjetunion die arabischen Armeen nach einer Niederlage wieder aufrüsten könnte, schien uns das geringere Übel gegenüber einem mit sowjetischen Waffen errungenen Sieg. Wir hielten es durchaus nicht für sicher, daß sich die Sowjets nach dem von uns angestrebten Friedensschluß in einer günstigeren Lage befinden würden. Aus den an uns gerichteten ägyptischen Noten konnten wir entnehmen, daß sich Ägypten aus der Bevormundung durch die Sowjetunion befreien wollte, und wir waren entschlossen, die sich daraus ergebenden Möglichkeiten wahrzunehmen.

Am folgenden Tag, Dienstag, dem 16. Oktober, beantwortete König Faisal meinen Brief vom 14. Oktober. Die saudische Note klang ein wenig bestürzt. Offenbar hielt mir Faisal meine Unerfahrenheit im Umgang mit Saudi-Arabien zugute. Er sprach von dem »großen Kummer«, den ihm das erbitterte Ringen zwischen den Großmächten bereitete, das alle Länder im Nahen Osten mit der Katastrophe bedrohte. Der König enthielt sich aller Vorwürfe und machte auch die Vereinigten Staaten nicht für die gegenwärtige Krise verantwortlich. Er stellte sich jedoch hinter Sadats Forderung, daß Israel sich auf die Grenzen von 1967 zurückziehen sollte. Er forderte uns auf, die Waffenlieferungen an Israel einzustellen. Was er jedoch für den Fall androhte, daß wir seiner Aufforderung nicht Folge leisteten, war vage und indirekt: Wenn wir Israel unsere Unterstützung nicht entzögen, würden die Beziehungen zwischen Saudi-Arabien und den Vereinigten Staaten sich abkühlen und nur noch »lauwarm« sein. Wir glaubten, dieses Risiko eingehen zu müssen, um ein Gleichgewicht der Kräfte herzustellen, das es den gemäßigten arabischen Staaten erlauben würde, freier zu atmen – auch wenn sie glaubten, sich den Taktiken widersetzen zu müssen, mit denen wir dieses Ziel erreichen wollten.

Bedrohlicher waren die Äußerungen des stellvertretenden saudischen Außenministers, Ibrahim Masuud, der die Botschafter der in der Europäischen Gemeinschaft vereinigten Staaten zu sich bat und ihnen sagte, daß, wenn sie uns nicht veranlaßten, unsere Politik zu ändern, Saudi-Arabien seine Ölproduktion verringern werde. Wir wußten, daß der saudische Ölminister, Scheich Ahmed Zaki Yamani, zu einer schon vor Beginn der Luftbrücke einberufenen Konferenz mit seinen arabischen Kollegen in Kuwait unterwegs war. Zu diesem Zeitpunkt wußte ich noch nicht, sollte es aber sehr bald erfahren, daß Saudi-Arabien zu einer Konfrontation mit den radikalen Arabern ebensowenig bereit war wie zu einer direkten Konfrontation mit uns. Die saudische Regierung glaubte, die Sicherheit ihres Landes läge darin, daß es sich als widerstrebender Vollstrecker von Entscheidungen darstellte, die andere getroffen hatten. Auch wenn wir die saudischen Methoden durchschaut und erkannt hätten, daß Saudi-Arabien seine Entscheidungen wahrscheinlich mit dem Erfordernis begründen würde, die Solidarität in der arabischen Welt zu stärken, hätten wir keine andere Wahl gehabt, als den einmal eingeschlagenen Kurs zu verfolgen. Jedes Schwanken mußte den Krieg verlängern und die damit verbundenen Risiken vergrößern. Auf längere Sicht würde sich die Haltung Saudi-Arabiens danach richten, welchen Beitrag wir nach dem Krieg zur Sicherung des Friedens leisteten. Dabei drehte sich alles um Ägypten. In Ägypten würde sich auch entscheiden, ob die Befürchtungen der Saudis, daß die Sowjetunion in den Nahen Osten zurückkehren könnte, berechtigt waren.

Diese Überlegungen veranlaßten uns, Ismails Note vom Vorabend sofort zu beantworten. Am 16. Oktober um 9.08 Uhr teilte ich Ismail mit, daß auch wir das Weiterbestehen besonderer Kommunikationsmöglichkeiten zwischen den Vereinigten Staaten und Ägypten für außerordentlich wichtig hielten. Aber da sich die Entscheidung jetzt zu nähern schien, hielt ich den psychologischen Augenblick für gekommen, konkreter zu werden. Jetzt war es notwendig, Ägypten ein Gefühl dafür zu geben, was möglich war. Wir mußten Sadat einen Vorwand dafür liefern, auf seine unmöglichen Forderungen zu verzichten, die er noch in der gleichen Stunde in einer Rede vor seinem Parlament wiederholt und als »offene Botschaft« an Präsident Nixon bezeichnet hatte: Einem Waffenstillstand könnte er nur unter der Bedingung zustimmen, daß sich Israel unverzüglich auf die Grenzen von 1967 zurückzöge. Sadat dachte offenbar an seine Erfahrungen mit der Resolution 242 des Sicherheitsrats der Vereinten Nationen, wenn er sagte: »Wir sind nicht bereit, vieldeutige Versprechungen oder dehnbare Aussagen zu akzeptieren, denn damit würden wir nur Zeit verschwenden und zum toten Punkt zurückkehren.«

Jetzt war es notwendig, Sadat von den Grenzen des Erreichbaren und davon zu überzeugen, daß wir es ernst mit unserem Angebot meinten, alle innerhalb dieser Grenzen liegenden Möglichkeiten auszuschöpfen. Man ist sehr leicht versucht, die Bewältigung schwer lösbarer Probleme einer Persönlichkeit zu übertragen, der man dann geheimnisvolle Fähigkeiten zuschreibt, die es ihr angeblich ermöglichen, mit den Schwierigkeiten des Problems fertig zu werden. Nirgends wird diese Methode häufiger als im Nahen Osten angewandt, der klassischen Heimat romantischer Helden. Die verschiedenen aufsehenerregenden diplomatischen Unternehmungen, an denen ich mich beteiligt hatte – von der Geheimreise nach China bis zum Abschluß der Vietnam-Verhandlungen –, hatten die politischen Führer im Nahen Osten auf die Idee gebracht, daß ich für sie die gleiche Rolle spielen könnte. Das war zwar einerseits ein Vorteil, es bestand dabei aber auch die Gefahr, daß jede Seite von mir verlangen konnte, ich sollte ihr die Last schwieriger Entscheidungen abnehmen. Und das wäre der Weg in die Katastrophe. Jeder Unterhändler, der sich zu der Annahme verleiten läßt, sein persönliches Eingreifen werde automatisch zu einem Durchbruch führen, wird sich sehr bald in einer Vorhölle wiederfinden, welche die Geschichte für diejenigen bereit hält, die sich selbst mehr an ihrem Ruhm als an ihren Leistungen messen. Zunächst täuschen sie sich selbst, aber dann werden sie andere enttäuschen.

Als ich Kairo jetzt mitteilte, was es von den Vereinigten Staaten erwarten dürfte, trennte ich die Frage nach dem Waffenstillstand von den im Anschluß zu führenden Verhandlungen. Ich betonte, daß Ägypten seine Ehre wiederhergestellt und die strategische Gesamtlage verändert hätte. Es könnte jetzt einen Waffenstillstand riskieren und dürfte sich darauf verlassen, daß es in den folgenden Verhandlungen weiterkommen werde. Die anschließend ergriffenen diplomatischen Schritte entsprachen dem Inhalt meiner Note an Ismail vom 16. Oktober:

Dr. Kissinger möchte ganz freimütig seine Beurteilung der gegenwärtigen Lage darstellen.

Die amerikanische Seite ist weiterhin bestrebt, die gegenwärtig stattfindenden Kämpfe unter Voraussetzungen zu beenden, die einen Fortschritt auf dem Wege zu einer endgültigen Friedenslösung erleichtern. Die ägyptischen Streitkräfte haben schon viel erreicht. Die Demütigung, welche die Ägypter und die ganze arabische Welt 1967 erfahren zu haben glaubten, ist jetzt aus der Welt geschafft.

Es ist eine neue strategische Lage entstanden, in der es illusorisch geworden ist, daß sich irgendein Land auf die permanente militärische Überlegenheit verläßt. Daher haben alle Parteien viel deutlicher erkannt, wie notwendig es ist, eine politische Lösung zu finden.

Was können die Vereinigten Staaten unter diesen Umständen tun? Dr. Kissinger hat oft gesagt, daß er nur versprechen werde, was er halten könnte, aber alles tun werde, was er versprochen habe. Mit dem aus fünf Punkten bestehenden Vorschlag in der Note von Herrn Ismail vom 10. Oktober fordert die ägyptische Seite praktisch als Voraussetzung für einen Waffenstillstand die Zustimmung Israels zu den ägyptischen Bedingungen für eine Gesamtlösung. Nach Auffassung von Dr. Kissinger läßt sich das nicht erreichen, es sei denn, der Krieg wird weiter in die Länge gezogen. Unter den gegenwärtigen Voraussetzungen kann dieses Ziel auch unter dem Einfluß der Vereinigten Staaten nicht erreicht werden.

Was die amerikanische Seite versprechen kann, und woran sie sich halten wird, ist, daß sie keine Mühe scheuen wird, nach einem Waffenstillstand eine endgültige, gerechte Lösung zu finden. Dr. Kissinger glaubt, daß die jüngsten Ereignisse dazu dienen könnten, es der amerikanischen Seite zu erleichtern, künftig ihren Einfluß konstruktiv und wirksam für eine solche Friedenslösung einzusetzen.

Die ägyptische Seite steht daher vor einer wichtigen Entscheidung. Auf ihren Maximalforderungen zu beharren bedeutet die Fortsetzung des Krieges und die mögliche Gefährdung alles dessen, was bisher erreicht worden ist. In diesem Fall wird die Entscheidung mit militärischen Mitteln herbeigeführt werden müssen. Die amerikanische Seite wird nicht mit einem solchen Ausgang rechnen, aber sie bezweifelt, daß es eine einseitige Lösung geben kann. Unter diesen

Umständen wären die Voraussetzungen für die diplomatischen Bemühungen der Vereinigten Staaten nicht günstig.

Wenn solche diplomatischen Bemühungen Aussicht auf Erfolg haben sollen, dann muß ihnen ein Waffenstillstand vorausgehen. Nur unter solchen Umständen können die versprochenen diplomatischen Bemühungen der Vereinigten Staaten entwickelt werden. Ägypten wird die Garantie für die Ernsthaftigkeit dieser Bemühungen in der offiziellen Zusage der amerikanischen Seite finden, dabei ihr möglichstes zu tun, aber auch in der konkreten Situation.

Das Ziel muß es sein, zu einem Waffenstillstand zu kommen und daraus so rasch wie möglich einen echten und gerechten Frieden zu machen, in dem die Grundsätze der Souveränität und Sicherheit in gleicher Weise berücksichtigt werden.

Die amerikanische Seite glaubt, daß es möglich wäre, auf der Basis eines Waffenstillstandes in den erreichten Stellungen Fortschritte zu erzielen, während sich die Beteiligten gleichzeitig dazu verpflichten, unter der Ägide des Generalsekretärs in Gespräche einzutreten, um eine Friedensregelung herbeizuführen, die allen Bestimmungen der Resolution 242 des Sicherheitsrats entspricht, einschließlich des in dieser Resolution vorgesehenen Truppenabzugs.

Dr. Kissinger nimmt mit großer Befriedigung von der freundlichen Aufmerksamkeit Kenntnis, mit der ihn die ägyptische Seite zu einem Besuch Ägyptens eingeladen hat. Sobald ein Waffenstillstand erreicht ist, würde er sich freuen, diese Einladung als Teil des ernsten Bemühens, dem Nahen Osten einen dauernden Frieden zu bringen, aufrichtig und wohlwollend in Erwägung zu ziehen.

Mit den aufrichtigsten Empfehlungen.

Die WSAG trat kurz nach 10.00 Uhr zusammen. Nachdem die Entscheidung gefallen war, die Luftbrücke einzurichten, hatte sich die Stimmung wie durch ein Wunder völlig verändert. Die Zweifel, die uns in der vergangenen Woche belastet hatten, waren verschwunden, und niemand versuchte, die Schuld für möglicherweise gefährliche Folgen anderen zuzuschieben. Die wichtigste Aufgabe eines politischen Führers ist es, bei schwierigen Entscheidungen die Verantwortung dafür zu übernehmen, daß sich die Konsequenzen nicht mit Sicherheit voraussehen lassen. Wenn er so verfährt, haben seine Untergebenen freie Hand, an die praktische Ausführung der Beschlüsse zu gehen. Nixon übernahm diese Rolle im Nahost-Krieg, als er sich für die Einrichtung der Luftbrücke entschied. Ich erläuterte den Grundsatz, nach dem die Versorgung Israels mit Kriegsmaterial erfolgen sollte: In dieser Lage einer halben Konfrontation liegt unser einziges Interesse darin, die Sowjetunion so rasch wie möglich auf Grund laufen zu lassen. Wir müssen den Sowjets jede Veranlassung geben, zu einer raschen Lösung zu kommen. Wir müssen täglich größere Mengen von Kriegsmaterial ins Kampfgebiet bringen als sie. Als grobe Richtlinie schlug ich vor, daß wir jeweils fünfundzwanzig Prozent mehr als die Sowjets liefern sollten. Wir beschlossen, die Luftbrücke durch eine Versorgung auf dem Seeweg zu ergänzen, denn die Sowjets hatten in ihren Schwarzmeer-Häfen gewaltige Mengen von Kriegsmaterial auf Schiffe verladen, darunter auch ihre modernsten Waffen.

Wir mußten diese Konfrontation, bei der es um einen hohen Einsatz ging, mitten während der Watergate-Krise überstehen, in der Nixon es sogar mit dem Sonderstaatsanwalt Archibald Cox zu tun hatte und außerdem von Teilen des Kongresses und der Medien wegen unserer angeblich zu nachgiebigen Haltung in der Entspannungspolitik angegriffen wurde. Senator Henry M. Jackson beschuldigte mich am 14. Oktober öffentlich, daß ich mich von den Sowjets hätte verführen lassen. Der Leitartikler George F. Will behauptete am 16. Oktober, ideologische Blindheit – die nicht näher erläutert wurde – ließe mich nicht erkennen, daß die Entspannung »gestorben« sei. Am 18. Oktober behauptete Joseph Kraft, daß die Sowjets mich »übertölpelt« hätten.[15] Am 17. Oktober berichtete die *New York Times* sogar von einer immer größer werdenden Kluft zwischen mir und dem Präsidentenberater Melvin R. Laird. Ausgerechnet mit ihm sollte es zu Meinungsverschiedenheiten über die sowjetischen Absichten gekommen sein. Wie bei Laird nicht anders zu erwarten, hatte ich keine Ahnung, daß er zu dieser Frage überhaupt eine Meinung hatte, geschweige denn, eine andere als ich. Allerdings trifft es zu, daß ich immer wieder dazu geraten habe, im Umgang mit den Sowjets behutsam vorzugehen. In den Beziehungen zwischen Supermächten ist es notwendig, daß der Gewinner sich hüten muß, dem Gegner seine Überlegenheit im unrechten Augenblick zu deutlich zu zeigen. Auf einer Sitzung der WSAG sagte ich meinen Kollegen dazu:

> Wir müssen in dieser ganzen Angelegenheit Zurückhaltung üben, gleichgültig, was geschieht. Es darf keine Hintergrundinformationen geben. Wenn wir die Sache ohne eine Konfrontation mit den Sowjets und ohne unseren Beziehungen zu den Arabern schwer zu schaden hinter uns bringen können, dann werden wir unser Geld wert sein. Alles andere ist Effekthascherei. Wir werden in der Sache sehr hart sein und Israel weiterhin beliefern.

Die Meldungen klangen den ganzen Vormittag günstig. Noch vor Beginn der Sitzung der WSAG am 16. Oktober erfuhren wir, daß ein sowjetisches Flugzeug mit einem hohen Funktionär an Bord nach Kairo unterwegs war. Wir vermuteten, daß der sowjetische Premierminister

Alexei Kossygin nach Kairo flog, denn er hatte überraschend ein Treffen mit dem dänischen Premierminister abgesagt, der sich gerade in Moskau aufhielt. Das mußte bedeuten, daß die Sowjets Sadat zur Annahme unserer Waffenstillstandsbedingungen bewegen wollten, denn niemand brauchte ihn zu überreden, an seinem gegenwärtigen Kurs festzuhalten. Und wahrscheinlich würde der sowjetische Druck die Beziehungen zwischen Ägypten und der Sowjetunion belasten.

Fast gleichzeitig wurden wir davon unterrichtet, daß ein schwacher, aus fünfundzwanzig israelischen Panzern bestehender Verband, den Suez-Kanal am großen Bittersee in westlicher Richtung überquert hatte und damit begann, die Flugabwehrstellungen zu zerstören. Wenn diese Operation gelang, dann garantierte sie den israelischen Sieg, weil die ägyptischen Streitkräfte östlich des Kanals in diesem Fall der vernichtenden Wirkung der israelischen Luftstreitkräfte ausgesetzt sein würden. Es war aber noch zu früh zu sagen, ob sich die Israelis westlich des Kanals würden halten können. Die WSAG hielt diesen Angriff für ein Kommandounternehmen, und auch die Israelis hatten es zunächst als solches dargestellt. Während dieser Sitzung, auf der wir militärstrategische Fragen diskutierten, wurde uns ein Pressebericht vorgelegt, der meldete, daß ich mit dem Nobelpreis ausgezeichnet worden war. Ich habe über dieses Ereignis im 8. Kapitel berichtet.

Am Dienstagabend, dem 16. Oktober, meldete ich Nixon, daß die Chancen für eine rasche Beendigung des Krieges 2:1 stünden. Bei unseren Bemühungen um einen Waffenstillstand am 13. Oktober hatten wir es uns zu leicht gemacht. Ich sagte, daß zu viel »Spiegelfechterei« dabeigewesen wäre. Jetzt wäre es viel eher möglich, zu einer Lösung zu kommen, denn wir wären nicht mehr davon abhängig, was andere unternähmen. Nun, da wir unsere eigenen Mittel einsetzten, würden die Erfolgsmöglichkeiten für unsere Strategie mit jedem Tag besser. Kossygin würde bei seinem Gespräch mit Sadat entweder nur zu einem Unentschieden kommen und damit die sowjetischen Beziehungen zu Kairo unterminieren, oder er würde ihn dazu bewegen, unseren Vorschlag anzunehmen. Beides mußte unsere Position in Kairo stärken. Der israelische Vorstoß über den Kanal wäre vielleicht nur ein Kommandounternehmen, was wir auch weiterhin annahmen. Aber er würde die SAM-Raketenstellungen schwächen und es dadurch den israelischen Streitkräften erleichtern, die Ägypter über den Kanal zurückzudrängen. Jetzt arbeitete die Zeit für uns.

Am Mittwoch, dem 17. Oktober, warteten wir immer noch auf eine Entscheidung, aber die Lage entwickelte sich immer mehr zu unseren Gunsten. Am frühen Morgen unterrichtete mich Dobrynin offiziell davon, daß Kossygin sich in Kairo aufhielt. Außerdem legte er mir eine Note von Breschnew vor, die unterstrich, was wir schon wußten: Die Sowjetunion könnte sich entschließen, mit Stellvertreterstreitkräften im Nahost-Krieg einzugreifen, würde es aber nicht zu einer Konfrontation mit uns kommen lassen. Breschnew konnte der Versuchung nicht widerstehen, uns an seine früheren Warnungen vor der Gefahr einer Explosion im Nahen Osten zu erinnern. Dabei erläuterte er zum wiederholten Mal die uns schon bekannte sowjetische Auffassung, daß, wenn Israel bis an die Grenzen von 1967 zurückginge, die Supermächte oder der Sicherheitsrat seine Sicherheit garantieren könnten. (Am Wert dieser Zusicherungen mußte man zweifeln, denn der Sicherheitsrat hatte sich unfähig erwiesen, in der zweiten Woche einer größeren kriegerischen Auseinandersetzung eine Abstimmung durchzuführen.) Aber die gewohnten Phrasen waren nur die Einleitung zu der Erklärung, daß sich die Lage durchaus wiederherstellen ließe; beide Supermächte sollten mäßigend auf die Beteiligten einwirken. Kurz gesagt, wenn die Sowjets uns nicht zu überlisten suchten – und unsere Luftbrücke raubte ihnen die Möglichkeit dazu –, dann würden sie uns nicht im Weg stehen und vielleicht sogar unsere Lösung unterstützen, in der wir, wie bereits gesagt, vorgeschlagen hatten, den Waffenstillstand nur mit einer allgemeinen Bestätigung der Resolution 242 des Sicherheitsrats zu verknüpfen.

Wir waren jetzt in der glücklichen Lage, keine weiteren Entscheidungen mehr treffen zu müssen, um den Ausgang der militärischen Konfrontation zu beeinflussen. Wir konnten größere Mengen von Kriegsmaterial liefern als die Sowjets, und unsere Freunde waren besser dazu in der Lage, das Material zu verwenden, das wir ihnen schickten. Aus diesem Grund brachten wir einen großen Teil des Mittwochs damit zu, die diplomatischen Aktionen nach dem Kriege vorzubereiten und die nicht am Krieg beteiligten arabischen Nationen daran zu hindern, in der Leidenschaft des Augenblicks Maßnahmen zu ergreifen, die sich nicht mehr rückgängig machen ließen. Der israelische Brückenkopf westlich des Kanals wurde immer größer. Jetzt war es kein Kommandounternehmen mehr, sondern eine regelrechte Gegenoffensive. Sehr bald würden die Ägypter keine andere Wahl haben, als um einen Waffenstillstand zu bitten.

Am gleichen Mittwoch besuchte eine aus den Außenministern

Saudi-Arabiens, Marokkos, Algeriens und Kuwaits bestehende Delegation Washington, um sich für die arabische Sache einzusetzen. Ich empfing sie um 10.15 Uhr. Ich sagte ihnen, daß es zunächst den Vereinigten Staaten darauf ankäme, die Kämpfe zu beenden. Danach »werden wir diplomatische Anstrengungen unternehmen, um zu einem gerechten und dauerhaften Frieden zu kommen«. Der Krieg sollte so beendet werden, daß die arabisch-amerikanischen Verhältnisse »so freundlich wie möglich« zu gestalten wären. Eine Verlängerung des Konflikts brächte die Gefahr einer Konfrontation der Großmächte auf arabischem Boden mit sich – der ewige Alptraum der Araber. Ich sagte, daß man nicht über die allgemeine Anerkennung der Resolution 242 hinausgehen oder die Israelis zur Rückkehr auf die Grenzen von 1967 bewegen könnte. »Wenn Sie als Vorbedingung für einen Waffenstillstand alles verlangen, dann wird der Krieg weitergehen.«

Um 11.10 Uhr versammelten wir uns im Ovalen Zimmer und setzten das Gespräch mit Nixon fort. Der saudiarabische Außenminister, der höfliche und kluge Omar Saqqaf, erläuterte die arabische Haltung in gemäßigter Form: »Israel wird von den Arabern nicht mit der Vernichtung bedroht.« Der saudische Minister scheute sich nicht, ausdrücklich zu erklären, daß Israel ein Existenzrecht habe, allerdings innerhalb der Grenzen von 1967: »Wir verlangen nicht mehr als die Rückkehr an die Grenzen von 1967 und die Anerkennung des Rechts der Flüchtlinge, in ihr Land zurückzukehren oder für das entschädigt zu werden, was sie verloren haben. Diese Maßnahmen würden genügen, um die Stabilität und Integrität Israels zu garantieren.«

Wenngleich er die Existenz Israels anerkannte – und das war sicherlich die Mindestvoraussetzung für ernsthafte Verhandlungen –, hatte uns Saqqaf eine ungeheuer schwierige Aufgabe zugewiesen. Israel würde nach einem ihm von seinen Nachbarn aufgezwungenen Krieg nicht an die Grenzen von 1967 zurückkehren, besonders da sich die militärische Lage jetzt zu seinen Gunsten gewendet hatte. Andererseits konnte es ohne amerikanische Unterstützung keinen Fortschritt geben, auch wenn weniger radikale Forderungen gestellt wurden. Einige der im Büro des Präsidenten vertretenen arabischen Länder brauchten außerdem die Hilfe der Vereinigten Staaten, um sich der Bedrohung durch habgierige Nachbarn (und das waren oft ebenfalls Araber) zu erwehren und die unruhigen Verhältnisse im eigenen Land zu stabilisieren. Sie und wir mußten mit diesem scheinbaren Paradox fertig werden, ohne es ausdrücklich beim Namen zu nennen.

Nixon, der es großartig verstand, sich in so schwierigen Situationen zurechtzufinden, schlug genau den richtigen Ton an. Er versprach, die äußersten diplomatischen Anstrengungen zu unternehmen, ohne sich auf einen bestimmten Ausgang festzulegen. Zwar hatte Nixon nicht mehr die Zeit und die Nervenkraft, um die Führung fest in die Hand zu nehmen – er war gerade damit beschäftigt, sich gegen die Angriffe von Archibald Cox zu verteidigen, die zum Beginn des Amtsenthebungsverfahrens gegen ihn führen sollten –, aber er führte das Gespräch mit den arabischen Ministern vorbildlich und ohne den Anschein zu erwekken, persönlich angespannt zu sein. Dabei versuchte er, den arabischen Politikern verständlich zu machen, wo die Grenzen lagen, wenn auch weniger deutlich als ich:

> Ich werde mich um einen Waffenstillstand bemühen, und zwar nicht, um Sie zu überlisten und dafür zu sorgen, daß es zu einer Feuereinstellung in den jetzt erreichten Stellungen kommt, sondern um eine Basis dafür zu schaffen, von hier aus zu einer Lösung auf der Grundlage der Resolution 242 zu kommen. Dazu verpflichte ich mich Ihnen gegenüber. Wir werden Zurückhaltung üben, und wir hoffen, daß Sie es auch tun werden. Sie haben meine Zusage. Ich kann aber nicht kategorisch verlangen, daß Israel auf die Grenzen von 1967 zurückgeht, aber wir werden im Rahmen der Resolution 242 weiterarbeiten.

Im Verlauf des Gesprächs wurde Nixon immer lebhafter und sagte, daß ich die Rolle des Verhandlungsführers für die amerikanische Seite übernehmen sollte. Zu meinem Schrecken ließ er durchblicken, daß damit der Erfolg gesichert sei. Dann griff er ein aus seiner ersten Amtsperiode vertrautes Thema auf und versicherte seinen Gästen, daß ich trotz meiner jüdischen Herkunft nicht unter innenpolitischem, das heißt jüdischem Druck stünde. Saqqaf, der schon vorher gesagt hatte, daß ich »hervorragende Arbeit geleistet« hätte, wischte diesen Einwurf geschickt vom Tisch und meinte: »Wir sind alle Semiten.«

Nach diesen Gesprächen im Weißen Haus gab Saqqaf eine versöhnliche öffentliche Erklärung ab, in der er unter anderem sagte, daß er großes Vertrauen zu Präsident Nixon habe – sehr zum Mißfallen der Feinde Nixons, die sich eifrig darum bemühten, nachzuweisen, daß Watergate unsere Fähigkeit, mit Krisen fertig zu werden, stark beeinträchtigt habe. Saqqaf sagte: »Der Mann, der den Vietnam-Krieg beendet hat, der Mann, der in der Lage wäre, der ganzen Welt den Frieden zu bringen, kann auch bei der Friedensregelung in unserem Gebiet des Nahen Ostens ohne weiteres eine positive Rolle spielen.«

Die Versorgung Israels mit Kriegsmaterial über die amerikanische Luftbrücke hatte also die arabische Überzeugung, daß die Vereinigten Staaten den Schlüssel zum Frieden in der Hand hielten, nicht erschüttert – ja sie vielleicht sogar gestärkt. Die Minister schienen entschlossen, sich jeder Konfrontation zu enthalten. Als ich anschließend wieder mit ihnen zusammentraf, forderte ich unsere Gäste dringend auf, nicht das Unmögliche zu verlangen:

Wir wissen, daß Israel nicht bereit ist, auf die gegenwärtigen arabischen Vorstellungen einzugehen. Die israelische Premierministerin hat das gestern gesagt. Doch welchen Zwängen wir auch unterworfen sein mögen, die Vereinigten Staaten werden in jedem Fall ihren Einfluß geltend machen müssen. Es gibt keinen Ersatz für den amerikanischen Einfluß. Die arabischen Armeen haben zwar mehr geleistet, als man erwarten konnte, aber diese Armeen können die politischen Ziele der Araber nicht ohne einen langen Krieg und das hohe Risiko einer Beteiligung der Großmächte erreichen.

Ich kann nicht behaupten, daß diese Feststellungen große Begeisterung ausgelöst haben, sie wurden aber auch nicht zurückgewiesen. Die vier Außenminister baten mich dringend, daß ich mich trotz aller persönlichen Vorbehalte an den Verhandlungen beteiligen sollte. Wenn man sich einem Medizinmann anvertraut hat, dann interpretiert man seinen Wirklichkeitssinn als Bescheidenheit. Ich war für sie der Deus ex machina – aber für den Erfolg konnte sich leider niemand verbürgen.

Ich hatte Scowcroft gebeten, Dinitz, während ich mit den arabischen Außenministern sprach, zu veranlassen, bei seiner Regierung nachzufragen, wie sie auf eine Verknüpfung des Waffenstillstandes mit der Aufforderung zur Beachtung der Resolution 242 regieren werde. Hier rechneten wir kaum mit Schwierigkeiten; schließlich bildete die Resolution schon seit sechs Jahren die Grundlage aller Nahost-Verhandlungen.

Die tägliche Sitzung der WSAG fand am 17. Oktober um 15.00 Uhr in entspannter Atmosphäre statt. Clements berichtete, daß unsere Lieferungen über die Luftbrücke die sowjetischen um fünfundzwanzig Prozent übertrafen. Ich selbst konnte zufrieden feststellen – die freundliche Stimmung der arabischen Minister schien es anzudeuten –, daß wir für die nächste Zeit nicht mit einem Ölembargo rechnen müßten. Etwas zutreffender war meine Voraussage, daß sich auf diplomatischer Ebene vor Kossygins Rückkehr nach Moskau kaum etwas bewegen würde. »Aber wir müssen die Lieferungen an Israel fortsetzen, und zwar so lange, bis eine Seite den Kampf aufgibt.«

Nach der Sitzung ging ich mit meinen Kollegen von der WSAG in das Ovale Zimmer, wo Nixon ihnen Mut machen wollte, der trotz der Belastung durch die Entscheidung über die Watergate-Tonbänder bewies, daß er die Lage in der Hand hatte:

Niemand weiß besser, was auf dem Spiel steht: das Öl und unsere strategische Position. Wir können uns nicht auf einen Waffenstillstand einlassen, ohne erfolgreiche Verhandlungen geführt zu haben.

> Das Treffen heute morgen (mit den vier arabischen Ministern) sollte ein Beitrag dazu sein. Einige von ihnen – nicht die Algerier – haben die größten Befürchtungen, auf Gnade und Ungnade der Sowjetunion ausgeliefert zu werden. Die Saudis, die Marokkaner und sogar die Algerier fürchten das. Der zweite Aspekt betrifft unsere Beziehungen zur Sowjetunion. Das ist wichtiger als der Nahe Osten. Wir dürfen es nicht zulassen, daß eine von den Sowjets unterstützte Operation gegen eine von den Vereinigten Staaten unterstützte Operation Erfolg hat. Wenn das geschieht, wird unsere Glaubwürdigkeit überall schwer erschüttert.

Aber nach Abschluß der WSAG-Sitzung meldeten die Nachrichtenagenturen weitere Komplikationen. Die ölproduzierenden arabischen Länder hatten auf ihrer Sitzung in Kuwait die sofortige Senkung der Ölproduktion um fünf Prozent bekanntgegeben, der bis zum Rückzug Israels auf die Grenzen von 1967 weitere monatliche Kürzungen um jeweils fünf Prozent folgen sollten. Außerdem erhöhten die sechs Mitglieder der OPEC am Persischen Golf den Ölpreis einseitig um siebzig Prozent und zwar von 3,01 Dollar auf 5,12 Dollar pro Barrel. Wir hatten uns bisher so sehr um die Möglichkeit eines Embargos gesorgt, daß wir die Produktionskürzungen, die nach Schätzungen der CIA täglich zunächst eine Million Barrel ausmachen würden, für eine mehr oder weniger symbolische Geste hielten. Das waren sie auch – aber sie hatten revolutionäre Auswirkungen. Wir mußten immer deutlicher erkennen, daß das Kartell der Ölproduzenten die Preise nahezu willkürlich festsetzen konnte, indem es die Produktion manipulierte, und damit begann eine neue Phase der Nachkriegsgeschichte. Es dauerte einige Monate, bis alle Beteiligten begriffen hatten, welche Folgen dieses Vorgehen haben mußte. Ich werde diese Frage im 19. Kapitel behandeln.

Eines wurde sofort deutlich. Die unbestimmte Unruhe der Europäer wurde zur Panik. Die europäischen Länder distanzierten sich immer entschiedener von den Vereinigten Staaten. Europa schien kein anderes Ziel mehr zu haben, als sich den guten Willen der Ölproduzenten zu sichern, und dafür hatte es keine andere Strategie entwickelt als den Versuch, die gegenwärtig bestehenden Spannungen abzubauen. Michel Jobert übernahm dabei die Führung. Noch vor weniger als einer Woche, am 11. Oktober, hatte er in meinem Büro gesessen, um sich über unsere Diplomatie im Nahost-Krieg unterrichten zu lassen, und sich darüber verbreitet, wie notwendig es sei, den Dingen ihren Lauf zu lassen und den Krieg nicht vor die Vereinten Nationen zu bringen. Doch jetzt berichtete die Nachrichtenagentur Reuter von einer sehr kritischen Ansprache Joberts in der Nationalversammlung, in der er die

Vereinigten Staaten dafür angegriffen hatte, daß sie mit Breschnew fraternisierten, während beide Seiten das Gebiet mit Waffen überschwemmten.

Auch Hussein wurde jetzt nervös. Er stellte fest, daß das Westufer des Jordan (ein Gebiet, das er nur allzu gern zurückerobert hätte) von israelischen Truppen entblößt war. Bei den Spekulationen über eine Friedensregelung waren die jordanischen Gebietsansprüche ständig heruntergespielt worden. Würde nun der zurückhaltendste Nachbar Israels, so fragte mich der König in einem Brief, damit belohnt werden, daß er aus dieser Friedensregelung ausgeschlossen wurde? Jetzt machte er sich Gedanken darüber, daß wir uns vor einiger Zeit geweigert hatten, alle von Jordanien bestellten Panzer auszuliefern, weil wir angeblich mit unserer Produktion nicht nachkamen, Israel aber große Mengen der gleichen Panzer schickten; und er konnte der Versuchung nicht widerstehen, mich in etwas melancholischem Ton auf diesen Umstand aufmerksam zu machen.

Indessen setzten wir unsere massiven Lieferungen über die Luftbrücke fort, hielten die Verbindungen zu allen Beteiligten und drängten auf einen mit der Resolution 242 verknüpften Waffenstillstand. Wir mußten unbedingt hart bleiben, aber auch zeigen, daß es eine ehrenhafte Lösung gab, und diesen schmalen Weg gehen, während sich Watergate einem neuen Höhepunkt näherte.

In der Woche, als wir Israel über die Luftbrücke versorgten, nahm die Entscheidung des Appellationsgerichts über die Herausgabe der Watergate-Tonbänder einen großen Teil der Aufmerksamkeit Nixons in Anspruch. Am 16. Oktober sprach Melvin Laird als erster Beamter des Weißen Hauses öffentlich von der Möglichkeit eines Verfahrens zur Amtsenthebung des Präsidenten. Am nächsten Tag legte der Justizminister Elliot Richardson dem Sonderstaatsanwalt Cox einen Vorschlag des Weißen Hauses vor, daß Nixon dem angesehenen Senator John Stennis erlauben werde, die Richtigkeit der vom Weißen Haus angebotenen Inhaltsangaben für die umstrittenen Tonbänder zu verifizieren. Haig hatte mir den Kompromiß skizzenhaft erläutert und geheimnisvoll hinzugefügt, daß der Präsident bereit sei, es auf eine Konfrontation mit Cox ankommen zu lassen. Zufällig hatte ich mich schon vor einigen Wochen für Mittwoch, dem 17. Oktober, mit Richardson zum Mittagessen verabredet. Er fühlte sich in seiner Stellung als Justizminister nicht wohl. Man hatte ihm in seiner Eigenschaft als Generalstaatsanwalt den wichtigsten Fall des Jahrhunderts, Watergate, fortgenommen und einen Sonderstaatsanwalt damit beauftragt. Er sagte mir, er hätte das ungute Gefühl, daß das Weiße Haus Cox in eine Situation manövrieren wollte, in welcher der Präsident Cox hinauswerfen könnte

– was Richardson nicht zulassen wollte. Ich kann heute nicht mehr sagen, wie ich mich dazu geäußert habe.

Am Nachmittag sagte ich Dinitz, Israel sollte bei seinen militärischen Operationen davon ausgehen, daß wir nicht in der Lage sein würden, die Entscheidung über einen Waffenstillstand länger als achtundvierzig Stunden hinauszuzögern, wenn wir aufgefordert werden sollten, ihm zuzustimmen. Wir wußten, daß im Zentrum der Sinai-Front am Suez-Kanal eine Panzerschlacht wütete, aber wir erhielten aus Israel nur sehr spärliche Meldungen, aus denen sich nicht viel erkennen ließ. Es war jedoch klar, daß der Krieg nicht mehr sehr viel länger andauern konnte.

18./19. Oktober: eine Einladung nach Moskau

Am Donnerstagmorgen, dem 18. Oktober, meldete Israel, daß es seinen Brückenkopf westlich des Suez-Kanals verstärke, der sich jetzt etwa dreizehn Kilometer nach Norden und viereinhalb Kilometer nach Süden hin ausdehnte. Als ich Ron Ziegler die Unterlagen für die Pressekonferenz am Morgen gab, sagte ich ihm, daß ich mit einem Waffenstillstand am Sonntag oder Montag (dem 21. oder 22. Oktober) rechnete.

Am gleichen Tage traf auch endlich König Faisals Antwort an Nixon ein, die etwa den gleichen Inhalt hatte, wie der vor zwei Tagen an mich gerichtete Brief. Er war ebenso wie wir der Meinung, daß eine Verlängerung des Krieges den Sowjets helfen werde. Der Krieg könnte nur beendet werden, wenn Israel an die Grenzen von 1967 zurückkehrte. Der König schloß mit der gleichen zweideutigen Warnung, die auch sein erstes Schreiben enthalten hatte: »Wenn die Vereinigten Staaten Israel auch weiterhin zur Seite stehen, dann riskieren sie die Schwächung dieser (amerikanisch-saudischen) Freundschaft.« Aber diese Zurückhaltung wurde durch die Erklärung Saudi-Arabiens vom gleichen Tage, dem 18. Oktober, mehr als aufgewogen, daß die Saudis nämlich ihre Produktion um das Doppelte der Menge verringert hatten, die von den arabischen Ölministern am Vortag beschlossen worden war, nämlich um zehn Prozent. Vielleicht war das ganze aber auch nur ein Verwirrspiel der Araber. Die Saudis erklärten, daß sie ihre Ölproduktion auch weiterhin monatlich verringern würden, und drohten sogar damit, die Öllieferungen an die Vereinigten Staaten ganz einzustellen, wenn diese Schritte nicht zu »raschen, greifbaren Resultaten« führten.

Wenig später, am 18. Oktober gegen 18.25 Uhr, brachte mir Dinitz Golda Meirs Antwort auf unsere Anfrage zu der Verknüpfung des

Waffenstillstandes mit der Resolution 242. Sie stellte eine klassische Illustration der israelischen Verhandlungstaktik dar. Dahinter standen das ungewöhnlich starke Gefühl der Verwundbarkeit und ein komplexes innenpolitisches System. Alle führenden Israelis, die ich kenne, stimmen fast instinktiv in einem Grundsatz überein: Man darf niemals dem ersten von den Vereinigten Staaten gemachten Vorschlag zustimmen, so günstig er auch erscheinen mag. Wenn Israel kampflos nachgibt – gleichgültig in welcher Frage –, dann könnten die Vereinigten Staaten auf den Gedanken kommen, daß es ein gefügiger Klient Amerikas sei, und Gott allein wisse, was wir in einem solchen Fall noch alles verlangen könnten.

Was auf internationaler Ebene nur allzu leicht geschieht, wird in der israelischen Innenpolitik zum unausweichlichen Schicksal. Die innenpolitischen Verfahren in Israel erklären die dort üblichen Verhandlungsmethoden, die den Verhandlungspartner zum Wahnsinn treiben können: Es wird um das geringste Zugeständnis gefeilscht, man läßt es niemals zu einem unerwarteten Kompromiß kommen, und einer Lösung darf man nur zustimmen, wenn alle Beteiligten zu erschöpft sind, so daß niemand mehr in der Lage ist, seiner Freude oder auch nur seinem guten Willen Ausdruck zu verleihen. Denn nur, wenn die für die nationale Sicherheit Israels Verantwortlichen beweisen können, daß sie ihren Verhandlungspartner unter Druck setzen können oder bis zuletzt an ihrem Standpunkt festhalten, können sie ihre skeptischen oder ehrgeizigen Kollegen davon überzeugen, daß sie keine andere Wahl hatten. Sie können sich keine großzügigen Gesten leisten, weil jeder Versuch, das zu tun, den Zusammenhalt der Regierung gefährden würde. Der Premierminister riskiert, daß man ihm (oder ihr) Nachgiebigkeit vorwirft, wenn er (oder sie) auf einen amerikanischen Vorschlag eingeht, ohne vorher festgestellt zu haben, was man unter Umständen noch erreichen könnte.

So lehnte auch Golda jetzt einen Waffenstillstand ab, um den sie noch vor einer Woche gebeten hatte. Insbesondere wies sie eine Verknüpfung mit der Resolution 242 zurück, die in allen Verhandlungen in den vergangenen sechs Jahren Israels heilige Kuh gewesen war. Jetzt erklärte Golda auf einmal, daß die Resolution ein Ergebnis des Krieges von 1967 gewesen wäre und deshalb mit dem gegenwärtigen Krieg nichts zu tun hätte. Sie wäre kein »Allheilmittel«, und es gäbe »keinen Grund für übermäßige Eile«.

Der Ton der Note war nicht unversöhnlich, aber ich hatte auch nicht die Absicht, auf ihre Forderungen einzugehen. Wir hatten Israel über zwei Wochen zur Seite gestanden, während es sich in tödlicher Gefahr befand, und die Entwicklungen bei den Vereinten Nationen mit unserer

Verzögerungstaktik aufgehalten, als dies in Israels und unserem Interesse lag. Wir hatten in einem für Israel günstigen Zeitpunkt einen Waffenstillstand vorgeschlagen und Israel in einer äußerst bedrängten Lage mit Waffen beliefert. Jetzt konnten wir nicht unsere Beziehungen zu Europa und Japan aufs Spiel setzen, ein Ölembargo riskieren, eine Konfrontation mit den Sowjets heraufbeschwören und die noch mit uns befreundeten arabischen Länder brüskieren, indem wir einen Waffenstillstand auf unbestimmte Zeit hinausschoben oder auf die Anerkennung der Resolution 242 verzichteten, auf die wir uns berufen hatten, als wir sechs Jahre dem Druck der Sowjetunion und der radikalen Araber Widerstand leisteten. Das hätte auch nicht im Interesse Israels gelegen. Ohne die Resolution 242 gäbe es keine völkerrechtliche Basis für künftige Verhandlungen. Angesichts des Stimmenverhältnisses in den Vereinten Nationen mußte jede an ihrer Stelle gefaßte neue Resolution ungünstiger sein. Doch bisher sprachen wir nur über theoretische Fragen. Deshalb sagte ich Dinitz noch einmal, daß ich den Eindruck hätte, daß der Antrag für eine Waffenstillstandsresolution bald eingebracht werde, und Israel müßte seine militärischen Operationen beschleunigen, um sie notfalls innerhalb von achtundvierzig Stunden einstellen zu können.

Meine Vorahnungen bestätigten sich am gleichen Donnerstagabend, dem 18. Oktober, um 20.45 Uhr, als Dobrynin mich anrief, um mir eine dringende Botschaft von Breschnew zu übermitteln. Plötzlich waren die Sowjets bereit, etwas zu unternehmen. Dobrynin las mir den aus drei Teilen bestehenden Entwurf eines sowjetischen Vorschlags vor, der dem Sicherheitsrat der Vereinten Nationen vorgelegt werden sollte: 1. eine Aufforderung zum Waffenstillstand in den erreichten Stellungen, 2. einen Aufruf zum sofortigen, in Etappen durchzuführenden Rückzug der Isrealis »aus den besetzten arabischen Gebieten auf die in der Resolution 242 des Sicherheitsrats festgesetzte Linie, wobei dieser Rückzug in möglichst kurzer Zeit beendet sein soll«, und 3. eine Aufforderung, in »geeignete Konsultationen« einzutreten mit dem Ziel, einen gerechten Frieden zu schließen.

Auf die erste Forderung konnten wir ohne weiteres eingehen, denn wir hatten vor fünf Tagen mit Zustimmung Israels den gleichen Vorschlag gemacht. Danach würden die Israelis in ihren Stellungen etwa dreißig Kilometer vor Damaskus und auf der Westseite des Suez-Kanals bleiben können. Die zweite Forderung war eine Unverschämtheit; man konnte von Israel nicht verlangen, daß es als Voraussetzung für einen Waffenstillstand »sofort« mit dem Rückzug auf eine nicht festgelegte Linie begann und diesen Rückzug in kürzester Zeit beendete. Punkt 3 war nichts anderes als ein plumper Beschwichtigungsversuch.

»Geeignete Konsultationen« konnte alles bedeuten. Sollte es sich dabei um die üblichen Verhandlungen im Rahmen der Vereinten Nationen handeln, wobei der Unterhändler zwischen den Parteien hin- und herreiste, dann ließ sich damit kaum etwas bewirken. Wenn jedoch direkte Verhandlungen zwischen den Arabern und Israel eingeleitet werden sollten, dann konnte dadurch eine bedeutende Wende in den Verhältnissen im Nahen Osten eingeleitet werden. In diesem Fall würde es zum ersten Mal seit der Gründung Israels dazu kommen, daß arabische Staaten in aller Öffentlichkeit in direkte Verhandlungen mit den Israelis eintraten.

Ich ließ mich sofort mit Nixon verbinden und sagte ihm: »Sie bewegen sich in unserer Richtung, aber sie sind noch nicht ganz da.« Nach meiner Schätzung brauchten wir noch »achtundvierzig bis zweiundsiebzig Stunden«, um die Sache unter Dach und Fach zu bringen.

Dann rief ich Dinitz an und konnte mir schon vorher denken, wie er reagieren würde. Über das Angebot in Punkt 3 sagte ich nichts, denn ich wußte, daß Israel sich mit Punkt 2 niemals einverstanden erklären würde. Ich hoffte aber, Punkt 3 noch ändern und darin die direkten Verhandlungen zwischen den Beteiligten einbauen zu können, die Israel angeblich anstrebte, bevor ich Dinitz das Angebot vorlegte.

Dobrynin wollte ich zunächst noch hinhalten. Ich sagte ihm, daß der sowjetische Vorschlag konstruktive Elemente hätte. Punkt 2 wäre jedoch unannehmbar, und Punkt 3 müßte präziser gefaßt werden. Wir wollten, um Zeit zu gewinnen, eine versöhnliche Atmosphäre schaffen und dem sowjetischen System Stoff für eine Analyse geben. Deshalb schickten wir gegen 22.30 Uhr Breschnew eine Antwort Nixons auf seine allgemein gehaltene Note vom Vortage, in der vom Waffenstillstand noch nicht die Rede gewesen war. Nixons Botschaft war eine wortreiche Erklärung, sprach beredt über die Notwendigkeit, die Beziehungen zwischen unseren beiden Ländern zu festigen, und setzte sich für energische gemeinsame Bemühungen zur Förderung des Friedens im Nahen Osten nach Beendigung der Feindseligkeiten ein. Aber wir vermieden es absichtlich, auf den sowjetischen Entwurf für eine Waffenstillstandsresolution Stellung zu nehmen. Dobrynin war viel zu intelligent, um nicht zu begreifen, daß wir Zeit gewinnen wollten – die übliche Taktik des voraussichtlichen Gewinners, dessen Position sich mit jeder Stunde verbessern kann.

Je näher der Waffenstillstand rückte, desto wichtiger war es, mit den arabischen Führern die Verbindung zu halten, auf die es jetzt ankam. König Hussein schickte ich das folgende Telegramm:

Mir liegt viel daran, daß Sie wissen, was ich tue. Wir sprechen mit den Sowjets in der Absicht, uns über eine Resolution des Sicherheitsrats

> zu einigen, die zu einem Waffenstillstand an Ort und Stelle auffordert, dem sofort Verhandlungen zwischen den Parteien über eine fundamentale Friedensregelung folgen sollen. Bei einer solchen Regelung, Eure Majestät, ist es unvorstellbar, daß die Interessen Jordaniens, die Sie mir so überzeugend dargestellt haben, nicht ausreichend berücksichtigt werden könnten. Ich kann Ihnen versichern, daß Ihren Auffassungen das ganze Gewicht gegeben werden wird, das sie verdienen.

Die Partei, mit der wir am dringendsten die Verbindung aufnehmen mußten, war unser halber Gegner in Kairo, der sich, wie wir glaubten, in großer Bedrängnis befand. Die ägyptische Armee war jetzt in ernsten Schwierigkeiten. Es lag aber nicht in unserem Interesse, den Krieg mit einer Demütigung Ägyptens zu beenden. Wir hatten einen Sieg sowjetischer Waffen verhindern wollen, aber wir wünschten nicht Sadats Sturz oder die Radikalisierung Ägyptens nach einer totalen Niederlage. Am 18. Oktober um 22.45 Uhr, als ich den sowjetischen Vorschlag mit Scowcroft besprach, sagte ich:

> Wir müssen erkennen, daß es schließlich eine sowjetische Niederlage geben wird. Die gleichen Gründe, aus denen wir eine israelische Niederlage nicht zulassen konnten, werden sich gegen sie auswirken, und zwar auch, wenn sie (die Araber) sagen, es sei die Versorgung mit Kriegsmaterial gewesen, woraus sie hätten erkennen sollen, daß es günstiger für sie gewesen wäre, sich auf unsere Seite zu stellen.

Deshalb schickte ich Ismail um Mitternacht eine versöhnliche, für Sadat bestimmte Note. Ihr Kern war die Bestätigung des vor zwei Tagen gemachten, an eine Bestätigung der Resolution 242 geknüpften Waffenstillstandsangebots. Um deutlich zu zeigen, daß wir die Würde Ägyptens respektierten, legte ich besonderen Wert auf die Tatsache, »daß Ägypten und seine arabischen Verbündeten die Lage wesentlich mit der auf dem Schlachtfeld gezeigten Stärke und der Tapferkeit ihrer Soldaten verändert haben. Davon sollte nichts durch eine weitere Verlängerung der Kampfhandlungen aufs Spiel gesetzt werden.« Ich schloß mit der nochmaligen Aufforderung, Ägypten möge auch unter den veränderten militärischen Bedingungen (die ich zwar nicht ausdrücklich erwähnte) dem Waffenstillstand zustimmen. Nachdem wir unserem Ziel so nahegekommen waren, hoffte ich, daß die zeitweilige Enttäuschung das komplexe Vorhaben nicht zerstören würde, an dessen Zustandekommen Sadat und wir so beharrlich gemeinsam gearbeitet hatten:

> Herr Ismail weiß, für wie wichtig wir es halten, daß die Feindseligkeiten möglichst bald unter Voraussetzungen beendet werden, die ernste Anstrengungen zur Erreichung einer grundsätzlichen Friedensregelung ermöglichen. Das bleibt unsere Auffassung. Dazu ist es

wichtig, daß beide Seiten Zurückhaltung üben und sich daran erinnern, wie dringend notwendig gute Beziehungen auf lange Sicht sind. Mit herzlichen Grüßen.

Wir standen kurz vor der Beendigung des Krieges zu den von uns gewünschten Bedingungen. Aber wir durften nicht übermütig werden. Die Sowjetunion konnte jeden Augenblick ihre Waffenstillstandsresolution vorzeitig dem Sicherheitsrat vorlegen oder ein anderes Land veranlassen, es zu tun. Sie würde höchstwahrscheinlich mit Hilfe der europäischen und blockfreien Stimmen angenommen werden. Sogar China könnte den Antrag unterstützen. Unter welchem Vorwand könnten wir ein Veto einlegen? Und wenn wir es taten, dann wären wir in der darauffolgenden Krise isoliert; wir müßten mit sowjetischen Drohungen, der Distanzierung der Europäer und einer Radikalisierung der Araber rechnen. Und am Ende hätten wir nichts erreicht. Denn wenn wir dem israelischen Wunsch nachgaben, die Resolution 242 nicht mit dem Waffenstillstand zu verknüpfen, gäbe es keinen völkerrechtlichen Rahmen, innerhalb dessen verhandelt werden könnte. Unsere einzige realistische Option lag darin, im Verhandlungsprozeß die Führung zu übernehmen, für die israelische Offensive noch etwas Zeit zu gewinnen und dann zu einem Abschluß zu kommen, der es uns erlaubte, unsere diplomatischen Bemühungen nach dem Kriege unter den günstigsten Voraussetzungen zu beginnen.

Ich dachte noch über die am besten geeignete Taktik nach, als Breschnews Ungeduld uns einen Ausweg eröffnete.

Ich hatte eben die tägliche Sitzung der WSAG am Freitagmorgen, dem 19. Oktober, geschlossen. Unsere Informationen über die Absichten Israels waren nur skizzenhaft. Wir wußten, daß sie ihre Offensive fortsetzten und dreihundert Panzer am Westufer des Suez-Kanals versammelt hatten. Außerdem versuchten sie, die ägyptischen Verbindungslinien überall zu unterbrechen. Im Lauf des Tages erfuhren wir, daß sie in nördlicher Richtung gegen Ismailia und nach Süden zur Umgehung des großen Bittersees vorstießen, um die von Kairo nach Suez führende Straße zu sperren. Aber die Israelis unterrichteten uns nicht über ihre Angriffsziele oder ihren strategischen Plan. Sie sagten uns auch nicht, in welchem zeitlichen Rahmen sie ihre strategischen Ziele erreichen wollten. Auf der Vormittagssitzung der WSAG hatten wir beschlossen, die Versorgung Israels mit Kriegsmaterial fortzusetzen, bis der Waffenstillstand in Kraft getreten war. Dabei beschleunigten wir auch die Lieferungen auf dem Seewege, denn wir wollten nicht durch einen plötzlichen Waffenstillstand überrascht werden und nicht zulassen, daß die Sowjets ihre arabischen Freunde zur Fortsetzung eines Ermattungskrieges ermunterten.

Wenige Minuten nach 11.00 Uhr meldete sich Dobrynin mit einer dringenden Botschaft Breschnews an Nixon. Sie sprach von den zunehmenden Gefahren im Nahen Osten, die sogar den Beziehungen zwischen der Sowjetunion und den Vereinigten Staaten »schaden« könnten. Jetzt käme es darauf an, sofort wirksame Entscheidungen zu treffen:

> Da die Zeit ein wichtiger Faktor ist und es jetzt nicht nur auf jeden Tag, sondern auf jede Stunde ankommt, schlage ich vor, daß der amerikanische Außenminister und Ihr engster Mitarbeiter, Dr. Kissinger, sofort nach Moskau kommt, damit wir mit ihm als dem von Ihnen bevollmächtigten persönlichen Vertreter die notwendigen Verhandlungen führen können. Es wäre gut, wenn er schon morgen, am 20. Oktober, kommen könnte. Für eine rasche Antwort wäre ich Ihnen dankbar.

Mit dieser Einladung waren, wie ich glaubte, die meisten Probleme gelöst. Jetzt würde der Nahost-Krieg erst in den Vereinten Nationen behandelt werden, wenn es uns gelungen war, gemeinsam eine annehmbare Lösung zu finden. Auf dem Wege nach Moskau und bei den Verhandlungen dort wollte ich versuchen, die Sowjets zur Mäßigung zu veranlassen. Mit der Reise konnte ich die Dinge wenigstens um zweiundsiebzig Stunden hinauszögern, in denen sich der militärische Druck verstärken würde. Nixon und ich sprachen in diesem Sinne mit Haig und Scowcroft. Wir waren überzeugt, daß die Reise nach Moskau uns unseren strategischen Zielen näherbringen werde.

Es gab jedoch eine technische Schwierigkeit. Der Chef des chinesischen Verbindungsbüros, Botschafter Huang Tschen, hatte mich am gleichen Abend zu einem Festessen eingeladen, das er zu meinen Ehren im Mayflower-Hotel geben wollte. Ich konnte meine Absage natürlich nicht mit einer Reise nach Moskau begründen. Wenn ich jedoch teilnahm, dann war es ein guter Vorwand für die Verzögerung meines Abflugs bis zum Samstagmorgen. Nun würde ich die Verhandlungen in Moskau nicht vor Sonntag, also erst nach achtundvierzig Stunden beginnen können.

Ich rief Dobrynin aus meinem Büro im Weißen Haus an und sagte ihm, daß wir den Vorschlag von Breschnew für sehr interessant hielten, aber weshalb konnte Gromyko nicht nach Washington kommen? Dobrynin erklärte, daß die sowjetischen Entscheidungen die Teilnahme von Breschnew und Kossygin (der eben aus Kairo zurückgekehrt war), erforderten. Ich sagte dem sowjetischen Botschafter, daß wir die Note Breschnews noch am gleichen Nachmittag beantworten würden.

Anschließend unterrichtete ich Dinitz über den sowjetischen Vorschlag und besprach die Lage noch einmal mit Nixon und Haig. Am Mittag um 13.35 Uhr rief ich Dobrynin noch einmal aus meinem Büro im Außenministerium an und sagte ihm, daß ich am frühen Samstagmorgen abfliegen und am Abend in Moskau eintreffen würde. Die Verhandlungen mit der sowjetischen Führung könnte ich erst am Sonntagmorgen beginnen. Es wäre allerdings nicht möglich, über eine endgültige Friedensregelung oder irgendein anderes Thema zu sprechen als den Waffenstillstand. Ich dürfte voraussetzen, »daß während meines Fluges keine einseitigen Maßnahmen ergriffen werden«. Damit meinte ich, wie ich dem Botschafter sagte, irgendwelche Drohungen oder Initiativen im Rahmen der Vereinten Nationen oder anderswo. In der offiziellen Erklärung zu meiner Reise müßte ausdrücklich gesagt werden, daß ich auf »Einladung« der sowjetischen Regierung nach Moskau käme, damit nicht der Eindruck entstünde, daß ich dort als Bittsteller aufträte.

Um 16.30 Uhr nahm Dobrynin diese Bedingungen im Namen Breschnews an. Ich sagte ihm noch einmal, daß ich nicht darauf vorbereitet wäre, über Aspekte einer politischen Lösung zu verhandeln. Dobrynin meinte, daß die sowjetische Seite sich darüber im klaren sei. Anschließend traf ich mich mit Dinitz, um mir endgültig darüber klarzuwerden, welches die Haltung Israels war, und ihn über unsere Absichten zu informieren.

Doch inzwischen wurden die Auswirkungen von Watergate in ihrer unangenehmsten Form spürbar. Nixon stand noch mehr unter Druck als gewöhnlich. Der 19. Oktober war der Tag, an dem der Kompromiß mit Stennis wirksam werden sollte (und am folgenden Tag würde der unnachgiebige Cox von seinem Posten entlassen werden). Am Freitag um 15.30 Uhr teilte mir Haig mit, daß Nixon eine Erklärung zum Stennis-Kompromiß abgeben und gleichzeitig meine Reise bekanntgeben wollte. Ich verwahrte mich energisch dagegen und sagte, daß die Verknüpfung der Außenpolitik mit Watergate ein »billiger Trick« sei, den Nixon noch bedauern werde: »Man wird immer behaupten, daß er Watergate damit hätte verschleiern wollen. Ich bitte Sie inständig, sorgen Sie auf jeden Fall dafür, daß die Ankündigung meiner Reise, wenn er sie unbedingt machen will, unabhängig von allem anderen erfolgt.«

Haig war ein guter Soldat. Er hatte mir in Nixons Auftrag eine Mitteilung gemacht und überbrachte dem Präsidenten mit der gleichen Gewissenhaftigkeit meine Antwort. Schon nach wenigen Minuten meldete er sich wieder bei mir und teilte mir mit, Nixon hätte eingesehen, daß die außenpolitischen Belange den Vorrang hätten. Beide Erklärungen würden getrennt voneinander erfolgen. Der Präsident wollte nur dafür sorgen, daß die Reise nach Moskau vom Weißen Haus und nicht vom Außenministerium bekanntgegeben wurde, und zwar zu einem

Termin, der selbstverständlich mit den Sowjets abgesprochen werden müßte.

Um 18.30 Uhr unterrichtete ich die Chinesen und um 18.50 Uhr den britischen Botschafter. Um 19.10 Uhr setzte ich mich noch einmal telefonisch mit Dinitz in Verbindung und sagte ihm, daß ich die Verhandlungen mit der Vorlage des Vorschlags einleiten würde, der den Vorstellungen Israels entsprach; der Waffenstillstand sollte nur mit den Friedensverhandlungen zwischen den kriegführenden Parteien verknüpft werden. Vor allem würde ich jedoch nicht der sowjetischen These zustimmen, daß die Resolution 242 den sofortigen und totalen Abzug der israelischen Truppen beinhaltete. Ich betonte jedoch, daß es mir wahrscheinlich nicht gelingen würde, eine Bezugnahme auf die Resolution 242 ganz zu verhindern. Ich hielt es sogar nicht für ratsam, den einzigen völkerrechtlichen Rahmen für die Friedensverhandlungen zu zerstören. Ich bat Dinitz, mich während meines Aufenthalts in Moskau über die Entwicklung der militärischen Lage auf dem laufenden zu halten. Vor Sonntagnachmittag Moskauer Zeit rechnete ich nicht mit irgendwelchen Verhandlungsergebnissen, würde sie aber sofort an Israel weitergeben. Israel müßte diesen Zeitplan im Auge behalten. Wie sich herausstellte, waren meine Vorausberechnungen nicht ganz falsch gewesen.

Um 19.15 Uhr kam ich zu einer kurzen Sitzung mit meinen Kollegen von der WSAG zusammen, mit denen ich die Lage schon seit zwei Wochen immer wieder gründlich erörtert hatte. Es waren Jim Schlesinger, Tom Moorer, Bill Colby und Brent Scowcroft. Unsere Zusammenkünfte hatten manchmal in einer gespannten Atmosphäre stattgefunden. Wir waren nicht immer einer Meinung gewesen, aber es war uns gelungen, für eine schwere Krise eine einigermaßen annehmbare Lösung zu finden. Vor uns lag die Chance, das Nahost-Problem aus einer ganz neuen Perspektive zu behandeln. Wir waren ungeheuer erleichtert. Das strategische Ziel meiner Moskau-Reise skizzierte ich wie folgt:

> Die Reise gibt uns einige Tage Zeit, sie können das Gesicht wahren, und wir vermeiden es, daß Gromyko mit harten Instruktionen nach Washington kommt. Brent wird Sie auf dem laufenden halten. Ich werde mich um einen einfachen Waffenstillstand bemühen, an den vielleicht die Aufforderung geknüpft sein könnte, in Friedensverhandlungen einzutreten. Das schlimme ist, daß Israel davon nichts hören will, aber ich werde es wahrscheinlich nicht vermeiden können, daß die Resolution 242 erwähnt wird. Vielleicht werde ich zu unserem ursprünglichen Status quo ante zurückkehren müssen.
>
> Im Nahen Osten weiß jeder: Wer den Frieden will, muß uns einschal-

ten. Dreimal haben sie es mit der Sowjetunion versucht, und dreimal ist das mißlungen.

Noch am gleichen Tag schrieb ich an König Hussein und den Schah von Persien, um sie von meiner bevorstehenden Reise zu unterrichten. Ich erklärte, daß wir diese Entscheidung »auf sowjetisches Drängen« getroffen hätten. »Was ich mit diesen Gesprächen erreichen will ist das gleiche, was wir von Anfang an erreichen wollten – die sofortige Einstellung der Kämpfe auf einer Grundlage, die einen baldigen Fortschritt auf dem Wege zu einem endgültigen, gerechten und dauernden Frieden ermöglicht.«

Ich habe mich seither gefragt, ob wir die sowjetische Einladung nicht zu schnell angenommen haben. Vielleicht hätte ich meine Abreise um weitere vierundzwanzig Stunden hinausschieben können, um den Israelis die Möglichkeit zu geben, die militärische Lage weiter zu verbessern. Andererseits hätten die Sowjets sofort begriffen, was wir damit beabsichtigten, und hätten versuchen können, unsere Verzögerungstaktik mit einem sofortigen Resolutionsantrag bei den Vereinten Nationen oder militärischen Gegenmaßnahmen zu begegnen. Auch die Enttäuschung der Araber hätte die ganze arabische Welt veranlaßt, sich gegen die Vereinigten Staaten zu stellen. Noch vor einer Woche hatte ich Israel geraten, noch nicht auf einen Waffenstillstand einzugehen, weil mir die militärische Lage keine günstigen Voraussetzungen für die diplomatischen Bemühungen nach dem Kriege zu bieten schien. Aber so wichtig es ist, auf dem Weg zum strategischen Erfolg nicht stehenzubleiben, so notwendig ist es auch, nichts Unmögliches zu verlangen. Wir hatten versucht, mehrere wilde Pferde gleichzeitig zu zähmen. Jetzt durften wir Virtuosität nicht mit einer Strategie auf lange Sicht verwechseln. Wir durften nicht alles aufs Spiel setzen, um Teilerfolge zu erringen, denn im großen und ganzen hatten wir uns durchgesetzt: Wir hatten die Voraussetzungen für einen diplomatischen Durchbruch geschaffen. Wir hatten die Sicherheit unserer Freunde gewahrt. Wir hatten einen Sieg sowjetischer Waffen verhindert. Wir hatten die Beziehungen zu den wichtigsten arabischen Ländern aufrechterhalten und dafür gesorgt, daß wir nach dem Krieg eine entscheidende Rolle in der Außenpolitik spielen würden. Und wir hatten das alles während der schwersten Verfassungskrise dieses Jahrhunderts geleistet.

Jetzt hatten wir die Trumpfkarten in der Hand. Unsere nächste Herausforderung bestand darin, sie richtig auszuspielen.

XII. Moskau, der Waffenstillstand und die Alarmierung der Streitkräfte

Die Reise nach Moskau

Am Samstagmorgen, dem 20. Oktober, fast genau zwei Wochen nach Kriegsausbruch, flogen meine Mitarbeiter und ich in die Sowjetunion ab. Ich nahm den sowjetischen Botschafter Antoli Dobrynin im Flugzeug mit, denn auch er wollte so rasch wie möglich in Moskau sein. Meine Abreise wurde geheimgehalten, aber unmittelbar nach dem Start des Flugzeugs veröffentlichte das Weiße Haus eine Erklärung, in der bekanntgegeben wurde, daß Präsident Nixon mich nach Moskau geschickt habe, um »direkt mit der sowjetischen Führung über die Möglichkeiten einer Beendigung der Feindseligkeiten im Nahen Osten zu sprechen.«

Auf dem Flug und bis zum Verhandlungsbeginn konnten wir erleichtert aufatmen, denn wir mußten nicht mehr fürchten, daß die Sowjets versuchen würden, die erregten Araber zu einem Kreuzzug gegen die Vereinigten Staaten anzustacheln. Aber im Laufe des Tages erkannten wir, daß sich andere Gefahren zusammenbrauten, als Saudi-Arabien die dramatische Erklärung abgab, daß es gemeinsam mit anderen ölproduzierenden arabischen Staaten *alle* Ölverkäufe an die Vereinigten Staaten einstellen werde.

Ich hatte Dobrynin gesagt, daß ich niemals unmittelbar nach einem langen Flug über viele Zeitzonen hinweg Verhandlungen aufnähme und daher die Gespräche erst am Sonntagmorgen Moskauer Zeit, also nach mehr als sechsunddreißig Stunden, beginnen könnten. Während dieser Zeit konnte sich die militärische Lage – und er wußte das ebenso gut wie ich – nur zu unseren Gunsten verändern. Ich hatte dem israelischen Botschafter Simcha Dinitz immer wieder gesagt, Israel täte gut daran, bei seinen militärischen Operationen daran zu denken, daß wir den Resolutionsantrag auf einen Waffenstillstand nicht länger als achtundvierzig Stunden hinauszögern könnten. (Durch meine Moskau-Reise verdoppelte sich die Zeitspanne.)

Während des Fluges erhielt ich zwei Berichte von Dinitz. In beiden meldete er sachlich die gegenwärtigen Stellungen der isarelischen Truppen, bezeichnete die erreichten Positionen mit ihren arabischen Ortsnamen, sagte aber nichts über die strategischen Absichten Israels oder über den Zeitraum, innerhalb dessen diese Absichten erreicht werden könnten. Aus einem Bericht ging hervor, daß die Israelis mit einem baldigen Waffenstillstand rechneten, und man konnte daraus entnehmen, daß die israelischen Streitkräfte jetzt zu erschöpft waren, um ihren Vormarsch noch lange fortsetzen zu können, was auch in Moskau geschah:

> Bei allen unseren Aktionen müssen wir berücksichtigen, daß es überraschend zu einem Waffenstillstand an Ort und Stelle kommen kann. Wenn der Waffenstillstand in Kraft tritt, dann sollten sich unsere Truppen in Stellungen befinden, die militärpolitisch sinnvoll sind. Der weitere Vorstoß, den wir machen müssen, wird durch den großartigen Kampfgeist unserer Streitkräfte ermöglicht. Wir müssen jedoch bedenken, daß sie seit dem 6. Oktober fast ununterbrochen in schwere Kämpfe verwickelt gewesen sind.

Aus dem zweiten Bericht ging hervor, daß die israelischen Streitkräfte die von Kairo nach Suez führende Straße unterbrochen hatten, obwohl man damit rechnete, daß die Ägypter versuchen würden, diese Verbindungslinie im Gegenstoß wieder zu öffnen. Die ägyptischen Kräfte auf der anderen Seite des Suez-Kanals bestanden aus zwei sogenannten Armeen mit jeweils etwa fünfunddreißigtausend Mann. Die 2. Armee hielt den Nordabschnitt. Die 3. Armee im Süden lag vor der Stadt Suez. Wenn die Israelis die von Kairo nach Suez führende Straße unterbrochen hatten, war die 3. Armee praktisch eingeschlossen.

Ich unterrichtete Brent Scowcroft im Weißen Haus mit einem Funkspruch über den Inhalt der israelischen Meldungen:

> Ich kann nicht deutlich genug darauf hinweisen, wie notwendig es ist, mich über die militärische Lage vollständig zu unterrichten. Ich brauche genaue Lagebeurteilungen, und ich brauche sie rasch und häufig.
>
> Dinitz muß, ich wiederhole, er muß sich mindestens dreimal täglich mit Ihnen in Verbindung setzen, und ich brauche diese Berichte dann sofort. Sagen Sie ihm, daß er seine Nachrichtenverbindungen jetzt in Ordnung bringen sollte, wenn er es nicht schon getan hat. Diese Berichte müssen genau identifiziert werden.
>
> Ich kann es nicht vermeiden, daß mir Fehler unterlaufen, wenn ich nicht auf dem laufenden gehalten werde und wenn ich nicht genau weiß, wie die Lage der Bodentruppen ist.

Während meines ganzen Aufenthalts in Moskau erhielt ich keinen einzigen militärischen Lagebericht von den Israelis, sondern nur Informationen aus amerikanischen Quellen. Die Israelis haben mir auch nicht erklärt, aus welchen Gründen diese Pause eingetreten ist. Vielleicht hat die israelische Führung selbst nicht genau gewußt, wo sich ihre rasch vorgehenden Verbände befanden oder welcher Stoßkeil eines von mehreren Verbänden vorgetragenen Angriffs am schnellsten vorankam.

Diese Moskau-Reise war außerordentlich anstrengend und brachte manchen Ärger. Mir kam es vor allem darauf an, daß meine Verhandlungsposition nicht durch unerwartete innenpolitische Entwicklungen in den Vereinigten Staaten geschwächt wurde. Deshalb wies ich Scowcroft schon während des Fluges an, den Neigungen des Verteidigungsministeriums entgegenzuwirken, den Umfang der Materiallieferungen an Israel, solange ich in Moskau war, aus finanziellen Gründen zu verringern. Ich sagte ihm noch einmal: »Wenn die Israelis siegen, dann wird es gleichgültig sein, was wir während der nächsten Tage geliefert haben. Wenn sich die Israelis aber nicht durchsetzen können und ihre Offensive abgewehrt wird, brauche ich für meine Verhandlungen jede nur bestmögliche Unterstützung.«

Während wir uns Moskau näherten, hatte ich das Gefühl, daß wir uns in einer sehr starken Verhandlungsposition befänden. Israel stand augenscheinlich vor einem entscheidenden Sieg. Aber meine Zuversicht wurde plötzlich durch eine überraschende Botschaft von Nixon erschüttert. Wir hatten auf dem Flug nach Moskau nicht erfahren, daß der 20. Oktober für den Präsidenten ein verhängnisvoller Tag war. Wir ahnten nichts von den dramatischen Entwicklungen, die später als »Massaker vom Samstagabend« bezeichnet wurden. Der Sonderstaatsanwalt Archibald Cox weigerte sich, die von Senator John Stennis geprüften Inhaltsangaben von Nixons Tonbändern als Beweismaterial zu akzeptieren, verlangte die Herausgabe der Bänder und lehnte Nixons Alternativvorschlag ab, im Austausch dagegen auf das Recht zu verzichten, die Herausgabe weiterer Dokumente unter Strafandrohung zu verlangen. Darauf wollte Nixon eine Entscheidung erzwingen und entließ Cox, was Justizminister Elliot Richardson und seinen Stellvertreter, William Ruckelshaus, veranlaßte, ebenfalls zurückzutreten.

Auf dem Flug nach Moskau erfuhr ich nichts von diesen neuen Entwicklungen. Ich spürte aber deutlich, daß Nixon sich mit ungewöhnlichem Eifer der Außenpolitik zugewendet hatte. Ich war auch schon früher auf dem Wege zu Verhandlungen mit Funksprüchen aus dem Weißen Haus bombardiert worden. Nixon tat es zum Teil, um seine Nerven zu beruhigen, zum Teil aber auch, um zu zeigen, daß er die Zügel in der Hand hatte – was in der Vergangenheit gelegentlich zu gereizten Wortgefechten geführt, aber nie ernste Folgen gehabt hatte. Aber diesmal unternahm Nixon einen Schritt, der wesentliche und unwiderrufliche Auswirkungen auf die Verhandlungen hatte. Es begann mit einem dringenden Funkspruch von Scowcroft, mit dem dieser mir den Entwurf eines Briefes übermittelte, den Nixon über die sowjetische Botschaft in Washington an Breschnew schicken wollte. Darin erklärte Nixon, daß er mir »volle Handlungsfreiheit« gewähre; »die Verpflichtungen, die er (Kissinger) im Lauf Ihrer Gespräche übernehmen sollte, finden meine volle Unterstützung.« Außerdem ersuchte Nixon den sowjetischen Regierungschef um seine Zustimmung dazu, daß

> wir uns beide dazu verpflichten, uns persönlich für die Erreichung dieses Ziels (eines Friedensschlusses) einzusetzen und die starke Führungsrolle zu übernehmen, die unsere jeweiligen Freunde in diesem Gebiet als zwingend anerkennen werden. Ich schicke Dr. Kissinger eine Botschaft, die er Ihnen mündlich vortragen wird und in der zum Ausdruck kommt, wie entschieden ich mich persönlich in dieser Richtung einsetze.

Ich war entsetzt. Dieser Brief bedeutete, daß ich jetzt keine Möglichkeit mehr hatte, die Entscheidungen hinauszuzögern. Die »volle Handlungsfreiheit« machte es mir unmöglich, in Moskau zu erklären, daß bestimmte Entscheidungen noch der Zustimmung des Präsidenten bedürften – die einzige Methode, Zeit zu gewinnen, um mich mit Israel zu beraten. Außerdem ging aus diesem Brief hervor, daß die Sowjets und wir den Beteiligten eine Gesamtlösung für den Nahen Osten aufzwingen sollten und ich bevollmächtigt war, auch über dieses Thema zu verhandeln – ein Zugeständnis, das unserer bisherigen Strategie widersprach, mit der wir den Waffenstillstand ganz unabhängig von einer politischen Lösung erreichen wollten.

Zweifellos zeigte dieser Eifer Nixons den Wunsch, mit einer bedeutenderen Sache in Verbindung gebracht zu werden als den nicht enden wollenden, peinlichen Erörterungen um die Herausgabe der Watergate-Tonbänder. Das schlimme war, daß der Brief Nixons an Breschnew die gewohnte Finesse vermissen ließ. Daß er dem sowjetischen Führer sagte, er schenke mir sein volles Vertrauen, war recht hilfreich. Aber seine Ausdrucksweise ging weit über das hinaus, was er beabsichtigte, und meine Verhandlungsposition wurde dadurch nicht besser. Im Gegenteil, in einer Lage, in der es darauf ankam, Zeit zu gewinnen, hatte ich jetzt keine Möglichkeit mehr, die Dinge hinauszuzögern, und daher auch keinen Verhandlungsspielraum.

Ich setzte deshalb sofort einen Funkspruch an Scowcroft ab und bat ihn, was für mich nicht gerade typisch war, meine Verhandlungsvollmachten einzuschränken: »Ich muß in der Lage sein, den Russen zu sagen, daß ich die Vorschläge dem Präsidenten zur Genehmigung vorlegen müsse. Wenn jedoch erklärt wird, daß ich uneingeschränkte Vollmachten hätte, hätte ich diese Möglichkeit nicht mehr.« Was nun die starke Führungsrolle gegenüber unseren jeweiligen Freunden in diesem Gebiet betraf, so warnte ich Scowcroft vorsichtig und sagte, »wenn das jemals veröffentlicht wird, dann könnte es für den Präsidenten recht schwierig werden.«

Mein Funkspruch traf zu spät in Washington ein. Nixon hatte in seiner Begeisterung, mit der er seine verzweifelte Stimmung zu verdecken suchte, Scowcroft gedrängt, den Brief sofort für seine Unterschrift vorbereiten zu lassen, ohne auf meine Stellungnahme zu warten. Als Nixon schließlich drohte, daß er den Brief andernfalls von seiner Privatsekretärin, Rose Mary Woods, schreiben und abfertigen lassen werde, gab Scowcroft nach. Wer sich für die Gepflogenheiten im Weißen Haus interessiert, muß wissen, daß es einen besonderen Grund gab, weshalb dieser Brief nicht mehr rückgängig gemacht werden konnte. Unter den mit der Maschine geschriebenen Brief setzte Nixon noch die folgende Nachschrift: »Mrs. Nixon sendet Frau Breschnew und Ihnen unsere herzlichsten Grüße.« Scowcroft bemerkte trocken: »Damit war mir jede Möglichkeit genommen, an diesem Schreiben noch irgend etwas zu ändern.« Ohne diesen Zusatz hätte er den Brief unter Umständen noch einmal mit den von mir vorgeschlagenen Korrekturen abschreiben lassen können. Jetzt wurde er aber um 11.25 Uhr Ortszeit in der sowjetischen Botschaft abgegeben.

Die Sowjets erkennen sofort jede Veränderung der Lage, die ihnen neue Möglichkeiten eröffnet, besonders wenn sie es eilig haben, zu einem Abschluß zu kommen. Schon nach wenigen Stunden traf Breschnews Antwort in Washington ein. So rasch hatte die Sowjetunion während meiner Zeit im Weißen Haus noch nie einen Brief beantwortet. Breschnew hatte begriffen, was geschehen war:

> Ich habe genau verstanden, was Sie meinten, als Sie erklärten, daß Dr. Kissinger Ihr engster Mitarbeiter sei, der Ihr volles Vertrauen besitzt und diesmal in Ihrem Namen sprechen wird, und daß die Verpflichtungen, die er im Lauf unserer Gespräche übernimmt, Ihre volle Unterstützung finden werden.

Auch die persönliche Note fehlte nicht; Breschnew fügte das folgende mit der Hand geschriebene Postskriptum an: »Frau Breschnew dankt Ihnen für die Grüße und erwidert sie mit meinen und ihren besten Wünschen für Mrs. Nixon und Sie.« Von Breschnews Antwort erfuhr ich erst, als ich im Kreml mit ihm sprach.

Die Geschichte wird nicht berichten, daß ich mich häufig geweigert hätte, Vollmachten zu übernehmen. Aber diesmal habe ich es tief bedauert, es tun zu müssen. Es war ein klassisches Beispiel dafür, wie »uneingeschränkte Vollmachten« einen behindern und die Flexibilität bei Verhandlungen einschränken können.

Wir trafen am Samstagabend, dem 20. Oktober, um 19.30 Uhr in Moskau ein. Es war mein erster Besuch in der sowjetischen Hauptstadt als amerikanischer Außenminister. Mein Kollege, der sowjetische Außenminister Andrei Gromyko, war zu meiner Begrüßung auf den Flughafen gekommen. Er begleitete uns auf der Fahrt zum Gästehaus auf den Lenin-Bergen oberhalb der Moskwa, die wir wie üblich im Rennwagentempo zurücklegten. Die Unterbringung war ebenso luxuriös und protzig wie bei meinen früheren Besuchen, nur diesmal wehte in Anerkennung meines neuen Status als Außenminister die amerikanische Flagge über dem Gebäude – eine protokollarische Höflichkeit, die mich eigenartig bewegte. Kaum hatten wir unsere Sachen ausgepackt, als uns die obligatorische reichliche Mahlzeit vorgesetzt wurde, die uns vollends erschöpfte. Obwohl ich Dobrynin gesagt hatte, daß ich mit den Verhandlungen erst am folgenden Morgen beginnen könnte, versuchten unsere Gastgeber, mich umzustimmen. Man eröffnete mir, daß Breschnew mich und meine Mitarbeiter zu einem »privaten« Essen am späten Samstagabend in das Politbüro im Kreml einladen würde – ohne Rücksicht darauf, daß wir eben gegessen hatten.

Eine private Einladung des Generalsekretärs durften wir nicht absagen, welche Gründe wir dafür auch haben mochten. Nach einem fünfzehn Stunden dauernden Flug und einem überreichen russischen Abendessen waren wir kaum noch in der Lage, einen klaren Gedanken zu fassen; in diesem Zustand fuhren wir jetzt im halsbrecherischen Tempo zum Kreml. Kurz nach 21.00 Uhr empfing uns Breschnew in einem himmelblauen Anzug, der aussah wie eine Fallschirmspringerkombination, und führte uns in sein Allerheiligstes. Die Mitte des Zimmers wurde von einem Konferenztisch ausgefüllt, an dem ohne weiteres vierzig Personen Platz fanden; an jedem Ende stand ein klobiger Schreibtisch mit einer Telefonkonsole, die in Form und Dimensionen an eine mittelgroße Orgel erinnerte.

Die Methoden der sowjetischen psychologischen Kriegführung waren so wirkungsvoll, daß wir fast erleichtert waren, als Breschnew uns vor dem Essen zu einem »inoffiziellen« Gespräch aufforderte. Dabei hielt er sich sogar fast an unsere Abmachung, am ersten Abend noch nicht mit den Verhandlungen zu beginnen. Allerdings wäre es paradox, zu behaupten, man könnte mit dem ersten Mann eines kommunistischen Staates ein belangloses Gespräch führen. So erinnerte er mich natürlich daran, daß ich »uneingeschränkte Vollmachten« hatte und meine Zusagen daher nicht in Washington bestätigt werden mußten. Um Zeit zu gewinnen, ging ich auf das Thema ein und sprach ausführlich über den grundsätzlichen Verzicht auf einseitige Vorteile und die Möglichkeiten, wie man es vermeiden könnte, die Spannungen zu verschärfen.

Ich hatte den Eindruck, daß dieses Gespräch ein geringer Preis für den dadurch eingehandelten Zeitgewinn wäre, wenn es uns auch einigermaßen bizarr vorkam. Schließlich sprachen wir sehr ausführlich über die Beziehungen zwischen unseren beiden Ländern, und zwar ausgerechnet in dem Augenblick, da beide Seiten die Gegner in einem blutigen Krieg mit Tausenden von Tonnen Kriegsmaterial belieferten und wir versuchten, den Einfluß der Gegenseite zu verringern oder soweit wie möglich auszuschalten. Breschnews Beitrag zur Erzeugung dieser eigenartigen Atmosphäre bestand darin, daß er behauptete, die Sowjets täten gar nichts Besonderes, wenn sie den Nahen Osten auf dem Luft- und Seewege mit Waffen versorgten; sie erfüllten damit nur alte, vor vier Jahren übernommene Verpflichtungen, »die uns zwingen, so viele Geschütze zu liefern«. Die Vorstellung, daß wenn Moskau den Nahost-Krieg anheizte, es dazu nur durch seine allgemein bekannte Vertragstreue veranlaßt würde, war eine Zumutung. Wir mußten sie uns nur anhören, weil wir es nicht schon an diesem Abend zu Meinungsverschiedenheiten kommen lassen wollten und es uns darauf ankam, den Beginn der konkreten Verhandlungen hinauszuschieben. Ich erwiderte sarkastisch: »Es kommt uns so vor, als erfüllten Sie Ihre seit vier Jahren übernommenen Verpflichtungen innerhalb von zwei Wochen – eine beeindruckende Leistung.«

Ein Abend in Gesellschaft der sowjetischen Führung durfte natürlich nicht vergehen, ohne daß wir ein paar versteckte Drohungen zu hören bekamen. Eher bedauernd als zornig sprach Breschnew von der Kriegsgefahr, die durch die Nahost-Krise nähergerückt sei. Er benutzte diese Gelegenheit, um auf sein Lieblingsthema zu kommen, welches er schon in Zavidovo und San Clemente zur Sprache gebracht hatte, daß nämlich die Supermächte einen von ihnen garantierten umfassenden Frieden im Nahen Osten erzwingen sollten. Aber ich lehnte es ab, dazu Stellung zu nehmen, und sagte, daß ich gekommen sei, um über den Waffenstillstand, nicht aber über einen Friedensvertrag zu sprechen. Nach einem kurzen Geplänkel einigten wir uns darauf, die konkreten Verhandlungen erst am folgenden Morgen, Sonntag um 11.00 Uhr, aufzunehmen. Lachend sagte ich, daß die Sitzung wahrscheinlich erst so spät beginnen könnte, weil Dobrynin vorher noch in die Kirche gehen müßte. »Das ist ihm ein Herzensbedürfnis«, parierte Breschnew. Wir beide wußten natürlich, daß wir Zeit brauchten, um die militärischen Lageberichte zu analysieren und damit die Grundpositionen für die folgenden Verhandlungen festzulegen.

Ich war überzeugt, daß wir gute Aussichten hatten, die von uns gewünschten Bedingungen auszuhandeln, einen Waffenstillstand in den gegenwärtigen Stellungen, eine vage Verknüpfung mit der Resolution 242 des Sicherheitsrats und den Durchbruch zu den ersten direkten Verhandlungen zwischen Israel und seinen arabischen Nachbarn seit der Schaffung des jüdischen Staats. Als ich jedoch in das Gästehaus zurückkehrte, erwartete mich dort eine niederschmetternde Überraschung. Es waren die Anweisungen, die Nixon in seinem Brief an Breschnew erwähnt hatte, und ein Funkspruch des Weißen Hauses, mit dem diese Anweisungen angekündigt wurden. Nixons Mitteilungen an mich bestanden aus zwei Teilen. Der erste enthielt seine Analyse der gegenwärtigen Lage im Nahen Osten und bestimmte Punkte, die ich Breschnew mündlich vortragen sollte. Der von Nixon persönlich diktierte Funkspruch war – und ich war mit seinem Inhalt keineswegs einverstanden – eine scharfsinnige Beurteilung des Nahost-Problems, ein erstaunlicher Beweis der Konzentrationsfähigkeit des Präsidenten, wenn man bedenkt, daß er zugleich den heftigsten, mit Watergate im Zusammenhang stehenden innenpolitischen Angriffen ausgesetzt war. Der nur für mich bestimmte analytische Teil brachte Nixons Überzeugung zum Ausdruck, daß die Sowjetunion und die Vereinigten Staaten das Kriegsende gemeinsam dazu benutzen sollten, im Nahen Osten eine umfassende Friedensregelung herbeizuführen: »Der gegenwärtige israelische Erfolg bei Suez darf uns nicht davon ablenken, jetzt alles nur mögliche für eine gerechte Friedensregelung zu tun.« Es läge sogar im Interesse Israels, wenn wir jetzt »jeden Druck ausübten, der notwendig sein sollte, die Annahme einer Friedensregelung zu erreichen, die vernünftig ist und die die Sowjets auf unsere Veranlassung den Arabern aufzwingen könnten«. Dann zählte Nixon die Hindernisse auf, die bisher einer Lösung im Wege gestanden hatten; die Unnachgiebigkeit Israels, die Weigerung der Araber, in realistische Verhandlungen einzutreten, und unsere »Voreingenommenheit für andere Initiativen«. Solche Faktoren dürften jetzt einer endgültigen Friedensregelung nicht mehr im Wege stehen. »Amerikanische innenpolitische Erwägungen«, schrieb Nixon und meinte damit die jüdischen Wählerstimmen, »werden auf unsere Entscheidungen in dieser Hinsicht absolut keinen, ich wiederhole, keinen Einfluß haben. Sie sollen wissen, daß ich bereit bin, die Israelis notfalls so weit unter Druck zu setzen, wie das notwendig ist, und zwar ohne Rücksicht auf die innenpolitischen Konsequenzen.«

Die an Breschnew gerichtete Verbalnote unterschied sich nicht wesentlich von dem an mich gerichteten Brief Nixons. Ich sollte darauf hinweisen, daß Nixon anders als beim Inkrafttreten der amerikanisch-sowjetischen Handelsvereinbarungen in der Nahost-Politik Entscheidungen treffen könnte, ohne von einem Veto im Kongreß daran gehindert zu werden. Nixon schrieb, er hätte zu spät erkannt, daß Breschnew bei seinem Besuch in San Clemente im Juni im wesentlichen recht gehabt hätte:

> Die Israelis und die Araber werden dieses Problem von sich aus niemals in vernünftiger Weise lösen können. Deshalb müssen Nixon und

Breschnew, die das Problem objektiver betrachten, eingreifen, den richtigen Kurs für eine gerechte Friedenslösung festlegen und dann unsere jeweiligen Freunde unter den gebotenen Druck setzen, damit sie einer Lösung zustimmen, die diesem von Unruhen geplagten Gebiet endlich den Frieden bringt.

Es war ein Segen, daß ich von diesem Brief Nixons während meines eben zu Ende gegangenen »inoffiziellen« Zusammenseins mit Breschnew noch nichts gewußt hatte. Die Strategie der Vereinigten Staaten hatte bisher darin bestanden, den Waffenstillstand von einer politischen Lösung nach dem Kriege *abzukoppeln* und den Sowjets bei den Verhandlungen, die dem Waffenstillstand folgen würden, eine möglichst unbedeutende Rolle zuzuweisen. Was sich Nixon jetzt vorzustellen schien, würde uns in umfangreiche Verhandlungen verwickeln, deren Ergebnisse wir Israel als letzten Akt eines Krieges, an dem wir mit sowjetischen Waffen auf der arabischen Seite teilnahmen, aufzwingen würden. Die Araber würden Moskau dafür danken, uns auf einen Kurs gebracht zu haben, den wir bisher vermieden hatten. Wir würden auf jede Möglichkeit verzichten, die Araber zu beeinflussen. Sie würden jetzt eher dazu neigen, sich auf die Hilfe der Sowjetunion zu verlassen – es sei denn, die Sowjets wären bereit, sich vom Programm der radikalen Araber zu distanzieren, wofür es noch nie das geringste Anzeichen gegeben hatte. Doch selbst wenn Nixon jetzt von der zwischen uns vereinbarten Strategie abweichen wollte, dann durfte er es nicht in Moskau tun, denn sonst würden die Waffenstillstandsverhandlungen nur komplizierter. Wir würden bestenfalls zu einer Grundsatzvereinbarung kommen, die uns über Jahre hinaus belasten konnte. Deshalb hatte ich es mit Nixons Zustimmung zur Voraussetzung für meine Moskau-Reise gemacht, daß der einzige Tagesordnungspunkt der Waffenstillstand war. Wenn die Tagesordnung jetzt auch auf eine umfassende Friedensregelung ausgedehnt wurde, dann würden wir im Sumpf stekkenbleiben.

Die Anspannungen der letzten zwei Wochen und der Mangel an Schlaf zeigten sich deutlich in dem sehr scharfen Text meines Funkspruchs an Scowcroft:

Der Brief an Breschnew ist schon gegen mich verwendet worden. Der Generalsekretär hat sich geweigert, ihn entgegenzunehmen, als ich ihm sagte, daß ich über jeden neuen Vorschlag Rücksprache mit Washington halten müßte. Er machte mich darauf aufmerksam, daß mich der Präsident mit uneingeschränkten Vollmachten ausgestattet hat.

Meine Position hier ist deshalb unhaltbar. Wenn ich die Anweisungen des Präsidenten wörtlich befolge, dann gebe ich die letzten Druckmittel aus der Hand, die mir für diese Verhandlungen noch zur Verfügung stehen. Uns kommt es vor allem darauf an, einen Waffenstillstand auszuhandeln. Es wird schon schwierig genug sein, die Israelis zur Annahme zu bewegen; als Teil einer umfassenden Regelung wird es unmöglich sein. Wenn der Krieg weitergeht, sind die Konsequenzen unabsehbar. Wir können den Weg, den der Präsident im Auge hat, erst gehen, wenn wir den Waffenstillstand mit der Zustimmung Israels zustande gebracht haben, aber nicht vorher. Bis dahin können uns weitere öffentliche Erklärungen nur überall schaden.

Wenn ich mir um ein Problem besondere Sorgen machte, dann verließ ich mich im allgemeinen nicht auf ein einziges Kommunikationsmittel. Deshalb rief ich auch jetzt Al Haig über eine normale, nicht abhörsichere Telefonleitung in Washington an und sagte ihm, wie wenig mir die Anweisungen des Präsidenten gefielen. »Können Sie mich nicht in Frieden lassen? Ich habe meine eigenen Sorgen«, sagte Haig in einem ungewohnt gereizten Ton.

Aber ich beharrte darauf, daß mir Unrecht geschehen sei: »Was können Sie in Washington an einem Samstagabend schon für Sorgen haben?«

Haig antwortete verdrießlich: »Eben hat der Präsident Cox entlassen. Richardson und Ruckelshaus sind zurückgetreten, und hier ist die Hölle los.«

So erfuhr ich, was für Sorgen man an einem Samstagabend in Washington haben kann.

Die Vereinbarung eines Waffenstillstands

Jetzt war es noch wichtiger, den Krieg zu beenden, bevor die Sowjets in Versuchung gerieten, unser innenpolitisches Debakel für sich auszunutzen. Deshalb hielt ich mich genau an den vor meiner Abreise von Nixon genehmigten und weniger umfassenden Plan. Breschnew wiederum war in so großer Eile, einen Waffenstillstand herbeizuführen, daß er mich nicht mehr danach fragte, welche Anweisungen Nixon in seinem Brief gemeint hätte.

Mein für Sonntag, den 21. Oktober, vorgesehenes Gespräch mit Breschnew wurde auf die Mittagszeit verschoben, was uns ganz recht war. Trotz meiner über Dinitz an die israelische Regierung gerichteten dringenden Bitten hatten mich die Israelis nicht direkt über die militärische Lage unterrichtet. Die CIA meldete, daß ein höherer Beamter aus dem israelischen Verteidigungsministerium am späten Samstagabend erklärt habe, die israelischen Streitkräfte hätten alle von Kairo nach Ismailia und Suez führenden Straßen und Eisenbahnlinien unterbrochen und damit die ägyptischen Streitkräfte am Ostufer des Suez-Kanals eingeschlossen. Wie viele andere israelische Behauptungen während des Krieges schien sie uns ein weiterer Hinweis darauf zu sein, daß Israel seine wichtigsten strategischen Ziele an der ägyptischen Front erreichte.

Wir stellten auch weiterhin fest, daß Moskau Streitkräfte alarmiert hatte, die im Nahen Osten intervenieren könnten, darunter sieben sowjetische Luftlandedivisionen. Offenbar nahm Breschnew seine Beteuerungen, die Sowjetunion habe nur die allerfriedlichsten Absichten, nicht so wörtlich. Für den Fall, daß die Verhandlungen fehlschlugen, wollte auch er auf eine Alternative vorbereitet sein.

Die Berichte, die wir am Sonntagmorgen, dem 21. Oktober, bekamen, waren nicht mehr so eindeutig. Die Meldung der CIA sprach von schweren Kämpfen am Suez-Kanal und vermutete, daß beide Seiten auf Schwierigkeiten gestoßen seien. Der Brennpunkt der israelischen Aktivitäten lag angeblich zwischen dem großen Bittersee und Ismailia, was auf einen weiteren Vorstoß nach Norden, aber nicht auf eine Flankenbewegung nach Süden gegen Suez schließen ließ, die in Wirklichkeit vorbereitet wurde. (Die Israelis unternahmen Aufklärungsvorstöße in beiden Richtungen, nach Norden und nach Süden, aber dabei stellte es sich heraus, daß ein Vorgehen in südlicher Richtung einen größeren Erfolg bringen könnte.) Scowcroft teilte mir telegrafisch mit, daß er dem Präsidenten von stetigen, aber »recht langsamen« israelischen Fortschritten berichtet habe. Über die Prognosen oder Absichten Israels hatte ich keine direkten Informationen.

Am deutlichsten äußerte sich statt dessen der israelische Verteidigungsminister Moshe Dajan im Rundfunk. Er erklärte, Israels Lage müßte sich mit jedem Tag, den der Krieg weiterging, verbessern, Israel sei aber dennoch nicht in der Lage, sich einem Waffenstillstand zu widersetzen. Er schlug einen Waffenstillstand unter zwei Bedingungen vor: Beide Seiten sollten sich auf die Vorkriegslinien zurückziehen, oder beide Seiten sollten in den Stellungen bleiben, die sie bei Inkrafttreten des Waffenstillstands einnahmen. Als uns der Inhalt der Rede Dajans gemeldet wurde, standen wir kurz davor, die Verwirklichung der zweiten Bedingung zu erreichen.

Am frühen Morgen des 21. Oktobers vor meinem Gespräch mit Breschnew erreichte mich über Washington eine Botschaft aus Kairo. Zum ersten Mal deutete Hafiz Ismail an, daß Sadat bereit sein könnte, auf einen Waffenstillstand einzugehen, ohne ihn mit einer Gesamtlösung zu verknüpfen. Er schrieb, es werde Kairo genügen, wenn eine Friedenskonferenz zusammenträte und die Vereinigten Staaten gemeinsam mit der Sowjetunion den Waffenstillstand und den unmittelbar darauf folgenden Rückzug der israelischen Streitkräfte »garantierten«. Doch wir waren nicht in der Lage, eine solche Garantie zu geben, geschweige denn gemeinsam mit den Sowjets. Ich glaubte jedoch nicht, daß die Botschaft Ismails das letzte Wort Ägyptens sei.

Wegen des Zeitunterschiedes – in Washington war es jetzt noch sehr früh am Morgen – hörte ich nichts mehr über das »Massaker vom Samstagabend«. Ich bekam auch vor Abschluß der Verhandlungen und meiner Abreise keine weiteren Anweisungen mehr.

Während unsere Informationen sehr spärlich waren und uns nicht den Eindruck vermittelten, daß wir uns beeilen müßten, schienen die Sowjets viel besser unterrichtet zu sein. Denn als wir uns Sonntagmittag in Breschnews Büro trafen, war das sowjetische Team so sehr darauf bedacht, sich mit uns zu einigen, daß es eigentlich gar nicht mehr zu Verhandlungen kam. Breschnew eröffnete die Sitzung mit recht langatmigen Ausführungen darüber, daß er ebenso bereit wäre, über die Grundsätze einer allgemeinen Friedensregelung wie über den Waffenstillstand zu sprechen. Als ich ihm sagte, daß ich nur über den Waffenstillstand verhandeln wollte, ging er sofort darauf ein.

Breschnew eröffnete das Gespräch mit dem typisch sowjetischen Kunstgriff, zu behaupten, daß ich dem von Dobrynin in Washington vorgelegten sowjetischen Drei-Punkte-Plan prinzipiell zugestimmt (siehe 11. Kapitel) hätte. Das war mir neu, denn ich erinnerte mich, zwei der drei von den Sowjets genannten Bedingungen zurückgewiesen zu haben. Deshalb erläuterte ich unsere Haltung noch einmal. Ich sagte, der erste sowjetische Punkt, der einen Waffenstillstand verlangte, wäre von uns zu akzeptieren. Die zweite Forderung nach einem »sofortigen« israelischen Rückzug auf eine der Resolution 242 des Sicherheitsrats »entsprechende Linie« wäre bedeutungslos, weil die Beteiligten sich auf eine solche Linie bisher noch nicht geeinigt hätten, weil es sinnlos wäre, von Israel einen Rückzug auf eine nicht existierende Linie zu verlangen, und weil Verhandlungen über eine Friedensregelung nach dem Kriege getrennt von den Waffenstillstandsverhandlungen geführt werden sollten. Der dritte sowjetische Punkt, der Aufruf zu »angemessenen Konsultationen« zur Vorbereitung der Verhandlungen müßte spezifiziert werden und deutlich zum Ausdruck bringen, daß direkte Gespräche zwischen Israel und den arabischen Staaten eingeleitet werden sollten.

Gewöhnlich halten die Sowjets längere Zeit an einer offiziell eingenommenen Position fest und verkaufen den Verzicht auf eine unmögliche Forderung dann als großartiges Zugeständnis. Aber diesmal stimmte mir Breschnew zu, bevor ich meine Auffassungen näher begründet hatte: »Ich behaupte nicht, daß die Vorschläge ideal seien oder daß sie so, wie sie jetzt dastehen, angenommen werden können.«

Da ich nicht einen sowjetischen Entwurf zur Grundlage unserer Gespräche machen wollte, legte ich nur einen Gegenvorschlag vor, den Joe Sisco und ich am vergangenen Abend ausgearbeitet hatten. Mit unserem ersten Vorschlag verlangten wir einen Waffenstillstand in den jetzt erreichten Stellungen. Unser zweiter Punkt erwähnte das sowjetische Verlangen nach einem sofortigen israelischen Rückzug auf neue Linien gar nicht; er sprach überhaupt nicht von irgendeinem Truppenabzug, sondern forderte die Parteien ganz einfach auf, mit der Verwirklichung der Resolution 242 des Sicherheitsrats »in allen ihren Teilen« zu beginnen – eine so vage Forderung, daß sich die Diplomaten jahrelang erfolglos darum bemüht haben, sie übereinstimmend zu interpretieren. Drittens forderten wir die sofortige Aufnahme von Verhandlungen »zwischen den beteiligten Parteien« unter »geeignetem Schutz«. Mit anderen Worten, der Waffenstillstand sollte zu den direkten Verhandlungen mit Israel führen, die aufzunehmen sich die arabischen Staaten bisher standhaft geweigert hatten und die, wie mehrere israelische Regierungen behauptet hatten, die Tür zu ihren Zugeständnissen öffnen würden. Über irgendwelche Garantien sagten wir nichts.

Zu unserer Überraschung erklärten sich Breschnew und Gromyko mit unserem Text einverstanden und brachten nur noch ganz geringe Stilkorrekturen an.* Dann versuchten sie, den Begriff »angemessener Schutz« so zu interpretieren, daß die Vereinigten Staaten und die Sowjetunion für den Erfolg der direkten Verhandlungen die Garantie übernehmen sollten – mit anderen Worten, es sollte ein Diktatfrieden werden. Diesen Vorschlag lehnte ich ab. Ich definierte das Wort »Schutz« so, daß sowjetische und amerikanische Diplomaten bei Beginn der Verhandlungen anwesend sein sollten, später aber nur, wenn es um ganz entscheidende Fragen ging. Auch darauf gingen Breschnew und Gromyko ohne langes Feilschen ein.

Nach nur vier Stunden dauernden Verhandlungen einigten wir uns über den Text der Waffenstillstandsresolution und die Definition des Wortes »Schutz« – eine erstaunliche Leistung, wenn man bedenkt, wie viel Zeit die Übersetzung, die Überprüfung der Texte und die vielen Unterbrechungen gedauert haben, die entstanden, wenn sich beide Gruppen zusammensetzten, um einen bestimmten Punkt zu beraten.

Die Qualität der Vereinbarung übertraf sogar unsere Vorstellungen, die wir zwei Wochen zuvor hatten. Der ursprüngliche amerikanische

* Der zwischen uns vereinbarte Text wurde vom Sicherheitsrat der Vereinten Nationen als Resolution 338 übernommen. Er ist in den Anmerkungen abgedruckt.

Vorschlag forderte einen Waffenstillstand, der nur mit einer allgemeinen Bezugnahme auf die Resolution 242 des Sicherheitsrats verknüpft war. Vor vier Monaten hatte Breschnew im Kommuniqué nach dem Gipfel *jede* derartige Bezugnahme abgelehnt. Anschließend und während des Krieges hatten die Sowjets verlangt, daß wir eine gemeinsame Erklärung über die Bedeutung der Resolution 242 abgäben und Bedingungen diktierten, die sich in der sowjetischen Formulierung von dem Programm der radikalen Araber nicht unterscheiden ließen. Nun setzten wir uns mit unserer Haltung durch und überließen es den direkten Verhandlungen zwischen den Parteien, die Resolution 242 zu interpretieren. Der nicht deutlich definierte, von den Vereinigten Staaten und der Sowjetunion zu übernehmende »Schutz« hatte, wie ich Scowcroft in einem Funkspruch mitteilte, den Vorteil, daß andere Parteien, die auf uns Druck ausüben könnten, sich nicht in den Verhandlungsprozeß einschalten durften – und ich muß gestehen, daß ich damit einige unserer europäischen Verbündeten meinte.

Die einzige Frage, die in Moskau noch zu klären war, betraf den Zeitpunkt der Vorlage unserer gemeinsamen Waffenstillstandsresolution in New York. Breschnew und Gromyko wollten sie sofort dem Sicherheitsrat vorlegen, wobei der Waffenstillstand in dem Augenblick in Kraft treten sollte, in dem die Resolution angenommen wurde, und zeigten dadurch in einer wie verzweifelten Lage sich die arabischen Armeen befanden (wovon ich jedoch weder durch unsere Nachrichtendienste noch aus israelischen Quellen offiziell etwas erfahren hatte). Die sowjetischen Vorstellungen ließen sich jedoch unter keinen Umständen verwirklichen. Es war jetzt 16.00 Uhr nachmittags in Moskau und 9.00 Uhr vormittags in Washington. Wir würden eine Stunde brauchen, um einen Bericht und Anweisungen zu entwerfen. Eine weitere Stunde würde vergehen, bis die Texte auf telegrafischem Wege in Washington eingetroffen waren. Es mußten Gespräche mit den wichtigsten Angehörigen des Sicherheitsrats der Vereinten Nationen und vor allem mit Israel geführt werden. Wenn unsere Schätzungen richtig waren, konnten sie um 12.00 Uhr mittags Washingtoner Zeit beginnen. Ich schlug deshalb vor, daß die Vertreter der Vereinigten Staaten und der Sowjetunion um 18.00 Uhr New Yorker Zeit den Antrag für die Einberufung des Sicherheitsrats zu einer Sitzung um 21.00 Uhr stellen sollten. (Dadurch blieben neun Stunden Zeit für Konsultationen.) Der Waffenstillstand sollte nicht früher als zwölf Stunden *nach* Annahme der Resolution in Kraft treten, welcher wiederum eine mehrstündige Debatte vorausgehen würde. Breschnew stimmte diesem Zeitplan widerwillig zu und mußte erkennen, daß der Waffenstillstand frühestens nach vierundzwanzig Stunden in Kraft treten könnte. Er verpflichtete sich außerdem, den ganzen Einfluß der Sowjetunion dafür einzusetzen, daß alle Kriegsgefangenen baldmöglichst ausgetauscht würden. Auf diese Zusicherung hatte ich im Interesse Israels gedrängt.

Nach Abschluß der Verhandlungen kehrte die amerikanische Delegation in das staatliche Gästehaus zurück, um mit ihrer Arbeit zu beginnen. Meine Mitarbeiter und ich entwarfen in aller Eile einen Bericht an den Präsidenten und einen Brief Nixons an die israelische Premierministerin Meir, den Scowcroft in Washington sofort nach seinem Eintreffen Dinitz übergeben sollte. Wir glaubten, das werde spätestens um 12.00 Uhr Washingtoner Zeit geschehen, also neun Stunden vor Beginn der Sitzung des Sicherheitsrats und etwa zwölf Stunden vor der Abstimmung. Nixons Brief an Frau Meir erläuterte, was wir erreicht hatten:

> Sehr verehrte Frau Premierministerin, wir glauben, dies ist für Sie und für uns ein wesentlicher Erfolg und eine Anerkennung der Tapferkeit Ihrer Streitkräfte. (1.:) Ihre Streitkräfte könnten in den gegenwärtigen Stellungen bleiben, (2.:) das Wort »Rückzug« wird in der Resolution nicht erwähnt; (3.:) zum ersten Mal haben wir es erreicht, daß die Sowjetunion einer Resolution zustimmt, die zu direkten Verhandlungen ohne Vorbedingungen oder Qualifikationen zwischen den Parteien unter angemessenem Schutz auffordert. Zugleich sind wir und die Sowjets privat überein gekommen, Ihnen und den Arabern unseren gemeinsamen Schutz zu gewähren, wenn dadurch dieses Verfahren erleichtert wird und wenn die Parteien damit einverstanden sind.

Im übrigen wies der Brief auf den großen Unterschied zwischen der jetzt vorgeschlagenen Waffenstillstandsresolution und dem vor fünf Tagen öffentlich verkündeten Programm Sadats hin. Am Schluß bat der Präsident Frau Meir um eine sofortige Antwort.

Wir entwarfen auch Briefe an Hafiz Ismail, den Schah, König Hussein und unseren UN-Botschafter John Scali. Diese Arbeiten waren nachmittags gegen 17.30 Uhr Moskauer Zeit oder 10.30 Uhr vormittags Washingtoner Zeit abgeschlossen.

Um 18.30 Uhr traf ich mit dem britischen, dem französischen und dem australischen Botschafter in Moskau zusammen, und zwar mit den beiden ersten als Vertretern ständiger Mitglieder des Sicherheitsrats und dem australischen Botschafter, weil der Vertreter seines Landes im Oktober das Amt des Präsidenten des Sicherheitsrats in New York übernommen hatte. Diplomaten sind von Natur aus vorsichtig, wenn sie sich zu Fragen äußern sollen, zu denen ihre Regierungen noch nicht Stellung genommen haben. In diesem Fall waren sie so sehr von der positiven Reaktion in ihren Hauptstädten überzeugt, daß sie uns herzlich beglückwünschten, bevor sie in ihre Büros zurückkehrten, um ihre Berichte abzusetzen. Als Folge der gewaltigen Überlastung aller Telefon- und Telegraphenleitungen sind ihre Berichte wahrscheinlich früher eingetroffen als unsere.

Dann legte ich mich hin, um eine Stunde zu schlafen. Als ich gegen 20.00 Uhr aufwachte (in Washington war es 13.00 Uhr), stellte ich zu meinem Entsetzen fest, daß meine Berichte in Washington noch nicht angekommen waren. Meine Mitarbeiter hatten zunächst versucht, sie von der fünfundvierzig Minuten von hier entfernt in Moskau gelegenen amerikanischen Botschaft aus abzusetzen, aber das Botschaftspersonal hatte große Schwierigkeiten damit, weil für die Übermittlung vertraulicher Texte ein sehr umständliches Verfahren vorgeschrieben war, das viel Zeit erforderte. Dann versuchten wir, die Funkverbindung unseres Präsidentenflugzeuges auf dem Moskauer Flughafen Wnukowo II zu benutzen, das über Satellit mit dem Lagezimmer des Weißen Hauses verbunden war. Aber die Funksprüche kamen in Washington so entstellt an, daß man sie dort nicht entziffern konnte. Mein Mitarbeiter Larry Eagleburger stand in Verbindung mit unserer Botschaft und rief dann Brent Scowcroft in Washington über eine nicht abhörsichere Leitung an. Scowcroft konnte verstehen, daß wir uns über eine Waffenstillstandsresolution geeinigt hatten, aber der Brief an Golda Meir kam so verstümmelt an, daß er nicht an Dinitz weitergegeben werden konnte. So hatten wir keine andere Wahl und mußten ihn doch über die Botschaft absetzen.

Larry Eagleburger schildert meine Reaktion in einer später verfaßten Aufzeichnung, die er mir zur Verfügung gestellt hat, wie folgt:

> Ich erinnere mich daran, als sei es gestern gewesen. Ich saß in einem ziemlich großen Zimmer der Villa an einem Schreibtisch und schrie ins Telefon, um mich den Leuten in der Botschaft verständlich zu machen. (Ich schrie wegen der schlechten Telefonverbindung, *nicht* weil ich glaubte, damit die Beförderung der Telegramme beschleunigen zu können. Anders als gewisse Außenminister habe ich niemals geglaubt, daß man tote Gegenstände mit einer lauten Stimme beeindrucken könnte, auch wenn sie noch so schlecht funktionieren.) Es befanden sich zwanzig bis dreißig Menschen im Zimmer, die alle durcheinander sprachen. Joe Sisco (der sich nie durch besondere Zurückhaltung ausgezeichnet hat) sprach am lautesten. Kurz gesagt, das Zimmer war überfüllt, und es war geräuschvoll, aber ich wurde von den anderen weder gesehen noch gehört.
>
> Ich bemerkte nicht, wie Sie in diesem Augenblick hereinkamen und offenbar hörten, was ich sagte (ich weiß bis heute nicht, wie das möglich gewesen ist). Plötzlich hörte ich ein dumpfes Grollen: »Was, die Telegramme sind noch nicht fort!?!« Ich blickte auf und sah Sie mitten

im Zimmer stehen. Sie dampften aus Nase, Augen und Ohren, und *niemand* (bis auf eine Ausnahme, von der ich noch berichten werde) war noch zu sehen. Die zwanzig oder dreißig Leute hatten sich – zweifellos unter Siscos Führung – mit einer solchen Plötzlichkeit in Luft aufgelöst, daß ein Geist sie darum beneidet hätte. Die einzige Ausnahme war Winston Lord, der sich irgendwie in eine Ecke gedrückt hatte. Er hatte sich entschlossen, dem Feuerwerk standzuhalten und das Blut (meines) aufzuwischen, wenn alles vorüber wäre. Winston hat seither einen besonderen Platz in meinem Herzen und meinen großen Respekt für seinen ungewöhnlichen Mut.

Die Situation war alles andere als komisch. Wir hatten mindestens vier Stunden verloren und dazu das Vertrauen der Israelis eingebüßt. Zunächst glaubte ich, daß es an irgendeinem technischen Versagen läge. Man sagte mir, die Funkverbindungen wären durch ein Gewitter gestört worden. Aber am nächsten Tag konnte ich es mir doch nicht vorstellen, daß in einem Flugzeug des Präsidenten mit den besten Nachrichtenübermittlungsgeräten, die in fünf Jahren niemals versagt hatten, *alle* Verbindungen gleichzeitig ausfallen konnten. Dann erinnerte ich mich an die Störungen des Funkverkehrs, als ich während meines Geheimbesuchs im April vor der Gipfelkonferenz von 1972 versucht hatte, Nixon von der abgestellten Maschine aus über Funk zu erreichen.[2] Wenn die Störungen absichtlich verursacht worden waren (was ich nicht beweisen kann*, dann haben sie den Sowjets kaum etwas genützt. Aber das allein schließt die Möglichkeit nicht aus). Was mich immer wieder erstaunt, ist, daß die Sowjets so oft bei ihren Manövern einen Vertrauensverlust in Kauf nehmen, der die geringen Vorteile kaum aufwiegt, die sie sich damit zu verschaffen glauben.

Durch diese Störungen hatte Israel wertvolle Zeit verloren, in der es seine militärischen Operationen auf den kurz bevorstehenden Waffenstillstand hätte abstimmen können. Eigentlich hätte dieser Verlust nichts ausmachen dürfen. Die Israelis wußten, daß ich in Moskau war, um einen Waffenstillstand auszuhandeln. Wir hatten ihnen immer wieder gesagt, daß sie nach Beginn der Verhandlungen nur noch wenig Zeit haben würden, ihre Operationen abzuschließen. Jetzt war es uns

* Dem Funker in der Maschine stehen eine ganze Reihe von Frequenzen zur Verfügung, um bei atmosphärischen Störungen die Aufrechterhaltung des Funkverkehrs über eine nicht gestörte Frequenz sicherzustellen. Diesmal waren alle Frequenzen mit starken Störungen überlagert, ein ganz ungewöhnliches Vorkommnis. Wir konnten unsere Funksprüche weder vom Flugzeug noch von der Botschaft aus absetzen, was so ungewöhnlich war, daß sofort eine Überprüfung eingeleitet wurde. Die meisten Fachleute glaubten, atmosphärische Interferenzen und andere technische Schwierigkeiten wären dafür verantwortlich. Der Funker im Flugzeug war jedoch davon überzeugt, daß so andauernde und starke Interferenzen nur mit Störsendern herbeigeführt sein konnten.

gelungen, die achtundvierzig Stunden, die ich Dinitz schon seit einer Woche zugesagt hatte, fast zu verdoppeln, und wahrscheinlich hatte Israel seine Operationen auf das höchstmögliche Tempo beschleunigt. Darüber hinaus konnte ich eine der »verlorenen« Stunden zurückgewinnen, indem ich John Scali in New York telegraphierte, daß wir nicht das gleiche Interesse wie die Sowjets an einer Annahme des Waffenstillstandes bis Mitternacht hätten, was wir ja auch Breschnew gesagt hatten. Der Resolutionsantrag wurde schließlich um 0.50 Uhr New Yorker Zeit angenommen.*

Das sowjetische Manöver - wenn es ein solches war - wirkte sich in der Hauptsache auf die Beziehungen zwischen den Vereinigten Staaten und Israel aus. Die Zeit, die wir durch die Kommunikationsschwierigkeiten verloren, ließ Israel nur etwa acht Stunden anstelle der zwölf, mit denen wir gerechnet hatten, um sich auf den Waffenstillstand einzustellen; deshalb hatte man in Jerusalem den Eindruck, vor ein Ultimatum gestellt zu sein, was wir nicht beabsichtigt hatten. Dadurch verzögerte sich auch die Unterrichtung unserer Regierungsmitglieder, der Parteiführer im Kongreß und anderer Länder, besonders der Volksrepublik China. Diese Aufgaben erledigte Scowcroft mit der gewohnten Zuverlässigkeit. Der Chef des chinesischen Verbindungsbüros, Huang Tschen, war, wie alle chinesischen Diplomaten, wenn sie keine spezifischen Anweisungen haben, freundlich, aber undurchdringlich. Sicher gefiel es ihm nicht, daß die Vereinigten Staaten und die Sowjetunion dem Sicherheitsrat einen gemeinsamen Resolutionsantrag vorlegten, denn es ließ auf eine enge Zusammenarbeit der Supermächte schließen. Wir hatten jedoch die Chinesen sehr genau über unsere Strategie auf dem laufenden gehalten. (China nahm schließlich nicht an der Abstimmung im Sicherheitsrat teil - die denkbar mildeste Form der Distanzierung.)

Ich war schon damals davon überzeugt, daß wir mehr nicht hätten erreichen können, und bin es auch heute noch. Mit jedem Versuch, die Beteiligten zu größeren Zugeständnissen zu bewegen, hätten wir eine größere Krise riskiert, ohne Wesentliches dadurch zu erreichen; unsere Bemühungen um eine Friedensregelung wären gefährdet worden, die wir nun einleiten - und beherrschen - wollten. Wir hatten bewiesen, daß die sowjetischen Waffen den Arabern keine realistische militärische Alternative boten. Aber um aus dieser Erkenntnis etwas zu gewinnen, mußten wir auch zeigen, daß eine gemäßigte Haltung belohnt wurde. Wir hatten kein Interesse daran, unsere potentiellen arabischen

* Die Annahme der Resolution erfolgte in Wirklichkeit um 0.52 Uhr, aber die Vereinten Nationen rundeten die Zeit offiziell auf 0.50 Uhr ab.

Partner im Verlauf der Friedensverhandlungen den Radikalen oder den Sowjets in die Arme zu treiben. Es lag uns auch nichts an einer Konfrontation mit den Sowjets, die uns keinen Nutzen bringen konnte. Gegen Ende der gleichen Woche zeigten wir allerdings, daß wir die Konfrontation nicht scheuten, wenn vitale Interessen bedroht waren. Wir glaubten aber andererseits auch nicht, daß es in unserem vitalen Interesse lag, aus einem militärischen Rückschlag der Araber eine Katastrophe werden zu lassen.

Wenig später meldete Scali, daß der Sicherheitsrat den amerikanisch-sowjetischen Waffenstillstandsvorschlag als Resolution 338 übernommen hatte. Die Abstimmung fand am 22. Oktober um 0.50 Uhr New Yorker Zeit und um 7.50 Uhr vormittags Moskauer Zeit statt. Ich frühstückte mit Gromyko im staatlichen Gästehaus und war damit technisch sein Gastgeber. Es herrschte die Hochstimmung, die sich immer wieder am Schluß von schwierigen und riskanten Verhandlungen einstellt. Jetzt mußten wir vor allem noch einmal die Bedeutung des Begriffs »angemessener Schutz« definieren. Den Sowjets kam es offensichtlich darauf an, ihren arabischen Freunden zu zeigen, daß sie uns veranlaßt hatten, ihrem Programm zuzustimmen. Für uns galt das gerade Gegenteil. Wir zeichneten ein Dokument ab, das »Schutz« wie folgt definierte:

> Die Verhandlungen zwischen den beteiligten Parteien werden zunächst unter aktiver Beteiligung der Vereinigten Staaten und der Sowjetunion beginnen, die sich später im Lauf der Verhandlungen einschalten werden, wenn sie sich mit den Schlüsselfragen einer Friedensregelung beschäftigen.

Das Gespräch mit Gromyko bestand zum Teil aus sentimentalen Redensarten über die Bedeutung guter amerikanisch-sowjetischer Beziehungen, es wurden aber auch grobe Scherze gemacht; das alles zeigte, wie erleichtert man auf beiden Seiten darüber war, daß keine unwiderruflichen Entscheidungen hatten getroffen werden müssen. Gromyko bezeichnete seinen Verbündeten Sadat als »Papierkamel«. Trotz der frühen Stunde tranken wir uns mit Wodka zu, obwohl wir natürlich genau wußten, daß wir unsere Rivalität nur auf die diplomatische Ebene verlegt hatten. Sehr bald würden unsere Beziehungen wieder durch die Leidenschaften der Kombattanten im Nahen Osten, die Schwierigkeiten bei der praktischen Durchführung der Vereinbarungen und die natürliche Unvereinbarkeit der amerikanischen und sowjetischen Interessen belastet werden.

Am gleichen Abend, an dem es zwischen Washington und Jerusalem zu einem hektischen Notenaustausch über den Resolutionsantrag kam, schlug Premierministerin Golda Meir vor, daß ich auf dem Rückflug von Moskau in Israel Zwischenstation machen sollte. Das war sehr hübsch gesagt, aber Tel Aviv liegt nicht an der direkten Route von Moskau nach Washington. Golda hatte jedoch die Zustimmung Israels zur Resolution 338 des Sicherheitsrats delikaterweise nicht davon abhängig gemacht, daß ich die Einladung annahm. Aber wenngleich sie es nicht ausdrücklich sagte, so war doch klar, daß sie für die Nachkriegsphase und um sich in ihrem Kabinett durchsetzen zu können, unseren Beistand brauchte.

Nachdem ich mein Kommen zugesagt hatte, unterrichtete ich sofort Sadat, Hussein, die Sowjets und die Botschafter der NATO. Als Folge meines Entschlusses entstanden jedoch zahlreiche neue Schwierigkeiten. Ich traf die Entscheidung am 22. Oktober um 6.00 Uhr. Vier Stunden später sollte ich abfliegen. Dazu war eine neue Startgenehmigung für unsere Maschine erforderlich. Es ist nicht leicht, zu einer so frühen Stunde einen verantwortlichen sowjetischen Beamten zu finden, der schon aufgestanden ist. Noch schwieriger ist es, ihn dazu zu bewegen, daß er sofort einem Flugplan zustimmt, der uns über einen großen Teil der Sowjetunion führen würde, welcher sonst nicht von Ausländern überflogen werden darf – besonders da wir ursprünglich nach Westen und nicht nach Süden fliegen wollten. Unser Geschäftsträger in Moskau, Adolph (Spike) Dubs, ein ausgezeichneter Diplomat, der 1979 als amerikanischer Botschafter in Afganistan ermordet wurde, beseitigte alle Schwierigkeiten mit Methoden, die kein Beamter des auswärtigen Dienstes preisgibt, denn sie garantieren die Unentbehrlichkeit dieser Leute. In kürzester Zeit lagen alle notwendigen Genehmigungen vor.

Gegen 10.00 Uhr Moskauer Zeit startete die Maschine. Auf halbem Weg nach Tel Aviv wurde mir plötzlich bewußt, daß wir uns Kriegsgebiet näherten. Der Waffenstillstand sollte erst nach mehreren Stunden in Kraft treten. Ich kam auf die etwas unbescheidene Idee, daß es nicht schlecht sein könnte, wenn wir den Begleitschutz von Flugzeugen der amerikanischen 6. Flotte anforderten. Larry Eagleburger setzte sich über Funk mit dem Pentagon in Verbindung, und die Nationale Militärische Kommandozentrale (NMCC) versprach, sofort alles in die Wege zu leiten. Das geschah auch. Die amerikanischen Streitkräfte bewiesen ihre Leistungsfähigkeit, und über Zypern nahmen uns mehrere Maschinen der amerikanischen Seestreitkräfte in ihre Mitte und begleiteten uns bis zu unserer Landung auf dem Flughafen von Tel Aviv, Lod.

Die Operation war weit schwieriger gewesen, als ich es mir damals hatte vorstellen können. Der Befehlshaber der 6. Flotte war Vizeadmiral Daniel Murphy, ein ehemaliger Mitarbeiter des Verteidigungsministers Melvin Laird und späterer Chef des Stabes von Vizepräsident George Bush. Einige Monate später traf Eagleburger auf einer Party in Washington zufällig mit Murphy zusammen und beglückwünschte ihn zu dieser hervorragenden Leistung seines Verbandes im Oktober 1973. Bei dieser Gelegenheit schilderte Murphy, was wirklich geschehen war.

Als das Pentagon die 6. Flotte beauftragte, den Schutz des Außenministers zu übernehmen, fand gerade eine Übung statt, an der auch auf Flugzeugträgern stationierte Maschinen teilnahmen. Admiral Murphy erkundigte sich nach unserer Position. Das NMCC konnte nur sagen, daß wir uns irgendwo zwischen Moskau und Tel Aviv befanden (vielleicht hatte sich unser Pilot gescheut, eine zu genaue Positionsangabe zu machen, damit wir nicht von Flugzeugen geortet werden konnten, deren Piloten weniger freundliche Absichten hatten). Murphy ließ sofort den Rest seiner Maschinen starten, die ebenso wie die schon in der Luft befindlichen den Auftrag erhielten, uns über dem östlichen Mittelmeer zu suchen, so lange der Treibstoff reichte, der bei einigen Maschinen schon zur Neige ging. Immer wieder fragte Murphy nach, ob die Piloten uns gefunden hätten, und mußte dabei die ständigen Anfragen des Pentagons beantworten und melden, »noch haben wir ihn nicht gefunden, aber wir werden es bald tun«. Zur Erleichterung des Admirals gelang es auch. Aber die Maschinen hatten inzwischen so viel Kraftstoff verbraucht, daß sie nach Erledigung ihres Auftrags gerade noch ihren Flugzeugträger erreichten. Murphy sagte Eagleburger, daß dies einer der aufregendsten Einsätze in seiner Amtszeit als Befehlshaber der 6. Flotte gewesen sei.

Man hat mich oft gefragt, welches der bewegendste Augenblick gewesen wäre, den ich im Dienste der amerikanischen Regierung erlebt hätte. Es ist schwer, denkwürdige Ereignisse miteinander zu vergleichen, die unter so verschiedenen kulturellen und politischen Gegebenheiten stattgefunden haben. Aber mein Eintreffen in Israel am Montag, dem 22. Oktober 1973, gehört mit Sicherheit zu den beeindruckendsten Erlebnissen.

Wir landeten auf dem Flughafen Lod, dem heutigen Ben-Gurion-Flughafen in Tel Aviv, um 13.00 Uhr Ortszeit. Später ist immer wieder behauptet worden, daß Israel den Krieg unbedingt hätte fortsetzen wollen und daß es den Israelis sehr schwergefallen wäre, sich mit dem Waffenstillstand abzufinden. Niemand wäre auf diesen Gedanken gekommen, der unseren Empfang miterlebt hat. Soldaten und Zivilisten erblickten in dem jetzt bevorstehenden Frieden die größte Wohltat. Israel hatte heldenhaft gekämpft, aber viel länger hätten die Israelis den Krieg nicht mehr durchstehen können. Die Menschen, die uns am Flughafen begrüßten, schienen es im tiefsten Inneren zu spüren, wie nahe sie dem Abgrund gekommen waren und wie sehr ein zwei Wochen dauernder Krieg sie erschöpft hatte. Kleine Gruppen von Soldaten und Zivilisten applaudierten uns mit Tränen in den Augen. Sie sahen so erschöpft aus, daß man glaubte, die Grenzen der menschlichen Leidensfähigkeit mit Händen greifen zu können. Israel hatte sich vollständig verausgabt, gleichgültig, was die militärischen Lagekarten zeigten. Die Bevölkerung sehnte sich so sehr nach Frieden, wie es nur Menschen tun können, die den Frieden nie gekannt haben.

Die gleiche Stimmung herrschte in Herzliyya bei Tel Aviv in dem seltsam modernistischen sogenannten Gästehaus auf dem Gipfel eines Berges, wo ich von Golda und ihrem Kabinett empfangen wurde. Das Gelände war von einem Stacheldrahtzaun umgeben, die Sicherheitsvorschriften waren sehr streng. Die Zimmer waren modern eingerichtet, aber nicht gerade elegant. Ich habe dieses Haus häufiger besucht und festgestellt, daß es sicher nicht dazu bestimmt war, »Gäste« unterzubringen. Es war vielmehr ein gegen Terroranschläge abgesichertes Haus für geheime Zusammenkünfte mit ausländischen Besuchern. Zu unserer Begrüßung hatten sich Golda Meir, Dajan, der Chef des Stabes, David Elazar, und andere Offiziere und Minister versammelt, unter ihnen der ehemalige Botschafter Yitzhak Rabin, der im Augenblick keinen offiziellen Posten einnahm, sich nicht an den Gesprächen beteiligte und eine rätselhaft verschlossene Miene zeigte. Die Gesichter waren von physischer und moralischer Erschöpfung gezeichnet. Wohl spürte man die typisch israelische Bravour, aber sie zu zeigen erfordert offensichtlich so viel Energie, daß es unsere israelischen Gesprächspartner eher zu erschöpfen als zu stärken schien. Sie sprachen von unmittelbar bevorstehenden Siegen, aber ohne Überzeugungskraft, und man hatte den Eindruck, als ob sie es nur täten, um bei uns den Eindruck der Unbesiegbarkeit zu wecken. Sie beschwerten sich darüber, daß sie jetzt nicht mehr die Möglichkeit hätten, die ägyptische 3. Armee ganz einzuschließen und zu vernichten, wofür sie noch drei Tage gebraucht hätten. Aber es waren die gleichen Leute, die immer wieder behauptet hatten, »wir brauchen noch drei Tage«, und damit die Lage jedesmal viel zu optimistisch beurteilten. Außerdem hätten wir nicht die Möglichkeit gehabt, den Waffenstillstand um drei weitere Tage hinauszuzögern, ohne eine Krise in den Beziehungen zwischen den Supermächten zu riskieren und die Beziehungen der Vereinigten Staaten zur arabischen Welt nachhaltig zu stören. Die politische Führung in Israel wußte das ganz genau. Deshalb war der Ton meiner Gesprächspartner eher melancholisch als vorwurfsvoll. Sie erinnerten sich an den ruhmreichen Krieg von 1967; es fiel ihnen schwer, sich den Realitäten der Stunde zu stellen.

Die ägyptische 3. Armee war auch nicht sehr lange das Gesprächsthema bei unserer Begegnung im Gästehaus. Als ich Golda Meir fragte, welches das nächste israelische Ziel gewesen wäre, wenn der Waffenstillstand es nicht verhindert hätte, erwähnte sie Port Fuad am nördlichen Ende des Suez-Kanals im Frontabschnitt der 2. Armee und soweit von der 3. Armee entfernt wie nur möglich. Wenn den Israelis am Tage der Verkündigung des Waffenstillstands etwas bewußt war, dann die Tatsache, daß ihre Verluste hoch genug waren – die zweitausend gefallenen israelischen Soldaten entsprachen zweihunderttausend Amerikanern.

Die Israelis spürten, daß sie die Aura der Unbesiegbarkeit verloren hatten, auch wenn die letzte Schlacht zu ihren Gunsten ausgegangen war. Die arabischen Armeen waren nicht vernichtet. Die arabischen Nationen hatten den Krieg nicht gewonnen, aber sie brauchten vor der militärischen Stärke Israels auch nicht mehr zu zittern. Israel war der Katastrophe gerade noch entgangen und hatte sich militärisch gehalten; am Schluß hielten die israelischen Armeen größere arabische Gebiete besetzt, als sie verloren hatten. Aber vor ihrem Land stand eine unsichere und einsame Zukunft, in der sie sich auf einen immer kleiner werdenden Kreis von Freunden verlassen mußten. Aber noch quälender war die Erkenntnis, daß Selbstgerechtigkeit zu diesem Ausgang des Krieges geführt hatte.

Jeder israelische Führer, mit dem wir zusammentrafen, wurde mit diesem Trauma auf andere Weise fertig, je nachdem, welche Chancen, jeder für seinen persönlichen Erfolg im politischen Leben sah. Sie alle fühlten, daß der Krieg der persönlichen Zukunft eines jeden einzelnen schwer geschadet hatte, und wirklich waren sie alle ein Jahr später nicht mehr an der politischen Macht beteiligt. Für Golda, die schon fast jedes bedeutende Regierungsamt innegehabt hatte, bedeutete diese Perspektive fast eine Erleichterung. Sie sorgte sich nicht um ihre politische Zukunft, sondern sie bedrückten die Verluste, die, wie sie glaubte, mit politischem Weitblick hätten vermieden werden können. Sie hatte ihr Privatleben geopfert und betrachtete ganz Israel als ihre Familie. Jeder gefallene israelische Soldat war für sie ein persönlicher Verlust. Die Ursache ihrer tiefen Verzweiflung waren nicht nur die gegenwärtigen Leiden ihres Volkes, sondern die schweren Prüfungen, die sie für die Zukunft erwartete und die sie besser ins Auge faßte als ihre Kollegen.

Golda scheute sich nicht, die Verantwortung für das Versagen des israelischen Nachrichtendienstes vor dem Krieg zu übernehmen; sie entschuldigte nichts und suchte nichts zu erklären. Frei von politischem Ehrgeiz bereitete sie sich darauf vor, was sie instinktiv als Israels nächste Herausforderung erwartete, daß nämlich die direkten Verhandlungen, die Israel seit so vielen Jahren mit solcher Leidenschaft gefordert hatte, zweifellos mit israelischen Zugeständnissen in Gang gebracht werden mußten. Für sie gehörte der Krieg schon jetzt der Vergangenheit an. Als einzige unter ihren Kollegen bereitete sie sich schon auf die nächste Schlacht vor, in der es, wie sie glaubte, darum gehen würde, die übrige Welt und besonders die Vereinigten Staaten daran zu hindern, ihre Probleme auf Kosten Israels zu lösen (oder was sie für einen hohen Preis hielt, den Israel würde bezahlen müssen, wenn sich der Status quo in irgendeiner Weise änderte). Aufmerksam beobachtete sie alle Vorgänge im Gästehaus, immer bereit, die Interessen ihres Landes zu verteidigen, und entschlossen, für jeden Kompromiß einen möglichst hohen Preis zu fordern. Ich wußte, daß ich als ihr Gesprächspartner keinen leichten Stand gegen ihre Hartnäckigkeit und Energie haben würde.

Der Chef des Stabes, General David (»Dado«) Elazar, stand auf der anderen Seite des Spektrums. Er wußte, daß jeder Krieg seine Opfer fordert; nun würde er das Opfer der israelischen Selbstzufriedenheit sein. Seine militärische und politische Laufbahn würde beendet sein, sobald sich die Politiker der Analyse des Krieges und seiner Ursachen zuwenden konnten. Ich möchte mich nicht an der Diskussion darüber beteiligen, wieweit er dafür verantwortlich gewesen ist, daß Israel seine Truppen nicht rechtzeitig mobil gemacht hat, denn darauf kommt es mir in diesem Zusammenhang nicht an. Ich hielt Elazar für einen Mann mit seltenen Qualitäten. Er zeigte eine vornehme Haltung, war aber ein Fatalist. Er unterrichtete uns sehr sachlich über die Lage, aber so, als wären die unmittelbar hinter uns liegenden erregenden Ereignisse schon Geschichte. Im folgenden Jahr trat er zurück, als ein Ausschuß der israelischen Regierung in erster Linie ihn dafür verantwortlich machte, daß Israel ungenügend auf den Krieg vorbereitet gewesen war. Das Privatleben, das er nun führen mußte, interessierte ihn nicht. Ein Jahr später starb er. Die medizinische Diagnose lautete: Herzanfall – der beste Ausdruck, den die Leute, die sich mit greifbaren Dingen beschäftigten, für ein gebrochenes Herz finden können.

Bei Dajan handelte es sich um einen besonders komplizierten Fall. In der Geschichte Israels stellen wir eine geradezu paradoxe Erscheinung fest. Hier hat ein Volk, das wegen seiner kosmopolitischen Einstellung und seines übermäßigen Intellektualismus so oft verfolgt worden ist, bei der Schaffung seines eigenen Staates Führer eines ganz neuen Typus hervorgebracht, des im Boden verwurzelten, realistischen, kämpferischen Bauern, der nicht durch eine übertriebene Phantasie belastet wird (oder jedenfalls nur durch einen feinen Instinkt für die herannahende Katastrophe) und als Pionier hartnäckig alles verteidigt, was er mühsam erobert hat, und zwar nicht nur so, als wäre die Diplomatie eine andere Form der Kriegführung – was schon Clausewitz gesagt hat –, sondern als folgte die Diplomatie auch den gleichen Regeln wie die Kriegführung. Dajan war eine einzigartige Mischung aus Altem und Neuem. Er zeichnete sich unter seinen Kollegen durch eine einzigartige Vorstellungsgabe, einen feinen Intellekt und die Fähigkeit aus, Israel in den großen Zusammenhängen der Weltpolitik zu sehen. Sein besonderes Interesse galt der Archäologie. Sie vermittelte ihm eine historische Perspektive, die sogar weit über die lange Geschichte seines eigenen Volks hinausreichte. Er begriff, daß nicht nur das jüdische Volk Katastrophen erlebt hatte, auch wenn es häufiger vom Schicksal heimgesucht worden war als andere Völker. Deshalb hatte er für die Haltung anderer Gesellschaften mehr Verständnis und war ihnen gegenüber toleranter als die meisten israelischen Führer, besonders gegenüber den Arabern. Er hatte die Intuition eines Dichters. Manchmal erkannte er die verschiedenen Seiten eines Problems so deutlich, daß er die für einen politischen Führer unerläßliche Zielstrebigkeit verlor, die bei seiner Premierministerin so stark ausgeprägt war. Dennoch war ich immer überzeugt gewesen, daß seine besonderen Qualitäten dringend gebraucht würden, wenn der Friedensprozeß begann, und daß Dajan der israelische Staatsmann wäre, der Israel wahrscheinlich am besten in den Frieden führen könnte.

Es war Dajans Tragödie, daß er, ebenso wie Moses, nur von weitem einen Blick auf das verheißene Land werfen durfte, daß ihm jedoch der Weg auf den Gipfel, von dem aus ihm dieser Anblick gewährt wurde, die Möglichkeit raubte, seine Visionen zu realisieren. Wie die meisten talentierten und künstlerisch begabten Menschen kannte er seinen eigenen Wert und war nicht frei von Eitelkeit. Im Verlauf von zwanzig Jahren hatte er Stellungen bekleidet, in denen sich seine ungewöhnlichen Fähigkeiten nicht voll auswirken konnten. Als Held des Krieges von 1956 genoß er hohes Ansehen, und 1967 rettete er sein Land durch einen überwältigenden militärischen Sieg (wen Rabin auch für den eigentlichen Retter des Vaterlandes gehalten haben mochte). Aber eine grausame Ironie des Schicksals wollte es, daß Dajan gerade in dem Augenblick, da seine Gaben am dringendsten gebraucht wurden, seine Aura verlor. Wenn der Chef des Stabes dafür verantwortlich gemacht wurde, daß Israel durch den Krieg überrascht worden war, dann mußte sich auch der Verteidigungsminister die gleichen Vorwürfe machen lassen. Jede Kritik am Chef des Stabes richtete sich im Grunde auch gegen seinen direkten Vorgesetzten.

Dieses Schicksal war für Dajan besonders schwer zu ertragen, weil er als weitblickendster israelischer Staatsmann nicht erkannt hatte, daß sich seine eigenen Voraussagen gerade in diesem Augenblick erfüllen sollten. Jahrelang hatte er seine warnende Stimme erhoben und gesagt, daß, wenn Israel sich nicht vom Suez-Kanal zurückzöge, es zum Kriege kommen müßte. Er hatte sich für eine Truppenentflechtung eingesetzt und hätte, wenn notwendig, auch einem einseitigen israelischen Truppenabzug zugestimmt, um eine Pufferzone zu schaffen. Es war ihm jedoch nicht gelungen, das Kabinett oder Golda Meir von seinen Auffassungen zu überzeugen. Ein einseitiger Truppenabzug war für sie einfach unvorstellbar. Dajan sollte recht behalten, aber unter Umständen, die ihn fast vernichtet haben. Es gab ungezählte Gründe, mit denen sich erklären ließ, weshalb er nicht erkannt hatte, daß der Angriff, vor dem er selbst so oft gewarnt hatte, unmittelbar bevorstand. Viele andere hatten sich über die Absichten Ägyptens ebenso geirrt wie er. Aber Helden verlieren auch den Glauben an sich selbst, wenn sie eingestehen müssen, daß auch sie sich irren können. Dajan identifizierte sich so sehr mit dem Bild, welches sich die Öffentlichkeit von ihm machte, daß er sich nicht dazu überwinden konnte, den einzigen Weg zu gehen, der ihn vielleicht aus seiner unglücklichen Lage hätte befreien können, und den Golda gegangen war: ehrlich zuzugeben, daß er die Lage falsch beurteilt hatte.

Nach 1973 war Dajan nicht mehr derselbe. Während des ganzen Krieges hatte er zwischen Verzweiflung und Euphorie hin und her geschwankt. Zeitweilig hatte er empfohlen, daß die israelischen Truppen sich an der Sinai-Front zurückziehen sollten, aber immer wieder hatte er voreilig von Siegen gesprochen, mit deren Verkündigung er den Erfolg der mit uns vereinbarten Politik gefährdete. Er erinnerte mich an einen Spieler, der im Roulette verloren hatte und nun den Verlust durch die ständige Verdoppelung des Einsatzes auszugleichen versuchte. Er war der Erfüllung seines Traumes, der israelische Friedens-Premierminister zu werden, schon zu nahe, um auf diesen Traum zu verzichten, und andererseits seinem Schicksal zu fern, als daß er es durch eine bloße Willensanstrengung hätte zwingen können. Er hatte nicht wie Golda den Gipfel erreicht, der es inzwischen gleichgültig geworden war, wie lange sie ihre Stellung einnehmen würde, er war aber auch nicht in den Abgrund gestürzt wie Elazar. Er schwankte zwischen Ehrgeiz und bösen Vorahnungen hin und her. Seine Zweifel waren zu groß, als daß er einen Angriff hätte wagen können, und seine Unsicherheit hinderte ihn daran, den Rückzug anzutreten. Er war zu sehr überzeugt davon, daß seine Stunde jetzt gekommen war, um zuzugeben, daß es der falsche Augenblick wäre und es daher vielleicht notwendig sei, geduldig auf die Gelegenheit zu warten, seine Mission zu erfüllen. Und so erlebte ich ihn auch im Gästehaus, wo er seine Gesprächspartner abwechselnd mit Vorwürfen überhäufte und versuchte, ihnen Mut zu machen. Nur wenn er sich unbeobachtet glaubte, spürte man die hinter allem liegende Melancholie und Frustration, die in der Folgezeit das Leben dieser ungewöhnlichen Persönlichkeit so sehr verbittern sollten.

Während dieses mit Emotionen beladenen Besuchs traf ich dreimal mit Golda zusammen. Das erste Gespräch führten wir zwischen 13.35 Uhr bis 14.15 Uhr. Dann waren wir von 14.30 Uhr bis 16.00 Uhr im Rahmen einer größeren Gruppe mit Vertretern beider Seiten beim Essen zusammen und dann bei einer militärischen Lagebesprechung von 16.15 Uhr bis 17.00 Uhr.

Goldas erste Frage an mich, als wir uns in einem privaten Zimmer zusammensetzten, betraf nicht den Krieg, sondern die Zukunft und die alptraumhaften Befürchtungen, die sie für diese Zukunft hegte. Gab es ein geheimes Abkommen mit der Sowjetunion, Israel zum Rückzug auf die Grenzen von 1967 zu zwingen? Als ich diese Vermutung energisch bestritt, fragte sie, ob es ein Abkommen über die Festlegung anderer Grenzlinien gäbe. Ich sagte, auch das wäre nicht der Fall. Als sie sich auch damit nicht zufriedengab und immer wieder festzustellen versuchte, auf welche Weise die Vereinigten Staaten Israel hintergehen könnten, verdeutlichte sie damit nur, in einer wie gefährlichen geo- und demographischen Lage sich ihr Land befand und wie sehr es von den Vereinigten Staaten abhängig war. Zwei Wochen hatten wir Israel zur Seite gestanden, seine Arsenale aufgefüllt, ein Ölembargo riskiert und es schließlich auf uns genommen, wir hatten alle unsere diplomatischen Bemühungen darauf gerichtet, diesem Land zu helfen, und mit der Resolution 338 viel mehr erreicht, als man in der ersten Woche hatte erwarten dürfen, als noch niemand an direkte Verhandlungen zwischen Arabern und Israelis dachte. Doch jetzt, als sich die allgemeine Erleichterung nach Beendigung des Krieges fast mit Händen greifen ließ, wurde sofort die Besorgnis spürbar, daß die Folgen der getroffenen Regelungen verhängnisvoll sein könnten. Seit fünfundzwanzig Jahren hatte sich Israel diplomatisch um direkte Verhandlungen mit den Arabern bemüht. Jetzt, da dieses Ziel in greifbarer Nähe war, erkannte Golda zu ihrem Schrecken – ihren Kabinettskollegen war das zum Glück noch nicht bewußt –, daß diese Verhandlungen Israel vor die schmerzlichen Entscheidungen stellen würde, die zu treffen es bisher hatte vermeiden können.

Die historischen Schrecken Israels wurden hier in der Form der talmudischen Exegese erörtert. Wir sprachen ausführlich über die Frage, ob § 2 der Waffenstillstandsresolution – die Verpflichtung zur Befolgung der Resolution 242 – einen organischen Bezug zu den direkten Verhandlungen hatte, die im § 3 der Resolution vorgesehen waren. Mit anderen Worten: Würde es bei den direkten Verhandlungen ausschließlich um die Rückkehr zu den Grenzen von 1967 gehen, oder würde Israel das Recht haben, eine eigene Interpretation der Resolution 242 vorzutragen? Ich versicherte Golda und ihren Kollegen, daß es keine geheimen Abmachungen gebe und die Verhandlungspartner jedes von ihnen gewünschte Thema zur Diskussion stellen könnten.

Kurz gesagt, die Unsicherheit Israels war so groß, daß man die Empfindung hatte, auch Worte könnten zu Dolchen werden. Golda wußte sehr gut, wie sehr sich das psychologische Gleichgewicht verschoben hatte und daß es sich auch nicht wiederherstellen ließ, wenn Israel seine erklärten Absichten durchsetzen sollte. Ich fragte sie, ob sie glaubte, daß Sadat die militärischen Rückschläge der letzten Phase des Krieges überleben könnte. Golda erwiderte ganz sachlich: »Das glaube ich. Denn er ist der Held. Er hat es gewagt.« Sie hatte recht. Israel war im Nachteil, auch wenn der Krieg mit einem israelischen Erfolg geendet hatte, denn Israels Ansprüche gingen über das menschliche Maß hinaus. Die Israelis konnten ihre Kriegsziele nicht durch einen einfachen militärischen Sieg erreichen; sie mußten ihre Gegner so vernichtend schlagen, daß sie sich nicht wieder erholen konnten. Angesichts der zahlenmäßigen Überlegenheit der Araber – Kairo allein hatte doppelt soviele Einwohner wie der ganze Staat Israel – konnte sich keine Nation, so heldenhaft sie auch kämpfte, auf die Dauer behaupten. Deshalb ist der Friede für Israel ebenso furchterregend wie notwendig. Während meines Besuchs in Israel ging es daher um die Kernfrage, ob der Friede geschlossen werden konnte, solange der heroische Geist Israels noch am Leben war und bevor die Brandung den einsamen Felsblock überspült hatte.

Während des Essens traf die Nachricht ein, daß Ägypten den Waffenstillstand um 17.00 Uhr Kairoer Ortszeit, also zwei Stunden vor dem festgesetzten Termin, in Kraft treten lassen wollte. Die Reaktion unserer israelischen Gastgeber war eine Mischung aus Erleichterung, Triumph und Resignation. Sie schwankte unsicher zwischen Hoffnung und Mißtrauen. Es kam zu einer planlosen Diskussion über die Grundregeln, die mit der Verwirrung endete, wie man sie so oft in historischen Augenblicken erlebt. Niemand konnte genau sagen, ob Kairo und Tel Aviv in der gleichen Zeitzone lagen. Die Kluft zwischen beiden Ländern war so tief, daß niemand in der Lage war, darüber Auskunft zu geben. Ich schickte Eagleburger ans Telefon und bat ihn, sich in Washington danach zu erkundigen. Während wir auf eine offizielle Bestätigung warteten, machte ich den Vorschlag, Israel sollte das Problem lösen, indem es den Termin auf 18.52 Uhr israelischer Zeit festsetzte – genau zwölf Stunden nach Annahme der Waffenstillstandsresolution; Kairo konnte dann den Termin auf die ägyptische Zeit umrechnen. (Es stellte sich heraus, daß wir damit den richtigen Zeitpunkt getroffen hatten.)

Auf der am Nachmittag stattfindenden militärischen Lagebesprechung erfuhren wir zum ersten Mal, wonach wir die Israelis schon seit einer Woche gefragt hatten; die genauen Stellungen und Angriffsziele der israelischen Streitkräfte am Westufer des Suez-Kanals. Die Karten zeigten, daß alle ägyptischen Nachschubstraßen zur 3. Armee mit Ausnahme einer Straße zweiter Ordnung im äußersten Süden abgeschnitten waren. Der israelische Offizier lobte den Gefechtswert der ägyptischen und der syrischen Armee. Von den Leistungen der irakischen Verbände, die ihnen gegenübergestanden hatten, waren die Israelis weniger beeindruckt.

Ich verließ Israel in gehobener, aber doch irgendwie düsterer Stimmung. Wir hatten unser strategisches Ziel erreicht, damit aber den Weg in eine ungewisse Zukunft geöffnet, den wir nur beschreiten konnten, wenn wir Disziplin und Zusammenhalt wahrten. Daß Ägypten verhandlungsbereit war, zeigte mir Hafiz Ismails Einladung, auf dem Rückflug in die Vereinigten Staaten in Kairo Station zu machen. Ich glaubte, den Israelis einen solchen Besuch nicht zumuten zu dürfen, und hatte außerdem das Gefühl, für einen ernsthaften Dialog mit den Ägyptern noch nicht genügend vorbereitet zu sein. Deshalb lehnte ich die Einladung höflich ab:

> Außenminister Kissinger dankt Herrn Ismail für seine Freundlichkeit, ihn zu einem Besuch in Kairo einzuladen. Leider ist diese Einladung erst eingetroffen, nachdem der Außenminister abgeflogen war und sich schon auf dem Wege nach London befand. Doch nun, nachdem der Waffenstillstand ausgehandelt worden ist, nimmt er die freundliche Einladung von Herrn Ismail, Kairo zu einem späteren Zeitpunkt zu besuchen, mit Vergnügen an. Er erwartet, daß es möglich sein wird, einen für beide Seiten geeigneten Termin für die allernächste Zukunft festzulegen und bis dahin den Gedankenaustausch mit Herrn Ismail über den gleichen Nachrichtenkanal wie bisher fortzusetzen.

Unterdessen war in Washington nach dem »Massaker von Samstagabend« die Bombe geplatzt. Auf dem Flug nach Westen erhielt ich nur zwei kurze Meldungen. Die eine hatte Scowcroft in einen Bericht über andere Themen eingefügt:

> Hier beschäftigt man sich jetzt fast ausschließlich mit der Affäre Richardson/Cox/Ruckelshaus. Die Medien sprechen fast nur noch von dem Verfahren zur Amtsenthebung des Präsidenten. Natürlich machte der Waffenstillstand große Schlagzeilen auf den Titelseiten der Zeitungen, aber die letzte Watergate-Krise stellte alles in den Schatten.

Haig telegrafierte weitere Einzelheiten:

> Leider werden Sie uns bei Ihrer Rückkehr in einer großen nationalen Krise finden, die durch die Entlassung von Cox und den daraus resultierenden Rücktritt von Richardson und Ruckelshaus entstanden ist. Da die Lage den Siedepunkt erreicht hat, sind die Erfolge in Moskau und ihre Auswirkungen etwas in den Hintergrund geraten, und ihre Bedeutung wird heruntergespielt. Aus diesem Grund ist es sehr wichtig, daß Sie sich nach Kräften darum bemühen, die nationale Perspektive zu vertreten, und daß alles daran gesetzt wird, die Öffentlichkeit darauf aufmerksam zu machen, was der Präsident für die Beilegung der Krise im Nahen Osten getan hat. Es ist durchaus möglich, daß es morgen im Kongreß zu einem Meinungsumschwung in Richtung auf ein Amtsenthebungsverfahren kommt, wenngleich wir darauf vertrauen, daß sich die kühleren Köpfe durchsetzen werden, wenn alles, was zugunsten des Präsidenten spricht, in der richtigen Weise berücksichtigt wird.
>
> Gegenwärtig hält der Präsident es für wichtig, daß sich die Führung beider Parteien morgen im Weißen Haus trifft; bei dieser Gelegenheit können Sie detailliert über die Lage im Nahen Osten berichten. In diesem Bericht sollten Sie deutlich darauf hinweisen, was der Präsident bisher geleistet hat und wie notwendig es ist, daß in den vor uns liegenden kritischen Tagen die nationale Einheit bewahrt und die Handlungsfähigkeit der Regierung gestärkt werden.

Als ich am Montagabend, dem 22. Oktober, auf dem Flughafen Heathrow bei London eine Zwischenlandung machte, um Sir Alec Douglas-Home über meine Eindrücke zu berichten, bekam ich durch die britischen Zeitungen eine recht lebendige Vorstellung davon, was geschehen war. Das Amtsenthebungsverfahren war eingeleitet. Ich kehrte in die Hauptstadt einer Nation zurück, die, während sie sich daran beteiligte, den Frieden im Nahen Osten wiederherzustellen, die Regierungsautorität im eigenen Lande verspielte.

Sir Alec begrüßte zwar die Beendigung des Krieges, zweifelte jedoch daran, ob der Waffenstillstand eingehalten werde. Er verfügte über Informationen, nach denen der syrische Präsident Hafezal-Asad am folgenden Tag eine Offensive beginnen wollte; dann könnte der Krieg aufs neue ausbrechen. Um keine Zeit mit langen Rückfragen in Washington zu verschwenden, verbanden mich Homes Mitarbeiter aus dem Auswärtigen Amt mit dem sowjetischen Botschafter in London. Schnell auf überraschende, neue Entwicklungen zu reagieren ist nicht die Stärke sowjetischer Diplomaten. So brauchte ich einige Zeit – und die nicht geringe Unterstützung der Beamten des britischen Auswärtigen Amtes – um ihn davon zu überzeugen, daß ich kein Hochstapler war.

Der unglückliche Botschafter, der wahrscheinlich wünschte, er hätte für diesen Abend eine Einladung angenommen, veranlaßte mich, ihm Wort für Wort zu diktieren, was ich ihm sagen wollte; so wurde aus einem Gespräch eine diplomatische Note. Ich sagte ihm, daß Israel die Waffenstillstandsresolution angenommen hätte. Wenn Syrien eine Offensive beginnen sollte, lehnten wir jede Verantwortung für die Folgen ab. Er wagte es nicht, dazu Stellung zu nehmen.

Aber der Nahe Osten lehrt einen immer wieder, wo die Grenzen der menschlichen Berechenbarkeit liegen. Der Waffenstillstand zerbrökkelte tatsächlich, aber ganz anders, als wir es auf dem Flughafen von Heathrow befürchtet hatten. Im gleichen Augenblick, da der Krieg unter dem Schutz der Supermächte zu Ende zu gehen schien und unsere Medien anfingen, an der Entspannung zwischen den Vereinigten Staaten und der Sowjetunion gewisse Vorteile zu entdecken, wurden wir von der Konfrontation überrascht, um deren Vermeidung wir uns siebzehn Tage erfolgreich bemüht hatten.

Die Schwierigkeiten begannen am Suez-Kanal. Ich landete am Donnerstag, dem 23. Oktober, um 3.00 Uhr morgens auf dem Militärflughafen Andrews bei Washington und ging, zu Hause angekommen, nach einem langen Tag, der in Moskau begonnen hatte und an dem ich in Tel Aviv und London zwischengelandet war, endlich zu Bett. Als ich nach vier Stunden Schlaf am Vormittag in mein Büro kam, fand ich zwei Botschaften vor. Die eine kam aus Kairo, die andere aus Jerusalem. Hafiz Ismail unterrichtete mich mit knappen Worten, daß israelische Streitkräfte den eben in Kraft getretenen Waffenstillstand verletzt hatten und neue Stellungen bezogen. Ägypten träfe »alle für die Wahrung seiner Sicherheit notwendigen Maßnahmen«. Ismail fragte an, was die Vereinigten Staaten und die Sowjetunion unternähmen, um Israel zur strikten Einhaltung der Waffenstillstandsbedingungen zu veranlassen.

Das Schreiben von Botschafter Kenneth Keating in Israel war viel länger und unendlich komplexer. Golda hatte ihn zu einer sehr ausführlichen Lagebesprechung empfangen. Dabei hatte sie zunächst darauf hingewiesen, daß starke innenpolitische Kräfte den Waffenstillstand ablehnten. Sie könnte zwar die Zustimmung des israelischen Parlaments erreichen, aber nicht ohne geschicktes Manövrieren. Dann beschwerte sie sich nicht zu Unrecht über die Ungereimtheit der Haltung Jordaniens: Hussein hatte einem Waffenstillstand am Jordan-Westufer öffentlich zugestimmt (wo keine Kampfhandlungen stattgefunden hatten), versteckte sich aber dahinter, daß Syrien im Kampfgebiet keinen Befehl zur Feuereinstellung gegeben hatte (wohin Jordanien seine Verbände geschickt hatte). Da Frau Meir es bewußt vermied, über die Suez-Front zu sprechen, erwähnte Keating nun Informationen, die er vorher vom israelischen Militär bekommen hatte und nach denen Ägypten den Waffenstillstand angeblich in grober Form verletzte. Keating erklärte nun recht vorsichtig, daß man diese Meldungen mit einiger Skepsis aufnehmen könnte, denn allem Anschein nach machten die israelischen Truppen Geländegewinne. Er wäre überzeugt, daß Golda sich der Gefährlichkeit der Lage bewußt sei. Sie hatte zugegeben, daß die militärische Führung verlangt hatte, man sollte ihr noch »zwei oder drei Tage Zeit« geben, um die 3. Armee im Süden vollständig einzuschließen (ein Umstand, den man uns während unseres Aufenthalts in Moskau vorenthalten hatte), das Kabinett hätte diese Bitte jedoch abgelehnt. Nun hätten, wie sie behauptete, die Ägypter in der Nacht und lange nach Inkrafttreten des Waffenstillstands leider die Waffenruhe gebrochen und mit starken Kräften angegriffen. Aus diesem Grund hätte sie den israelischen Streitkräften befohlen, den Kampf so lange fortzusetzen, bis die Ägypter ihn einstellten.

Ich teilte Keatings Skepsis. Am Tage zuvor hatte man bei der militärischen Lagebesprechung nicht den Eindruck gewinnen können, daß die Ägypter noch über starke Offensivkräfte verfügten. Außerdem war daraus, was Golda Keating zu Beginn ihrer Unterredung gesagt hatte, zu entnehmen, daß die israelischen Truppenbefehlshaber den Waffenstillstand gewissenhaft einhalten würden. Jetzt hatte ich das unangenehme Gefühl, sie zu diesem Verhalten ermutigt zu haben, denn ich hatte während meines Besuchs in Israel – um Sympathien zu gewinnen – gesagt, daß ich es verstehen könnte, wenn sich der Beginn des Waffenstillstands während meines Heimfluges um ein paar Stunden verschöbe, als Ausgleich für die vier Stunden, die durch die nicht funktionierende Nachrichtenübermittlung von Moskau aus verlorengegangen waren. Doch diese Kämpfe zogen sich weit über die Zeit hin, an die ich gedacht hatte. Wir hatten den Termin des Inkrafttretens schon fast um zwanzig Stunden überschritten. Die Israelis haben auch weder damals noch später behauptet, daß sie berechtigt gewesen seien, die Kämpfe – außer zu ihrer eigenen Verteidigung – fortzusetzen. Andererseits waren Ismails und Goldas Äußerungen relativ gemäßigt. Beide Seiten verhielten sich nicht so, als müßte man mit einer neuen Krise rechnen.

Moskau hatte die beiden Meldungen offenbar noch nicht verdaut. Oder der Kreml hielt diese Waffenstillstandsverletzungen für die üblichen letzten Zuckungen, die einem mit großer Erbitterung geführten Krieg folgten. Statt dessen übermittelte uns der sowjetische Geschäftsträger Yuli M. Worontsow (Dobrynin war noch nicht aus der sowjetischen Hauptstadt zurückgekehrt) um 7.50 Uhr die positive Antwort Moskaus auf meine Warnung hinsichtlich der drohenden syrischen Offensive, die ich den Sowjets von Heathrow aus hatte zukommen lassen:

> Nach Empfang der Mitteilungen von Außenminister Kissinger haben wir die geeigneten Schritte unternommen. Wir möchten Dr. Kissinger von unserer Feststellung unterrichten, daß Syrien im Zusammenhang mit der letzten Resolution des Sicherheitsrats keine Maßnahmen dieser Art in Erwägung zieht.

Gegen 9.30 Uhr rief der Generalsekretär der Vereinten Nationen, Kurt Waldheim, an und berichtete, daß Ägypten sich offiziell über die Verletzung des Waffenstillstands durch Israel beschwert und eine Sitzung des Sicherheitsrats beantragt hätte. Waldheim schlug den Einsatz einer Friedenstruppe der Vereinten Nationen zur Überwachung des Waffenstillstands vor, die aus skandinavischen Truppen und Verbänden anderer Länder bestehen sollte. Ich sagte ihm, daß ich die Angelegenheit mit meinen Kollegen und den Sowjets besprechen wollte.

Wenige Minuten später sprach ich mit David Popper, dem zweiten Staatssekretär und Leiter der Abteilung für Angelegenheiten der Vereinten Nationen, über die Möglichkeiten und Methoden einer Überwachung des Waffenstillstandes. Er hielt es für das Praktischste, die gleiche Beobachtergruppe der Vereinten Nationen dafür einzusetzen, die schon vorher am Suez-Kanal stationiert gewesen war.

Dann sprach ich mit Worontsow. Um in einem freundlichen Ton zu beginnen, bat ich ihn zunächst, Breschnew für die sowjetische Gastfreundschaft zu danken. Dann wies ich darauf hin, daß der vereinbarte gemeinsame »Schutz« der Verhandlungen – auf den die Sowjets so großen Wert gelegt hatten – die rasche Erfüllung der Zusage Breschnews voraussetzte, die Entlassung der israelischen Kriegsgefangenen zu bewirken. Der Hauptzweck meines Anrufes war es jedoch, Worontsow von den gemeldeten Verletzungen des Waffenstillstands zu unterrichten, die sich die Parteien gegenseitig vorwarfen. Ich sagte, das beste wäre es, wenn der Sicherheitsrat Waldheim beauftragen würde, beide Seiten aufzufordern, sich sofort an die Waffenstillstandsbedingungen zu halten. Wenn der Sicherheitsrat es wünschen sollte, UN-Beobachter oder eine UN-Friedenstruppe zu entsenden, würden wir dem Vorschlag zustimmen. Worontsow hatte zu dieser Frage offensichtlich keine Anweisungen und beschränkte sich darauf, kurz »ja« oder »richtig« zu sagen, um zu zeigen, daß er mich verstanden hatte. Als ich ihm die Nachrichtenvermittlung des Weißen Hauses anbot, um eine raschere Verbindung mit Moskau herzustellen, lehnte er ab und versicherte, daß er innerhalb kürzester Zeit durchkommen werde. Mit anderen Worten, Dobrynin hatte, wie ich damals vermutete, am ersten Tag des Krieges schlechte Nachrichtenverbindungen zum Vorwand genommen und darum gebeten, unsere Vermittlung benutzen zu dürfen, um uns zu beweisen, daß die Sowjetunion nicht hinter unserem Rücken besondere Absprachen mit den Arabern traf.

Schon nach fünf Minuten rief mich Worontsow zurück. Offenbar hatte sich mein Anruf mit einer Nachricht aus Moskau gekreuzt. Dort machte man sich offenbar Sorgen um die Lage im Nahen Osten. In der sowjetischen Botschaft lag eine von Breschnew an mich gerichtete Note vor – ein ganz ungewöhnliches Verfahren, denn bisher hatte der Generalsekretär seine Mitteilungen ausschließlich an Nixon adressiert. Es dauerte eine Stunde, bis Breschnews Note übersetzt war und von der sowjetischen Botschaft ins Außenministerium geschickt werden konnte. Darin hieß es, daß die israelischen Streitkräfte am Westufer des Suez-Kanals entlang nach Süden vorstießen. Diese Nachricht käme aus Moskaus »eigenen zuverlässigen Informationsquellen« – mit anderen Worten, sie stammten nicht aus ägyptischen Quellen, sondern wahrscheinlich von den mit Überschallgeschwindigkeit fliegenden Aufklärungsflugzeugen des Typs MiG-25 Foxbat, die auf ägyptischen Militärflughäfen stationiert waren. Breschnew bezeichnete das Vorgehen Israels als »unannehmbar« und einen »flagranten Betrug«. Daraus mußte man schließen, daß sich die ägyptischen Streitkräfte in einer äußerst gefährdeten Lage befanden. Er schlug vor, bis zum Mittag eine Sitzung des Sicherheitsrats einzuberufen. Bis dahin hatten wir nur noch zwei Stunden Zeit. Auf der Sitzung sollte die Waffenstillstandsresolution bestätigt und angeordnet werden, alle Streitkräfte auf die Linie zurückzunehmen, die sie zu dem Zeitpunkt besetzt gehalten hatten, als die Waffenstillstandsresolution am 22. Oktober angenommen worden war, also zwölf Stunden *vor* dem eigentlichen Inkrafttreten des Waffenstillstandes. (Ein geschickter sowjetischer Schachzug, denn damit hätte

Israel weit hinter die Linien zurückgehen müssen, von denen die israelischen Truppen zu ihrem gegenwärtigen Angriff angetreten waren.) Breschnews Note war ein Entwurf für eine Resolution des Sicherheitsrats angefügt, die diesen Vorstellungen entsprach.

Wir befanden uns jetzt in einer sehr peinlichen Lage. Die Dringlichkeit von Breschnews Appell ließ vermuten, daß sich die ägyptische 3. Armee in einer viel ernsteren Lage befand, als wir es uns nach den Berichten unserer eigenen Nachrichtendienste und den Mitteilungen der Israelis vorstellten. Wenn die Vereinigten Staaten nichts dagegen unternahmen, daß die ägyptische Armee vernichtet wurde, nachdem ein von den Vereinigten Staaten unterstützter Waffenstillstand in Kraft getreten war und der amerikanische Außenminister Israel besucht hatte, dann würde auch das gemäßigte arabische Land nicht mehr mit uns zusammenarbeiten wollen. Deshalb mußten wir sofort etwas unternehmen.

Um 11.04 Uhr nahm ich die Verbindung zu Simcha Dinitz auf, um festzustellen, ob er Keatings Bericht etwas hinzuzufügen hätte. Er wußte nicht, wo die neue Front lag, konnte mir aber in Golda Meirs Namen »persönlich, vertraulich und aufrichtig mitteilen, daß die Kampfhandlungen an der ägyptischen Front nicht von uns begonnen worden sind«. Bei aller Zuneigung, die ich für Golda empfand, glaubte ich, daß sie meine Gutgläubigkeit zu sehr strapazierte, wenn sie mir einreden wollte, die israelischen Streitkräfte hätten die Kampfhandlungen nicht eingeleitet. Man konnte sich nicht vorstellen, daß die ägyptische 3. Armee nach Inkrafttreten eines Waffenstillstands, der sie vor der Vernichtung bewahrt hatte, zum Angriff antreten würde, um dann alle erreichbaren Stellen um einen neuen Waffenstillstand zu bitten, während sie die ganze Zeit auf harmlose Israelis schoß, die sich während ihres Vordringens nur selbst verteidigten.

Aber wir hatten jetzt keine Zeit für abstrakte Erörterungen. Ich sah mir mit Dinitz den sowjetischen Entwurf für eine Resolution der Vereinten Nationen an und sagte ihm, wir würden der sowjetischen Forderung nicht zustimmen, daß die Parteien an die Linien zurückkehren müßten, an denen sie sich befunden hatten, als der Sicherheitsrat die Waffenstillstandsresolution annahm. Ich hielt es aber für unmöglich, daß wir uns weigerten, die Rückkehr auf die Linien zu verlangen, welche von den Parteien zur Zeit des Inkrafttretens des Waffenstillstands eingenommen worden waren, also zwölf Stunden später. Ich sagte, daß wir mit dem Einsatz von UN-Beobachtern einverstanden wären. Dinitz versprach, sich Anweisungen zu holen.

Wenige Minuten später rief mich Golda an, vor allem, um mir zu versichern, daß Ägypten zuerst den Waffenstillstand verletzt habe. Ich murmelte etwas über meinen Eindruck, daß ihre Soldaten nicht besonders unglücklich über dieses überraschende Ereignis wären. Nachdem ich so meine Schlagfertigkeit bewiesen hatte, erläuterte ich ihr meine Vorstellungen zu der UN-Resolution. Ich schlug vor, daß die israelischen Truppen sich ein paar hundert Meter von ihren gegenwärtigen Stellungen zurückziehen und behaupten sollten, dies wäre die alte Waffenstillstandslinie. »Wie kann irgend jemand wissen, wo eine Linie in der Wüste liegt oder gelegen hat?« sagte ich. Goldas Melancholie angesichts meiner törichten Vorstellungen war auch noch über eine Entfernung von mehr als neuntausend Kilometern fast mit Händen zu greifen. Sie antwortete: »Man wird sehr genau wissen, wo unsere Front jetzt liegt.«

Jetzt hatte ich begriffen. Die Israelis hatten die letzte nach Suez führende Nachschubstraße abgeschnitten. Die ägyptische 3. Armee am Ostufer des Kanals war vollkommen eingeschlossen. Jetzt war die Krise unvermeidlich.

Ich mußte mich nach Kräften darum bemühen, sie zu entschärfen. Um 11.32 Uhr vormittags rief ich Worontsow an. Ich sagte ihm, daß wir nichts dagegen hätten, den Sicherheitsrat noch für heute mittag einzuberufen, daß aber eine Abstimmung erst sehr viel später werde stattfinden können. Wir seien jedoch nicht bereit, dem sowjetischen Vorschlag zuzustimmen, daß ein Rückzug auf die Stellungen angeordnet werden sollte, welche die Parteien zur Zeit der Abstimmung über den Waffenstillstand im Sicherheitsrat eingenommen hatten.

Um die Mittagszeit rief mich Dinitz an und machte mir eine recht komplizierte Mitteilung. Im wesentlichen besagte sie, daß sich die israelischen Streitkräfte nicht aus den Stellungen zurückziehen würden, die sie jetzt einnahmen. Dinitz sagte, die israelische Regierung stimme der Auffassung zu, daß niemand sagen könnte, wo die ursprüngliche Waffenstillstandslinie gelegen hätte. Deshalb werde sie einer Aufforderung, sich auf diese Linie zurückzuziehen, nicht Folge leisten. Israel wollte die Autorität der Vereinten Nationen nicht dadurch unterminieren, daß es einer Resolution zustimmte, die sich nicht durchsetzen ließe. Eine solche Feinfühligkeit gegenüber den Vereinten Nationen hätten wir nach dem bisherigen Verhalten Israels kaum erwartet. Aber unser Problem war damit nicht gelöst. Wir wiesen unseren Botschafter bei den Vereinten Nationen, Scali, an, den Sitzungsbeginn hinauszuzögern, bis wir uns darüber klargeworden waren, wie wir jetzt vorgehen wollten.

Um 12.36 Uhr traf eine dringende Note von Breschnew ein, diesmal mit der Anrede »Verehrter Herr Präsident«. Darin empörte sich Breschnew über den israelischen »Verrat« und gab uns die bindende Zusicherung, daß die arabischen Führer sich an die Waffenstillstandsbedingungen halten würden. Die Leidenschaftlichkeit seiner Worte ging auf Kosten der Präzision, denn die Frage, mit der wir wahrscheinlich die größten Schwierigkeiten haben würden, wurde mit keinem Wort erwähnt; ob und auf welche Linie sich die israelischen Streitkräfte zurückziehen sollten. Breschnew verlangte nur, daß die Kämpfe eingestellt werden sollten. Unter Berufung auf eine gar nicht existierende amerikanisch-sowjetische Garantie des Waffenstillstandes – vielleicht haben die Sowjets diese Behauptung aufgestellt, um Kairo zur Annahme des Waffenstillstandes zu veranlassen – wurden wir aufgefordert, uns an »den entscheidensten Maßnahmen« gemeinsam mit der Sowjetunion zu beteiligen und »ohne Verzögerung« den Waffenstillstand zu erzwingen. Wenn nicht mehr als ein einfacher Waffenstillstand erreicht werden sollte, dann war die Sache nach meiner Ansicht recht einfach. Wenn man aber auch an einen Rückzug der Israelis dachte, dann standen uns stürmische Zeiten bevor.

Um einem konkreteren sowjetischen Vorschlag vorzubauen, interpretierten wir Breschnews Note in unserer Antwort so, als wünschte er nur den Waffenstillstand. Unsere Note ging noch in der gleichen Stunde in Nixons Namen ab und behandelte die gegenwärtige Lage als so eindeutig, wie sie nach unserer Auffassung in Wirklichkeit nicht sein konnte:

> Ich möchte Ihnen versichern, daß wir die volle Verantwortung für die Beendigung der Feindseligkeiten durch Israel übernehmen. Nach unseren Informationen spricht alles dafür, daß die Verantwortung für die Verletzung des Waffenstillstands auf der ägyptischen Seite liegt, aber es ist jetzt nicht Zeit, sich über diese Frage zu streiten. Wir haben von Israel verlangt, daß es sofort Schritte unternimmt, die Feindseligkeiten einzustellen, und ich ersuche Sie dringend, im Hinblick auf die ägyptische Seite ähnliche Maßnahmen zu ergreifen.

Um 13.35 Uhr teilte ich Worontsow unsere Entscheidung mit. Wir würden eine neue Aufforderung, das Feuer einzustellen und auf die Stellungen zurückzugehen, die von beiden Seiten eingenommen wurden, als der Waffenstillstand in Kraft trat, unterstützen. Aber ich warnte Worontsow und sagte, daß die genaue Lage dieser Linie zwischen Ägypten und Israel ausgehandelt werden müßte, und ließ auch keinen Zweifel daran, daß diese Verhandlungen lange Zeit in Anspruch nehmen könnten. Ich sagte: »Wir würden es begrüßen, wenn Sie und wir diese Debatte nicht übereilt führen wollten.« Worontsow schien eifrig darum bemüht zu sein, mir entgegenzukommen: »Sollen sie sich mit Worten streiten, wenn sie nur nicht kämpfen.« Um mir keine Gelegenheit entgehen zu lassen, sagte ich Worontsow, daß alles viel einfacher würde, wenn Ägypten die israelischen Kriegsgefangenen entließe. Worontsow brauchte nur fünf Minuten, um mit Moskau zu sprechen und mir zu bestätigen, daß die sowjetische Führung mit meinem Vorschlag einverstanden war. Um 14.26 entschloß sich Breschnew zu dem ungewöhnlichen Schritt, seine Zustimmung in einer weiteren an Nixon gerichteten Note zu bestätigen. Wir wußten aber immer noch nicht genau, wo die israelische Armee stand. Aber die Dringlichkeit der sowjetischen Botschaft ließ kaum einen Zweifel daran, daß sich die ägyptische Armee in einer höchst gefährlichen Lage befand. Wir glaubten, Israel die größtmögliche Verhandlungsfreiheit gegeben zu haben. Es konnte die vorgesehenen Verhandlungen dazu benutzen, auch andere Forderungen vorzubringen und besonders auf die Entlassung der Kriegsgefangenen zu drängen. Aber Israel verlangte von uns, was wir ihm nicht geben konnten, ein Vetorecht gegenüber allen unseren Entscheidungen ohne Rücksicht auf ihre Bedeutung und freie Hand zur Vernichtung der ägyptischen 3. Armee.

Am Donnerstagnachmittag, dem 23. Oktober, traf eine zornige Verbalnote von Golda ein, die Dinitz uns vorlas. Sie bezeichnete den neuen Resolutionsvorschlag für den Sicherheitsrat als einen ägyptisch-sowjetischen Schwindel zur Vertuschung einer ägyptischen Waffenstillstandsverletzung: »Israel kann es nicht akzeptieren, daß es immer wieder vor russische und ägyptische Ultimaten gestellt wird, denen schließlich auch die Vereinigten Staaten zustimmen.« Es war allerdings kaum ein Ultimatum, wenn man Israel und Ägypten aufforderte, die Kämpfe einzustellen und über die Rückkehr zu einer Linie zu verhandeln, die wir absichtlich nicht festgelegt hatten. Wir hatten den sowjetischen Resolutionsentwurf wesentlich zu Israels Gunsten geändert. Aber alle Frustrationen, die sich in den vergangenen drei Wochen angesammelt hatten, fanden jetzt ihren Ausdruck in der Reaktion Israels. Golda teilte uns mit, daß Israel der Resolution nicht zustimmen und auch nicht darüber sprechen werde. Israel schien entschlossen, den Krieg mit einer Demütigung für Ägypten zu beenden. Wir hatten kein Interesse an Sadats Sturz, vor allem nicht, wenn er durch das Scheitern eines auch von uns unterstützten Waffenstillstands verursacht wurde. Wenn Israel durch die Ereignisse der vergangenen Wochen weniger erschüttert worden wäre, dann hätte es auch verstanden, daß es mit seinem Verhalten jede Hoffnung auf den Frieden gefährdete und es zu einer dauernden Konfrontation kommen mußte, falls es seinen Willen durchsetzte. Denn wenn Sadat stürzte, dann würde er wahrscheinlich von einem radikalen, prosowjetischen Politiker abgelöst werden. Die Sowjets würden mit neuen Rüstungslieferungen die Ausfälle der 3. Armee wieder ausgleichen, und es würde früher oder später zu einem neuen Krieg kommen, der uns vor die gleiche ausweglose Lage stellte, wie wir sie eben kaum überwunden hatten. Ein von uns beherrschter Friedensprozeß wäre damit gescheitert, bevor er angefangen hätte. Würden die Friedensverhandlungen irgendwann wiederaufgenommen werden, dann nur unter sehr viel ungünstigeren Voraussetzungen.

Das israelische Kabinett war zu sehr mit seinen innenpolitischen Schwierigkeiten beschäftigt, um die Situation einsehen zu können. Es verlangte nach Vergeltung und wollte erreichen, daß Israel von seinen Nachbarn wieder als unbesiegbar angesehen wurde. Da die Israelis einen wirklichen Frieden nicht kannten, waren sie nicht bereit, für eine solide amerikanische Vorstellung von einem möglichen Friedensprozeß auf einen greifbaren Vorteil zu verzichten, und zwar ohne Rücksicht darauf, wie sie sich diesen Vorteil verschafft hatten. Als Opfer mehrerer Kriege, die aus einem jeweils waffenstillstandsähnlichen Zustand entstanden waren, glaubte Israel nicht, daß die Verletzung des letzten Waffenstillstands ein bedeutendes internationales Ereignis sei.

In Kairo stellte sich die Lage ganz anders dar. Um 15.15 Uhr erhielten wir über die Nachrichtendienste eine dringende, direkt an Nixon gerichtete Botschaft von Sadat. Zum ersten Mal war Sadat als Absender genannt, ein deutliches Zeichen dafür, daß sich Ägypten in einer sehr bedrängten Lage befand. Der ägyptische Präsident machte den ungewöhnlichen Vorschlag, die Vereinigten Staaten, mit denen Ägypten seit sechs Jahren keine diplomatischen Beziehungen mehr unterhielt, sollten »wirksam intervenieren, selbst wenn das den Einsatz von Streitkräften erforderlich machte, um die vollständige Einhaltung der Waffenstillstands-Resolution in Übereinstimmung mit den amerikanisch-sowjetischen Vereinbarungen zu garantieren«. Sadat wies in seinem Brief darauf hin, daß die Vereinigten Staaten angeboten hätten, den Waffenstillstand zu »garantieren« (wahrscheinlich weil die Sowjetunion ihn falsch unterrichtet hatte): »Was jetzt trotz Ihrer Garantien geschieht, ist nicht dazu angetan, das Vertrauen in künftige Garantien zu stärken.« Wenngleich Sadat damit drohte, die eben erst wiederaufgenommenen Beziehungen zu den Vereinigten Staaten abzubrechen, schloß er seinen Brief »mit den herzlichsten Grüßen«.

Das ägyptische Ansinnen, amerikanische Streitkräfte gegen das mit uns verbündete Israel einzusetzen, war natürlich ebenso unmöglich wie der israelische Wunsch, diplomatisch einzugreifen, während israelische Streitkräfte eine ägyptische Armee aufrieben, die *nach* Inkrafttreten des Waffenstillstandes eingekreist worden war. Deshalb hielten wir an unserer Absicht fest, die Einstellung der Kämpfe herbeizuführen und die Kontrahenten anschließend an den Verhandlungstisch zu bringen, um sich über eine neue Waffenstillstands-Linie zu einigen. Um

17.15 Uhr beantwortete ich Breschnews Botschaft vom gleichen Tage, die er (vor seinem Brief an Nixon) an mich gerichtet hatte. Ich wiederholte Nixons Antwort, ging aber im Detail darüber hinaus und bestätigte, daß wir uns über eine neue gemeinsame Resolution geeinigt hatten, und zwar trotz gewisser Vorbehalte, weil es jetzt darauf ankäme, den Waffenstillstand durchzusetzen. Darüber, was die kriegführenden Parteien nach Eintreten des Waffenstillstands tun sollten, äußerte ich mich nur sehr vage:

> Wie ich Herrn Worontsow gesagt habe, und er hat es mir bestätigt, wurde unsere Bereitschaft, Ihrem Vorschlag für den Sicherheitsrat grundsätzlich zuzustimmen, möglich, als Ihre Regierung mir versicherte, sie werde Zurückhaltung üben, wenn es zwischen den Parteien im Hinblick auf die (Waffenstillstands-)Linien zu Meinungsverschiedenheiten kommen sollte.

Ich wies noch einmal darauf hin, daß der sofortige Austausch der Kriegsgefangenen wesentlich dazu beitragen könnte, einen »wirksamen Waffenstillstand« sicherzustellen.

Am späten Donnerstagnachmittag beantworteten wir in Nixons Namen Sadats Brief. Zunächst stellten wir klar, daß die sowjetische Behauptung, die Vereinigten Staaten hätten die Durchsetzung des Waffenstillstands »garantiert«, nicht den Tatsachen entsprach: »Alles, was wir garantiert haben – gleichgültig, was andere Quellen Ihnen gesagt haben mögen – war, daß wir uns nach Kräften und konstruktiv darum bemühen würden, einen politischen Prozeß zu fördern, der eine politische Lösung ermöglicht.« Trotzdem hätten wir von uns aus Israel gedrängt, sich an die Bestimmungen der Resolution 338 zu halten. Zugleich forderten wir auch Ägypten auf, seine Streitkräfte zur Einhaltung des Waffenstillstands zu veranlassen.

Um 20.30 Uhr teilte mir Dinitz mit, ich könnte Sadat in Goldas Namen feierlich versprechen, daß, wenn Ägypten sich wirklich an den Waffenstillstand hielte, auch die israelischen Streitkräfte das Feuer einstellen würden. Die Großzügigkeit dieses Vorschlags wurde ein wenig erschüttert, als Dinitz zugeben mußte, daß alle zur 3. Armee führenden Versorgungswege abgeschnitten waren. Die 3. Armee auszuhungern würde längere Zeit in Anspruch nehmen, als sie militärisch zu vernichten, würde aber auf das gleiche Ergebnis hinauslaufen und höchstwahrscheinlich auch zu einer Konfrontation mit den Sowjets führen. Diese konnten es nicht zulassen, daß ein von ihnen unterstützter Waffenstillstand zur Falle für ihren Verbündeten wurde.

Ich hoffte jedoch, daß wir uns so bald noch nicht mit diesem Problem würden beschäftigen müssen. Israel hatte dem neuen Waffenstillstand zugestimmt, und da ich Wert darauf legte, daß Ägypten erkannte, welche Rolle die Vereinigten Staaten dabei gespielt hatten, schickte ich Hafiz Ismail eine versöhnliche Note. Darin drängte ich die Ägypter, das Feuer einzustellen. Um Sadat einen Ausweg offenzulassen, fügte ich hinzu: »Sollte er sich zu einem solchen Befehl entschließen, könnte Herr Ismail, wenn er es wünscht, Dr. Kissinger von dieser Tatsache unterrichten, damit die amerikanische Seite auch andere Regierungen davon in Kenntnis setzen kann, wenn sie uns danach fragen.«

So schien die Ruhe am Donnerstagabend, dem 23. Oktober, wiederhergestellt zu sein. Der Sicherheitsrat der Vereinten Nationen nahm die Resolution 339 an, die den Waffenstillstand vom 22. Oktober bestätigte und die Parteien »drängte« (und nicht »forderte« – eine kleine Korrektur, auf die ich stolz war, ohne daß Israel mir dafür gedankt hätte), in die vorher eingenommenen Stellungen zurückzukehren.* Israel und Ägypten erklärten sich bereit, den Waffenstillstand am folgenden Morgen, dem 24. Oktober um 7.00 Uhr Ortszeit (15.00 Uhr in Washington) in Kraft treten zu lassen. Am Abend des 23. Oktober erklärte schließlich auch Syrien offiziell die Annahme des Waffenstillstandes.

Wir hatten den Eindruck, wenigstens einen gewissen Spielraum für unsere diplomatischen Bemühungen zurückgewonnen zu haben. Haig hatte mir am Donnerstagabend mitgeteilt, daß Nixon wegen Watergate »sehr, sehr niedergeschlagen« sei. Dem Rechtsausschuß des Repräsentantenhauses waren am gleichen Tage acht Resolutionen zur Amtsenthebung des Präsidenten vorgelegt worden. Aber ich wußte, daß der Präsident, welche tragischen Wendungen auch sein persönliches Schicksal nehmen sollte, während der bevorstehenden komplizierten außenpolitischen Verhandlungen fest und handlungsfähig bleiben würde.

24. und 25. Oktober: der Alarm

Krisen haben ihre eigene Dynamik. Die Einstellung der Kampfhandlungen kam unseren diplomatischen Absichten entgegen, widersprach jedoch der militärischen Realität. Die ägyptische 3. Armee mußte versuchen, sich aus der Umklammerung zu befreien. Ungeachtet des Waffenstillstandes würde Israel nur sehr ungern darauf verzichten, den Krieg mit einem vernichtenden Schlag zu beenden.

Am Mittwochmorgen, dem 24. Oktober um 8.00 Uhr – der neue Waffenstillstand war theoretisch schon sieben Stunden in Kraft, traf in meinem Büro im Weißen Haus eine Botschaft von Hafiz Ismail ein mit der Mitteilung, daß »die Israelis ihre Angriffe wiederaufgenommen

* Der Text der Resolution 339 findet sich in den Anmerkungen.[3]

haben«. Sadat werde sich sofort mit Nixon in Verbindung setzen, damit »wirksame Maßnahmen ergriffen werden können, um Israel zur Einhaltung des Waffenstillstands zu verpflichten«.

Ich konnte Dinitz noch zu Hause erreichen, aber er sagte, daß er in sein Büro fahren müßte, wo er über eine direkte Leitung nach Israel verfügte. Um 9.22 Uhr konnte ich endlich mit ihm sprechen. Er sagte mir, daß die eingeschlossene ägyptische Armee versucht hätte, in drei Richtungen auszubrechen, und zwar nach Westen gegen die Stadt Suez, nach Osten in Richtung auf den Mitla-Paß und nach Norden in Richtung auf die Stellungen der ägyptischen 2. Armee. Diese Angriffe seien alle abgeschlagen worden. Israel hätte sich dabei nur verteidigt und die ägyptischen Offensiven »blockiert«. Allerdings hatten die israelischen Truppen sich dabei in den Besitz der ägyptischen Flottenbasis bei Suez gesetzt. Sosehr ich Dinitz persönlich schätzte, seinem Bericht konnte ich keinen rechten Glauben schenken. Ich konnte verstehen, daß sich eine eingeschlossene Armee aus der Umklammerung zu befreien versucht und in Richtung auf ihre Versorgungsbasis ausbrechen will. Aber ein Vorstoß gegen den Mitla-Paß führte in die entgegengesetzte Richtung und war strategisch sinnlos. Viel eher konnte ich verstehen, daß die Israelis den ägyptischen Brückenkopf am Ostufer des Suez-Kanals beseitigen wollten. Wenige Minuten später warnte ich Dinitz: »Wenn Sie uns heute abend erzählen, Sie hätten zwanzigtausend Ägypter gefangengenommen, dann werden Sie uns nicht einreden können, die Ägypter hätten den Kampf begonnen.«

Kaum hatte ich das Gespräch mit Dinitz beendet, als Sadats Brief an Nixon eintraf. Sadat behauptete, daß Israel den Angriff wiederaufgenommen hätte, und bat Nixon dringend, zu »intervenieren, und zwar auch mit Bodentruppen, um Israel zur Einhaltung des Waffenstillstands zu zwingen. Soviel haben Sie versprochen.« Das klang nicht wie der Brief eines Mannes, der glaubte, daß seine Armee sich in der Offensive befände.

Ich setzte mich sofort wieder mit Dinitz in Verbindung. Wenn wir die Dinge so weiterlaufen ließen, dann war eine Konfrontation mit den Sowjets unvermeidlich. Auch alle Hoffnungen auf die Anknüpfung neuer Beziehungen zu Ägypten wären in diesem Fall vergeblich gewesen, und zugleich wäre jede Möglichkeit verspielt, Verhandlungen zwischen den Parteien zustande zu bringen. Am späten Abend des vorigen Tages hatten die Sowjets eine offizielle Erklärung abgegeben, in der sie Israel vor den »schwerwiegendsten Konsequenzen« warnten, wenn es seine »Aggression« nicht einstellte. Da sich Breschnew jetzt persönlich eingeschaltet hatte, wurden wieder alle Faktoren wirksam, welche die Alarmierung der sowjetischen Luftlandedivisionen und die Verstärkung der sowjetischen Flotte im Mittelmeer ausgelöst hatten. Ich sagte Dinitz, daß die Kunst der Außenpolitik darin bestünde, zu wissen, wann man die Erfolge der eigenen Siege sichern müßte. Es gäbe bestimmte Grenzen, die wir trotz unserer Freundschaft zu Israel nicht überschreiten dürften; so könnten wir es auch nicht zulassen, daß der Führer einer anderen Supermacht als Idiot hingestellt würde. Wenn nun Sadat die Sowjets ebenso wie uns auffordern würde, den Waffenstillstand mit Hilfe sowjetischer Truppen zu erzwingen, dann hätte Israel sich selbst übertölpelt.

Dinitz erklärte, daß Israel das Feuer einstellen werde, wenn es die Ägypter täten, und erklärte sich bereit, den amerikanischen Militärattachés unserer Botschaft in Tel Aviv einen Frontbesuch zu erlauben, wo sie feststellen könnten, daß der Waffenstillstand eingehalten würde. Ich erblickte darin ein Manöver, mit dem Israel Zeit gewinnen wollte. Bis dahin hatten die Kämpfe schon den größten Teil des Tages angedauert, und es würde viele Stunden dauern, bis man sich wieder auf einen Waffenstillstand geeinigt und die amerikanischen Militärbeobachter an die weit entfernte Sinai-Front gebracht hatte.

Aber in der Außenpolitik muß man sich mit dem zufriedengeben, was man in der Hand hat. Wir beantworteten Sadats Schreiben sofort, und so mißtrauisch wir auch waren, so bemühte Nixon sich doch um eine möglichst objektive Haltung und teilte Ägypten mit, daß wir alle Offensivoperationen verurteilten. Um den ägyptischen Präsidenten versöhnlicher zu stimmen, kam er noch einmal auf die Friedensverhandlungen zu sprechen:

> Die isrealische Regierung hat in ihrer Antwort behauptet, daß die ägyptische 3. Armee mit den Angriffen begonnen hätte; israelische Streitkräfte befänden sich in der Defensive und hätten den Befehl, nur zurückzuschießen, wenn sie angegriffen würden. Von hier aus ist es unmöglich, festzustellen, was wirklich geschehen ist. Ich möchte Ihnen versichern, daß die Vereinigten Staaten nach wie vor gegen jede israelische Offensivoperation sind und wirksame Maßnahmen ergreifen wollen, um solche Operationen zu beenden. Könnten Sie inzwischen dafür sorgen, daß auch Ihre Streitkräfte alle militärischen Aktionen einstellen. Außenminister Kissinger wird sich im Lauf des Tages mit Herrn Ismail in Verbindung setzen, um über die Möglichkeit direkter Gespräche zwischen unseren beiden Seiten über die Nachkriegsdiplomatie zu sprechen.

Von Moskau hatten wir noch nichts gehört. Aber wahrscheinlich hatte sich Sadat mit einem ähnlichen dringenden Appell auch an Breschnew gewandt. Die Übermittlung der Note, ihre Übersetzung und ihre Auswertung hatten sicherlich eine gewisse Zeit in Anspruch genommen.

Aber ich war überzeugt, daß wir nicht lange auf einen kühlen Windstoß aus Moskau würden warten müssen.

Ich beschloß, dem zuvorzukommen. Um 9.45 Uhr rief ich den eben aus Moskau zurückgekehrten Dobrynin an und sagte ihm, »die Wahnsinnigen im Nahen Osten scheinen weiterzumachen«. Ohne selbst ganz davon überzeugt zu sein, erklärte ich, daß jede Seite behauptete, das Opfer des Angriffs der anderen zu sein. Da es keinen Sinn hatte, von vornherein in die Defensive zu gehen, sagte ich, »diesmal haben vielleicht die Ägypter angefangen, aber ich weiß es nicht genau. Wir haben nichts, wovon wir ausgehen können. Ich möchte nur wissen, was wir tun sollen.« Ich sagte Dobrynin, wir hätten die Israelis aufgefordert, ihre Offensivoperationen einzustellen. Sie hätten sich dazu bereit erklärt, wenn auch die Ägypter das Feuer einstellten. Jetzt würden wir alles tun, um die Einhaltung des Waffenstillstands durchzusetzen. Dobrynin hatte keine Anweisungen und sagte, daß er sich mit Moskau in Verbindung setzen müsse. Das paßte mir sehr gut. Zwanzig Minuten später, gegen 10.10 Uhr, gab ich der sowjetischen Bürokratie Stoff für neue Überlegungen. Ich berichtete Dobrynin von dem israelischen Vorschlag, daß die amerikanischen Militärattachés an die Front gehen sollten, um die Einhaltung des Waffenstillstandes zu überwachen, bis die UN-Beobachter eingetroffen wären, und tat so, als läge darin ein bedeutendes Zugeständnis. Ich schickte ihm auch eine Kopie des letzten Briefes von Nixon an Sadat. Damit hatte der Kreml, wenn er Wert darauf legte, die Möglichkeit, das Gesicht zu wahren. Außerdem war es ein Beweis unseres guten Willens.

Solange ein anderes Land damit beschäftigt ist, die Vorschläge eines Verhandlungspartners zu überprüfen, hat es keine Zeit, eigene Initiativen zu ergreifen; deshalb unterrichteten wir Sadat von den letzten Entwicklungen:

> Die israelische Premierministerin hat uns eben davon in Kenntnis gesetzt, daß die israelischen Streitkräfte den eindeutigen Befehl erhalten haben, in ihren Verteidigungsstellungen zu bleiben und nicht das Feuer zu eröffnen, wenn sie nicht selbst beschossen werden.
>
> Auf Ihren Vorschlag, die Vereinigten Staaten sollten militärische Beobachter ins Kampfgebiet entsenden, hat sich die israelische Regierung bereit erklärt, die amerikanischen Militärattachés sofort an die Front reisen zu lassen, um festzustellen, daß diese Befehle befolgt werden. Es wäre jetzt sehr hilfreich, wenn Sie Ihre Streitkräfte entsprechend anweisen würden.

Aber die Ereignisse im Nahen Osten hatten inzwischen eine Dynamik entwickelt, die sich durch solche Manöver nicht mehr beeinflussen ließ. Um 10.19 Uhr rief mich Dobrynin zurück und kündigte eine neue

Note Breschnews an. Sie war scharf im Ton, aber inhaltlich unspezifisch. Die Anrede lautete schlicht »Mister President«. Das »sehr verehrter . . .« vom Vortage fehlte diesmal. Breschnew unterrichtete uns darin recht ausführlich von den »herausfordernden« israelischen Angriffen auf beiden Seiten des Suez-Kanals, die wenige Stunden nach Inkrafttreten der letzten Waffenstillstandsresolution begonnen hätten. Der Schluß der Note war inhaltlich vage, aber aggressiv im Ton:

> Natürlich fragen wir uns, was eigentlich dahintersteht. Ich muß ganz offen sagen, Herr Präsident, daß wir überzeugt von Ihren Möglichkeiten sind, Israel zu beeinflussen, ein so herausforderndes Verhalten Tel Avis zu beenden.
>
> Wir möchten hoffen, daß wir beide zu unserem Wort und zu den von uns getroffenen Vereinbarungen stehen werden.
>
> Ich würde es begrüßen, wenn Sie uns davon unterrichten wollten, welche Schritte Sie unternommen haben, um Israel zur strikten und sofortigen Einhaltung des Beschlusses des Sicherheitsrats vom 22. und 23. Oktober zu veranlassen.

Ich sagte Dobrynin, daß er von uns hören werde, sobald wir die Antwort formuliert hätten. Bis dahin mußte ich Israel klarmachen, in eine wie schwere Krise wir geraten waren. Wenn ich einer Mitteilung besonderen Nachdruck verleihen oder eine persönliche Konfrontation zwischen mir und dem israelischen Kabinett vermeiden wollte, bat ich Haig, Dinitz in Nixons Namen anzurufen. Das tat ich auch diesmal. Angesichts der schweren Angriffe, denen Nixon ausgesetzt war, bezweifle ich, daß Dinitz diese Kriegslist nicht durchschaut hat – aber vielleicht hat er wenigstens erkannt, daß jetzt schmerzliche Entscheidungen getroffen werden mußten. Haig verlangte die sofortige Beendigung der israelischen Offensivoperationen.

Am Mittwochvormittag um 10.30 Uhr übernahm ich den Vorsitz bei einer Sitzung der WSAG, unterrichtete meine Kollegen vom Stand der Dinge und empfahl, an unserem bisherigen Kurs festzuhalten:

> Die Araber mögen uns verachten, hassen oder verabscheuen, aber sie wissen jetzt, daß sie, wenn sie eine Beilegung der Krise wünschen, zu uns kommen müssen. Außer uns kann niemand ihnen helfen. Sie haben sich dreimal darauf verlassen, daß die Russen sie mit Kriegsmaterial beliefern, und dreimal haben sie dabei den kürzeren gezogen. Strategisch haben wir die Trümpfe in der Hand. Wir müssen sie nur richtig ausspielen.

Nach der Sitzung bemühte ich mich weiter darum, die Gemüter zu beruhigen und Zeit für diplomatische Verhandlungen zu gewinnen. Ich schickte eine Note an Ismail, in der ich Sadats Einladung nach Kairo annahm. Dabei schlug ich vor, daß ich schon am 7. November abreisen könnte, »um über die gegenwärtige Lage und die geeigneten Maßnahmen zur Vorbereitung einer dauernden Friedenslösung zu sprechen«.

Unterdessen hatte ich erfahren, daß die Israelis auf Haigs telefonische Anfrage recht unverständlich reagiert hatten. Dajan schickte ihm über Dinitz eine Note, und Golda Meir bat unseren Botschafter Keating zu sich. Beide sagten etwa das gleiche: Die Israelis versuchten, »das Feuer hinzunehmen, ohne es zu beantworten«. Sie hätten den ganzen Tag nicht versucht, weiter vorzustoßen, und »sie werden es auch nicht versuchen«. (Damit ließen sie jedoch die Möglichkeit eines Ermattungskrieges offen, in dessen Verlauf die eingeschlossene ägyptische 3. Armee ausgehungert und zur Kapitulation gezwungen werden könnte.) Israel habe verlangt, daß UN-Beobachter aus Kairo an das Westufer des Suez-Kanals kommen sollten, aber die Ägypter ließen sie augenscheinlich nicht zu. (Damit war aber die Frage, was am Ostufer geschah, nicht beantwortet.) Israel hätte konkrete Beweise dafür, das Ägypten den Kampf fortsetzen wollte, und zwar mit Unterstützung von Panzerverbänden, die aus Kairo herangeführt worden seien, um die israelischen Stellungen am Westufer zu durchbrechen. Die Israelis hätten nicht die Absicht, die ägyptischen Streitkräfte am Westufer anzugreifen. (Uns kam es natürlich in erster Linie auf das Verhalten der Israelis am Ostufer an.) Dayan fügte hinzu, daß Keating auch weiterhin auf dem laufenden gehalten werde und Zugang zu allen israelischen Informationen hätte »in dem weiteren Bemühen, den Außenminister zu beruhigen und von den guten Absichten Israels zu überzeugen«.

Ohne Rücksicht darauf, was wir persönlich von diesen Erklärungen hielten, nahmen wir Dajans Worte für bare Münze. Deshalb schickte Nixon um 13.00 Uhr eine Note an Breschnew, in der er die Erklärungen der Israelis zusammenfaßte. Eine Botschaft ähnlichen Inhalts schickte ich an Ismail. Sie kreuzte sich jedoch mit einer dringenden Note Sadats an Nixon. Sadat behauptete, daß Israel seine Offensivoperationen wiederaufgenommen hätte, und stimmte dann einem Angebot zu, daß wir *nicht* gemacht hatten – die sofortige Entsendung amerikanischer Beobachter oder Streitkräfte zur Überwachung des Waffenstillstandes auf der *ägyptischen* Seite. Was ich schon vor drei Stunden befürchtet hatte, war jetzt eingetreten. Sadat teilte uns mit, daß er »offiziell« mit der gleichen Bitte an die Sowjetunion herangetreten sei. Sehr bald nach Eintreffen dieser privaten Botschaft Sadats erfuhr ich durch eine Presseverlautbarung, daß Kairo öffentlich erklärt hatte, es werde eine Sitzung des Sicherheitsrats beantragen, um die Vereinigten Staaten und die Sowjetunion zur Entsendung von »Streitkräften« in den Nahen Osten aufzufordern. Damit zeichnete sich die nächste Krise am Horizont ab. Wir waren nicht bereit, amerikanische Truppen nach Ägypten zu schicken, und wollten auch die Entsendung sowjetischer Truppen nicht zulassen. Wir hatten uns nicht jahrelang darum bemüht, die militärische Präsenz der Sowjetunion in Ägypten abzubauen, um sie jetzt mit Hilfe einer UN-Resolution wiederherzustellen. Wir wollten auch nicht gemeinsam mit den Sowjets eine Truppe aufstellen, denn dadurch würde die militärische Präsenz der Sowjetunion im Nahen Osten als rechtmäßig anerkannt und die radikalen Elemente würden gestärkt. Die antisowjetischen Gemäßigten wie Saudi-Arabien, die Emirate, Jordanien und Kuwait könnten angesichts einer solchen Zusammenarbeit zwischen den Vereinigten Staaten und der Sowjetunion in Panik geraten. Es könnte sich als unmöglich erweisen, die sowjetischen Streitkräfte wieder zum Abzug zu bewegen, und die Sowjets würden immer wieder Vorwände finden, gegen Israel oder die gemäßigten Araber zu intervenieren.

Während wir zunächst abwarteten, ob der Bericht aus Kairo sich als falscher Alarm erweisen würde oder nicht, verstärkten die Sowjets die Spannungen. Um 15.35 Uhr meldete Dobrynin sich mit einer Botschaft des sowjetischen Außenministers Gromyko. Daß der Absender diesmal der Außenminister war, bedeutete eine gewisse Beruhigung, denn damit wurde die Konfrontation auf eine niedrigere Ebene verlegt, aber der Inhalt der Note war beunruhigend genug. Gromyko behauptete, daß Israel die militärischen Operationen intensivierte, und wenn die Israelis das Gegenteil behaupteten, so wäre das falsch. Er verlangte von mir nichts weiter, als daß ich den Präsidenten davon unterrichten sollte. Damit überließ er es uns, ein nicht näher definiertes Problem zu lösen, um uns später für ein Scheitern solcher Bemühungen verantwortlich machen zu können. Ich bat Dobrynin, um 16.00 Uhr in mein Büro zu kommen. Inzwischen setzte ich mich mit Dinitz in Verbindung und bat ihn um eine genaue Auskunft. Er erklärte, er habe erst vor fünf Minuten erfahren, daß an der Sinai-Front alles ruhig sei.

Es gab verschiedene Erklärungen für die einander widersprechenden sowjetischen und israelischen Behauptungen. Sie konnten beide richtig sein, denn es bestand die Möglichkeit, daß Gromyko und Dinitz die Lage so schilderten, wie sie sich zu verschiedenen Zeitpunkten dargestellt hatte. Da es eine gewisse Zeit gedauert hatte, bis bestimmte Nachrichten übermittelt worden waren, könnte Moskau von der Einstellung der Kampfhandlungen noch nichts gewußt haben, als Gromyko seine Note abschickte. Wenn das zutraf, dann würde sich Moskau beruhigen, sobald es von dem tatsächlichen Stand der Dinge Kenntnis genommen hatte. Es könnte aber auch sein, daß eine oder beide Seiten nicht die Wahrheit gesagt hatten. Wenn Israel entgegen seinen Behauptungen die Operationen fortsetzte, dann mußte es jetzt zu einer Konfrontation kommen. Wenn Gromyko wußte, daß Israel die Kampfhandlungen eingestellt hatte, seine Botschaft aber trotzdem auf den Weg brachte, dann wollte Moskau entweder in Kairo den Eindruck erwecken, daß die Sowjetunion durch ihr Eintreten die Feuereinstellung bewirkt hätte, oder die Sowjets suchten nach einem Vorwand, ihre Truppen nach Ägypten zurückzuschicken, um die Entscheidung zu erzwingen und die ägyptische 3. Armee aus der Umklammerung zu befreien. Jedenfalls konnte eine Feuereinstellung unser Grundproblem jetzt nicht mehr lösen. Selbst wenn die Kampfhandlungen eingestellt worden waren, blieb die 3. Armee eingeschlossen und befand sich in großer Gefahr.

Wir waren entschlossen, die Verlegung sowjetischer Truppen in den Nahen Osten wenn notwendig mit Gewalt zu verhindern, gleichgültig, unter welchem Vorwand die Verlegung geschah. Als Dobrynin kurz nach 16.00 Uhr bei mir erschien, sagte ich ihm, daß wir unser Veto gegen jede UN-Resolution einlegen würden, welche die Entsendung von Truppen eines dauernden Mitgliedes des Sicherheitsrats verlangte – und damit formulierte ich unsere Forderung so vorsichtig wie möglich und gab der Sowjetunion die Gelegenheit, auf ein Eingreifen zu verzichten, ohne das Gesicht zu verlieren.

Dobrynin hatte keine neuen Anweisungen, zeigte sich aber sehr versöhnlich. Da es jetzt in Moskau schon nach 23.00 Uhr war, muß er angenommen haben, daß er keine neuen Instruktionen mehr bekommen würde und sich die Lage daher zunächst beruhigen könnte. Er meinte, daß es vielleicht am günstigsten wäre, wenn wir versuchen wollten, ohne eine offizielle neue Resolution des Sicherheitsrats auszukommen. Statt dessen könnte der Präsident des Sicherheitsrats einfach zum Ausdruck bringen, daß die Mitglieder übereinstimmend der Auffassung seien, man sollte die Parteien erneut zur Einhaltung des Waffenstillstandes aufrufen. Erleichtert stimmte ich zu und sagte, daß die Methode gut wäre, um die Krise zu entschärfen. Die Atmosphäre hatte sich augenscheinlich so weit beruhigt – wie ich das auch auf einer Pressekonferenz am nächsten Tag zum Ausdruck brachte –, daß wir jetzt zu einem Meinungsaustausch über den Ort, die Teilnehmer und das Verfahren für eine Nahost-Friedenskonferenz kommen könnten. Wenn Dobrynin wußte, worüber wir sprachen (und im allgemeinen tat er das), dann hatte sich die sowjetische Führung entschlossen, aus einer ungünstigen Lage das Beste zu machen und den baldigen Beginn einer Friedenskonferenz anzustreben, weil sie auf diese Weise am besten aus ihrem Dilemma herauskam und auch die ägyptische 3. Armee vor der Vernichtung retten konnte. Wir waren gern bereit, dazu beizutragen.

In diesem Sinne bat ich das Nahost-Büro des Außenministeriums, mir Entwürfe für das Verfahren und die Zusammensetzung einer Friedenskonferenz vorzulegen. Der sowjetische Vertreter bei den Vereinten Nationen in New York, Jakow Malik, hatte bisher noch nicht erkennen lassen, daß er Sadats Bitte um einen Einsatz amerikanischer und sowjetischer Streitkräfte unterstützte. In Moskau war es jetzt bald Mitternacht. Wir hatten den Eindruck, daß es uns gelungen sei, wenigstens für den größeren Teil eines neuen Tages den Ausbruch einer Krise zu verhindern – und mit jeder Stunde verbesserten sich die Aussichten auf eine politische Lösung.

Doch am Mittwochabend, dem 24. Oktober um 19.05 Uhr (in Moskau war es der 25. Oktober, 2.05 Uhr morgens), entschloß sich die sowjetische Führung plötzlich, es auf die entscheidende Kraftprobe ankommen zu lassen. Dobrynin teilte mir mit, daß Malik angewiesen worden wäre, eine Resolution zu unterstützen, in der die Entsendung amerikanischer und sowjetischer Truppen in den Nahen Osten verlangt würde, wenn ein anderes Land diesen Antrag stellte – was sich, wie ich wußte, ohne weiteres arrangieren ließ; wenigstens Ägypten würde es tun. Ich hatte gerade noch Zeit, Dobrynin zu sagen, daß wir diesem Vorschlag niemals zustimmen würden, als ich das Gespräch unterbrechen mußte, weil der Präsident mich anrief.

Nixon war so erregt, wie ich ihn bis dahin noch niemals erlebt hatte. Die öffentliche Diskussion über das Amtsenthebungsverfahren wurde täglich lauter. Jetzt sagte er mir, er hoffte, daß ich auf einer für den nächsten Morgen angesetzten Sitzung, wo ich den führenden Kongreßabgeordneten einen Lagebericht geben wollte, zum Ausdruck bringen werde, welche zentrale Rolle er bei der Behandlung der Nahost-Krise spielte, und daß wir nicht auf ihn verzichten könnten. Schon vorher hatte er mich gedrängt, einige Senatoren anzurufen und ihnen das gleiche zu sagen – ein Symptom dafür, in welche Bedrängnis dieser stolze Mann geraten war. Jetzt sprach er nicht nur von seinem politischen, sondern auch von seinem physischen Ende: »Sie tun es, weil sie den Präsidenten umbringen wollen, und vielleicht wird es ihnen gelingen. Vielleicht werde ich physisch sterben.« Ich versuchte, ihn zu beruhigen, und sagte, in der Not wäre er immer am stärksten gewesen. Aber diesmal ließ er sich nicht trösten:

> Ihnen geht es nur um die Vernichtung. Das bringt mich manchmal so weit, daß ich sagen möchte, zum Teufel mit der ganzen Geschichte. Ich möchte einmal sehen, wie sie dieses Land regieren, und was dann daraus wird . . . Das wirklich Tragische daran ist, wenn ich gehen muß, wird alles, was wir getan haben, auseinanderfallen. Die Russen werden sich nach anderen Gesprächspartnern umsehen, die Chinesen werden das Vertrauen verlieren, die Europäer werden das auch – sie begreifen einfach nicht, daß sie alles zum Fenster hinauswerfen. Ich weiß nicht, was in Gottes Namen . . .

Hier kam die ganze Watergate-Tragödie in einem kurzen Telefongespräch zum Ausdruck. Nixon hatte recht, wenn er von den wahrscheinlichen internationalen Konsequenzen des Watergate-Skandals sprach, und auch in der Beurteilung der Motive einiger seiner Feinde war er nicht weit von der Wahrheit entfernt. Aber er hatte diesen alten Feinden selbst die Möglichkeit gegeben, alte Rechnungen zu begleichen. Jetzt befanden sich beide Seiten auf einem Kollisionskurs, von dem sie nicht mehr abweichen konnten. Seine Kritiker sahen sich kurz vor dem Ziel, das sie ein ganzes Leben lang verfolgt hatten, und Nixon war angesichts des herannahenden Alptraums gelähmt und nicht mehr in der Lage, die Katastrophe durch rechtzeitige Enthüllungen abzuwenden oder sie durch eine großzügige Geste zu transzendieren.

Wir steuerten unter Umständen auf die schwerste außenpolitische Krise der Amtszeit Nixons zu – denn hier kam es zur Konfrontation der Supermächte –, während der Präsident von seinen Gegnern und einem Kongreß in die Regierungsunfähigkeit getrieben wurde. Der Kongreß hatte seine Vollmachten beim Einsatz der Streitkräfte durch ein kürzlich erlassenes Gesetz wesentlich beschnitten.

Um 19.15 Uhr abends war das Gespräch mit dem Präsidenten beendet, und in düsterer Stimmung griff ich wieder zum Telefon, um Dobrynin anzurufen. Der sowjetische Botschafter erklärte jetzt, daß das, was er mir vor drei Stunden gesagt hätte, »falsch« sei. Die Sowjetunion wünschte, daß die Vereinten Nationen zur Erzwingung des Waffenstillstands Truppen in den Nahen Osten entsendeten, und zwar auch sowjetische Truppen. Ich erwiderte kurz, daß wir dagegen unser Veto einlegen würden.

Es mußten dringende Vorbereitungen getroffen werden. Innerhalb der folgenden zehn Minuten ergriff ich eine Reihe von Maßnahmen. Ich wies Scali an, gegen die Aufstellung jeder Friedenstruppe, an der eine der Supermächte beteiligt werden sollte, das Veto einzulegen. Das gleiche galt für jede Verurteilung Israels, denn sie könnte der Vorwand für spätere Interventionen sein. Die von uns bevorzugte Alternative wäre eine Vergrößerung der Beobachtergruppe der Vereinten Nationen, die schon in der Resolution 339 gefordert worden war. Dann sagte ich Scali, daß er den chinesischen Botschafter Huang Hua vom Inhalt meiner Instruktionen in Kenntnis setzen sollte, denn ich war überzeugt, daß es den Chinesen nicht recht sein würde, wenn sowjetische Streitkräfte im Auftrag der Vereinten Nationen in den Nahen Osten verlegt würden. Wenn China unsere Auffassungen kannte, würde es sich wahrscheinlich unserem Veto anschließen. Da ich nicht wußte, welcher chinesische Botschafter die besseren Verbindungen zu Peking hatte, bat ich auch Scowcroft, Huang Tschen, den Chef des Verbindungsbüros in Washington, von unserer Entscheidung zu unterrichten und ihm zu sagen, welche Lösung wir für die richtige hielten.

Nachdem ich die Ausgangsstellung auf diese Weise vorläufig festgelegt hatte, rief ich Dobrynin um 19.25 Uhr abends noch einmal an. Ich ersuchte ihn dringend, die Sache nicht zum Äußersten kommen zu lassen. Wir wären bereit, UN-Beobachter in den Nahen Osten zu schicken, würden es aber nicht zulassen, daß unter irgendeinem Vorwand sowjetische Truppen dorthin verlegt würden. Dobrynin erwiderte, in Moskau »sind sie so böse geworden, daß sie Truppen einsetzen wollen«. Er warf uns vor, es zugelassen zu haben, »daß die Israelis tun können, was sie wollen«. Ich forderte ihn noch einmal dringend auf, zu verhindern, daß eine solche Resolution im Sicherheitsrat eingebracht würde: »Es wäre ein Jammer, deshalb in eine Konfrontation zu geraten.« In kritischen Situationen legte Dobrynin jede Zuvorkommenheit ab; dann reagierte er nur noch sachlich. Er sagte, er werde meine Stellungnahme nach Moskau weitermelden, er sei jedoch überzeugt, daß die sowjetische Führung das Thema ausdiskutiert und ihren Entschluß gefaßt hätte.

Unmittelbar darauf rief ich den britischen Botschafter, Lord Cromer an und bat ihn, er möge London veranlassen, sich unserem Veto anzuschließen. Um 19.35 Uhr unterrichtete ich Dinitz. Kurz nach 20.00 Uhr rief ich Dobrynin noch einmal an. Ich teilte ihm mit, daß nach unseren Erkenntnissen die Kampfhandlungen im Nahen Osten eingestellt worden seien. Es wäre immer noch Zeit, eine Konfrontation zu verhindern. Darin lag eine Warnung, aber ich vermied es bewußt, es auf eine Katastrophe ankommen zu lassen. Dobrynin verhielt sich ähnlich. »Geben Sie mir ein genaues Bild der Lage«, sagte er kühl und sachlich, als brauchte Moskau die Aufklärungsergebnisse unserer Nachrichtendienste, um sich über den Truppenaufmarsch im Nahen Osten ein Bild zu machen, »und ich werde ein Telegramm abschicken.«

Während sich die Lage auf diese Weise ständig zuspitzte, traf eine Note von Hafiz Ismail ein, in der mein Vorschlag angenommen wurde, am 7. November nach Kairo zu kommen.

Am Abend um 20.25 Uhr teilte mir Dobrynin mit, der ägyptische Außenminister Zayyat hätte vor wenigen Minuten in seiner Rede vor dem Sicherheitsrat offiziell beantragt, daß die Vereinigten Staaten und die Sowjetunion Streitkräfte in den Nahen Osten schickten. Ich forderte den sowjetischen Botschafter zu »großer Zurückhaltung« auf. Der ägyptische Vorschlag sei noch nicht angenommen worden, und wenn eine entsprechende Resolution eingebracht werden sollte, dann würden wir vom Wege engster Zusammenarbeit abkommen und auf einen sehr gefährlichen Kurs geraten. Dobrynin hatte keine neuen Anweisungen und erklärte, er habe mir »nur gesagt, was er (Zayyat) im Sicherheitsrat gesagt hätte«.

Nun schickte ich in Nixons Namen eine dringende Botschaft an Sadat, um ihm mitzuteilen, daß wir gegen jede Resolution im Sinne des ägyptischen Appells unser Veto einlegen würden. Sollte Ägypten an seinem Vorschlag festhalten, dann müßte auch meine Reise nach Kairo abgesagt werden. Sadat sollte wissen, daß er, wenn er auf der Verlegung von Streitkräften der Supermächte in den Nahen Osten bestand, seine vorsichtigen Annäherungsversuche an uns aufs Spiel setzte.

Die nächsten Nachrichten aus dem Sicherheitsrat klangen etwas günstiger. John Scali rief mich an, daß der sowjetische Vertreter bei den Vereinten Nationen in seiner Rede Israel zwar angegriffen und auch sehr in die Nähe eines Angriffs gegen die Vereinigten Staaten geraten wäre, sich aber der ägyptischen Initiative für eine Intervention der Supermächte nicht offiziell angeschlossen hätte. Ich beauftragte Scali, unsere Haltung darzulegen, und in einer sehr deutlichen Rede lehnte er die Intervention der Großmächte ab und empfahl dringend die rasche Entsendung einer größeren Zahl von UN-Beobachtern. Dabei machte er weder Ägypten noch Israel irgendwelche Vorwürfe. Um 21.32 Uhr bat ich Haig, den Präsidenten vom Stand der Dinge bei den Vereinten Nationen zu unterrichten; wir sprachen außerdem über den Inhalt einer Erklärung, die Nixon bei Beginn der für den folgenden Tag vorgesehenen Pressekonferenz abgeben könnte. Der Präsident war schon zu Bett gegangen. Haig und ich stimmten darin überein, daß wir möglicherweise vor der explosivsten Krise einer von Unruhe gekennzeichneten Amtszeit stünden.

Wenige Minuten später bestätigten sich unsere Befürchtungen in dramatischer Weise. Um 21.35 Uhr rief mich Dobrynin an. In Moskau war es 4.35 Uhr morgens. Dobrynin sagte, er hätte einen so dringenden Brief von Breschnew, daß er ihn mir am Telefon vorlesen müßte. Der Grund war mir sofort klar. Es war praktisch ein Ultimatum: Breschnew schlug vor, sowjetische und amerikanische Streitkräfte sollten gemeinsam nicht nur für die Einhaltung des Waffenstillstandes sorgen, sondern auch für die Durchsetzung »der zwischen uns vereinbarten Garantie für die Verwirklichung der Beschlüsse des Sicherheitsrats« – mit anderen Worten, wir sollten eine umfassende Friedensregelung erzwingen:

> Lassen Sie uns, die UdSSR und die Vereinigten Staaten, gemeinsam die sowjetischen und amerikanischen militärischen Kontingente sofort nach Ägypten entsenden, um die Befolgung der Beschlüsse des Sicherheitsrats vom 22. und 23. Oktober über die Einstellung des Feu-

ers und aller militärischen Aktivitäten sicherzustellen und dafür zu sorgen, daß die zwischen uns vereinbarte Garantie für die Verwirklichung der Beschlüsse des Sicherheitsrats wirksam wird.

Es ist notwendig, sich ohne Verzögerung daran zu halten. Ich möchte deutlich sagen, daß wir, wenn es Ihnen unmöglich erscheint, in dieser Angelegenheit gemeinsam mit uns vorzugehen, von der Notwendigkeit stehen würden, uns sofort mit der Frage zu beschäftigen, ob wir einseitig geeignete Schritte unternehmen müssen. Wir können Willkürakte Israels nicht zulassen.

Das war eine der erntesten Herausforderungen, die sich ein sowjetischer Führer gegenüber einem amerikanischen Präsidenten bisher erlaubt hatte, und zwar von der hochmütigen Anrede »Mister President« bis zu dem ebenso hochmütigen Schlußsatz, der den Präsidenten aufforderte, »sofort eine klare Antwort« zu geben. Im übrigen schlug Breschnew nicht nur vor, daß amerikanische und sowjetische Streitkräfte die Einhaltung der Waffenstillstandsbedingungen erzwingen sollten, sondern verlangte auch die Durchsetzung einer endgültigen Friedensregelung, die zwar in ihren Einzelheiten noch nicht festgelegt war, die jedoch von Moskau während des vergangenen Jahres wiederholt erläutert und ebensooft von uns abgelehnt worden war. Für den Fall unserer Ablehnung drohte Breschnew damit, einseitig Truppen in den Nahen Osten zu verlegen.*

Auf diesen Vorschlag konnten wir niemals eingehen. Wenn wir uns bereit erklärten, gemeinsam mit der Sowjetunion diesen Schritt zu tun, dann würden sowjetische Truppen mit unserem Segen wieder nach Ägypten verlegt werden. Damit würden wir entweder zu einem Anhängsel der Sowjetunion in einer gegen Israel gerichteten Machtdemonstration, oder wir würden schließlich mit sowjetischen Truppen in einem Land aneinandergeraten, das im Hinblick auf den Waffenstillstand die gleichen Ziele verfolgen mußte wie die Sowjetunion oder es sich nicht leisten konnte, den Eindruck zu erwecken, es sei mit den Absichten der Sowjets nicht einverstanden.

Aber die Auswirkungen würden weit über Ägypten hinausgehen. Wenn sowjetische Streitkräfte, gefolgt von einem amerikanischen Kontingent, unter dramatischen Umständen in Kairo erschienen, dann würden unsere traditionellen Freunde unter den gemäßigten Arabern zu-

* Dobrynin sagte mir später, ich hätte das Wort »adhere« (»sich daran zu halten«) im ersten Satz des zweiten oben zitierten Absatzes mißverstanden. Er hätte diktiert »act here« (»hier zu handeln«). Abgesehen von der Tatsache, daß sich der Inhalt des Briefes damit nicht geändert hätte, haben wir nie eine offizielle Richtigstellung erhalten, obwohl wir in einer Antwort Nixons unsere Version dieses Satzes wörtlich wiederholt hatten, um deutlich zu sagen, wogegen wir Einwände erhoben.

tiefst erschüttert, denn sie würden daraus entnehmen, daß sich die Vereinigten Staaten und die Sowjetunion auf ihre Kosten geeinigt hätten. Die Strategie, die wir mit unserer Außenpolitik in vier Friedensjahren und in zwei Wochen der Krise unter erheblichen Mühen verfolgt hatten, würde vergeblich gewesen sein. Ägypten würde wieder in den sowjetischen Einflußbereich geraten, und die Sowjetunion und ihre radikalen Verbündeten würden im Nahen Osten zum beherrschenden Faktor werden. China und Europa würden durch die militärische Zusammenarbeit der Vereinigten Staaten mit der Sowjetunion in einer vitalen Region zutiefst erschüttert werden. Und wenn das gemeinsame Unternehmen scheiterte und zu einer amerikanisch-sowjetischen Krise würde, was wahrscheinlich war, dann stünden wir allein da.

Ich zweifelte keinen Augenblick daran, daß wir den sowjetischen Vorschlag ablehnen mußten. Und wir mußten es in einer Form tun, mit der die Sowjets von dem angedrohten einseitigen Vorgehen – und auf das sie sich, wie wir aus den uns vorliegenden Berichten schließen konnten, auch vorbereiteten – abgeschreckt wurden. Wir hatten sehr konkrete Gründe, die Drohung ernst zu nehmen. Die CIA meldete, daß die Sowjets die Luftbrücke in den Nahen Osten am frühen Morgen des 24. eingestellt hatten, obwohl wir unsere Lieferungen fortsetzten. Daraus konnten wir den bedrohlichen Schluß ziehen, daß die Flugzeuge bereitgestellt wurden, um einige der Luftlandedivisionen zu befördern, die sich, wie wir ebenfalls erfahren hatten, im erhöhten Alarmzustand befanden. Auch ostdeutsche Verbände waren in Alarmzustand versetzt worden. Die Zahl der sowjetischen Schiffe im Mittelmeer war auf fünfundachtzig angewachsen. Das war die stärkste bisher in diesem Seegebiet versammelte sowjetische Flotte (am Schluß waren es mehr als hundert Schiffe). Am folgenden Tag stellten wir fest, daß eine aus zwölf Schiffen bestehende sowjetische Flotille, zu der auch zwei amphibische Fahrzeuge gehörten, Kurs auf Alexandria genommen hatte. Dazu gab es Berichte über bedrohliche Entwicklungen in anderen kritischen Gebieten. Ich konnte mich nicht des Eindrucks erwehren, daß die durch Watergate verursachte offensichtliche Schwäche Nixons wesentlich zu der Bereitschaft des Politbüros beigetragen hatte, eine so krasse Herausforderung zu wagen.

Solche Gedanken gingen mir durch den Kopf, als ich Dobrynin den Brief Breschnews noch einmal vorlas, um mich zu vergewissern, daß ich ihn richtig verstanden hatte. Ich warnte ihn vor einseitigen Schritten. Er sagte, er werde meine Warnung nach Moskau weitergeben. Jetzt waren wir beide vom Rhythmus der Konfrontation erfaßt, der seine eigene Logik hat. Jetzt mußte eine Seite sich zu einem Ausweichmanöver entschließen, um es nicht zum Zusammenstoß kommen zu lassen.

Um 21.50 Uhr abends unterrichtete ich Haig. Er glaubte zuerst, daß die Sowjets uns bluffen wollten: »Sie werden am Ende eines Krieges doch keine Streitkräfte ins Kampfgebiet schicken.« Ich hielt das Manöver zwar nicht für einen Bluff, aber das war jetzt gleichgültig. Wir durften es nicht riskieren, an einen Bluff zu glauben. Wenn wir angesichts dieser Bedrohung nichts unternahmen, dann würde die sowjetische Führung sich nicht mehr daran hindern lassen, die Drohung in die Tat umzusetzen. Wir konnten es jetzt einen Bluff nennen, falls es einer war, aber wir mußten den Tatsachen ins Auge sehen, wenn die Sowjets es ernst meinten. Eine andere Wahl hatten wir nicht. Ich fragte Haig, ob ich den Präsidenten wecken sollte. Er lehnte mit einem schroffen »nein« ab. Ich wußte, was das bedeutete. Haig glaubte, der Präsident sei durch die Watergate-Krise innerlich so aufgewühlt, daß er an den Vorbesprechungen nicht teilnehmen könnte. So mußte ich eine schwere Verantwortung auf mich nehmen. Mein Gespräch mit Nixon vom gleichen Abend hatte mich überzeugt, daß Haig recht hatte.

Die vor uns liegende Entscheidung erforderte dringend eine Sitzung der ranghöchsten Beamten unserer Regierung. Deshalb berief ich für 22.30 Uhr abends eine Sitzung der WSAG im Außenministerium ein. Bis dahin teilte ich Dinitz um 22.00 Uhr den Inhalt des Briefes von Breschnew mit und bat ihn um die Stellungnahme Israels. Ich sagte ihm, daß wir nicht die Absicht hätten, auf den Vorschlag einzugehen.

Um 22.15 Uhr rief ich Dobrynin an, um sicherzugehen, daß er begriff, welche Haltung wir einnahmen, und um zu verhüten, daß die Sowjetunion voreilige Schritte unternahm:

Kissinger: Wir versammeln unsere Leute, um über Ihren Brief zu beraten. Ich wollte Sie nur wissen lassen, daß alle einseitigen Maßnahmen, die ergriffen werden, bevor wir die Gelegenheit gehabt haben, ihn zu beantworten, sehr ernste Folgen haben wird.

Dobrynin: Ja, in Ordnung.

Kissinger: Das ist eine äußerst besorgniserregende Angelegenheit. Setzen Sie uns nicht unter Druck. Ich möchte das einmal wiederholen: Setzen Sie uns nicht unter Druck!

Dobrynin: In Ordnung.

In subtiler Weise verstärkte dieses Gespräch die Wirkung von Breschnews Drohbrief. Dobrynin hätte ohne weiteres sagen können, daß die Sowjets auf keinen Fall etwas unternehmen würden, bevor sie von uns gehört hätten. Als erfahrener Berufsdiplomat hatte er tausend Möglichkeiten, uns verständlich zu machen, daß wir zu heftig reagierten, daß die Drohung mit einseitigen Maßnahmen eine Redensart wäre, die normale Reaktion eines souveränen Staates, der sich an die Wand gedrängt fühlt. Statt dessen ließ Dobrynin es zu, daß der Eindruck bestehen blieb, wir stünden wirklich vor einer Krise, und nichts habe sich geändert, was uns veranlassen könnte, die Möglichkeit eines einseitigen sowjetischen Vorgehens mit militärischen Kräften im Nahen Osten auszuschließen. Der Gedanke an diese Möglichkeit beherrschte die Beratungen, vor denen unsere Regierung jetzt stand.

Um 22.20 Uhr sprach ich wieder mit Haig. Wir waren jetzt beide davon überzeugt, daß wir mit einer sowjetischen Intervention rechnen mußten. Haig empfahl mir, die Sitzung der WSAG in das Lagezimmer zu verlegen, um zu demonstrieren, daß das Weiße Haus die Zügel in der Hand hatte. Und er hatte recht, wenn er meinte, daß ich den Vorsitz diesmal in meiner Eigenschaft als Sicherheitsberater des Präsidenten und nicht als Außenminister übernehmen sollte. Wieder sprachen wir darüber, ob wir den Präsidenten wecken sollten. Haig wiederholte, ohne meine Frage direkt zu beantworten, daß es das beste wäre, die Sitzung im Weißen Haus abzuhalten. Er wollte damit sagen, daß er die Verantwortung dafür übernehmen werde, wer im Weißen Haus vom Inhalt der Gespräche unterrichtet wurde. Nixon schreibt in seinen Memoiren:

> Als Haig mich von diesem Brief unterrichtete, sagte ich, er und Kissinger sollten eine Sitzung im Weißen Haus abhalten, um die Pläne für eine entschlossene Reaktion auf eine kaum verhüllte Bedrohung mit der einseitigen sowjetischen Intervention zu formulieren. Mit Worten konnten wir nichts erreichen – wir mußten etwas unternehmen, und wenn es der Schock war, die Streitkräfte in Alarmbereitschaft zu versetzen.[4]

Die Sitzung begann am Mittwoch, dem 24. Oktober um 22.40 Uhr, im Lagezimmer des Weißen Hauses im Keller des Westflügels unter meinem Vorsitz. Sie dauerte mit mehreren Unterbrechungen bis zum Donnerstagmorgen um 2.00 Uhr. Die Teilnehmer waren Verteidigungsminister James Schlesinger, der Direktor der CIA, William Colby, der Vorsitzende der Joint Chiefs of Staff, Admiral Thomas Moorer, der Stabschef des Präsidenten, Alexander Haig, der stellvertretende Sicherheitsberater des Präsidenten, General Brent Scowcroft, mein militärischer Berater im Nationalen Sicherheitsrat, Commander Jonathan T. Howe, und ich.

Das Weiße Haus hat später erklärt, es wäre eine Sitzung des Nationalen Sicherheitsrats gewesen, es hat jedoch Meinungsverschiedenheiten darüber gegeben, ob es eine »richtige« Sitzung des Nationalen Sicherheitsrats hätte sein können, weil der Präsident nicht daran teilgenommen hat. (Auch der Vizepräsident fehlte, denn der am 12. Oktober von Präsident Nixon ernannte Gerald Ford war vom Senat noch nicht bestätigt worden.) Die Teilnehmer waren jedenfalls die Angehörigen des

Nationalen Sicherheitsrats ohne den Präsidenten und den Vizepräsidenten.*

Jetzt stelle ich fest, daß die Sitzung in unseren internen Aufzeichnungen als »Zusammenkunft der leitenden Persönlichkeiten« der WSAG bezeichnet wird – ein seltenes Ereignis, das damals aber nicht zum erstenmal stattgefunden hat. Nachdem ich das Amt des Außenministers übernommen hatte, hielt ich es für richtig, daß der Vertreter des Verteidigungsministeriums ebenfalls im Kabinettsrang stehen sollte. Deshalb nahm Verteidigungsminister Schlesinger an den Sitzungen teil. Nixon hatte sich bis dahin nicht an den Beratungen der WSAG beteiligt (er erschien allerdings gelegentlich für kurze Zeit, um uns mit ein paar Worten aufzumuntern). Auf dieser Sitzung hat ihn daher niemand vermißt.

Zunächst erläuterte ich den Anwesenden die Lage im einzelnen. Während des größten Teils des Tages hatte es keinen besonderen Grund zur Sorge gegeben. Die Lage schien sich vielmehr allmählich zu beruhigen, als die Sowjets plötzlich um 19.00 Uhr unserer Zeit (in Moskau war es 2.00 Uhr morgens) beschlossen, zunächst die Verlegung amerikanischer und sowjetischer Streitkräfte in den Nahen Osten zu empfehlen und dann zu verlangen. Ich sagte, daß es nach meiner Auffassung ein Verbrechen wäre, wenn wir der sowjetischen Aufforderung Folge leisteten, und daß es verheerende Folgen für unsere Beziehungen zum Nahen Osten, zu China und Europa haben würde, denn alle diese Länder fürchteten aus den verschiedensten Gründen ein Zusammenspiel der Vereinigten Staaten und der Sowjetunion hinter ihrem Rük-

* Das Gesetz über die nationale Sicherheit von 1947, mit dem der Nationale Sicherheitsrat ins Leben gerufen wurde, bevollmächtige den Präsidenten, wenn er es wünschte, den Vorsitz an seiner Stelle einem anderen Ratsmitglied zu übertragen. Zu den gesetzlich vorgeschriebenen Mitgliedern des Nationalen Sicherheitsrats gehörten nicht nur der Außenminister und der Verteidigungsminister (mit dem Direktor der CIA und dem Vorsitzenden der Joint Chiefs of Staff als gesetzlich vorgeschriebenen Beratern), sondern auch die Leiter von Behörden wie des inzwischen aufgelösten National Security Resources Board und anderer wie der Teilstreitkräfte, deren Einfluß sich seither wesentlich verringert hat. In dem Gesetz wurden andere Ministerien wie etwa das Finanzministerium, deren Teilnahme oft erforderlich war, um weltpolitische Fragen realistisch zu behandeln, nicht erwähnt. Seit den fünfziger Jahren war es, wie das Gesetz es auch vorsah, immer häufiger der Fall, daß der Präsident nach seinem Gutdünken andere zur Teilnahme an den Sitzungen aufforderte. So ließ Johnson Justice Abe Fortas daran teilnehmen, und Nixon bat häufig Justizminister John Mitchell um seine Teilnahme. Der Präsident behielt jedoch das Recht, eine Sitzung seiner wichtigsten Berater einzuberufen, ohne diese Sitzung als eine Zusammenkunft des Nationalen Sicherheitsrats oder anders bezeichnen zu müssen. Praktisch war es dem Präsidenten seit einer Generation überlassen, Zusammensetzung und Tagesordnung einer Sitzung des Nationalen Sicherheitsrats – wenn es sich überhaupt um eine solche Sitzung handelte – zu bestimmen; diese Frage hat weder eine praktische noch eine verfassungsrechtliche Bedeutung.

ken. Es gab drei Möglichkeiten: 1. Die Sowjets hatten die ganze Zeit diese Absicht gehabt und mich nach Moskau eingeladen, um für die Vorbereitungen Zeit zu gewinnen; 2. sie hatten sich dazu entschlossen, als sie erkannten, welche Folgen eine arabische Niederlage für sie haben könnte, oder 3. sie fühlten sich durch Israel und uns hinters Licht geführt, als die Israelis nach Inkrafttreten des Waffenstillstandes darangingen, die ägyptische 3. Armee vollkommen einzuschließen und auszuhungern. Ich glaubte, daß ihre Motivation aus einer Kombination von Punkt 2 und 3 bestand.

Das war die Einleitung zu einer der gründlichsten Beratungen, die ich während meiner Amtszeit als Regierungsbeamter erlebt habe. Die Teilnehmer beschäftigten sich ausführlich mit den sowjetischen Maßnahmen, Motiven und Absichten. Im Lauf der Nacht gelangten wir alle zu der Überzeugung, daß der Kreml unmittelbar vor einer weittragenden Entscheidung stand. Wir rechneten mit dem Beginn einer Luftbrücke zur Zeit der Morgendämmerung in Osteuropa, also nach etwa zwei Stunden. Um 23.00 Uhr abends Washingtoner Zeit unterbrach ich die Sitzung, um in dem verlassenen Vorzimmer des Westflügels im Weißen Haus mit Dinitz zu sprechen. Ich sagte ihm noch einmal, wir würden den sowjetischen Vorschlag ohne weitere Erörterungen ablehnen, wir müßten uns nur noch über die Taktik einigen. Dazu wäre es uns wichtig, die Auffassungen Israels zu kennen.

Als ich ins Lagezimmer zurückkehrte, einigten wir uns sehr rasch darüber, daß wir versuchen sollten, den sowjetischen Zeitplan in die Länge zu ziehen, indem wir den Kreml in Gespräche verwickelten. Dazu mußte die amerikanische Antwort versöhnlich im Ton, aber hart in der Sache sein. Wir stimmten auch darin überein, daß wir keine Wirkung erzielen könnten, wenn wir nicht gleichzeitig konkrete Schritte unternahmen, die deutlich zeigten, daß wir ein einseitiges Vorgehen der Sowjets nicht dulden würden. Am günstigsten wäre es, wenn Moskau von unserer Reaktion schon Kenntnis nähme, *bevor* unsere schriftliche Antwort dort eingetroffen war. Wir unterbrachen deshalb die Arbeit an einem Entwurf für die Antwort des Präsidenten an Breschnew, um die verschiedenen Maßnahmen zu erörtern, die notwendig waren, um uns aktionsbereit zu machen.

Unsere Streitkräfte stehen normalerweise auf verschiedenen Stufen der Alarmbereitschaft. Wir bezeichnen sie als Def Cons (für Defense Condition-Abwehrbereitschaft). Die Abstufung geht von Def Cons I bis zu Def Cons V. Def Cons I bedeutet Krieg. Def Cons II entspricht einer Lage, in der ein Angriff unmittelbar bevorsteht. Def Cons III ist die erhöhte Alarmbereitschaft, bei der noch nicht feststeht, daß man mit einem Krieg rechnen muß. Das ist in Friedenszeiten die höchste

Alarmstufe. Die meisten amerikanischen Streitkräfte befanden sich normalerweise auf den Stufen Def Cons IV oder V. Eine Ausnahme bildeten die im pazifischen Raum Stationierten, die 1973 immer noch auf der Alarmstufe Def Cons III gehalten wurden. Diese Maßnahme war gewissermaßen ein Erbe aus dem Vietnam-Krieg. Die strategischen Luftstreitkräfte wurden gewöhnlich auf der Alarmstufe Def Cons IV gehalten.

Wir waren alle der Meinung, daß wir, wenn wir die Alarmbereitschaft erhöhen sollten, dann mindestens auf die Stufe Def Cons III gehen müßten, bevor die Sowjets es bemerkten. Selbst dann würden sie die Bedeutung einer solchen Maßnahme unter Umständen nicht rasch genug erkennen, um auf diplomatischer Ebene darauf zu reagieren. Deshalb sprachen wir über weitere Maßnahmen, die getroffen werden könnten, die jedoch in den Mobilmachungsplänen für Def Cons III nicht vorgesehen waren. Bevor wir solche Maßnahmen einleiten konnten, erließ Admiral Moorer um 23.41 Uhr einen Befehl an alle militärischen Dienststellen, die Alarmbereitschaft auf Def Cons III zu erhöhen.

Kurz zuvor – um 23.25 Uhr – hatte uns Dinitz die israelische Stellungnahme zu dem sowjetischen Vorschlag übermittelt – praktisch eine Variante des israelischen Vorschlags für die Truppenentflechtung von 1971: Die israelischen Streitkräfte sollten sich auf das Ostufer des Suez-Kanals zurückziehen, die ägyptischen auf das Westufer und damit der anderen Seite jeweils einen Teil des bisher besetzten Geländes überlassen. Dann sollte auf jeder Seite des Kanals ein zehn Kilometer tiefer entmilitarisierter Gebietsstreifen geschaffen werden – ein undurchführbarer Vorschlag. Sadat würde es als Beleidigung auffassen, wenn man ihn aufforderte, ein Gebiet zu räumen, das sogar die Israelis als ägyptisches Territorium anerkannten. Er konnte auch den Krieg nicht damit beenden, daß er sich zehn Kilometer hinter die Linie zurückzog, an der der Krieg begonnen hatte. Und das Vorhaben war zu kompliziert, um sich noch vor einer sowjetischen Intervention darüber einigen zu können – wenn die Sowjets dazu entschlossen waren. Vielleicht würde der Vorschlag das Eingreifen der Sowjets sogar beschleunigen, wenn Sadat so sehr verärgert wurde, daß er auf einer Intervention der Großmächte *bestand.* Ich sagte Dinitz, ich würde den Vorschlag mit meinen Kollegen besprechen, ich wüßte aber schon jetzt, daß er unannehmbar sei. Wir hatten jedoch schließlich so viel damit zu tun, dem sowjetischen Eingreifen vorzubeugen, daß wir den israelischen Plan nicht mehr berücksichtigen konnten.

Dann beschlossen wir, die diplomatischen Möglichkeiten Moskaus zu beschneiden, indem wir Kairo aufforderten, die an Moskau gerichtete Einladung, Truppen in den Nahen Osten zu schicken, zurückzunehmen. Um 23.55 Uhr einigten wir uns auf den Text einer in Nixons Namen an Sadat gerichteten Note, in der wir es noch einmal ablehnten, einen amerikanisch-sowjetischen Truppenverband in den Nahen Osten zu schicken. Die Note enthielt die Warnung, daß wir sowjetischen Truppen auf ägyptischem Boden mit eigenen Streitkräften Widerstand leisten würden. Unter solchen Voraussetzungen müßte auch meine Reise nach Kairo zur Vorbereitung der Friedensverhandlungen abgesagt werden:

> Ich bitte Sie, die Konsequenzen für Ihr Land für den Fall zu bedenken, daß die beiden nuklearen Großmächte sich auf Ihrem Territorium gegenüberstehen. Ich bitte Sie außerdem zu überlegen, daß es für uns unmöglich ist, die diplomatische Initiative zu ergreifen, die mit Dr. Kissingers Besuch in Kairo am 7. November beginnen sollte, wenn die Streitkräfte einer der großen Nuklearmächte militärisch auf ägyptischem Boden eingreifen.

Unmittelbar nachdem wir die amerikanischen Streitkräfte in den Alarmzustand Def Con III versetzt hatten, bat ich Scowcroft, die Sitzung zu verlassen und Dobrynin anzurufen. Dazu gab ich ihm die folgenden Anweisungen:

> Sagen Sie ihm, die Sowjets sollten nichts unternehmen, bevor wir unsere Antwort formuliert haben. Sagen Sie ihm, Sie sind nicht ermächtigt, selbst Stellung zu nehmen. Ich nehme an einer Sitzung teil und kann sie nicht verlassen. Es dürften keine einseitigen Schritte unternommen werden, denn das hätte die ernstesten Konsequenzen. Wenn er irgend etwas sagt, dann können Sie erklären, Sie hätten die Anweisung, sich nicht dazu zu äußern. Sie sollen ruhig wissen, daß wir es ernst meinen.

Aber Dobrynin war ebenso vorsichtig und sagte nichts, als daß er unsere Botschaft nach Moskau weitergeben wollte. Kein Wort, um uns zu beruhigen, nichts darüber, daß es ein Mißverständnis wäre, und keine Empfehlung, daß wir zu Bett gehen und unsere Gespräche am folgenden Morgen wiederaufnehmen sollten, weil wir nichts zu befürchten hätten. Nur die lakonische Bestätigung, daß der sowjetische Botschafter bereit sei, unsere Antwort entgegenzunehmen.

Wenn Dobrynin mit dieser Haltung erreichen wollte, daß sich bei uns das Gefühl verstärkte, wir befänden uns in einer bedrohlichen Lage, dann hatte er sein Ziel erreicht. Unsere Überzeugung, daß die Sowjets in allernächster Zeit etwas unternehmen würden, verstärkte sich, als wir noch am gleichen Abend erfuhren, daß acht sowjetische Transportmaschinen vom Typ An-22, die jeweils mehr als zweihundert Soldaten aufnehmen konnten, bereitstanden, um in den nächsten Stunden von Budapest nach Ägypten zu fliegen. Außerdem stellten wir fest, daß

Elemente der ostdeutschen Streitkräfte für 5.00 Uhr morgens Washingtoner Zeit, also nach fünf Stunden, in Alarmbereitschaft versetzt werden sollten. Nach unseren Schätzungen konnten die Sowjets täglich fünftausend Mann nach Ägypten verlegen. Nach unserer Meinung würde die sowjetische Führung nicht rasch genug erfahren, daß für unsere Truppen die Alarmstufe Def Con III angeordnet war. Es mußte also noch mehr geschehen. Um 0.20 Uhr alarmierten wir die 82. Luftlande-Division und bereiteten alles für ihren Abflug vor. Um 0.25 Uhr befahlen wir dem vor Italien liegenden Flugzeugträger *Franklin Delano Roosevelt,* sofort Kurs auf das östliche Mittelmeer zu nehmen und südlich von Kreta mit dem Flugzeugträger *Independence* zusammenzutreffen. Der Flugzeugträger *John F. Kennedy* und der ihn begleitende Kampfverband erhielten den Befehl, mit voller Kraft vom Atlantik ins Mittelmeer zu fahren. Nebenher spekulierten wir darüber, ob die Sowjets es auch mit einem »funktionierenden« Präsidenten aufgenommen hätten. Ich sagte: »Wir haben jetzt unseren schwächsten Punkt erreicht, aber wenn wir uns unterkriegen lassen, dann werden wir erst wirklich in Schwierigkeiten geraten.« Wir sprachen auch darüber, ob die Vereinigten Staaten in der Lage wären, als Reaktion auf die Entsendung sowjetischer Truppen nach Ägypten im Gegenzug eigene Truppen in dieses Gebiet zu verlegen. Einige meiner Kollegen fürchteten, unsere innenpolitische Lage könnte eine derartige militärische Maßnahme nicht zulassen. Aber ich hielt an meiner Überzeugung fest, daß wir im nationalen Interesse handeln müßten, und zwar ohne Rücksicht auf die Skepsis der Medien und die innenpolitische Opposition: »Wenn wir nicht tun können, was richtig ist, weil wir für unser Leben fürchten, dann sollten wir trotzdem das Richtige tun. Wir werden uns den Vorwurf unserer Medien gefallen lassen müssen, daß wir den Konflikt provoziert hätten. Richtiger wäre es zu behaupten, wir hätten es dazu kommen lassen, weil wir zu weich gewesen sind.«

Wir hatten unsere Streitkräfte in erhöhte Alarmbereitschaft versetzt, um Moskau ein Signal zu geben. Um 0.30 Uhr wendeten wir uns wieder dem Entwurf einer offiziellen Antwort des Präsidenten an Breschnew zu. Wir beschlossen, sie gegen 5.30 Uhr Washingtoner Zeit abzuschicken. Wenn die endgültige Entscheidung der Sowjets vom Inhalt dieses Briefes abhing, dann gewannen wir auf diese Weise mehr Zeit für unsere Vorbereitungen, und bis dahin würden die Sowjets von unseren Truppenbewegungen Kenntnis genommen haben. Um 1.30 Uhr unterrichtete ich die britische Regierung durch Botschafter Cromer davon, daß wir die amerikanischen Streitkräfte in erhöhte Alarmbereitschaft versetzt hatten, und teilte ihm den Inhalt von Breschnews Brief mit. Ich sagte ihm, daß wir eine Stunde nach Absendung unserer Antwort an die Sowjets, also gegen Mittag Brüsseler Zeit, den Nordatlantik-Rat offiziell vom Stand der Dinge in Kenntnis setzen würden. Wir hofften, daß Großbritannien uns sowohl im Nordatlantik-Rat als auch in anderen Hauptstädten unterstützen werde.

Das war ein klassisches Beispiel für die »besonderen Beziehungen« zu Großbritannien, es zeigte aber auch, wo die Grenzen für Konsultationen mit den Verbündeten lagen. Selbstverständlich teilten wir alle uns zugänglichen Informationen mit den Briten, obwohl sich die Regierung Heath eifrig darum bemühte, sich in Europa von uns zu distanzieren, und uns deutlich zu verstehen gegeben hatte, daß sie die Lage im Nahen Osten anders beurteilte als wir. Unsere anderen Verbündeten konnten wir nicht im voraus konsultieren, weil wir wollten, daß die Sowjets aus eigenen Quellen von unseren vorbereitenden Maßnahmen erfuhren und nicht durch bei den Verbündeten entstandene undichte Stellen. In diesem Fall hätten wir die Verbündeten auch mit gewissen Zusicherungen beruhigen müssen, und unsere Vorbereitungen hätten dann weniger bedrohlich gewirkt, als wir es wünschten. Ich muß zugeben, daß ich dieses Verfahren heute für falsch halte. Wir hätten unsere Verbündeten ein oder zwei Stunden vor dem Absenden unserer Antwort an Moskau informieren können. Das Risiko der undichten Stellen hätten wir auf uns nehmen müssen.

Um 1.35 Uhr erschien Dinitz noch einmal. Im Namen der israelischen Premierministerin bat er uns dringend, von Israel nicht den Rückzug auf die Stellungen zu verlangen, welche die israelischen Truppen bei Inkrafttreten des Waffenstillstandes eingenommen hatten. Ich versicherte ihm, daß wir nicht die Absicht hätten, Israel als Reaktion auf eine Drohung der Sowjets zu irgend etwas zu zwingen.

Um 1.45 Uhr rief Scowcroft in meinem Auftrag Dobrynin an und machte ihm die gleiche Mitteilung wie zuvor. Er fügte nur hinzu, daß unsere Beratungen noch mehrere Stunden in Anspruch nehmen würden. Aus meiner Weigerung, persönlich mit ihm zu sprechen, konnte Dobrynin nur entnehmen, daß wir nicht in der Stimmung seien, mit den Sowjets zu verhandeln. Wieder sagte er, er werde nach Moskau weiterberichten, versuchte aber auch diesmal nicht, uns zu beruhigen, sondern erklärte, er wäre bereit, unsere Antwort entgegenzunehmen. Gleichzeitig teilten wir dem Befehlshaber der amerikanischen Streitkräfte in Europa mit, daß er die vorgesehene Rückverlegung von Truppen, die an den jährlichen NATO-Manövern teilnahmen, um die rasche Verlegung von Verstärkungen auf den europäischen Kriegsschauplatz zu üben, in die Vereinigten Staaten verschieben sollte.

Um 2.09 Uhr, wenige Minuten nach Schluß der offiziellen Sitzung, teilte ich Dinitz mit, daß wir uns über unsere Antwort an Breschnew geeinigt hätten. Wir würden keine neuen Vorschläge machen, sondern nur anregen, die Gruppe der UN-Beobachter zu verstärken. Ein gemeinsames militärisches Vorgehen würden wir unwiderruflich ablehnen und, wenn notwendig, einer einseitigen Intervention mit Gewalt Widerstand leisten. Außerdem bat ich Dinitz, mir persönlich zu sagen, wie lange Israel brauchen würde, um die ägyptische 3. Armee zu vernichten, wenn sich eine militärische Entscheidung nicht mehr vermeiden ließe.

Am frühen Morgen um 3.30 Uhr befahlen die Joint Chiefs of Staff weisungsgemäß die Rückkehr der auf Guam stationierten Maschinen vom Typ B-52 in die Vereinigten Staaten. Diese Verbände lagen dort seit dem Vietnam-Krieg und hatten zunächst die Aufgabe gehabt, die Wiederaufnahme der Kämpfe in Indochina zu verhindern. Der Kongreß hatte ihre Funktion durch im Sommer 1973 erlassene gesetzliche Bestimmungen unmöglich gemacht. Da wir jedoch hofften, daß Hanoi über die verfassungsrechtliche Lage in den Vereinigten Staaten nicht allzu gut unterrichtet war, hatten wir die Flugzeuge nicht verlegt, waren uns aber der Tatsache bewußt, daß wir diese geschickten Kriegsverlängerer nicht lange würden täuschen können. Jetzt benutzten wir die Gelegenheit, das sinnlose Spiel aufzugeben und den Sowjets dabei zu zeigen, daß wir unsere Kräfte für den Fall einer militärischen Entscheidung bereitstellten.

Morgens um 5.40 Uhr übermittelten wir Dobrynin endlich die Antwort an Breschnew in Nixons Namen. Darin lehnten wir alle sowjetischen Forderungen ab. Wir schickten den Brief mit einem Kurier in die sowjetische Botschaft, um keine mündlichen Erläuterungen geben zu müssen, und boten darin die Zustimmung der Vereinigten Staaten zu einer Verstärkung einer Überwachungsgruppe der Vereinten Nationen und die Bereitschaft, uns daran zu beteiligen, an. Diese Gruppe sollte aus Nichtkombattanten bestehen, nur vorübergehend tätig werden, und ihre einzige Aufgabe sollte es sein, »ausführlich über die Einhaltung der Waffenstillstandsbedingungen durch beide Seiten zu berichten«. Dann hieß es weiter:

> Sie müssen jedoch wissen, daß wir unter keinen Umständen ein einseitiges Vorgehen akzeptieren könnten. Das wäre eine Verletzung der zwischen uns getroffenen Vereinbarungen, der Grundsätze, die wir 1972 in Moskau mit unseren Unterschriften bestätigt haben, und des Artikels II der Vereinbarungen über die Verhinderung eines Krieges mit Kernwaffen. Wie ich oben erklärt habe, würde ein solches Vorgehen unberechenbare Konsequenzen nach sich ziehen, die im Interesse keines unserer beiden Länder lägen und alles beenden würden, worum wir uns mit solcher Energie bemüht haben.

Die Lage entschärft sich

Am Donnerstagmorgen, dem 25. Oktober um 6.30 Uhr – ich hatte nur drei Stunden geschlafen –, stellte ich fest, daß die amerikanische Öffentlichkeit schon von der weltweiten Alarmbereitschaft der amerikanischen Streitkräfte Kenntnis genommen hatte. Alle Morgenzeitungen berichteten darüber. Ich war schockiert. Diese überraschende Nachricht würde das Problem unweigerlich für Moskau zur Prestigefrage werden lassen, in Amerika leidenschaftliche Reaktionen auslösen und die Aussichten auf einen sowjetischen Rückzug in Frage stellen. Hier zeigte sich außerdem, wie sehr die Disziplin innerhalb unserer Regierung in den drei Jahren, die seit der Jordanien-Krise vom September 1970 vergangen waren, gelitten hatte. Auch damals hatten wir unsere Truppen in erhöhte Alarmbereitschaft versetzt, diese war aber erst drei Tage später nach Beilegung der Krise bekanntgeworden.[5] Der diesmal angeordnete Alarm war mitten in der Nacht innerhalb von drei Stunden durchgesickert. Jetzt mußten wir mit einer *öffentlichen* Konfrontation rechnen, und zwar nicht mit einer Marionette der Sowjetunion wie 1970, sondern mit dem Kreml selbst.

Aber der Tag in meinem Büro im Weißen Haus begann unter günstigen Vorzeichen. Kurz vor 8.00 Uhr erwarteten mich dort zwei Botschaften aus Ägypten, die im Abstand von einer Stunde eingetroffen waren. Es waren die Antworten auf meine an Ismail gerichtete Note und den Brief Nixons an Sadat. Mit der dem Ernst der Lage angemessenen Sorgfalt hatten die Ägypter die Botschaften numeriert, um uns deutlich zu machen, wie sich ihre Vorstellungen gewandelt hatten. Die erste Botschaft war die Antwort Ismails auf meinen Bericht vom Mittag des 24. Oktober über unsere Bemühungen, Israel zur Einhaltung des Waffenstillstandes zu bewegen. Trotz der verzweifelten Lage, in der sich die ägyptische 3. Armee befand – von der zu sprechen Ismail offenbar zu stolz war – erkannte er unsere Hilfsbereitschaft an. Er glaubte nicht, daß die Entsendung amerikanischer Militärattachés an die Front genügen würde, sondern behauptete, daß ein aus amerikanischen und sowjetischen Truppen bestehender Verband den Waffenstillstand am besten garantieren könnte. Da jedoch »die Vereinigten Staaten sich weigern, solche Maßnahmen zu ergreifen, bittet Ägypten den Sicherheitsrat um die Entsendung eines *internationalen* Verbandes« (kursiv des Verfassers). Das bedeutete, daß Ägypten auf die Forderung verzichtete, die die Krise ausgelöst hatte. Statt dessen ersuchte Ägypten jetzt um die Entsendung eines »internationalen Verbandes«, was nach der bei den Vereinten Nationen üblichen Praxis Streitkräfte der fünf ständigen Mitglieder des Sicherheitsrats und damit auch die Verlegung des amerikanisch-sowjetischen Verbandes *ausschloß,* die Breschnew verlangt hatte. Das kam in der zweiten Botschaft, dem Brief Sadats an Nixon, noch deutlicher zum Ausdruck. Hier stimmte er den Vorschlägen Nixons vom vergangenen Abend nicht nur inhaltlich zu, sondern folgte auch der Argumentation des amerikanischen Präsidenten:

> Ich verstehe die Überlegungen, die Sie mir im Hinblick auf die Verwendung eines amerikanisch-sowjetischen Verbandes vorgetragen haben, und wir haben den Sicherheitsrat schon um die rasche Entsendung eines internationalen Verbandes in das Kampfgebiet gebeten, um die Einhaltung der Resolutionen des Sicherheitsrats zu überwachen. Das wird, wie wir hoffen, den Weg für weitere Maßnahmen ebnen, wie sie in der Resolution des Sicherheitsrats vom 22. Oktober für die Herstellung eines gerechten Friedens in diesem Raum vorgesehen sind.

Wir standen kurz davor, das diplomatische Spiel zu gewinnen. Es war sehr unwahrscheinlich, daß die Vereinten Nationen ohne Unterstützung Ägyptens eine Resolution verabschieden würden, mit der die Entsendung eines amerikanisch-sowjetischen Verbandes gefordert wurde. Wenn die Sowjets Truppen in das Kampfgebiet schickten, dann wäre das eine einseitige Maßnahme, die weder von dem betroffenen Land noch von den Vereinten Nationen sanktioniert war. Dagegen konnten wir uns viel leichter wehren, und wir waren entschlossen, es zu tun. Jetzt zeigte sich – wenngleich wir es zunächst nur vermuten konnten –, daß Sadat sich künftig mehr auf die diplomatische Unterstützung der Vereinigten Staaten als auf den militärischen Druck der Sowjetunion verlassen wollte.

Der zweite Silberstreif am Horizont war der erste Morgenbericht von John Scali, unserem Vertreter bei den Vereinten Nationen. Nachdem er sich am vergangenen Abend energisch gegen die Entsendung eines amerikanisch-sowjetischen Verbandes ausgesprochen hatte, war die Begeisterung für diese Idee merklich abgekühlt. Der Sicherheitsrat ist selten geneigt, gegen die entschlossene Opposition einer Supermacht abzustimmen, wenn sich eine Alternative anbietet, und er ist sehr geschickt darin, Alternativlösungen zu finden. Am frühen Vormittag des 25. Oktober hatten die Blockfreien in Erwartung eines Vetos der Vereinigten Staaten einen Resolutionsentwurf eingebracht, mit der der Generalsekretär aufgefordert wurde, die Zahl der UN-Beobachter zu vergrößern und »sofort eine Friedenstruppe der Vereinten Nationen aufzustellen, die dem Sicherheitsrat unterstellt werden soll«. Wenngleich der Resolutionsentwurf nicht sehr klar formuliert war, eröffnete er doch die Möglichkeit, die Supermächte von der Beteiligung an der Aufstellung des UN-Verbandes auszuschließen. Der Sicherheitsrat sollte noch am gleichen Vormittag um 10.30 Uhr zusammentreten, um über diesen Entwurf zu beraten.

Am späten Vormittag nahm auch Großbritannien zu Breschnews Brief Stellung, und zwar ganz in unserem Sinne. Cromer teilte uns mit, »sie (London) beurteilen die Note von Breschnew genauso wie Sie«. Der britische Botschafter in Moskau war angewiesen worden, Breschnew ausdrücklich vor einseitigen militärischen Maßnahmen zu warnen.

Zwar hatten sich unsere Besorgnisse noch nicht ganz zerstreuen lassen, aber als Haig und ich am Donnerstag, dem 25. Oktober, nach 8.00 Uhr Nixon einen Lagebericht vorlegten, war unsere Stimmung schon viel besser. Um mich zu vergewissern, überprüfte ich noch einmal die während der Nacht getroffenen diplomatischen und militärischen Entscheidungen. Wie in allen Krisensituationen behielt Nixon einen klaren Kopf und begriff sofort, worauf es ankam. Ebenso wie wir hielt er es für eine beispiellose und grobe Herausforderung, wenn die Sowjetunion Kampfverbände in ein weit von ihrem Einflußgebiet entfernt gelegenes Land verlegte, dazu noch gegen den Willen der dortigen Regierung. Trotz des vor wenigen Tagen in Kraft getretenen Gesetzes über die Vollmachten des Präsidenten über die Verwendung der Streitkräfte war Nixon entschlossen, auf jede Stationierung sowjetischer Truppen im Nahen Osten mit der Entsendung amerikanischer Verbände zu reagieren und es dem Kongreß zu überlassen, diese Maßnahme wieder rückgängig zu machen – was nach dem neuen Gesetz möglich war.

Nach dem Gespräch mit Nixon schickten wir Sadat die Antwort des Präsidenten. Sie begrüßte »die staatsmännische Haltung« Sadats »zur Frage der Erhaltung des Friedens« und erklärte die amerikanische Bereitschaft, die Aufstellung einer internationalen Truppe zu unterstützen, der keine militärischen Verbände der ständigen Mitglieder des Sicherheitsrats angehören dürften.

In der Zeit von 8.40 Uhr bis 10.00 Uhr vormittags unterrichteten Nixon und ich führende Kongreßabgeordnete von den Ereignissen der vergangenen Nacht. Diese angesehenen Männer waren einerseits bereit, uns zu unterstützen, hatten aber auf der anderen Seite keine klaren Zielvorstellungen und wollten nicht eindeutig Stellung nehmen. Sie billigten es, daß wir die Streitkräfte in Alarmbereitschaft versetzt hatten, und waren begeistert davon, daß wir uns geweigert hatten, gemeinsam mit der Sowjetunion Truppen in den Nahen Osten zu schicken. Aber ihre positive Haltung war eher Ausdruck eines nach Vietnam entstandenen Isolationismus als ein Zeichen dafür, daß sie die Lage strategisch richtig beurteilten. Sie waren gegen die Entsendung eines aus amerikanischen und sowjetischen Truppen bestehenden Verbandes, weil sie überhaupt keine amerikanischen Truppen ins Ausland schicken wollten. Daß amerikanische Streitkräfte an diesem Unternehmen beteiligt werden sollten, störte sie viel mehr als der Einsatz der sowjetischen. Deshalb würden sie sich einer Entsendung amerikanischer Streitkräfte auch dann widersetzen, wenn sie nach unserer Auffassung benötigt wurden, um etwas gegen einseitige sowjetische Maßnahmen zu unternehmen. Sie waren nicht der Ansicht, daß ein solcher Verzicht das globale Gleichgewicht erschüttern und den vitalen Interessen der Vereinigten Staaten zuwiderlaufen könnte. Die Bereitschaft zur Zusammenarbeit nahm deutlich ab, als Nixon sagte, wir seien entschlossen, die Entsendung sowjetischer Truppen zu beantworten, indem wir amerikanische Truppen entweder nach Israel oder in mit uns befreundete arabische Länder schickten. Mehrere Kongreßabgeordnete meldeten schwere Bedenken dagegen an. Zwar gingen sie nicht so weit, uns mit offenem Widerstand zu drohen, ließen uns jedoch sehr deutlich erkennen, daß ihre Unterstützung für die Maßnahmen zur Erhöhung der Alarmbereitschaft nicht auch als Zustimmung zur Verlegung von Streitkräften interpretiert werden dürfte.

An diese ernüchternde Begegnung mußte ich denken, als ich nach einer weiteren Sitzung der WSAG, die um 10.15 Uhr begonnen hatte, um die Mittagszeit eine Pressekonferenz abhielt. Hier erkannte ich, daß wir starken Strömungen und Gegenströmungen in der öffentlichen Meinung und im Kongreß ausgesetzt waren. Die öffentliche Diskussion um die Entspannungspolitik wurde immer lebhafter, man hörte immer häufiger den erregten Vorwurf, daß wir uns auf eine nicht näher bezeichnete Weise von den Sowjets hätten übertölpeln lassen. Das Gegenteil war richtig. Unser politisches Ziel, den sowjetischen Einfluß im Nahen Osten zu schwächen und, wo möglich, auszuschalten, rückte unter dem Deckmantel der Entspannungspolitik immer näher. Eine Beendigung der Entspannungspolitik hätte die Sowjets zu einem politischen Angriff gegen uns im Nahen Osten veranlaßt, und damit wäre uns die Fortführung unserer Strategie wesentlich erschwert worden. Zudem wäre es zu einem Zeitpunkt zur offenen Konfrontation mit der Sowjetunion gekommen, in dem die Autorität unserer Exekutive auf dem Tiefpunkt angelangt war. Würden wir in der Lage sein, eine solche Konfrontation durchzustehen, und wohin würde sie führen? Welchen härteren Kurs konnten die Rhetoriker der Unnachgiebigkeit vorschlagen, wenn nicht die politische Linie, der wir schon folgten? Mit der Entspannungspolitik taten wir den Sowjets keinen Gefallen. Sie war zum Teil eine Notwendigkeit, zum Teil ein Beruhigungsmittel für Moskau, während wir versuchten, auf Kosten der Sowjets engere Beziehungen zum Nahen Osten anzuknüpfen. Zum Teil stellte die Entspannungspolitik aber auch den moralischen Imperativ des Nuklearzeitalters dar.

Deshalb eröffnete ich die Pressekonferenz – ohne mir vorher Notizen gemacht zu haben – mit einer kühlen, aber doch philosophischen Erläuterung unserer Auffassungen von den Beziehungen zwischen den Vereinigten Staaten und der Sowjetunion:

> Die Vereinigten Staaten und die Sowjetunion sind natürlich ideologische und, in gewissem Maß, politische Gegner. Aber die Vereinigten Staaten und die Sowjetunion tragen auch eine ganz besondere Verantwortung. Wir besitzen – wir beide – nukleare Arsenale, mit denen die ganze Menschheit ausgelöscht werden kann. Wir haben – beide – die besondere Pflicht, dafür zu sorgen, daß Konfrontationen in den Grenzen gehalten werden, innerhalb derer das zivilisierte Leben nicht bedroht wird. Wir beide werden früher oder später erkennen müssen, daß die Grundfragen, welche die Welt heute spalten, und die Probleme, mit denen wir rechnen müssen, die unausdenkbare Katastrophe nicht rechtfertigen, die ein mit Kernwaffen geführter Krieg bedeutet . . .
>
> In einer Rede – Pacem in Terris – habe ich darauf hingewiesen, daß es Grenzen gibt, die wir nicht überschreiten dürfen. Ich habe erklärt, daß wir uns dem Versuch eines jeden Landes widersetzen werden, die Vorherrschaft zu gewinnen, sei es global oder regional; daß wir uns jedem Versuch widersetzen werden, die Entspannungspolitik zur Schwächung unserer Bündnisse zu benutzen, und daß wir darauf reagieren würden, wenn das Nachlassen von Spannungen als Tarnung für die Verschärfung von Konflikten in internationalen Unruheherden benutzt würde. Wir sind diesen Grundsätzen in der gegenwärtigen Lage gefolgt.
>
> Es ist leicht, Konfrontationen zu beginnen, aber in unserem Zeitalter müssen wir wissen, wohin uns sie führen werden, und nicht nur, welche Pose wir zu Beginn einnehmen sollen.

An unserer Entschlossenheit in der gegenwärtigen Krise ließ ich keinen Zweifel:

> Die Vereinigten Staaten sind nicht dafür, gemeinsam mit der Sowjetunion Streitkräfte in den Nahen Osten zu entsenden, und werden einem solchen Vorschlag nicht zustimmen. Die Vereinigten Staaten glauben, daß es im Nahen Osten jetzt vor allem darauf ankommt, Tatsachen festzustellen, festzustellen, wo die Fronten liegen, und festzustellen, wer anfängt zu schießen, damit der Sicherheitsrat die geeigneten Maßnahmen ergreifen kann. Es ist unvorstellbar, daß die Streitkräfte der Großmächte in der notwendigen Stärke ins Kampfgebiet entsendet werden, um beide kriegführenden Parteien in die Schran-

ken zu weisen. Es ist unvorstellbar, daß wir die Rivalität zwischen den Großmächten in den Nahen Osten verlegen oder daß wir durch ein Zusammenwirken der Vereinigten Staaten und der Sowjetunion anderen eine militärische Lösung aufzwingen. Noch entschiedener lehnen die Vereinigten Staaten die Entsendung von militärischen Kräften in den Nahen Osten durch eine Großmacht, besonders aber durch eine Nuklearmacht ab, gleichgültig, unter welchem Vorwand eine solche Maßnahme getroffen wird.

Dann erklärte ich, »die Vieldeutigkeit gewisser Aktionen und Aussagen sowie bestimmter Vorbereitungsmaßnahmen, die getroffen werden mußten«, hätten uns zu dem Entschluß geführt, vorbeugende militärische Schritte anzuordnen. Dabei drückte ich mich absichtlich nicht sehr präzise aus. Wenn das Krisenmanagement kaltblütige und sogar brutale Schritte erfordert, um der anderen Seite die eigene Entschlossenheit zu beweisen, dann muß man ihr auch einen Ausweg zeigen. Den starken Mann zu spielen ist gut für das Ego, aber außenpolitisch töricht. Eine öffentliche Herausforderung hätte die Sowjets zu einer übermäßig harten Haltung provozieren können, die sogar über das hinausging, was das Politbüro für klug hielt. Viele Kriege haben sich nicht vermeiden lassen, weil der Weg zum Rückzug abgeschnitten war. Die Supermächte haben die besondere Verpflichtung, einander nicht zu demütigen. Gerade weil wir auf dem Weg zum Erfolg waren – und die Sowjets das wußten –, stellte ich den Ausgang so dar, daß er sich mit der Selbstachtung der Sowjetunion vereinbaren ließ:

Ich möchte deutlich sagen, daß die Sowjetunion bisher noch keine unwiderruflichen Maßnahmen getroffen hat. Wir hoffen, daß sie das auch nicht tun wird.

Ich wiederhole noch einmal, was ich auf dieser Pressekonferenz schon oft gesagt habe. Wir suchen keine Gelegenheit für eine Konfrontation mit der Sowjetunion. Wir fordern die Sowjetunion auch nicht auf, etwas rückgängig zu machen, was sie getan hat.

Die Möglichkeit für die Verfolgung eines gemeinsamen Weges im Sicherheitsrat und in der Außenpolitik bleibt offen. Die Maßnahmen, die wir getroffen haben und die der Präsident angeordnet hat, waren vorbeugende Maßnahmen. Sie richteten sich nicht gegen Aktionen, zu denen es schon gekommen war. Und deshalb gibt es keinen Grund für irgendein Land, auf etwas zu verzichten, was es noch nicht getan hat ...

Breschnews Brief erwähnte ich nicht, denn ich wollte nicht das persönliche Prestige des Generalsekretärs ins Spiel bringen. Aber das nützte wenig. Irgendwie hatte Senator Henry M. Jackson von der Existenz des Briefes erfahren und ihn öffentlich als »brutal« und »drohend« bezeichnet, obwohl nur sehr wenige wußten, daß wir ihn bekommen hatten. Ein Reporter fragte mich nach Jacksons Erklärung. Ich vermied eine Stellungnahme und sagte – und das war nicht klug –, daß wir nach einer Woche weitere Tatsachen bekanntgeben würden.* Jetzt kam es für mich nicht darauf an, in einer Debatte Punkte zu sammeln, sondern ich hatte in einer gefährlichen Lage die amerikanischen Interessen zu verteidigen. Und die Geschichte lehrt, daß der gefährlichste Augenblick oft eintritt, wenn der Gegner augenscheinlich zum Rückzug bereit ist, aber dann durch einen Angriff gegen seine Selbstachtung gereizt wird, sich erneut zur Wehr zu setzen.

Die Alarmierung der Streitkräfte wurde sofort zum Anlaß, daß ich den durch Watergate entstandenen Zynismus zu spüren bekam. Man bombardierte mich mit zwei Arten von Fragen; ob das Verhalten der Sowjetunion die Folge unserer innenpolitischen Auseinandersetzung sei und ob wir die Krise aus innenpolitischen und weniger aus außenpolitischen Gründen heraufbeschworen hätten. Ein Journalist stellte sogar die recht grobe Frage, ob unser Verhalten denn wirklich »vernünftig« gewesen sei. Das Forschen nach sowjetischen Motiven verschaffte mir die Gelegenheit, auf den Alptraum hinzuweisen, von dem ich immer wieder heimgesucht wurde: »Keine Gesellschaft kann über Monate hinaus mit einer Autoritätskrise fertig werden, ohne irgendwann dafür zu bezahlen.«

Die Fragen nach unseren Motiven waren noch verletzender für uns, die wir eine Nacht quälender Unsicherheit hinter uns hatten. Sie zeigten jedoch, wie eng unser politischer Handlungsspielraum war. Wenn wir dem Rat der fanatischen Entspannungsgegner gefolgt wären und es auf eine Konfrontation hätten ankommen lassen, dann hätten uns die Bluthunde der Watergate-Krise mit Sicherheit Knüppel zwischen die Beine geworfen und behauptet, daß jede Herausforderung der Sowjetunion ein Manöver wäre, mit dem die ihnen verhaßte Beute, Nixon, ihnen zu entkommen versuchte. Um unseren Handlungsspielraum zu vergrößern, beantwortete ich die Fragen nach unseren Motiven sehr leidenschaftlich:

> Wir versuchen, eine amerikanische Außenpolitik zu treiben, die nicht nur die Wünsche unserer Wähler berücksichtigt, sondern auch das, was wir künftigen Generationen schulden. Und es ist ein Symptom dafür, was in unserem Lande geschieht, daß man auf den Gedanken

* Auf einer Exekutivsitzung wurden die Kongreßausschüsse über den Alarm und die damit in Zusammenhang stehenden Fragen unterrichtet. Verteidigungsminister Schlesinger und ich erläuterten auf getrennten Pressekonferenzen die wesentlichen Entwicklungen. Alle Einzelheiten wurden der Öffentlichkeit jedoch aus den oben genannten Gründen nicht zugänglich gemacht. Die Ausschüsse haben sich dieser Entscheidung angeschlossen.[6]

kommen kann, wir könnten unsere Streitkräfte aus innenpolitischen Gründen alarmiert haben ...

Auf eine andere Frage antwortete ich:

Wir versuchen, in einer sehr schwierigen Lage, den Frieden zu bewahren. Es ist Ihre Sache, meine Damen und Herren, zu entscheiden, ob dies der Augenblick ist, auch noch auf dem Felde der Außenpolitik eine Vertrauenskrise herbeizuführen ...

Es muß ein Mindestmaß an Vertrauen darauf geben, daß die hohen Beamten in der amerikanischen Regierung nicht mit dem Leben des amerikanischen Volkes spielen.

Ich zitterte bei dem Gedanken daran, mit welchem Schicksal wir unter solchen Umständen hätten rechnen müssen, wenn die Krise noch sehr viel länger angedauert hätte. Es war ein Glück, daß auch die Sowjets das Risiko einer längeren Konfrontation fürchteten, und zwar auch angesichts der äußerst angespannten innenpolitischen Lage in den Vereinigten Staaten.

Nach der Pressekonferenz um 13.10 Uhr erhielt ich eine Mitteilung von Sadat, in der er offiziell der Entsendung einer internationalen Truppe zustimmte, die von den nichtständigen Mitgliedern des Sicherheitsrats zusammengestellt werden sollte (die Erwähnung des Sicherheitsrats war ein Irrtum, denn Sadat wollte sagen, die ständigen Mitglieder des Sicherheitsrats sollten keine Kontingente stellen, wogegen es allen anderen Mitgliedern der Vereinten Nationen überlassen blieb, es zu tun). Wenige Minuten später teilte Waldheim mir mit, daß der sowjetische Botschafter Malik den gleichen Plan unterstützen werde. Um 14.20 Uhr rief mich Dobrynin an und sagte, daß er einen neuen Brief von Breschnew hätte. Er klang so, als hätte es die Krise in der vergangenen Nacht niemals gegeben. Ohne seine Drohung aus der vergangenen Nacht mit einer einseitigen Intervention zu erwähnen, teilte Breschnew dem Präsidenten mit, daß er siebzig sowjetische »Vertreter« – augenscheinlich keine Militärs – beauftragt hätte, die Einhaltung des Waffenstillstandes zu beobachten. Mit einer für Breschnew charakteristischen Wendung tat er jetzt so, als sei sein Verzicht auf die Konfrontation darauf zurückzuführen, daß *wir* auf *seinen* Vorschlag eingegangen wären: »Da Sie, wie wir erfahren haben, jetzt bereit sind, eine Gruppe amerikanischer Beobachter mit dem gleichen Auftrag nach Ägypten zu schikken, sind wir bereit, in dieser Frage gemeinsam mit Ihnen vorzugehen.« Dann stellte er die erstaunliche These auf, daß die Ereignisse der vergangenen vierundzwanzig Stunden das Vorspiel für eine noch auffälligere sowjetisch-amerikanische Zusammenarbeit sein sollten:

Nach der Entsendung von Beobachtern werden wir auch weiterhin alle unsere politischen Maßnahmen so treffen, daß sie den Beschlüssen des Sicherheitsrats und den zwischen uns getroffenen Vereinbarungen entsprechen, zu denen wir in Moskau mit Dr. Kissinger gekommen sind, der in Ihrem Namen mit uns verhandelt hat.

Die Sowjets hatten den Rückzug angetreten. Die unmittelbare Gefahr war gebannt. Wir hatten noch manche Klippe zu umschiffen. Aber wir wußten jetzt, daß wir, wenn wir Glück hatten und geschickt vorgingen, unseren Einfluß bei den Friedensverhandlungen verstärken konnten. Die Aussicht darauf hatte auch dazu beigetragen, daß Sadat die Absicht aufgegeben hatte, sowjetische Streitkräfte nach Ägypten zurückzurufen.

Die Krise zeitigte die üblichen Nachwirkungen. Wir waren erleichtert, erschöpft und hatten das Gefühl, daß eine neue, wenn auch nicht so gefährliche Herausforderung nicht lange auf sich warten lassen würde. Ich rief Jim Schlesinger an, der die ganze Nacht im Lagezimmer mein Partner gewesen war, und dankte ihm, Tom Moorer und Bill Clements für ihre Mitarbeit. Ich tat es aus Überzeugung, denn ihre Hingabe und Charakterstärke hatte uns über eine Autoritätskrise hinweggeholfen und in die Lage versetzt, entschlossen und einmütig zu handeln. Ich empfahl Schlesinger, die Alarmstufe um Mitternacht wieder aufzuheben.

Führende Journalisten riefen an und verlangten die Veröffentlichung weiteren Informationsmaterials, um die skeptischen Presseleute zu überzeugen, daß es sich wirklich um eine echte Krise gehandelt hatte. Ein Leitartikler meinte, »die Begründung für eine so einschneidende Maßnahme schien zu schwach, um glaubwürdig zu sein«. Meine Antworten klangen freundlicher, als mir zumute war. Es wäre entschieden unklug gewesen, die öffentliche Demütigung der Sowjetunion noch deutlicher werden zu lassen.

Am Donnerstagnachmittag um 15.05 Uhr ließ ich die Ereignisse in einem Gespräch mit Nixon noch einmal Revue passieren. Wir sprachen über die Resolution des Sicherheitsrats, die Absicht, die erhöhte Alarmbereitschaft zu beenden, und Breschnews Brief. Ich sagte dem Präsidenten, daß ich den Brief vom 24. Oktober auf meiner Pressekonferenz nicht nach Form und Inhalt beurteilt hätte, weil es mir gefährlich erschienen sei, aus dieser Sache eine persönliche Konfrontation zwischen dem Präsidenten und dem Generalsekretär zu machen. Nixon war empört über die Unterstellung der Medien, daß er die Krise erzeugt hätte, um sich innenpolitisch Luft zu machen – und er selbst wußte besser als seine Kritiker, wie unmöglich eine solche Anschuldigung war.

Noch am gleichen Nachmittag wurde die Resolution 340 des Sicherheitsrats verabschiedet. Sie forderte die kriegführenden Parteien noch einmal auf, in die Stellungen zurückzukehren, die sie bei Inkrafttreten des Waffenstillstands am 22. Oktober eingenommen hatten. Auf unseren Vorschlag hatte man hier das Wort »zurückkehren« an die Stelle des ursprünglich verwendeten Wortes »zurückziehen« eingesetzt. Nach diesem Beschluß wurde ein internationaler Verband aufgestellt, dessen Kontingente von Mitgliedern der Vereinten Nationen unter Ausschluß der Großmächte gestellt werden sollten. (Der Text der Resolution 340 ist in den Anmerkungen abgedruckt.)[7] Ich drängte Waldheim telefonisch, dafür zu sorgen, daß auch andere dem Sowjetblock angehörende Nationen ausgeschlossen würden, und zwar mit der Begründung, daß kein Mitglied eines Militärbündnisses zur Teilnahme aufgefordert werden sollte.

Golda erhob gegen diese Resolution den gleichen entschiedenen Einspruch wie gegen die des vergangenen Tages. Sie wollte – ob wir unsere Streitkräfte nun alarmiert hatten oder nicht – nicht das Risiko eingehen, daß taktische Meinungsverschiedenheiten mit Israel zur Gewohnheit wurden.

Den ganzen Tag über fand ein lebhafter Meinungsaustausch mit Kairo statt. Die Ägypter hatten uns um Blutplasma und Medikamente für die eingeschlossene 3. Armee gebeten. Israel war zwar im Prinzip damit einverstanden, hielt es aber offenbar nicht für notwendig, sich beim Transport dringend benötigter Nachschubgüter zu beeilen. Die Israelis hofften noch immer auf die Kapitulation der 3. Armee.

Meine Gedanken wandten sich jetzt immer mehr den diplomatischen Schritten zu, durch die sich das gegenwärtig so stark gefährdete Gleichgewicht der Kräfte stabilisieren ließ. Nachdem wir die Krise mit knapper Mühe überwunden hatten, wollte ich die Aufmerksamkeit der Araber auf die Friedensaussichten lenken. Am späten Abend des 25. Oktober schickte ich Hafiz Ismail unter dem Vorwand, meinen Besuch in Kairo technisch vorzubereiten, eine Botschaft und ging dabei auf den Zweck meiner Reise ein:

> Ich freue mich darauf, mit Ihnen und den Persönlichkeiten zusammenzutreffen, die ich nach Ihrer Ansicht kennenlernen sollte, um dabei konstruktive Vorgespräche über die zahlreichen Probleme zu führen, die unsere beiden Länder betreffen. In der Zeit vor unserer Begegnung müssen wir beide versuchen, daß in den Beziehungen zwischen Ägypten und den Vereinigten Staaten eine konstruktive Atmosphäre erhalten bleibt.

Am Abend rief mich Nixon aus Camp David an und beglückwünschte mich zu meiner im Fernsehen übertragenen Pressekonferenz. Verständlicherweise war er ausschließlich mit Watergate beschäftigt. Schließlich hatte das »Massaker vom Samstagabend« erst vor fünf Tagen stattgefunden, und der Kongreß stand kurz davor, das Amtsenthebungsverfahren einzuleiten. Wenn es um die Öffentlichkeitsarbeit ging, dann bevorzugte Nixon Holzhammermethoden. Jetzt wollte er, daß ich die Chefs der großen Nachrichtenagenturen am folgenden Tag in das Weiße Haus einlud, um sie über die Alarmierung unserer Streitkräfte zu unterrichten. Dabei sollte ich besonders darauf hinweisen, wie unersetzlich Nixon sei. Ich sollte fragen, was geschehen wäre, wenn der Sprecher des Repräsentantenhauses, Carl Albert – der im Fall von Nixons Rücktritt die Amtsgeschäfte des Präsidenten hätte führen müssen – vor diesem Problem gestanden hätte. Wenige Minuten später kam er auf die Idee, daß ich das gleiche mit den führenden amerikanischen Juden tun sollte: »Versammeln Sie die ganze Bande in einem Zimmer und erklären Sie, sie seien in erster Linie Amerikaner, dann Mitglied der jüdischen Gemeinschaft in Amerika und an Israel interessiert. Wer wird Israel retten, und wer wird es in der Zukunft retten?«

Das war pathetisch, aber richtig. Er hatte die Verantwortung übernommen und sich den Folgen seines Handelns großartig und entschlossen gestellt. Und doch konnten wir Wirksamkeit und Geschlossenheit unserer Außenpolitik nur bewahren, wenn wir nichts dem Zufall überließen und dafür sorgten, daß wir nicht durch Watergate behindert wurden. Wenn die Öffentlichkeit unser außenpolitisches Handeln mit Watergate verknüpfte, dann waren die Hoffnungen für den Erfolg unserer Diplomatie und damit auf den Frieden zerstört. Deshalb bat ich Haig dringend, dem Präsidenten dieses Vorhaben auszureden. Der Schuß mußte nach hinten losgehen. Haig stimmte mir zu, und ich hörte nichts mehr davon.

Es gab jetzt noch ein unerledigtes Problem. Der aus zwölf Schiffen bestehende sowjetische Flottenverband näherte sich noch immer der in einigen Berichten unserer Regierung so bezeichneten »Landmasse« von Ägypten. Der Verband blieb auch nach Annahme der Resolution 340 des Sicherheitsrats auf dem gleichen Kurs. Vielleicht hatte Moskau die Schiffe vergessen, man durfte aber eher vermuten, daß sie bereitgehalten wurden, falls es bei dem Waffenstillstand zu neuen Schwierigkeiten kam. Am späten Abend des 25. Oktober meldete die CIA schließlich, daß der Verband hundert Seemeilen nördlich von Marsa Matruch vor Anker gegangen war. Am folgenden Tage verschwand er, und die Sowjetunion verzichtete in der Folgezeit auf ähnliche Drohgebärden.

Damit ging der letzte Tag zu Ende, an dem unsere Streitkräfte sich in Alarmbereitschaft befanden.

Am Freitagmorgen, dem 26. Oktober, waren die amerikanischen Zeitungen voll von Kommentaren über die Alarmierung unserer Streitkräfte. Die meisten zeigten sich erleichtert darüber, daß eine erste Konfrontation mit den Sowjets vermieden worden war, und unterstützten mit ungewohnter Begeisterung unsere Entscheidung, den sowjetisch-ägyptischen Vorschlag für eine militärische Intervention der Supermächte abzulehnen.

Die *Washington Post* brachte an diesem Tag zwei Leitartikel. Der eine beschäftigte sich mit den »Watergate-Zusammenhängen« und nahm Anstoß daran, daß ich den Journalisten auf meiner Pressekonferenz zu verstehen gegeben hatte, die Presse unterminiere das Vertrauen der Öffentlichkeit: »Unsere Krise zu Hause wurde durch den Präsidenten geschaffen.« Der zweite Leitartikel vertrat die Auffassung, daß die Krise demonstriert hätte, wo Grenzen und Nutzen der Entspannung lägen. Nixon »hat nach unserer Auffassung mit bewundernswerter Festigkeit und Zurückhaltung reagiert«:

> Ob wir in dieser Krise (der Gefahr) wirklich so nahe gewesen sind, werden wir vielleicht erst wissen, wenn die Administration, wie Dr. Kissinger es zugesagt hat, die entsprechenden Texte und Tatsachen auf den Tisch legt. Die Beurteilung dieser Frage kann warten. Jetzt ist es wichtig, mit nüchterner Dankbarkeit festzustellen, daß die von Mr. Nixon und Mr. Breschnew in den vergangenen Jahren geschaffene Beziehung beiden bei ihrer Kraftprobe in dieser Woche sehr nützlich gewesen ist.

Auch die *New York Times* vertrat am 26. Oktober in zwei Leitartikeln die Auffassung, daß die Krise demonstrierte, »auf wie schwachen Füßen die amerikanisch-sowjetische Entspannung noch steht«. Die *Times* setzte sich für baldige Verhandlungen ein: »Mr. Kissinger meinte gestern, die Vorbereitungen könnten noch mehrere Wochen in Anspruch nehmen. Das genügt nach unserer Auffassung nicht.«

Das *Wall Street Journal* stellte sich entschieden hinter die Regierung: »Es ist unglaublich, daß einige Reporter auf der Pressekonferenz davon gesprochen haben, der Präsident hätte eine internationale Krise heraufbeschworen, um die Aufmerksamkeit von der innenpolitischen Krise abzulenken.« In einem Leitartikel der *Los Angeles Times* hieß es, »die amerikanische Teilmobilmachung . . . war das Richtige«. Die Zeitung erklärte sich mit der Behandlung der Krise durch die amerikanische Regierung seit Kriegsbeginn einverstanden. Sie lehnte jede militärische Intervention durch die Supermächte entschieden ab und lobte die Regierung für die Weigerung, daran teilzunehmen. Die *Chicago Tribune* meinte, »die von Mr. Kissinger erläuterte Nahost-Politik ist bewundernswert« und »in dieser Zeit dürfen die Amerikaner Vertrauen zur Außenpolitik unserer Regierung haben«.

Wir bemühten uns darum, die Krise auch zu entschärfen, indem wir jeden Angriff gegen die Selbstachtung der Sowjets vermieden. Es hätte keinen Sinn gehabt, wenn wir uns mit unseren Erfolgen gebrüstet hätten, denn dann hätte Moskau mit Sicherheit die nächste sich bietende Gelegenheit wahrgenommen, um die in der vergangenen Nacht erreichte Lösung in ihr Gegenteil zu verkehren.

Auch Breschnew trug dazu bei, die Atmosphäre zu entgiften, und hielt am 26. Oktober auf einer Sitzung des Weltfriedenskongresses in Moskau eine versöhnliche Rede. Dabei wies er auf die große Bedeutung der Entspannung hin. Die amerikanische Teilmobilmachung erwähnte er nicht, tadelte Israel jedoch dafür, den Waffenstillstand »perfide« verletzt zu haben. Er erläuterte noch einmal die bekannten Auffassungen der Sowjetunion für eine Lösung des Nahost-Problems, die praktisch auf die einseitige Unterstützung der radikalen Araber hinauslief. Doch zur Verwirklichung seines Programms sagte er nicht mehr als während der vergangenen vier Jahre – eine Unterlassung, die uns strategische Möglichkeiten eröffnete.

Mein Mitarbeiter Helmut Sonnenfeldt hat die Zwiespältigkeit in der Reaktion der öffentlichen Meinung bei uns auf diese Rede treffend dargestellt:

> In dieser verrückten Stadt wird die versöhnliche Rede (Breschnews), die zum Teil durch die Festigkeit, mit der wir auf die Bedrohung durch die Sowjets in der vergangenen Nacht reagiert haben, zum Teil durch Breschnews Interesse an seiner Entspannungspolitik veranlaßt worden ist, dazu führen, daß auch weiterhin behauptet wird, wir hätten aus innenpolitischen Gründen eine Krise herbeigeführt. Und was wir auch tun, um zu zeigen, daß unsere Maßnahmen gerechtfertigt waren, wird entweder verdeutlichen, auf wie schwachen Füßen die Entspannung steht, oder es wird die Russen veranlassen zu beweisen, daß wir sie in einer Konfrontation nicht zum Nachgeben gezwungen hätten.

Natürlich hatte die Entspannungspolitik die Krise nicht verhindert, obwohl einige unserer Kritiker behaupteten, es hätte so sein sollen. Das war nicht ganz aufrichtig, denn sie vergaßen, daß Entspannung nicht Freundschaft bedeutet, sondern eine Strategie zur Regelung der Beziehungen zwischen Gegnern. Schließlich war das wichtigste Ziel unserer Nahost-Politik, den Einfluß der Sowjetunion in diesem Gebiet nach Möglichkeit zu reduzieren, wie auch die Sowjets darum bemüht waren, den amerikanischen Einfluß im Nahen Osten auszuschalten. Ich glaube aber doch, daß die Entspannung eine Reihe von Krisen gemildert hat, die durch ideologische Gegensätze und geopolitische Interessen fast unvermeidlich geworden waren; und ich glaube, wir haben durch unser Verhalten dem nationalen Interesse gedient.

So haben wir zum Beispiel versucht, den Einfluß und die Zahl der Beobachter zu begrenzen, die Breschnew nach Ägypten geschickt hatte, als er sich entschloß, die Krise zu beenden. Nachdem die Entsendung einer Friedenstruppe der Vereinten Nationen beschlossen worden war, waren diese Beobachter ohnedies überflüssig geworden. Nixon beantwortete den Brief Breschnews vom 25. Oktober fast vierundzwanzig Stunden später, am 26. Oktober um 13.00 Uhr. In seinem Schreiben ließ er keinen Zweifel daran, daß wir die Absicht hatten, die Zahl der Beobachter der Supermächte auf ein Mindestmaß zu begrenzen:

> Jetzt, da die Organisation der Vereinten Nationen zur Überwachung des Waffenstillstands erweitert und eine militärische Eingreif-Reserve der Vereinten Nationen aufgestellt worden ist, wäre es nicht mehr ratsam, eine amerikanisch-sowjetische Überwachungsgruppe einzusetzen. Ich schlage jetzt vor, daß wir die Entscheidung über die Zusammensetzung der Beobachtergruppe der Vereinten Nationen dem Generalsekretär überlassen. Wir würden es vorziehen, wenn für ihre Zusammensetzung die gleichen Einschränkungen gelten würden wie für die der Eingreifreserve der Vereinten Nationen, über die schon eine Einigung erzielt worden ist. Wir wären jedoch bereit, ein Ersuchen des Generalsekretärs, eine geringe Zahl amerikanischer Beobachter zur Verfügung zu stellen, in Erwägung zu ziehen, wenn er das wünschen sollte. Die sowjetischen Beobachter sollten auf die gleiche Weise integriert werden. Wir halten es nicht für notwendig, daß selbständige Beobachtergruppen aus einzelnen Ländern in diesem Gebiet operieren.

Anschließend entwickelte sich zwischen Dobrynin und mir ein Tauziehen um die Stärke des amerikanisch-sowjetischen Beobachterkontingents. Ich schlug zunächst vor, daß jede Seite nicht mehr als zwanzig Beobachter in das Kampfgebiet entsenden sollte. Schließlich einigten wir uns auf jeweils sechsunddreißig. Aber dann war doch alles vergeblich gewesen, denn Ägypten änderte seine Meinung und hielt die Anwesenheit von Beobachtern plötzlich für nicht mehr erforderlich. Der neue amtierende ägyptische Außenminister, Ismail Fahmy, sagte in Kairo, Ägypten wünsche und brauche die Beobachter nicht. Damit scheiterte der sowjetische Plan, ein besonderes amerikanisch-sowjetisches Kontingent aufzustellen, und die ganze Angelegenheit ging in den nun folgenden diplomatischen Verhandlungen unter.

Zwar waren wir mit der sowjetischen Interventionsdrohung fertig geworden, aber das Problem, das den Anlaß dazu gegeben hatte, war noch nicht gelöst. Die ägyptische 3. Armee war immer noch eingeschlossen. Sie wurde zwar nicht mehr angegriffen, aber allmählich ausgehungert. Die Wagenkolonne, mit der wir seit vierundzwanzig Stunden versuchten, die 3. Armee medizinisch zu versorgen, war von den Israelis unter immer neuen Vorwänden in den Außenbezirken der Stadt Suez aufgehalten worden. Israel behauptete, daß es die eingeschlossene Armee direkt mit Medikamenten versorge. Das konnten wir nicht überprüfen. Jedenfalls war auch darin der Versuch zu erkennen, die Ägypter zu demütigen und ihnen zu zeigen, daß die israelischen Streitkräfte ihr Schicksal in der Hand hielten. Das konnte Sadat sich auf die Dauer nicht gefallen lassen.

Und das tat er auch nicht. Am Freitag, dem 26. Oktober, um 9.30 Uhr schickte Sadat eine dringende Note an Nixon, in der er den Israelis den Vorwurf machte, daß sie die Lage dazu ausnützten, »die Verbindungslinien zur 3. ägyptischen Armee zu blockieren, um sie zu isolieren und zur Kapitulation zu zwingen«. Die Israelis hinderten die UN-Beobachter auch weiterhin daran, in dieses Gebiet zu kommen. Nun drohte Sadat, die Versorgungslinien durch einseitige Maßnahmen wieder zu öffnen. Er erklärte, er hätte auch die Sowjets von dieser Lage unterrichtet. Dann gab er uns zu verstehen, daß die Atmosphäre für »konstruktive« Gespräche mit mir belastet werden würde, wenn sich hier nicht bald ein Ausweg finden ließ. Er schrieb: »Ich möchte Ihnen mitteilen, daß wir zur Vorbereitung dieses Besuchs umfassende Vorschläge ausarbeiten, die, wie wir hoffen, einen Wendepunkt auf dem Wege zu einer endgültigen Friedenslösung aufzeigen werden.« Eine von beiden Seiten so oft als wichtig bezeichnete Reise hätte schon Wunder wirken müssen, um alle Erwartungen zu erfüllen, die sie aus hauptsächlich taktischen Gründen geweckt hatte. Offensichtlich versuchten wir, ebenso wie Kairo, meinen Besuch in Ägypten zu benutzen, um uns in eine möglichst günstige Ausgangsposition zu manövrieren; wir wollten zwischen Ägypten und die Sowjetunion einen Keil treiben und Sadat davon abhalten, die Sowjets um Unterstützung zu bitten; Sadat wollte uns veranlassen, Israel an der Vernichtung der ägyptischen 3. Armee zu hindern. Wie sich herausstellte, paßten diese beiden Vorhaben recht gut zueinander.

Wir hatten Israel während des ganzen Krieges aus den verschiedensten historischen, moralischen und strategischen Gründen unterstützt und sogar während der gefährlichen innenpolitischen Watergate-Krise einen Krieg gegen die Sowjetunion riskiert, aber das Interesse Israels und der Vereinigten Staaten verlangte nicht die Vernichtung der ägyptischen 3. Armee.

Hier ging es darum, daß Israel die ägyptische 3. Armee erst eine ganze Zeit *nach* Inkrafttreten eines von uns ausgehandelten Waffenstillstands eingeschlossen hatte. Das war Israel zwar gelungen, aber nun konnte es die 3. Armee nicht zur Kapitulation zwingen. Am späten Abend des 25. Oktober hatte Israel mir auf meine Anfrage mitgeteilt, daß die Kämpfe an der ganzen ägyptischen Front noch drei bis vier Tage andauern und große Mengen von Kriegsgerät herangeführt werden müßten, um die ägyptische 3. Armee zu vernichten, was unter keinen Umständen geschehen konnte, ohne daß es zu einer neuen schweren Krise mit der Sowjetunion, der endgültigen Verfeindung mit allen arabischen Staaten und einer Demütigung Sadats gekommen wäre.

Die restlose Vernichtung einer ägyptischen Armee nach dem Waffenstillstand hätte auch auf die Dauer nicht im Interesse Israels gelegen. Die israelische Führung war verärgert darüber, daß sie überrascht worden war, die schweren blutigen Verluste hatten sie tief getroffen, und sie mißtraute Sadat, der dieses Unheil über sie gebracht hatte. Deshalb wollte Israel den Krieg mit Sadats Vernichtung beenden. Solche Gefühle waren verständlich. Es lag jedoch in unserem Interesse, die Araber zur Mäßigung zu motivieren. In unserem Meinungsaustausch mit Kairo hatten wir uns davon überzeugt, daß Anwar Sadat uns die besten Aussichten dafür bot, den Frieden im Nahen Osten wiederherzustellen.

Nun, da wir die sowjetische Intervention abgewendet hatten, kam es darauf an, den Friedensprozeß einzuleiten. Dazu war die sofortige Entlastung der ägyptischen 3. Armee erforderlich – ein schwieriges taktisches Problem. In den Zielen war sich unsere Regierung einig, über die Methoden gab es Meinungsverschiedenheiten. Das Verteidigungsministerium hatte einen Plan vorgelegt, um die ägyptische 3. Armee mit amerikanischen Flugzeugen vom Typ C-130 zu versorgen. Andere drängten uns, die Luftbrücke nach Israel einzustellen. Ich konnte mich mit beiden Ideen nicht recht befreunden. Wir durften nicht im Abstand von zwei Wochen beide Gegner in einem Nahost-Krieg über eine Luftbrücke mit Material versorgen. Darüber hinaus könnte die unvermittelte Einstellung der Luftbrücke nach Israel als Distanzierung der Vereinigten Staaten von ihrem Verbündeten interpretiert werden, was die Araber noch unnachgiebiger machen und vielleicht zu einer neuen sowjetischen Intervention führen würde.

Deshalb versuchten wir, Israel am Freitag, dem 26. Oktober, zu bewegen, die ägyptische 3. Armee in irgendeiner Art zu versorgen, um uns nicht in die Opposition zu zwingen. Das war nicht leicht. Wir mußten eine ehrempfindliche, stolze und mit uns in mancher Hinsicht fast zu eng befreundete Nation davon überzeugen, daß sie nicht an einem

Kurs festhalten durfte, der sich für die gegenwärtige Regierung in den bevorstehenden Wahlen* sehr günstig auswirken würde. Es mußte zudem in einer Weise geschehen, durch die die Öffentlichkeit den Eindruck gewann, daß unsere engen Beziehungen zu Israel aufrechterhalten blieben. Andererseits durften wir in der Zeit, in der wir die schwierigen Verhandlungen mit den Israelis führten, das Vertrauen Ägyptens nicht verscherzen. Das ganze Unternehmen wurde zu einem Wettrennen zwischen unserer Überzeugungskraft und dem Durchhaltevermögen der ägyptischen 3. Armee, von dem auch der Bestand einer gemäßigten Regierung in Ägypten abhängig war. Nachdem wir zunächst den russischen Bären mit großer Mühe veranlaßt hatten, sich in seinen Käfig zurückzuziehen, mußten wir alles tun, seinen erneuten Ausbruch zu verhindern. Der 26. Oktober war ein sehr langer Tag für mich.

Wenige Minuten nach Empfang der Botschaft Sadats setzte ich mich mit Dinitz in Verbindung. Die ägyptische 3. Armee hatte indessen versucht, nördlich der Stadt Suez aus der Umklammerung auszubrechen, was zeigte, in einer wie verzweifelten Lage sie sich befand, denn schließlich mußten sich ihre materiellen Reserven im Verlauf dieses Unternehmens noch schneller erschöpfen. Dann mußten wir jetzt mit neuen Auseinandersetzungen über eine Verletzung des Waffenstillstandes rechnen. Ich drängte daher Israel, zwei Maßnahmen zu ergreifen. Die UN-Beobachter sollten aufgefordert werden, sofort zwischen beiden Armeen Stellung zu beziehen, um die Einhaltung des Waffenstillstandes zu überwachen. Daneben sollte Israel zulassen, daß die 3. Armee durch Lastwagenkolonnen mit Verpflegung, Wasser und Medikamenten versorgt wurde. Dabei würde die Armee eingeschlossen und kampfunfähig bleiben, als Verhandlungsobjekt benutzt werden können, aber nicht der Demütigung einer Kapitulation ausgesetzt sein. Dinitz versprach, mir sofort eine Antwort zukommen zu lassen. Ich unterrichtete ihn auch von meinem Plan, Ägypten zu besuchen.

Nixon hielt sich in Camp David auf und bereitete sich dort auf eine für den Abend vorgesehene Pressekonferenz im Fernsehen vor. Am Vormittag um 10.30 Uhr schickte ich Ägyptens Führer Sadat eine Botschaft im Namen des Präsidenten und erläuterte ihm unsere Vorschläge an Israel:

> Es wird mehrere Stunden dauern, bis wir eine Stellungnahme zu diesen Punkten bekommen. Wir hoffen aufrichtig, daß Sie inzwischen vermeiden können, unwiderrufliche Maßnahmen zu treffen.
>
> Es ermutigt mich sehr, daß Sie konkrete Vorbereitungen für die Ge-

* Die ursprünglich für den 30. Oktober angesetzten allgemeinen Wahlen in Israel wurden während des Krieges auf den 31. Dezember verschoben.

> spräche während des bevorstehenden Besuchs von Außenminister Kissinger getroffen haben. Sie können sicher sein, daß er eine konstruktive Haltung einnehmen wird. Wir hoffen, sein Besuch wird ein Meilenstein auf dem Wege zu einer dauerhaften und gerechten Lösung sein.

Gegen Mittag sprach ich mit Nixon in Camp David und sagte ihm, was wir unternommen hatten. Als ich ihm von Sadats dringender Botschaft berichtete, die am frühen Morgen eingetroffen war, verlangte er, daß wir sie »sehr deutlich« an die Israelis weitergeben sollten, und zwar in seinen Worten (das hatte ich schon getan). »Wir müssen die von uns übernommenen Verpflichtungen einhalten.«

Als ich nach mehreren Stunden noch keine Antwort aus Israel hatte, rief ich Dinitz noch einmal an. Er hatte keine neuen Anweisungen, aber eine »persönliche« Idee: Jeder Ägypter, der die 3. Armee verlassen wollte, sollte das tun dürfen, aber unter Zurücklassung aller Waffen und Ausrüstungsstücke. Mit anderen Worten, eine öffentliche Demütigung für Ägypten – kein Wunder, daß dieser Vorschlag mir als »persönliche« Idee vorgelegt wurde. Ich wiederholte unseren Vorschlag, dringend gebrauchte, nichtmilitärische Versorgungsgüter durchzulassen, vor allem Verpflegung, Wasser und Medikamente. Ich fügte hinzu: »Sie werden diese Armee nicht gefangennehmen dürfen, dessen bin ich sicher.« Nach einigem Hin und Her warnte ich Dinitz noch einmal: »Offen gesagt, hielte ich es für einen Fehler, wenn Sie es auf eine totale Konfrontation ankommen ließen.« Ich bat noch einmal dringend um eine Antwort.

Nach fünf Stunden, gegen 14.30 Uhr – ich hatte nichts aus Israel gehört – traf eine neue dringende Botschaft Sadats an Nixon ein:

> Im gleichen Augenblick, da ich Ihre ermutigende Botschaft zur Frage des künftigen Friedens erhalte, beginnen die Israelis einen mit Luft- und Bodenstreitkräften geführten Angriff gegen die 3. Armee unter dem falschen Vorwand, daß sie zuerst angegriffen habe.
>
> Ich möchte Sie davon in Kenntnis setzen, daß wir uns in einer sehr kritischen Lage befinden und die Zukunft des Friedens in Gefahr ist. Ihre Garantie der Resolution des Sicherheitsrats wird unter Vorspiegelung falscher Tatsachen umgangen.
>
> Ich hoffe, wir können sofort etwas dagegen unternehmen, daß sich die Lage noch weiter verschärft.

Kurz darauf teilte mir Kurt Waldheim mit, daß Zayyat sich in New York in großer Erregung mit ihm in Verbindung gesetzt und gefragt hätte, ob es möglich sei, eine Sondersitzung des Sicherheitsrats einzuberufen, um gegen angebliche neue israelische Waffenstillstandsverletzungen zu protestieren. Die ägyptische Armee werde nicht kapitulieren. Ägypten werde sich gezwungen sehen, einseitige Maßnahmen zu ergreifen. Zayyat habe erklärt, der Wendepunkt sei erreicht.

Als ich Dinitz den Inhalt der ägyptischen Botschaft um 16.15 Uhr mitteilte, hatte er noch immer keine Anweisungen – sieben Stunden nach meiner dringenden Anfrage. Offensichtlich wollte die israelische Regierung Zeit gewinnen und hoffte, die ägyptische 3. Armee zur Kapitulation zu zwingen. Dinitz schlug nur vor, durch das Kabinett einen General zu schicken, um mir die Lage zu erläutern und einen »umfassenden Vorschlag« zu machen. Das brauchte jedoch Zeit, und die hatten wir nicht. Ich warnte Dinitz und sagte, daß es eine Grenze gäbe, über die wir uns nicht hinausdrängen lassen würden. Dinitz erwiderte und zeigte mir damit, mit welcher Entwicklung die Israelis rechneten: »Wir können sie nicht herauslassen (die 3. Armee), ohne etwas dafür zu bekommen.« Wenn ich versuchen sollte, das Problem durch unseren Behördenapparat lösen zu lassen, dann würde es dabei zu dem Beschluß kommen, daß die amerikanische Regierung die 3. Armee versorgen müßte, wie es auch das Verteidigungsministerium vorgeschlagen hatte. Ich sagte Dinitz, daß Israel sich in einer guten Verhandlungsposition befände und etwas dafür bekommen könnte, wenn auch nicht die Kapitulation der 3. Armee. Wir würden alles tun, um Gespräche zwischen Ägypten und Israel zu ermöglichen – ein schon seit langer Zeit von Israel angestrebtes Ziel. Doch die Fortsetzung der gegenwärtigen Taktiken müßte katastrophale Folgen haben:

> Sie müssen sich für diese Gespräche Zeit lassen. Wir werden gerne vorschlagen, daß die Gespräche zwischen Ihnen und den Ägyptern zur Lösung dieses Problems sofort beginnen sollen. Wir sind zur Zusammenarbeit bereit, aber ich sage Ihnen, dabei wird es wieder zu sowjetischen Maximalforderungen kommen, und Sie dürfen den Präsidenten nicht jeden Tag aufs neue in eine Konfrontation geraten lassen.

Jetzt verlangte ich eine Antwort vor Beginn der für 21.00 Uhr angesetzten Debatte im Sicherheitsrat.

Ich wollte immer noch einen Zusammenstoß mit Israel vermeiden und hoffte, eine konstruktive Antwort zu bekommen. Deshalb schickte ich Sadat in Nixons Namen eine Antwort, mit der ich Zeit zu gewinnen hoffte. Ich nannte Sadat die Punkte, an denen Israel die UN-Beobachter einsetzen wollte, und teilte ihm mit, daß Israel grundsätzlich mit der Lieferung von Medikamenten über die Stadt Suez einverstanden sei. Ich wies ihn außerdem darauf hin, daß Israel und Ägypten uns für die Waffenstillstandsverletzungen einander widersprechende Ursachen genannt hatten: »Sie müssen erkennen, daß es für uns unmöglich ist, zu beurteilen, wer sich an die Waffenstillstandsbedingungen hält und wer sie verletzt.« Ich sagte zu, daß, sobald unparteiische Beobachter im Kampfgebiet wären, sich die Vereinigten Staaten bereit erklären würden, die Verantwortlichen für die Verletzung des Waffenstillstandes zu identifizieren und zu verurteilen.

Damit war Sadat nicht gedient. Die Katastrophe stand unmittelbar bevor – die ägyptische Ehre war angegriffen, die Vorräte der 3. Armee schrumpften zusammen, und wir hatten die größten Schwierigkeiten, komplexe diplomatische Verhandlungen zum Abschluß zu bringen.

Um 19.10 Uhr, während Nixons Pressekonferenz, traf eine offizielle israelische Antwort ein. Auch sie stellte den Versuch dar, die Entscheidung weiter hinauszuzögern. Golda Meir ging auf meinen Vorschlag ein, mit den Ägyptern Gespräche darüber zu führen, »wie dieses Problem gelöst werden kann«. Über die Versorgung der 3. Armee sagte sie jedoch nichts. Ihre Absichten waren deutlich zu erkennen:

> Wir glauben, daß wir Ihnen etwas anbieten können – was weder die Kapitulation noch eine Demütigung bedeutet, sondern einen ehrenhaften Ausweg aus dieser Situation. Alles, was die Ägypter zu tun haben, ist, die Zeit, den Ort und den Rang ihres Vertreters zu nennen.

Aber die wirkliche Lage war viel komplexer. Die für die Araber bestehenden psychologischen Schwierigkeiten, direkte Gespräche aufzunehmen, wurden durch die bewußte Demütigung der 3. Armee nicht aus dem Wege geräumt. Es würde zumindest eine gewisse Zeit dauern, ein solches Treffen zu organisieren, aber mit jeder Stunde wurde die ägyptische 3. Armee weiter geschwächt. Golda erkannte dieses Problem und versuchte uns zu beschwichtigen: »Sie (die 3. Armee) befinden sich nicht in einer verzweifelten Lage; aber Sadat tut es.« Doch damit war noch keine Lösung gefunden, denn wir hatten ein noch größeres Interesse daran, Sadats Sturz zu verhindern, als an der Befreiung der 3. Armee aus ihrer mißlichen Lage. Aber beides war unauflöslich miteinander verknüpft. Um 19.55 Uhr gab ich den Inhalt der Note von Frau Meir – in der sie ägyptisch-israelische Gespräche vorgeschlagen hatte – an Hafiz Ismail in Kairo weiter.

Aber zwei inzwischen eingetretene Ereignisse verschärften die Lage noch mehr. Am Nachmittag um 16.30 Uhr wurden wir durch die Nachricht alarmiert, daß eine neue sowjetische Note unterwegs sei. Bisher waren von der Ankündigung bis zum Eintreffen solcher Botschaften nur selten mehr als fünfzehn Minuten vergangen. Jetzt war die Note nach zwei Stunden noch immer nicht eingetroffen. Ich fragte bei Dobrynin nach. Er behauptete, den Grund nicht zu kennen. War es die Absicht der Sowjets, unsere Nerven zu strapazieren und die psychologische Kriegführung wiederaufzunehmen, welche die Krise vor achtundvierzig Stunden gekennzeichnet hatte? Oder war Moskau zu dem

Schluß gekommen, daß die beabsichtigte Mitteilung doch nicht den sowjetischen Interessen entsprach? Wir konnten nur warten, obwohl ich es für sehr unwahrscheinlich hielt, demnächst in ähnlich unverhüllter Weise bedroht zu werden wie im Verlauf der eben überwundenen Krise.

Während ich auf die sowjetische Note wartete, begann Nixon seine Pressekonferenz um 19.00 Uhr im Ostzimmer des Weißen Hauses und zerstörte damit fast das delikate Gleichgewicht, das wir zwischen einer festen Haltung und dem Verzicht auf jede Provokation aufrechtzuhalten suchten. Nach meiner Kenntnis der Geschichte war ich überzeugt, daß die unmittelbar auf einen diplomatischen Sieg folgende Zeit sehr oft die gefährlichste ist. Der Sieger ist versucht, die Schraube um eine Windung zu stark anzuziehen; der Verlierer, der noch unter der Demütigung der Niederlage leidet, kann dagegen so sehr darauf bedacht sein, den Verlust wettzumachen, daß er die ihm von der Vernunft gebotenen Grenzen überschreitet.

Aber Nixon sah sich anderen Zwängen ausgesetzt. Er war entschlossen, zu beweisen, daß er trotz aller Aufregungen über das »Massaker vom Samstagabend« und trotz des ihn bedrohenden Amtsenthebungsverfahrens die Zügel noch in der Hand hatte – und unentbehrlich war. Er mußte die Öffentlichkeit davon überzeugen, daß es eine wirkliche, und zwar nicht durch Watergate ausgelöste Krise gewesen war. Deshalb hatte Nixon Veranlassung, sie den Medien in den schwärzesten Farben zu schildern.

Er sagte: »Nach unseren Informationen hatte die Sowjetunion die Absicht, einen sehr starken Verband in den Nahen Osten zu schicken, einen militärischen Verband.« Daraufhin habe er eine militärische Teilmobilmachung angeordnet, deren Zweck es gewesen wäre, »der Sowjetunion zu zeigen, daß wir ein einseitiges Vorgehen der sowjetischen Seite nicht hinnehmen würden«.

Darüber hinaus schilderte der Präsident sein Vorgehen als eine persönliche Herausforderung Breschnews und den Notenausbruch etwas zu melodramatisch: »Ich möchte nicht sagen, daß seine an mich gerichtete Note grob und brutal gewesen sei, ich würde vielmehr sagen, sie war sehr entschieden und ließ keinen Zweifel daran, was beabsichtigt war. Und auch meine Antwort war sehr entschieden und ließ keinen Zweifel daran, wie wir reagieren würden.« Dann sprach Nixon darüber, wie Breschnew die militärische Kapazität der Vereinigten Staaten und die persönliche Machtposition Nixons einschätzen könnte, und diese Beurteilung wäre immer die gleiche gewesen, nachdem sich Nixon als der Präsident erwiesen hätte, der ohne Rücksicht auf den Druck der Öffentlichkeit Nordvietnam bombardierte. »Das hat Herrn Breschnew veranlaßt, so zu handeln, wie er es getan hat.« Seine Darstellung von Breschnews Zurückweichen gipfelte in der Behauptung, dies wäre »die schwierigste Krise gewesen, mit der wir es seit der Konfrontation wegen Kuba 1962 zu tun gehabt haben« – ein Vergleich, den ich in meiner Pressekonferenz absichtlich heruntergespielt hatte.

Im großen und ganzen hatte Nixon mit seinen Behauptungen recht. Es war jedoch nicht der geeignete Augenblick, Breschnew zu einer Kraftprobe herauszufordern. Ich war nach einigen schlaflosen Nächten überarbeitet und protestierte in einem Gespräch mit Haig vehement gegen diese Äußerungen, als könnte er ungeschehen machen, was die Öffentlichkeit schon registriert hatte. Haig hatte seine eigenen Schwierigkeiten, denn die nachrichtenhungrigen Medien hatten sich durch die internationalen Spannungen nicht davon abhalten lassen, mit unermüdlichen, bohrenden und manchmal unverschämten Fragen nach Watergate die innenpolitischen Spannungen zu verschärfen. Gekoppelt mit Nixons defensiven Antworten bewirkte die Pressekonferenz fast das Gegenteil von dem, was der Präsident beabsichtigt hatte, nämlich den Eindruck eines ruhigen, zielbewußten und entschlossenen Führers zu vermitteln. Kein Wunder, daß Haig mir antwortete: »Wenn Sie heute abend mit ihm sprechen, seien Sie nachsichtig. Er steht kurz vor dem Zusammenbruch.« Nach wenigen Minuten rief mich Haig noch einmal an, und was er mir sagte, zeigte deutlich, wie dringend notwendig es war, dem Präsidenten Mut zu machen: »Ich bin jetzt beim Präsidenten. Wir haben festgestellt, daß Sie der einzige sind, der noch nicht angerufen hat.« Ich kannte Nixons verzweifelte Unsicherheit nach jedem Auftritt in der Öffentlichkeit nur zu gut und konnte mir vorstellen, wie sein Gemütszustand durch die quälenden Ereignisse von Watergate noch zusätzlich belastet war. Deshalb war es sinnlos und es wäre grausam gewesen, sich jetzt auf eine Debatte über die Nuancen des Krisenmanagements einzulassen. Daher sagte ich zu Haig – nicht ohne Hintergedanken: »Es war wirklich eine Gewalttour.«

Die Haltung der Journalisten auf den beiden Pressekonferenzen ließ vermuten, daß, wenn es bald wieder zu einer Kraftprobe kommen sollte, die psychologische Atmosphäre für uns nicht mehr so günstig sein würde – was nicht nur für die Stimmung in den Vereinigten Staaten galt. Scali berichtete noch am gleichen Abend vom Hauptquartier der Vereinten Nationen in New York: »Ich glaube, daß, wenn wir die Israelis nicht veranlassen können, nachzugeben, wir hier alle Freunde verloren haben werden.« Ich sagte ihm, daß wir auf eine neue sowjetische Note warteten. Ich hätte den Eindruck, daß die Israelis sich lieber vergewaltigen ließen, als selbst die Initiative zu ergreifen. Ich wollte dagegen den Eindruck vermeiden, daß Israel, wenn das überhaupt möglich war, nur unter Druck nachgegeben hätte, denn daraus könnte ein Präzedenzfall werden. Deshalb drängte ich Dinitz noch einmal, einen Vorschlag vorzulegen, mit dem sich die Debatte bei den Vereinten Nationen entschärfen ließe. Aber Dinitz ließ sich durch persönliche Bitten ebensowenig beeindrucken wie durch Versuche, auf offiziellem Wege etwas zu erreichen. Er sprach noch einmal von den hohen Verlusten Israels in diesem Krieg und behauptete, daß die ägyptische 3. Armee, wenn sie mit Nachschub versorgt würde, die Offensive wiederaufnehmen werde. (Darum ging es aber gar nicht. Niemand hatte davon gesprochen, die *militärische Ausrüstung* der Ägypter zu ergänzen. Hier ging es nur darum, die Soldaten durch die Versorgung mit nichtmilitärischem Nachschub am Leben zu erhalten.) Doch Israel schien entschlossen, die 3. Armee auszuhungern. Ich sagte ungeduldig: »Wenn es soweit kommt, dann wird man Sie zwingen.« Jetzt konnte ich nur versprechen, dafür zu sorgen, daß »Sie nicht eine Sekunde bevor es wirklich nicht mehr zu umgehen ist, unter Druck gesetzt werden«.

Breschnews Note erreichte uns kurz nach 21.00 Uhr. Der sowjetische Führer drohte uns, diesmal jedoch nicht so direkt wie vor zwei Tagen. Er beschränkte sich auf den Vorwurf, daß das Vorgehen Israels die Interessen des weltweiten Friedens gefährde. Dann wiederholte er, was wir schon wußten: Sadat hätte die Vereinigten Staaten gebeten, Israel zur Einstellung seiner Aggression zu veranlassen und eine Versorgung der 3. Armee zu ermöglichen. Wir hätten unsere Hilfe innerhalb weniger Stunden zugesagt, aber die Zeit wäre verstrichen, ohne daß Sadats Ersuchen berücksichtigt worden wäre:

> Wenn wir in den nächsten Stunden nicht erfahren, daß die notwendigen Maßnahmen ergriffen worden sind, um die von Präsident Sadat aufgeworfenen Fragen zu lösen, dann werden wir die ernstesten Zweifel im Hinblick auf die Absichten der amerikanischen Seite haben müssen ...

Breschnew verlangte eine positive amerikanische Reaktion innerhalb der nächsten Stunden. Zum erstenmal erwähnte er auch die Alarmierung unserer Streitkräfte und erklärte, wenngleich er nicht darauf reagiert hätte, wäre unser Vorgehen nicht provoziert worden und dem Abbau internationaler Spannungen nicht förderlich gewesen.

Eine eigenartige Note. Sie sprach von der Bedrohung des Weltfriedens, sagte aber nicht, was die Sowjetunion dagegen unternehmen wollte. Sie forderte die Vereinigten Staaten zu einer Reaktion innerhalb weniger Stunden auf, drohte jedoch nicht mit Konsequenzen, sondern äußerte nur ernste Zweifel an unseren Absichten. Sie erwähnte deutlich die Alarmierung unserer Streitkräfte, aber die vorsichtige Formulierung ließ erkennen, daß die sowjetische Regierung wichtige Lehren daraus gezogen hatte. Trotzdem mußte es Grenzen für die Demonstration der Handlungsunfähigkeit der sowjetischen Führung geben, deren Überschreitung der Kreml nicht hinnehmen würde.

Ich hatte mich dem Verlangen unseres Behördenapparates widersetzt, die ägyptische 3. Armee durch die Vereinigten Staaten mit Nachschub versorgen zu lassen. Nach meiner Auffassung deutete die Unnachgiebigkeit Israels auf die Unsicherheit und Verzweiflung der israelischen Regierung hin, die, durch die Furcht vor der Isolierung und eine Katastrophenstimmung geprägt, tief in der Seele eines Volkes eingegraben waren. Dieses Volk hatte durch die Jahrtausende seiner Geschichte mit der Katastrophe leben müssen und mußte jetzt befürchten, daß es, wenn es einmal dem Druck von außen nachgab, damit eine niemals endende Reihe von ungerechtfertigten Forderungen auslösen würde. Hier zeigte sich auch, welche Folgen es haben kann, wenn in einem Kabinett widersprüchliche Auffassungen aufeinanderstoßen und niemand es wagt, »weicher« zu scheinen als seine Kollegen. Ich hatte mich den ganzen Tag darum bemüht, eine öffentliche Distanzierung der Vereinigten Staaten von Israel zu vermeiden und die psychologische Substanz Israels zu bewahren, während ich die Israelis auf der anderen Seite dazu bewegen wollte, bei dem Versuch, ihre Interessen zu schützen, nicht bis zum Äußersten zu gehen. Man mußte jedoch immer deutlicher erkennen, daß Israel nicht fähig war, eine Entscheidung zu treffen. Es war den Israelis offenbar lieber, unter Zwang auf ihre Beute zu verzichten, als sie freiwillig aufzugeben. Meine Aufgaben waren die eines Außenministers der Vereinigten Staaten und nicht die eines Psychiaters der israelischen Regierung. Höchst widerwillig kam ich zu der Überzeugung, daß es meine Pflicht wäre, eine Entscheidung zu erzwingen. Dabei konnte ich Israel nur einen Freundschaftsdienst leisten, wenn die Israelis mir ihn erlaubten: Ich konnte dafür sorgen, daß mein Verfahren in der Öffentlichkeit nicht bekannt wurde.

Am Freitagabend um 22.58 Uhr rief ich Dinitz in Nixons Auftrag an. Ich kann mich heute nicht mehr erinnern, ob ich den Anruf vorher mit dem Präsidenten abgesprochen habe; jedenfalls zweifelte ich nicht daran, daß der Präsident sich hinter mich stellen würde. Höchstwahrscheinlich hätte er schon früher eine Entscheidung erzwungen oder sich dafür entschieden, die ägyptische 3. Armee zu versorgen, wäre er nicht mit seiner Pressekonferenz und Watergate beschäftigt gewesen. Ich sagte Dinitz:

> Lassen Sie mich Ihnen die Reaktion des Präsidenten abschnittsweise erläutern. Zunächst verlangte er, daß ich Ihnen ganz eindeutig erkläre, wir könnten die Vernichtung der ägyptischen Armee in einer Lage

nicht zulassen, die nach einem Waffenstillstand herbeigeführt worden ist, der zum Teil durch Verhandlungen erreicht wurde, an denen wir teilgenommen haben. Diese Option existiert daher nicht . . . Zweitens verlangt er von Ihnen bis spätestens morgen früh um 8.00 Uhr eine Antwort auf die Frage, ob nichtmilitärischer Nachschub die Armee erreichen kann. Wenn Sie dem nicht zustimmen können, dann werden wir eine Resolution der Vereinten Nationen unterstützen müssen, die sich mit der Erzwingung der Einhaltung (der Resolutionen) 338 und 339 beschäftigen wird. Wir sind zu dieser Haltung gegen unseren Willen durch Ihre Unfähigkeit, eine Entscheidung zu treffen, getrieben worden. Welches die Gründe auch sein mögen, der Präsident wünscht, daß ich Ihnen unsere Haltung in diesem Sinne erläutere. (Wir verlangen) eine Antwort, die gewisse Verhandlungen und eine gewisse positive Reaktion im Hinblick auf den nichtmilitärischen Nachschub zuläßt, oder wir werden uns den anderen Mitgliedern des Sicherheitsrats anschließen und diese Sache zu einer internationalen Angelegenheit machen. Ich muß wiederholen, der Kurs, den Sie verfolgen, ist selbstmörderisch. Sie werden nicht die Gelegenheit erhalten, diese Armee zu vernichten. Sie vernichten die Möglichkeit für Verhandlungen . . .

Ich versicherte Dinitz, daß wir Kairo von diesem diplomatischen Schritt nicht unterrichten, jeden israelischen Vorschlag an Ägypten weiterleiten und die Weigerung Israels unterstützen würden, die ägyptische 3. Armee mit *Kriegsmaterial* aufzufüllen. Es war Dinitz als einem der intelligentesten Diplomaten in Washington sicherlich nicht entgangen – und es hat ihn wahrscheinlich erleichtert –, daß wir von Israel nicht den Rückzug auf die Waffenstillstandslinie vom 22. Oktober verlangten. Nach diesem Gespräch habe ich aus verständlichen Gründen keine andere Regierung davon unterrichtet, daß wir Israel in dieser Weise unter Druck gesetzt hatten.

Am frühen Samstagmorgen, dem 27. Oktober um 2.30 Uhr, schickten wir Breschnew eine Antwort des Präsidenten. Sie war höflich, aber vage. Sie bestätigte, daß wir den Waffenstillstand unterstützten. Nixon versprach, die israelische Regierung zu drängen, die Versorgung der 3. Armee mit nichtmilitärischem Nachschub zuzulassen. Aus der Note ging nicht hervor, daß wir es schon getan hatten, und sie erwähnte auch nicht den von uns festgelegten Termin. Wir wollten der Sowjetunion nicht die Gelegenheit geben, sich mit einem eigenen Ultimatum an unsere Termine anzuhängen. Die Note versprach Moskau eine Antwort bis zum Spätnachmittag des Samstags Washingtoner Zeit. Das war sehr viel später als der Termin, den wir dem israelischen Kabinett gesetzt hatten. Auf diese Weise hatten wir noch die Möglichkeit, notfalls bestimmte Fragen zu klären. Nixons Note schloß mit einer Stellungnahme zur Alarmierung unserer Streitkräfte:

> Was nun die Maßnahmen der Vereinigten Staaten als Folge Ihres Briefes vom 24. Oktober betrifft, so möchte ich Sie an die folgenden Sätze in diesem Brief erinnern: »Es ist notwendig, sich ohne Verzögerung daran zu halten. Ich möchte ganz offen sagen, daß wir, wenn Sie es für möglich halten, in dieser Angelegenheit sofort gemeinsam mit uns zu handeln, uns vor die Notwendigkeit gestellt sähen, dringend die Frage angemessener einseitiger Maßnahmen zu klären.« Herr Generalsekretär, das sind ernste Worte, und sie sind hier in Washington ernst genommen worden.

Unmittelbar nach Absendung dieser Note an Moskau meldete sich Israel in der Form einer an mich gerichteten Botschaft von Golda Meir. Zwar hatte ich unsere Forderungen in Nixons Namen vorgetragen, aber Golda war eine zu erfahrene Politikerin, um es sofort auf eine direkte Konfrontation mit dem Präsidenten ankommen zu lassen. Sie sorgte immer dafür, daß alle Streitigkeiten mit Untergebenen ausgetragen wurden. Wenn sie den Präsidenten auf ein Podest stellte, dann gab sie ihm damit die letzte Gelegenheit, einen Kurswechsel vorzunehmen und sich von denen zu distanzieren, die es wagten, die von Golda vorausgesetzte Harmonie zu stören. Und wenn dieser Kunstgriff versagte, konnte ein Zugeständnis, das man dem Präsidenten im letzten Augenblick machte, mit Glück und Geschick wenigstens zu der Möglichkeit führen, später eine entsprechende Gegenleistung zu verlangen.

Der Brief selbst war typisch Golda, leidenschaftlich, selbstbewußt und gescheit. Er sollte das iraelische Kabinett ebenso beeindrucken wie die Regierung der Vereinigten Staaten. Sie versuchte, das Problem so darzustellen, als ob die Supermächte ihren Willen durchsetzen wollten, und tat so, als ob wir vor den Sowjets zurückgewichen seien – eine Behauptung, die, wenn sie bekannt wurde, uns innenpolitisch in größte Verlegenheit bringen mußte: »Ich habe keine Illusionen darüber, daß die beiden Großmächte uns zu allem zwingen werden.« Das sagte sie zu einer amerikanischen Aufforderung, zu der Stellung zu nehmen sie sich achtzehn Stunden geweigert hatte. Wir hatten Israel gebeten, *irgendeinen* Vorschlag zu machen, den wir vor dem Sicherheitsrat *gegen* den von den Sowjets ausgeübten Druck vertreten könnten. Sie erklärte in ihrem Brief, sie verlange nichts weiter, als daß wir Israel genau sagen sollten, was es tun müßte, »damit Ägypten den Sieg seiner Aggression verkünden kann«. Das war ihre Antwort auf den Vorschlag, eine Armee mit Verpflegung und Wasser versorgen zu lassen, die achtundvierzig Stunden nach Inkrafttreten eines von den Vereinigten Staaten ausgehandelten Waffenstillstandes eingeschlossen worden war und auch nach Erhalt dieser lebenswichtigen Versorgungsgüter eingeschlossen bleiben würde. Doch wenn sie Zugeständnisse machen mußte, konnte nichts diese Löwin veranlassen, es mit einer großzügigen Geste zu tun: »Es gibt nur eines, woran uns niemand hindern kann, und das ist, die Lage so darzustellen, wie sie in Wahrheit ist; daß Israel nicht für seine Taten bestraft wird, sondern nur dafür, daß es so groß ist, wie es ist, und dafür, daß es allein dasteht.«

Es war ein großartiger Brief für das israelische Kabinett: David stellte sich Goliath und wich um keinen Fußbreit zurück.

Ihre Empörung hinderte mich nicht daran, zu erkennen, daß sie in ihrer Antwort den wichtigsten Punkt nicht berührt hatte. Sie weigerte sich noch immer, einen Vorschlag zu machen. Sie bestand darauf, von uns gezwungen zu werden – und genau das hatte ich vermeiden wollen. Diese Haltung entsprach zum Teil ihrer Überzeugung, war zum Teil auf die komplizierte israelische Kabinettspolitik zurückzuführen, aber auch auf die bevorstehenden Wahlen, die es Golda leichter machten, nachzugeben, als die Initiative zu ergreifen.

Zwischen Bewunderung und Verzweiflung hin und her gerissen (Scowcroft sagte ich: »Es sind verrückte Helden!«), entwarf ich eine Antwort, als Sadat das Problem für uns löste – was ich wieder mit einer schlaflosen Nacht bezahlen mußte. Am Samstagmorgen um 3.07 Uhr teilte mir Hafiz Ismail mit, daß Ägypten direkten Gesprächen zwischen ägyptischen und israelischen Offizieren im Rang eines Generalmajors zustimmte, »um die militärischen Aspekte der Durchführung der Resolutionen 338 und 339 des Sicherheitsrats vom 22. und 23. Oktober 1973 zu behandeln«. Diese Gespräche sollten unter Aufsicht der Vereinten Nationen am Kilometerstein 101 an der von Kairo nach Suez führenden Straße stattfinden. Die einzigen Bedingungen wären ein »vollkommener« Waffenstillstand, der zwei Stunden vor dem für den gleichen Samstag um 15.00 Uhr Kairoer Zeit vorgesehenen Treffen in Kraft treten sollte, und die Erlaubnis für die Versorgung der 3. Armee durch einen Lastwagenkonvoi mit nichtmilitärischen Versorgungsgütern unter der Aufsicht der Vereinten Nationen und des Roten Kreuzes.

Goldas Empörung war voreilig gewesen. Durch unsere Vermittlung sollten jetzt die ersten direkten Gespräche zwischen israelischen und arabischen Vertretern seit der Unabhängigkeitserklärung Israels stattfinden. Israel behielt dabei die Kontrolle über die Nachschubwege zur ägyptischen 3. Armee, während die Vereinten Nationen fast einstimmig verlangten, daß die israelischen Streitkräfte sich auf die Stellungen vom 22. Oktober zurückzogen. Und das alles als Gegenleistung dafür, daß ein Lastwagenkonvoi nichtmilitärische Versorgungsgüter zu den eingeschlossenen Truppen bringen durfte.

Am frühen Morgen um 4.31 Uhr teilte ich Hafiz Ismail mit, daß wir seine Botschaft entschieden befürwortet und an Israel »als höchst dringend« weitergegeben hatten. Um 6.20 Uhr stimmte Israel dem ägyptischen Vorschlag ohne Einschränkungen zu, und ich unterrichtete Sadat unverzüglich davon. Drei Stunden später – wir wollten den Sowjets möglichst wenig Zeit für Störmanöver lassen – ging ein Brief in Nixons Namen an Breschnew, der ihn von den bevorstehenden ägyptisch-israelischen Gesprächen und der Zustimmung Israels zur Versorgung der eingeschlossenen Armee mit dem Lastwagenkonvoi unterrichtete. Aber im Nahen Osten ist es nicht einfach, eindeutige Lösungen zu finden. Vor jedem Schritt muß man den vor einem liegenden Boden prüfen und feststellen, ob man nicht in Treibsand gerät. Um 11.00 Uhr Washingtoner Zeit (in Kairo war es 17.00 Uhr) teilte uns Israel mit, daß die Ägypter zur verabredeten Zeit nicht am verabredeten Ort erschienen wären. Nach einem hektischen Notenwechsel stellte sich heraus, daß die ägyptischen Militärs auf ihrem Wege zu dem Treffen am Kilometerstein 101 von israelischen Posten, die nicht den Befehl erhalten hatten, sie durchzulassen, am Kilometerstein 85 aufgehalten worden waren. Diese Leute hatten es offenbar nicht besonders eilig gehabt, ihren Vorgesetzten das beispiellose Vorkommnis zu melden, daß ein ägyptischer Generalmajor verlangt hatte, mit einem israelischen Offizier gleichen Ranges zu sprechen. Doch dann wurde die Angelegenheit sehr bald in Ordnung gebracht. Ich sprach persönlich mit Golda. Augenscheinlich hatte Israel es unterlassen, den UN-General Ensio Siilasvuo zu veranlassen, die notwendigen Vorbereitungen zu treffen, was ich Ismail zugesagt hatte.* Nun verlangte ich, man sollte einen neuen Termin festsetzen und alle Beteiligten rechtzeitig informieren. Nach langem Hin und Her – alle Mitteilungen der nur wenige hundert Kilometer voneinander entfernten Parteien mußten über Washington geleitet werden, also über eine Gesamtentfernung von fast zwanzigtausend Kilometern – wurde das Treffen der beiden Generäle auf Mitternacht festgelegt.

Am Sonntag, dem 28. Oktober, um 1.30 Uhr morgens, anderthalb Stunden nach dem neu festgesetzten Termin, trafen sich schließlich die militärischen Vertreter Israels und Ägyptens unter der Aufsicht von Beobachtern der Vereinten Nationen zum erstenmal seit fünfundzwanzig Jahren zu direkten Gesprächen. Aber die Israelis brachten es fertig, den Lastwagenkonvoi noch einen ganzen Tag aufzuhalten. Am späten Abend des 26. hatten sie mir mitgeteilt, daß die ägyptische 3. Armee

* Ich habe mich inzwischen bei General Siilasvuo nach den Einzelheiten erkundigt. Er hat mir bestätigt, daß die Ursache für diese Panne in der Tat die allgemeine Verwirrung gewesen wäre. Ich habe damals allerdings den Verdacht gehabt, es sei ein israelisches Manöver.

noch für die folgenden achtundvierzig Stunden mit Verpflegung und Wasser versorgt sei. Die Israelis waren entschlossen, ihren Gegner auf kleine Rationen zu setzen. Wenn die Ägypter vor Erschöpfung zusammenbrechen sollten, während der Konvoi unterwegs war, würde in Jerusalem niemand eine Träne vergießen. Am Montagmorgen, dem 29. Oktober, konnte ich Hafiz Ismail endlich mitteilen, daß der Konvoi seine Bestimmung erreicht hatte. Ägypten erklärte sich mit weiteren Gesprächen einverstanden. Dabei ist zwar nichts Wesentliches erreicht worden, aber die Möglichkeit für weitere Verhandlungen zeichnete sich schon ab. Sehr bald stellte es sich heraus, daß es auf dem einmal eingeschlagenen Weg keine Umkehr mehr gab.

Friedensaussichten

Wir hatten das Ziel unserer Strategie fast erreicht. Der Krieg war beendet, und zwar unter den größten Gefahren für die Position der Vereinigten Staaten im Nahen Osten. Amerika war zum entscheidenden Faktor in der Nahost-Politik geworden. Ägypten begann, sich auf uns zuzubewegen, und veranlaßte damit sogar die radikalen Regime, die Voraussetzungen für ihre Politik zu überprüfen. Sadat hatte uns deutlich zu verstehen gegeben, daß er beabsichtigte, einen Kurswechsel vorzunehmen – eine andere Erklärung gab es nicht für sein diszipliniertes, gemäßigtes und vorausschauendes Verhalten. Und das alles war möglich gewesen, während wir unseren Freunden in Israel im Kriege zur Seite standen und verhinderten, daß sie im Verlauf der chaotischen diplomatischen Vorgänge um den Waffenstillstand isoliert wurden.

Wie stark der Einfluß der Vereinigten Staaten in diesem Zusammenhang zugenommen hatte, zeigte sich auch in dem Ton, den die Sowjets jetzt im Umgang mit uns anschlugen. Am 29. Oktober schrieb Breschnew einen Brief an Nixon, in dem er abwechselnd wehmütig, vorwurfsvoll und drohend beklagte, daß sich die ägyptisch-israelischen Gespräche und die Versorgung der eingeschlossenen 3. Armee durch den Lastwagenkonvoi verzögert hätten. Breschnew sprach von einer Vertrauenskrise, die dadurch entstanden sei, daß Maßnahmen ergriffen worden wären, die objektiv als Unterstützung der »Militärclique« in Israel anzusehen wären (eine Auffassung, die einige amerikanische Kritiker offenbar nicht teilten, die glaubten, daß wir mit Moskau unter einer Decke steckten.) Breschnew forderte uns auf, gegen »Aggression« und »Täuschungsmanöver« zusammenzuarbeiten, hinter denen die Absicht stände, die sowjetisch-amerikanischen Beziehungen auszuhöhlen.

Sein Brief illustrierte das sowjetische Dilemma, zeigte aber auch, auf einen wie komplizierten Kurs wir uns begeben hatten. Nachdem es Breschnew nicht gelungen war, uns zu bluffen, hatten die sowjetischen Drohungen viel von ihrer Glaubwürdigkeit verloren. Ihre Proteste und Beschwerden kamen zu spät, denn nach einem Meinungsaustausch zwischen Kairo und Moskau verging oft so viel Zeit, daß die Probleme meist schon fast gelöst waren, wenn der Kreml sich mit uns in Verbindung setzte. Am 31. Oktober sagte ich Nixon: »Nur wir können die Israelis wirklich veranlassen, etwas zu tun, und deshalb versuchen sie (die Sowjets) immer wieder, eine gleiche Lage zu schaffen, in der sie behaupten können, sie hätten uns durch Drohungen oder damit, daß sie uns unter Druck gesetzt hätten, gezwungen, etwas zu tun, was wir ohnedies getan hätten.«

Einen Hinweis auf die Enttäuschung der Sowjets gab auch ihr Versuch, mit uns ein bilaterales Forum außerhalb der Vereinten Nationen zu schaffen, das ihnen die offizielle Berechtigung geben würde, den Waffenstillstand zu überwachen. Um die Sowjets zu beruhigen, ohne sie an unseren laufenden diplomatischen Bemühungen zu beteiligen, schlug ich Dobrynin am 31. Oktober vor, daß beide Länder je einen Vertreter beauftragen sollten, die Maßnahmen zum »Schutz« der Friedensverhandlungen auszuarbeiten, der uns nach der Resolution 338 des Sicherheitsrats übertragen wurde. Schon am nächsten Tag tat Gromyko so, als sollten diese Vertreter den Waffenstillstand überwachen. Sadat hatte sich inzwischen schon so eindeutig dafür entschieden, die Vereinigten Staaten in dem Friedensprozeß die führende Rolle übernehmen zu lassen, daß ich den Vorschlag nur noch dem amtierenden ägyptischen Außenminister, Ismail Fahmy, vorlegen mußte, der sich gerade in Washington aufhielt, um seiner Ablehnung sicher zu sein. Er war ebenso wenig daran interessiert, den Sowjets die Überwachung des Friedensprozesses anzuvertrauen, wie wir und verzögerte die definitive Antwort auf den Vorschlag, bis er sich im Sande verlief.

Wenn wir mutig unsere Chancen nutzten, konnte es uns durchaus gelingen, den Einfluß der Sowjets und der Radikalen in der arabischen Welt zu reduzieren oder die Sowjets zur Mäßigung zu zwingen. Am 3. November beantworteten wir den vor fünf Tagen eingetroffenen Brief Breschnews und bestätigten unsere Bereitschaft zur friedlichen Koexistenz. Nixon betonte, daß es notwendig sei, Zurückhaltung zu üben und auf einseitige Vorteile zu verzichten. Er ging aber auch in sachlichem Ton auf die laufenden SALT-Verhandlungen zwischen den Vereinigten Staaten und der Sowjetunion und auf die Wirtschaftsbeziehungen zwischen beiden Ländern ein. Wir wollten damit zeigen, daß es eine positive Alternative zur Konfrontation gab, und den Sowjets verständlich machen, aus welcher Perspektive die eben überwundene Krise beurteilt werden müßten, mit denen wir zu rechnen hatten.

In einer an relativ einfache Antworten auf schwierige Fragen gewöhnten Gesellschaft und im Rahmen einer innenpolitischen Struktur, die durch Watergate schwer angeschlagen war, forderte die Doppeldeutigkeit unserer Außenpolitik jedoch zunehmend die Opposition im Lande heraus. Den Konservativen wollte der zwischen den Vereinigten Staaten und der Sowjetunion stattfindende Dialog nicht gefallen. Die Liberalen mißtrauten dem Pragmatismus dieses Dialogs. Und beide Gruppen teilten die klassische amerikanische Nostalgie für eine Politik, die »höhere« Ziele verfolgte als das nationale Interesse. Ich bereitete mich indessen auf eine Reise in den Nahen Osten vor, die nicht nur die Wirksamkeit unserer Diplomatie, sondern auch unsere Fähigkeit auf die Probe stellen sollte, mit unseren widersprüchlichen innenpolitischen Zwängen fertig zu werden. Konnte sich Amerika, das jetzt im Ringen um den Frieden im Nahen Osten die entscheidende Rolle übernehmen sollte, von der tödlichen Erstarrung eines Vierteljahrhunderts befreien und eine ganz neue Außenpolitik gestalten?

XIII. Der erste Durchbruch im Nahen Osten

Fahmy und Golda

Ende Oktober 1973 war der Krieg vorüber, aber es gab noch genügend politischen Sprengstoff, der entschärft werden mußte. Die ägyptische 3. Armee auf der Sinai-Halbinsel war immer noch eingeschlossen. Die arabischen Ölproduzenten hatten ein Embargo verkündet und die Ölproduktion gedrosselt. Die Sowjetunion konnte ihre Rückschläge und den Verlust an Einfluß nicht verschmerzen. Uns war es gelungen, einen Waffenstillstand auszuhandeln, und jetzt mußten wir die Aufgaben des Vermittlers im Friedensprozeß übernehmen. Was daher zunächst als ein Besuch Ägyptens vorgesehen war – es war meine erste Reise in ein arabisches Land –, wurde schließlich zu einer Rundreise durch mehrere Länder im Nahen Osten.

Ich wußte, daß es kein Triumphzug sein würde, sondern bestenfalls eine Gelegenheit, die Lage zu entschärfen – oder eine Falle. Das günstigste Ergebnis wäre die Ausweitung unseres strategischen Handlungsspielraums. Andernfalls mußten wir mit einer Katastrophe rechnen. Wenn sich erweisen sollte, daß die Vereinigten Staaten hier nichts ausrichten konnten, dann würden Saudi-Arabien und Jordanien nicht mehr wagen, den gemäßigten Kurs zu unterstützen; Syrien würde eine noch radikalere Haltung einnehmen, und Ägypten würde wieder in das sowjetische Lager überwechseln. Die Sowjets würden mehr zurückgewinnen als das, was sie verloren hatten. Moskau hatte in dieser Krise bewiesen, daß es sein Verlangen mit Drohungen bekräftigen konnte, wenn diesen Drohungen auch nicht immer Taten folgten.

Die allgemeine Nervosität war so groß, daß Kairo sich nicht damit begnügte, meine Ankunft abzuwarten. Wir hatten es noch nicht ganz begriffen, daß es für Sadat fast ebensowichtig war wie für uns, zu demonstrieren, eine wie entscheidende Rolle die Vereinigten Staaten im Rahmen des Friedensprozesses spielten. Am 28. Oktober wurde ich überraschend davon unterrichtet, daß der amtierende Außenminister Ismail Fahmy von Sadat nach Washington geschickt wurde, ohne daß uns dieser Besuch vorher angekündigt worden war. Da ich auf dieser Reise nicht nach Israel gehen wollte (denn ich war im Oktober schon einmal dort gewesen), kam Premierministerin Golda Meir nach Washington, um am 31. Oktober noch vor meiner Abreise mit mir zu sprechen.

Die Schwierigkeit, mit der ich rechnen mußte, während Fahmy und Golda sich auf dem Wege nach Washington befanden, bestand darin, daß es wegen des auf schwachen Füßen stehenden Waffenstillstands zu Streitigkeiten kommen könnte, die meine Strategie behindern würden. Und es gab sehr konkrete Probleme. Wenn die ägyptische 3. Armee eingeschlossen blieb, dann mußte es immer wieder zu Schwierigkeiten kommen. Würde Israel die weitere Versorgung der von ihrer Nachschubbasis abgeschnittenen Ägypter zulassen oder versuchen, sie auszuhungern? Und wie ließ sich diese Versorgung sicherstellen, ohne daß sich die militärische Lage entscheidend veränderte? Wenn die Ägypter reichlich Nachschub erhielten, könnten die israelischen Streitkräfte am Westufer des Suez-Kanals unter Umständen selbst eingeschlossen werden. Außerdem verlangten die Israelis die Entlassung ihrer Kriegsgefangenen. Um den Beginn des Waffenstillstands zu beschleunigen, hatte Breschnew mir versprochen, daß er für den baldigen Austausch der Kriegsgefangenen sorgen werde. Jetzt mußte ich feststellen, daß weder Ägypten noch Syrien etwas von dieser Zusage wußten – während Israel auf ihrer Einhaltung bestand. Außerdem verlangte Israel die freie Durchfahrt durch die Straße von Bab el-Mandeb, die südliche Einfahrt ins Rote Meer, die – ohne daß dies offiziell erklärt worden war – von den Ägyptern blockiert wurde.

Wenn die Nachwehen des Konflikts die Gefahr mit sich brachten, aus einem vorläufigen einen Dauerzustand zu machen, dann lag eine weitere Gefahr in dem Versuch, eine umfassende Friedenslösung herbeizuführen. Ich bin sogar dafür kritisiert worden, daß ich die »Gelegenheit« für eine solche Lösung nicht ergriffen hätte.[1] Aber das war eine Fata Morgana. Wir wußten, daß Israel den Rückzug auf die Grenzen von 1967, was auch die Herausgabe der Altstadt von Jerusalem bedeutet hätte, kategorisch ablehnte. Kein arabischer Staat, und auch nicht der gemäßigste, hätte sich im Rahmen einer umfassenden Friedensregelung mit weniger zufriedengegeben. Israel hatte sich noch immer nicht von dem schweren Schock des arabischen Angriffs erholt und war wie gelähmt. Das Land stand vor Neuwahlen und mußte zunächst die innere Ordnung wiederherstellen. Das Verlangen, über einen Gesamtfriedensplan zu verhandeln, würde deshalb eher zu verzweifelten Maßnahmen wie etwa zur Beendigung des Waffenstillstandes oder zu einem psychologischen Zusammenbruch führen als zu einer Friedenslösung. Was nun die Araber betraf, so mußten alle Beteiligten einer Gesamtlösung zustimmen, und die radikalen Elemente in der arabischen Welt würden dabei das Vetorecht haben. Ägypten wäre dann nicht mehr Herr seiner Entscheidungen. Und die Sowjetunion würde als Anwalt der arabischen Seite auftreten und ein Maximalprogramm aufstellen, das sich, wie wir aus langjähriger Erfahrung wußten, nicht verwirklichen ließ. Unsere Verbündeten in Europa und Japan würden sich auf die Seite der Araber stellen, und damit wären wir vollkommen isoliert.

Angesichts all dieser Risiken – einerseits hätten wir uns in allen möglichen ermüdenden Kleinigkeiten festfahren oder auf der anderen Seite unsere Energie damit verbrauchen können, umfassendere Lösungen anzusteuern, die zwar erstrebenswert, aber kaum erreichbar waren – beschlossen wir, »Schritt für Schritt« vorzugehen. Wenn es uns nicht gelang, ehrgeizigere Pläne zu verwirklichen, dann würden wir von allen Seiten angegriffen werden – die Israelis würden uns beschuldigen, zuviel von ihnen verlangt zu haben, die Araber würden sagen, wir wären zu zurückhaltend gewesen, und unsere Verbündeten würden verärgert sein, weil sie selbst nichts unternehmen konnten – und die Sowjets würden die allgemeine Verwirrung ausnutzen, um ihre hegemonialen Ansprüche zu verfolgen. Der Staatsmann muß den möglichen Gewinn, den das politische Handeln bringt, gegen die Nachteile abwägen, die er mit seinem Vorgehen riskiert. Und er hat nur einmal die Gelegenheit, die Lage einzuschätzen. Anders als der neutrale Beobachter kann er sein Urteil, wenn es falsch gewesen ist, nicht in einer neuen Stellungnahme revidieren. Die Fehler des Staatsmannes lassen sich meist nicht wiedergutmachen. Unsere Zielsetzung mußte deshalb auf die psychologische Kapazität der Beteiligten Rücksicht nehmen. Wir mußten Ziele verfolgen, die von den Unversöhnlichen und den Fanatikern nicht abgelehnt werden konnten. Bei jedem Schritt mußten wir beweisen, daß wir weiter vorankamen. Dadurch würde das Vertrauen gestärkt und weitere Schritte erleichtert werden. Auf einer Sitzung der WSAG am 2. November sagte ich:

> Wir können den sowjetischen Einfluß in diesem Gebiet reduzieren und erreichen, daß das Ölembargo aufgehoben wird, wenn wir ein gemäßigtes Programm vorlegen, und das werden wir tun. Wenn nicht, werden die Araber den Sowjets wieder in die Arme getrieben, das Öl wird verloren sein, wir werden die ganze Welt gegen uns haben, und in den Vereinten Nationen wird niemand mehr seine Stimme für uns abgeben. Wir müssen den Arabern beweisen, daß es für sie günstiger ist, mit uns ein gemäßigtes Programm zu verfolgen, als mit den Russen die Verwirklichung eines radikalen Programms anzustreben.

Aber noch war das alles nur Theorie. Ich hatte bisher noch kein arabisches Land besucht und noch nie intensiv mit arabischen Politikern verhandelt. Ich hatte sie nur bei ihren seltenen Besuchen in Washington kennengelernt und konnte noch nicht beurteilen, ob das, was ich für logisch hielt, auch ihren Vorstellungen von Logik entsprach. Ich konnte auch noch nicht sagen, ob es mir gelingen würde, ein Vertrauensverhältnis mit ihnen herzustellen. Als ich zum Außenminister ernannt wurde, hatte man in der arabischen Welt wegen meiner jüdischen Herkunft gewisse Bedenken gehabt – aber man erkannte auch meine Leistungen bei den Verhandlungen um einen Waffenstillstand in Vietnam an und rechnete mit der Möglichkeit, daß ich mäßigend auf Israel einwirken würde.

Zu meinem Glück war Ismail Fahmy mein erster arabischer Gesprächspartner. Er war bisher nur amtierender ägyptischer Außenminister gewesen, wurde aber am 31. Oktober offiziell in diesem Amt bestätigt. Am Montag, dem 28. Oktober, landete er in Washington, kam unangemeldet zu mir ins Außenministerium und nahm die Festung im Sturm. »Der Präsident hat mich geschickt, um Sie kennenzulernen«, sagte er sachlich. »Ich soll ihm über Sie berichten und Ihren Besuch vorbereiten.« Mit anderen Worten, Sadat wollte einen persönlichen Eindruck von mir gewinnen, und Fahmy hatte den Auftrag, mir ein Zeugnis zu geben.

Sadat hätte keine bessere Wahl treffen können. Fahmy war zugleich aufrichtig und feinfühlig, entgegenkommend und geschliffen, höflich und empfindsam. Er hatte als Botschafter Ägyptens bei den Vereinten Nationen viele Jahre in den Vereinigten Staaten gelebt. Eines seiner Kinder war hier erzogen. Zur Zeit Nassers hatte er unter dem Vorwurf gelitten, pro-amerikanisch zu sein. Darin hatte sich Nasser geirrt. Fahmy bemühte sich zwar aufrichtig um bessere Beziehungen zum Westen, war aber ein leidenschaftlicher ägyptischer Nationalist. Ebenso wie Sadat suchte er die Annäherung an uns nicht aus Sentimentalität, sondern aufgrund einer kühlen Abwägung der Interessen Ägyptens. Nassers Politik hatte mit einer Katastrophe geendet; die Annäherung an die Sowjetunion hatte nicht zur Wiedergewinnung der verlorenen ägyptischen Gebiete geführt. Vielleicht ließ sich das, wozu man uns nicht hatte zwingen können, im Geiste einer vertrauensvollen Zusammenarbeit erreichen. Fahmy war ein anpassungsfähiger Taktiker, wußte aber genau, was er wollte, und hielt unerschütterlich an den einmal als richtig erkannten Grundsätzen fest.

Fahmy war gekommen, um mir zu schmeicheln und mich einzuschüchtern. In seiner romantischen Art schätzte er mein diplomatisches Geschick noch höher ein als ich selbst, der ich nicht gerade unter Minderwertigkeitskomplexen leide. Es scheint ein Wesenszug der Araber zu sein, daran zu glauben, irgendein dramatisches Ereignis oder eine ungewöhnliche Persönlichkeit könnten die Eintönigkeit, von der das menschliche Dasein normalerweise bestimmt wird, transzendieren; eine Persönlichkeit mit übernatürlichen Fähigkeiten wird als ein Instrument angesehen, das schwierige Entscheidungen übernehmen kann. Eine ähnliche Taktik verfolgte auch Fahmy, denn er erwartete, daß ich über einen ganz ungewöhnlichen und ungeheuer komplexen Plan für die Lösung aller Probleme verfügte – was mich wiederum vermuten ließ, daß ein Mann, der glaubte, so ungeheuer subtile Manöver durchschauen zu können, sich auch durch gröbere Verfahren, wie ich sie vielleicht anwenden könnte, nicht ablenken lassen würde. Fahmy war aber auch ein geschickter Diplomat, der es besonders gut verstand, Sadats Anweisungen, die oft eher visionär als detailliert waren, in praktische Verhandlungsvorschläge umzusetzen. Der untersetzte, rundliche Fahmy wirkte durchaus freundlich, er war ein wirklich umgänglicher Mann. Aber seine wachen Augen verrieten eine durchdringende Intelligenz. Zwar trat er mit der Konzilianz eines gebildeten Ägypters auf, um unnötige Konfrontationen zu vermeiden, aber er ließ keinen Zweifel daran, daß er zur Konfrontation bereit war, wenn sich Meinungsverschiedenheiten nicht beilegen ließen.

In Fahmy lernte ich den ersten jener bemerkenswerten arabischen Außenminister kennen, die sich gegenseitig als »Brüder« bezeichneten, aber augenscheinlich sonst nichts Gutes übereinander zu sagen wußten. Mit ihrem krankhaften Mißtrauen gegenüber den Absichten der anderen tauschten sie mit atemberaubender Geschwindigkeit Informationen aus und verschleierten ihre wirklichen Absichten mit einer Zurückhaltung, die sie mit großer Redegewandtheit zu tarnen wußten. Es bereitete großes Vergnügen, mit ihnen zusammenzusein, aber es erforderte auch gute Nerven. Fahmys »Brüder« pflegten ihm den Vorwurf zu machen, daß er besser in eine Außenministerkonferenz der NATO als zu seinen Kollegen von der Arabischen Liga paßte; er betrachtete sie als ahnungslose Amateure, die sich mehr für heroische Niederlagen als für praktische Leistungen interessierten. Sie hatten beide nicht ganz Unrecht. Fahmy hatte größere Sympathien für den Westen und begriff die westliche Haltung besser als die meisten seiner Kollegen. Er besaß auch eine Fähigkeit, die den meisten seiner Mitbrüder fehlte: Er wußte, wie man von hochtrabenden Erklärungen zu praktischen Resultaten kommen konnte. Wenn man jedoch vergaß, daß man es bei Fahmy mit einem Araber zu tun hatte, konnte es gefährlich werden. In seinem Nationalismus verfolgte er auch umfassendere arabische Interessen. Wir wurden gute Freunde, vergaßen dabei aber nie, voreinander auf der Hut zu sein.

Fahmys Reise nach Washington hatte in erster Linie einen psychologischen Hintergrund. Er machte Vorschläge für ein arabisches Friedensprogramm, rechnete aber nicht mit einem baldigen Erfolg, denn er wußte, daß dazu langwierige Verhandlungen mit Israel notwendig waren und Sadat es sich nicht leisten konnte, den Beginn solcher Verhandlungen lange hinauszuzögern oder dabei zu scheitern. Deshalb betonte Fahmy, daß es ihm bei diesem Besuch um mehr ging als einen Augenblickserfolg; er wollte die Spannungen beseitigen, welche die ägyptisch-amerikanischen Beziehungen seit fast zwanzig Jahren belasteten.

Er hielt sich nicht damit auf, die Nichteinhaltung des Waffenstillstands zu beklagen, wenngleich es verständlich gewesen wäre, wenn er uns dafür verantwortlich gemacht hätte, daß wir nicht für die Durchsetzung von Vereinbarungen gesorgt hatten, die wir selbst ausgehandelt hatten. Er erkannte vielmehr an, daß wir den Waffenstillstand zustande gebracht und an Kilometer 101 die ersten Gespräche zwischen Israel und Ägypten ermöglichten. Die Ägypter haben eine vieltausendjährige Erfahrung im Umgang mit Ausländern und haben gelernt, sie zu beeinflussen; daher wissen sie auch, daß man andere am besten für sich gewinnen kann, wenn man sie erkennen läßt, daß sie einen guten Ruf zu verlieren haben. Die ungefährlichste Form der Schmeichelei ist es, seinen Gesprächspartner dafür zu loben, was er in der Vergangenheit geleistet hat.

Fahmy wollte sich durch unsere innenpolitischen Schwierigkeiten nicht stören lassen, sondern tat sogar so, als habe Sadat mit noch viel schwierigeren innenpolitischen Problemen zu kämpfen: »Sie haben hier diese lächerlichen Schwierigkeiten mit Watergate; in unserem

Land ist die ganze innenpolitische Situation eine Krise.« Ich hoffte – und dachte dabei an alle Beteiligten –, daß er nicht wußte, wovon er sprach. Wenn sich Ägypten in einer noch schwereren Krise befand als wir, dann mußte der Versuch, Ägypten zu einem Bündniswechsel zu veranlassen, scheitern. Trotz seiner Schwierigkeiten, so fuhr Fahmy fort, wäre Sadat lebhaft daran interessiert, einen grundsätzlichen Wandel herbeizuführen, und zwar nicht nur in den Beziehungen zu den Vereinigten Staaten, sondern auch zu Israel: »Wir haben kein Interesse daran, Israel ins Meer zu werfen oder es zu besetzen, und zwar ohne Rücksicht auf die Lage der Palästinenser.« Mit anderen Worten, Ägypten akzeptierte nicht nur die Existenz Israels – was sehr bald zur Standardaussage einiger Länder im Nahen Osten wurde –, sondern Fahmy ließ keinen Zweifel daran, daß Ägypten sich durch die Palästinenser nicht davon abhalten lassen würde, nach einer Friedensregelung zu suchen; damit bekundete er eine ganz andere Haltung als die, die Hafiz Ismail mir gegenüber zu Jahresbeginn vertreten hatte.

Fahmy wußte auch, daß es sich im Nahen Osten im Grunde um ein psychologisches Problem handelte: »Vertrauen ist der Schlüssel ... Israel und Ägypten müssen Vertrauen zueinander gewinnen, sonst werden wir nicht weiterkommen.« Kurz gesagt, die schwierigen Details der Verhandlungen über die Versorgung der 3. Armee durften nicht darüber hinwegtäuschen, wo das wirkliche und revolutionäre Ziel lag, nämlich bei einer Neuordnung der Perspektive im israelisch-arabischen Dialog.

Fahmy hatte aber auch bestimmte Vorstellungen davon, wie sich die Probleme bei der Versorgung der 3. Armee, der Entlassung der Kriegsgefangenen und der Blockade von Bab el-Mandeb lösen ließen. Ich hielt diese Ideen nicht für besonders praktikabel, denn sie gingen von der Vorstellung aus, daß Israel sich entweder auf die Waffenstillstandslinien vom 22. Oktober zurückziehen müßte (die Stellungen, die die israelischen Streitkräfte vor der Einschließung der 3. Armee eingenommen hatten) oder wenigstens einen zehn Kilometer breiten Korridor beiderseits der von Kairo nach Suez führenden Straße räumen sollte – womit das eintreten würde, was Israel fürchtete, daß nämlich die israelische Armee am Westufer des Suez-Kanals zwischen zwei feindliche Verbände geriete. Um Israel diese Sorge zu nehmen, bot Fahmy an, Ägypten zu verpflichten, auf dieser Straße kein Kriegsmaterial zu transportieren, was die Grundlage für neue Verhandlungen bilden könnte, vorausgesetzt wir konnten uns auf ein System einigen, die Einhaltung dieser Zusicherung zu überprüfen.

Da ich Goldas Besuch abwarten wollte, ließ ich mich auf keine detaillierten Verhandlungen ein, aber nachdem wir Fahmys Vorstellungen kennengelernt hatten, konnten wir viel rascher vorgehen, wenn sich eine Gelegenheit dazu ergab. Bis dahin kam es mir in erster Linie darauf an, einen endlosen Guerilla-Krieg um diese Probleme zu vermeiden. Dazu sagte ich Fahmy:

Wenn ich mein ganzes Kapital für die Regelung aller Probleme ausgebe, die mit dem Waffenstillstand in Zusammenhang stehen, dann werde ich kein Kapital mehr haben, das ich für die Friedensverhandlungen verwenden kann. Wenn die Friedensverhandlungen scheitern, dann können wir uns auf die heutige oder auf die Linie vom 22. Oktober einigen – es wäre ohne jede Bedeutung, denn dann würde es wieder zum Krieg kommen. Heute stellt sich uns die Frage, wie wir uns über einen Waffenstillstand einigen können, der uns über die drei bis sechs Monate dauernden Friedensverhandlungen hinweghilft.

Warnend sagte ich Fahmy auch, daß das Ölembargo unsere Friedensbemühungen behindern und nicht fördern würde: »Wenn die Ölembargos und andere Behinderungen nicht aufhören, dann werden wir unsere diplomatischen Bemühungen einstellen. Wir lassen uns nicht unter Druck setzen.« Fahmy war zu klug, um sich einzubilden, daß er im Vertrauen auf seine Druckmittel alles uns zuschieben könnte, ohne auch selbst Zugeständnisse zu machen. Zwar gab er seine Forderung, die Israelis sollten sich auf die Linie vom 22. Oktober zurückziehen, nicht auf, gab mir aber zu verstehen, daß, wenn Israel einer Versorgung der 3. Armee mit nichtmilitärischen Gütern zustimmte, Ägypten unter Umständen bereit sein werde, die Blockade von Bab el-Mandeb aufzuheben und die israelischen Kriegsgefangenen zu entlassen. Aber würde Israel überhaupt eine Versorgung der eingeschlossenen feindlichen Armee zulassen? Nur die israelische Premierministerin konnte diese Frage beantworten.

Die Golda Meir, die am 31. Oktober nach Washington kam, war ein anderer Mensch als die israelische Premierministerin, die Nixon noch vor wenigen Monaten so selbstbewußt und keck gesagt hatte: »Wir haben es noch niemals so gut gehabt.« Der Krieg hatte sie zerbrochen. Sie hatte die Zügel noch fest in der Hand, aber sie litt mit jeder israelischen Familie, die einen Verlust zu beklagen hatte. In dieser psychischen Verfassung mußte sie als Führerin ihres Volkes mit einer neuen internationalen Lage fertigwerden, die ihr mehr oder weniger fremd war.

Jetzt begann sie zu begreifen, daß der Krieg zwar taktisch siegreich, aber strategisch unentschieden ausgegangen war. Israel hatte die Aura der Unbesiegbarkeit verloren und zugleich das damit verknüpfte Selbstvertrauen. Ein in sich gespaltenes Volk betrachtete das Ergebnis dieses Krieges, das es noch vor einem Jahr als einen Triumph gefeiert hätte, mit gemischten Gefühlen; die direkten Verhandlungen, die seit

1947 das erklärte Ziel der israelischen Diplomatie gewesen waren, fanden schon auf militärischer Ebene mit Ägypten statt, aber ihre Ergebnisse zerfielen zu Asche, als man erkannte, was dahinterstand. Alle konkreten Zugeständnisse, vor allem die territorialen, wurden von Israel verlangt, und wenn sich Israel einmal dazu bereit gefunden hatte, dann ließen sie sich nicht mehr rückgängig machen. Die arabischen Gegenleistungen waren eher immaterieller Natur wie etwa die diplomatische Anerkennung oder ein völkerrechtlich abgesicherter Friede, und sie konnten immer modifiziert oder sogar zurückgenommen werden. Die Hoffnung, daß Israel endlich von seinen Nachbarn anerkannt werde, trübte sich durch die Erkenntnis, daß für andere Länder die Anerkennung der Ausgangspunkt jeder Diplomatie und nicht ihr Ziel ist, und außerdem mußten die Israelis daran zweifeln, ob die Araber wirklich bereit waren, einen neuen politischen Kurs einzuschlagen, und wenn, ob sie auf die Dauer an diesem Kurs festhalten würden.

Die Beteiligung der Vereinigten Staaten an den diplomatischen Bemühungen verringerte die Schwierigkeiten nur zum Teil. Wenn wir zum Vermittler wurden, dann mußten sich die Beziehungen zwischen Israel und den Vereinigten Staaten in mancher Hinsicht ändern, wenn auch zunächst in einer kaum spürbaren Weise. Was Israel von den Vereinigten Staaten verlangte, waren zwei kaum miteinander zu vereinbarende Dinge: Amerika sollte die israelische Verhandlungsposition, die aufgrund innenpolitischer Zwänge immer unnachgiebiger zu werden drohte, bedingungslos unterstützen; und Amerika sollte die arabischen Länder dazu bewegen, den Staat Israel anzuerkennen und Frieden zu schließen. Um die erste Forderung zu erfüllen, müßten wir praktisch als Israels Anwalt auftreten; um das zweite Ziel zu erreichen, brauchten wir das Vertrauen der Araber und ihre Überzeugung, daß sie sich auf unsere Fairneß verlassen könnten. Wenn wir es mit dem Friedensprozeß ernst meinten, dann mußten wir auch den arabischen Standpunkt ernst nehmen. Deshalb würden wir uns gelegentlich von israelischen Auffassungen oder Maßnahmen distanzieren müssen, die wir für unvernünftig hielten. Vor einigen Jahren hatte ich dem israelischen Botschafter, Yitzhak Rabin, gesagt, daß, solange es das Ziel der amerikanischen Politik wäre, die Araber zu veranlassen, ihre Hoffnungen nicht mehr auf die Unterstützung durch die Sowjetunion zu setzen, die Politik der Vereinigten Staaten die gleiche sein würde wie die Israels. Doch sobald die Araber erkannt hätten, daß sie sich in ihren Erwartungen im Hinblick auf die Sowjetunion täuschten und sich deshalb uns zuwandten, um mit uns zusammenzuarbeiten, könnte es zu Unterschieden in den Auffassungen und Taktiken kommen. Diesem Augenblick näherten wir uns jetzt, wenigstens soweit es Ägypten betraf. Diese Situation erzeugte in Israel eine geradezu elementare Furcht, die Vereinigten Staaten könnten die neuen Beziehungen zur arabischen Welt zu hoch bewerten und Israel nicht mehr die gleiche Unterstützung gewähren wie bisher, und damit würde Israel seinen einzigen Freund verlieren.

Daß solche Befürchtungen noch keine konkrete Basis hatten, machte sie um so quälender. Wir hatten Israel während des Krieges und in den unmittelbar darauf folgenden Wirren in beispielloser Weise beigestanden; unsere engen Beziehungen zu diesem Land gingen weit über das normale Maß hinaus. Wir hatten Israel durch die Luftbrücke und unsere diplomatische Intervention gerettet. Eine Woche vor Goldas Besuch hatten wir verhindert, daß Israel in den Vereinten Nationen wegen der Verletzung des Waffenstillstandes verurteilt wurde, und hatten die Sowjetunion mit der Teilmobilmachung unserer Streitkräfte zum Nachgeben gezwungen. Aber nun ließen wir zum erstenmal erkennen, daß wir Israel unsere Unterstützung nicht bedingungslos gewähren könnten. Wir hatten erklärt, daß wir die Vernichtung der ägyptischen 3. Armee, die nach Inkrafttreten des Waffenstillstands eingeschlossen worden war, nicht zulassen würden. Daß wir Israel in dieser Frage nicht zustimmten, war nach unserer Auffassung die denkbar mildeste Form einer Distanzierung. Wir verlangten nicht den Rückzug der israelischen Streitkräfte auf die Stellungen vom 22. Oktober, sondern nur, daß Israel die Versorgung der eingeschlossenen Ägypter durch einen Lastwagenkonvoi mit Verpflegung und Medikamenten zuließ. Aber in Israel traten die sachlichen Gesichtspunkte eines solchen Unternehmens gegenüber seiner Symbolik in den Hintergrund. Wenn unsere Meinungsverschiedenheiten in diesem Punkt der Beginn einer Entwicklung darstellten, in deren Verlauf wir uns immer mehr von Israel distanzieren würden, dann war Israel verloren.

Zu jeder anderen Zeit hätte Golda die Gesamtlage kühl beurteilt und wäre zu dem Schluß gekommen, daß die Sicherheit Israels ausreichend geschützt wäre, wenn man mit einer amerikanischen Regierung, die für die strategischen Belange Israels Verständnis hatte, eine gemeinsame Strategie entwickelte. Aber diesmal kam sie neun Tage nach Inkrafttreten des Waffenstillstands und eine Woche nach den sowjetischen Drohungen, die zur Alarmierung der amerikanischen Streitkräfte geführt hatten, nach Washington. Sie war vollkommen erschöpft und versuchte, ihre Befürchtungen hinter einer trotzigen und herausfordernden Haltung zu verbergen. Mit düsteren Worten bezeichnete sie die Fahrt des einzigen Lastwagenkonvois als einen ägyptischen »Sieg«.

Doch das alles waren nur die äußeren Anzeichen für Goldas wirkliche Sorge, die dem bevorstehenden Friedensprozeß galt. Wenn die Verhandlungsposition Israels nicht sakrosankt war, wie weit würden wir dann gehen? Wenn sich Amerika das Recht vorbehielt, den israelischen Vorstellungen nicht in jedem Punkt zu folgen, womit mußte Israel dann rechnen? Es gab Antworten auf diese Fragen, und wir haben sie während der folgenden Wochen gefunden. Aber in diesem Augenblick hatte Golda den Eindruck, daß ihr Land der militärischen Niederlage nur entgangen wäre, um sich jetzt der Gefahr eines diplomatischen Zermürbungsfeldzugs ausgesetzt zu sehen. Am 1. November sagte Golda während der ersten Sitzung im Blair House – und gab den Verhandlungen damit die von ihr gewünschte Richtung –:

> Ich habe diese Reise gerade jetzt unternommen, weil wir in eine Lage geraten sind, in der wir uns über die Lösung konkreter Fragen hinaus über bestimmte Dinge klarwerden müssen ... Wir müssen die Pläne kennen, über die gesprochen wird. Wir müssen wissen, ob man uns vor vollendete Tatsachen stellen will, die andere geschaffen haben ... Vielleicht soll Israel alles tun, was Ägypten verlangt. Aber wir müssen wissen, was zwischen den Parteien geplant wird. Gibt es Pläne für die Verhandlungen? Wir sind für unser Volk verantwortlich.

Hier ging es natürlich nicht im entferntesten darum, Israel die Forderungen Ägyptens aufzuzwingen. Wie wir die Dinge sahen, ließ sich der Friedensprozeß unter keinen Umständen in Gang bringen, wenn wir die ägyptische 3. Armee nicht vor der Vernichtung bewahrten – und kein Land brauchte den Frieden dringender als Israel. Aber Golda konnte nicht glauben, daß wir oder sonst jemand wußten, auf welchem Weg ein solcher Friede zu erreichen wäre, und solange der Weg dorthin nicht deutlich zu erkennen war, wollte sie lieber dort bleiben, wo sie jetzt stand. Sie hatte es darüber hinaus auch mit einem echten Problem zu tun. Die immer höheren Forderungen an Israel hatten weniger etwas mit einer abstrakten Analyse ihres praktischen Werts als damit zu tun, daß sich die betroffenen Länder bestimmten Zwängen ausgesetzt sahen. Zwei Tage später sagte sie: »Nehmen wir an, wir beginnen mit den Friedensverhandlungen. Was wird dann mit uns geschehen? Die Sowjets werden ihre Meinung nicht ändern; die Europäer und die Japaner werden ihre Meinung nicht ändern. Das Öl befindet sich immer noch in arabischen Händen. Woher wissen Sie, daß Sie nicht weiter unter Druck gesetzt werden, um noch mehr herauszuschlagen?« Und wenn Israels Schicksal so beschaffen war, weshalb sollte man ihm nicht am Suez-Kanal begegnen, anstatt sich auf eine Linie zurückzuziehen, die der israelischen Grenze näher lag?

Eine gute Frage, die keine theoretische Antwort zuließ. Wir bemühten uns darum, Israels Furcht vor der Isolierung zu zerstreuen. Aber wenn ein Land von dem anderen abhängig ist, und besonders wenn dieses Abhängigkeitsverhältnis gegenüber einer Supermacht besteht, dann befindet sich das abhängige Land in einer sehr schwierigen Lage. Das Überleben eines kleinen Landes in einer feindlichen Umwelt kann so feine Probleme aufwerfen, daß sie von weit entfernt lebenden Nationen, deren Sicherheit nicht so unmittelbar bedroht ist, kaum begriffen werden können. Natürlich war man in Amerika eher bereit, für den Frieden Risiken einzugehen, als in Israel. Denn für Amerika waren es nur indirekte Risiken, während es für Israel dabei um das Überleben ging. Amerika konnte sich erlauben, zu experimentieren; für Israel konnte jede Fehlkalkulation zur Katastrophe führen.

So standen wir hier vor einer Herausforderung, die so alt war wie die Geschichte der zwischenstaatlichen Beziehungen. In einer Welt, in der die Völker voneinander abhängig sind, muß jede Nation ihre politischen Ziele irgendwie auf diejenigen der anderen abstimmen; kein Land kann es sich leisten, ausschließlich im eigenen Interesse zu handeln. Jahrzehntelang hatten arabische Starrheit und sowjetischer Druck die Illusion erzeugt, daß Israel nicht eine Außenpolitik, sondern nur eine Verteidigungspolitik treiben könnte. Aber der Oktober-Krieg und die Entscheidung Ägyptens, sich außenpolitisch zu mäßigen, hatten diesen Zustand beendet. Nun wehrte sich Golda nicht gegen die Strategie der Vereinigten Staaten, sondern gegen eine neue, viel komplexere Realität:

Meir: Wir haben den Krieg nicht begonnen, und doch . . .

Kissinger: Frau Premierministerin, wir stehen vor einer sehr tragischen Situation. Sie haben den Krieg nicht begonnen, aber Sie müssen eine weise Entscheidung treffen, wenn Sie das Überleben Israels schützen wollen. Vor dieser Entscheidung stehen Sie jetzt. Das ist meine aufrichtige Überzeugung als Ihr Freund.

Meir (mit bebender Stimme): Sie sagen, wir hätten keine Wahl.

Kissinger: Wir stehen vor einer internationalen Situation, wie ich sie Ihnen geschildert habe.

Meir: Sie sagen, wir müssen das Urteil der Vereinigten Staaten übernehmen . . . Müssen wir Ihre Lagebeurteilung akzeptieren? Auch wenn es unsere Angelegenheiten betrifft? Auch im Hinblick darauf, was für uns das Beste sei?

Kissinger: Wir alle müssen das Urteil anderer Nationen akzeptieren. Wir beugen uns Ihrem Urteil.

Golda fürchtete, daß, wenn sie unserem Urteil auch nur ein einziges Mal zustimmte, wir – auch wenn wir recht hatten – von Israel immer neue Zugeständnisse verlangen würden. Deshalb ging sie jetzt ins andere Extrem und erklärte, daß Israel es nicht nötig hätte, die Auffassungen anderer Nationen zu berücksichtigen – ein Luxus, den sich nicht einmal die Supermächte leisten konnten.

Wir mußten uns jedoch mit Israel einigen, denn sonst lag unsere Strategie in Scherben. Wenn Israel bei seiner Unnachgiebigkeit verharrte, dann verloren wir unsere zentrale Position in der Diplomatie. Wir hatten die Forderungen der radikalen Araber und der Sowjets in vielen Fällen wesentlich mildern können, aber, wie ich Golda sagte, »können wir das nur tun, wenn wir beweisen, daß wir unsere Zusagen einhalten, sie jedoch nicht«. Mit anderen Worten, wir durften die diplomatische Tagesordnung für den Nahen Osten nicht auf null reduzieren. Wenn unsere Bemühungen keine Ergebnisse zeitigten, dann würden die Araber keine Veranlassung haben, mit uns weiter zu verhandeln; es würde uns nicht gelingen, Ägypten von der Sowjetunion abzuspalten, und es gäbe keine gemäßigte Alternative zum arabischen Radikalismus. Auch die besten Freunde Israels konnten auf Verhandlungen und Zugeständnisse nicht verzichten; kein guter Freund der Israelis durfte sie zu einer Unnachgiebigkeit ermutigen, die die Position Israels allmählich aushöhlen und zu einer neuen Explosion führen mußte.

Golda wußte, daß diese Aussicht theoretisch richtig war, sie war aber noch nicht bereit, die Konsequenzen auf sich zu nehmen. Deshalb führte sie ein hartnäckiges Rückzugsgefecht in der Frage der Versorgung der ägyptischen 3. Armee. Dabei bezog sie wie jeder gute Stratege eine günstige Ausgangsposition und begründete ihre Haltung nicht mit dem nationalen Interesse Israels, sondern mit der Gefahr, daß die Vereinigten Staaten sich auf Kosten Israels mit der Sowjetunion einigen könnten. Mit dieser Taktik wollte sie geschickt die einflußreichen Freunde Israels in den Vereinigten Staaten auf ihre Seite bringen, trieb jedoch uns, die wir eine drei Wochen dauernde Krise hinter uns hatten, damit an den Rand der Verzweiflung, die fast ebenso groß war wie unsere Hochachtung vor Golda.

Bei diesem Besuch ließ sich Golda Meir auch nicht von dem protokollarischen Rang ihrer Gesprächspartner beeindrucken. Bei einem Gespräch mit Nixon im Ovalen Zimmer versuchte der Präsident, sie für Verhandlungen zu gewinnen:

> Die Frage, die Sie berücksichtigen müssen, lautet, ob Ihre durch unsere Phantom- und Skyhawk-Maschinen ermöglichte Politik Erfolg haben kann, wenn sie nicht zu einer Friedensregelung führt. Es fragt sich hier, ob eine Politik, deren einziges Ziel es ist, auf den Krieg vorbereitet zu sein, genügen wird – wenngleich Sie auch nach einem Friedensschluß auf einen Krieg vorbereitet sein müssen.
>
> Dieser letzte Krieg führt zu dem unausweichlichen Schluß, daß eine Politik des sich Eingrabens, bei der Sie uns sagen, wir sollten Ihnen die Waffen geben, und Sie würden mit diesen Waffen kämpfen, nicht

das Ende sein kann. Sie müssen mit Ihrer Politik etwas bewegen, ebenso wie Sie sich auf Verhandlungen zubewegen.

Davon wollte Golda nichts hören. Sie war nicht bereit, die Sicherheit ihres Volks von Zusagen ihrer Nachbarn abhängig zu machen, die eben einen Überraschungsangriff geführt hatten. Und es war für sie unvorstellbar, eine eingeschlossene feindliche Armee zu versorgen, gleichgültig, wann diese Armee eingeschlossen worden war.

In ihrer Haltung kamen auch die Überzeugungen ihres Kabinetts zum Ausdruck. In ihrer Verzweiflung und Panik waren Goldas Kollegen vollständig erstarrt. Um diese Erstarrung aufzulösen, schlug ich vor, daß Israel der Zurücknahme seiner Streitkräfte auf die Stellungen des 22. Oktober »im Prinzip« zustimmen und sich bereit erklären sollte, die genaue Lage dieser Linie mit Ägypten auszuhandeln. Solche Verhandlungen würden viel Zeit in Anspruch nehmen, das heißt, das Problem würde zunächst auf Eis gelegt. Während der Dauer dieser Verhandlungen könnte die ägyptische 3. Armee über von den Vereinten Nationen überwachte Kontrollpunkte an der von Kairo nach Suez führenden Straße mit nichtmilitärischen Nachschubgütern versorgt werden. Während dieser Zeit könnten aus den Gesprächen umfassende Verhandlungen über eine Truppenentflechtung werden, und nach einer Truppenentflechtung würde die Frage nach einer Waffenstillstandslinie illusorisch sein. Zunächst ging Golda unter der Voraussetzung, daß auch das israelische Kabinett zustimmte, auf diesen Vorschlag ein. Am folgenden Abend sah sie sich gezwungen, ihn abzulehnen, weil ihr Kabinett einer Rückkehr auf die Stellungen vom 22. Oktober auch im Prinzip nicht zustimmen wollte und nicht bereit war, sich mit der Einrichtung von UN-Kontrollpunkten an der von Kairo nach Suez führenden Straße einverstanden zu erklären. Das israelische Kabinett wollte nichts anderes als Gespräche über eine allgemeine Truppenentflechtung.

Aber unter einer Truppenentflechtung stellten sich die Israelis das vor, was sie in der Nacht vorgeschlagen hatten, als die Vereinigten Staaten die Teilmobilmachung ihrer Streitkräfte anordneten: Israel sollte sich auf das Ostufer des Suez-Kanals zurückziehen, Ägypten auf das Westufer, und jede Seite sollte neue Stellungen zehn Kilometer hinter dem Kanal einnehmen – ein Geländetausch, bei dem Ägypten aufgefordert wurde, nicht nur die Gebiete zu räumen, die es während des Krieges besetzt hatte, sondern auch einen zehn Kilometer breiten Geländestreifen am Westufer freizugeben, wo die ägyptischen Streitkräfte vor dem Krieg ungehindert aufmarschiert waren. Wie Golda selbst zugeben mußte, würden die Ägypter auf einen solchen Vorschlag niemals eingehen. Wenn wir uns hinter diesen Plan stellten, dann mußten wir sogar damit rechnen, daß Sadat die Vereinigten Staaten als Vermittler ablehnte und die Feindseligkeiten wieder aufnahm.

Schließlich erklärte sich Golda Meir bereit, noch vor meiner Abreise nach Kairo eine Versorgungskolonne zur ägyptischen 3. Armee durchzulassen.

Die Stimmung auf den Sitzungen der WSAG wurde zunehmend gereizter. Einige meiner Kollegen setzten sich noch immer dafür ein, die eingeschlossene 3. Armee über eine *amerikanische* Luftbrücke zu versorgen. Einmal kam es sogar soweit, daß das Verteidigungsministerium die dafür benötigten Flugzeuge schon bereitstellte. Obwohl auch ich aufs äußerste beunruhigt war – schließlich hatten die über drei Wochen andauernden Spannungen und die schlaflosen Nächte nicht nur die Nerven der Israelis strapaziert –, widersetzte ich mich diesem Vorschlag energisch. Die Versorgung einer ägyptischen Armee über eine amerikanische Luftbrücke würde eine so deutliche Verschiebung amerikanischer Prioritäten signalisieren, daß wir unsere eigene Verhandlungsposition damit ausgehöhlt hätten. Ich bat meine Kollegen bei der WSAG dringend darum, an der Öffentlichkeit nicht den Eindruck zu erwecken, daß wir mit Israel nicht einverstanden waren, denn unser Einfluß im Nahen Osten würde geschwächt werden, wenn Israel nicht mehr als enger Verbündeter der Vereinigten Staaten angesehen würde, der sich nur schwer zum Nachgeben veranlassen ließ. Eine sichtbare Spaltung zwischen uns würde zu einer Verstärkung des Drucks von außen herausfordern. Die Europäer, die Sowjetunion und die Blockfreien würden ermutigt werden, Lösungen zu verlangen, die sich noch viel schwieriger erreichen ließen, und damit mußten sich noch größere Probleme ergeben als diejenigen, mit denen wir es jetzt schon zu tun hatten. Wenn wir versuchten, mit Gewalt aus der Sackgasse herauszukommen, dann würde man es immer wieder von uns verlangen.

So schwierig die Gespräche mit Golda auch waren, im Grunde begriff auch sie, daß es nicht im Interesse Israels lag, die Dinge zum äußersten zu treiben. Sie hatte sogar pädagogische Absichten. Sie wollte uns lehren, daß jeder Versuch, unsere Probleme auf Israels Kosten zu lösen, schmerzliche Folgen für uns haben konnte. Dabei folgte sie einer taktischen Notwendigkeit. Sie wußte sehr wohl, daß das Problem der ägyptischen 3. Armee irgendwie gelöst werden würde, aber sie wollte ihr Kabinett nicht mit dieser Entscheidung belasten. Damit würde sie von ihrem Volk zuviel verlangen, das eben erst von arabischen Armeen angegriffen und fast in die Katastrophe gestürzt worden war. Für Israel war es leichter, amerikanischem Druck nachzugeben, als sich durch großzügige Initiativen selbst zu belasten. Golda hielt es für unklug, zu früh die Karten aufzudecken. Wenn sie erfuhr, was Sadat mir gesagt hatte, würde sie in ernsthafte Verhandlungen eintreten. Aber solange sie im Blair-House mit uns sprach, mußte sie mit dem Widerspruch ihres Kabinetts rechnen. Doch wenn sie wieder ihren Sitz als Regierungschef in Tel Aviv eingenommen hatte, würde es niemand mehr wagen, sich ihr zu widersetzen.

Ein Kontakt mit der PLO

Die schrecklichsten Alpträume verbanden sich für Israel mit der 1964 gegründeten Palästinensischen Befreiungsorganisation (PLO). Die Möglichkeit, daß eine Gruppe, die ganz Palästina für sich beanspruchte, irgendwie als legitim anerkannt werden könnte, hielten die Israelis für die größte Bedrohung ihrer Existenz. Aber angesichts der offenbar immer näher rückenden Verhandlungen verlangte die PLO immer entschiedener, daran beteiligt zu werden, während unsere diplomatischen Bemühungen durch die aktive Sabotage der PLO in große Schwierigkeiten geraten konnten. Damit standen wir vor einem delikaten Problem.

Damals wurden die Palästinenser allerdings noch nicht allgemein politisch anerkannt, ja nicht einmal von den arabischen Staaten. In der Resolution 242 des Sicherheitsrats der Vereinten Nationen vom November 1967 war nur von einem »Flüchtlingsproblem« die Rede, und diesen Flüchtlingen wurde darin keine politische Rolle zugewiesen. Die Nahost-Krise hatte ihren Ursprung in Palästina, aber alle Beteiligten nahmen zum Palästinenser-Problem eine sehr zweideutige Haltung ein. 1973 wurden sie bei den Vereinten Nationen noch als Flüchtlinge behandelt. In den Vereinigten Staaten und Westeuropa betrachtete man sie als Terroristen, die Sowjets sahen sie als ein Werkzeug, mit dem sich ihr Einfluß in diesem Gebiet verstärken ließ, und für die arabische Welt waren sie zugleich eine Inspiration und ein Störfaktor. Als die Bedeutung der PLO nach dem Oktober-Krieg sichtlich zunahm, wurde auch die Haltung ihrer Freunde immer zwiespältiger. Man konnte nie sagen, ob die Haltung der Araber Ausdruck einer aufrichtigen Zustimmung, der Furcht vor dem terroristischen Potential der Palästinenser oder des Wunsches war, radikale Gruppen im eigenen Lande für sich zu gewinnen.

Die Erfahrungen, die die Vereinigten Staaten mit der PLO gemacht hatten, waren bisher nicht sehr vertrauenerweckend. 1970 hatten palästinensische Terroristen drei nach Jordanien fliegende Verkehrsmaschinen gekapert und Hunderte von Passagieren als Geiseln genommen, darunter zahlreiche Amerikaner, die wochenlang festgehalten worden waren. Nachdem die PLO mehrere Attentatsversuche gegen Hussein organisiert hatte, versuchte sie, die Macht in Jordanien zu übernehmen. Im blutigen »Schwarzen September« warf Hussein sie aus Jordanien hinaus. 1972 übernahm die PLO die Verantwortung für das unter israelischen Sportlern bei den Olympischen Spielen in München angerichtete Massaker und verscherzte sich damit alle Sympathien in den Vereinigten Staaten. Im März 1973 ermordeten Anhänger der PLO zwei amerikanische Diplomaten in Khartum. Die PLO war also ausgesprochen anti-amerikanisch; ihr politisches Ziel bestand in der Vernichtung von zwei wichtigen Freunden der Vereinigten Staaten, Israels und des haschemitischen Königreichs Jordanien. Unter solchen Voraussetzungen hatten wir kein besonderes Interesse daran, den »Dialog« mit der PLO zu fördern, wie man später zu sagen pflegte – und zwar nicht, weil wir von Israel unter Druck gesetzt wurden, sondern weil es nach unserer Meinung nicht im nationalen Interesse der Vereinigten Staaten von Amerika lag.

Wir waren uns der Tatsache bewußt, daß sich die PLO aus den verschiedenartigsten Elementen zusammensetzte. Einige ihrer Mitglieder waren überzeugte Terroristen, andere formulierten ihre politischen Absichten nicht ganz so eindeutig, aber sie waren sich einig in der Ablehnung des Staates Israel. Mehrere arabische Nationen kontrollierten bestimmte Gruppen innerhalb der PLO, um damit im eigenen Land für Ruhe zu sorgen und die Politik der Palästinenser besser beeinflussen zu können. Aber daraus ergaben sich weitere komplexe Probleme. So unterstützte Syrien zum Beispiel die Gruppe der Saiqa, die mit Sicherheit stärker an die Regierung in Damaskus als an die Führung der PLO in Beirut gebunden war.

Deshalb hatte sich die PLO bis 1973 kaum jemals in die Verhandlungen eingeschaltet. In dem Abschlußkommuniqué nach dem Gipfeltreffen mit Nixon von 1972 in Moskau wurden die Palästinenser mit keinem Wort erwähnt, viel weniger die PLO. Auch in den von Gromyko und mir 1972 ausgearbeiteten allgemeinen Arbeitsgrundlagen war nur von Palästinensischen Flüchtlingen die Rede.[2] Das Kommuniqué des amerikanisch-sowjetischen Gipfeltreffens von 1973 sprach von den »legitimen Interessen des palästinensischen Volkes«, definierte diese Interessen aber nicht. Alle Planungen und Gespräche mit anderen Regierungen über das Jordan-Westufer gingen davon aus, daß König Hussein der Verhandlungspartner Israels sein werde.

Deshalb spielte die Frage, ob man mit den Palästinensern eine Verbindung aufnehmen sollte, in der Außenpolitik der Vereinigten Staaten 1943 keine besondere Rolle. Sie tauchte nur sehr selten auf, und dann auch nur auf der unteren Ebene der Nachrichtendienste. Ein Palästinenser-Staat unter der Führung der PLO war niemals Gegenstand ernsthafter Erörterungen.

Doch Mitte 1973 ergriff die PLO die Initiative, um eine Verbindung zu uns herzustellen. Ende Juli unterrichtete mich unser Botschafter im Iran, Richard Helms, der sich zur Vorbereitung eines Schah-Besuchs in den Vereinigten Staaten aufhielt, davon, daß ein enger Mitarbeiter des PLO-Führers Yasir Arafat an einen Botschaftsangehörigen herangetreten wäre. Er hatte erklärt, daß Arafat sich für einen Dialog mit den Vereinigten Staaten interessierte, und zwar über zwei Themen: Die Existenz Israels sei eine Tatsache, und Jordanien sei die Heimat des palästinensischen Staates (mit anderen Worten, Hussein müsse gestürzt werden). Außerdem wünschte die PLO die Klärung gewisser Fragen: Was verstanden wir unter dem Begriff »palästinensische Interessen« in dem von Breschnew und Nixon unterzeichneten Kommuniqué? Was wollten wir im Interesse der Palästinenser unternehmen? Wieviel war uns am Fortbestand des Königreichs Jordanien gelegen? Helms hatte recht, wenn er sagte: »Es fragt sich, ob sie politische Gespräche mit den Fedayin führen wollen oder nicht.«

Ich sagte Helms, daß ich mir die Sache überlegen würde. Ich glaubte aber nicht, zu einem positiven Ergebnis kommen zu können. Ich hielt König Hussein für einen wertvollen Freund der Vereinigten Staaten, der uns zu diplomatischen Fortschritten in diesem Gebiet verhelfen konnte. Wir sollten uns darum bemühen, seine Stellung zu stärken, und nicht eine Gruppe unterstützen, die schon bei der ersten Kontaktaufnahme mit uns erklärt hatte, ihn stürzen zu wollen. Ein von der PLO geführter Palästinenser-Staat mußte notwendigerweise irredentistisch sein. Selbst wenn die PLO jetzt formal auf ihre ursprünglichen politischen Ziele verzichten sollte, würde sie nicht lange an einer gemäßigten Linie festhalten; dafür würden die zahlreichen radikalen Gruppen in ihren Reihen sorgen. Auch ihre engen Beziehungen zur Sowjetunion würden dazu führen, daß hier ein radikaler Staat wie Libyen oder Südjemen entstünde. Jedes palästinensische Gemeinwesen am Westufer des Jordan mußte sich im Lauf der Zeit gegen Jordanien wenden, wenn auch nur, um sich eine Basis für spätere, gegen Israel gerichtete Operationen zu schaffen und sich nicht an Friedensvereinbarungen halten zu müssen, nach denen das Jordan-Westufer mit Sicherheit entmilitarisiert werden würde.

Wenn die PLO jetzt den Eindruck erwecken wollte, daß sie zur Koexistenz mit Israel bereit sei, dann widersprach sie dem palästinensischen Nationalstatut von 1964, dem Gründungsdokument der Organisation. In ihrer gemäßigten Form verlangte die Politik der PLO einen aus Moslems, Juden und Christen zusammengesetzten weltlichen Staat in Palästina – mit anderen Worten, die Zerschlagung des Staates Israel. Vor allen Arabern erhoben die Palästinenser die erbittertsten Vorwürfe gegen den jüdischen Staat. Selbst wenn Israel zu den Grenzen von 1967 am Jordan-Westufer zurückkehren und auf die Altstadt von Jerusalem verzichten würden – und es gab kaum jemanden, der das für möglich hielt –, würden die Palästinenser auch noch die Gebiete beanspruchen, mit denen sie durch ihren Namen verbunden waren. Deshalb konnte ein winziger Staat am Westufer für sie nur das Sprungbrett für die Erreichung ihrer eigentlichen politischen Ziele sein.

Am 3. August sagte ich Helms, daß wir die Anfrage Arafats nur mit einer Note beantworten könnten, die praktisch nichts aussagte, und lediglich erklären könnten, unser Ziel wäre die friedliche Koexistenz aller Staaten und Völker in diesem Gebiet. Die Vereinigten Staaten wären an den Vorstellungen der Palästinenser interessiert, wie man diesem Ziel durch Verhandlungen näher kommen könnte. Die dritte Frage müßten wir ganz eindeutig wie folgt beantworten: Der Sturz von Regierungen in der arabischen Welt käme für uns nicht in Frage; wir wären entschlossen, alles für den Fortbestand des Königreichs Jordanien zu tun.

Interessanterweise erreichten uns am 13. August ganz ähnliche Vorschläge der PLO über Marokko. König Hassan gab die gleichen Fragen an den damaligen stellvertretenden Direktor der CIA, Generalleutnant Vernon A. Walters weiter, als dieser dem König in Casablanca einen Besuch abstattete. Am folgenden Tag unterrichtete ich den israelischen Botschafter, Simcha Dinitz über die beiden Annäherungsversuche Arafats und unsere Antwort:

> Wir werden ihm sagen, daß wir keine Gespräche beginnen könnten, um drei Fragen zu beantworten. Er will natürlich nur, daß wir Jordanien überflüssig machen. Wir werden auf so etwas niemals eingehen. Das können Sie der Premierministerin sagen.

Dinitz ist auf diese Angelegenheit nicht wieder zurückgekommen. Am 17. August sagte ich dem israelischen Außenminister, Abba Eban, daß unsere Außenpolitik sich auf Jordanien und nicht auf die Palästinenser stütze. (Ich sagte ihm das nur ganz allgemein und überließ es Golda Meir, ihren Außenminister von Arafats Ouvertüren zu unterrichten.) Eban meinte, wir dürften keinen Zweifel daran lassen, »daß, wenn sie über die Palästinenser sprechen, sie es in Zusammenhang mit einer israelisch-jordanischen Friedensregelung tun«. Ich hatte keine Schwierigkeiten, einer Aufforderung zuzustimmen, die der politischen Lage der Vereinigten Staaten entsprach.

Am 3. September 1973 sagte König Hassan General Walters, daß es möglich sein würde, in ein Gespräch mit der PLO einzutreten, und Marokko bereit wäre, es zu arrangieren. Am 10. Oktober, vier Tage nach Ausbruch des Nahost-Krieges, hörten wir wieder von Arafat, diesmal allerdings nicht über Marokko. Wie ich im 11. Kapitel berichtet habe, kam die Botschaft vielmehr aus Beirut. Arafat erklärte darin, daß Ägypten und Syrien zwar eine Niederlage hinnehmen müßten, aber soweit ihr »Gesicht gewahrt« hätten, um in ernste Verhandlungen einzutreten. Die PLO wäre bereit, sich an den Verhandlungen der Araber mit Israel zu beteiligen. Sie hätte mit Jordanien eine Rechnung zu begleichen und nicht mit Israel, was aber in der gegenwärtigen Phase keine Rolle spielen müßte.

Solange der Krieg andauerte, beantworteten wir diese Anfrage nicht. Aber in der nach Beendigung der Kampfhandlungen herrschenden gespannten Atmosphäre überlegten wir uns, wie wir uns gegenüber den palästinensischen Annäherungsversuchen verhalten sollten. Für den Fall einer Konfrontation mit den Sowjets war es wichtig, dafür zu sorgen, daß die Araber die Sowjetunion bei einer Intervention möglichst wenig unterstützten. Sobald diese Gefahr gebannt war, lag es in unserem Interesse, die günstigsten Voraussetzungen dafür zu schaffen, daß sich gemäßigte Regierungen am Friedensprozeß beteiligten. Nun war die PLO eine Organisation, die überall in der arabischen Welt für Unruhe sorgen konnte. Uns lag daran, daß sie sich während der ersten schwierigen Phase unserer Annäherung an Ägypten und unserer Bemühungen um eine Unterstützung durch Saudi-Arabien möglichst zurückhaltend verhielt. Am 23. Oktober, als die Konfrontation um die Verletzungen des Waffenstillstandes sich ihrem ersten Höhepunkt näherte, erhielten wir eine weitere Botschaft, in der uns wieder mitgeteilt wurde, daß Arafat daran interessiert sei, an den Gesprächen beteiligt zu werden.

Am 25. Oktober, dem Tage, an dem wir unsere Streitkräfte alarmierten, beschlossen wir, uns mit diesem Angebot zu beschäftigen, um unseren Handlungsspielraum zu vergrößern. Mit der einzigen irgendwie bedeutungsvollen Botschaft, die wir während meiner Amtszeit der PLO haben zukommen lassen, teilten wir der Organisation über Marokko mit, daß wir bereit wären, einen Vertreter der amerikanischen Regierung zu Gesprächen mit offiziellen Vertretern der PLO zu entsenden, um eine Stellungnahme der Vereinigten Staaten zu Arafats Vorschlägen zu ermöglichen. (Mit anderen Worten, unser Beauftragter würde nicht die Vollmacht haben zu verhandeln, sondern eine offizielle Reaktion würde, wenn überhaupt, erst erfolgen, wenn wir von seinem Bericht Kenntnis genommen hatten.) Wir bestimmten General Walters zu unserem Vertreter. Er hatte in unserem Auftrag geheime Verbindungen zu den Nordvietnamesen und Chinesen in Paris aufgenommen und war ein Fachmann für diskrete Aufträge. Das Zusammentreffen sollte nach unseren Vorstellungen Anfang November stattfinden, unmittelbar vor meiner Reise nach Kairo, denn damit wollten wir erreichen, daß sich die PLO während dieser delikaten Phase ruhig verhielt. Die Begegnung fand am 3. November in der marokkanischen Hauptstadt Rabat statt. Ich hatte Walters angewiesen, möglichst lange Zeit auf diese Gespräche zu verwenden und sich ein möglichst klares Bild von den Vorstellungen der Palästinenser zu verschaffen. Er sollte ihnen jedoch keine Vorschläge machen, sondern erklären, daß er als Angehöriger des Nachrichtendienstes nur den Auftrag hätte, sich zu orientieren. Über die künftige politische Rolle der Palästinenser hatten wir die folgenden Vorstellungen:

> Die Vereinigten Staaten haben nicht die Absicht, irgendwelche Vorschläge zu machen. Sie sind über die Geschichte der innerarabischen Politik und Kultur nicht genau genug unterrichtet, um sich Lösungen vorstellen zu können. Die Palästinenser müssen jedoch verstehen, daß die Vereinigten Staaten ihre Freunde grundsätzlich niemals verraten. Wir betrachten den König von Jordanien als unseren Freund. Wir würden daher erwarten, daß die Beziehungen zwischen der palästinensischen Bewegung und dem haschemitischen Königreich sich im Rahmen einer umfassenden Friedenslösung in Richtung auf eine Versöhnung entwickeln könnte.

Mit anderen Worten, wir wollten das Palästinenser-Problem nicht als eine internationale, sondern als eine innerarabische Frage behandelt wissen. Es war Sache der PLO, ihre Beziehungen zu anderen arabischen Staaten zu regeln. Dafür stellten wir jedoch eine Bedingung: Wir würden uns an keinem gegen Jordanien gerichteten Manöver beteiligen. So hatte die PLO nur die Möglichkeit, sich mit dem haschemitischen Königreich zu versöhnen, nicht aber die dortige Regierung zu stürzen.

Was für Jordanien galt, traf auf Israel in noch höherem Maß zu. Walters sollte klarstellen, daß sich die Vereinigten Staaten jeder Bedrohung des Überlebens Israels und jeder Infragestellung seiner Legitimität entgegenstellen würden. Darüber hinaus würden wir zum aktiven Widerstand übergehen, wenn die PLO noch einmal das Blut amerikanischer Bürger vergießen sollte.

Walters entledigte sich seines Auftrags mit der für ihn charakteristischen Tüchtigkeit und Diskretion. Der Vertreter der PLO, ein enger Mitarbeiter Arafats, schilderte ihm das an den Palästinensern begangene Unrecht. Seine Vorwürfe richteten sich in erster Linie gegen Jordanien; er erklärte, daß die Palästinenser niemals in einem haschemitischen Staat leben könnten. Auch könnten sie keinen eigenen Staat gründen, dessen Gebiet sich auf das Westufer des Jordan und den

Gaza-Streifen beschränkte. Deshalb müßte die haschemitische Dynastie gestürzt werden, um den Palästinensern eine Heimat zu schaffen. Er wich jedoch der Frage aus, unter welchen Voraussetzungen die PLO Israel anerkennen würde, wenn überhaupt. Er sprach von einem weltlichen Staat (das Codewort für die Vernichtung Israels) und von der Möglichkeit, für Israel den Status wiederherzustellen, der in dem Teilungsplan der Vereinten Nationen von 1947 vorgesehen war – was eine weitere Einengung der israelischen Staatsgrenzen über die des Jahres 1967 hinaus bedeutete. Der Vertreter der PLO machte ebenso wie Walters keine konkreten Vorschläge. Bei ersten Begegnungen dieser Art werden im allgemeinen nur solche Erkundungsgespräche geführt, denn keine Seite will es darauf ankommen lassen, von der anderen sofort zurückgewiesen zu werden, und jede Seite versucht festzustellen, in welchen Punkten der Gesprächspartner eine gewisse Flexibilität zeigen könnte.

Doch wie sich herausstellte, war der Beginn unseres Dialogs mit der PLO auch sein Ende. Im März 1974 fand noch ein Treffen statt, aber wir kamen dabei nicht weiter als beim ersten.

Das war kein Zufall. In diesem Stadium widersprach es den Interessen der am Nahost-Konflikt Beteiligten, die PLO in die Gespräche einzubeziehen. Selbst wenn sich einige PLO-Führer bereit erklärt hätten, die Resolution 242 und das Existenzrecht Israels anzuerkennen – was diese Organisation bis zum heutigen Tag nicht getan hat –, war es angesichts der Dynamik dieser Bewegung unwahrscheinlich, daß sie auf die Dauer bei einem so gemäßigten Kurs bleiben würde. Das Gespräch in Rabat zeigte deutlich, daß die Anerkennung Israels in den Grenzen von 1967 nur ein erster Schritt war. Eine Nation unter der Führung der PLO wäre ideologisch verpflichtet, den jüdischen Staat zu zerschlagen. Für Jordanien bedeutete sie eine noch unmittelbarere Gefahr. Die Kontakte mit der PLO nahmen uns jeden Zweifel an der Absicht der Organisation, die haschemitische Dynastie zu stürzen.

Obwohl das Treffen in Rabat ursprünglich hatte geheimgehalten werden sollen, barg es zuviel Sprengstoff. Wir durften es nicht riskieren, daß andere Länder aus von uns nicht zu kontrollierenden Quellen davon erfuhren. Wenn es darüber hinaus durch die arabische Gerüchteküche in der Öffentlichkeit bekannt wurde, konnte eine solche Indiskretion noch dramatischere Konsequenzen haben, denn sie würde gerade die Länder beunruhigen, mit deren Unterstützung wir rechneten, wenn wir die Nahost-Politik in gemäßigte Bahnen lenken wollten. Deshalb unterrichtete ich Hussein, Sadat und Boumedienne und sprach später auch mit Asad. Brent Scowcroft informierte den israelischen Botschafter Dinitz.

Walters' Gespräch mit dem Vertreter der PLO hatte seinen Zweck erfüllt. Wir hatten Zeit gewonnen und verhindert, daß der Friedensprozeß gleich in seinen Anfängen von radikalen Elementen gestört wurde. In der Folgezeit unterblieben unmittelbar gegen Amerikaner gerichtete Angriffe – jedenfalls soweit es die Gruppe um Arafat betraf. Auf längere Sicht hat sich die Begegnung jedoch nicht ausgewirkt.

Meine erste Reise in den Nahen Osten

Ich verließ Washington am Montag, dem 5. November, um vor dem entscheidenden Besuch in Ägypten Zwischenaufenthalte in Marokko und Tunesien einzulegen. Ich hoffte, daß König Hassan und Präsident Habib Bourguiba als alte Freunde der Vereinigten Staaten uns bei unseren Bemühungen um ihre Brüder in der arabischen Welt moralisch unterstützen würden.

Wir landeten am gleichen Tage gegen 22.00 Uhr in Marokko, wo ich meinen Fuß zum erstenmal auf arabischen Boden setzte. Hier wurde ich auch zum erstenmal mit militärischen Ehren empfangen. Dieses Schauspiel beeindruckte mich tief, und zwar um so mehr, da mir niemand gesagt hatte, was mir bevorstand.

Als ich das Flugzeug verließ, bot sich mir der prächtige Anblick einer Kompanie hochgewachsener Soldaten in langen rotweißen Gewändern und weißen Turbanen. Bei meinem Eintreffen im Königspalast am nächsten Tag war mir zu Ehren die noch prächtiger uniformierte königliche Garde in weiten scharlachfarbenen und grünen Uniformen mit gezogenem Säbel angetreten. Ein Offizier mit der blanken Waffe in der Hand forderte mich auf, die Front abzuschreiten. Ich hatte nicht die leiseste Ahnung davon, wie eine solche Zeremonie vor sich gehen sollte. Da ich die Angelegenheit möglichst rasch hinter mich bringen wollte, ging ich an der Reihe der vor mir aufgestellten Soldaten viel schneller vorbei, als man offenbar erwartet hatte. Vielleicht habe ich hier einen Weltrekord aufgestellt, denn als ich mich umwendete, hatte der Offizier, der mich begleitete, im Parademarsch erst die Hälfte der Strecke zurückgelegt. Ich wartete und reichte ihm, als er mich eingeholt hatte, die Hand – eine Geste, die sich als vergeblich erwies, denn der verwirrte Offizier hielt mir den blanken Säbel in einem Winkel von fünfundvierzig Grad entgegen. Aber er zeigte sich der Situation gewachsen. Mit einem halb mitleidigen, halb hochmütigen Blick steckte er den Säbel in die Scheide, zog sich den blütenweißen Handschuh aus und streckte mir nun seine Hand entgegen – aber ich hatte inzwischen meine Hand zurückgezogen und zum militärischen Gruß an die Schläfe gelegt. Schließlich schüttelte ich ihm doch die Hand und beeilte mich fortzukommen. Noch am gleichen Tag erlebte Joe Sisco im königlichen Palast ein Ungemach anderer Art. Er saß nachdenklich auf einem prächtigen, vergoldeten, mit rotem Samt bezogenen Stuhl in König Hassans Salon und schaukelte darauf hin und her. In dem Augenblick, als Seine Majestät das Zimmer betrat, krachte der Stuhl zusammen und Joe lag am Boden. Zum Glück haben die marokkanisch-amerikanischen Beziehungen diese Rückschläge überlebt.[3]

In Marokko laufen die aus Afrika, Europa und der arabischen Welt kommenden Wege zusammen, und die Küsten des Landes liegen am Atlantik und am Mittelmeer. Aus seinen wilden Bergen und trockenen Wüstengebieten kamen die Eroberer, die durch Jahrhunderte Nordafrika und Spanien manchmal brutal und gelegentlich großherzig beherrscht haben. Aber seine strategische Lage hat auch dazu geführt, daß Marokko zum Ziel fremder Invasionsarmeen geworden ist. Es ist abwechselnd Amboß und Hammer gewesen und hat alle Herrlichkeit und alle Schwächen des Menschen gesehen, seine Triumphe und seine Demütigungen. Die Angehörigen der oberen Klassen sind elegant und übersättigt. Sie stehen unter dem Eindruck des französischen Rationalismus und sind gleichzeitig geprägt von islamischem Stolz. Die große Masse der Bevölkerung lebt im Elend wie seit Jahrhunderten und ist sich zum großen Teil nicht des Umstandes bewußt, daß sie ihr Schicksal der geographischen Lage des Landes zu verdanken hat. Während der letzten Jahrhunderte hat Marokko im Kreuzfeuer der strategischen Interessen anderer Länder gestanden, was seine Herrscher gezwungen hat, das Staatsschiff geschickt, kaltblütig und selbstbewußt durch die Stürme der Geschichte zu steuern.

Die erbliche Monarchie, die sich bei der gegenwärtigen Dynastie bis ins 17. Jahrhundert zurückverfolgen läßt, wurde durch den Umstand gestärkt, daß Hassans Vater im Kampf um die Unabhängigkeit gegen Frankreich die führende Rolle gespielt hatte. Die Monarchie war der Spiegel der Zwiespältigkeit der marokkanischen Seele. Als kultivierter Weltmann hat König Hassan II. nie den gleichen Fehler begangen wie der Schah, der sich bewußt als weltlicher Herrscher darstellte. Als König des arabischen Reichs, das zu dem Konflikt mit Israel die größte Distanz halten konnte, hat er seinen Einfluß dazu genutzt, mäßigend zu wirken und sein Land nicht nur für Walters' geheime Zusammenkünfte mit der PLO zur Verfügung gestellt, sondern auch für geheime Kontakte zwischen Israelis und Ägyptern, die 1977 zu Sadats historischem Besuch in Jerusalem führte.

Die Regierungsformen in den Nachbarländern Marokkos waren weniger in der historischen Tradition verwurzelt. Das sozialistische Algerien suchte immer wieder nach Möglichkeiten, seinen Nachbarn und Rivalen zu schwächen, und das revolutionäre Libyen bemühte sich darum, die subversiven Kräfte in Marokko zu aktivieren. Angesichts dieser radikalen Herausforderungen mußte der König geschickt manövrieren, um den Eindruck zu vermeiden, ein rückständiger Feudalherrscher zu sein. Er gehörte zu den überzeugendsten Fürsprechern der Palästinenser und hat sich immer wieder für sie eingesetzt. Im Nahost-Krieg von 1973 schickte er als loyaler Araber einen marokkanischen Truppenverband an die syrische Front. Aber der König machte sich im Hinblick auf die Politik der Radikalen keine Illusionen. Er wußte, daß er es seinem Land nur ersparen konnte, zu sehr unter Druck gesetzt zu werden, wenn er das Kräfteverhältnis zwischen gemäßigten und radikalen Arabern zugunsten der gemäßigten beeinflußte. Dazu brauchte er die Unterstützung der Vereinigten Staaten, und diese gewann er immer wieder durch freundschaftliches Verhalten und kluge Ratschläge.

Bei unseren ersten Gesprächen erklärte ich die Notwendigkeit unserer Luftbrücke nach Israel mit dem Argument, wir dürften es nicht zulassen, daß sowjetische Waffen sich im Nahen Osten amerikanischen Waffen überlegen zeigten, denn dann werde das ganze Gebiet unter den Einfluß der Radikalen und der Sowjets geraten. Der König teilte unsere Auffassung. Er sagte: »Dann hätten wir nicht überleben können.« Unsere Begegnungen fanden in dem riesigen Königspalast in Rabat statt. Zuerst trafen wir uns zu einer großen Plenarsitzung und dann unter vier Augen in Hassans privatem Büro. Ich wollte ihm unsere Strategie verständlich machen: Wir durften unser diplomatisches Kapital nicht schon für den Waffenstillstand verausgaben, sondern mußten uns sofort um eine Truppenentflechtung bemühen. Auch diesen Gedanken unterstützte der König. Er sagte, er werde, um mir zu helfen, eine Botschaft nach Kairo schicken und Sadat versichern, daß

> (Kissinger) nicht der klassischen diplomatischen Linie folgt und es vorzieht, Emotionen und phantastische Vorstellungen zu vermeiden, um die Probleme und Realitäten in kühler, ruhiger und objektiver Weise zu behandeln. Wir haben vor allem den Eindruck, daß er, wenn er eine Verpflichtung eingeht, sich auch daran halten wird.

Da es hier so sehr auf immaterielle Dinge ankam, erwies uns der König damit, daß er Sadat psychologisch in seinem Vorhaben bestärkte, den wertvollsten Dienst.

Am 6. November verabschiedete ich mich von König Hassan und flog nach Tunesien, um mich dort der Unterstützung eines zweiten gemäßigten Führers und Freundes der Vereinigten Staaten, des Präsidenten Habib Bourguiba, zu versichern. Bourguiba gehörte zu derjenigen Generation der Freiheitskämpfer, deren Ehrgeiz darin bestand, das westliche Wertsystem zu übernehmen, und nicht, es zu zerstören. Er gehörte dem bürgerlichen Mittelstand an und war in Frankreich erzogen. Obwohl er im Gefängnis gesessen und in die Verbannung geschickt worden war, bemühte er sich darum, aus der Hauptstadt seines Landes eine kultivierte und moderne Metropole zu machen. Tunesien hatte die Unabhängigkeit schon 1956 erlangt, und es bestand bereits die Gefahr, daß seine politischen Strukturen erstarrten. Bourguiba war entschieden prowestlich, gemäßigt in seinen Äußerungen und maßvoll in seiner Politik. Ebenso wie sein Kollege in Marokko wollte er seine Verbundenheit mit der arabischen Sache dokumentieren, indem er die Palästinenser unterstützte. Aber Tunesien, das seine Nachbarn Algerien und Libyen für sich beanspruchten und das zum Teil nur wegen ihrer Rivalität überlebte, war darauf angewiesen, daß die gemäßigten Kräfte in der Welt die Oberhand behielten. Es konnte seine Existenz am besten sichern, wenn es ihm gelang, die Leidenschaften abzukühlen; es fürchtete eine Zunahme des sowjetischen Einflusses und des arabischen Radikalismus.

Von Bourguibas Palast aus überblickte man die Ruinen des alten Karthago, die mich daran erinnerten, daß die Geschichte immer von den Siegern geschrieben wird. Das von ihm entworfene Gebäude könnte Ausdruck der Phantasie eines Mannes sein, der sich das Leben im Gefängnis mit solchen Vorstellungen erträglich gemacht hat. Es wirkte fast wie ein Spielzeug. Auf den Korridoren sah man nichts als Gemälde, Büsten und Fotos von Bourguiba. An andere Gegenstände kann ich mich nicht erinnern. Die Räume hatten riesige Dimensionen. Und darin verlor sich fast dieser kleine alte Mann, der aussah wie ein französischer Intellektueller und dessen nervöse Ruhelosigkeit charakteristisch war für einen Menschen, der das Leben in der Gefängniszelle kennt.

Man hatte mir gesagt, daß man bei ihm schon die ersten Anzeichen einer Verkalkung spürte, aber sie beeinträchtigte nicht seinen klaren Verstand, wenngleich er nicht immer sofort zu dem Thema Stellung nahm, das man angeschnitten hatte. Gegenüber den Absichten der Sowjetunion hegte er größtes Mißtrauen und hielt das Anwachsen der sowjetischen Macht für bedrohlich. Er fürchtete, daß der Westen nicht diszipliniert genug sei, um den Sowjets wirksam Widerstand zu leisten. Er hoffte, daß sich der Einfluß der Vereinigten Staaten im Nahen Osten jetzt vergrößerte. Ich erläuterte ihm unsere Strategie: »Andere können Waffen liefern, aber nur die Vereinigten Staaten können territoriale Veränderungen herbeiführen.« Ich sagte, daß man uns nicht mit Öl erpressen dürfte. Wir würden unserer Überzeugung gemäß handeln und keinem äußeren Druck nachgeben. Mit trauriger Miene – und in kluger

Erkenntnis der Realitäten – mußte Bourguiba zugeben, daß die »feindliche Haltung ein großer Fehler der Araber ist«.

Tunesien war unsere letzte Station vor Kairo, wo es sich entscheiden würde, ob meine Reise ein Erfolg gewesen war oder nicht.

Die Sechs-Punkte-Vereinbarung

Als ich am Dienstagabend, dem 6. November, zwei Wochen nach Inkrafttreten des Waffenstillstands, in Kairo landete, war der Flughafen immer noch verdunkelt. Ich konnte den ägyptischen Außenminister Fahmy am Fuß der Gangway kaum erkennen. Die Dunkelheit hinderte ihn nicht daran, mir in dem für ihn charakteristischen scherzhaften Ton seine Beschwerden vorzutragen, aber kaum hatte er angefangen, die unerfüllten Zusagen der Amerikaner und Israelis aufzuzählen, als sich auf dem asphaltierten Flugfeld ein lautes Trappeln hören ließ. Es waren die Kairoer Journalisten, die das Eintreffen des ersten höheren amerikanischen Beamten in Ägypten nach dem Krieg miterleben wollten. Plötzlich flammten Blitzlichter auf. Die mich begleitenden Sicherheitsbeamten versuchten, mich abzuschirmen, was ihnen aber nicht gelang. Wie so viele Ausländer vor ihnen sahen sie sich plötzlich einer Menschenmenge gegenüber, die ebenso unaufhaltsam auf sie eindrang wie die nahe Wüste, bis sie sich nicht mehr vom Fleck rühren konnten und sich in ihr Schicksal ergaben, das jedoch durch die offensichtliche Gutwilligkeit der Masse, die sich über alle Sicherheitsvorschriften hinwegsetzte, erträglich gemacht wurde. Es war nur gut, daß sich kein Terrorist als Reporter getarnt hatte, denn die begeisterten Menschen drängten sich so dicht um Fahmy und mich, daß ich den Eindruck hatte, daß es ihnen mehr auf den direkten körperlichen Kontakt mit den Gästen ankäme, als darauf, irgendwelche Fragen zu stellen. Schließlich wurden wir von einer Gruppe Soldaten gerettet, die eine Kette bildeten und uns zu einem Mercedes brachten, der als Nassers Staatskarosse schon bessere Tage gesehen hatte.

In meiner Unterkunft, dem Nil-Hilton-Hotel, erläuterte mir Fahmy das Besuchsprogramm. Am frühen Morgen sollte ich das ägyptische Museum besichtigen. Es folgten ein Gespräch mit Sadat, ein Besuch der Pyramiden und ein Essen in Fahmys Haus. Meine Begegnung mit Sadat war also zwischen zwei Besichtigungen von Altertümern gelegt worden. Vielleicht wollte man mir damit zu verstehen geben, daß Ägypten schließlich mit allen Ausländern fertiggeworden war; wenn es sie nicht besiegt hatte, dann hatte es sie doch überdauert.

Meinen ersten Eindruck von Kairo hatte ich am folgenden Morgen vom Balkon des Hotels aus. Die Stadt lag in einer ebenen Landschaft und wurde von einem schlammigen Flußlauf durchzogen. Man sah kein besonders auffallendes Gebäude mit Ausnahme eines hohen Turms, den Nasser Anfang der sechziger Jahre hatte bauen lassen, angeblich mit Geldern der CIA, die er »für etwas nicht näher Bezeichnetes, aber sehr Großes, sehr Auffallendes, sehr Dauerhaftes und sehr Teures« ausgeben wollte.[4] Sein Wunsch ging in Erfüllung, und jetzt war dieses keinem besonderen Zweck dienende Bauwerk aus allen Himmelsrichtungen schon von weitem als Wahrzeichen Kairos zu sehen. Wie bei so vielen ägyptischen Monumenten ist sein wichtigstes Attribut die Dauerhaftigkeit und nicht die Funktionalität. Wahrscheinlich wird es auch sehr lange an seinem Platz bleiben, denn in diesem uralten Land bewahren die trockene Luft und die heiße Sonne die menschlichen Torheiten ebenso wie seine Triumphe für viele Generationen.

Im Ägyptischen Museum konnte ich noch sehen, welche Maßnahmen man zum Schutz gegen israelische Luftangriffe getroffen hatte. Die Kunstgegenstände in den unteren Stockwerken waren noch in Kisten verpackt, und über den Fenstern der Glasvitrinen waren Klebstreifen angebracht, die den Blick des Beschauers störten. Überall waren Sandsäcke aufgeschichtet. Am meisten beeindruckte mich, wie stark die ägyptische Kunst die jeweiligen Eroberer des Landes beeinflußt hatte. In einem großen Saal konnte man feststellen, daß die hellenistischen Bildhauer nach Alexander dem Großen im Lauf der Zeit immer stärker ägyptischen Vorbildern gefolgt waren. Als die Griechen nach Ägypten kamen, waren ihre Statuen realistisch und zeigten ernste, aber durchaus menschliche Züge. Doch im Lauf einiger Generationen hob sich ihr Blick buchstäblich. Sie schauten nicht mehr geradeaus in die Augen eines anderen Menschen, sondern über die Menschen hinweg auf ferne Horizonte. Hier wurde die Enge der in Felder und Täler gegliederten europäischen Landschaft transzendiert, und das Auge des Menschen erfaßte die Unendlichkeit der ägyptischen Sandwüste. Die Gesichter verloren ihre Strenge und nahmen einen abstrakten, fast glückseligen und von allem Irdischen gelösten Ausdruck an, als habe die Zeit, die dem Sterblichen zugemessen ist, keine Bedeutung mehr für sie.

Gern denke ich noch heute an meinen Gang über den Tahrir vor dem Museum und die Freundlichkeit der Menschen auf der Straße. In Ägypten war ich offenbar noch ein Unbekannter. Aber die mir zum Schutz mitgegebenen Sicherheitsbeamten sind wahrscheinlich ein Beweis dafür gewesen, daß ich der amerikanische Gast war, über den die Zeitungen berichtet hatten. Ich sah aber nur fröhliche Gesichter und glaubte zu spüren, daß man hohe Erwartungen in meinen Besuch setzte. Wie vor etwas mehr als zwei Wochen in Israel spürte man, daß sich das Volk nach Frieden und einem Signal der Hoffnung sehnte.

Ich hatte eine schwere Verantwortung übernommen, und nach meinem Gespräch am frühen Morgen mit Arnaud de Borchgrave von *Newsweek,* der mir sagte, daß Sadat schon an die Wiederaufnahme der Feindseligkeiten dächte, war mir bewußt, wie schwierig die Verhandlungen sein würden. Die höheren ägyptischen Offiziere sahen in der Einschließung der 3. Armee einen Angriff auf die Ehre Ägyptens, der nicht hingenommen werden dürfte. Obwohl de Borchgrave vor sechs Monaten recht gehabt hatte, als er den unmittelbar bevorstehenden arabisch-israelischen Konflikt voraussagte, glaubte ich nicht, daß er diesmal recht behalten würde. Ich konnte mir nicht vorstellen, daß Sadat einen so großen Wert auf meinen Besuch gelegt hätte oder in seinen diplomatischen Bemühungen so flexibel gewesen wäre, wenn er die Absicht hätte, die Entscheidung mit militärischen Mitteln herbeizuführen. Aber diese Warnung ließ mich noch deutlicher erkennen, wie ernst die Lage war.

Die Menschenmassen auf den Straßen Kairos zeigten deutlicher als alle Worte, weshalb Israel so sehr um seine eigene Sicherheit besorgt war. Allein die Stadt Kairo hatte, wie gesagt, doppelt so viele Einwohner wie Israel. Alle drei Jahre nimmt die Bevölkerung Ägyptens um soviel zu, wie Israel Einwohner hat. Es war ein fast unlösbares Dilemma: Israel hatte die Fähigkeit, aber nicht das Vertrauen, Frieden zu schließen. Die Araber waren militärisch noch unterlegen, befanden sich aber in der Überzahl, und hatten Zeit. Sie konnten warten, bis Israel einen tödlichen Fehler machte, und da sich die Israelis dieser Gefahr bewußt waren, war ihre Außenpolitik unnachgiebig und starr.

Außerdem wußte ich, daß ich angesichts der innenpolitischen Lage in den Vereinigten Staaten und der Verhältnisse im Nahen Osten keinen großen Verhandlungsspielraum hatte. Nixon wurde immer ungeduldiger, denn seine Kritiker würden Watergate dafür verantwortlich machen, wenn meine Mission scheiterte, was den Sturz Nixons beschleunigen und seine Glaubwürdigkeit aushöhlen würde, was wiederum zur Schwächung unserer Position auf internationaler Ebene führen mußte. Am 5. November forderte Edward Brooke aus Massachusetts als erster Senator aus der Partei des Präsidenten Nixon zum Rücktritt auf. Das gleiche taten das Nachrichtenmagazine *Time,* die *New York Times* und die Zeitung *Detroit News.* Wie immer, wenn er sich in die Enge getrieben fühlte, entschloß sich Nixon zum Angriff, und ein spektakulärer Durchbruch im Nahen Osten war nach seiner Auffassung die beste Angriffswaffe. Auf einer Kabinettssitzung am 6. November, bei der es um Energiefragen ging – ich befand mich in Kairo –, brachte Nixon überraschend das Nahost-Problem zur Sprache. Brent Scowcroft telegrafierte mir:

> Am Schluß der Kabinettssitzung überraschte uns der Präsident mit einer kurzen Rede über den Nahen Osten . . . Der Präsident sagte, seine Worte sollten nicht ins Protokoll aufgenommen und das Thema sollte nicht weiter diskutiert werden, er wollte dem Kabinett jedoch in Zusammenhang mit der Energiefrage mitteilen, daß es notwendig werden könnte, Israel unter Druck zu setzen, um eine bedenkliche Ölknappheit abzuwenden. Er sagte, Golda hätte sich zunächst einigermaßen flexibel gezeigt, wäre dann aber völlig unzugänglich geworden, weil sie augenscheinlich glaubte, die Israelis könnten alles behalten, was sie jetzt in der Hand haben. Er sagte, es könnte sich für die Vereinigten Staaten als notwendig erweisen, zu den Vereinten Nationen zu gehen und Israel vielleicht auf andere Art unter Druck zu setzen. Er hoffte, es werde nicht notwendig sein, wenn es sich aber nicht vermeiden ließe, rechnete er mit dem Verständnis und der Unterstützung des Kabinetts, was auch immer geschehe . . .
>
> Das Ganze war ein Schuß aus dem Dunkeln, und wir können nur hoffen, daß es nicht durchsickert . . . Ich bin jedoch überzeugt, daß es innerhalb der Bürokratie keine Auswirkungen haben wird.

Wenn wir uns wegen des Öls gegen Israel wendeten, dann wäre darin ein Verzweiflungsakt zu sehen, mit dem wir nur das Gegenteil von dem erreichen würden, was wir beabsichtigten. Fanden wir uns nur ein einziges Mal bereit, Israel unter Druck zu setzen, um damit die Aufhebung des Ölembargos zu erreichen, dann hätten wir damit einen Präzedenzfall geschaffen, und die Araber würden immer wieder versuchen, das Öl als Waffe gegen uns zu gebrauchen, wenn sie ihre Forderungen durchsetzen wollten. Dabei konnten wir nur überall an Einfluß verlieren. Es würde uns weder gelingen, die Wünsche der Araber zu befriedigen – wenn wir uns daran beteiligten, den israelischen Widerstandswillen auszuhöhlen –, noch würde uns irgend jemand dafür danken, Kompromißlösungen gefunden zu haben. Wie durch ein Wunder ist es Haig und Scowcroft gelungen, Nixons Äußerungen nicht durchsickern zu lassen. Aber man durfte kaum daran zweifeln, daß Nixon dieser Strategie folgen würde, wenn meine Mission scheiterte.

Kurz vor Beginn der Gespräche in Kairo hatte ich auch erfahren, daß die Europäische Gemeinschaft am 6. November eine Nahost-Deklaration formuliert hatte, mit der die Unterzeichner den sofortigen Abzug Israels auf die Waffenstillstandslinien vom 22. Oktober verlangten und sich dazu noch der arabischen Interpretation der Resolution 242 des Sicherheitsrats anschlossen. Darin war nicht nur ein beunruhigendes Zeichen für die Schwäche der Europoäischen Gemeinschaft zu sehen, es richtete auch erheblichen Schaden an, denn es engte Sadats Handlungsspielraum ein. Konnte er sich mit weniger zufrieden geben, als ihm die Europäer zugestehen wollten? Die Antwort darauf würde mir zeigen, was sich erreichen ließ, denn das europäische Programm mußte auf längere Sicht in die Sackgasse führen. Ein Rückzug Israels auf die Stellungen vom 22. Oktober konnte die großen Anstrengungen, die wir dafür unternehmen mußten, nicht rechtfertigen. Aber wenn sich damit die Verpflichtung verband, Israel zur Anerkennung der Grenzen von 1967 zu zwingen, dann ließ sich dieses Ziel nicht erreichen. Wir befanden uns in einer Zwickmühle: Entweder erreichten wir zu wenig oder strebten eine Lösung an, die sich nicht erreichen ließ. Deshalb war es besser, unser ganzes diplomatisches Kapital für die durchaus erreichbare Truppenentflechtung einzusetzen; darin bestand das strategische Ziel der Vereinigten Staaten.

So standen wir beide, Sadat und ich, mit dem Rücken zur Wand. Für Sadat standen die 3. Armee und alle Hoffnungen auf eine durch Verhandlungen erzielte Lösung sowie die Fortsetzung seiner Umorientierung von der Sowjetunion auf die Vereinigten Staaten auf dem Spiel. Ich riskierte die Position der Vereinigten Staaten im Nahen Osten bei den Verhandlungen mit einem politischen Führer, den ich persönlich noch nicht kannte und den ich erst vor kurzem zu respektieren gelernt hatte. Sadat hatte die Möglichkeit, unsere Verhandlungen in die Sackgasse zu führen, aber dabei hatte ich den Vorteil zu wissen, daß es Sadat auf längere Sicht nichts nützte, wenn der Friedensprozeß ins Stokken geriet; deshalb könnte es mir gelingen, die Dinge wieder in Gang zu bringen.

Der Tahra-Palast liegt in Heliopolis, einem früher eleganten Vorort von Kairo, der heute darum kämpft, sein äußeres Erscheinungsbild zu wahren, denn er liegt zwischen den Slums am Stadtrand, die nach außen drängen, und dem Kasernenbereich am Flughafen, der sich ständig gegen die Stadt hin ausweitet. Früher lebte hier eine der Frauen König Faruks, und der Palast ist Ausdruck der ägyptischen Vorstellung, königlicher Pomp bestehe in der Verbindung der Fassade von Fontainebleau mit der Inneneinrichtung britischer Landhäuser. Er liegt in einem geräumigen Park, der, wenn man bedenkt, daß es sich um die Residenz des Präsidenten handelt, einen recht verlassenen Eindruck macht.

Als ich hier am Morgen des 7. November eintraf, wurde ich am Fuß der zum Eingang führenden Freitreppe von zwei alten Bekannten in Empfang genommen. Der eine war Hafiz Ismail, der immer noch den Posten von Sadats Sicherheitsberater innehatte, ein aufrechter und umgänglicher Mann, der von Kairo aus über unseren »Sonderkanal« die

Verbindung zu Washington hielt. Der andere war Ashraf Ghorbal. Dieser ausgezeichnete, in Harvard erzogene Diplomat, der mit großem Geschick die ägyptische Interessenvertretung in Washington leitete, die eingerichtet worden war, weil wir keine offiziellen diplomatischen Beziehungen zu Ägypten unterhielten, war mir ungeheuer sympathisch. Er war zutiefst davon überzeugt, daß Ägypten an die Seite des Westens gehörte. (Zur Zeit der durch Nassers Flirt mit der Sowjetunion zwischen uns entstandenen gespannten Beziehungen hatte mir Ghaorbal einmal ein Gedicht geschickt, in dem er mich taktvoll aufforderte, Geduld zu üben.) Nun kam er auf mich zu und umarmte mich. Ich wußte, daß er mit dem Herzen auf meiner Seite stand. Bei solchen Gelegenheiten können kleine Gesten sehr ermutigen. Ismails und besonders Ghorbals Gegenwart beruhigte mich und gab mir Hoffnung.

Wir gingen rasch die Treppe hinauf und betraten eine Halle, von der aus man einen schönen Blick auf den Park hatte. Dort angekommen wurde mir klar, weshalb es draußen so still gewesen war. In der Halle schienen sich alle Journalisten aus dem Nahen Osten und wenigstens Sadats halber Stab versammelt zu haben. Die Menschen standen wieder dicht gedrängt, und ich konnte nicht erkennen, ob irgendwelche Sicherheitsvorkehrungen getroffen waren. Ich wurde von verschiedenen Seiten angerempelt und konnte in dem hellen Scheinwerferlicht kaum etwas sehen, als ich plötzlich hinter mir einen tiefen Bariton hörte: »Willkommen, willkommen.«

Vor mir stand Sadat in einer Khaki-Uniform, den Mantel lässig über die Schultern gelegt (denn im November ist es im Innern ägyptischer Paläste kalt). Er war größer, dunkelhäutiger und imposanter, als ich erwartet hatte. Er wirkte vital und vertrauenerweckend. Dieser Bauernsohn zeigte eine natürliche Würde und aristokratische Haltung, die kaum zu seiner revolutionären Vergangenheit zu passen schienen, aber zugleich beeindruckten und beruhigten. Er wirkte vollkommen gelöst, und auch ich bemühte mich nach Kräften, so zu tun, als sei diese Begegnung die natürlichste Sache der Welt, wenngleich sie nur zwei Wochen nach einem Krieg stattfand, in dem wir den Feind Ägyptens bewaffnet und dann – nachdem wir unsere Truppen in Alarmzustand versetzt hatten – damit gedroht hatten, auf ägyptischem Boden militärisch zu intervenieren. Wir wollten beide nicht zeigen, wieviel jetzt auf dem Spiel stand, obwohl wir wußten, daß wir am Anfang einer der wenigen diplomatischen Verhandlungen standen, die man als historisch entscheidend würde bezeichnen müssen. Wir setzten uns auf ein Sofa und tasteten einander mit ein paar banalen Floskeln ab, die es bei solchen Gelegenheiten ermöglichen, vor den Fotografen natürlich und gelöst zu wirken.

»Wie war Ihre Reise?«
»Ausgezeichnet, Herr Präsident.«
»Wir freuen uns, daß Sie gekommen sind.«
»Vielen Dank, Herr Präsident.«

Dann führte mich Sadat in sein geräumiges Arbeitszimmer. Durch die hohen französischen Fenster blickte man auf einen Rasenplatz, auf dem für unsere Mitarbeiter einige Korbstühle im Halbkreis aufgestellt worden waren. »Ich habe mir Ihren Besuch sehr dringend gewünscht«, sagte Sadat und stopfte sich die Pfeife. »Ich habe einen Plan für Sie. Man könnte ihn als Kissinger-Plan bezeichnen.«

Mit diesen Worten ging er zur anderen Seite des Zimmers hinüber, wo einige Lagekarten an der Wand hingen, und erläuterte mir einen Truppenentflechtungsplan, nach dem Israel zwei Drittel der Sinai-Halbinsel bis zu einer Linie von El Arish bis Ras Mohammed räumen sollte. Sadat muß sich klar darüber gewesen sein, daß diese Forderung unannehmbar war. Wenn wir schon Schwierigkeiten gehabt hatten, Israel zum Rückzug auf die Stellungen vom 22. Oktober am *Westufer* des Suez-Kanals zu bewegen, dann war es unvorstellbar, daß sich die israelischen Truppen so weit nach Osten zurückziehen würden, um den Suez-Kanal, die strategischen Pässe von Giddi und Mitla und den größten Teil der Sinai-Halbinsel aufzugeben. Und mit welchen Gegenleistungen konnte Israel rechnen? Daß Sadat sich dazu nur sehr unbestimmt äußerte, zeigte, daß er mich nur auf die Probe stellen wollte. Er nahm ein paar Züge aus seiner Pfeife und bat mich um meine Stellungnahme.

Ich hielt es für unklug, den ersten Vorschlag des Präsidenten kurzerhand abzulehnen, so unrealistisch er auch sein mochte, und wollte mich nicht in die Rolle des Kampfstiers drängen lassen, der die ersten Lanzenstiche des Pikadors in der Arena abwehren muß. Deshalb wechselte ich das Thema. Ich sagte, daß ich, bevor wir die aktuellen Fragen behandelten, gern gewußt hätte, wie es dem Präsidenten gelungen wäre, am 6. Oktober einen solchen Überraschungseffekt zu erzielen. Das wäre der Wendepunkt gewesen; was wir jetzt täten, wäre die Beschäftigung mit den unausweichlichen Folgen dieser Ereignisse.

Sadat senkte den Blick, sog an seiner Pfeife und lächelte. Er hatte begriffen, daß ich ihm ein Kompliment machen wollte und seine Fähigkeiten anerkannte. Er verhandelte aus einer Position der Stärke; er war kein Bittsteller; Ägypten hatte am Verhandlungstisch etwas zu sagen. Mit anderen Worten, er hatte die Ehre und Selbstachtung Ägyptens wieder hergestellt.

Zunächst behutsam, aber dann immer lebhafter werdend, berichtete Sadat von seinen einsamen Entschlüssen, von seiner Überzeugung, daß es nach dem Scheitern des Rogers-Plans von 1969 keine ernsthaften Verhandlungen geben könnte, solange Israel seine Sicherheit von seiner militärischen Überlegenheit abhängig machte. Es wäre für Ägypten unmöglich gewesen, nach einer schweren Demütigung aus einer Position der Schwäche in Verhandlungen einzutreten. Er sprach davon, wie sehr ihn die Sowjetunion enttäuscht hätte. Für Moskau wären die Beziehungen zu den Vereinigten Staaten wichtiger gewesen als die Unterstützung Ägyptens; die vorsichtige Behandlung der Nahost-Frage in dem Kommuniqué nach den Gipfelgesprächen Nixons von 1972 in Moskau hätte ihm alle Zweifel genommen.[5] Sadat hätte den Abzug der sowjetischen Truppen im Juli 1972 gefordert, weil die sowjetische Führung die Interessen Ägyptens mißachtet hätte, vor allem aber, weil Sadat damit rechnen mußte, daß sie ihn entweder an der Ausführung seiner militärischen Pläne hindern oder sein Vorgehen für sowjetische Zwecke ausnutzen würden.

Sadat hätte schon im November 1972 angreifen wollen, aber die militärische Führung in Ägypten wäre auf ein solches Unternehmen noch nicht vorbereitet gewesen und hätte ernste Zweifel am Erfolg gehabt. Dann hätte er seinen Chef des Stabes durch einen Offizier ablösen lassen, der seinen Plänen zustimmte und dem er auch selbst vertraute. In der Zwischenzeit wäre es ihm gelungen, Syrien an die Seite Ägyptens zu bringen. Durch die wiederholte Mobilmachung der ägyptischen Streitkräfte hätte er die Wachsamkeit Israels eingeschläfert. Als Israel im Mai 1973 auf die ägyptische Mobilmachung und Bereitstellung zur Überschreitung des Suez-Kanals selbst mobil gemacht hätte, wäre Sadat nichts anderes übriggeblieben, als den Angriff auf den Oktober zu verschieben, und zwar in der Erwartung, daß der falsche Alarm sich günstig für ihn auswirken werde. Nun habe er damit gerechnet, daß Israel sich durch die nächste Mobilmachung nicht würde beunruhigen lassen, und genau das war geschehen.

Ich fragte ihn, weshalb er unbedingt eine militärische Lösung angestrebt hätte. Warum hatte er die von uns zugesagte diplomatische Initiative nicht abgewartet? Sadat erwiderte, er hätte Israel beweisen wollen, daß seine Sicherheit nicht in der militärischen Überlegenheit läge, und schließlich wäre es ihm darauf angekommen, die Ehre Ägyptens wieder herzustellen – ein Kriegsziel, das kein Ausländer für ihn erreichen kann. Jetzt, da dies gelungen sei, ginge es ihm um die Verwirklichung von zwei Zielen: Er müßte »meine Gebiete« zurückgewinnen, und das bedeutete die Wiederherstellung der Grenzen von 1967 auf dem Sinai, und Frieden schließen. Bei der Verfolgung dieser Ziele würde er ebenso entschlossen und geduldig vorgehen wie bei der Vorbereitung auf den Krieg.

Sadat hatte zur Zeit der britischen Herrschaft in Ägypten die Jahre seiner Gefangenschaft damit zugebracht, seine englischen Sprachkenntnisse mit der Lektüre von Romanen und Kurzgeschichten zu vervollkommnen. Er und ein Mitgefangener hatten auf die gleiche Weise gemeinsam deutsch gelernt. Seine Ausdrucksweise war vielleicht aus diesem Grund etwas gespreizt und überkorrekt. Aber hinter seiner disziplinierten Sprechweise lag eine ungeheure Leidenschaft, als sei die Selbstdisziplin ein Damm, der elementare Kräfte bändigen mußte, die, einmal entfesselt, nicht mehr im Zaum zu halten wären. Wenn er sprach, kniff Sadat ein wenig die Augenlider zusammen, als blicke er nicht auf seinen Gesprächspartner, sondern auf einen fernen Horizont wie die ägyptischen Statuen, die ich in dem Museum gesehen hatte. Ich hörte aufmerksam zu, als er mir von seinen Ahnungen und Listen, von Ehre und Wagemut, Entschlossenheit und Zartgefühl berichtete und mußte erkennen, daß ich einer bemerkenswerten Persönlichkeit gegenübersaß. Sadat war offenbar nicht so vom Detail besessen wie viele mittelmäßige Führer, die glauben, deshalb die Zügel fester in der Hand zu haben, nur um dann von diesen Einzelheiten zugedeckt zu werden und den Überblick zu verlieren. Ich konnte noch nicht sagen, ob es möglich sein würde, Frieden zu schließen und beide Parteien an die Grenzen von 1967 zurückzuführen, oder ob Sadat die Ausdauer für die lange Reise besaß, die vor uns lag, wenn wir diese Möglichkeiten erproben wollten. Aber ich spürte, daß wir mit Sadat die beste Chance hatten, die Erstarrung zu lösen, in die der Nahe Osten seit der Gründung des Staates Israel geraten war. Es würde darauf ankommen, ob er bereit war, schrittweise in eine Richtung weiterzugehen, in der wir den Konflikt allmählich entschärfen konnten, ohne daß wir ihm den Erfolg garantierten. Dafür war in erster Linie Vertrauen erforderlich. Und deshalb mußte er verstehen, was wir für möglich hielten, und was er tun mußte, um es zu ermöglichen.

Deshalb wandte ich mich in der folgenden halben Stunde der Behandlung von Grundsatzfragen zu. Die Grundlage jeder Zusammenarbeit mußte das Verständnis für unsere langfristigen politischen Ziele sein – die Taktik würde sich fast automatisch daraus ergeben. Ich erläuterte ihm die amerikanische Strategie mit fast den gleichen Worten, wie ich es im Rahmen der WSAG vor meinen Kollegen getan hatte. Ich sagte, die Geschichte habe bewiesen, daß ein Fortschritt auf dem Wege zum Frieden unter zwei Voraussetzungen möglich sei. Wir brauchten einen arabischen Führer, der bereit war, seine Aussagen mit der Wirklichkeit in Einklang zu bringen, und ein Amerika, das bereit war, sich in diesem Friedensprozeß zu engagieren. Wir würden uns dabei nicht unter Druck setzen lassen, sondern was wir unternahmen, mußte freiwillig und nicht als Reaktion auf Drohungen geschehen. Wir hatten keine Veranlassung, von der Sowjetunion abhängige Länder besonders zuvorkommend zu behandeln. Nassers Versuch, uns zu Zugeständnissen zu bewegen, indem er mit sowjetischer Unterstützung die Dritte Welt gegen uns mobilisierte, hatte damals nichts bewirkt, und wir würden auch künftig auf solche Versuche nicht eingehen. Der Friede im Nahen Osten ließ sich nicht damit gewinnen, daß Verbündete der Vereinigten Staaten mit sowjetischen Waffen besiegt wurden. Das hatten wir eben bewiesen. Aber wir waren zur Zusammenarbeit mit einem Ägypten bereit, das seine eigene nationale Politik verfolgte. Wir hatten nicht die Absicht, Ägypten unter unseren Einfluß zu bringen, und ich konnte keine unüberbrückbaren Interessengegensätze zwischen uns feststellen.

»Und Israel?« fragte Sadat. Ich erklärte, daß Israel kein Konfliktstoff zwischen uns sein müßte. Es könnte nicht im Interesse Ägyptens liegen, Israel zu vernichten, denn damit ließe sich kein arabisches Problem lösen. Tausende von Ägyptern waren für eine Sache gestorben, die Amerika unter keinen Umständen unterstützen konnte. Wir würden die Zerstörung Israels niemals zulassen, fuhr ich fort, aber wir wären bereit, dazu beizutragen, daß berechtigte arabische Beschwerden berücksichtigt wurden. Bisher hatten wir von arabischer Seite nur Maximalforderungen gehört, die in ultimativer Form vorgetragen wurden. Die Erfahrung hatte gezeigt, daß eine solche Methode nur in die Sackgasse führte. Israel war in der Tat unnachgiebig gewesen, und zwar gelegentlich in empörender Weise. Aber als ein Mann, der so bewegend von der nationalen Würde gesprochen hatte, müßte Sadat die Psyche eines Landes verstehen, für das sich noch nie die Mindestvoraussetzung der Souveränität erfüllt hatte, die Anerkennung durch seine Nachbarn. Ich forderte Sadat auf, den Frieden mit Israel als psychologisches und nicht als diplomatisches Problem anzusehen. Wenn Israel, wie er mit Recht verlangte, seine Sicherheit nicht von einer physischen Überlegenheit abhängig machen sollte, dann konnte es sich ohne Vertrauen nicht sicher fühlen. Das war der Beitrag, den die einflußreichste arabische Nation, Ägypten, leisten müßte. Wenn Ägypten dieses Erfordernis erfüllte, dann wollten wir uns nach Kräften um territoriale Veränderungen bemühen, auch wenn sie vielleicht nicht so umfangreich sein konnten wie in Sadats »Kissinger-Plan«.

Sadat hörte sich in aller Ruhe diese für arabische Ohren so ketzerisch klingenden Ideen an und rauchte dabei seine Pfeife. Er äußerte sich nicht weiter dazu, sondern sagte nur: »Und wie steht es mit meiner 3. Armee? Und mit dem Truppenabzug auf die Stellungen vom 22. Oktober?«

Ich war schon zu weit gegangen, um es noch mit irgendwelchen Kriegslisten zu versuchen. Deshalb sagte ich, er hätte zwei Möglichkeiten. Gestützt auf die Deklaration der Europäischen Gemeinschaft und die Hilfe der Sowjetunion könnte er die Rückkehr zu den Stellungen vom 22. Oktober verlangen. Damit würden wir in Schwierigkeiten geraten, ja, es könnte uns sogar sehr peinlich sein. Wir könnten uns schließlich veranlaßt sehen, einer solchen Lösung zuzustimmen. Aber darüber würden Wochen vergehen, und was hätten wir mit all unseren Bemühungen schließlich gewonnen? Israel würde am *Westufer* des Suez-Kanals wenige Kilometer zurückgegangen sein – ein Vorgang, der später unter viel schwierigeren Voraussetzungen wiederholt werden müßte, wenn es zu einer echten Truppenentflechtung kam, bei der Israel seine Streitkräfte über den Suez-Kanal zurücknehmen müßte. Es wäre daher besser, zunächst den Status quo bestehen zu lassen, der erträglicher würde, wenn die ägyptische 3. Armee mit nichtmilitärischen Gütern versorgt werden könnte. Wenn so die gegenwärtig bestehenden Spannungen abgebaut wären, würden die Vereinigten Staaten ihr Äußerstes tun, um eine wirkliche Truppenentflechtung zu bewirken, wobei Israel sich über den Kanal zurückziehen müßte – wenn auch nicht so weit wie nach seinem Plan, wahrscheinlich nicht einmal hinter die Pässe. Immerhin jedoch wäre damit zum ersten Mal arabisches Gebiet geräumt, das Israel längere Zeit besetzt gehalten hatte, und so könnte das Vertrauen geschaffen werden, das die Voraussetzung für weitere Schritte wäre. Die diplomatischen Bemühungen, die notwendig wären, Israel zum Rückzug auf die Linien vom 22. Oktober zu bewegen, wären etwa die gleichen, mit denen man die Israelis dazu bewegen könnte, einer Truppenentflechtung zuzustimmen, und wir wären nicht in der Lage, beides in kurzer Zeit zu bewerkstelligen. Paradoxerweise würde der Verzicht auf die Linien vom 22. Oktober den Abzug israelischer Streitkräfte vom Kanal sogar beschleunigen. Ich bat Sadat, sich für eine dieser beiden Möglichkeiten zu entscheiden, und sagte ihm, daß ich ihn in jedem Fall nach besten Kräften unterstützen würde.

Sadat überlegte und sagte mehrere Minuten kein Wort. Ich hatte ihn vor ein schwer zu lösendes Problem gestellt. Ich behauptete also, der Schlüssel zum Frieden wäre seine Zustimmung dazu, daß eine ägyptische Armee noch wochenlang in der Wüste eingeschlossen blieb und er sich auf das Urteil eines Amerikaners verlassen müßte, den er eben kennengelernt hatte und der selbst in der Nahost-Diplomatie völlig unerfahren war. Aber dann setzte mich Sadat in Erstaunen. Er versuchte weder zu feilschen noch zu argumentieren. Er bestritt nicht die Richtigkeit meiner Analyse und machte keinen Alternativvorschlag. Gegen alle Regeln der Diplomatie – die verlangen, daß man versucht, der Gegenseite Zugeständnisse abzuringen – sagte er ganz einfach, er sei mit meiner Analyse und mit dem von mir vorgeschlagenen Verfahren einverstanden. Er räumte ein, daß es falsch gewesen wäre, wenn Ägypten versucht hätte, seine politischen Ziele zu erreichen, indem es die Vereinigten Staaten in Schwierigkeiten brachte. Ägypten hätte genug vom Krieg, und er hätte nicht die Absicht, Israel zu vernichten. Nachdem die Selbstachtung Ägyptens wieder hergestellt sei, könnte er sich jetzt dem Frieden zuwenden, nach dem sein Volk sich sehnte. Er stimmte meiner Auffassung zu, daß man das Vertrauen Israels gewinnen müßte, wenn sich die Israelis am Friedensprozeß beteiligen sollten. Es wäre jedoch viel von ihm verlangt, sich um das Vertrauen eines Landes zu bemühen, das »sein« Territorium besetzt hielt.

Diese letzte Bemerkung war nur eine analytische Feststellung und wurde nicht getroffen, um etwas Besonderes zu erreichen. Sadat sagte, er wäre bereit, das Risiko einzugehen, daß es uns gelingen würde, die Truppenentflechtung und den Abzug der israelischen Streitkräfte über den Kanal zu bewirken. Er werde sich meiner Strategie anschließen. Die ägyptische 3. Armee müßte warten, und das wäre möglich, wenn ihre Versorgung sichergestellt wurde. Ich wäre dafür verantwortlich, diese Frage mit Israel auszuhandeln. Um dem von mir erläuterten diplomatischen Verfahren eine Chance zu geben, würde er zunächst auf die Zurücknahme der Truppen in die Stellungen vom 22. Oktober verzichten. Die Lösung weniger wichtiger Probleme wäre zu unbedeutend, um dafür die Leiden und Risiken eines Krieges auf sich zu nehmen.

Wirklich eine ungeheuer mutige Entscheidung! Wie wir später feststellten, hatte sich Sadat gegen die fast einstimmige Auffassung seiner Berater entschlossen, auf das Wort eines Amerikaners zu vertrauen, den er nicht kannte und der ihm versprochen hatte, zu versuchen, im Lauf der folgenden drei Monate ein wesentliches Stück voranzukommen. Wenn mein Vorhaben scheiterte – wenn ich die Möglichkeiten falsch eingeschätzt hatte, wenn ich ihn getäuscht hatte oder wenn die Moral der 3. Armee zusammenbrach, während die Soldaten in der Wüste eingeschlossen waren –, dann waren Sadats Untergang und eine tiefe Demütigung Ägyptens unvermeidlich.

Dann sagte mir Sadat, daß die 3. Armee nicht das Kernproblem in den Beziehungen zwischen Amerika und Ägypten wäre. Er wäre entschlossen, den von Nasser eingeschlagenen Kurs ein für allemal aufzugeben. Er werde die Beziehungen zu den Vereinigten Staaten so bald wie möglich wieder herstellen, und wenn das geschehen sei, würden sich diese Beziehungen zu einer Freundschaft entwickeln. Die Herstellung offizieller diplomatischer Beziehungen brauchte jedoch einen Anlaß, um diesen Schritt der ägyptischen Öffentlichkeit und seinen arabischen Brüdern verständlich zu machen. Er werde deshalb so lange warten, bis sich ein konkreter außenpolitischer Erfolg erkennen ließe.*

Aber dieser Aufschub hatte nur taktische Bedeutung und hing in erster Linie mit innerarabischen Problemen zusammen. Sadat hatte nicht die Absicht, uns damit unter Druck zu setzen. Er war sogar bereit, seine Absicht sofort nach Abschluß unserer Gespräche bekanntzugeben. Bis zur Aufnahme der offiziellen diplomatischen Beziehungen wollte er den Leiter der ägyptischen Interessenvertretung in Washington zum Botschafter befördern. Er hoffte, daß wir uns dieser Erklärung anschließen würden. Wir hatten schon seit vier Jahren versucht, die Beziehungen wiederherzustellen, und ich hatte einen entsprechenden Vorschlag mitgebracht. Wir einigten uns darüber, daß die Botschafter ihre Tätigkeit sofort aufnehmen und zunächst in den Interessenvertretungen arbeiten sollten, die sich praktisch nicht von Botschaften unterschieden.

Die Gefahren, die der neue Kurs mit sich brachte, für den er sich entschieden hatte, schienen Sadat nicht zu beunruhigen. Wie ein Arzt, der kühl überlegt, welches die beste Behandlungsmethode sein könnte, forderte er mich auf, ihm einen Vorschlag zu machen. Dabei setzte er voraus, daß ich besser beurteilen könnte als er, worauf Israel eingehen würde. Auch darin lag ein Zeichen für seinen Mut, sein psychologisches Verständnis und seinen Scharfsinn. Natürlich wußte ich, worauf Golda eingehen würde und was das Kabinett abgelehnt hatte. Da der Weg, über den wir uns geeinigt hatten, nur beschritten werden konnte, wenn die Vereinigten Staaten große Anstrengungen unternahmen, mußte er uns zu solchen Anstrengungen veranlassen, und er wußte, daß dies leichter sein würde, wenn er Vertrauen zeigte, anstatt mit uns um technische Details zu feilschen.

Ich sagte ihm, daß wir auf die Dauer nur Erfolg haben könnten, wenn wir jetzt Zurückhaltung übten, denn damit ließen sich Kontroversen am besten vermeiden. Ägypten kam es jetzt in erster Linie darauf an, die 3. Armee laufend mit nichtmilitärischem Nachschub über Kontrollpunkte zu versorgen, die nicht von den Israelis besetzt waren. Ich bin davon ausgegangen, was uns Golda im Blair House zugestanden hatte, bevor das Kabinett diese Zugeständnisse ablehnte, und machte deshalb die Vorschläge, die von beiden Parteien wenige Tage später in der Form des folgenden Sechs-Punkte-Plans angenommen wurden:

A. Ägypten und Israel verpflichten sich zur gewissenhaften Einhaltung des vom Sicherheitsrat der Vereinten Nationen vorgeschlagenen Waffenstillstands.

* Die offiziellen diplomatischen Beziehungen zwischen Ägypten und den Vereinigten Staaten wurden am 28. Februar 1974 wieder aufgenommen, kurz nach Abschluß der ersten ägyptisch-israelischen Vereinbarungen über eine Truppenentflechtung.

B. Beide Seiten kommen überein, sofort Gespräche aufzunehmen, um die Frage einer Rückkehr auf die Stellungen vom 22. Oktober im Rahmen von Vereinbarungen über eine Truppenentflechtung unter der Aufsicht der Vereinten Nationen zu lösen.

C. Die Stadt Suez wird täglich mit Verpflegung, Wasser und Medikamenten versorgt werden. Alle verwundeten Zivilpersonen in der Stadt Suez werden evakuiert.

D. Der Transport nichtmilitärischer Versorgungsgüter auf das Ostufer darf nicht behindert werden.

E. Die israelischen Kontrollpunkte an der von Kairo nach Suez führenden Straße werden durch Kontrollpunkte der Vereinten Nationen ersetzt werden. An dem bei Suez liegenden Ende dieser Straße können israelische Offiziere an der Überprüfung dieser Versorgungsgüter durch die Vereinten Nationen am Kanalufer teilnehmen.

F. Sobald die Kontrollpunkte der Vereinten Nationen an der von Kairo nach Suez führenden Straße eingerichtet sind, werden alle Kriegsgefangenen einschließlich der Verwundeten ausgetauscht.

Die Verpflichtung zur Einhaltung des Waffenstillstandes war eine Selbstverständlichkeit und brachte nichts Neues. Neu war dagegen die Übereinkunft in Punkt B, nach der die Rückkehr Israels auf die Stellungen vom 22. Oktober im Rahmen einer Truppenentflechtung stattfinden sollte. Golda Meir hatte diesen Vorschlag bei ihrem Besuch in Washington vorgelegt. Auf meine Frage, was das zu bedeuten hätte, antwortete sie, »nichts«. Die praktische Bedeutung dieser Bestimmung lag darin, daß die Kontroverse über das Zurückgehen auf die Linie vom 22. Oktober jetzt begraben wurde. Entweder gelang eine Truppenentflechtung und die Zurücknahme der Stellungen auf eine Linie *östlich* des Kanals weit *jenseits* der Linie vom 22. Oktober, oder wir gerieten in eine Krise, und die ganze Frage wurde bedeutungslos. Die Stellungen vom 22. Oktober waren jetzt auf jeden Fall, wie immer auch man über sie dachte, irrelevant.

Die gleiche Haltung führte zu einer Einigung über die Methode für die Überwachung der zur 3. Armee führenden Versorgungsstraße. In Washington war Golda von ihrem Kabinett verpflichtet worden, eine Überwachung der von Kairo nach Suez führenden Straße durch die Vereinten Nationen abzulehnen. Für Sadat hätte es jedoch eine Demütigung bedeutet, wenn er die nichtmilitärischen Nachschubgüter über israelische Kontrollpunkte hätte schicken müssen, und das wollte ich nicht zulassen. Mit unserer Lösung würde dieses Problem umgangen, und die Annahme des Kompromisses war ein Triumph des Vertrauens über konkrete Schwierigkeiten. Die Kontrollpunkte wurden den Vereinten Nationen unterstellt, aber israelische Offiziere erhielten die Erlaubnis, an der Überprüfung der Ladungen auf ihren nichtmilitärischen Inhalt teilzunehmen. Dabei konnten die Israelis erklären, daß die Posten der Vereinten Nationen mit ihrer Zustimmung auf »ihrer« Straße eingesetzt worden wären, und Ägypten konnte sich auf den Standpunkt stellen, der Einsatz von Vertretern der Vereinten Nationen bedeutete, daß diese Straße jetzt nicht mehr unter israelischer Kontrolle stand. Die Israelis konnten darauf hinweisen, daß ihre Offiziere an den Inspektionen beteiligt waren. Die Ägypter konnten sagen, dies sei Teil eines von den Vereinten Nationen durchgeführten Verfahrens. Aber in jedem Fall bestand jetzt die Möglichkeit, die ägyptische 3. Armee laufend mit nichtmilitärischem Nachschub zu versorgen.

Die Israelis hatten sich zu diesen Zugeständnissen nur bereit gefunden, weil Sadat im sechsten Punkt dem Austausch der Kriegsgefangenen nach Einrichtung der UN-Kontrollpunkte zustimmte – denn ich hatte ihm gesagt, daß die Israelis auf die Lösung dieser Frage den größten Wert legten.

Sadat nahm an dem im wesentlichen von uns ausgearbeiteten Entwurf nur ganz unwesentliche Korrekturen vor. Er sah darin mit Recht einen Ausdruck des Vertrauens und wollte damit dazu beitragen, daß die Vereinbarungen möglichst rasch verwirklicht wurden.

Privat sicherte er mir außerdem zu, daß Ägypten die Blockade der Straße von Bab el-Mandeb »lockern« werde, wenn die Israelis sich bereit erklärten, davon nur einen »mäßigen« Gebrauch zu machen. Sadat meinte dazu, da die Blockade niemals offiziell vorgenommen worden sei, könnte sie auch nicht offiziell beendet werden. Und zu viele öffentlich erklärte Zugeständnisse könnten seine Stellung gegenüber seinen arabischen Brüdern schwächen. Mit der »Lockerung« meinten Sadat und später Fahmy, daß Ägypten den normalen Schiffsverkehr durch die Meerenge nicht behindern würden. Das Ganze hatte nur eine psychologische Bedeutung, denn es ließ sich nicht feststellen, daß die Ägypter bisher irgendwelchen Schiffen die Durchfahrt verwehrt hatten. Wie alle vernünftigen Verträge boten auch diese Vereinbarungen beiden Seiten gewisse Vergünstigungen. Ägypten erhielt die Garantie für die Versorgung der 3. Armee und die Zusicherung, daß die von Kairo nach Suez führende Straße unter internationale Kontrolle gestellt wurde. Israel erreichte die Entlassung der Kriegsgefangenen und stand nicht mehr unter dem Druck, auf die Stellungen vom 22. Oktober zurückgehen zu müssen. Sadat war der Methode gefolgt, die ich bei ihm noch gut kennenlernen sollte: Er setzte sich über Trivialitäten hinweg und beschäftigte sich nur mit dem Wesentlichen, um weitgehende, ja sogar atemberaubende taktische Zugeständnisse zu machen und dafür eine nicht mehr rückgängig zu machende psychologische Veränderung der

Lage einzutauschen. Der Umstand, daß er unserem Entwurf zustimmte, verpflichtete uns zu dem Versuch, die von ihm angestrebte Truppenentflechtung zustande zu bringen. Durch sein Entgegenkommen in der Frage des Rückzugs auf die Stellungen vom 22. Oktober und im Hinblick auf die Entlassung der Kriegsgefangenen räumte er das israelische Mißtrauen gegenüber seinen Absichten aus. Trotzdem waren seine Zugeständnisse relativ unbedeutend, und wenn er sich durch langes Feilschen noch weitere Vorteile verschafft hätte, dann hätten das nur kosmetische Korrekturen sein können, die bestenfalls der Eitelkeit Ägyptens schmeichelten. Der kluge Staatsmann weiß, daß er daran gemessen wird, welche historischen Entwicklungen er in Gang gesetzt hat, und nicht an seiner Geschicklichkeit in den vorangegangenen Verhandlungen.

Man darf Sadat allerdings nicht als einen gutmütigen Onkel ansehen, der es mit niemandem verderben will. Er war ebenso hart wie geduldig. Schließlich war er der Mann, der den Oktober-Krieg unermüdlich, geduldig und unter scheinbar ungünstigen Voraussetzungen vorbereitet hatte. Er war auch nicht bereit, alle seine Waffen beiseite zu legen. Gegenüber meiner Bitte, uns bei der Aufhebung des Ölembargos zu helfen, stellte er sich taub. Er erklärte entschieden, daß er bei seinen arabischen Brüdern nur etwas erreichen könnte, nachdem in den Verhandlungen konkrete Fortschritte gemacht worden seien.

Nachdem wir uns über das Sechs-Punkte-Programm geeinigt hatten, klatschte Sadat in die Hände, und ein Adjutant kam herein. Sadat bat ihn, Joe Sisco und Ismail Fahmy zu holen, die wir draußen auf ihren Korbstühlen sitzen sahen. Sie sollten das, worüber wir uns geeinigt hatten, in die offizielle Sprache des Sechs-Punkte-Plans übersetzen. Während wir warteten, wendete sich Sadat wieder an mich und erinnerte mich daran, einen wie weiten Weg wir noch zurücklegen müßten: »Vergessen Sie das nie, Dr. Kissinger. Ich treffe diese Vereinbarung mit den Vereinigten Staaten und nicht mit Israel.« Das war in der Tat der Kern des Problems – aber darin lag zum Teil auch die Lösung. Das Vertrauen zu den Vereinigten Staaten konnte zur Brücke über die durch vier Kriege gerissene Kluft werden.

Wir kamen überein, Joe Sisco und Hal Saunders mit dem offiziellen Text des Sechs-Punkte-Plans nach Israel zu schicken. Eine ägyptische Maschine sollte sie nach Zypern bringen, wo sie von einem israelischen Flugzeug abgeholt werden konnten. Ich war überzeugt, daß die Israelis dem Plan zustimmen würden, denn er enthielt fast alle Bedingungen, die das israelische Kabinett gestellt hatte, und ging sogar über Goldas Forderungen hinaus. Nun sollten sich Sisco und Saunders um die offizielle Bestätigung bemühen. Ich wollte in Kairo bleiben, denn Fahmy hatte zu dem zu meinen Ehren gegebenen Essen ein Reihe wichtiger Persönlichkeiten eingeladen, und außerdem wollte ich es vermeiden, mit einer unvorhergesehenen Reise nach Israel Aufsehen zu erregen. Es stellte sich heraus, daß ich die Verhältnisse im Nahen Osten noch nicht richtig zu beurteilen wußte. Den Beteiligten kam es weniger auf die Substanz der Vereinbarungen an als auf die psychologischen Begleitumstände. Wenn man es mit Jerusalem zu tun hatte, dann durfte man nichts als selbstverständlich voraussetzen. Das Überleben Israels hängt davon ab, daß jedermann den Eindruck hat, die Israelis würden ihre Interessen mit allen ihnen zur Verfügung stehenden Mitteln verteidigen. So gern ich an dem Essen bei Fahmy teilnahm, es wäre besser gewesen, wenn ich mein Programm geändert hätte.

Gewöhnlich ist jedes Einzelgespräch Teil einer längeren Verhandlungsrunde, und am Schluß ist man weniger erleichtert als erschöpft. Nur selten erlebt man das, was man als einen Wendepunkt bezeichnen könnte. Ich war in der Hoffnung nach Kairo gekommen, mit meiner Strategie auf dem Weg, den ich schon seit vier Jahren mühsam verfolgte, einen Schritt weiter zu kommen. Jetzt war uns bei einer einzigen Begegnung mit dem ägyptischen Präsidenten einen Monat nach Kriegsbeginn der Durchbruch gelungen. Sadat hatte seine Beziehungen zu den Vereinigten Staaten zur Basis seiner Außenpolitik gemacht. Wenn wir unsere Strategie auch weiterhin mit Besonnenheit folgten, würde es immer schwieriger für ihn werden, einen neuen Kurswechsel vorzunehmen. Jetzt war es nur noch eine Frage der Zeit und der Geschicklichkeit, den Einfluß der Sowjetunion auszuschalten. Wir hatten die besten Aussichten für den Frieden und die Entwicklung einer gemäßigten Politik – vorausgesetzt, daß es uns gelang, das Gleichgewicht zwischen israelischen Befürchtungen und arabischer Ungeduld herzustellen.

Aber zunächst kam es mir darauf an, unseren Erfolg so lange geheimzuhalten, bis das Weiße Haus die Ernennung von Botschaftern bekanntgeben konnte und Golda von Sisco und Saunders über den Sechs-Punkte-Plan unterrichtet worden war. Wenn eine solche Erklärung jetzt in Kairo abgegeben wurde, dann mußte ich im Weißen Haus und in Jerusalem mit sehr unangenehmen Folgen rechnen. Das Bestreben jedes Präsidenten, wichtige Ereignisse selbst bekanntzugeben, verstärkte sich bei Nixon natürlich als Folge der verzweifelten Lage, in die er durch Watergate geraten war. Sadat und ich einigten uns darüber, daß die offizielle Bekanntgabe gegen Mittag Washingtoner Zeit, also etwa in sieben Stunden, gleichzeitig im Weißen Haus und in Kairo erfolgen sollte. Den Sechs-Punkte-Plan wollten wir nicht erwähnen, bevor Sisco und Saunders ihn in Jerusalem vorgelegt hatten. Die empfindlichen Israelis könnten seine Annahme verweigern, wenn der Eindruck erweckt wurde, daß es sich um einen ägyptischen Vorschlag handelte.

Das Bestreben, die Termine einzuhalten, kam auch in der Stimmung zum Ausdruck, in der Sadat und ich uns befanden, als wir nach unserem dreistündigen Gespräch zu unseren Mitarbeitern in den Park hinausgingen. Wir setzten uns in die Mitte des aus Korbstühlen gebildeten Halbkreises zu einem »Fototermin«, wie Haldeman dazu gesagt hätte – eine Begegnung mit der Presse, bei der die Journalisten normalerweise nur Aufnahmen machen, aber keine Fragen stellen. Solche Regeln werden aber von neugierigen Journalisten kaum beachtet, die der Auffassung sind, daß diese Regeln nicht durch Fragen, sondern nur durch Antworten verletzt werden können, und die Antworten werden von denen gegeben, die die Regeln aufgestellt haben.

Der impulsive Sadat beantwortete nun jede Frage, die ihm von den Reportern gestellt wurde. »Herr Präsident«, fragte einer von ihnen, »werden die Vereinigten Staaten die Lieferung von Kriegsmaterial an Israel über ihre Luftbrücke jetzt einstellen?«

»Das sollten Sie Dr. Kissinger fragen«, antwortete Sadat, der sehr wohl wußte, daß ich ihm mitgeteilt hatte, die Luftbrücke würde demnächst eingestellt werden. (Wir hatten das Unternehmen absichtlich noch ein paar Tage fortgesetzt, damit ich ihm das sagen konnte.)

»Zum Glück habe ich die Frage nicht verstanden«, erwiderte ich rasch. Aber das nächstemal konnte ich mich nicht so leicht aus der Affäre ziehen.

»Dr. Kissinger, werden die diplomatischen Beziehungen zwischen Ägypten und den Vereinigten Staaten wieder hergestellt werden?« fragte ein intelligenter Reporter. Ich dachte daran, wie wütend Nixon sein würde, wenn ich jetzt die Wahrheit sagte, aber ich wollte auch nicht lügen. Deshalb beantwortete ich die Frage nicht. Sadat hatte keine solchen Hemmungen. »Wir werden noch heute eine wichtige Mitteilung machen können; seien Sie geduldig«, strahlte Sadat, und jeder konnte sich denken, was er meinte.[6]

Der Rest meines Besuchs in Ägypten war vergleichsweise enttäuschend. Am Abend nahm ich an einem Essen teil, das Fahmy in seinem am Nil gelegenen Haus für mich gab. Er hatte dazu die Botschafter der anderen ständigen Mitglieder des Sicherheitsrats (Großbritannien, Frankreich, die Sowjetunion und die Volksrepublik China), führende Mitglieder der ägyptischen Regierung und den einflußreichen Journalisten Mohammed Heikal eingeladen. Die Chinesen hatten sich entschuldigt, wahrscheinlich, weil sie nicht mit den Sowjets zusammen kommen wollten, aber die anderen Botschafter waren erschienen. (Heikal hat über unser Tischgespräch einen poetischen und phantasievollen Bericht veröffentlicht.)[7]

Der Abend war eine von Fahmy und den anderen hohen ägyptischen Beamten inszenierte dramatische Demonstration, die zeigen sollte, daß Ägypten über die von Nasser herbeigeführte Abhängigkeit von der Sowjetunion hinaus jetzt auch andere Möglichkeiten hatte.

Am nächsten Vormittag, Donnerstag, den 8. November, besprach ich mit Fahmy die bevorstehende Genfer Friedenskonferenz, und dabei erläuterte ich ihm den Begriff des »angemessenen Schutzes«, der in den Moskauer Vereinbarungen über den Waffenstillstand enthalten war. Am 21. Oktober hatte Moskau Sadat zweifellos dazu gedrängt, dem Waffenstillstand zuzustimmen, und zwar unter Hinweis darauf, daß die Sowjetunion, die mit den Vereinigten Staaten diesen »Schutz« übernehmen sollte, Amerika und Israel unter Druck setzen werde. Doch jetzt hatte Ägypten sich den Vereinigten Staaten zugewendet und strebte nicht mehr eine sofortige Gesamtlösung an, sondern suchte seine Ziele im Rahmen eines Stufenplans zu erreichen. Eine Beteiligung der Sowjetunion an entscheidender Stelle erschien jetzt weniger wünschenswert, vielleicht sogar gefährlich, weil Moskau als Fürsprecher der radikalen arabischen Staaten auftreten und damit die Verwirklichung dessen gefährden könnte, was Sadat für erreichbar hielt. Deshalb wollten Ägypten und die Vereinigten Staaten verhindern, daß die Sowjets von der »Schutzgarantie« ein Vetorecht ableiteten. Wenn die Sowjets und ihre radikalen Verbündeten auf eine Gesamtlösung drängten und alles oder nichts verlangten, dann mußte der Krieg mit der gleichen Erstarrung enden, die der Anlaß für seinen Ausbruch gewesen war. Noch wußten wir nicht, ob sich Syrien an den Verhandlungen beteiligen würde. Wahrscheinlich würde es keiner anderen Tagesordnung zustimmen als der, die zu der sechs Jahre dauernden Erstarrung geführt hatte, und es würde sicher keine weniger araberfreundliche Haltung einnehmen als Moskau. Jetzt öffneten wir die Tür einen Spaltbreit, denn wir hatten Ägypten und Israel veranlaßt, die Truppenentflechtung als ersten Tagesordnungspunkt auf einer Friedenskonferenz anzuerkennen. Aber es lag noch ein weiter Weg in eine friedliche Zukunft vor uns.

Unsere Absicht war es, bei den diplomatischen Verhandlungen schrittweise vorzugehen und es den Sowjets bei jedem Schritt nach Möglichkeit zu erschweren, uns Hindernisse in den Weg zu legen. Die sowjetische Zustimmung zu diesem Stufenplan ließ sich jedoch nur gewinnen, wenn man dem Kreml in Aussicht stellte, ihn zu einem bestimmten Zeitpunkt an einer umfassenden Friedenskonferenz zu beteiligen. Während der Phase der Truppenentflechtung konnten wir mit der Zustimmung Moskaus rechnen, und zwar zum Teil, weil die Sowjets selbst keine Lösung für die Befreiung der ägyptischen 3. Armee aus ihrer schwierigen Lage hatten, und zum Teil, weil sie glaubten, daß die Vereinigten Staaten ihre führende Rolle nur während der Eröffnungsphase würden behaupten können, vor allem aber, weil sie damit rechneten, daß ihre Zeit nach Beginn der Genfer Friedenskonferenz kommen werde. Wir unternahmen nichts, was die Sowjets veranlassen könnte, ihre Meinung zu ändern, sondern unterrichteten sie gewissenhaft über alle Vorbereitungen für die Friedenskonferenz. Während meines Aufenthalts in Moskau im Oktober hatten wir die gemeinsamen »Schutzgarantien« auf ein Mindestmaß reduziert: Amerikanische und sowjetische Vertreter sollten sich nur zu Beginn an der Konferenz beteiligen und erst wieder eingeschaltet werden, wenn über die Schlüsselfragen verhandelt wurde. Für die Zukunft wollten wir im Hinblick auf die Definition dieser Schlüsselfragen äußerst zurückhaltend sein. Aber wir sorgten dafür, daß der Eindruck erhalten blieb, die Sowjetunion werde sich maßgeblich an der Friedenskonferenz beteiligen können, und taten alles, um sie daran zu hindern, sich in der Truppenentflechtungsphase einzuschalten.

Während meines ersten Besuchs in Kairo wurden meine Hoffnungen weit übertroffen. Mein Verhandlungsgeschick wurde öffentlich gelobt. Aber das bedeutet nicht, daß ich Sadat etwas eingeredet hatte, was er andernfalls nicht getan hätte. Was für einen Außenseiter aussah wie ein in geschickten Verhandlungen erzielter Durchbruch war in Wirklichkeit die Übereinstimmung ägyptischer und amerikanischer Auffassungen, die sich einander schon seit Jahren genähert hatten. Jede Seite hatte ihre Gründe gehabt, die Partnerschaft mit der anderen anzustreben – eine Partnerschaft, die das Tor zum Frieden öffnete und den Interessen aller Völker im Nahen Osten diente.

Anwar Sadat

In den Jahren, die der ersten Begegnung mit Anwar Sadat von 1973 folgten, wurde er zu einer in der ganzen Welt anerkannten Persönlichkeit. Damals war er in den Vereinigten Staaten fast unbekannt. Man hielt ihn bestenfalls für einen der zahlreichen unzuverlässigen politischen Führer in der arabischen Welt, deren anmaßendes Auftreten, gefährliche Streitsucht und blumenreiche Sprache faszinierend, aber schwierig auszuwerten seien. Doch nachdem ich ihn kennengelernt hatte, wußte ich, daß ich es mit einem großen Mann zu tun hatte.

Ich hatte die Ehre, die ersten Schritte auf seinem Weg zum Frieden an der Seite von Anwar Sadat zu tun. Dann verließ ich meinen Posten, und innerhalb eines Jahres unternahm er neue und kühne Vorstöße, die, wie ich geglaubt hatte, Jahrzehnte in Anspruch nehmen müßten. Die Erfüllung seines Traums schien in greifbare Nähe gerückt, als er einem Mordanschlag zum Opfer fiel. Propheten erfüllen ihre Aufgabe, indem sie gewöhnliche Männer und Frauen mit ihren Visionen inspirieren, aber sie bezahlen dafür damit, daß sie sich selbst aufopfern. Der Leser wird es mir daher verzeihen, wenn ich kurz vom Thema abweiche, um meinen verstorbenen Freund zu würdigen.

Isaiah Berlin hat einmal geschrieben, menschliche Größe sei die Fähigkeit, das Paradoxe ins Normale zu verwandeln.

Als Anwar Sadat die politische Bühne betrat, hatten die arabischen Länder zu wenig Vertrauen zu ihren Waffen und glaubten zu sehr an den Erfolg ihrer Beredtsamkeit. Die meisten von ihnen verließen sich auf die Sowjetunion, die ihnen Waffen für sinnlose Kriege, aber keine Programme für Fortschritte auf diplomatischer Ebene liefern konnten. Verhandlungen bestanden aus anspruchsvollen Schlagworten, mit denen unerfüllbare Forderungen aufgestellt wurden. Die arabischen Länder verlangten augenscheinlich die Früchte des Friedens, ohne es zu wagen, das Wort Frieden auszusprechen. Die Nationen der Welt beobachteten aus den Kulissen ein Drama, das auch ihr Schicksal mitbestimmte, das sie augenscheinlich jedoch nicht beeinflussen konnten.

Innerhalb von wenigen Jahren fand Sadat einen Ausweg aus diesem Labyrinth. Als er starb, war der Friedensprozeß zur Selbstverständlichkeit geworden. Die Freundschaft zwischen Ägypten und den Vereinigten Staaten war ein Eckstein für die Stabilität im Nahen Osten. Mit seiner Reise nach Jerusalem hat Sadat 1977 all jenen, für die nur materieller Gewinn eine Bedeutung hat, demonstriert, daß die Visionen eines großen Mannes die materiellen Belange transzendieren. Er hatte begriffen, daß eine heroische Geste eine neue Realität erzeugen kann.

Die Eigenschaften, die den bedeutenden politischen Führer vom mittelmäßigen unterscheiden, sind nicht die Fähigkeiten seines Intellekts, sondern sein Weitblick und sein Mut. Der große Mann versteht den Kern eines Problems; der mittelmäßige Politiker sieht nur die Symptome. Der große Mann konzentriert sich auf die Beziehungen der Ereignisse zueinander; der mittelmäßige sieht nur eine Reihe von augenscheinlich voneinander unabhängigen Phänomenen. Der große Mann hat eine Vorstellung von der Zukunft, die ihn befähigt, die Hindernisse in den richtigen Proportionen zu sehen; der mittelmäßige hält Kieselsteine, die ihm im Wege liegen, für Felsblöcke.

Sadat hat die Einsamkeit, die das Schicksal des Mannes ist, der die Welt aus den gewohnten Kategorien herausführt und ihr den Weg dorthin weist, wo sie noch nie gewesen ist, mit Seelenstärke getragen. Er hatte die Geduld und die Heiterkeit der ägyptischen Massen, aus denen er stammte. Ich habe ihn einmal in dem schlichten Haus im Dorf Mit Abul-Kom im Nil-Delta besucht, wo er geboren wurde und in das er in regelmäßigen Zeitabständen zurückkehrte. Jemand, der das Leben in einer abwechslungsreichen, gegliederten Landschaft gewohnt ist, erlebt die absolut flache Ebene in dieser Gegend geradezu als einen Schock. Es gab hier keinen geographischen Bezugspunkt, nichts, was zwischen dem Individuum und der Unendlichkeit hätte vermitteln können. Die Beziehungen des einzelnen zum Universum wurden hier durch die allgegenwärtige und ständig wahrzunehmende Masse anderer Menschen hergestellt. Der Bevölkerungsdruck in Ägypten ist eines der immer wiederkehrenden Themen in der Literatur des Landes. Im Geburtsdorf von Sadat, und ich glaube in allen Dörfern Unterägyptens, konnte man ihn fast mit Händen greifen, wenn man ihn auch nur in der Form des Rauchs wahrnahm, der aus den zahllosen Schornsteinen aufstieg und sich über die Bäume und Hecken erhob, die das kleine Anwesen Sadats gegen die seiner Nachbarn abschirmten. Eine schwermütige Ruhe lag über der Geschäftigkeit, die einen, wie man sehr wohl wußte, auf allen Seiten umgab; der Rhythmus einer Zivilisation durchdrang die Atmosphäre, aber man sah und hörte nichts davon. Man fühlte sich eigenartig geborgen wie im Mutterleib. Sadat hat mir einmal gesagt, und es klang ein wenig rätselhaft, daß er sich in der Abenddämmerung am wohlsten fühlte, wenn er wußte, daß alle Dorfbewohner in ihren Häusern versammelt waren und das Abendessen kochten. Hier an der Quelle holte sich Sadat immer wieder die Kraft, die ihm seine innere Sicherheit verlieh, und hier spürte er instinktiv die Sehnsucht seines Volks nach Frieden.

Aber es gab auch einen anderen Sadat, der sich nicht damit zufriedengab, an der Quelle zu rasten, sondern ruhelos im ganzen Land herumreiste. Frau Sadat hat mir einmal gesagt, darin läge der Ausgleich für die Jahre, die ihr Mann im Gefängnis zugebracht hatte. Er fühlte sich beengt, wenn er zu lange an einem Ort blieb. Sadats Bedürfnis, sich nicht einengen zu lassen, war nicht nur physischer Natur; er konnte es auch psychisch nicht ertragen, wenn die Bedeutung des Lebens durch irgend etwas an den Status quo gefesselt werden sollte. Er öffnete seinem Volk die Augen für bis dahin nicht wahrgenommene Horizonte. Dabei hat er mehr für die arabische Sache getan als seine arabischen Brüder, die sich auf eine aggressive Rhetorik beschränkten. Er hat größere Gebiete zurückgewonnen, den Westen zu umfangreicheren Hilfeleistungen veranlaßt und mehr für das internationale Ansehen der arabischen Sache getan als die führenden Araber, die ihn auf den Konferenzen der sogenannten Ablehnungsfront bekämpften. Er hat sein Volk zur Partnerschaft mit dem Westen geführt, denn er wußte, daß das Bewußtsein, sich für gemeinsame Werte einzusetzen, die Hilfsbereitschaft mehr fördert als ein hochmütiger Stolz, der in großartigen Posen zum Ausdruck kommt. Nachdem er auf diese Weise die Gegensätze versöhnt und das Rätsel gelöst hatte, wurde er von den Aposteln des Gemeinen, den Ängstlichen, den Vertretern des Ritualismus umgebracht, die er beschämt hatte, indem er ihre Maßstäbe sprengte und sich von ihrer niedrigen Gesinnung nicht beeindrucken ließ.

Sadats Leidenschaft für den Frieden wurde im Lauf der Zeit immer intensiver und profunder. Als ich ihm zum erstenmal begegnete, war der Friede ein taktisches Instrument, das den Interessen Ägyptens zu dienen hatte. Zur Zeit seines Todes war er für ihn zur Aufgabe im Dienst der Menschheit geworden.

Wir kannten uns noch nicht lange, da besuchte ich mit ihm ein Militärlazarett, und er sprach mit bewegenden Worten davon, wie sehr Ägypten gelitten hatte, daß dieser sinnlose Konflikt beendet werden müßte und er keinen einzigen jungen Mann mehr in den Tod schicken wollte. Er sagte, Ägypten brauchte jetzt keine Kriegshelden mehr. Zum letztenmal habe ich ihn in dem Flugzeug gesehen, in dem er 1981 während seines letzten Aufenthalts in den Vereinigten Staaten von Washington nach New York flog. Er hatte eben den vierten amerikanischen Präsidenten in den acht Jahren kennengelernt, die vergangen waren, seit er die Zusammenarbeit mit uns wieder aufgenommen hatte, machte einen etwas ermüdeten Eindruck und war vielleicht ein wenig enttäuscht, weil unsere innenpolitischen Verhältnisse ihn zwangen, in so kurzen Zeitabständen immer wieder um Vertrauen zu werben und seine Vorstellungen zu erläutern. Aber dann kam die gewohnte Vitalität wieder zum Ausbruch. Er erzählte mir, daß er für Ende April 1982 aus Anlaß der Rückgabe des Sinai an Ägypten große Feierlichkeiten plante, die eine Woche dauern sollten. Vielleicht wäre es mir möglich, wenigstens für ein paar Tage daran teilzunehmen, denn wir hätten uns schließlich gemeinsam auf diese Reise begeben. Anschließend könnten wir vielleicht zum Berg Sinai fahren. Dort könnte er mir den Platz zeigen, von dem aus man die ganze Wüste überblickt und wo er dem Frieden drei Gotteshäuser weihen wollte, ein moslemisches, ein jüdisches und ein christliches. Dort könnten wir beide eine Zeitlang meditieren.

Aber einen Staatsmann darf man nicht nur als Philosophen und Träumer ansehen. Er muß seine Intuition irgendwo in die Realität umsetzen, und zwar manchmal gegen sehr harte materielle Widerstände. Sadat war weder blauäugig noch weich. Er war kein Pazifist. Er glaubte nicht an den Frieden um jeden Preis. Er war kompromißbereit, aber nicht nachgiebig. Er wußte, wenn die Ehre es erforderte, würde er von seinen Soldaten wieder verlangen müssen, daß sie sich als Helden bewährten.

Jede zu simple Beurteilung Sadats kann daher zu Irrtümern führen. Dutzende von Amerikanern sind nach Ägypten gekommen und haben sich von ihm bezaubern lassen. Aber er konnte auch zurückhaltend, nachdenklich und verschlossen sein. Wie viele Mächtige dieser Erde hatte er eine geradezu sinnliche Beziehung zur Autorität. Er konnte ein amüsanter Gesprächspartner sein, aber wenn man ihn besser kennenlernte, stellte man fest, daß ihn das Gesellschaftliche langweilte. Viel lieber suchte er die Einsamkeit, um seinen eigenen Gedanken nachzugehen. Die meisten seiner kühnen Initiativen waren während solcher Perioden der Zurückgezogenheit und Meditation entstanden, oft in seinem Heimatdorf. Ich kenne keinen anderen politischen Führer, der den Wert der Einsamkeit so zu schätzen wußte wie er und dieser Erkenntnis so konsequent gefolgt wäre.

Seine weltmännische Art ließ einen leicht vergessen, daß er als Revolutionär begonnen hatte, der für die Unabhängigkeit seines Landes kämpfte und deshalb mehrmals im Gefängnis gesessen hatte. Solche Männer passen sich nie wieder der Norm an, so liebenswürdig sie sich auch geben mögen. Zum revolutionären Führer eignet sich nur eine Persönlichkeit, die fähig ist, einer Idee mit ganzer Hingabe zu dienen. Wer das tut, verzichtet auf die normalen Attribute des Erfolgs, denn die Sache, um die es geht, läßt sich nicht an normalen Maßstäben messen. Man kann die Überzeugungen solcher Männer nur herausfordern, wenn man bereit ist zu kämpfen. Stellt man sich ihnen in den Weg, dann muß man die Folgen tragen. Sadat ließ sich Zeit, aber er verfolgte ein Ziel so lange und so ausdauernd, bis er es erreicht hatte.

Er hatte ein hervorragendes psychologisches Einfühlungsvermögen. Mit den vier Präsidenten, die er kennenlernte, konnte er sehr geschickt umgehen. Er behandelte Nixon als großen Staatsmann, Ford als die Inkarnation des guten Willens, Carter als Missionar, der für diese Welt eigentlich zu gut ist, und Reagan als den menschenfreundlichen Führer einer revolutionären Volksbewegung und damit ging er mit großem Feingefühl auf die Vorstellungen ein, die jede dieser Persönlichkeiten von sich selbst hatte, und gewann damit das Vertrauen jedes einzelnen. Er bemühte sich darum, die Interessen Ägyptens mit denen der Vereinigten Staaten in Einklang zu bringen. Immer wieder forderte er uns auf, an den Verhandlungen nicht als Vermittler, sondern als unmittelbar interessierte Partei teilzunehmen, oder er bot uns an, unsere Vorschläge zu akzeptieren – ein Angebot, auf das man nur eingehen konnte, wenn man begriffen hatte, daß es zu seiner Strategie gehörte und nicht einen Verzicht darstellte. Und doch war es ein echter Vertrauensbeweis, der über das Bestreben hinausging, den Interessen des eigenen Landes zu dienen. Sadat hatte ein unerschütterliches Vertrauen zum amerikanischen Gerechtigkeitssinn. Das Vertrauen zu unserer Führung hat sich für ihn bezahlt gemacht, denn es veranlaßte sie, dieses Vertrauen zu rechtfertigen.

Sadat hatte richtig erkannt, daß der arabische Radikalismus die besonderen Beziehungen der Vereinigten Staaten zu Israel stärken mußte. Dieser Radikalismus bot Amerika keine Alternative, sondern begründete die strategische Notwendigkeit, an den bestehenden moralischen Bindungen festzuhalten. Deshalb steuerte Sadat einen Kurs, den man für wahnsinnig hielt, bis er bewies, daß es möglich war. Er drängte die Vereinigten Staaten zu einer objektiveren Haltung, um neue moralische Bindungen zu schaffen, welche die Amerikaner veranlassen konnten, sich für die Rückgabe von Gebieten einzusetzen, die die Araber für sich beanspruchten. Und in diesem Sinn war die Reise nach Jerusalem von 1977 zugleich ein Beweis der Großherzigkeit und eine Methode, Israel psychologisch zu entwaffnen. Es war eine einzigartige Geste der Versöhnung und eine Methode, den jüdischen Staat zu isolieren.

Daraus erklärt sich die ambivalente Haltung Israels gegenüber Sadat. Die Israelis, die seit Jahrzehnten vom Haß ihrer Nachbarn verfolgt worden waren, reagierten auf Sadats Ouvertüren zunächst ungläubig, aber dann hoffnungsfroh und sogar begeistert. Es gab in Israel aber auch die nagende Sorge, wenn sich die Vereinigten Staaten von Ägypten führen ließen, könnte der jüdische Staat schließlich allein und ohne Freunde in einer feindlichen Welt dastehen. Deshalb waren die Israelis zwischen dem Entschluß, auf Sadats Angebot einzugehen und um die Bedingungen zu feilschen, also zwischen ihren Hoffnungen und Alpträumen, hin und hergerissen. Die letzte Seite in einer Geschichte, in der sich sowohl die Hoffnungen als auch die Alpträume Israels erfüllen könnten, ist noch nicht geschrieben.

Wie alle großen Männer hatte Sadat auch die Schwächen, die seinen Tugenden entsprachen. Die gleichen Qualitäten, die ihn befähigten, Hindernisse aus dem Weg zu räumen, ließen ihn ungeduldig werden, wenn andere seinen hochfliegenden Gedanken nicht folgen konnten. Es fiel ihm schwer, an die guten Absichten seiner Kritiker zu glauben, wenn man auch zugeben muß, daß man sehr vielen seiner Kritikern auch beim besten Willen solche guten Absichten nicht unterstellen darf. Wenn er herausgefordert wurde, dann ging er in die von ihm gewählte Richtung noch weiter, um seinen Gegnern zu zeigen, daß sie ihn nicht aufhalten könnten. Auf diese Weise provozierte er durch sein mutiges Verhalten diejenigen, die ihm auf dem Weg zum Frieden Hindernisse in den Weg legen wollten. Der Friedensprozeß nahm ihn im

Lauf der Zeit so sehr in Anspruch, daß er ihn zeitweilig den täglichen Bedürfnissen des einfachen Ägypters unterzuordnen schien, besonders nachdem das Volk begonnen hatte, den Frieden als etwas so Selbstverständliches anzusehen, daß es nicht mehr glaubte, noch dafür kämpfen zu müssen. Es ist die Aufgabe großer Männer, erstarrte Formen zu zerbrechen. Danach ist es oft ihr Schicksal, soweit über das gewohnte Maß hinauszureichen, daß die Masse beginnt, sich nach einer weniger anspruchsvollen Führung zu sehnen.

Aber Sadat war mehr als die Summe seiner Teile. Es war irgendwie ein Wunder der Schöpfung, daß dieser Bauernsohn und zunächst unterschätzte Politiker die Weisheit und den Mut des großen Staatsmanns und gelegentlich die Eingebungen des Propheten hatte. Aber der Nährboden aller dieser Qualitäten war eine seine ganze Persönlichkeit durchdringende Menschlichkeit. Wer kann es vergessen, daß er dem gestürzten Schah vom Iran eine Zuflucht in Ägypten angeboten hat, nachdem dieser von seinen Freunden verlassen worden war? Diese schuldeten ihm viel mehr, ließen sich aber jetzt durch Sadat vertreten, der das mit unvergleichlicher Großherzigkeit und Vornehmheit tat und so die Ehre all jener rettete, die ihrer moralischen Verpflichtung nicht nachgekommen waren.

Nach meinem Ausscheiden aus dem Amt besuchte ich noch einmal Ägypten, und Sadat lud meine Frau, meinen Sohn und mich zum Essen in seine Villa am Meer in Alexandria ein. Der Tisch war an der Stelle auf dem Rasenplatz gedeckt worden, wo wir die Vereinbarungen über die zweite Truppenentflechtung ausgehandelt und unterzeichnet hatten. Im Lauf des Abends sagte ich, daß alle Amerikaner, die mit Sadat zusammengearbeitet hätten, in seiner Schuld stünden; er hätte dafür gesorgt, daß sie Erfolg hatten. Diese Bemerkung störte ihn, und er kam immer wieder darauf zurück. Er wollte nicht, daß seine Bemühungen persönlich genommen wurden. Es war seine Pflicht, seinem Volk die verlorene Würde wiederzugeben und seinem Land und vielleicht der Welt einen Weg zu öffnen, der neue Hoffnungen weckte.

Doch diesmal hatte sich Sadat geirrt. Er hatte uns allen auch persönlich geholfen. Es wirkte bei ihm nur so leicht und so natürlich, daß wir seine Gegenwart viel zu sehr als eine Selbstverständlichkeit hinnahmen. Nachdem er uns verlassen hatte und wir den Weg zum Frieden allein fortsetzen mußten, wurde es uns in grausamer Weise bewußt, wie sehr wir ihn brauchten.

Kein anderes Volk ist von der Vorstellung der Unsterblichkeit so besessen gewesen wie das ägyptische. Nirgends hat man so hartnäckig versucht, die Zeit festzuhalten – manchmal mit unerhörter Kühnheit und dann wieder passiv; einmal mit Geduld und unter Verzicht auf große Anstrengungen und dann wieder durch die Errichtung gewaltiger Bauwerke als Zeugen des Glaubens an die Zukunft. Die Pyramiden von Giseh haben in ihrer Schlichtheit und Monumentalität über einen Zeitraum, der nach menschlichen Vorstellungen schon fast an die Ewigkeit heranreicht, den Elementen und der Zerstörungswut des Menschen getrotzt. An keinem anderen Ort der Welt wird der Mensch so ausschließlich durch seine eigenen Leistungen zur Demut gezwungen. In jenem Ozean aus Sand, den das grünende Nil-Tal durchschneidet, trifft der Blick des Menschen über Hunderte von Kilometern auf kein einziges Naturdenkmal, das ihm seine Winzigkeit bewußt macht; die atemberaubendsten Wahrzeichen sind von Menschenhand errichtet. Ihre Größe und Schönheit lassen uns in Ehrfurcht verstummen, vor allem aber beeindruckt uns der Geist, aus dem sie geschaffen sind. Die ägyptischen Kolossalstatuen wecken die gleichen Gefühle. Die Figuren sind überlebensgroß, und doch sind die Gesichter unendlich menschlich, und ihr Blick ist auf ferne Horizonte gerichtet.

Ein solcher Mensch war Anwar Sadat. Erst die Zukunft wird uns sagen, ob er einen irreversiblen historischen Prozeß eingeleitet hat, oder ob sein Schicksal dem des Pharao Echnaton gleichen wird, der angesichts der unendlichen Vielfalt der ägyptischen Götterwelt von einem Monotheismus träumte, dem sich die Menschen erst tausend Jahre später zugewendet haben. Doch wohin die Entwicklung auch gehen mag, niemand, der die Geschichte kennt, wird je vergessen, daß der Weg zum Frieden im Nahen Osten mit Anwar Sadat begonnen hat, und daß jeder Fortschritt auf diesem Wege ohne ihn nicht möglich gewesen wäre. Ob wir unsere Bestimmung erreichen, liegt an uns. Anwar Sadat hat schon jetzt die Unsterblichkeit gewonnen, von der seine ägyptischen Vorfahren träumten. Er wird für uns eine Inspiration sein, wenn wir Erfolg haben. Wenn wir scheitern, wird er uns beschämen. Aber in jedem Fall ist seine Hingabe an den Frieden das Denkmal, das er sich selbst gesetzt hat, seine Pyramide.

Sisco und Saunders in Israel

Wie gesagt, schickte ich Joe Sisco und Hal Saunders nach Israel, weil ich die Gäste, die Fahmy zum Essen eingeladen hatte, nicht beleidigen wollte. Außerdem hätte meine Abreise mit meinem ganzen Gefolge und der Presse nach Israel als Anzeichen für eine Krise in den Vereinigten Staaten und als Versuch gedeutet werden können, Israel unter Druck zu setzen. Schließlich konnte ich mir auch nicht vorstellen, daß es jetzt in Jerusalem noch zu einer Kontroverse kommen würde.

Schließlich würde Israel seine Kriegsgefangenen zurückbekommen, nicht mehr unter dem Druck stehen, sich auf die Stellungen vom 22. Oktober zurückziehen zu müssen, und die Blockade der Straße von Bab el-Mandeb würde aufgehoben werden, und zwar als Gegenleistungen für die Erlaubnis, daß die Vereinten Nationen Kontrollpunkte an einer Straße einrichteten, die noch von Israel beherrscht wurde, um die Versorgung einer Armee zu ermöglichen, die nach der internationalen Lage (und auch im wohlverstandenen Interesse Israels) nicht vernichtet werden durfte. Um ganz sicherzugehen, hatte ich Sisco bevollmächtigt, Israel zu versichern, daß, wenn es dem Sechs-Punkte-Plan zustimmte, wir gegen jede künftige Resolution der Vereinten Nationen, die eine Rückkehr auf die Stellungen vom 22. Oktober verlangte, unser Veto einlegen würden.

Aber wir hatten nicht bedacht, wie unser Vorgehen psychologisch auf die Israelis wirken könnte. Für eine Nation, der es darauf ankam, ihre Zukunft selbst zu gestalten, war es ein Alptraum, daß wir es für selbstverständlich ansehen könnten, sie würde Vereinbarungen zustimmmen, die Amerika hinter ihrem Rücken getroffen hatte, und solche Vermutungen wurden geweckt, indem ich meine Untergebenen nach Israel schickte – obwohl ich erst vor vier Tagen meine Gespräche mit Frau Meir abgeschlossen hatte.

Sisco und Saunders trafen sich am Mittwochabend, dem 7. November, mit der israelischen Verhandlungsdelegation im gleichen Gästehaus, wo ich vor zwei Wochen mit Golda zusammengetroffen war. Die Sitzung begann augenscheinlich unter günstigen Vorzeichen. Golda beglückwünschte Sisco zu unserem Erfolg. Aber sehr bald zeigte es sich, welche Bedenken die israelische Seite hatte. Als Vertreter eines alten, traditionsreichen Landes hatte Sadat das Gefühl, die Zeit wäre auf seiner Seite und er könnte sich eine großzügige Geste leisten. Israel, das um sein Existenzrecht kämpfte, konnte seine Identität nur im Ringen gegen seine Widersacher bewahren – jedenfalls zog es diese Lehre aus der Geschichte. Die israelische Innenpolitik, verbunden mit der Unsicherheit einer Nation, deren Legitimität bestritten wird, erzeugte bei den Israelis einen kleinlichen Verhandlungsstil, der jeden Gesprächspartner zum Wahnsinn treiben konnte.

Mit der Gründlichkeit eines Spürhundes – mit einem Auge bei den bevorstehenden Wahlen – erörterte Golda alle Probleme, die die Opposition im Parlament zur Sprache bringen könnte oder die unter Umständen von ihren Koalitionspartnern zu ihrem Nachteil ausgeschlachtet würden. So wollte die israelische Verhandlungsdelegation zum Beispiel wissen, was damit gemeint sei, wenn die Ägypter sich bereit erklärten, bei der Blockade der Straße von Bab el-Mandeb sich Zurückhaltung aufzuerlegen. Sie fragten, wo die Kontrollpunkte an der von Kairo nach Suez führenden Straße eingerichtet werden sollten, und wer die Straßenabschnitte zwischen den Kontrollpunkten beherrschen werde. Das waren aber gerade die Fragen, an denen die Vereinbarungen scheitern konnten, wenn sie nicht restlos geklärt wurden. Wir hatten plötzlich den Eindruck, als wollte die israelische Verhandlungsdelegation alle von uns ausgehandelten Pluspunkte für sich verbuchen und so tun, als bestünde die Möglichkeit, nach der unerwarteten Annahme der israelischen Vorschläge durch Ägypten die geringen Zugeständnisse zurückzunehmen, die den Durchbruch erst ermöglicht hatten. Doch Golda war ebenso klug wie hart. Nachdem sie Sisco mehrere Stunden durch die Mangel gedreht und ihre Wachsamkeit bewiesen hatte, bat sie ihn, mir zu sagen, was mit Sicherheit schon vorher feststand:

> Wir werden morgen eine Kabinettsssitzung haben. Ich hoffe, daß es dabei keine Schwierigkeiten geben wird. Sollte es doch der Fall sein, dann werde ich versuchen, sie zu überwinden. Richten Sie ihm meine besten Grüße aus und sagen Sie ihm, daß sein Erfolg phantastisch ist.

Dinitz überbrachte Scowcroft am Morgen des 8. November eine Erklärung ähnlichen Inhalts. Aber schon nach wenigen Stunden bahnte sich eine Entwicklung an, mit der wir nicht gerechnet hatten. Golda hatte die Nachgiebigkeit ihres Kabinetts überschätzt, das nicht auf einen typisch israelischen taktischen Schachzug verzichten wollte – die Unterzeichnung einer »Denkschrift zu Vereinbarungen« zwischen den Vereinigten Staaten und Israel. In dem Bewußtsein, unter allen Nationen der Welt nur einen einzigen wahren Freund zu haben, verlangten die Israelis immer wieder nach Zusicherungen in Form weiterer Zugeständnisse oder schriftlicher Erklärungen zur Interpretation schon bestehender Vereinbarungen. In diesem Fall war die Denkschrift eine detaillierte Erklärung darüber, wie Israel die Bestimmungen des Sechs-Punkte-Plans zu interpretieren wünschte. Diese Interpretationen waren nicht unvernünftig. Wir waren bereit, sie inoffiziell zu akzeptieren und uns für den Fall, daß es zu Meinungsverschiedenheiten kam, zur Unterstützung Israels zu verpflichten. Was wir nicht tun konnten, was das Kabinett jedoch offenbar von uns verlangte, war das folgende: Die von Israel und den Vereinigten Staaten unterzeichnete Denkschrift sollte die Grundlage für die Vereinbarungen zwischen Ägypten und Israel werden. Um das zu erreichen, hätten wir noch einmal mit Sadat sprechen und ihn bitten müssen, offiziell zu bestätigen, was er nur de facto akzeptieren konnte: die Aufhebung der Blockade bei Bab el-Mandeb, die Kontrolle der von Kairo nach Suez führenden Straße durch Israel und die Einzelheiten der Versorgung der ägyptischen 3. Armee, was jeden Araber nur allzu deutlich daran erinnert hätte, in einer wie verzweifelten Lage sich die eingeschlossenen ägyptischen Truppen befanden. Saunders machte den klugen Vorschlag, Golda sollte gegenüber dem israelischen Parlament eine Erklärung über die israelische Interpretation des Abkommens abgeben, der wir nicht widersprechen würden. Wir könnten jedoch Sadat nicht auffordern, dieser Erklärung offiziell zuzustimmen, auch wenn er ihren Inhalt in der Praxis akzeptierte. Damit war augenscheinlich alles geklärt.

Sisco und Saunders stießen in Riad wieder zu mir. Wir wollten die Annahme der Sechs-Punkte-Vereinbarungen am folgenden Tag, Freitag, dem 9. November, in einem offenen Brief an den Generalsekretär der Vereinten Nationen, Kurt Waldheim, bekanntgeben – was ich von Riad aus den Regierungen in Kairo und Jerusalem mitteilte.

Alles schien den gewünschten Verlauf zu nehmen, als Fahmy mir am frühen Freitagmorgen telegrafisch mitteilte, daß Israel eine neue Interpretation der Vereinbarungen verlangte. Der israelische Unterhändler bei den Gesprächen am Kilometer 101, General Ahron Yariv, hatte getan, was Sisco und Saunders als unmöglich bezeichnet hatten. Er hatte die offizielle Anerkennung der zwischen Israel und den Vereinigten Staaten vereinbarten Interpretation durch Ägypten verlangt. Außerdem beklagte sich Fahmy darüber, daß Jerusalem das stillschweigende Übereinkommen im Hinblick auf die Blockade hatte durchsickern lassen und nun behauptete, Israel »kontrollierte« die von Kairo nach Suez führende Straße. Er schlug vor, mit der Bekanntgabe der Vereinbarungen so lange zu warten, bis diese Fragen geklärt wären.

Ich hatte schon ähnliches befürchtet. Inoffizielle Vereinbarungen haben, besonders in Zeiten eines Wahlkampfes, für das israelische Kabinett keine Bedeutung. Sie können die Regierung dem Vorwurf aussetzen, bei den Verhandlungen nicht alle Möglichkeiten ausgeschöpft zu haben. Ich kann mich nur an wenige Denkschriften über stillschweigende Vereinbarungen erinnern, die nicht schon sehr bald öffentlich bekannt geworden sind. General Yariv hatte uns offenbar beweisen wollen, daß wir uns irrten, wenn wir glaubten, daß Ägypten auf solche Wünsche Israels nicht eingehen werde.

Nun fürchtete ich, daß, wenn wir die Bekanntgabe noch weiter hinausschoben, sich die Verhandlungen in einer Unzahl von Details festfahren würden. Deshalb schickte ich Fahmy von Riad aus eine Botschaft mit einem Vorschlag, wie er am besten das Gesicht wahren konnte. Ich sagte darin, daß wir zwar Spekulationen über die Aufhebung der Blockade bei Bab el-Mandeb nicht verhindern könnten, uns jedoch dazu verpflichten wollten, derartige Spekulationen nicht zu bestätigen. Alle anderen Einzelfragen sollten von den militärischen Vertretern beider Seiten am Kilometer 101 besprochen werden. Nach meiner Auffassung handelte es sich dabei um rein technische, nicht aber um grundsätzliche Angelegenheiten. Dann interpretierte ich die Einzelvereinbarungen etwa so, wie Sisco es in Übereinstimmung mit den Israelis in Jerusalem getan hatte, forderte Fahmy aber nicht auf, dazu Stellung zu nehmen. Am Schluß bat ich ihn dringend, das Zustandekommen der Vereinbarungen zum vorgesehenen Termin bekanntzugeben, und zwar in weniger als zehn Stunden, es sei denn, daß neue Komplikationen es überhaupt unmöglich machten, zu einer Vereinbarung zu kommen.

Im gleichen Sinne telegrafierte ich von Islamabad aus an Golda. (Ich hatte auf meiner Reise nach Peking in Pakistan Station gemacht.) Ich berichtete ihr von den Beschwerden Ägyptens und bat sie dringend, dafür zu sorgen, daß die Vereinbarungen in der Presse und den Medien nicht in emotionaler Weise interpretiert wurden. Außerdem teilte ich ihr mit, Sadat habe erklärt, »eine sichtbare (israelische) Präsenz auf der Straße wird seine Stellung im Hinblick auf die Vereinbarungen unhaltbar machen«. Dann sah ich mir noch einmal die Antwort an, die ich Fahmy geschickt hatte, und bat Golda, die Vereinbarungen ebenfalls termingerecht bekanntzugeben: »Es ist wichtig, daß Israel den Bestimmungen der Vereinbarungen jetzt in einer positiven Haltung zustimmt und Ihre Unterhändler nicht störend eingreifen.«

Schon nach drei Stunden schickte mir Fahmy seine Zusage. Er hatte begriffen, daß es im Interesse aller Beteiligten lag, eine Vereinbarung nicht zu detailliert zu interpretieren, wenn sie sich darum bemühte, für die konkreten Erfordernisse eine Formel zu finden, die es jedem erlaubte, das Gesicht zu wahren. Deshalb erklärte sich Fahmy mit meinen »Erläuterungen« einverstanden und bat mich, Waldheim den vorgesehenen Brief zu schreiben.

Golda kam zu dem gleichen Schluß, konnte aber ihre Erregung nicht verbergen. Sie empörte sich darüber, daß ich hätte annehmen können, ein israelischer Unterhändler würde sich auf irgendwelche Störmanöver einlassen. Sie rief den amerikanischen Botschafter Kenneth Keating zu sich und bezeichnete mein Telegramm als »Ultimatum«. Dieser Vorwurf war kaum verständlich, denn Ägypten war auf die Grundforderungen Israels eingegangen, und wir hatten uns bereit erklärt, die israelische Interpretation zu unterstützen. Wir hatten nur darum gebeten, etwas weniger ins Detail zu gehen, um die praktische Durchführung der vereinbarten Maßnahmen nicht mit theoretischen Erörterungen zu belasten. Doch Golda machte düstere Andeutungen und sprach von ihrem möglichen Rücktritt, um ihren Posten für einen härteren Unterhändler freizumachen – eine erschreckende Drohung, aber zum Glück wußten wir, daß sie undurchführbar war.

Doch trotz aller Empörung fand Golda dann schließlich zu einer sehr maßvollen Haltung zurück. Wie so oft wollte sie mit ihren harten Worten nur sicherstellen, daß wir auch weiterhin mit Israel zusammenarbeiteten. Sie sagte, da wir von einem *amerikanischen* Brief an Waldheim gesprochen hätten, könnte sie uns nicht daran hindern. Was sie selbst beträfe, so werde Israel seine grundsätzliche Zustimmung bekanntgeben, und zwar unter der Voraussetzung, daß die »Klarstellungen« erfolgten, deren es, wie sie genau wußte, jetzt nicht mehr bedurfte. Es muß ein besonderes Vergnügen sein, eine ultimative Forderung für etwas aufzustellen, was man schon in der Hand hat. (Außerdem war es eine gute Methode, den Inhalt der Denkschrift über die Verständigung zwischen den Vereinigten Staaten und Israel durchsickern zu lassen.)

Nun beschlossen wir, den Abschluß der Vereinbarungen termingerecht bekanntzugeben. Im letzten Augenblick bat uns Fahmy, einen Satz in meinem an Waldheim gerichteten Brief zu streichen. Wir teilten ihm mit, daß es dafür bereits zu spät sei. So wurde der Sechs-Punkte-Plan am Mittag des 9. November in den Vereinigten Staaten bekanntgegeben. (In Israel verzögerte sich die Unterzeichnung jedoch wegen des dazwischen liegenden Sabbat bis zum 11. November.) Von Islamabad aus schrieb ich Golda einen versöhnlichen Brief und versuchte damit, meine innere Erregung zu tarnen. Dafür ließ ich meine schlechte Laune an dem anständigen Kenneth Keating aus, der nach meiner Ansicht Golda nicht energisch genug widersprochen hatte – doch in Wirklichkeit hatte er damit bewiesen, daß er klüger war als ich.

Ebenso wie Fahmy am Tage zuvor erklärte Golda jetzt, mit dem Ergebnis sehr zufrieden zu sein. Keating berichtete, sie wäre »entspannt, warmherzig und zuvorkommend« gewesen. Nachdem sie bewiesen hatte, daß sie sich zu nichts zwingen ließ – offenbar glaubte sie, sie hätte es nötiger als wir, das unter Beweis zu stellen, wenngleich wir noch immer die Narben spürten, die ihre Angriffe gegen uns zurückgelassen hatten –, brachte sie die Vereinbarungen in Rekordgeschwindigkeit durch das Kabinett. Sie wurden am 11. November am Kilometer 101 unterzeichnet, während ich in China war.

Während der zwei Monate, in denen die Vereinbarungen in Kraft blieben, bis sie durch den Vertrag über die Truppenentflechtung abgelöst wurden, traten bei der Durchführung keinerlei Schwierigkeiten auf. Auf die von den Vereinigten Staaten und Israel unterzeichnete Denkschrift sind die Israelis nicht mehr zurückgekommen, ein Beweis dafür, daß sich beide Seiten viel besser verstanden, als man es angesichts der erregten Diskussionen hätte annehmen sollen, bei denen ich der Prügelknabe gewesen war.

Ich hatte alle diese Kontakte zu Ägypten und Israel von den verschiedenen, weit auseinanderliegenden Hauptstädten aufnehmen müssen, die ich auf meiner langen Flugreise besuchte. Nach der Abreise aus Ägypten machte ich am 8. November die erste Zwischenlandung in Jordanien. Gegenüber der Weltstadt Kairo bildete das staubige Amman einen auffallenden Kontrast. Die Stadt lag an den Hängen der Gebirge am Ostufer des Jordan, und in klaren Nächten konnte man von hier die Lichter von Jerusalem sehen. Nach meiner Landung durfte ich mich wieder im Abschreiten einer militärischen Ehrenwache üben. Diesmal mäßigte ich mein Tempo, so daß der Befehlshaber der Ehrenkompanie mit mir Schritt halten konnte. Allerdings brachte ich es immer noch nicht fertig, meine Schritte dem mitreißenden Takt der Marschmusik anzupassen.

Vom Flughafen fuhren wir zum Palast des Königs, der, an den im Nahen Osten geltenden Maßstäben gemessen, durchaus bescheiden wirkte. Der König begrüßte uns mit der gewohnten Höflichkeit und Kameradschaft, die damals noch Ausdruck der guten Beziehungen zwischen unseren Ländern waren. Es tat uns leid, daß unser bester arabischer Freund diesmal nur an der Peripherie des Friedensprozesses stand. Da er nicht am Krieg teilgenommen hatte (er hatte nur eine Brigade nach Syrien geschickt), brauchte er auch keine Waffenstillstandslinie zu stabilisieren. Obwohl er seine freundschaftliche Haltung gegenüber den Vereinigten Staaten nicht geändert hatte (und trotz der historisch begründeten Spannungen zwischen den Haschemiten und der saudischen Dynastie), hatte man ihn nicht mit einem Ölembargo unter Druck gesetzt. Deshalb konnten wir uns in unserem Gespräch auf Erinnerungen und theoretische Fragen beschränken.

Hussein bedauerte die Ereignisse, die zum Krieg geführt hatten, von dessen Ausbruch er, wie er mir sagte, überrascht worden war. Das Dilemma, in dem er sich befand, schilderte er ganz richtig:

> Jordanien ist das arabische Land, das sich bevölkerungspolitisch und territorial in der schwierigsten Lage befindet. Eine Teilnahme am Kriege hätte zur Vernichtung Jordaniens führen können; dabei wäre ein Vakuum entstanden, das radikale Elemente ausgefüllt hätten. Die Nichtbeteiligung am Krieg hätte andererseits dazu führen können, daß Jordanien völlig isoliert und zum Sündenbock gemacht worden wäre.

Eine scharfsinnige Analyse. Mit einer Kompromißlösung konnte das Land jedoch kaum erwarten, von außen unterstützt zu werden – und wenn im Verlauf des Friedensprozesses das Palästinenser-Problem auf den Verhandlungstisch kam, mußte Jordanien in eine äußerst prekäre Lage geraten. Hussein sagte dazu:

Unsere Lage unterscheidet sich von der Syriens und Ägyptens, die beide nicht unmittelbar vom Palästinenser-Problem betroffen sind und schon vor dem Krieg von 1967 in international anerkannten Grenzen existierten. Jordaniens Grenze von 1967 war die Waffenstillstandslinie. Das Jordan-Westufer ist zugleich jordanisches Territorium und Teil Palästinas. Die Bevölkerung ist jordanisch und palästinensisch. Die Rechte der Palästinenser haben mit dem Westufer und Jordanien nichts zu tun, wohl aber mit Israel. Nun fragt sich, wer die Palästinenser vertreten soll. Nach unserer Auffassung ist das Jordan-Westufer von Israel besetztes jordanisch-palästinensisches Gebiet. Es ist die Pflicht Jordaniens, dieses Territorium zurückzugewinnen, wobei kleinere Gebietsteile ausgetauscht werden könnten. Außerdem können wir die Verantwortung für die moslemischen und christlichen Teile Jerusalems nicht aufgeben, das jedoch eine ungeteilte Stadt bleiben sollte.

Mit anderen Worten, Hussein lehnte es ebenso entschlossen wie Israel ab, der PLO am Jordan-Westufer eine politische Rolle zuzuweisen. Wenn es um eine Rückgabe palästinensischen Gebiets an die arabische Nation ging, dann sollte nach Auffassung des Königs Jordanien die Verhandlungen führen. Nach Abschluß solcher Verhandlungen mußte die weitere Entwicklung in diesem Gebiet den Grundsätzen des Selbstbestimmungsrechts folgen. Der König war entschlossen, unter allen Umständen die Interessen seines Landes zu wahren. Er würde sich Vereinbarungen an anderen Fronten über eine Truppenentflechtung nicht widersetzen, empfahl jedoch dringend, solche Vereinbarungen auf einen Zeitpunkt zu verschieben, zu dem eine umfassende Friedensregelung als ganzes »Paket« getroffen werden könnte. Die Schwierigkeit lag jedoch darin, daß wir unmittelbar nach einem Krieg und angesichts der Stellungen, in der sich die Armeen beider Seiten gegenwärtig befanden, diese Möglichkeit nicht hatten. Die ägyptische 3. Armee konnte nicht in der Wüste bleiben, und das gleiche galt für die zweiunddreißig Kilometer vor Damaskus liegende israelische Armee, während man versuchte, auf dem Verhandlungsweg eine Lösung für das Palästinenser-Problem zu finden.

Ich sagte Hussein, daß die Truppenentflechtung der erste Schritt sein müßte. Die beste Möglichkeit, die Interessen Jordaniens bei der Lösung der Palästinenserfrage zu schützen, bestünde darin, Jordanien als Gründungsmitglied zur Teilnahme an der Genfer Konferenz einzuladen; damit würde es zum Sprecher der Palästinenser. Ich unterrichtete den König auch über den Sechs-Punkte-Plan.

Wir brauchten Zeit, um uns mit den unmittelbaren Kriegsfolgen zu beschäftigen, bevor wir uns einer Friedensregelung zuwendeten. Manchmal kann man nichts Besseres tun, aber die Zeit ist ein neutraler Faktor, und sie kann das politische Handeln nicht ersetzen. In diesem Fall entwickelte sich die Lage, wie ich das noch im einzelnen erläutern werde, so, daß für die jordanische Option keine Zeit mehr blieb, weil die innenpolitische Lage in Israel (und in den Vereinigten Staaten), die von den Radikalen angeheizte Stimmung im arabischen Lager und die Dringlichkeit der Truppenentflechtung eine solche Lösung nicht mehr zuließen – was im höchsten Grade bedauerlich war.

Riad

Während meiner Reise durch den Nahen Osten nahm die Katastrophe von Watergate ihren unaufhaltsamen Verlauf im Rahmen der für den Kongreß und die Judikative vorgeschriebenen Verfahren. Der Rechtsausschuß des Repräsentantenhauses beriet im Gefolge des »Massakers vom Samstagabend« über acht Resolutionen zur Amtsenthebung des Präsidenten. Am 5. November wurde Leon Jaworski als Sonderankläger vereidigt und trat die Nachfolge von Archibald Cox an. Er hatte sich von Nixon die Zusage geben lassen, daß der Präsident ihn nicht entlassen und seine Unabhängigkeit nicht einschränken werde, wenn nicht bestimmte Angehörige des Kongresses einem solchen Vorgehen zustimmten. Am 5. November während meines Aufenthalts in Riad verurteilte der Richter John Sirica sechs Angeklagte im Watergate-Prozeß.

Verständlicherweise bemühte sich Nixon eifrig darum, zu demonstrieren, daß seine außenpolitische Handlungsfähigkeit durch diese Katastrophe nicht beeinträchtigt worden war. Er wollte vielmehr mit seinen außenpolitischen Erfolgen beweisen, daß er in seinem Amt nicht zu ersetzen sei. Haig teilte mir mit, daß Nixon begeistert von der Bekanntgabe des Abschlusses der Sechs-Punkte-Vereinbarungen sei. Er konnte mit Recht stolz darauf sein, was er mit seiner Standhaftigkeit erreicht hatte – und angesichts der innenpolitischen Schwierigkeiten, mit denen er zu kämpfen hatte, war seine Leistung wirklich erstaunlich. Aber inzwischen ließ sich die Krise auch durch außenpolitische Erfolge nicht mehr beilegen. Da Nixon wegen seiner angeblichen Verfehlungen in der Innenpolitik angegriffen wurde, ließen sich diese Vorwürfe nicht durch außenpolitische Leistungen entkräften. Im Weißen Haus erkannte man diese Situation offenbar nicht so deutlich, denn hier hatte man die Vorstellung, daß auf jeder Station meiner Reise aufsehenerregende Erfolge erzielt werden könnten. Den in Kairo getroffenen Vereinbarungen sollte die Aufhebung des Ölembargos in Riad folgen, wo ich am 8. November eintraf. Aber dieses Ergebnis sollte, wie Haig mir einschärfte, nicht während meiner Reise bekanntgegeben werden, sondern es müßte der Eindruck entstehen, daß wir es einer Initiative Nixons zu verdanken hätten. Deshalb telegrafierte Haig:

> Er hofft, daß die auf diesem Gebiet erzielten Fortschritte nach Ihrer Rückkehr von ihm selbst im Weißen Haus bekanntgegeben werden können. Im Zusammenhang mit einer solchen Erklärung, wie Scowcroft Ihnen schon gesagt hat, legt der Präsident Wert darauf, sich schon nächste Woche in Washington mit Faisal zu treffen. Er hofft, nach dieser Begegnung Fortschritte auf dem Gebiet der Ölversorgung bekanntgeben zu können.

Die intensive Arbeit und die schweren Belastungen durch den Druck, den die Parteien im Nahost-Konflikt auf mich ausübten, ließen mich viel weniger verständnisvoll reagieren, als es der so sehr in Bedrängnis geratene Präsident verdient hätte. Selbstverständlich will jeder Präsident als Architekt eines außenpolitischen Triumphs angesehen werden. Angesichts des hohen Ansehens, das Nixon in Saudi-Arabien genoß, entsprach sein Wunsch auch durchaus der Wirklichkeit. Aber alles blieb Theorie. Saudi-Arabien konnte das Embargo nicht schon zwei Wochen nach seiner Verhängung aufheben. Und wenn, dann ließ sich diese Tatsache nicht so lange geheimhalten, bis ich von meiner Reise zurückgekehrt war, die noch zehn Tage dauern sollte. Außerdem war ein Besuch Faisals in Washington so bald nach dem Krieg ganz unvorstellbar. Er widerspräche der ganzen saudischen Strategie, deren Ziel es gewesen war, sich möglichst mit den radikalen Arabern zu einigen.

Ich telegrafierte daher Haig:

> Jeder Versuch, eine Begegnung mit Faisal in Washington zu arrangieren, wäre heller Wahnsinn. Jeder arabische Führer, mit dem ich bisher gesprochen habe, hat mir unmißverständlich erklärt, daß es viel leichter wäre, die Schraube de facto zu lockern, als ein solches Verhalten zur offiziellen arabischen Politik zu machen. Der einzige, ich wiederhole, der einzige Weg, auf dem wir vorankommen können, ist der Weg, den wir jetzt gehen. Eine an Faisal gerichtete Einladung würde in der ganzen arabischen Welt als Zusammenbruch der amerikanischen Außenpolitik angesehen werden. Sie würde die Araber veranlassen, die Vereinigten Staaten noch mehr mit der Ölwaffe unter Druck zu setzen, nicht aber, darauf zu verzichten. Auch gibt es keinen erkennbaren Grund für Faisal, in der Anfangsphase des Friedensprozesses zu freundschaftlichen Gesprächen nach Washington zu kommen. Sollte sich zeigen, daß Faisal bereit ist, eine Einigung in der Ölfrage öffentlich bekanntgeben zu lassen, dann hätte ich natürlich

nichts, ich wiederhole, nichts dagegen, wenn der Präsident es in Washington täte.

Die Gelegenheit, Nixon diesen Wunsch zu erfüllen, hat sich nicht ergeben. Ich hatte keine Möglichkeit, Riad zu dramatischen Zugeständnissen zu bewegen, denn alles Spektakuläre widerspricht der Tradition des Landes und dem Charakter seiner Führer.

Im Herbst 1973 war das Königreich Saudi-Arabien gegen seinen Willen in den Strudel der Weltpolitik gezogen worden. Es mußte sich den Turbulenzen, in die es geraten war, vor einem historischen und psychologischen Hintergrund stellen, der sich von den Gegebenheiten in fast allen anderen arabischen Staaten unterschied.

Mekka und Medina sind die heiligen Stätten der islamischen Welt. Der Prophet hatte seine Botschaft zuerst in der kargen Wüste und den felsigen Bergen Arabiens verkündet. Von ihr brachen die Armeen auf, die seinen Glauben über einen großen Teil der damals bekannten Welt verbreiteten. Bald darauf ließ die Geschichte wieder den Vorhang fallen, und die folgenden Jahrhunderte prägten sich tiefer in das Gedächtnis der Stämme und Herrscher dieses weiten Gebiets ein, als in die historischen Aufzeichnungen. Man weiß nur wenig von den Unruhen, dem Leiden, den Siegen und Niederlagen, zu denen es in diesem weiten Hochland gekommen ist, wo der Mensch, gestützt auf grandiose religiöse Überzeugungen, sein Leben am Rand des Existenzminimums fristete.

Das heutige Saudi-Arabien schüttelte nach dem Ersten Weltkrieg die türkische Herrschaft ab. Das Königreich trägt den Namen des ersten dynastischen Herrschers Ibn Saud, der die über die ganze arabische Halbinsel verstreuten Feudalherrschaften vereinigte und zusammenhielt, weil seine Untertanen ihn als Patriarchen anerkannten und sich einer strengen, puritanischen Ethik mit tief religiöser Hingabe unterwarfen. Der Saudi betrachtet den Ungläubigen mit Argwohn und mißtraut dem Fremden. Darin unterscheidet er sich nicht von den zahlreichen anderen Völkern dieser Region. Aber während der Ägypter davon überzeugt ist, mit seiner Geschicklichkeit den Fremden beeinflussen zu können, und der Syrer sogar glaubt, ihm militärisch überlegen zu sein, sucht sich der Saudi durch äußerste Zurückhaltung zu schützen. Deshalb wirken die Saudis so distanziert und undurchdringlich. Ein Mysterium kann man nicht unterwerfen, denn sein Kern läßt sich durch die Mittel der politischen Macht nicht bloßlegen. So verhüllt Saudi-Arabien seine Verwundbarkeit durch seine Undurchdringlichkeit und verbirgt sein Unvermögen, die Motive des Fremden zu durchschauen, hinter einem reservierten Stolz.

Die königliche Familie hat eine ungeheuer schwierige Aufgabe zu bewältigen. Sie herrscht über Stämme, die seit alters her das Leben von Nomaden führen und der Krone treu ergeben sind, und über eine städtische Massenbevölkerung, die so zahlreich ist wie die westlicher Großstädte. Der Mittelstand, der jetzt an Bedeutung zunimmt, lebt in der uralten, halbfeudalen Tradition der gegenseitigen Verpflichtung. Die Herrschenden beweisen ihr Feingefühl und ihre Weisheit, indem sie in ihrem monarchischen System einen Konsens entwickeln, innerhalb dessen jeder Angehörige der sehr großen königlichen Familie irgendwie an den Entscheidungen beteiligt ist. Man weiß nicht, wie viele ausländische Arbeiter – Palästinenser, Syrer, Libanesen, Ägypter, Pakistanis und Jemeniten – hier leben und ein Mosaik bilden, das durch den gemeinsamen islamischen Glauben und die Achtung vor der traditionellen Autorität zusammengehalten wird.

Es besteht ohne Zweifel ein Gefühl der Verwundbarkeit in diesem heute unvorstellbar reichen Land, dessen Reichtum aber nicht genügt, um die Sicherheit nach außen zu garantieren. Seine Herrscher leben mit dem Alptraum, daß der Neid der Nachbarn zu dem Versuch führen könnte, dieses Land zu erobern. Sie kennen das Schicksal anderer Nationen in dieser Region, und deshalb nehmen sie gegenüber allen wirtschaftlichen und sozialen Neuerungen, welche die traditionelle Herrschaftsform aushöhlen könnten, eine ambivalente Haltung ein. Die Politik Saudi-Arabiens hat sich in jüngster Zeit durch eine Vorsicht ausgezeichnet, bei der sich das Ausweichen vor eindeutigen Entscheidungen zu einer Kunstform entwickelt hat. Denn wenn das Königreich eine sehr gradlinige Politik triebe, würde es zum Brennpunkt aller Streitigkeiten werden, es würde sich Forderungen, Drohungen und Schmeicheleien aussetzen, deren kumulative Wirkung die Unabhängigkeit und den Zusammenhalt gefährden könnte.

So hat sich hier eine Verhaltensweise entwickelt, die zugleich undurchsichtig und beharrlich, zurückhaltend und selbstbewußt ist. Das Königreich Saudi-Arabien hat sich bisher aus der direkten Konfrontation heraushalten können, auch wenn seine Kapitalreserven die Konfrontation erst ermöglicht haben. Ein Beispiel dafür war das Ölembargo. Es hat mit großem Geschick den Eindruck vermieden, daß seine eigenen Auffassungen entscheidend sein könnten. Dabei ist es immer bestrebt gewesen, sich durch einen Konsens zu schützen, für den andere die Verantwortung übernehmen mußten – entweder der Schah des Iran, die radikale Mehrheit in der OPEC oder das unnachgiebige Israel. Immer muß irgend jemand anderes irgend etwas tun, bevor die Saudis eingreifen können – eine hervorragende Methode, sich nicht unter Druck setzen zu lassen, die genau den Bedürfnissen des Königreichs entspricht.

Dahinter stehen auch nicht nur taktische Überlegungen. Der politische Kurs Saudi-Arabiens muß sich an bestimmten festen Punkten orientieren – an der aufrichtigen Freundschaft zu den Vereinigten Staaten, an einer tief empfundenen arabischen Loyalität und an der Gewißheit, von innen und von außen bedroht zu werden. Es ist nicht die Schuld Saudi-Arabiens, wenn diese Gegebenheiten gelegentlich in Widerspruch zueinander geraten. Deshalb ist die Widersprüchlichkeit der saudischen Außenpolitik durch die politische Lage bedingt und nicht die Folge freiwilliger Entschlüsse.

So hat es auch keinen Sinn, die vorsichtigen Herrscher in Saudi-Arabien aus dem Gleichgewicht bringen zu wollen. Die Eitelkeit veranlaßt die meisten politischen Führer, ihre eigene Bedeutung zu übertreiben. Die saudischen Prinzen unter Faisal waren gegenüber dieser Versuchung immun, und das hat sich seither nicht geändert. In ihrer Zurückhaltung lassen sich die Saudis weder durch Beredsamkeit noch durch Drohungen beeindrucken. Jede Nachgiebigkeit würde den Eindruck hinterlassen, daß sie über einen großen Handlungsspielraum verfügten, was den ausländischen Gesprächspartner zu immer neuen Bitten und Forderungen veranlassen würde. Es ist daher viel besser, so zu tun, als ob alles eine Folge von Entwicklungen sei, die von Saudi-Arabien nicht beeinflußt werden könnten. Riad ist nicht der Ort, an dem man bei Verhandlungen mit einem entscheidenden Durchbruch rechnen darf.

Ich wußte von alledem noch kaum etwas, als meine Maschine kurz vor Sonnenuntergang vor einem modernen Flughafengebäude ausrollte, wo sich vor wenigen Jahren nur ein unfruchtbares Hochplateau nach allen Himmelsrichtungen hin ausgedehnt hatte. An der Gangway begrüßte mich Omar Saqqaf, der Staatsminister für Auswärtige Angelegenheiten (den Titel des Außenministers beanspruchte Faisal für sich selbst). Ich hatte den höflichen und weltmännischen Saqqaf zum letztenmal vor ein paar Wochen im gut sitzenden Anzug in Washington gesehen. Jetzt war er in der wallenden weißen Robe mit arabischer Kopfbedeckung erschienen und ließ die Perlen eines arabischen Rosenkranzes durch die Finger gleiten. Er führte mich durch zwei Reihen von Soldaten in die marmorne königliche Empfangshalle, einen prächtig ausgestatteten Raum, in dem die Möbel an die Wände herangerückt waren, so daß nichts die prächtigen orientalischen Teppiche verdeckte, mit denen der ganze Boden belegt war. Beturbante Diener in arabischer Tracht servierten bitteren schwarzen Kaffee in kleinen Tassen.

Ebenso wie Brasilia war Riad an dieser Stelle aufgebaut worden, weil man das Regierungszentrum weiter ins Landesinnere hatte verlegen wollen. Aber Riad unterschied sich von Brasilia dadurch, daß es hier keine vom Staat als symbolische Brennpunkte errichtete große Gebäude oder Monumente gab. Die Stadt war eine Verbeugung der Saudis vor der westlichen Technologie und zugleich ein Beweis für ihre Irrelevanz. Zwar mußte es einen städtischen Wohnkomplex geben, aber nach der saudischen Wertskala bedurfte er keines zentralen Plans. Riesige Paläste standen neben Hütten, es fehlten der Charme einer traditionsreichen alten Stadt und die nervöse Spannung einer modernen Schöpfung. Es gab nicht einmal einen Königspalast, die Residenz des Königs war vielmehr das private Wohnhaus des Prinzen, der zum König gewählt worden war. 1973 waren erst wenige Ministerien von Dschidda nach Riad umgezogen, und sie waren vorläufig in modernen Betonklötzen untergebracht. Die späteren Ministerien waren zwar größer, in einzelnen Fällen sogar riesig, aber über das ganze Stadtgebiet verstreut, so daß man keinen Teil von Riad als das Regierungsviertel bezeichnen konnte. Das gleiche galt für die Residenzen der Scheichs und Prinzen, die versteckt hinter hohen Mauern unmittelbar neben den einfachsten Behausungen lagen. Die königliche Familie stammte schließlich von Beduinen ab und lebte immer noch in dem gleichen einfachen, durch die Tradition bestimmten Stil wie zu der Zeit vor der Ausbeutung der Ölfelder, die sie so unerhört reich gemacht hatte.

Das 1973 als Gästehaus verwendete Gebäude (es ist seither durch ein anderes ersetzt worden) war ein typisches Beispiel – es war viel zu groß und wirkte trotzdem wie eine Übergangslösung. Man ließ mir nur wenig Zeit, mich frisch zu machen, und brachte mich dann zum Palast des Königs, wo Faisal mir einen Empfang und ein Essen gab – eine Ehre, die etwas zu bedeuten hatte.

Faisals Palast hatte monumentale Ausmaße. In Begleitung von zwei Wachposten mit gezogenen Säbeln wurde ich in eine riesige Halle geführt, die mir die Ausmaße eines Fußballplatzes zu haben schien. Dutzende von Würdenträgern des Königreichs (Frauen waren selbstverständlich nicht zu sehen) saßen, bekleidet mit den gleichen schwarzen Roben und weißen Kopfbedeckungen, unbeweglich und schweigend an den Wänden. Es roch nach Weihrauch, der durch die Klima-Anlage im Raum verteilt wurde. Dem Eingang gegenüber – mir kam es vor, als seien es hundert Meter – saß König Faisal ibn Abd al-Aziz Al Sa'ud auf einer leicht erhöhten Plattform in würdevoller Haltung. Er hatte ein auffallend scharf geschnittenes, edles Gesicht. Als ich den Raum betrat, erhob er sich und zwang damit alle Prinzen und Scheichs, ihm mit einer fließenden, an ein Ballett erinnernden Bewegung in schwarz und weiß zu folgen. Dann kam er einen Schritt auf mich zu, während ich den ganzen Weg bis zu ihm allein zurücklegen mußte. Später sagte man mir, daß dieser eine Schritt ein Zeichen besonderer Höflichkeit gewesen wäre. Ich war mir in diesem Augenblick nur der Tatsache bewußt, daß es eine unendlich weite Strecke war, die ich bis zum Podium hinter mich bringen mußte. Ich durfte neben Seiner Majestät Platz nehmen und von dort aus einige Minuten die ehrwürdige Versammlung betrachten. Dabei überlegte ich mir, wie seltsam es war, daß das Schicksal es einem Flüchtling vor der Nazi-Verfolgung bestimmt hatte, hier in Arabien als Vertreter der amerikanischen Demokratie empfangen zu werden. Anschließend wurde ich durch den königlichen Zeremonienmeister vorgestellt, schritt die ganze lange Reihe der Würdenträger ab und schüttelte jedem einzelnen die Hand, während mir die Namen genannt wurden.

Dann führte mich der König zum Essen. Wir setzten uns an den Kopf des mittleren Tisches, neben dem im rechten Winkel zwei weitere Tische aufgestellt waren, an denen auch einige Herren in westlicher Kleidung saßen. Es waren meine Mitarbeiter, die in dieser arabischen Umgebung irgendwie deplaciert wirkten, wie Eindringlinge in die elegante Uniformität der saudischen Roben. Es war wie eine zu wenig geprobte Sinfonie. Als der König das Wort ergriff, verstummte alles, aber meine Erwiderung ging in dem Gemurmel der allgemeinen Konversation unter. Das Schweigen, das die Rede des Königs begleitete, erhöhte meine Aufmerksamkeit, als ich zum erstenmal zu hören bekam, was in der ganzen arabischen Welt und vielen anderen Weltgegenden sofort als Faisals Standardrede erkannt worden wäre. Das Grundthema war die Behauptung, Juden und Kommunisten bemühten sich, manchmal durch paralleles Vorgehen, dann wieder, indem sie zusammenarbeiteten, die zivilisierte Welt, wie wir sie kannten, zu unterminieren. Faisal, der von meiner Herkunft entweder nichts wußte oder mich delikaterweise in eine besondere Kategorie einordnete, verlangte, daß dieser Verschwörung zwischen Juden und Kommunisten ein für allemal ein Ende bereitet werden müßte. Ihr Außenposten im Nahen Osten wäre der Staat Israel, den der Bolschewismus nur in der Absicht dort eingerichtet hätte, zwischen Amerika und die Araber einen Keil zu treiben.

Es fiel mir schwer, auf eine solche Argumentation die richtige Antwort zu finden. Als Faisal schließlich behauptete, die jüdisch-kommunistische Verschwörung versuchte jetzt auch, in der amerikanischen Regierung Einfluß zu gewinnen, beschloß ich, das Thema zu wechseln. Deshalb fragte ich Seine Majestät nach einem Bild an der gegenüberliegenden Wand, das ich für ein dekoratives Kunstwerk hielt. Man erklärte mir, es sei eine heilige Oase – die darstellende Kunst ist im Islam verboten. Meine Taktlosigkeit versetzte Faisal für einige Minuten in tiefe Melancholie, was zur Folge hatte, daß das Gespräch am ganzen Tisch verstummte. Dieses unheimliche Schweigen hat meine Mitarbeiter wahrscheinlich veranlaßt, sich zu fragen, wie es mir in so kurzer Zeit gelungen wäre, die Ölversorgung des Westens aufs Spiel zu setzen. Es half auch nichts, als ich Sadat als den Führer der Araber bezeichnete. Die mürrische Reaktion Seiner Majestät zeigte, daß es eine Grenze gab, über die hinaus man die arabische Solidarität nicht beschwören durfte.

Der König sprach immer mit sanfter Stimme, auch wenn er etwas besonders betonen wollte. Seine Ausdrucksweise ließ oft mehrere Interpretationen zu; dadurch schützte er sich davor, in einer von ihm nicht gewollten Weise zitiert zu werden und damit in peinliche Situationen zu geraten. Bei seinen Audienzen saß er in der Mitte des Raumes, der jeweilige Gesprächspartner zu seiner Rechten und ihm gegenüber der Dolmetscher, während die Berater jeder Seite an den Wänden Platz nahmen, wo man im Flüsterton gesprochene Worte nicht mehr hören konnte. In einem so großen Raum hätte man sich im übrigen auch mit lautem Rufen kaum verständigen können, und daher waren alle anderen Anwesenden auf ganz natürliche Weise aus dem Gespräch ausgeschlossen. Wenn der König mit mir sprach, sah er starr geradeaus und blickte nur gelegentlich unter seiner Kopfbedeckung zu mir herüber, um festzustellen, ob ich einen besonders rätselhaften Ausspruch begriffen hatte.

Das alles war mir so vollkommen neu, daß ich zunächst Schwierigkeiten hatte, die Bedeutung dessen, was geschah, zu beurteilen. Faisals Standardrhetorik war für einen westlichen Diplomaten leicht zu durchschauen, aber als ich ihn näher kennenlernte, stellte ich fest, daß er seltene Qualitäten besaß. Er war hochintelligent, eine sehr starke Persönlichkeit und doch klug genug, um seine Stärke nicht zur Schau zu stellen. In ihm vereinigten sich Überzeugung und taktisches Geschick. Er glaubte an das, was er tat, und er tat, was ihm nützte. Was er über den Kommunismus und den Zionismus gesagt hatte, entsprach, so bizarr es in den Ohren eines westlichen Besuchers auch klingen mochte, seiner tiefsten Überzeugung. Es entsprach aber auch genau den taktischen Notwendigkeiten seines Landes. Der entschiedene Antikommunismus sollte die Vereinigten Staaten beruhigen und brachte den Anspruch auf Schutz vor äußeren Gefahren zum Ausdruck (und alle potentiellen Feinde waren in der Tat von der Sowjetunion bewaffnet worden). Die leidenschaftliche Ablehnung des Zionismus entsprach den Auffassungen der radikalen Araber und der PLO und hielt sie davon ab, die Monarchie innenpolitisch zu unterminieren, wozu sie sonst versucht sein könnten. Aber dieser Angriff wurde dennoch in einer so unbestimmten Richtung geführt, daß sich keine klaren Konsequenzen daraus ableiten ließen; er wies in keine bestimmte außenpolitische Richtung, sondern legte sich nur auf einen grundsätzlichen Antikommunismus fest.

In Faisal verbanden sich eine starke Religiosität und diplomatische Klugheit. Er war vor seiner Thronbesteigung nicht umsonst jahrelang saudi-arabischer Außenminister gewesen. Die Religion gab ihm die innere Kraft, den Gefahren ins Auge zu sehen, die Saudi-Arabien bedrohten, und ihnen gelassen zu begegnen. Außerdem gab sie diesem Land, das sich, wenn auch zögernd, allmählich modernisierte, den notwendigen Zusammenhalt und schützte es vor der Habgier seiner Nachbarn. Es ist nicht schwierig, einen gewöhnlichen Staatsmann politisch unter Druck zu setzen; dafür gibt es im Nahen Osten recht wirksame Methoden; aber es ist etwas ganz anderes, einen frommen Mann zu erpressen, der in seiner Heiligkeit über jeden Streit erhaben ist. Durch seine Religiosität vereinigte Faisal in sich Erhabenheit und Anonymität, großen Einfluß auf die Massen und den notwendigen Abstand von ihnen. So gelang Faisal das ungewöhnliche Kunststück, eine Stellung im ruhigen Zentrum eines Wirbelsturms einzunehmen, wobei er sich stets der schäumenden Wogen bewußt war, die ihn umbrausten. Seine Situation verlangte großes Geschick und innere Unabhängigkeit.

Faisal galt mit Recht als aufrichtiger, ehrenhafter Mann. Er war eine sehr feinfühlige Persönlichkeit und überlegte sich jedes Wort, das er sprach. Er sagte kein unüberlegtes Wort; jeder Satz hatte seine Bedeutung, auch wenn weniger intelligente Menschen manchmal nicht sofort begriffen, was er meinte. Wir konnten uns glücklich schätzen, daß Faisal ein aufrichtiger Freund der Vereinigten Staaten war – eine Freundschaft, die wir erwiderten –, aber er zweifelte an unserem Scharfblick und unserer Standfestigkeit. Er war noch so tief in der beduinischen Tradition verwurzelt, daß sein politisches Handeln wesentlich von persönlichen Beziehungen bestimmt wurde. Er war absolut zuverlässig und hielt sogar im allgemeinen mehr, als er versprochen hatte. Aber nach dreißigjährigen Erfahrungen in hohen Stellungen hatte er zu oft erlebt, daß die amerikanische Politik nicht immer den gleichen Kurs verfolgte, um die Zukunft seines Landes nicht ohne Einschränkungen von den Stimmungswechseln abhängig zu machen, deren Zeuge er gewesen war. So legte er sich nicht gern fest, stellte sich nach Möglichkeit auf die Seite der Vereinigten Staaten, tat dies aber nicht, wenn er damit die Interessen Arabiens gefährdete, wie er sie begriff. Vor allem kannte er aber auch die Schwächen seines eigenen Landes. Er versuchte niemals, den Vermittler zu spielen, weil er davon überzeugt war, daß Saudi-Arabien trotz all seines Reichtums – und vielleicht sogar gerade deswegen – nicht in allen Krisen eine Vermittlerrolle übernehmen konnte.

Als ich seine Haltung besser begriffen hatte, erkannte ich, daß es für Faisal leichter war, augenscheinlich spontan zu handeln, als einer Aufforderung zu folgen. Es stärkte seine Stellung in der arabischen Welt, wenn er aufrichtig sagen konnte, daß man ihn nicht um Unterstützung gebeten hätte, und er daher auch keine Zusagen gemacht habe – was ihn jedoch nicht davon abhielt, von sich aus und vollkommen freiwillig das zu tun, was uns nützte. Dann brauchte er seinen arabischen Brüdern nicht zu erklären, daß er den Amerikanern gegenüber dazu verpflichtet gewesen wäre oder es ihnen versprochen hätte. Ich sorgte dafür, daß er über den Inhalt unserer Verhandlungen laufend unterrichtet wurde, und habe ihn häufig in Riad aufgesucht, um ihn persönlich zu informieren. Nach unseren ersten Begegnungen habe ich ihn nie um etwas Bestimmtes gebeten, aber ich habe in anderem Zusammenhang oft eine hilfreiche saudische Fußspur erkennen können, die so unauffällig gesetzt worden war, daß sie von jedem Windstoß verwischt werden konnte.

König Faisal hat Erstaunliches geleistet. Unter seiner Führung wurde sein Land ernstgenommen, es behielt sich jedoch das Recht vor, selbst zu bestimmen, welche Rolle es spielte. Ob er es beabsichtigt hat oder nicht, er hat in der Weltwirtschaft eine Revolution ermöglicht und das globale Gleichgewicht der Kräfte wesentlich verschoben, indem er die Wirkung des Öls als einer Waffe durch das Gewicht Saudi-Arabiens erhöhte und damit sein Land zu einem bedeutenden Faktor in der Weltpolitik machte. Aber er stellte diese revolutionären Entscheidungen so dar, als habe er sie widerwillig und blutenden Herzens getroffen; zu dieser Haltung zwangen ihn die Habgier anderer und die unkontrollierbaren Leidenschaften der Völker dieser Region.

Wenn man die saudische Politik als das Ergebnis des Zusammenwirkens aller Kräfte in diesem Gebiet und nicht als die Gestaltung dieser Kräfte begreift, dann ist diese Vorstellung richtig. Wenn der Staatsmann der Steuermann ist, der das Staatsschiff durch die vom Sturm aufgepeitschten Wogen steuert, dann hat es Faisal meisterhaft verstanden, sein zerbrechliches Fahrzeug vor dem Wind zu halten und es vor dem Leckschlagen zu bewahren – keine geringe Leistung, wenn man bedenkt, was in den Nachbarländern Saudi-Arabiens geschehen ist.

Alle diese Tendenzen wurden erkennbar, als ich mich nach dem Essen mit Faisal zu einem Gespräch zusammensetzte. Anders als Sadat war er kein Freund dramatischer Initiativen. Seine Größe verbarg sich hinter der Anonymität. Ich brauchte für den Erfolg unserer Nahost-Diplomatie seinen guten Willen und wollte ihm verständlich machen, daß das Ölembargo unsere Beziehungen schwer belastete. Die beiden Gesprächsebenen – was ich ihm begreiflich machen wollte und was er anzuerkennen bereit war – waren nicht immer die gleichen. Wir umkreisten uns vorsichtig wie zwei Ringkämpfer, bevor sie zupacken, und beobachteten einander genau, ohne schließlich über die erste Phase des gegenseitigen Abtastens hinauszukommen.

Ich erläuterte dem König unsere Nahost-Strategie etwa im gleichen Sinn wie gegenüber Sadat, ohne auf taktische Einzelheiten einzugehen. Faisal verstand mich ohnedies sehr gut. Seine Haltung drückte Aufmerksamkeit und Verständnis aus. Aber seine Worte, die zweifellos an arabische Führer weitergegeben werden würden, und zwar auch an die PLO, waren elegante Wiederholungen der Darstellung eines umfassenden Programms, das sich mit unserer Strategie nicht vereinbaren ließ. Er sagte, der Friede mit Israel wäre möglich – für Faisal ein ungewöhnliches Zugeständnis –, schränkte seine Erklärung aber sofort dadurch ein, daß er den Rückzug Israels auf die Grenzen von 1967 und die Rückkehr *aller* palästinensischen Flüchtlinge in ihre Heimat zur Bedingung machte, was praktisch den Zustrom von mehr als einer Million Araber in das Israel innerhalb der Grenzen von 1967 bedeutet hätte. Über den dort zu errichtenden Staat sagte Faisal: »In Palästina muß nach entsprechenden Vereinbarungen ein gemischter jüdisch-islamischer Staat entstehen.« Mit anderen Worten, er wiederholte die Forderungen der PLO. Ich erklärte, das wäre nicht möglich. Faisal antwortete verschmitzt: »Israel würde sich in dem Augenblick zurückziehen, wenn Israel erkennen müßte, daß Sie es nicht mehr beschützen und verwöhnen.« Er sagte es mit königlicher Würde, ohne laut zu werden, aber auch ohne Flexibilität, als wäre es vor allem seine Aufgabe, Grundsatzerklärungen abzugeben, nicht aber Richtlinien für praktisches Handeln. Zum arabisch-israelischen Problem nahm Faisal eine bestimmte Haltung ein, weigerte sich aber, ein Programm vorzulegen.

Das Gespräch wurde schwieriger, als wir uns dem Öl zuwandten. Auf Nixons Veranlassung sollte ich Faisal dazu bewegen, das Embargo aufzuheben oder abzumildern. Hätte ich mehr von dem Mechanismus der Ölpreisgestaltung verstanden, dann hätte ich erkannt, daß die saudischen Produktionskürzungen gefährlicher waren als das Embargo, denn sie wirkten sich entscheidend auf die Ölversorgung der ganzen Welt aus und waren deshalb der auslösende Faktor für den Preisanstieg, der jetzt alle Kapitalreserven schluckte. Aber meine Unwissenheit wirkte sich nicht aus. Faisal, der den Preismechanismus sehr gut kannte, erklärte, daß er die Produktion steigern werde, wenn er das Embargo aufgehoben hätte. Er gab sogar zu, daß er »glühend daran interessiert sei, es so bald wie möglich zu tun«. Leider befände sich Saudi-Arabien in einer »peinlichen« Lage. Es müßten konkrete Fortschritte zu erkennen sein, bevor man den anderen arabischen Staaten vorschlagen könnte, das Schwert der Ölwaffe in die Scheide zu stecken. Gerade weil er ein Freund der Vereinigten Staaten wäre, könnte er nicht allein etwas unternehmen.

Nachdem ich mit meinen geopolitischen Argumenten nichts hatte ausrichten können, versuchte ich es mit psychologischen. Ich sagte, es wäre schmerzlich, von einem Freund unter Druck gesetzt zu werden, und es wäre uns nicht zuzumuten, einem solchen Druck nachzugeben. Doch Faisal drehte den Spieß um und erklärte: »Ich habe noch mehr gelitten als Sie.« Er sagte sogar, die Belastungen für ihn seien so groß, daß er mit einem Nervenzusammenbruch rechnen müßte. Ich erwiderte, man könnte nicht von uns verlangen, daß wir uns erpressen ließen. Doch Faisal wußte sich zu wehren. Er sagte, er hätte Verständnis für meine überzeugenden Erklärungen, aber leider sei Saudi-Arabien gebunden, denn die Entscheidung wäre von allen Arabern gemeinsam getroffen worden. »Was ich brauche ist ein Anlaß, der mich berechtigt, zu meinen Kollegen zu gehen und ihnen das zu empfehlen.«

Nun versuchte ich, einen Kompromißvorschlag zu machen. Wenn Saudi-Arabien nicht bereit wäre, das Embargo aufzuheben, vielleicht wäre es möglich, es nicht so streng anzuwenden. Faisal erklärte sich durchaus kompromißbereit. Vielleicht könnten wir uns auf halbem Wege treffen, wenn wir angesichts der Tatsache, daß wir Israel nicht zum Verzicht auf alle Eroberungen und dazu bewegen könnten, der Rückkehr der Palästinenser zuzustimmen, erklären würden, dies sei unser politisches Ziel, und zwar in der Form einer an Israel gerichteten Forderung der Vereinigten Staaten. Ich lehnte höflich ab.

In diesem würdevoll getanzten Menuett nahmen wir alle klassischen Posen ein, es gelang uns aber nicht, unsere Bewegungen aufeinander abzustimmen. Solange der Protokollführer ihn hören konnte, wich Faisal keinen Millimeter von seiner einmal eingenommenen Haltung ab.

Doch als er mich an die Tür begleitete, gewährte er mir in einer Minute den Segen für unsere Diplomatie, auf den ich in den stundenlangen komplizierten Gesprächen vergeblich gewartet hatte. Er tat es auf geheimnisvolle Weise, als unsere Worte nicht mehr aufgezeichnet wurden, aber doch in Hörweite der anderen Prinzen, als wäre der wichtigste Satz, den er mir zu sagen hatte, nur ein plötzlicher Einfall oder eine formale Höflichkeit: »Wir beten zum allmächtigen Gott, daß er Ihnen auch weiter bei all Ihren edlen Bemühungen Erfolg schenken möge. Ich habe mit Eurer Exzellenz sehr freimütig gesprochen, weil ich Ihre erwiesene Fähigkeit und Weisheit respektiere.« Faisal sagte niemals ein Wort zuviel, und wenn er unser schrittweises Vorgehen als »edel« bezeichnete, dann wollte er damit sagen, daß er unsere Politik unterstützen würde, wenn auch auf seine eigene komplizierte Weise. Auch war es nicht bloße Höflichkeit oder Schmeichelei, wenn er mir vor seinen ranghöchsten Ratgebern seine persönliche Anerkennung ausgesprochen hatte, und zwar obwohl er wußte, welcher Religion ich angehörte.

Da Faisal nicht wissen konnte, ob ich ihn richtig verstanden hatte, bekam ich unmittelbar nach der Audienz beim König im Gästehaus einen Besuch von zwei Männern, die einer nach dem anderen zu mir kamen. Der erste war Prinz Fahd, der damalige Innenminister, der als der starke Mann in Saudi-Arabien galt. Als ich Fahd besser kennenlernte, stellte ich fest, daß er weniger indirekt war als sein Halbbruder, der König, aber ebenso feinsinnig und intelligent. Auch er war ein guter Freund unseres Landes. Er hatte an meinem Gespräch mit dem König teilgenommen und konnte daher alles bestätigen, was der König gesagt hatte, aber aus bestimmten Gründen nicht allzu deutlich hatte aussprechen wollen. Der Inhalt unseres Gesprächs, das nicht öffentlich angekündigt worden war, brauchte aus diesem Grund in der arabischen Welt nicht bekanntgegeben zu werden. Nun sagte mir Fahd:

> Es hat mich gefreut, zu hören, wie Sie Seiner Majestät dem König so einleuchtend die Schwierigkeiten der Vereinigten Staaten erläutert haben und besonders solche Schwierigkeiten, die von denen nicht verstanden werden, die die Vereinigten Staaten nicht kennen.
> Und ich möchte Eurer Exzellenz versichern, daß ich zu denen gehören werde, die Ihnen helfen werden, den Weg zu gehen, von dem Sie gesprochen haben ...
> Es beruhigt uns zu hören, welche einzelnen Schritte Sie unternehmen werden, und ich habe das untrügliche Gefühl, daß dies zu guten Ergebnissen führen wird. Und wir erkennen auch, daß nicht alles über Nacht geschehen kann, sondern schrittweise, aber rasch getan werden muß.

Darin lag die königliche Zustimmung zu unserem Stufenplan, ein wertvoller Vertrauensbeweis. Fahd verpflichtete sich dann, alles zu tun, um die Hindernisse aus dem Weg zu räumen, welche die Beziehungen zwischen den Vereinigten Staaten und Saudi-Arabien belasteten, und dazu gehörte auch das Ölembargo. Er sagte, er werde demnächst in die Vereinigten Staaten kommen, um die Freundschaft der Saudis gegenüber Amerika zu demonstrieren.

Als ich mich an der Tür des Gästehauses von ihm verabschiedete, wartete Omar Saqqaf, der ebenfalls an der Audienz teilgenommen hatte, schon auf mich. Auch er hatte sich nicht angemeldet. Er besuchte mich zweifellos ebenso auf Veranlassung des Königs, um offener mit mir zu sprechen, als dies bei der offiziellen Audienz möglich gewesen war. Saqqaf fürchtete, daß ich entmutigt sein könnte, weil ich die Andeutungen des Königs vielleicht nicht verstanden hätte. Er kam sofort zur Sache: »Soweit ich das sehen konnte, sind sie beide schwierig gewesen. Aber es war ein Gespräch unter Freunden. Sie werden erleben, daß das Gespräch etwas genützt hat.« Er sagte, die Saudis erkannten meine Bemühungen an. Die Alternative zu Sadat wäre der Schützling der Sowjets, Ali Sabri. Ich erwiderte: »Wenn die radikalen Araber mit Hilfe sowjetischer Waffen siegen, dann bedeutet dieser Sieg auch für Sie eine Bedrohung.« Saqqaf, der sich sein ganzes Leben mit den Problemen des Nahen Ostens beschäftigt hatte, stimmte mir zu. Er bestätigte in gemäßigter Form, welche Schwierigkeiten es zwischen den Arabern und Israel gab: »Beide Seiten müssen begreifen, daß sie sich nicht gegenseitig umbringen wollen. Das ist eine Schlange, die sich in den Schwanz beißt.« Ebenso wie Fahd erklärte Saqqaf, Saudi-Arabien habe großes Interesse daran, daß ich meine Bemühungen fortsetzte, denn das werde sich auch günstig für sein Land auswirken. Saudi-Arabien werde mir keine Hindernisse in den Weg legen, sondern mich höchstwahrscheinlich unterstützen.

Wie der König mir schon gesagt hatte, bestätigte Saqqaf, daß Syrien großes Interesse hätte, auf höchster Ebene den Kontakt mit mir aufzunehmen, eine Begegnung mit dem Präsidenten Hafez Asad war gemeint. Ich sagte ihm, ich würde nach meiner Rückkehr von Washington aus die Verbindung zu Asad aufnehmen. Dadurch erhielt Saqqaf die Möglichkeit, schon vor mir mit Damaskus zu sprechen, mir den Weg zu ebnen und bei den Syrern den Eindruck zu erwecken, daß ein Zustandekommen solcher Kontakte Saudi-Arabien zu verdanken wäre.

Auf meiner Reise im November gelang es mir, den Nahost-Krieg endgültig zu beenden. Der Waffenstillstand wurde stabilisiert und es wurden die ersten Vorbereitungen für die Nachkriegsdiplomatie getroffen. Am 14. November hatten Ägypten und Israel sich am Kilometer 101 im einzelnen darüber geeinigt, wie der Sechs-Punkte-Plan verwirklicht werden sollte. Wir hatten wesentlich zum Erfolg dieser Verhandlungen beigetragen. Allmählich hatten wir uns eine Position geschaffen, in der es entscheidend auf unsere Unterstützung ankam, wenn Fortschritte gemacht werden sollten, während wir uns systematisch darum bemüht hatten, den Sowjets die Möglichkeit zu nehmen, störend einzugreifen. Jetzt konnten wir uns auf den nächsten Schritt konzentrieren, das Zustandekommen der Genfer Friedenskonferenz und das Abstecken des Weges zum Frieden. Doch zunächst mußten auf dem Schachbrett der Diplomatie noch bestimmte Züge gemacht werden.

XIV. Zwischenspiel am Persischen Golf

Von Riad aus führte mich meine Reise in Länder, die zur Lösung der gegenwärtigen Krise im Nahen Osten verhältnismäßig wenig beitragen konnten, die jedoch im Rahmen unseres Gesamtplans für die Sicherheit und den Frieden in der Welt eine wichtige Rolle spielten. Der Iran war der Schlüssel zum Gleichgewicht der Kräfte im Persischen Golf. Pakistan war schon seit langer Zeit mit den Vereinigten Staaten befreundet, und wir hatten uns tatkräftig für seine Unabhängigkeit eingesetzt. China konnte wesentlich zum globalen Gleichgewicht der Kräfte beitragen, und Japan war eine Hauptstütze in unserem Bündnissystem. (Über meine Besuche in Peking und Tokio werde ich noch berichten.)

Am 9. November 1973 machte ich in Teheran Station, um mit dem Schah des Iran zusammenzutreffen, der seit siebenunddreißig Jahren mit den Vereinigten Staaten verbündet war. Das Schicksal und sein Volk haben es mit dem Schah nicht gut gemeint. Amerika und seine Verbündeten haben damit, wie sie ihn später behandelten, Schande über sich gebracht; sie haben diesen Freund nicht nur politisch im Stich gelassen – was als Folge der brutalen Erfordernisse des nationalen Interesses notwendig werden kann –, sondern auch menschlich, als er Zuflucht suchte und nirgends Hilfe und Trost finden konnte. Die Geschichte wird von den Siegern geschrieben, und in diesem Fall sind sie sehr grausam gewesen.

Es ist vieles Falsche über die Beziehungen Amerikas zum Schah behauptet worden. Man hat versucht, den Eindruck zu erwecken, daß Amerika den iranischen Herrscher aus persönlicher Freundschaft oder aus Vorliebe für das autoritäre Herrschaftssystem unterstützt habe. Die Wirklichkeit war viel komplexer. Eine enge Beziehung, die unter acht amerikanischen Präsidenten beider politischen Parteien bestanden hat, muß tiefere Ursachen gehabt haben als persönliche Neigungen. Die Freundschaft zwischen Amerika und dem Iran war nicht Ausdruck persönlicher Sympathien, sondern geopolitischer Realitäten. Die Bedeutung des Iran hatte mit den rein persönlichen Auffassungen der Führer in beiden Ländern nichts zu tun. Der Iran, der neben Ägypten und China auf die längste Geschichte als selbständiger Staat zurückblicken kann, ist die Landbrücke zwischen der Sowjetunion und dem arabischen Nahen Osten. Unter dem Schah war er eine Barriere, welche die gefährdeten Länder Pakistan und Afghanistan von der Bedrohung durch den sowjetischen Expansionismus und den Unruhen im Nahen Osten schützte. Der Iran ist bei weitem die stärkste Nation an der

Straße von Hormuz, durch die mehr als vierzig Prozent des von den demokratischen Industriestaaten importierten Öls transportiert werden. Das Land selbst hat eine Produktionskapazität von mehr als sechs Millionen Barrel Öl am Tag (seine Produktion ist gelegentlich auf acht Millionen Barrel täglich gesteigert worden) – ein wesentlicher Beitrag zur Ölversorgung der ganzen Welt, und der Rückgang der iranischen Ölproduktion nach dem Sturz des Schah im Jahr 1979 hat zu einer Weltwirtschaftskrise geführt. Es bedarf keiner komplizierten Theorien über eine Vorliebe für autoritäre Regierungen oder persönliche Freundschaften, um zu erklären, weshalb amerikanische Präsidenten von Franklin Roosevelt bis Jimmy Carter der Auffassung gewesen sind, daß zwischen den Vereinigten Staaten und einem mit Amerika befreundeten Iran parallele Interessen bestehen.

In diesen Beziehungen lagen die Vorteile nicht nur auf einer Seite, was auch angesichts der Tatsache undenkbar wäre, daß diese Beziehungen über eine so lange Zeit bestanden haben. Was die fanatischen und irregeleiteten Nachfolger des Schahs auch behaupten mögen, historisch gesehen kam die ernsteste Bedrohung der Unabhängigkeit des Iran nicht von dem mehr als zwölftausend Kilometer entfernt gelegenen Amerika, sondern über die traditionellen Einfallswege aus dem Norden von der nach Macht und Einfluß strebenden Sowjetunion und aus dem Westen, wo der Irak die vor einem halben Jahrhundert festgelegten Grenzen korrigieren wollte. Ein kluger iranischer Herrscher mußte es deshalb für sicherer halten, sich auf ein Land zu stützen, das durch zwei Kontinente von ihm getrennt war, als auf einen Nachbarn, der seine Unabhängigkeit entlang der ganzen Grenze nicht anerkannt hatte. Die Vereinigten Staaten schätzten sich glücklich, daß die volkreichste und potentiell stärkste Nation am Persischen Golf nicht den jetzt in Mode gekommenen Tendenzen der Blockfreiheit folgte, die sich im Lauf der Zeit immer weniger vom Anti-Amerikanismus unterscheiden ließen.

Als intelligenter Analytiker der außenpolitischen Lage suchte der Schah die Sicherheit des Iran nicht darin, daß er unentschlossen zwischen den Supermächten hin und her manövrierte, sondern in einer festen Bindung an die Vereinigten Staaten. Aber er hatte erlebt, wie Großbritannien sich aus der Golf-Region zurückzog, Amerika in Südostasien in Bedrängnis geriet, und erkannte, daß sich der Iran eines Tages auch auf seine eigene Stärke würde verlassen müssen. Deshalb versuchte er durch die Modernisierung und wirtschaftliche Entwicklung seines Landes die Unterstützung des Volkes für seine Herrschaft zu gewinnen und den Iran in die Lage zu versetzen, einen Teil der Verteidigungslasten selbst zu übernehmen. Er erkannte, daß er im Notfall eher auf eine Hilfe von außen rechnen konnte, wenn der Iran den Gefahren im Nahen Osten selbst begegnen und sogar die Sowjets zwingen könnte, sich im Falle einer Aggression in ein so großes Abenteuer zu stürzen, daß niemand mehr an ihren Absichten zweifeln konnte.

Später, als für uns schon alles verloren war, hat man in Amerika die eigenen Schuldgefühle zu übertönen versucht, indem man Nixon für das Schicksal des Iran verantwortlich machte, weil er sich 1972 entschlossen hätte, unserem Verbündeten hochtechnische Rüstungsgüter zu verkaufen. Diese kritische Haltung hat augenscheinlich zwei sonst miteinander verfeindete Gruppen veranlaßt, gemeinsam vorzugehen – einmal die Neokonservativen, von denen sich erst kürzlich einige dazu entschlossen haben, ihren Widerstand gegen jedes amerikanische Engagement im Ausland aufzugeben; sie erklärten, die »Nixon-Doktrin« hätte sich als brüchig erwiesen. Da der Iran und andere bedrohte Länder sich niemals selbst verteidigen könnten, hätten wir von Anfang an wissen müssen, daß nur die Stationierung amerikanischer Streitkräfte im Persischen Golf den notwendigen Schutzschirm bieten könnten.[1] Andere vertraten die entgegengesetzte und heute beliebtere Theorie, die dem liberalen Klischee von der Verwerflichkeit aller Waffenverkäufe und der Vorstellung entsprach, daß der Schah sein Volk unterdrückt hätte. Keine dieser Theorien läßt sich historisch oder geographisch begründen.

Denn 1972 hatte es Nixon nicht mit einer Theorie, sondern mit einer Realität zu tun. Nachdem sich Großbritannien Ende 1971 aus der Golf-Region zurückgezogen hatte, schlossen der Irak und die Sowjetunion im April 1972 einen Freundschaftsvertrag, in dessen Rahmen dieses radikalste arabische Land mit großen Mengen sowjetischen Kriegsmaterials ausgerüstet wurde. Um zu verhindern, daß der Irak am Persischen Golf die Vorherrschaft gewann, mußten wir hier entweder amerikanische Streitkräfte stationieren oder die schon vorhandenen örtlichen Kräfte stärken. Als man sich in Amerika darum bemühte, Vietnam zu vergessen, und als später die Konservativen an Einfluß gewannen, erinnerte sich kaum jemand mehr an die damals herrschende Stimmung. Zu jener Zeit war man allgemein der Auffassung, die Vereinigten Staaten dürften sich nicht mehr so intensiv im Ausland engagieren; sogar die Konservativen unterstützten solche Tendenzen. Der Kongreß strich jedes Militärbudget zusammen. Als wir in Diego Garcia im Indischen Ozean eine militärische Basis einrichten wollten, wurden wir von den Kongreßabgeordneten heftig dafür angegriffen. Die dafür benötigten Geldmittel ließen sich erst beschaffen, als wir die Anlage nur als Stützpunkt bezeichneten und ausdrücklich darauf verzichteten, einen für schwere Bombenflugzeuge geeigneten Flughafen zu bauen. Die Stationierung von Truppen auf diesem Stützpunkt wurde nur unter bestimmten Voraussetzungen zugelassen – und Diego Garcia liegt dreitausendzweihundert Kilometer vor der Küste des Iran. Wie wir heute feststellen müssen, ist es eine ungeheuer schwierige und vielleicht praktisch und logistisch undurchführbare Aufgabe, auch unter den günstigsten Voraussetzungen eine glaubwürdige militärische Verteidigungskapazität für den Persischen Golf zu schaffen. Deshalb entschlossen wir uns 1972, dem Iran bei der Aufrüstung zu helfen, damit dort kein gefährliches Vakuum entstand. Die Nixon-Doktrin hat auch von keinem Land erwartet, sich allein gegen eine Supermacht zu verteidigen, sondern sie bot jedem Verbündeten, der von einer Nuklearmacht angegriffen werden sollte – und das konnte nur die Sowjetunion sein –, und bereit war, sich zu verteidigen, ausdrücklich die Hilfe der Vereinigten Staaten an.[2] Über Jahrzehnte hinaus hat der Iran unter dem Schah wesentlich zur Stabilität im Nahen und Mittleren Osten und zur internationalen Sicherheit beigetragen. Und er – oder andere Gruppen, die seine Auffassungen teilten – hätten das wahrscheinlich auch weiterhin getan, wenn unsere Nachfolger eine klügere Außenpolitik getrieben hätten.

Man hat unserer Politik aber auch vorgeworfen, daß der Fehler nicht darin gelegen habe, den Schah zu bewaffnen, sondern daß es falsch gewesen wäre, ihm einen »Blankoscheck« für unbegrenzte Waffenkäufe auszustellen. Das ist eine Verleumdung, denn es hat nie einen Blankoscheck gegeben. Nixons Entscheidung wurde durch die Bitte des Schah ausgelöst, neue hochmoderne Flugzeuge der Typen F-14 oder F-15 kaufen zu dürfen. Aus den verschiedensten Gründen verzögerte das Pentagon die Entscheidung, und zwar zum Teil, weil das Verteidigungsministerium lieber veraltete Maschinen abgestoßen hätte, zum Teil aber auch, weil es unsere Streitkräfte auffüllen wollte. Das Ministerium hat sich aber Nixons Entscheidung niemals offen widersetzt. Als der Präsident im Mai 1972 Teheran besuchte, brachte der Schah die Angelegenheit zur Sprache und wies darauf hin, daß er auch die Möglichkeit hätte, vergleichbare, wenn auch nicht ganz so leistungsfähige französische Maschinen zu kaufen. Nixon stimmte im Prinzip dem Verkauf von Maschinen des Typs F-14 oder F-15 zu. Nach seiner Rückkehr gab er eine entsprechende Direktive heraus. Das Verteidigungsministerium machte einen Gegenvorschlag: Der Schah sollte seine Entscheidung über den Kauf dieser Flugzeugtypen so lange verschieben, bis sie beide in der Praxis erprobt worden wären. Die F-14 würden 1973 einsatzbereit sein, die F-15 erst 1976 oder 1977. Damit würde die Entscheidung erst in vier Jahren fallen können. Um dieser Verzögerungstaktik ein Ende zu bereiten, ordnete Nixon an, die Entscheidung über den Kauf dieser Flugzeuge und den Zeitpunkt der Auslieferung der Regierung des Iran zu überlassen. Darin liegt in diesem Zusammenhang die Bedeutung der oft zitierten Direktive; die Sache endete mit Nixons kategorischem Befehl, das Pentagon dürfte nicht versuchen, die iranische Entscheidung darüber, welcher Flugzeugtyp geliefert werden sollte, vorwegzunehmen.

Jedenfalls kann nur jemand, der die in unserer Regierung üblichen Verfahren nicht kennt oder dem es darauf ankommt, die Diskussion durch immer neue Argumente in die Länge zu ziehen, behaupten, daß diese Direktive Nixons Watergate und seinen Rücktritt überlebt und alle Entscheidungen der beiden folgenden Administrationen beeinflußt habe – während dieser Zeit sind neunzig Prozent aller größeren Waffenverkäufe getätigt worden. Ich bezweifle sogar, daß die Präsidenten Ford und Carter sich der Existenz dieser Direktive bewußt gewesen sind – auch ich hatte sie vergessen –, als sie den späteren Waffenverkäufen zustimmten, die unvergleichlich viel umfangreicher waren als die von Nixon genehmigten. Die Präsidenten Ford und Carter haben sich für die militärische Stärkung des Schahs aus den gleichen Gründen eingesetzt wie Nixon. Beide waren der Auffassung, daß diese Maßnahme im dringenden Interesse der Vereinigten Staaten, des Iran und der Stabilität in dieser Region lag. (Verteidigungsminister James Schlesinger ernannte einen Beauftragten im Iran, der die iranischen Rüstungskäufe bearbeiten sollte.) Daß diese strategische Lagebeurteilung richtig war, beweist die Tatsache, daß der revolutionäre Iran nach dem Tod des Schah von dem mit sowjetischen Waffen ausgerüsteten Irak angegriffen wurde (ein Ereignis, zu dem es niemals gekommen wäre, solange das Bündnis des Iran mit den Vereinigten Staaten noch intakt war) und daß der Iran der Katastrophe nur entgangen ist, weil er über die viel geschmähten amerikanischen Waffen verfügte. Ein weiterer Beweis ist der Umstand, daß die iranische Regierung, als sie noch die amerikanischen Geiseln in der Hand hatte, verschiedentlich die Lieferung von Ersatzteilen zur Bedingung für die Freilassung der Geiseln gemacht hat.

Heute nach zehn Jahren erkennt man, daß der Sturz des Schah nichts mit den Waffenkäufen zu tun gehabt hat. Hätten sich die Vereinigten Staaten bei Beginn des Umsturzes anders verhalten, dann hätten die Militärs vielleicht zu der Zeit, als sich die Monarchie aufzulösen begann, ein politisches Gegengewicht gegen den Radikalismus bilden können. Der wichtigste auslösende Faktor für den Sturz des Schah war die Politik, die er im Westen gelernt hatte; die Modernisierung einer feudalen, islamischen Gesellschaft, die rasche wirtschaftliche Entwicklung, die die Finanzen des Iran viel stärker in Anspruch genommen hat als die Rüstungskäufe. Der Schah hat die westlichen akademischen Doktrinen wörtlich genommen, daß die Ursache der politischen Instabilität die Kluft zwischen der wirtschaftlichen Erwartung und den wirtschaftlichen Leistungen ist. Wenn die »Revolution der wachsenden Erwartungen« berücksichtigt würde, so lautete das Argument, dann werde die politische Stabilität fast automatisch folgen. Westliche liberale Grundsätze haben den Schah veranlaßt, einen weltlichen, modernen Staat nach dem reformistischen Vorbild Kemal Atatürks aufzubauen und einer Bevölkerung die Industrialisierung aufzuzwingen, die kaum dem Feudalzeitalter entwachsen war. Während der ersten zwanzig Jahre schien er Erfolg damit zu haben. Das Bruttosozialprodukt im Iran wuchs jedes Jahr um fast zehn Prozent. Es wurde eine Bodenreform durchgeführt, das öffentliche Schulsystem wurde ausgebaut, und die Frauenrechte wurden gefördert, die Arbeiter wurden am Gewinn der Unternehmen beteiligt und das Gesundheitswesen wurde reformiert.

Aber das Ergebnis war nicht die nach den akademischen Theorien zu erwartende politische Stabilität. Mit der Industrialisierung wurde die Landbevölkerung entwurzelt und zog in die überbevölkerten Städte, wo sie moralisch und psychologisch überfordert wurde. Die Zunahme des Bruttosozialprodukts ließ eine neue Gesellschaft entstehen, die ebenso wie in vergleichbaren Perioden der europäischen Geschichte stärker an der Regierung beteiligt werden wollte. Das Erziehungssystem erzeugte eine intellektuelle Gärung und förderte den Radikalismus, der selbstverständlich das System der absoluten Monarchie im Sinne des Schah ablehnte. Die modernen kulturellen Einflüsse aus dem Westen, die jetzt, nachdem der Damm der kulturellen Isolation gebrochen war, in den Iran strömten, überspülten die religiösen und gesellschaftlichen Traditionen. Die Entwurzelten, die neuen Machthaber, die Orthodoxen und die spirituell Enteigneten vereinigten sich trotz ihrer unterschiedlichen und oft widersprüchlichen Motive, um die Herrschaft des Schah in einer Orgie des Hasses und der Rachsucht hinwegzufegen.

Aber wofür wollten sie sich rächen? Natürlich hat es am Hof des Schah Korruption gegeben; das ist in der ganzen Region nichts Ungewöhnliches. Auch das heutige Regime ist zum Teil korrupt. Die Exzesse der Geheimpolizei, der gefürchteten Savak, waren unverzeihlich, auch wenn manches heute vielleicht übertrieben wird.* Zweifellos lebte der Schah zu isoliert, um zu begreifen, daß seine wirtschaftlichen Erfolge neue politische Realitäten schufen, gegen die mit Unterdrükkungsmaßnahmen nichts auszurichten war. Aber seine zahlreichen

* Die SAVAK hat auch heute ihren Einfluß nicht verloren, wenn auch unter einem neuen Namen und anderen Voraussetzungen.

Fehler sind wahrscheinlich weniger schwerwiegend gewesen als die Praktiken anderer Nationen am Persischen Golf oder blockfreier Staaten, die nicht so scharf kritisiert worden sind. Und nichts, was damals geschehen ist, läßt sich mit den Hexenverfolgungen, Hinrichtungen, dem Terrorismus und dem Wahnsinn vergleichen, die der Iran anschließend über sich ergehen lassen mußte und in ihrer blutigen Grausamkeit und Selbstgerechtigkeit an die schlimmsten Exzesse Robespierres erinnern.

Der Schah stürzte, weil sich legitime Unzufriedenheit mit der Ablehnung der Modernisierung und des Schah als eines angeblich gemäßigten bedeutenden Führers verband. Man hat den Schah weniger wegen seiner Fehler verurteilt als für das, was er richtig gemacht hat. Seine Feinde waren diejenigen, die seine Reformen ablehnten und den Westen haßten. Sie lehnten den Absolutismus nur ab, solange er sich auf weltliche Grundsätze stützte. Die Sieger waren zunächst nicht aufgeklärte Dissidenten mit liberalen, demokratischen Auffassungen, sondern gehörten der rückständigsten Gruppe der iranischen Gesellschaft an. Es waren die religiösen Ayathollas, die die Menschenwürde nicht mit Freiheit und Fortschritt, sondern mit veralteten Moralgesetzen und religiösen Vorschriften identifizierten. Ihre Unabhängigkeitserklärung richtete sich gegen alle ausgleichenden kulturellen Einflüsse, die heute weltweit spürbar sind, gegen die ihnen fremden Doktrinen des Kommunismus ebenso wie gegen die Wertvorstellungen des Westens. Hier erleben wir ein Streben nach Identität und Glaubensvorstellungen in einer Welt, die nach Auffassung dieser Menschen durch die korrumpierende Wirkung der Uniformität den einzelnen zu entwurzeln droht.

Was an unserer Politik in den siebziger Jahren mit Recht kritisiert wird, ist die Tatsache, daß wir diese fast metaphysische Rebellion gegen die Modernisierung nicht begriffen haben. Wir waren nicht nur durch unsere Loyalität gegenüber dem Schah zu geblendet, um zu begreifen, was uns vorgeworfen wurde – aber es gibt schlimmere Vorwürfe als den, daß eine Nation ihrem Verbündeten treu zur Seite gestanden hat –, sondern auch durch die westlichen Auffassungen über wirtschaftlichen und gesellschaftlichen Fortschritt als Allheilmittel, Auffassungen, die gerade von den Kritikern vertreten wurden, die sich jetzt hämisch über den Sturz des Schah freuen. Bei unserer Abreise aus Teheran habe ich einem uns begleitenden Journalisten gesagt, daß nach allen geschichtlichen Erfahrungen eine so stürmische wirtschaftliche Entwicklung wie im Iran zur Revolution führen müßte. Aber solche Überlegungen hatten damals keinen besonderen Wert, denn ich fügte sofort hinzu, augenscheinlich könnte die Dynamik dieses sehr raschen Wachstums die politischen Gefahren der Industrialisierung überwinden. Darin irrte ich mich. In Wirklichkeit hat das Tempo der Modernisierung den politischen Umsturz beschleunigt. Die scheinbare Stabilität des Jahres 1976 hat uns getäuscht. Zwei Jahre nach meinem Ausscheiden aus dem Amt explodierte der Kessel. Die ungeschickten Reaktionen in Teheran und Washington verschärften die Tragödie und vernichteten die innenpolitischen Erfolge von zwei Jahrzehnten – und die internationalen Beziehungen, die der Sache des Friedens im Persischen Golf gedient hatten.

Aber das Problem liegt tiefer und läßt sich nicht nur mit Schuldbekenntnissen erklären. Angenommen, wir hätten die Gefahren erkannt, was hätten die Vereinigten Staaten empfehlen sollen? Haben wir eine politische Theorie für die Weiterentwicklung von Entwicklungsländern? Wissen wir, wie in feudalen, religiösen Gesellschaftssystemen der Ausgleich zwischen Autorität und Freiheit und zwischen Menschenrechten und Anarchie geschaffen werden soll? Es ist leicht zu behaupten, daß Fortschritte auf dem Weg zur parlamentarischen Demokratie und zur Teilnahme des Volkes an politischen Entscheidungen die Lage entschärft hätten. Abgesehen von der Frage, ob wir darauf Einfluß nehmen konnten, hätten diese »aufgeklärten« Maßnahmen die Katastrophe wahrscheinlich nur beschleunigt. Das Herrschaftssystem des Schah wurde in der Hauptsache von Gruppen bedroht, die sich für solche westlichen Vorstellungen nicht interessierten. Seine unversöhnlichsten Feinde waren die konservativen Feudalisten, die ihre sozialen Privilegien verloren hatten, und die radikalen Linken. Beide hatten nichts für seine parlamentarische Demokratie übrig. Nach dem Sturz des Schah schalteten sie zunächst die wenigen Fürsprecher demokratischer Institutionen aus und wandten sich erst dann den Streitigkeiten in den eigenen Reihen zu, um sich gegenseitig zu vernichten.

Darin waltete kein Zufall. Das Konzept der repräsentativen Demokratie setzt einen sozialen Zusammenhalt voraus, den es in vielen Entwicklungsländern nicht gibt. Wo die Regierung das wichtigste Instrument für den gesellschaftlichen Zusammenhalt darstellt, lassen sich Oppositionen und Regierung nicht immer voneinander unterscheiden, und es läßt sich auch nicht erkennen, womit die Autorität und mit ihr der Staat unterminiert wird. Der Revolutionsführer im Iran war selbstverständlich kein Demokrat mit reformistischen Neigungen, sondern ein finster entschlossener Reaktionär, der sich, sobald er sein Amt übernommen hatte, diktatorische Vollmachten anmaßte, die weit über das hinausgingen, was der Schah je für sich beansprucht hatte.

Uns fehlt in der Tat eine schlüssige Vorstellung davon, wie sich die elementaren Kräfte, die im Rahmen einer industriellen und wirtschaftlichen Weiterentwicklung frei werden, in ruhige Kanäle lenken lassen. Die liberale Demokratie hat sich im Lauf von Jahrhunderten in Gesellschaftssystemen entwickelt, die in ihrem Wesen aristokratisch und bürgerlich waren. Das allgemeine Wahlrecht ist im Westen erst nach dem Ersten Weltkrieg eingeführt worden (sogar in den Vereinigten Staaten wurden die Senatoren noch 1913 indirekt gewählt.) In solchen Kulturen hat die Minderheit die Möglichkeit, zur Mehrheit zu werden, und der politische Kampf um die Macht führt nicht zur Vernichtung des Verlierers. Das ist in Ländern, wo es zwischen den einzelnen Stämmen, Religionen oder Rassen große Unterschiede gibt oder wo ein Staat geschaffen wurde, um eine Bevölkerung zu regieren, deren gemeinsame Grunderfahrung eine Kolonialherrschaft ist, ganz anders. In diesem Fall führt die Gewöhnung an das Zusammenleben der Massen eher zum Totalitarismus als zur Demokratie. Ironischerweise erleben wir es heute, daß der Leninismus in so vielen Entwicklungsländern als erstrebenswert angesehen wird, weil er die Herrschenden legitimiert, im Amt zu bleiben, und nicht, weil seine Wirtschaftstheorien als attraktiv empfunden werden (die offensichtlich versagt haben). Gerade deshalb haben sich die meisten Führer von Unabhängigkeitsbewegungen entschlossen, in die Politik zu gehen. Unser Dilemma liegt darin, daß wir auf unsere Wertmaßstäbe nicht verzichten können, aber noch nicht gelernt haben, politische Institutionen zu schaffen, welche die Spannungen in den ersten Phasen der Entwicklung überwinden können.

Viele alte Freunde der Vereinigten Staaten am Persischen Golf stehen heute mit uns vor den gleichen Schwierigkeiten. Wir wissen, daß ihre innenpolitische Basis instabil ist, wir haben aber noch keine wirksamen Mittel gefunden, sie zu stabilisieren. Die gegenwärtigen Herrscher zu unterstützen, verträgt sich zwar nicht mit unseren demokratischen Grundsätzen, liegt aber andererseits in unserem nationalen Interesse. Im Persischen Golf ist die Alternative zu den mit uns befreundeten autoritären Herrschaftssystemen fast unausweichlich ein uns feindlicher Totalitarismus. Die politischen Konzepte, die wir ihnen zu vermitteln suchen, gefährden nach ihrer Auffassung den Zusammenhalt ihrer Gesellschaftsstruktur. Wenn darin der einzige Ausweg besteht, den wir zu bieten haben, dann können sie durchaus eine Verständigung mit den radikalen Strömen in diesem Gebiet suchen. Dieses Dilemma bleibt eine der wichtigsten intellektuellen Herausforderungen für das politische Denken in Amerika und dem Westen.

Am 9. November 1973 hätte man geglaubt, der Iran sei das Land im Nahen Osten, auf das solche Überlegungen am wenigsten zuträfen. Ich war aus symbolischen und konkreten Gründen nach Teheran gekommen. Symbolisch wollte ich die Bedeutung unterstreichen, die unsere Beziehung zum Iran für uns hatte, und damit die Abenteuerlust machtgieriger Nachbarn dämpfen. Rein sachlich wollte ich feststellen, wie der Schah die weltpolitische Lage und besonders die Verhältnisse im Nahen Osten beurteilte. Aber vor allem wollte ich ihm sagen, wie sehr wir es anerkannten, daß er uns während der Krisen in den vergangenen Monaten so tatkräftig unterstützt hatte.

Wir waren dem Schah für seine absolut zuverlässige Loyalität während des Oktober-Krieges zu großem Dank verpflichtet. Unsere Verbündeten in der NATO hatten den Sowjets erlaubt, bei ihrer Luftbrücke in den Nahen Osten ihr Staatsgebiet zu überfliegen; der Schah hatte sich standhaft geweigert, es zu erlauben. Er war mit Sadat befreundet, hatte aber nicht versucht, uns diplomatisch unter Druck zu setzen. Er hielt uns vielmehr, soweit er es konnte, über die Absichten der Araber auf dem laufenden, und stand uns auch als Vermittler zur Verfügung – wenngleich sich sein Angebot erübrigte, weil wir eine direkte Verbindung zu Sadat hergestellt hatten. Aber vor allem weigerte er sich, uns ebenso wie die anderen Ölproduzenten im Persischen Golf unter Druck zu setzen. Der Iran beteiligte sich nicht am arabischen Ölembargo und senkte auch nicht seine Ölproduktion. Darin bestanden die Maßnahmen, die zuerst eine Panik und dann eine Ölknappheit auslösten und schließlich den massiven Preisanstieg ermöglichten (das hat revisionistische Historiker nicht davon abgehalten, dem Schah die Schuld für den Anstieg des Ölpreises zu geben, für den andere die gleiche, wenn nicht eine noch größere Verantwortung trugen).*

Er hat auch Israel weiterhin mit Öl beliefert. Als wir einen Verband von Flugzeugträgern in den Indischen Ozean verlegten, wurde er mit Treibstoff versorgt, ohne daß der Schah Gegenleistungen von uns verlangte. Ein feindlicher Iran hätte unsere diplomatischen Bemühungen durchkreuzen können, die uns die Bewältigung der Krise erlaubten. Hätte der Iran eine indifferente Haltung eingenommen, wäre unsere Aufgabe erheblich erschwert worden. Ich habe es immer für meine Pflicht gehalten, daran zu erinnern, welchen großen Dienst der Schah damals unserem Land und den Völkern der freien Welt geleistet hat, besonders als er später selbst in eine so verzweifelte Lage geraten war.

Wenn es das Schicksal der Welt sein sollte, ein diesen ganzen Erdball umspannender Markt zu werden, dann werden unsere Flughäfen die Marktplätze sein. Dort spürt man schon heute nichts mehr von den kulturellen und nationalen Eigenarten der Länder, in denen sie liegen. Der luxuriös eingerichtete königliche Pavillon auf dem Teheraner Flughafen Mehrabad hätte überall auf der Welt als Empfangsraum für Staatsgäste dienen können. Nur die wertvollen Perserteppiche, die den Boden bedeckten, deuteten an, wo wir uns befanden. Hier blieben wir nur we-

* Siehe 19. Kapitel

nige Minuten, um von dem vornehmen älteren Herrn begrüßt zu werden, der das iranische Außenministerium leitete, Abas Ali Khalatbari. Er begleitete unseren Botschafter Richard Helms und mich zum kaiserlichen Palast am Stadtrand. Wie immer verließ uns der Außenminister an der Tür zum kaiserlichen Arbeitszimmer. Er hat weder an diesem noch an anderen Gesprächen teilgenommen, die ich mit dem Schah geführt habe. Seine Stellung war eigentlich eher die eines Protokollchefs als die des Leiters der iranischen Diplomatie. Er begrüßte alle Besucher, die im Rang unter dem Staatsoberhaupt standen, und vertrat sein Land auf Konferenzen, an denen der Schah nicht selbst teilnehmen mußte. Aber der Schah behielt sich alle wichtigen außenpolitischen Entscheidungen vor. Ich erwähne all diese Umstände, weil dieser zurückhaltende und zuvorkommende Mann nach der Revolution und nach einem sinnlosen, nur eine Stunde dauernden Gerichtsverfahren vollkommen unschuldig hingerichtet worden ist. Mohammed Reza Pahlevi war stets höflich und zurückhaltend, was zum Teil an seiner Schüchternheit lag, aber auch an dem Unterschied im protokollarischen Rang und seiner Auffassung davon, wie sich ein Kaiser zu verhalten hätte. Sein Vater, ein primitiver Kosak, der 1920 durch einen Gewaltstreich auf den Thron gekommen war, hatte ihm diese Haltung beigebracht; man hatte aber niemals das Gefühl, daß sich der Schah dabei nicht wohl fühlte. Er war für die Einsamkeit erzogen, bis er sie im Exil in grausamer und übertriebener Form zu spüren bekam, als er von fast allen verlassen wurde, die vierzig Jahre um seine Gunst gebuhlt hatten.

Der Schah war ein hervorragender Analytiker großer strategischer Zusammenhänge. Er glaubte, daß der radikale Irak als Rammbock gegen alle gemäßigten prowestlichen Regierungen im Nahen Osten eingesetzt werde. Wenn dieses Land auch nicht als sowjetischer Satellitenstaat bezeichnet werden konnte, würde ein von den Sowjets bewaffneter Irak den Sowjets wertvolle Dienste leisten, wenn er prowestliche Regierungen wie etwa in Saudi-Arabien einschüchterte. Gleichzeitig würde er auf Jordanien und sogar auch auf Syrien Druck ausüben, das zwar radikale Neigungen hatte, aber alles andere als eine sowjetische Marionette war. Der Schah glaubte, daß die Sowjetunion versuchen werde, den Iran zwischen Afghanistan und dem von den Sowjets abhängigen Irak zu zerreiben. Die Revolution in Kabul, als deren Folge der afghanische König vor kurzem von einem neuen Präsidenten, Mohammed Daoud, abgelöst worden war, bereitete dem Schah besondere Sorgen. Sie war von Offizieren mit ausgesprochen prosowjetischen Tendenzen angezettelt worden; deshalb mußte man für die Zukunft mit erheblichen Schwierigkeiten rechnen. Der Schah glaubte, daß die Revolution Daouds durchaus die Vorläuferin noch radikalerer Umstürze sein könnte – wie sich später herausgestellt hat, eine zutreffende Prophezeiung. Wenngleich Doud Nationalist war, konnte die Sowjetunion ihn ohne weiteres dazu mißbrauchen, die politische Lage im Mittleren Osten zu destabilisieren. Der afghanische Irredentismus, dem es darauf ankam, unzufriedene ethnische Gruppen in den Grenzgebieten von Pakistan und Iran (die Pashtunen und Belutschis) zur Rebellion anzustacheln, konnte eine Zangenbewegung auslösen, deren praktische Folge es wäre, daß die Sowjets näher an den Indischen Ozean heranrückten. Der Schah beabsichtigte, Pakistan so weit zu unterstützen, wie unsere gesetzlichen Bestimmungen die Verwendung amerikanischer Waffen bei einem solchen Unternehmen zuließen. Er sagte, wir sollten versuchen zu verhindern, daß der »fruchtbare Halbmond« – der Irak, Syrien und Jordanien – von Bagdad regiert würde. Er werde den Irak binden, indem er die rebellierenden Kurden im Irak unterstützte und eine starke Armee in der Nähe der Grenze stationierte.

Trotz all seiner Sympathien für Sadat betrachtete der Schah Israel als strategische Achse dieses ganzen Gebietes. Er glaubte, er sei indirekt mitverantwortlich dafür, daß Jordanien seine Unabhängigkeit bewahren könnte, denn Israel hinderte Syrien und den Irak daran, militärisch gegen Jordanien vorzugehen. Aus dem gleichen Grund garantierte Israel auch die Unabhängigkeit des Libanon. Leider triebe Israel keine so kluge Außenpolitik, wie es strategisch für die Sicherheit im ganzen Nahen Osten notwendig wäre. Mit seiner diplomatischen Unnachgiebigkeit machte Israel den gemäßigten arabischen Regierungen das Leben schwer, von deren Haltung seine Existenz schließlich abhinge, und schwächte unter Umständen den Einfluß der Vereinigten Staaten. Der Schah lobte unser Verhalten während des Nahost-Krieges – besonders die Teilmobilmachung unserer Streitkräfte – und begrüßte unsere neuen Kontakte mit Ägypten. Ich unterrichtete ihn über den Inhalt des Sechs-Punkte-Plans. Er glaubte, daß Sadat die beste Garantie für eine gemäßigte und friedliche Entwicklung wäre. Die Vereinigten Staaten sollten ihr Äußerstes tun, ihn zu ermutigen.

Ich wies darauf hin, daß uns das arabische Ölembargo und die Verringerung der Ölproduktion in eine unmögliche Lage gebracht hatten. Wir wären bereit, auf legitime Bedürfnisse Rücksicht zu nehmen, dürften jedoch nicht zulassen, daß der Eindruck entstand, die sogenannte Ölwaffe könnte uns zu Entscheidungen zwingen, die wir sonst nicht treffen würden. Alle unsere Freunde in der arabischen Welt hätten ein Interesse daran, zu zeigen, daß die Radikalen uns nicht erpressen konnten und Amerika den Schlüssel zu einer umfassenden Friedenslösung in der Hand hielt. Wenn wir diese Haltung aufgäben, dann würden sich alle diplomatischen Erfolge in ihr Gegenteil verwandeln und die radikalen Kräfte zu neuen Erpressungsversuchen veranlassen. Der Schah stimmte mir zu. Er versprach, sich mit Ägypten und Saudi-Arabien in Verbindung zu setzen und ihnen eine Aufhebung des Ölembargos zu empfehlen. Wie versprochen schickte er schon wenige Tage später einen Beauftragten nach Saudi-Arabien und schrieb Sadat einen Brief.

In meinem Gespräch mit dem Schah kam deutlich zum Ausdruck, welches zu seiner Regierungszeit die Basis der iranisch-amerikanischen Beziehungen war. Natürlich war seine Analyse zum Teil dadurch begründet, daß er seine eigene Politik rechtfertigen wollte, was aber nicht bedeuten muß, daß eine solche Analyse falsch ist. Gerade die Abwendung des Westens vom Iran hat am Persischen Golf und im Indischen Ozean zu Umwälzungen geführt, die zu dem Zeitpunkt, da ich dieses schreibe, noch nicht beendet sind.

Das Schicksal des Schah und das seines Landes sollten uns lehren, daß es keine einfachen Antworten gibt. Wer sich eine friedlichere Welt wünscht, muß eine Vorstellung davon haben, wie sie aussehen soll. Wer Gerechtigkeit anstrebt, muß begreifen, daß sich dieses Ziel nicht erreichen läßt, wenn man nur seinen Unwillen über die Ungerechtigkeit zum Ausdruck bringt. Es gehört mehr dazu. Und wir müssen gründlicher über die politische Entwicklung in befreundeten Ländern nachdenken, deren Stabilität eine wichtige Voraussetzung unserer Sicherheit ist. In dieser Hinsicht können wir aus dieser Tragödie, die einen so hohen Preis gefordert hat, vielleicht immer noch etwas lernen.

Nachts machten wir Station in Islamabad in dem mit uns befreundeten Pakistan. Auch der so sprunghafte Führer dieses Landes, Zulfikar Ali Bhutto, ist inzwischen auf tragische Weise ums Leben gekommen – was nichts daran ändert, daß ich ihn für einen ungewöhnlich fähigen Mann gehalten habe, dessen Rücksichtslosigkeit ebenso groß war wie seine Intelligenz. Während sein Nachbar, der Schah, stürzte, weil er zu lange an seinem autoritäten Herrschaftssystem festgehalten hatte, führte Bhutto seine Vernichtung herbei, indem er zu früh das Mandat seines Volkes suchte und dann die Wahlergebnisse manipulierte. Diese Begünstigung seiner selbst ist wahrscheinlich ein Versuch gewesen, vor seiner verhaßten Feindin, Indira Gandhi, einen Vorsprung zu gewinnen, die in Indien den Notstand ausgerufen hatte, um größere Regierungsvollmachten zu erhalten. Man muß aber auch zugeben, daß Bhutto seine eigenen Fähigkeiten trotz aller Arroganz einigermaßen richtig eingeschätzt hat. Er hat es verstanden, mit ungewöhnlichem Geschick – man könnte es auch Opportunismus nennen – während seines politischen Lebens den Weg durch ein ideologisches Labyrinth zu finden. Ich hatte 1971 auch miterlebt, wie er sein Land nach einer vernichtenden Niederlage im Krieg gegen Indien, in dem Pakistan zerschlagen wurde und in Ostpakistan der neue unabhängige Staat Bangla Desh entstand, in eine neue Zukunft führte. Bhutto hatte in jener tragischen Periode umsichtig und weise gehandelt und anschließend den Vereinigten Staaten seine Freundschaft bewahrt.

Man hatte Bhutto immer wieder »Weichheit« vorgeworfen, einmal gegenüber der Sowjetunion und dann gegenüber China. Ich habe nie daran gezweifelt, daß er fähig war, sich jedem Lande anzunähern, wenn er damit nach seiner Meinung dem nationalen Interesse Pakistans diente. Nach 1970 ist es in der Tat sehr günstig für Pakistan gewesen, sich mit den beiden Großmächten gutzustellen, deren gegenseitige Annäherung es gefördert hat, mit den Vereinigten Staaten und der Volksrepublik China. Als Verbündeter beider Großmächte nahm Pakistan eine einzigartige Stellung ein. Einerseits konnte es mit beträchtlicher diplomatischer Unterstützung rechnen, andererseits wurde die Lage Pakistans dadurch auch sehr viel schwieriger. Denn das sowjetische Vordringen gegen den Indischen Ozean und der Unmut Indiens wegen der Abtrennung Pakistans im Jahre 1947 konnten dazu führen, daß das Land von zwei Seiten unter Druck gesetzt wurde. Die Dankbarkeit seiner mächtigen Freunde ließ sich auch nur schwer in konkrete Hilfe umsetzen. Der Kongreß der Vereinigten Staaten wollte einer Militärhilfe für Pakistan und der Lieferung amerikanischen Kriegsmaterials aus dem Iran nicht zustimmen, und China verfügte nicht über eine leistungsfähige Industrie, um größere Mengen von Kriegsmaterial liefern zu können. Während meiner ganzen Amtszeit war das Dilemma, wie man die Unabhängigkeit Pakistans am besten schützen könnte, ein ausgezeichnetes Beispiel für den Konflikt zwischen unserem nationalen Interesse und den innenpolitischen Schwierigkeiten, die sich den Maßnahmen entgegenstellten, welche diesem Interesse dienen sollten. Wir waren uns der Bedeutung Pakistans ebenso bewußt wie unserer Unfähigkeit, unserer Lagebeurteilung entsprechend zu handeln; das kam in jeder neuen Sitzungsperiode des Kongresses erneut zum Ausdruck. Es gelang uns, eine sehr bescheidene Lieferung von Kriegsmaterial durchzusetzen und damit eine Zusage zu erfüllen, die Präsident Johnson vor mehr als fünf Jahren gegeben hatte. Aber wir veranstalteten zahlreiche Begegnungen, um einer Verpflichtung nachzukommen, die Präsident Kennedy vor zehn Jahren übernommen hatte: deutlich zu zeigen, daß die Vereinigten Staaten eine Bedrohung der Unabhängigkeit Pakistans nicht ohne weiteres hinnehmen würden. Während der Watergate-Krise mußten wir aus der Not eine Tugend machen und eine umfassende Strategie entwickeln.

Bhutto beurteilte die Strategie der Sowjetunion nicht sehr viel anders als der Schah. Auch er fürchtete, daß der neue afghanische Führer

Daoud von den Sowjets ermutigt werden könnte, unter dem Vorwand, für die Autonomie der Pashtunen und Belutschis zu kämpfen, in Pakistan einzudringen und gegen den Indischen Ozean vorzustoßen. Wie sich herausstellte, bereitete sich Daoud auf ein solches Unternehmen vor, verzichtete aber dann darauf, als er erkannte, daß es sinnlos wäre, zusätzliche Gebiete zu beanspruchen, wenn die Unabhängigkeit Afghanistans im Rücken von der Sowjetunion bedroht wurde. Anschließend enthielt sich Daoud aller gegen den Iran und Pakistan gerichteten Störmanöver und versuchte vorsichtig, sein Land aus der Abhängigkeit von Machtblöcken herauszuführen. Fünf Jahre später bezahlte er für diese Bestrebungen mit seinem Leben in einem kommunistischen Staatsstreich, und die Sowjets gingen an die Verwirklichung der Absichten, von denen der Schah und Bhutto gesprochen hatten.

Die südlichen Randgebiete Asiens – der Iran, Pakistan und Afghanistan – bilden eine Region der Welt, die Amerikanern fern und fremd erscheinen mag, und doch liegt hier ein Brennpunkt der Sicherheit der Welt. Wenige Jahre nach meiner 1973 dorthin unternommenen Reise wurde dieses Gebiet von großen Umwälzungen heimgesucht. Von der Revolution im Iran bis zum sowjetischen Einfall in Afghanistan und dem iranisch-irakischen Krieg bewiesen die Ereignisse in dramatischer Weise die Verwundbarkeit des Persischen Golfs – der den Westen mit dem lebenswichtigen Öl versorgte. Die vitale Bedeutung dieser Region war schon seit langem ein Thema der klugen Strategen, die ich jetzt besuchen wollte, Mao Tse-tungs und Tschou En-lais. Wir hatten viel miteinander zu besprechen.

XV. Tschou En-lai tritt von der politischen Bühne ab; ich führe ein weiteres Gespräch mit Mao

Tschou gerät ins Feuer

Mit traurigem Herzen denke ich an die letzten Gespräche, die ich mit dem chinesischen Premierminister Tschou En-lai geführt habe. Sie fanden etwa drei Monate später als vorgesehen statt, und als es dazu kam, stand Tschou kurz vor dem Ausscheiden aus dem Amt, was wir damals allerdings noch nicht wußten.

Wie ich im 8. Kapitel berichtet habe, hatte sich Tschou Ende Mai und im Juni bereit erklärt, dafür zu sorgen, daß China sich hinter einen amerikanischen Kompromißvorschlag zur Beendigung des Krieges in Kambodscha stellen werde. Wir dachten dabei an einen Waffenstillstand, die Einstellung der amerikanischen Bombenangriffe und die sofortige Aufnahme von Verhandlungen mit dem Prinzen Norodom Sihanouk über die Bildung einer Koalitionsregierung unter der Führung des neutralistischen Prinzen. Tschou wäre niemals so weit gegangen, wenn er nicht angenommen hätte, die Zustimmung der Roten Khmer zu diesem Plan gewinnen zu können. Die Roten Khmer hätten sich zu dieser für sie ganz untypischen Haltung auch nie entschlossen, wenn es ihnen unsere Bombenangriffe nicht verwehrt hätten, den angestrebten totalen Sieg zu erringen. Diese Entwicklung sollte einsetzen, sobald Sihanouk in der ersten Juliwoche von einer längeren Reise nach Peking zurückgekehrt war. Ich sollte im August 1973 zu normalen Konsultationen nach Peking kommen und bei dieser Gelegenheit mit Sihanouk einen politischen Dialog beginnen.

Wenige Tage vor Sihanouks Rücktritt untersagte der Kongreß nach einer Abstimmung jede militärische Tätigkeit der Vereinigten Staaten in Indochina. Wir mußten die Bombenangriffe in Kambodscha am 15. August einstellen. Damit verloren wir das wirksamste Druckmittel. Die Roten Khmer hatten jetzt keine Veranlassung mehr, über einen Waffenstillstand zu verhandeln, zu dem wir durch Gesetz verpflichtet worden waren. Tschou En-lai, dem unser Versagen innenpolitisch schwer geschadet hatte, sagte meine Begegnung mit Sihanouk ab und verlegte meinen Besuch ostentativ auf den 16. August, den Tag nach der Einstellung der Bombenangriffe. Das war ein Schlag ins Gesicht, und Tschou hat sicherlich nicht an meiner Ablehnung gezweifelt. Ich teilte sie ihm am 25. Juli mit.

Nach diesem Mißgeschick bewegte sich zwischen Peking und Washington eine Zeitlang kaum etwas. Beide Seiten waren frustriert, und jede nahm der anderen ihr Verhalten übel. Tschou En-lai geriet innenpolitisch in immer größere Schwierigkeiten. In unserem Meinungsaustausch über die Festsetzung eines neuen Besuchstermins entstanden lange Pausen. Die Chinesen waren mit den Vorbereitungen für ihren Parteitag beschäftigt und ließen uns bis zum 17. August warten, bevor sie sich mit dem 6. September einverstanden erklärten. Aber am 22. August wurde meine Ernennung zum Außenminister bekanntgegeben. Da ich nicht reisen konnte, bevor die Ernennung bestätigt worden war, verschob ich meinen Besuch auf Ende Oktober. Am Tag meiner Ernennung schickte ich Tschou eine persönliche Botschaft und sagte ihm, daß ich die chinesisch-amerikanischen Beziehungen für einen »Eckstein in der amerikanischen Außenpolitik« hielte und den amerikanischen Botschafter in China, David Bruce, bitten würde, von Peking nach Washington zu kommen, um mir bei der Übernahme meines neuen Amtes zu helfen. Bruce war angewiesen worden, den Premierminister und den stellvertretenden Außenminister Tschiao Kuan-hua, den damaligen amtierenden Außenminister, um eine Unterredung zu bitten und festzustellen, wie sie gegenwärtig die chinesisch-amerikanischen Beziehungen beurteilten.

Am 29. August empfing Tschiao Bruce im Außenministerium. Er erwähnte Tschou En-lai nicht, sondern richtete nur dessen Glückwünsche zu meiner Ernennung aus. Er sagte, die Chinesen »begrüßten« meinen bevorstehenden Besuch. Doch bis dahin hätten sie uns praktisch nichts mitzuteilen. Tschiao selbst wäre der Auffassung, unsere Beziehungen entwickelten sich »normal«. Die Verbindungsbüros in unseren beiden Hauptstädten schüfen eine objektive Realität. Mit anderen Worten, es gebe keinen Grund zur Sorge; unsere Beziehungen hätten jetzt ihre eigene Dynamik, sicherlich hätte ich zu vielen Aspekten dieser Beziehungen meine eigenen Auffassungen, und »die Chinesen haben die ihren«. Das war zweifellos ein verschleierter Hinweis auf meine heftige Reaktion, als Tschou En-lai den Dialog über Kambodscha abbrach. (»Dies ist das erstemal im Verlauf der Entwicklung unserer neuen Beziehungen, daß ich mich nicht auf das chinesische Wort habe verlassen können.«) Aber Tschiao hatte auf unsere Differenzen vor allem deshalb hingewiesen, weil er auf den Fortbestand gemeinsamer Interessen hinweisen wollte. Er sagte, der neue Stil, den die Diplomatie durch die chinesisch-amerikanischen Beziehungen und das Kommuniqué von Shanghai angenommen hätte, läge darin, »nicht zu versuchen, unsere Differenzen zu verschweigen, sondern sie freimütig zuzugeben.« Bruce meinte lakonisch: »Tschiao war zwar wie gewöhnlich höflich und zuvorkommend, aber es war klar, daß er nicht den Wunsch hatte, ein Gespräch fortzusetzen, das in bloße Freundlichkeiten ausartete.«

Es gab viele Gründe für die Zurückhaltung der Chinesen. Zweifellos wirkte sich hier noch meine scharfe Reaktion auf die Zurücknahme der Kambodscha-Initiative aus. Schließlich waren es nicht die Chinesen gewesen, die ihre Meinung geändert hatten, sondern der Kongreß der Vereinigten Staaten, der den vorgesehenen Verhandlungen die Grundlage entzogen hatte. Die Chinesen waren sicherlich verwirrt durch unsere innenpolitischen Umwälzungen und wußten nicht mehr, wie vertrauenswürdig und zuverlässig wir künftig sein würden. Und das vorzeitige Scheitern der Verhandlungen über Kambodscha hatte die innenpolitischen Angriffe gegen Tschou En-lai verstärkt, dem augenscheinlich vorgeworfen wurde, daß er sich habe übertölpeln lassen, während wir versucht hätten, die Sowjetunion gegen China auszuspielen.

Im September hörten wir verwirrende Signale in Erklärungen heraus, die ranghöhere chinesische Diplomaten in den verschiedensten Hauptstädten überall in der Welt abgaben. Wir stellten zum erstenmal fest, daß die Chinesen nicht mehr wie bisher eine zusammenhängende und einheitliche politische Linie verfolgten – mit Sicherheit ein Anzeichen für einen innenpolitischen Kampf in China, der die Vertreter der Volksrepublik unsicher machte, da sie nicht wußten, welche Partei siegen werde. Deshalb richten sie ihre Äußerungen danach, mit wessen Erfolg sie rechneten. Einige von ihnen behaupteten, daß die Beziehungen zwischen den Vereinigten Staaten und China in eine Sackgasse geraten wären, vor allem im Hinblick auf Taiwan. Andere deuteten an, daß ohne weiteres Fortschritte erzielt werden könnten, wenn die Vereinigten Staaten das »Prinzip« des einen China anerkannten; aber das klang mehr nach einer Formel, mit der man sich darum bemühte, das Gesicht zu wahren, als nach einer konkreten politischen Forderung. Da es in jüngster Zeit keine Gespräche und deshalb auch keine Kontroverse über Taiwan gegeben hatte, muß diese Frage im Rahmen eines politischen Machtkampfes zur Sprache gekommen sein, als es darum ging, zu beurteilen, welchen Wert die Wiederherstellung der Beziehungen zu den Vereinigten Staaten hätte. Wir erfuhren aus einem Bericht, der Grund für die Verschiebung meines im August geplanten Besuchs wäre, daß das Zentralkomitee die Politik von Tschou En-lai nicht unterstützte und er deshalb zunächst seine innenpolitische Basis aufbauen müßte. Dieser Eindruck verstärkte sich, als einer der wichtigsten Mitarbeiter Tschous als Botschafter nach Ottawa versetzt wurde, weil er angeblich die Vereinigten Staaten dafür kritisiert hatte, daß sie versuchten, die chinesisch-sowjetische Rivalität zu manipulieren. Ich muß aber darauf hinweisen, daß uns das alles erst viel später klargeworden ist. Damals haben wir nur feststellen können, daß verwirrende Signale aus China kamen.

Ein weiteres rätselhaftes Phänomen war die gegen Konfuzius gerichtete Kampagne in den chinesischen Medien. Im Westen gab es die verschiedensten Auffassungen darüber, welchen Sinn es haben könnte, einen vor fast zweitausendfünfhundert Jahren verstorbenen Philosophen anzugreifen, so einflußreich er auch bei der Gestaltung der chinesischen Kultur und der Verwandlung des Staates in eine alles durchdringende Institution zur Erziehung des Volkes gewesen sein mochte. Die aesopische Indirektheit der chinesischen Medien gab uns kaum die Möglichkeit, die Ursachen dieses Phänomens zu ergründen. Unsere Analytiker stritten sich sogar darüber, ob diese Kampagne gegen Tschou gerichtet sei oder ihn stützen sollte. Wenn man bedenkt, daß Konfuzius ein Aristokrat gewesen ist, dessen Lebensstil und Philosophie der Zurückhaltung das öffentliche Leben in China über so viele

Jahrhunderte beherrscht hatte, dann mußte man vermuten, daß Tschou En-lai das Angriffsziel war. Der hervorragende Kenner Chinas beim Stabe des Nationalen Sicherheitsrats, Richard H. Solomon, machte mich auf einen wichtigen Artikel in der chinesischen Parteizeitung *Rote Flagge* vom November aufmerksam, in dem ein »Aristokrat« aus alter Zeit kritisiert wurde, der sich dafür eingesetzt hatte, freundschaftliche Beziehungen zu »entfernt gelegenen Ländern« anzuknüpfen, um der Bedrohung durch Nachbarstaaten zu begegnen, der jedoch feststellen mußte, daß er auf einem Vulkan saß.*

Doch obwohl San Sui (Tschou) Premierminister geworden war, saß er auf einem Vulkan, der in jedem Augenblick ausbrechen konnte. In dem von Tschao beherrschten Staat waren die alten Aristokraten (die militärischen Regionalbefehlshaber?) immer noch sehr mächtig.

Sogar Tschou En-lai schien von Zweifeln geplagt zu sein. Mit einem ausländischen Diplomaten sprach er von seinen Zweifeln über die künftige Entwicklung der amerikanisch-chinesischen Beziehungen. Tschou meinte, wenn sich die beiden Supermächte verständigen könnten, werde die chinesische Karte für die Vereinigten Staaten nicht mehr den gleichen Wert haben wie vorher. Aber Tschou En-lai war zu klug, um sich gegen die Realität aufzulehnen. Selbstverständlich lag es nicht im Interesse der Vereinigten Staaten, den einen kommunistischen Riesen gegen den anderen auszuspielen. Aber wir durften es noch weniger zulassen, daß die Sowjetunion Peking unterwarf oder demütigte. Deshalb machte Tschou noch eine Äußerung, die zunächst wie ein Widerspruch klang. Trotz seiner Zweifel werde er sich auch weiterhin darum bemühen, die Beziehungen zu den Vereinigten Staaten zu verbessern. Es gebe jedoch Grenzen, die China nicht überschreiten könnte; so könnte es die amerikanische Politik in Kambodscha nicht unterstützen, so wichtig auch die Verbindungen mit Washington wären.

Anfang Oktober hatten wir den (falschen) Eindruck, daß sich die innenpolitischen Kontroversen in China ihrem Ende näherten. Der stellvertretende Außenminister Kuan-hua kam als Leiter der chinesischen Delegation bei der Vollversammlung der Vereinten Nationen nach New York, um die Standardrede in dem schon gewohnten aggressiven Ton zu halten. Am 3. Oktober lud ich ihn in mein Appartement im Waldorf

* Diese durchsichtige Allegorie ist ein typisches Beispiel für den Stil der öffentlichen Debatte in China. Der Mann, hinter dem wir Tschou vermuteten, kritisiert seine Gegner dafür, daß sie empfehlen, mit benachbarten Ländern (das heißt mit den Sowjets) Freundschaft zu schließen und entfernte Länder (die Vereinigten Staaten) anzugreifen, um ihre ererbten Privilegien zu bewahren, und empfiehlt, »mit entfernten Ländern Freundschaft zu schließen und die benachbarten anzugreifen«. San Sui (Tschou En-lai) gewann die Zustimmung des Königs Tschao (Mao) und wurde zum Gastminister für den Aufgabenbereich der militärischen Angelegenheiten ernannt.

Towers Hotel zu einem Treffen ein, das wie gewohnt in freundlichster Atmosphäre stattfand.

Tschiao war bester Laune. Er glaubte, er hätte uns mit seiner Rede vor der Vollversammlung der Vereinten Nationen »nicht unwesentlich geholfen«, was mir angesichts seiner revolutionären Rhetorik nicht ganz verständlich war.

»Nicht überall«, wandte ich höflich ein.

»Wenn ich Ihnen überall helfen wollte, dann könnte ich es nirgends tun«, antwortete Tschiao, ein gelehriger Schüler Hegels. Wenn er »als Philosoph« sprechen wollte, dann müßte er sagen, daß wir *beide* einen Fehler gemacht hätten, als wir uns auf eine Einmischung in Kambodscha einließen – für einen Chinesen ein seltenes Eingeständnis. Aber noch auffallender war seine Behauptung, China wäre es im Grunde gleichgültig, wer in Kambodscha siegte:

> Ob Kambodscha nun rot, rosa, schwarz, weiß oder was sonst noch wird, welche Bedeutung wird das schließlich für die Weltgeschichte haben? Für uns beide wäre es das beste, wenn wir uns in Kambodscha überhaupt nicht einmischten. Ich weiß, daß Sie gewisse Schwierigkeiten haben, die wir nicht haben. Das sind Ihre Schwierigkeiten mit dem Kongreß und mit der Presse.

Mit anderen Worten, China gab der amerikanischen Regierung nicht die Schuld an dem Fiasko; dafür waren der Kongreß und die Medien verantwortlich. Ich hatte gesagt, die Chinesen und die Nordvietnamesen hätten in Kambodscha nicht die gleichen Interessen. Tschiao wich dieser Frage aus und stellte ein zweites Mal unter Beweis, daß er die Hegelsche Dialektik beherrschte: »Ich würde nicht sagen, daß es hier darum geht, ob wir verschiedene Interessen haben, sondern vielmehr darum, daß die Voraussetzungen nicht die gleichen sind.« Das war ein Unterschied, der im Grunde keiner war und zugleich das Eingeständnis, daß Hanoi und Peking entgegengesetzte Auffassungen vertraten. Aber der schlaue Tschiao wollte von vorneherein jeden amerikanischen Versuch verhindern, China noch einmal in den kambodschanischen Sumpf zu locken. Er sagte, diese Frage sei eigentlich bedeutungslos. Vor 1954 hätte China nichts von Kambodscha gewußt, denn es läge hinter seinem historischen Horizont, mit anderen Worten, China werde in diesem Fall seine traditionelle Gleichgültigkeit zeigen. Der chinesische Außenminister Kuan-hua meinte, daß es für China und die Vereinigten Staaten am besten wäre, die ganze Angelegenheit zu vergessen:

> Das kambodschanische Problem ist in mancher Hinsicht für uns beide das gleiche. Sie haben uns nicht um Hilfe gebeten, und wir haben es umgekehrt auch nicht getan. Ich möchte nur auf das folgende

hinweisen: Angesichts der Gesamtlage ist die kambodschanische Frage mit Sicherheit nur ein zweitrangiges Problem.

Peking, der Hort der revolutionären Rechtgläubigkeit, wollte ganz offensichtlich nichts mehr mit Kambodscha zu tun haben. Die Chinesen ließen nicht erkennen, welcher Entwicklung in Kambodscha sie den Vorzug geben würden, und legten unserer Politik keine Hindernisse in den Weg. Als intelligente Analytiker konnten sie allerdings kaum einen Zweifel daran haben, welchen Lauf die Ereignisse in Kambodscha nehmen würden. Sie mußten auch erkennen, daß ein Zusammenbruch Kambodschas zu einer ähnlichen Entwicklung in Südvietnam führen mußte. Sie hatten unsere Ausdauer und unsere Beurteilung der geopolitischen Zusammenhänge falsch eingeschätzt. Sie hatten geglaubt, daß die Vereinigten Staaten begreifen würden, welche Auswirkungen eine Niederlage auf ihre Stellung in der Welt haben würde. Deshalb nahmen sie an, daß wir in Indochina an unserem Kurs festhalten und für den Fortbestand der vier unabhängigen Staaten im ehemaligen französischen Kolonialreich sorgen würden, was auch im Interesse Chinas gelegen hätte. Damit wäre einer der Alpträume der Volksrepublik China vermieden worden, das Entstehen eines mächtigen, wiedervereinigten Nachbarn an der chinesischen Südgrenze, der ganz Indochina beherrschte und eng mit der Sowjetunion verbündet war. Jetzt, da unsere innenpolitische Uneinigkeit das bisher Undenkbare möglich zu machen schien, konnte China nichts anderes tun, als die Bedeutung dessen, was mit größter Wahrscheinlichkeit eintreten würde, herunterzuspielen, ohne wirklich daran zu glauben. Tschou En-lai hielt es nicht für sinnvoll, den geopolitischen Rückschlag, den er hatte erleben müssen, zu verschlimmern, indem er auch die Beziehungen zu den Vereinigten Staaten insgesamt belastete. Tschiaos Aussagen ließen erkennen, daß wir beide wußten, vor welchem Dilemma wir in Indochina standen. Jetzt mußten wir dafür sorgen, daß die Entwicklung in Indochina uns nicht daran hinderte, unser wichtigstes gemeinsames Ziel weiter zu verfolgen, die Eindämmung der militärischen Macht der Sowjetunion.

So endete die Begegnung in einer versöhnlichen und freundschaftlichen Atmosphäre. Tschiao empfahl eine mehr nach zwei Seiten ausgerichtete amerikanische Politik im Nahen Osten, die Israel und die arabischen Staaten in gleicher Weise berücksichtigte. Er sagte, als Freunde, »die wir jetzt schon seit einer Reihe von Jahren sind, können wir offen miteinander sprechen«. Gelegentlich könnte er sich gezwungen sehen, bestimmte von uns getroffene Maßnahmen zu kritisieren, aber als mein Freund würde er an mir persönlich niemals Kritik üben. Augenscheinlich hatten die innenpolitischen Auseinandersetzungen in Peking mit einem Sieg der Vertreter einer versöhnlichen Linie geendet. Man hatte sich entschlossen, die chinesisch-amerikanischen Beziehungen weiter auszubauen.

Vor meiner Abreise nach Peking, die als Folge des Nahost-Krieges auf den November hatte verschoben werden müssen, ergab sich noch eine Gelegenheit, guten Willen zu beweisen. Der Anlaß war ironischerweise Kambodscha, das Land, das uns nicht loslassen wollte, sosehr sich die Chinesen auch darum bemühten, seine Bedeutung herunterzuspielen. Am 15. Oktober brachte mir der Chef des chinesischen Verbindungsbüros in Washington, Huang Tschen, eine Botschaft von Tschou En-lai: Die Mutter des Prinzen Sihanouk war in Pnom Penh schwer erkrankt, und Sihanouk wollte sie vor ihrem Tode noch einmal wiedersehen. Er hatte versprochen, die Königinmutter nicht in seinen politischen Kampf hineinzuziehen. Ich beantwortete die Anfrage am 16. Oktober und teilte Tschou En-lai mit, daß wir alle notwendigen Vorbereitungen getroffen hätten. Die Königinmutter und ihre Ärzte könnten mit einem Sonderflugzeug der Air France nach China fliegen. Sihanouk hat sich gewissenhaft an seine Zusage gehalten und den Aufenthalt seiner Mutter in China nicht politisch ausgewertet.

Am Ende meines Fluges um die Welt traf ich in China ein. Bhutto hatte mich auf dem Flughafen von Islamabad mit einer berittenen Ehrengarde verabschiedet, die eigentlich nur einem Staatsoberhaupt zusteht. Im Fernsehen hatte Bhutto erklärt, da so viele »Hohlköpfe«, die Pakistan besucht hätten, dieses hohe Amt bekleideten, wäre es nur fair gegenüber den Pferden, daß sie auch einmal ein intelligentes menschliches Wesen zu Gesicht bekämen.

Wir nahmen die gleiche Route wie bei meinem ersten geheimen Besuch in China. Wieder überflogen wir den Himalaya, und Tschou En-lai schickte mir zur Begrüßung eine fast aus den gleichen Personen bestehende Delegation entgegen, die mich bis nach China begleitete. Ein einmaliges Erlebnis läßt sich natürlich niemals wiederholen. Die Erregung, von der man ergriffen wird, wenn man etwas ganz Neues kennenlernt, stellt sich zum zweitenmal nicht ein. Und als Außenminister begleitete mich natürlich ein viel größerer Apparat als auf der ersten, abenteuerlichen Reise, die ich mehr oder weniger allein unternommen hatte. Dafür kam ich jetzt in dem Bewußtsein nach China, daß wir innerhalb von etwas mehr als zwei Jahren ein solides Gebäude errichtet hatten. Wir besuchten ein Land, das vergleichbare Vorstellungen von unserem bedeutenden Sicherheitsproblem hatte und dessen Führung die weltpolitische Lage mit großem Scharfsinn zu beurteilen wußte.

Am späten Samstagnachmittag, dem 10. November 1973, traf ich zu meinem sechsten Besuch in Peking ein und wurde mit großer Herzlichkeit empfangen. Premierminister Tschou En-lai begrüßte uns in der

Großen Halle des Volkes und gab uns anschließend ein Bankett, zu dem fast zweihundert Gäste geladen waren (für chinesische Verhältnisse eine bescheidene Veranstaltung). Tschou En-lai und ich waren schon vorher in kleinem Kreis inoffiziell zu einem halbstündigen Gespräch zusammengekommen. Tschou begrüßte meine »Wirbelwinddiplomatie« im Nahen Osten. Der Ausdruck »Pendeldiplomatie« war noch nicht erfunden. Er bat mich, Präsident Nixon seine guten Wünsche und seine Bewunderung für die Entschlossenheit auszurichten, die er mit der Teilmobilmachung der amerikanischen Streitkräfte im Oktober bewiesen hätte (und deutete damit an, daß Watergate an der Wertschätzung Chinas für den Präsidenten nichts geändert hat). Besonders lobte er unsere Bemühungen, den sowjetischen Einfluß in der arabischen Welt zu reduzieren. Er sagte, zunächst hätte er geglaubt, wir hätten die Gelegenheit versäumt, als Sadat das sowjetische Militärpersonal aus Ägypten auswies. Jetzt habe er unsere Strategie begriffen, den richtigen Zeitpunkt für ein entschlossenes Vorgehen abzuwarten.

Nach diesem Gespräch begleitete mich Tschou zum Essen, das uns aus protokollarischen Gründen der chinesische Außenminister Tschi P'eng-fei gab. Wie bei den Chinesen üblich, war alles getan worden, um uns den Eindruck zu vermitteln, daß wir gerngesehene Gäste wären. Zum erstenmal spielte mir zu Ehren eine Militärkapelle abwechselnd amerikanische und chinesische Musikstücke (Nixon war natürlich auf die gleiche Weise geehrt worden). Der Außenminister würdigte in seinem Trinkspruch die Fortschritte in unseren Beziehungen, erwähnte besonders das Verbindungsbüro und sagte, er wäre überzeugt, daß sich diese Beziehungen völlig normalisieren würden. In meiner Antwort zeigte sich, wie schwer es mir fiel, mich von einer guten Idee zu trennen. So sprach ich jetzt bei meinem sechsten Besuch in China zum viertenmal davon, daß China für uns zunächst ein geheimnisvolles Land gewesen wäre, jetzt aber nicht mehr. Tschou, von dem dieser Gedanke stammte, verbarg seine Langeweile hinter einem geduldigen Lächeln.

Dieser freundliche Empfang bestimmte auch die Atmosphäre des ganzen Besuchs. Unsere Gespräche wurden auf zwei Ebenen geführt. Eine Expertengruppe behandelte bilaterale Fragen, besonders die Intensivierung des Kulturaustauschs, der Handelsbeziehungen und Probleme, die seit der Periode des Konflikts noch nicht gelöst worden waren, wie die Freigabe blockierter chinesischer Vermögenswerte im Austausch gegen die Regelung von Ansprüchen amerikanischer Bürger. Während meiner vorangegangenen Besuche hatten sich die Beamten des Außenministeriums nur mit technischen Fragen beschäftigt, während ich die politischen Gespräche führte. Jetzt, da ich selbst Außenminister war, konnten wir auf solche Manöver verzichten. Aber das Verfahren hatte sich als praktisch erwiesen, und deshalb blieben wir dabei. Damit zeigte sich, wie ich meine, daß auch bürokratische Manöver gelegentlich einen konkreten Wert haben.

Einem inzwischen bewährten Verfahren folgend, besprachen Tschou En-lai und ich im Beisein unserer wichtigsten Mitarbeiter in allen Einzelheiten die internationale Lage. Daß ich zu Beginn erklärte, wir hätten es uns inzwischen zur Gewohnheit gemacht, offen und ehrlich miteinander zu sprechen und weit voraus zu denken, war keine diplomatische Höflichkeitsfloskel. Diese Haltung war vielmehr einer der Schlüssel zu den chinesisch-amerikanischen Beziehungen in einer Lage, in der man nicht mit konkreten Ergebnissen rechnen konnte und es darauf ankam, eine grundsätzliche Übereinstimmung herzustellen. Was uns verband, waren keine offiziellen Vereinbarungen, sondern eine gemeinsame Beurteilung der internationalen Situation. Die Medien, deren Vertreter mich auf dieser Reise zum erstenmal begleiteten, neigten dazu, den Erfolg meines Besuchs daran zu messen, wie weit wir im Hinblick auf Taiwan vorankamen. Tschou hatte begriffen, daß alles, was jetzt in dieser Frage geschehen könnte, die Beziehungen zwischen den Vereinigten Staaten und China in beiden Ländern nur belasten würde, wenn er diesen Gedanken aus verständlichen innenpolitischen Gründen auch nicht aussprechen konnte. Deshalb bemühten wir uns vor allem um eine gemeinsame Analyse der Weltlage, durften sie aber aus dem ebenso verständlichen Grund, daß wir die Sowjetunion nicht verärgern wollten, nicht öffentlich bekanntgeben. So interpretierten die Medien den vielleicht freundschaftlichsten Besuch, den ich China abgestattet habe, so, als habe sich dabei herausgestellt, daß die Weiterentwicklung unserer Beziehungen ins Stocken geraten wäre.

Anders als bei meinem Besuch im Februar und im Gegensatz zu dem, was wir über die innenpolitischen Kontroversen in China wußten, sprach Tschou die Beziehungen zwischen den Vereinigten Staaten und der Sowjetunion nicht an. Er fragte mich auch nicht wie zu Jahresbeginn, ob es unsere politische Absicht wäre, »die ungesunden Gewässer nach Osten fließen zu lassen«. Vielleicht hatte er sich bei den innenpolitischen Auseinandersetzungen durchsetzen können. Ich hielt es jedoch für wahrscheinlicher, daß er innenpolitisch geschwächt war und die Vorwürfe seiner Kritiker nicht rechtfertigen wollte, indem er die von ihnen beanstandeten Themen mit mir besprach.

Deshalb schlug ich zum erstenmal aus eigener Initiative vor, unsere Strategie gegenüber der Sowjetunion zu analysieren. Diese Analyse brachte gegenüber dem, was ich vor neun Monaten gesagt hatte, kaum etwas Neues (siehe 3. Kapitel), was auch nicht möglich war. Schließlich ändern sich solche Strategien nicht innerhalb weniger Monate, und wenn, dann untergräbt es das Vertrauen. Staatsmänner wissen die Beständigkeit und Zuverlässigkeit ihrer Partner zu schätzen, nicht aber das unaufhörliche Suchen nach immer neuen Zauberformeln.

Ich hielt es für richtig, mich zunächst gegen die übliche Kritik an der Entspannungspolitik zu wenden. Ich sagte, ich zweifelte nicht daran, daß die Sowjetunion ein periodisches Nachlassen der Spannungen dazu benutzen wollte, die Einigkeit im Westen zu erschüttern und die Verteidigungskapazität zu schwächen – was jedoch nur bedeutete, daß die sowjetische Führung eigene Zielvorstellungen hatte, und damit müßte man in der Politik einer Großmacht rechnen. Wir glaubten dagegen, daß die Zeit auf unserer Seite stünde. Wir könnten ein Nachlassen der Spannungen besser vertragen als das sowjetische System, das für sein Fortbestehen offenbar die Furcht vor Krisen brauchte. Die Auflösungstendenzen im Sowjetblock, die schon in Ungarn und der Tschechoslowakei sichtbar würden, müßten sich demnächst auch an anderer Stelle zeigen. Ich erinnerte Tschou daran, daß ich am 8. Oktober in meiner Pacem-in-Terris-Rede davor gewarnt hatte, durch die Entspannungspolitik unsere Beziehungen zu mit uns befreundeten Nationen auszuhöhlen; wir würden uns jedem Versuch der Sowjetunion widersetzen, internationale Krisen zur Verstärkung ihres Einflusses zu benutzen:

> Wenn es wieder zu Aggressionen kommt, werden wir entschlossen handeln, wenn notwendig, sogar brutal, aber dazu müssen wir vorher beweisen, daß wir provoziert worden sind. Und ich glaube, in der Nahost-Krise haben wir das bewiesen.

Tschou En-lai widersprach mir nicht. Entweder hatte ich ihn überzeugt, oder er glaubte, wir hätten uns auf unsere politische Linie so weit festgelegt, daß es unmöglich wäre, uns in einem Gespräch zu einer Kursänderung zu veranlassen. Letzteres hielt ich für wahrscheinlicher. Die Unsicherheit unserer europäischen Verbündeten erstaunte und verwirrte ihn. Er konnte ihre ambivalente Haltung gegenüber unserer Teilmobilmachung und meiner Nahost-Reise nicht verstehen. Er sagte, wir hätten auch China nicht vor dem Alarm konsultiert, es habe unser Vorgehen offiziell gutgeheißen. Es war symptomatisch für die angespannten Beziehungen zwischen den Vereinigten Staaten und Europa (siehe 16. Kapitel), daß ich bei der Beantwortung dieser Fragen nicht sehr rücksichtsvoll war, wenn ich mich auch darum bemühte, die Lage richtig darzustellen:

> Wenn es um hohe Einsätze geht, man aber nicht bereit ist, etwas zu riskieren, dann läßt sich dabei kaum etwas gewinnen. Unsere Verbündeten im Westen träumen im geheimen davon, im Nahen Osten ihre Position von 1940 wiederherstellen zu können, ohne etwas zu ris-

kieren oder sich besonders dafür anstrengen zu müssen, und deshalb herrscht bei ihnen angesichts unserer größeren Aktivität in diesem Raum ein unbestimmtes Gefühl der Eifersucht und der Beunruhigung.

Ich sagte, daß europäische Regierungschefs sich daran gewöhnt hätten, als Vermittler zwischen Ost und West aufzutreten. Sie erweckten in der Öffentlichkeit ihrer eigenen Länder den Eindruck, als ob sie friedliebender als die Vereinigten Staaten wären, denn sie wüßten, daß wir an der Einkreisung der Sowjetunion festhalten würden:

> Sie alle stehen vor dem Problem, daß sie aus innenpolitischen Gründen das eine sagen müssen, während sie sehr wohl begreifen, daß wir genau das Richtige tun. Deshalb nehmen sie sehr oft, besonders wenn eine Entwicklung schon abgeschlossen ist, in der Öffentlichkeit eine Haltung ein, die ihrer Beurteilung der wirklichen Lage widerspricht.

Angesichts einer flexibleren amerikanischen Politik könnten sich die europäischen Führer diesen Luxus nicht erlauben. Diese zwänge sie, ihre eigenen Verteidigungsanstrengungen ernster zu nehmen und ihre Vorschläge selbst zu verantworten. Bei einem zweiten Gespräch über das gleiche Thema sagte ich am nächsten Tag:

> Wenn wir bei diesen Bemühungen etwas weiter nach links gehen als die Westeuropäer, dann, um sie daran zu hindern, noch weiter zu gehen, weil sie fürchten werden, daß wir uns auf ihre Kosten mit der Sowjetunion einigen könnten. Dieser Gedanke wird sie so stark beunruhigen, daß sie beginnen werden, an ihren eigenen Beitrag zur Verteidigung zu denken.

Tschou En-lai nickte zustimmend. Aber er stellte eine Frage, die sich, wie wir wissen, nicht beantworten ließ: »Aber diese Leute werden das nicht begreifen können.« Da lag auch wirklich unser Dilemma. Wenn wir längere Krisen überstehen wollten, mußten wir die Öffentlichkeit von unseren friedlichen Absichten überzeugen. Wenn wir den Zusammenhalt im Bündnis bewahren wollten, dann durften wir es nicht zulassen, daß unsere Freunde in Europa die Entspannungspolitik als ihr Monopol betrachteten. Wenn wir jedoch auf diesem Wege zu weit gingen, dann konnte es geschehen, daß die Öffentlichkeit in den Vereinigten Staaten an den Absichten der Sowjetunion zu zweifeln begann oder daß unsere Verbündeten ein Wettrennen nach Moskau veranstalteten. In der Atmosphäre von Watergate stieß eine Politik, die so komplizierte Manöver erforderte, auf Schwierigkeiten. Der Westen hat bis zum heutigen Tage diese Schwierigkeiten nicht überwinden können, aber sein Zusammenhalt und seine Zielbewußtheit, seine Sicherheit und sein Selbstvertrauen werden schließlich davon abhängen, ob dies gelingt.

In den nächsten Tagen behandelten Tschou und ich systematisch eine große Zahl internationaler Probleme. Tschou hatte schon vor unserem Eintreffen die von uns im Nahen Osten verfolgte Strategie richtig analysiert. Am 11. November sagte ich ihm, die Bedeutung des Sechs-Punkte-Plans – der im übrigen am gleichen Tage von Ägypten und Israel unterzeichnet wurde – läge nicht in seinen einzelnen Bedingungen, so wichtig diese auch wären, »sondern darin, daß er zwischen Ägypten und den Vereinigten Staaten ohne Beteiligung der Sowjetunion ausgehandelt worden ist«. Tschou hatte begriffen, was das bedeutete: »Ich hatte daran gedacht, Sie in meinem Trinkspruch gestern abend dazu zu beglückwünschen, aber ich fürchtete, daß die Journalisten es hören könnten.« Ich erläuterte unsere Strategie im Hinblick auf die Genfer Friedenskonferenz: In der Plenarsitzung würden wir das schon Bekannte offiziell noch einmal vortragen, aber die eigentlichen Verhandlungen sollten unter unserer Ägide außerhalb des Konferenzsaales auf bilateraler Basis zwischen den einzelnen arabischen Ländern und Israel geführt werden.

Im Hinblick auf Indochina erläuterte ich noch einmal unsere Haltung gegenüber Sihanouk:

> Wir stellen uns nicht grundsätzlich gegen Sihanouk. In vielen seiner privaten und öffentlichen Erklärungen kommt zum Ausdruck, daß er irrtümlich glaubt, die Regierung der Vereinigten Staaten lehnte ihn grundsätzlich ab. Das ist vollkommen falsch. Wenn er als wirklich unabhängiger Mann nach Kambodscha zurückkehren könnte, dann wären wir stark daran interessiert, daß er die Führung übernähme. Wir interessieren uns nicht für ihn, solange er der Gefangene einer bestimmten Fraktion ist, die ihn nur kurze Zeit benutzen will, um international anerkannt zu werden.

Aber ein gebranntes Kind scheut das Feuer, und Tschou En-lai wollte sich auf dieses Thema nicht mehr einlassen. Er erwiderte, über Kambodscha könnten wir nur im Zusammenhang mit ganz Indochina sprechen, und dann müßten wir uns während einer ganzen Sitzung ausschließlich mit diesem Thema beschäftigen. Er kam jedoch nicht wieder darauf zurück, sondern sagte mir nur, daß er aus seinen Gesprächen mit der nordvietnamesischen Führung entnehmen müßte, sie hätte »nicht die Absicht, jetzt eine größere Offensive zu beginnen« – was das »jetzt« und »größer« betraf, hatte er recht.

Als wir uns dem Irak und Afghanistan zuwandten, gab Tschou seine ablehnende Haltung auf. Nach seiner Auffassung hatten die Sowjets den Irak nach ihrer Ausweisung aus Ägypten zum Angelpunkt ihrer Nahost-Politik gemacht. Die Vereinigten Staaten müßten sich ganz besonders darum bemühen, zu verhindern, daß der radikale Irak die Vorherrschaft am Persischen Golf übernahm. Im Gegensatz dazu wäre der Schah des Iran ein weitblickender Führer, der die Weltlage richtig beurteilte – was wieder zeigte, daß für Peking die Geopolitik gegenüber der Ideologie den Vorrang hatte. Was Afghanistan betraf, so war Tschou En-lai sichtlich beunruhigt durch den Staatsstreich, der Mohammed Daoud an die Macht gebracht hatte. Die Offiziere in der unmittelbaren Umgebung von Daoud wären prosowjetisch, und wir müßten wahrscheinlich mit weiteren Umstürzen in Afghanistan rechnen. Der gegen die Nachbarländer Pakistan und Iran gerichtete afghanische Irredentismus begünstigte, auch wenn er nicht von den Sowjets inspiriert sei, die sowjetischen Absichten. Er werde Pakistan und den Iran schwächen und Moskau einen Zugang zum Indischen Ozean verschaffen. Die Vereinigten Staaten sollten Pakistan stärken, das sich in großer Gefahr befände.

Leider hatten Tschou und ich, sosehr wir einander achteten, einander diametral entgegengesetzte Probleme. Tschou war der Vertreter eines Landes, dessen politische Führung befähigt war, die Weltlage zutreffend zu analysieren, aber nicht über die physischen Mittel verfügte, ihre Erkenntnisse in die Tat umzusetzen. Ich war der Außenminister eines Landes, das die physischen Mittel besaß und die geopolitische Lage ähnlich interpretierte, aber nach Vietnam und in der Atmosphäre von Watergate nicht den innenpolitischen Konsens hinter sich hatte, seine Vorstellungen zu realisieren. Sosehr ich den Empfehlungen Tschous zustimmte, ich wußte, daß der Kongreß jeden Versuch, Pakistan zu stärken, vereiteln würde. Militärischen Beistand zu leisten war außer Mode geraten. Im Kongreß waren die meisten Abgeordneten überzeugt, daß Indien wichtiger für uns wäre; eine engere militärische Beziehung zu Pakistan hätte sie irritiert. Ich sagte Tschou, um Pakistan zu stützen, könnten wir bestenfalls den Iran militärisch stärken. So lag es zum Teil an unseren innenpolitischen Schwierigkeiten, daß der Schah die Rolle des Beschützers seiner Nachbarn übernehmen mußte.

Verglichen mit jedem anderen normalen diplomatischen Gedankenaustausch, hatte der Dialog mit Tschou En-lai einen hohen Rang. Aber meine Mitarbeiter, die mich schon auf meinen früheren China-Reisen begleitet hatten, besonders Winston, vermißten bei den Gesprächen die Vitalität und den Esprit, die sie früher ausgezeichnet hatten. Tschou stellte eindringliche und scharfsinnige Fragen und kommentierte das, was wir ihm sagten, intelligent und verständnisvoll, aber irgend etwas fehlte. Zum erstenmal verzichtete er auf seine ausführlichen, brillanten Analysen, die das Gespräch mit ihm intellektuell so anregend gemacht hatten. Hatte er an Einfluß verloren? Oder hatten sich unsere Auffassungen so wenig geändert, daß solche Kommentare sich erübrigten?

Tschou machte einen vorsichtigen Eindruck, was gar nicht zu ihm passen wollte – als wüßte er, daß er diese Begegnung dazu ausnutzen müßte, eine möglichst reiche Saat auszusäen, ohne sicher zu sein, ob er die Ernte noch erleben werde. Er schien Wert darauf zu legen, es der antiamerikanischen Fraktion in Peking zu verwehren, das Taiwan-Problem zum Ausgangspunkt ihrer gegen uns gerichteten Angriffe zu nehmen. Er hörte geduldig zu, als ich ihm erklärte, weshalb es nicht möglich sei, die »japanische Formel« für Taiwan zu akzeptieren. Danach würden die Vereinigten Staaten die diplomatischen Beziehungen zu Taipeh abbrechen müssen, um ihr Verhältnis zu Peking zu normalisieren. Ich meinte, daß die Normalisierung vielleicht möglich wäre, wenn man den japanischen Vorstellungen nicht folgte, sondern die Vereinigten Staaten »dem Grundsatz des einen China« zustimmten. Tschou lehnte diese Idee nicht ab. Zu meiner Überraschung fragte er mich am folgenden Tag, ob ich dafür eine präzise Formel hätte. Hier schien sich fast der Gedankenaustausch zu wiederholen, der zu der Einrichtung der Verbindungsbüros geführt hatte. Tschou nahm sogar einen Satz in das Kommuniqué auf, in dem zum Ausdruck kam, daß eine Normalisierung die Anerkennung des »Prinzips« des einen China durch die Vereinigten Staaten erforderte – was wir niemals bestritten hatten. Wir sollten nicht erfahren, was Tschou wirklich im Sinn hatte, denn er schied aus seinem Amt aus oder wurde daraus entlassen, bevor wir die Möglichkeit hatten, festzustellen, was dieser Satz praktisch bedeuten sollte.

In dieser Stimmung des fast mit Besorgnis gehüteten guten Willens machte die Gruppe, die sich mit bilateralen Problemen beschäftigte, wesentliche Fortschritte. Man einigte sich über die Erweiterung der Stäbe und der Aufgaben der Verbindungsbüros. Wir beschlossen, den Kulturaustausch zu intensivieren und das Handelsvolumen zu vergrößern. Die Frage der Entschädigungen und der Vermögenswerte wurde einer Lösung nähergebracht – wenngleich Tschou es nicht vermeiden konnte, darauf hinzuweisen, daß unsere Drohung, die Ansprüche gegebenenfalls auf rechtlichem Wege einzuklagen, irrelevant waren, denn wie könnte man eine Regierung unter Anklage stellen, die man nicht anerkannte? Doch seltsamerweise waren wir trotz all dieser Fortschritte, die bei normalen diplomatischen Verhandlungen etwas Selbstverständliches sind, etwas beunruhigt. Wir wußten nicht, weshalb Tschou En-lai so sehr darauf bedacht war, das alles unter Dach und Fach zu bringen. Er nannte uns nicht, wie er es sonst getan hatte, seine Gründe und sagte auch nicht, was er schließlich erreichen wollte – was an einen strahlenden, etwas schwülen Sommertag erinnerte, dessen Schönheit der Vorbote eines fernen Gewitters ist.

Daß uns diesmal die offizielle außenpolitische Linie nicht von Tschou En-lai erläutert werden würde, erkannten wir am Montag, dem 12. November, als wir am Spätnachmittag zu einem Besuch bei dem Vorsitzenden Mao Tse-tung eingeladen wurden. Die Aufforderung an uns erging ebenso überraschend und kategorisch wie bei allen früheren Gelegenheiten, und zwar während einer regulären Arbeitssitzung. Wir fuhren in chinesischen Kraftwagen auf dem uns inzwischen vertrauten Weg zu der schlichten Residenz Maos in der verbotenen Stadt. Tschou En-lai begleitete mich in meinem Wagen. Der Vorraum mit dem Pingpongtisch und das Arbeitszimmer mit den Bücherwänden und den im Halbkreis aufgestellten Sesseln waren uns schon fast vertraut. Aber es war unmöglich, sich an diese Inkarnation der Willenskraft zu gewöhnen, die uns mit dem charakteristischen, leicht spöttischen und dämonischen Lächeln begrüßte. Mao sah so wohl aus, wie ich es noch nicht erlebt hatte, und scherzte mit meinen Begleitern, David Bruce und Winston Lord, über das Alter von Bruce, die Jugend von Lord und die Tatsache, daß er älter war als beide. Er war jetzt achtzig.

Das alles kannten wir schon. Neu war, daß Mao, der zwar den gleichen sokratischen Dialog mit mir aufnahm wie bei unseren beiden ersten Begegnungen, jetzt nicht mehr in den für ihn charakteristischen Andeutungen sprach, sondern die Dinge ganz präzise beim Namen nannte. Er überließ es nicht mehr Tschou En-lai, seine gleichnishaften Äußerungen zu deuten, sondern übernahm dessen Rolle und artikulierte selbst seine politischen Auffassungen. Er gab sich auch nicht damit zufrieden, allgemeine Richtlinien festzulegen, sondern bemühte sich darum, den genauen Weg in die Generalstabskarte einzuzeichnen. Zunächst fragte er, worüber Tschou und ich gesprochen hätten.

»Über den Expansionismus«, antwortete Tschou, und ich erkannte daraus, daß die Eindämmungspolitik gegenüber der Sowjetunion in China noch immer ganz oben auf der Prioritätsliste stand.

»Wer expandiert, er?« fragte Mao und zeigte auf mich – als wäre ihm das alles neu, und Tschou hätte ihm nicht jeden Tag Bericht erstattet.

»Er hat damit angefangen«, antwortete Tschou, »aber andere haben ihn eingeholt.« Mao stimmte der Auffassung Tschou En-lais freudig zu, daß die Sowjets jetzt die gefährlichste Bedrohung darstellten, warnte aber zugleich davor, diese Gefahr zu überschätzen, weil daraus ein zu großes Entgegenkommen entstehen könnte. Er sagte, der sowjetische Expansionismus sei zwar »bedauerlich«, aber der Mut der Sowjets entspräche nicht ihren ehrgeizigen Plänen; das hätte ihr Verhalten in der Kuba-Krise und während der letzten amerikanischen Teilmobilmachung gezeigt. Er illustrierte die Verachtung, die er für die sowjetischen Führer empfand, noch einmal mit einem Bericht von seiner Begegnung mit dem sowjetischen Premierminister Kossygin, der 1969 uneingeladen auf dem Flughafen von Peking gelandet war, um über den Abbau der chinesisch-sowjetischen Spannungen zu sprechen:

> Ich sagte, ich hätte schon gleich erklärt, dieser Kampf werde noch zehntausend Jahre weitergehen. Da er jedoch gekommen sei, um persönlich mit mir zu sprechen, wollte ich diese Frist um eintausend Jahre kürzen (Gelächter). Und Sie müssen anerkennen, wie großzügig ich bin. Gewöhnlich konzediere ich nur hundert Jahre.
>
> Ein anderes Mal kam ein rumänischer Beamter, der sich bei mir für die Sowjetunion einsetzen wollte. Diesmal gestand ich ihm wieder eintausend Jahre zu (Gelächter). Sie sehen also, mein Zeitlimit wird kürzer und kürzer.
>
> Und zum fünftenmal kam der rumänische Präsident Ceauşescu wieder – das war vor zwei Jahren –, und wieder sprach er das gleiche Problem an, und ich sagte: »Was Sie auch sagen, diesmal kann ich keine weiteren Zugeständnisse mehr machen« (Gelächter).

Da der Vorsitzende sich jetzt zu einem achttausend Jahre dauernden Kampf verpflichtet hatte, hielt er weitere taktische Manöver für sinnlos. Er sagte, die amerikanische Diplomatie verließe sich zu sehr auf »Schattenboxen«. Seine Strategie gründete sich mehr auf direkte Schläge. Er hatte natürlich keine andere Wahl. Wenn eine Million sowjetische Soldaten an der chinesischen Grenze standen, dann dachte man nicht mehr an Flexibilität. Aber ich hielt es für sinnlos, mich mit ihm über taktische Fragen zu streiten, sondern sagte, daß wir trotz aller Unterschiede in unserer Taktik unsere Entschlossenheit bewiesen hätten, uns Herausforderungen zu widersetzen. Hier könnten wir uns treffen. Er antwortete: »Ich glaube daran. Und deshalb war Ihre letzte Reise in die arabische Welt eine gute Sache.«

Es zeigte sich, daß sich Mao in erster Linie nicht um unsere Politik gegenüber der Sowjetunion, sondern um unsere innenpolitische Lage und besonders um Watergate Sorgen machte. Was konnte eine Eindämmungsstrategie bewirken, wenn wir als Folge unserer innenpolitischen Zerstrittenheit die Fähigkeit verloren, sie in die Tat umzusetzen? Er konnte es einfach nicht begreifen, daß Watergate die Menschen so beunruhigte, und bezeichnete die ganze Affäre verächtlich als ein Manöver, um dem Präsidenten »den Wind aus den Segeln zu nehmen«. Der Vorfall selbst wäre »sehr mager, und doch entsteht deshalb ein solcher Aufruhr. Wir sind jedenfalls nicht glücklich darüber.« Er hätte jedoch keine Veranlassung, einen Präsidenten anzugreifen, der gute Arbeit geleistet hätte:

Es sieht so aus, als hätte die Arbeitslosigkeit stark abgenommen und als sei der amerikanische Dollar relativ stabil. Deshalb gibt es offenbar keine besonderen Probleme. Warum soll man die Watergate-Affäre so aufbauschen?

Man konnte dem absoluten Beherrscher des Reichs der Mitte die Feinheiten eines Verfassungssystems nicht verständlich machen, das auf einer gegenseitigen und ausgewogenen Kontrolle der Verfassungsorgane beruhte und in dem auch der höchste Staatsbeamte dem Gesetz unterworfen war. Aber Mao hatte in gewisser Weise nicht unrecht. Er interessierte sich nicht für die komplizierten Zusammenhänge unseres innenpolitischen Dramas. Watergate hatte nur soweit eine Bedeutung für ihn, wie es sich auf unsere Fähigkeit auswirkte, etwas gegen den sowjetischen Expansionismus zu unternehmen. Und so gesehen waren die Verstöße, um die es bei Watergate ging, gegenüber den geopolitischen Konsequenzen bedeutungslos.

Tschou hatte es vermieden, von den chinesischen Sorgen hinsichtlich unserer Langzeitpolitik gegenüber der Sowjetunion zu sprechen, und das gefürchtete amerikanisch-sowjetische Kondominium nicht erwähnt. Mao war nicht so taktvoll, wenn auch viel zu stolz, um von mir direkte Zusagen zu verlangen. Er nahm deshalb den Umweg über die Frage nach etwaigen geheimen Absprachen zwischen uns und Moskau. Er sagte, früher hätte er daran gezweifelt, daß wir Geheimnisse für uns behalten könnten. Jetzt wäre er überzeugt, daß wir es könnten, denn schließlich hätten wir auch meine erste China-Reise geheimgehalten. Aber dann kam er zur Sache: »Und eine andere Sache wären Ihre Beziehungen zur Sowjetunion.« Es gab keine geheimen Absprachen mit den Sowjets, und das sagte ich ihm auch. Wir würden dem Kreml niemals ein Druckmittel durch Gespräche in die Hand geben, die, wenn ihr Inhalt durchsickerte, uns isolieren müßten. Wir unterrichteten Peking vielmehr wie immer ausführlich über alle Gespräche mit den Sowjets.

Ich war mir bewußt, daß meine Versicherung nicht glaubwürdiger war als eine Liebeserklärung, die man einem eifersüchtigen Menschen macht. Die Unsicherheit, die den Verdacht entstehen läßt, entwertet jede Beteuerung. Aber trotzdem tat Mao so, als glaubte er mir, und nahm das Thema zum Anlaß für eine brillante Analyse der strategischen Gesamtposition der Sowjetunion.

Mao behauptete, daß Moskau nach außen hin stark wirkte, sich jedoch übernommen hätte. Es müßte sich vor Japan und China in acht nehmen, dürfte Südasien und den Nahen Osten nicht aus dem Auge verlieren und stünde in Europa an einer weiteren Front, wo es viel stärkere Streitkräfte unterhalten müßte als an der chinesischen Grenze.

Nur ein Viertel der sowjetischen Streitkräfte wäre gegen China aufmarschiert – damit unterschätzte er diese Kräfte. Daraus schloß Mao, daß die Sowjetunion China nicht angreifen könnte, »wenn Sie es nicht zulassen und ihnen zuerst den Nahen Osten und Europa geben, damit sie ihre Truppen nach Osten verlegen können«. Aber auch das Gegenteil wäre richtig. Wir wären daher der Schlüssel zur globalen Sicherheit. Die wirkliche Gefahr läge darin, daß das potentielle Opfer die Erfordernisse des geopolitischen Gleichgewichts nicht erkennen könnte. Wenn alle, die von der sowjetischen Aggression bedroht werden, zusammenarbeiteten, dann wäre die Sicherheit eines jeden einzelnen garantiert, und die Sowjets würden in zunehmend größere Schwierigkeiten geraten. Wenn das nicht geschah, wäre jeder einzelne in Gefahr. Mit anderen Worten, Eindämmung.

Von diesen Voraussetzungen ausgehend, sprach Mao dann von der Haltung verschiedener europäischer Länder. Es war erstaunlich, wieviel dieser alte Mann über die innenpolitischen Verhältnisse in weit von China entfernt gelegenen Ländern wußte und wie er zu seinen klaren Schlußfolgerungen kam, ohne sich auf irgendwelche Notizen stützen zu müssen. Mao war zutiefst davon überzeugt, daß unsere europäischen Verbündeten zwar aus den verschiedensten Gründen in ihrer Haltung schwankten, aber schließlich ihre vitalen Interessen nicht aufgeben würden, um sowjetischen Schmeicheleien nachzugeben. Es wäre daher wichtig, vorübergehend verwirrende Taktiken nicht mit auf lange Sicht wirkenden Tendenzen zu verwechseln. Wir sollten an unserer klaren Linie festhalten, auch wenn einige unserer Freunde zu zögern schienen, denn mit der Zeit würden sie sich durch unser Beispiel ermutigen lassen.

Mao äußerste diese Gedanken nicht im Zusammenhang, sondern in lapidaren Sätzen, die auszusprechen ihn physische Anstrengung kosteten. Vielleicht zwangen ihn die Folgen seines Schlaganfalls zu dieser Form des Dialogs, so daß er immer wieder Zeit brauchte, sich zu sammeln. Aber vielleicht war es schon immer seine Gewohnheit gewesen, mit seinen Gesprächspartnern solche Dialoge zu führen. Jedenfalls gab er kurze und prägnante Äußerungen von sich, die jedesmal mit einer Frage endeten, die sich selbst beantwortete und keinen anderen Schluß zuließ. So zwang er mich, ihm jedesmal auf der Reise zu dem von ihm festgelegten intellektuellen Bestimmungsort zu folgen.

Nachdem wir eine Stunde damit zugebracht hatten, die internationale Lage zu analysieren, wandte Mao sich plötzlich Taiwan zu, und zwar nicht, um uns herauszufordern, sondern um verschleiert die Möglichkeit für eine Lösung anzudeuten. Er habe gehört, daß die drei baltischen Staaten immer noch Botschaften in den Vereinigten Staaten unterhielten. Das bestätigte ich. »Und die Sowjetunion hat sie nicht aufgefordert, diese Botschaften aufzulösen, bevor sie diplomatische Beziehungen zu Ihnen aufnahm?« Das war nicht ganz richtig, denn zu der Zeit, als wir die Beziehungen zur Sowjetunion aufnahmen, erkannte auch sie die baltischen Staaten an. Aber wenn Mao damit sagen wollte, daß die Beziehungen, die wir zu Taiwan unterhielten, kein Hindernis für eine Normalisierung unserer Beziehungen zur Volksrepublik China waren, dann hatte ich keinen Grund, auf feine historische Unterschiede hinzuweisen. Deshalb stimmte ich ihm zu. Nun schaltete sich auch Tschou En-lai ein und sagte, die baltischen Staaten könnten, obwohl sie diplomatische Beziehungen zu den Vereinigten Staaten unterhielten, nicht in die Vereinten Nationen aufgenommen werden. Sollte das heißen, daß sich China mit einem völkerrechtlichen Sonderstatus für Taiwan einverstanden erklären könnte und damit zufriedengeben würde, wenn die Vereinten Nationen Taiwan ausschlössen?

Nun schwenkte Mao in eine andere Richtung, um das gleiche zu sagen, aber diesmal auf eine noch umständlichere Art. Da er an die Einheit der Gegensätze glaubte, begann er mit der Feststellung eines Widerspruchs. Wenn wir diplomatische Beziehungen zu Peking aufnehmen wollten, dann müßten wir grundsätzlich die Beziehungen zu Taiwan abbrechen. Er glaube auch nicht an eine friedliche Lösung; schließlich wären die politischen Führer Taiwans »eine Bande von Konterrevolutionären«.

Darin läge aber kein unlösbares Dilemma. Er hätte keine Eile, seinen unverrückbaren Grundsatz in die Tat umzusetzen: »Ich sage, wir können zunächst ohne Taiwan auskommen und hundert Jahre darauf warten, daß es zu uns kommt. Erwarten Sie nicht, daß sich die Dinge dieser Welt so rasch entwickeln. Wozu diese große Eile?« Aber die Beziehungen zwischen Peking und Washington brauchten nicht dem langsamen Trommelschlag der internen chinesischen Auseinandersetzungen zu folgen; hier brauchte man nicht so lange zu warten: »Was Ihre Beziehungen zu uns betrifft, so glaube ich, wir brauchen keine hundert Jahre . . . Aber das müssen Sie entscheiden. Wir werden Sie nicht drängen.«

Was sollte das alles bedeuten? Wollte Mao andeuten, daß sich die Normalisierung unserer Beziehungen von der Taiwan-Frage abtrennen ließ? Und warum überließ er es uns, den Zeitpunkt der Normalisierung zu bestimmen? Wenigstens konnten wir daraus schließen, daß China nicht versuchen werde, Taiwan kurz darauf zu schlucken. Sicher bedeutete es, daß Taiwan der Aufnahme von diplomatischen Beziehungen zwischen unseren beiden Ländern nicht im Wege stehen werde und daß wir im Gegensatz zu den Vorstellungen der Öffentlichkeit in dieser

Sache nicht unter Druck standen. Ich möchte glauben, daß Mao ebenso wie Tschou En-lai am Tag zuvor mich indirekt aufforderte, einen Vorschlag zu machen, der in sich den Grundsatz des einen China mit der praktischen Anerkennung des Status quo verband. Wir werden die Wahrheit nie erfahren, weil sich die innenpolitische Lage in der Volksrepublik China so rasch änderte, so daß wir keine Zeit mehr hatten, uns der Bedeutung der Äußerungen Maos zu vergewissern, und in der gegenwärtigen Situation spielte sie keine große Rolle. Jedenfalls hatte Mao gesagt, daß China in den nächsten hundert Jahren aus seinen Grundprinzipien keine politischen Konsequenzen ziehen werde. Damit wir ihn richtig verstanden – denn niemand konnte sich auf die Intelligenz westlicher Diplomaten verlassen –, verglich er die Situation in Taiwan mit derjenigen in Hongkong und Makao, wo es China auch nicht eilig hätte (und außerdem diplomatische Beziehungen zu den Ländern unterhielt, die sie »besetzten«). Er sagte, Taiwan wäre keine bedeutende Frage: »Bedeutend ist die Frage der gesamten internationalen Lage.«

Damit war Taiwan erledigt, und Mao hatte mit keinem Wort gedroht, uns unter Druck setzen zu wollen, sondern ausdrücklich darauf verzichtet. Nun wandte er sich dem Nahen Osten zu und umrahmte das Gespräch über Taiwan mit zwei Vorlesungen darüber, wie man dem sowjetischen Expansionismus in zwei weit auseinander liegenden Gebieten begegnen müßte. Daß er die Beziehungen zu den Vereinigten Staaten mit großer Aufmerksamkeit verfolgte, bewies er, als er berichtete, wie er auf ein Gespräch reagiert hätte, das ich am Tage der amerikanischen Teilmobilmachung mit dem Chef des chinesischen Verbindungsbüros geführt hatte. Der unglückliche Huang Tschen war völlig überrascht gewesen, als ich ihn darüber unterrichtete. Er hatte daher, wie es der offiziellen chinesischen Linie entsprach, die arabische Position unterstützt. Nun bemühte sich Mao, das Gespräch in die richtige Perspektive zu rücken. Huang Tschen habe mit Recht erklärt, daß China die arabischen Bestrebungen unterstütze, aber »er hat die Bedeutung des Widerstandes der Vereinigten Staaten gegen die Sowjetunion nicht begriffen«. China »begrüßte es«, daß wir »die Sowjetunion in Verlegenheit gebracht und dafür gesorgt haben, daß die Sowjetunion den Nahen Osten nicht beherrschen kann«. Mit anderen Worten, die Eindämmung hatte die Priorität gegenüber allen anderen Erwägungen – einschließlich der freundschaftlichen Beziehungen Chinas zu den arabischen Ländern.

Dann sprach Mao noch einmal über die Stärken und Schwächen verschiedener Staaten in diesem Gebiet und erwähnte dabei fast jedes einzelne Land. Er wies auf die Bedeutung der Türkei, des Iran und Pakistans als Barrieren gegen den sowjetischen Expansionismus hin. Der

Irak und Südjemen beunruhigten ihn. Er empfahl uns dringend, unsere Position im Indischen Ozean zu stärken. Hier erwies er sich als der typische kalte Krieger; unsere Konservativen wären stolz auf ihn gewesen. Er behandelte alle diese Themen ohne schriftliche Unterlagen und ohne von seinen Kollegen unterstützt zu werden, die sich in ehrfürchtiges Schweigen hüllten.

Am Schluß wandte sich Mao Japan zu. Er lobte meine Entscheidung, auf dem Heimweg einige Tage in Tokio Station zu machen. Japan dürfte sich nicht durch die Vereinigten Staaten vernachlässigt fühlen. Die Japaner wären von Natur unsicher und empfindsam. Er werde dafür sorgen, daß Tokio nicht durch China gezwungen würde, sich zwischen den Vereinigten Staaten und China zu entscheiden. Dadurch könnte die japanische Politik polarisiert werden; die Unsicherheit Japans würde größer werden, was zur Stärkung des traditionellen Nationalismus führen könnte. »Für sie sind gute Beziehungen zu den Vereinigten Staaten das Wichtigste«, sagte er wohlwollend. »Wir kommen erst an zweiter Stelle.« Der Apostel der Weltrevolution erklärte, daß er alles tun werde, um Japan zu veranlassen, seine Prioritäten so zu setzen. Japan sollte nicht versuchen, in völliger Unabhängigkeit ein Land gegen das andere auszuspielen, denn das könnte nur chauvinistische Gelüste wecken. Auch wir sollten unseren Beitrag dazu leisten und enge Fühlung zu Japan halten. Als einer der Architekten des ersten »Nixon-Schocks« – damit meinte er meine Geheimreise nach China – hätte ich persönlich eine wichtige Aufgabe: »Sie fürchten sich vor Ihnen und Sie sollten versuchen, ihnen diese Furcht zu nehmen.«

Das Paradoxe an dieser ganzen Theorie war fast mit Händen zu greifen. Wenn China jetzt das Bündnis zwischen den Vereinigten Staaten und Japan so begeistert unterstützte, dann widersprach es damit direkt dem Mißtrauen, das ich während meines ersten Besuchs in Peking erlebt hatte. Knapp zwei Jahre nach der ersten Kontaktaufnahme belehrte der ergraute Revolutionär den amerikanischen Außenminister darüber, wie die Vereinigten Staaten ihre Bündnisse zusammenhalten sollten. Ausgehend von den entgegengesetzten Seiten des ideologischen Spektrums, waren wir stillschweigend zu Partnern bei der Aufrechterhaltung des globalen Gleichgewichts geworden.

Nach zweieinhalb Stunden gab Tschou En-lai das Zeichen zum Aufbruch. Aber der Vorsitzende wollte zuerst noch hören, daß es im Hinblick auf die innenpolitische Situation in den Vereinigten Staaten keinen Grund zur Beunruhigung gäbe. Was Mao jetzt am wenigsten wünschte, war der innenpolitische Umsturz in Amerika, der nach seiner politischen Theorie unvermeidlich und wünschenswert war. Wie der Komponist einer Symphonie kam er am Schluß auf sein Eröffnungsthema zurück: Würde Watergate die Autorität eines Präsidenten aushöhlen, mit dem er mehr oder weniger übereinstimmte? Was für ein Präsident könnte nach solchen Umwälzungen dieses Amt übernehmen? Er fürchtete, daß mit einem demokratischen Präsidenten Amerika zum Isolationismus zurückkehren könnte. Nun wollte er wissen, was ich darüber dachte. Nach meiner Überzeugung konnte es nicht im Interesse Amerikas liegen, so zu tun, als ob nur eine einzige Persönlichkeit, deren Amtszeit nicht über das Jahr 1976 hinausgehen würde und früher beendet sein könnte, in der Lage wäre, die amerikanische China-Politik zu garantieren. Deshalb sagte ich, daß die Realitäten die Grundlinien unserer Politik bestimmen würden, und zwar ohne Rücksicht darauf, welche Partei den Präsidenten stellte. Es könnte jedoch eine gewisse Atempause eintreten, bis eine neue Regierung sich mit diesen Realitäten vertraut gemacht hätte. Mao entging keine Nuance dessen, was ich gesagt hatte. »Dann gehören Sie in die gleiche Kategorie wie ich. Wir sind beide vermutlich mehr oder weniger mißtrauisch«, erwiderte der Vorsitzende.

Besonders beunruhigte ihn der Gedanke an einen amerikanischen Truppenabzug aus Europa, eine Maßnahme, die immer wieder von demokratischen Senatoren gefordert wurde. Ich sagte, daß unsere beiden Parteien sich auch in der Bereitschaft unterschieden, »im Fall einer Herausforderung sehr brutal und sehr rasch zu handeln«. Mao meinte, daß es nicht notwendig wäre, eine diplomatische Front aufzubauen; was ich wirklich gemeint hatte, war die Bereitschaft, einen Krieg zu riskieren. Obwohl Mao Tse-tung als Kriegshetzer galt, fügte er lachend hinzu, er hoffte, daß der Krieg nur mit konventionellen Waffen geführt werde. Ich versuchte, ihn von diesem Gedanken abzubringen, und sagte: »Wir werden auf keinen Fall einen Krieg beginnen.« Diese Erklärung wollte Mao nicht gefallen, und deshalb warnte er mich, bevor ich mich von ihm verabschiedete: »Die Sowjetunion verhält sich brutal gegenüber den Schwachen und fürchtet sich vor den Starken.« Mit anderen Worten, nehmen Sie Moskau nicht die Furcht, daß wir zum Krieg entschlossen sein könnten.

Wir wollten schon von unseren Sesseln aufstehen und uns verabschieden, als Mao plötzlich auf unser Gespräch vom Februar zurückkam, als er gesagt hatte, daß wir uns vor den chinesischen Frauen in acht nehmen sollten, um damit auf die politischen Ränke seiner Frau anzuspielen. »Und Sie sollten nicht versuchen, Miß Wang oder Miß Tang einzuschüchtern, denn sie sind verhältnismäßig weich.«* Ich be-

* Damit meinte er Miß Wang Hai-dschung, die stellvertretende Außenministerin und angeblich Maos Nichte, und Miß Tang Wensheng oder Nancy Tang, die in Amerika geborene Dolmetscherin.

stritt, bei einer dieser Damen entdeckt zu haben, daß sie besonders weich wären. Aber Mao behauptete geheimnisvoll: »Sie (Miß Tang) ist Amerikanerin, aber sie (Miß Wang) ist eine sowjetische Spionin.« Er lachte, und damit endete die Begegnung nach fast drei Stunden. Der Vorsitzende erhob sich mühsam, aber ohne fremde Hilfe, und begleitete uns mit langsamen, schlurfenden Schritten bis ins Vorzimmer – eine besondere Auszeichnung. Als er sich von uns verabschiedete, machten die Fotografen noch einige Aufnahmen. Er sagte mir: »Und bitte grüßen Sie den Präsidenten Richard Nixon persönlich von mir.«

Tschou nahm mich zur Seite, bat mich um meine Zustimmung zu einer öffentlichen Erklärung, in der von einem »umfassenden und weitblickenden Gespräch in freundschaftlicher Atmosphäre« die Rede sein sollte, und erwähnte noch einmal die Grüße des Vorsitzenden an Nixon. Nach chinesischen Maßstäben war diese Erklärung gleichbedeutend mit der begeisterten Zustimmung Maos zu den amerikanisch-chinesischen Beziehungen.

Es war eine erstaunliche Leistung des Vorsitzenden gewesen. David Bruce, der im Laufe von dreißig Jahren alle bedeutenden europäischen Politiker kennengelernt hatte, sagte, wir wären Zeugen der ungewöhnlichsten und diszipliniertesten Lagebeurteilung gewesen, die er je von einem Staatsmann gehört habe, und das sei um so beeindruckender gewesen, da es so spontan und zufällig gewirkt hätte.

Aber was bedeutete es schließlich, weshalb hielt es Mao für notwendig, sich mit seiner enormen Autorität hinter eine so detaillierte Beurteilung der internationalen Lage zu stellen? Zweifellos hielten die Chinesen unsere Begegnung für außerordentlich wichtig, was auch durch die ungewöhnlich lange Dauer bewiesen wurde (besonders, da dieses Gespräch nicht mit einem Staatsoberhaupt geführt wurde), der herzliche Ton der Abschlußerklärung, die Aufmerksamkeit, mit der die Begegnung von der chinesischen Presse registriert wurde, und die Auswahl der Bilder, mit denen die Zeitungsberichte illustriert wurden, die einen strahlenden Mao zeigten, der meine Hand mit beiden Händen ergriffen hatte, während Tschou mit ernstem Gesicht in den Hintergrund gerückt war.

Auch der Zeitpunkt des Gesprächs hatte seine Bedeutung, denn die Begegnung mit Mao fiel mit einem Empfang zusammen, den David Bruce zu meinen Ehren für das Diplomatische Korps im diplomatischen Klub geplant hatte. Ich mußte so lange bei Mao bleiben, daß die Gäste sich schon verabschiedet hatten, als ich endlich zum Empfang erschien. Vom chinesischen Standpunkt bot diese Situation den Vorteil, daß jeder Botschafter gezwungen war, zu Hause zu berichten, wie lange mein Gespräch mit Mao gedauert hatte – ein Gespräch, das den

Chinesen wichtig genug erschien, um das ganze Diplomatische Korps warten zu lassen. Das alles war kein Zufall, denn gegen Ende der Begegnung entschuldigte sich Mao bei David Bruce dafür, daß er »eine Zeit in Anspruch genommen habe, für die andere Aktivitäten vorgesehen waren«. (Wollte Mao damit sagen, daß Bruce als Chef eines Verbindungsbüros nicht das Recht hatte, akkreditierte Botschafter zu einem halboffiziellen Empfang einzuladen?)

Zweifellos standen hinter dem Verhalten unserer schwer durchschaubaren Gastgeber die verschiedensten Motive. Heute glaube ich, daß der ausführliche Dialog mit Mao zwei Hauptursachen hatte, die vielleicht zueinander in Beziehung standen: die schwere innenpolitische Kontroverse in China und der bevorstehende Rücktritt Tschou En-lais. Möglicherweise bedurfte es Maos großer Autorität, um den Streit über die chinesische Außenpolitik zu beenden, der im Sommer begonnen und durch das kambodschanische Fiasko neue Nahrung erhalten hatte. Aber Mao stellte sich nur selten eindeutig hinter eine der streitenden Gruppen, weil er sich in seiner Manövrierfähigkeit nicht einschränken lassen wollte. So war es möglich, daß er Tschous politischer Linie folgte, persönlich aber einen der Gegner Tschous unterstützte. Das würde erklären, weshalb Mao mich während des Gesprächs plötzlich fragte, ob ich Guo Moro kannte, »der deutsch versteht« – was eigentlich kein Anlaß sein konnte, die Bekanntschaft mit mir zu suchen. Als ich erwiderte, daß ich mit diesem Herrn noch nie zusammengetroffen wäre, sagte Mao: »Das ist ein Mann, der Konfuzius verehrt, aber heute ist er Mitglied unseres Zentralkomitees.« Aus welchem Grund sollte ich den Kontakt zu einem Konfuzius-Verehrer suchen, während in der Volksrepublik China ein Feldzug gegen Konfuzius geführt wurde? Und wer in China würde die Kühnheit besitzen, eine solche Begegnung zu arrangieren? Oder sollte es heißen, daß auch ein Konfuzianer Mitglied des Zentralkomitees der Chinesischen Kommunistischen Partei sein könnte und der Feldzug gegen Konfuzius beendet wäre? Als ich ein Tischgespräch mit dem stellvertretenden Außenminister Tschiao Kuan-hua erwähnte, machte Mao wieder eine Andeutung, die mich vor ein Rätsel stellte: Er sagte im Scherz oder drohend »Lord Tschiao« und deutete damit an, daß Tschiao der Oberschicht angehörte, die demnächst ausgeschaltet werden sollte. Auch Konfuzius wurde der Vorwurf gemacht, daß er dieser Klasse angehört habe.

Welches auch der Stand der innenpolitischen Auseinandersetzungen zur Zeit meines Besuchs gewesen sein mag, schon zwei Monate später war Tschou En-lai aus seinem Amt ausgeschieden, und zwar nach den offiziellen Verlautbarungen aus Krankheitsgründen. Ließ sich die etwas unsichere Haltung des Premierministers damit erklären, daß er wußte, die Krebserkrankung würde seinem Leben bald ein Ende setzen? Oder war sein bevorstehendes Abtreten von der politischen Bühne die Ursache? Hatte Mao ihn ebenso wie alle seine anderen Stellvertreter aus dem Amt gedrängt, oder fügte sich Tschou dem Unvermeidlichen, dem politischen Druck oder dem Nahen des Todes? Hatte die Erwähnung der Frauen eine Warnung sein sollen, oder wollte mich Mao beruhigen, als er sagte, sie seien weich? Eines stand fest; bei Mao hatte jedes Wort, das er aussprach, eine Bedeutung, auch wenn wir den Sinn nicht verstehen konnten.

Nach dieser Begegnung habe ich nie wieder ein ernstes Gespräch mit Tschou En-lai geführt. Ein Jahr später besuchte ich ihn mit meiner Frau und meinen Kindern in einem Krankenhaus, das aber eher den Eindruck eines Erholungsheims machte. Wir führten ein ganz unverbindliches Gespräch, und ich konnte als Laie keine Veränderung in seinem Aussehen feststellen. Doch sobald ich auf eine wichtige Frage zu sprechen kam, wechselte Tschou das Thema. Er sagte, daß seine Ärzte es ihm verboten hätten, über solche Dinge zu sprechen. Weshalb die Erörterung von politischen Problemen seine Gesundheit mehr gefährdete als ein Gespräch über Belanglosigkeiten, erklärte er nicht. Unser Zusammensein ist für ihn wahrscheinlich ebenso schmerzlich gewesen wie für mich.

Bevor meine Reise im November 1973 zu Ende ging, bekam ich noch einen Eindruck davon, unter welchem Druck Tschou En-lai stand. Während des Abschiedsessens regten mich die festliche Atmosphäre und die freundlichen Trinksprüche an, Konfuzius zu erwähnen. Entweder hatte mein Denkvermögen unter dem häufigen Wechsel der Zeitzonen gelitten, oder die vielen *mao-tai* taten ihre Wirkung. Anders kann ich es nicht erklären, wie ich auf den Gedanken kam, gerade dieses explosive Thema zu berühren. Ich erklärte, China wäre seit jeher konfuzianisch gewesen, und zwar in dem Sinn, daß es den Chinesen selbstverständlich erschiene, den Staat als ein großes Erziehungsinstitut anzusehen, welches das Verhalten, die Moral und die Politik bestimmte. Dieses Konzept, so meinte ich, hätte überlebt, wenn natürlich auch der Inhalt der heute geltenden Lehre das genau Gegenteil der konfuzianischen sei.

Nach dieser Erklärung, mit der ich – so taktlos wie selten – praktisch behauptet hatte, Mao wäre ein Konfuzianer, verlor Tschou zum erstenmal, seit ich ihn kannte, die Selbstbeherrschung. Obwohl zunächst nur der Dolmetscher meine Worte verstanden hatte, bezeichnete er meine Behauptung aufs äußerste erregt und mit scharfen Worten als falsch. Er wollte es auch nicht akzeptieren, als ich ihn bat, jedes Mißverständnis meiner Unkenntnis zuzuschreiben. Er ließ sich nicht besänftigen, sondern sorgte dafür, daß Nancy Tang – der man später radikale Neigungen vorgeworfen hat – jedes Wort ins Protokoll aufnahm.

Welches auch der Grund für Tschous Ausscheiden aus seinen Ämtern gewesen sein mag, nach dieser Reise hat kein chinesischer Gesprächspartner mehr seinen Namen erwähnt. Wenn ich auf frühere Gespräche mit ihm zurückkam, erinnerten mich die Chinesen an meinen Dialog mit Mao, in dem alle Probleme und praktisch alle Länder, die beide Seiten interessierten, erörtert worden waren. In diesem Sinne hatte die Begegnung mit dem Vorsitzenden sowohl unmittelbare als auch langfristige Auswirkungen, wenngleich ich die letzteren erst erheblich später erkennen konnte. Für den Rest meiner Amtszeit wurde dieser Dialog mit Mao für die Chinesen zur Bibel der amerikanisch-chinesischen Beziehungen. Für uns war es ein konstruktives Gespräch gewesen. Zwar gewann die radikale Gruppe, die später als Viererbande bezeichnet wurde, an Einfluß, aber der Dialog schuf eine Ebene, unter welche Tschous Arbeit nicht gezerrt werden konnte, auch wenn unsere Beziehungen unter dem immer stärker werdenden Einfluß der Radikalen auf die Tagespolitik zeitweilig stagnierten.

Davon spürte ich damals in der gehobenen Stimmung nach meinem Erfolg in Kairo und der Anerkennung, die ich in Peking gefunden hatte, natürlich noch nichts. Mit Maos Zustimmung konnten alle Verhandlungen rasch und erfolgreich abgeschlossen werden. Die Frage der amerikanischen Ansprüche auf Vergütung der enteigneten Vermögen wurde geregelt bis auf gewisse technische und juristische Probleme, von denen man jedoch nicht annahm, daß sie einer Einigung im Wege stehen würden. Wir vereinbarten den Text eines Schlußkommuniqués, das einen bedeutenden Fortschritt darstellte. Nur weil die Medien sich vor allem mit Taiwan beschäftigten, wurde seine Bedeutung unterschätzt. Es brachte zum Ausdruck, daß sich beide Seiten allen hegemonialen Bestrebungen auf der Welt widersetzten, nicht nur im »asiatisch-pazifischen Raum« (wie im Schanghai-Kommuniqué von 1972), und bestätigte die Notwendigkeit, die Konsultationen zwischen beiden Ländern auf »autoritativer Ebene« zu vertiefen, um diesem Ziel näherzukommen. Auch die kulturellen und wirtschaftlichen Kontakte sollten intensiviert werden. Der Aufgabenbereich der Verbindungsbüros wurde erweitert. Tschou En-lai hatte einen Satz eingefügt, in dem es hieß, daß sich »die Normalisierung der Beziehungen zwischen China und den Vereinigten Staaten nur auf der Basis einer Bestätigung des Prinzips realisieren läßt, daß es nur ein China gibt«. Als wir den Text fertiggestellt hatten, brachte Tschou fast wie im Scherz den Vorschlag, wir sollten jetzt feststellen, was in diesem Kommuniqué neu wäre. Dabei machte er mich besonders auf den Satz über Taiwan aufmerksam, denn wahrscheinlich glaubte er, daß Barbaren gewisse Feinheiten nicht erkennen könnten. Die »Bestätigung eines Prinzips« war keine unmögliche Forderung; wir waren schon im Schanghai-Kommuniqué in dieser Richtung sehr weit gegangen und hatten dieses Prinzip in keiner Phase unserer China-Politik in Frage gestellt. Die von Mao und Tschou gemachten Andeutungen waren sicherlich Hinweise auf ein neues Angebot, wir konnten aber noch nicht erkennen, worin es bestehen sollte. Tschou hatte gesagt, er werde Huang Tschen nach Peking kommen lassen, um ihn über das Wesen eines intensivierten Dialogs zu unterrichten, der jetzt im Sinne dieses Kommuniqués beginnen sollte.

Es ist deshalb nicht verwunderlich, daß mein Besuch in einer sehr freundschaftlichen Atmosphäre zu Ende ging. Auf der letzten gemeinsamen Sitzung dankte mir Tschou dafür, daß wir Sihanouks Mutter bei ihrer Reise von Phnom Penh nach Peking geholfen hatten. Er sagte mir auch, daß seine Protokollbeamten ihm eine Liste westlicher Journalisten übergeben hätten, die in Kambodscha vermißt waren. Ich hatte sie absichtlich auf einem Tisch im Gästehaus liegengelassen, um uns die Peinlichkeit eines Streitgesprächs darüber zu ersparen, ob China einen Einfluß bei den Roten Khmer hätte. Tschou versprach mir, sein möglichstes zu tun. Ich wußte allerdings, daß das nicht viel war. So endete unsere letzte offizielle Begegnung in der Hoffnung, daß wir einen neuen Kurs festgelegt hätten, und doch wurden wir von einer etwas melancholischen Stimmung ergriffen, als ahnten wir, daß die Zeiten eines so guten Einvernehmens ein für allemal vorüber waren.

Tschou En-lai: Vielleicht liegt es im amerikanischen Nationalcharakter, daß sich die Amerikaner von denen betören lassen, die freundlich und milde zu sein scheinen. (Damit meinte er Indien.)

Kissinger: Ja.

Tschou: Aber die Welt ist nicht so einfach. Wir wünschen Ihnen Erfolg und wünschen auch dem Präsidenten Erfolg.

Kissinger: Vielen Dank, und ich danke Ihnen auch für den freundlichen Empfang, den Sie uns wie immer bereitet haben.

Tschou: Das haben Sie verdient. Und nachdem wir den Kurs festgelegt haben wie 1971, werden wir an diesem Kurs festhalten.

Kissinger: Das werden wir auch tun.

Tschou: Deshalb haben wir bei der Schilderung Ihrer Begegnung mit dem Vorsitzenden das Wort Weitblick verwendet.

Tschou hatte diesen Besuch mit meiner ersten geheimen Reise nach Peking verglichen und erblickte darin den Beginn für bedeutende Fortschritte auf dem einmal eingeschlagenen Weg. Darin sollte er sich irren. Wir gerieten beide in die Wogen dramatischer innenpolitischer

Entwicklungen. Huang Tschen wurde, wie Tschou es versprochen hatte, nach Peking zurückgerufen. Aber er kehrte vier Monate nicht nach Washington zurück, und als er es schließlich tat, hatte er uns nichts zu sagen. Die Gespräche über die Vergütung der amerikanischen Ansprüche wurden von den Chinesen unter fadenscheinigen Vorwänden abgebrochen. Die Initiativen für den Kulturaustausch und die Belebung des Handels ließen auf sich warten. Die allgemeine politische Orientierung blieb bestehen, aber die konkreten Maßnahmen wurden eingefroren. Während meiner Besuche in den Jahren 1974 und 1975 war die Atmosphäre kühl, oder sie dienten nur dazu, die Beziehungen nicht einschlafen zu lassen, was allerdings auch nicht geschah.

Zwei gleichzeitige innenpolitische Krisen haben diesen Zustand begünstigt. Solange die Spannungen in Washington fortbestanden, waren wir für die Chinesen kein so interessanter Partner mehr. Mit der Aushöhlung der Autorität des Präsidenten mußte auch unsere Glaubwürdigkeit abnehmen, was auch ich nicht ändern konnte, wenn ich das Gegenteil behauptete. Selbst ein intaktes China hätte allen Grund zur Zurückhaltung gehabt, solange das Drama von Watergate nicht beendet war.

Jetzt wußten wir, daß es zur gleichen Zeit auch in China zu einer Führungskrise gekommen war. In dem Gespräch, das Mao mit mir geführt hatte, waren die Grundlinien der chinesischen Politik zwar festgelegt worden, aber es wäre unmöglich, alle die verschiedenen Interpretationen, deren Inhalt zunehmend von der radikalen Viererbande bestimmt wurde, in einem einzigen Dokument zusammenzufassen.

Doch wenn sich auch die Hoffnungen nicht erfüllten, die wir Ende 1973 hegten, so blieben doch die Grundvoraussetzungen erhalten, die in dem Dialog mit Tschou und Mao festgelegt worden waren. In diesem Sinne hatte der alternde Vorsitzende in seinem Gespräch mit mir seinen eigenen Neigungen zum Radikalismus Grenzen gesetzt. Gelegentlich kam es zum Gedankenaustausch auf höchster Ebene mit dem de-facto-Nachfolger Tschous, dem stellvertretenden Premierminister Teng Hsiaop'ing und mit Tschiao Kuan-hua, der sehr bald den Posten des Außenministers übernahm. Bei diesen Gesprächen vermißte ich die bisher gewohnte menschliche Wärme, aber in der Substanz änderte sich nichts. Es gelang uns, das Wesentliche einer Beziehung zu bewahren, die in diesen unruhigen Zeiten und angesichts der Spannungen in beiden Ländern, die mit unseren außenpolitischen Absichten nichts zu tun hatten, entscheidend für die Erhaltung des Weltfriedens waren. Staatsmänner haben auch schon oft weniger gute Arbeit geleistet.

XVI. Schwierigkeiten mit unseren Verbündeten

Im Herbst 1973 hatten wir mit unerwarteten Schwierigkeiten zu kämpfen, als wir uns darum bemühten, das zwischen den Vereinigten Staaten und den anderen demokratischen Ländern bestehende Bündnissystem mit neuem Leben zu erfüllen. In Europa hatte der Ausbau der europäischen Einheit den Vorrang; die europäischen Regierungen standen unter innenpolitischem Druck; Amerika war durch Watergate in seinen Grundfesten erschüttert worden. Der Oktober-Krieg und die Ölknappheit gaben den letzten Anstoß zur gefährlichen Verschärfung der Lage. Jeder einzelne Verbündete hatte mit eigenen Problemen zu kämpfen. Die meisten Regierungen verloren die innenpolitische Unterstützung für eine weitblickende Politik. Bei den wichtigsten Verbündeten konnte sich 1974 kein einziger Regierungschef in seinem Amt behaupten. Damit beginnt eine Periode der Spannungen in unseren Beziehungen zu Europa und Japan. Die Ölkrise erzeugte ähnliche Spannungen innerhalb unserer atlantischen und pazifischen Bündnisse, aber hier ging es um Probleme, die sich je nach den kulturellen und historischen Gegebenheiten in der betreffenden Region unterschieden.

Das Ende des Europa-Jahrs

Für kein umfassendes Programm ist eine so frenetische Choreographie entworfen worden wie für unser Europa-Jahr. Das Schlimme war, daß die meisten Veranstaltungen, die wir in diesem Rahmen ins Leben riefen, kaum etwas bewirkten. Wir wollten dem westlichen Bündnis mit einer sogenannten Atlantischen Deklaration neue politische Anstöße geben. Diese Deklaration sollte aufzeigen, welche gemeinsamen positiven Ziele wir verfolgten, und beweisen, wie notwendig es wäre, die kommunistische Aggression einzudämmen. Wir glaubten, der nach dem Zweiten Weltkrieg herangewachsenen Generation beweisen zu müssen, daß die politischen Führer sich mit Aufgaben beschäftigten, die über die Koordinierung technischer Entscheidungen hinausgingen, wenn die Regierungen nicht ihre Legitimität und das Bündnis nicht seinen Zusammenhalt verlieren sollten. Aber unsere Verbündeten waren mit anderen Dingen beschäftigt. Sie benutzten unsere Initiative für eine Atlantische Deklaration als Amboß, auf dem sie ihre eigenen, noch in den Anfängen steckenden Institutionen schmieden wollten. Sie interessierten sich weniger dafür, eine neue Basis für die atlantische Einheit zu schaffen, und einige sahen solche Bemühungen sogar als Störung bei der Erfüllung wichtigerer Aufgaben an – die vielleicht sogar beabsichtigt sein könnte. Ich will nicht behaupten, daß wir recht und unsere Verbündeten unrecht gehabt hätten. Wie in den meisten Tragödien hatte jede Seite von ihrem Standpunkt aus recht, und beide Seiten verfolgten durchaus vertretbare Ziele.

Doch 1973 war mit Sicherheit ein Jahr, in dem die Demokratien Symptome einer kollektiven Lähmung zeigten. Richard Nixon war ein Gefangener des Watergate-Skandals; Georges Pompidou lag im Sterben; Willy Brandts Autorität schrumpfte mit jedem Tag; Edward Heath, der sich eifrig um die europäischen Belange bemühte, hatte es zunehmend mit innenpolitischen Krisen zu tun. Es gelang keinem Regierungschef, sich mit seiner ganzen Autorität hinter eine Entscheidung zu stellen, die sie alle in die Lage versetzt hätte, sich aus den Zwängen des rein taktischen Manövrierens zu befreien. Die europäische und die amerikanische Außenpolitik waren, um das Mindeste zu sagen, nicht mehr im Gleichklang.

In dieser Lage war der französische Außenminister Michel Jobert der Impresario eleganter Verschleierungsmanöver. Im 5. Kapitel habe ich geschildert, wie er uns veranlaßt hat, die Europäische Gemeinschaft zu umgehen, es Frankreich zu überlassen, den europäischen Konsens herbeizuführen, und wie er dann eine plötzliche Kursänderung vornahm, um zu verlangen, daß alle Gespräche über das Europa-Jahr ausschließlich im Rahmen der Europäischen Gemeinschaft geführt würden, die er inzwischen dazu gebracht hatte, unsere Vorschläge abzulehnen. Sein fein ausgeklügelter Plan sah ein zeitraubendes und demütigendes Verfahren vor, das praktisch Europa zwang, seine Identität wenn nicht im Gegensatz zu uns, dann doch in einer Weise zu suchen, in der deutliche Unterschiede zum Ausdruck kamen. Im Juli 1973 beschlossen die europäischen Regierungschefs in Kopenhagen, ohne uns vorher konsultiert zu haben, daß kein Mitglied der Gemeinschaft sich einzeln mit uns über eine letzten Endes amerikanische Initiative unterhalten dürfte, bevor eine gemeinsame Haltung der Gemeinschaft erarbeitet worden wäre. Wenn das geschehen sei, würde sie uns vom dänischen Außenminister Knut Borge Andersen erläutert werden, der den Vorsitz bei den Außenministerkonferenzen der Neun innehatte, der turnusgemäß halbjährlich wechselte. Dieser ehrenwerte Herr sollte jedoch nicht bevollmächtigt werden, mit uns zu verhandeln. Er durfte unsere Stellungnahme zur Kenntnis nehmen und sie seinen Kollegen übermitteln. Sie sollten seinen Bericht in Empfang nehmen, darüber beraten und dann selbst Stellung nehmen. Anschließend sollte im gleichen Verfahren über diese Stellungnahmen beraten werden.

Wir wurden daher nicht zu Konsultationen eingeladen, die die atlantischen Beziehungen hätten neu beleben können, sondern zur Teilnahme an einem bürokratischen Manöver, das diese Beziehungen zu ersticken drohte. Man forderte uns auf, mit einem Minister zu verhandeln, der keine Vollmachten hatte, während die Bevollmächtigten selbst nicht mit uns sprechen durften. Wir hatten gehofft, uns aufs neue über gemeinsame politische Ziele einigen zu können und neue Vorstellungen von einer gemeinsamen Zukunft zu gewinnen. Statt dessen stellte sich das für einen atlantischen Dialog in Aussicht genommene Verfahren als viel starrer heraus als der Gedankenaustausch mit den Sowjets, deren Unterhändler trotz all ihrer Steifheit und Hemmungen im allgemeinen nicht nur zuhören, sondern auch etwas sagen durften.

Die Vorstellungen unserer Verbündeten von der Gestaltung der vorgesehenen Reise des Präsidenten nach Europa waren ebenso widersinnig. Der Präsident sollte unter Umständen – das stand allerdings noch nicht fest – bei der NATO mit den anderen Regierungschefs über Sicherheitsfragen sprechen dürfen. Doch es wurde dem Präsidenten zugemutet, politische und wirtschaftliche Fragen mit dem dänischen Premierminister zu erörtern, dessen Land den Vorsitz im Ministerrat innehatte, und er sollte, wenn sich Frankreich damit einverstanden erklärte, mit den Außenministern der anderen Länder zusammenkommen. Die europäischen Regierungschefs sollten jedoch nicht dem Gremium angehören, das ihre Einheit verkörperte. Dies alles hatte nur dann einen Sinn, wenn der Ausbau der internen Struktur der Europäischen Gemeinschaft die einzige Priorität der westlichen Politik gewesen wäre. Aber wenn unser Konzept, daß die transatlantischen Bindungen eines moralischen Kurswechsels bedurften, überhaupt einen Wert hatte, dann machte der europäische Legalismus alle solche Bemühungen zunichte. Wenn in einem so formalistischen Verfahren endlich eine Deklaration über gemeinsame politische Ziele zustande gekommen wäre, dann hätte sie jede Bedeutung und jede Schwungkraft verloren.

Dieses Problem kam auch in einem Gespräch zwischen Sir Alec Douglas-Home und mir zum Ausdruck. »Aber wie können wir die europäische Einheit zur Wirklichkeit werden lassen, wenn wir nicht miteinander reden?« sagte der ehrwürdige britische Außenminister. »Wer sollte uns denn vertreten, wenn nicht der Vorsitzende des Ministerrats, der alle sechs Monate abgelöst wird?« Aber das war es gar nicht, was uns störte, wir hatten nichts dagegen, mit dem Vorsitzenden des Ministerrats zu sprechen, sondern uns störte die Weigerung der anderen Mitglieder, sich mit uns in Verbindung zu setzen. Ich sagte ihm zu diesem Thema:

Wir begrüßen eine gemeinsame europäische Haltung, und wir unterstützen die Idee der europäischen Einheit. Wenn aber der Preis dafür ist, daß wir nicht mit unseren traditionellen europäischen Freunden sprechen können, dann würde es im Laufe der Zeit zu entscheidenden Veränderungen in unseren Beziehungen kommen.

Es fragte sich, warum sich Europa im Umgang mit seinem engsten Verbündeten an so starre Formen halten sollte, wobei die bilateralen Kontakte abgebrochen wurden, die sich über zwei Jahrzehnte oder eine noch längere Zeit entwickelt hatten. Unsere Verbündeten unterhielten die diplomatischen Beziehungen zu keinem anderen Teil der Welt auf diese Weise. Das Eigenartige und, um offen zu sein, Empörende an dieser Art des Dialogs war die Tatsache, daß die gleichen Männer, die auf so geschickte Weise den amerikanischen Präsidenten auszuschalten suchten, uns gleichzeitig drängten, an einem kollektiven Gipfeltreffen mit Leonid Breschnew teilzunehmen, um die europäische Sicherheitskonferenz zum Abschluß zu bringen. Bei dieser Gelegenheit wollten sie sich alle mit den osteuropäischen und besonders dem sowjetischen Regierungschef treffen und beauftragten nicht den Vorsitzenden des Ministerrats mit ihrer Vertretung.

Zu anderen Zeiten hätten wir uns vielleicht von diesem Unternehmen zurückgezogen. Aber wir hatten noch nicht alle Hoffnungen aufgegeben und befanden uns außerdem in einem gewissen Dilemma. Natürlich kann eine vorübergehende Schwäche Regierungen veranlassen, an etwas festzuhalten, was sie unter günstigeren Voraussetzungen niemals riskieren würden. Angesichts von Watergate wollten wir auf keinen Fall einen Autoritätsverlust des Präsidenten erkennen lassen, und neben diesem Debakel gab es das ironische Problem, daß wir unsere Initiative nur aufgeben konnten, wenn wir in Kauf nahmen, der Aushöhlung der europäischen Einheit beschuldigt zu werden. Alle unsere Verbündeten waren, nachdem sie den schwerfälligen Apparat der Europäischen Gemeinschaft auf den atlantischen Dialog eingestellt hatten, daran interessiert, diesen Dialog weiterzuführen, denn vor diesem Hintergrund ließ sich die europäische Identität gut sichtbar machen. In unserer Ungewißheit warteten wir, wenn auch nicht geduldig, so doch ohne viel zu sagen, ob unser Vorhaben gelingen oder fehlschlagen würde.

Im September 1973 lebte das Europa-Jahr nach der Sommerpause wieder auf. Wir hörten, daß die politischen Direktoren der Mitglieder der Gemeinschaft (die unseren Unterstaatssekretären entsprachen) am 10. September den Außenministern den Entwurf einer atlantischen Erklärung vorlegen würden, waren jedoch davon nicht offiziell in Kenntnis gesetzt worden, sondern erfuhren es von alten Freunden, denen viel an der Festigung der atlantischen Beziehungen lag. Am 8. September berichtete unser Botschafter in Paris, John Irwin, daß Jobert glaubte, wir würden uns mit jedem Entwurf einverstanden erklären, so nichtssagend er auch wäre, und deshalb hielt er es für überflüssig, ihm einen konkreten Inhalt zu geben:

> Da wir (die Vereinigten Staaten) ein Papier wünschten (das heißt eine schriftliche Grundsatzerklärung), werde es ein Papier geben, dem jeder, wir und die Europäer, zustimmen könnten. Er wußte, daß wir ein Papier mit konkretem Inhalt lieber sehen würden, gab jedoch zu verstehen, daß uns jede Erklärung um ihrer selbst willen recht sein werde.

Aber Jobert irrte sich mit seinem extremen Zynismus. Entgegen seiner Voraussage waren wir nicht bereit, ein bedeutungsloses Dokument zu unterzeichnen, sondern wollten dann lieber das ganze Projekt fallenlassen.

Am 25. September präzisierte Außenminister Andersen endlich die Reaktion Europas auf meine vor fünf Monaten gehaltene Rede. Es war ein nichtssagendes Dokument und löste einen Dialog der Schwerhörigen aus. Die Atmosphäre wurde außerdem dadurch belastet, daß der Inhalt des Dokuments, auf das wir monatelang gewartet hatten, kurz vor seiner Veröffentlichung an die *New York Times* weitergegeben worden war. Als mir Andersen eine Verbalnote vorlas und den Text der Erklärung der Europäischen Gemeinschaft vorlegte, ohne bevollmächtigt zu sein, darüber zu verhandeln, konnte ich nicht viel dazu sagen. Andersen, der selbst voll und ganz hinter dem Atlantischen Bündnis stand, war es sichtlich peinlich, mit dem mächtigen Verbündeten Dänemarks eine Konfrontationspolitik treiben zu müssen. Aber seine Kollegen hatten ihm keinen Handlungsspielraum gelassen, und Dänemarks Einfluß in Europa war nicht so groß, daß er von sich aus die Initiative hätte ergreifen können.

Andersen war angewiesen worden, vorzuschlagen, alle künftigen Verhandlungen über den Deklarationsentwurf auf der Ebene der politischen Direktoren zu führen. Um zu verhindern, daß wir einen Alternativvorschlag machten, sollte er unsere Zustimmung zur sofortigen Einberufung einer Sitzung erwirken, was darauf hinauslief, daß wir auf eines unserer Hauptziele im Rahmen des Europa-Jahrs hätten verzichten müssen. In einem solchen Verfahren konnte kein Dokument entstehen, das den Anstoß zum Beginn einer neuen Ära gab. In den europäischen Außenministerien sind die politischen Direktoren Beamte; sie dürfen keine politischen Entscheidungen treffen. Jede Aufgabe, die ihnen zugeteilt wird, erfüllen sie mit größter Gewissenhaftigkeit, aber sie müssen es ihren politischen Vorgesetzten überlassen, in der Diplomatie

Weitblick und Gedankenreichtum zur Wirkung zu bringen. Der vorgesehene Dialog war daher zumindest sehr zeitraubend, denn jeder neue Gedanke und jede Meinungsverschiedenheit mußten auf höherer Ebene behandelt werden, wo alles dem gleichen zeitraubenden Verfahren unterworfen wurde, welches das Dokument hervorgebracht hatte. In einem Gespräch mit Andersen kam deutlich zum Ausdruck, welche Kluft in den transatlantischen Beziehungen entstanden war:

Kissinger: Unser Problem liegt darin, daß wir in der Zeit vom 23. Juli bis zum 19. September überhaupt nicht konsultiert worden sind. Jetzt legen Sie uns ein Dokument vor und verlangen innerhalb einer Woche eine Sitzung der politischen Direktoren. Wir beschäftigen uns hier mit außerordentlich wichtigen Fragen, aber es gibt keine laufenden Konsultationen.

Andersen: Sie müssen verstehen, wie schwierig es für die Neun gewesen ist, sich über das zu einigen, was wir jetzt haben.

Kissinger: Ja, für Europa bedeutet das einen beachtlichen Fortschritt, aber nicht für die atlantischen Beziehungen.

Der von der Europäischen Gemeinschaft ausgearbeitete Entwurf war auch nicht die Mühe wert, die darauf verwendet wurde. Er war kaum mehr als die Zusammenfassung von zwei anderen Dokumenten, der Deklaration der Gipfelkonferenz der Europäischen Gemeinschaft vom vergangenen Oktober und der Grundsätze, auf die man sich bei der Sitzung der Internationalen Wirtschaftskonferenz in Tokio geeinigt hatte. Hier wurde darauf hingewiesen, daß die Europäische Gemeinschaft und die Vereinigten Staaten eine jeweils eigene Identität besaßen; die Vereinigten Staaten wurden ausdrücklich aufgefordert, die Europäische Gemeinschaft im Rahmen der Weltpolitik als »fest umrissene Einheit« anzuerkennen, ein verletzendes Ansinnen, das den Verdacht nahelegte, daß wir uns unter Umständen gegen eine Einrichtung stellen könnten, die gerade amerikanischen Initiativen viel zu verdanken hatte. Von »gegenseitiger Abhängigkeit« war nicht die Rede. Der Entwurf erwähnte nicht einmal die Idee der atlantischen »Partnerschaft«, geschweige denn die Notwendigkeit, diese Partnerschaft zu stärken oder auf eine breitere Basis zu stellen. Der Deklarationsentwurf brachte weder etwas Neues, noch wies er uns höhere Ziele. Er verlangte kaum mehr als die amerikanische Zustimmung zu den Beschlüssen der Europäer auf ihrer Gipfelkonferenz vor fast einem Jahr über ihre internen Beziehungen.

Noch am gleichen Tag nahm ich in einem Gespräch mit dem deutschen Außenminister Walter Scheel Stellung zu dem Dokument:

Wir glaubten, daß es mehr als zwanzig Jahre nach Gründung der NATO neue Vorstellungen darüber geben müßte, wohin wir steuern.

Wir wollten die Völker auf beiden Seiten des Atlantik aufrufen, sich zu etwas Nützlichem zusammenzuschließen. Der Weg dorthin sollte mehr sein als eine kontroverse Verhandlungsrunde.

Normalerweise hätte man solche Streitigkeiten auf einer Gipfelkonferenz beilegen können. Aber wir spürten nur allzu deutlich, daß es unseren Verbündeten unangenehm war, mit dem schwer angeschlagenen Nixon zusammmenzutreffen. Kein verbündeter Regierungschef hielt es für nützlich, mit Nixon zu sprechen, während die Enthüllungen von Watergate sich überschlugen und von den Medien hinausposaunt wurden. Einige von ihnen glaubten, sie könnten dadurch ihre innenpolitische Position schwächen. Als ich Walter Scheel in einem Gespräch sagte, daß es zu einem Gipfeltreffen vielleicht erst nach dem 1. Januar des nächsten Jahres kommen könnte, antwortete er mit einem Freudschen Versprecher und sagte: »Uns wäre es lieber, wenn es schon in diesem Jahr sein könnte. Das wäre aus psychologischen Gründen besser, denn nächstes Jahr werden wir den Vorsitz übernehmen.« Das hieß, Brandt würde den Posten des Vorsitzenden während eines Nixon-Besuchs lieber einem anderen überlassen. (Um fair zu sein, muß ich sagen, daß Scheel es vielleicht für unklug gehalten hätte, wenn ein deutscher Bundeskanzler in der Abschlußphase des atlantischen Dialogs als Sprecher für Europa aufgetreten wäre – ein Problem, das sich leicht hätte vermeiden lassen, wenn sich die anderen Regierungschefs bereit gefunden hätten, sich ihm anzuschließen.)

Jobert blockierte wiederum jeden konkreten Fortschritt, um zu verhindern, daß die Identität Europas der atlantischen Partnerschaft untergeordnet wurde. Andererseits wünschte er aber auch keinen demonstrativen Fehlschlag, denn dadurch hätte unsere Bereitschaft, uns an der Verteidigung Europas zu beteiligen, geschwächt werden können. Als ich am nächsten Tag, dem 26. September, zu einem Essen mit ihm zusammentraf, bemühte er sich nach Kräften, die Dinge zwischen diesen beiden Polen in der Schwebe zu halten. Wieder spielten wir das ganze Repertoire durch. Er zeigte sich als jovialer Gesprächspartner, was durchaus nicht seiner wirklichen Haltung entsprach. Ich bewunderte Joberts Intelligenz und seinen beißenden Humor. Er beneidete mich darum, daß ich von Nixon mit so weitgehenden Vollmachten ausgestattet war. »Ich werde englisch sprechen«, begann Jobert, »wenn es mir auch schwerfällt.« – »Sie brauchen keine sehr umfangreichen Englischkenntnisse dazu, ›no‹ zu sagen«, antwortete ich. Es folgte der fast paranoide Angriff auf unsere Motive. Jobert behauptete, daß wir, wenn wir mit den anderen Europäern sprächen, dabei in Wirklichkeit das Entstehen eines vereinten Europas verhindern wollten. Großbritannien hätte uns fraglos den Entwurf eines Textes der Erklärung der Gemeinschaft gegeben. (Er sagte allerdings nicht, weshalb das ein Verbrechen wäre, aber im übrigen stimmte es nicht. Doch wenn Jobert Heath' Engagement für Europa nicht genügte, dann konnte man beiden nicht helfen.)

Aber das war nur ein Vorgeplänkel, denn es folgte eine böswillige Interpretation der Motive Nixons für den Vorschlag, eine Europa-Reise zu unternehmen: »Was denken Sie über den Besuch des Präsidenten? Gibt es innenpolitische Probleme, die vermuten lassen, daß er nicht kommen könnte, oder glauben Sie wirklich, daß er kommen wird?« Ich erwiderte scharf:

> Ob der Präsident reist oder nicht, hängt von zwei Dingen ab. Erstens geht es um die Substanz. Er will nicht nur die Hauptstädte bereisen. Das hätte keinen Zweck. Zweitens wird er unter keinen Umständen zusammen mit Personen ein Dokument unterzeichnen, die im Rang unter ihm stehen. Er wird auch nicht multilateral mit Leuten zusammenkommen, die nicht seiner Rangstufe entsprechen.

Jobert hatte eine hervorragende Idee für die Lösung dieses letzten Problems. Weshalb verschoben wir nicht das ganze Unternehmen und schlossen es in der zweiten Hälfte 1974 ab, denn dann würde Pompidou den Vorsitz übernommen haben? Dadurch würde natürlich die führende Rolle Frankreichs in Europa unterstützt. Wie auf diese Weise das von mir angesprochene Problem gelöst werden sollte – die Unmöglichkeit, daß unser Präsident an einem Treffen der europäischen Außenminister teilnahm, bei dem nur ein Staatsoberhaupt den Vorsitz führte –, sagte mir Jobert nicht.

Und doch machte Jobert gerade in dem Augenblick, als ich den Eindruck hatte, das Karussell werde niemals zum Stillstand kommen, die konstruktivste Geste, die ein europäischer Minister im atlantischen Dialog gemacht hat. Er legte den Entwurf für eine Deklaration zum Atlantischen Bündnis vor, der ganz im Gegensatz zu der Erklärung der Europäischen Gemeinschaft ungewöhnlich vernünftig und gründlich durchdacht war. Dieser stammte zum großen Teil von dem hochbegabten französischen Botschafter bei der NATO, François de Rose, und bestätigte in überzeugender Weise, wie wichtig es sei, die gemeinsame Verteidigung zu stärken. Der Entwurf brachte sehr einleuchtend zum Ausdruck, daß die Strategie der jeweils veränderten Lage angepaßt werden müßte, und erläuterte die relative Bedeutung der nuklearen gegenüber den konventionellen Streitkräften. Es war eine hervorragende Darstellung der Ziele des Bündnisses, und eine der wichtigsten Aussagen war die ausdrückliche Warnung, man dürfe nicht vergessen, daß das Bündnis in einer Periode der Entspannung keine geringere, sondern eher eine größere Bedeutung hätte.

Was fehlte, war die politische Dimension. Was über die Koordination der Außenpolitik gegenüber dem Osten gesagt wurde, war so zweideutig wie die französische Praxis auf diesem Gebiet. Auch die Notwendigkeit, daß Europa seine Verteidigungsanstrengungen vergrößern müßte, wurde nicht erwähnt. Wir hielten diesen Punkt für besonders wichtig, weil der Kongreß gerade dem sogenannten Jackson-Nunn-Zusatzantrag zugestimmt hatte, der es den Vereinigten Staaten zur Pflicht machte, für eine ausgewogene Verteilung der Verteidigungslasten zu sorgen. Wenn dieses Problem außer acht gelassen wurde, dann könnte der Druck im Kongreß in Richtung auf eine Reduzierung unserer Streitkräfte in Europa wieder stärker werden. Aber das waren Mängel, die sich in ernsthaften Verhandlungen korrigieren ließen.

Doch bald stellte sich heraus, daß das Papier eine neue Variation des gleichen Manövers war, das Jobert schon die ganze Zeit betrieb. In der Deklaration zum Atlantischen Bündnis war er so zuvorkommend und in dem Papier zur Europäischen Gemeinschaft so rücksichtslos unnachgiebig, weil nach seiner Vorstellung ein Erfolg im Bündnis und ein Fehlschlag in Europa zwei Seiten der gleichen Medaille waren. Jobert wünschte, daß sich die Vereinigten Staaten uneingeschränkt zur Verteidigung Europas verpflichteten, aber wir sollten unsere politischen Bindungen an Europa möglichst weitgehend reduzieren: Gaullismus reinsten Wassers. Schließlich war es ein Glaubensartikel de Gaulles und all seiner Jünger gewesen, daß Europa für den militärischen Schutz, den die Vereinigten Staaten ihm gewährten, keinen Preis zu bezahlen brauchte, weil die Verteidigung Europas im Interesse Amerikas läge. Die Vereinigten Staaten könnten es sich nicht leisten, Europa von den Sowjets besetzen zu lassen. Nach Joberts Auffassung schadete es nichts – und könnte unter Umständen sogar nützen –, wenn man hin und wieder auf die Notwendigkeit gemeinsamer Verteidigungsanstrengungen hinwies, aber diese Tatsache schloß nicht die Verpflichtung zu politischen Konsultationen ein. Was diente solchen Zielen besser als eine starke NATO-Deklaration und eine schwache Deklaration zur Europäischen Gemeinschaft? So erklärte sich das Paradox, daß Jobert die eine Institution leidenschaftlich unterstützte und die andere unermüdlich zu blockieren suchte.

Aber die Außenpolitik ist kein Seminar in abstrakter Logik; wenn sie die psychologische Realität vernachlässigt, baut sie auf Sand. Die öffentliche Meinung in den Vereinigten Staaten würde es auf die Dauer nicht zulassen, daß viele amerikanische Soldaten auf einem Kontinent ihr Leben riskierten, der sich weigerte, von »Partnerschaft« oder »Gegenseitigkeit« zu sprechen, oder es vermied zu erklären, welches unsere gemeinsamen politischen Ziele seien. Unsere ausdrückliche Absicht war es gewesen, mit dem Europa-Jahr das moralische Engagement der Vereinigten Staaten zu stärken. Wenn Europa nicht bereit war, die gleichen politischen Ziele zu verfolgen, dann mußte sich Amerika darauf beschränken, seine Streitkräfte zur Verfügung zu stellen, und die psychologischen Bindungen in der Atlantischen Gemeinschaft würden sich auflösen. Die französische Analyse war rational, aber in den Beziehungen zwischen den Nationen gibt es eine moralische und psychologische Komponente, die außer acht zu lassen den Staatsmann in Gefahr bringt.

Ende September war genug geschehen, alle am atlantischen Dialog Beteiligten zum Durchhalten zu veranlassen. Die Befürworter eines vereinten Europa sahen in diesem Dialog ein Mittel, ihr Vorhaben zu fördern. Die kleinen europäischen Nationen suchten nach einer Formel zur Stärkung sowohl der atlantischen Bindungen als auch der europäischen Einheit. Wir hatten endlich einen Text in der Hand, mit dem wir arbeiten konnten, und wir waren nicht geneigt, öffentlich unsere Enttäuschung zum Ausdruck zu bringen. Hätten wir zugegeben, daß unsere Initiative gescheitert war, dann hätten sich im Kongreß die Stimmen derjenigen vermehrt, die einen Truppenabzug befürworteten (der Senat hatte inzwischen mit überwältigender Mehrheit eine Resolution angenommen, die eine Verringerung aller in Übersee stationierten amerikanischen Streitkräfte um vierzig Prozent empfahl). In diesem Fall konnte es aber auch geschehen, daß einzelne Verbündete gegenüber Moskau die diplomatische Initiative ergriffen.

Deshalb setzten wir unsere Bemühungen fort, lehnten das Gremium der politischen Direktoren nicht ab und versuchten, in dem französischen Entwurf für die Deklaration zum Atlantischen Bündnis das Positive zu sehen. Auf einer Pressekonferenz am 26. September 1973 äußerte ich mich recht hoffnungsvoll:

> Im Dialog mit den Europäern stehen wir vor der Verschmelzung verschiedener Prozesse. Da gibt es den Prozeß der europäischen Integration. Und es gibt den Prozeß der Sicherheitsdebatte innerhalb der NATO. Und wir haben das Bemühen, den atlantischen Beziehungen eine neuen Sinn zu geben, und darin sind alle anderen Probleme eingeschlossen.
>
> Wir glauben, wir sind auf dem Weg zu dem Ziel, das wir uns Anfang dieses Jahres vorgenommen haben, ein gutes Stück vorangekommen. Wir haben nützliche Gespräche geführt, und diese Gespräche werden im konstruktiven Geist weitergeführt werden.

Bisher hatten wir uns mehr um Verfahrensfragen als um die Substanz und mehr um Terminfragen als um unsere politischen Ziele gestritten.

Alle Beteiligten – und sogar Jobert – hatten die offene Konfrontation gescheut und immer wieder darauf hingewiesen, daß Meinungsverschiedenheiten auf Mißverständnissen beruhten oder rein technische Dinge betrafen, nicht aber Ausdruck gegensätzlicher Interessen wären. Höchstwahrscheinlich hätte die Initiative, wenn sie nicht behindert worden wäre, zu einem befriedigenden Abschluß gebracht werden können, denn schließlich gab es eine Grenze, über welche die Obstruktionspolitik nicht hinausgehen konnte. Alle von mir in meiner Rede zum Europa-Jahr geäußerten Hoffnungen hätten sich vielleicht nicht erfüllt, aber die Entwicklung hätte doch eine positive Richtung nehmen können.

Aber mit dem Ausbruch des Krieges im Nahen Osten endete ein Unternehmen, das man entweder als Illusion oder als Scharade bezeichnen kann. In manchen für die Verbündeten wichtigen Fragen zeigte es sich, daß die Interessen der einzelnen Länder sich unterschieden oder einander sogar widersprachen. Und was noch schmerzlicher war, einige unserer Verbündeten schienen Wert darauf zu legen, den Dissens in aller Deutlichkeit zu zeigen.

Die Auswirkungen des Nahost-Krieges

Ebenso wie es in einer Familie schwere Spannungen geben kann, die zunächst unterdrückt werden, um nach außen den Anschein zu wahren, und die eines Tages doch mit großer Heftigkeit zum Ausbruch kommen, so ging es uns auch nach Ausbruch des Nahost-Krieges mit den Bündnissystemen, denen wir angehörten. Die bis dahin nur theoretisch erörterte Frage, ob die amerikanischen und europäischen Interessen immer parallel liefen, und die bis dahin abstrakt geführte Debatte über das Wesen und die Grenzen der Entspannung führten schon mit dem ersten Tag des Krieges zu heftigen Auseinandersetzungen.

Dabei hatten unsere Verbündeten von ihrem Standpunkt aus nicht ganz unrecht. Die meisten waren davon überzeugt, daß es zu diesem Krieg gekommen wäre, weil wir nicht energisch genug auf eine endgültige Regelung der Israel betreffenden Probleme gedrängt hätten, sondern die vitalen europäischen Interessen aus Gründen der amerikanischen Innenpolitik aufs Spiel setzten. Die stets latent vorhandene Auffassung, die Spannungen im Nahen Osten würden sich sofort beseitigen lassen, wenn Israel zu den Grenzen von 1967 zurückkehrte, wurde jetzt immer deutlicher zum Ausdruck gebracht. Unsere Gegenargumente klangen noch weniger überzeugend, als an die Stelle sachlicher Analysen die panische Furcht vor den möglichen Konsequenzen dieser

Entwicklung trat. Nach unserer Auffassung hatte der arabische Radikalismus zum Teil ideologische Hintergründe und war nicht nur durch den arabisch-israelischen Konflikt verursacht worden; unter sowjetischem Druck gemachte Zugeständnisse würden die Haltung der Radikalen eher stärken als schwächen, und die Aufstellung von unerfüllbaren Forderungen würde das Prestige der Demokratien schwächen. Unsere europäischen Verbündeten glaubten nicht, daß wir bei einem schrittweisen Vorgehen etwas erreichen würden, sondern meinten, ein Erfolg wäre nur erreichbar, wenn man die radikalen arabischen Staaten einschaltete. Vor Ausbruch des Nahost-Krieges waren diese Meinungsverschiedenheiten noch nicht so deutlich zum Ausdruck gekommen, und man hatte es auf beiden Seiten des Atlantik vermieden, eine Entscheidung zu erzwingen. Doch nach Kriegsausbruch gaben viele unserer Verbündeten die bis dahin geübte Zurückhaltung auf.

Heute kommt es nicht mehr darauf an, wessen Analyse richtig gewesen ist. Ich habe unsere Überlegungen in den vorangegangenen Kapiteln ausführlich dargestellt. Die Europäer haben mit Sicherheit keine frivole Haltung eingenommen. Die Abhängigkeit der europäischen Länder vom Öl wurde von ihnen noch deutlicher empfunden, weil sie jetzt tatenlos eine Krise in einer Region hinnehmen mußten, in der sie früher die beherrschende Rolle gespielt hatten. Das eigentliche Problem, um das es nach Ausbruch des Oktober-Krieges ging, war die Frage nach dem richtigen Verhalten der Verbündeten angesichts eines Ausnahmezustands, während sie sich weder über die Ursachen noch über die zur Abhilfe notwendigen Maßnahmen einigen konnten. Sollten sie den Umstand, daß ihre Partner in Bedrängnis gekommen waren, dazu ausnutzen, ihre eigenen Auffassungen durchzusetzen? Oder hatten sie die Verpflichtung, ihre Differenzen der Erkenntnis unterzuordnen, daß die Demütigung des Verbündeten, der nach Lage der Dinge in der strategisch günstigsten Position ist, den Ausgang der Konfrontation zu beeinflussen, die Struktur der gemeinsamen Verteidigung und die Möglichkeit schwächt, gemeinsame Ziele zu erreichen? Als wir 1956 erlebten, wie die Briten und Franzosen versuchten, sich in den Besitz des Suez-Kanals zu setzen, und vor einer ähnlichen Entscheidung standen, zwangen die Vereinigten Staaten ihre Verbündeten, der amerikanischen Lagebeurteilung zu folgen. Wenngleich ich damals meine Zweifel an der militärischen Planung Großbritanniens und Frankreichs hatte, war ich doch ein entschiedener Gegner der Politik der Regierung Eisenhower. Ich habe immer geglaubt, die Schwierigkeiten, in die wir später geraten sind, ließen sich darauf zurückführen, daß wir damals unsere Verbündeten falsch behandelt haben. Unser Verhalten schürte ein schon lange unter der Oberfläche glimmendes Mißtrauen gegenüber Amerika und brachte den Verbündeten ihre eigene Hilflosigkeit so deutlich zum Bewußtsein, daß sie geneigt waren, ihr Engagement in Übersee aufzugeben und damit den Vereinigten Staaten neue Lasten aufzubürden.

Jetzt war es zu einem Rollentausch gekommen, und Europa verhielt sich auch nicht klüger als wir vor fast zwei Jahrzehnten. Am ersten Kriegstag, dem 6. Oktober, waren Großbritannien und Frankreich nicht bereit, unserem Vorschlag für eine Waffenstillstandsresolution der Vereinten Nationen zu folgen, welche die kriegführenden Parteien auffordern sollte, den Status quo ante wiederherzustellen. Am 10. Oktober erklärte unser NATO-Verbündeter, die Türkei, der Luftstützpunkt Incirlik und andere amerikanische Einrichtungen in der Türkei stünden nur für Operationen der NATO zur Verfügung, wir dürften sie aber für nichts verwenden, was etwas mit dem Nahost-Krieg zu tun hatte. Am 11. Oktober gab die Türkei dazu eine öffentliche Erklärung ab. Damit sah sich Griechenland von seinem Erzrivalen herausgefordert und glaubte, ihm nicht nachstehen zu dürfen. Am 13. Oktober erklärte der griechische Außenminister Christos Xanthopoulos-Palamas, »amerikanische Stützpunkte haben mit dem arabisch-israelischen Krieg nichts zu tun«.[1] (Am 13. Oktober setzten wir unsere Luftbrücke in vollem Umfang ein.)

Spanien war unter Franco zwar noch kein Mitglied der NATO, war jedoch durch einen Vertrag über Freundschaft und Zusammenarbeit mit den Vereinigten Staaten verbunden. Aber am 11. Oktober erklärte die spanische Regierung, sie werde den Vereinigten Staaten nicht erlauben, spanische Stützpunkte im Rahmen »eines lokalen Konflikts wie des arabisch-israelischen Krieges« zu benutzen. Für den Fall, daß diese Erklärung noch nicht deutlich genug war, hieß es in einer zweiten Erklärung, unsere Stützpunkte in Spanien dürften in Verbindung mit dem Nahost-Krieg »zu keiner Zeit, auf keine Weise und weder direkt noch indirekt« benutzt werden.[2]

Doch wie man auch unsere von unseren Verbündeten kritisierte Nahost-Politik beurteilen mochte, die Würfel waren gefallen, und je länger der Krieg dauerte, desto gefährlicher wurde die Lage für alle demokratischen Länder. Die Katastrophe ließ sich am sichersten abwenden, wenn der Krieg so rasch wie möglich beendet wurde, und wenn der Westen in dieser Frage einig gewesen wäre, dann hätte er die Lage entscheidend beeinflussen können. Statt dessen distanzierten sich alle unsere Verbündeten in der NATO mit Ausnahme von Portugal, den Niederlanden und der Bundesrepublik Deutschland (zeitweilig) direkt oder indirekt von der Luftbrücke und untersagten uns das Überfliegen ihrer Staatsgebiete. So mußten in Deutschland startende amerikanische Maschinen zunächst auf den Atlantik hinausfliegen, Frankreich und Spanien umfliegen und bei Gibraltar den Kurs über das Mittelmeer nach Israel nehmen – ein Umweg von fast dreitausendzweihundert Kilometern. (Nach dem Kriege beschwerte ich mich bei Sir Alec Douglas-Home, daß die Sowjetunion größere Möglichkeiten gehabt hatte, den Luftraum der NATO zu benutzen, als die Vereinigten Staaten, denn ein großer Teil der für den Nahen Osten bestimmten sowjetischen Flugzeuge benutzte ungehindert den alliierten Luftraum.)

Während des ganzen Krieges gab man uns zu verstehen und bediente sich dabei der zahlreichen indirekten Möglichkeiten, die einer Regierung zur Verfügung stehen, die so eng mit uns verbunden war wie die britische, daß man es in London begrüßen würde, wenn wir weder für die Luftbrücke noch für Aufklärungsflüge im Nahen Osten britische Stützpunkte benutzten. Zu einer offiziellen Ablehnung der Luftbrücke ist es nicht gekommen, denn wir hatten den Briten deutlich zu verstehen gegeben, daß wir sie nicht um Erlaubnis bitten würden. Wenn wir daher das Kampfgebiet gelegentlich in großer Höhe mit unseren Aufklärungsmaschinen vom Typ SR-71 mit Überschallgeschwindigkeit überflogen – was im Rahmen des Entscheidungsprozesses unerläßlich war –, dann mußten die Flugzeuge in den Vereinigten Staaten starten, was die Kosten erhöhte, aber die Wirksamkeit dieser Unternehmen verringerte. Weitere Schwierigkeiten ergaben sich daraus, daß unsere Maschinen die auf alliiertem Territorium liegenden Basen auch zum Auftanken nicht anfliegen durften – eine Bestimmung, die wir nur mit recht komplizierten Manövern umgehen konnten.

Typisch für die Haltung, mit der wir es zu tun hatten, war es, als Jobert mir am 11. Oktober in Washington sagte, daß Frankreich nicht wünsche, sich an den diplomatischen Bemühungen um die Beendigung des Krieges zu beteiligen. Nur die Vereinigten Staaten und die Sowjetunion hätten Aussicht auf Erfolg: »Wenn sich die beiden Großmächte nicht einigen können, dann können auch wir nichts ausrichten.« Jobert erklärte, daß Frankreich keine voreiligen Schritte unternehmen werde, fügte aber ein paar freundliche Worte über unsere Taktik hinzu – was ich von ihm nicht erwartet hätte – was ihn aber nicht hinderte, uns schon sechs Tage später in einer Rede vor der Nationalversammlung und während der Krieg noch im Gange war, heftig anzugreifen. Nachdem er behauptet hatte, Israel wäre das Land, das es im Nahen Osten nicht zum Frieden kommen ließe, machte Jobert die Vereinigten Staaten und die Sowjetunion dafür verantwortlich, daß der Krieg noch nicht beendet wäre. Mit dieser Behauptung stellte er beide Supermächte auf die gleiche moralische Stufe, und genau das war die intellektuelle Voraussetzung für den europäischen Neutralismus: »Wir sehen, wie sich

Herr Breschnew, der Apostel der Entspannung, und Dr. Kissinger, der jetzt mit dem Friedensnobelpreis ausgezeichnet worden ist, die Hände schütteln, während sie (die kriegführenden Parteien) über ihre Luftbrücken mit Tausenden Tonnen Kriegsmaterial beliefern.«

Man distanzierte sich im Nahen Osten von uns und unternahm gleichzeitig den Versuch, jeder möglichen Krise mit der Sowjetunion aus dem Wege zu gehen. Es bestand die Neigung, an der Fadenscheinigkeit »unserer« Entspannungsbemühungen gegenüber der Sowjetunion herumzukritisieren – als wären uns unsere Verbündeten auf diesem Wege nicht schon um Jahre voraus und als hätten sie uns nicht ständig gedrängt, ihrem Beispiel zu folgen. Aber zugleich erwarteten sie von uns, daß wir unter Ausnutzung eben dieser Entspannung die bestehenden Krisen überwinden.

Der Generalsekretär der NATO, Joseph Luns, wies am 14. Oktober allerdings darauf hin, daß die Sowjetunion während einiger Phasen des Nahost-Krieges die Grundsätze des internationalen Verhaltens verletzt hätte, die 1972 zwischen Breschnew und Nixon vereinbart und von ihnen unterzeichnet worden waren[3], besonders die Verpflichtung, sich keine einseitigen Vorteile zu verschaffen. Aber warum wandte er sich mit dieser Erklärung nur an die Vereinigten Staaten? Da die großen europäischen Länder schon vor mehreren Jahren ähnliche Dokumente unterzeichnet hatten, bestand für sie die gleiche Möglichkeit, gegen das Verhalten der Sowjetunion zu protestieren. Statt dessen überließen sie es uns, die Sowjets im Nahen Osten in die Schranken zu weisen. Der sowjetische Expansionismus war nur dann ein ausschließlich amerikanisches Problem, wenn man voraussetzte, daß die Vereinigten Staaten im Nahen Osten andere Interessen als Europa hätten, und wenn Europa von einer Radikalisierung des Nahen Ostens weniger zu fürchten hätte als wir – ein absurder Gedanke, denn die Europäer würden die Auswirkungen einer sowjetischen Vorherrschaft im Nahen Osten viel deutlicher zu spüren bekommen. Wenn es wirklich darauf ankam, dafür zu sorgen, daß der Kreml seinen Verpflichtungen nachkam und sich der Konflikt nicht verschärfte, mußten Europa und Amerika es gemeinsam tun. Wirtschaftlicher Druck, die Verschiebung der europäischen Sicherheitskonferenz oder sogar der Verzicht darauf, ein Abbau der Kontakte – das alles erforderte ein gemeinsames Vorgehen auf beiden Seiten des Atlantik, wie wir in den folgenden Jahren gesehen haben.

Aber als die Furcht vor der Konfrontation zunahm, gingen einige unserer Alliierten in die entgegengesetzte Richtung. Sie verlangten den Abschluß der europäischen Sicherheitskonferenz auf Gipfelebene und wollten das Netz ihrer Wirtschaftsbeziehungen zur kommunistischen Welt nicht wegen des Nahen Ostens aufs Spiel setzen, denn diese Wirtschaftsbeziehungen wurden für sie noch wichtiger, als die Ölkrise eine weltweite Rezession auslöste. Wieder war es Jobert, der die Lage am kompromißlosesten darstellte.

Während des Krieges hatte Jobert die Vereinigten Staaten und die Sowjetunion augenscheinlich auf die gleiche moralische Stufe gestellt, aber unmittelbar nach Kriegsende war es ihm wichtiger, die Gebiete abzustecken, auf denen Europa mit der Sowjetunion zusammenarbeiten sollte, als etwas über die Beziehungen zu den Vereinigten Staaten zu sagen. Einer seiner Haupteinwände gegen die *sowjetisch-amerikanische* Entspannung war es sogar, daß die Sowjetunion dadurch gehindert werden könnte, den Kulturaustausch und den Handel mit Europa zu intensivieren.* Die Entspannung hatte nach Jobert drei Aspekte, und in jedem Fall konstruierte er daraus einen gegen die Vereinigten Staaten gerichteten Vorwurf: Die Entspannung wurde dafür verantwortlich gemacht, daß die Nahost-Krise nicht verhindert werden konnte; die Entspannungspolitik sollte jedoch für den Abbau von Spannungen sorgen; und sie sollte Europa die Möglichkeit geben, sich nicht mehr ausschließlich auf die Vereinigten Staaten stützen zu müssen.

Nach Ausbruch des Nahost-Krieges hätte man sich nicht mehr darüber streiten sollen, ob die amerikanische Politik vor oder auch während des Krieges immer klug gewesen sei. Es ging um die Frage, ob Europa seine Interessen am besten dadurch schützen könnte, daß es sich

* Der folgende Auszug aus Joberts Rede vor der französischen Nationalversammlung am 12. Oktober illustriert diesen Punkt:

> Wie alle friedliebenden Völker wollen auch wir die Entspannung. Die Konferenz über Sicherheit und Zusammenarbeit in Europa ist im übrigen das natürliche Ergebnis einer Tendenz, welche die internationale Szene in den vergangenen zehn Jahren geprägt hat, in denen die Länder des Ostens und des Westens, nachdem sie einander feindlich gegenübergestanden hatten und in den Vorurteilen des Kalten Krieges gefangen waren, allmählich dazu übergingen, zunächst gelegentlich miteinander zu sprechen, um dann immer engere wissenschaftliche, technische und wirtschaftliche Beziehungen zu knüpfen. Frankreichs Bemühungen in dieser Richtung, die auf General des Gaulles Initiative begonnen haben, sind beispielhaft dafür. Und wir halten es für unbedingt erforderlich, daß folgendes konsolidiert und erweitert werden sollte: Kontakte auf höchster Ebene zwischen Frankreich und der Sowjetunion und zwischen Frankreich und vielen anderen sozialistischen Ländern wie denen, die der Premierminister während seiner Reise nach Ungarn und Bulgarien besucht hat, entsprechend unserem Wunsch, zu zeigen, daß ein Land wie das unsere das Hindernis überwinden kann, das durch die Verschiedenheit der Regierungsformen entsteht; sie demonstrieren das aufrichtige Verlangen der Menschen nach Frieden und ihren Wunsch, einander kennenzulernen.
>
> Doch wenngleich es diese Konsultationen oft ermöglicht haben, zu den gleichen Analysen einiger die Welt und Europa betreffender Probleme zu kommen, besonders zwischen der Sowjetunion und Frankreich, so sind wir doch besorgt – und das haben wir auch unseren sowjetischen Freunden gesagt –, daß wir, wenn wir dem Dialog zwischen den beiden Supermächten einen zu hohen Wert beimessen würden, die Gelegenheit verlieren könnten, die Zusammenarbeit zu intensivieren, die für Europa so nützlich ist.

von uns distanzierte, oder ob es besser beraten war, wenn es sich uns anschloß. Ließ sich die Ölversorgung dadurch sichern, daß man den radikalen Arabern schmeichelte, oder ermutigte man die radikalen Kräfte mit einer solchen Politik zu noch größerer Unnachgiebigkeit, die zur Verlängerung des Krieges und zum Scheitern der diplomatischen Bemühungen führen könnte? Halfen Vorschläge, die niemals akzeptiert würden, dem Friedensprozeß, oder höhlten sie die Stellung der gemäßigten Araber wie Sadat aus, die zu einer Reihe praktisch möglicher Schritte bereit waren? Durfte man nun damit rechnen, daß eine Distanzierung von den Vereinigten Staaten die Sowjets zur politischen Mäßigung veranlassen werde, oder würde sich der Kreml versucht sehen, jetzt die westlichen Verbündeten gegeneinander auszuspielen und damit die Sicherheit aller freien Völker zu gefährden? Wir waren überzeugt, daß die Einigkeit uns die größten Vorteile bieten würde; die meisten unserer Verbündeten entschieden sich für die Distanzierung.

Europa vermied es, sich dieser schmerzlichen Realität zu stellen, indem es legalistisch argumentierte, daß das Nordatlantische Bündnis keine Verpflichtungen im Nahen Osten hätte. Doch nach unserer Auffassung gründete sich der Zusammenhalt innerhalb des Bündnisses nicht auf Rechtsansprüche, sondern auf die Erfordernisse der gemeinsamen Interessen. Wenn sich enge Verbündete behandeln wie schlaue Anwälte und ein so wichtiges Gebiet wie den Nahen Osten aus ihrer gemeinsamen Interessensphäre ausklammern, dann setzen sie ihr Bündnis der Gefahr aus, durch wechselnde Stimmungen geschwächt zu werden.

Als der Waffenstillstand in Kraft trat und die Araber ihre Ölproduktionen drosselten, mußten wir erkennen, daß sich unsere Verbündeten noch entschiedener von uns distanzierten. Der britische Außenminister Douglas-Home hatte mir bei meiner Abreise in einem persönlichen Brief mit herzlichen Worten versichert, daß Großbritannien meine Reise nach Moskau begrüßte. Dort hatte ich am 21. Oktober den britischen und den französischen Botschafter eine Stunde nach Abschluß der Gespräche über den Waffenstillstand mit Breschnew über deren Inhalt unterrichtet. Wahrscheinlich haben London und Paris früher die Ergebnisse meiner Verhandlungen im Kreml erfahren als Washington, sicher aber früher als Jerusalem, und zwar, weil es uns nicht gelungen war, sofort die Verbindung mit unserer Regierung aufzunehmen (siehe 12. Kapitel). Doch als es sich am 22. Oktober herausstellte, daß es beim Inkrafttreten des Waffenstillstandes Schwierigkeiten gab, löste sich der mühsam aufrechterhaltene Zusammenhalt unter den Verbündeten auf. Am 23. Oktober wurde unser Botschafter in Bonn, Martin Hillenbrand, überraschend davon unterrichtet, daß die Bundesrepublik Deutschland die Verschiffung amerikanischen Kriegsmaterials von deutschen Häfen nach Israel nicht mehr genehmigen werde. Am nächsten Tag folgte eine zweite sehr deutliche deutsche Verbalnote. Ihr Wortlaut war symptomatisch. Der Staatssekretär im Außenministerium, Paul Franck, sagte Hillenbrand, die Bundesrepublik Deutschland hätte während des Krieges Verständnis für unsere Interessen gezeigt und dürfte jetzt erwarten, daß auch wir für ihre Interessen Verständnis zeigten (als ginge es hier nicht gerade um die deutschen Interessen und als hätten die Deutschen uns einen Gefallen getan).

Nach der Alarmierung unserer Streitkräfte erhöhten sich die Spannungen. Unsere Verbündeten beruhigte es nicht – und das hätte durchaus der Fall sein können –, daß die Vereinigten Staaten auch während der durch Watergate entstandenen Autoritätskrise bereit waren, zur Verteidigung des globalen Gleichgewichts ein erhebliches Risiko einzugehen. Statt dessen konzentrierten sie sich auf die nicht zu leugnende Tatsache, daß sie nicht vorher von einer Truppenalarmierung in Kenntnis gesetzt worden waren, die auch für in Europa stationierte amerikanische Verbände galt. Der Alarm war ausgelöst worden, weil wir überzeugt waren, daß die Sowjets sich überlegten, ob sie Truppen in den Nahen Osten schicken sollten, und wir nur wenige Stunden Zeit hätten, den Kreml vor einem solchen Schritt zu warnen. Nun wollten wir demonstrieren, daß wir die Möglichkeit einer sowjetischen Intervention ernst nahmen.

Später veröffentlichte Presseberichte sprachen von der »Schockwelle«, die über Europa hinweggegangen sei, nachdem die »explosive Nachricht« von dem amerikanischen Alarm bekanntgeworden war.[4] Einige Verbündete machten uns den Vorwurf, daß sie von dem Alarm erst durch die Nachrichtenmedien erfahren hätten, was natürlich nicht für alle Regierungen zutraf. Wie im 12. Kapitel berichtet, hatten wir den britischen Botschafter Cromer am Morgen des 25. Oktober sowohl von Breschnews drohendem Brief als auch von unseren vorbereitenden Maßnahmen in Kenntnis gesetzt, und zwar eine knappe Stunde nachdem die ersten Entscheidungen gefallen waren und lange bevor sie in Kraft gesetzt wurden. Cromer hat uns später bestätigt, daß London Breschnews Drohungen ebenso ernst nahm wie wir. Doch Großbritannien hatte mit unserer Vorankündigung des Alarms die gleichen Schwierigkeiten wie mit unseren besonderen Konsultationen über die Vereinbarung zur Verhinderung eines mit Kernwaffen geführten Krieges (siehe 7. Kapitel). Die Briten scheuten sich, auf den Sonderstatus aufmerksam zu machen, den sie in Washington genossen, und unternahmen daher nichts gegen die Kritik der anderen Verbündeten, sondern stimmten sogar in den allgemeinen Protest dagegen ein, daß wir die Verbündeten nicht ausreichend konsultiert hätten. Am 31. Oktober berichtete die *New York Times*, der britische Premierminister Heath hätte sich am Tage zuvor ausdrücklich geweigert, dem nuklearen Alarm zuzustimmen – was die Temperatur in Washington um einige Grade ansteigen ließ.

Rein theoretisch hatten unsere Verbündeten mit ihren Beschwerden recht. Praktisch hatten wir nur sehr wenig Zeit und mußten sehr wichtige Fragen gegeneinander abwägen. Wir mußten die drohenden militärischen Maßnahmen der Sowjetunion im Auge behalten, uns auf Gegenmaßnahmen vorbereiten und dafür sorgen, daß die Sowjets diese Vorbereitungen zur Kenntnis nahmen – was sie vielleicht veranlassen würde, ihr Vorhaben aufzuschieben. Unsere schriftliche Antwort an Breschnew, die ihn gegen 5.30 Uhr Washingtoner Zeit erreichen müßte, würde dem Kreml einen Vorwand liefern, die Angelegenheit beizulegen. Unser Botschafter bei der NATO, Donald Rumsfeld, würde angewiesen werden, die NATO eine Stunde nach Übergabe unserer Note an die Sowjets zu unterrichten. Wir entschieden uns für diesen Zeitplan vor allem, weil wir wußten, daß unsere Verbündeten uns nur unterstützen würden, wenn wir ihnen sagen könnten, bis an welche Grenzen wir gehen würden. Diese Zusicherungen sollten jedoch in Moskau nicht durch Indiskretionen unserer Verbündeten bekannt werden, bevor das Politbüro wenigstens eine vorläufige Entscheidung getroffen hatte.

Die Einwände unserer Verbündeten richteten sich nicht so sehr gegen diesen Zeitplan wie gegen die Tatsache, daß sie keine Möglichkeit hatten, unsere Entscheidung zu beeinflussen. Aber angesichts der akuten Gefahren gab es keine Zeit mehr für einen Meinungsaustausch, und, um offen zu sein, hätten wir einer von der unseren abweichenden Meinung nicht zustimmen können. Entweder mußten wir unsere Streitkräfte alarmieren oder darauf verzichten. Eine Zwischenlösung gab es nicht. Hier ging es auch noch nicht um konkrete Maßnahmen, sondern nur um die Vorbereitung darauf. Aber wir glaubten dennoch, wir wären in eine so gefährliche Lage geraten, so daß wir verpflichtet waren, als Verantwortliche für die Sicherheit des Westens zu handeln. Ob wir die Gefahren richtig eingeschätzt haben, müssen die Historiker entscheiden, die diese Periode objektiver beurteilen können. Doch an jenem Abend einer potentiellen Krise war es unsere Pflicht, so zu handeln, wie es nach unserer Einschätzung der Lage notwendig war. Einseitige Schritte wie eine Truppenalarmierung können natürlich nur ein letzter Ausweg sein. Wenn irgend möglich, sollten die Verbündeten konsultiert werden. Wir müssen aber damit rechnen, daß es wieder zu solchen Krisensituationen kommen wird, und niemand kann ein Interesse daran haben, daß die Macht, die die Hauptverantwortung für die Sicherheit der freien Welt trägt, angesichts einer unmittelbar bevorstehenden sowjetischen Intervention durch bürokratische Verfahrensfragen am Eingreifen gehindert wird.

Die Ablehnung der Teilmobilmachung ging ironischerweise so weit, daß sie sich auch auf unsere diplomatischen Bemühungen erstreckte, mit denen wir die drohende amerikanisch-sowjetische Konfrontation zu beendigen suchten. Um den Sowjets eine Möglichkeit zu zeigen, wie sie das Gesicht wahren könnten – und um einseitigen sowjetischen Maßnahmen einen rechtlichen Riegel vorzuschieben –, setzten wir uns dafür ein, eine Alarmtruppe der Vereinten Nationen aufzustellen, an der sich die Streitkräfte der ständigen Mitglieder des Sicherheitsrats nicht beteiligten durften. Als Sadat unserem Plan zustimmte, glaubten wir, das Spiel gewonnen zu haben. Aber Großbritannien und Frankreich erhoben Einwände dagegen, weil sie sich nicht beteiligen sollten, obwohl ich bis heute nicht verstehe, welche Vorteile ihnen ihre Beteiligung an einem Verband der Vereinten Nationen gebracht hätte. Ihre UN-Botschafter drohten kurz mit einem Veto, obwohl sie damit riskierten, daß die Frage der Entsendung sowjetischer Truppen in den Nahen Osten wieder akut wurde.

Die Bundesrepublik Deutschland entschloß sich, am 25. Oktober, dem Tag unserer Teilmobilmachung, öffentlich zu erklären, was sie uns vertraulich schon mitgeteilt hatte. In einer kategorischen Regierungserklärung hieß es:

> Waffenlieferungen von westdeutschem Gebiet oder von in Westdeutschland bestehenden Depots an eine der kriegführenden Parteien können nicht zugelassen werden. Die westdeutsche Regierung erwartet von Amerika, Lieferungen von und über Westdeutschland endgültig einzustellen.

Da wir dem vertraulichen Ersuchen der Bundesrepublik bereits nachkamen, konnte der Zweck der öffentlichen Erklärung nur darin bestehen, zu demonstrieren, daß sich Bonn von Washington distanzierte, um während einer akuten Krise vermeintlichen arabischen Freunden einen Gefallen zu tun. Auch die spanische Regierung brachte es fertig, nach dem 25. Oktober zu erklären, daß die Alarmierung der amerikanischen Streitkräfte nicht für amerikanische Stützpunkte in Spanien gelte, weil die Verwendung dieser Stützpunkte die Zustimmung beider Länder voraussetzte. Am 26. Oktober stellten unsere Verbündeten auf Ersuchen Frankreichs die Arbeit an dem Deklarationsentwurf der NATO ein, um ihrem Mißfallen darüber Ausdruck zu verleihen, daß sie vor der Alarmierung der amerikanischen Streitkräfte nicht konsultiert worden waren. Am 27. Oktober erklärte ein italienischer Regierungssprecher, daß die Mitgliedschaft im Bündnis Italien nicht verpflichte, die Vereinigten Staaten in ihrer Nahost-Politik zu unterstützen.

In unserer Empörung darüber, daß wir in einer Krise allein gelassen wurden, und da unsere Nerven nach mehreren durchwachten Nächten aufs äußerste angespannt waren, reagierten wir so, daß sich die Spannungen weiter verschärfen mußten. Am 25. Oktober ließen wir in Bonn eine sehr deutliche Note überreichen:

> Die Regierung der Vereinigten Staaten glaubt, daß es katastrophale Folgen haben könnte, wenn der Westen angesichts einer von der Sowjetunion unterstützten militärischen Aktion gegen Israel Schwäche und Uneinigkeit zeigt.

Ähnliche Beschwerden richteten wir an die Briten und andere. Wachsende Unsicherheit und Nervenanspannung entluden sich am 26. Oktober in zahlreichen öffentlichen Erklärungen, die den Eindruck bestätigten, daß das westliche Bündnis schwer erschüttert worden war. Ich wies den Sprecher des Außenministeriums, Robert McCloskey, an, der Presse zu sagen, »wir wären betroffen davon, daß eine Anzahl unserer Verbündeten offenbar bestrebt seien, sich praktisch öffentlich von uns zu distanzieren«. McCloskey fügte von sich aus hinzu: »Wir hätten uns gefreut, wenn unsere Verbündeten etwas mehr Einigkeit gezeigt und uns gemeinsam unterstützt hätten.« Auch Verteidigungsminister James Schlesinger nahm in scharfer Form Stellung und sagte auf einer Pressekonferenz im Pentagon, die amerikanischen Maßnahmen in Europa hätten den Zweck, unsere Verteidigungsbereitschaft zu erhöhen. Aber

> die Reaktionen des deutschen Außenministeriums veranlassen uns zu der Frage, ob sie über die Verteidigungsbereitschaft ebenso denken wie wir, und deshalb werden wir über dieses Thema noch nachdenken müssen.

Ein glücklicher Zufall wollte es, daß auch Nixon am gleichen Abend, weniger als achtundvierzig Stunden nach dem Truppenalarm, eine Pressekonferenz abhielt.* Nixon schloß sich unserer Kritik an und billigte ausdrücklich McCloskeys Ausführungen vor den Journalisten. Dann beleuchtete er das Problem noch aus einer anderen Perspektive: »Europa, das achtzig Prozent seines Öls aus dem Nahen Osten bezieht, wäre in diesem Winter erfroren, wenn es keine Lösung gegeben hätte.« Das hieß mit anderen Worten, daß unser Verhalten und die Teilmobilmachung mehr dazu beigetragen hatten, die Versorgung Europas mit Öl sicherzustellen als die Distanzierung der Europäer von den Verei-

* Bei dieser Gelegenheit schilderte er auch seine dramatische Konfrontation mit Breschnew (siehe 12. Kapitel).

nigten Staaten. Ich hatte dem deutschen Botschafter Berndt von Staden schon vorher das gleiche gesagt:

> Wir wissen, daß die Europäer mehr vom arabischen Öl abhängig sind als wir, aber wir glauben nicht, daß diese Abhängigkeit geringer wird, wenn sie sich in einer so wichtigen Angelegenheit von uns distanzieren. Eine solche Distanzierung wird den Europäern in der arabischen Welt nichts nützen. Die Araber wissen, daß eine politische Lösung nur mit amerikanischer Hilfe gefunden werden kann. Die Kapitulation der Europäer vor den Arabern wird ihnen die Ölversorgung nicht sichern, aber sie kann darüber hinaus katastrophale Folgen hinsichtlich der Sowjetunion haben, die, wenn man es zuläßt, daß sie im Nahen Osten Erfolg hat, höchstwahrscheinlich anderswo eine noch aggressivere Politik führen wird. Je mehr der sowjetische Einfluß verringert werden kann, desto größer wird auf lange Sicht unser Gewinn sein, auch wenn wir kurzfristig einen gewissen Preis dafür bezahlen müssen.

Unsere Verbündeten waren jedoch unter gar keinen Umständen bereit, auch kurzfristig etwas dafür zu bezahlen, daß der sowjetische Einfluß eingedämmt wurde. Die Deutschen ließen den Inhalt eines Briefes von Willy Brandt an Nixon vom 28. Oktober sofort durchsickern, weil sie glaubten, daß seine Argumentation in der deutschen Öffentlichkeit auf Zustimmung stoßen werde. Die geringe Unterstützung, die Brandt den Vereinigten Staaten für ihre Maßnahmen zusicherte, gewährte er nicht, weil er diese Maßnahmen für richtig hielt, sondern vor allem, weil kein anderes Land stark genug war, mit der Krise fertig zu werden. Er hielt es sogar für richtig, in für uns verletzender Weise hinzuzufügen, daß er zu seiner Beurteilung gekommen wäre, ohne die Einzelheiten oder Maßnahmen oder die Gründe dafür zu kennen, weshalb wir so gehandelt hätten. Aber zu diesem Zeitpunkt, mehr als zweiundsiebzig Stunden nach der Alarmierung der amerikanischen Streitkräfte und nachdem wir die Öffentlichkeit und die verbündeten Regierungen über unsere Maßnahmen unterrichtet hatten, lag ihm ein sehr ausführlicher Bericht vor. Mit seiner Bemerkung wollte er daher sagen, daß wir ihn nicht überzeugt und entweder unklug gehandelt hätten oder daß wir bestimmte Informationen zurückhielten. Der Hauptzweck seines Briefes bestand darin, zu erläutern, weshalb die Bundesrepublik Deutschland die Versorgung Israels aus deutschen Depots untersagt hatte. Die Bundesrepublik Deutschland hätte so gehandelt, weil sich die gemeinsamen Verantwortlichkeiten des Bündnisses nicht auf den Nahen Osten erstreckten – als wäre es den Verbündeten in der NATO durch die Bestimmungen des Bündnisvertrages verboten, einander außerhalb von Europa zu unterstützen.

Aber wenn unsere Analyse richtig war, dann hatten alle Verbündeten ein Interesse daran, daß die Sowjets oder die radikalen Araber daran gehindert wurden, den Nahen Osten zu beherrschen – was in der Antwort Nixons an Brandt vom 30. Oktober sehr deutlich zum Ausdruck kam:

> Sie erklären, daß diese Krise nicht im gemeinsamen Verantwortungsbereich des Bündnisses gelegen habe und daß der militärische Nachschub für Israel für Zwecke bestimmt gewesen wäre, die nicht in der Verantwortlichkeit des Bündnisses lägen. Ich glaube nicht, daß wir eine so feine Trennlinie ziehen dürfen, wenn die Sowjetunion so stark beteiligt war und ist und wenn die Krise sich auf das ganze Netz der Ost-West-Beziehungen auszudehnen drohte. Ich glaube, man darf die Bündnisverpflichtungen nicht mit doppeltem Maß messen und behaupten, daß die Beziehungen der Vereinigten Staaten zur Sowjetunion sich von der Politik trennen ließen, die unsere Verbündeten gegenüber der Sowjetunion verfolgen. Wenn unsere Verbündeten sich im Nahen Osten von den Vereinigten Staaten distanzieren, glauben sie vielleicht, daß sie ihre unmittelbaren wirtschaftlichen Interessen schützten, sie tun es aber nur um einen hohen Preis auf lange Sicht. Eine differenzierte Entspannung, mit der die Verbündeten hoffen, ihre guten Beziehungen zur Sowjetunion zu schützen, kann das Bündnis nur spalten und schließlich zu katastrophalen Konsequenzen für Europa führen.

Hier lag der Kern der Meinungsverschiedenheiten zwischen den Vereinigten Staaten und Europa. Sechs Monate vor Ausbruch des Nahost-Krieges hatten wir uns um eine Definition der gemeinsamen weltpolitischen Ziele bemüht. Unsere Verbündeten waren dieser Initiative unter den verschiedensten sachlichen und verfahrensmäßigen Vorwänden ausgewichen und so weit gegangen, in den Deklarationen, in denen die Einheit des Westens zum Ausdruck kommen sollte, Begriffe wie »Partnerschaft« und »gegenseitige Abhängigkeit« nicht aufnehmen zu wollen. Die Krise im Nahen Osten ließ uns plötzlich erkennen, daß die Einwände der Europäer nicht nur formalistisch oder institutionell gewesen waren, wie sie behaupteten. Auch waren sie nicht durch taktlose amerikanische Erklärungen provoziert worden – auch wenn unsere Ausdrucksweise nicht immer ganz glücklich gewesen war. Es zeigte sich vielmehr immer deutlicher, daß Europa freie Hand haben wollte, eine andere Politik zu treiben als die Vereinigten Staaten, und im Nahen Osten stand diese Politik sogar im Widerspruch zur amerikanischen. Plötzlich behaupteten gerade die Länder, die sich beklagt hatten, als ich ihnen in erster Linie regionale Interessen unterstellte, daß ihre Verpflichtungen ausschließlich regional wären.

Natürlich war es möglich, die amerikanische Politik vom europäischen Standpunkt her scharf zu kritisieren. Aber man könnte auch behaupten, das Atlantische Bündnis müßte, um effektiv zu bleiben, sein Äußerstes tun, um zu verhindern, daß widersprüchliche Auffassungen über fundamentale Interessen weiterschwelten, weil diese Probleme nicht genügend beachtet wurden. Gerade um auf solche Probleme eingehen zu können, hatten wir die Initiative für das Europa-Jahr ergriffen. Wenn es zu einer Krise kam, dann sollte man auf beiden Seiten des Atlantik die Risiken der Distanzierung sorgfältig gegen die Risiken des Zusammenstehens abwägen. Es ist in der Tat eine interessante Frage, ob es sich Verbündete *leisten* können, gerade den Partner zu überstimmen, der nach den gegebenen Umständen am ehesten in der Lage ist, den Verlauf der Ereignisse zu beeinflussen. Ein Bündnis, für dessen Wirksamkeit die Partner nicht bereit sind, ihre eigene Handlungsfreiheit einzuschränken, befindet sich auf dem Weg zum Zerfall. 1973 hätte ein Scheitern der amerikanischen Politik im Nahen Osten für den Westen eine Katastrophe bedeutet – auch wenn die Europäer die Lage richtiger beurteilt haben sollten als wir, was ich ernsthaft bezweifle. Die Gewinner des Zusammenbruchs der amerikanischen Politik wären nicht die westeuropäischen Länder, sondern Kräfte gewesen, von denen man nicht erwarten durfte, daß sie unter den verschiedenen demokratischen Industrienationen sehr feine Unterschiede machen würden.

Wenn ich heute auf die Geschichte dieser Periode zurückblicke, dann fällt mir auf, daß unsere europäischen Verbündeten zwar keinen Hehl aus ihrer Ablehnung unserer Politik machten, daß sie aber niemals eine schlüssige Alternative angeboten haben. Auch haben sie sich nicht mit den Konsequenzen beschäftigt, die sich für sie ergeben würden, wenn unsere Strategie versagte – obwohl sie ein Versagen augenscheinlich erwartet haben. Zwar hat Heath am 31. Oktober einen sehr verständnisvollen Brief an Nixon geschrieben, aber im übrigen hat niemand versucht, eine Strategie zu entwickeln, die sich von der unseren unterschied, und niemand hat sich ernsthaft um Konsultationen bemüht. Unsere Verbündeten gaben sich damit zufrieden, uns die Verantwortung für die notwendigen diplomatischen Schritte zu überlassen, aber sie waren nicht bereit, die Risiken mitzutragen.

Wesentliche Meinungsverschiedenheiten gab es im Hinblick auf zwei Aspekte der Nahost-Politik – die Ziele der Nachkriegsdiplomatie und die Reaktion auf das Ölembargo und die Verringerung der Produktion.

Mit der möglichen Ausnahme der Niederlande hatten unsere europäischen Verbündeten klare Vorstellungen darüber, was dem Waffenstillstand folgen sollte. Die Vereinigten Staaten sollten Israel unter

Druck setzen, sofort zu den Grenzen von 1967 zurückzukehren. Man glaubte, daß wir die Möglichkeit hätten, Israel unseren Willen aufzuzwingen. Wenn wir zögerten, es zu tun, dann deshalb, weil wir die Interessen Europas unseren innenpolitischen Zwängen unterordnen wollten. Die Europäer verlangten von Nixon, sich auf diesem Gebiet durchzusetzen, obwohl sie wußten, wie sehr er durch Watergate in Bedrängnis geraten war. Doch niemand konnte sagen, wie er das tun sollte. Auch schienen die Europäer nicht begriffen zu haben, daß es im Nahen Osten ein sehr akutes Problem gab, wo die ägyptischen und israelischen Streitkräfte jeweils die Nachschublinien der anderen Seite bedrohten und eine israelische Armee zweiunddreißig Kilometer vor Damaskus stand. Die Truppenentflechtung war nach Meinung der meisten arabischen Führer jetzt das Wichtigste; diese Auffassung vertraten sogar Algerien und Syrien. Diese Auffassung hatte ich im Dezember auf meiner zweiten Reise durch den Nahen Osten immer wieder zu hören bekommen (siehe 17. Kapitel). Unsere Verbündeten waren sich kaum der Tatsache bewußt, daß sie mit ihren Äußerungen die radikalen Araber gegenüber den gemäßigten Arabern unterstützten und den sowjetischen Einfluß auf beide Lager stärkten. Nichts deutete darauf hin, daß sie die Hindernisse und Risiken erkannt hatten, die bei dem Versuch entstehen würden, in dieser Phase eine endgültige Friedensregelung herbeizuführen, denn wir hatten mit Syrien noch keinen Kontakt auf höchster Ebene aufgenommen, wußten noch nicht genau, wie sich Ägypten einstellen werde, und außerdem ergaben sich durch die Verteilung der Streitkräfte bei Kriegsende besondere Notwendigkeiten. Wenn solche Argumente überhaupt gehört wurden, dann bezeichnete man sie als den vergeblichen Versuch, eine falsche Politik zu rechtfertigen, oder als Ausflüchte, die es den Vereinigten Staaten ermöglichen sollten, die Verhandlungen in ihrem Sinne zu beeinflussen. Ebenso wie im atlantischen Dialog gaben unsere Verbündeten den Verfahrensfragen den Vorrang und vernachlässigten dabei das Wesentliche. Sie verlangten, in einer nicht näher bezeichneten Weise an der Nachkriegsdiplomatie beteiligt zu werden. Aber ihre Araber-Freundlichkeit und ihr Verlangen nach einer Gesamtlösung, die sich nicht durchsetzen ließ, machten es unmöglich, daß sie eine Vermittlerrolle übernahmen. Sie wollten nicht erkennen, daß sie hier nur eine Nebenrolle spielen konnten – obwohl sie es sich selbst zuzuschreiben hatten, wenn sie jetzt an den Rand der Ereignisse gedrängt worden waren, und zwar auch deswegen, weil sie keine gemeinsame Ölpolitik hatten entwickeln wollen.

Die Politik der Europäischen Gemeinschaft war darauf angelegt, die Ölproduzenten bei guter Stimmung zu halten. Unsere Verbündeten weigerten sich standhaft, Maßnahmen zu treffen, die zur »Konfrontation« führen könnten; dazu gehörte auch eine gemeinsame Haltung aller Ölverbraucher. So trieben das Öl und die erwähnten Meinungsverschiedenheiten Europa zur immer entschiedeneren Opposition gegen unsere Nahost-Strategie.

In dieser Lage waren die ständigen Erklärungen europäischer Politiker, daß Europa einig sein müßte, um seinen politischen Willen durchsetzen zu können, nicht nur Ausdruck der Überzeugung, daß neue Institutionen geschaffen werden müßten, womit auch wir einverstanden waren. Die Umstände ließen sie bedrohlicher erscheinen. Am 31. Oktober verlangte Pompidou nach einer gemeinsamen europäischen Nahost-Politik. Er erklärte, daß Europa in der Weltpolitik eine bedeutendere Rolle übernehmen müßte, denn es könnte gefährlich sein und zu allgemeinen Interessenkonflikten führen, wenn man es den Vereinigten Staaten und der Sowjetunion überließe, weltweite Krisen beizulegen. Wenn diese Erklärung überhaupt etwas bedeutete, dann, daß Europa die Möglichkeit haben sollte, sich im Nahen Osten gegen beide Seiten zu stellen und sich aus dem Ost-West-Konflikt herauszuhalten; darin liege die einzige Möglichkeit, zu verhindern, daß die ganze Welt in diesen Konflikt hineingezogen würde. Um solche Möglichkeiten zu entwickeln, müßte man sich sofort darüber einigen, regelmäßige Gipfeltreffen mit den europäischen Partnern Frankreichs zu veranstalten. Pompidous Kollegen erklärten sich mit diesem Vorschlag einverstanden.

Wie eine selbständige europäische Nahost-Politik aussehen könnte, zeigte sich schon nach weniger als einer Woche. Am 6. November 1973 trafen sich die Außenminister der Europäischen Gemeinschaft in Brüssel. Obwohl ich schon auf dem Wege nach Kairo war und wir sie über unsere Strategie unterrichtet hatten, nach der die Truppenentflechtung gegenüber dem Feilschen um die Waffenstillstandslinie vom 22. Oktober den Vorrang haben sollte, hielten sie es für richtig, ein Programm vorzulegen, das eine direkte Herausforderung unserer Politik darstellte. Ohne uns in Kenntnis zu setzen und ohne auf das Ergebnis meiner Gespräche in Kairo zu warten, verlangten unsere europäischen Verbündeten den sofortigen Rückzug Israels auf die Stellungen vom 22. Oktober zur Stabilisierung des Waffenstillstandes und auf die Grenzen von 1967 zur Sicherung des Friedens. Ganz abgesehen davon, wer hier recht hatte, mußte die Erklärung der Europäer entweder unsere diplomatischen Bemühungen untergraben oder demonstrieren, daß die Haltung Europas in diesem Zusammenhang bedeutungslos war; beides konnte sich nur schädlich auswirken. Die Eile der Europäer ließ sich nur damit erklären, daß sie früher als wir eine eigene Position entwikkeln wollten, und zwar auch, wenn wir mit unseren Bemühungen Erfolg hatten, denn sie wollten es unter allen Umständen verhindern, daß ihnen der Boden unter den Füßen fortgezogen wurde. Sie brauchten eine Plattform, von der aus sie sich uns entgegenstellen konnten, wenn wir scheiterten.

Am 8. November zitierte die *New York Times* eine europäische »diplomatische Quelle« in Brüssel, nach der die Nahost-Krise die Opposition gegen unsere Bemühungen gestärkt hätte, Begriffe wie »Partnerschaft« und »gegenseitige Abhängigkeit« in die vorgesehene Erklärung der Europäischen Gemeinschaft zu den amerikanisch-europäischen Beziehungen aufzunehmen.[5] Augenscheinlich kam es hier auf den Begriff der Unabhängigkeit als Voraussetzung für die politische Opposition an.

Wie schon berichtet, heizte Jobert am 12. November die Stimmung mit einer scharfen Rede vor der französischen Nationalversammlung weiter an. Er machte den Vereinigten Staaten Vorwürfe, weil sie ihre Verbündeten während des Nahost-Krieges nicht konsultiert hätten. Dann griff er die Supermächte an und warf ihnen vor, sie versuchten, im Nahen Osten eine Lösung in ihrem Sinne herbeizuführen, während Europa

> zum vergessenen Opfer des Konflikts wird, aber doch zu einem Opfer, wenngleich es ständig vor den Gefahren gewarnt hat. Seine gefährliche Lage und seine Verbitterung sind deutlich erkennbar. Aber es hat auch feststellen müssen, daß es bei den Absprachen der Großmächte eine Schachfigur und nicht ein Instrument oder ein wichtiger politischer Faktor war. Es kann und muß daraus eine fundamentale Lehre ziehen.
>
> Viele Menschen erwarten, daß Europa jetzt nicht nur reagiert, sondern endlich wirklich geboren wird.

Jobert wollte mit seiner Rede zum Ausdruck bringen, daß Europa seine Identität als ständige Herausforderung für die Vereinigten Staaten artikulierte. Dabei setzte er voraus, daß die Interessen Europas und der Vereinigten Staaten in verschiedene Richtungen liefen. Europa könnte seine Stellung nur behaupten, wenn es zur Konfrontation mit seinem Verbündeten jenseits des Atlantik bereit wäre – wenngleich Jobert erklärte, daß man auf diesen Verbündeten nicht verzichten könnte, weil man ihn für die gemeinsame Verteidigung brauchte.[6] Wie lange Amerika noch eine glaubwürdige Sicherheitsgarantie für ein Europa bieten würde, das sich im Hinblick auf unserer Meinung nach vitale gemeinsame Interessen von den Vereinigten Staaten distanzierte, war kaum Gegenstand der privaten oder öffentlichen Diskussion.

Mitte November nahm Brandt das Thema in einer Rede vor dem Europäischen Parlament wieder auf: »In einer Welt, deren Schicksal nicht allein von zwei Supermächten bestimmt werden kann und soll, ist der Einfluß eines Vereinten Europas unverzichtbar geworden.« Am 20. November trafen sich die Außenminister der Europäischen Gemeinschaft in Kopenhagen zur Vorbereitung eines europäischen Gipfeltreffens, auf dem die Nahost-Krise behandelt werden sollte. Man sagte uns nicht, zu welchen vorläufigen Schlußfolgerungen man gekommen wäre, obwohl wir zur gleichen Zeit schwierige Verhandlungen führten, um den Nahen Osten auf den Weg zum Frieden zu bringen und das Zustandekommen der Genfer Friedenskonferenz zu ermöglichen.

Normalerweise hätte ein solcher Angriff unserer Verbündeten dazu geführt, daß sich die Amerikaner geschlossen hinter ihre Regierung stellten. Die führenden Männer beider Parteien, die das weltpolitische Engagement der Vereinigten Staaten im Rahmen der NATO als Eckstein einer solchen Politik unterstützten, hätten sich zur Verteidigung dieses Konzepts zusammengefunden wie 1971, als das Mansfield-Amendment abgelehnt worden war, das den Abzug amerikanischer Streitkräfte aus Europa verlangte.

Aber 1973 war kein normales Jahr. In der Atmosphäre von Watergate fand der Vorwurf der Europäer, daß die Vereinigten Staaten eine anmaßende Außenpolitik trieben, williges Gehör. Viele, die das Atlantische Bündnis bisher unterstützt hatten, konnten nicht glauben, daß Nixon auch nur in einer einzigen Beziehung recht hatte. In einem Leitartikel der *New York Times* vom 31. Oktober kam die gleiche Haltung zum Ausdruck, die auch andere führende Presseorgane vertraten:

> Daß Washington die Verbündeten trotz zahlloser Versprechungen nicht konsultiert und nicht im voraus von seiner Entscheidung unterrichtet hat, eine Teilmobilmachung anzuordnen, die auch ihre Interessen berührte, paßt in das traurige Bild, das wir von dieser Regierung gewohnt sind. Nixon und Außenminister Kissinger können überzeugend erklären, daß wir nicht auf die guten Beziehungen zwischen den Vereinigten Staaten und Europa verzichten dürfen. Aber ihr Verhalten, besonders in einer Krise, entspricht nicht ihren Worten.

Anfang November veröffentlichte Senator Edward M. Kennedy einen fünf Seiten langen Aufsatz, in dem er die Nixon-Regierung beschuldigte, »durch ihre Unbesonnenheit eine Krise im atlantischen Bündnis herbeizuführen«, und verlangte, daß wir uns ausdrücklich zu »dem Prinzip der Konsultation unserer Verbündeten« bekennen sollten.[7] Am 21. November wiederholte Professor Zbigniew Brzezinski in einem Zeitungsartikel Vorwürfe, die sich zu einem parteipolitischen Refrain zu entwickeln begannen: »Man kann sich kaum einen politischen Kurs vorstellen, der eher geeignet wäre, den Beziehungen innerhalb des

Bündnisses zu schaden und besonders dem Grundsatz der Konsultation unter den Verbündeten, als denjenigen, dem die Vereinigten Staaten in den letzten Tagen einseitig gefolgt sind.«[8]

Aber natürlich handelte es sich hier nicht nur darum, daß wir versäumt hatten, unsere Verbündeten zu konsultieren, sondern das Problem lag viel tiefer – wie sich in der britischen Reaktion auf eine Pressekonferenz zeigte, die ich am 21. November hielt. Ich wies dabei auf drei Punkte hin. Ich sagte, erstens bliebe das Atlantische Bündnis auch weiterhin der Kern der amerikanischen Außenpolitik. Aber zugleich

> muß man zu dem vielleicht traurigen Schluß kommen, daß einige unserer europäischen Verbündeten glaubten, ihre Interessen unterschieden sich so sehr von denen der Vereinigten Staaten, daß sie bereit waren, sich von den Vereinigten Staaten in einer Angelegenheit zu distanzieren, die eine ganz große weltpolitische Bedeutung hat und von der wir glauben, daß sie auch für unsere Verbündeten tiefgreifende Konsequenzen haben wird.

Schließlich erklärte ich, daß die Verbündeten nicht konsultiert worden seien, wäre nicht das Hauptproblem:

> Es ist eine unbestreitbare Tatsache, daß in dieser Lage die Länder, die am gründlichsten konsultiert wurden, in der Zusammenarbeit mit uns die größten Schwierigkeiten gemacht haben und daß die Länder, die die größte Bereitschaft zur Zusammenarbeit gezeigt haben, am wenigsten konsultiert worden sind.

Diese letzte Aussage in einer im übrigen sehr versöhnlichen Stellungnahme bedeutete für Heath eine Herausforderung, denn er konnte mit recht annehmen, daß Großbritannien eines der Länder wäre, an die ich gedacht hatte, als ich von den am gründlichsten konsultierten Verbündeten sprach. Bei einem Essen mit amerikanischen Journalisten am 28. November machte er seinem Ärger Luft. Zunächst erklärte er, was er sagte, wäre nur seine Privatmeinung, aber als er sich mehr für das Thema zu erwärmen begann, sah es nicht mehr so aus. Ohne es zu wollen, sprach Heath jedoch bei dieser Gelegenheit auch das aus, was mir am wichtigsten zu sein schien. Der Mangel an Konsultationen wäre nur der äußere und scheinbare Anlaß für die Meinungsverschiedenheiten zwischen Europa und den Vereinigten Staaten gewesen. Das eigentliche Problem wären die Gegensätze im Hinblick auf die politischen Perspektiven, die sich auch durch noch so gründliche Konsultationen nicht ausräumen ließen. Unsere Botschaft berichtete über die Auffassungen von Heath wie folgt:

> Es habe niemals eine Übereinstimmung zwischen den Vereinigten Staaten und Europa über die Nahost-Politik gegeben. »Ich möchte hier die Suez-Frage nicht erwähnen, aber für viele Menschen ist sie

durchaus akut.« Der Nahe Osten liegt außerhalb der NATO. Während der vergangenen sechs Jahre – seit dem Krieg von 1967 – haben die Vereinigten Staaten reichlich Gelegenheit gehabt, Israel unter Druck zu setzen, um es an den Verhandlungstisch zu bringen, haben aber nichts getan. Auf den Viermächtekonferenzen sind wir von den Amerikanern beruhigt worden. Wir alle wußten, was geschehen würde, und es ist geschehen. Ein neuer Krieg war unvermeidlich. (Aus den Äußerungen von Heath ging deutlich hervor, daß Großbritannien nach seiner Auffassung seit 1967 mit der amerikanischen Politik nicht einverstanden war und daß die Vereinigten Staaten bei der Formulierung ihrer Nahost-Politik die britischen Auffassungen nicht berücksichtigt hätten.)

In dieser Lage verschärfte sich die Haltung beider Seiten. Für Länder wie Großbritannien und Frankreich war es schwer zu ertragen und sogar demütigend, an einer Konferenz über den Frieden im Nahen Osten nicht beteiligt zu werden. Aber ihr Verhalten mußte dazu führen, daß Israel sie nicht als unparteiisch akzeptierte, und sogar wir hatten den Eindruck, daß die Europäer der sowjetischen Position näherstanden und deshalb die einzige Strategie objektiv behinderten, die nach unserer Auffassung zum Erfolg führen konnte. Wir glaubten sogar, daß einige unserer wichtigsten Verbündeten sich nicht in erster Linie dafür interessierten, eine Langzeitstrategie zu entwickeln, sondern nur erreichen wollten, daß die Araber die gegen sie gerichteten Einschränkungen der Ölversorgung aufhoben – wenn notwendig, auf unsere Kosten. Es wurde deshalb immer schwieriger, zwischen den Bemühungen zu unterscheiden, die darauf gerichtet waren, für den Fall des Fehlschlagens unserer Strategie ein Sicherheitsnetz zu bauen, und der Sabotage dieser Strategie.

Amerika und seine demokratischen Verbündeten trieben nicht nur in zwei Richtungen auseinander, sondern gerieten auf Kollisionskurs. Aber diese Tendenzen beunruhigten nicht nur uns. Sir Alec Douglas-Home war so besorgt, daß er mir einen Tag nach den leidenschaftlichen Äußerungen seines Premierministers, am 29. November, einen persönlichen Brief schrieb. Darin erklärte er, daß die NATO die Achse der britischen Außen- und Verteidigungspolitik wäre. Aber er sagte auch: »Ich glaube, Sie würden uns nicht für gute Freunde und Verbündete halten, wenn wir die amerikanische Politik blind unterstützten, obwohl wir sie für falsch hielten.« Dann sagte er, Großbritannien hätte jahrelang für die Nahost-Politik den gleichen Kurs empfohlen und habe seine Auffassung auch unter dem Eindruck der neuesten Ereignisse nicht geändert. Am Schluß faßte er seine Ansichten darüber zusammen, wie die Krise überwunden werden könnte:

Wir stehen fest an der Seite der Vereinigten Staaten, soweit es Ost-West-Probleme betrifft, die zu einer ernsten Konfrontation führen könnten. Wo Zweifel auftreten könnten, wird sich die Waagschale voraussichtlich entschieden auf die amerikanische Seite neigen. Aber Sie müssen Ihrerseits alles tun, um die Gebiete möglichst eng einzugrenzen, auf denen es zu Ungewißheiten kommen könnte. Mit anderen Worten, Sie sollten uns noch mehr systematisch ins Vertrauen ziehen und uns schon zu einer Zeit konsultieren, in der sich Krisen und Konfrontationen abzeichnen. Ich glaube, das gilt auch für den Nahen Osten, wo, wenn ich das sagen darf, die amerikanischen Regierungen im Lauf der Jahre nach meiner Auffassung der Politik Großbritanniens und anderer nicht das notwendige Gewicht beigemessen haben, einer Politik, die auch einiges für sich hat und vielleicht sogar eine ganze Menge. Nach meiner Überzeugung sollten Sie die alte Vertraulichkeit wiederherstellen, und ich sehe keinen Grund, weshalb das nicht möglich wäre.

Wie ich schon betont habe, war Home einer der klügsten und anständigsten Männer, die zu kennen ich den Vorzug hatte. Wir haben niemals daran gezweifelt, daß für ihn die atlantische Partnerschaft ein moralisches Erfordernis war. Anders als sein Premierminister glaubte er nicht, daß die Bindungen Großbritanniens an Europa die Lockerung der transatlantischen Beziehungen verlangten, die wir über mehr als drei Jahrzehnte so eng geknüpft hatten. Home sagte in seinem Brief kaum etwas, dem ich hätte widersprechen müssen. Seine Kritik an der Politik früherer amerikanischer Regierungen war nicht unberechtigt. Wir waren bereit, das Konsultationsverfahren zu verbessern, ja, es lag uns sogar sehr viel daran. Ich fürchtete nur, daß die neuen, innerhalb der Europäischen Gemeinschaft geltenden Verfahren sie behindern würden. Keiner von uns hatte ein Patentrezept dafür, wie man die europäische Identität und die atlantische Partnerschaft am besten aufeinander abstimmen sollte, besonders wenn diese »Identität« sich der unseren im Nahen Osten entgegenstellte. Doch ermutigt durch Homes Worte, beschlossen wir, es noch einmal zu versuchen.

Der Nordatlantikrat und meine Ansprache vor der Society of Pilgrims

Alle Außenminister des Bündnisses trafen sich im Dezember in Brüssel zur halbjährlichen Ministerkonferenz des Nordatlantikrats. Die Atmosphäre war alles andere als ideal. Wir alle wußten genau, welche Sorgen wir hatten, wahrscheinlich sogar zu genau. Die Angehörigen der Neuner-Gruppe schienen ganz im Bann der Idee des Vereinigten Europa zu stehen. Sie verhielten sich, als genügte es, unsere konkreten Fragen damit zu beantworten, indem sie darauf hinwiesen, eine wie komplexe Aufgabe es wäre, einen europäischen Konsens zu erreichen, und daß auf diesem Wege ein viel rascherer Fortschritt gemacht würde, als man hätte erwarten dürfen.

Aber die Konferenz mußte dennoch beruhigend wirken. Der Nordatlantikrat ist der institutionelle Ausdruck des Bündnisses und ist ins Leben gerufen worden, um die allgemeine Sicherheit zu stärken, ein Ziel, das auch bei den schärfsten Kontroversen niemals von einem Verbündeten in Frage gestellt worden ist. Die hier vorgeschriebenen Verfahren fördern den Konsens. Und ebenso wie Frankreich solche Verfahren dazu benutzt hat, die Europäische Gemeinschaft zu beherrschen, hatten wir als das Land, das den nuklearen Schirm zur Verfügung stellte, im Atlantikrat eine entscheidende Stimme. Verbündete, die nicht zur Europäischen Gemeinschaft gehörten, wollten nicht, daß der transatlantische Streit ihre Sicherheit gefährdete. Die meisten Mitglieder der Neuner-Gemeinschaft wollten es, wenn sie frei wählen könnten, nach Möglichkeit vermeiden, sich zwischen dem von Großbritannien unterstützten Frankreich und den Vereinigten Staaten entscheiden zu müssen. Der energische Generalsekretär der NATO, Joseph Luns, konnte jedoch mit onkelhafter Strenge jeden einschüchtern, der es wagte, von seinen Vorstellungen über die Erfordernisse des Zusammenhalts im Bündnis abzuweichen.

So konnte die Konferenz in Brüssel wenig zur Heilung der Wunden beitragen. Ich gab nach meiner Ankunft eine Erklärung ab und wiederholte darin, daß die NATO der Eckstein unserer Außenpolitik wäre, ein Klischee, das augenscheinlich die Gemüter beruhigte, auch wenn es zum Vorwand genommen wurde, eine offensichtlich von der unseren abweichenden Politik zu betreiben. Und ich rief dazu auf, daß man an die Zukunft denken und etwas zur Stärkung der Allianz unternehmen sollte. Am folgenden Tag führte ich Gespräche mit den einzelnen Außenministern. Die jüngsten Unstimmigkeiten kamen nur darin zum Ausdruck, daß ich zuerst mit den beiden Außenministern der Verbündeten sprach, die uns während der Nahost-Krise zur Seite gestanden hatten – der Niederlande und Portugals. Aber wie so oft, wenn man besonders stolz auf eine subtile Geste ist, haben auch diesmal meine Kollegen augenscheinlich nicht verstanden, was ich damit zum Ausdruck bringen wollte, oder hielten es nicht für angebracht, sich es anmerken zu lassen.

Auf jeder NATO-Konferenz ergibt sich die Gelegenheit für die Außenminister der Vereinigten Staaten, Großbritanniens, Frankreichs und der Bundesrepublik Deutschland, zu einem Essen zusammenzukommen. In der NATO gibt es keine anerkannte Hierarchie, in der die Reihenfolge der Staaten nach ihrem Einfluß bestimmt wird, und deshalb ist der Vorwand für ein solches Treffen der »großen Vier« ihre besondere Verantwortung für Berlin. Seit Abschluß der Berlin-Vereinbarungen von 1971 ist Berlin kein besonders wichtiger Verhandlungsgegenstand mehr gewesen. Was zu diesem Thema zu besprechen ist, kann in wenigen Minuten erledigt werden. Die übrige Zeit wird für die Erörterung der Weltlage verwendet. Das Essen am 9. Dezember verlief recht angenehm. Home bemühte sich tapfer, gute Miene zum bösen Spiel zu machen und die jüngsten Meinungsverschiedenheiten herunterzuspielen. Er stellte sich auf den schon bekannten legalistischen Standpunkt, daß niemals daran gedacht worden wäre, der NATO eine Verantwortung für den Nahen Osten aufzuerlegen. Im übrigen wiesen die Europäer in höflicher Form darauf hin, daß sie es vermißt hätten, vor unserer Teilmobilmachung konsultiert zu werden. Ich erwiderte, daß wir mit unseren Bemühungen einen Sieg sowjetischer Waffen verhindert hätten und auch noch weiter daran arbeiteten, den sowjetischen Einfluß einzudämmen – ein Vorhaben, das im Interesse aller Verbündeten liegen müßte. Jobert versuchte, sich von der besten Seite zu zeigen, und beschränkte sich auf eindringliche konkrete Fragen und versprach, am folgenden Tag vor der Plenarsitzung eine gemäßigte Rede zu halten.

Angesichts des wesentlichen Beitrags, den wir zur Verteidigung des Westens leisten, steht der amerikanische Außenminister bei den Plenarsitzungen natürlich im Mittelpunkt der allgemeinen Aufmerksamkeit, und seine Rede ist ein wichtiger Beitrag. Am 10. Dezember empfahl ich dringend die Annahme eines aus drei Teilen bestehenden Programms. Die beiden gemeinsamen Erklärungen sollten so rasch wie möglich in ihrer endgültigen Form vorgelegt werden. Es sollte ein Verfahren für Konsultationen über gemeinsame Probleme außerhalb des Gebiets der NATO ausgearbeitet werden. Und schließlich sollten wir uns gemeinsam mit der Energiekrise beschäftigen. Um den Beschwerden über unzureichende Konsultationen zu begegnen, machte ich den Vorschlag, daß die stellvertretenden Außenminister regelmäßig zusammenkommen sollten, damit wir uns über Politik außerhalb des Gebiets, für das die NATO verantwortlich war, abstimmen könnten. Im Mai hatten die Franzosen dieser Idee in Reykjavik halbherzig zugestimmt – jedenfalls war das unser Eindruck gewesen –, aber sie war bisher noch nicht verwirklicht worden.

Ob Jobert, der darauf bestand, als letzter zu sprechen, schon von vornherein die Absicht gehabt hatte, zum Angriff überzugehen, oder ob meine Ausführungen ihn dazu veranlaßt haben, weiß ich nicht. Welches seine Motive auch gewesen sein mögen, er erwähnte meinen Vorschlag für eine Intensivierung der Konsultationen nicht. Statt dessen benutzte er die Gelegenheit für seinen wohlvorbereiteten Angriff gegen das Kondominium, über das sich die beiden Supermächte angeblich schon geeinigt hätten. Er bezeichnete die Bestimmung über gegenseitige Konsultationen in der Vereinbarung zwischen den Vereinigten Staaten und der Sowjetunion zur Verhinderung eines mit Kernwaffen geführten Krieges als das flagranteste Beispiel (siehe 7. Kapitel) und behauptete, daß es für Europa besser wäre, wenn es seine eigene Politik entwickelte. Ich machte von dem nur selten in Anspruch genommenen Recht der Erwiderung Gebrauch, verwahrte mich mit aller Schärfe gegen diese Behauptung und erläuterte die Bestimmungen dieser Vereinbarung, deren Bedeutung und Geschichte Jobert sehr gut kannte, und schloß: »Ich wiederhole diese Tatsachen für das zu veröffentlichende Protokoll. Wenn sie in Zukunft immer noch falsch interpretiert werden sollten, dann kann das nicht unbeabsichtigt geschehen.«

Aber die Erregung legte sich rasch. Die NATO war für Joberts Ausfälle nicht das richtige Forum. Die Erinnerung an eine fünfundzwanzigjährige Zusammenarbeit ließ sich nicht dadurch auslöschen, daß sich jemand in einer Debatte als scharfzüngiger Redner erwies. Am folgenden Morgen traf ich mit Jobert beim Frühstück zusammen. Unsere privaten Begegnungen verliefen ausnahmslos sehr angenehm und sogar unterhaltsam, denn mein französischer Kollege war ein ungewöhnlich charmanter, hochintelligenter und scharfsinniger Gesprächspartner. Um mir seinen guten Willen zu beweisen, zog er seine Bedenken gegen ein Zusammentreffen mit den Außenministern der Europäischen Gemeinschaft, das ich beabsichtigt hatte, zurück.

Daß eine Konferenz mit neun Außenministern, von denen acht auch Mitglieder der NATO waren (die einzige Ausnahme war Irland) im Rahmen der atlantischen Beziehungen zum Problem werden konnte, zeigte, wie stark der atlantische Zusammenhalt schon unter dem komplexen Verfahren gelitten hatte, das zu einem Vereinten Europa führen sollte – zumindest durch die Art, wie Jobert dieses Verfahren praktizierte. Nachdem er die Worte »Partnerschaft« und »gegenseitige Abhängigkeit« aus der geplanten gemeinsamen Erklärung der Vereinigten Staaten und der Europäischen Gemeinschaft gestrichen hatte, legte Jobert auch sein Veto gegen Gespräche zwischen Amerika und Europa auf Ministerebene ein. Joberts Kollegen haben die Absurdität dieser Haltung wahrscheinlich erkannt. Der dänische Außenminister Andersen, der die Pflichten des Präsidenten im Ministerrat der Gemeinschaft mit Würde und Geschick wahrnahm, hat sie mit Sicherheit für unsinnig gehalten. Vielleicht spürte Jobert aber auch selbst, daß er auf der Plenarsitzung der NATO zu weit gegangen war. Auf jeden Fall fand meine Begegnung mit den neun Außenministern der Gemeinschaft am Nachmittag des 11. Dezember statt, nachdem die Konferenz des Nordatlantikrats zu Ende gegangen war.

Die Situation war bizarr. Ich hatte eben fast drei Tage mit acht von ihnen zugebracht und war ihnen als Gruppe und einzeln begegnet. Es gab praktisch nichts Neues zu besprechen. Darüber hinaus hielten es meine Kollegen angesichts der Besorgnisse Frankreichs, die Europäische Gemeinschaft könnte in der NATO »aufgelöst« werden, für nicht angezeigt, das Treffen im NATO-Hauptquartier außerhalb von Brüssel zu veranstalten, wo wir uns alle aufhielten und wo es deshalb am bequemsten für uns gewesen wäre. Jobert weigerte sich auch, die Begegnung in einem offiziellen Gebäude wie etwa in einer Botschaft zu arrangieren. An seine Gründe kann ich mich nicht mehr erinnern, wenn ich sie je gekannt haben sollte. Die Kompromißlösung bot sich in dem von Andersen bewohnten Appartement im Brüsseler Hilton-Hotel.

Diese Begegnung der Außenminister wird nicht in die Geschichte eingehen, weil die Beteiligten bei dieser Gelegenheit sehr viel Neues erfahren haben – mit Ausnahme des boshaften irischen Außenministers, Garret Fitz Gerald, der die transatlantischen Stammesriten noch nicht kannte. Ihm zuliebe erläuterte ich noch einmal unsere Argumente für das Europa-Jahr, die meine anderen Kollegen mit Sicherheit schon zum Überdruß kannten. Zwei oder drei Minister gaben pflichtgemäß formale Erklärungen ab, hatten aber auch nicht mehr Phantasie als ich und wußten nichts Neues zu sagen. Fitz Gerald, der diese ganze Persiflage noch nie erlebt hatte, amüsierte sich hervorragend. Aber selbst seinem Humor und scharfen Verstand gelang es nicht, uns länger als eine Stunde zusammenzuhalten – sehr zur Erleichterung von Jobert, dem viel daran lag, daß dieses Treffen nicht zur ständigen Einrichtung wurde.

Nachdem wir uns getrennt hatten, begleitete mich ein strahlender Andersen, der nur noch einen Monat das Amt des Präsidenten innehaben würde, in die Hotelhalle und sprach zu den wartenden Journalisten von einer »historischen« Begegnung. Der Däne war das unschuldige Opfer des Tauziehens zwischen dem legalen Formalismus der Gemeinschaft und unseren abstrakten Begriffen von Partnerschaft und schien erleichtert darüber zu sein, daß jetzt alles vorüber war – jedenfalls für ihn in seiner Eigenschaft als Vorsitzender. Aus meiner Sicht unterstrich das Treffen eher die Schwächen in den Beziehungen der Vereinigten Staaten zu Europa, als daß es dazu beigetragen hätte, Gegensätze zu überbrücken.

Ich unternahm daher noch einen Versuch zur Versöhnung, um den

Streit zu beenden. Schon vor vielen Monaten hatte ich mich bereit erklärt, vor der Society of Pilgrims in London einen Vortrag zu halten. Wie der Name sagt, handelt es sich um eine angesehene Vereinigung von Persönlichkeiten, die sich besonders um die angloamerikanischen Beziehungen bemühten. Ich hatte den ersten Termin wegen des Nahost-Krieges absagen müssen. Als mein Besuch jetzt unmittelbar nach der NATO-Konferenz stattfinden sollte, erklärte sich Sir Alec bereit, mich der Versammlung vorzustellen. Während der ganzen hinter uns liegenden schwierigen Periode hatte er keine Mühe gescheut, die Beziehungen zwischen Europa und den Vereinigten Staaten zu verbessern. Nun hatte er großzügig erklärt, daß mein Besuch in Brüssel »das Bündnis gestärkt« hätte, und hatte einen Teil der Schuld für die gegenwärtigen Spannungen in den atlantischen Beziehungen den Europäern angelastet, als er vor der Presse erklärte, daß sie »nicht so rasch wie die Vereinigten Staaten erkannt« hätten, welche strategische Bedeutung der Nahost-Krieg hatte.

Bei einem offiziellen Essen am Abend des 12. Dezember sprach ich nun wieder von den Gründen, die uns veranlaßt hatten, das Europa-Jahr ins Leben zu rufen – die zunehmende Stärke Europas, das jetzt deutlich werdende nukleare Gleichgewicht, die Auswirkungen einer Periode, in denen Spannungen abgebaut worden waren, und die zunehmende gegenseitige wirtschaftliche Abhängigkeit unserer Länder. Das alles war unter veränderten psychologischen Voraussetzungen geschehen, welche die moralische Basis des Zusammenhalts unseres Bündnissystems schwächen konnten:

> Die nächste Generation der führenden Persönlichkeiten in Europa, Kanada und Amerika werden weder dieselbe persönliche Erinnerung noch dieselben emotionellen Bindungen an das Atlantische Bündnis haben wie seine Gründer. Sogar heute hat die Mehrheit der Menschen auf beiden Seiten des Atlantik nicht die Bedrohung erlebt, die zur Schaffung des Bündnisses geführt hat, und kennt auch nicht das Gefühl der Befriedigung, das sich für uns mit seinem Entstehen verbindet. Noch heute stimmen regelmäßig vierzig Senatoren in den Vereinigten Staaten für den massiven einseitigen Abbau der in Europa stationierten amerikanischen Streitkräfte. Noch heute gibt es Europäer, die glauben, ihre Identität ließe sich an ihrer Distanz von den Vereinigten Staaten messen. Auf beiden Seiten des Atlantik stehen wir vor der anormalen und gefährlichen Situation, in der die Öffentlichkeit den außenpolitischen Erfolg zunehmend an den Beziehungen mit unseren Gegnern mißt, während die Beziehungen zu unseren Verbündeten augenscheinlich durch kleinlichen Streit und Desinteresse gekennzeichnet sind.

Dann nannte ich die vier Grundsätze der amerikanischen Politik, welche die Grundlage unseres Dialogs mit unseren europäischen Verbündeten sein würde: die Notwendigkeit der Koexistenz von Ost und West, und zwar unter der Voraussetzung, daß »wir dafür sorgen müssen, daß die Entspannungspolitik nicht die Freundschaften unterminiert, welche die Entspannung ermöglicht haben«; die Notwendigkeit der gemeinsamen Verteidigungsanstrengungen; die Realität der europäischen Einheit; und die Tatsache, daß wir zunehmend wirtschaftlich voneinander abhängig sind. Ich erklärte, daß wir bereit zu intensiven Konsultationen wären über diese oder irgendwelche anderen Themen, die uns die Europäer vorschlagen wollten. Zugleich warnte ich davor, diese Konsultationen in einen zu formalistischen Rahmen zu zwingen:

> Aber lassen Sie uns auch daran denken, daß auch das beste Konsultationsverfahren gemeinsame Vorstellungen und gemeinsame Ziele nicht ersetzen kann; es kann nicht an die Stelle des ganzen Netzes immaterieller Bindungen treten, die der eigentliche Lebensnerv der transatlantischen und besonders der angloamerikanischen Beziehungen sind. Wir müssen darauf achten, daß wir die europäische Einheit nicht in zu legalistischen Kategorien verstehen, denn damit würden wir das aufgeben, was unser Bündnis so einzigartig macht, daß nämlich im tiefsten Sinn Europa und Amerika einander nicht als Fremde betrachten, die herkömmliche diplomatische Beziehungen pflegen, sondern als Mitglieder einer größeren Gemeinschaft, die sich manchmal unter schmerzlichen Bedingungen, aber schließlich immer kooperativ an einem gemeinsamen Unternehmen beteiligt.
>
> Wenn wir in die Zukunft blicken, dann erkennen wir, daß unsere jüngsten Meinungsverschiedenheiten im Vergleich mit den Herausforderungen, denen wir uns in Zukunft stellen müssen, bedeutungslos gewesen sind. Ein neues internationales System ist an die Stelle der Struktur in den Jahren unmittelbar nach dem Krieg getreten. Die Außenpolitik Chinas und der Sowjetunion ist im Wandel begriffen. Westeuropa schließt sich zusammen. Neue Nationen suchen ihre Identität und die ihnen angemessene Rolle. Noch heute verändern sich die wirtschaftlichen Beziehungen rascher als die Strukturen, aus denen sie hervorgegangen sind. Wir – Europa, Kanada und Amerika – haben nur die Wahl zwischen zwei Extremen, der gemeinsamen Kreativität oder der getrennten Bedeutungslosigkeit.

Als Beispiel für diese neue Kreativität forderte ich die demokratischen Industrienationen auf, eine energiepolitische Aktionsgruppe zu bilden,

> die aus älteren und angesehenen Persönlichkeiten bestehen und das Mandat haben sollte, innerhalb von drei Monaten ein erstes Aktions-

programm für die Zusammenarbeit auf allen Gebieten des Energieproblems zu entwickeln. Wir würden es den Mitgliedern der Neun überlassen, ob sie an diesem Vorhaben als Europäische Gemeinschaft teilnehmen wollen.

Und ich schloß mit dem Appell, den moralischen Zusammenhalt zu wahren:

Es ist unsere Pflicht und liegt in unserem eigenen Interesse, die erfolgreichste Partnerschaft in der Geschichte am Leben zu erhalten. Die Vereinigten Staaten sind entschlossen, die Atlantische Gemeinschaft für die Zukunft zu einer ebenso vitalen, positiven Kraft werden zu lassen, wie sie es in der Vergangenheit gewesen ist. Was bisher als eine Selbstverständlichkeit angesehen worden ist, muß jetzt erneuert werden. Das ist keine amerikanische Herausforderung an Europa, es ist eine historische Herausforderung an uns alle.

Ich habe aus dieser Rede so ausführlich zitiert, weil es für mich kein politisches Ziel gab, das mir mehr bedeutete als die Aufrechterhaltung der lebenswichtigen Partnerschaft zwischen den Vereinigten Staaten und Europa. In der Pilgrims-Rede wollte ich mich mit den Beschwerden der Europäer auseinandersetzen. Deshalb erklärte ich mich uneingeschränkt zu Konsultationen bereit, bestätigte ausdrücklich die globalen Verantwortlichkeiten Europas und wandte mich gegen die falsche Vorstellung, wir wollten Europa eine regionale Rolle zuweisen. Ich legte den Vorschlag auf den Tisch, daß wir gemeinsam das Energieproblem lösen sollten, das unsere Verbündeten fast in eine Panik getrieben hatte (siehe 19. Kapitel).

Soweit es möglich war, den Europäern ihre Sorgen mit Zusicherungen zu nehmen, war es mit dieser Rede geschehen, und da sich viele Beschwerden gegen bestimmte Formulierungen in meiner ersten Rede zum Europa-Jahr richteten, die ich jetzt entweder zurückgenommen oder in den richtigen Zusammenhang gestellt hatte, hätte es jetzt möglich sein sollen, zu einem Geist der Zusammenarbeit zurückzukehren.

Aber die folgenden Ereignisse bewiesen, daß die Probleme viel tiefer lagen. Wir wollten den atlantischen Beziehungen eine neue Zielrichtung geben, doch unseren Verbündeten kam es in erster Linie darauf an, ein Vereintes Europa zu schaffen. Sie glaubten – nach meiner Meinung irrten sie sich darin –, daß sich beide Ziele nicht gleichzeitig verwirklichen ließen. Jedenfalls wurden beide Vorhaben immer wieder durch innenpolitische Umwälzungen, außenpolitische Krisen und Schwierigkeiten bei der Einhaltung von Terminen gestört. Sehr bald stellten sich uns die gleichen Hindernisse in den Weg, mit denen wir es schon während des vergangenen Jahres zu tun gehabt hatten. Ich reiste aus London ab, um mich wieder dem Friedensprozeß im Nahen Osten zuzuwenden, und zwar in erster Linie mit von den Vereinigten Staaten einseitig ergriffenen Initiativen. Wenige Tage später trafen sich die Regierungschefs der Europäischen Gemeinschaft in Kopenhagen, um ihre Identität ebenso einseitig zu definieren. Sie reagierten nicht auf meine Pilgrims-Rede und ließen meinen Vorschlag zur Schaffung neuer Konsultationsmechanismen ebenso unbeachtet wie die Anregung, eine Aktionsgruppe zur Behandlung energiewirtschaftlicher Fragen zu gründen. Das Thema, mit dem sie sich eingehend beschäftigen wollten, war der Nahe Osten. Sie erneuerten ihr Verlangen nach einer umfassenden Gesamtlösung – während ich mich darum bemühte, die Genfer Konferenz zustande zu bringen und eine schrittweise Truppenentflechtung einzuleiten, die sogar von den radikalen arabischen Staaten unterstützt werden sollte. Diesmal war ich in Riad, als mich die Nachricht von einer Erklärung der Europäischen Gemeinschaft erreichte. Hier erfuhr ich auch, daß sich unsere Verbündeten mit Deklarationen nicht zufriedengeben wollten. Die Franzosen verlangten einen besonderen »europäisch-arabischen Dialog«. Angesichts der erklärten Absichten Europas mußte ein solches Vorhaben unseren Bemühungen zuwiderlaufen, und das europäische Gipfeltreffen zeigte uns in seinem Verlauf auch anhand eines anderen Ereignisses, daß die politischen Bestrebungen der Europäer in eine ganz andere Richtung liefen. Eine Gruppe arabischer Außenminister war nach Kopenhagen gekommen und hatte augenscheinlich keine Verfahrensschwierigkeiten, mit den Regierungschefs der Gemeinschaft zusammenzutreffen – jedenfalls stellten sich ihnen weniger Hindernisse in den Weg als Nixon bei seinem Versuch, das Europa-Jahr zum Erfolg zu führen. Niemand kam auf den Gedanken, daß die Außenminister nur mit den Präsidenten der Gemeinschaft zusammentreffen sollten – was man dem amerikanischen Präsidenten zugemutet hatte. Allerdings behaupteten einige Verbündete, das Auftauchen der Araber hätte sie überrascht; man wäre hier einer Eingebung des Augenblicks gefolgt. Wir wußten, daß es anders war, und ihnen war es klar, daß wir es wußten.

In dieser Atmosphäre besuchte ich Jobert am 19. Dezember in seinem Büro am Quai d'Orsay, um ihn von den Ergebnissen meiner eben beendeten Reise durch den Nahen Osten und der bevorstehenden Genfer Konferenz zu unterrichten. Unser Gespräch war wie üblich gekennzeichnet durch den Geist des persönlichen guten Willens, dem eine vorsichtige Abwehrhaltung bestimmte Grenzen setzte. Jobert fragte mich, wie ich mich unter meinen wirklichen Freunden fühlte. Ich sagte, ich gäbe zu, mich unter Freunden zu befinden, gleichgültig, ob es wirkliche Freunde wären oder nicht. Ihn reizte das Paradox, und er war zum Scherzen aufgelegt. Es bereitete ihm Vergnügen, so zu tun, als entsprächen seine persönlichen Ansichten nicht der Politik, die er im nationalen Interesse und auf Anweisung seines Präsidenten verfolgen mußte. Er sagte mir, auch er hielte unser schrittweises Vorgehen im Nahen Osten eigentlich für richtig. Als französischer Außenminister sähe er sich leider gezwungen, eine andere Haltung zu vertreten. Er werde dabei möglichst behutsam vorgehen. Ich fragte ihn, wieso es im Interesse Frankreichs läge, nicht seiner Überzeugung gemäß zu handeln. Er erwiderte, Frankreich müßte im Nahen Osten das Gesicht wahren. Schließlich hätten wir Europa die Teilnahme an Entscheidungen in diesem Gebiet verwehrt. Das bestritt ich. Ich fragte ihn, was Frankreich tun würde, wenn es selbst noch unmittelbar im Nahen Osten engagiert wäre. Jobert antwortete, diese Möglichkeit wäre grundsätzlich eine große Genugtuung, in Wirklichkeit könnte er aber nicht sagen, wie sich Frankreich dann verhalten würde.

Waren denn alle diese herausfordernden Gesten und Redereien nur Ausdruck des Bemühens, den Schein zu wahren? Jobert sagte mir nicht, was er dachte. Vielmehr versuchte er, nachdem er sich praktisch mit unserer Nahost-Politik einverstanden erklärt hatte, unsere Europa-Politik in Frage zu stellen. Er beschuldigte uns, ausgerechnet Luxemburg dafür einzusetzen, den Zusammenhalt der Neun zu blockieren. Aber diese Behauptung war so absurd, daß selbst Jobert den Gedanken nicht weiter verfolgte, und so endete das Gespräch mit einem neuen Widerspruch: »Nun, Sie werden ohnedies niemals ein starkes Europa erleben.« Aber wozu dann all die leidenschaftlichen Reden und herausfordernden Erklärungen? Jobert verhielt sich wie jemand, der dazu verurteilt ist, zur Ehre seines Landes das Falsche zu tun. Auch in seinen Äußerungen zu den verschiedenen atlantischen Deklarationen konnte er sich zu keiner klaren Stellungnahme entschließen. Er könnte noch nicht sagen, ob er selbst den Entwurf für eine Erklärung der Europäischen Gemeinschaft vorlegen werde, würde es mir jedoch Anfang Januar mitteilen (er hat es nie getan) und sagte, damit würde sich die Lage auch nicht ändern. Jobert erkannte die Komplexität der Situation, sagte aber nicht, in welcher Richtung ein Ausweg zu suchen sei. Vielleicht fürchtete er auch, daß jede Lösung die Vorherrschaft Frankreichs in Europa bedrohen könnte. In diesem Fall war es für Frankreich am günstigsten, wenn nichts geschah, und dann konnte es nur in Joberts Interesse liegen, daß wir nicht so bald aus der Sackgasse herauskamen.

Daraus bestand im wesentlichen auch Georges Pompidous Thema, als ich am folgenden Tag, dem 20. Dezember 1973, zum letztenmal mit ihm zusammenkam. Pompidou war aus härterem Holz geschnitzt als Jobert, weniger zum Scherzen aufgelegt und wußte, daß er bald sterben würde. Er ließ sich die furchtbaren Schmerzen, unter denen er, wie ich später erfuhr, ständig litt, nicht anmerken und war höflich und zuvorkommend wie immer. Aber vielleicht hat ihn die kurze Frist, die das Schicksal ihm noch ließ, veranlaßt, jede vorstellbare Initiative mit einer für ihn ganz uncharakteristischen Unmittelbarkeit abzulehnen. Er erklärte, daß Frankreich sich nicht für die Genfer Konferenz interessierte, denn die Sowjetunion und die Vereinigten Staaten hätten es von der Teilnahme ausgeschlossen. Was die Beziehungen zwischen den Vereinigten Staaten und Europa betraf, so weigerte er sich, sie genauer zu definieren:

> Als Franzose kann ich Ihnen sagen, daß wir keine offizielle Erklärung als Basis für die Beziehungen zwischen Europa und den Vereinigten Staaten brauchen. Wir sind nicht sehr stark daran interessiert – uns wäre es lieber, wenn es gar keine Deklaration gäbe oder doch nur eine sehr kurze und mehr auf europäische Initiative zustande gekommene Deklaration, die bewirken würde, daß sich eine amerikanische Unbedenklichkeitserklärung erübrigt.

Er lehnte auch meinen Vorschlag ab, eine Aktionsgruppe zur Lösung energiepolitischer Fragen zu bilden. Jeder Zusammenschluß der Ölverbraucher könnte zu einer Konfrontation mit den Ölproduzenten führen. Er wollte es unter keinen Umständen darauf ankommen lassen, daß die Ölversorgung Frankreichs gefährdet wurde. Deshalb hätte es keinen Sinn, wenn sich die Ölverbraucher zusammenschlössen.

Wenn Frankreich freie Hand im Nahen Osten verlangte, sich weigerte, an einem Zusammenschluß der Ölverbraucher teilzunehmen und eine atlantische Deklaration für sinnlos hielt, dann blieb vom atlantischen Dialog nicht mehr viel übrig. Wenn zwei Auffassungen über die künftige Entwicklung einander so sehr widersprechen, dann kann nur eine von beiden richtig sein. Was sich nicht durch Vorausplanung erreichen läßt, muß in diesem Fall durch die praktische Erfahrung erreicht werden. Zu dieser schmerzlichen Methode, das eigene Schicksal zu bestimmen, hatten sich die atlantischen Nationen durch ihre eigene Uneinigkeit verurteilt. Das Europa-Jahr war vorüber.

Wo lagen die Fehler?

Viele Faktoren haben zusammengewirkt, um zu diesem enttäuschenden Ergebnis zu führen. Die kritischen Vorwürfe, die 1973 erhoben wurden, haben seither an Bedeutung verloren und sind zum Teil kleinlich und von parteilichen Motiven bestimmt gewesen. So hatte man behauptet, daß wir lieber mit unseren Gegnern als mit unseren Verbündeten verhandelten, die europäischen Nationen unzureichend konsultiert hätten und unsere Freunde unter Druck setzten.

Natürlich war es weniger kompliziert, mit autoritären Regierungen zu verhandeln, aber das Europa-Jahr bedeutete für uns viel mehr als jede Initiative gegenüber der kommunistischen Welt. Deshalb haben wir uns trotz so zahlreicher Zurückweisungen immer wieder um die Verbesserung der Beziehungen zu Europa bemüht. Was nun die Konsultationen betrifft, so läßt mein Bericht kaum einen Zweifel daran, daß wir uns im Rahmen des Europa-Jahrs aufrichtig darum bemüht haben.

Sicherlich haben wir taktische Fehler gemacht. Es war ungeschickt, zu versuchen, eine wichtige außenpolitische Initiative dem nationalen Sicherheitsberater zu überlassen, sie entsprach jedoch dem Wunsch des Präsidenten, und da die Amtszeit des Außenministers Rogers zu Ende ging, lag mir viel daran, selbst diesen Versuch zu unternehmen. Wir hatten auch auf anderen Gebieten Erfolg gehabt, ohne das Außenministerium einzuschalten. Aber die Beziehungen zu den europäischen Nationen eigneten sich nicht für die Methoden der Geheimdiplomatie, deren Ergebnisse in aufsehenerregenden Bekanntmachungen gipfeln sollten. Im Rahmen unserer nordatlantischen Beziehungen hatten sich Konsultationsmethoden entwickelt, die vom Beamtenapparat in den einzelnen Ländern eifersüchtig und manchmal sogar leidenschaftlich verteidigt wurden. Wäre ich schon zu Anfang dieses Unternehmens Außenminister und nicht Sicherheitsberater gewesen, dann hätte ich vielleicht deutlicher gespürt, daß es notwendig war, die Außenministerien unserer Verbündeten einzuschalten. Aber für das Weiße Haus war es einfacher, sich mit den Regierungschefs direkt in Verbindung zu setzen, was die Fachleute in den Ministerien verärgerte, auf deren guten Willen wir angewiesen waren, wenn die im Rahmen unserer Initiative notwendigen detaillierten Verhandlungen zum Erfolg führen sollten.

Doch darin bestanden nur die äußeren Schwierigkeiten. Die eigentlichen Probleme lagen tiefer, und zwar auf vier Gebieten: dem Nahost-Konflikt, den Ost-West-Beziehungen, dem Streben nach einer größeren politischen Geschlossenheit in Europa und Watergate.

Durch die Nahost-Krise wurden uns zwei Grundprobleme in den atlantischen Beziehungen bewußt gemacht. Wie sollen sich Verbündete verhalten, wenn es in einem Gebiet zu Schwierigkeiten kommt, für das sie nach den Buchstaben der geltenden Verträge keine Verpflichtungen übernommen haben, das jedoch die vitalen Interessen aller Beteiligten berührt? Und wie sollen sich Verbündete verhalten, wenn es zu fundamentalen Meinungsverschiedenheiten über die einzuschlagende außenpolitische Richtung kommt? Natürlich schaffen nicht alle Meinungsverschiedenheiten unter Verbündeten die gleichen Probleme. Es gibt Fragen, die vor allem nur eine Partei betreffen, und in solchen Fällen gewinnt man nicht viel, wenn man sich um einen Konsens bemüht. Hier kann man mit Verständnis und Abwarten – oder mit in aller Ruhe und unauffällig geführten Konsultationen – gefährliche Auseinandersetzungen vermeiden. Ein typisches Beispiel dafür war unsere Haltung gegenüber Brandts Ostpolitik. Schwierig sind Probleme, bei denen es um vergleichbare Interessen beider Seiten geht, die von jeder Seite anders beurteilt werden, wie es ganz entschieden im Nahen Osten der Fall war.

Was nun die völkerrechtlichen Verpflichtungen betrifft, so wiederhole ich meine Überzeugung, daß das Atlantische Bündnis, wenn man es auf seinen rechtlichen Inhalt reduziert, früher oder später auch in den Bereichen versagen wird, in denen formale gegenseitige Verpflichtungen bestehen. Der Lebensnerv eines Bündnisses ist die gemeinsame Überzeugung, daß die Sicherheit eines jeden einzelnen Verbündeten im vitalen Interesse aller anderen liegt. Es darf im Krisenfall nicht dazu kommen, daß jeder zuerst seine Rechtsexperten fragen muß, wozu er verpflichtet ist. Und schließlich muß das westliche Bündnis auch durch die Herzen seiner Mitglieder und nicht nur durch ihren Verstand zusammengehalten werden. Daraus folgt, daß eine Bedrohung der vitalen Interessen eines Partners alle anderen nicht gleichgültig lassen darf, auch wenn der Bündnisvertrag im Einzelfall die Unterstützung nicht ausdrücklich verlangt. Wenn daher die Sicherheit des Westens auf dem Spiel steht, dann darf es keine entscheidende Rolle spielen, aus welcher Richtung die Bedrohung kommt. Gelänge es der Sowjetunion, im Nahen Osten die Vorherrschaft zu gewinnen, dann hätte sie die Möglichkeit, der NATO ihre wichtigsten Versorgungslinien abzuschneiden. In diesem Falle wäre der Zusammenbruch Europas ebenso gewiß, wie wenn sowjetische Armeen bis an den Ärmelkanal vorstießen. Wenn die radikalen arabischen Regimes die Oberhand gewannen, dann würde das, wenn auch auf Umwegen, die gleichen Folgen haben – auch wenn man in einigen europäischen Ländern anderer Auffassung ist.

Doch was kann die theoretische Bedeutung der Einigkeit im Bündnis außerhalb des Gebiets bewirken, das im Verantwortungsbereich der NATO liegt, wenn sich in einer bestimmten Lage radikale Meinungsverschiedenheiten ergeben? Sind die Verbündeten verpflichtet, sich den einseitigen Entscheidungen eines ranghöheren Partners zu unterwerfen, auch wenn diese Entscheidungen nach ihrer Beurteilung der Lage falsch sind? Unsere europäischen Verbündeten haben uns das Problem immer wieder in dieser Form vorgelegt, und ihre Frage läßt sich nicht theoretisch beantworten. Es müssen weit größere Anstrengungen als bisher unternommen werden, um es nicht wieder zu einer solchen Konfrontation kommen zu lassen. Wenn sich Differenzen nicht ausgleichen lassen, dann muß der eine oder der andere Partner klug genug sein, wenigstens so lange beiseite zu stehen, bis es sich erwiesen hat, ob die eingeschlagene Richtung zum Erfolg führt. Wenn jeder Verbündete darauf besteht, daß man seinem Vorschlag folgt, dann muß es zu einem ungesunden Wettstreit und zu Konflikten kommen. Jede Seite riskiert, die Bemühungen des anderen zum Scheitern zu bringen, ohne sich selbst durchsetzen zu können. Spaltungen innerhalb des Bündnisses werden den Druck von außen verstärken, und das Bündnis gerät in die Gefahr, auseinanderzubrechen.

Im Herbst 1973 hatte man den Eindruck, daß das Atlantische Bündnis sich nicht aus diesem Circulus vitiosus befreien konnte. Wie einige unserer Verbündeten unsere Nahost-Politik auch vor dem Kriege beurteilt haben mochten, die praktische Konsequenz ihres in diesem Kapitel dargestellten Verhaltens war die Lähmung unserer Strategie, wenn sie Erfolg hatten, oder der Beweis der Handlungsunfähigkeit Europas, wenn sie scheiterten. Aber in jedem Falle waren wir die einzige verbündete Macht, die in der Lage war, rasche Fortschritte zu bewirken und damit die Voraussetzungen für eine Entschärfung der Krise zu schaffen und den Sowjets die Möglichkeit zu nehmen, ihren politischen Zielen näher zu kommen. Daß Europa den Verletzungen des Waffenstillstandes anders begegnen wollte als wir, war verständlich. Daß die Europäer ihre Auffassung jedoch am Tage meines Eintreffens in Kairo öffentlich bekanntgaben, behinderte unsere Strategie ebenso wie die Sadats, und das hat keinem freien Land etwas genützt.

Wenn ich in diesem Kapitel so oft von »Europa« gesprochen habe, dann habe ich diesen Begriff nicht ganz richtig verwendet. An der Spitze der Opposition gegen unsere Politik stand Frankreich in Michel Joberts Person, der von Heath unterstützt wurde, während Brandt die Haltung der Franzosen und Briten tolerierte, und jeder von ihnen hatte seine eigenen Gründe. Die Benelux-Länder, Dänemark und Italien fühlten sich durch die sich verschärfende Konfrontation beunruhigt. Sie waren nicht geneigt, unserer Nahost-Politik direkt entgegenzutreten, auch wenn sie gewisse private Vorbehalte hatten. Aber auch für sie hatten die neu geschaffenen politischen Institutionen, denen es vor allem darauf ankam, den Eindruck eines monolithischen Zusammenhalts zu vermitteln, einen besonderen Wert. Der politische Konsens in der Europäischen Gemeinschaft wurde augenscheinlich durch zwei Methoden herbeigeführt. Entweder suchte man den niedrigsten gemeinsamen Nenner für Belanglosigkeit oder Unbestimmtheit oder man entschied sich für eine Politik, die von einem Partner besonders leidenschaftlich befürwortet wurde und die andere, die nicht unbedingt von der Richtigkeit solcher Auffassungen überzeugt waren oder sie sogar vorsichtig ablehnten, glaubten unterstützen zu müssen, um die Geschlossenheit Europas zu bewahren.

Die Ost-West-Beziehungen hatten unter anderem unsere Initiative veranlaßt und waren die hauptsächliche Ursache für ihr Scheitern. Wir wollten keinen psychologischen Ballast für das Verhalten der Demokratien gegenüber der kommunistischen Welt schaffen. Wie ich in meiner Pilgrims-Rede gesagt hatte, kam es darauf an, den anormalen Zustand zu überwinden, in dem die Öffentlichkeit immer mehr dazu neigte, außenpolitische Erfolge an den Beziehungen zu unseren Gegnern zu messen. Wir meinten es mit der Bestätigung der atlantischen Solidarität ernst und waren bereit, die Entspannungspolitik dem Konsens mit unseren Verbündeten unterzuordnen. Aber nicht alle unsere Verbündeten zeigten die gleiche Bereitschaft. Einige von ihnen versprachen sich von ihrem Entgegenkommen gegenüber dem Osten innen- und außenpolitisch sehr viel. Wie die zitierte Rede Joberts zeigt, wäre es einigen unserer Partner lieber gewesen, wenn wir uns mit unseren Entspannungsbemühungen mehr zurückhielten, damit sie ihre eigenen intensivieren könnten.

Frankreich und Deutschland war zwar viel daran gelegen, *unsere* Handlungsfreiheit einzuschränken, sie waren aber nicht bereit, als Gegenleistung die Außenpolitik des Westens straffer zu koordinieren. Brandt wollte sich in seiner Ostpolitik nicht durch intensivere Bemühungen um einen atlantischen Konsens behindern lassen. Aber eine deutsche Außenpolitik, der keine Grenzen gesetzt waren, beunruhigte die Franzosen. Zu Beginn der siebziger Jahre hat Pompidou dadurch ein Gegengewicht gegen die Bestrebungen Deutschlands herzustellen versucht, daß er näher an uns heranrückte. 1973 weckte das Mißtrauen gegenüber Bonn unter Joberts Einfluß Pompidous gaullistische Instinkte, und jetzt versuchte er, Deutschland dadurch in Schranken zu halten, daß er den europäischen Interessen gegenüber den amerikanischen den Vorrang einräumte und ebenso wie Deutschland seine Fühler nach Osten ausstreckte. Man verlor dabei die Gefahr aus dem Auge, daß ein Wettrennen der Europäer nach Moskau früher oder später zum ersten Schritt auf eine Finnlandisierung Europas hin werden könnte, und zwar in dem Sinne, daß eine Lockerung der politischen Bindungen an Amerika sich auf die Dauer auch auf die Sicherheit auswirken mußte, oder man tat solche Möglichkeiten als lächerlich ab, weil man zu intensiv mit kurzfristigen taktischen Fragen beschäftigt war, mit denen Staatsmänner nur allzuoft ihre tiefe Sorge um die Zukunft zu verdecken suchen.

Die dritte wesentliche Ursache dafür, daß wir uns aus dieser festgefahrenen Lage nicht befreien konnten, war der Umstand, daß der Rhythmus des politischen Pulsschlags in Europa ein anderer war als in den Vereinigten Staaten. Jetzt, da der Vietnam-Krieg hinter uns lag, suchten wir nach schöpferischen Aufgaben, um mit unserem innenpolitischen Trauma fertig zu werden. Aber bei unseren Verbündeten bestanden solche Zwänge nicht. Im Gegenteil, sie hatten das Gefühl, daß die vor ihnen liegenden Aufgaben sie voll ausfüllten. Nach langem Zögern war der Gemeinsame Markt Anfang 1973 von sechs auf neun Länder ausgedehnt worden. Unser Vorschlag, sich über die atlantischen Beziehungen auszusprechen, löste nun, wenn auch vielleicht unbeabsichtigt, die Frage aus, wer für Europa sprechen sollte, und die Europäer suchten die Antwort dadurch zu finden, daß sie rein formalistische Verfahren entwickelten, die normale Konsultationen unmöglich machten. Sogar Politiker, die es nicht für unvereinbar hielten, die atlantischen Bindungen und die europäische Einheit gleichzeitig zu stärken, fürchteten, daß Europa sich nicht gleichzeitig mit beiden Vorhaben beschäftigen könnte. Sir Alec Douglas-Home hat diese Auffassung fast bestätigt, als er sagte:

> Unter idealen Voraussetzungen hätten wir uns für einen anderen Zeitplan entschieden. Es wäre uns lieber gewesen, wenn die neue Neuner-Gemeinschaft Zeit gehabt hätte, sich zusammenzufinden und sorgfältiger zu überlegen, auf welchem Wege sie zu einer gemeinsamen Haltung kommen könnte. Aber unter dem Druck der Ereignisse auf beiden Seiten des Atlantik und in Japan sehen wir uns alle gezwungen, das Tempo zu beschleunigen.

Andere und besonders die kleineren Länder stimmten Jean Monnets These zu, daß ein transatlantischer Dialog die europäische Einheit stärken könnte, weil er Europa zwänge, mit einer Stimme zu sprechen. Aber damit gerieten wir nur in den schon zehn Jahre alten europäischen Streit zwischen Frankreich, das in einem Vereinten Europa die Führung übernehmen wollte, und Ländern wie Belgien, welche die formale Gleichberechtigung verlangten, während die Bundesrepublik Deutschland unentschlossen zwischen den verschiedenen Auffassungen hin- und herschwankte.

Für einige Europäer, besonders für Frankreich, ließ sich die europäische Einheit nicht von der Art und Weise trennen, in der sie zustande kam. Die Franzosen wollten auf keinen Fall, daß sie einer *amerikanischen* Initiative zu verdanken sei. In Großbritannien vertrat Heath eine ähnliche Auffassung. Für ihn ergäbe sich dann wenigstens die sehr unangenehme Möglichkeit, unter Umständen zwischen Paris und Washington wählen zu müssen, was, wie er glaubte, 1963 zum Scheitern seiner Verhandlungen über den Beitritt Großbritanniens zur Europäischen Gemeinschaft geführt hatte. Er hatte sich vorsorglich für Paris entschieden, bevor diese Entscheidung von ihm verlangt worden war. Brandt war zunächst am zugänglichsten, wenn eine solche Bereitwilligkeit auch unter den 1973 herrschenden Umständen ein sehr relativer Begriff war. Aber selbst er war nicht bereit, sich deshalb gegen seine Kollegen in Frankreich und Großbritannien zu stellen, besonders da er es vermeiden wollte, die atlantischen Bindungen enger zu knüpfen, um für seine Ostpolitik freie Hand zu behalten.

Unser Dilemma bestand darin, daß wir, wenn wir Monnets Rat folgten und uns für die europäische Einheit stark machten, mit einer Wiederholung der sechziger Jahre rechnen mußten, weil Paris in einer solchen Haltung eine Herausforderung gegenüber dem französischen Anspruch auf Führung in Europa sehen würde. Wenn wir jedoch auf die französischen Empfindlichkeiten Rücksicht nahmen und Frankreich anstelle der Europäischen Gemeinschaft zu unserem Gesprächspartner machten, dann mußten sich die Beziehungen zu den natürlichen Befürwortern unserer Initiative abkühlen. Um nicht übergangen zu werden, hielten die kleineren europäischen Staaten an den Konsultativverfahren der Europäischen Gemeinschaft fest, die noch nicht erprobt, zeitraubend und damit ein wesentlicher Anlaß für Reibereien waren. Und so gerieten wir auf einem Umweg schließlich doch in einen Streit mit Frankreich und bewiesen damit, wie ich glaube, daß sich der Erfolg nicht immer einstellt, wenn man das genaue Gegenteil von dem tut, was vor zehn Jahren zum Scheitern eines Unternehmens geführt hat.

Ein europäischer Staatsmann, der zugleich eine starke Persönlichkeit war, hätte vielleicht alle diese Tendenzen zusammenfassen und eine schöpferische Politik daraus gestalten können. Leider standen jedoch die einflußreichsten europäischen Regierungschefs, die eine solche Aufgabe hätten übernehmen können, alle vor eigenen Problemen. 1973 hatte Pompidous physisches Martyrium schon begonnen. Die Krankheit und die Medikamente, mit denen er sie bekämpfen mußte, raubten ihm die Konzentrationsfähigkeit und Klarheit des Denkens, die er für seine politischen Entscheidungen brauchte. Er mußte seine ganze Energie aufwenden, um nach außen hin die stoische Ruhe zu zeigen, hinter der er seine Qualen so zu verbergen wußte, daß sogar die Analytiker unserer Nachrichtendienste an der Ernsthaftigkeit seines Zustandes zweifelten. Da er wußte, daß ihm nur noch wenig Zeit zur Verfügung stand, beeilte er sich, das zu Ende zu führen, was er sich vorgenommen hatte, war reizbar und verständlicherweise gegenüber plumpen Taktiken unzugänglicher, als wenn er auf längere Sicht hätte planen können. Wir hatten damit gerechnet, daß Pompidou im Europa-Jahr auf unserer

Seite stehen würde, und ich glaube, unter normalen Voraussetzungen hätte er es auch getan.

Das Schicksal hat es gewollt, daß alle wichtigen Gesprächspartner im atlantischen Dialog fast gleichzeitig entweder aus persönlichen oder aus innenpolitischen Gründen ihrer Handlungsfähigkeit und Autorität beraubt worden sind. Willy Brandt stand, nachdem ihm mit seiner Ostpolitik ein symbolischer Durchbruch gelungen war, vor einer Vielzahl von Problemen in der Wirtschafts- und Außenpolitik, für deren Lösung er nicht die notwendigen persönlichen Voraussetzungen mitbrachte. Es wurde immer wieder von der Möglichkeit seines Rücktritts gesprochen. Schon sechs Monate später fand seine Partei einen Vorwand, ihn aus dem Amt zu entfernen. Als wir unsere Initiative vorlegten, schien die Position von Heath in Großbritannien unangefochten. Aber im Laufe des Jahres 1973 mußte er seine ganze Energie für die Lösung industrieller Probleme in Großbritannien verbrauchen.

Doch während die unentschlossene Haltung der Europäer in mancher Hinsicht verständlich war und wir sie vielleicht nicht immer ganz richtig verstanden haben, gibt es doch kaum eine Entschuldigung für die brüskierende und geradezu hochmütige Art, mit der die europäischen Nationen bei allem Verständnis für ihre Probleme ein Land behandelten, das ihre Wirtschaft aufgebaut hatte und auch jetzt noch ihre Sicherheit garantierte. Das Streben der Europäer nach Identität und Zusammenhalt war eine Sache, aber es war etwas ganz anderes, dieses Ziel durch Taktiken erreichen zu wollen, die eine bewußte Konfrontation mit den Vereinigten Staaten darstellten.

Daß es den Europäern nicht recht war, wenn sich die Vereinigten Staaten in die Gestaltung der innereuropäischen Strukturen einmischten, war durchaus verständlich. Die europäische Integration wurde auch in Monnets Version immer zum Teil durch das Bestreben motiviert, von Washington unabhängig zu werden. Aber unsere Verbündeten hätten dieses Ziel ebenso leicht und unter günstigeren Voraussetzungen erreichen können, wenn sie das Europa-Jahr rasch zum Abschluß gebracht und sich dann der Schaffung ihrer Institutionen auf der soliden Basis einer neu definierten atlantischen Beziehung zugewendet hätten. Die ein Jahr später verfaßte Deklaration zu den atlantischen Beziehungen hätte schon drei Monate nach unserem Angebot entworfen werden können, um in einem Gipfeltreffen im Rahmen des Bündnisses ihren Höhepunkt zu finden. Statt dessen entschlossen sich unsere Verbündeten zu einem Verfahren, das für uns verletzend, unwirksam und destruktiv war. Man hat es nie wieder angewendet.

Die verschiedenen verfahrensmäßigen und technischen Einwände der europäischen Regierungschefs waren zum Teil eine Reaktion auf

Watergate. Nixon hatte es mit einer viel ernsteren innenpolitischen Krise zu tun als alle seine Kollegen, hielt sich aber am längsten im Amt. Doch die Bestätigung der moralischen Einheit des Westens konnte nicht unter der Führung eines Präsidenten der Vereinigten Staaten erfolgen, der vor einem Amtsenthebungsverfahren stand.

Ein interessantes Zeugnis dafür, wie sich Watergate in Europa auswirkte, war ein Bericht, den wir im September über die Auffassung des politischen Direktors im belgischen Außenministerium, Etienne Davignon, erhielten, der meinte, Jobert hätte jetzt ein besonderes Interesse dafür gezeigt, das Europa-Jahr möglichst rasch zum Abschluß zu bringen, weil er meinte, Watergate werde im November beendet sein und die Verhandlungsposition der Vereinigten Staaten werde damit wieder gestärkt werden. Es gab auch noch zahlreiche andere Hinweise. Bei Beginn von Nixons zweiter Amtszeit dachte man in Großbritannien an einen Staatsbesuch, bei dem der Präsident als Staatsoberhaupt empfangen und im Buckingham-Palast untergebracht werden sollte. Die Gespräche darüber verzögerten sich, als das ganze Ausmaß der Watergate-Affäre deutlich wurde. Willy Brandt hielt technisch an seiner Einladung fest, aber der Chef des deutschen Auswärtigen Amtes hatte, wie wir aus zuverlässiger Quelle erfuhren, gesagt, daß der Besuch des Präsidenten zu »unliebsamen Ereignissen« führen könnte, mit anderen Worten, zu Demonstrationen. Auch die französische Einladung wurde nicht zurückgezogen, aber die Franzosen haben uns niemals einen Terminvorschlag gemacht.

Die europäischen Regierungschefs hielten sich deutlich zurück. Während sich die Watergate-Krise zuspitzte, sorgten sie dafür, daß jedes Gespräch mit Amerikanern unentschieden zu Ende ging. So lief sich eine Initiative, die ihren Höhepunkt in einem Gipfeltreffen hätte finden sollen, im Behördenapparat fest, der viel mehr daran interessiert war, an einer sakramentalen Liturgie festzuhalten als an der Bestätigung der Grundwerte der Demokratie. Die europäische Verzögerungstaktik wurde durch unser innenpolitisches Vakuum wesentlich erleichtert. Der Präsident verlor zusehends den Rückhalt der Öffentlichkeit, was auch unseren Kritikern in Europa nicht entging. Jetzt konnten sie damit rechnen, daß auch ihre unsinnigsten Vorwürfe gegen die amerikanische Politik mehr Beachtung fanden als in normalen Zeiten. Es gab kaum noch jemand, der auch nur gegen die häßlichsten Manöver Einspruch erhob.

Wenn ich heute alles noch einmal überdenke, dann muß ich sagen, daß, auch wenn der erste Versuch gescheitert war, es doch richtig gewesen ist, ihn zu unternehmen. Wir hatten die richtigen Fragen gestellt, was am besten dadurch bewiesen wird, daß die meisten von ihnen heute unter viel schwierigeren Verhältnissen noch nicht beantwortet sind. Daß unsere Bemühungen nicht zum Erfolg geführt haben, lag daran, daß die wichtigsten Länder ihre Innenpolitik nicht mit den dringendsten Erfordernissen für die Zukunft in Einklang bringen konnten – und darin zeigt sich die ernsteste Herausforderung für die moderne Demokratie.

Japanische Perspektiven

Wir hatten vergleichbare Probleme mit unserem wichtigsten Verbündeten im Pazifik, mit Japan. Aber Japan befand sich nicht in einer Identitätskrise; es stellte uns nicht vor grundsätzliche Entscheidungen. Unsere Meinungsverschiedenheiten sind zu keiner Zeit in einem gehässigen Ton ausgetragen worden. Der japanische Nationalcharakter würde so etwas nicht zulassen.

Als ich mein erstes politisches Amt übernahm, gab es kein größeres Land, von dem ich weniger verstand als von Japan. Wie die meisten Amerikaner bewunderte ich die unerhörte Leistung des Wiederaufbaus nach der vernichtenden Niederlage im Zweiten Weltkrieg. Aber ich begriff noch nicht den einzigartigen Charakter Japans. Im Westen war der Feudalismus allmählich durch die Industrialisierung über einen Zeitraum von mehr als hundertfünfzig Jahren zerstört worden. Japan hat sich in weniger als einer Generation modernisiert, indem es die feudalen Wertbegriffe der gegenseitigen Verpflichtung mit einem neuen Ethos der industriellen Leistungsfähigkeit verknüpfte. Der Westen hat ein Regierungssystem entwickelt, das auf ein Konzept der Autorität gegründet ist; das Recht, Anordnungen zu treffen, die befolgt werden, weil sie rechtlichen oder verfassungsmäßigen Normen entsprechen. Die Basis in Japan ist der Konsens. Der Führer hat nicht automatisch das Recht, seinesgleichen seinen Willen aufzuzwingen, sondern die Möglichkeit, ihre Zustimmung zu gewinnen – oder wenigstens den Anschein zu erwecken, daß er sich darum bemüht. Ein hohes Staatsamt berechtigt den Inhaber dieses Amtes in Japan nicht, Befehle zu geben, sondern stattet ihn nur mit dem Privileg aus, bei dem Versuch, andere zu überzeugen, die Führung zu übernehmen.

Fast überall anders würde ein solches Regierungssystem zur Stagnation führen. Aber Japan ist nicht so wie andere Länder. Es hat auf seinen Inseln auf eng begrenztem Raum und in fast vollständiger Isolation von allen anderen Ländern eine große Zivilisation geschaffen. Es hat die aus China kommenden kulturellen Anregungen in eigene subtile und besondere Formen gegossen und daraus eine Tradition geschaffen, welche die japanische Gesellschaft mehr zu einer Familie als zu einem Staat hat werden lassen. In ihrer komplizierten Art verstehen die Japaner den Sinn einer Sache wie das Unfaßbare auf die gleiche Weise, so daß Entscheidungen (die anderswo durch ein politisches Verfahren gewonnen werden) aus dem sozialen Konsens entstehen. Ob die japanische Kultur entstanden ist, weil es die Koexistenz auf dichtbesiedelten, rohstoffarmen Inseln erforderte, oder ob diese Kultur das Aufblühen Japans erst ermöglicht hat, müssen die Anthropologen entscheiden.

Jedenfalls besteht kein Zweifel daran, daß die Symbiose zwischen sozialen Wertvorstellungen und politischer Struktur ungewöhnliche Leistungen ermöglicht hat. Wie viele Länder, die später kolonisiert wurden, stand Japan am Ende des 19. Jahrhunderts vor der anscheinend schweren Wahl zwischen der Modernisierung im westlichen Sinne und einer den alten Traditionen entsprechenden Entwicklung. Japan »öffnete« sich, weil es mit Waffengewalt dazu gezwungen wurde. Doch diese Öffnung führte nicht zur Unterwerfung. Im Gegenteil, die herrschenden Gruppen in Japan entschieden sich für alles, was sie brauchten, um ihr nationales Schicksal selbst zu bestimmen – und diese Voraussetzungen waren die moderne Naturwissenschaft und die industrielle Entwicklung. Daß es Japan gelingen würde, das zunächst unmöglich Erscheinende zu leisten, daß es sich im höchsten Maße technisierte und konventionelle politische Institutionen schuf, dabei aber doch das kulturelle Erbe bewahrte, ließ sich im Augenblick der Entscheidung nicht voraussehen. Japan hat seine Identität riskiert, um seine Unabhängigkeit zu bewahren – ein Entschluß, der außergewöhnlichen Mut und ein Übermaß an Hingabe erforderte.

Im Gegensatz dazu hat das kaiserliche China, als es sich ähnlichen Zwängen ausgesetzt sah, nicht gewagt, das aufs Spiel zu setzen, was das Leben dem Anschein nach lebenswert machte; es vertraute seinem diplomatischen Geschick, auch aus einer Position der Schwäche heraus Ausländer zu manipulieren. Um den Preis einer ständigen Demütigung vermied China die totale Kolonisierung, indem es einer größtmöglichen Zahl von Nationen die Gelegenheit bot, sich in seinem Land zu bereichern, und es bewahrte sich einen Rest von Autonomie, indem es die in ihrer Gewinnsucht konkurrierenden Nationen gegeneinander ausspielte.

Japan vertraute nicht so sehr auf seine kulturelle Überlegenheit oder sein diplomatisches Geschick. Es beschloß vielmehr, so stark zu werden, daß keine fremde Nation es wagen würde, ihm ihren Willen aufzuzwingen. Im Lauf der Zeit eroberte sich Japan eine Stellung, in der es andere Nationen zu einem Verhalten zwingen konnte, das es selbst ablehnte; es wurde zu einer Kolonialmacht.

Das alles geschah innerhalb einer Generation und mit Methoden, die für die Japaner zur Regel werden sollten. Nachdem Kaiser Meiji 1868 die Herrschaft wieder übernommen hatte, gingen Studiengruppen ins Ausland, um auf bestimmten Gebieten Erfahrungen zu sammeln, und zwar bei den Nationen, die auf diesen Gebieten die größten Erfolge zu verzeichnen hatten. So lieferte Großbritannien das Vorbild für die Flotte, Deutschland für die Armee und Amerika zunehmend für seine Leistungen auf technologischem Gebiet. Was man hier gelernt hatte, wurde von einer führenden Schicht übernommen, die einen erstaunlichen Zusammenhalt bewies und die Erfahrungen des Westens mit großem Geschick auf die wesentlichen Bedürfnisse Japans anzuwenden wußte.

Nach der Katastrophe des Zweiten Weltkrieges gingen die japanischen Führer mit der für sie charakteristischen Zähigkeit daran, Japan wieder aufzubauen. Sie machten aus ihrem Land eine Demokratie und eine wirtschaftliche Supermacht. Bis heute haben sie darauf verzichtet, eine entsprechende weltpolitische Rolle zu beanspruchen, weil sie klug genug waren zu erkennen, daß die Welt unter solchen Voraussetzungen die ungehemmte wirtschaftliche Konkurrenz Japans nicht ertragen würde und sie damit den militärischen Schutz aufs Spiel setzen könnten, den ihnen die Vereinigten Staaten mit ihrer Sicherheitsgarantie gegen geringe Kosten gewährten.

Dieser Fortschritt wurde mit bewährten Methoden erreicht. Die führende Schicht setzte sich wohlüberlegte, langfristige Ziele. Dabei einigte man sich nicht auf einen Kompromiß zwischen verschiedenen Möglichkeiten, die von einzelnen Gruppen bevorzugt wurden, sondern ging von einer gründlichen Analyse der Verhältnisse und Tendenzen im eigenen Land und in der übrigen Welt aus. Japan investierte mehr in die Erforschung ausländischer Methoden und wendete die Ergebnisse erfolgreicher an als irgendein anderes größeres Industrieland. Der Konsens wurde zu einer Methode, festzustellen, wie Zukunftsprobleme am erfolgreichsten gelöst werden könnten, und nicht – wie es andernorts geschah – zu einem System, das den Status quo bestätigte. Nur ein Land mit einer so bewundernswerten Moral und einem so festen Zusammenhalt konnte die Disziplin aufbringen, gesellschaftliche Prioritäten zu setzen, ohne sie gesetzlich zu verankern, und nationale Ziele zu definieren, die eine Umstellung der arbeitenden Bevölkerung auf neue Technologien und neue Produkte erforderten, ohne daß es dabei zu wesentlichen sozialen Konflikten gekommen wäre.[9]

Der wirtschaftliche Wiederaufstieg Japans wurde durch eine Reihe einzigartiger Institutionen ermöglicht; ein paternalistisches Verhältnis zwischen Arbeitnehmern und Betriebsleitung und eine soziale Struktur, in der die Beschäftigten praktisch auf Lebenszeit angestellt und als Partner behandelt werden, die im gemeinsamen Interesse zusammenarbeiten. Ein wichtiger Faktor ist die öffentliche Meinung, die dadurch gebildet wird, daß die Medien, die in ihren Grundauffassungen selbst Teil des allgemeinen Konsens sind, die Teilnahme an jedem Aspekt des Entscheidungsprozesses propagieren. (Deshalb fällt es der japanischen Regierung auch so schwer, Geheimnisse zu wahren. Die Offenheit gehört zu einem Stil, in dem Regierung und Medien einander nicht als Gegner betrachten, sondern als an dem gleichen Prozeß Beteiligte.)

Uns Amerikanern fällt es nicht leicht, das japanische System zu verstehen. Ich habe lange Zeit gebraucht, um zu begreifen, wie Entscheidungen getroffen werden, und selbst, nachdem ich intellektuell ein gewisses Verständnis dafür gewonnen hatte, habe ich nicht immer begriffen, wie es sich unter bestimmten Voraussetzungen in der Praxis auswirkt. Denn eines der Eigenheiten des japanischen Systems liegt darin, daß es für Außenseiter schwer durchschaubar bleibt. Es ist nicht so, daß die japanischen Führer ihre Absichten zu verschleiern suchen, aber wenn sie es wollen – und das ist nicht immer der Fall –, dann können sie außerordentlich diskret sein. Es ist vielmehr so, daß es hier weniger Geheimnisse im westlichen Sinne gibt als bei den Entscheidungsprozessen im konventionellen Behördenapparat. In den anderen demokratischen Industriestaaten wird ein Problem definiert. Dann einigt man sich über die verschiedenen Lösungsmöglichkeiten, und irgend jemand trifft die Entscheidung, oder man findet einen Kompromiß zwischen den verschiedenen Optionen. Der bürokratische Eigenwille und die sachlichen Erfordernisse verschmelzen. Es gibt erkennbare Gewinner und Verlierer, oder es kommt zu einem Kompromiß zwischen verschiedenen Anschauungen als Ausdruck eines Gleichgewichts der Kräfte. Zu jeder Zeit läßt sich erkennen, in welchem Stadium sich der Entscheidungsprozeß im Rahmen des Behördenapparats befindet.

Das japanische System bietet demgegenüber wesentliche Vorteile. Es gibt buchstäblich niemanden, der selbständig Entscheidungen treffen kann. Nur ein Dilettant würde versuchen, einen japanischen Minister unter Druck zu setzen. Selbst wenn er aus Höflichkeit nachgibt, kann er seine Zusage nicht einhalten. Doch wenn der Konsens erreicht ist, gleichgültig, aus welchen Gründen, dann wird der Entschluß rasch, entschieden und in einem Umfang in die Tat umgesetzt wie in keinem westlichen Land. An dem Entscheidungsprozeß sind so viele wichtige Persönlichkeiten beteiligt, und sie begreifen die Betonung jeder Entscheidung so gut, daß ihr Beschluß eine ungeheure Dynamik entwikkelt. Was könnte erfolgreicher sein, als eine Gesellschaft, die so informationshungrig ist, sich nicht unter Druck setzen läßt und einmal getroffene Entscheidungen mit solcher Energie in die Tat umsetzt?

Der Ausländer unterschätzt führende Persönlichkeiten in Japan auf eigene Gefahr. Es ist zwar richtig, daß sie nicht ein so feines Begriffsempfinden haben wie die Chinesen, sich nicht so klar artikulieren können wie die Europäer und nicht so überschwenglich offen und freimütig sind wie die Amerikaner. Aber das sind auch nicht die Eigenschaften, um derentwillen sie ausgewählt wurden. Sie wollen sich im Umgang mit Ausländern informieren und versuchen nicht, ihre Gesprächspartner mit Worten zu überzeugen. Sie planen die Zukunft ihrer Gesellschaft und haben es nicht nötig, ihr Verhalten zu begründen. Die wichtigste Führungsqualität in Japan ist die Fähigkeit, einen Konsens nicht dadurch herbeizuführen, daß man die Menschen zu etwas überredet, was sie nicht wollen, sondern daß man in ihnen das Verlangen weckt, zu tun, was im allgemeinen Interesse liegt. Japanische Diplomaten wenden im allgemeinen nicht das übliche Verfahren an, einen Vorschlag zu machen, der dann zum Verhandlungsgegenstand wird. Denn es würde voraussetzen, daß der einzelne eine Entscheidungsvollmacht besitzt. Man würde den japanischen Diplomaten in eine peinliche Lage bringen, wenn man von ihm verlangte, etwas zu ändern, was er selbst nicht beschlossen hat, oder auf einen Kompromiß zu verzichten und notfalls seinen Willen durchzusetzen. Damit verstieße man gegen die legendären Höflichkeitsformen eines Landes, dessen soziale Konflikte gelöst werden, ohne daß es am Schluß Gewinner und Verlierer gibt.

Der typische japanische Führer sieht sich durch seine kulturelle Tradition gezwungen, im Umgang mit Ausländern – fast um jeden Preis – klare Aussagen zu vermeiden. Damit entsteht eine fast unüberwindliche kulturelle Barriere in der Diplomatie, die im Westen die systematische Suche nach einer gemeinsamen Basis voraussetzt, ein Verfahren, welches das japanische Ethos entschieden ablehnt. Auf internationalen Konferenzen meldet sich der japanische Chefdelegierte nur selten zu Wort. Manchmal scheint er zu schlummern, während seine Mitarbeiter gewissenhaft jedes Wort notieren, um anschließend in Tokio darüber beraten zu können. Die japanische Stellungnahme wird meist nur einmal in einer sorgfältig verfaßten Erklärung zum Ausdruck gebracht. Anschließend kommt es kaum noch zu einem Meinungsaustausch, aber auch die Positionen der anderen Verhandlungsteilnehmer werden nicht angegriffen. Die Auffassungen der anderen Beteiligten werden in Tokio analysiert. Die Antwort wird das Ergebnis einer gewissenhaften Abwägung japanischer Interessen sein und nicht eine Reaktion auf die in der Konferenz gestellten Forderungen. Es wäre ein gefährlicher Fehler zu glauben, die führenden Politiker in Japan seien farblos, und ihre Zurückhaltung mit Verständnislosigkeit zu verwechseln. In Japan sind die höchsten Stellen von Persönlichkeiten besetzt, die eine lange Lehrzeit hinter sich haben, in deren Verlauf alle zweitklassigen Bewerber ausgemerzt werden. Aber es lohnt sich, japanische Entscheidungen in einem japanischen Kontext zu beeinflussen und nicht im Auf und Ab einer Konferenz, deren Verlauf vom Zufall bestimmt sein kann und vom japanischen Politiker als willkürlich angesehen wird.

Wenn japanische Politiker an Konferenzen teilnehmen, dann haben sie sich gewöhnlich viel intensiver darauf vorbereitet als ihre Gesprächspartner. Nach ihrer Auffassung würde ein schlecht vorbereitetes Treffen dazu führen, daß die eine Seite zum Nachgeben gezwungen wird, oder mit einem Kompromiß enden, der niemandem etwas nützt. Deshalb neigen die Japaner dazu, ihre Zugeständnisse zu machen, *bevor* es zu einer diplomatischen Begegnung gekommen ist, indem sie sich auf die Verhandlungen ebenso gewissenhaft vorbereiten wie auf alle anderen Entscheidungen. Sie verschaffen sich die notwendigen Informationen durch eine sehr große Zahl von Beauftragten, die oft einen hohen Rang einnehmen – zum Beispiel durch ehemalige Premierminister oder hohe Parteifunktionäre, die gerade kein Ministeramt innehaben. Sie befinden sich in der angenehmen Lage, die Regierung zu nichts verpflichten zu können. Man kann ihnen nicht vorwerfen, daß sie zu einem bestimmten Problem keine Stellung genommen haben, weil man so etwas gar nicht von ihnen erwarten darf. Aber ihre Erfahrungen befähigen sie in einzigartiger Weise, die Auffassungen ihrer Gesprächspartner kennenzulernen, und diese Erkenntnisse sind die Grundlage für in Japan getroffene Entscheidungen, die – und das muß besonders anerkannt werden – gewöhnlich die Auffassungen anderer Nationen berücksichtigen.

Japanische Diplomaten bemühen sich ebenso wie die führenden Politiker nicht um den Sieg, sondern um den Konsens. Sie wissen, daß die erzwungene Zustimmung in den Beziehungen souveräner Staaten zueinander keine Garantie für die bereitwillige Ausführung ist, und bemühen sich daher, unter Wahrung äußerster Disziplin zu einem Interessenausgleich zu kommen. Wenn notwendig, sind sie bereit, ihre eigene Haltung zu korrigieren, und zwar möglichst vor Konferenzbeginn, aber wenn das nicht möglich ist, nach der Konferenz. Sie tun es aber sehr ungern während der Verhandlungen, denn das japanische System gewährt keinem Außenminister das Recht der persönlichen Entscheidungsfreiheit.

Wenn man erreichen will, daß die japanische Regierung einen bestimmten Gesichtspunkt berücksichtigt, dann muß man ihr dieses Problem vorlegen, bevor sich ein Konsens gebildet haben kann, und zwar nach Möglichkeit durch einen hochangesehenen japanischen Privatmann, der kein offizielles Amt innehat. Andererseits sucht sich ein hochrangiger japanischer Diplomat oder sogar ein Minister durch eine Frage nur sehr selten zu informieren. Er will damit vielmehr auf möglichst unaufdringliche Weise den Konsens zum Ausdruck bringen, und erwartet, in diesem Augenblick auf Verständnis zu stoßen. Wenn es wirklich zu Meinungsverschiedenheiten kommt, dann ist es wichtig, sie in sehr rücksichtsvoller Weise zum Ausdruck zu bringen, damit eine Korrektur der japanischen Haltung ohne Gesichtsverlust erfolgen kann. Man darf niemals erwarten, daß ein japanischer Gesprächspartner in der Lage ist, sofort eindeutig Stellung zu nehmen; man muß ihm Zeit lassen, eine Kursänderung vorzunehmen.

Die Schwierigkeit, zwischen der offiziellen und der inoffiziellen Ebene zu unterscheiden, die unklare Ausdrucksweise und der (falsche) Eindruck, der japanische Gesprächspartner sei nicht bereit, Gegenargumente zu berücksichtigen, können Verhandlungen mit japanischen Diplomaten zu einer schweren Geduldsprobe werden lassen. Diese Schwierigkeiten können auch zu verhängnisvollen Mißverständnissen führen. In den ersten Jahren meiner Regierungstätigkeit ignorierte ich die inoffiziellen japanischen Emissäre, weil ich nicht begriffen hatte, welche »offizielle« Funktion sie hatten. Ich hörte mir aufmerksam an, was japanische Diplomaten zu sagen hatten, begriff aber sehr oft nicht, was hinter ihren Worten lag. Wenn wir ein Problem hatten, setzte ich mich mit dem verantwortlichen Minister in Verbindung und versuchte, ihn von der Richtigkeit unserer Auffassungen zu überzeugen. Verblüfft durch einen solchen Mangel an Feingefühl und zu höflich, mir zu sagen, daß er selbst eine solche Entscheidung nicht treffen könnte, suchte der unglückliche Minister nach Ausflüchten oder machte, wenn er sich in die Enge getrieben fühlte, Zusagen, von denen er nicht wußte, wie er sie erfüllen sollte.*

Als ich Japan im November 1973 nach meiner China-Reise besuchte, wurde ich vor alle diese Probleme gestellt. Die Beziehungen zwischen

* Darin lag der Grund, weshalb wir bei den Textilverhandlungen 1969 bis 1971 in die Sackgasse gerieten. Der damalige Premierminister Eisaku Sato wollte Nixon und mir nicht direkt widersprechen und erklärte sich deshalb bereit, unseren Vorschlägen zuzustimmen, obwohl er dazu nicht berechtigt war – was zu der bizarren Situation führte, daß der japanische Premierminister uns aufforderte, noch *härtere* Bedingungen zu stellen, damit er in den Gesprächen mit seinen Kollegen und anderen, an den Entscheidungen beteiligten wichtigen Persönlichkeiten einen größeren Verhandlungsspielraum habe und sie zur Annahme unserer ursprünglichen Vorschläge bewegen konnte. Unsere Beamten, die einen Kompromiß aushandeln wollten, ließen ihn im Stich und mäßigten ihre Forderungen, und damit nahmen sie uns die letzte Chance für einen erfolgreichen Abschluß der Verhandlungen.[10]

den Vereinigten Staaten und Japan waren erheblichen Belastungen ausgesetzt, weil alle Schwierigkeiten, die in Europa fast eine Panik ausgelöst hatten, in Japan womöglich noch deutlicher zu spüren waren. Die Energiekrise ging der japanischen Wirtschaft ans Mark. Wie alle anderen Industriestaaten hatte Japan seine Wirtschaft unter der Voraussetzung aufgebaut, daß ihm billige Energiequellen zur Verfügung stünden. Die Japaner importierten neunzig Prozent ihres Energiebedarfs und waren daher völlig von diesen Lieferungen aus dem Ausland abhängig. Die Verringerung der arabischen Ölproduktion, der beginnende Preisanstieg (die Ölpreise hatten sich im Oktober fast verdoppelt) und das Verlangen, Öllieferungen von einer araber-freundlichen Haltung im arabisch-israelischen Konflikt abhängig zu machen, brachten Japan in ein ernstes Dilemma. Bisher hatten die Japaner es vermieden, sich außenpolitisch zu binden. Sicherheitspolitisch stützten sie sich auf unsere militärischen Garantien, und die japanischen Führer begriffen anders als einige ihrer europäischen Kollegen, daß man nicht die Vorteile aller möglichen politischen Richtungen für sich in Anspruch nehmen darf. Wenn man den Schutz einer ausländischen Macht in Anspruch nimmt, dann wäre es sträflicher Leichtsinn, so zu tun, als könnte man sich nach Gutdünken in entscheidenden Fragen von dieser Macht distanzieren. Auch hielten es die japanischen Führer anders als die Europäer nicht für notwendig, ihre Identität zu sichern, indem sie gegenüber den Vereinigten Staaten eine Politik der Nadelstiche trieben.

Doch mußte die japanische Führung im November 1973 ebenso wie die Europäer erkennen – wenn sie es auch nur ungern tat –, daß es im nationalen Interesse Japans liegen könnte, sich von der amerikanischen Politik im Nahen Osten zu distanzieren. Sie war überzeugt, die japanische Öffentlichkeit verlangte, daß die Regierung demonstrativ etwas zur Beilegung der Energiekrise unternahm – gleichgültig, was.

Diese Haltung bedeutete nicht, daß die japanischen Politiker persönlich und grundsätzlich mit unserer Nahost-Politik nicht einverstanden waren. Sie haben uns nie ihre Auffassung zu diesem Problem erläutert und haben sich vielleicht auch keine eigene Meinung dazu gebildet, weil sie grundsätzlich kein Kapital für Dinge aufwenden, die sie nicht beeinflussen können. Hier ging es um fundamentalere Probleme. Die Einzigartigkeit der japanischen Haltung kommt auch darin zum Ausdruck, daß die Japaner unglaublich anpassungsfähig sind, wenn es um das Überleben ihres Landes geht. Japan hat den Feudalismus abgeschafft und dafür eine militaristische Autokratie eingetauscht, und unter der Einwirkung von Erschütterungen, die von außen kamen, hat es schließlich eine demokratische Regierungsform angenommen. In jedem Fall fand sich Japan bereit – vielleicht nicht immer ganz bewußt –, dem Druck von außen nachzugeben, um dabei das wesentlich Japanische zu bewahren. Deshalb kam es für die japanische Führung weniger darauf an, welche Auffassungen im Einzelfall die richtigen waren – das war ihr sehr häufig völlig gleichgültig –, sondern es ging darum, abzuwägen, welchen Zwängen sie nachgeben müßte.

Die erste Reaktion der Japaner auf das Ölembargo und die Produktionseinschränkungen bestand darin, daß sie sich noch fester an die Vereinigten Staaten anschlossen. So stimmte Japan der Europäischen Gemeinschaft nicht zu, als die Europäer am 6. November öffentlich erklärten, daß sie im Nahen Osten andere politische Ziele als wir verfolgten. Aber als ich am 14. November nach Tokio kam, regten sich dort schon Zweifel an der Richtigkeit dieser Haltung. Man hatte sich dort nicht mit einer neuen Analyse unserer Strategie beschäftigt, sondern mit den möglichen Auswirkungen und der wahrscheinlichen Dauer der Verknappung des arabischen Öls. Wenn die Energiekrise Ausdruck neuer Tendenzen und nicht einer vorübergehenden Regelwidrigkeit war, konnte es Japan nicht riskieren, weiter im Fahrwasser der amerikanischen Außenpolitik dahinzutreiben. Diese Annahme war richtig, ob nun unser Verfahren der schrittweisen Friedensregelung im Nahen Osten den Erfolg brachte oder scheiterte. Die japanischen Führer erklärten, daß sie zu diesen Problemen keine eigene Meinung hätten, und ich glaubte ihnen das. Wenn unsere Politik versagte, dann würde Japan die ganze Frustration der arabischen Welt zu spüren bekommen – wie Premierminister Kakuei Tanaka mir erklärte. Aber auch ein Erfolg der amerikanischen Politik könnte dazu führen, daß die Ölproduzenten Japan für unwichtig hielten; wir würden den Gewinn einstecken, während die Interessen der Japaner unbeachtet blieben.

Die japanische Politik glich zwar äußerlich der europäischen, unterschied sich aber in ihrem Geist grundsätzlich von ihr. Die Europäer vertraten aus Überzeugung andere Auffassungen. Einige europäische Regierungschefs waren aufgebracht, weil sie glaubten, unsere innenpolitischen Belastungen gefährdeten das Wirtschaftswachstum in ihren Ländern und ihre eigene politische Zukunft. Die Japaner waren weit davon entfernt, uns Vorwürfe zu machen. Sie bestritten nicht die Richtigkeit politischer Entscheidungen. Unter strenger Beachtung geheiligter Verhaltensnormen verhielten sie sich wie Wissenschaftler, die kaltblütig die objektiven Erfordernisse ihres Landes im Energiebereich beurteilten. Es ging ihnen um die sachliche Lösung eines Problems und nicht um eine bestimmte politische Richtung. Anders als die Europäer warb Japan nicht für bestimmte Auffassungen und behauptete auch nicht, die richtige Lösung finden zu können. Es nahm eine Haltung ein, weil es erwartete, sich damit aus einer Notlage befreien zu können. Und wenn es den japanischen Führern nicht gelingen sollte, unsere Zustimmung zu ihrer Haltung zu finden, dann würden sie alles tun, um den Preis für Meinungsverschiedenheiten möglichst niedrig zu halten.

Seit Jahrhunderten gilt Macchiavelli als die Inkarnation des Zynismus, aber er selbst hat sich für einen Moralisten gehalten. Seine Lehrsätze beschreiben eine Welt, wie er sie vorfand, und nicht, wie er sie sich wünschte. Er war sogar überzeugt, daß nur ein Herrscher mit strengen moralischen Grundsätzen einer klaren politischen Linie folgen könnte, während er sich auf Manöver einließ, von denen bedauerlicherweise das Überleben des Staates abhing. So war irgendwie auch die Haltung meiner japanischen Gesprächspartner. Sie behaupteten nicht, daß ihr Verhalten gerecht oder klug wäre. Es nahm auf die Realitäten Rücksicht und war deshalb kein Diskussionsgegenstand.

Premierminister Kakuei Tanaka und Außenminister Masayoshi Ohira hatten die Aufgabe übernommen, mich davon zu unterrichten. Tanaka war der erste japanische Premierminister, dessen Werdegang nicht den hergebrachten Vorstellungen entsprach. Er hatte keine der großen Universitäten absolviert und stammte aus bescheidenen Verhältnissen. In seinem Auftreten war er ausgesprochen westlich und verbarg seinen Ehrgeiz nicht hinter der geduldigen Indirektheit des klassischen japanischen Politikers. Für einen japanischen Premierminister war er ungewöhnlich jung – erst Anfang der Fünfzig. Er hatte seine hohe Stellung der Fähigkeit zu verdanken, innerhalb der herrschenden liberaldemokratischen Partei die größte »Fraktion« hinter sich zu bringen – eine Gruppe, die dadurch zusammengehalten wurde, daß sich die einzelnen Mitglieder gegenseitig die Bälle zuspielten. Normalerweise hätte Tanaka noch etwa zehn Jahre warten müssen, um seinen ranghöheren Kollegen die Möglichkeit zu geben, sich um den Posten des Regierungschefs zu bewerben. Aber entweder war er zu ungeduldig oder er zweifelte daran, daß er als Außenseiter seine Anhänger angesichts der systematischen Abwerbungsversuche durch die traditionellen Politiker lange genug zusammenhalten könnte, die zwar geschliffenere Manieren hatten, aber nicht weniger rücksichtslos waren als er. (Aber in dieser Beurteilung der Lage irrte er sich. Die Gruppe seiner Anhänger überlebte und gewann trotz aller Wechselfälle in Tanakas politischer Laufbahn an Einfluß.)

Tanaka wurde 1972 unter äußeren Umständen Premierminister, die nach japanischen Begriffen einem Staatsstreich gleichkamen, und er hat dafür bezahlen müssen. Als er unter Beschuß geriet, fehlte ihm die Unterstützung, die sich die Angehörigen des japanischen Establishments gewöhnlich gewähren.

Tanakas Schicksal zeigte damit eigenartige Parallelen zu dem Nixons. Wie Nixon war er ein außerordentlich fähiger Mann, und wie Nixon fehlte es ihm an Selbstsicherheit, und was für einen Japaner noch erstaunlicher ist, er zeigte es. Er blieb nur achtzehn Monate Premierminister. Auf mich machte er den Eindruck eines außerordentlich intelligenten und ungewöhnlich freimütigen Mannes. Er war der japanische Politiker, der den Regierungschefs anderer Länder am nächsten kam, indem er im Gespräch den Eindruck vermittelte, als könnte er aus eigener Machtvollkommenheit handeln. Eigenartigerweise nahm das seinen Erklärungen einen Teil ihrer Glaubwürdigkeit. Sie waren eindeutiger als die seiner Kollegen, aber in seltsamer Weise weniger informativ, denn man konnte niemals ganz sicher sein, ob das, was er sagte, dem japanischen Konsens oder nur seiner persönlichen Auffassung entsprach. So trug die japanische Methode, die man geradezu als ästhetisch bezeichnen darf und die es verlangt, daß jedes Argument im Zusammenhang gesehen werden muß, den Sieg über die vom Westen bevorzugte rationale Form des Dialogs davon.

Tanaka erläuterte mir das Problem Japans mit einem im Stakkato eines Schnellfeuergewehrs gehaltenen Vortrag und unternahm dabei nicht den Versuch, etwas zu verschleiern oder unangenehmen Fragen auszuweichen. Er legte mir die Statistiken über die Öleinfuhren vor und sagte, welche Auswirkungen ein Rückgang im Energieverbrauch auf die japanische Produktivität und das Leben des Volkes haben werde. Die japanische Öffentlichkeit dürfte nicht den Eindruck gewinnen, daß er die Dinge schleifen ließe; wenn die Regierung nichts unternähme, dann werde es so aussehen, als ließe sich Japan freiwillig erdrosseln. Tanaka meinte, daß er irgendwie sein Verständnis für die arabische Sache zum Ausdruck bringen müsse, auch wenn das nichts an der amerikanischen Politik ändern könnte. Er wies ausdrücklich darauf hin, daß es auch gar nicht die Absicht Japans wäre, die amerikanische Politik zu beeinflussen.

Dann versuchte ich, ihm unsere Strategie verständlich zu machen. Ich fragte, welchen Nutzen die Europäer davon gehabt hätten, sich von uns zu distanzieren. Es hätte keinen Sinn, uns Erfolg zu wünschen und dann Maßnahmen zu ergreifen, die bestenfalls wirkungslos blieben oder schlimmstenfalls unsere Politik schwächten, indem sie es den gemäßigten Arabern erschwerten, sich mit weniger zufriedenzugeben, als das Programm unserer Verbündeten vorsah. Wenn Japan dem Kurs der Europäischen Gemeinschaft folgte, könnten wir nicht mehr tun, als dazu zu schweigen. Würden wir zur Stellungnahme gezwungen, dann müßten wir Kritik üben.

Aber wenn ein japanischer Premierminister einen Vorschlag macht, bittet er nicht um Rat. Er teilt einen Beschluß mit. Nachdem wir beide unsere Erklärungen abgegeben hatten, blieb die Angelegenheit daher in der Schwebe, und wenn Tanaka erklärte, er und seine Kollegen würden prüfen, was ich gesagt hatte, hieß das so viel, daß die Japaner an ihrer Entscheidung festhalten würden.

Masayoshi Ohira folgte der üblichen japanischen Methode, und man darf ohne Übertreibung sagen, daß sie sich nicht automatisch mit meinem etwas aggressiveren Temperament vertrug. Man kann sich wahrscheinlich kaum größere Gegensätze vorstellen als den subtilen, indirekten japanischen Außenminister und seinen analytischen amerikanischen Kollegen, dessen Politik in diesem Augenblick deutlich dramatische Züge annahm. Ich hatte Ohira während meines Japan-Besuchs im Juni 1972 kennengelernt. Unsere Botschaft gab damals ein Essen für mich, zu dem auch einige ehemalige japanische Außenminister eingeladen wurden. Leider suchte man gerade nach einem Nachfolger für Premierminister Eisaku Sato, und Ohira sollte eine Schlüsselfigur sein. Er war jedoch nicht bereit, seine Gedanken einem Amerikaner anzuvertrauen, den er nicht kannte und der bewiesen hatte, daß ihm, was Japan betraf, das notwendige Feingefühl fehlte. Wir brachten den ganzen Abend miteinander zu, und Ohira beeindruckte mich durch seine ungewöhnliche Fähigkeit, nur sehr wenig zu sagen und mir dabei doch in einer unübertrefflich höflichen Art das Gefühl des absoluten guten Willens zu vermitteln.

Im Lauf der Zeit entstand eine auf echte Zuneigung gegründete Freundschaft. Ohira lehrte mich sehr geduldig das Verständnis für japanische Belange. Dadurch konnte ich die Bedeutung feiner Nuancen besser begreifen. Er verbarg seine großen Fähigkeiten hinter einem bescheidenen Auftreten und hielt immer mehr, als er versprach. Er demonstrierte die Weisheit des Sprichworts, daß Freundschaft mehr darin zum Ausdruck kommen kann, was unausgesprochen bleibt, als in dem, was gesagt wird.

In seinen Erinnerungen schildert Ohira die Herzlichkeit unserer Beziehungen und die internen Diskussionen in Japan bei meiner Ankunft im November 1973. Die überwiegende Mehrheit im japanischen Kabinett sprach sich für eine Distanzierung von den Vereinigten Staaten aus. In seinen Memoiren zitiert er zustimmend meine Erklärung, daß Japan mit seiner Nachgiebigkeit nur die Verachtung, aber nicht den guten Willen der arabischen Führer auslösen werde.

Doch während der Begegnung mit mir sagte er nichts, woraus ich auf die internen Meinungsverschiedenheiten im japanischen Kabinett hätte schließen können. Vielmehr vermittelte er durch seine weniger bestimmte Art den Eindruck größerer Entschiedenheit als Tanaka mit seinen plumpen Zusicherungen. Bezeichnenderweise eröffnete Ohira das Gespräch mit einer Andeutung, die den japanischen Standpunkt erkennen ließ, ohne mich direkt zu provozieren. Noch bevor wir uns zu einem konkreten Thema geäußert hatten, legte er mir den Entwurf einer Denkschrift vor, die als Unterlage für eine Presseerklärung nach unserem Gespräch gedacht war. Sie besagte im wesentlichen, daß Israel unter Druck gesetzt werden müßte, in den Friedensverhandlungen flexibel zu sein. Mit dieser Methode verfolgte er mehrere Absichten. Er orientierte mich über die japanische Haltung und ermöglichte einen Rückzug ohne Gesichtsverlust. Natürlich konnte Ohira nicht von einer Übereinstimmung zwischen uns sprechen, wenn ich es ablehnte. Als ich, wie nicht anders zu erwarten, Einwände erhob, zog Ohira seinen Vorschlag sofort zurück – und verschaffte sich damit die Möglichkeit, in den arabischen Hauptstädten erklären zu lassen, daß Japan sich mit seinem Standpunkt nicht hätte durchsetzen können, sondern dem Druck der Vereinigten Staaten habe nachgeben müssen.

Der Rest des Gesprächs – das doppelt so lange dauerte wie meine Begegnung mit Tanaka – war die praktische Anwendung eines Grundsatzes, über den Ohira in seiner Autobiographie schreibt:

> In der Diplomatie ist es, auch wenn man keine Übereinstimmung erreichen kann, wichtig, daß jede Seite die Haltung der anderen versteht. Daß Verständnis und Vertrauen geweckt werden, ist in der Tat ebenso wichtig wie das Streben nach Übereinstimmung. Besonders zwischen Japan und den Vereinigten Staaten ist dieser Grundsatz von größter Bedeutung.[12]

Ohira stellte mit mir ein geduldiges, behutsames Kreuzverhör über die Nahost-Politik an, das gleichzeitig vorsichtig, aber unerbittlich, verständnisvoll, aber absolut zielbewußt war. Welchen Zeitplan hatte ich im Auge? Was wollten wir erreichen, eine lokale oder eine umfassende Friedensregelung? Welches waren unsere Einwände gegen eine Erklärung zugunsten der Araber, da auch die Europäer eine solche Erklärung abgegeben hatten? Welchen Schaden könnte eine japanische Erklärung anrichten, besonders wenn Japan seinen Standpunkt in zurückhaltender Form darlegte? Ohira ließ mich, wenngleich er es nicht ausdrücklich sagte, sehr deutlich erkennen, daß Japan der Energiekrise nicht begegnen könnte, ohne sich zu einer Haltung zu bekennen, die von der unseren abwich, daß es aber auch alles tun werde, um die Freundschaft zu den Vereinigten Staaten zu bewahren.

Wie ich diese geradezu klinische Methode beurteilte, war eigentlich gleichgültig, besonders da sie mir so erläutert wurde, daß ich sie weder akzeptieren noch ablehnen konnte. Ich sagte, daß die arabischen Staaten drei Möglichkeiten hätten. Sie könnten damit rechnen, daß die Sowjetunion zu ihren Gunsten Druckmittel anwendete; sie könnten damit rechnen, daß die Bemühungen der Europäer und Japaner mit ihrer Haltung den gewünschten Erfolg herbeiführten, oder sie könnten sich auf die Vereinigten Staaten verlassen. Wir wären entschlossen, die erste Möglichkeit zu blockieren, und wir hätten kein Interesse daran, die zweite Möglichkeit als glaubwürdig erscheinen zu lassen, denn die praktische Konsequenz könnte sein, daß wir unsere diplomatischen Bemühungen um eine Friedensregelung aufgäben. Aber Ohira ließ sich nicht bluffen; er wußte, daß wir unsere Gründe für diese Strategie hatten. Wie das offizielle Protokoll der Unterredung zeigt, hatte er meine Absichten durchschaut:

> Minister Ohira sagte, er verstünde, was der Außenminister gesagt hatte, und wiederholte, der Außenminister habe gesagt, daß Japan, auch wenn es den arabischen Forderungen zustimmte oder besondere Schritte unternahm, aus dem gegenwärtigen arabischen Ölembargo nicht ausgeschlossen werden würde. Er wollte sich jedoch auch vergewissern, ob der Außenminister sagte, es werde die Aufgabe der Vereinigten Staaten, eine friedliche Lösung zu bewirken, erschweren, wenn Japan sich hinter die Araber stellte. Im Anschluß daran hatte es den Anschein, daß der Minister sagte, Japan sollte in jedem Fall und ohne Rücksicht auf einen von den Arabern ausgeübten Druck der Strategie der Vereinigten Staaten folgen, denn dann bestünden die besten Hoffnungen für eine baldige Friedensregelung im Nahen Osten und damit für eine Aufhebung des Ölembargos.

Die Zusammenfassung von Ohira traf den Kern der Sache. Sie widerlegte die Auffassung, daß Mißverständnisse durch Konsultationen ausgeräumt werden könnten. Hier lag das Problem darin, daß wir einander sehr gut verstanden. Unsere von Ohira erläuterte Haltung ließ sich nicht mit dem vereinbaren, was er und Tanaka als Grundvoraussetzung der japanischen Politik bezeichnet hatten, daß nämlich Japan eine entschieden eigene und von der unseren abweichende Haltung einnehmen müßte. Deshalb kam schon in der Formulierung dieser Haltung zum Ausdruck, daß ich sie nicht akzeptieren konnte, während ich in höflicher Form darauf hingewiesen wurde, daß man mich verstanden hatte. Dann wendete sich unser Gespräch anderen Themen zu; dem Europa-Jahr, meiner China-Reise und der Ölversorgung der in Japan stationierten amerikanischen Streitkräfte. Am Schluß war es klar, daß Japan dem von Europa vorgezeichneten Weg folgen werde. Aber ich wußte auch, daß es dies widerwillig und nicht sehr überzeugt tun würde. Es würde Erklärungen abgeben, aber sich nicht mit seinem ganzen Gewicht gegen uns stellen. Japan forderte uns nicht heraus wie unsere europäischen Verbündeten, sondern tat, was es in seinem eigenen

Interesse für notwendig hielt. Mit ihrer seidenweichen und indirekten Art hatten uns die Japaner vor allem unter der Leitung von Ohira mit einem Mindestmaß an Reibereien vor eine Lage gestellt und eine Haltung eingenommen, die sie in ihrem nationalen Interesse und um der innenpolitischen Stabilität willen einnehmen zu müssen glaubten, ohne dabei den Kern der japanisch-amerikanischen Partnerschaft zu gefährden.

Am 22. November 1973 gab die japanische Regierung eine Erklärung ab, die der Haltung der Europäischen Gemeinschaft entsprach. Diese Erklärung wurde in der für die Japaner charakteristischen Weise vorbereitet. Unmittelbar nach meiner Abreise brachte die englischsprachige Presse in Tokio zahlreiche Berichte, nach denen es zwischen mir und der japanischen Führung Meinungsverschiedenheiten gegeben hätte (die Zeitungen in japanischer Sprache beschäftigten sich mit diesem Thema nicht). Das war sachlich nicht falsch, sagte aber nichts über die Harmonie und den guten Willen, welche die Atmosphäre bestimmt hatten. Damit vermittelten jedoch die Medien, die von den Diplomaten aus dem Nahen Osten gelesen wurden, den Eindruck, daß Japan seine Schuldigkeit getan hätte. Ich beschwerte mich beim japanischen Botschafter, und Ohira gab darauf in der *japanischsprachigen* Presse eine Erklärung ab, in der er jede Meinungsverschiedenheit dementierte. Diese Zeitungen hatten natürlich keinen Grund, das Dementi abzudrucken, denn sie hatten nichts über solche Meinungsverschiedenheiten berichtet. Trotz all dieser komplizierten Manöver hatte ich großes Vertrauen zu Masayoshi Ohira und wies den Sprecher des Außenministeriums an, zu erklären, daß wir zwar mit der Entscheidung Japans nicht einverstanden wären, aber wüßten, welche Umstände sie dazu gezwungen hätten.

Ende 1973 war es uns trotz aller Anstrengungen nicht gelungen, die demokratischen Industriestaaten zu einer geschlossenen Haltung zu bewegen – welches auch die Gründe gewesen sein mögen. Und doch sind die Samenkörner, die wir ausgestreut haben, trotz aller Krisen und Meinungsverschiedenheiten nicht auf steinigen Boden gefallen. Die Ereignisse haben unsere Bemühungen – wenigstens vorübergehend – gerechtfertigt. Innerhalb von zwei Jahren, nachdem wir 1973 versucht hatten, den Dialog in Gang zu bringen, hat ihn die Wirklichkeit zustande gebracht. Durch die Energiekrise Ende 1973 sahen sich die ölverbrauchenden Nationen gezwungen, wenn zunächst auch sehr zögernd, eine Institution zu schaffen. Ende 1974 wurde die Internationale Energie-Agentur gegründet, um die Zusammenarbeit der Energieverbraucher bei der Suche nach neuen Energiequellen, beim Energiesparen und bei der Abwehr neuer Embargos zu fördern. Es erwies sich als notwendig, Gipfeltreffen zu veranstalten, auf denen die Regierungschefs der demokratischen Industriestaaten sich über gemeinsame Ziele einigen sollten, weil die gegenseitige Abhängigkeit der Nationen dies verlangte. Diese Begegnungen folgten einer europäischen, und zwar einer französischen Initiative.* Diese Treffen wurden sehr bald auch auf politische Gespräche ausgedehnt und zur ständigen Einrichtung gemacht. In Zukunft sollten sie einmal jährlich veranstaltet werden. Ende 1976 standen die Beziehungen der demokratischen Industrienationen als Folge der verschiedenartigsten Zwänge und Überzeugungen wieder auf einer soliden Basis, und damit erfüllten sich manche der Hoffnungen, derentwegen wir das Europa-Jahr ins Leben gerufen hatten.

Seither ist es zu neuen Spaltungen gekommen. Wie schon früher, liegen ihnen konkrete Probleme und nicht Verfahrensfragen zugrunde. Der Umstand, daß es auch während der drei Regierungen nach Nixon immer wieder Meinungsverschiedenheiten gegeben hat und die Gegensätze sich zugespitzt haben, zeigt, daß es sich um mehr als gegensätzliche Auffassungen in taktischen Fragen handelt. Die Ereignisse haben in dramatischer Weise besonders die Gefahren demonstriert, die entstehen, wenn man es den Sowjets erlaubt, eine selektive Entspannungspolitik zu treiben und unsere Verbündeten gegeneinander auszuspielen – eine Gefahr, mit der wir schon rechneten, als wir die Initiative für das Europa-Jahr ergriffen. Daß man es Anfang der siebziger Jahre versäumt hat, neue technologische Entwicklungen und Veränderungen der militärischen Kapazität zu berücksichtigen, hat dazu geführt, daß wir zehn Jahre später mit erschreckender Plötzlichkeit vor neue Probleme gestellt worden sind und es zu einer Polarisierung zwischen den Pazifisten, die jede Aufrüstung ablehnen, und den Rüstungsexperten, die alles nur denkbare unterstützen, gekommen ist. Das doktrinäre Problem steht im Vordergrund, denn weder Emotionen noch die Technologie können die Instrumente sein, die uns in dem Zeitalter, in dem wir leben, den richtigen Weg weisen. Das gleiche gilt für die Wirtschaft, wo sich die Industrienationen immer noch darum bemühen, die Erfordernisse ihrer Innenpolitik mit den Realitäten der gegenseitigen Abhängigkeit in Einklang zu bringen. Die Risiken sind deutlich erkennbar. Freie Gesellschaften können nicht einmal den inneren Zusammen-

* Ironischerweise war es der französische Präsident und Nachfolger Pompidous, Valèry Giscard d'Estaing, der darauf bestand, die Teilnehmerzahl an diesen Gipfeltreffen so klein wie möglich zu halten. Die Teilnahme sollte möglichst auf Frankreich, Großbritannien, die Bundesrepublik Deutschland und die Vereinigten Staaten beschränkt bleiben. Nur gegen den Widerstand Frankreichs wurden auch die anderen Mitglieder eingeladen: Japan, Italien, Kanada und ein Vertreter der Europäischen Gemeinschaft.

halt wahren, wenn sie nur die gegenwärtige Lage meistern und hoffen, daß die Zukunft für sich selbst sorgen werde. Allzu häufig werden Krisen dadurch heraufbeschworen, daß man Problemen ausweicht. Die Zukunft muß gestaltet werden, oder sie wird uns in die Katastrophe führen. Hier liegt die Bewährungsprobe für den demokratischen Staatsmann.

XVII. Die Genfer Konferenz

Die Strategie

Kurz vor Weihnachten 1973 trafen sich Araber und Israelis zum erstenmal in einem Vierteljahrhundert in Genf, um auf hoher politischer Ebene Auge in Auge miteinander zu verhandeln. Hinter dieser Konferenz standen komplexe diplomatische Bemühungen. Die Begeisterung der Israelis, die schon seit langem ein solches Treffen verlangt hatten, schwand immer mehr dahin, je näher der Verhandlungstermin rückte. Es war jedoch entscheidend, daß die Konferenz so rasch wie möglich zusammentrat, um den Waffenstillstand aufrechtzuerhalten, das Streben nach Frieden zu symbolisieren und besonders einen Rahmen für die Truppenentflechtung zu schaffen, die herbeizuführen wir uns verpflichtet hatten.

Zunächst hatte man gegen Ende der Verhandlungen, die zu dem Waffenstillstand führten, an eine Konferenz der Araber und Israelis gedacht, die unter amerikanischem und sowjetischem Schutz stattfinden und auf der eine umfassende Friedensregelung ausgehandelt werden sollte. Zweifellos haben die Sowjets den von ihnen abhängigen Arabern den Waffenstillstand im Oktober mit dem Argument schmackhaft gemacht, daß der amerikanisch-sowjetische »Schutz« den Sowjets die Möglichkeit bieten werde, die arabischen Maximalforderungen durchzusetzen – mit anderen Worten, hier werde sich der umfassende Plan verwirklichen lassen, den Breschnew in San Clemente Nixon hatte verkaufen wollen.

Doch schließlich konnten wir uns mit unserer Strategie des schrittweisen Vorgehens durchsetzen, weil alle Beteiligten, sogar das radikale Syrien und die Sowjetunion, jeder aus seinen eigenen Gründen, einsehen mußten, daß die nach dem Krieg entstandene verworrene militärische Lage gefährlich und unhaltbar war. Doch zur Verwirklichung dieser Vorstellungen mußten weit voneinander abweichende nationale

Ziele in Einklang gebracht werden. Auf der Genfer Konferenz konnten alle Beteiligten zu einem symbolischen Akt zusammengeführt werden, wobei jede Seite, wenigstens zeitweise, ihren eigenen Weg verfolgen konnte. Es war ebenso kompliziert, diese umfangreiche Versammlung zustande zu bringen, wie sie in ruhige Bahnen zu lenken, während die Verhandlungen auf bilateraler Ebene weitergeführt wurden.

Sadat hatte die klarsten Vorstellungen von dem, was er erreichen wollte. Er war entschlossen, das Bündnis Ägyptens mit der Sowjetunion aufzugeben und enge Beziehungen zu den Vereinigten Staaten anzuknüpfen – ein delikates und riskantes Manöver, denn er riskierte dabei immer wieder, sich zu weit von der Sowjetunion zu entfernen und damit ihre diplomatische Unterstützung zu verlieren, und sich noch nicht weit genug den Vereinigten Staaten genähert zu haben, um es uns zu ermöglichen, als Fürsprecher Ägyptens aufzutreten. In einem ähnlichen Dilemma befand er sich gegenüber seinen arabischen Brüdern. Sadat konnte sein Ziel niemals erreichen, wenn er es zuließ, daß Syrien gegen seine Politik ein Veto einlegte. Doch bis er mit seiner Friedensinitiative ein gutes Stück vorangekommen war, brauchte Sadat die Möglichkeit, mit der Wiedereröffnung der Feindseligkeiten zu drohen, und diese Drohung war nicht glaubwürdig, wenn das Bündnis mit Syrien nicht weiter bestand. So war die Genfer Konferenz für Sadat in seiner unsicheren Lage zwischen beiden Supermächten und der Abhängigkeit von Syrien für den Fall, daß er eine Entscheidung erzwingen mußte, ein Sicherheitsnetz, ein Forum, an das er appellieren konnte, wenn alle Bemühungen scheiterten.

Die Widersprüche, mit denen es Syrien zu tun hatte, waren ganz anders als Sadats Probleme. Die radikale Baath-Partei, die in Damaskus an der Regierung war, hatte ihr politisches Programm darauf gegründet, daß sie den Staat Israel ablehnte. Doch die Teilnahme an einer Friedenskonferenz mit Israel bedeutete unausweichlich eine gewisse Anerkennung des jüdischen Staates, denn mit wem sollten die Verhandlungen sonst geführt werden? Und deshalb mußte Syrien einen innenpolitischen Preis bezahlen, ohne etwas Konkretes dafür zu gewinnen. Außerdem konnte das Leben in Syrien sich nicht normalisieren, solange israelische Streitkräfte vor den Toren von Damaskus standen. Deshalb mußte sich Präsident Asad, wenn auch widerwillig, in den bevorstehenden Verhandlungen um eine Truppenentflechtung bemühen.

Für Sadat war die Truppenentflechtung der erste Schritt auf dem Wege zu einem Separatfrieden zwischen Ägypten und Israel, zu dem es angesichts der unentschlossenen Haltung Syriens kommen mußte. Asad wiederum glaubte, dies wäre die letzte Phase vor einer neuen Konfrontation mit Israel – wenigstens auf diplomatischer Ebene.

Jordanien nahm die vielleicht komplexeste Haltung ein. Jeder arabische Staat erklärte, er sei der Sache der Palästinenser verpflichtet – zum Teil aus Überzeugung, zum Teil aber auch, um es nicht mit den radikalen Kräften im Nahen Osten zu verderben. Sich für die Palästinenser einzusetzen, war sogar für Staaten günstig, die mit unserer Methode des schrittweisen Vorgehens einverstanden waren. Die unvermeidlichen Kompromisse konnten dann als Schritte dargestellt werden, die schließlich zu einer Lösung des Palästinenser-Problems führen sollten. Jeder arabische Führer konnte sich an diesem Spiel beteiligen – mit Ausnahme unseres Freundes, des Königs Hussein. Ein Palästinenser-Staat konnte nur auf Kosten der bisherigen Position Jordaniens in Palästina entstehen (Jordanien hatte in den Jahren 1948 bis 1967 die Regierungsgewalt am Jordan-Westufer innegehabt), und mit seiner Gründung würde sich das Ringen um die Existenz des Haschemiten-Staates ostwärts des Jordan erneuern. Die Führer der PLO hatten oft genug feierlich erklärt, daß der blutige Kampf gegen Hussein ihnen noch wichtiger sei als der Kampf gegen Israel, und Hussein konnte kaum mit der Unterstützung seiner arabischen Brüder rechnen.

Jordanien war darüber hinaus gar nicht in der Lage, mit der Wiederaufnahme militärischer Operationen zu drohen. Doch während Hussein kein unmittelbares Interesse an der Truppenentflechtung hatte, über die hier verhandelt wurde, befürwortete er die Genfer Konferenz, weil er dabei *seinen* Anspruch, für die Palästinenser zu sprechen, zum Ausdruck bringen konnte. Jede Vereinbarung über die Truppenentflechtung konnte ein Präzedenzfall dafür sein, Jordanien an das Jordan-Westufer zurückzubringen. Wir befürworteten Husseins Teilnahme an der Genfer Konferenz aus den gleichen Gründen.

Auch Israel hatte Interesse an einer Genfer Konferenz, die zu einer schrittweisen Friedensregelung auf diplomatischer Ebene führte. Während die Israelis an sich durchaus bereit waren, zunächst dort zu bleiben, wo sie gegenwärtig standen, würde es schwierig sein, die Stellungen jenseits des Suez-Kanals zu halten, denn dadurch wurde eine Demobilisierung der israelischen Armee verhindert. Außerdem würde Israel seine Kriegsgefangenen in Syrien niemals zurückbekommen, wenn es nicht die Stellungen vor Damaskus räumte.

Die Perspektiven der beiden Supermächte unterschieden sich insofern, als sie verschiedene politische Ziele verfolgten. Die Sowjetunion befand sich in dem gleichen Dilemma wie während meiner ganzen Amtsperiode. Solange sie nicht bereit war, sich von dem umfassenden arabischen Programm zu distanzieren, konnte sie keinen Beitrag zu einer diplomatischen Lösung leisten. Dieses Programm hätte sich auch unter amerikanischem Druck nicht verwirklichen lassen. Moskau konnte die Annahme der arabischen Bedingungen nicht durchsetzen, wenn es die von ihm abhängigen arabischen Staaten mit Waffen belieferte, was der eben zu Ende gegangene Krieg bewiesen hatte. Auch war es zu einer direkten militärischen Konfrontation nicht bereit, was unsere Teilmobilmachung gezeigt hatte. Durch die Schwerfälligkeit und Ungeschicklichkeit seiner Diplomatie zur Handlungsunfähigkeit verurteilt, erblickte der Kreml in der Genfer Konferenz ein Mittel, unseren Handlungsspielraum einzuengen, um sich den Beifall aller Beteiligten zu sichern, wenn die Sowjetunion gewisse Fortschritte zuließ, indem sie sich an unsere Rockschöße hängte. Aber wenn die Verhandlungen in die Sackgasse geraten sollten, was noch wahrscheinlicher war, dann konnten die Sowjets uns dafür verantwortlich machen.

Unsere Lage war so aussichtsreich wie kompliziert. Nur wir hatten ein Programm vorgelegt, das sich verwirklichen ließ. Ägypten und schließlich auch Syrien *verlangten* unsere Teilnahme. Wahrscheinlich überschätzten sie unseren Einfluß auf Israel. Für sie war es auch leichter, amerikanischen Vorschlägen zuzustimmen, als sich israelischen Forderungen zu beugen. Wenn uns bei unserem schrittweisen Vorgehen ein wesentlicher Durchbruch gelang, dann zwangen wir die radikalen Kräfte zum Schweigen. Die gemäßigten arabischen Staaten würden ermutigt, bei ihrer Haltung zu bleiben, und der sowjetische Einfluß würde sich verringern. Es wäre nicht ohne Bedeutung, auf dem Wege über eine Truppenentflechtung einen Truppenabzug auszuhandeln, wie einige unserer Verbündeten behaupteten, er stellte vielmehr die psychologische Voraussetzung für weiterreichende Schritte dar. Schließlich wäre es damit zum erstenmal gelungen, Israel auf dem Verhandlungswege zur Aufgabe von Gebieten zu veranlassen, die es längere Zeit besetzt gehalten hatte.

Die Politik der Vereinigten Staaten ging deshalb gleichzeitig auf mehreren Ebenen vor. Wir beteiligten uns am Zustandekommen der Genfer Konferenz, um zu demonstrieren, daß wir uns für eine umfassende Friedenslösung engagierten, um in einer schwierigen Phase während des gefährdeten Waffenstillstands nicht den Kontakt mit der Sowjetunion zu verlieren und um im Rahmen dieser Konferenz weiterverhandeln zu können, wenn andere Lösungsversuche scheitern sollten. Unsere Aufgabe wurde dadurch erleichtert, daß es der Sowjetunion nach dem Alarm im Oktober und der Verkündung des Sechs-Punkte-Plans im November nicht gelungen war, die von Kairo und Damaskus geforderte Truppenentflechtung zu bewirken. Insbesondere wußte Moskau, daß Ägypten es nicht zulassen konnte, daß seine 3. Armee auf der Sinai-Halbinsel über die Monate und vielleicht Jahre eingeschlossen blieb, die eine Konferenz über einen umfassenden Frieden in Anspruch nehmen konnte. Die Truppenentflechtung auf dem Sinai zu sabotieren, hätte deshalb die praktische Folge, daß es durch einen Ausbruchsversuch der 3. Armee wieder zum Kriege kam oder, und das war eher zu erwarten, daß sich beide Seiten auch außerhalb von Genf auf bilateraler Ebene einigten. Aus diesem Grund erklärte sich Moskau damit einverstanden, in der ersten Phase der Genfer Konferenz über die Truppenentflechtung zu verhandeln – und daher mit einer Strategie, die darauf gerichtet war, den Einfluß der Sowjetunion zu reduzieren.

Die demokratischen Industriestaaten in Westeuropa und Japan mußten widerwillig die Rolle der Zuschauer übernehmen. Ihnen war viel am Erfolg der diplomatischen Bemühungen gelegen, damit das Ölembargo und die Produktionsbeschränkungen aufgehoben würden, die ihre Wirtschaft bedrohten. Es war ihnen jedoch durchaus nicht recht, daß die Verhandlungen unter der Schirmherrschaft der Vereinigten Staaten und der Sowjetunion stattfanden, und zwar im Rahmen einer Konferenz, an der sie sich nicht beteiligen durften, obwohl ihre Politik zum Entstehen dieser Lage beigetragen hatte. Sie widersetzten sich den in Aussicht genommenen Vereinbarungen, weil sie wiederholt für eine umfassende Gesamtlösung eingetreten waren. Deshalb nahmen unsere Verbündeten gegenüber unserem Forum eine sehr kühle Haltung ein und lehnten den einzigen von uns für realistisch gehaltenen Ausgang entschieden ab – keine sehr glückliche Situation.

Wir hatten keinen Zweifel daran gelassen, daß wir uns – ohne Rücksicht auf Watergate – jedem sowjetischen, radikalen oder europäischen Druck im Nahen Osten widersetzen würden. Ich erläuterte unsere Strategie bei einem inoffiziellen Mittagessen mit Jim Schlesinger, Bill Colby, Tom Moorer und Ken Rush am 29. November:

> Unsere Strategie muß sein, die Dinge trotz des Drucks der Sowjetunion, der Briten und Franzosen zu verzögern – damit sie alle erkennen, daß nur wir etwas zu bieten haben. Dadurch werden wir Sadat und den gemäßigten Arabern helfen. Alle Araber kommen jetzt zu uns. Wir werden am 16. weitermachen. Dann sind die israelischen Wahlen schon näher gerückt.* Dann müssen wir für die Truppenentflechtung sorgen.

In der Diplomatie kommt es darauf an, die besseren Karten in der Hand zu haben. Wir hatten sie und haben sie auch ausgespielt.

* Wir glaubten, daß Israel vor den für den 31. Dezember angesetzten allgemeinen Wahlen keine Zugeständnisse machen könnte. Der Beginn der Genfer Konferenz war zunächst auf den 16., dann auf den 18. Dezember festgesetzt, aber schließlich begann sie am 21. Dezember.

Die Gespräche bei Kilometer 101 und der Beginn der Truppenentflechtung

Während sich unsere Vorstellungen zu realisieren begannen, mußten wir uns auch mit konkreten Dingen beschäftigen: Eine ägyptische Armee war in der Wüste eingeschlossen, und ihre Lage wurde von Woche zu Woche unhaltbarer. Selbst wenn Sadat bereit war, mit Rücksicht auf unsere Strategie zu warten, würden einige seiner Untergebenen, die den Ring der Israelis um die 3. Armee sprengen wollten, versucht sein, diese Entwicklung zu beschleunigen, bevor das komplizierte Spiel vor Beginn der Genfer Konferenz beendet war. Ihr Instrument waren die Gespräche bei Kilometer 101 an der von Kairo nach Suez führenden Straße, wo die Generäle Aharon Yariv aus Israel und Abdel Ghany el-Gamasy aus Ägypten über die praktische Durchführung des im November aufgestellten Sechs-Punkte-Programms verhandelten. Zunächst beschäftigte man sich bei diesen Begegnungen in erster Linie mit Fragen wie dem Austausch der Gefangenen, der Versorgung von Suez und der 3. Armee und der Einrichtung von Kontrollpunkten – mit anderen Worten den letzten vier der sechs Punkte.* (Der erste Austausch ägyptischer und israelischer Kriegsgefangener fand am 15. November statt.) Über die ersten beiden Punkte – die Einhaltung des Waffenstillstandes und besonders die »Frage der Rückkehr zu den Stellungen vom 22. Oktober im Rahmen der Vereinbarungen über die Entflechtung und das Auseinanderrücken von Truppen unter dem Schutz der Vereinten Nationen« – mußte noch gesprochen werden. Ich hatte mit Sadat vereinbart, die Frage der Truppenentflechtung erst *nach* Beginn der Genfer Konferenz zu behandeln.

Aber Sadats Untergebene waren ungeduldig. Sie verlangten, daß schon *vor* der Genfer Konferenz Fortschritte auf dem Wege zur Truppenentflechtung gemacht wurden, und zwar entweder in Verhandlungen über einen Gesamtplan zu diesem Vorhaben, oder dadurch, daß sofort der Rückzug der Israelis auf die Stellungen vom 22. Oktober erzwungen wurde – was das auch immer bedeutete. Die entschiedene Weigerung, diese Lösung überhaupt in Erwägung zu ziehen, war der Anlaß für die Krise in den vergangenen Monaten und auch für die amerikanische Teilmobilmachung.** Jedenfalls brachte Gamasy die Ge-

* Zu den sechs Punkten siehe 13. Kapitel.

** Militärisch war die Haltung Israels nicht unbegründet. Sogar der ägyptische Kriegsminister, General Ahmed Ismail Ali, sagte einem amerikanischen Diplomaten Mitte November, nach einem Rückzug auf die Stellungen vom 22. Oktober würden die israelischen Streitkräfte am Westufer des Kanals in eine sehr bedrängte und gefährliche Lage geraten; sinnvoll wäre nur eine weitergehende Entflechtung der Streitkräfte auf beiden Seiten.

spräche bei Kilometer 101 mit Yariv rascher voran, als ich es nach meinen Verhandlungen mit Sadat erwartet hatte.

Auch in Israel gab es Kreise, denen eine rasche Truppenentflechtung vor Beginn der Konferenz in Genf lieber gewesen wäre. Die Gespräche bei Kilometer 101 gaben Israel die Möglichkeit, sich von der Bevormundung durch die Vereinigten Staaten zu befreien. Hier bot sich die Gelegenheit zu erproben, ob sich der Lieblingsplan der Israelis für einen beiderseitigen Abzug vom Suez-Kanal verwirklichen ließ oder nicht. Auch Golda, die sich jetzt um die Wiederwahl bemühte, wäre es nicht unlieb gewesen, wenn sie ihren Wählern hätte zeigen können, daß bei Kilometer 101 *irgend etwas* geschah. Die Schwierigkeit bestand jedoch darin, daß sich die israelische Regierung nicht ganz einig darüber war, was im einzelnen bei Kilometer 101 geschehen sollte oder wie die Truppenentflechtung mit Ägypten durchzuführen wäre. General Yariv, der ehemalige Chef des israelischen Nachrichtendienstes, ein brillanter Stratege, erwies sich äußerst geschickt bei der Entwicklung von Alternativvorschlägen für die Umgruppierung der Streitkräfte Israels, Ägyptens und der Vereinten Nationen in den verschiedenen Stellungen auf der Sinai-Halbinsel. Seiner schöpferischen Phantasie entsprangen zahlreiche israelische Vorschläge, die Gamasy vorgelegt wurden und immer deutlicher zeigten, welche Vorstellungen die Israelis im einzelnen von der Truppenentflechtung hatten. Aber die Lage wurde noch unübersichtlicher, da Gamasy alle Vorschläge Yarivs mit eigenen Gegenvorschlägen beantwortete. Yarivs Pläne fanden nicht in jedem einzelnen Fall die Zustimmung des israelischen Kabinetts, und Sadat wollte uns an diesen Entscheidungen beteiligen und nicht ausschließen. So gerieten die Gespräche in eine Sackgasse.

Es kam für uns zu einer großen Geduldsprobe. Vor allem wußten wir niemals genau, was bei Kilometer 101 geschah. Wir erhielten verschiedene Berichte von den Israelis, den Ägyptern und den Vereinten Nationen über die Vorgänge im Zelt, wo diese ungewöhnlichen Begegnungen stattfanden. Die Berichte stimmten jedoch nur in einem einzigen Punkt überein, in dem Umstand, daß sie uns stets achtundvierzig Stunden nach den Ereignissen erreichten. Oft lagen uns drei verschiedene Darstellungen über die Gründe vor, weshalb man in einer bestimmten Frage nicht weitergekommen war – und manchmal waren es sogar vier. Nichts wäre uns unangenehmer gewesen, als wenn sich die Verhandlungen über die Truppenentflechtung festgefahren hätten, denn im Auseinanderziehen der Streitkräfte auf der Sinai-Halbinsel bestand das Kernstück unserer Strategie. Andererseits lag uns, um offen zu sein, nicht sehr viel daran, daß es bei Kilometer 101 vor Beginn der Genfer Konferenz zum Durchbruch kam. Am 3. Dezember warnte ich Botschafter Dinitz und sagte: »Nehmen wir an, Yariv wird zum großen Helden der Truppenentflechtung, was wollen Sie dann am 18. Dezember (in Genf) noch besprechen?« Nach unserer Strategie mußte zunächst die Konferenz zusammentreten, um die Lage zu entschärfen und zu zeigen, daß Fortschritte gemacht wurden, und dann wollten wir dafür sorgen, daß die Vereinigten Staaten bei den Verhandlungen die entscheidende Rolle spielten. Wenn die Truppenentflechtung nicht mehr auf der Tagesordnung stand, würden wir uns gezwungen sehen, an einem endlosen Tauziehen über weiterreichende Fragen teilzunehmen, für die es, wie ich wußte, wenn überhaupt, keine rasche Lösung geben konnte.

Aber das Problem bei Kilometer 101 würde wahrscheinlich nicht in einem Durchbruch bestehen, sondern die Verhandlungen dort würden ins Stocken geraten. Erstens war ich überzeugt, daß es Golda lieber sein würde, wenn vor den israelischen Wahlen keine Entscheidung fiel (und daher auch nicht vor Beginn der Genfer Konferenz) und daß ihr Kabinett der gleichen Auffassung war. Zweitens war man auch in Ägypten noch nicht so weit. Allerdings hatte Yariv einige grundsätzliche Vorschläge gemacht, die später in die Bestimmungen für die Truppenentflechtung aufgenommen wurden, und zwar für die Begrenzung der Aufstellung von Waffen in den Stellungen auf beiden Seiten, zwischen denen die UN-Truppen stationiert werden sollten. Aber seine Vorstellungen darüber, welche Waffen in diesen Zonen zugelassen werden sollten, waren zu restriktiv, um auch nur von dem gemäßigsten ägyptischen Regierungschef angenommen zu werden. Es zeigte sich daher schon sehr bald, daß Sadat keine einschränkenden Bestimmungen für seine eigenen Streitkräfte auf ägyptischem Boden akzeptieren konnte, wenn sie von Israel vorgeschlagen wurden. Hier bedurfte es der Vermittlung durch die Vereinigten Staaten. Am 29. November löste Ägypten dieses Problem: Die Ägypter brachen die Gespräche am Kilometer 101 ab, angeblich, weil sich Yariv überraschend geweigert hatte, zu sagen, wie stark die in den Stellungen verbleibenden Truppen und wie tief die Stellungen selbst sein sollten. Deshalb konnte die Entscheidung über die Truppenentflechtung erst auf der Genfer Konferenz getroffen werden – wie wir es von Anfang an geplant hatten.

Das Verhalten der Sowjets bewies nun, daß Moskau über keinen von sowjetischen Strategen mit diabolischer Schläue ausgeklügelten Gesamtplan verfügte. Die Sowjetunion war so sehr darauf versessen, sich an den Verhandlungen zu beteiligen, daß es ihr auch lieber war, wenn die Truppenentflechtung der Genfer Konferenz vorbehalten blieb. Am 26. November bat ich den sowjetischen Botschafter Dobrynin, seinen Kollegen in Kairo, Sergei Winogradow, zu beruhigen, der ebenso wie

Fahmy darauf drängte, mit der Truppenentflechtung schon vor der Genfer Konferenz zu beginnen. Am folgenden Tag teilte mir Dobrynin mit, Winogradow habe nur über die Beschwerden der Ägypter berichtet, teilte aber ihre Auffassungen nicht. Am 30. November sprach ich mit Dobrynin über das Scheitern der Gespräche bei Kilometer 101 und tat so, als verfolgte die Sowjetunion hier die gleichen Ziele wie wir, deutete aber nicht an, daß diese Entwicklung Ägypten veranlassen könnte, sich noch mehr von Moskau zu distanzieren. »Ich glaube wirklich, daß wir jetzt auf dem richtigen Weg sind«, sagte ich, denn jetzt könnten wir die von uns vereinbarte Strategie weiterverfolgen. Weshalb ich glaubte, Dobrynin würde sich meinem Urteil anschließen, läßt sich allerdings nicht mehr erkennen, und ich erinnere mich auch nicht mehr daran. Dobrynin antwortete entsprechend: »Vielleicht gefällt uns die Lage nicht – damit ist nicht der Truppenabzug gemeint –, aber da wir Realisten sind, stimmen wir Ihnen zu.« Ich sagte Dobrynin, ich könnte mich zwar nicht auf einen bestimmten Termin für die Truppenentflechtung festlegen, könnte aber zusagen, daß sich die Vereinigten Staaten Anfang Januar energisch darum bemühen würden, sie zustandezubringen: »Dann kann es nur noch wenige Wochen dauern.«

Der tüchtige Winogradow konnte der Versuchung nicht widerstehen, einen lächerlichen Pluspunkt zu kassieren – auch wenn er damit die zwischen uns bestehende Vertrauensbasis erschütterte –, und teilte diesen Terminplan Fahmy mit, als wäre es der geschickten sowjetischen Diplomatie gelungen, uns zu diesem Zugeständnis zu bewegen (und als wären wir so dilettantisch, mit Moskau über einen Terminplan zu sprechen, über den wir uns noch nicht mit Sadat geeinigt hatten). Winogradow erntete mit seiner kleinen Intrige nur eine zynische Antwort Fahmys.

Das Ergebnis meines Gedankenaustauschs mit Dobrynin war, daß die Sowjets darauf verzichteten, mit den Ägyptern auf eine Beschleunigung der Truppenentflechtung vor Beginn der Genfer Konferenz zu drängen, so daß wir das Tempo der Verhandlungen über das Auseinanderrücken der israelischen und ägyptischen Streitkräfte unter Kontrolle behielten. Das Verhalten Moskaus wurde zwar von vielen Faktoren beeinflußt – und dazu gehörte auch der Irrtum, die Sowjetunion könnte durch die Genfer Verhandlungen ihren Einfluß im Nahen Osten stärken –, aber die sowjetische Zurückhaltung wurde entschieden auch durch den Wunsch bestimmt, die Beziehungen zu den Vereinigten Staaten nicht zu belasten. Am 10. November hatte Breschnew an Nixon geschrieben: »Wir möchten dafür sorgen, daß wir nicht nur die gegenwärtige Nahost-Krise überwinden, sondern daß es uns auch gelingt, in dem Bemühen um die Verbesserung der Beziehungen zwischen unseren beiden Ländern voranzukommen.«

Trotz ihrer Neigung, sich bei jeder Gelegenheit kleine Vorteile zu verschaffen, blieben die Sowjets während des ganzen November bei ihrer Haltung, unterstützten uns in dem Bemühen, die Genfer Konferenz zustandezubringen, und wichen dem ägyptischen Druck aus, die Truppenentflechtung vorzeitig in Gang zu setzen. Zwar befanden sich die Sowjets in keiner sehr günstigen Ausgangsposition, aber wenn sie bestimmte Absichten verfolgten, dann haben sie uns dabei nicht wesentlich gestört. Die Entspannungsbemühungen hinderten uns nicht daran, darauf zu achten, daß der sowjetische Einfluß im Nahen Osten zurückgedrängt wurde, aber auch die Sowjets versuchten immer wieder, sich bei den Arabern beliebt zu machen. Man muß jedoch gerecht sein und anerkennen, daß Moskau niemals versucht hat, einen großangelegten diplomatischen Feldzug gegen uns zu beginnen. Andererseits wollten auch wir es unter allen Umständen vermeiden, die Sowjetunion vor der Weltöffentlichkeit zu demütigen, auch wenn wir ihren Einfluß zu schwächen suchten. Die Entspannung bemüht sich darum, Konflikte zwischen Gegnern abzubauen, ihr Ziel ist es jedoch nicht, Freundschaft zu stiften.

Unmittelbar nach dem Scheitern der Gespräche bei Kilometer 101 schien die Ungeduld der Ägypter zu wachsen. (Ich sage »schien«, weil ich nicht genau weiß, ob es nicht ein Manöver Fahmys gewesen ist, der uns unter Druck setzen wollte.) Unserem neuen Botschafter in Ägypten, Hermann Eilts, sagte Fahmy immer wieder, wie sehr er es bedauerte, daß kein Fortschritt zu erkennen wäre. Er behauptete, auch Sadat verlangte jetzt, daß wir auf dem Wege zur Truppenentflechtung ein Stück weiter kämen, denn darin läge die Voraussetzung für die Teilnahme Ägyptens an der Genfer Konferenz. Es gab auch Anzeichen dafür, daß Ägypten die Vereinigten Staaten und die Sowjetunion auffordern könnte, die ins Stocken geratenen Verhandlungen wieder in Gang zu bringen, und es, falls dies nicht gelang, den Weltsicherheitsrat anrufen werde. Als Eilts daran erinnerte, daß Sadat und ich uns darüber geeinigt hätten, die Truppenentflechtung als ersten Punkt auf die Tagesordnung einer Friedenskonferenz zu setzen, erwiderte Fahmy in scharfer Form, daß auf der Friedenskonferenz jederzeit über die *zweite* Phase der Truppenentflechtung verhandelt werden könnte. Aber er muß gewußt haben, wie unmöglich diese Forderung war. Israel würde sich niemals bereit finden, seine Stellungen innerhalb von einem Monat zweimal über eine größere Strecke zurückzunehmen. Und eine an die Sowjetunion und die Vereinigten Staaten gerichtete Aufforderung Ägyptens, die Verhandlungen aus der Sackgasse herauszuführen, hätte zu einer ähnlichen Krise geführt, wie vor einem Monat, und es wäre ebensowenig dabei herausgekommen.

Jetzt bestand die Gefahr, daß Fahmys Manöver, wie so oft im Nahen Osten, zu einer echten Bedrohung wurden, wenn sich die Parteien an ihrer eigenen Rethorik berauschten und das, was sie hörten, auch in die Tat umsetzen wollten. Uns erreichten Berichte, nach denen Ägypten sich überlegte, seine militärischen Aktionen wieder aufzunehmen. Jetzt kam es darauf an, die Dinge in die richtige Perspektive zu rücken. Am 1. Dezember schickte ich einen von mir entworfenen, sehr deutlichen Brief Nixons an Sadat und schrieb gleichzeitig an Fahmy, den ich davor warnte, sich an die Supermächte zu wenden:

> Lassen Sie mich mit dem gebührenden Respekt sagen, wenn Sie die Vereinigten Staaten und die Sowjetunion auffordern, in das Gebiet zu kommen, um die Durchführung der Resolution des Sicherheitsrats zu garantieren, dann wäre das ein folgenschwerer Schritt, ein Schritt, der weder den Interessen Ihres Landes noch der Sache des Weltfriedens im allgemeinen dienen würde.

Nachdem Nixon in seinem Brief deutlich erklärt hatte, daß wir uns im Dezember dem Druck der Sowjetunion ebenso widersetzen würden, wie wir es im Oktober getan hatten, wiederholte er, was ich auch in meinem Schreiben an Fahmy betonte – daß die Wiederaufnahme der Feindseligkeiten alles zerstören würde, was wir in den letzten Monaten erreicht hatten: »Ein Scheitern des Waffenstillstandes würde uns bedauerlicherweise wieder zur Konfrontation zwingen, und diese Gelegenheit wäre dann unter Umständen unwiederbringlich verloren.«

Unserer Warnung – die nach meiner Meinung Sadat nicht unwillkommen sein konnte, weil sie ihm helfen würde, die Heißsporne im eigenen Lager zu besänftigen – stand die optimistische Beurteilung der Erfolgsaussichten unserer diplomatischen Bemühungen gegenüber. Die objektiven Voraussetzungen für den Fortschritt waren, wie wir in beiden Briefen erklärten, so gut wie nie zuvor. Nixon erklärte, daß die Vereinigten Staaten sich dazu verpflichteten, nach Beginn der Genfer Konferenz große Anstrengungen zu unternehmen: »Die Vereinigten Staaten werden auf der Friedenskonferenz in der Lage sein, ihren Einfluß in Richtung auf einen Frieden zur Geltung zu bringen, der sich auf die Resolution 242 des Weltsicherheitsrats stützt.« Um unsere Strategie aufeinander abzustimmen – und dieser Wunsch stand höchstwahrscheinlich hinter den ägyptischen Beschwerden –, schlug Nixon vor, daß ich eine neue Reise durch den Nahen Osten antreten sollte, die mich am 13. Dezember nach Kairo bringen würde.

In seiner Antwort mußte Sadat den Schein wahren und wiederholte einige seiner Beschwerden. In Fahmys Schreiben kam seine Ungeduld nicht ganz so deutlich zum Ausdruck, und im übrigen beschäftigte er sich mit der Frage, ob und unter welchen Voraussetzungen die Gespräche bei Kilometer 101 wieder aufgenommen werden könnten. Aber die Zeit arbeitete für uns: Je näher der Konferenzbeginn (am 18. Dezember) und die israelischen Wahlen (die am 31. Dezember stattfinden sollten) heranrückten, desto weniger Zeit blieb für lange Erörterungen. Da es keine anderen Pläne gab, über die wir uns geeinigt hatten, mußte die Truppenentflechtung als erster Punkt auf der Tagesordnung stehen. Daher wurden die Voraussetzungen für die Vermittlerrolle der Vereinigten Staaten und eine Einigung über das von uns vorgeschlagene schrittweise Vorgehen immer günstiger.

Der Weg nach Genf

Die bevorstehende Friedenskonferenz zwang uns, im Rahmen einer scheinbar widersprüchlichen Lage zu manövrieren. Wir bemühten uns darum, eine multilaterale Konferenz zustandezubringen, aber wir wollten sie in erster Linie für bilaterale Gespräche nutzen. Wir brauchten die Unterstützung der Sowjetunion, um eine solche Konferenz überhaupt zu ermöglichen, wollten aber nach ihrem Beginn versuchen, den Einfluß der Sowjets weitgehend einzudämmen. Die Friedenskonferenz sollte die Sowjets zunächst beruhigen, aber dann würde eine Phase folgen, in der unsere Beziehungen einer großen Belastung ausgesetzt werden mußten.

Ich hatte am 17. November unmittelbar nach meiner Reise um die Welt in Washington mit Dobrynin gesprochen. Seine Vorgesetzten waren über meine Vorstöße in den arabischen Hauptstädten sicher nicht besonders erfreut, und das Sechs-Punkte-Programm, das ohne Beteiligung der Sowjetunion und ohne sie vorher in Kenntnis gesetzt zu haben, erarbeitet worden war, hat ihnen sicher noch weniger gefallen. Auch mein Besuch in Peking hatte die Gemüter im Kreml vermutlich nicht beruhigt. Jetzt hielt ich es für notwendig, mich weniger kontroversen Fragen zuzuwenden. Nach einem kurzen unverbindlichen Gespräch mit Dobrynin, in dem ich ihm nichts wesentliches über meine Reise mitteilte, wechselte ich das Thema. Ich sagte, daß wir jetzt bereit wären, die Genfer Konferenz einzuberufen. Dazu schlug ich vor, daß die Vereinigten Staaten und die Sowjetunion dem Generalsekretär der Vereinten Nationen eine gemeinsame Note vorlegen sollten, der dann die einzelnen Teilnehmer einladen könnte. Ich benannte Ägypten, Syrien, Jordanien und Israel. (Die Palästinenser erwähnte ich nicht.) Ich sagte Dobrynin, wir würden ihm den Entwurf eines solchen Briefes zur

Stellungnahme übergeben. Mit anderen Worten, wir wollen keine Zeit mit Vorwürfen über Vergangenes verschwenden, sondern uns an die unmittelbar vor uns liegenden Aufgaben machen. Nichts erwärmt das Herz eines Berufsdiplomaten so sehr wie eine unmittelbar bevorstehende größere Konferenz. Hier können sich die reichen Erfahrungen bewähren, die man ein Leben lang beim Studium von Verfahrensfragen, abstrusen protokollarischen Vorschriften und Begriffen wie »Schutzherrschaft« und »Vorsitz« erworben hat. Um alle diese Dinge ging es bei der Vorbereitung der Genfer Konferenz. Vier Tage später, am 21. November, schickte ich Dobrynin unseren Entwurf für den Brief an Waldheim. Darin hieß es ganz einfach, die Vereinigten Staaten und die Sowjetunion bäten, nachdem sie sich mit den Hauptbeteiligten in Verbindung gesetzt hätten, den Generalsekretär der Vereinten Nationen, Jordanien, Israel, Ägypten und Syrien zu einer am 17. oder 18. Dezember beginnenden Konferenz nach Genf einzuladen. Die Konferenz werde unter dem »gemeinsamen Vorsitz« der Vereinigten Staaten und der Sowjetunion stattfinden. Der Rest des Briefes beschäftigte sich mit technischen Einzelheiten.

Moskau hielt die Angelegenheit für so dringend, daß die sowjetische Antwort schon am folgenden Tag eintraf. Eine so schnelle Reaktion hatte ich bisher noch nie erlebt. Dobrynin sagte mir, die sowjetische Regierung wäre mit den Terminvorschlägen einverstanden. Außenminister Andreij Gromyko werde gern an der Konferenz teilnehmen. Er würde sich freuen, wenn auch ich möglichst lange in Genf bleiben könnte. Ich sagte meine Teilnahme für zwei Tage zu und schlug vor, am Tag vor Konferenzbeginn mit Gromyko zum Abendessen zusammenzukommen.

Am folgenden Tag, dem 23. November, legte mir Dobrynin einen Gegenentwurf vor. Darin zeigte sich sehr deutlich, daß die Sowjets große Bedenken hatten und mit einem Scheitern der Konferenz rechneten. Der sowjetische Entwurf enthielt einen Punkt, den wir übersehen hatten: Die Konferenz werde unter dem »Schutz« der Vereinigten Staaten und der Sowjetunion stattfinden. Der sowjetische Entwurf betonte, daß die Konferenz auf der Ebene der Außenminister beginnen und dann von »besonders beauftragten Vertretern im Rang von Botschaftern« weitergeführt werden würde. Daß der Sowjetunion so viel daran gelegen war, ihren Sonderstatus auf der Konferenz bestätigen zu lassen und dafür zu sorgen, daß die Verhandlungen ständig auf hoher Ebene geführt wurden, war der berechtigte Ausdruck ihrer Befürchtung, wir könnten versuchen, den Verhandlungen ihre Bedeutung zu nehmen, indem wir sie auf eine niedrigere Ebene verlegten. Aus der Sicht Moskaus bestand die Gefahr, daß, wenn alle anderen Beteiligten einverständlich unserer Strategie folgten, es keine verfahrensrechtlichen Möglichkeiten der Verhinderung gäbe. Der protokollarische Rang der Bevollmächtigten wäre praktisch bedeutungslos, wenn die Verhandlungen in erster Linie bilateral geführt würden. Gromyko hatte das Problem richtig analysiert. Seine Schwierigkeit lag jedoch darin, daß es keine Lösung gab.

Wie eilig es die Sowjets hatten, die Konferenz zustandezubringen, zeigt sich auch darin, daß auch in ihrem Entwurf die Palästinenser nicht erwähnt wurden. (Die Einladung beschränkte sich auf Syrien, Ägypten, Jordanien und Israel, »ohne die Möglichkeit zu präjudizieren, daß in einer späteren Phase weitere Teilnehmer eingeladen werden«.)

Während wir uns um das Zustandekommen der Konferenz bemühten, auf der es unter anderem auch darum gehen würde, welche Gebiete Israel freigeben sollte, hielten es die arabischen Regierungschefs für notwendig, ein Gipfeltreffen einzuberufen. Bei allen bisherigen Veranstaltungen dieser Art hatten sie die Tatsache, daß ihre Auffassungen in vieler Hinsicht weit auseinandergingen, nur mit lautstarken, emotionalen Reden überdecken können. Auch das Gipfeltreffen in Algier bildete keine Ausnahme. Die arabischen Außenminister trafen sich am 24. November. Die Regierungschefs nahmen vom 26. bis 28. November an der Gipfelkonferenz teil. Die dabei vertretenen Auffassungen waren so unterschiedlich und widersprüchlich wie die farbigen Persönlichkeiten, aus denen sich die Versammlung zusammensetzte. Die beiden extremen Gruppen im arabischen Spektrum – Libyen und der Irak auf der radikalen Seite und Jordanien auf der gemäßigten – boykottierten praktisch das Treffen; die Radikalen, weil sie sich jeder Friedensregelung widersetzten, und König Hussein aus den verschiedensten Gründen, unter anderem, weil er mit Recht fürchtete, es könnten Beschlüsse zugunsten der PLO gefaßt werden. Ägypten nahm an der Konferenz teil, weil es die anderen arabischen Staaten veranlassen wollte, der ägyptischen Politik nach dem Waffenstillstand nachträglich zuzustimmen. Die Ägypter waren sich des Wertes der neuen Beziehungen zu den Vereinigten Staaten noch nicht ganz sicher und waren noch nicht so weit vom Erfolg der Friedensbemühungen überzeugt, daß sie einen Alleingang wagen wollten. Syrien erwartete, daß die auf diesem Treffen zum Ausdruck kommende arabische Solidarität Ägypten daran hindern werde, einen Separatfrieden zu schließen. Saudi-Arabien bemühte sich um einen Konsens, um sich nicht für die Radikalen oder die Gemäßigten entscheiden zu müssen. Die anderen arabischen Staaten schwankten zwischen zwei Extremen hin und her – auf der einen Seite die von Sadat vertretene besonnene Haltung und auf der anderen die mit leidenschaftlichen Reden erhobene Forderung nach arabischer Einigkeit, womit diese Konferenz wie alle anderen arabischen Gipfeltreffen in eine militante Richtung gedrängt wurde.

Am Schluß konnte sich niemand wirklich durchsetzen. Ägypten erhielt die vorbehaltliche Zustimmung für Maßnahmen, die sich nicht mehr rückgängig machen ließen. Die Einleitung des Friedensprozesses wurde zögernd gutgeheißen. Aber das dafür vorgeschlagene Programm unterschied sich nicht von dem Verfahren, das den Friedensprozeß sechs Jahre zuvor ins Stocken gebracht hatte. Die Forderungen lauteten: Israel sollte sofort alle besetzten arabischen Gebiete einschließlich von Jerusalem räumen, und »das palästinensische Volk soll alle seine nationalen Rechte ausüben dürfen«.[1] In der ersten Forderung hatte man es sorgsam vermieden, den Begriff »besetzte arabische Gebiete« zu definieren, aber da der PLO-Führer Arafat an dem Treffen teilnahm und der Forderung zustimmte, kann es daran gelegen haben, daß man die Möglichkeit offen lassen wollte, über die Standardforderung, Israel sollte sich auf die Grenzen von 1967 zurückziehen, hinauszugehen und auf den Teilungsplan der Vereinten Nationen von 1947 zurückzukommen. Was die Versammlung als »die vollen nationalen Rechte« der Palästinenser ansah, wurde nicht näher erklärt. Daß ihnen die Übernahme des Jordan-Westufers durch Jordanien nicht genügen würde, zeigte sich sehr deutlich daran, daß die Gipfelkonferenz die PLO als »einzige« Vertretung der Palästinenser anerkannte.

Das Ergebnis dieses Gipfeltreffens bestand darin, daß die Haltung Israels und Jordaniens – die Konferenz von Algier richtete sich in erster Linie gegen diese beiden Staaten – gegenüber der Genfer Konferenz negativ beeinflußt wurde. Am 1. Dezember sagte der jordanische Premierminister, Zaid Rifai, unserem Botschafter Dean Brown, die Beschlüsse von Algier bedeuteten, daß Jordanien aufgefordert würde, zu versuchen, mit Israel über die Rückgabe des Jordan-Westufers und des arabischen Teils von Jerusalem zu verhandeln, die Verantwortung (und im Falle eines Scheiterns die Schuld) für alle notwendigen territorialen Zugeständnisse zu übernehmen und dann alles, was Israel aufzugeben bereit war, den Palästinensern zu übergeben. Jordanien wollte eine solche Rolle nicht übernehmen. Doch Rifai wiederholte, daß Jordanien »im Prinzip« bereit wäre, sich an der Genfer Konferenz zu beteiligen; es nähme unser Argument ernst, daß es, wenn es seine Teilnahme verweigerte, riskierte, seinen Gegnern in die Hände zu spielen, weil es den Anschein erweckte, seinen Anspruch auf das Jordan-Westufer aufgegeben zu haben.

Es wurde auch immer schwieriger, Israel zur Teilnahme an der Genfer Konferenz zu bewegen. Israel war entschlossen, sich den in Algier erhobenen Forderungen zu widersetzen. Die Gipfelkonferenz in Algier brachte daher neue Spannungen in die Diplomatie, und sehr bald mußten wir feststellen, daß alle nach Genf eingeladenen Staaten am Wortlaut der Einladung etwas auszusetzen hatten. Israel verlangte, die Einladung müßte als Bestimmung enthalten, daß die ursprüngliche Zusammensetzung der Konferenz nur auf einstimmigen Beschluß der Teilnehmer auf weitere Staaten ausgedehnt werden dürfte. Damit wurde der PLO die Teilnahme offiziell verwehrt, denn Israel konnte gegen einen entsprechenden Antrag jederzeit sein Veto einlegen. Außerdem waren die Israelis gegenüber den Vereinten Nationen sehr mißtrauisch und wollten ihnen nur eine zeremonielle Rolle zubilligen. Wie nicht anders zu erwarten, ging der ägyptische Außenminister Fahmy nach Algier in die entgegengesetzte Richtung und verlangte, daß in dem Brief ausdrücklich die Teilnahme der Palästinenser an der Konferenz zu einem späteren Zeitpunkt erwähnt werden müßte. Sein Vorschlag sollte so formuliert werden, daß man in der ersten Phase der Konferenz über »*den Zeitpunkt* der Teilnahme der Palästinenser« sprechen werde – was natürlich bedeutete, daß die Teilnahme an sich schon beschlossene Sache wäre. Aber Fahmy kritisierte unseren Entwurf auch noch in anderer Beziehung. Er wollte den sowjetischen Einfluß schwächen und erhob deswegen Einwände gegen den sowjetisch-amerikanischen »Schutz«. Statt dessen sollten die Vereinten Nationen mehr im Vordergrund stehen. Syrien hüllte sich in Schweigen.

Doch so haarspalterisch diese Einwände waren, sie mußten allen Beteiligten vorgetragen werden; jeder einzelne Kompromißvorschlag mußte dabei die Runde machen. Die Konferenz drohte in Papier zu ersticken. Dadurch ergaben sich für mich besonders große Schwierigkeiten, weil ich am Samstag, dem 8. Dezember, zu einer NATO-Konferenz nach Brüssel reiste, um dann die Rundreise durch den Nahen Osten anzutreten, so daß jeder Vorschlag, der in Washington eintraf, mir überall hin nachgeschickt und meine Antwort über Washington an alle Beteiligten weitergegeben werden mußte. Die überbeanspruchten Funker in meinem Flugzeug haben sich dabei hervorragend bewährt.

Am 5. Dezember legten wir einen neuen Entwurf für den Einladungsbrief vor, mit dem wir versuchten, allen Beteiligten den Eindruck zu vermitteln, daß ihre Wünsche wenigstens zum Teil berücksichtigt worden wären. Aber jeder konnte sich natürlich jetzt darüber beschweren, daß nicht alle seine Forderungen erfüllt worden seien. Die Unterlagen beweisen, daß sie sich in der Tat mehr darum bemüht haben, ihre Beschwerden anzubringen, als ihrer Befriedigung Ausdruck zu verleihen.

Nach der Formulierung in unserem neuen Entwurf ließ sich die Rolle der Vereinten Nationen so interpretieren, als werde die Konferenz nur von ihnen einberufen, nicht aber geleitet. Der Generalsekretär sollte nur an der Eröffnungsphase teilnehmen. Was die Palästinenser betraf, so hieß es jetzt, »die Frage« (und nicht »der Zeitpunkt«) ihrer Teilnahme werde in der ersten Phase der Konferenz behandelt werden – woraus hervorging, daß diese Frage noch nicht gelöst war. Für uns war das kein wesentliches Zugeständnis, denn damit wurde nur zugelassen, wozu jeder Teilnehmer ohnedies berechtigt war, nämlich mitzubestimmen, ob weitere Teilnehmer zu der Konferenz eingeladen werden sollten. Doch für Golda war auch dieser Passus zuviel, und sie widersetzte sich jeder Erwähnung der Palästinenser ohne Rücksicht darauf, wie vorsichtig oder unter welchen Vorbehalten sie erfolgte.

Jetzt fing also das Tauziehen an. Die Sowjetunion verlangte, die Konferenz sollte unter dem »Schutz« der Vereinigten Staaten und der Sowjetunion stattfinden. Ägypten war ebenso unnachgiebig mit seiner Forderung, daß die Vereinten Nationen als Veranstalter die Leitung übernahmen. Die Sowjetunion und Ägypten erklärten, es müßte, wie im ersten Entwurf, vom »Zeitpunkt« der Teilnahme der Palästinenser gesprochen werden. Um uns nicht übermütig werden zu lassen, lehnte Israel eine Schutzfunktion der Vereinten Nationen ab und stellte neue Bedingungen: Auch wenn sich herausstellen sollte, daß es sich mit dem endgültigen Text einverstanden erklären könnte, werde Israel nicht mit den Syrern zusammentreffen, solange sie nicht alle israelischen Kriegsgefangenen entlassen hätten. Das war die Lage elf Tage vor dem vorgesehenen Beginn der Konferenz.

Ich reagierte darauf mit einem Hagel von Telegrammen. Am 11. Dezember hatten alle Beteiligten bis auf einen nachgegeben und sich inoffiziell mit unserem Entwurf vom 5. Dezember einverstanden erklärt. Aber Israel hielt an seinem Standpunkt fest, denn die Wahlen rückten immer näher. Dayan hatte mir am 7. Dezember bei einem Blitzbesuch in Washington gesagt, »Golda kann nicht in die Wahlen gehen, wenn es noch irgendeinen Zweifel daran gibt, ob sich die Palästinenser an der Konferenz beteiligen werden«.

Aber ganz abgesehen von allen wahltaktischen Erwägungen hatte Golda Meir in ihrer elementaren Art ein entscheidendes Argument auf ihrer Seite, das in der allgemeinen Aufregung übersehen worden war. Daß wir die Palästinenser erwähnt hatten, war an sich ganz harmlos, aber hinter der Tatsache, daß die Araber auf ihrer Erwähnung bestanden, verbarg sich eine ganz konkrete und nicht nur eine verfahrenstechnische Absicht. In dem Einladungsschreiben wurde ein einzelner Punkt der Tagesordnung besonders hervorgehoben. Für Golda ging es daher um ein psychologisches und nicht um ein technisches Problem. Sie wußte, daß Verfahrensfragen auf dieser Friedenskonferenz zu haßerfüllten Debatten über gefährliche und ganz konkrete Fragen führen mußten.

Wenn sie sich einmal zu etwas entschlossen hatte, wich Golda keinen Zoll zurück. Sie ließ sich auch durch ein direktes Eingreifen Nixons nicht erweichen. Am 13. Dezember erfuhr der Präsident bei der Vorlage der Morgenpost von der negativen Haltung der israelischen Regierung. Er heftete die folgende Notiz an den Bericht: »K – sagen Sie Eban und seinen Freunden – wenn diese Forderung einen neuen Krieg auslöst, dann führen sie ihn allein.« Da ich nicht in Washington war, gab Scowcroft den Inhalt der Notiz Nixons an Dinitz weiter – ich nehme an, in einer etwas abgemilderten Form. Wenn man Nixon aus der Betäubung weckte, in die er durch Watergate geraten war, dann erwachte sein Kampfgeist. Er schrieb Golda einen persönlichen Brief, der mit der Drohung schloß, daß die Vereinigten Staaten Israel ihre Unterstützung entziehen würden:

> Ich möchte Ihnen in allem Ernst sagen, wenn Israel sich nicht positiv zur Teilnahme an der Konferenz auf der Basis des von uns entworfenen Briefes entschließt, dann wird das weder in den Vereinigten Staaten noch in der Welt verstanden werden, und ich werde die Unterstützung nicht mehr rechtfertigen können, die ich Ihrer Regierung ständig in unserem beiderseitigen Interesse gewährt habe.

Der gewohnten Taktik folgend, beantwortete Golda Nixons Brief nicht, sondern erklärte, sie würde mir ihre Antwort in Jerusalem persönlich geben (was sie niemals getan hat). Die israelische Botschaft ließ Scowcroft nur wissen, daß die Premierministerin sich nicht habe überzeugen lassen.

Am 13. Dezember flog ich von Europa in den Nahen Osten. In fünf Tagen sollte die Genfer Konferenz beginnen, und man hatte sich noch immer nicht über den Text der Einladung geeinigt.

Algier

Jede Reise in den Nahen Osten erfordert ihre eigene Choreographie. Wir operierten gleichzeitig in drei Dimensionen; auf der Ebene der amerikanisch-sowjetischen Beziehungen, im Ringen um eine Einflußnahme auf die Beziehungen zwischen den gemäßigten und radikalen Arabern und im Rahmen der arabisch-israelischen Krise. Diese Probleme überschnitten sich zum Teil, waren zum Teil aber auch unabhängig voneinander. Jedes Unternehmen im Nahen Osten war daher wie ein Auftritt in einem Zirkus mit drei Manegen. Der Unterschied bestand nur darin, daß, wenn man eine dieser drei Manegen betrat, die

Akteure in den anderen beiden ihre Vorstellung unterbrachen und ihr Verhalten danach einrichteten, was sie in der ersten Manege sahen oder – und das war besonders verwirrend – glaubten zu sehen.

Die Erfahrung hat mich gelehrt, daß die intensiven arabischen Rivalitäten und Eifersüchte trotz der so oft beschworenen Solidarität der arabischen Länder ein kaum richtig abzuschätzender Faktor waren, und die Beurteilung der Folgen solcher Spannungen wurde dadurch erschwert, daß es sich um ganz persönliche Probleme handelte. Wie ich im 13. Kapitel berichtet habe, wurde meine Bemerkung über die führende Rolle Sadats in der arabischen Welt bei meinem Essen bei König Faisal in Riad sehr zurückhaltend aufgenommen. Später hörte ich aus anderen arabischen Quellen, daß Saudi-Arabien in diesem Punkt besonders empfindlich sei. Man riet uns, nicht damit zu rechnen, daß König Faisal Sadats Auffassungen in jedem Falle folgen werde; Faisal werde darauf bestehen, seine eigenen Auffassungen zu vertreten.

Ich hatte auch festgestellt, daß sich Neuigkeiten mit unglaublicher Geschwindigkeit in der arabischen Welt verbreiten, daß sie auf jeder Zwischenstation leicht verändert werden, daß aber insgesamt ein Bericht daraus entsteht, der psychologisch den Kern der Sache trifft, auch wenn nicht alle Tatsachen stimmen. Da die meisten politischen Überlegungen menschlichen Gehirnen entspringen, ist das psychologische Element oft entscheidend. Die ungewöhnliche geistige Beweglichkeit arabischer Führer befähigt sie, ihr Vorgehen genau auf die Erfordernisse der Lage abzustimmen und sich eine moralische Basis zu schaffen. Da die wichtigsten arabischen Politiker sich weitgehend durch Gerüchte orientieren lassen und ihnen unter Umständen mehr Glauben schenken als direkten Berichten, ist es gewöhnlich angezeigt, Verhandlungen vorzubereiten, indem man irgendeinen anderen arabischen Führer von den Argumenten unterrichten läßt, die man vorzutragen hat. Auch wenn der arabische Gesprächspartner nicht alles glaubt, was sein arabischer Bruder ihm sagt – ein fast obligatorischer Beweis der eigenen männlichen Würde –, wird er Informationen aus zweiter Hand als Tribut für seinen Status als Eingeweihter werten und glauben, damit gegenüber seinen Rivalen im Vorteil zu sein. Man muß jedoch dafür sorgen, daß man sich eine besonders wichtige Mitteilung für die Begegnung mit dem Hauptgesprächspartner vorbehält. So sehr er es schätzen mag, auf indirektem Wege unterrichtet zu werden, Exklusivität bedeutet ihm noch mehr.

Ein Ziel, das wir mit der Genfer Konferenz verfolgten, bestand darin, zu vermeiden, daß der Friedensprozeß von den Gegensätzen zwischen Radikalen und Gemäßigten in der arabischen Welt beherrscht wurde. Deshalb hatte mein Besuch in Damaskus auf dieser zweiten Reise in den Nahen Osten die gleiche Bedeutung wie mein Aufenthalt in Kairo auf der ersten. Wenn Syrien an der Genfer Konferenz teilnahm oder sich auch nur damit abfand – und bisher hatten wir direkt noch nichts von den Syrern gehört –, und wenn es sich damit einverstanden erklärte, die Truppenentflechtung als ersten Punkt auf die Tagesordnung zu setzen, dann war unsere Strategie gerettet. Andernfalls würde es in jeder Phase der Verhandlungen zu erbitterten Auseinandersetzungen kommen. Aber wir durften hoffen. Seit der Beendigung des Krieges hatte sich Syrien vorsichtig um die Kontaktaufnahme mit den Vereinigten Staaten bemüht. Ich hatte mich am 2. November in Washington mit dem stellvertretenden syrischen Außenminister Mohammed Zakariya Ismail getroffen, der nach Amerika gekommen war, um an einer Sitzung der Vollversammlung der Vereinten Nationen teilzunehmen. Er brachte keinerlei Instruktionen mit, aber schon die Tatsache, daß ein höherer syrischer Beamter nach vielen Jahren nach Washington kam, war nach meiner Auffassung angesichts der politischen Lage alles, was Damaskus in diesem Augenblick tun konnte. Am 8. November hatte man mir in Saudi-Arabien gesagt, der syrische Präsident Hafez al-Asad wünschte direkte Gespräche mit uns. Am 21. November traf ich mit dem Vertreter Syriens bei den Vereinten Nationen, Haytham Kaylani, zusammen, um meinen für den 15. Dezember vorgesehenen Besuch in Damaskus mit ihm zu besprechen.

Kein arabischer Führer war besser geeignet, mir die Wege in Damaskus zu ebnen, als Präsident Houari Boumedienne von Algerien, der mit großer Leidenschaft seine Unabhängigkeit vertrat und als Radikaler besonders enge Beziehungen zu Syrien unterhielt. Während des Oktober-Krieges hatte er Moskau einen kurzen Besuch abgestattet, um die Sowjets zu bitten, die arabische Sache militärisch zu unterstützen. In Kairo verlautete, daß er enttäuscht zurückgekehrt wäre. Ich durfte nicht erwarten, daß Boumedienne die amerikanische Außenpolitik öffentlich unterstützte. Dafür war er seiner Ideologie zu sehr verpflichtet. Aber wenn er sich in Syrien inoffiziell dafür verwandte oder sich wenigstens nicht dagegen stellte, würde er Asad für die Zusammenarbeit mit uns Rückendeckung geben, und der Druck der Radikalen auf Saudi-Arabien könnte nachlassen.

Am Donnerstag, dem 13. Dezember, landeten wir im Nieselregen in Algier; das Wetter entsprach dem kühlen Empfang. Der lebhafte Abdelaziz Bouteflika, der zu der Delegation der arabischen Außenminister gehört hat, die Nixon und mich während des Krieges besuchten (siehe 11. Kapitel), brachte es nicht fertig, eine so ernste Miene aufzusetzen wie seine ihn begleitenden Kollegen. Jung, vital, elegant angezogen, mit einem wallenden Umhang bekleidet und mit einer dicken Zigarre im Mund genoß Bouteflika offensichtlich die Gelegenheit, von den Fernsehkameras aufgenommen zu werden. Er begrüßte mich viel herzlicher, als es offiziell eingestanden werden konnte.

Auf der schnellen Fahrt zur Residenz von Boumedienne in den an der Küste liegenden Bergen, von wo aus man einen Blick auf das Mittelmeer genießen konnte, mußte ich an eine Begegnung mit dem großen französischen Schriftsteller Albert Camus denken, den ich vor zwanzig Jahren in seinem kleinen Büro im Verlagshaus Gallimard in Paris besucht hatte. Ich war damals Examensstudent und gab eine kleine Zeitschrift mit dem Namen *Confluence* heraus, die Beiträge europäischer und amerikanischer Schriftsteller zu den verschiedensten Themen brachte und es sich zur Aufgabe gemacht hatte, die atlantischen Bindungen zu fördern. Wir hatten einen Artikel von Camus abgedruckt, und ich suchte ihn auf, um ihm zu sagen, wie sehr ich ihn schätzte. Meine Jugend schien ihn nicht zu überraschen (ich war damals dreißig Jahre alt), und er ließ mich auch nicht merken, daß meine Zeitschrift wahrscheinlich die unbedeutendste Veröffentlichung war, die einen seiner Artikel abgedruckt hatte. Ganz überraschend – fast wie im Selbstgespräch und als sei ich nur der unbedeutende Anlaß für diese Reflektionen – begann Camus, von Algerien zu sprechen, das damals noch eine französische Provinz und sein Geburtsland war. Mit sanften Worten erzählte er von der Versöhnlichkeit und Toleranz, die in diesem Lande herrschten, das geprägt war von der Sonne des Mittelmeers, strengen Traditionen und einer gelungenen Mischung verschiedener Kulturen. Er meinte, hier könnte der Mensch danach streben, das Ideal der Brüderlichkeit zu verwirklichen, wenn dies auf dieser Welt überhaupt möglich wäre. Aber Camus fürchtete bereits für die Zukunft seiner Heimat. Er hoffte, daß der Nationalismus sie nicht daran hindern werde, ihre zivilisatorische Mission zu erfüllen, und konnte den Gedanken nicht ertragen, daß die Leidenschaften unseres Zeitalters auch Algerien überschwemmen und es ihm entfremden könnten. Seine Suche nach Identität dürfte niemals zur Trennung von Frankreich führen. Viele seiner Gedanken waren mir damals noch unverständlich, denn die kommende Revolution war erst als fernes Wetterleuchten zu erkennen. Jetzt, da ich mich auf dem Weg zu einer Begegnung mit dem siegreichen Führer der algerischen Nationalisten befand, hatten die Franzosen das Land schon seit mehr als zehn Jahren verlassen. Was man auch über das moderne Algerien sagen konnte, in Versöhnungsbereitschaft, Brüderlichkeit und Toleranz unter Menschen verschiedener Volkszugehörigkeit würde wahrscheinlich nicht sein Beitrag zur Geschichte bestehen. Nach einem mit großer Erbitterung geführten Krieg hatte es in seiner Außenpolitik die kompromißlose Philosophie übernommen, welche die Staatsgründung ermöglicht hatte, und dazu die marxistische Rhetorik, welche die politische Führung des Landes in die Lage versetzte, es zu beherrschen, ohne sich der Unbequemlichkeit periodischer Wahlen unterziehen zu müssen.

Bei unserem Eintreffen in Boumediennes Residenz in einem Flügel des Palasts des früheren französischen Generalgouverneurs war im Hof eine Ehrenwache in prächtigen Uniformen angetreten. Das Zimmer, in dem unsere Begegnung stattfand, war lang und düster. An dem der Tür gegenüberliegenden Ende stand hoch aufgerichtet Boumedienne im schweren schwarzen Umhang, eine Zigarre in der Hand. Sein Kostüm schien die algerische Uniform zu sein. Später erfuhr ich, daß Boumedienne die Dauer der Gespräche, die er führte, an der Zahl der Zigarren maß, die er dabei rauchte. Diese Gespräche dauerten eine, zwei und nur selten drei Zigarrenlängen. Da ich davon nichts wußte, habe ich die Zigarren nicht gezählt, die für das Gespräch mit mir vorgesehen waren. Jedenfalls schien Boumedienne viel Zeit zu haben. Gleich zu Beginn machte er mich ausdrücklich darauf aufmerksam, daß er kubanische Zigarren rauchte. Er hatte die asketischen Züge und stechenden Augen eines Fanatikers, aber geschliffene Manieren und einen höflichen Ton. Er verhielt sich wie ein Mann, dem es noch nicht genügte, als militärischer Führer ein grausames Ringen um die Unabhängigkeit gewonnen zu haben. Wie viele militärische Dilettanten, schätzte Boumedienne die Kriegskunst nicht so sehr wie ein anderes Gebiet, auf dem er noch weniger zu Hause war und das für ihn deshalb etwas Geheimnisvolles hatte, das der politischen Philosophie. Er gehörte der Generation an, für welche die Liturgie der Schlagworte der Dritten Welt zur zweiten Natur geworden war. Amerika war »imperialistisch«, der Marxismus war »progressiv«, die Dritte Welt wurde »ausgebeutet« und war von Natur aus »friedliebend«. Ähnlich wie Camus war er überzeugt davon, daß alles, was in Algerien geschah, eine universale Bedeutung hatte. Aber anders als der sanfte Franzose glaubte er nicht, daß die Bedeutung Algeriens in seiner versöhnlichen Haltung läge, sondern in der puritanischen Verwirklichung revolutionärer Ideen. Das wichtigste war die unerbittliche Konfrontation und nicht die Teilnahme an einer universalen Kultur, die er verachtete. Und so war das Thema des Gesprächs zwischen dem Präsidenten des revolutionären Algerien und des Außenministers der kapitalistischen Vereinigten Staaten von Amerika vor allem der Gegensatz in unseren Grundauffassungen von den internationalen Beziehungen. Es war so, als debattierten zwei Professoren der politischen Wissenschaft höchst gelehrt über das Wesen ihrer Disziplin.

Boumedienne begann mit einer höflichen Floskel, die zugleich eine beruhigende Feststellung war: »Es ist gut, daß Sie in den Nahen Osten gekommen sind.« Wenn das radikale Algerien meine Bemühungen gut hieß, dann hatte unsere Strategie ihr Ziel schon zur Hälfte erreicht. Vielleicht hat Boumedienne gespürt, daß er etwas zu weit gegangen war, deswegen fügte er warnend hinzu: »Es ist eine Region der Leidenschaften. Große Probleme und große Leidenschaften.« Ohne mir die Gelegenheit zu einer Erwiderung zu geben, kam Boumedienne sofort auf sein Hauptthema zu sprechen, und zwar in dem, wie er es nannte, »algerischen Aktionsstil«:

> In den letzten Jahren haben Sie China ein großes Angebot gemacht, und auf Ihrer Reise in die Sowjetunion haben Sie eine bedeutende Initiative ergriffen. Sie haben den Konflikt in Indochina beigelegt. Es stellt sich die Frage: Ist dies ein Wandel in der Politik der Vereinigten Staaten? Ist die Welt immer noch in zwei oder drei Lager gespalten?
>
> Ich bin ein Araber der Generation, die zwei Arten von Demütigungen erlebt hat; die Demütigung des Kolonialismus, des britischen oder französischen, und des Kolonialismus, den man Israel nennt – eines Landes mit drei Millionen Einwohnern, das wegen einer gewissen massiven Unterstützung der Gendarm der Region ist.
>
> In diesem Zusammenhang gibt es objektiv drei Möglichkeiten: Einen arabischen Frieden, der sogar mit Israel ausgehandelt werden kann. Ich habe mit Frankreich verhandelt. Aber das kann nicht mit Gewalt geschehen. Das ist unser großes Verlangen. Da die Welt so ist, wie sie ist, und da die Vereinigten Staaten und Rußland existieren, ist die zweite Möglichkeit ein russisch-amerikanischer Friede. Sie haben den Waffenstillstand herbeigeführt. Es sind die Vereinigten Staaten, die in diesen Verhandlungen die wichtigste Rolle spielen.
>
> Ich kann nicht glauben, daß es ein gerechter Friede sein kann, wenn es ein amerikanischer Friede ist. Auf der einen Seite haben wir den vietnamesischen Frieden, aber da ist auch Israel. Auf der einen Seite hat es Pakistan gegeben, aber auf der anderen Seite auch Chile.*

Boumedienne wollte sich die Logik seiner Darstellungen von mir bestätigen lassen. Er erklärte sich bereit, »sogar« mit Israel verhandeln zu wollen – ein bemerkenswertes Angebot für einen arabischen Führer, der auf seinen Radikalismus so stolz war – und er hatte auf die zentrale Rolle der Vereinigten Staaten hingewiesen. Jetzt verlangte er eine intellektuelle Rechtfertigung der marxistischen Lehre, für die Amerika das politische Schreckgespenst war, und wollte eine Bestätigung dafür haben, daß er sich selbst in seiner Beurteilung der Vereinigten Staaten ge-

* Dies war interessant: Boumedienne hielt es für »fortschrittlich«, daß wir uns 1971 Pakistan zugewendet hatten.

irrt hatte. Er erkannte an, daß sich Amerika gegenüber China geöffnet, mit Hanoi verhandelt und seinen Freunden in Pakistan zur Seite gestanden hatte. Aber andere Maßnahmen, die wir zur Verteidigung unserer Interessen und Wertvorstellungen ergriffen hatten, wollten ihm weniger gut gefallen. Augenscheinlich verlangte er die Freiheit, sich auszusuchen, was ihm gefiel, oder er wollte uns sogar zu seinem radikalen Sozialismus bekehren. Wenn dieser Versuch nicht gelang, dann wollte er sich selbst davon überzeugen, daß man uns vertrauen könnte. Allerdings wollte er mir nicht erklären, weshalb meine Worte angesichts seiner eigenen marxistischen Überzeugung über Materialismus und Kapitalismus glaubwürdig sein könnten.

Von den drei Möglichkeiten, die Boumedienne erwähnt hatte, schien ihm die gemeinsam von den Vereinigten Staaten und der Sowjetunion angestrebte Lösung für den Nahen Osten *am wenigsten* zu gefallen. Sein Mißtrauen gegenüber der Sowjetunion, das er trotz seiner marxistischen Neigungen nicht unterdrücken konnte, kam sehr deutlich im folgenden kurzen Wortwechsel zum Ausdruck:

Boumedienne: Glauben Sie, daß die Sowjetunion für die Araber kämpfen würde?

Kissinger: Nein.

Boumedienne: Ich auch nicht.

Angesichts des von Boumedienne angeschlagenen Tons hatte es keinen Sinn, daß ich meine Zeit damit verschwendete, ihn mit den Feinheiten unseres Entwurfs für eine Einladung zur Genfer Konferenz vertraut zu machen. Ich konnte sein Vertrauen nicht gewinnen, indem ich ihm zeigte, wie geschickt wir zweideutige Texte formulieren konnten. Ob wir uns einigen konnten, hing davon ab, ob Boumedienne unsere Absichten begriff, wenn er sie auch nicht teilte. Die Voraussetzung für erfolgreiche Verhandlungen mit früheren oder möglichen Gegnern – und Algerien war unser Gegner gewesen und könnte es ohne weiteres wieder werden – besteht darin, die Vorbedingungen für eine Verständigung zu schaffen, die auch die unvermeidlichen Belastungen durch die Zwänge der praktischen Politik überdauern können. Deshalb nutzte ich die Begegnung vor allem dazu, ihm die Vorstellungen zu erläutern, die unserer Politik zugrunde lagen. Besonders suchte ich seine Bedenken im Hinblick auf eine mögliche Vormachtstellung der Supermächte im Nahen Osten zu zerstreuen. Ich erklärte:

In der Weltpolitik entspricht es unserer Grundauffassung, daß jeder Versuch der physischen Vorherrschaft mit den objektiv vorhandenen Tendenzen und Verhältnissen dieser Periode unvereinbar ist. Deshalb haben wir versucht, alle Tendenzen zu fördern, die zu wirklicher Unabhängigkeit führen und Amerika – ich mag das Wort »Imperialismus«

nicht – von der objektiven Notwendigkeit befreien, für jeden Teil der Welt Entscheidungen zu treffen. Deshalb begrüßen wir die Vereinigung Europas und unternehmen nichts dagegen, und wir haben sogar nichts dagegen einzuwenden, wenn dieses Europa uns gelegentlich angreift. Denn wenn es wirklich vom Geist der Unabhängigkeit geleitet wird, dann wird es sich früher oder später gegen die ihm drohenden realen Gefahren verteidigen. Es braucht die Unterstützung der Menschen, wenn es das tun will. Wir nehmen diese Haltung nicht aus reiner Freundlichkeit ein, sondern weil wir uns auf jedem anderen Wege physisch und psychisch erschöpfen würden.

Deshalb sollten die Beziehungen Algeriens zu Amerika, so fuhr ich fort, nicht durch modische Schlagwörter wie »Imperialismus« oder »Kolonialismus« bestimmt werden. Vielmehr sollte man uns danach beurteilen, ob wir klar definierte nationale Interessen miteinander in Einklang bringen könnten:

Wir möchten mit den wirklich unabhängigen arabischen Staaten verhandeln. Wenn Sie in Ihrer Außenpolitik Dinge tun, die wir entschieden ablehnen, dann werden wir reagieren. Wenn wir Dinge tun, die Sie entschieden ablehnen, werden Sie reagieren, wie wir es in den Vereinten Nationen oft erleben. Aber wenn diese Beziehung nicht in permanenter Feindschaft erstarrt, dann können wir damit leben. Ich habe Ihrem Außenminister in Washington während des Krieges gesagt, wir würden, sobald der Krieg vorüber wäre, große Anstrengungen unternehmen, und ich habe ihm in Gegenwart von konservativeren Außenministern gesagt, daß wir die revolutionären Aspekte Algeriens respektieren.

Wir streben daher nicht nach einer amerikanischen Lösung, sondern nach der Möglichkeit für die arabischen Nationen, sich von der Israel-Besessenheit zu befreien und die natürlichen Bestrebungen in der arabischen Welt zur Wirkung zu bringen.

Aber so leicht wollte sich Boumedienne von seinem Vorurteil nicht abbringen lassen, daß die Supermächte ein perfides Spiel trieben. Er meinte, wenn es zwischen der Sowjetunion und den Vereinigten Staaten kein stillschweigendes Übereinkommen zur Beherrschung anderer Länder gäbe, dann müßte zwischen beiden eine Rivalität bestehen, und in diesem Fall wollte er wissen, wo ich die Grenze zwischen den beiden Sphären ziehen würde und was wir tun wollten, um die »Grauzonen« für uns zu gewinnen. Hier zeigte sich, daß er auch die Rivalität der Großmächte fürchtete und feststellen wollte, welcher Handlungsspielraum den kleineren Ländern bliebe – was mir die Gelegenheit verschaffte, noch einmal deutlich auszusprechen, daß wir jedes Kondominium ablehnten: »Wir erkennen keine sowjetische Einflußsphäre an, und wir wünschen keine amerikanische Einflußsphäre.« Unsere Rivalität mit der Sowjetunion ginge nicht auf Kosten des Nahen Ostens. Ich wollte Boumedienne aber auch nicht auf den Gedanken bringen, daß die kleineren Länder uns gegeneinander ausspielen könnten. »Herr Präsident, man kann ernstzunehmende Menschen nicht umstimmen. Wir werden Sie nicht umstimmen und auf unsere Seite ziehen. Sie werden im eigenen Interesse handeln. Deshalb wird es niemals dauerhafte Siege geben. Für uns fragt es sich, ob Ihre Auffassungen und unsere Auffassungen nebeneinander bestehen können.« Wie viele Regierungschefs blockfreier Nationen nahm auch Boumedienne gegenüber der Rivalität zwischen den Großmächten keine ganz klare Haltung ein. Er erklärte, daß er nicht das Objekt einer solchen Rivalität sein wollte. Es machte ihm aber nichts aus, eine solche Rivalität für sich auszunutzen, wenn sich ihm die Möglichkeit dafür bot. Offensichtlich mochte er die Sowjets nicht. Er widersprach mir nicht, als ich sagte: »Aber es gibt eine wichtige Grundsatzfrage für uns, die Sie verstehen müssen. Wenn die Sowjetunion in Genf eine sehr dramatische Geste macht, werden wir uns widersetzen. Man kann uns nicht unter Druck setzen.«

Als wir konkret über die Diplomatie im Nahen Osten sprachen, erwies sich Boumedienne als erstaunlich pragmatisch. Unmittelbar nach Abschluß der arabischen Gipfelkonferenz, die in seiner Hauptstadt abgehalten worden war, erklärte sich Boumedienne damit einverstanden, daß sich die Genfer Konferenz in ihrer ersten Phase auf die Truppenentflechtung konzentrieren sollte. Diese Aussage mußte bedeuten, daß sich auch Asad dafür ausgesprochen oder ihn sogar gebeten hatte, mit mir über dieses Thema zu sprechen. Boumedienne hätte von sich aus eine so heikle Frage niemals angesprochen. Meine Vermutung bestätigte sich sofort, als er hinzufügte, er wollte sich vergewissern, daß Syrien in unseren diplomatischen Bemühungen eingeschlossen wäre, was ich ihm bestätigte. Ich sagte ihm, die arabische Welt wäre für mich zu kompliziert, als daß ich für jeden einzelnen Besuch eine neue Geschichte erfinden könnte, und überließe es ihm daher, Damaskus davon zu unterrichten, was ich ihm gesagt hätte. Darin bestand kein großes Zugeständnis, denn ein Hauptgrund für mein Gespräch mit ihm war es gewesen, Syrien über meine Haltung unterrichten zu lassen (natürlich wollte ich auch so viel wie möglich über Asads Vorstellungen erfahren, bevor ich nach Syrien weiterreiste). Jedenfalls wußte ich jetzt, daß sich Boumedienne ohne Rücksicht auf meine Wünsche mit Asad in Verbindung setzen würde. Ich sagte ihm, für die Truppenentflechtung auf den Golan-Höhen sollten die gleichen Grundsätze gelten wie auf der Sinai-Halbinsel. Ich lehnte jedoch den Vorschlag ab, daß wir die Sinai-Phase zum Abschluß bringen sollten, und zwar vor der Genfer

Konferenz, besonders weil dadurch (wie er sagte) unsere Ölversorgung erleichtert würde.

Zu diesem letzten Punkt gab ich ihm eine sehr scharfe Antwort und sagte, das Öl wäre für uns ein grundsätzliches Problem. Wir könnten es nicht hinnehmen, von denen bedroht zu werden, die uns gleichzeitig um Unterstützung bäten, und könnten nicht das Unmögliche versprechen. Wir würden uns an den Zeitplan halten, den ich Sadat bei unserer ersten Begegnung erläutert hatte, die Genfer Konferenz nach der ersten Sitzung unterbrechen und die Verhandlungen in der Zeit um den 10. Januar wiederaufnehmen. Dann würden wir größere Anstrengungen unternehmen, um die Truppenentflechtung auf der Sinai-Halbinsel zum Abschluß zu bringen, und uns anschließend der Truppenentflechtung an der syrischen Front zuwenden, wahrscheinlich im Februar – aber nur, wenn das Embargo inzwischen aufgehoben wäre.

Meinem strategischen Grundsatz entsprechend, nur über das Erreichbare zu verhandeln, vermied ich es, die Frage nach den Grenzen von 1967 anzuschneiden, und was die zu erwartenden Kontroversen um den Text der Einladung betraf, so warnte ich Boumedienne und sagte, wenn jetzt die Palästinenser-Frage auf den Tisch gelegt würde, dann werde das jeden weiteren Fortschritt unmöglich machen. Boumedienne bestand nicht darauf und beruhigte sein Gewissen vielleicht damit, daß er an das Treffen General Walters' in Rabat mit den PLO-Führern dachte, von dem er unterrichtet worden war.

Wir beendeten das Gespräch in freundlicher Atmosphäre. Boumedienne war grundsätzlich einverstanden, die diplomatischen Beziehungen zu den Vereinigten Staaten wiederaufzunehmen, glaubte allerdings, daß es dafür noch zu früh sei. Die Leiter unserer Interessenvertretungen in Algier und Washington sollten jedoch sofort einen höheren diplomatischen Rang erhalten. Unsere Vereinbarungen entsprachen damit den vor vier Wochen mit Ägypten getroffenen. Wir beschlossen, unser zweistündiges Gespräch gegenüber der Öffentlichkeit als »freimütig« (was bedeutete, daß wir Meinungsverschiedenheiten hatten), aber »sehr konstruktiv« zu bezeichnen (womit wir sagen wollten, daß wir in vieler Hinsicht gemeinsame Auffassungen vertraten und eine gute Atmosphäre geschaffen hatten).

Auf dem Flughafen sagte Bouteflika den Journalisten, daß mein Besuch einen Wendepunkt in den algerisch-amerikanischen Beziehungen bezeichne und daß Algerien die Bemühungen der Vereinigten Staaten um Frieden im Nahen Osten unterstütze – was hieß, daß Algerien uns in Damaskus unterstützen und uns auf der Genfer Konferenz nicht behindern werde.

Aber das Entgegenkommen der Algerier hatte seine Grenzen. Sie waren bereit, während einer bestimmten Zeit taktisch mit uns zusammenzuarbeiten, und wir waren stillschweigend übereingekommen, unsere unvermeidlichen Differenzen in weltpolitischen Fragen nicht mit unnötiger Schärfe auszutragen. Doch in der sehr schwierigen Anfangsphase unserer Nahost-Diplomatie durften wir jetzt mit der Unterstützung Algeriens rechnen, was uns angesichts der Tatsache, daß Algerien in der Dritten Welt als ein radikaler und revolutionärer Staat galt, nicht unwesentlich bei unseren Bemühungen helfen würde.

Wiedersehen mit Kairo

Ich landete von Algerien kommend am Donnerstagabend, dem 13. Dezember, auf dem Flughafen Kairo. Die Gebäude waren noch verdunkelt, denn schließlich lag die Front nur etwa achtzig Kilometer von hier entfernt. Außenminister Fahmy begrüßte mich etwas mürrisch, aber nicht unfreundlich. In den vergangenen zwei Wochen hatte er uns durch sein geschicktes und konstruktives Verhalten geholfen, beschwerte sich aber jetzt über die Verzögerungen und erklärte, daß die Geduld der Ägypter ihre Grenzen hätte. Ich wußte noch nicht, daß Golda den Entwurf für die Einladung nach Genf abgelehnt hatte. Es freute mich aber, daß Ägypten mit der Form einverstanden war, in der wir die Palästinenser erwähnt hatten (wir hatten von »der Frage« gesprochen). Bei einem gemeinsamen Gespräch mit dem amerikanischen und dem sowjetischen Botschafter hatte Fahmy außerdem erklärt, unser Entwurf stellte die gemeinsame »syrisch-ägyptische« Haltung dar. Wenn unser Vorschlag als ein Eingehen auf ägyptische Forderungen dargestellt wurde, dann wurde dadurch die Gefahr eines sowjetischen Einspruchs vermindert. Wenn die Angelegenheit vorher mit Syrien abgeklärt worden war, dann konnten die Sowjets und die radikalen Araber nicht mehr versuchen, Gegenforderungen aufzustellen.

Aber es gab auch Anzeichen dafür, daß die ägyptische Flexibilität ihre Grenzen hatte. Am Tage meines Eintreffens hatte die führende Kairoer Tageszeitung *Al-Ahram* erklärt, das Ölembargo könnte nur aufgehoben werden, wenn die Israelis die von ihnen besetzten arabischen Gebiete räumten. Weiter hieß es in diesem Artikel: »Die Lösung liegt nicht in klugen und zweideutigen diplomatischen Formulierungen, die jede Seite so interpretieren kann, wie es ihr am besten paßt.« Im Hinblick auf unsere Bemühungen, die Genfer Konferenz zustande zu bringen, traf diese Kritik durchaus zu, wenn sie sich aber gegen den Kern unserer Nahost-Diplomatie richtete, dann war sie falsch. »Es wäre törichter Macchiavellianismus, wenn man den verschiedenen Parteien jeweils etwas anderes erzählen wollte«, sagte ich den Reportern in meinem Flugzeug.[2] Ich hoffte, daß sie es ihren ägyptischen Kollegen weitergeben würden.

Fahmy begleitete mich in Nassers altem Mercedes zu Sadats zweiter Residenz an den Nil-Dämmen. Jetzt konnte nur noch Sadat bestimmen, ob die Friedensbemühungen auf der Konferenz, die schon in fünf Tagen beginnen sollte, Fortschritte machen oder ob wir unser Kapital in einer endlosen Debatte über den Entwurf von Einladungen und geschickt formulierte Texte verausgaben würden, über die eigentlich gar nicht hätte gesprochen werden sollen. Die Streitigkeiten um das Einladungsschreiben konnten uns nur in die Sackgasse führen, aber keinen Fortschritt bringen. Der Text der Einladung konnte die Verhandlungen nicht ersetzen. Sie mußten jetzt in Gang kommen, denn sonst konnte eine außerordentlich gefährliche Lage entstehen.

Die Organisation der Genfer Konferenz war eine wichtige Angelegenheit. Wie beim Schachspiel konnten schon die ersten Züge den Ausgang bestimmen. Mir kam es darauf an, daß auf der Konferenz in verschiedenen Gruppen verhandelt wurde, und zwar zwischen Ägypten und Israel, Syrien und Israel sowie Jordanien und Israel. Dann konnte die Sowjetunion die radikalen Araber nicht als Schachfiguren benutzen, um Fortschritte auf der Plenarsitzung zu blockieren. Aber die Sowjets stimmten dem Vorschlag, in Untergruppen zu verhandeln, sofort zu; wahrscheinlich, weil Ägypten und Syrien auf eine rasche Truppenentflechtung drängten. Aber Moskau hatte sich vorbehalten, erst in Genf über meinen zweiten Vorschlag zu entscheiden, daß sowjetische und amerikanische Vertreter nicht an den Verhandlungen der Untergruppen teilnehmen sollten, wo die eigentliche Arbeit getan werden würde, außer auf Einladung der Parteien. Ich wollte es zu direkten Verhandlungen kommen lassen und uns die Flexibilität bewahren, um ohne sowjetisches Veto hinter den Kulissen agieren zu können. Wenn Sadat sich damit einverstanden erklärte, dann würde die Sowjetunion uns kaum noch behindern können.

Sadats Residenz Barrages ist ein elegantes Gebäude nördlich von Kairo. Es wurde im vergangenen Jahrhundert als Wohnhaus für britische Ingenieure errichtet. Es liegt im grünen Teil des Nil-Tals an einem uralten Entwässerungskanal und ist von blühenden Gärten umgeben. Wir fuhren durch eine schöne, mit Jasmin und Feigen bepflanzte Anlage und hielten vor einer Freitreppe, die zum Eingang einer geräumigen Villa hinaufführte. In dem großen Empfangszimmer links des Eingangs erwartete uns Sadat in Uniform.

Nachdem uns die Presse und meine Sicherheitsbeamten verlassen hatten, setzten Sadat und ich uns auf ein niedriges, an der Wand stehendes Sofa und begannen unser Gespräch, das wir, nachdem ein Tisch hereingerollt worden war, beim Essen fortsetzten. Ohne auf die Schwierigkeiten beim Zustandekommen der Genfer Konferenz einzugehen, erläuterte Sadat seine Vorstellungen von der Zukunft. Er sagte, er hegte tiefes Mißtrauen gegenüber der Sowjetunion. Bei jedem Besuch in Moskau hätten ihn die Sowjets mit ihrer Grobheit und Herablassung gedemütigt. Sie hätten Ägypten nur benutzen wollen, um ihre eigenen selbstsüchtigen Absichten durchzusetzen und hätten Nasser buchstäblich das Herz gebrochen; als er wenige Wochen vor seinem Tode von seinem letzten Besuch in Moskau zurückgekehrt sei, wäre er entschlossen gewesen, sich aus einer Umarmung zu befreien, die ihn zu ersticken drohte. Jetzt, da Sadat die Selbstachtung Ägyptens wieder hergestellt habe, wollte er diese Absicht Nassers verwirklichen. Er werde die letzten Reste der sowjetischen Präsenz in Ägypten allmählich beseitigen und die vier mit Überschallgeschwindigkeit fliegenden Aufklärer vom Typ Mig-25 Foxbat, die auf dem Flughafen Kairo-West stationiert waren, sowie das sowjetische Geschwader in Alexandria nach Hause schicken. Den sowjetisch-ägyptischen Freundschaftsvertrag würde er entweder einschlafen lassen oder kündigen. Darüber sei die letzte Entscheidung noch nicht gefallen. Diese Maßnahmen könnte er aber erst ergreifen, wenn wir auf dem Weg zum Frieden ein wesentliches Stück vorangekommen waren. Er gab offen zu, daß er auf die Lieferung sowjetischen Kriegsmaterials angewiesen sei. Es wäre ihm jedoch lieber, sich auf amerikanische Waffen umzustellen, in nächster Zukunft wäre das aber kaum möglich. Er könnte auch noch nicht ganz auf die diplomatische Unterstützung durch die Sowjetunion verzichten, bevor sich Erfolge auf einem neuen Kurs nachweisen ließen. Aber wenn die Verhandlungen wieder ins Stocken geraten sollten, würde er in einen neuen Krieg getrieben werden. Jetzt setzte er jedoch alle Erwartungen auf die Vereinigten Staaten. »Sie halten alle Karten in der Hand«, sagte er, und dieser Ausspruch sollte bald zum Schlagwort werden.

Das war, um das Mindeste zu sagen, eine ungewöhnliche Darstellung. Gewöhnlich muß man in einem solchen Fall mit schlichter Erpressung rechnen, mit der Drohung, daß die Beziehungen zum Gegner gefestigt werden, falls es keine Fortschritte in der gewünschten Richtung gibt. Sadat drohte mir nicht und deutete auch nicht an, daß er es tun könnte. Er wollte sich wirklich von den Sowjets lösen. Um ihn zu veranlassen, daß er seine Bindungen an unseren Hauptgegner aufgab, brauchten wir nur auf dem Weg weiterzugehen, den wir schon in unserem eigenen Interesse beschritten hatten. Wie dies bei Sadat so oft der Fall war, verbarg er seine politische Klugheit hinter der Maske der Naivität. Er hatte erkannt, daß er nicht aus der Sackgasse herauskommen konnte, wenn er sich weiter auf die Sowjetunion verließ. Deshalb hielt er es für sinnlos, uns mit etwas zu drohen, was seinen eigenen Interessen widersprach. Es war besser, das Unvermeidliche als Zugeständnis anzubieten, einen Anspruch auf Gegenleistung zu begründen und vor allem das gegenseitige Vertrauen zu fördern, denn letzteres war der Schlüssel zu seiner Strategie.

Sadat sagte mir auch, ich hätte recht gehabt, als ich vor vier Wochen darauf hinwies, daß der Friede in erster Linie ein psychologisches Problem wäre, aber die Hindernisse lägen nicht nur auf der israelischen Seite. Die Araber wären stolz; sie wären gedemütigt worden und hätten Schwierigkeiten, einen Weg aus der Sackgasse, in der sie sich befanden, zum Frieden zu finden, nach dem sich die meisten von ihnen sehnten. Er, Sadat, werde versuchen, diesen Weg zu finden – wenn notwendig, allein, aber er hoffte, seine arabischen Brüder würden ihm in nicht allzu ferner Zukunft folgen. Doch Israel müßte ihn dabei unterstützen. Ich könnte Golda Meir sagen, er wäre aufrichtig bestrebt, den Frieden zu erreichen, aber nicht um den Preis »meiner« Gebiete. Er fragte mich, ob ich glaubte, daß Golda stark genug wäre, Frieden zu schließen – eine kluge Frage, denn er wußte, daß nicht ein gefügiger israelischer Regierungschef Frieden schließen könnte, sondern nur ein starker. Ich sagte, wenn Stärke das wichtigste Erfordernis wäre, dann sei er bei Golda an der richtigen Adresse.

Natürlich brachten uns diese theoretischen Überlegungen der Lösung der unmittelbar bevorstehenden Probleme nicht näher. Wir befanden uns in der paradoxen Situation, daß der Entwurf einer Einladung dem Zustandekommen der Konferenz im Wege stand, mit der sich alle Beteiligten einverstanden erklärt hatten. Hier Klarheit zu schaffen, überließ Sadat großzügig mir.

Ich war inzwischen zu der Auffassung gelangt, daß es die Aufgabe eines Theologen und nicht eines Diplomaten wäre, den Streit über den Text der Einladung zu beenden. Die Exegese der einzelnen Abschnitte dieses Briefes konnte uns nicht weiterbringen. Ich wollte deshalb zunächst die grundsätzlichen Fragen klären und sagte, bei allem Respekt glaubte ich nicht, daß es eine realistische militärische Option gäbe. Sollte der Krieg von neuem beginnen, wie Sadat angedeutet hatte, dann würde daraus die gleiche Lage entstehen wie im Oktober. Die ägyptische Armee wäre immer noch mit sowjetischen Waffen ausgerüstet und von sowjetischem Nachschub abhängig. Ägypten würde wieder in die Arme der Sowjetunion getrieben. Bei uns bestünde dagegen immer noch das Interesse zu demonstrieren, daß sich das Problem nicht mit sowjetischen Waffen lösen ließ. Das Ergebnis wäre ein neues Unentschieden in einer noch verlustreicheren kriegerischen Auseinandersetzung, die uns vor das gleiche Dilemma stellen würde wie jetzt. Nur Sadat werde dann ein Gefangener Moskaus sein und nicht mehr die Möglichkeit haben, sich den Vereinigten Staaten anzuschließen.

Jetzt käme es darauf an, sich über die Nebensächlichkeiten im Text der Einladung zur Genfer Konferenz hinwegzusetzen, mit denen alle Beteiligten versuchten, das Ergebnis der Verhandlungen vor Konferenzbeginn vorwegzunehmen. Der Friede im Nahen Osten ließe sich nicht durch den Wortlaut eines Schriftstücks herbeiführen. Vielleicht könnten wir das ganze ausführliche Schreiben zusammenstreichen und nur noch in einem einzigen Abschnitt die Einladung aussprechen, um es der Konferenz zu überlassen, über die kleinlichen Streitpunkte zu entscheiden. Wenn es uns ernst mit der Truppenentflechtung zuerst an der ägyptischen und dann an der syrischen Front wäre, dann müßte vor allem die Genfer Konferenz zusammentreten, und zwar auf eine für alle akzeptable Einladung hin. Hier müßten so rasch wie möglich Untergruppen gebildet werden (am besten ohne Beteiligung der Sowjetunion), um in konkrete Verhandlungen einzutreten. Jede Erwähnung der Palästinenser würde die Israelis an ihrer empfindlichsten Stelle treffen. Man dürfe es Israel jetzt nicht zumuten, unmittelbar vor den Wahlen und nach einem Kriege, der die Grundlagen der israelischen Außenpolitik in mancher Weise verändert hatte, sich mit einer so schwierigen Frage zu beschäftigen. Ein möglichst kurz gefaßtes Einladungsschreiben könnte uns das ganze Dilemma ersparen.

Sadat hörte mir in der für ihn charakteristischen Haltung mit leicht zusammengekniffenen Augenlidern zu. Und er reagierte genauso wie vor einem Monat. Ohne mir zu widersprechen, stimmte er mir grundsätzlich zu. Ägypten werde sich an der Konferenz beteiligen, und zwar auch, wenn Syrien ihr fernblieb. Es könnte doch nicht so schwierig sein, einen Brief zu entwerfen, der alle Beteiligten befriedigte. Ihm genügte ein kurzes Einladungsschreiben, was allerdings eine gewisse Verzögerung bedeuten könnte, denn ein ganz neuer Entwurf brauchte wieder die Zustimmung aller Parteien. Ich benutzte Sadats Angebot dazu, ihm einen Kompromiß in der Palästinenser-Frage vorzuschlagen. Ich sagte Sadat, wenn wir an dem ausführlichen Einladungsschreiben festhielten, wäre es vielleicht das beste, wenn wir uns darauf einigten, daß die Möglichkeit der Teilnahme anderer Gruppen in neutraler Form angesprochen wurde, und zwar ohne die Palästinenser zu erwähnen. So könnte es zum Beispiel heißen, daß *»die Frage nach weiteren Teilnehmern«* in der ersten Phase der Konferenz besprochen werden sollte. Die Araber könnten dann sagen, sie würden die Teilnahme der Palästinenser verlangen; Israel könnte erklären, es würde sie ablehnen. Aber das alles würde nach Konferenzbeginn geschehen, und wenn es die Konferenzteilnehmer nicht wollten, würde das Problem niemals gelöst werden.

Sadat sagte, er werde seine Entscheidung zum Wortlaut der Einladung nach meinem Besuch in Damaskus treffen, ließ aber kaum einen Zweifel daran, daß er meinem Vorschlag zustimmen würde. Um Israels Besorgnisse zu zerstreuen, machte er das Angebot einer grundsätzlichen Zusicherung an Israel. Ohne Rücksicht auf den Text des Einladungsschreibens wollte er sich verpflichten, das Palästinenser-Problem so lange nicht auf den Tisch zu legen, wie die Verhandlungen über die Truppenentflechtung dauerten. Mit anderen Worten, die Angelegenheit sollte für die folgenden Monate auf Eis gelegt werden.

Was nun das von mir in Aussicht genommene Verhandlungsverfahren betraf, so erklärte sich Sadat damit einverstanden, daß möglichst bald Untergruppen gebildet werden sollten. Nur auf diese Weise könnten die Verbände auf der Sinai-Halbinsel rasch auseinandergezogen werden, denn Syrien würde auf einer Plenarsitzung mit Sicherheit sein Veto dagegen einlegen, daß die Truppenentflechtung an der ägyptischen Front beginnen sollte. Aus ähnlichen Gründen – diesmal zur Vermeidung eines sowjetischen Vetos – stimmte er dem Vorschlag zu, daß die Sowjetunion und die Vereinigten Staaten an den Verhandlungen der Untergruppen nicht beteiligt werden sollten. Aber er stellte zwei Bedingungen: Die Vereinigten Staaten müßten auch während der Verhandlungen aktiv bleiben. Um ihre Tätigkeit nach außen zu demonstrieren, sollte ich Anfang Januar in den Nahen Osten zurückkehren, um mit ihm die Grundsätze für den Entflechtungsplan auszuarbeiten, damit sich die Verhandlungen nach dem erneuten Zusammentreten der Genfer Konferenz, das für den 10. Januar vorgesehen war, nicht wieder festfuhren.

Inzwischen war es Mitternacht geworden. Sadat machte den Vorschlag, daß wir am folgenden Morgen über die Einzelheiten der Truppenentflechtung sprechen sollten. Aber der Tag, der in Brüssel begonnen und mich von Algier nach Kairo gebracht hatte, war noch nicht vorüber. Ich verabschiedete mich von Sadat, traf mich um 1.30 Uhr in Kairo mit dem sowjetischen Botschafter Winogradow und teilte ihm unsere Absicht mit, nur ein ganz kurzes Einladungsschreiben zu verfassen. Da er keine Anweisungen aus Moskau hatte, konnte er mir nur sagen, daß er meinen Vorschlag weitergeben werde.

Währenddessen wurde ich immer wieder an Watergate und unsere so unsicher gewordene innenpolitische Basis erinnert. Mit seinen ständigen Ausflüchten hatte Nixon jetzt jede Möglichkeit verloren, die Ereignisse entscheidend zu beeinflussen. Er war jetzt der Gefangene seiner eigenen Darstellung der Vorgänge um Watergate, und ich war immer noch davon überzeugt, daß er sich an den Inhalt der Tonbänder nicht mehr erinnerte. Im Dezember löste es allgemeine Empörung aus, als bekannt wurde, daß auf einem Band achtzehneinhalb Minuten gelöscht waren. Außerdem warfen ihm die Medien Unregelmäßigkeiten bei seinen Einkommensteuererklärungen vor.

Nixon hätte ein Übermensch sein müssen, wenn er gelassen hingenommen hätte, daß sein Außenminister immer wieder für außenpolitische Erfolge gelobt wurde, die eigentlich seiner Standhaftigkeit zu verdanken waren. Sein Unwille kam besonders dann zum Ausdruck, wenn ein dramatisches Ereignis Aufsehen in der Öffentlichkeit erregte, denn für einen Politiker ist die Anerkennung durch die Öffentlichkeit lebenswichtig. In solchen Fällen äußerte sich der lange zurückgehaltene Groll in Temperamentsausbrüchen. Ich nehme an, daß meine Reaktion darauf heute verständlicher ist als damals.

Die Wahrheit war wie immer komplex. Nixons Verdienste wurden nicht in dem Maß anerkannt, wie er es verdient hätte. Die Arbeit seiner Untergebenen wurde zum Teil überbewertet, aber daß sich die Öffentlichkeit so stark mit meiner Person beschäftigte, war nur die Folge des Dilemmas, in dem sich der Präsident befand, und nicht seine Ursache. Nachdem Watergate über einen bestimmten Punkt hinweggegangen war – besonders nach Bekanntwerden der Tonbänder –, entwickelte es seine eigene Dynamik.

Aber die gleiche Ausdauer, mit der Nixon die schweren Prüfungen ertrug, denen er sich stellen mußte, ließ ihn auch hoffen, daß ein spektakulärer außenpolitischer Erfolg ihn aus seiner verzweifelten Lage retten könnte. Deshalb empörte es ihn, als meine Rede vom 12. Dezember vor der Society of Pilgrims in London von den Medien so stark beachtet wurde (siehe 16. Kapitel). Ich hatte mit Nixon ein paarmal darüber gesprochen, daß ich diese Rede halten wollte. Dann hatte ich den Text den zuständigen Behörden vorgelegt. General Scowcroft hatte dem Präsidenten den Entwurf vorgelegt. Ich weiß nicht, ob Nixon ihn gelesen hat, glaube es aber nicht, denn er war zu sehr mit anderen Dingen beschäftigt. Seine Einwände richteten sich im übrigen auch nicht gegen den Inhalt, sondern gegen das unerwartet starke Echo in der Öffentlichkeit – besonders was die Energiepolitik betraf, denn hier hoffte er, zu einem überraschenden Durchbruch zu kommen.

Als ich daher am 13. Dezember im Nahen Osten eintraf, bat Nixon, um mir den Wind aus den Segeln zu nehmen, den sowjetischen Botschafter Dobrynin zu einem privaten Gespräch ins Weiße Haus – ein ganz ungewöhnlicher Vorfall. Scowcroft schickte mir das folgende Telegramm:

Vor ein paar Minuten hat der Präsident Botschafter Dobrynin gebeten, zu ihm zu kommen – allein. Er sagte nur, er wollte mit ihm über den Nahen Osten sprechen, erwähnte aber keine Einzelheiten. Dobrynin kam, führte mit dem Präsidenten ein etwa halbstündiges Gespräch und ist eben wieder gegangen. Ich fragte Dobrynin, wie das Gespräch verlaufen sei, und er sagte, er wäre sehr zufrieden – es wäre eines der befriedigendsten Gespräche gewesen, die er mit dem Präsidenten geführt habe.
Das war offensichtlich eine Reaktion auf Ihre Pilgrims-Rede. Ich werde sehen, ob Haig feststellen kann, was besprochen worden ist, und werde es Ihnen natürlich sofort mitteilen. Zwar weiß ich, daß dies eine besorgniserregende Entwicklung ist, es könnte aber noch schlimmer kommen.

Der letzte Satz war ein Beweis für Scowcrofts Feingefühl und Takt. Ich beurteilte die Begegnung nicht so objektiv, besonders, da der Präsident der Presse erklären ließ, es habe eine »allgemeine Erörterung der Beziehungen zwischen den Vereinigten Staaten und der Sowjetunion« stattgefunden. Es war keine Kleinigkeit, wenn das Weiße Haus im Auftrag des Präsidenten eine Erklärung abgab, aus der sich nur entnehmen ließ, daß er beabsichtigte, unsere Bindungen an die Sowjetunion zu festigen, während Sadat mir am gleichen Tage mitgeteilt hatte, daß er den sowjetisch-ägyptischen Freundschaftsvertrag kündigen wollte. Nachdem ich mich die ganze Nacht mit den aktuellen Fragen der Nahost-Politik beschäftigt hatte, schickte ich Scowcroft und Haig in den frühen Morgenstunden mehrere Funksprüche und verlangte, über den Inhalt des Gesprächs zwischen dem Präsidenten und dem sowjetischen Botschafter unterrichtet zu werden. Ich erklärte, die Verhandlungen über die Genfer Konferenz seien in eine entscheidende Phase eingetreten. Ich würde mich demnächst mit Gromyko treffen und dürfte nicht weniger über den Inhalt des Gesprächs wissen als er. Sadat fürchtete noch immer, daß die Vereinigten Staaten und die Sowjetunion hinter seinem Rücken geheime Absprachen treffen könnten.

Aber weder Haig noch Scowcroft konnten Nixon dazu bewegen, genau zu sagen, worüber gesprochen worden war. Ihm kam es offenbar vor allem darauf an, zu zeigen, daß er der Herr im Hause war. Wahrscheinlich hat es sich nur um einen Meinungsaustausch über allgemeine Themen gehandelt, denn die Sowjets haben das Gespräch uns gegenüber nie erwähnt. Scowcroft, der sich durch nichts aus der Ruhe bringen ließ und der wahrscheinlich, wenn er nicht die Militärakademie besucht hätte, ein hervorragender Psychiater geworden wäre, versuchte mich zu beruhigen, indem er mir erklärte, weshalb es noch schlimmer hätte kommen können: »Wir (Haig und Scowcroft) konnten es wenigstens verhindern, daß der Präsident den saudischen Botschafter empfing, der auch ins Weiße Haus gebeten wurde.« Haig riet mir dringend, dafür zu sorgen, daß der Pressesprecher des Außenministeriums nicht den Eindruck entstehen ließ, es entwickelte sich ein gewisser Abstand zwischen mir und dem Weißen Haus. Am Schluß seiner Mitteilung hieß es:

> Es wäre töricht zu erwarten, daß die gegenwärtigen Schwierigkeiten behoben werden könnten, und ich bin überzeugt, daß wir auch weiterhin mit ihnen fertig werden und auf alles achten müssen, was damit zusammenhängt. Doch nichts wäre schädlicher, als wenn wir es zuließen, daß diese Dinge uns an der Erfüllung viel wichtigerer Aufgaben hindern. Wenn wir dieses Problem nicht aus den Augen verlieren, dann brauchen wir jetzt und auf längere Sicht nichts weiter zu unternehmen, und es ist uns bisher immer gelungen, damit fertig zu werden.

Damit hatte er recht – aber ich konnte mich mit der Situation erst abfinden, als die Sonne über Kairo aufging.

Am Freitag, dem 14. Dezember um 10.00 Uhr, war ich wieder bei Sadat in seiner Residenz im Nil-Tal. Unser Thema war jetzt die Truppenentflechtung. Sadat fragte mich nach unserem »Plan«. Er konnte sich noch immer nicht von der Idee trennen, daß es einen »Kissinger-Plan« geben müßte. Ich sagte ihm, ich hielte es für falsch, sich auf ein ganz bestimmtes Programm festzulegen. Es würde sich nicht vermeiden lassen, daß es bekannt würde, und wenn es sich dann nicht in allen Punkten durchführen ließ, konnte das ganze Unternehmen scheitern. Damit gefährdeten wir den sehr realen Fortschritt, der erreicht wäre, wenn Israel seine Truppen um ein wesentliches Stück zurücknahm und die ägyptischen und israelischen Streitkräfte auseinanderrückten. Ich schlug deshalb vor, zunächst über die Grundsätze zu sprechen, von denen wir uns bei den Verhandlungen leiten lassen sollten.

Dabei zeigte es sich, daß die Verhandlungen bei Kilometer 101 doch recht nützlich gewesen waren – besonders bestimmte israelische Vorstellungen, die Yariv dem ägyptischen General Gamasy vorgelegt hatte. Ausgehend von den Gesprächen zwischen Yariv und Gamasy sprach ich über die Möglichkeit, daß Ägypten schwächere Verbände östlich des Suez-Kanals lassen könnte, während Israel seine Truppen bis an den Mitla-Paß, etwa zweiunddreißig Kilometer hinter dem Kanal, zurücknahm, und die von den Vereinten Nationen zur Verfügung gestellten Truppen die dazwischen liegende Zone besetzten. Sadat und ich gingen nicht so weit, bestimmte Linien auf der Karte einzuzeichnen oder darüber zu sprechen, ob und wieweit die Bewaffnung der Verbände in den einzelnen Zonen beschränkt werden sollte. Die Lösung dieser Fragen überließen wir einer späteren Begegnung und den Verhandlungen in Genf, die, wie wir hofften, nach der ersten Phase geführt werden würden.

Nach dem Mittagessen stellten wir uns gemeinsam der Presse. Ich benutzte die Gelegenheit, die Tagesordnung der geplanten Genfer Konferenz festzulegen: »Wir sind übereingekommen, daß die Truppenentflechtung – die Trennung der Streitkräfte voneinander – das Hauptverhandlungsthema in der ersten Phase der Friedenskonferenz sein soll, und ich werde in andere Länder reisen, um mit ihnen darüber zu sprechen, wie wir dabei verfahren wollen.« Dann erklärte Sadat seine Zustimmung zu dem, was ich öffentlich gesagt hatte, aber auch zu dem Verfahren, das ich den anderen Regierungschefs im persönlichen Gespräch vorschlagen wollte: »Ich bin wirklich sehr befriedigt nach den langen, fruchtbaren Gesprächen, die wir geführt haben.«

Es folgte ein seltsames Frage-und-Antwort-Spiel über den Zeitplan für die Truppenentflechtung. Ein Reporter, der nicht wußte, welche Bedeutung dieser Feiertag für einen frommen Moslem hatte, fragte, ob Sadat immer noch hoffte, daß die Truppenentflechtung noch vor Weihnachten beginnen könnte. Sadat bestätigte das, wußte allerdings ganz genau, daß wir vereinbart hatten, nichts zu unternehmen, bevor ich Anfang Januar wieder nach Kairo kam. Er hatte noch nicht gelernt, mit der aufdringlichen amerikanischen Presse umzugehen – später hat er es glänzend verstanden.

Als ich Kairo verließ, hatte ich das Gefühl, daß die Dinge endlich ins rechte Lot kamen. Wir konnten mit einiger Sicherheit damit rechnen, daß Ägypten an der Konferenz teilnehmen würde; Jordanien würde ihr nicht fernbleiben, wenn es nicht fürchten mußte, vor der PLO das Feld räumen zu müssen. Wir hatten uns mit Kairo über einen Zeitplan und das generelle Verfahren für die Truppenentflechtung geeinigt. Sadat hatte außerdem zugesagt, nach Abschluß der Truppenentflechtung im Januar die Aufhebung des Ölembargos zu empfehlen. Das große Fragezeichen blieb Syrien, aber mein Gespräch mit Boumedienne hatte mich auch in dieser Hinsicht ermutigt. Ich war in bester Stimmung, dachte an meine Pressekonferenz von 1972, auf der ich den Durchbruch bei den Vietnam-Verhandlungen bekanntgegeben hatte, und sagte den Journalisten: »Ich bin der Ansicht, daß wir vor dem Beginn einer Konferenz stehen.«

Die Stadt Riad liegt wie zufällig auf einem öden Hochplateau ausgestreut und hat ihre Entstehung der Entscheidung zu verdanken, die Hauptstadt des Königreichs von dem heißen, feuchten Dschidda in eine Höhe zu verlegen, wo die Luft trockner und die Temperaturen relativ verträglich sind – wobei die Betonung auf dem Wort »relativ« liegen muß. So ist Riad die Inkarnation der irgendwie geheimnisvollen Qualität des Staates. Der König residiert hier mit seinen Ministern wenigstens acht Monate des Jahres, aber die Stadt hat noch keinen offiziellen Status. Damals lagen die ausländischen Botschaften und die Büros des Außenministeriums in Dschidda, während sich der Außenminister Omar Saqqaf meist in der Nähe des Königs in Riad aufhielt.

Dieses System sorgte dafür, daß sich die Ausländer möglichst wenig bemerkbar machen oder die Regierung unter Druck setzen konnten. Bis Ende der siebziger Jahre gab es in Riad nur wenige und recht unkomfortable Hotels. Botschafter, die uneingeladen in die Stadt kamen, hatten Schwierigkeiten, eine Unterkunft oder einen Gesprächspartner zu finden. Die Diplomaten wurden entweder zu Gesprächen aufgefordert oder mußten schon lange im voraus um eine solche Begegnung nachsuchen. Für den amerikanischen Botschafter ergaben sich solche Unbequemlichkeiten nur, wenn er, wie Hermann Eilts (als er unser Botschafter in Saudi-Arabien war) nicht gern ein Flugzeug benutzte und die zehn Stunden nach Riad im Kraftfahrzeug zurücklegen mußte, wenn er etwas zu besprechen hatte. Unsere Diplomaten wurden in der Praxis jedoch fast automatisch vorgelassen, und die Beziehungen zwischen unseren beiden Ländern waren herzlich und freundschaftlich.

Diese freundliche Haltung kam auch bei meinem Eintreffen am 14. Dezember – es war mein zweiter Besuch in Saudi-Arabien – zum Ausdruck. Wieder stand Omar Saqqaf in seinem offiziellen arabischen Gewand an der Gangway und spielte mit den Perlen seines Rosenkranzes. Wieder nahm er mich bei der Hand und führte mich durch das Spalier der in weiße Gewänder gekleideten Ehrenwache in die marmorne königliche Empfangshalle. Dort servierte man uns bitteren saudischen Kaffee, während die Fernsehkameras den Empfang filmten und die mich begleitenden Journalisten versuchten, uns Fragen zu stellen.

Ich hatte den Eindruck, daß die Reporter, die ständig mit mir auf Reisen waren, sich in Saudi-Arabien nicht so aggressiv verhielten wie in den meisten anderen Orten. Sie wurden mit größter Zuvorkommenheit als Gäste behandelt, von denen man die gleiche Höflichkeit erwartete. Dabei möchte ich es meinen Begleitern auf so mancher langen Reise überlassen, zu erklären, Höflichkeit sei ihre zweite Natur. Jedenfalls bestritten sie, eingeschüchtert zu sein. Vielleicht lag ihre Zurückhaltung daran, daß wir in Riad gewöhnlich am Ende einer anstrengenden Reise eintrafen und sie sich danach sehnten, endlich die verdiente Ruhe zu finden, auf die sie jedoch verzichten müßten, wenn der Portier im einzigen Hotel der Stadt vergessen haben sollte, das Zimmer für sie zu reservieren.

Ich wurde wieder in dem geräumigen staatlichen Gästehaus untergebracht, dessen Eleganz und Bequemlichkeit aber noch nicht ganz seiner Größe entsprachen (bei meinen späteren Besuchen wurde dieser Mangel allerdings mehr als ausgeglichen). Nach einem kurzen Essen holte mich Saqqaf ab, um mich zum König zu begleiten. Ich wurde im königlichen Diwan, dem privaten Arbeitszimmer des Monarchen, empfangen, wo ebenso wie bei der letzten Audienz zwei Stühle in der Mitte des Zimmers aufgestellt waren. Mein Platz war rechts neben dem König. Gegenüber stand ein dritter Stuhl für den Dolmetscher. Die Berater saßen in zwei Reihen an den einander gegenüberliegenden Längswänden in einem Abstand von uns, in dem sie unserem Gespräch kaum folgen und sich selbst nicht daran beteiligen konnten. Während die Fotografen ihre Aufnahmen machten, zeigte der König ein ernstes Gesicht. Ich wußte, daß Boumedienne schon einen Beauftragten nach Riad geschickt hatte. Auf dem Flughafen hatte ich ein ägyptisches Regierungsflugzeug gesehen und nahm an, daß Sadat seinen Vertrauten Ashraf Marwan beauftragt hatte, Faisal über die ägyptische Version unserer Begegnung zu unterrichten.

Seine Majestät eröffnete das Gespräch, indem er mir erklärte, wie sehr er Nixon schätzte. Er kannte den Präsidenten schon seit zwanzig Jahren. Die Freundschaft, die die beiden Männer verband, hatte mit ihren offiziellen Ämtern nichts zu tun. Er wollte mir auf seine Art sagen, daß die Enthüllungen von Watergate an seiner Haltung gegenüber Nixon nichts ändern könnten. Als wir uns den konkreten politischen Fragen zuwandten, modifizierte Faisal, was er mir vor einem Monat gesagt hatte. Damals hatten seine Vorschläge fast der extremen Haltung der PLO entsprochen. Er hatte die Errichtung eines weltlichen Staats in Palästina für Juden und Moslems gefordert – mit anderen Worten die Auflösung des Staates Israel. Jetzt drängte er auf die Rückkehr Israels zu den Grenzen von 1967 und die Herausgabe der Altstadt von Jerusalem. Bei meinem letzten Besuch hatte Faisal verlangt, daß entweder alle Palästinenser das Recht haben sollten, in ihre Heimat zurückzukehren (was praktisch die Vernichtung Israels bedeutet hätte, das von Arabern überflutet worden wäre), oder daß die Palästinenser entschädigt werden müßten. Diesmal waren die von Faisal erhobenen Forderungen nicht mehr so bestimmt, und er sprach nur noch von Entschädigung. So zeigte er, daß auch er versuchte, flexibel zu sein. Bezeichnenderweise modifizierte er jetzt seine frühere Haltung, als wäre das, was er sagte, die absolute Wahrheit. Doch nicht die kleinste Geste deutete darauf hin, daß Saudi-Arabien, wenn auch zögernd und widerwillig, sich zum erstenmal in den Friedensprozeß einschaltete. Darin lag die eigentliche Bedeutung der Worte Faisals, die aber trotz allem noch keine Basis für einen Kompromiß darstellten. Er gab eine Haltung und ein Programm vor und bedeutete, daß sich Saudi-Arabien den Friedensbemühungen anderer Länder nicht widersetzen werde.

In dieser Atmosphäre erläuterte ich ihm unsere Pläne für die Einberufung der Genfer Konferenz, die Einrichtung der Untergruppen und die Tagesordnung: Die Truppenentflechtung sollte zuerst an der ägyptischen und dann an der syrischen Front erfolgen. Faisal gab mir in der für ihn typischen indirekten Art zu verstehen, daß er unser Vorgehen für richtig hielt. Auch darin sah ich ein günstiges Zeichen dafür, daß die Syrer eine positive Haltung einnahmen. Faisal hätte sich niemals zum Einlenken bereit gefunden, wenn er damit den Unwillen Syriens riskierte – besonders bei einem seiner engsten Berater, Rashad Pharaon, der Syrer war.

Ins Gästehaus zurückgekehrt, fand ich eine Nachricht vor, die alles zu vernichten drohte. Das israelische Kabinett hatte die Entscheidung über die Teilnahme an der Genfer Konferenz vertagt. Der Entwurf für das Einladungsschreiben genügte ihr auch in der revidierten Form nicht. Da ich erst am Sonntag, dem 16. Dezember, in Israel sein würde, konnte die Genfer Konferenz nicht mehr am 18. Dezember beginnen. Ich mußte den Termin deshalb auf den 21. Dezember verlegen und die Einladung unter Umständen in der mit Sadat besprochenen verkürzten Form hinausgehen lassen. Ich setzte mich sofort mit Sadat und Gromyko in Verbindung und schlug ihnen dieses Verfahren vor. Es war ein Beweis dafür, wie sehr sie an einem baldigen Konferenzbeginn interessiert waren, daß sie gegen diese zweite Verschiebung des Konferenzbeginns keine Einwände erhoben. Zugleich verfaßte ich im Namen des Präsidenten eine scharfe Note an Golda Meir, die sie von der Terminänderung unterrichtete, in der jedoch erklärt wurde, daß die Vereinigten Staaten sich ohne Rücksicht auf die Entscheidung Israels an der Eröffnung der Konferenz beteiligen würden. Diese Entscheidung müßte spätestens getroffen werden, wenn ich Israel in achtundvierzig Stunden besuchte.

Am Samstagmorgen besuchte mich der kluge, alte Omar Saqqaf im staatlichen Gästehaus. Ich sage »alt«, weil er mit seinem vom Wind und Wetter gegerbten, zerfurchten Gesicht viel älter aussah, als er war. Er war erst Anfang der Fünfzig, hatte jedoch offenbar das Leben voll ausgekostet. Wie vor vier Wochen wollte er mir erläutern, was der König hatte sagen wollen:

Der König persönlich kann nichts tun, woran er nicht glaubt. Nach diesem Grundsatz lebt er seit 1936. Er glaubt an die arabische Sache. Er ist ein König. Dem König von Thailand fühlt er sich mehr verbunden als Präsident Pompidou. Das ist seine Art zu denken. Deshalb ist er für diese Sache und kann seine Meinung nicht ohne weiteres ändern. Natürlich haben Sie gesehen, daß er eigentlich eine positive Haltung einnimmt. Ich bin überzeugt, er hat mehr gesagt als je zuvor.

Zu meinem Bedauern mußte ich zugeben, daß ich ihn nicht so gut verstanden hätte. Auch unter äußerstem Druck hätte ich nicht genau sagen können, was Faisal gemeint hatte – und gerade das hatte der verschlagene König erreichen wollen. Er hatte die besten Absichten, aber er würde sein Verhalten den Umständen anpassen, und dazu gehörten der Druck, den die anderen arabischen Staaten auf ihn ausübten, und die Frage, ob in den Verhandlungen Fortschritte erzielt wurden oder nicht. Mit seiner optimistischen Darstellung wollte Saqqaf daher sagen, daß die Haltung der Vereinigten Staaten in der arabischen Welt jetzt besser verstanden werde und sich deshalb der Handlungsspielraum Saudi-Arabiens vergrößert hätte. Er erläuterte mir, wie sich die Ansichten in den verschiedenen arabischen Ländern entwickelten, in einer fast ebenso umständlichen Art wie seine Herren, und so entstand ein Dialog, der wie der verzweifelte Versuch klang, den frühen Hemingway zu imitieren. »Er ist sehr intelligent«, sagte Saqqaf von Boumedienne:

Er hat sich geändert. Vorher war er wie der Irak oder Libyen. Er bot uns bei Bedarf seine Flugzeuge und Waffen an. Soweit hat sich seine Politik nicht verändert. Aber er ist nicht der gleiche. Er läßt Ihnen die Wahl.

Kissinger: Genau.

Saqqaf: Zu kämpfen oder zu einer Friedenslösung zu kommen. Es kam die Zeit, da jeder nicht so sehr für die Sache wie für die Würde des arabischen Mannes kämpfte. Ist er der Mann, der hochmoderne Waffen brauchen kann? Oder geht er nur hinaus, um zu sterben?

Kissinger: Ich habe nie an die Theorie geglaubt, daß die Araber nicht kämpfen könnten, weil ich die Geschichte kenne.

Saqqaf: Ja, ja, Sie kennen die Geschichte.

Kissinger: Es gibt Leute in Israel, die das geglaubt haben. Aber jahrhundertelang fürchteten die Menschen, daß die Araber niemals aufhören würden zu kämpfen.

Saqqaf: Hafez al-Asad hat mir gesagt, er wüßte es selbst nicht genau. Aber hinter uns liegen dreißig schlechte Jahre. Und furchtbare zehn Jahre.

Er versicherte mir: »Ich glaube, das Gespräch mit dem König ist sehr günstig verlaufen.« Dann bat mich Saqqaf, mit mir und unserem Botschafter, James E. Akins, ohne Zeugen sprechen zu dürfen. Er machte mir die offizielle Zusage, daß Saudi-Arabien nicht nur das Embargo aufheben und die Ölproduktion steigern, sondern auch die anderen arabischen Ölproduzenten drängen werde, das gleiche zu tun. Da er keinen genauen Termin nannte, hatte diese Erklärung eher eine dramatische Wirkung als einen konkreten Inhalt. Aber als sich Saqqaf auf dem Flughafen von mir verabschiedete, wiederholte er seine Zusage öffentlich: »Wir glauben, wir können jedes Hindernis beseitigen, das unsere Beziehungen stört.«

Es folgte eine ganz persönliche Bemerkung: »Ich habe mich über die Begegnung mit meinem Freund, Dr. Kissinger, sehr gefreut, den ich Henry nenne.« Damit wurde er zum ersten Araber, der mich beim Vornamen nannte. Von nun an entwickelten sich die Dinge in eine neue Richtung. Das Erfreuliche daran war nicht nur die damit verbundene menschliche Wärme, sondern diese Haltung der Saudis würde mir auch in Syrien nützlich sein, dem mein nächster Besuch galt.

Mein erster Besuch in Damaskus

Syrien machte auf mich einen so abstoßenden Eindruck, wie ich es mir nach den Schilderungen vor meiner Reise dorthin nicht hätte vorstellen können. Die syrische Regierung zeichnete sich unter allen arabischen Regimen als eine der radikalsten aus. Syrien war mit Sicherheit der militanteste der sogenannten Konfrontationsstaaten – der unmittelbaren Nachbarn Israels, die bisher jede Verhandlung mit den Israelis abgelehnt hatten. Syrien war 1946 unabhängig geworden; seither bestand die Geschichte des Landes aus blutigen Unruhen, radikalen Veränderungen und einer Reihe von Staatsstreichen, welche die Spannungen in der syrischen Gesellschaft und die Zwänge der arabischen Politik und Ideologien widerspiegelten. Der damalige und noch heute amtierende Präsident Hafez al-Asad hatte seinen noch radikaleren Vorgänger im November 1970 zum Rücktritt gezwungen, nachdem Syrien in der Jordanien-Krise seinen Leichtsinn mit einer katastrophalen Niederlage hatte bezahlen müssen. Der damalige Verteidigungsminister Asad hatte es erlebt, wohin eine so verantwortungslose Politik führen kann, und daraus gelernt. Jetzt war er schon mehr als elf Jahre im Amt, länger als jeder andere syrische Regierungschef vor ihm.

Bis 1973 hatte Syrien es abgelehnt, über den Frieden zu sprechen. Für Syrien war der Staat Israel eine illegale Schöpfung, und da die Syrer entschlossen waren, den jüdischen Staat zu vernichten, kümmerten sie sich auch nicht viel darum, wo die Staatsgrenzen lagen. Nach 1967 hatte Damaskus die diplomatischen Beziehungen zu Washington abgebrochen und uns nicht einmal erlaubt, eine kleine Interessenvertretung einzurichten, wie wir sie in Kairo unterhielten, um eine Gesprächsmöglichkeit zu haben. In internationalen Gremien wie den Vereinten Nationen kannten wir Syrien als einen Freund der Sowjetunion und wußten, daß es zu den führenden radikalen arabischen Staaten gehörte. Jetzt kam ich als erster amerikanischer Außenminister nach zwanzig Jahren nach Damaskus.

Als ich am Samstag, dem 15. Dezember 1973, eintraf, begrüßte mich mein offizieller Gastgeber, Abd al-Halim Khaddam, der stellvertretende Premierminister und Außenminister, am Flughafen. Die Fahrt in die Hauptstadt dauerte etwa eine halbe Stunde. Die ersten zwanzig Minuten rasten wir eine schnurgerade Straße entlang, bogen dann an einem Platz mit Kreisverkehr in halsbrecherischem Tempo ab und fuhren weiter über die Boulevards des modernen Damaskus. Die hohe Geschwindigkeit dieser Fahrt hatte vielleicht etwas mit dem Umstand zu tun, daß sich in der Nähe des Flugplatzes palästinensische Flüchtlingslager befanden. Für meine Sicherheit waren die aufwendigsten Vorkehrungen getroffen worden, die ich bisher erlebt hatte. Mit bewaffneten Männern besetzte Lastwagen hatten sich vor und hinter unser Fahrzeug gesetzt, und außerdem begleiteten uns mehrere Autos mit Sicherheitsbeamten in Zivil. An der vom Flughafen in die Stadt führenden Straße waren im Abstand von jeweils sieben Metern bewaffnete Soldaten aufgestellt. Aber dieser ganze Aufwand wirkte nicht gerade beruhigend, denn ich mußte daran denken, daß mir ein Nahost-Experte gesagt hatte: »Wenn Ihnen in Syrien etwas zustößt, dann aus den Reihen der Sicherheitskräfte.«

Khaddam war die Verkörperung der syrischen Doppelzüngigkeit. Der kompakte, dynamische, leicht drohend wirkende Mann, der aber auch herzhaft lachen konnte (seine strahlend blauen Augen waren vielleicht ein Erbe aus der Kreuzfahrerzeit) war der typische Vertreter des stolzen syrischen Nationalismus, der für sich eine bedeutende Rolle in der Weltpolitik beanspruchte. Khaddam sagte mir, einerseits würde er nicht der erste Syrer sein, der ein Dokument mit Israel unterzeichnet, aber andererseits wäre ich auf das ausdrückliche Verlangen Syriens nach Damaskus gekommen. Da mein Besuch keinen anderen Zweck haben konnte, als Syrien irgendwie zur Teilnahme an den Verhandlungen zu verhelfen, zeigten die ungewöhnlichen Anstrengungen, die hier unternommen wurden, daß Syrien etwas von mir wollte – auch wenn Khaddam es entschieden bestritt. In seiner Rhetorik mochte Syrien zwar hart und unzugänglich sein, aber durch sein Verhalten hatte es den Friedensprozeß gefördert und sich teilweise auch schon darauf eingerichtet. Ich versuchte nicht, Syrien darüber zu täuschen, welche diplomatischen Schritte die Vereinigten Staaten unternehmen wollten. Während eines kurzen Höflichkeitsbesuchs im syrischen Auswärtigen Amt sagte ich meinem Kollegen Khaddam in Gegenwart einiger seiner Landsleute:

> Fünfundzwanzig Jahre haben wir über Proklamationen, Deklarationen und Vorschläge debattiert, und ich muß Ihnen offen sagen, daß Sie von den Europäern bessere Deklarationen bekommen werden als von uns. Aber auf der anderen Seite haben Ihnen die Vereinigten Staaten mehr zu bieten. Ich sage Ihnen ganz offen, angesichts unserer innenpolitischen Lage gibt es für uns nur die Möglichkeit, zunächst nicht von einer endgültigen Lösung zu sprechen, sondern schrittweise vorzugehen. Wir sind keine Kinder. Ohne Ihre Zustimmung ist keine Lösung möglich. Niemand, der etwas mit Ihnen zu tun gehabt hat, verfällt der Illusion, daß Sie Ihre Prinzipien aufgeben würden. Aber wir müssen diesen ersten Schritt tun, denn sonst wird es niemals zu einem letzten Schritt kommen. Jedes Unternehmen, das mit lautstarken Deklarationen begonnen hat, hat nur Explosionen ausgelöst.

Bevor Khaddam Zeit für eine sicher aggressive Erwiderung finden konnte, wurde ich in den Präsidentenpalast gebeten.

Was die Syrer stolz den Präsidentenpalast nannten, war in Wirklichkeit ein kleines, modernes Gebäude, ein ehemaliges Privathaus an einer schmalen, von Bäumen gesäumten Straße und stand zwischen anderen bescheidenen Villen. Das Haus hat früher wahrscheinlich einem kleinen Kaufmann gehört. Nur die beiden rotweißgestreiften Schilderhäuschen am Eingang zeigten, daß es sich um ein offizielles Gebäude handelte. Man betrat das Haus durch eine Glastür, dahinter führte eine Treppe zu einem schmalen Korridor bis an die Tür des Zimmers, in dem mich der Präsident empfing. Als Arbeitszimmer eines Präsidenten wirkte es klein. Die Einrichtung bestand aus an den Wänden herumstehenden Lehnstühlen und Sofas. Die schweren Samtvorhänge waren zugezogen, wahrscheinlich aus Sicherheitsgründen. Sonst hätten auch die Bewohner des Hauses auf der gegenüberliegenden Straßenseite über alles, was hier vorging, Buch führen können. Als ich im Mai 1974 häufiger mit Asad zusammenkam, entstand so eine fast beklemmende Atmosphäre.

Asad war mittelgroß. Er hatte glänzende dunkle Augen, ein Schnurrbart beherrschte das ausdrucksvolle Gesicht. Hals und Hinterkopf bildeten eine gerade Linie; so entstand der Eindruck, daß der syrische Präsident sich ständig etwas nach vorn beugte, um einem unaufmerksamen Gesprächspartner unvermittelt ins Gesicht springen zu können. Wir saßen bei unseren Gesprächen immer nebeneinander auf einem braunen Sofa und konnten, wenn wir nach links blickten, ein Gemälde betrachten, das die Einnahme der letzten Kreuzritterburg durch arabische Armeen darstellte. Die symbolische Bedeutung des Bildes fiel sofort ins Auge. Asad wies immer wieder darauf hin, daß Israel früher oder später das gleiche Schicksal beschieden sei. Er sprach mit ruhiger, aber fester Stimme und wirkte dabei etwas ungelenk und scheu. Während sich Sadat ruhig von seinem Gesprächspartner distanzierte, wirkte Asad ungeheuer intensiv. Sadat war ein nachdenklicher Mensch; der syrische Präsident interessierte sich nur für die Wirklichkeit. Die beiden Männer glichen sich nur in ihren Leidenschaften.

Asad war der Präsident eines Landes mit einer alten Tradition und einer jungen Geschichte. Damaskus ist zugleich die Quelle des modernen arabischen Nationalismus und Ausdruck seiner Enttäuschungen. Durch Jahrhunderte von Eroberern beherrscht, zuletzt von den Türken und Franzosen, hat der syrische Staat es nicht vermocht, die Träume seiner Gründer zu verwirklichen. In seinen gegenwärtigen Grenzen hat Syrien nicht die lange geschichtliche Vergangenheit der Selbstregierung, die Ägypten die historische Perspektive verleiht. Syrien fehlen die Größe und die Kontinuität, die den ägyptischen Präsidenten in die Lage versetzen, mit der Selbstsicherheit zu handeln, die durch die Überzeugung begründet ist, daß sein Land, was auch geschehen mag, der Angelpunkt des Geschehens im Nahen Osten sein wird. In der syrischen Geschichte wechseln sich Erfolge und Katastrophen ab, wobei die Katastrophen den größeren Anteil gehabt haben. Die Ungerechtigkeiten, die das Land unter der Fremdherrschaft hat erdulden müssen, haben sich tief in die Seele des syrischen Volkes eingebrannt. Asad hat mir gesagt, Syrien wäre vor dem Ersten Weltkrieg von der Türkei, dann von Großbritannien und Frankreich und in neuerer Zeit von den Vereinigten Staaten verraten worden, die den Staat Israel geschaffen hätten.

Wenn ein Volk überzeugt ist, daß alle seine Schwierigkeiten aus dem Ausland kommen, dann wird ein morbides Mißtrauen zur Haltung der ganzen Nation. Syrien besitzt weder den Glauben Ägyptens an seine zivilisatorische Kraft und Aufgabe noch den Reichtum Saudi-Arabiens und dessen stolze Distanziertheit. Die politischen Führer in Syrien leben von der Konfrontation, aber ohne das Selbstvertrauen, das notwendig ist, um sie durchzustehen. Sie wollen eine führende Rolle in der arabischen Welt übernehmen, haben aber nicht die Kraft, sie zu beanspruchen. So klammern sie sich an die Reinheit der Sache, für die sie kämpfen, müssen jedoch erkennen, daß ihnen die praktischen Mittel zur Verwirklichung ihrer Ideen fehlen.

Denn sie spüren, auch wenn sie es sich nicht eingestehen wollen, daß die Kräfte Syriens zur Verwirklichung ihrer Bestrebungen nicht ausreichen, und daß diese Bestrebungen nicht einmal im Interesse Syriens liegen. Syrien ist keine homogene Nation; dreiundsechzig Prozent der Bevölkerung sind sunnitische Moslems. Dazu gibt es andere mohammedanische Sekten wie etwa die Alawiten (zwölf Prozent der Bevölkerung). Der nicht unwesentliche christliche Bevölkerungsteil stellt dreizehn Prozent. Fast zweihunderttausend Palästinenser vervollständigen das Mosaik. Die herrschende Baath-Partei sieht sich als Quintessenz des arabischen Nationalismus, ein Anspruch, der ihr von der irakischen Bruderpartei streitig gemacht wird. Da die Baath-Partei ausschließlich und kompromißlos für die arabische Sache eintritt, war die Anerkennung der Legitimität Israels für die syrischen Politiker ein traumatisches Ereignis, und zwar noch bevor an die einzelnen Bestimmungen einer Friedensregelung gedacht wurde. In dieser Haltung wurden sie durch die innerarabische Politik bestärkt, denn die Syrer mußten darauf achten, daß sie nicht von der verhaßten irakischen Partei an Unversöhnlichkeit übertroffen wurden. Nur die Militärs schienen zu begreifen, welche Folgen eine Konfrontation haben würde.

Die Regierung wurde von den Alawiten beherrscht – auch Asad gehörte zu dieser Gruppe –, die in der Geschichte des Landes meist eine verachtete ländliche Minorität gebildet hatten und nur körperliche Arbeit verrichten durften. Aber wie viele ähnliche unterpriviligierte Gruppen stellten sie einen unverhältnismäßig großen Teil der Streitkräfte, wo die Begabten ebenso wie in anderen Ländern gute Aufstiegsmöglichkeiten hatten. Als Anhänger der syrischen Baath-Partei und besonders ihres militärischen Flügels gewannen die Alawiten an Einfluß, als die Baath-Partei 1963 in Damaskus an die Macht kam. Wie andere starke Minderheiten hat sich ihr Einfluß innenpolitisch durch den starken Zusammenhalt und die Eroberung von Schlüsselstellungen gefestigt, so daß sie heute eine Stellung einnehmen, die weit stärker ist, als man nach ihrer Zahl erwarten dürfte. Ihr internationaler Einfluß gründet sich darauf, daß sie kompromißlose Verfechter des syrischen Nationalismus sind. Darauf sind sie mit Recht stolz. Die syrischen Militärs verfolgen jedoch aufmerksam die Machenschaften der radikalen zivilen Politiker, die ihren rabiaten Nationalismus ausnutzen könnten, um an die Macht zu kommen. Syrien ist eines der wenigen Länder, wo die zivilen politischen Führer aggressiver sind als die militärischen.

Wenn sich die Rhetorik zu sehr von der Wirklichkeit entfernt, muß eine schizophrene Lage entstehen. 1973 war es so weit gekommen, daß der Kurs der »Ablehnungsfront« Syrien in die Sackgasse geführt hatte. Die israelische Armee stand zweiunddreißig Kilometer vor Damaskus, und Syrien war in seiner hochmütigen Haltung isoliert. Asad hätte den jüdischen Staat am liebsten vernichtet, aber er erkannte, daß ihn weder Ägypten noch Saudi-Arabien bei diesem Unternehmen unterstützen würden, und daß der Preis für einen Alleingang die Auflösung des inneren Zusammenhalts in Syrien und vielleicht sogar seiner Existenz sein könnte. Er hatte sich länger als alle seine Vorgänger im Amt gehalten, weil er ebenso klug wie leidenschaftlich war, so realistisch wie ideologisch geprägt.

Als ich zum erstenmal mit Asad zusammentraf, war er zu dem Schluß gekommen, daß Syrien nicht stark genug wäre, um alle Araber zu einer Nation zu vereinen; es müsse die verlorenen syrischen Gebiete zurückgewinnen, bevor es ehrgeizigere Ziele verfolgen könnte. Deshalb war Asad widerwillig zu dem gleichen Entschluß gekommen, den Sadat spontan gefaßt hatte. Er wollte den Friedensprozeß nicht behindern. Das erste Ziel war für ihn eine Vereinbarung über die Truppenentflechtung auf den Golan-Höhen. Wie er sich anschließend verhalten wollte, wußte er wahrscheinlich selbst noch nicht.

Aber auch das erste Vorhaben stellte Asad vor ein komplexes taktisches Problem. Es zeigte sich von Anfang an, daß er nicht das gleiche persönliche Ansehen genoß wie Sadat. Ich kann mich nicht daran erinnern, daß Sadat jemals davon gesprochen hätte, innenpolitische Schwierigkeiten könnten seine Außenpolitik behindern. Selbst wenn es sie gab, war seine Stellung stark genug, mit ihnen fertigzuwerden. Er handelte im eigenen Namen. Mit anderen Worten, er übernahm die persönliche Verantwortung für die ägyptische Außenpolitik. (Am Ende mußte er diese tapfere Haltung mit dem Leben bezahlen.)

Solche Vollmachten hat Asad niemals für sich in Anspruch genommen. Er führte viele wichtige Gespräche mit mir, besonders nachdem die Verhandlungen begonnen hatten, nur unter vier Augen und in Gegenwart meines Dolmetschers, denn wahrscheinlich wollte er keine Spuren von seinen ersten vorsichtigen Versuchen, zu einer Einigung zu kommen, hinterlassen. Seine Taktik bestand darin, mit einer Maximalforderung zu beginnen, um festzustellen, wie kompromißbereit die Gegenseite wäre. Dann ließ er sich unter Umständen auf das Erreichbare zurückdrängen, aber in einem verbissen geführten Rückzugsgefecht, welches erkennen ließ, daß man für jedes Zugeständnis einen hohen Preis bezahlen mußte und keine großen Erwartungen daran knüpfen durfte. (Seine Verhandlungsmethode unterschied sich in dieser Hinsicht kaum von der israelischen, so sehr beiden Seiten dieser Vergleich mißfallen wird.) Sobald er wußte, woran er war, zog er seine engsten

Berater hinzu. Zu ihnen gehörten höhere Militärs und natürlich die syrischen Dolmetscher. In ihrer Gegenwart erörterten wir alle Probleme noch einmal und versuchten, unseren vorangegangenen Dialog möglichst wortgetreu zu rekapitulieren. Dabei verhielten wir uns wie Schauspieler auf einer Probe. So zeitraubend, entnervend und bizarr dieses Verfahren auch war, es bot Asad den Vorteil, daß er niemals selbst ein Zugeständnis aushandeln mußte. Jedenfalls zunächst nicht. Das blieb mir überlassen. Seine Kollegen wurden in die Verhandlungen einbezogen und hatten die Möglichkeit, Einwände zu erheben, taten es aber fast nie. Die Argumente, die Asad überzeugt hatten, überzeugten auch sie – ein sehr erfolgreiches innenpolitisches Spiel, das mich manche schlaflose Nacht gekostet hat. Während der langen Verhandlungsrunde mit Syrien kehrte ich gewöhnlich nach meinem Gespräch mit Asad nach Israel zurück, um einer israelischen Verhandlungsdelegation Bericht zu erstatten, die ihrerseits den Ehrgeiz hatte, nicht zugänglicher zu sein als die Syrer.

Im Laufe der Zeit lernte ich Asad außerordentlich schätzen. Angesichts der in Syrien herrschenden Verhältnisse nahm er eine durchaus gemäßigte Haltung ein. Er unterhielt enge Beziehungen zu den Sowjets, denn sie lieferten ihm die Waffen. Aber er war alles andere als eine sowjetische Marionette. Er hatte einen scharfen Verstand, der sich manchmal in sarkastisch-humorvollen Bemerkungen äußerte. Ich glaube, ich war der erste westliche Politiker, mit dem er so intensive Kontakte gepflegt hat. Er nutzte diese Gelegenheit, um mich über seine Auffassungen vom politischen System des Westens zu belehren. Bei der großen Verhandlungsrunde mit Syrien brachte Asad die erste Stunde eines jeden Gesprächs mit mir zu, indem er mich ausführlich über die Einrichtungen und Persönlichkeiten in den westlichen Demokratien befragte. Da er damals gerade Englisch lernte, haben unsere langen Gespräche wahrscheinlich wenigstens eine unverwischbare Spur hinterlassen: Ich neckte ihn damit, daß er der einzige arabische Führer sei, der das Englische mit deutschem Akzent spräche.

Asad ließ sich nie aus der Ruhe bringen. In den Verhandlungen bewies er Kühnheit und Beharrlichkeit wie ein Berufsspieler und achtete darauf, jede Chance für ein Zugeständnis auszunutzen. Ich sagte ihm einmal, ich hätte es erlebt, daß sich meine Verhandlungspartner bis an den Rand des Abgrunds manövrieren ließen, um zu zeigen, daß sie keinen Handlungsspielraum mehr hatten. Ich kannte sogar Unterhändler, die schon halb über dem Rand des Abgrundes schwebten und einem praktisch mit dem Selbstmord drohten. Er war der einzige, der sogar den Sprung in den Abgrund wagte und hoffte, sich im Fallen noch an einem Baum festklammern zu können, der, wie er wußte, dort stand. Als ich ihm diesen Vergleich erzählte, strahlte er.

Bei unserer ersten Begegnung am 15. Dezember zeigten wir uns beide von unserer besten Seite, denn wir wollten uns zunächst nur kennenlernen und noch nicht zu irgendwelchen Absprachen kommen. Asad leitete das Gespräch ein, indem er mir sagte, daß seine arabischen Brüder, besonders Sadat und Boumedienne, ihm von ihren Gesprächen mit mir berichtet hätten. Darin bestand eine Warnung, die besagte, daß es keinen Sinn hatte, ihn täuschen zu wollen, aber es bedeutete auch, daß es sich lohnen könnte, mit mir zu sprechen. Im übrigen hatte ich Sadat und Boumedienne darum gebeten, Asad vom Inhalt der Gespräche mit ihnen zu unterrichten. Wenn die Genfer Konferenz wirklich zustandekommen sollte, dann war es wichtig, daß alle Mitglieder dieses Orchesters nach den gleichen Noten spielten. Auf Asads Fragen erläuterte ich ihm die Hauptelemente unserer Strategie, wie ich sie auch Boumedienne, Sadat und König Faisal vorgetragen hatte.

Asad gab mir deutlich zu verstehen, daß er es nicht bedauern würde, wenn die Genfer Konferenz nicht zustande käme, und sagte, er »träumte nicht davon, an der Konferenz teilzunehmen«. Es wäre ihm am liebsten gewesen, die Früchte solcher Verhandlungen zu ernten, ohne sich selbst durch eine aktive Teilnahme irgendwie kompromittieren zu müssen. Doch bevor er die endgültige Entscheidung traf, wollte er wissen, wie die Vereinigten Staaten und die Sowjetunion die Lage beurteilten. Damit gab er mir zu verstehen, daß Syrien ein Kondominium der Supermächte nicht dulden würde. Auch wollte er sagen, daß er keine sowjetische Marionette war, denn sonst hätte er mich nicht nach den Auffassungen der Sowjets zu fragen brauchen. Ich beschloß, auf diese Eröffnung einzugehen:

> Uns wäre es lieber, wenn Sie mit uns und nicht mit der Sowjetunion eine Vereinbarung träfen. Die Sowjets haben ihre Vorschläge und einen Plan für eine Friedensregelung vorgelegt. Ich bin nicht darauf eingegangen. Wenn es akzeptable Vorschläge sind, dann können wir sie den Arabern direkt vorlegen. Viele Menschen versuchen, uns Ratschläge zu geben. Wir müssen die Israelis bearbeiten, und dabei kann uns die Sowjetunion nicht helfen. Die Sowjets haben keinen Einfluß auf die Israelis. Wir sind uns nur in einem Punkt einig; wir wollen die Konferenz, und wir werden miteinander in Verbindung bleiben. Es gibt keine Vereinbarungen über irgendwelche konkreten Fragen. Wenn man Ihnen etwas anderes gesagt hat, dann stimmt das nicht. Ich habe Boumedienne gesagt, daß wir im Nahen Osten keine Einflußsphären anerkennen. Was auf der Konferenz geschehen wird, wird von Ihnen und von uns abhängen. Sie können mit den Sowjets

sprechen, denn wir wollen die syrisch-sowjetischen Beziehungen nicht beeinflussen.

Das war natürlich nicht die ganze Wahrheit; aber eine realistische Darstellung. Wir wollten die syrisch-sowjetischen Beziehungen beeinflussen, denn uns wäre es lieber gewesen, wenn sie sich gelockert hätten. Aber dafür mußte Asad seine eigenen Gründe haben und nicht unsere. Wir konnten die syrisch-sowjetischen Beziehungen am besten beeinflussen, indem wir Damaskus Vorteile für eine engere Bindung an die Vereinigten Staaten anboten.

Als ich die Einladung zur Konferenz erwähnte, erlebte ich eine große Überraschung. Ich erläuterte ihm den Text des Briefes und die verschiedenen Formulierungen zur Frage der Palästinenser in allen Einzelheiten und sagte am Schluß, daß ich es für das beste hielte, die Palästinenser nicht ausdrücklich zu erwähnen. Asad erklärte sich mit *allen* Änderungsvorschlägen einverstanden. Ich sagte ihm, der Konferenzbeginn werde wahrscheinlich um drei Tage verschoben werden müssen. Auch das war ihm nicht unangenehm. Einen Augenblick dachte ich, der angeblich radikalste arabische Präsident erwiese sich erstaunlicherweise als der zugänglichste.

Aber diese Annahme war eine Illusion. Als ich ihn fragte, ob er irgend etwas an dem Text des Briefes auszusetzen hätte, sagte er, er habe einen besonderen Einwand. Er wäre sehr einverstanden damit, daß ich in dem Entwurf im Hinblick auf den zu erwartenden Verlauf der Konferenz gewisse Veränderungen vorgenommen hätte, aber er könnte sich nicht mit dem Satz einverstanden erklären, in dem die Teilnehmer aufgezählt wurden und wir erklärten, daß Syrien, Ägypten, Israel und Jordanien ihre Teilnahme an der Genfer Konferenz zugesagt hätten. Syrien hätte nicht die Absicht, nach Genf zu gehen. Deshalb wäre es auch gleichgültig, ob er am 18. oder am 21. Dezember nicht erschiene, und ebenso unerheblich wäre es, was das Einladungsschreiben über die Palästinenser oder die Vereinten Nationen sagte.

Im ersten Augenblick wußte ich nicht, was ich sagen sollte. Aber dann wurde mir klar, daß Asad mir in Wirklichkeit geholfen hatte. Er hatte sich nur geweigert, an der Plenarsitzung zur Eröffnung der Konferenz teilzunehmen, lehnte aber das Verhandlungskonzept nicht ab. Er wollte die Konferenz nicht blockieren und segnete sie deshalb gewissermaßen mit der linken Hand ab. Er hatte gegen den Text der Einladung nichts einzuwenden, aber er betrachtete diese Einladung – mit Recht – als bedeutungslos.

Asad interessierte sich also nicht für das Verfahren, sondern für das Ergebnis der Konferenz. Davon würde schließlich auch die Entscheidung abhängen, ob Syrien sich beteiligte oder nicht. Bis dahin wollte sich Asad alle Möglichkeiten offenhalten. Jetzt hatte er drei Fragen: Stimmten die Vereinigten Staaten mit ihm darin überein, daß Syrien keinen Teil seines Staatsgebiets aufgeben könnte? Waren auch wir der Ansicht, daß es ohne die Palästinenser keine Lösung geben könnte? Gingen wir nach Genf, um eine Lösung zu finden, welche die ersten beiden Punkte berücksichtigte, oder »nur, um nachzudenken und eine lange Zeit verstreichen zu lassen, ohne zu einer radikalen Lösung zu kommen«?

Diese Fragen waren zwar sehr scharfsinnig, ließen sich aber nicht beantworten. Jeder Versuch, eine präzise Antwort zu geben, würde die Friedensbemühungen zum Scheitern bringen, bevor sie begonnen hatten. In dieser Phase konnten wir auf eine konstruktive Vieldeutigkeit nicht verzichten. Mit anderen Worten, das Endergebnis mußte sich aus den Verhandlungen ergeben und konnte nicht vorherbestimmt werden. Daß die Verhandlungen keine Vergnügungsreise werden würden, zeigte sich in Asads Haltung gegenüber dem israelischen Verlangen nach »sicheren« Grenzen. Er sagte, die Grenzen von 1967 wären von Tel Aviv weiter entfernt als von Damaskus. Er hätte daher eher den Anspruch darauf, die Grenze von 1967 weiter nach Israel hinein zu verlegen, und die Israelis hätten daher keinen Anspruch auf die Golan-Höhen.

Doch wenn Asad zu einer bestimmten Frage Stellung genommen hatte, lag ihm nichts daran, noch länger über diese Frage zu diskutieren. Ihm ging es in erster Linie um die Truppenentflechtung. Die Ägypter hatten ihm – wahrscheinlich, um ihn zur Teilnahme an der Genfer Konferenz zu bewegen – offenbar zu verstehen gegeben, daß die Vereinbarungen über die Truppenentflechtung auf der Sinai-Halbinsel praktisch schon unter Dach und Fach wären und es jetzt nicht mehr lange dauern könnte, bis auch eine Lösung für die Golan-Höhen gefunden wurde. So hielt er es für selbstverständlich, meinen Besuch zu Verhandlungen über die Fragen zu nutzen, die speziell Syrien betrafen. Er sagte mir, er wäre mit Sadat der Auffassung, daß die Genfer Konferenz nur ein Rahmen sein sollte und daß die syrisch-israelische Truppenentflechtung mit mir ausgehandelt werden müßte, wollte jedoch das Verhandlungsergebnis vorwegnehmen.

Leider lagen die Dinge nicht ganz so einfach. Ich sagte, wir hätten uns noch lange nicht über die Truppenentflechtung an der ägyptischen Front geeinigt. Aber in Ägypten gäbe es eine Geschichte solcher Verhandlungen, die bis in das Jahr 1971 zurückreichte, und nach dem Waffenstillstand hätte es die Gespräche bei Kilometer 101 und andere Diskussionen gegeben. Wir wüßten, in welchem Rahmen die Sinai-Verhandlungen geführt werden könnten. Für die Verhandlungen über die

Golan-Höhen gäbe es jedoch noch keinen festen Rahmen. Ich wüßte nicht, was ich vorschlagen sollte. Auch hätte ich keine Vorstellungen von der Haltung Israels. (Natürlich kannte ich das Mißtrauen der Israelis gegenüber Syrien und wußte genau, welche ungeheuren Anstrengungen uns bevorstanden, wenn wir diese Verhandlungen überhaupt in Gang bringen wollten.) Im Augenblick konnte ich nichts anderes versprechen, als daß wir uns ernsthaft darum bemühen würden, nach dem Auseinanderrücken der Streitkräfte an der ägyptischen Front das gleiche an der syrischen Front zu erreichen.

Aber Asad ließ sich nicht beschwichtigen und legte mir eine Karte des Golan vor, um mir zu zeigen, was eine Truppenentflechtung hier bedeutete. Israel müßte praktisch alle 1973 und 1967 besetzten syrischen Gebiete aufgeben. (Asad sah darin ein Zugeständnis, denn nach seiner Auffassung sollten sich die Israelis bis an die Grenze von 1967 zurückziehen.) Diesem Verlangen würden die Israelis niemals zustimmen. Es war sogar gefährlich, diese Forderung überhaupt zu erwähnen, denn dann würden sich die Israelis unter Umständen weigern, die Gespräche fortzusetzen. Deshalb beendete ich die Diskussion über dieses Thema:

> Wir können nichts anderes tun, als uns nach Kräften um eine Lösung zu bemühen. Wir haben nichts versprochen, was wir nicht halten können. Ich bin nicht in der Lage, eine Vereinbarung zu treffen. Es wäre unverantwortlich, wenn ich versuchen wollte, mich auf bestimmte Linien festzulegen. Ich habe die Angelegenheit noch nicht genau geprüft. Wenn ich so etwas täte, würden Sie die Achtung vor mir verlieren. Ich bin jemand, den Sie ernst nehmen müssen.

Aber Asad ließ nicht locker. »Wenn wir uns auf Gespräche einlassen, dann liegt darin schon ein Nachteil für uns«, sagte er und sprach damit sein eigentliches politisches Problem an. Um sich an den Genfer Verhandlungen beteiligen zu können, mußte er einen gewissen Erfolg nachweisen. Syrien würde sich erst an der Genfer Konferenz beteiligen können, wenn die Verhandlungen über die Truppenentflechtung erfolgreich abgeschlossen waren. Er wiederholte jedoch, er hätte nichts dagegen, daß andere nach Genf gingen.

Hinter dieser augenscheinlich unsinnigen Reaktion steckte ein entscheidender Durchbruch. In der für ihn charakteristischen verschleierten Art erklärte sich Asad praktisch mit dem Friedensprozeß und unserer Strategie einverstanden. Wenn Syrien mit der Friedenskonferenz einverstanden und ihm der Inhalt des Einladungsschreibens gleichgültig war, dann waren alle Hindernisse beseitigt. Der Palästinenser-Frage konnten wir ausweichen, wenn wir sie in der Einladung in die Kategorie der »anderen Teilnehmer« einreihten. Das Verlangen Israels, daß die

Kriegsgefangenen entlassen sein müßten, bevor es gemeinsam mit Syrien an einer Konferenz teilnehmen könnte, wurde zur akademischen Frage.

In dem Gedankenaustausch mit Sadat erhoben sich aber auch ernste Fragen im Hinblick auf die sowjetische Diplomatie. Wir hatten mit den Sowjets vereinbart, daß Moskau bei den Vorbereitungen für die Genfer Konferenz seinen Einfluß in Damaskus geltend machen sollte, während wir das gleiche in Israel taten. Moskau hatte in den letzten vier Wochen mit keinem Wort erwähnt, daß die Teilnahme Syriens an der Konferenz fraglich wäre oder daß Syrien Einwände erhöbe oder sogar Bedingungen stellte. Wußten die Sowjets nichts davon? Oder wollten sie uns täuschen? Und wenn ja, warum? Wenn Moskau Asads Einwände kannte und es den Sowjets nicht gelungen war, seine Bedenken auszuräumen, dann war der sowjetische Einfluß auf Damaskus geringer, als wir angenommen hatten. Wenn die Sowjets uns getäuscht hatten, dann war das Motiv schwer zu erkennen. Wahrscheinlich hatte der sowjetische Botschafter in Damaskus keine sehr guten Verbindungen. Später haben die Syrer recht abfällig von ihm gesprochen. Es fällt den Sowjets schwer, sich psychologisch auf die Araber einzustellen, und es kommt immer wieder vor, daß sie auch ihre besten Freunde durch ihr plumpes Verhalten verärgern.

Ihre Bemühungen in Syrien waren offensichtlich gescheitert, aber gleichzeitig empfingen wir aus Moskau auch noch andere Signale. Am 15. Dezember sprach Winogradow in Kairo mit Eilts und sagte ihm, daß Moskau mit meinem Alternativvorschlag, nur ein ganz kurzes Einladungsschreiben hinausgehen zu lassen, einverstanden sei. Aber am späten Abend des gleichen Tages sagte Dobrynin Scowcroft in Washington, Moskau werde damit einverstanden sein, wenn es mir gelang, die anderen Teilnehmer zu überzeugen. (Das war inzwischen nicht mehr nötig.)

In Wirklichkeit kam es gar nicht darauf an, daß Syrien an der ersten Plenarsitzung der Genfer Konferenz teilnahm – in mancher Hinsicht war es für uns sogar besser, wenn die Syrer der Sitzung fernblieben. (Asad wußte das vielleicht auch.) Aber um das Interesse der Syrer am Friedensprozeß wachzuhalten, hielt ich es für wichtig, daß Asad die Verantwortung für seine Weigerung übernahm, und deshalb mußten wir ihm das Gefühl geben, daß wir es begrüßen würden, wenn er seine Meinung änderte. Wie bei vielen anderen Gelegenheiten war es nicht ganz einfach, ein solches Vorhaben in die Tat umzusetzen. Ich mußte zu vermeiden suchen, daß unsere Begegnung in der Sackgasse endete, denn es würde einen schlechten Eindruck machen, und ich würde nicht offen sagen können, weshalb es viel günstiger wäre, wenn Syrien der

Plenarsitzung fernblieb. Um den Schein zu wahren, sagte ich Asad, daß wir ihm nach meinem für den nächsten Tag vorgesehenen Besuch in Israel einen amerikanischen Beamten schicken würden, der ihn vom Inhalt meiner Gespräche mit Golda unterrichten sollte und ihm die endgültige Fassung des Einladungsbriefes vorlegen würde, damit er wenigstens wüßte, was er ablehnte. Da Asad den Eindruck vermeiden wollte, daß er von der Teilnahme ausgeschlossen würde, stimmte er diesem Verfahren gerne zu. Um die Kontaktaufnahme zwischen uns zu erleichtern, schlug ich vor, daß Syrien und die Vereinigten Staaten in beiden Hauptstädten Interessenvertretungen einrichten sollten. Auch damit war Asad einverstanden. Er meinte, ich sollte unsere Gespräche gegenüber der Presse als »offen und nützlich« bezeichnen.

Wir hatten mehr erreicht, als wir erhofft hatten. Syrien würde sich dem Friedensprozeß nicht widersetzen und würde wahrscheinlich später an den Verhandlungen über die Truppenentflechtung teilnehmen, die einen wichtigen Teil unserer Strategie darstellten. Es war uns gelungen, das leidenschaftlich auf seine Unabhängigkeit bedachte Syrien zu bewegen, im Rahmen der dramatischen Bemühungen um den Frieden eine konstruktive Rolle zu übernehmen.

Eine Erholungspause in Amman

Das Gespräch mit Asad hatte gegen 16.00 Uhr begonnen. Um 19.30 Uhr hätte ich die kurze Strecke nach Amman fliegen sollen, um mit König Hussein zu Abend zu essen. Doch die Begegnung in Damaskus dauerte bis 22.30 Uhr abends – sechseinhalb Stunden. Die Journalisten fragten sich schon, ob ich entführt worden sei. War ich der hundertachtundzwanzigste Kriegsgefangene? Traf ich mich etwa im geheimen mit Yasir Arafat? Um 23.00 Uhr abends hörten die Reporter endlich die Sirenen meiner Kraftwagenkolonne. Ein mißtrauischer Reporter meinte: »Entweder kommt er endlich, oder sie kommen, um uns abzuholen.«[3]

Mir war zumute wie dem Dirigenten eines Orchesters, der den verschiedensten und nicht aufeinander abgestimmten Instrumenten einen harmonischen Klang entlocken wollte. Wir hätten es gern gesehen, wenn Hussein in Genf eine wichtige Rolle übernommen hätte, und ich schuldete dem König einen Bericht über meine Reise. Daß ich mich verspätet hatte, beeinträchtigte seine freundliche Haltung nicht. Er ließ mir noch nach Mitternacht ein Abendessen servieren, und am nächsten Morgen frühstückte ich mit ihm und seinem Bruder, Kronprinz Hassan, wobei wir unsere Beratungen fortsetzten.

Es war für mich ausgesprochen erholsam, wieder in Amman zu sein. Jordanien unterhielt freundschaftliche Beziehungen zu den Vereinigten Staaten und drohte uns nicht mit schlimmen Konsequenzen für den Fall, daß wir seine Empfehlungen nicht beachteten. Es hatte auch nicht die Möglichkeit, sich der Ölwaffe zu bedienen. Mit seiner Teilnahme am Krieg von 1973 hatte Jordanien die arabische Solidarität respektiert und gleichzeitig erkannt, daß es der Sache des Friedens durch seine Zurückhaltung diente. Man muß zugeben, daß Hussein einen Preis dafür bezahlen mußte, denn heute interessiert sich kaum noch jemand für die jordanischen Ansprüche auf das Jordan-Westufer.

Als ich am 15. Dezember nach Amman kam, mußte ich feststellen, daß Hussein der einzige arabische Regierungschef war, dem seine »Brüder« nichts über meine Reisen und Gespräche mitgeteilt hatten. Ich mußte deshalb noch einmal einen detaillierten Bericht über die Vorbereitungen zur Genfer Konferenz und unsere strategischen Ziele abgeben. Jordanien verfolgte in Genf ähnliche Absichten wie wir. An einer Teilnahme der Palästinenser war Hussein ebensowenig interessiert; wenn sie sich nicht vermeiden ließ, dann sollten die Palästinenser in die jordanische Delegation aufgenommen werden. Alle jordanischen Politiker hatten, was die Absichten der anderen arabischen Staaten betraf, schwere Bedenken. Premierminister Zaid Rifai sagte: »Ich fürchte, Ägypten wird seine eigenen Vereinbarungen treffen und Jordanien im Stich lassen.« Der Kronprinz hatte schon immer den Verdacht gehabt, daß Syrien Jordanien annektieren wollte. Aus all diesen Gründen wäre es dem König lieber gewesen, wenn sich die Araber in Genf nur durch eine Delegation vertreten ließen, denn damit könnte vermieden werden, daß Einzelvereinbarungen getroffen und neue Teilnehmer eingeladen wurden. Wenn sich dieses Ziel nicht erreichen ließ – es widersprach auch unserer Strategie –, dann wollte er sich getrennten Verhandlungen nicht widersetzen, solange diese Verhandlungen Teile eines »Verhandlungspakets« blieben.

Wir glaubten, daß sich nach der Truppenentflechtung an der syrischen Front eine Gelegenheit für Verhandlungen zwischen Israel und Jordanien ergeben könnte. Rifai bat mich dringend, bei meinem nächsten Besuch in Israel vorzuschlagen, Israel möge einen kleinen Teil des am Ostufer des Jordan besetzten Gebiets räumen und die nahe am Jordan gelegene Stadt Jericho mit ihrer ausschließlich arabischen Bevölkerung an Jordanien zurückgeben zur Bestätigung des jordanischen Anspruchs auf das Westufer; König Hussein würde dadurch zum Verhandlungspartner Israels für alle Fragen, die das Jordan-Westufer betrafen. Ich versprach, dieser Bitte nachzukommen, und tat es auch. Aber Israel konnte sich nicht gleichzeitig mit der Genfer Konferenz,

Parlamentswahlen, der Truppenentflechtung auf der Sinai-Halbinsel und einem Abzug aus Jericho beschäftigen. Deshalb ließ sich diese Idee nicht verwirklichen. Nach Beendigung der Truppenentflechtung an der ägyptischen und syrischen Front Mitte 1974 neigte sich Nixons Amtszeit ihrem Ende zu. Bevor der neue Präsident die Initiative ergreifen konnte, beraubten die anderen arabischen Staaten in einem Anfall emotionaler Kurzsichtigkeit Hussein der Möglichkeit, in Verhandlungen über das Westufer einzutreten, und bestimmten die PLO, die anzuerkennen Israel am wenigsten bereit war, zum Verhandlungspartner. Damit verhinderten die Araber selbst zunächst jede Freigabe jordanischen Territoriums am Westufer durch Israel.

Daraus erklärt sich zum Teil auch Husseins späteres Verhalten, als er das Risiko einging, sich um die Unterstützung der radikalen Araber zu bemühen, und zwar zuerst in Syrien und dann im Irak. Daneben nahm er auch wieder Kontakt zur Sowjetunion auf und suchte sich von den Vereinigten Staaten etwas mehr zu distanzieren. Dabei nahm er gegenüber einigen alten persönlichen Freunden und Bewunderern demonstrativ eine kühlere Haltung ein.

Libanon

Am Sonntag, dem 16. Dezember, flog ich in den Libanon. In jenen fernen Tagen galt der Libanon als Vorbild für das friedliche Zusammenleben der verschiedenen Religionen im Nahen Osten. Theoretisch gab es eine christliche Mehrheit, und auch die hohen Staatsämter waren entsprechend aufgeteilt. Der Präsident des Libanon war immer ein Christ, der Premierminister ein Moslem. In Wirklichkeit war das Verhältnis wahrscheinlich gerade umgekehrt, aber wenn man die Situation offen zugegeben hätte, dann wäre damit die sehr zerbrechliche innere Struktur des Landes gefährdet worden. So umging man das Problem, indem man 30 Jahre lang keine Volkszählung veranstaltete.

Die beiden Religionsgemeinschaften existierten nebeneinander, das wirtschaftliche Leben im Libanon blühte auf, und Beirut wurde zu einer vitalen, kosmopolitischen Metropole. Dieser glückliche Zustand hätte ohne weiteres andauern können, wenn sich die palästinensischen Führer nicht 1970 nach ihrer Ausweisung aus Jordanien entschlossen hätten, im Libanon ihre zentrale Operationsbasis einzurichten.

Daraus ergaben sich zwei Konsequenzen: Der Libanon wurde in die arabisch-israelische Konfrontation in einer mit seinem nationalen Interesse nicht zu vereinbarenden Weise hineingezogen, denn der Grenzverlauf zwischen dem Libanon und Israel war bis dahin niemals Gegenstand von Meinungsverschiedenheiten gewesen. Hier zeigte sich aber auch die Dynamik der Palästinensischen Freiheitsbewegung. Man hätte erkennen müssen, daß ein Land, das organisierte paramilitärische palästinensische Verbände aufnimmt, seine eigene Souveränität gefährdet. Diese Verbände sehen es als ihre wichtigste Aufgabe an, Kommandounternehmen gegen Israel durchzuführen. Dabei benutzen sie das Gastland als gesicherte Bereitstellungsbasis. Israel sieht sich zu Vergeltungsschlägen gezwungen, und das Gastland wird in einen Krieg hineingezogen, den es nicht hat führen wollen. (Hussein hatte solche gegen Israel gerichtete Unternehmen verboten, woraus 1970 eine der Ursachen für seine Konfrontation mit den Palästinensern entstand. Der Libanon war zu schwach dafür.) Wenn die Palästinenser sich im Lande festsetzen und ihre eigenen Streitkräfte aufstellen dürfen, dann werden sie zum Staat im Staate. Dabei setzen sie sich zuerst über das im Gastland herrschende Recht hinweg und versuchen dann, diesem Land ihren Willen aufzuzwingen. Was Hussein 1970 mit Unterstützung der loyalen Beduinen der jordanischen Armee mit Gewalt verhindert hatte, mußte der Libanon zulassen, denn seine schwache Regierung und die in sich gespaltene libanesische Armee konnten sich gegen die Palästinenser nicht durchsetzen.

Diese Entwicklung befand sich 1973 erst in ihren Anfängen, aber die Gefahren waren schon deutlich zu erkennen. Es zeigte sich bereits, daß die Palästinenser für den inneren Zusammenhalt des Libanon eine große Gefahr bedeuteten. Deshalb befürwortete die libanesische Regierung, die im übrigen zu den moderatesten im Nahen Osten gehörte, am leidenschaftlichsten die Schaffung eines eigenen Palästinenserstaates, um die Palästinenser aus dem Libanon herauszubekommen!

Diese Schwierigkeiten waren auch das Thema meines Gesprächs mit den libanesischen Führern auf dem Flughafen von Rayak, sechzig Kilometer außerhalb von Beirut. Wir waren dort aus Sicherheitsgründen zusammengekommen. Die mich begleitenden Sicherheitsbeamten hielten es für zu riskant, angesichts der Tatsache, daß es sowjetische Flugabwehrraketen gab, die ein Mann von der Schulter aus bedienen konnte, auf dem Beiruter Flughafen zu landen, denn zwei palästinensische Flüchtlingslager befanden sich unmittelbar neben der Anflugschneise. Der konkrete Anlaß für die Vorsichtsmaßnahme bestand in einem Bericht, nach dem meine Maschine abgeschossen werden sollte. Außerdem waren in Beirut Massendemonstrationen veranstaltet worden. Wir trafen uns deshalb in der Offiziersmesse des Militärflughafens; und hier fanden meine ersten Gespräche mit dem libanesischen Außenminister Fu'ad Naffa' und seinem Stab statt. Anschließend konferierte ich mit dem libanesischen Präsidenten Suleiman Frangieh und dem Premierminister Taqi al-Din al-Sulh und ihren Mitarbeitern. Der Außenminister hatte eine Liste von Fragen, die inhaltlich denen von Asad entsprachen, und auch meine Antworten waren die gleichen: Gespräche über die endgültige Grenzziehung wären verfrüht, und die Bestrebungen der Palästinenser könnten erst im Rahmen einer endgültigen Gesamtlösung berücksichtigt werden. Ebenso wie in Damaskus weigerte ich mich, diese Fragen im einzelnen zu erörtern. Dann erläuterte ich das für die Eröffnung der Genfer Konferenz vorgesehene Verfahren, sprach von den Untergruppen und der ersten Verhandlungsphase über die Truppenentflechtung. Unsere Gastgeber hätten nicht freundlicher und verständnisvoller sein können. Sie begrüßten das Interesse der Vereinigten Staaten am Friedensprozeß, hatten selbst aber keine konkreten Vorschläge. Ihnen ging es in erster Linie darum, den sowjetischen Einfluß im Nahen Osten zu schwächen, vor allem aber suchten sie unsere Unterstützung bei der Lösung des Palästinenser-Problems zu gewinnen, und das bedeutete, daß für sie außerhalb des Libanon eine Heimat gefunden werden sollte.

Ich brachte es nicht übers Herz, dem Präsidenten Frangieh zu sagen, daß ich, nach allem, was ich im Nahen Osten gehört hatte, nicht glaubte, irgend jemand würde ihm seine aufdringlichen Gäste abnehmen. Alle anderen arabischen Führer, mit denen ich gesprochen hatte – vielleicht mit Ausnahme der Politiker in Saudi-Arabien –, glaubten, daß nur sehr wenige Palästinenser an das Jordan-Westufer zurückkehren wollten, gleichgültig, wer dieses Gebiet beherrschte. Und da Israel mit Sicherheit verlangen würde, daß jeder Gebietsteil am Westufer, der den Arabern übergeben würde, entmilitarisiert werden müßte, und es unvorstellbar war, daß die Palästinenser bereit sein würden, sich entwaffnen zu lassen, würde der Libanon wahrscheinlich auch weiterhin mit den bewaffneten Palästinensern leben müssen.

Ich denke heute mit großem Bedauern an diese kultivierten Männer, die in einem von Unruhen heimgesuchten Teil der Welt eine demokratische Gesellschaft aufgebaut hatten, in der sich verschiedene Religionen gegenseitig achteten. Ihren Leistungen war kein dauernder Erfolg beschieden. Die Leidenschaften, die hier wüteten, waren zu stark, um von subtilen Verfassungsgrundsätzen im Zaum gehalten zu werden. Wie sie es in Jordanien versucht hatten, zerstörten die Palästinenser jetzt das delikate Gleichgewicht der Stabilität im Libanon. Noch bevor der Friedensprozeß zu Ende geführt werden konnte, wurde der Libanon in Stücke gerissen. Während ich diese Zeilen schreibe, jagen in dem zur Ohnmacht verurteilten Land alle Gruppen und Kräfte des Nahen Ostens ihren unerfüllbaren Träumen nach und schaffen damit einen alptraumhaften Zustand.

Am Sonntagabend, dem 16. Dezember, landete ich in Israel. Es war das dritte Land, das ich an diesem Tag besuchte und das siebente auf meiner vier Tage dauernden Reise durch den Nahen Osten. Ich war gekommen, um Israel zur Teilnahme an der Genfer Konferenz zu bewegen, und zwar mit dem Zugeständnis, eine Einladung zu verschicken, die alle Streitfragen offenließ. Aber ich machte mir keine Illusionen. Zwei Wochen vor den Wahlen würde kein israelischer Politiker seine Stellung für eine Konferenz riskieren, an deren Zustandekommen sie alle kein besonderes Interesse hatten.

Doch die durch den Wahlkampf erzeugte Stimmung war nur eine oberflächliche Manifestation einer tiefer liegenden Sorge. Das hartnäkkig geführte Rückzugsgefecht Israels war nicht ein Zeichen von Arroganz, wie viele Araber glaubten. Dahinter stand vielmehr die ganz akute Furcht vor der Katastrophe. Die kleinliche, legalistische Verhandlungsmethode entsprang dem Bewußtsein, daß ein kleines Drei-Millionen-Volk, umgeben von einer mehr als hundert Millionen zählenden feindlichen Bevölkerung, historisch schwach ist und daß daran auch eine relative militärische Überlegenheit nichts ändern kann. Diese Kinder des Gettos kannten im tiefsten Inneren ihr eigenes Verhängnis, gegen das sie sich aufbäumten und das durch ihr eigenes Verhalten immer bedrohlicher wurde: Sie hatten einen Staat gegründet, der wieder zum Getto geworden war. Sie waren von ihren Nachbarn geächtet, allein auf sich angewiesen und abhängig von der Unterstützung eines weit entfernten Landes, das viele andere wichtige Aufgaben hatte.

Auch die vielschichtige Strategie, die ich entworfen hatte, konnte sie nicht aus ihrem Dilemma befreien. Ich verteidigte die Methode des schrittweisen Vorgehens und sagte, damit ließe es sich verhindern, daß eine gegen Israel gerichtete globale Koalition entstand. Golda ließ sich nicht überzeugen:

> Wenn die Welt im März oder April wieder anfängt, Druck auf uns auszuüben, dann werden wir x Kilometer hinter dem Kanal stehen. Wir werden in einer ungünstigen Lage kämpfen müssen. Und die Welt wird nicht sagen, »der Zorn des Herrn komme über eure beiden Häuser«, die Welt wird sagen, »der Zorn des Herrn komme über das Haus Israel«.

Golda hatte nicht ganz unrecht. Unsere Strategie bewahrte Israel nicht vor den Gefahren eines Rückzugs, sondern konnte sie nur verringern. Golda war stark genug, sich den Realitäten zu stellen, so schmerzlich sie auch sein mochten. Zur Truppenentflechtung sagte sie: »Wenn wir realistisch und ehrlich gegen uns selbst sind, wir Israelis, dann heißt es in Wirklichkeit, wir sind aus diesem Krieg, der gewesen ist, wie er war, durch einen Rückzug herausgekommen. So ist es, wenn man die Dinge beim Namen nennt. Ein Rückzug, weiter nichts.«

Golda hatte recht, und Sadat war der einzige Araber, der begriff, daß sie recht hatte. Es ist ein Beweis ihrer menschlichen Größe, daß sie trotzdem diesen Weg gegangen ist. Sie hat besetztes Gebiet geräumt, um Zeit zu gewinnen, und territoriale Zugeständnisse gemacht, um die Anerkennung Israels durchzusetzen. Aber man durfte nicht von ihr erwarten, daß sie es freudig oder mit einer großzügigen Geste tat. Sadat war ein großer Mann, weil er wußte, welche Bedeutung immaterielle Werte haben. Golda mußte festhalten, was sie besaß. Die Umstände erlaubten ihr nicht, krumme Wege zu gehen. Aber wenn man die Bilanz zieht, dann muß man erkennen, daß sie zum Frieden ebenso viel beigetragen hat wie der ägyptische Präsident und ihre Pflicht mutig, gelegentlich böse knurrend, aber immer mit Würde erfüllt hat.

Bei allem Verständnis für die historische Notlage Israels und bei aller persönlichen Zuneigung zu Golda mußten wir jetzt die zähneknirschende und erschöpfende Exegese über uns ergehen lassen, die die israelische Verhandlungsdelegation für uns bereithielt. Zunächst erörterten wir das Einladungsschreiben Zeile um Zeile. In Wirklichkeit war der Kampf schon halb gewonnen, als Sadat zustimmte und Asad nichts dagegen einzuwenden hatte, daß wir auf die ausdrückliche Erwähnung der Palästinenser verzichteten. Die nichtssagende Formulierung in unserem neuen und endgültigen Text besagte nur, daß die »Frage anderer Teilnehmer aus dem Nahen Osten in der ersten Phase der Konferenz erörtert werden wird«. (Der besondere Hinweis auf den »Nahen Osten« war ein indirekter Beitrag Asads. Er hatte mich darauf hingewiesen, daß, wenn wir die Einladung nicht auf diese Region beschränkten, jedes beliebige Land darum ersuchen könnte, an der Konferenz teilnehmen zu dürfen.)

Da dieses Problem jetzt im Sinne Israels gelöst war, versuchte die Verhandlungsdelegation ihr Glück mit den anderen Fragen. In ihrem tiefen Mißtrauen gegenüber den Vereinten Nationen bewiesen die Israelis ein unwahrscheinliches Geschick bei der Erfindung alternativer Formulierungen, mit denen die Autorität dieser Organisation bei der Einberufung der Konferenz und die Rolle des Generalsekretärs geschwächt werden sollten. Zum Glück hatten diese Versuche im Grunde nur eine Alibifunktion und wurden nicht mit der gewohnten Ausdauer fortgesetzt, so daß wir noch ein paar Stunden Schlaf fanden. Daß es mir gelungen war, die Palästinenser-Frage zu lösen, hatte meinen Gesprächspartnern den Wind aus den Segeln genommen – aber Verhandlungen mit Israelis sind niemals einfach, auch wenn das Verhandlungsthema sie nicht besonders erregt.

Nachdem wir uns grundsätzlich über den Text des Briefes geeinigt hatten, prüften wir gemeinsam den Entwurf eines Begleitschreibens, das auf Wunsch Israels mit der Einladung verschickt werden sollte. Schließlich rief ich verzweifelt aus:

> Ich versuche, in dieses Gespräch einen Sinn für die Wirklichkeit zu bringen. Die Stimmung in Amerika ist jetzt so, daß Sie, wenn Israel immer mehr als Hindernis vor den Verhandlungen und als Ursache der Ölknappheit angesehen wird, gewaltige Schwierigkeiten bekommen werden. Ob nun diese Zusatzerklärung verfaßt wird oder nicht.

»Ich weiß«, erwiderte Golda ungeduldig. Sie hatte ihre eigenen innenpolitischen Probleme – einen aggressiven und einen rechten Flügel und eine öffentliche Meinung, die sich ihrer Sache nicht sicher war. Worum es hier ging, war kein außenpolitisches, sondern ein psychologisches Problem. Sie mußte beweisen, daß sie Israels Interessen vertrat und wir sie angehört hatten. Was wir daraufhin unternahmen, gehörte in eine andere geschichtliche Periode.

Nachdem wir fünf Stunden, bis nach Mitternacht, ohne Unterbrechung verhandelt hatten, lagen um 0.42 Uhr alle Dokumente einschließlich eines neuen Entwurfs für das Einladungsschreiben auf dem Tisch.* Die Palästinenser wurden nicht erwähnt, und die Vereinten Nationen waren nur für die Einberufung der Konferenz verantwortlich, hatten jedoch keine Aufsichtsfunktionen während ihres Verlaufs – was nur ein kleiner Sieg für Israel war, denn niemand konnte etwas dagegen unternehmen, daß die Palästinenser-Frage auf der Konferenz zur Sprache kam. Aber Israel hatte sich, während seine Vertreter uns an den Rand eines Nervenzusammenbruchs getrieben hatten, verpflichtet, an Verhandlungen teilzunehmen, die, wie die israelische Führung genau wußte, nur vorankommen konnten, wenn es bereit war, nachzugeben. Um 13.00 Uhr trat das Kabinett zusammen und billigte unser Verhandlungsergebnis. Meine erschöpften Mitarbeiter mußten die Berichte für das Weiße Haus, alle Teilnehmer aus dem Nahen Osten und die Sowjetunion verfassen, denn wir brauchten ihr Einverständnis zu den Textänderungen.

Das israelische Kabinett hat – oder hatte wenigstens damals – eine durch nichts zu überbietende Ausdauer darin, sich selbst zu kasteien. Es konnte den Lauf der Ereignisse nicht mehr aufhalten, aber es mußte sich immer wieder vergewissern, daß ihm nicht zufällig doch eine Chance entgangen war. Am Montagmorgen, dem 17. Dezember, ka-

* Der endgültige Text des Einladungbriefes ist in den Anmerkungen abgedruckt.[4]

men die beiden Verhandlungsdelegationen noch einmal zu einer vier Stunden dauernden Sitzung zusammen. Das Thema war diesmal die Truppenentflechtung. Dabei ließen wir die Gespräche bei Kilometer 101 Revue passieren und prüften die dort vorgelegten Pläne. Ich berichtete über die mir zuletzt vorgetragenen Vorstellungen Sadats, erläuterte meine eigenen Ideen und hörte mir an, was die Israelis dazu zu sagen hatten. Auf die Einzelheiten wollten wir erst im Januar zurückkommen. Aber ich war schon jetzt davon überzeugt, daß Ägypten und Israel gute Aussichten hatten, die auf Biegen oder Brechen angelegten diplomatischen Verhandlungen zu einem guten Ende zu führen, für die wir unsere Position im Nahen Osten aufs Spiel gesetzt hatten.

Unmittelbar vor meiner Abreise aus Jerusalem suchte ich Yad Vashem, die Gedenkstätte für die sechs Millionen Juden, auf, die von den Nazis ermordet worden waren. Ich hatte es mir verbeten, daß die Presse mich dabei begleitete, und benutzte diese Gelegenheit, um über meine eigene Vergangenheit nachzudenken, über die Erbarmungslosigkeit der Geschichte und über die Verpflichtungen, die der Staatsmann gegenüber der Menschheit zu übernehmen hat. Dem israelischen Volk wollte ich damit zeigen, daß ich seine Befürchtungen verstand und respektieren würde, die es angesichts eines Friedensprozesses hegte, der so unvermeidlich, so hoffnungsvoll und doch so ungeheuer schmerzlich war.

Als ich Israel am Nachmittag des 17. Dezember verließ, glaubte ich, darauf vertrauen zu können, daß sich unser strategischer Plan wie beabsichtigt realisieren ließ. Wir durften jetzt damit rechnen, daß die Genfer Konferenz drei Tage später beginnen würde. Eine Vereinbarung zwischen Israel und Ägypten über die Truppenentflechtung war in greifbare Nähe gerückt. Ich schickte Botschaften an Sadat, Hussein, Asad, Faisal, Boumedienne und den Schah und unterrichtete sie über den Inhalt meiner während der vergangenen Tage geführten Gespräche. Unser Erfolg hing von dem Vertrauen ab, das man uns entgegenbrachte; deshalb mußten alle interessierten Regierungschefs wissen, was gesagt und getan worden war. (Und weil alle aus den Vereinigten Staaten kommenden Informationen in der Gerüchteküche des Nahen Ostens einen hohen Nachrichtenwert besaßen, sorgten wir dafür, daß alle Berichte inhaltlich übereinstimmten, aber nicht den gleichen Wortlaut hatten. Im letzteren Fall wären die Berichte in den arabischen Hauptstädten nicht mit der gleichen Aufmerksamkeit gelesen worden. Wenn jeder den gleichen Bericht bekommen hätte, dann wäre der Eindruck eines Rundbriefs entstanden.) Auch unsere Verbündeten in der NATO wurden unterrichtet. Am 18. Dezember stimmten Israel, Ägypten, Jordanien und die Sowjetunion dem Text des Einladungsbriefes zu, nachdem noch ein paar kleinere Korrekturen vorgenommen worden waren. Wie versprochen, fragten wir am 18. Dezember noch einmal bei Asad nach. Ich schickte unseren Botschafter in Beirut, William Buffum, nach Damaskus mit dem Auftrag, dort den neuen Text des Einladungsbriefes vorzulegen. Aber wie erwartet ließ mich Asad wissen, daß Syrien nicht an der Friedenskonferenz teilnehmen werde. Deshalb wurden aus dem Brief an Waldheim im letzten Augenblick die Namen der Länder gestrichen, die sich dafür ausgesprochen hatten, daß alle »beteiligten Parteien« nach Genf kommen sollten.

Ganz am Schluß gab es auch in Washington noch gewisse Schwierigkeiten. Nixon, der sich immer noch über die israelische Halsstarrigkeit in der vergangenen Woche ärgerte, wollte ein Viertel der 2,2 Milliarden Dollar streichen, die wir Israel als Zusatzhilfe nach dem Kriege für den Fall versprochen hatten, daß es uns keine Hindernisse in den Weg legte. Ich widersetzte mich, denn ich war überzeugt, daß die Israelis in ihrer Verzweiflung eine noch herausfordernde Haltung einnehmen würden, und es gab wirklich keine triftigen Gründe für eine solche Maßnahme. Nach einem kurzen Gedankenaustausch mit Scowcroft ließ Nixon seine Absicht fallen. Am 19. Dezember schickte ich dem Präsidenten einen ausführlichen Bericht über die Erwartungen, die ich mit der Genfer Konferenz und ihren Folgen verknüpfte. (Er ist im Anhang abgedruckt.)[5]

Endlich standen wir am Start. Jetzt würde sich erweisen, ob wir das Rennen gewinnen konnten.

Die Genfer Konferenz

Bevor ich nach Genf ging, besuchte ich noch Lissabon, Madrid und Paris. Ich schuldete der portugiesischen Regierung für ihre Hilfe bei unserer Luftbrücke ein Zeichen dafür, daß wir sie unterstützten. Mit Spanien standen wir in Verhandlungen über die Einrichtung amerikanischer Stützpunkte im Lande. In Paris traf ich mich zum letztenmal mit meinem alten nordvietnamesischen Gegner Le Duc Tho, der immer unverschämter wurde, je deutlicher er erkannte, daß die innenpolitischen Schwierigkeiten der Vereinigten Staaten für Hanoi neue und entscheidende strategische Möglichkeiten eröffneten. In der französischen Hauptstadt unterrichtete ich auch Präsident George Pompidou von unseren Plänen und der Strategie für die Genfer Konferenz. Der schwerkranke Präsident hatte die größte Mühe, die Ruhe zu bewahren und höflich zu bleiben, wie es sonst seine Art war, denn es ärgerte ihn, daß Frankreich an diesem Unternehmen nicht beteiligt war. Ich verstand die

Haltung dieses stolzen Mannes. Andererseits gab es aber auch kaum eine einzige den Nahen Osten betreffende umstrittene Frage – und auch nur wenige auf anderen Gebieten –, in der sich Frankreich in letzter Zeit auf unsere Seite gestellt hatte. Solange die Franzosen glaubten, daß es in ihrem Interesse läge, im Nahen Osten das Programm der radikalen Araber zu unterstützen, wären wir durch eine Teilnahme Frankreichs isoliert worden, denn die Vereinigten Staaten verfolgten gemäßigtere, begrenztere und nach unserer Auffassung leichter zu verwirklichende Ziele.

Vor meiner Abreise aus Paris nahm der algerische Außenminister Abdelaziz Bouteflika, mit dem ich erst vor einer Woche in Algier gesprochen hatte, meine Einladung an, mich in der Residenz des amerikanischen Botschafters aufzusuchen, wo ich ihm über die Ergebnisse meiner Reise durch den Nahen Osten berichtete. Ich teilte ihm kurz den Inhalt der geführten Gespräche mit und versicherte ihm, ich hätte Verständnis dafür, daß Syrien sich zunächst nicht an der Konferenz beteiligen wollte. Ich sagte ihm, wir seien entschlossen, uns für eine Truppenentflechtung auf dem Golan unmittelbar nach Abschluß dieser Operationen auf der Sinai-Halbinsel einzusetzen. Der revolutionäre Bouteflika erläuterte mir noch einmal in dem bekannten ideologischen Jargon die Probleme seiner radikalen Freunde, der Palästinenser, aber der Weltmann Bouteflika begriff, daß die Uneinigkeit der Palästinenser und die Nebenabsichten der arabischen Regierungen eine Lösung des Problems unmöglich machten. Er räumte offen ein, daß sich das Palästinenser-Problem komplizierte, weil jedes Land in der Region eine andere Palästinenser-Gruppe unterstützte. Daraus ergab sich, daß Algerien sich unserem Verfahren und unserer Strategie ebensowenig widersetzen würde wie Syrien.

Am späten Donnerstagnachmittag, dem 20. Dezember, fand meine anstrengende Reise, die sich jetzt schon über zwei Wochen hinzog, ihren Höhepunkt mit meinem Eintreffen in Genf. Zwar verknüpften wir mit der Konferenz nur bescheidene Erwartungen, aber ich hoffte von ganzem Herzen, daß sie den Beginn eines Prozesses einleiten könnte, der die Leiden des vergangenen Krieges rechtfertigte und die großen Mühen der vergangenen Monate belohnte. In dieser gehobenen Stimmung sagte ich der Presse auf dem Flughafen:

> Das Schicksal der Araber und Juden war im Verlauf der Geschichte unauflöslich miteinander verknüpft und ging durch die gleichen Höhen und Tiefen. In den vergangenen Jahrhunderten haben beide ähnlich grausame Verfolgungen erlebt – die einen wurden über die ganze Welt zerstreut und mißhandelt, die anderen in ihrem eigenen ehemaligen Herrschaftsbereich der Autonomie und Freiheit beraubt. Aber

während des letzten Vierteljahrhunderts ist es ihnen beiden fast gelungen, ihre Vergangenheit zu bewältigen; es sind nicht mehr von außen kommende Kräfte, die sie bedrängen, sondern der Kampf, den sie gegeneinander führen. Deshalb ist es notwendig, daß sich im Land der Araber und Juden, wo Mißtrauen und Haß in so tragischer Weise der geistigen Botschaft widersprechen, die von hier aus verkündet worden ist, die Stimme der Versöhnung Gehör verschafft.

In Genf erwartete mich auch eine freundschaftliche und hochherzige Botschaft Nixons:

Am Vorabend des Zusammentretens der historischen Konferenz über den Nahen Osten möchte ich Ihnen meine Anerkennung und die Dankbarkeit des amerikanischen Volkes für den entscheidenden Beitrag aussprechen, den Sie zu diesem großen Unternehmen geleistet haben. Ohne Ihr diplomatisches Geschick, Ihre Ausdauer und Ihre Hingabe an die Sache des Friedens könnte diese Konferenz nicht stattfinden. Wenn dies auch nur der erste Schritt auf dem Wege zu einem gerechten und dauerhaften Frieden im Nahen Osten ist, so ist es doch ein hochbedeutsamer Schritt, und das amerikanische Volk ist stolz darauf, daß sein Außenminister ihn ermöglicht hat. Ich brauche Ihnen nicht zu sagen, daß Sie bei unserer Zusammenarbeit an diesem lebenswichtigen Vorhaben meiner vollen Unterstützung sicher sein können. Mit herzlichen Grüßen.

Man durfte sicher nicht erwarten, daß sich die in Genf versammelten Männer nur vom Geist der Versöhnung leiten lassen würden. Die Vertreter der hier miteinander ringenden Parteien konnten das Experiment mit dem Frieden nur wagen, wenn sie immer wieder auf die Haltung der Vertreter einer harten Linie im eigenen Lande Rücksicht nahmen. Und alle Hauptakteure hatten begriffen, daß der einzige Erfolg der Konferenz in ihrer Eröffnung bestand. Mit Fortschritten durfte man nur bei Verhandlungen in anderen Gremien rechnen.

Diese Situation hatte Andrei Gromyko endlich auch erkannt, mit dem ich am Donnerstag zu Abend aß, bevor am Freitag die Plenarsitzung eröffnet wurde. Daß die Konferenz zustandekam, war den Bemühungen der Vereinigten Staaten zu verdanken, während die Sowjetunion, wenn überhaupt, nur eine Nebenrolle gespielt hatte. Gromyko hatte vergessen, daß er mir diese Aufgabe überlassen hatte, damit er mich im Fall eines Scheiterns dafür verantwortlich machen konnte, wenigstens aber für die Korrekturen im Einladungsschreiben, zu denen mich unzufriedene arabische Teilnehmer zwingen würden. Während der ganzen Vorbereitungszeit hatten sich die sowjetischen Diplomaten entweder als unfähig erwiesen oder versucht, unsere Arbeit zu behindern. Wahrscheinlich traf beides zu. Aber die Anstrengungen, die für die Vorbereitung der Konferenz unternommen wurden und schließlich zum Erfolg geführt hatten, stärkten den Einfluß der Vereinigten Staaten, denn nun erkannten alle Araber und sogar auch die Radikalen, daß sie auf unsere Mitarbeit nicht verzichten konnten.

Als Gromyko mürrisch erklärte, die Sowjetunion werde sich aus dem Friedensprozeß nicht ausschließen lassen, muß er besonders deshalb enttäuscht gewesen sein, weil er wußte, daß sich die Sowjets dieses unlösbare Dilemma selbst zuzuschreiben hatten. So lange die Sowjetunion keine Beziehungen zu Israel unterhielt, waren wir die einzige Supermacht, die einen Dialog mit beiden Seiten führten. Und solange die Sowjets nur die Forderungen der radikalen Araber wiederholten, hatten wir, wie ich Asad gesagt hatte, immer die besseren Möglichkeiten, direkt mit den arabischen Staaten zu verhandeln und ihre Anerkennung für jeden Erfolg zu gewinnen. Nun versuchte Gromyko, den Vorteil, der sich für die Sowjets daraus ergab, daß sie sich mit uns um den Frieden bemühten, damit zu verbinden, jede Forderung der Araber uneingeschränkt zu unterstützen. Wir wollten uns an diesem Spiel nicht beteiligen. Aber vor allem war es die Ungeschicklichkeit der sowjetischen Diplomatie und nicht unser Verhalten, die Moskau dazu verurteilte, beiseite stehen zu müssen. Wir bemühten uns dagegen systematisch darum, den Rahmen für bilaterale Verhandlungen zwischen den Parteien zu schaffen, die durch unsere Vermittlung *nach* der Konferenz zustande kommen sollten. Da die Sowjetunion keine Alternative anbieten konnte, erklärten sich sogar die von ihr abhängigen Staaten wie Syrien mit unserem Verfahren einverstanden, denn nur so konnten sie mit Fortschritten rechnen.

Bei dem Abendessen einigten wir uns über eine an sich unwesentliche Verfahrensfrage, um es der Sowjetunion zu ermöglichen, das Gesicht zu wahren. Die Sowjetunion und die Vereinigten Staaten waren zunächst überein gekommen, zur Genfer Konferenz ständige Vertreter im Rang von Botschaftern zu schicken. Nun schlug Gromyko vor, diese Botschafter sollten auch nach der offiziellen ersten Sitzung in Genf bleiben und die Verbindung zueinander halten. Außerdem sollten sie zur Verfügung stehen, wenn die Untergruppen sie bei ihren bilateralen Gesprächen einzuschalten wünschten. Allerdings hatte ich auf meiner Reise dafür gesorgt, daß dieser Fall wahrscheinlich nicht eintreten würde. Gromyko wollte damit die getrennt laufenden bilateralen Gespräche außerhalb der Konferenz offensichtlich komplizieren. Ich erklärte mich einverstanden, weil ich nicht glaubte, daß die Verhandlungen, wie wir sie in die Wege geleitet hatten, durch solche Tricks noch gestört werden könnten. Zu unserem Vertreter ernannte ich Ellsworth Bunker, einen unserer tüchtigsten Diplomaten, der selbstbewußt genug war, sich nicht in eine Lage drängen zu lassen, die unsere Absichten gefährden könnte. Gromyko ernannte Winogradow, der sich in Kairo unbeliebt gemacht hatte und daher für einen neuen Posten zur Verfügung stand, zum sowjetischen Vertreter. Er bewies, wie recht Metternich gehabt hatte, als er über einen zaristischen Diplomaten die folgende Bemerkung machte: »Niemand läßt sich leichter besiegen, als ein Diplomat, der sich selbst für verschlagen hält. Am schwierigsten ist es, mit den ehrlichen fertig zu werden.« Bunker und Winogradow trafen im Januar gelegentlich zusammen. Anschließend beschäftigte sich Bunker hauptsächlich mit den Verhandlungen über den Panama-Kanal, womit ich ihn außerdem beauftragt hatte. Im Juni war es uns gelungen, außerhalb von Genf zwei Vereinbarungen abzuschließen. Winogradow war abgereist. Die Konferenz ist nie wieder zusammengetreten.

Am Freitagmorgen, dem 21. Dezember 1973, kam es nur noch darauf an, die Vertreter aller Beteiligten zur offiziellen Eröffnungssitzung im Palais des Nations zu versammeln. Aber nach wochenlangen mühevollen Vorbereitungen, von denen man hätte annehmen sollen, daß sie alle Hindernisse aus dem Weg geräumt hätten, entstand im letzten Augenblick eine neue Schwierigkeit. Diesmal ging es um die Sitzordnung. Gromyko hatte Waldheim eine Sitzordnung vorgeschlagen, die ebenso durchsichtig wie unannehmbar war. Die Vertreter der Sowjetunion, Ägyptens und Syriens* sollten rechts vom Generalsekretär Platz nehmen, die Vereinigten Staaten, Israel und Jordanien links. Damit würde Jordanien mit seinem Platz neben Israel und den Vereinigten Staaten von den anderen arabischen Ländern getrennt werden, während die Sowjetunion demonstrieren könnte, daß sie die Schutzmacht der gerechten arabischen Sache sei – was sie angeblich mit der zuverlässigen Unterstützung ihrer Satelliten in der Vergangenheit bewiesen hatte. Soweit ich Sadats Vorstellungen kannte, hätte ihm diese Symbolik ebenso wenig gefallen wie den Teilnehmern, denen Gromyko ihre Pätze auf unserer Seite des Tisches zugewiesen hatte.

Da Gromykos Vorschlag unsinnig war und auch nicht dem diplomatischen Protokoll entsprach, lehnte Waldheim ihn ab und zeigte damit, daß er wußte, wer die besseren Trümpfe in der Hand hielt. Er schlug deshalb vor, nach dem gleichen Grundsatz zu verfahren wie bei den Vereinten Nationen und die Delegationen aus dem Nahen Osten in alphabetischer Reihenfolge zu plazieren. Aber daraus ergab sich ein neues Problem, denn jetzt hätte der Vertreter Ägyptens zwischen denen Israels und der Sowjetunion Platz nehmen müssen, was Fahmy lieber

* Für Syrien sollte ein Platz freigelassen werden, um zu zeigen, daß es zu einem späteren Zeitpunkt an der Konferenz teilnehmen könnte.

vermeiden wollte. Deshalb machte er den Gegenvorschlag, Jordanien und nicht Ägypten neben Israel zu setzen, aber von dieser Symbolik wollten die Jordanier nichts wissen.

Als ich schon glaubte, alles wäre verloren – der für den Beginn der Sitzung vorgesehene Termin war schon verstrichen –, kam der gewandte stellvertretende Generaldirektor des israelischen Außenministeriums, Ephraim (Eppie) Evron, auf eine geradezu salomonische Lösung. Er meinte, die Vereinigten Staaten sollten den Sitz zwischen Ägypten und Jordanien einnehmen und die Sowjetunion zwischen Israel und dem für Syrien reservierten leeren Stuhl, und zwar an einem Tisch mit sieben Ecken und sieben Seiten. Auch für diese Sitzordnung gab es keine bessere Begründung als für jede beliebige andere, aber das Problem war damit gelöst. Gromyko, der das Spiel mit einem durchsichtigen Trick begonnen hatte, demonstrierte am Schluß seinen guten Willen – was sich auch darin zeigte, daß er sich zu einer Begegnung mit dem israelischen Außenminister Abba Eban einverstanden erklärte. Moskau hatte die diplomatischen Beziehungen zu Israel abgebrochen, aber ich war ebenso wie Eban der Auffassung, daß es vernünftig wäre, wenn Israel um ein solches Treffen bat. Gromyko nahm den Vorschlag an und erklärte kühl, daß es ganz normal wäre, wenn ein Teilnehmer an einer internationalen Konferenz seinem Kollegen einen Höflichkeitsbesuch machte.

So war die Genfer Konferenz endlich doch in Gang gekommen. Wie vorgesehen, wurden zahlreiche Reden gehalten, mit denen jeder Teilnehmer sich gegen die Vorwürfe zu schützen suchte, die ihm im eigenen Lande am meisten schaden könnten. Für Ägypten war es die Behauptung Syriens, daß Kairo mit dem Gedanken an einen Separatfrieden spiele; für Jordanien war es der Zweifel daran, daß es sich ebenso energisch für die arabische Sache einsetzte wie seine arabischen Brüder. Israel mußte es einerseits vermeiden, von den israelischen Oppositionsparteien am rechten Flügel der Nachgiebigkeit beschuldigt zu werden, wollte sich aber andererseits von den Europäern und Amerikanern nicht vorwerfen lassen, die Konferenz in eine Sackgasse geführt zu haben. Die Sowjetunion wollte ihren Anspruch, auch weiterhin entscheidend am Friedensprozeß mitwirken zu können, festigen, und die Vereinigten Staaten mußten beweisen, daß niemand auf ihre Mitwirkung verzichten konnte.

Gromyko eröffnete die Konferenz mit einer für sowjetische Verhältnisse zurückhaltenden Rede. Wie üblich, kritisierte er die »aggressive« Haltung Israels und forderte die Israelis zur Rückkehr zu den Grenzen von 1967 auf. Aber er betonte auch, daß die Araber die Souveränität Israels anerkennen und dem israelischen Staat das Existenzrecht zugestehen müßten. Es war die übliche sowjetische Litanei, die jedoch diesmal in relativ versöhnlicher Form vorgetragen wurde. Sie eröffnete keine neuen Perspektiven, trug aber auch nichts zur Verschärfung der Lage bei.

Ich ergriff als nächster das Wort und beschäftigte mich mit vier wichtigen Gesichtspunkten. Ich wies darauf hin, daß der Waffenstillstand unbedingt eingehalten werden müßte. Dann sagte ich, es sei notwendig, sich realistische Vorstellungen davon zu machen, was sich in kurzer Zeit erreichen ließe. Der erste Schritt müßte die baldige Truppenentflechtung sein, und schließlich sei es erforderlich, daß die Parteien miteinander verhandelten, denn sie würden mit den Ergebnissen dieser Verhandlungen leben müssen. Wenigstens konnte niemand behaupten, daß ich nicht eindeutig dargestellt hätte, worin unsere Strategie bestand. Es amüsierte meine Zuhörer, als ich versuchte, ein orientalisches Sprichwort in arabischer Sprache zu zitieren. Es ging mir dabei ähnlich wie in China, wo die Chinesen bei einer ähnlichen Mutprobe nicht begriffen, was ich sagen wollte, bis sie die offizielle Übersetzung in der Sprache zu hören bekamen, die ich angeblich benutzt hatte.

Der nächste Redner war Fahmy. Mit einem Seitenblick auf Damaskus vermied er es, sich irgendwie festzulegen. Er verlangte den Abzug aller israelischen Streitkräfte und die Räumung aller Gebiete bis an die Grenzen von 1967. Für die Palästinenser forderte er das Recht der Selbstbestimmung. Doch jedem Staat sollten die Unverletzlichkeit seines Gebiets und die politische Unabhängigkeit garantiert werden, und das galt daher auch für Israel. Nachdem Ägypten deutlich erklärt hatte, an welchen Grundsätzen es unbedingt festhalten werde, konnte es sich dem Problem der Truppenentflechtung zuwenden – ein Thema, das Fahmy in seiner Rede nicht erwähnte.

Die härteste Haltung nahm der jordanische Premierminister Zaid Rifai ein, der in Wirklichkeit die gemäßigtsten Ansichten vertrat. Sein Katalog israelischer Übergriffe war wesentlich länger als der Fahmys. Über eine friedliche Lösung hatte er dagegen weniger zu sagen. Seine Verhandlungsposition war aber auch viel schwieriger. Jordanien galt in der arabischen Welt wegen seiner freundschaftlichen Beziehungen zu den Vereinigten Staaten und seiner Bereitschaft, sich mit Israel zu einigen, als am wenigsten vertrauenswürdig. Anschließend sagte mir Rifai vertraulich, er habe mit dem Ton seiner Rede auf die arabische Politik Rücksicht nehmen müssen. Es war eine bizarre Friedenskonferenz – wenn auch nicht die einzige in der Geschichte –, auf der die offizielle Haltung der gegnerischen Parteien im großen und ganzen dem widersprach, was sie in der Praxis taten. Die Aggressivität der Rhetorik steigerte sich im gleichen Maß wie die Versöhnlichkeit der Politik.

Der israelische Außenminister Abba Eban sprach als letzter. Er hatte wahrscheinlich um das letzte Wort gebeten, um auf die Ausführungen seiner Vorredner eingehen zu können und die Wirkung dessen, was er zu sagen hatte, dadurch zu erhöhen, daß seine Worte am Schluß dieser Redeschlacht eine besondere Stellung einnahmen – was er nicht nötig gehabt hätte. In der geschliffenen Form, mit der er sich als Redner einen Namen gemacht hatte, war der Vortrag Ebans der längste und mit Sicherheit der überzeugendste auf dieser Konferenz. Gemäßigt im Ton und fest in der Sache wies der israelische Außenminister auf die Bedeutung der mit einem Frieden verbundenen völkerrechtlichen Verpflichtungen hin, lehnte die Gründung eines Palästinenser-Staates ab und forderte alle Beteiligten zur Geduld auf, denn der Friedensprozeß würde sich nach seiner Auffassung über eine lange Zeit hinziehen. Fahmy hielt es für notwendig, zu diesen Ausführungen noch einmal Stellung zu nehmen. Damit ging die offizielle Plenarsitzung der Genfer Konferenz zu Ende.

In vertraulichen Gesprächen mit Fahmy, Rifai, Eban und Gromyko erörterte ich noch einmal alle Einzelheiten des Verfahrens. Fahmy hielt es für richtig, die Konferenz noch nicht offiziell zu vertagen, um den Gesprächen über die Truppenentflechtung, die ich für den Januar vorgesehen hatte, einen Rahmen zu geben. Er mißtraute den Motiven der Israelis sehr und war eifrig darum bemüht, seinen arabischen Brüdern zu beweisen, daß »irgend etwas« geschah. Deshalb ersuchte er Israel, sofort einen Offizier nach Genf zu schicken, damit die bei Kilometer 101 begonnenen militärischen Gespräche fortgesetzt werden könnten. Ich veranlaßte Eban, dem zu entsprechen, obwohl ich gewisse Bedenken hatte und fürchtete, daß dieser Offizier Dinge sagen könnte, die unser Vorhaben gefährdeten. Das Erscheinen dieses Offiziers zu Gesprächen, die am 26. Dezember beginnen sollten, erregte kein geringes Aufsehen.

Alle diese taktischen Manöver waren nur das äußere Zeichen für eine fundamentale Veränderung. Die Genfer Konferenz war, ganz abgesehen von ihren bizarren Aspekten, an sich schon ein erheblicher Erfolg. Zum erstenmal hatten zwei arabische Staaten – Ägypten und Jordanien – hochrangige Vertreter beauftragt, sich mit Israel an einen Tisch zu setzen. Alle drei Reden richteten sich zwar in erster Linie an die Bevölkerung im eigenen Land, vermieden aber sorgfältig jede Stellungnahme oder programmatische Erklärung, mit der die Tür zu weiteren Verhandlungen zugeschlagen worden wäre. Niemand verweigerte die weitere Teilnahme, und alle Konferenzteilnehmer erklärten sich mit dem von den Vereinigten Staaten vorgeschlagenen schrittweisen Vorgehen einverstanden.

Ebenso bedeutsam war die Haltung Syriens. Die Syrer nahmen zwar nicht an der Konferenz teil, aber dahinter standen vor allem taktische Gründe, wie sich darin zeigte, daß Damaskus keine Einwände dagegen erhob, wenn am Konferenztisch ein Platz für Syrien mit einem entsprechenden Namensschild reserviert wurde. Damit war die Teilnahme Syriens offiziell vorgesehen, das jetzt die Möglichkeit hatte, entweder einen Vertreter zur Plenarsitzung oder zur Verhandlung im Rahmen der Untergruppen zu schicken.

So stellte Genf im Rahmen der Strategie, die wir seit dem Oktober-Krieg energisch voranzutreiben suchten, einen bedeutenden Erfolg dar. Während dieses Krieges galten unsere größten Befürchtungen einem Triumph der sowjetischen Waffen, dem wachsenden sowjetischen Einfluß im Nahen Osten, einer eventuellen Panik der Israelis, der Möglichkeit, daß sich die arabischen Nationen hinter ein radikales, gegen die Vereinigten Staaten gerichtetes Programm stellten, und einer europäisch-japanischen Koalition, die sich von uns distanzierte und dem Druck der Radikalen nachgab, weil sie ihre Versorgung mit Öl gefährdet sah. Unter solchen Voraussetzungen wäre eine konstruktive Diplomatie nach dem Krieg nicht mehr möglich gewesen.

Wir hatten einen Friedensprozeß in Gang gesetzt, und zwar während der durch Watergate heraufbeschworenen innenpolitischen Krise. Der Autoritätsverlust unserer Exekutive war nicht mehr aufzuhalten. Ich kann dieses Paradox nur damit erklären, daß sich die arabischen Staaten die Machtlosigkeit ihres Deus ex machina und die Israelis die potentielle Schwäche ihrer Schutzmacht nicht eingestehen wollten. Sie halfen uns damit, das Trugbild amerikanischer Entschlossenheit und Zielstrebigkeit lebendig zu erhalten, eine Fata Morgana, die, wie so oft in der turbulenten Geschichte des Nahen Ostens, ihre eigene Realität erzeugte.

Die Genfer Konferenz von 1973 öffnete deshalb die Tür zum Frieden, durch die Ägypten und Israel schließlich gegangen sind, und wir können nur hoffen, daß ihnen die anderen Nationen im Nahen Osten folgen werden, wenn die Zeit reif dazu ist.

XVIII. Diplomatie im Pendelverkehr: Die Truppenentflechtung an der ägyptisch-israelischen Front

Die Anfänge der Reisediplomatie

Das Wort »Pendeldiplomatie« ist zur Standardbezeichnung für meine Verhandlungen im Nahen Osten geworden, als hätten wir das Hin- und Herpendeln zwischen den einzelnen Hauptstädten allein zu diesem Zweck erfunden. Der Ausdruck wurde von dem schlagfertigen Joe Sisco geprägt, als wir in der zweiten Januarwoche 1974 ständig zwischen Assuan und Jerusalem hin- und herfliegen mußten. Die Idee, die Verhandlungen über die Truppenentflechtung auf der Sinai-Halbinsel in einer einzigen ununterbrochenen diplomatischen Operation zu Ende zu bringen, stammte von Anwar Sadat, der den Vorschlag machte, daß wir meine Reise im Januar, auf der ich mich ursprünglich nur um die Festlegung der Grundsätze für die Truppenentflechtung bemühen wollte, dazu ausnutzen sollten, zu einer definitiven Vereinbarung zu kommen.

In Wirklichkeit waren die Voraussetzungen für den »Durchbruch« im Januar 1974 schon wenigstens drei Monate früher geschaffen worden. Darin gipfelte die Strategie, mit der wir uns im Oktober-Krieg durchgesetzt hatten und mit der wir erreichen wollten, daß ein Sieg sowjetischer Waffen unmöglich gemacht wurde; daß die Araber, besonders an der ägyptischen Front, nicht gedemütigt wurden; daß eine Friedenskonferenz zustandekam, in deren Rahmen Untergruppen die Einzelheiten einer Friedensregelung aushandeln konnten, ohne durch die Rhetorik in den Plenarsitzungen behindert zu werden; daß man sich darum bemühen sollte, schrittweise voranzukommen, ohne sofort eine umfassende Gesamtlösung anzusteuern, und daß wir unsere Beziehungen zu Ägypten festigten, das den Mut aufgebracht hatte, auf diesem Wege voranzugehen.

Im raschen Auseinanderziehen der Truppen am Suez-Kanal lag der Schlüssel zum Erfolg. Ich war überzeugt, daß Syrien dem ägyptischen Beispiel folgen würde. Außerdem rechnete ich fest mit der Aufhebung des Ölembargos. Dann würden wir in der Lage sein, den Friedenskongreß voranzubringen, ohne mit einem neuen Ausbruch des Krieges rechnen zu müssen.

Sadat beschäftigte sich schon seit meinem Besuch im November, als wir vereinbart hatten, die Truppenentflechtung als ersten Punkt auf die

Tagesordnung der Genfer Konferenz zu setzen, mit der praktischen Durchführung dieses Unternehmens. Er hatte mir schon damals und im Dezember seine Vorstellungen in großen Zügen erläutert und Israel die Annahme seiner Vorschläge schmackhaft zu machen versucht, indem er den Suez-Kanal (der seit dem Juni-Krieg von 1967 blockiert war) von Schiffswracks räumen zu lassen und für den Verkehr freizugeben versprach sobald die Streitkräfte beider Länder auseinandergerückt wären. Israelische und ägyptische Offiziere hatten bei Kilometer 101 über die praktische Durchführung der Entflechtung verhandelt, wo der israelische Vertreter, General Yariv, den Ägyptern ein israelisches »Konzept« vorgelegt hatte. Diese Gespräche hatten zwar nicht zu einem konkreten Ergebnis geführt, waren aber insofern nützlich gewesen, als sie beiden Seiten vor Augen führten, wo die Grenzen des Möglichen lagen.

Nach Eröffnung der Genfer Konferenz am 21. und 22. Dezember war Ägypten so sehr an einem Fortschritt bei der Truppenentflechtung interessiert, daß es die Einberufung einer Sitzung der ägyptisch-israelischen militärischen Arbeitsgruppe für den 26. Dezember in Genf verlangte, obwohl jeder wußte, daß erst nach den israelischen Wahlen am 31. Dezember etwas geschehen könnte. Diese Sitzung wäre praktisch eine Fortführung der Gespräche bei Kilometer 101 gewesen. Unabhängig davon hatte ich die israelische Regierung zu der Zusage bewegen können, unmittelbar nach den Wahlen einen offiziellen Vorschlag für die Truppenentflechtung vorzulegen. In der komplexen Welt der israelischen Innenpolitik war das keine einfache Sache. Seit Bestehen des israelischen Staates hat noch niemals eine Partei die absolute Mehrheit für sich gewinnen können. Jede Regierung war eine Koalition aus miteinander konkurrierenden Parteien gewesen, die ihrerseits in verschiedene Flügel aufgespalten waren, und die Koalitionen hatten jeweils einen stärkeren Zusammenhalt bewiesen als die einzelnen Parteien, aus denen sie bestanden. Der Zusammenhalt des Kabinetts ist unmittelbar nach einer Wahl noch nicht gefestigt, besonders wenn diese Wahl nicht einer Richtung einen deutlichen Sieg gebracht hat. Am 31. Dezember 1973 verlor die regierende Arbeiterpartei fünf Prozent ihrer Stimmen und damit sieben Sitze in dem aus hundertzwanzig Abgeordneten bestehenden Parlament (anstelle von sechsundfünfzig verfügte sie jetzt nur noch über neunundvierzig Sitze). Dieser Rückschlag war vor allem die Folge eines durch den Oktober-Krieg verursachten Prestigeverlusts. Gemeinsam mit ihrem alten Koalitionspartner, der Nationalreligiösen Partei, hatte sie immer noch die Mehrheit, aber jetzt würde der Einfluß dieser Partei, welche die Annexion des Jordan-Westufers auf ihr Programm gesetzt hatte, viel stärker sein. Golda konnte Premierministerin bleiben, wenn ihre Partei es wünschte. Aber auch ihr Ansehen hatte durch den Ausgang des Krieges gelitten.

Die israelischen Kabinette sind zwar im allgemeinen schwer unter einen Hut zu bringen, doch paradoxerweise sind sie am stabilsten unmittelbar vor den Wahlen oder während Koalitionsverhandlungen stattfinden. Eine etwas ausgefallene Bestimmung der israelischen Verfassung besagt, daß die Minister während dieser Periode nicht zurücktreten *dürfen*. Es gibt deshalb keine Möglichkeit, eine Übergangsregierung zu bilden.

Es war während einer solchen Periode – die Koalitionsverhandlungen hatten eben begonnen –, daß Verteidigungsminister Moshe Dajan Anfang Januar 1974 nach Washington kam. Er hatte den ersten vom Kabinett gebilligten, durchführbaren Plan für eine Truppenentflechtung mitgebracht. Dajans neuer Plan stellte die Umsetzung des von General Yariv bei Kilometer 101 vorgelegten »Konzepts« in ein konkretes Aktionsprogramm dar. Wie bei allen israelischen Vorschlägen tat Dayan auch diesmal so, als gäbe es kaum eine Möglichkeit, über Korrekturen zu sprechen. Er sagte, das Kabinett habe ihm nur einen ganz geringen Verhandlungsspielraum zugestanden.

Nach Dajans Vorstellungen sollte Ägypten das von den ägyptischen Streitkräften besetzte Gebiet bis zu einer zwischen sechs und zehn Kilometern jenseits des Ostufers des Suez-Kanals verlaufenden Linie behalten, während sich die israelischen Streitkräfte auf eine neue, etwa zwanzig Kilometer ostwärts des Kanals verlaufende Linie zurückzogen. Der Vorschlag beinhaltete, daß Israel seinen Brückenkopf auf dem Westufer aufgab – Golda nannte es den Brückenkopf in »Afrika« –, durch den Israel die ägyptische 3. Armee am Südabschnitt der Front isoliert hatte.

Zugleich schlug Dajan eine »Ausdünnung« der Streitkräfte auf beiden Seiten des Kanals vor. Danach sollte es entlang der gesamten neunzig Kilometer breiten Front fünf verschiedene Zonen geben, in denen jeweils besondere Bestimmungen für Waffenbegrenzungen galten. Auf der Sinai-Halbinsel würden beide Seiten durch eine von den Vereinten Nationen überwachte, sechs bis zehn Kilometer breite Pufferzone getrennt sein. Beiderseits dieser Pufferzone sollte eine sechs bis zehn Kilometer tiefe »leichte Sicherheitszone« eingerichtet werden, in der die hier eingesetzten Truppen »verdünnt« wurden. Daran schloß sich auf beiden Seiten eine etwa dreißig Kilometer tiefe Zone an, in der nur eine bestimmte Zahl von Waffen in Stellung gehen dürften. Die israelischen Hauptstellungen lägen damit unmittelbar westlich der beiden Sinai-Pässe.

Die praktische Konsequenz des Plans von Dajan wäre es gewesen, daß sich alle ägyptischen Streitkräfte, die während des Krieges den Suez-Kanal überschritten hatten, mit Ausnahme von zwei oder drei Bataillonen (oder tausendachthundert Mann) zurückziehen müßten. Zwei ägyptische Feldarmeen mit siebzigtausend Mann, 270 Panzern und 994 Geschützen würden die Sinai-Halbinsel räumen müssen. Dajan bestand vor allem darauf, daß keine ägyptischen Panzer am Ostufer des Kanals bleiben dürften. In der ägyptischen Zone, in der nur eine begrenzte Zahl von Waffen zugelassen werden sollte (dreißig Kilometer westlich des Kanals), wollte Dayan die Zahl der Panzer auf dreihundert beschränken und verlangte eine Zurückverlegung der Artillerie und Flugabwehrstellungen auf eine Linie, von der aus die israelischen Stellungen nicht mehr beschossen werden konnten. Er machte sich hier offensichtlich den Umstand zunutze, daß sich die Empörung der anderen Seite über einen so einseitigen Vorschlag zunächst gegen den Vermittler richtet.

Daneben stellte Dajan Ägypten auch eine Reihe politischer Bedingungen, und damit bekam sein Vorschlag eine neue Dimension, über die bei Kilometer 101 noch nicht verhandelt worden war. Die Forderungen lauteten: Beendigung des Kriegszustandes zwischen Ägypten und Israel, Aufhebung der Blockade von Bab el-Mandeb und die Verpflichtung, den Suez-Kanal zu öffnen und israelischen Schiffen und Ladungen die Durchfahrt zu erlauben. Von uns verlangte Israel die Zusicherung, es auf lange Sicht mit Kriegsmaterial zu beliefern.

Ich sagte Dajan, sein Truppenentflechtungsplan wäre »intellektuell beachtlich«, ein »guter Vorschlag« und ein »großer Schritt vorwärts«. Ich wäre bereit, ihn Ägypten vorzulegen, wir könnten jedoch nicht die Aufgabe des Vermittlers übernehmen und würden Ägypten damit auch nicht vor ein Ultimatum stellen. Es müßte Raum gelassen werden, um die ägyptische Haltung in Rechnung zu ziehen. Ich sagte schon jetzt, daß es zu Meinungsverschiedenheiten darüber kommen werde, wie weit die israelischen Verbände zurückgenommen werden sollten. Weitere Streitpunkte wären die Waffenbeschränkungen in den einzelnen Zonen, das Verlangen Israels, den Kriegszustand zu beenden und die Verpflichtung Ägyptens gegenüber Israel, den Suez-Kanal zu öffnen. Die Einwände würden sich zum Teil gegen praktische Maßnahmen, zum Teil aber auch gegen das Verfahren richten. Ich glaubte nicht, daß Ägypten Israel das Recht einräumen werde, zu bestimmen, was Ägypten auf seinem souveränen Territorium tun dürfte.

Trotz dieser Vorbehalte war ich jedoch überzeugt, daß wir uns der Phase genähert hatten, in der die Verhandlungen beginnen konnten. Beide Seiten sprachen von den gleichen Konzepten, auch wenn sich ihre Vorstellungen von der praktischen Durchführung noch unterschieden. Wenn Verhandlungen jedoch schon so weit ins Detail gehen, dann ist der Erfolg sehr wahrscheinlich – es sei denn, eine Seite hat sich zunächst bewußt flexibel gezeigt, um sich in ein besseres Licht zu setzen, bevor sie die Gespräche abbricht. Ägypten konnte nicht so vorgehen, solange seine 3. Armee eingeschlossen war, und Israel hätte bei einem solchen Verhalten mit der politischen Isolierung rechnen müssen. Die Aussichten für einen Erfolg waren gut, auch wenn es noch große Schwierigkeiten geben würde.

Deshalb sprach ich jetzt mit Dajan darüber, wie man die Verhandlungen am besten in Schwung bringen könnte. Es boten sich drei Möglichkeiten: Israel könnte seinen neuen Plan im Rahmen der ägyptisch-israelischen Arbeitsgruppe in Genf vorlegen. Die Vereinigten Staaten könnten ihren Botschafter in Kairo veranlassen, ihn der ägyptischen Regierung und am besten Sadat selbst vorzulegen. Oder ich könnte in den Nahen Osten reisen, um die Grundlagen für die Verhandlungen der Arbeitsgruppe in Genf auszuarbeiten, die dann an die praktische Arbeit gehen müßte. Wenn wir das Unternehmen in Genf begannen, mußten wir damit rechnen, daß die Sowjets uns behinderten, indem sie unerfüllbare Vorschläge machten und Ägypten in eine peinliche Lage brachten, wenn es versuchte, flexibel zu sein. In diesem Fall würde der Vorschlag auch den beschwerlichen Weg durch die ägyptischen Behörden nehmen müssen, die wahrscheinlich kein Risiko eingehen wollten, auf die Mängel hinweisen und es Sadat überlassen würden, das letzte Wort zu sprechen. Sadat würde sich vielleicht bereit finden, es zu tun, aber dieses Verfahren würde ihm das Leben unnötig erschweren. Beauftragten wir jedoch unseren Botschafter, Hermann Eilts, den israelischen Plan vorzulegen, konnten wir sicher sein, daß Sadat ihn als erster sah. Doch Eilts hatte keine Verhandlungsvollmachten und konnte sich nicht über die Haltung Israels orientieren. Deshalb bot dieses Verfahren Sadat nicht die Möglichkeit des von ihm bevorzugten plötzlichen Zuschlagens.

Das alles ließ Dajan und mich zu der Überzeugung kommen, daß es am besten wäre, wenn ich Sadat den israelischen Vorschlag persönlich vorlegte, und zwar um so mehr, als ich ihm versprochen hatte, daß ich mich unmittelbar nach den israelischen Wahlen direkt einschalten würde. Sicher spielte bei mir auch meine Eitelkeit eine Rolle, und Dajan hatte wahrscheinlich innenpolitische Hintergedanken. Er wünschte eine Vereinbarung, aber er brauchte Unterstützung, um das israelische Parlament von der Richtigkeit seiner Vorstellungen zu überzeugen.

Was später als dramatischer Überraschungserfolg gefeiert wurde, war daher in Wirklichkeit ein sorgfältig vorbereitetes Unternehmen.

Ich glaube, daß der Außenminister in der Regel nicht zu wichtigen Verhandlungen ins Ausland reisen sollte, wenn er nicht sehr gute Aussichten auf Erfolg hat. Da der Entscheidungsspielraum in der Diplomatie sehr gering ist, kann das psychologische Element eine wesentliche Rolle spielen. Wenn jemand der Ruf vorausgeht, daß er ein erfolgreicher Unterhändler ist, dann ist das eine große Hilfe. Aber auch das Scheitern hat seine Konsequenzen. Ein Außenminister, der zu viele erfolglose Reisen unternimmt, verringert seine Möglichkeiten, und es ist gefährlich, sich auf Persönlichkeiten oder das Verhandlungsgeschick zu verlassen, wenn man aus einer festgefahrenen Situation herauskommen will. Damit kann man die Schwächen einer schlecht konzipierten Strategie nicht ausgleichen. Aber Anfang Januar 1974 waren die denkbar besten Voraussetzungen gegeben. Wir hatten an dem Problem schon zwei Monate gearbeitet. Beide Seiten gingen schon aufeinander zu, und beide fürchteten die ungünstigen Folgen eines Scheiterns.

Während Dajan und ich überlegten, wie wir vorgehen sollten, wurde der israelische Vorschlag als Folge einer für uns peinlichen Indiskretion bekannt. Es ist schon schwierig, die israelische Regierung zu bewegen, eine klare Verhandlungsposition einzunehmen, aber es ist fast unmöglich, einen israelischen Vorschlag geheimzuhalten, wenn er einmal formuliert ist. Jeder Minister ist versucht, sich in den Vordergrund zu schieben und zu behaupten, er wäre dafür verantwortlich. Jeder Unterhändler will den Eindruck erwecken, der Durchbruch sei ihm zu verdanken. Selbst grobe Vorstöße gegen die Disziplin haben für den einzelnen im allgemeinen keine unangenehmen Folgen. Doch die Geheimhaltung des israelischen Konzepts wäre aus verschiedenen Gründen wichtig gewesen. Ägypten hätte leichter zustimmen können, wenn der Eindruck entstanden wäre, daß der Vorschlag dem Einfluß der Vereinigten Staaten zu verdanken sei und keine israelische Forderung darstellte. In der Öffentlichkeit wurden bestimmte Erwartungen geweckt, die es beiden Seiten erschwerten, in den folgenden Verhandlungen nachzugeben. Und die Öffentlichkeit konnte verlangen, daß sich auch andere an dem Unternehmen beteiligten, so etwa die Sowjets.

Meine Mitarbeiter und ich waren daher entsetzt, als mir am 5. Januar während einer Besprechung mit Dajan ein Telegramm aus Genf vorgelegt wurde, in dem es hieß, der israelische Vertreter bei der Genfer Arbeitsgruppe, General Mordechai Gur, habe zwei hypothetische »Modelle« vorgetragen, von denen das eine dem von Dajan in Washington vorgelegten Vorschlag verdächtig ähnlich sah. Dajan behauptete, ebenso überrascht zu sein. Damit gerieten wir in eine sehr unangenehme Lage. Ich sagte Dajan, wir könnten jetzt nicht mehr behaupten, daß der Vorschlag gemeinsam von Israel und den Vereinigten Staaten ausgearbeitet worden sei, wenn er schon während seines Gesprächs mit mir in Genf vorgelegt würde. Die Ägypter würden zwischen einem »Modell« und einem offiziellen Vorschlag keinen Unterschied feststellen können, gar nicht zu reden von der psychologischen Schwierigkeit, einen noch so vernünftigen israelischen Vorschlag zu akzeptieren. Darüber hinaus würden sich jetzt sicher auch die Sowjets einschalten müssen – was sie auch nach ein paar Tagen taten, als mich Dobrynin anrief und mich auf das »Modell« von Gur ansprach. Die Schwierigkeiten wurden behoben, als General Gur sein »Modell« ein paar Tage nach der Vorlage wieder zurückzog und wenig überzeugend behauptete, daß es nur der »Illustration« der Lage dienen sollte.

Sadat hat sich wahrscheinlich nicht täuschen lassen, denn schließlich war die ganze israelische Presse voller ähnlicher Ideen. Doch nach außen hin akzeptierte er diese Darstellung, denn sie paßte in seine Strategie, nach der eine Vereinbarung über die Truppenentflechtung das Ergebnis einer amerikanischen Initiative sein sollte. Es wäre in diesem Augenblick zu gefährlich für ihn gewesen, mit Israel direkt zu verhandeln. Deshalb bereitete ich meine Reise nach Kairo vor. Ich schickte Sadat eine Botschaft und teilte ihm darin mit, daß ich bereit wäre, nach Ägypten zu kommen, um festzustellen, welches Verfahren er bei der Truppenentflechtung für richtig hielte. Dayan sollte indessen meine Vorschläge dem israelischen Kabinett vortragen. Am 8. Januar bat mich Sadat, sofort abzureisen; er werde mich in Assuan erwarten.

Indessen bereitete uns Watergate immer größere Sorgen. Nixon, der länger als vorgesehen in San Clemente gewesen war, ärgerte sich darüber, daß mein Ansehen in der Öffentlichkeit zunahm – was sich nicht nur in seiner Reaktion auf meine Pilgrims-Rede äußerte. Seit er sich in die Einsamkeit zurückgezogen hatte, sprach er kaum noch mit mir. Mein Kontaktmann war der Stabschef des Weißen Hauses, Al Haig. Er berichtete, Nixon wäre verkrampft und stark erregt. Der Präsident glaubte noch immer, ein spektakulärer Erfolg könnte demonstrieren, daß er unersetzlich sei, und seine Qualen beenden. Er träumte immer wieder davon, daß durch seine Initiative das Ölembargo aufgehoben werden könnte. So erzählte mir Haig zum Beispiel am 7. Januar, daß der Direktor einer Ölfirma aus Kalifornien Nixon mit einem arabischen Delegierten bekanntgemacht hätte, der sich bereit erklärt habe, für die Aufhebung des Embargos zu sorgen. Ich habe nie erfahren, wer das war und was der Inhalt der Gespräche mit ihm gewesen ist. Hier wiederholte sich augenscheinlich die Begegnung mit Dobrynin vor drei Wochen. Aber das Ölembargo ließ sich durch keinen Gewaltstreich und auch nicht auf diesem Wege beseitigen. Die Geheimnistuerei ließ jedoch darauf schließen, daß Watergate sehr bald das Vertrauensverhältnis zwischen dem Präsidenten und seinem Außenminister zerstören könnte, das auch in den ruhigsten Zeiten die Voraussetzung für die ordnungsgemäße Abwicklung der Außenpolitik war – gar nicht zu reden von einer so schweren institutionellen Krise, wie wir sie gerade durchmachten.

Am 8. Januar teilte ich Haig mit, ich hätte den Eindruck, daß Sadat die Sache »schnell zum Abschluß bringen« wollte, aber »so lange diese eigenartigen Manöver weitergehen, werden wir uns sehr beeilen müssen, sonst werden wir niemals damit zu Rande kommen«. Haig wußte nicht, wie Nixon reagieren würde; er schien immer noch mit dem geheimnisvollen Araber zu verhandeln. Doch unsere Befürchtung, Nixon könnte die Sache hinauszögern, war unbegründet. Heute wissen wir aus dem Tagebuch des Präsidenten, daß er sich damals überlegte, wie er sich gegen das Amtsenthebungsverfahren wehren sollte (5. Januar: »Handle wie ein Präsident«).[1] Als er noch am gleichen Tag meine Reise genehmigte, hat er wirklich so gehandelt.

Die Vorarbeiten waren zum großen Teil geleistet, und wir mußten nur noch einige Kleinigkeiten erledigen. Wenn irgend möglich, wollte ich die Sowjets daran hindern, mich bei den letzten Vorbereitungen für die Truppenentflechtung zu stören. Ich sagte Dobrynin, der Zweck meiner Reise wäre es, aus dem israelischen »Modell« konkrete Vorschläge zu machen. Unser ständiger Vertreter bei den Genfer Gesprächen, Ellsworth Bunker, sollte mich begleiten. Das Ergebnis meiner Gespräche sollte die Grundlage für detaillierte Verhandlungen in Genf sein. Das paßte Dobrynin sehr gut. Er wußte, daß die Sowjets selbst keinen Plan für die Truppenentflechtung vorlegen konnten, in Genf aber die Gelegenheit haben würden, zu den »Grundsätzen« Stellung zu nehmen. (Die ganze Operation war nicht als Schachzug gedacht, um die andere Seite zu überlisten, wirkte sich aber so aus. Es war genau das Verfahren, das wir hatten anwenden wollen, bis Sadat die Entwicklung *nach* meinem Eintreffen in Assuan beschleunigte.) Dobrynin wünschte mir für die Reise »das allerbeste« – was heißen sollte, daß die Sowjets das Ergebnis in aller Ruhe abwarten wollten.

Ich unterrichtete den Generalsekretär der Vereinten Nationen, Waldheim, im gleichen Sinne. Waldheim konnte uns nützlich werden, wenn die Verhandlungen in Genf wieder aufgenommen wurden, und er würde das, was er von uns erfahren hatte, unter die Leute bringen. Vor allem würde er die blockfreien Staaten unterrichten, denen es lieber war, von dritter Seite informiert zu werden als von uns.

Nach Abschluß aller Vorbereitungen flog ich kurz nach Mitternacht am Freitag, dem 11. Januar 1974, vom Luftwaffenstützpunkt Andrews ab, um in die erste Phase meiner »Pendeldiplomatie« einzutreten.

Watergate war ein vielköpfiges Ungeheuer. Niemand konnte sagen, wann die Öffentlichkeit durch eine neue Sensation aufgeschreckt werden würde. In der durch Zweifel und Verdächtigungen entstandenen ungesunden Atmosphäre steigerte jede neue Enthüllung, auch wenn sie noch so trivial war und nichts mit dem Gesamtproblem zu tun hatte, die augenscheinlich durch nichts zu befriedigende Sensationslust der Öffentlichkeit. Jede scheinbare Abweichung von früheren Berichten vergrößerte die »Glaubwürdigkeitslücke« der Regierung, und ich wurde von der alptraumhaften Vorstellung geängstigt, daß mit dem Dahinschwinden der Autorität des Präsidenten unserer Außenpolitik jede Grundlage entzogen werden konnte.

Am Tage meiner Abreise in den Nahen Osten wurde ein bizarres Ereignis aus dem Jahr 1971 an der Öffentlichkeit bekannt. Die Tatsachen waren die folgenden: Im Oktober 1962, etwa zur Zeit der Kuba-Krise, hatten die Joint Chiefs of Staff einen Verbindungsoffizier zum Stabe des Nationalen Sicherheitsrats abgestellt, der die Verbindung zwischen dem Pentagon und dem Weißen Haus halten sollte – keine ganz einfache Aufgabe. Theoretisch ist das Weiße Haus berechtigt, mit allen Informationen versorgt zu werden, die es braucht oder anfordert, es hat aber auch ein Interesse daran, daß die zuständigen Behörden entsprechend unterrichtet werden.

In der Praxis ist die Sache nicht so einfach. Oft weiß man im Weißen Haus nicht, über welche schriftlichen Unterlagen die Behörden verfügen, und die Behörden wissen nicht immer, was das Weiße Haus braucht. Aber auch wenn sie es wissen, scheuen sie sich, innerbehördliche Meinungsverschiedenheiten erkennbar werden zu lassen. Im Zweifelsfall wollen sie sich in ein möglichst günstiges Licht setzen und halten deshalb Informationen zurück, die ihnen schaden könnten oder die den Empfehlungen widersprechen, die sie schließlich gegeben haben. Das gleiche gilt natürlich auch für die Weitergabe von Informationen, über die nur das Weiße Haus verfügt.

Ein geschickter Verbindungsoffizier mit aufmerksamen Mitarbeitern kann dem Weißen Haus und den Behörden helfen, einander besser zu verstehen. Er hat ähnliche Funktionen wie ein Militärattaché im Ausland, steht aber vor der Schwierigkeit, einerseits im allgemeinen Interesse in Erfahrung zu bringen, was aus Unwissenheit oder versehentlich nicht mitgeteilt worden ist, und andererseits auszuspüren, was bewußt geheimgehalten wird. Wenn ein Ministerium oder eine andere Behörde versucht, sich geheime Nachrichten aus dem Weißen Haus zu beschaffen, dann bedeutet es praktisch, daß der Präsident von seinen Untergebenen ausspioniert wird. Auch wenn Beamte untergeordneter Behörden die administrativen Praktiken des Präsidenten nicht billigen, sollten sie nicht versuchen, sie auf Umwegen zu sabotieren.

Ende 1971 mußte ich feststellen, daß einige Mitarbeiter im Verbindungsbüro der Joint Chiefs of Staff beim Nationalen Sicherheitsrat vielleicht die Grenzen zwischen ihren rechtmäßigen Aufgaben und dem Vertrauensmißbrauch überschritten hatten. Während des indisch-pakistanischen Krieges kam es in den Vereinigten Staaten zu einer leidenschaftlichen Kontroverse um die Frage, ob die Regierung Pakistan nicht zu sehr bevorzugte. Im Rahmen eines erbitterten Behördenstreits wurden streng geheime Dokumente dem Leitartikler Jack Anderson zugespielt. Einige von ihnen enthielten Informationen über die Stationierung amerikanischer Flotteneinheiten in der Bucht von Bengalen. Es muß dem damaligen Chef des Verbindungsbüros der Joint Chiefs of Staff, Konteradmiral Robert O. Welander, hoch angerechnet werden, daß er meinem damaligen Stellvertreter Haig mitteilte, interne Nachforschungen hätten ergeben, daß die Papiere unter Umständen von Angehörigen seines Büros weitergegeben worden seien. Haig meldete es mir und auf meine Anweisung dem Präsidentenberater John Ehrlichman, den Nixon beauftragt hatte, den Fall Anderson zu untersuchen.

Ein Verwaltungsunteroffizier der Marine bei Welanders Stab war der Hauptverdächtige. Wenn er wirklich Geheimdokumente an Anderson weitergegeben hatte (was bis heute noch nicht geklärt ist), dann war das der gravierendste Fall in einer ganzen Reihe von Berichten über seine Vorgesetzten im Weißen Haus, die auf diesem Weg an die Öffentlichkeit gelangt sind. Der junge Unteroffizier hatte es besonders leicht, weil man ihn für so unbedeutend hielt, daß niemand daran gedacht hatte, ihn besonders überwachen zu lassen. Er wurde oft als Kurier eingesetzt und mußte wichtige Dokumente auf dem Wege zwischen meinem Büro und dem Exekutivgebäude auf der anderen Straßenseite, wo die meisten Angehörigen meines Stabes ihre Büros hatten, hin- und hertragen. Er war auffallend diensteifrig und fleißig. General Haig hatte ihn gelegentlich auf seinen Reisen nach Südostasien mitgenommen, und auf Haigs Empfehlung begleitete er mich im Sommer 1971 auf meiner Weltreise. Bei dieser Gelegenheit hat er, wie er später aussagte, meine Aktentasche durchstöbert und alle Papiere gelesen oder abgeschrieben, die er in die Finger bekam. Manchmal verschaffte er sich auch Durchschriften von vertraulichen Dokumenten, die eigentlich hätten verbrannt werden sollen. Im Laufe der Zeit lieferte er dem Chef des Verbindungsbüros eine sehr große Zahl von Dokumenten, die dieser an den Vorsitzenden der Joint Chiefs of Staff weitergab. Auf diese Weise hat der Vorsitzende vielleicht von meiner Geheimreise nach Peking schon zwei Tage vor ihrer Bekanntgabe erfahren. (Der Unteroffizier hat mich nicht nach China begleitet und ist von uns auch nicht über meine Absicht, dorthin zu reisen, unterrichtet worden. Er hat sich aber wahrscheinlich die Kopie eines für Nixon bestimmten Reiseberichts und andere vertrauliche Berichte verschafft, die auf meinem Heimflug entworfen und mit der Maschine geschrieben worden waren.)

Mit solchen Praktiken hat das Verbindungsbüro schon sehr bald nach meiner Ernennung zum Sicherheitsberater des Präsidenten begonnen. Ich weiß allerdings nicht, ob der damalige Vorsitzende der Joint Chiefs of Staff, General Earle Wheeler, gewußt hat, wie seine Untergebenen an die Dokumente gekommen waren, oder ob er glaubte, daß er diese Informationen der tüchtigen Arbeit des Verbindungsoffiziers verdankte. Ich hielt den inzwischen verstorbenen Wheeler für einen hochanständigen Menschen. Auch nach dem Admiral Thomas Moorer 1970 den Vorsitz der Joint Chiefs of Staff übernommen hatte, verschaffte sich das Verbindungsbüro seine Informationen auf dem gleichen Weg. Moorer hat behauptet, daß man ihm nicht gemeldet hätte, wie die Dokumente beschafft worden wären, er habe ihnen aber auch keine besondere Beachtung geschenkt, denn er wäre über ihren Inhalt von mir unterrichtet worden. Ich habe keinen Grund, am Wort eines Offiziers zu zweifeln, mit dem ich eng zusammenarbeitete und den ich außerordentlich schätzte.

Nachdem ich von diesen Indiskretionen erfahren hatte, änderte sich meine Haltung allerdings. Ich wurde von John Ehrlichman auf diese Dinge aufmerksam gemacht. Er ließ mich Teile eines auf Band aufgenommenen Gesprächs mit Admiral Welander anhören, in dem dieser die Vorgänge erläuterte, über die ich eben berichtet habe. Was ich im Dezember 1971 erfahren hatte, gab mir, wie ich glaubte, jeden Anlaß, tief gekränkt zu sein. Damals sagte mir Nixon, daß er, wenn ich es wünschte, diziplinarisch gegen Welander vorgehen und Moorer, dessen Amtszeit nach sechs Monaten abgelaufen wäre, nicht wieder zum Vorsitzenden ernennen werde. Er sagte aber auch, ich sollte daran denken, welche Auswirkungen es auf die Streitkräfte und das Land haben würde, wenn während des Vietnam-Krieges und der erbarmungslos gegen die Streitkräfte geführten Angriffe diese schmutzige Wäsche vor der Öffentlichkeit gewaschen würde. Diese Geschichte wäre Wasser auf die Mühlen der Friedensbewegungen. Ich ließ mich von Nixon überzeugen. Im Dezember 1971 schloß ich das Verbindungsbüro der Joint Chiefs of Staff und verlangte die Versetzung des gesamten Personals innerhalb von vierundzwanzig Stunden. Sonst haben weder Nixon noch ich in dieser Sache etwas unternommen.

Welander wurde zunächst mit anderen Aufgaben betraut und nahm dann seinen Abschied. Der Unteroffizier wurde ebenfalls versetzt. Als diese Tataschen bekannt wurden, während ich mich Ende Januar im Nahen Osten aufhielt, richteten sich die Vorwürfe nicht gegen die Personen, von denen man hätte annehmen sollen, daß sie sich eines solchen Vertrauensbruchs schuldig gemacht hätten, sondern gegen Nixon und seine Regierung. Die Medien nahmen auch mich aufs Korn. Was war das für eine Regierung, in der militärisches Personal beim Mißbrauch von Dokumenten zusammenarbeitete und verdächtige Personen ihre Aussagen auf Tonband machten? Man fragte, ob ich etwa im Mai 1973 gelogen hätte, als ich sagte, daß ich von der Existenz der »Klempner« nichts gewußt hätte, denn der Admiral wäre doch von dem »Klempner« David Young befragt worden? Ich habe schon im 4. Kapitel gesagt, was ich über die »Klempner« wußte. Natürlich war mir bekannt, daß Ehrlichman für die Aufklärung der Fälle verantwortlich war, in denen vertrauliche, Sicherheitsfragen betreffende Informationen durchgesickert waren. Ich hatte den Eindruck, daß solche Untersuchungen von Fall zu Fall durchgeführt wurden. In Wirklichkeit scheinen seine Mitarbeiter (Egil Krogh und David Young) keine anderen Aufgaben gehabt zu haben. Aber angesichts der sensationellen Berichte, die jetzt die Öffentlichkeit beunruhigten, kam es auf solche Feinheiten nicht mehr an. Wenn ich nur ein einziges Tonband abhörte, auf dem eine von Young durchgeführte Befragung aufgezeichnet war, konnte ich daraus nicht schließen, daß er keine anderen Aufgaben hatte, und wenn man es mir gesagt hätte, dann hätte ich nichts dabei gefunden. Ich habe mir über diese ganze Angelegenheit einfach keine Gedanken gemacht.

Diese eine Befragung war alles, was ich über das gegen den Unteroffizier eingeleitete Untersuchungsverfahren wußte. Ehrlichman legte einen offiziellen Bericht vor, den er mir aber nicht gezeigt hat. Verteidigungsminister Melvin Laird wies seinen Chefberater, Fred Buzhardt, ebenfalls an, eine Untersuchung durchzuführen. Auch von ihrem Ergebnis habe ich nichts erfahren, was im Weißen Haus zu Nixons Zeit nichts Ungewöhnliches war. Jede Abteilung hatte nur Zugang zu den Informationen, die ihr Arbeitsgebiet betrafen, und die Belange der inneren Sicherheit gehörten nicht in meinen Zuständigkeitsbereich.

Natürlich konnten die Medien eine andere Einstellung zu dieser Frage haben. Wenn wirklich militärische Geheimnisse aus politischen Gründen an die Presse weitergegeben wurden und sogar von Personen, die die Zusammenhänge nicht kannten, dann bestand durchaus die Möglichkeit, daß die Medien nicht ganz unrecht hatten, wenn sie von Nixons Wahnvorstellungen sprachen. Zwar ließen sich damit die Übergriffe, die unter der Bezeichnung Watergate zusammengefaßt wurden, nicht entschuldigen, aber vielleicht ließen sich die Ursachen zum Teil dadurch erklären, und dann könnte man Nixon mildernde Umstände zubilligen.

Aber Watergate hatte seine eigene Logik. Dieses von seinen Jägern gehetzte Wild durfte nicht mit mildernden Umständen rechnen. Hier mußte das Opfer die Schuld für die militärische Spionage auf sich nehmen und nicht der Spion. Es entwickelten sich drei Richtungen für die Urteilsbegründung. Erstens sagte man, unter Nixon würden die Entscheidungsprozesse so sehr nach allen Seiten abgeschirmt, daß die Joint Chiefs keinen anderen Ausweg gehabt hätten, als die Dinge selbst in die Hand zu nehmen. Zweitens behauptete man, da das Verbindungsbüro eingerichtet worden sei, um Informationen aus dem Pentagon rascher ins Weiße Haus gelangen zu lassen, wäre es durchaus fair gewesen, dafür zu sorgen, daß der Informationsfluß auch in die entgegengesetzte Richtung lief. Die Militärs hätten durchaus das Recht, von ihrem Oberbefehlshaber Gegenleistungen zu verlangen und sich die von ihnen benötigten Informationen mit den dafür am besten geeigneten Methoden zu verschaffen. Drittens erklärte man, die ganze Angelegenheit wäre eine kleinliche Reaktion des Weißen Hauses auf das Durchsickern von Informationen – mit anderen Worten, der Vorfall bewiese, daß der Präsident tatsächlich unter Wahnvorstellungen litt.

Was ich von der ganzen Sache hielt, ist in einer Empfehlung enthalten, die ich am 14. Januar an Scowcroft übermittelte:

Die Tatsachen in diesem Fall, die nach meiner Ansicht berücksichtigt werden sollten, wenn wir dazu Stellung nehmen, sind die folgenden:

Die Aktivitäten der Joint Chiefs of Staff, welche die Zeitungen als »Spionage« bezeichnen, haben 1969 begonnen und nicht als Folge von 1971 ergriffenen Initiativen.

Diese Aktionen wurden während meiner ersten geheimen diplomatischen Initiative fortgesetzt und können deshalb kaum von ihr verursacht worden sein.

Keinerlei Informationen der Nachrichtendienste sind jemals irgendeinem Mitglied des Nationalen Sicherheitsrats vorenthalten worden. Da die Jont Chiefs in der WSAG vertreten waren, ist es Unsinn zu behaupten, daß »Protokolle von Beratungen« der WSAG Gegenstand dieser Art von Nachrichtenbeschaffung gewesen seien.

Die einzigen Angelegenheiten, die vertraulich behandelt worden sind, waren die drei Geheimverhandlungen. Aber selbst hier sind die konkreten Inhalte von den verschiedenen interministeriellen Gremien beraten worden, auch wenn der Zweck dieser Beratungen nicht immer bekannt war.

Das Verbindungsbüro der Joint Chiefs of Staff wurde ausdrücklich für den Zweck eingerichtet, dem Militär Zugang zu den Aktivitäten des Nationalen Sicherheitsrats und zum Stabe des Nationalen Sicherheitsrats zu verschaffen. Diese Tatsache widerlegt auch die Vorwürfe, die jetzt in der Presse erscheinen.

Es wäre nützlich, diejenigen, die diese Vorwürfe erheben, aufzufordern, im einzelnen zu sagen, welche Dokumente den Joint Chiefs of Staff vorenthalten worden sind. Ich kenne keine.

Meine Analyse war besser als meine Empfehlung. Es hatte keinen Sinn, darüber zu streiten, ob es sich rechtfertigen ließe, daß sich eine untergeordnete Behörde ohne Genehmigung Dokumente aus dem Weißen Haus beschaffte. So etwas durfte nicht hingenommen werden, gleichgültig, welche Vorgänge das Weiße Haus vertraulich behandelt oder wie es die Regierungsgeschäfte abwickelt. Moorer hatte den einzig richtigen Weg beschritten. Er bestritt, es nötig gehabt zu haben, einen Spion ins Weiße Haus einzuschleusen, da er enge Beziehungen zu mir unterhielt. Das Ganze wäre das Werk übereifriger Untergebener. Ich hatte am 10. Januar, wenige Stunden vor meiner Abreise in den Nahen Osten, dem Vorsitzenden des Senatsausschusses für die Streitkräfte, Senator John Stennis, sinngemäß das gleiche gesagt und ihn dringend gebeten, möglichst rasch gerichtliche Schritte zu unternehmen, bevor weniger verantwortungsbewußte Gruppen die Berufssoldaten in den Strudel von Watergate zogen.

Senator Stennis führte im Februar 1974 Anhörungen durch.[2] Der Streitkräfteausschuß veröffentlichte einen Bericht, der Admiral Moorer entlastete und die ganze Angelegenheit in den richtigen Zusammenhang stellte. Ich erwähne diesen Vorfall hier, weil er symptomatisch für die schmutzige Atmosphäre von Watergate ist, in der die Medien während der ganzen Woche der ersten Phase meiner Reisediplomatie, als es sich erweisen mußte, ob wir mit unserer Nahost-Politik Erfolg haben würden oder nicht, sich durch eine Art der Informationsbeschaffung benebeln ließen, die nur dazu führen konnte, daß die Autorität des Unterhändlers ausgehöhlt wurde. Um gegenüber den Medien fair zu sein, muß man sagen, daß diese schädlichen Folgen in Wirklichkeit nicht eingetreten sind. Aber diese Dinge haben uns in einer entscheidenden Woche angespanntester Arbeit zusätzlich psychisch und physisch belastet.

Mein Reiseplan – zuerst nach Ägypten, dann nach Israel und dann wieder nach Ägypten zu gehen – war auf die psychologischen Notwendigkeiten und den Handlungsspielraum jeder Seite abgestimmt. Ich wollte nicht mit einem israelischen Plan nach Ägypten kommen, denn damit hätte ich den Eindruck erweckt, als Sprecher Israels aufzutreten. Ich konnte das voreilig von Gur in Genf vorgelegte »Modell« und den Verzicht auf dieses Modell sogar zu meinem Vorteil ausnutzen, wenn ich so tat, als hätten wir durch unser Eingreifen die Meinungsverschiedenheiten im israelischen Kabinett beseitigen können. Sadat wußte genau, welche Rolle Israel spielte – schließlich hatte ich ihm für Januar einen konkreten Plan zugesagt –, aber aus innenpolitischen Gründen mußte er besonders auf den Beitrag der Vereinigten Staaten hinweisen. Und weil der Verhandlungsspielraum in der Praxis nicht sehr groß sein würde, kam es darauf an, den ersten israelischen Plan so darzustellen, als wäre er unter unserem Einfluß zustandegekommen und nähme schon Rücksicht auf die Auffassungen Ägyptens (was im übrigen auch der Wahrheit entsprach).

Nach einer kurzen Zwischenlandung in Spanien zum Auftanken meiner Maschine landeten wir am Freitagabend, dem 11. Januar, gegen 20.30 Uhr auf einem verdunkelten Militärflughafen in der Wüste bei Assuan. Es war mein erster Besuch in Oberägypten. Obwohl es schon Abend war, konnte man die Betonbunker, die Fliegerabwehrstellungen, Panzer, gepanzerte Truppentransportfahrzeuge und Truppenkonzentrationen erkennen. Assuan hatte für Ägypten eine ganz besondere strategische Bedeutung. Die Zerstörung des hohen Dammes konnte die Wirtschaft des Landes auf lange Zeit ruinieren. Ich hatte jetzt aber ganz andere und viel persönlichere Sorgen. Wir wußten, daß in Assuan eine Staffel nordkoreanischer Jagdflugzeuge stationiert war. Ich überlegte mir, in welcher Sprache die Ägypter mit ihren Verbündeten verkehrten, und ob die Koreaner, wenn sie erfuhren, daß der amerikanische Außenminister mit seiner Maschine den Flughafen ansteuerte, nicht angeregt werden könnten, etwas zu unternehmen. Im Dunklen vor dem etwas schäbigen Flughafengebäude begrüßte mich Außenminister Fahmy in der inzwischen schon gewohnten Weise mit Kuß und Umarmung. Ich erwartete, daß unsere Gespräche am nächsten Morgen beginnen würden. Wann immer möglich, richtete ich es so ein, daß ich nach meinen Überseereisen an meinem Bestimmungsort zu spät für ernste Gespräche eintraf. So konnte ich rechtzeitig zu Bett gehen und die Zeitverschiebung ausgleichen. (Es ist mir niemals bewußt geworden, daß mir dieses Phänomen etwas ausmachte; meine Mitarbeiter, die mich begleiteten, haben aber vielleicht anders empfunden.) Aber Fahmy sagte mir, daß Sadat mich erwartete, und ließ mir keine Wahl.

Assuan ist ein etwa sechshundertfünfzig Kilometer südlich von Kairo gelegener Kurort, dessen mildes Klima Sadat dazu bewogen hatte, sein Büro im Winter für ein paar Wochen hierher zu verlegen. Hier am ersten Katarakt des Nil lag zur Zeit der Pharaonen die Grenze Oberägyptens. Nilaufwärts lag Nubien, der heutige Sudan. Der Ort ist eine heitere Oase an jenem Wasserlauf, der den Menschen Leben und Hoffnung und dem Boden Feuchtigkeit und Fruchtbarkeit bringt. Der an beiden Flußufern gelegene kultivierte Streifen ist viel schmaler als im fruchtbaren Nil-Delta Unterägyptens und verschwindet streckenweise ganz.

Auf der Fahrt vom Flughafen in die Stadt überquert man den ersten, von britischen Ingenieuren um die Jahrhundertwende gebauten Assuan-Damm. Er ist bescheidener als der von den Sowjets errichtete hohe Damm und auch weniger gut geeignet, die Wassermassen zu regulieren. Aber er belastet die Umwelt viel weniger, denn er läßt den fruchtbaren Schlick durchfließen, den der hohe Damm zurückhält und der Ägypten daher zwingt, große Mengen Kunstdünger zu importieren. Außerdem hat der hohe Damm die Fischerei von Alexandria zerstört. Aus dem Fluß, der sich durch den schmalen Grünstreifen schlängelt, sieht man die typischen arabischen Segelschiffe, die Dhaus, dahingleiten. Auf beiden Seiten erstrecken sich gewaltige Sanddünen bis zum fernen Horizont. In dieser Wüste hat man den Eindruck, daß alles gleich aussieht, in welche Richtung man auch blickt; ohne Kompaß kann der Wanderer sich nicht zurechtfinden. Man hört keinen Laut, und in der absoluten Stille gewinnt man einen eigenartigen Abstand von den Dingen, als wäre man plötzlich auf einen fernen, verlassenen Planeten versetzt worden.

Sadats Villa war ein bescheidenes, aus Stein errichtetes Gästehaus der Regierung. Man betrat zunächst ein kleines Vorzimmer. Unmittelbar dahinter lag ein Arbeitszimmer mit dem Blick auf den Nil. Die Möbel waren so angeordnet, daß man mit dem Gesicht zur Tür saß und nicht zum Fenster hinausschauen konnte. Sadat und ich saßen gewöhnlich in den beiden Ecken eines Sofas, das parallel zu den Fenstern aufgestellt war. Über das ganze Zimmer waren noch einige andere Sessel verteilt. (Während dieses Besuchs sprach ich gewöhnlich allein mit Sadat. An den späteren Verhandlungen nahm fast immer der damalige Vizepräsident, Hosni Mubarak, teil.) Rechts neben dem Arbeitszimmer lag ein Konferenzzimmer, links ein Speisezimmer.

Sadat, diesmal in Uniform, begrüßte mich mit einem herzlichen »Willkommen« und führte mich in das Arbeitszimmer. Wie es seine Art war, kam er sofort auf den Kern des Problems zu sprechen. Er sagte, daß er es nicht für sinnvoll hielte, »Prinzipien« zu entwickeln, die in Genf mit konkreten Inhalten ausgefüllt werden würden. Ein solches Verfahren böte den radikalen Arabern die Möglichkeit, Opposition zu treiben, und die Sowjets könnten sie für ihre Störmanöver ausnutzen. Wahrscheinlich würde es uns nicht mehr Mühe machen, die ganze Angelegenheit gleich zu Ende zu bringen, als uns nur über Grundsätze zu einigen. Die seit dem Oktober-Krieg laufenden diplomatischen Verhandlungen müßten irgendwie zum Abschluß gebracht werden. Jetzt wäre es Zeit, den ganzen Meinungsaustausch, die gemeinsamen Grundsätze und die vagen Andeutungen in einem Schlußdokument zusammenzufassen. Deshalb forderte mich Sadat auf, so lange im Nahen Osten zu bleiben, bis die Verhandlungen entweder zum Erfolg geführt hatten oder gescheitert waren. Er würde selbst das Äußerste tun, um das gemeinsame Ziel zu erreichen. Eine Vereinbarung über die Truppenentflechtung war nach seiner Auffassung eine wesentliche Voraussetzung dafür, in den arabisch-amerikanischen Beziehungen ein neues Kapitel zu beginnen und dem Friedensprozeß mit Israel neuen Schwung zu verleihen.

Um seine Aufrichtigkeit zu demonstrieren, setzte sich Sadat selbst einen Termin. Er würde in der folgenden Woche zu einer Reise durch die arabische Welt aufbrechen (am 18. Januar) und hoffte, bis dahin zu einer Vereinbarung zu kommen. In diesem Fall wollte er bei seinen Besuchen in den arabischen Hauptstädten darauf drängen, daß das Ölembargo aufgehoben wurde. Sadat bot mir außerdem an, die Aufhebung des Embargos in einer Weise vornehmen zu lassen, daß sie von der Öffentlichkeit als ein Erfolg Nixons angesehen werden könnte. Mit diesem Angebot zeigte er, daß man auch in Ägypten von unseren innenpolitischen Schwierigkeiten Kenntnis genommen hatte.

Das verlockende Angebot, das er uns machte, hatte in Wirklichkeit eine viel geringere Bedeutung als der Termin, den er sich selbst setzte. Normalerweise schwächt ein Unterhändler, der sich selbst unter Zeitdruck setzt, seine Verhandlungsposition, es sei denn, der Vermittler ist überzeugt, ein Fehlschlagen der Verhandlungen sei gefährlicher für sein eigenes Land als für die beiden Parteien, zwischen denen er vermittelt – und das kommt nur sehr selten vor. Bei den Gesprächen über die Truppenentflechtung standen wir vor einer ganz anderen Situation. Deshalb garantierte der von Sadat gesetzte Termin, daß er mit seinen Zugeständnissen bis an die äußerste Grenze gehen würde. Wir kamen überein, am folgenden Tag beim Mittagessen über den konkreten Inhalt der Vorschläge zu sprechen.

Um 23.00 Uhr kam ich endlich in meine Unterkunft, das neue Katarakt-Hotel, ein Hochhaus an einer malerischen Nil-Schleife. Unmittelbar daneben lag das alte Katarakt-Hotel, ein prächtiges Sandsteingebäude aus vergangener Zeit. An den hohen Zimmerdecken rotierten große Ventilatoren. Die Fensterläden waren geschlossen, was den Zimmern eine etwas geheimnisvolle Atmosphäre verlieh. Es sah aus wie der Schauplatz eines Romans von Agatha Christie – und das war es auch wirklich –, aber seine besten Tage waren längst vergangen und mit ihnen das britische Kolonialreich und der aristokratische Geschmack der herrschenden Klasse in diesem Reich, dem dieses Gebäude entsprach. Das neue Katarakt-Hotel war Ausdruck der Wertmaßstäbe eines neuen Imperialismus, des sowjetischen. Hier war das einzige Zugeständnis an die Ästhetik der herrliche Blick über das alte Gebäude hinweg zum Nil und darüber hinaus auf das aus weißem Marmor errichtete Mausoleum Aga Khans. In dem neuen Hotel ist die Einrichtung funktional und kitschig, als wäre jedes Zugeständnis an die persönliche Bequemlichkeit eine Anerkennung des Individualismus, den das kommunistische System überwinden will. Offenbar wollte Fahmy unsere Geduld prüfen, denn er lud meine Begleitung und mich zu einem späten Abendessen in den verlassenen Speisesaal ein.

Am Samstagmorgen wollten uns die Ägypter eine besondere Freude machen. Bevor ich die Verhandlungen wieder aufnahm, veranstalteten sie eine Besichtigungstour. Dabei bekam ich auch den monumentalen hohen Damm in Assuan zu sehen und verstieß gegen den Grundsatz, auf offiziellen Reisen im Ausland nichts zu besichtigen, was mich nicht auch im eigenen Lande interessieren würde. So hatte ich es bisher vermieden, Stahlwerke, Ölraffinerien oder andere Wunder der modernen Technologie zu besuchen, die eines gemeinsam haben: Ihre Technik ist mir völlig unverständlich, und ihre Architektur interessiert mich nicht. Aber die Ägypter verbanden mit diesem Besuch wahrscheinlich einen subtilen politischen Hinweis. Ich weiß nicht recht, ob sie den Vereinigten Staaten oder der Sowjetunion einen Nadelstich versetzen wollten. Deshalb bemühte ich mich, großes Interesse zu heucheln, als mir die Ingenieure die Wirkungsweise der riesigen Turbinen erklärten, und ich war wirklich fasziniert, als ich den riesigen Stausee hinter den grauen Betonmauern erblickte.

Anschließend besuchten wir einen Ort, den ich auch überall anders aufgesucht hätte. Mit Booten fuhren wir zu den beeindruckenden Tempelanlagen von Philae, die aus dem steigenden Wasser des Nasser-Sees geborgen wurden (so hieß der hinter der Barriere des hohen Dammes entstehende Stausee). Die Arbeiten hatten damals gerade begonnen. Zwei gewaltige Pylone am Tempeleingang ragten aus dem wirbelnden Wasser heraus und trotzten den Elementen, wie sie bis jetzt die Zeiten überdauert hatten. Einem uns begleitenden Journalisten sagte ich scherzend: »Bevor wir hier fertig sind, werden wir noch alles zu sehen bekommen.« Damit hatte ich gar nicht so unrecht. Während der Verhandlungen von 1975 stattete ich Philae einen zweiten Besuch ab. Ein Damm schützte die Anlage vor den Wassermassen, die inzwischen wieder in ihrer ganzen Größe dastand und von der Sommersonne getrocknet war. Wir besichtigten das großartige Bauwerk am Seegrund, bevor es abgetragen und an anderer Stelle wieder aufgerichtet wurde. Fünf Jahre später war das Werk vollendet, und die Tempel standen in alter Pracht auf einer nahegelegenen Insel.

Um 11.00 Uhr war ich wieder in Sadats Villa. Beim Mittagessen sprachen wir über den gegenwärtigen Stand der Verhandlungen. Drei Probleme mußten gelöst werden. Wir mußten die jeweils vorderste Linie der Stellungen beider Armeen festlegen und uns darüber einigen, welche Beschränkungen für die Bewaffnung der Streitkräfte in welchen Zonen gelten sollten. Schließlich ging es um Fragen wie die Aufhebung der Blockade der Straßen von Bab el-Mandeb und Tiran sowie das Durchfahrtsrecht durch den Suez-Kanal für israelische Schiffe. Es gab aber auch den israelischen Forderungskatalog, den Sadat zum Glück nicht im einzelnen kannte. Die Israelis verlangten die Beendigung des Kriegszustandes, die Wiedereröffnung des Suez-Kanals und den Wiederaufbau der am Kanal gelegenen Städte. (Ich behielt mir die Erörterung dieser Fragen für einen späteren Zeitpunkt vor, denn wenn wir schon Schwierigkeiten hatten, uns über die grundsätzlichen Fragen zu einigen, dann konnten solche Forderungen nur Verwirrung stiften. Gelang uns jedoch ein Durchbruch, dann würde es auch leichter sein, mit diesen Problemen fertig zu werden.)

Sadat hatte die Vorstellung, daß Israel sofort zwei Drittel der Sinai-Halbinsel räumen sollte, schon lange aufgegeben. Aber er blieb bei seiner Forderung, daß sich die Israelis hinter die strategisch wichtigen Pässe bei Mitla und Giddi zurückziehen sollten, und erklärte sich bereit, am Ostufer des Kanals nicht, wie ursprünglich beabsichtigt, drei Divisionen zu stationieren, sondern nur anderthalb, war aber zu einem weiteren Nachgeben nicht bereit. Er lehnte auch die von Israel geforderte starke Verminderung der in den Stellungen einzusetzenden Waffen ab.

Ich wußte, daß Israel darauf nicht eingehen würde (wahrscheinlich war sich auch Sadat darüber im klaren, wenn sein Stab ihn über den Inhalt der israelischen Pressekommentare unterrichtet hatte, die mit einem Aufschrei der Empörung auf den durchgesickerten Plan Dajans reagierten – aber auch er mußte Verhandlungserfolge nachweisen können). In dieser Phase hielt ich es jedoch für sinnlos, über strittige Fragen zu diskutieren. Als Vermittler übermittelte ich grundsätzlich alle Vorschläge, die einer der beiden Parteien wichtig waren, und sorgte damit dafür, daß beide das Gefühl hatten, ihre Auffassungen würden von der Gegenseite in angemessener Weise gewürdigt. Nur wenn die Verhandlungen ins Stocken zu geraten drohten, versuchte ich, meine Ideen einzubringen und Kompromißvorschläge zu machen, die ich am folgenden Tag, es war der 13. Januar, in Israel dem stellvertretenden Premierminister, Yigal Allon, erläuterte:

> Lassen Sie mich genau erklären, welche Stellung ich einnehmen muß, um meine Aufgabe als Vermittler erfüllen zu können. Ich kann in Ägypten nicht als Anwalt Israels auftreten. Ich kann in Ägypten nicht eine bestimmte Auffassung vertreten und ihm (Sadat) dann sagen, nun gut, ich habe meine Meinung geändert. Die Auffassung, die ich ihm vortrage, ist die einzige, über die ich mit ihm verhandeln kann. Wenn ich das interpretiere, was ich für Ihre Auffassung halte, dann kann ich ihm nur sagen, die Stellungen könnten etwa um fünf Kilometer vor- oder zurückverlegt werden, oder ich könnte ihm sagen, es wäre Zeitverschwendung, wenn ich versuchen wollte, seinen Vorschlag weiterzugeben. Wenn er sagt: »Ich brauche noch zwei Bataillone«, dann kann ich nicht sagen, ich sei damit einverstanden. Ich kann aber sagen, ich würde seinen Vorschlag an Israel weitergeben und feststellen, was die israelische Regierung dazu zu sagen hat. Ich werde unter keinen Umständen mehr tun, als ihm sagen, ich würde Israel bestimmte Dinge zur Stellungnahme vorlegen. Dann werden Sie alle Ihnen von mir vorgelegten Vorschläge ungehindert ablehnen können. So muß ich in meinem eigenen Interesse verfahren, weil ich nicht in eine Lage geraten will, in der ich von Ihnen bevollmächtigt worden bin zu erklären, ich sei mit vier Bataillonen und nicht mit drei Bataillonen einverstanden. Damit gerate ich in eine unangenehme Lage, weil er dannn glauben könnte, ich versuchte, für Israel die günstigsten Bedingungen auszuhandeln. Dann würde meine Vermittlertätigkeit auch Ägypten nichts mehr nützen. Als Vermittler bin ich Ihnen insofern nützlich, als ich ihm Ihre Vorstellungen erläutern und ihn veranlassen kann, bestimmte Probleme ganz auszuklammern. Mit anderen Fragen komme ich hierher, und Sie können seine Forderungen ablehnen.

Diese Grundsätze galten natürlich für den Fall, daß ich Israel ägyptische Vorschläge vorlegte. Meine Gewissenhaftigkeit erleichterte mir diese Aufgabe nicht unbedingt. Die Einschaltung eines Vermittlers veranlaßt die Parteien, extreme Forderungen aufzustellen und dem Vermittler vorzuwerfen, daß er sich nicht genügend um ihre Durchsetzung bemüht habe, wenn sie abgelehnt werden, und zu behaupten, daß es an ihm läge, wenn sie unerfüllbare Forderungen aufgestellt hätten. Das israelische Kabinett verstand es besonders gut, sich bei seinen Entscheidungen von Vermittlern helfen zu lassen.

Sadat war in seinem Ton zwar fest, aber da er so großen Wert darauf legte, rasch zu einer Einigung zu kommen, konnten seine Vorschläge keine unabdingbaren Forderungen sein. Er bestätigte noch einmal, daß mit der Truppenentflechtung die Blockade der Straße von Bab el-Mandeb aufgehoben würde und für Israel bestimmte Schiffsladungen die Genehmigung erhalten sollten, den Suez-Kanal zu passieren. Augenzwinkernd sagte Sadat, er wüßte, daß Israel auch die Durchfahrt für seine Schiffe verlangte, aber schließlich hätte Dajans Schwiegersohn, Oberst Dov Sion, öffentlich erklärt, Israel werde sich damit zufrieden geben, wenn sich die Genehmigung auf die Ladungen beschränkte. (Auch das war, wie ich betrübt feststellen mußte, eine Eröffnungsposition, von der man später abgerückt war, weil man ihre Auswirkungen auf die öffentliche Meinung fürchtete.) Günstiger schien es mir, daß Sadat sich verpflichtete, die Palästinenser-Frage nicht auf den Verhandlungstisch zu legen, solange die Truppenentflechtung, und zwar auch die an der syrischen Front, nicht abgeschlossen war.

Sadat glaubte inzwischen so fest an den Erfolg unserer Verhandlungen, daß er schon anfing, von den Modalitäten der Unterzeichnung zu sprechen. Aus Furcht vor sowjetischen Manövern wollte er die Vereinbarungen nicht in Genf unterzeichnen, sondern schlug vor, es bei Kilometer 101 zu tun. Besonders stolz war er auf eine Idee, deren Verwirklichung sowohl Nixon als auch die Sowjets in Harnisch gebracht hätte: Ich sollte an der Zeremonie der Unterzeichnung teilnehmen. Aber noch waren wir lange nicht soweit. Ich hatte nicht die Absicht, Nixon zu verärgern, indem ich mich in den Vordergrund drängte, und wollte auch Gromyko nicht demütigen, denn hier wäre symbolisch zum Ausdruck gekommen, was längst zur Wirklichkeit geworden war, daß nämlich aus dem so oft und so gründlich erörterten »amerikanisch-sowjetischen Schutz« eine einseitige amerikanische Initiative geworden war.

Bis dahin war Syrien noch in keiner Weise berücksichtigt worden. Sadat war überzeugt, daß, wenn Ägypten nicht allein die Initiative ergriffe, Präsident Hafez al-Asad immer einen Vorwand finden würde, die Entscheidung hinauszuzögern oder unmögliche Forderungen aufzustellen. Eine Vereinbarung über die Truppenentflechtung auf der Sinai-Halbinsel würde dagegen den Syrern helfen, ihre eigene Lage realistischer zu beurteilen. Da Syrien sich nicht an der Genfer Konferenz beteiligen wollte, erklärte sich Sadat bereit, syrische Offiziere in die ägyptische militärische Delegation aufzunehmen, um ein Forum zu schaffen, in dessen Rahmen über eine Truppenentflechtung an der syrischen Front verhandelt werden könnte. Ich war mir nicht sicher, daß die Beziehungen zwischen den beiden Verbündeten diese Lösung zulassen würden oder daß sich Asad mit einem Verfahren einverstanden erklären könnte, in dem Syrien anders behandelt wurde als Ägypten. Aber das waren technische Fragen, die mit dem Grundproblem nichts zu tun hatten. Sadat glaubte, daß entweder die ganze Initiative in die Sackgasse geraten, oder ein Anfangserfolg für Ägypten die Tür für Syrien öffnen und schließlich zu einem Gesamtfrieden führen würde, und darin hatte er recht.

Das Gespräch mit Sadat hatte dreieinhalb Stunden gedauert. Am Samstag, dem 12. Januar, verließ ich Assuan um 16.00 Uhr, um zwei Stunden später in Israel zu landen und die endgültige Fassung des israelischen Plans entgegenzunehmen.

Jerusalem, 12./13. Januar

Auf dem Flug erfuhr ich, daß Golda an den Gesprächen nicht teilnehmen konnte. Sie war an Gürtelrose erkrankt. (In Israel erzählte man sich, Golda litte an so vielen verschiedenen Krankheiten, daß jeder israelische Medizinstudent, der das Glück hätte, sie untersuchen zu dürfen, automatisch den medizinischen Doktorgrad erwerben könnte.) Würde Sadat, wenn die Verhandlungen scheiterten, an die Echtheit ihrer Krankheit glauben?

Aber ich glaubte noch nicht an das Scheitern der Verhandlungen. Auch Israel war am Zustandekommen der Vereinbarungen interessiert. Es konnte den Brückenkopf westlich des Suez-Kanals nicht halten, ohne die Mobilmachung seiner Streitkräfte aufrechtzuerhalten, was eine schwere wirtschaftliche Belastung bedeutete. Und in Genf würden die Israelis fast vollständig isoliert sein – wie sich zeigte, als ich Golda unmittelbar nach meiner Ankunft gegen 20.000 Uhr in ihrem an einer schmalen Straße in Jerusalem gelegenen kleinen Haus aufsuchte. In Amerika hätte eine kleinbürgerliche Familie diese aus einem bescheidenen Wohnzimmer, einem winzigen Arbeitszimmer und einem kleinen Eßzimmer bestehende Unterkunft bewohnt, hier war es die Residenz der Premierministerin. Golda war körperlich geschwächt und litt unter Schmerzen, war aber geistig hellwach und schlagfertig wie immer. Sie sagte mir, daß sie Sadat mißtraute – wie sie allem mißtraute, was aus Ägypten kam oder etwas mit einem israelischen Rückzug zu tun hatte –, aber sie sagte es in freundlichem Ton und warnte mich, die Lage nicht zu optimistisch zu beurteilen. Es fehlte die gewohnte Aggressivität, und ich spürte, daß mir diesmal die nervenzerrüttenden, legalistischen und haarspalterischen Verhandlungen erspart bleiben würden.

Was natürlich nicht heißen soll, daß man von israelischen Unterhändlern schonend behandelt werden könnte. In Israel durfte ich keine Sehenswürdigkeiten besichtigen. Auch wenn die Verhandlungen nicht im gleichen Tempo geführt wurden wie bisher, mußte die Tagesordnung dem Kabinett demonstrieren, daß es die israelische Verhandlungsdelegation nicht versäumt hatte festzustellen, wo meine Belastungsgrenze lag. Auf meinen Besuch bei Golda folgte am Samstagabend ein drei Stunden dauerndes Arbeitsessen mit der Verhandlungsdelegation unter der sachkundigen Führung des stellvertretenden Premierministers Yigal Allon, mit dem ich seit den fünfziger Jahren eng befreundet war, als er in Harvard mein Student gewesen war. Anschließend sprach ich eine Stunde mit Verteidigungsminister Dajan über die Einzelheiten des israelischen Plans. Am Sonntag, dem 13. Januar, frühstückte ich mit Allon, nahm an einem Arbeitsessen mit Außenminister Eban und der Verhandlungsdelegation teil, lernte die Familien von in Syrien festgehaltenen israelischen Kriegsgefangenen kennen, sprach mit Eban noch einmal über den politischen Rahmen der Vereinbarungen und nahm nach einer mehr als eine Stunde dauernden Autofahrt an einem Empfang in Dajans Haus bei Tel Aviv teil.

Meine Gesprächspartner machten diesmal einen entspannten Eindruck; ich konnte daraus entnehmen, daß die interne Kontroverse vorübergehend beigelegt war. Zum erstenmal hatte sich das Kabinett einstimmig für die Truppenentflechtung ausgesprochen, was gelungen war, weil alle strittigen Fragen zugunsten Israels entschieden worden waren. Jetzt blieb es mir überlassen, Sadat zu überzeugen und seine Zustimmung zu erwirken.

Das israelische Kabinett reagierte sehr geschickt auf meinen Einwand, daß ich Sadat Dajans Plan nicht in ultimativer Form vorlegen könnte, sondern die Möglichkeit haben müßte, Zugeständnisse zu machen. Um meinen Verhandlungsspielraum zu erweitern, verlangten die Israelis von mir, Sadat zunächst härtere Bedingungen vorzuschlagen, um dann auf Dajans Plan auszuweichen. Ich wußte, daß Sadat sich so nicht täuschen ließ. Die israelische Presse hatte zu ausführlich über den Dajan-Plan berichtet. Mir standen daher noch harte Verhandlungen in Assuan und Jerusalem bevor.

Die von den Israelis vorgeschlagene vorderste Linie ihrer Stellungen lag immer noch westlich der strategisch beherrschenden Pässe am Fuß des auf der Sinai-Halbinsel von Norden nach Süden verlaufenden Gebirgsrückens. Die ägyptische Front auf der Sinai-Halbinsel sollte so verlaufen, daß einige jetzt von der ägyptischen 3. Armee besetzten Gebiete von der Friedenstruppe der Vereinten Nationen übernommen wurden. (Nach dem für Ägypten günstigeren Plan Dajans sollten die Ägypter eine ununterbrochene Linie sechs bis zehn Kilometer ostwärts des Kanals besetzen.) Die Begrenzung der Truppenstärken blieb die gleiche; nicht mehr als zwei bis drei Bataillone am Ostufer des Kanals, keine Panzer und keine Artillerie. Keine ägyptischen Flugabwehrraketen dürften am Westufer näher als dreißig Kilometer an den Kanal herangebracht werden (damit blieben sie vierzig Kilometer westlich der ägyptischen vordersten Linie). Das gleiche galt für die Artillerie, die so weit zurückgenommen werden müßte, daß sie die israelischen Stellungen nicht mehr erreichen konnte. (Dazu hatten die Israelis für die Stellungen der Geschütze verschiedener Kaliber jeweils andere Entfernungen festgelegt. Danach müßten zusätzlich hundert ägyptische Geschütze und mehrere Flugabwehrstellungen zurückverlegt werden.) Auch in der Dreißig-Kilometer-Zone *westlich* des Kanals dürften nicht mehr als dreihundert Panzer aufmarschieren. Ich sagte lachend: »Ich kann es kaum erwarten, Gamasy diese Nachricht zu überbringen.«

Die Israelis erklärten, wenn Sadat nicht die Absicht hätte, den Krieg von neuem zu beginnen, brauchte er keine starken Kräfte in vorderster Linie, was im Prinzip richtig war, aber dabei übersahen die Israelis, daß sie von Sadat erwarteten, tief in einem unbestreitbar ägyptischen Territorium Waffenbegrenzungen hinzunehmen und sich mit dem Abzug starker Kräfte aus Stellungen einverstanden zu erklären, die sie auch *vor* Beginn des Krieges eingenommen hatten.

Außerdem stellte Israel auch härtere politische Forderungen. Es verlangte die ausdrückliche Zusage, daß Sadat den Kanal freimachen, die Städte am Kanal wieder aufbauen, israelischen Schiffen die Durchfahrt durch den Kanal erlauben und den Kriegszustand für beendigt erklären sollte. Ich widersetzte mich diesen Forderungen nicht, sondern konzentrierte mich darauf, mich genau über die Haltung Israels zu informieren und konkrete Fragen zu stellen. Ich sagte, daß wir mit einer sehr komplexen Reaktion Sadats rechnen müßten, wollte aber nicht versuchen, den israelischen Vorschlag zu modifizieren, bevor ich seine Stellungnahme dazu kannte.

Wir begeben uns in die Gefahr, nur noch in Schlagworten zu reden. Wenn er den Vorschlag ablehnt, dann wird er es, soweit ich das beurteilen kann, aus innenpolitischen Gründen tun. Ebenso wie Sie hat auch er seine innenpolitischen Probleme. Und Sie verlangen von ihm, daß er seiner Armee, die er schließlich hinter sich gebracht hat, eine Menge Befehle gibt, denen sich die Militärs nur sehr ungern fügen werden. Ich weiß nicht, ob er das tun kann oder nicht. Nachdem ich so viele Stunden mit ihm gesprochen habe, bezweifle ich nicht, daß er aufrichtig eine Lösung wünscht und mit an Sicherheit grenzender Wahrscheinlichkeit den Frieden in der Kanalzone bewahren will. Ob seine innenpolitische Lage es zuläßt, zu tun, was nach Ihrer Auffassung Ihre innenpolitische Lage erfordert, weiß ich nicht, aber wir werden es innerhalb der nächsten sechsunddreißig Stunden feststellen. Es hat keinen Sinn, sich darum zu streiten. Die Lage ist aber nicht so einfach, daß man nur zu fragen brauchte: »Will er den Frieden oder will er den Frieden nicht?«

Doch hatte man den Eindruck, daß dies trotz der augenscheinlich so entschlossenen Haltung der israelischen Unterhändler nicht das letzte Wort Israels war. Augenscheinlich waren die sehr weit gehenden Forderungen im Blick auf die innenpolitische Lage in Israel gestellt worden. In der ausdrucksstarken Sprache der Diplomatie durften wir sagen, daß wir auf einen Durchbruch zusteuerten, und schließlich würde Israel trotz aller drohenden Reden einen wesentlichen Beitrag dazu leisten.

Die Gespräche mit den israelischen Unterhändlern waren relativ ruhig verlaufen; niemand sprach davon, daß sich die Verhandlungen festfahren könnten. So war auch die Stimmung auf dem am Sonntagabend von Dajan in seinem schlichten Haus in Tel Aviv gegebenen Empfang, der zu einer festlichen Veranstaltung wurde. Das Haus selbst hätte irgendwo am Rande einer amerikanischen Stadt stehen können, aber der Garten war mit Dajans archäologischen Schätzen angefüllt wie ein Museum, Ausdruck der Besessenheit so vieler Israelis, die sich darum bemühten, die Beziehungen zu der fernen Vergangenheit ihres Volkes neu zu knüpfen oder wenigstens die uralte Identität ihres Landes zu bestätigen – als müßten sie das bohrende Gefühl der eigenen Unsicherheit durch die konkrete Demonstration der historischen Kontinuität bannen. Dajan und der Chef des Stabes, General David Elazar, führten mich in ein kleines Arbeitszimmer und zeigten mir zwei Karten. Hier waren die harte »neue« Linie, die für die Israelis günstiger war als die von Gur den Ägyptern in Genf gezeigte, und die von Dajan in Washington vorgelegte eingetragen, die der von Gur vorgeschlagenen entsprach und die ich den Ägyptern einräumen sollte, falls sie die erste ablehnten. Wir alle wußten, daß ich mit den Verhandlungen über die neue Linie nicht viel Zeit zubringen würde, aber die Israelis hatten eine hämische Freude an ihrem Trick mit der »neuen« Stellung. Als wir herauskamen, spürten die dort versammelten Journalisten unsere zuversichtliche Stimmung. Ich sagte: »Der Grund dafür, daß die Israelis nicht besser behandelt werden, ist, daß Eban mich nicht küßt.«

Vor meinem Abflug nach Assuan wies ich Scowcroft an, Dobrynin vom Stand der Dinge zu unterrichten. Wir wollten unbedingt vermeiden, daß die Sowjets sich einschalteten, während sich die Verhandlungen einem Höhepunkt näherten. Wenn Moskau glaubte, daß unsere Bemühungen scheitern müßten, dann würden die Sowjets unter Umständen eine härtere Haltung einnehmen und versuchen, die Scherben aufzusammeln. Aber wenn der Kreml erkannte, daß wir nicht mehr über »Grundsätze« verhandelten, sondern uns einer Vereinbarung näherten, könnte er versuchen, uns Steine in den Weg zu legen und uns wieder an den Verhandlungstisch nach Genf zurückzuholen. Die für Dobrynin bestimmte Note gab die Tatsachen korrekt wieder, war aber nicht besonders präzise und klar verständlich. Hier hieß es nur, ich hätte die Lage mit beiden Seiten besprochen, gewisse Fortschritte gemacht (wobei wir offen ließen, in welcher Richtung) und würde die Sowjets auf dem laufenden halten.

Am Sonntagabend um 20.15 Uhr waren wir wieder auf dem Flug nach Assuan. Der tüchtige, sehr energische Joe Sisco, der gelegentlich mehr beantwortete, als er gefragt wurde, begrüßte die uns begleitenden Reporter mit den Worten: »Wir heißen Sie an Bord der ägyptisch-israelischen Pendelmaschine willkommen!« Damit war der Begriff »Pendeldiplomatie« geprägt.

Das fliegende Außenministerium

Unser fliegendes Hauptquartier war eine Boeing 707 der amerikanischen Luftwaffe mit der Bezeichnung SAM 86970. (Die Buchstaben SAM bedeuteten Special Air Missions, und 86970 war die Nummer der Maschine.) Sie war die *Air Force One* der Präsidenten Eisenhower und Kennedy und die *Air Force Two* des Vizepräsidenten Lyndon Johnson gewesen.[3] 1974 war es die dritte Maschine in der Luftflotte des Präsidenten. Wie eine verarmte Familie, die bessere Tage gesehen hatte, suchte sie ihre Deklassierung mit dem Stolz der hervorragenden Besatzung und der tadellosen Polsterung wettzumachen, die in den Jahren, in denen ich das Flugzeug benutzte, nicht erneuert wurde. Das Bodenpersonal pflegte die Maschine liebevoll und entwickelte gute freundschaftliche Beziehungen zur Besatzung.

Der erste Gegenstand, der einem in die Augen fiel, wenn man die Maschine betrat, war eine große elektronische Schalttafel, die von zwei Sergeanten bedient wurde. Sie war der Mittelpunkt eines Kommunikationsnetzes, durch das die SAM 86970 in wenigen Minuten über kodierte Fernschreiber mit jedem Teil der Welt verbunden werden konnte. Wenn notwendig stand mir auch ein Funktelefon zur Verfügung, das ich aber nur sehr selten benutzte. Während des Fluges empfing ich über diese Vermittlung alle Telegramme vom Außenministerium oder vom Weißen Haus, und ich konnte meine Anweisungen an das Ministerium oder die Berichte an das Lagezimmer des Weißen Hauses absetzen. In fremden Hauptstädten, wo wir keine Botschaften unterhielten oder wo ich den Inhalt meiner Korrespondenz mit Washington der Botschaft nicht zugänglich machen wollte, benutzten wir die Maschine auch am Boden als Kommunikationszentrum. Da ich die Verantwortung für die Arbeit im Außenministerium auch während meiner Reisen nicht aus der Hand geben wollte, empfingen wir eine sehr große Zahl von Funksprüchen, die von den hervorragend ausgebildeten Funkern aufgenommen, von den Angehörigen meines Stabes entschlüsselt und von mir und meinen Mitarbeitern ausgewertet wurden. Unsere Antworten gingen über das gleiche System wieder hinaus. Diese kleine, aber sehr leistungsfähige Funkvermittlung war das Herz des ganzen Unternehmens. Ohne sie wäre meine Reisediplomatie nicht möglich gewesen. Dahinter war der Flugzeugrumpf in vier Sektionen aufgeteilt. In der ersten an der Steuerbordseite neben einem Korridor gelegenen standen zwei Sofas an der Außenwand, die als Betten benutzt werden konnten. Gegenüber waren ein Klapptisch und zwei Sessel angebracht. Das war mein Aufenthaltsraum, in dem ich arbeitete und mich ausruhen konnte. Hier las ich die Berichte, führte Besprechungen mit meinen Kollegen und legte mich gelegentlich zum Schlafen hin. Auf dem Flug zu Besprechungen hatte ich dazu allerdings nur selten Gelegenheit, denn dann nutzte ich die Zeit, alle notwendigen Unterlagen zu lesen.

Die nächste Sektion war ein Konferenzraum, der über die ganze Breite der Maschine ging. In der Mitte stand ein nierenförmiger Tisch, der an drei Seiten von blau bezogenen Sofas umrahmt wurde. An der vierten Seite stand ein seinerzeit für Lyndon Johnson angebrachter riesiger Sessel. Er konnte mit Knopfdruck in jede beliebige Stellung gebracht werden, wie ich es bis dahin für unmöglich gehalten hatte. Auch der Tisch konnte hydraulisch gehoben und gesenkt werden, war aber nicht ganz so beweglich wie der Sessel. Manchmal passierte es einem unvorsichtigen Neuling, daß er zwischen dem sich hebenden Sessel und dem sich senkenden Tisch eingeklemmt wurde. Dieser Konferenzraum sollte eigentlich jederzeit für den Zweck bereitstehen, für den er gedacht war, aber meist hielten sich hier einige meiner Mitarbeiter auf, und überall lagen Akten, Aktentaschen und ein paar Koffer herum. Wenn ich mich in meine Kabine zurückgezogen hatte, legten sich meine erschöpften Mitarbeiter auf die Sofas, manchmal aber auch auf den Boden. Der Konferenzraum diente den verschiedensten Zwecken. Dort unterrichtete ich die mich begleitenden Journalisten und hielt die notwendigen Stabsbesprechungen ab. Oft setzte ich mich hier auch mit meinen Mitarbeitern zum Essen zusammen.

Es folgte ein Arbeitsraum für die rangältesten Angehörigen meines Stabes. Auf beiden Seiten des Mittelganges stand je ein Tisch. An beiden Tischen konnten bis zu acht Personen Platz nehmen. Auf einem dritten kleineren Tisch stand eine elektrische Schreibmaschine. Wenn notwendig, konnte man auch auf einen der größeren Tische eine Schreibmaschine stellen. Daneben war ein kleines Fotokopiergerät angebracht. Auf unseren Flügen im Nahen Osten war hier Siscos Reich. Meine Mitarbeiter ordneten die eintreffenden Funksprüche und stellten mich gelegentlich auf die Probe, indem sie einen Text verfaßten, der meinen Anordnungen völlig widersprach, um dann gespannt auf das unvermeidliche Feuerwerk zu warten. Am meisten freute es sie natürlich, wenn ich es nicht merkte. Sie stellten die für die folgenden Verhandlungen notwendigen Unterlagen zusammen, gewöhnlich in Form einer Denkschrift, in der die Positionen beider Seiten miteinander verglichen wurden. Die Denkschrift enthielt außerdem unsere Beurteilung über die Flexibilität der Verhandlungspartner und eine Liste aller Themen, die noch zu behandeln waren.

Alles geschah meist unter ungeheurem Zeitdruck, denn die Arbeit mußte bei der nächsten Landung getan sein. Die Zeit, in der wir zwischen Assuan und Jerusalem hin- und herpendelten, war für meine Mitarbeiter nicht so anstrengend wie die Zeit meiner Verhandlungen zwischen Syrien und Israel, weil sie auf den Flügen von und nach Ägypten eine um fünfundsiebzig Minuten längere Flugzeit hatten. Ein paarmal mußten wir vor der Landung zur Überraschung der uns erwartenden Gastgeber über dem Flughafen kreisen, weil wir unsere Vorbereitungen noch nicht beendet hatten. Die Menschen hielten die Anstrengungen besser aus als die technischen Geräte. Gelegentlich streikte das Kopiergerät. Dann schluckte es eine Seite, und weder das Original noch die Kopie kamen wieder zum Vorschein. Es kam sogar vor, daß eine Seite unter starker Rauchentwicklung verbrannte und die Maschine in Brand zu setzen drohte. Ein anderesmal löste sich das Gerät aus seinen Halterungen und drohte Joe Sisco zu verschlingen. Sisco wurde gerettet, und Winston Lord atmete erleichtert auf und sagte, wenn wir das Gerät nicht rechtzeitig angehalten hätten, dann wären Joes ungezählte Kopien über den ganzen Nahen Osten verstreut worden – was sicherlich unvorstellbare Konsequenzen nach sich gezogen hätte, die weder wir noch der Nahe Osten verantworten könnten.

In der vierten Abteilung ging es am lustigsten zu. In etwa zehn Sitzreihen waren die übrigen Mitglieder des Stabes, das Sicherheitspersonal, die Funker und ganz hinten die vierzehn oder fünfzehn Journalisten untergebracht, die mich gewöhnlich begleiteten.* Daß Journalisten den Außenminister auf seinen Reisen begleiteten, ist, glaube ich, von Dean Rusk eingeführt worden. Die Auswahl erfolgte nach der Bedeutung der Medien, die sie vertraten – der großen amerikanischen Tageszeitungen, der Fernsehgesellschaften, der Nachrichtenagenturen und der Nachrichtenmagazine. Die noch zur Verfügung stehenden Plätze wurden abwechselnd den Vertretern anderer Nachrichtenmedien überlassen. Meine Beziehungen zu dieser schwer zu bändigenden Gesellschaft waren natürlich so komplex, wie es angesichts der verschiedenartigen Aufgaben, die wir zu erfüllen hatten, erwartet werden mußte. Die Medien haben das größte Interesse an einem direkten Kontakt mit höheren Beamten, fürchten sich aber, von ihnen beeinflußt zu werden. Deshalb sind sie oft entweder zu skeptisch oder halten es für zu einfach, Glaubwürdigkeitslücken entdecken zu können. Der Beamte braucht die Medien, um seine Auffassungen zu erläutern, und ist seinerseits versucht, ihnen einen einseitigen Bericht zu geben oder sie unter Druck zu setzen. Mit diesen Einschränkungen denke ich mit freundschaftlichen Gefühlen an die Männer und Frauen, die mich auf meinen Flugreisen begleitet und manchmal auch zur Verzweiflung gebracht haben.

Die Journalisten, die mit mir zwischen Jerusalem und den arabischen Hauptstädten hin- und hergependelt sind, hatten eine besonders schwierige Aufgabe, denn sie mußten sich meinem Terminplan anpassen, wußten aber nie, wann eine Besprechung enden würde oder wann sie mit einer wirklich wichtigen Nachricht rechnen konnten. Wenn ich, gewöhnlich lange nach Mitternacht, zu Bett gegangen war, mußten sie ihre Berichte schreiben und auf den Weg bringen. Morgens mußten sie viel früher aufstehen als ich, um rechtzeitig am Flughafen zu sein und durch die Gepäckkontrolle zu kommen, damit die Maschine starten konnte, sobald ich an Bord war. In der Maschine und in den Hotels waren sie viel weniger gut untergebracht als ich. Trotz all dieser Schwierigkeiten waren die Berichte über meine Reisen fair und zeichneten sich oft durch großen Sachverstand aus. Meine Reisegesellschaft hatte zum

* Zu den Journalisten, die mich auf den meisten Reisen begleitet haben, gehörten Richard Valeriani von NBC, Marvin Kalb oder Bernard Kalb von CBS, Ted Koppel oder Barrie Dunsmore von ABC, Jerrold Schecter von *Time,* Bruce van Voorst von *News Week,* Barry Schweid von AB, Jim Anderson von *Group W. News,* Richard Growald oder Wilbur Landrey von UPI, Lars-Erik Nelson von *Reuters,* Bernard Gwertzman von der *New York Times,* Marylin Berger oder Murrey Marder von der *Washington Post,* Jeremiah O'Leary vom *Washington Star,* Stan Carter von der *New York Daily News,* John Wallach von der *Hearth Press,* John MacLean von der *Chicago Tribune,* Darius Jhabvala vom *Boston Globe,* Oswald Johnston von der *Los Angeles Times,* Robert Keatley vom *Wall Street Journal,* Charlotte Saikowski oder Dana Adams Schmidt vom *Christian Science Monitor* und Marie Koenig oder William Sprague von USIA.[4]

Glück nicht unter der Gehässigkeit und Böswilligkeit zu leiden, welche die Atmosphäre in Washington zur Zeit der Watergate-Krise belastete.

Ich bemühte mich nach Kräften darum, die Journalisten mit »Hintergrundinformationen« zu versorgen, was bedeutete, daß sie mich nicht namentlich, sondern nur als »höheren Beamten« zitieren durften. Gewöhnlich bat ich sie sofort nach dem Start der Maschine in den Konferenzraum. Dort teilte ich ihnen nur sehr selten Einzelheiten über die Verhandlungen mit, bemühte mich aber darum, die Probleme, um die es ging, zutreffend darzustellen und zu sagen, wie ich die Erfolgsaussichten gerade beurteilte. Die Reporter, die mich ständig auf diesen Flügen begleiteten, entwickelten großes Geschick, sich aus dem, was ich ihnen sagte, ein zutreffendes Bild zu machen. Schließlich gingen sie so weit, sich eine besondere Freude daraus zu machen, Sadat zur Bestätigung dessen zu bewegen, was ich noch nicht ausdrücklich hatte zugeben wollen, bevor sich alle Verhandlungspartner darüber geeinigt hatten. Manchmal tat Sadat ihnen den Gefallen – zu meinem großen Kummer. Aber wahrscheinlich kannte er die politischen Zusammenhänge besser, als ich vermutete, denn seine Enthüllungen haben niemals den von mir befürchteten Schaden angerichtet.

Ich hoffe, daß die Journalisten es mir nicht übelnehmen werden, wenn ich sage, sie wären während dieser Reisen im Nahen Osten so stark an einem glücklichen Ausgang der Verhandlungen interessiert gewesen, daß ich schließlich unter einem schweren psychologischen Druck stand, weil ich mir kaum vorstellen konnte, was geschehen würde, wenn ich ihren Erwartungen nicht gerecht werden sollte. Diese Haltung läßt sich vielleicht damit erklären, daß sich jeder gewünscht hat, die Unbequemlichkeiten dieser Reisen mit einem Erfolg zu krönen, und vielleicht hätte ein erfolgreicher Abschluß der Verhandlungen auch dem Ansehen der Berichterstatter genützt. Ob diese hartgesottenen Profis es nun zugeben wollen oder nicht, ich bin überzeugt, auch sie haben gehofft, daß ihr Land in der bedrückenden Atmosphäre von Watergate etwas leisten würde, worauf sie stolz sein könnten. Und sie haben mich, auch wenn es nicht ihre Aufgabe war, in entscheidenden Augenblicken – nicht durch ihre Berichte, sondern durch ihre Haltung – moralisch unterstützt.

Wieder in Assuan: 13./14. Januar

Wir landeten um 22.30 Uhr auf dem verdunkelten Militärflughafen. Zum Glück verlangte Fahmy nicht sofort einen genauen Bericht von mir und gab sich mit der Erklärung zufrieden, daß ich Karten und einen offiziellen israelischen Plan mitgebracht hätte. Auch Sadat wollte erst am nächsten Morgen mit mir sprechen.

Der Präsident empfing mich am Montagmorgen, den 14. Januar, um 10.00 Uhr in einem Pavillon im Garten seiner Villa. Es war ein herrlicher, angenehm warmer Tag, und die Sonne stand hoch am wolkenlosen Himmel. Sadat trug noch immer Uniform und wartete geduldig, bis die Fotografen ihre Arbeit getan hatten. Nachdem wir uns eine halbe Stunde zwanglos unterhalten hatten, führte er mich ins Haus. Ich ließ mir die beiden Karten bringen, die man mir in Israel mitgegeben hatte. Da ich wußte, daß der zweite Vorschlag für die Ausweichstellungen der Israelis der einzig realistische war, hielt ich mich mit dem ersten nicht lange auf, denn ich fürchtete, Sadat damit zu verärgern. Ich sagte, wir könnten eine Menge Zeit sparen, wenn wir davon ausgingen, daß sich die Israelis nicht weiter als auf eine Linie *westlich* der Pässe zurückziehen würden. Sadat äußerte sich nur zu dem Vorschlag, daß sich die ägyptischen Streitkräfte im Süden um wenige Kilometer zurückziehen sollten, um der UN-Friedenstruppe Platz zu machen. Er erklärte diese Maßnahme zu einem moralischen Problem; niemand dürfte von den ägyptischen Truppen verlangen, ägyptisches Gebiet zu räumen. Dann erläuterte ich den israelischen Vorschlag zur Truppenentflechtung und nannte zunächst die politischen Forderungen, als Sadat mich unterbrach: »Meine Mitarbeiter sollten das auch hören.« Es war das einzige Mal, daß Sadat bei Verhandlungen mit mir die Zustimmung seiner Untergebenen brauchte. Wie heikel das Problem war, zeigte sich auch daran, daß Sadat meine Hilfe in Anspruch nahm, um auf ägyptischer Seite einen Konsens herbeizuführen.

Aber zunächst kam es gar nicht zu diesem Konsens. Wir begaben uns ins Konferenzzimmer, wo die beiden Verhandlungsdelegationen an einem großen Tisch Platz nahmen, wie es nur bei hochoffiziellen Gelegenheiten dieser Art üblich ist. An der einen Seite des Tisches saß die amerikanische Delegation; links und rechts neben mir Joe Sisco und Ellsworth Bunker (in seiner Eigenschaft als Botschafter bei der Genfer Konferenz), und Peter Rodman übernahm die Aufgaben des Protokollführers. Neben Sadat saßen Gamasy und Fahmy, aber die Ägypter hielten sich nicht so streng an die diplomatischen Gepflogenheiten, sondern verzichteten auf einen eigenen Protokollführer.

Das Gespräch begann mit einem Scherz. Ich sagte, in den nächsten

Stunden werde es sich herausstellen, ob ich einen »Kissinger-Plan« mitgebracht hätte (ob die Verhandlungen mit einem Erfolg enden würden) oder einen »Sisco-Plan« (was das Scheitern unserer Bemühungen bedeuten würde). Fahmy erwiderte spitz, im Falle eines Sisco-Plans würden die Ägypter Siscos Leiche einbalsamieren und im Tal der Könige beisetzen. Aber die Scherze hörten sehr bald auf, als ich erläuterte, wie sich Israel die Truppenentflechtung vorstellte, und ganz detailliert auf die militärischen Aspekte einging. Sadat sagte nur wenig, sog an seiner Pfeife und stellte nur hin und wieder sehr klare und präzise Fragen. Als ich begann, die anderen von den Israelis vorgeschlagenen Bedingungen aufzuzählen, wurde die Stimmung frostig. Zur Freigabe des Suez-Kanals rief Sadat ungehalten aus: »Das sind politische Fragen!« Und als ich davon sprach, daß die Israelis verlangten, alle ausländischen Truppen und Freiwilligen aus Ägypten zu entfernen, brummte er nur: »Lächerlich!«

General Gamasy war weniger zurückhaltend. Er bezeichnete das Verlangen Israels, die Zahl der in den einzelnen Zonen zu stationierenden Truppen und Waffen zu begrenzen, als unerhört. Wenn alle Panzer vom Ostufer des Kanals abgezogen würden und die in der Dreißig-Kilometer-Zone am Westufer stehenden Verbände ausgedünnt wurden, dann wären die ägyptischen Kräfte an dieser Front schwächer als vor dem Krieg. Gamasy behauptete, daß mit diesem Plan die Sicherheit Israels gestärkt und die Ägyptens geschwächt werden sollte. Darüber hinaus hätten die israelischen Vorschläge so viele politische Komponenten, daß er als Soldat nicht der geeignete Mann wäre, derartige Vereinbarungen zu unterzeichnen. Auch der Kilometer 101 wäre dafür nicht der richtige Ort, denn dort ginge es nur um militärische Angelegenheiten.

Mit anderen Worten, Gamasy ließ erkennen, daß er die Militärs am liebsten aus den Verhandlungen herausgehalten hätte. Dieser disziplinierte, zuverlässige Offizier, unter dessen Befehl ägyptische Streitkräfte den Suez-Kanal überschritten hatten, war ein kühler Rechner und nicht so emotional wie einige seiner Kollegen. Er mußte deshalb ernst genommen werden. Der absolut pflichttreue Gamasy, dem man auch keinen persönlichen Ehrgeiz nachsagen konnte, würde entscheiden, ob die Streitkräfte die Vereinbarungen unterstützten.

Sadat hörte sich die Argumente mit halb geschlossenen Augen in aller Ruhe an, ohne sich anmerken zu lassen, was er dachte. Schließlich fragte er: »Können wir hier einen aus Vertretern beider Seiten bestehenden Arbeitsausschuß bilden?«

»Gewiß«, antwortete ich, und um es ihm zu ermöglichen, sich mit seinen Mitarbeitern über die Haltung der ägyptischen Seite zu einigen, fügte ich hinzu: »Wäre es Ihnen lieber, wenn wir Sie jetzt allein ließen?«

Sadat nahm einen Zug aus seiner Pfeife. »Nein, denn zuerst müssen wir, Sie und ich, uns über die Grundsätze einigen, die für die Arbeit des Ausschusses maßgebend sein sollen.« Damit stand er auf und bat mich, ihn in sein Arbeitszimmer zu begleiten.

Hier setzte sich Sadat in eine Sofaecke und fragte nachdenklich: »Meinen sie es ernst?« Ich sagte, ich glaubte nicht, daß sich die israelische Verhandlungsdelegation mit einer Zurücknahme der israelischen vorderen Linie, die jetzt westlich der strategischen Pässe liegen sollte, einverstanden erklären würden. Wenn sie sich hinter die Pässe zurückzögen, dann gäbe es außer in den Pässen selbst keine für die Verteidigung geeignete Stellung mehr für sie. Nach meiner Ansicht würde das israelische Parlament eine solche Lösung für die erste Phase der Truppenentflechtung nicht zulassen. Vielleicht würden die Israelis im Hinblick auf eine Begrenzung der Waffen in den verschiedenen Zonen etwas flexibler sein, aber darüber hätte ich in Jerusalem nichts gehört. Sadat mußte jetzt vor allem entscheiden, wie rasch er vorankommen wollte. Einige Bedingungen ließen sich sicherlich noch modifizieren, aber dazu wären lange Verhandlungen erforderlich. Er würde sich überlegen müssen, was in der Zwischenzeit in der arabischen Welt geschehen konnte. Die Sowjets würden höchstwahrscheinlich alles tun, um die ganzen Verhandlungen scheitern zu lassen. Die Truppenentflechtung würde außerdem zum Thema der hitzig geführten Debatten um die Kabinettsbildung in Israel werden, die in einer Woche nach Zusammentreten des neuen Parlaments beginnen würden. Wahrscheinlich würde sich auch nach längerer Zeit nicht sehr viel mehr erreichen lassen als jetzt.

Sadat wußte natürlich, daß er die ägyptische 3. Armee nicht monatelang in der Wüste allein lassen konnte, und eine diplomatische Konfrontation zwischen Ägypten und den Vereinigten Staaten widerspräche seiner Strategie, deren Kern die Annäherung an Amerika war.

Jetzt mußte es sich entscheiden, ob unsere Bemühungen Erfolg haben würden oder nicht; deshalb kamen mir die nächsten Minuten, in denen Sadat schweigend in seiner Sofaecke saß, wie eine Ewigkeit vor. »Diese Narren«, murmelte er, und ich wußte nicht sofort, daß er damit das isrealische Kabinett meinte. »Warum wollen sie Gamasy so sehr demütigen? Wenn ich angreifen will, kann ich über Nacht Hunderte von Panzern über den Kanal bringen. Ich will nicht angreifen, und so ist es ganz gleichgültig, wie viele Panzer dort stehen.« Ich sagte, die Isrealis wollten mit ihren Bedingungen niemanden demütigen, sondern nur ihr eigenes Gewissen beruhigen. Sie wollten nur zeigen, daß sie für ihren praktisch einseitigen Rückzug auf der Sinai-Halbinsel eine Gegenleistung bekämen, auch wenn diese Gegenleistung praktisch nichts bedeutete. Sie wollten die Falken in den eigenen Reihen beruhigen, vor allem aber das quälende Gefühl der Unsicherheit loswerden, von dem ich vorhin gesprochen hätte.

Sadat hüllte sich wieder in Schweigen. Doch dann traf er ganz plötzlich die Entscheidung, die den Erfolg der Verhandlungen sicherstellte. Er erklärte sich damit einverstanden, daß die Israelis an einer Linie westlich der Pässe blieben. Aber er selbst wollte seine Stellungen im Südabschnitt nicht drei Kilometer zurücknehmen, um den UN-Truppen Platz zu machen. Dort müßte Israel ein entsprechendes Gebiet räumen. Er könnte nicht alle israelischen Wünsche erfüllen. Das war typisch für Sadat; tapfer und berechnend, vertrauensvoll und taktisch geschickt. Die Forderungen waren im Grunde Ausdruck innenpolitischer Zwänge in Israel und nicht das Ergebnis einer militärischen Lagebeurteilung. Nun hatte Sadat diesen Forderungen ihre Schärfe genommen, ohne wesentliche Zugeständnisse gemacht zu haben. Gleichzeitig verpflichtete er die Vereinigten Staaten, die Verhandlungen zu einem erfolgreichen Abschluß zu bringen.

Was nun die Truppenbegrenzungen in den vordersten Stellungen betraf, so erklärte Sadat, daß er niemandem erlauben dürfte, Ägypten zu sagen, wie die ägyptische Hauptkampflinie auf ägyptischem Territorium aussehen sollte. Auch könnte er dem israelischen Plan für die Einteilung in Zonen, in denen nur eine begrenzte Zahl von Waffen in Stellung gebracht werden dürften, nicht zustimmen. Diese Einschränkungen wären zu kompliziert. Zur Vereinfachung schlug er vor, sich auf nur *zwei* Linien zu einigen, auf die vorderste israelische Linie (unmittelbar westlich der Pässe) und auf die vorderste ägyptische Linie sechs bis zehn Kilometer östlich des Kanals). Das zwischen diesen beiden Linien gelegene Gebiet wäre dann die von den Vereinten Nationen zu überwachende Zone. Welche Waffen eingesetzt werden dürften, sollte in der Zahl der Kilometer zum Ausdruck kommen, die ihre Stellungen von der jeweils vordersten Linie entfernt waren. Sadat akzeptierte das Prinzip, daß weder Flugabwehrraketen noch Artillerie dort in Stellung gehen sollten, wo sie noch die vorderste Linie der anderen Seite erreichen könnten. Er sagte, die Flugabwehrraketen sollten etwa dreißig Kilometer hinter der ägyptischen vordersten Linie (oder zehn Kilometer weniger als im israelischen Vorschlag, denn Israel war bei seinen Entfernungsangaben vom Kanal ausgegangen) in Stellung gehen dürfen. Vor einer endgültigen Entscheidung wollte er aber auch noch Gamasys Ansicht hören. Er meinte, sein Chef des Stabes werde sich nur ungern überzeugen lassen, und ich sollte alles tun, diese Entfernungen zugunsten von Ägypten zu korrigieren.*

Was nun die Truppenverringerung im einzelnen betraf, so würde es nicht genügen, nur zwei oder drei ägyptische Bataillone östlich des Suez-Kanals zu stationieren, wie es Israel verlangte. Sadat dachte an zehn Bataillone, sagte aber, er werde mit der größten Zahl von Bataillonen einverstanden sein, die ich ihm nach Rücksprache mit den Israelis nennen könnte, vorausgesetzt, diese Zahl käme seinen Vorstellungen entgegen. Außerdem könnte er es sich nicht verbieten lassen, auf ägyptischem Boden Panzer zu stationieren. Seine Infanterie wäre in der Zusammenarbeit mit Panzern ausgebildet worden und würde sich ohne Panzer wehrlos fühlen. Nun wollte er es mir überlassen, mit den Israelis die Zahl der Panzer auszuhandeln, die am Ostufer des Kanals bleiben konnten. Diese Lösung wäre er der Selbstachtung Ägyptens schuldig. Das gleiche galt für die Artillerie. Ich sollte mit Gamasy darüber sprechen, welche Kaliber und welche Verbände jeweils so eingesetzt werden könnten, daß ihre Schußweite nicht bis an die vorderste israelische Linie reichte. Ich sagte ihm, daß die Israelis mir weder für die Panzer noch für die Artillerie einen Verhandlungsspielraum eingeräumt hätten. Ich glaubte nicht, daß sie mit der Stationierung von mehr als fünfzig Panzern östlich des Kanals einverstanden sein würden. Wahrscheinlich würden es nur dreißig sein, vielleicht würde ich aber auch gar nichts erreichen können. Sadat erwiderte, er werde auch mit einer geringen Zahl von Panzern einverstanden sein, solange nicht der Eindruck entstand, daß ägyptische Streitkräfte nicht auf ägyptischem Boden stationiert werden dürften.

Aber solche Argumente sollten den Israelis nicht vorgetragen werden, deshalb fragte Sadat, warum ich nicht einen *amerikanischen* Plan vorlegen wollte, der die Truppen- und Waffenbegrenzungen vorschrieb. Er und Golda könnten dann eine solche Vereinbarung unterzeichnen. Was nun die politischen Bedingungen beträfe, wäre er bereit, seine Auffassungen brieflich Präsident Nixon zu erläutern. Auch wir könnten uns nach Belieben mit jedem anderen Land in Verbindung setzen. Er könnte sich jedoch nicht offiziell dazu verpflichten, den Suez-Kanal zu räumen und freizugeben. Er könnte mir aber sagen, daß er es freiwillig tun werde – sobald Israel darauf verzichtete, es zu verlangen. Dann werde er mit den Räumungsarbeiten beginnen, sobald beide Armeen die in den Vereinbarungen über die Truppenentflechtung vorgesehenen Stellungen erreicht hätten. Eine offizielle Beendigung des

* Sadats Vorstellungen sind auf der Karte, welche die endgültigen Stellungen nach der Truppenentflechtung zeigt, zum größten Teil berücksichtigt.

Kriegszustandes käme nicht in Frage, sie würde zu einer Explosion in der arabischen Welt führen. Er könnte sich jedoch noch einmal feierlich verpflichten, den Waffenstillstand einzuhalten.

Dann bat mich Sadat um meine Stellungnahme. Ich hatte eigentlich nichts mehr dazu zu sagen. Ebenso wie im November war es Sadat gelungen, das Wesentliche vom rein Taktischen zu trennen. Das Entscheidende war, daß Sadat den Israelis eine vorderste Linie westlich der strategischen Pässe zugestand und daß er für die Beschränkung des Einsatzes von Truppen und Waffen eine geniale Lösung gefunden hatte. Alles andere waren rein kosmetische Maßnahmen. Er und Golda hatten begriffen, daß das wichtigste Ereignis der erste, freiwillige, größere Rückzug Israels innerhalb von fast zwanzig Jahren sein würde. Die Einzelheiten, über die mit solcher Leidenschaft debattiert wurde, waren von zweitrangiger Bedeutung. Wenn der Friedensprozeß fortgeführt werden konnte, dann war es gleichgültig, wo die Truppen nach Abschluß der ersten Phase standen. Wenn dieser Prozeß nicht weiterging, mußte es zu neuen gefährlichen Spannungen kommen. Die Vereinbarungen über die Truppenentflechtung bezeichneten jedoch vor allem den Übergang Ägyptens aus der Abhängigkeit von der Sowjetunion zur Partnerschaft (wie Sadat es bezeichnete) mit den Vereinigten Staaten. Damit nahm auch unser Interesse am Friedensprozeß zu, und zwar besonders, wenn sich der Erfolg auf einen amerikanischen Vorschlag zurückführen ließ.

Jetzt kam es darauf an, die grundsätzliche Einigung in die Praxis umzusetzen. Bevor wir uns wieder mit unseren Mitarbeitern trafen, rief Sadat Gamasy herein und sagte: »Dr. Kissinger und ich haben uns darüber geeinigt, wie wir zu einer Vereinbarung kommen werden. Sie, Gamasy, werden sie unterzeichnen.« Damit hatte Sadat jeden Widerstand gebrochen, bevor Gamasy von den neuen Vorschlägen gehört hatte. Sadat erfüllte so die Funktion, die ein Regierungschef keinem anderen übertragen kann: Er übernahm selbst die volle Verantwortung für seine Entscheidung.

Als wir uns wieder am Konferenztisch gegenüber saßen, fragte ich Sadat: »Darf ich den Inhalt unseres Gesprächs zusammenfassen?« Der folgende Wortwechsel illustriert die Stimmung im Augenblick des Durchbruchs besser als jede andere Schilderung:

Sadat: Bitte, Sie sind viel klüger.

Kissinger: Aber nicht so weise. Der Präsident und ich haben nicht nur über die technischen Bestimmungen gesprochen, sondern auch über die Frage, ob wir jetzt rasch vorankommen oder es der langsamen Entwicklung in Genf überlassen wollen. Die technischen Fragen lassen sich vielleicht in Genf besser lösen, aber wir sind zu der Auffas-

sung gelangt, daß es günstiger sein wird, rasch voranzukommen. Das ist Ihre Auffassung.
Ägypten kann an der ägyptischen vordersten Linie verteidigt werden. Israel läßt sich an der israelischen Linie nicht verteidigen. Deshalb wäre es eine politisch unannehmbare Forderung, wenn die Ägypter ihre eigene Verteidigungslinie auf ägyptischem Gebiet zurücknehmen sollten. Ich muß sagen, ich halte das für ein sehr überzeugendes Argument.
Ich bin daher bereit, nach Israel zurückzugehen und etwas mitzunehmen, von dem ich bisher noch nichts gehört habe – den Vorschlag, auf alle diese Zonen zu verzichten. Die israelischen Streitkräfte werden bis auf diese Linie zurückgehen, und die ägyptischen Streitkräfte werden auf jene Linie zurückgehen, und die ägyptische Linie ist hier festgelegt – so daß ein ägyptischer Rückzug nicht erforderlich ist. Alle Begrenzungen werden daher nicht im Hinblick auf ein Zurücknehmen der vordersten Linie, sondern im Hinblick auf die Entfernungen zwischen der vordersten ägyptischen Linie, dem Kanal und der israelischen vordersten Linie festgelegt werden.
Zweitens sprach Präsident Sadat davon, daß es für Ägypten sehr schwierig sei, ein Dokument zu unterzeichnen, das ihn zu Truppenbegrenzungen auf ägyptischem Territorium verpflichtet.
Sadat: Ganz richtig.
Kissinger: So haben wir an verschiedene Möglichkeiten gedacht wie zum Beispiel Briefe an die Präsidenten usw. Dann kam der Präsident auf eine Idee, die geprüft werden sollte – daß wir einen Brief an Präsident Sadat und an die israelische Premierministerin schreiben sollten, in dem wir gewisse Truppenbegrenzungen vorschlagen. Damit wären diese Begrenzungen keine Verpflichtungen der einen Partei gegenüber der anderen.
Sadat: Das wäre ein amerikanischer Vorschlag.
Kissinger: Und auf diese Weise wäre nicht erkennbar, wer wem etwas abverlangt.
Die Arbeitsgruppe sollte zwei Dokumente entwerfen – eine bei Kilometer 101 zu unterzeichnende Vereinbarung und einen an beide Seiten gerichteten amerikanischen Vorschlag, in dem gewisse Truppenbegrenzungen erläutert werden. Dazu muß ich sagen, daß ich keine Ahnung habe, wie die Israelis reagieren werden. In dem ägyptisch-israelischen Dokument kann es heißen, daß es Truppenbegrenzungen geben wird – die nicht im einzelnen erläutert werden –, und zwar in beiden Zonen, und daß alle anderen Begrenzungen danach festgelegt werden, wie weit die betreffenden Stellungen von der ägyptischen vordersten Linie entfernt sind.

Zu diesen Begrenzungen meint der Präsident, daß die Streitkräfte am Ostufer wesentlich stärker sein müßten als nach dem israelischen Vorschlag. Diese Frage sollte in den Dokumenten offengelassen werden. Ich weiß, woran der Präsident denkt, aber ich weiß auch, daß ich die Entscheidung nicht treffen kann. Er ist nicht bereit, auf alle Panzer zu verzichten.

Sadat: Ganz richtig.

Kissinger: Dann haben der Präsident und ich uns darauf geeinigt, daß in diesen Zonen, die geographisch festgelegt werden, auch keine Waffen in Stellung gehen sollten, mit denen die Stellungen der anderen Seite erreicht werden können. Bis zu einer Entfernung von dreißig Kilometern von der ägyptischen vordersten Linie und von dreißig Kilometern von der israelischen vordersten Linie sollte keine Artillerie und sollten keine Flugabwehrrakten in Stellung gehen.

Ich habe dem Präsidenten gesagt, diese Vereinbarung würde mit Sicherheit veröffentlicht werden.

Sadat: Nicht von der amerikanischen Seite.

Kissinger: Ich möchte Ägypten nicht in eine peinliche Lage bringen. Aber es gibt keine Möglichkeit, Israel an der Veröffentlichung zu hindern, in ihrem Parlament usw. Dann unterrichtete ich den Präsidenten über die israelischen Forderungen –

Sadat: Von den politischen.

Kissinger: Von den politischen. Wir lassen die Sache mit den ausländischen Truppen und Freiwilligen fallen. Wir gehen auch nicht auf das Problem der freien Durchfahrt für israelische Schiffe durch den Kanal und des zivilen Flugverkehrs ein. Was Bab el-Mandeb betrifft, so sind wir übereingekommen, daß der Präsident mir einen Brief über die Aktionen der ägyptischen Streitkräfte schreiben wird.

Dann sprachen wir noch im einzelnen über den Truppenaufmarsch hinter den vordersten Linien. Ich sagte Sadat, daß ich erst nach Abschluß der Verhandlungen nach Damaskus und Amman gehen würde, was ihn sehr zu erleichtern schien. Wir rechneten jetzt so fest mit einem Erfolg, daß wir uns schon über das Verfahren für den Abschluß der Gespräche Gedanken machten:

Kissinger: Darf ich einen praktischen Vorschlag machen?

Sadat: Ja.

Kissinger: Daß ich mich jetzt mit meinen Kollegen zusammensetze und wir zwei Dokumente entwerfen, die ich Ihnen um 16.30 Uhr vorlegen werde. Um 20.30 Uhr möchte ich abfliegen und Israel davon verständigen, daß ich voraussichtlich um 22.45 Uhr dort eintreffen und morgen abend hierher zurückkehren werde.

Sie werden wahrscheinlich länger als einen Tag brauchen, unsere

Vorschläge zu prüfen; dazu wird das Kabinett zusammentreten müssen. Daher werde ich wahrscheinlich am Mittwoch wieder hier sein. Oder gibt es irgendeinen Tag, an dem es Ihnen nicht passen würde?
Sadat: Nein, nein.
Kissinger: Wahrscheinlich werde ich dann noch einmal nach Israel zurückkehren müssen, und wenn ich dann wieder hierher komme, wird die Sache erledigt sein. Denn das Problem mit den Panzern und mit den vordersten Linien wird sich nicht sofort lösen lassen.
Sisco: Was sagen wir der Presse?
Kissinger: Ich glaube, wir sollten ihr jetzt noch nichts sagen. Aber wir haben vereinbart, daß wir ihr an einem bestimmten Punkt sagen sollten: »Es ist ein komplexes Problem, es sind schwierige Verhandlungen. Ich habe eine ägyptische Lagekarte, die ich nach Israel mitnehme. Immerhin sind wir heute ein gutes Stück vorangekommen, und ich bin überzeugt, daß wir Fortschritte erzielen werden.« Dann werden die Gegner der Vereinbarungen nicht glauben, daß die Verhandlungen kurz vor dem Scheitern stehen. Ich mache mir nur Sorgen darum, daß der hier anwesende General das Kommunikationsproblem mit den hiesigen Nordkoreanern noch nicht gelöst hat und diese mich abschießen werden. (Gelächter)
Sadat: Sie sind ganz in der Nähe. (Gelächter)
Kissinger: In welcher Sprache verkehren Sie mit ihnen?
Gamasy: Koreanisch. (Gelächter)
Sadat: Ich habe eine Idee. Wir lassen Sisco versuchsweise vorausfliegen. (Gelächter)

Daß die vier Stunden dauernde Konferenz – wie sie begonnen hatte – mit einem Scherz über Joe Sisco endete, zeigte, daß der immer optimistische Unterstaatssekretär, dessen Geschick und reiche Erfahrungen wesentlich dazu beigetragen hatten, daß wir soweit gekommen waren, die Herzen der Beteiligten auf beiden Seiten für sich gewonnen hatte.

Kurz nach 17.00 Uhr trafen sich die ägyptische und die amerikanische Arbeitsgruppe in einer durch Vorhänge abgeteilten Ecke des großen Speisesaals im neuen Katarakt-Hotel. Den Ägyptern wollte Sadats Entscheidung nicht recht gefallen. Fahmy deutete es nur an, aber Gamasy ließ sich seine Unzufriedenheit deutlich anmerken und war kühl und reserviert. Beide leisteten hervorragende Arbeit. Nachdem Sadat die volle Verantwortung übernommen hatte, entwickelte sich alles weitere sehr schnell. Gamasy wußte, welche Geschütze die israelischen Stellungen vom Ostufer aus nicht erreichen konnten. Es waren 122-mm-Haubitzen mit einer Reichweite von zwölf Kilometern. Das wollte ich den Israelis sagen. Gamasy ärgerte sich besonders darüber, daß die Flugabwehrraketen am Westufer zurückgenommen werden sollten. Er sagte, daß er als Soldat nur einen Plan für die Zurücknahme dieser Stellungen um fünfundzwanzig Kilometer entwerfen würde, also fünfzehn Kilometer weniger, als Israel verlangte. Wenn die Israelis sich damit nicht einverstanden erklärten, dann müßte Sadat die endgültige Entscheidung treffen. Sisco und ich hatten sowohl den Text einer ägyptisch-israelischen Vereinbarung als auch den eines »Vorschlags der Vereinigten Staaten« über die Waffenbegrenzungen entworfen, der beiden Seiten zur Annahme empfohlen werden sollte. Gemeinsam prüften wir beide Dokumente Zeile um Zeile. Gamasy und Fahmy entschuldigten sich um 18.40 Uhr, um Sadat die Texte vorzulegen. Ich sollte auf dem Wege zum Flughafen noch einmal zu Sadat kommen, der mich dann von seiner endgültigen Stellungnahme unterrichten wollte.

Um 19.15 Uhr saß ich dem Präsidenten in seinem Arbeitszimmer gegenüber. Er hielt sich nicht lange mit den Entwürfen auf, die wir mit Gamasy und Fahmy ausgearbeitet hatten, und bat mich, mein Bestes zu tun. Ich wüßte jetzt, worauf es Ägypten ankäme. Er selbst werde alles tun, um die Vereinbarungen noch in dieser Woche zum Abschluß zu bringen. Er hätte sich noch einmal überlegt, was ich über das Durchsickern der Bedingungen in Israel gesagt hatte, besonders über die Vorschläge zur Begrenzung der Waffen. Wenn diese Dinge vor der Unterzeichnung durchsickerten, dann werde er die Vereinbarungen nicht unterschreiben können. Wenn sie nach seiner Reise durch die arabischen Hauptstädte bekannt würden, würde es ihm nützen, und wenn sie nach einer Geheimsitzung des israelischen Parlaments durchsickerten, hätte er Verständnis dafür. Er wollte den Israelis die Annahme psychologisch nach Möglichkeit erleichtern. Amerikanische Aufklärungsflugzeuge dürften die Stellungen nach der Truppenentflechtung alle zwei Wochen überfliegen, vorausgesetzt, daß die Aufnahmen beiden Seiten zur Verfügung gestellt würden. Als Reaktion auf das israelische Verlangen, die Kanalzone wieder zu besiedeln, legte er einen genialen Vorschlag vor (Israel erblickte darin einen Beweis seiner friedlichen Absichten). Er könnte sich gegenüber keiner ausländischen Regierung, auch nicht gegenüber der amerikanischen, verpflichten, in einer so eindeutig inneren Angelegenheit etwas zu unternehmen, wie es der Wiederaufbau der ägyptischen Städte am Kanal sei, werde diese Schwierigkeit aber umgehen, indem er uns bäte, Israel zu der Zusage zu bewegen, daß es die Wohngebiete in dieser Gegend nicht angreifen werde – eine Verpflichtung, die nur einen Sinn hatte, wenn sich das Leben in der Kanalzone normalisieren sollte.

Sadat legte großen Wert darauf, mich davon zu überzeugen, daß er sich von der Sowjetunion distanzieren wollte. Er wiederholte, er hätte die Absicht, die Verlegung der sowjetischen Aufklärungsflugzeuge aus Ägypten zu verlangen und den Freundschaftsvertrag mit der Sowjetunion von 1975 zu kündigen. Er wollte engere Kontakte mit den Vereinigten Staaten aufnehmen und einen Gedankenaustausch über die Entwicklung der künftigen Zusammenarbeit beginnen.

Das alles entsprach natürlich auch dem Wunsch, daß die Vereinigten Staaten Israel zu weiteren Zugeständnissen veranlaßten. Daß Sadat im Interesse Ägyptens handelte, war für ihn als Präsidenten dieses Landes eine Selbstverständlichkeit. Er hatte begriffen, daß den ägyptischen Interessen durch eine Versöhnung mit den Vereinigten Staaten und dem Frieden mit Israel am besten gedient war, und bewies dadurch, daß er Weitblick besaß.

Die Pendeldiplomatie geht zu Ende

Am Montag, dem 14. Januar, um 23.00 Uhr, etwas mehr als vierundzwanzig Stunden nach unserem Abflug von dort, landeten wir wieder auf dem Ben-Gurion-Flughafen in Tel Aviv. Bei unserem Abflug hatte es zu regnen begonnen, und der Sturm war jetzt so heftig geworden, daß wir den Hubschrauber nicht benutzen konnten, den uns die Israelis zur Verfügung stellten, um rascher nach Jerusalem zu kommen. Aber ich legte ohnedies keinen besonderen Wert darauf, einen Hubschrauber zu benutzen. Damals war die neue Straße noch nicht fertig, die den Flughafen mit Jerusalem verband, und die Autofahrt nahm mehr als eine Stunde in Anspruch. So hatten Eban und ich schon im Wagen die Möglichkeit, uns über den gegenwärtigen Stand der Dinge zu unterrichten. Bestimmte Schlüsselfragen hoben wir uns allerdings für Jerusalem auf, wo wir mit Dinitz zusammentreffen wollten, der nicht nur israelischer Botschafter in Washington war, sondern Goldas besonderes Vertrauen genoß.

In meinem Appartement im sechsten Stock des King David Hotels besprachen wir zu dritt die Lage. Dinitz und Eban taten diesmal nicht so, als wäre jedes Zugeständnis nur die Anerkennung einer berechtigten israelischen Forderung, sondern zeigten sich überrascht davon, daß wir in so kurzer Zeit so viel erreicht hatten. Sie waren in einer freiheitlichen Demokratie aufgewachsen und erzogen und konnten sich kaum vorstellen, welche großzügigen Gesten in einem autoritären System möglich waren. Dieses für Sadat charakteristische Verfahren hat sie immer wieder in Erstaunen versetzt. Als ich die dreißig Panzer erwähnte, die Sadat am Ostufer des Kanals stationieren wollte, fragte Dinitz bezeichnenderweise: »Sie wollen sagen, er hat nicht zuerst von dreihundert Panzern gesprochen?« Sadat feilschte im allgemeinen nicht. Ebenso wie Tschou En-lai, mit dem man ihn im übrigen kaum vergleichen konnte, legte Sadat seine Forderungen bei Verhandlungsbeginn auf den Tisch und blieb dann auch meist dabei. Ich habe den Israelis diese Taktik Sadats nicht im einzelnen erläutert, um zu vermeiden, daß meine Gesprächspartner – für die Sadat immer noch ein Wesen von einem anderen Stern war – mir vorwarfen, ich bemühte mich nicht energisch genug darum, Sadat zu Zugeständnissen zu bewegen. Nun vereinbarten wir, daß israelische Verhandlungsdelegationen meinen Bericht in der Nacht prüfen sollten, um am folgenden Morgen dazu Stellung zu nehmen. Wenn alles glattging, konnte ich vielleicht schon am nächsten Abend nach Assuan zurückfliegen.

Nach fast fünfzehn Stunden dauernden ununterbrochenen Verhandlungen in zwei Ländern verfaßte ich einen Bericht an Präsident Nixon. Dobrynin schickte ich über Scowcroft eine Note, in der ich ihm mitteilte, daß wir vorangekommen wären, sagte aber wieder nicht, in welcher Richtung. Auch in meinen Botschaften an die Außenminister von Großbritannien, Frankreich und der Bundesrepublik Deutschland teilte ich keine Einzelheiten mit. Ich wollte nicht das Risiko eingehen, daß die Europäer ihre Initiativen wiederholten und die Vereinbarungen gefährdeten, die zum Greifen nahe vor uns lagen.

Am Dienstagmorgen wurde ich durch einen Funkspruch von Scowcroft geweckt, der mich aufgrund des am vergangenen Abend an Nixon abgeschickten Berichts ermahnte, keine Vereinbarung zu treffen, ohne ausdrücklich darauf hinzuweisen, welchen Anteil der Präsident daran gehabt habe, was nach Auffassung von Scowcroft und Haig verlangte, daß ich nach Washington zurückkehrte, um dort die Anweisungen des Präsidenten entgegenzunehmen, und zwar so, daß die Öffentlichkeit es erfuhr, und anschließend die Verhandlungen zu Ende führte. Doch das kam nicht in Frage. Wenn ich meinen Aufenthalt im Nahen Osten für drei Tage unterbrach – und das war das mindeste –, dann konnte es allzu leicht geschehen, daß der mühsam ausgehandelte Kompromiß nicht zustande kam. Das neue israelische Parlament würde in fünf Tagen zusammentreten und die Regierung wahrscheinlich veranlassen, eine Erklärung über die Truppenbegrenzungen abzugeben. Sadat hatte jedoch erklärt, das vorzeitige Bekanntwerden der Vereinbarungen werde es ihm unmöglich machen, sie zu unterzeichnen. Deshalb würde Sadat entweder seine Reise durch die arabische Welt verschieben müssen, was als Scheitern unserer Verhandlungen gedeutet werden würde, oder er konnte eine weitere Verzögerung nur vermeiden, indem er Erklärungen abgab, in denen er sich die Entscheidung für eine spätere Zeit vorbehielt. In Israel würden die Verhandlungen durch den schwierigen Prozeß der Kabinettsumbildung in den Hintergrund gedrängt werden, und die Öffentlichkeit würde meine Abreise unter Umständen als Beweis dafür ansehen, daß wir in eine Sackgasse geraten wären. Kurz gesagt, ich hätte mit dem Flug nach Washington zu viel riskiert.

Bevor ich Scowcroft antwortete, wollte ich die Reaktion der israelischen Regierung abwarten. Am Dienstagmorgen brachte mir Dinitz zum Frühstück gute Nachrichten. Die Israelis nahmen einen grundsätzlich positive Haltung ein. Er sagte, ich sollte diese Haltung nicht vergessen, denn die israelische Verhandlungsdelegation würde mir sicher noch Schwierigkeiten machen – eine nützliche Warnung, denn als wir uns eine Stunde später im Konferenzzimmer der Premierministerin trafen, hätte niemand auf den Gedanken kommen können, daß in Assuan irgend etwas erreicht worden wäre. Wie Dinitz vorausgesagt hatte, nahmen uns unsere israelischen Gesprächspartner in ein unbarmherziges Kreuzverhör zu jedem technischen Aspekt des Problems.* Jetzt wurde plötzlich die Behauptung aufgestellt, daß Sadat, indem er seine Truppen im Süden ihrer Stellungen um wenige Kilometer verschob, den israelischen Streitkräften am Mitla-Paß (etwa sechzig Kilometer nordöstlich der Stellungen) über eine Straße in die Flanke stoßen wollte, die zu neun Zehnteln von den Israelis beherrscht wurde. Aber ich glaubte deutlich zu spüren – vielleicht hatte ich mich aber auch nur von Dinitz beruhigen lassen –, daß die geradezu hysterische Spannung gewichen war, welche unsere Sitzungen bisher gekennzeichnet hatte. Die israelischen Unterhändler stellten ihre Fragen nicht, um mich zu ärgern, sondern um Antworten zu bekommen, die skeptische Kabinettskollegen und eine feindliche Opposition im Parlament befriedigten. Sie suchten nach Gründen, mit denen sich die Zustimmung zu den Vereinbarungen rechtfertigen ließ, und wollten die Verhandlungen nicht torpedieren.

Um 11.30 Uhr zogen sich die israelischen Unterhändler zu Beratungen mit Golda zurück, und ich ging in das auf einem nahen Berg gele-

* Die israelische Verhandlungsdelegation wurde gewöhnlich von der Premierministerin Golda Meir geleitet. Diesmal war sie jedoch zu Hause geblieben, um sich von ihrer Krankheit zu erholen, und der stellvertretende Premierminister Yigal Alon hatte den Vorsitz übernommen. Die anderen Mitglieder der Verhandlungsdelegation waren Außenminister Abba Eban, Verteidigungsminister Moshe Dajan, Botschafter Simcha Dinitz, der Chef des Stabes, General David Elazar, der Generaldirektor des Büros der Premierministerin, Mordechai Gazit, der Generaldirektor des Außenministeriums, Avraham Kidron, der stellvertretende Generaldirektor des Außenministeriums, Ephraim Evron, und Dajans Adjudant, Oberst Aryeh Bar-On. Auf der amerikanischen Seite unterstützten mich Unterstaatssekretär Joseph J. Sisco; Botschafter Ellsworth Bunker, der Rechtsberater des Außenministeriums, Carlyle E. Maw, der amerikanische Botschafter in Israel, Kenneth Keating, der zweite Staatssekretär im Außenministerium, Alfred L. Atherton jun., Harold H. Saunders und Peter W. Rodman vom Stabe des Nationalen Sicherheitsrats.

gene israelische Museum. Um 14.00 Uhr versammelten wir uns zum Mittagessen in der Wohnung des Außenministers. Für meine israelischen Gesprächspartner war es offenbar eine Pflichtverletzung, wenn sie ihre Zeit mit belanglosen Gesprächen vergeudeten, und deshalb war es nur natürlich, daß Allon, nachdem wir uns gesetzt hatten, erklärte: »Meine Herren, da die Suppe noch sehr heiß ist, können wir sofort mit dem geschäftlichen Teil beginnen.« Aber seine Ungeduld ließ sich erklären, denn er brannte darauf, uns mitzuteilen, daß die israelischen Unterhändler den Durchbruch gebilligt hatten:

Allon: Im großen und ganzen müssen wir sagen, daß Sie bei Ihren Besuchen in Jerusalem und Assuan sehr weit vorangekommen sind. Wir werden Ihnen gewisse Korrekturen nennen, die auch Sie für logisch ansehen werden. Für uns gibt es keinen Grund, weshalb die Unterzeichnung bei Kilometer 101 nicht am Freitag stattfinden sollte. Was wir akzeptieren, ist, wir akzeptieren das geographische Konzept. (Gelächter)

Kissinger: Es ist ein großer Sieg, Israel zur Annahme seiner eigenen Vorschläge zu bewegen. (Gelächter)

Allon: Was jedoch den südlichen Abschnitt betrifft, so hat unser Chef des Stabes noch Bedenken, und wir werden versuchen, entgegenkommend zu sein.

Kissinger: Gut.

Dinitz: Aber nicht nach Süden kommend. (Gelächter)

Allon: Nehmen wir an, wir verlegen die vorderste Linie nach Süden – und ich glaube, wir werden das tun –, aber das von uns geräumte Gebiet müßte von den Vereinten Nationen und nicht von ihnen besetzt werden, und sie werden alles behalten, was sie jetzt haben.

Dinitz: Sie werden ihre Stellungen auch verlegen.

Kissinger: Nein.

Dajan: Sie werden bleiben, wo sie sind – so ist es auf unserer Karte eingezeichnet. Wenn wir nicht zurückgingen, würden die UN-Truppen keinen Platz haben.

Kissinger: Vor allem wird es angesichts ihrer Mentalität nützlich sein. Psychologisch wird jeder Kilometer, den Sie ihnen zugestehen, nützlich sein.

Allon: Unser General Elazar ist in sein Stabsquartier gefahren und prüft es.

Kissinger: Gut.

Allon: Was die Zahl der Bataillone betrifft, so konnten auch wir uns zunächst nicht einigen, denn als wir sagten, zwei bis drei Bataillone, haben wir es ernst gemeint. Wenn Sie es schaffen, daß es nur fünf oder sechs sind, wird Ihnen der Ben-Gurion-Preis verliehen werden.

Kissinger: Sechs ist unmöglich.

Allon: Wenn sie zehn verlangen und wir bei sechs oder vielleicht acht bleiben . . .

Kissinger: Vielleicht. Nun ja, vielleicht neun.

Allon: Nein.

Dinitz: Yigal hätte das nicht sagen sollen (acht Bataillone).

Kissinger: Das können wir nicht machen, weil es zu lange dauern würde; seine Berater werden nicht damit einverstanden sein.

Damit war alles geregelt. Wir einigten uns darauf, die Truppenstärke auf acht Bataillone und siebentausend Mann zu begrenzen. Meine Gesprächspartner drängten mich, zu versuchen, Sadat zu weiteren Zugeständnissen zu bewegen, aber ich glaubte, ihn zu kennen; es konnte unangenehme Folgen haben, wenn wir versuchten, mit ihm zu feilschen. Dajan setzte sich mit seinem Vorschlag durch, Kairo die Stationierung von dreißig Panzern östlich des Kanals zu gestatten, und zwar unter der Voraussetzung, daß Ägypten die Flugabwehrraketen nicht näher als dreißig Kilometer vor der vordersten israelischen Linie in Stellung brachte (das waren zehn Kilometer weniger als in dem ursprünglichen Vorschlag Israels). Im übrigen akzeptierten die Israelis Sadats Konzept, nach dem das Gebiet nicht in so viele Zonen eingeteilt werden sollte, und den Gesamtrahmen für eine Grundsatzvereinbarung mit einem besonderen »Vorschlag der Vereinigten Staaten« über die Begrenzung der Truppenstärken und Zusatzprotokollen über andere Fragen. Israel verzichtete auf die Forderung nach Aufhebung des Kriegszustandes und verlangte dafür einen Verzicht auf »feindliche Akte«. (Auch diese Forderung wurde im Verlauf weiterer Verhandlungen abgemildert.)

Zunächst versuchten die Israelis auch, den Abschluß der Vereinbarungen mit der Entlassung israelischer Kriegsgefangener zu verknüpfen, die in Syrien festgehalten wurden. Dem hielt ich entgegen, daß dafür Asad zuständig wäre. Da er an einem separaten ägyptischen Truppenentflechtungs-Abkommen ohnedies nicht interessiert sei, würden wir damit nur einen besonderen Anlaß geben, die Kriegsgefangenen nicht freizugeben. Er würde vielmehr Gegenforderungen stellen und sowohl Ägypten als auch Israel zu erpressen versuchen. Und Sadat würde, wenn Israel (und die Vereinigten Staaten) ihn auf diese Weise mit Syrien in Verbindung brachten, keine andere Wahl haben, als ein Programm zu unterstützen, das unter syrischem Einfluß wahrscheinlich immer radikaler werden müßte. Die beste Methode, eine baldige Freilassung der israelischen Kriegsgefangenen in Syrien herbeizuführen, bestünde darin, rasch zum Abschluß der gegenwärtigen Verhandlungen zu kommen. Das Verlangen Syriens, möglichst bald dem Beispiel Ägyptens zu folgen, könnte dann als Hebel für die Entlassung der Kriegsgefangenen benutzt werden. Aus diesen Gründen zogen die Israelis ihren Vorschlag zurück.

Um 16.00 Uhr suchte ich Golda in ihrer Wohnung auf und sprach mit ihr über den Text der Vereinbarungen und seine Bedeutung. Ich hatte es vorher schon zweimal mit ihren Kollegen getan, aber sie war sehr besorgt und krank. Schließlich war es der erste israelische Rückzug seit 1956.

Nachdem wir alle Besprechungen hinter uns gebracht hatten, fing die mühselige Kleinarbeit an. Am Nachmittag um 17.30 Uhr kam das israelische Kabinett zu einer Sitzung zusammen, um über die neue Position der israelischen Verhandlungsdelegation zu beraten. Im King David Hotel mußten meine Mitarbeiter und ich den Text der Vereinbarungen und des »Vorschlags der Vereinigten Staaten« unter Berücksichtigung der eben geführten Gespräche umschreiben. Dann mußte eine umfangreiche Denkschrift verfaßt werden, in der wir Israel unsere Definition einzelner Bestimmungen bestätigten. Inzwischen waren wir uns des Erfolgs so sicher, daß wir uns auch schon an den Entwurf der Zusicherungen machten, die Nixon jeder Seite im Namen der anderen übermitteln sollte. Wenngleich diese Zusicherungen technisch einseitige Erklärungen waren, mußten sie in beiden Hauptstädten überprüft werden, damit sie den Ansprüchen beider Seiten genügten. Um 23.00 Uhr kamen Dajan, Elazar und Dinitz und später auch Evron zu mir, um die militärischen Bestimmungen zu prüfen und mir mitzuteilen, daß das Kabinett eine grundsätzlich positive Haltung eingenommen hätte. Die endgültige Zustimmung werde es aber erst bei meinem nächsten Besuch in Israel geben. Am Mittwoch, dem 16. Januar, um 2.45 Uhr war das neunzehnstündige Verhandlungsmarathon schließlich zu Ende.

Jetzt mußte ich nur noch Washington davon unterrichten, daß meine Rückkehr in die amerikanische Hauptstadt zum gegenwärtigen Zeitpunkt das zarte Gewebe, das wir unter großen Mühen gesponnen hatten, zerstören könnte. Israel und Ägypten würden einen solchen Schritt mit Sicherheit als undurchsichtiges amerikanisches Manöver deuten. Wenn wir unseren Verhandlungspartnern den wahren Grund nannten und einer von ihnen (um sich selbst zu schützen) ihn durchsickern ließ, dann hatte meine Rückkehr nach Washington ihren Zweck verfehlt. Ich erklärte, wenn ich nicht den direkten Befehl erhielte, würde ich bleiben, um noch einmal mit beiden Seiten zu sprechen. Wenn es wirklich gelingen sollte, die Vereinbarungen unter Dach und Fach zu bringen, dann könnte Nixon das Ereignis natürlich vom Weißen Haus aus bekanntgeben. Aber ich hörte nichts mehr von dieser Absicht.

Am Mittwoch um 7.30 Uhr sahen meine Kollegen und ich die Texte noch einmal durch; ich weiß nicht, wie oft wir es schon getan hatten. Um 8.30 Uhr besprachen wir sie mit der israelischen Verhandlungsdelegation. Um 10.30 Uhr fuhren wir von Jerusalem zum Flughafen Ben Gurion; es regnete noch immer in Strömen. Zum Glück war Eban ein unterhaltsamer Gesprächspartner, sonst wäre die lange Fahrt sehr anstrengend für mich gewesen. Kurz vor dem Start meiner Maschine um 11.40 Uhr brachte mir Dajan die korrigierte Karte vom südlichen Frontabschnitt, auf der eine weitere Zurücknahme der israelischen Stellungen eingezeichnet war, die ich Sadat anbieten konnte. Im Flugzeug zeigte ich Eban und Dajan stolz mein fliegendes Büro. Im rückwärtigen Teil der Maschine unterhielten wir uns mit den Journalisten. Ich sagte scherzend, nach der Definition von Eban wäre Objektivität die hundertprozentige Zustimmung zum israelischen Standpunkt. Danach hätte ich kläglich versagt, denn ich hätte ihm nur zu fünfundneunzig Prozent zustimmen können. Eban sagte wehmütig, er hätte mich gern auf dem Flug nach Assuan begleitet. Er und seine Frau wären auf der Hochzeitsreise 1945 im alten Katarakt-Hotel abgestiegen. Jetzt schien Ägypten in unerreichbarer Ferne zu liegen. Als Eban das Flugzeug verließ, mußte ich an ein Gespräch mit seiner schönen und charmanten Frau Suzy denken, die mir einmal gesagt hatte, sie hätte schon in so vielen Ländern gelebt, daß sie sie nicht mehr alle aufzählen könnte. »Und welches Volk gefällt Ihnen am besten?« hatte ich sie gefragt. Das war zur Zeit einer schweren Krise mit Ägypten unter Nasser. »Das ägyptische«, sagte sie zu meiner Überraschung, denn damals galt Ägypten als Erzfeind Israels. Sie war in Ismailia geboren und aufgewachsen.

Um dieses Problem war es uns bei unseren Bemühungen in den vergangenen Tagen und Wochen letzten Endes gegangen: Wir wollten versuchen, nach zwanzig Jahren Krieg wieder menschliche Beziehungen anzuknüpfen. Diesem Gedanken habe ich meiner Erklärung vor dem Abflug aus Israel Ausdruck verliehen:

> Wir alle hoffen natürlich, daß der Prozeß, um den wir uns bemühen, zu Vereinbarungen führen wird, die einen Wendepunkt in den Verhältnissen im Nahen Osten bezeichnen könnten. Aber als der Verhandlungspartner, der zwischen Ägypten und Israel hin- und hergereist ist, darf ich vielleicht eine persönliche Bemerkung machen. Mich ermutigt es am meisten, den Geist der Fairneß und Gerechtigkeit zu erleben, der auf beiden Seiten zum Ausdruck gekommen ist, und die konstruktive und positive Art, mit der beide Seiten sich darum bemüht haben, in der äußerst wichtigen Frage der Truppenentflechtung zu einer Vereinbarung zu kommen. Und wenn dieser Geist lebendig erhalten werden kann, dann gibt es vielleicht die Hoffnung, daß dieses Gebiet, das so schwer hat leiden müssen, endlich Frieden findet.

So verließen wir Israel an diesem kühlen regnerischen Tag zu der vielleicht letzten Verhandlungsrunde in Ägypten, wenn die Vereinbarungen Freitag, den 18. Januar, unterzeichnet werden sollten. Denn es war schon Mittwoch um die Mittagszeit. Die Verhandlungen mußten jetzt abgeschlossen werden oder doch so weit vorankommen, daß der Rest telegrafisch erledigt werden konnte.

Am Nachmittag um 14.15 Uhr landeten wir in Assuan. Der Sand leuchtete uns im strahlenden Sonnenschein entgegen. Von Sadats Pavillon aus, den wir fünfzehn Minuten später erreichten, lagen die großen Dünen unter dem strahlenden Himmel jenseits des Nil wie auf einem Gemälde. Sadat und ich zogen uns sofort in das Arbeitszimmer des Präsidenten zurück. Fahmy und Sisco warteten im Garten und kamen von Zeit zu Zeit herein, um einzelne Textstellen mit uns zu besprechen. Ich erläuterte Sadat den gegenwärtigen Stand der Verhandlungen anhand der vorliegenden Dokumente.

Zunächst bot ich ihm für die Stellungen östlich des Kanals sechs ägyptische Bataillone und viertausendfünfhundert Mann an, wie Dajan mich gebeten hatte, aber ich verschwendete nicht viel Zeit darauf, denn ich wußte, daß die israelischen Unterhändler bereit waren, acht Bataillone und siebentausend Mann zu akzeptieren. Der wichtigste Punkt war die Sorge der Israelis um die Frage, bis auf welche Entfernung Ägypten die Flugabwehrraketen von der vordersten Linie zurücknehmen würde. Und gerade hier würde Gamasy wahrscheinlich am wenigsten bereit sein, Zugeständnisse zu machen. Er hatte bis auf fünfundzwanzig Kilometer heranrücken wollen, aber Israel bestand auf einem Abstand von dreißig Kilometern (zunächst waren es vierzig gewesen). Ich sagte Sadat, ich glaubte, damit wäre es den Israelis wirklich ernst, und es sei nicht nur eine vorläufige Verhandlungsposition. Sadat sagte mir, er würde sich damit einverstanden erklären, da Gamasy jedoch so gereizt wäre, wie er ihn noch niemals erlebt hatte, sollte ich doch noch einmal versuchen, eine kürzere Entfernung auszuhandeln. Wenn Israel sich weigerte, sollte ich ihm telegrafieren. Die Unterzeichnung der Vereinbarungen würde sich dadurch nicht verzögern. Der Wert eines Unterhändlers liegt darin, daß er, wenn ihm beide Seiten vertrauen, Kontroversen ihre Schärfe nehmen und Probleme ausräumen kann, bei denen es um das Prestige geht.

Die Überprüfung der verschiedenen Zusicherungen nahm zwar viel Zeit in Anspruch, war jedoch nicht besonders schwierig. Nur wenn es sich um innerägyptische Angelegenheiten handelte, wie die Neubesiedlung der Kanalzone, wollte Sadat nur ungern irgendwelche Zusicherungen geben, akzeptierte aber einen von mir entworfenen Vorschlag, mit dem ich auf eine Anregung zurückkam, die er vor achtundvierzig Stunden gegeben hatte. Ich ging noch einen Schritt weiter und sagte, Nixon werde Sadat einen Brief schreiben und erklären, er hätte erfahren, daß Ägypten die Absicht habe, den Kanal freizumachen, und er jetzt mit der »Wiederaufnahme normaler wirtschaftlicher Aktivitäten« in diesem Gebiet rechnen dürfte. Die Vereinigten Staaten würden »ihr Äußerstes tun«, um Israel davon abzubringen, dichtbesiedelte Gebiete anzugreifen. Sadat bat mich, diesen Absatz zu korrigieren und zu schreiben, die Vereinigten Staaten »geben ihnen die Zusicherung«, daß Israel das nicht tun würde. Ich erklärte mich einverstanden, die in der ersten Fassung noch enthaltene Drohung zu streichen.

Auch die anderen Zusicherungen wurden akzeptiert, wenn auch nicht ganz ohne Einwände von Fahmy. Sadat erklärte sich damit einverstanden, daß die Vereinigten Staaten in unregelmäßigen Abständen Aufklärungsflüge über der von den UN-Truppen besetzten Zone unternahmen, und nicht, wie er zunächst vorgeschlagen hatte, alle zwei Wochen. Da diese Flüge überraschend durchgeführt werden sollten, würde es den Truppen auf beiden Seiten erschwert, gegen die Vereinbarungen zu verstoßen. Er versprach, den israelischen zivilen Luftverkehr am Roten Meer nicht zu behindern. Diese Zusage war für die Israelis besonders wichtig, denn über dieses Gebiet führte die einzige Fluglinie für den zivilen Luftverkehr, die Israel mit Afrika verband. Was die Räumung des Suez-Kanals betraf, so deutete Sadat an, daß er sich nach unseren strategischen Bedürfnissen richten werde, ob es sehr schnell geschehen sollte oder nicht.*

Wir beendeten das Gespräch um 16.45 Uhr. Um 18.00 Uhr trafen sich Gamasy, Fahmy und drei ägyptische Beamte mit Bunker, Sisco, Maw, Rodman und mir im Speisesaal des neuen Katarakt-Hotels. Wieder gingen wir alle Texte durch, um sie in die endgültige Form zu bringen. Besonders schwierig war es, Gamasy zu überzeugen. Einmal stand er sogar auf und ging hinaus, denn nach seiner Auffassung behandelten wir eine politische und keine militärische Vereinbarung. Aber er überlegte es sich wieder und kam zurück. Doch er kämpfte auch weiterhin verbissen für das Limit von nur fünfundzwanzig Kilometern für die Flugabwehrraketenstellungen und sagte, er müßte der Armee erklären, warum die Flugabwehrstellungen nach einem erfolgreichen Krieg zurückgenommen werden müßten. Er sagte meinen Mitarbeitern, er

* In Amerika gab es Meinungsverschiedenheiten darüber, ob die Öffnung des Suez-Kanals nicht in erster Linie der Sowjetunion Vorteile bringen würde, deren Schiffe sonst einen weiten Umweg machen mußten, um den Indischen Ozean zu erreichen. Die amerikanische Regierung war einstimmig der Auffassung, daß dieser Vorteil bei weitem durch den strategischen Rückschlag aufgewogen wurde, den die Sowjets hinnehmen mußten, wenn sich Ägypten dem Westen zuwandte und Frieden mit Israel schloß.

könnte das wohl der ägyptischen Zivilbevölkerung erklären, »aber nicht unseren Streitkräften«. Er wies darauf hin, daß Ägypten in diesem Augenblick östlich des Kanals fünf verstärkte Divisionen stationiert hatte, aber »morgen werden es nur noch siebentausend Soldaten sein«. Noch schlimmer wäre es, die Flugabwehrstellungen Ägyptens am Westufer zurückzunehmen: »Psychologisch ist das schlecht für unsere Streitkräfte.«

Aber Gamasy war nicht nur ein Patriot, sondern auch ein Gentleman. Ich bot ihm eine Garantie dafür an, daß Israel die Versorgungswege der 3. Armee achtundvierzig Stunden nach Abschluß der Vereinbarungen bedingungslos öffnen werde. Gamasy antwortete: »Das brauche ich nicht schriftlich. Geben Sie mir Ihr Wort.« Außerdem bestand er auf dem Recht, mehrere Haubitzen und Mörserbatterien am Ostufer in Stellung zu bringen. Ich wußte, daß Israel darauf eingehen würde, ging aber in dieser Runde noch nicht darauf ein, um später als Gegenleistung die Rückverlegung der Flugabwehrraketen verlangen zu können, denn in dieser Frage würden die Israelis wahrscheinlich nicht nachgeben.

Um 20.00 Uhr ging ich mit Fahmy zu Sadat. Der Präsident führte mich allein in sein Arbeitszimmer. Er hatte von Gamasys Temperamentsausbrüchen gehört und sagte nachdenklich: »Meine Armee! Zuerst hatte ich Schwierigkeiten, sie davon zu überzeugen, daß wir Krieg führen müßten. Jetzt habe ich Schwierigkeiten, den Soldaten beizubringen, daß es Zeit ist, Frieden zu schließen.« Er war entschlossen, auf dem einmal eingeschlagenen Weg weiterzugehen. Über die Truppenstationierungen gab es nur noch unwesentliche Meinungsverschiedenheiten. Da ich die Empfindlichkeiten beider Seiten kannte, sollte ich versuchen, einen Ausgleich zu finden. Er sagte mir, daß er darüber nachgedacht hätte, was ich ihm über das Gefühl der Unsicherheit bei den Israelis gesagt hatte. Als Zeichen seines guten Willens könnte ich Golda Meir mitteilen, daß er nicht von dem Recht Gebrauch machen werde, dreißig Panzer am östlichen Kanalufer zu stationieren. Ihm käme es vor allem darauf an, den Grundsatz anerkannt zu wissen, daß Ägypten das Recht hatte, seine schweren Waffen auf ägyptischem Territorium zu stationieren. Da dies jetzt feststand, werde er keinen Gebrauch davon machen. Mit einer dramatischen Geste bat er mich, Golda eine persönliche Botschaft zu überbringen. Es war die erste direkte Botschaft eines ägyptischen Regierungschefs an den israelischen Regierungschef nach sechsundzwanzig Jahren. Sadat diktierte mir die folgenden Sätze:

> Sie müssen meine Worte ernst nehmen. Als ich 1971 die Initiative ergriff, habe ich das so gemeint. Als ich mit dem Krieg drohte, meinte

ich es ernst. Wenn ich jetzt vom Frieden spreche, dann meine ich es ernst.

Wir haben bisher keinen Kontakt gehabt. Jetzt stehen uns die Dienste von Dr. Kissinger zur Verfügung. Lassen Sie uns davon Gebrauch machen und über ihn miteinander sprechen.

Damit trennten wir uns. Ich würde ihn erst wiedersehen, wenn die Verhandlungen erfolgreich abgeschlossen oder in letzter Sekunde gescheitert waren. Wir befanden uns auf der Zielgeraden. Ägypten mußte sich noch bereit erklären, seine Flugabwehrraketen um weitere fünf Kilometer zurückzunehmen, und Israel mußte mit der Stationierung von ein paar Haubitzen und Panzerabwehrgeschützen am Ostufer des Kanals einverstanden sein. Sonst stand der Unterzeichnung der Vereinbarungen nichts mehr im Wege.

Als ich am späten Mittwochabend, dem 16. Januar, in strömendem Regen in Israel landete, führte ich mit Eban, Dinitz und Evron von Mitternacht bis 2.00 Uhr morgens ein erstes Orientierungsgespräch. Anschließend arbeiteten mein Stab und ich noch ein paar Stunden an der Zusammenstellung der Dokumente. Außerdem entwarfen wir für Nixon eine Erklärung, mit der er den erfolgreichen Abschluß der Verhandlungen bekanntgeben sollte. Am frühen Donnerstagmorgen rief ich Haig an und teilte ihm mit, daß Nixon wahrscheinlich noch am gleichen Abend im Fernsehen sprechen könnte.

Als wir nach vier Stunden Schlaf aufwachten, schneite es. Es war kalt geworden. Durch die Straßen von Jerusalem fegte seit Jahrzehnten der erste Schneesturm. Der Verkehr kam völlig zum Erliegen. Als ich aus dem Fenster meines Zimmers im sechsten Stock des King David Hotels blickte, sah ich die Gebäude und die Mauer der Altstadt von Jerusalem vor dem Ölberg hinter einem weißen Schleier liegen. Darüber wölbte sich ein grauer Himmel. Ein Bild des absoluten Friedens.

Aber ich wurde sehr bald aus meinen Träumen gerissen, denn der Alltag verlangte sein Recht. Mein Besuch bei Golda mußte abgesagt werden, denn es war unmöglich, zu ihrem Haus durchzukommen. Ich dachte nur ungern daran, wie man in Assuan, wo es keine Schneestürme gab, auf eine Verzögerung reagieren würde, weil der Straßenverkehr in der israelischen Hauptstadt lahmgelegt war. Aber dann rettete mich Dajan und besorgte Jeeps und Truppentransportfahrzeuge, mit denen er die israelische Verhandlungsdelegation zu meinem Hotel brachte. Hier versammelten wir uns um 9.30 Uhr. Wie immer in der Schlußphase von Verhandlungen beschäftigten wir uns sehr ausgiebig mit Fragen, deren Beantwortung sonst nicht mehr als fünf Minuten in Anspruch genommen hätte. Um die Mittagszeit hatten wir uns praktisch darüber geeinigt, daß ich Sadat telegrafisch bitten sollte, für die

Flugabwehrraketen das Limit von dreißig Kilometern zu akzeptieren (ich wußte, daß er es tun würde). Die israelische Verhandlungsdelegation wollte indessen dem Kabinett die ägyptische Forderung zur endgültigen Zustimmung vorlegen, daß dreißig Panzer und sechs Haubitzenbatterien am Ostufer des Kanals stationiert werden dürften. Um Sadat die Sorge zu nehmen, daß die Limitierung der Waffenstationierungen vor der Unterzeichnung der Vereinbarungen durchsickern könnte, und um seinem Wunsch entgegenzukommen, daß ein Bekanntwerden dieser Vereinbarungen auf eine Indiskretion nach einer Geheimsitzung des israelischen Parlaments zurückzuführen sein sollte, machte Dajan einen genialen Vorschlag. Im israelischen Parlament gab es keine Geheimsitzungen; deshalb einigten wir uns, die ausgehandelten Bedingungen in einer Geheimsitzung des Ausschusses für Verteidigung und auswärtige Angelegenheiten bekanntzugeben. (Was hier besprochen wurde, sickerte regelmäßig durch. Weshalb Sadat diesem Verfahren den Vorzug gab, habe ich nie begriffen. Vielleicht meinte er, wenn die Israelis diese Dinge auf einer Geheimsitzung behandelten, zeigten sie damit, daß sie die Empfindlichkeiten der ägyptischen Armee berücksichtigen wollten.) Um die Mittagszeit war alles unter Dach und Fach. »Es ist eine gute Vereinbarung«, sagte ich.

»Es ist keine schlechte Vereinbarung«, sagte Allon.

»›Nicht schlecht‹ ist im Hebräischen das gleiche wie ›gut‹«, meinte der Diplomat Eban.

Um 12.35 Uhr fuhr ich in einem Armeefahrzeug zur Residenz der Premierministerin durch den dreißig Zentimeter tiefen Schnee. Ich wollte ihr persönlich sagen, was ich den israelischen Unterhändlern erläutert hatte, denn wie ich erfahren hatte, wollte sie trotz ihres schlechten Gesundheitszustandes die Kabinettssitzung leiten, auf der die Vereinbarungen gebilligt werden sollten – eine ermutigende Nachricht. Damit war der Erfolg garantiert. Sie würde sich für die Annahme der Vereinbarungen mit der gleichen Leidenschaft einsetzen, mit der sie vorher die Interessen ihres Landes verteidigt hatte. Ich las ihr Sadats persönliche Botschaft vor. »Das ist eine gute Sache«, sagte sie lakonisch. »Warum tut er das?« Nach einem Konflikt, der eine ganze Generation überdauert hat, ist es nicht leicht, an die Aufrichtigkeit des Gegners zu glauben – besonders wenn dieser Gegner den Prozeß, in dem wir uns gegenwärtig befanden, mit einem Überraschungsangriff eingeleitet hatte.

Jetzt konnten wir nur noch warten. Da Golda den Vorsitz führte, war der einzige Unsicherheitsfaktor die Möglichkeit, daß ihre Kollegen versuchen würden, sich in eine günstige Ausgangsposition zu manövrieren, um in das neue Kabinett aufgenommen zu werden, das nach der

Parlamentssitzung in vier Tagen gebildet werden sollte. Obwohl wir bei ruhiger Überlegung zuversichtlich sein durften, fürchteten meine Mitarbeiter und ich immer noch, daß eine unvorhergesehene Panne uns um den Erfolg betrügen könnte. Ich rief Fahmy – über Washington – an und sagte ihm, die Israelis müßten noch eine Kabinettssitzung abhalten, ich hoffte jedoch, bis 17.00 Uhr eine positive Antwort zu bekommen. In dieser gespannten Stimmung stattete ich dem israelischen Präsidenten, Ephraim Katzir, der sich als Wissenschaftler einen Namen gemacht hatte, einen Höflichkeitsbesuch ab.

Um 15.55 Uhr kamen Eban, Dinitz und Evron zu mir ins Hotel und brachten gute Nachricht mit:

Eban: Das Kabinett hat den Vereinbarungen zugestimmt. Wir werden eine Erklärung abgeben.

Kissinger: Sie wollen sagen, sie billigen den gegenwärtigen Stand der Verhandlungen unter der Voraussetzung, daß bestimmte technische Fragen noch klargestellt werden.

Evron: Sie haben eine Erklärung abgegeben, daß die Regierung einstimmig die Premierministerin bevollmächtigt hat, den amerikanischen Außenminister von dieser Entscheidung zu unterrichten, daß es aber noch ein paar technische Punkte gibt. Ich hoffe, daß man in Kairo nicht zu nervös werden wird.

Kissinger: Man wird sehr nervös werden!

Aber die technischen Fragen ließen sich alle lösen oder waren schon gelöst. Dinitz ließ Champagner kommen, und Eban brachte einen Trinkspruch aus, wobei er in der für die Israelis typischen Art seine Glückwünsche mit der Aufforderung verband, die Einhaltung aller Absprachen zu garantieren.

Eban: Wir sollten auf die Vereinbarungen anstoßen. Und auf einen Friedensvertrag.

Kissinger: Damit ergibt sich wenigstens die Möglichkeit neuer Beziehungen zu Ägypten.

Eban: Sie haben gesagt, das könnte ein Wendepunkt sein.

Kissinger: Ja, das könnte es sein.

Botschafter Eilts und Hal Saunders, die diesmal in Ägypten zurückgeblieben waren, hatten inzwischen die endgültigen Texte für Sadat zusammengestellt. Um 19.00 Uhr erfuhren wir, daß Sadat den »Vorschlag der Vereinigten Staaten« für die Truppenreduzierungen abgezeichnet hatte. (»Abgezeichnet« ist ein technischer diplomatischer Begriff, der bedeutet, daß der Text einer Vereinbarung festgelegt ist, bis er endgültig unterschrieben wird. Das bedeutet praktisch: »Wenn ich etwas unterschreibe, dann wird es dieser Text sein.«) Darauf tranken Sisco und ich noch ein Glas Champagner.

Um 21.00 Uhr Jerusalemer Zeit (in Washington war es 15.00 Uhr) stellte sich der stolze Präsident Nixon der Presse und gab die folgende Erklärung ab, deren Text vorher von Ägypten und Israel gebilligt worden war:

Gemäß den Beschlüssen der Genfer Konferenz sind die Regierungen von Ägypten und Israel mit Unterstützung der Regierung der Vereinigten Staaten übereingekommen, ihre militärischen Streitkräfte zu entflechten und auseinanderzuziehen. Die Vereinbarungen sollen am Freitag, dem 18. Januar, um 12.00 Uhr mittags ägyptisch-israelischer Zeit bei Kilometer 101 an der von Kairo nach Suez führenden Straße von den Stabschefs Ägyptens und Israels unterzeichnet werden. Der Befehlshaber der Überwachungsstreitkräfte der Vereinten Nationen, General Siilasvuo, ist von den Parteien gebeten worden, bei der Unterzeichnung anwesend zu sein.

Die Schlußphase

Die Freude über den erfolgreichen Abschluß der Verhandlungen war groß, aber jetzt mußten wir uns mit der praktischen Durchführung beschäftigen. Die amerikanische Verhandlungsdelegation hatte die Verantwortung für die Herstellung des offiziellen Textes übernommen, der bei Kilometer 101 unterzeichnet werden sollte.* In dieser endgültigen Version mußten die letzten Korrekturen berücksichtigt werden, und anschließend wurde der Rechtsberater des amerikanischen Außenministers, Carlyle E. Maw, beauftragt, an der Unterzeichnungszeremonie teilzunehmen. Der angesehene siebzigjährige New Yorker Anwalt bestieg vor dem King David Hotel ein offenes israelisches Militärfahrzeug, um durch den Schneesturm nach Tel Aviv zu fahren. Von dort brachte ihn ein israelisches Flugzeug nach Zypern. Hier stieg er in ein ägyptisches Flugzeug um und fuhr, in Ägypten angekommen, am folgenden Morgen im Kraftfahrzeug zum Kilometer 101. Dort traf er sich mit Hal Saunders.

Der »Vorschlag der Vereinigten Staaten« über die Waffenbegrenzungen hinter beiden Linien war in zwei Briefen enthalten, die Nixon an Golda Meir und Sadat geschrieben hatte. Die Unterzeichnung des Vorschlags bedeutete seine Annahme.** Außerdem hatte der Präsident beiden Seiten in verschiedenen Briefen Garantien und Absichtserklärungen übermittelt, die zum Beispiel die Durchfahrtsrechte durch Wasser-

* Der Text der Grundvereinbarungen über die Truppenentflechtung ist im Anhang abgedruckt.[5]

** Der »Vorschlag der Vereinigten Staaten«, der von Präsident Sadat und Premierministerin Meir unterzeichnet wurde, ist im Anhang abgedruckt.[6]

straßen und den Wiederaufbau der Städte in der Kanalzone betrafen. Unsere Botschafter, Keating in Israel und Eilts in Ägypten, erhielten Anweisungen über die Inkraftsetzung der Vereinbarungen.

Jedes wichtige Ereignis führt in Washington zu einer ausführlichen Unterrichtung der Öffentlichkeit. Wenn es sich um gute Nachrichten handelt, dann übernimmt die Regierung diese Aufgabe sehr gern. Aus diesem Grund mußten meine erschöpften Mitarbeiter einen ganzen Stapel von Telegrammen entwerfen, um alle zuständigen Stellen entsprechend zu unterrichten. Brent Scowcroft sollte vor der öffentlichen Bekanntgabe die führenden Kongreßabgeordneten ins Bild setzen. Das gleiche galt für Dobrynin, dem er den Text der allgemeinen Vereinbarungen vorlegen mußte. Außerdem waren unsere wichtigsten Verbündeten in der NATO und die Chinesen zu unterrichten. Deshalb mußten in kürzester Zeit die verschiedensten Texte verfaßt werden, aber die Spannung war gewichen, und die Arbeit machte uns Freude.

Präsident Nixon und Vizepräsident Ford riefen an und gratulierten uns. (Der begeisterte Nixon telefonierte auch mit Sadat und Frau Meir.) Gegen Mitternacht hielt ich eine Pressekonferenz ab und erläuterte das Abkommen den mich begleitenden Journalisten, die unsere Freude und Genugtuung teilten. Auch die härtesten Profis waren stolz darauf, Zeugen eines historischen Ereignisses gewesen zu sein, bei dem ihr Land eine entscheidende und positive Rolle gespielt hatte.

Am frühen Freitagmorgen fuhr ich noch einmal durch die verschneiten Straßen von Jerusalem, um die erkrankte Premierministerin aufzusuchen und sie um die Unterzeichnung des »Vorschlags der Vereinigten Staaten« zu bitten. Sie stand meinem Herzen besonders nah. Es war ihr gelungen, ihr Land in einer schweren Krise zusammenzuhalten; dabei hatte sie sich gelegentlich auch gegen den einzigen Freund dieses Landes stellen müssen. Sie hatte sich nur widerwillig zu Verhandlungen bewegen lassen, gegen die alle ihre Instinkte rebellierten, aber sie hatte erkannt, daß nun die Zeit gekommen war, mit Würde und Selbstvertrauen diese Vereinbarungen zu treffen. Damit hatte sie gezeigt, daß Israel in Krieg und Frieden Herr seines Schicksals geblieben war. Vor den Kameras der Reporter unterzeichnete Golda das Dokument über die Waffenbegrenzungen. Dann gab sie mir privat eine freundliche schriftliche Antwort auf Sadats Botschaft, die ich ihr zwei Tage zuvor überbracht hatte. Die große Erleichterung und Freude des Augenblicks kamen in den Erklärungen zum Ausdruck, die den im winzigen Wohnzimmer Goldas versammelten Journalisten übergeben wurden. Für mich war es eine jener Gelegenheiten, bei denen mir bewußt wird, daß sich die großen Anstrengungen lohnen, die man als Diplomat auf sich nehmen muß. Nach monatelangen und manchmal harten Auseinandersetzungen war Golda jetzt sichtlich erleichtert. Die großen Empfindlichkeiten waren in diesem Augenblick nicht mehr zu spüren; dafür kam in ihren Worten die tiefe und aufrichtige Sehnsucht ihres Volkes nach Frieden zum Ausdruck:

Herr Außenminister, ich glaube, nicht nur die hier Versammelten sind sich der Tatsache bewußt, daß der heutige Tag ein großer Tag ist, ein Tag, der, wie ich hoffe, ein Anfang ist, und in seinem Gefolge wird ein Tag kommen, an dem wir im Nahen Osten Frieden haben werden. Frieden für Israel und seine Nachbarn. Und ich hoffe, dies ist der Anfang eines Prozesses, der zu einem dauerhaften Frieden zwischen Ägypten und Israel führen wird.

Ich glaube, es wäre nichts Neues, wenn ich Ihnen sagte, Herr Außenminister, daß Sie etwas damit zu tun gehabt haben. Wir verwenden nicht gern Worte, die nur wie Worte klingen. Aber ich glaube ehrlich und aufrichtig, daß Sie in dieser Woche Geschichte gemacht haben. Ich weiß, Sie haben nicht erst in dieser Woche damit begonnen, aber ich zweifle nicht daran. Ich möchte Ihnen im Namen des Volkes von Israel sagen, wie sehr wir das zu schätzen wissen.

Ich möchte dem Präsidenten der Vereinigten Staaten sagen, daß sein Verständnis für die Probleme des Nahen Ostens, sein Verständnis für die Probleme Israels und seiner Nachbarn mit Sicherheit zu diesem Tag geführt hat. Israel und seine Bevölkerung werden das, was er getan hat, seine Haltung und seine Bemühungen nicht vergessen.

Es wird in den nächsten Tagen viele, viele Mütter und junge Frauen und Kinder in Israel geben, die ein Wiedersehen feiern werden mit denen, die viele Monate an der Front gestanden und für die Sicherheit Israels gesorgt haben, und sie werden sehr glücklich sein. Wir hoffen, den Tag zu erleben, und das glaube ich ehrlich und aufrichtig, den Tag, an dem Armeen etwas sein werden, das der Vergangenheit angehört.

Und ich möchte Ihnen meinen Dank für Ihre Geduld sagen. Weisheit ist etwas, das einem geschenkt wird oder nicht. Man wird entweder damit geboren, oder man besitzt sie nicht, und dafür bedarf es keiner besonderen Anerkennung. Aber für Ihre Geduld, Ihre Arbeit, Ihre Geduld mit beiden Seiten. Mit uns haben Sie es leicht gehabt (Gelächter), aber vielleicht haben Sie mit der anderen Seite Probleme gehabt.

Es kam nur sehr selten vor, daß ein israelischer Regierungschef jemand öffentlich eine Anerkennung aussprach. Ihr Lob war die höchste Auszeichnung, die das Land zu vergeben hatte. Ich antwortete:

Kein Volk hat in der letzten Generation mehr gelitten als das Volk Israels. Kein Volk hat mehr Grund, sich nach Frieden zu sehnen als das Volk Israels. Und deshalb muß dieser Tag, der, wie wir hoffen, für alle

Völker der Welt ein bedeutender Tag ist, für dieses Land einen besonders tiefen Sinn haben, denn dieses Land hat im Lauf seiner ganzen Geschichte niemals das erlebt, was für andere Nationen selbstverständlich ist, eine Periode der Anerkennung und eine Periode des Friedens.

Wir alle, die wir den Vorzug gehabt haben, mit Ihnen, Frau Premierministerin, und mit Ihren Kollegen zusammenzuarbeiten, werden versuchen, weiter voranzukommen, um dafür zu sorgen, daß das, was heute geschehen ist, kein Zwischenspiel bleibt, sondern als der Tag angesehen wird, an dem der Friede in ein Gebiet gekommen ist, das der Welt so viele große Dinge geschenkt hat, damit die großen Gaben und die Energie all seiner Völker in konstruktiver Weise wirken können. Wir verlassen Sie heute und hoffen, mit Ihnen auch weiterhin an der Verwirklichung gemeinsamer Ziele zusammenarbeiten zu dürfen.

Meine nächste Station war Assuan, wo ich Sadat um seine Unterschrift für den gleichen amerikanischen Vorschlag bitten wollte. Die offizielle Unterzeichnung der Grundvereinbarungen bei Kilometer 101 war auf 12.00 Uhr mittags angesetzt. Wenn ich zu spät nach Assuan kam, dann würde, wie ich Eban sagte, eine »nicht uninteressante Situation« entstehen. Die Grundvereinbarungen wären – praktisch unwiderruflich – unterzeichnet, nicht aber die im amerikanischen Vorschlag vorgesehenen Truppen- und Waffenverringerungen, die alle relevanten Einzelheiten enthielten.

Die Abreise aus Jerusalem stellte uns vor einige Probleme. Die Straße zum Flughafen war durch Schnee blockiert; deshalb kamen unsere Gastgeber auf die kluge Idee, die Eisenbahn zu benutzen. Zum Glück verlangten sie nicht von mir, im Hubschrauber durch das Schneetreiben zu fliegen. Ich hatte nicht gewußt, daß es zwischen Jerusalem und Tel Aviv eine Bahnverbindung gab. Es stellte sich jedoch heraus, daß sich diese Wissenslücke durchaus verschmerzen ließ. Die Waggons stammten noch aus türkischer Zeit, wie der gebildete Eban behauptete. Wenn sie erst später gebaut worden waren, dann hatte man sie stark überbeansprucht. Doch als wir durch die verschneiten judäischen Berge fuhren, schien uns die Fahrt der passende surrealistische Anschluß der drei Monate dauernden hektischen diplomatischen Tätigkeit zu sein.

Die Geschichte ist eine Chronik der Schlachten, der Siege und Niederlagen, der Triumphe des Willens – wobei die Hochstimmung der einen Seite die Verzweiflung der anderen bedeutet. Selten sind die Augenblicke des Triumphs, in denen es keine Verlierer gibt. Über solche Fragen sprachen Eban und ich, während die Eisenbahn durch die schweigende Landschaft fuhr, die so viel menschliche Grausamkeit und zugleich das sehnsüchtige Streben nach Transzendenz gesehen hatte. Wie würde der Frieden auf die Seele eines Landes wirken, das seine Identität in einem Kampf gewonnen hatte? Würden die arabischen Nationen sich jemals mit der Realität eines Friedens mit Israel abfinden? Konnten beide Seiten ihre bösen Erinnerungen und Ängste überwinden? Das waren die entscheidenden Fragen, die sich dem Außenminister eines Landes stellten, in dem Juden und Araber zusammen lebten und das sich doch von einem Gast aus einem neuntausend Kilometer entfernten Land die Psyche der arabischen Nation erklären lassen mußte, die, was Israel anging, ebensogut auf der Rückseite des Mondes hätten leben können. Versuchte Sadat, mit einem geschickten taktischen Manöver seine traditionellen Ziele zu verwirklichen, oder erlebten wir eine historische Wende? Ich glaubte an das letztere, aber niemand konnte es mit Sicherheit sagen, und der ägyptische Präsident konnte nicht die Verantwortung dafür übernehmen, was seine Nachfolger tun würden. Sicherte sich Israel durch sein Nachgeben die Anerkennung, oder wurde damit ein Prozeß in Gang gesetzt, in dessen Verlauf es immer mehr geschwächt werden würde? – Was sich erst herausstellen würde, wenn die heute für diese Politik Verantwortlichen nicht mehr am Leben waren. Doch Israel hatte gar keine andere Wahl. Es konnte nicht riskieren, auf dieses Experiment zu verzichten, denn der jüdische Staat verlöre seine moralische Substanz, wenn er seine Existenz auf nackte Gewalt gründen wollte.

An jenem Morgen waren jedoch die Hoffnungen stärker als alle Bedenken. In der *Jerusalem Post* war eine Karikatur abgedruckt, die mich als Friedensengel zeigte, worin eher der Ausdruck der Träume eines Volkes, das noch keinen einzigen Tag im Frieden gelebt hatte, als eine Anerkennung meiner Verdienste zu sehen war. Auf der Fahrt in der Eisenbahn sprachen Eban und ich nur von den Dingen, die man später – wenn wir Glück hatten – als die leichtesten Schritte auf einer langen Reise bezeichnen würde, und wir beide wußten das.

Am Freitagmorgen, dem 18. Januar, um 10.30 Uhr gingen wir an Bord der Maschine, die uns zum letzten Mal nach Assuan bringen sollte. Was wir hier über das Verhalten der Sowjets erfuhren, war geeignet, jede Euphorie zu dämpfen. Schon seit einer Woche hatten wir gehört, daß die Sowjets verärgert waren, besonders gegenüber Ägypten, aus den Verhandlungen ausgeschlossen worden zu sein, und glaubten, wir hätten die Genfer Konferenz gelähmt, um selbst die führende Rolle übernehmen zu können. Nun gab es Anzeichen dafür, daß sie den Eindruck zu erwecken suchten, wenn Moskau an den Gesprächen teilgenommen hätte, dann wäre die Position Kairos gestärkt worden. Die Truppenentflechtung stellten sie als einen Sieg Israels dar. Daraus ließ sich auch entnehmen, daß Moskau Syrien nicht empfehlen würde, eine gemäßigte Haltung einzunehmen, solange die Sowjetunion nicht an den Verhandlungen beteiligt wurde.

Wie Brent Scowcroft berichtete, hatte Breschnew an Nixon geschrieben und sich darüber beschwert, daß die Absprache

> über eine aktive Teilnahme sowjetischer und amerikanischer Vertreter an den Gesprächen in Genf mit arabischen und israelischen Delegierten über die Schlüsselfragen einer Beilegung des Konflikts im Nahen Osten praktisch nicht eingehalten wird. Jetzt erhebt sich insbesondere die Frage nach der Teilnahme von Vertretern der UdSSR und der Vereinigten Staaten an den Verhandlungen über die Truppenentflechtung.

Breschnew schlug vor, Gromyko und ich sollten uns am 7. und 8. Februar in Genf treffen, um alles zu analysieren,

> was seit Inkrafttreten des Waffenstillstands im Nahen Osten geschehen ist, vom Standpunkt unserer Vereinbarungen mit Ihnen, nach der beide Länder ihre Bemühungen um eine friedliche Lösung in dieser Region koordinieren sollten.

Die sowjetische Kritik an Ägypten und Breschnews Brief zeigten uns allzu deutlich, was geschehen wäre, wenn wir versucht hätten, in Genf eine Lösung herbeizuführen. Moskau hätte eine extreme Haltung eingenommen, die wir nicht hätten unterstützen können, und hätte die arabischen Regierungen unter Druck gesetzt, die es sich nicht leisten konnten, weniger arabisch zu sein als ihre sowjetischen Fürsprecher. Außerdem hätten die Sowjets versucht, Sadat zu zwingen, sich von uns zu distanzieren. Deshalb hatte ich nicht die Absicht, die Truppenentflechtung zu gefährden, indem ich den Eindruck erweckte, daß die Sowjetunion und die Vereinigten Staaten sich hinter dem Rücken der anderen Beteiligten zu einem gemeinsamen Vorgehen entschlossen hätten, während ägyptische und israelische Armeen in ihre neuen Stellungen rückten und Syrien sich überlegte, ob es diesem Beispiel nicht folgen sollte. Ein diplomatischer Kunstgriff ist es, eine Ablehnung in die Form einer grundsätzlichen Zustimmung zu kleiden. In diesem Fall kam ich den sowjetischen Wünschen so weit nach, daß ich mich mit einem Treffen einverstanden erklärte, aber auf einer Ebene, auf der politisch nichts Entscheidendes erreicht werden konnte. Ich wies Scowcroft an, Dobrynin zu sagen,

> daß der Präsident Breschnews Botschaft nach meiner Rückkehr persönlich mit mir besprechen wird. Dann würde ich mich mit Dobrynin in Verbindung setzen.
>
> Sie sollten ihm auch sagen, daß Botschafter Bunker schon am Mon-

tag in Genf eintreffen wird, um sich mit Winogradow zu treffen und mit ihm über die neue Lage und meine Reise durch den Nahen Osten zu sprechen.

Bunker wurde angewiesen, nichts zu dramatisieren; er brauchte sich also nur ganz natürlich zu geben. Seine gelegentlichen und inhaltslosen Gespräche mit Sergei Winogradow, seinem sowjetischen Kollegen, der ebenso wie er ständiger Vertreter seines Landes in Genf war, waren alles, was von der Genfer Konferenz noch übriggeblieben war.

Ich landete um 12.45 Uhr in Assuan und fuhr sofort zu Sadats Rasthaus. »Willkommen, Henry«, begrüßte er mich neben dem Pavillon im Garten, damit die Fotografen ihre Aufnahmen machen konnten. Er redete mich jetzt zum ersten Mal mit meinem Vornamen an. Dann führte er mich in sein Arbeitszimmer und unterschrieb wortlos den »Vorschlag der Vereinigten Staaten« zur Waffenbegrenzung. Goldas Brief, den ich ihm anschließend übergab, hatte folgenden Wortlaut:

Ich bin mir zutiefst der Bedeutung einer Botschaft bewußt, die der Premierminister von Israel vom Präsidenten von Ägypten empfangen hat.

Es ist für mich in der Tat eine Quelle tiefer Befriedigung, und ich hoffe aufrichtig, daß die Kontakte zwischen uns über Dr. Kissinger fortgeführt werden und sich als wichtiger Wendepunkt in unseren Beziehungen erweisen. Ich werde für meinen Teil alles tun, um Vertrauen und Verständnis zwischen uns herzustellen.

Unsere beiden Völker brauchen und verdienen den Frieden. Ich bin fest davon überzeugt, daß der Frieden das Ziel ist, das wir mit unserer ganzen Energie verfolgen müssen.

Lassen Sie mich wiederholen, was Sie in Ihrer Botschaft gesagt haben: »Wenn ich von einem dauernden Frieden zwischen uns spreche, dann meine ich es so.«

Es ist in der Tat für uns beide von großem Vorteil, daß wir Dr. Kissinger haben, dem wir beide vertrauen und der bereit ist, seine Weisheit und seine Gaben in den Dienst der Sache des Friedens zu stellen. Ich weiß, er wird sich auch weiterhin unermüdlich für unsere gemeinsamen Interessen einsetzen.

Es folgte eine Szene wie aus einem sentimentalen Film. Sadat hatte den Brief gelesen, zusammengefaltet und seine Brille abgenommen, als sein Adjutant Ashraf Marwan ins Zimmer kam und ihm etwas ins Ohr flüsterte. Sadat stand auf, kam auf mich zu und küßte mich auf beide Wangen. Dann sagte er: »Sie haben eben die Vereinbarungen bei Kilometer 101 unterschrieben.« Dann fügte er hinzu: »Heute ziehe ich meine Uniform aus – und werde sie hoffentlich niemals wieder anziehen müssen, es sei denn zu feierlichen Gelegenheiten. Sagen Sie ihr (Golda), das ist die Antwort auf ihren Brief.«

Dann setzten wir unser Gespräch in sachlichem Ton fort, als sei nichts Ungewöhnliches geschehen. Sadat wollte demnächst nach Syrien gehen, um die Vereinbarungen zu erläutern und sich anschließend dafür zu verbürgen, daß sich Syrien für den Fall einer Teilnahme an der nächsten Phase der Verhandlungen über die Truppenentflechtung konstruktiv verhalten werde. Er sagte mir auch, er rechnete damit, daß das Ölembargo in der nächsten Woche aufgehoben würde. Doch leider war Sadats Urteil über seine arabischen Kollegen nicht so zutreffend wie seine Vorstellungen von der amerikanischen Psychologie und dem Weg zum Frieden. Wie wir sehen werden, waren beide Voraussagen zu optimistisch.

Sadat hielt sich an seine Zusage, von den Israelis keine weiteren Gebietsräumungen zu verlangen, solange die Truppenentflechtung ordnungsgemäß durchgeführt wurde. Um zu verhindern, daß die Sowjets auf den Gedanken kamen, uns mit der Vorlage unannehmbarer Pläne zu stören, wollte er den ägyptischen Botschafter in der folgenden Woche von der Genfer Konferenz abberufen. Wir sollten Israel mitteilen, daß er Ende Februar einen wesentlichen Teil seiner Streitkräfte demobilisieren wollte. (Israel folgte sehr bald diesem Beispiel.) Er stellte mir für die Nacht eine Unterkunft in Luxor zur Verfügung, damit ich mich vor dem, wie er wußte, schwierigen Besuch in Syrien ausruhen könnte. Dann begleitete mich Sadat zu meinem Wagen. Er legte mir die Hände auf die Schultern und sagte mir in Hörweite der Journalisten mit seiner tiefen Stimme: »Herr Außenminister, Sie sind nicht nur mein Freund, Sie sind auch mein Bruder.« Und dann küßte mich der Präsident Ägyptens auf beide Wangen – diesmal vor den Fernsehkameras.

Luxor ist das alte Theben, die Hauptstadt Oberägyptens und das Monument seiner alten Herrlichkeit. Der französische Ägyptologe, Jean François Champollion, soll beim Anblick der gewaltigen Ruinen tief bewegt ausgerufen haben: »Theben ist das größte Wort, das je gesprochen wurde.« Am Nachmittag besichtigten wir die Ruinen des Tempels von Luxor am Nilufer, ein gigantisches Zeugnis des menschlichen Strebens nach Unsterblichkeit. In die Ecke dieses Bauwerks hätte die größte Kathedrale der Welt gepaßt, und seine Mittelachse schien sich bis in die Ewigkeit auszudehnen als Ausdruck des Gefühls der Ägypter für das Unendliche. Überall begrüßte uns die Menge mit Beifall und zeigte uns damit, mit welcher Erleichterung die ägyptische Bevölkerung das Ende des Krieges aufnahm. Hier erlebten wir wirklich die Friedensliebe des ägyptischen Volkes, die so aufrichtig war wie der Mut und die Überzeugungskraft seines Präsidenten.

Am späten Abend fuhren wir durch die immer noch verdunkelten Straßen der Stadt. Plötzlich wurde das Licht eingeschaltet. Sadat hatte die Verdunkelung, wie er es schon lange versprochen hatte, an dem Abend beendet, an dem die Vereinbarungen über die Truppenentflechtung unterzeichnet worden waren. Vor uns lag die Allee mit den widderköpfigen Sphingen, an deren Ende die hohen Säulen standen, die den Eingang des Tempels von Karnak bezeichneten, der prächtigen Stadt des »Königs der Götter«, Amun, wo achtzigtausend Priester den Gottheiten des alten Ägypten gedient hatten, bis auch die Zeit für die dauerhafteste Kultur auf unserem Planeten abgelaufen war. Hier bot sich uns eine vielleicht etwas melodramatische Aufführung von »Klang und Licht«. Die monumentalen Statuen, Säulen, Tore und Obelisken wurden von Scheinwerfern angestrahlt und füllten einen so weiten Raum, daß man sie nicht mit einem Blick erfassen konnte. Man mußte sie immer wieder aus einer anderen Perspektive betrachten, um auch nur einen einigermaßen zutreffenden Eindruck zu gewinnen. An einer Stelle wurde in der Nähe eines angestrahlten Obelisken ein Papyrus verlesen, den eine ägyptische Königin vor viertausend Jahren verfaßt hatte. Sie hatte zu ihrem Andenken einen goldenen Obelisken errichten wollen, aber ihre Ratgeber hatten diesen Plan vereitelt. Sie mußte sich mit Stein begnügen. Ob diese Geschichte nun eine Legende oder eine geschichtliche Tatsache war, sie illustrierte eindrucksvoll die Relativität des Begriffs Ruhm. Die Königin war unvergessen geblieben, weil sie nach dem Unerreichbaren gestrebt hatte, aber ihr persönlicher Wunsch hatte sich nicht erfüllt. Ein goldener Obelisk wäre schon lange der Habgier eines der Eroberer zum Opfer gefallen, die diese ehrwürdige alte Hauptstadt im Lauf der Jahrtausende eingenommen hatten. Die Umstände, die es der längst verstorbenen Königin verwehrten, sich ihre persönlichen Wünsche zu erfüllen, hatten ihr die Unsterblichkeit garantiert. Was würde von unseren Bemühungen in zehn Jahren übriggeblieben sein? Hatten wir das Dauerhafte vom Vergänglichen besser zu unterscheiden vermocht als jene Königin aus alter Zeit?

Akaba, Damaskus und Tel Aviv

Auf diese dramatischen Entwicklungen konnte nur ein Antiklimax folgen. Aber obwohl wir emotional erschöpft waren, mußten wir noch nach Jordanien gehen, um zu demonstrieren, daß der gemäßigte Herrscher, unser alter Freund König Hussein, nicht darunter leiden würde, weil er sich geweigert hatte, uns unter Druck zu setzen. Aber zunächst war es noch wichtiger, Syrien zum Handeln zu bewegen. Wenn Sadat uns als gemäßigte Kraft in der arabischen Welt erhalten bleiben sollte, dann durfte er nicht der einzige sein, der ein Truppenentflechtungs-Abkommen geschlossen hatte, denn dann wäre er in eine gefährliche Lage geraten. Wir alle und auch Israel hatten ein Interesse daran, Asad zum Handeln zu bewegen. Wenn er dem Beispiel Ägyptens folgte, mußten sich die Aussichten für die Zukunft wesentlich verbessern.

Hussein hatte mich nach Akaba eingeladen, einem Kurort, der an der Stelle liegt, wo der Jordan in das Rote Meer mündet. Es gibt nur wenige Orte, an denen die Ironie der Situation im Nahen Osten so deutlich zum Ausdruck kommt wie hier. Ein knapp dreizehn Kilometer langer Strand liegt zwischen den kahlen Bergen der saudischen Küste im Süden, dem israelischen Hafen Eilat und dem ägyptischen Sinai im Westen. Im Norden reicht die Wüste bis an den Horizont, unregelmäßig unterbrochen von zackigen Bergen, die an die sorgfältig arrangierten Felsblöcke in japanischen Sandgärten erinnern. Am schmalen, flachen Strand des Roten Meeres liegen zwei Küstenstädte, das israelische Eilat und das jordanische Akaba, die fast ineinander übergehen, als gehörten sie zum gleichen Gemeinwesen. Und doch sind sie durch nichts verbunden, und ihre Bewohner kommen niemals zusammen. Surfer und Taucher riskieren es, versehentlich in die territorialen Gewässer eines anderen Landes zu geraten, das sich theoretisch mit ihrem eigenen Land im Kriege befindet. Flugzeuge, welche die hier gelegenen Flughäfen anfliegen, müssen darauf achten, daß sie nicht in einen fremden Luftraum geraten, und sind gezwungen, den Landestreifen im Steilflug anzufliegen, während saudische oder ägyptische Gebirgszüge ihnen bedrohlich nahe kommen.

Dieses Risiko erhöhte sich in Akaba, weil König Hussein, ein passionierter Pilot, gelegentlich auf den Gedanken kam, Gästen, die er besonders schätzte, zur Begrüßung entgegenzufliegen. Bei dieser Gelegenheit gefiel es Seiner Majestät, in einem Hubschrauber in dem schmalen Raum zwischen der rechten Tragfläche der SAM 86970 und den saudischen Bergen sein Können als Kunstflieger zu beweisen. Wäre ein jordanischer Beamter an Bord unserer Maschine gewesen, dann hätte er uns ohne weiteres zur Unterzeichnung jedes beliebigen Dokuments veranlassen können, wenn wir damit erreicht hätten, daß der Monarch zur Erde zurückkehrte.

Am Samstagnachmittag, dem 19. Januar, trafen wir uns in Husseins Bungalow am Strand, weniger als hundert Meter von dem Stacheldraht entfernt, der die Grenze mit Israel bezeichnete. Hussein, sein Bruder, Kronprinz Hassan, Premierminister Zaid Rifai und der Chef des Stabes, General Zaid Bin Shakir, begrüßten uns als alte Freunde. Die Jordanier begrüßten das Zustandekommen der Truppenentflechtungsabmachungen mit herzlichen Worten. »Beide Stabschefs sind sehr böse auf mich gewesen«, scherzte ich. »Es ist ein unerhörter Erfolg«, antwortete Hussein.

Aber die Vereinbarungen bereiteten unseren jordanischen Gastgebern auch große Sorgen. Es war ihnen klar, daß Syrien jetzt folgen mußte. Das war wichtig, damit die radikalen Syrer als Reaktion auf irgendwelche Vorgänge an der jordanischen Front nicht eingreifen konnten. Aber die Jordanier drängten darauf, daß auch sie bald an die Reihe kommen müßten, und wenn das möglich wäre, würden sie keine Mühe scheuen, den Prozeß zu beschleunigen. Bis dahin wünschten sie baldige Gespräche auf der Arbeitsebene über den Beginn eines israelischen Abzugs aus dem besetzten Gebiet am Westufer des Jordan und eine Truppenentflechtung zu ähnlichen Bedingungen wie an der ägyptischen Front. Der Alptraum Jordaniens war es, daß seine arabischen Brüder ihm das Recht nehmen könnten, die Gebiete zurückzufordern, die es 1967 an Israel verloren hatte. Jordanien hatte sogar zwei Alpträume im Hinblick auf das Jordan-Westufer. Der eine war die dauerhafte Besetzung durch Israel und der andere ein PLO-Staat, dessen erstes Ziel es wäre, das haschemitische Königreich zu vernichten.

Dafür hatte ich Verständnis. Husseins strategischer Lagebeurteilung stimmte ich zu:

> Israel hat zwei Möglichkeiten: Entweder muß es sich mit Arafat arrangieren oder mit Eurer Majestät. Wenn ich israelischer Premierminster wäre, dann würde ich mich beeilen, Verhandlungen mit Eurer Majestät zu beginnen, denn das wäre die beste Garantie gegen Arafat.

Aber in diesem Fall ließ sich das Problem durch die Darstellung der Alternativen nicht lösen, denn Israel wollte keines von beiden. Deshalb waren unsere Gespräche und was darauf folgte eine Wiederholung dessen, was während meines Besuchs im Dezember geschehen war. Damals hatte ich der israelischen Führung Rifais Vorschläge für eine sehr bescheidene »Entflechtung« im Jordan-Tal vorgelegt, wobei es hauptsächlich um den Abzug aus dem am Jordan gelegenen Jericho ging. Dieser Vorschlag war abgelehnt worden, weil er Allons Plänen widersprach, nach denen Israel das Jordan-Tal aus Sicherheitsgründen behalten müßte. Ich sagte, da Allon mit uns im Zimmer säße, könnte ihn nichts davon abhalten, seinen Plan zu modifizieren. Man nahm diese Bemerkung als Scherz auf, und das war sie zum Teil auch. Aber als ich fragte, ob es im Rahmen des Allon-Planes eine Möglichkeit für die Truppenentflechtung gäbe, stieß ich auf ein Paradox. Der Allon-Plan konnte nicht Grundlage einer Truppenentflechtung an der jordanischen Front sein, weil Allons Koalitionspartner, die Nationalreligiöse Partei, sich weigerte, auch nur einen Teil des Gebiets am Jordan-Westufer aufzugeben. Deshalb würde Israel einen Vorschlag ablehnen, der sich mit dem Allon-Plan nicht vereinbaren ließ, würde aber auch nicht bereit sein, über den Allon-Plan zu verhandeln, weil das Kabinett nicht geschlossen dahinterstand.

Aber die Jordanier ließen sich nicht entmutigen und legten einen Truppenentflechtungsplan vor, nach dem Jordanien und Israel jeweils acht Kilometer vom Flußlauf bis an den Fuß der Gebirgszüge zurückgehen sollten, die das Jordan-Tal begrenzen. In dem von Israel geräumten Gebiet würde eine jordanische Zivilverwaltung eingesetzt werden, besonders in der Stadt Jericho. Jordanische Streitkräfte würden den Fluß nicht überschreiten und sich ihm auch nicht mehr als bis auf acht Kilometer nähern. Für diese Verhandlungen sollte möglichst bald eine Arbeitsgruppe gebildet werden, um den Anspruch Jordaniens zu bekräftigen, daß es die Palästinenser vertrat. Ich sagte dem König, daß ich seine Ideen in den nächsten Wochen mit den Israelis besprechen wollte.

Husseins Haltung war gemäßigt und staatsmännisch. Aber er konnte nichts erreichen, denn in Israel wurde eine neue Koalitionsregierung gebildet, zu der eine Partei gehörte, die jede territoriale Veränderung am Jordan-Westufer kategorisch ablehnte. In dieser Lage bestand nicht einmal die Möglichkeit, eine Arbeitsgruppe zu bilden. Am Ende des Jahres sollte der doktrinäre Fanatismus in der arabischen Welt diese verpaßte Gelegenheit zu einer strategischen Katastrophe werden lassen. Aus diesem Grund hat es am Jordan-Westufer bis zu dem Tage, an dem ich diese Zeilen schreibe, keine Fortschritte gegeben.

Ich übernachtete in Husseins Villa am Strand und flog am Sonntagmorgen, dem 20. Januar, nach Syrien.

Die Atmosphäre in Damaskus war noch gespannter als bei meinem ersten Besuch im Dezember. Sadats Höflichkeitsbesuch hatte augenscheinlich nicht den gewünschten Erfolg gebracht. Die Syrer hatten ihn nicht einmal in die Stadt hereingelassen und sich nur im Flughafenhotel mit ihm getroffen. Vorher hatte Damaskus verlangt, daß die Truppenentflechtung an der ägyptischen Front erst vorgenommen werden sollte, wenn sie in Syrien beendet war. Aber Sadat war nicht bereit gewesen, seine in der Wüste eingeschlossene 3. Armee in ihrer unangenehmen Lage allein zu lassen, während Syrien in langen Verhandlungen versuchte, die schwierige Situation an der syrischen Front zu klären. Auch ich konnte Asad jetzt nicht mitteilen, daß Israel damit einverstanden wäre, in Verhandlungen über die Truppenentflechtung einzutreten. Golda hatte ihr Kabinett noch nicht mit zu vielen schmerzlichen Entscheidungen belasten wollen. Aber sie hatte begriffen, daß die Aussicht auf eine Truppenentflechtung an der syrischen Front Asad veranlassen könnte, seinen Widerstand gegen Sadats politischen Kurs zu mäßigen. Sie fand eine salomonische Lösung. Sie bevollmächtigte Dajan, der sich 1967 gegen die Besetzung der Golan-Höhen ausgesprochen hatte, mir seine »persönlichen« Ideen über eine Truppenentflechtung an der syrischen Front zu erläutern. Darüber durfte ich jetzt mit Asad sprechen, konnte aber nicht dafür garantieren, daß Israel sich daran halten würde, wenn er sich einverstanden erklärte.

Dieses Verfahren war sogar für mich zu kompliziert. Schließlich hatte ich auch gar nicht die Gelegenheit, es mit Asad zu erörtern, denn in dem fünfstündigen Gespräch mit dem syrischen Regierungschef kam es ihm vielmehr darauf an, über seine Unzufriedenheit mit Sadat und seine eigenen Forderungen zu sprechen, als sich die Vorschläge Israels anzuhören. Auch ich hatte kein besonderes Interesse daran, ihm die israelischen Ideen zu erläutern, denn dabei handelte es sich nicht um einen offiziellen Vorschlag, und außerdem waren sie so undurchsichtig, daß sie nur das Mißtrauen der Syrer vergrößert hätten. Vor meinem Eintreffen in Damaskus hatte der Chef unserer dortigen Interessenvertretung, Thomas Scotes, mir seine Lagebeurteilung geschickt, in der er sagte, Asad wollte zwar verhandeln, müßte aber Rücksicht darauf nehmen, daß die syrische Bevölkerung einen abgrundtiefen Haß gegen Israel hegte, und wenn er nicht behutsam vorginge, könnte er sogar seine eigene innenpolitische Stellung gefährden.

Das Verhalten der syrischen Politiker bestätigte diese Auffassung. Sie behandelten mich sehr höflich, teils um zu zeigen, daß sie mich nicht für das Vorgehen Ägyptens verantwortlich machten, teils weil Sadat seinen Besuch doch erfogreich abgeschlossen hatte – und das war vielleicht der Hauptgrund ihrer Verärgerung. Den Syrern kam es in erster Linie darauf an, den Abzug der gegen Damaskus vorgestoßenen israelischen Truppen zu erreichen, und da sie sich weigerten, direkt mit den Israelis zu verhandeln, brauchten sie mich als Vermittler. Sie stellten jetzt keine Bedingungen mehr. Anders als vor vier Wochen verlangten sie nicht mehr die Vorlage eines Entwurfs von Vereinbarungen, deren technische Aspekte der einzige Verhandlungsgegenstand sein sollten. Jetzt waren sie offensichtlich verhandlungsbereit und fürchteten sogar, aus der Friedensregelung ausgeschlossen zu werden.

Der grimmige stellvertretende Premierminister und Minister für auswärtige Angelegenheiten, Abd al-Halem Khaddam, leitete die neue Gesprächsrunde ein, indem er sich in gereiztem Ton über Jordanien beschwerte, das augenscheinlich bei den Truppenentflechtungs-Verhandlungen bevorzugt würde. Ich dachte im stillen, daß es gut wäre, wenn er recht hätte. Aber ich sagte: »Israel gibt Syrien den Vorzug wegen der langen, durch freundschaftliche Gefühle bestimmten gemeinsamen Geschichte.«

»Wir erwidern diese freundschaftlichen Gefühle«, antwortete Khaddam grinsend. Augenscheinlich wollte er sich seine Auffassung bestätigen lassen und sagte im Hinblick auf Israel in sarkastischem Ton: »Das Recht ist immer auf der Seite des Stärkeren, weil er stark ist.«

Man hatte mir gesagt, daß Khaddam nur Menschen respektierte, die es wagten, ihm zu widersprechen. Deshalb sagte ich: »Nicht alle Schwachen sind unbedingt unschuldig.«

Aber Khaddam interessierte sich nicht für ein philosophisches Gespräch. Er wollte wissen, ob ich mich für die Truppenentflechtung an der syrischen Front ebenso einsetzen würde wie für die an der ägyptischen: »Alles, was wir verlangen, ist Gerechtigkeit. Wir sind überzeugt, daß Sie mit Ihren Bemühungen Erfolg haben werden. Deshalb kommt es darauf an, daß Sie sich intensiv mit dem Problem beschäftigen. Das ist das Wesentliche.«

Wenn der leidenschaftlich nationalistische und auf seinen Radikalismus stolze Khaddam sagte, die Zusammenarbeit mit den Vereinigten Staaten wäre ein wesentliches Element seiner Politik, dann war das eine revolutionäre Äußerung. Es muß ihm sehr schwergefallen sein, diese Kehrtwendung zu vollziehen und sich positiv zu unseren Absichten einzustellen. (Khaddams wirkliche Einstellung gegenüber den Vereinigten Staaten zeigte sich Monate später in einem Gespräch mit unserem Botschafter Richard Murphy. Als meine Maschine zur Landung ansetzte, wandte sich Murphy an Khaddam, mit dem er meine Ankunft auf dem Flughafen erwartete, und sagte: »Ich finde, das Flugzeug ist eine Strafe Gottes.« »Nein«, antwortete Khaddam, »das ist Amerika.«) In dieser Stimmung begaben wir uns zur Residenz des Präsidenten, der mir einen anderthalbstündigen Vortrag über Sadats Hinterhältigkeit hielt. Seine Selbstbeherrschung und die eiskalte, bewußt unemotionale Art, hinter der er seinen Zorn zu verbergen suchte, waren beeindrukkend. Dann forderte mich Asad auf, ihm einen Überblick über die weltpolitische Lage zu verschaffen, und unterbrach mich immer wieder durch sarkastische Zwischenbemerkungen. Da ich damit rechnen mußte, daß er den Inhalt unseres Gesprächs wenigstens zum Teil nach Moskau weitergeben würde, gab ich ihm eine pressereife Erklärung: »Unsere Politik ist nicht antisowjetisch; wir erkennen an, daß die Sowjetunion ein großes Interesse am Nahen Osten hat. Wir bekämpfen sie nicht.« Asad mochte weltpolitisch unerfahren sein, aber er war ein Realist: »Sie verwehren ihnen die Teilnahme an den Friedensverhandlungen, aber Sie bekämpfen sie nicht?« antwortete er ohne Schärfe, ja, man spürte sogar, daß er unsere Haltung in gewisser Weise respektierte.

Aber dann schien er wieder zum Scherzen aufgelegt zu sein. Er hatte von seinen arabischen Brüdern gehört, daß es mein Grundsatz war, nach Möglichkeit zu verhindern, daß amerikanische Waffen von sowjetischen besiegt wurden, und deshalb schlug er vor, die syrische Armee mit amerikanischen Waffen auszurüsten.

Kissinger: Sie sollten dankbar sein. Jedesmal, wenn ich nach Damaskus komme, erhalten Sie eine neue Lieferung von Panzern (aus der Sowjetunion).

Asad: Sie befinden sich auf einer Mission, die dazu führen könnte, daß wir keine Panzer mehr brauchen. Wir haben unsere arabischen Brüder, soweit sie nicht in die Konfrontation verwickelt sind, gebeten, amerikanische Waffen für uns zu kaufen.

Kissinger: Für welche Waffen interessieren Sie sich?

Asad: Jede Art von Waffen – Panzer, Raketen, alles –, nur damit nicht mehr davon geredet wird, daß amerikanische Waffen gegen sowjetische Waffen eingesetzt werden. Das Problem sollte so dargestellt werden, als ob sich Araber und Israelis gegenüberstehen, nicht die Vereinigten Staaten und die Sowjetunion. Andere Araber haben mir gesagt, Sie würden es nicht zulassen, daß amerikanische Waffen von sowjetischen besiegt würden. Ich möchte deshalb vorschlagen, daß wir eine Lage schaffen, in der amerikanische Waffen gegen amerikanische Waffen eingesetzt werden.

Kissinger: Die nächste Initiative des Präsidenten wird es sein, Israel zu empfehlen, sowjetische Waffen zu kaufen.

Aber nach diesem Geplänkel erklärte sich Asad im Prinzip mit dem Beginn von Verhandlungen über eine Truppenentflechtung an der syrischen Front unter amerikanischer Schutzherrschaft bereit. Er legte sogar einen Plan vor, mit dem er seinen vor einem Monat gemachten Vorschlag, die Front sollte nach der Entflechtung entlang der Grenze von 1967 verlaufen, etwas modifizierte. In Syrien ist »modifizieren« ein relativer Begriff. Asad ging zunächst davon aus, daß Israel als Voraussetzung für eine Truppenentflechtung alle im Oktober-Krieg besetzten Gebiete und die Hälfte der 1967 eroberten Golan-Höhen räumte. Ich dachte an das Feuerwerk, das ich erleben würde, wenn ich Golda diesen Vorschlag unterbreitete.

Aber Asad hatte sich sehr gründlich mit der Lage beschäftigt. Er sprach sogar von einer Zone, in der nur eine begrenzte Zahl von Waffen zugelassen werden sollte, eine allerdings nur sehr schmale Zone, ein fünf Kilometer breiter Streifen beiderseits der Trennlinie. Das war nicht viel, aber die Golan-Höhen nahmen auch eine viel kleinere Fläche ein als die Sinai-Halbinsel. Das ganze Gebiet ist etwa dreißig Kilometer tief. Ich verschwendete keine Zeit darauf, mich mit ihm über diese Fragen zu streiten. Es hatte keinen Sinn, über Bedingungen zu sprechen, solange sich Israel nicht einmal grundsätzlich zu Verhandlungen bereit erklärt hatte. Ich sagte Asad, daß ich in Israel Station machen und dort über seine Vorstellungen berichten würde. (Ich hielt es für wichtig, in Damaskus den Eindruck zu hinterlassen, daß ein gewisser Fortschritt erreicht war, weil ich verhindern wollte, daß Sadat völlig isoliert wurde.) Asad zeigte sich schon fast bereit, eine Liste der israelischen Kriegsgefangenen zu übergeben, was für die Israelis die Mindestvoraussetzung für den Beginn von Verhandlungen war. »Sobald wir etwas weitergekommen sind, werden wir mit Ihnen vereinbaren, eine angemessene Zahl herauszugeben.« Dann erklärte er – und das war entscheidend –, daß kein israelischer Kriegsgefangener gestorben wäre.

Am Schluß sagte mir Asad, ich könnte die Presse davon unterrichten, daß die Gespräche »konstruktiv« gewesen wären, was eine entscheidende Unterstützung der ägyptischen Vereinbarungen in der arabischen Welt bedeutete. Auf der Fahrt zum Flughafen teilte ich Khaddam mit, was ich den Medien sagen wollte:

> Ich werde mich für Ihre Gastfreundschaft bedanken und werde sagen, daß ich mehr als vier Stunden mit Präsident Asad gesprochen habe. Wir haben uns beide zu den bilateralen Beziehungen geäußert und vor allem über die Aussichten für einen Frieden im Nahen Osten gesprochen. Im Hinblick auf den Nahen Osten haben wir sowohl die Truppenentflechtung als auch eine dauernde Friedenslösung behandelt, auf die wir hinarbeiten müssen und die zu fördern die Vereinigten Staaten sich verpflichtet haben. Die Gespräche sind sehr nützlich und sehr konstruktiv gewesen und haben nach meiner Auffassung dazu beigetragen, die Beziehungen zwischen Syrien und den Vereinigten Staaten zu festigen und uns dem Frieden im Nahen Osten näherzubringen. Präsident Asad hat mir seine Vorstellungen zu dem Problem der Truppenentflechtung wie auch zu dem Problem eines dauerhaften Friedens dargelegt, und wir werden diese Vorstellungen sorgfältig prüfen und unsere Bemühungen fortsetzen.

Khaddam erwiderte: »Wenn man mich fragt, werde ich sagen, ich hätte nichts hinzuzufügen. Das bedeutet, daß ich unterstütze, was Sie gesagt haben.« Es bedeutete aber auch, daß die Syrer mit einem schrittweisen Vorgehen bei der Truppenentflechtung auf den Golan-Höhen einverstanden waren.

Leider hatte ich aber nicht das Einverständnis Israels. Am späten Sonntagabend flog ich nach Israel und versuchte, Sadat zu entlasten, indem ich mich bereit erklärte, die Vermittlung in den Verhandlungen mit Syrien zu übernehmen. In einem Aufenthaltsraum auf dem Flughafen Ben Gurion erläuterte ich unsere Vorstellungen Allon und anderen Mitgliedern der israelischen Verhandlungsdelegation. Dajan war nicht erschienen. Wahrscheinlich wurde er im eigenen Lande so scharf kritisiert, daß er sich nicht noch zusätzlich mit den syrischen Verhandlungen belasten wollte. Die Israelis, die von den mühsamen Verhandlungen über die Vereinbarungen mit Ägypten noch immer völlig erschöpft zu sein schienen, hatten offenbar nicht die Neigung, sich schon jetzt mit dem viel schwierigeren, emotionalen Problem der Golan-Höhen herumzuschlagen. Sie nahmen von Asads Vorschlägen Kenntnis, aber ohne Zustimmung des Kabinetts konnten sie nicht einmal daran herumkritisieren, denn dann würde es heißen, daß sie in Verhandlungen eingetreten wären. Sie drängten auf die Übergabe einer Liste der Kriegsgefangenen, aber zu diesem Thema konnte ich ihnen nur mitteilen, was Asad mir gesagt hatte. Wir einigten uns auf eine Presseerklärung, aus der zu entnehmen war, daß die Verhandlungen begonnen hatten, während meine israelischen Gesprächspartner nicht gezwungen waren, sich jetzt schon festzulegen:

> Ich habe der israelischen Regierung ein paar Ideen zur Truppenentflechtung an der syrischen Front vorgelegt. Die israelische Regierung wird diese Ideen jetzt prüfen und uns nach Beratungen im Kabinett ihre Auffassungen bekanntgeben, und wir werden dann sehen, wie sich die Lage entwickelt.

Was nun Jordanien anging, so war die Haltung meiner israelischen Gesprächspartner noch undurchsichtiger. Sie hörten sich meinen Bericht über Husseins Vorschläge aufmerksam an und stellten verständnisvolle Fragen. Aber keiner von ihnen war bereit, einen eventuellen Posten im neuen Kabinett von Anfang an mit einer Hypothek zu belasten und das Veto der Nationalreligiösen Partei zu riskieren, das diese mit Sicherheit einlegen würde, wenn sie sich bereit erklärten, einen noch so kleinen Teil des Gebiets am Jordan-Westufer zu räumen oder auch nur über eine solche Möglichkeit zu verhandeln – auch wenn es nur die Stadt Jericho wäre.

Nach zehn ereignisreichen Tagen im Nahen Osten saßen wir am Sonntag, dem 20. Januar, um 20.30 Uhr endlich wieder in unserer Maschine, um nach Washington zurückzufliegen. Der abendliche Abflug löste bei den mich begleitenden Journalisten fast eine Rebellion aus, die an einem Tag drei Länder besucht hatten, über jeden Zwischenaufenthalt berichten mußten und jetzt einen vierzehnstündigen Flug vor sich hatten, auf dem sie sich nicht wie ich zu Bett legen und ausruhen konnten. Aber ich hatte keine andere Wahl. Mich erwartete ein ungeduldiger Präsident, der dem Kongreß über die Ereignisse meiner Reise berichten wollte und sich auf die selten gewordene Gelegenheit freute, ein positives Ereignis bekanntzugeben.

Am Montagmorgen, dem 21. Januar, um 4.30 Uhr waren wir nach einer kurzen Zwischenlandung auf dem Flughafen von Heathrow, wo ich Sir Alec Douglas-Home von der Ergebnissen meiner Reise unterrichtete, wieder in Washington.

Vom Flugzeug aus hatte ich Botschaften an die wichtigsten arabischen Regierungschefs und mehrere NATO-Verbündete geschickt. Darin faßte ich den Inhalt meiner Gespräche in den arabischen Hauptstädten und in Jerusalem zusammen, die ich nach meiner Abreise aus Ägypten geführt hatte. Asad und Hussein interessierten sich natürlich besonders für die Reaktion Israels auf ihre Vorschläge. Ich teilte Hussein mit, ich hätte den Israelis von seinem »Interesse an der Bildung einer jordanisch-israelischen Arbeitsgruppe im Rahmen von Genf« berichtet und »sie wissen lassen, daß ich diese Angelegenheit Ende dieser Woche im einzelnen behandeln möchte«. In meiner Botschaft an Asad schrieb ich:

> Während meines Zwischenaufenthalts in Israel auf dem Rückflug nach Washington am Sonntagabend habe ich der israelischen Regierung Ihren Vorschlag zur Truppenentflechtung vorgelegt. Die Israelis haben mir gesagt, daß sie eine Antwort vorbereiten, und sobald ich von ihnen höre, werde ich mich wieder mit Ihnen in Verbindung setzen.

Das war nicht viel, aber damit hielt ich die Verbindung zu den Syrern aufrecht und konnte Sadat entlasten.

Nixon war begeistert. In den vergangenen Wochen hatte er wenig Erfreuliches erlebt. Er war besonders stolz darauf, daß es seiner Regierung auch während einer innenpolitischen Krise gelungen war, im Rahmen der Friedensregelung für den Nahen Osten eine entscheidende Rolle zu spielen, und erläuterte den führenden Kongreßabgeordneten die Vorgänge sehr klar und gründlich, die bohrende Fragen stellten und wissen wollten, ob die Vereinigten Staaten irgendwelche »geheimen Verpflichtungen« übernommen hätten – als könnten die Vereinigten Staaten sich nur aufgrund von Geheimverträgen weltpolitisch engagieren und nicht ausgehend von der strategischen Wirklichkeit und als hätte es nicht viel ernstere Konsequenzen, wenn wir uns nicht einschalteten. Angesichts der begeisterten Zustimmung eines großen Teils der amerikanischen Öffentlichkeit verzichteten die Abgeordneten wenigstens auf den gehässigen Ton, an den sie sich im Zusammenhang mit Watergate im Umgang mit dem Präsidenten gewöhnt hatten, konnten sich aber doch nicht dazu durchringen, Nixon die uneingeschränkte Zustimmung zu geben, auf die er – nach meiner Auffassung mit Recht

– gehofft hatte. Die einzige Ausnahme bildete ironischerweise J. William Fulbright.

Am nächsten Tag, dem 22. Januar, hielt ich eine Pressekonferenz ab und beschäftigte mich dabei mit den mir inzwischen schon vertrauten Themen – den Bestimmungen der Vereinbarungen und den von den Parteien abgegebenen Zusicherungen. Wieder mußte ich zu der Frage Stellung nehmen, ob es »geheime« amerikanische Verpflichtungen gäbe. Einen wesentlichen Teil der Pressekonferenz nahm die Affäre mit dem Marineunteroffizier aus meinem Büro in Anspruch, die den Beginn der Reise überschattet hatte. Ich hatte nicht die Zeit gehabt, mich in die Feinheiten dieses Falls zu vertiefen und mich auf die inquisitorischen Fragen der Medien vorzubereiten, die sich im Verlauf des Watergate-Skandals an solche Erörterungen gewöhnt hatten. So wurde ich gefragt, ob ich gewußt hätte, daß eine Untersuchung eingeleitet worden war, um festzustellen, wie es zu den Anderson-Indiskretionen gekommen wäre. Die Journalisten wollten wissen, ob mir bekannt wäre, daß David Young die Untersuchung geführt hätte. Er war einer der »Klempner« und hatte eine Zeitlang in meinem Büro gearbeitet. Mir wurde sehr bald klar, worauf diese Fragerei hinaus sollte. Wenn ich überhaupt etwas wußte, dann müßte ich auch in die meisten Aktivitäten der »Klempner« verwickelt sein – eine im Grunde unlogische Schlußfolgerung. Es folgten noch ein paar ähnliche Fragen. Zwar stand keine böse Absicht dahinter, aber gerade das ließ sie so gefährlich erscheinen. Hier zeigte sich deutlich, auf einem wie schmalen Grat wir balancierten. Die Regierungsautorität war in der Tat schwer erschüttert. Auch ein außenpolitischer Erfolg konnte die Entwicklung nicht mehr aufhalten, und wir würden eine längere internationale Krise kaum durchstehen können.

Doch damit bestätigte sich nur, was jeder wußte. Im Winter 1973/1974 waren die Vereinigten Staaten kein glückliches Land. Es herrschten Mißtrauen, Verbitterung und Zynismus. Die Öffentlichkeit verlangte nach sensationellen Enthüllungen, und dieses Verlangen war leider in mancher Hinsicht gerechtfertigt. Aber oft stand auch nur einfache Sensationslust dahinter. Die Gründe ließen sich unschwer erkennen. Vertrauen ist ein wertvolles Gut. Wenn es einmal angeschlagen ist, muß es Zeit haben, organisch zu wachsen. Es läßt sich nicht durch eine Willensanstrengung oder unter Berufung auf die nationale Sicherheit wiederherstellen.

Und doch, wenn wir eine solide Basis errichtet hatten, dann würden die Ereignisse demonstrieren, daß im Nahen Osten eine Wende eingetreten war. Wenn wir nur etwas Glück hatten, würde der Friedensprozeß trotz aller Hindernisse seinen Fortgang nehmen. Auch in dieser für die Vereinigten Staaten so bedrückenden Zeit haben sich Dinge ereignet, auf die wir stolz sein dürfen. Auch wenn nicht wir es gewesen sind, die schließlich den Weg zum Frieden gefunden haben, so dürfen wir doch mit Genugtuung daran denken, daß alles hier begonnen hat, wenn dieser Friede jemals Wirklichkeit werden sollte.

XIX. Die Energiekrise

Die Jahre der tatenlosen Selbstgefälligkeit

Ich war in Hochstimmung nach Washington zurückgekehrt. Aber politische Krisen führen nur selten zu dramatischen Umwälzungen. Der Wandel kleidet sich oft in das Alltägliche und tritt nicht in der Form einer großen Generalreinigung, sondern als Folge einer Reihe technischer Entwicklungen auf. So war es auch mit der Energiekrise, die jetzt über uns hereinbrach.

Sie nahm schon bei ihrem Beginn 1973 dramatische Formen an und führte dazu, daß sich die Welt, wie sie nach dem Kriege entstanden war, entscheidend und unwiderruflich veränderte. Die anscheinend unaufhaltsame Zunahme des allgemeinen Wohlstandes wurde plötzlich in ihr Gegenteil verkehrt. Zugleich ergriff die Inflation die Industrieländer wie ein Waldbrand, und die Rezession forderte Millionen von Arbeitslosen. Die ärmeren Länder, die über kein Öl verfügten, erlebten eine schwere Wirtschaftsdepression und mußten sich so weit verschulden, daß mit einem Ausgleich nicht mehr zu rechnen war, während die ölproduzierenden Länder plötzlich über viel mehr Geld verfügten, als sie jemals ausgeben konnten. Ihr gewaltiger Devisenüberschuß ließ die Währungen schwanken, und zwar sowohl aus wirtschaftlichen als auch aus politischen Gründen. Aber diese Entwicklung war nicht nur eine wirtschaftliche Revolution, sondern viel bedenklicher war der Umstand, daß das Öl zur Waffe der politischen Erpressung wurde. Die demokratischen Industrienationen mußten nicht nur wirtschaftliche Umwälzungen, sondern auch fundamentale Veränderungen in ihrer Gesellschaftsstruktur und in ihrem politischen Leben hinnehmen.

Gegenmaßnahmen erwiesen sich über lange Zeit als wirkungslos, und wir spüren bis heute die Folgen dieser Ereignisse. Unser Wirtschaftssystem hat sich noch nicht davon erholt, und die politischen und gesellschaftlichen Folgen sind noch immer zu spüren.

Wie konnte ein so tiefgreifender und folgenschwerer Wandel uns derartig überraschen? Manches läßt sich im Rückblick deutlicher erkennen, denn die Wurzeln und Warnsignale für dramatische Veränderungen waren da. Die Revolution auf dem Ölmarkt folgte dem Muster vieler historischer Revolutionen. Sie alle waren unvermeidlich, aber ihre Unvermeidlichkeit hat sich erst im nachhinein erkennen lassen. Es ist für den Historiker fast unmöglich zu verstehen, daß man vor dem Beginn großer Revolutionen in der Menschheitsgeschichte oft nicht einmal erkannt hat, daß es zu Veränderungen kommen würde. In der Illusion des Glaubens an die Dauer befangen, haben die Opfer solcher Revolutionen die Vorzeichen, welche die Nachwelt als eindeutig erkannt hat, als vorübergehende Abweichungen vom Normalen abgetan. Deshalb hat man es versäumt, die Dämme zu verstärken, welche die Flut hätten aufhalten können, bis sie plötzlich brachen und die Wassermassen diejenigen umspülten, die an eine Gefahr nicht hatten glauben wollen.

Zur Zeit von Richard Nixons Amtsantritt betrachtete die Weltwirtschaft das billige Öl als naturgegeben und hielt die übermäßige Produktionskapazität für das größte wirtschaftliche Problem. Wenn wir uns überhaupt Gedanken über die politische Dimension machten, dann darüber, wie die Forderungen der ölproduzierenden Länder befriedigt werden sollten, die sich um den Zugang zu unserem Markt bewarben und als Gegenleistung außenpolitische Zugeständnisse anboten. Ende der sechziger Jahre importierten die Vereinigten Staaten nur etwa zwanzig Prozent ihres Ölbedarfs. Wir beruhigten uns in der Annahme, daß wir noch über große, unerschlossene, eigene Reserven verfügten. Im Norden Alaskas entdeckte Ölvorkommen konnten den Bedarf angeblich für lange Zeit sicherstellen. Daneben verfügten wir vor der Küste über große Ölreserven und glaubten, sehr bald darauf zurückgreifen zu können, wenn eine Verknappung die Preise in die Höhe treiben würde.* Die sogenannte Texas Railroad Commission, die das Niveau der amerikanischen Produktion bestimmte, blieb weiterhin unter der Kapazität, um den Inlandpreis bei 3,30 Dollar pro Barrel zu halten – mehr als ein Doller pro Barrel über dem Weltmarktpreis – und um die Exploration und die Bohrungen im Inland zu fördern. Die Ölimporte wurden durch ein 1959 von Präsident Eisenhower eingeführtes System geregelt, das genaue Quoten für die Importmengen setzte.

Auf diese Weise hatten die Vereinigten Staaten einen entscheidenden Einfluß auf den Weltmarktpreis für Öl. Wenn der Preis über eine von uns als wünschenswert angesehene Höhe hinausging, konnten wir

* Als der Ölpreis bei drei Dollar pro Barrel lag, glaubte man, daß das unter dem Meeresboden liegende Öl zu einem Preis von fünf Doller gefördert werden kann, und hielt diesen Preis für wirtschaftlich vertretbar. Der Preis dieses Öls liegt auch heute noch über dem Weltmarktpreis.

unsere Produktion steigern, unsere Importe begrenzen und unsere ausländischen Lieferanten zwingen, Öl auf dem Weltmarkt anzubieten. Wenn wir wirklich energisch vorgehen wollten, dann konnten wir in den Vereinigten Staaten mehr Öl produzieren und es im Ausland verkaufen. Die ölproduzierenden Länder im Nahen Osten hatten daher ein Interesse daran, die Preise niedrig zu halten. Man betrachtete die 1960 geschaffene Organisation der erdölexportierenden Länder (OPEC) nicht als ein ernstzunehmendes Kartell.* Man glaubte im allgemeinen, daß die Ölproduzenten einen Preisanstieg nicht durch eine Einschränkung der Produktion erzwingen könnten, weil dann ihre Erlöse so stark zurückgehen würden, daß sie den Bankrott erklären müßten, bevor die demokratischen Industrienationen die Auswirkungen eines solchen Verfahrens zu spüren bekamen. Das Fiasko des arabischen Ölembargos von 1967, das angesichts der ununterbrochenen iranischen und der gesteigerten amerikanischen und westlichen Produktion zusammenbrach, schien diese Annahme zu bestätigen.

Als Nixon am 25. März 1969 einen Kabinettsausschuß zur Überwachung der Ölimporte schuf, der das Quotensystem überprüfen sollte, dachte er an nichts weniger als an eine Energiekrise. Dieser Ausschuß arbeitete unter dem Vorsitz des Arbeitsministers George P. Shultz, und daneben gehörten ihm der Außenminister, der Verteidigungsminister, der Finanzminister, der Innenminister, der Handelsminister und der Direktor des Office of Emergency Preparedness (Behörde für die Abwendung von Notständen) und andere hohe Beamte als Beobachter an. Das Weiße Haus wurde vom Präsidentenberater Peter M. Flanigan vertreten, einem Finanzexperten. Mein Büro übernahm in diesem Zusammenhang keine konkreten Aufgaben. Bestenfalls beobachtete es das Problem im Hinblick auf die Möglichkeit einer Gefährdung der nationalen Sicherheit – und eine solche Situation hielt man damals für sehr unwahrscheinlich.

Der Ausschuß beschäftigte sich ein Jahr mit diesem Thema, veranstaltete Anhörungen, deren Ergebnisse auf zehntausend Seiten festgehalten wurden, und legte im Februar 1970 einen vierhundert Seiten starken Bericht vor, dessen wichtigste Empfehlung darin bestand, die Importquoten durch Zölle zu ersetzen. Damit sollten ausländische Ölproduzenten frei auf dem amerikanischen Markt konkurrieren dürfen, solange sie die geforderten Einfuhrzölle entrichteten. Auf dem so entstandenen freien Markt würde der Zoll den inländischen Ölpreis drükken, und die Regierung ersparte sich die Aufgabe, das importierte Öl

* Die Mitglieder der OPEC waren Saudi-Arabien, der Irak, Kuwait, der Iran, Venezuela, Algerien, Libyen, Qatar, die Vereinigten Arabischen Emirate, Nigeria, Gabun, Indonesien und Ekuador.

zuzuteilen. Wenn jedoch die Importe zu umfangreich wurden, konnten die Zölle jederzeit erhöht werden. Man behandelte die Entscheidung über die Importmengen als eine innenpolitische Entscheidung der Vereinigten Staaten, bei der wir außerordentlich flexibel sein könnten.

Wie sehr wir uns bei unseren Planungen 1970 getäuscht haben, zeigt sich darin, daß der Bericht damit rechnete, die Vereinigten Staaten würden 1980 bei gleichbleibenden Preisen nur siebenundzwanzig Prozent ihres Ölbedarfs importieren, und in den folgenden zehn Jahren werde der Ölpreis auf dem Weltmarkt nicht wesentlich ansteigen.[1] (In Wirklichkeit importierten wir Ende der siebziger Jahre fast fünfzig Prozent unseres Öls, und der Weltmarktpreis war auf mehr als das Zehnfache gestiegen.) Der Ausschuß beschäftigte sich mit Fragen der nationalen Sicherheit nur insofern, als er empfahl, die Vereinigten Staaten in erster Linie mit Öl aus der westlichen Hemisphäre zu versorgen, damit wir nur mit zehn Prozent des importierten Öls vom Nahen Osten abhängig wären. (1979 waren es mehr als vierzig Prozent.)

Unsere Regierungsbehörden, die für unsere Ölpolitik verantwortlich waren, sprachen sich gegen eine stärkere ausländische Konkurrenz aus. Der Innenminister, der Wirtschaftsminister und der Vorsitzende der Bundesenergiebehörde legten einen Alternativbericht vor, in dem sie behaupteten, die neuen Zollbestimmungen würden den Inlandspreis für Öl auf etwa 2,50 Dollar pro Barrel drücken, den inländischen Ölproduzenten jeden Anreiz nehmen, ihre Produktion zu erhöhen, und uns damit innerhalb von zehn Jahren in unerwünschter Weise von den Importen abhängig machen. (Die Minderheit, die sie vertraten, lehnte es auch ab, für den Notfall Reserven anzulegen, weil sie »wirtschaftlich nicht vernünftig« wären.) Nixon stellte sich – aus innenpolitischen Gründen – auf die Seite dieser Minderheit und behielt das Quotensystem bei. Damit entschied er sich für geringere Importmengen und etwas höhere Preise. Dieses Quotensystem blieb mit einigen geringen Korrekturen während weiterer drei Jahre in Kraft, was zu Debatten führte, die sich aus heutiger Sicht so lesen, als hätten sie in der Steinzeit stattgefunden.

Mein Büro hat sich an diesen Debatten nicht beteiligt. Es wurde weder konsultiert noch über die wichtigsten Entscheidungen unterrichtet. Ich will damit nicht sagen, daß vernünftigere Entscheidungen getroffen worden wären, wenn ich mich eingeschaltet hätte; mir fehlten auf diesem Gebiet die notwendigen Sachkenntnisse. Ich erwähne diese Tatsache nur, um zu zeigen, wie sehr man das Energieproblem damals als ein innen- und nicht als ein außenpolitisches angesehen hat. Die einzigen außenpolitischen Überlegungen, die während der ersten Jahre der Amtszeit Nixons im Blick auf das Öl angestellt wurden, betrafen die

Zuteilungen *innerhalb* der oberen Grenze der amerikanischen Importe. Damals glaubte man, daß die Produzenten und nicht die Verbraucher die Bittsteller wären, denn die OPEC-Länder bemühten sich auf unserem Markt um günstige Verkaufsbedingungen. Ein typischer Fall waren unsere Beziehungen zum Iran. Später hat man manchmal behauptet, daß die Politik der Nixon-Regierung gegenüber dem Schah durch unseren Wunsch beeinflußt worden wäre, seine Einnahmen zu erhöhen, um ihm den Kauf zusätzlichen Kriegsmaterials zu ermöglichen – eine Umkehrung der Wahrheit. Der Schah hat sich immer wieder darüber beschwert, daß wir nicht genug iranisches Öl kauften. Als er im März 1969 zur Beisetzung des ehemaligen Präsidenten Eisenhowers nach Washington kam, machte ich ihm in der iranischen Botschaft einen Höflichkeitsbesuch. Er machte mir bei dieser Gelegenheit das Angebot, uns dabei zu helfen, einen Vorrat an Erdöl in ehemaligen Salzbergwerken anzulegen, damit wir im Kriegsfall über die notwendigen Reserven verfügten. Dazu wollte er uns zehn Jahre lang täglich eine Million Barrel zu dem erstaunlich günstigen Preis von einem Dollar pro Barrel liefern. Ich trug das Angebot des Schahs den Ölexperten in unserer Regierung vor, die es aus dem Handgelenk ablehnten. Eine Erhöhung der iranischen Quote wäre nur auf Kosten Saudi-Arabiens und anderer mit uns befreundeter Länder im Persischen Golf möglich. Es gab jedoch auch das unüberwindliche Problem, daß die Regierung der Vereinigten Staaten nur für militärische Zwecke Öl kaufte, und dieser Bedarf wurde zum großen Teil von Saudi-Arabien gedeckt. Im übrigen wurde das Öl von privaten Gesellschaften importiert. Eine starke Beteiligung der Regierung an diesem Geschäft hätte es erforderlich gemacht, zum Teil die Lieferanten zu wechseln. Die Ölgesellschaften hätten ihre Bezugsmengen anderswo reduzieren müssen, um den Schah zu befriedigen – es sei denn, wir waren bereit, eine Preissenkung in Kauf zu nehmen, indem wir die Quoten um die Importmengen aus dem Iran aufstockten. Ich wurde beauftragt, seiner Kaiserlichen Majestät diese schlechte Nachricht zu überbringen. (Als der Ölpreis später eskalierte und die Nachfrage so stark wurde, daß es den Anschein hatte, sie werde sich nicht mehr befriedigen lassen, muß der Schah, obwohl er als weltlicher Herrscher galt, der Vorsehung dafür gedankt haben, daß wir ein für uns so atemberaubend günstiges Angebot abgelehnt hatten.)

Im Oktober 1969 kam der Schah wieder in die Vereinigten Staaten, diesmal zu einem offiziellen Staatsbesuch, und sprach über die amerikanischen Ölimporte mit Nixon persönlich. Der Schah glaubte, daß ihm hundertfünfundfünfzig Millionen Dollar für sein Entwicklungsprogramm fehlten – eine Summe, die den Ölproduzenten heute lächerlich vorkommen würde. Nixon versprach ihm, alles zu tun, um die Ölexporte aus dem Iran zu erhöhen. Damals mußte Nixon die bittere Erfahrung machen, daß der Präsident der Vereinigten Staaten auf die Zuteilung der Importmengen für Erdöl kaum einen Einfluß hatte. Zwar legte die amerikanische Regierung die Importquoten fest, aber die Entscheidung darüber, wo das Öl gekauft und produziert werden sollte, traf ein aus den sieben größten Ölgesellschaften bestehendes Konsortium – die sogenannten Großen. Die Quote setzte die Höchstmenge fest, die jedoch nicht erreicht werden mußte. Über die Einkäufe mußte jedes Land einzeln mit den »Großen« verhandeln.

Die Ölgesellschaften arbeiteten in den Erzeugerländern mit Konzessionen. Sie waren Eigentümer der Produktionsanlagen und der Raffinerien und zahlten den Lieferländern eine vereinbarte Summe pro Barrel. Die großen Ölgesellschaften und nicht die Regierungen trafen die Entscheidungen über den Grundpreis, die Produktionsmengen und das Marketing. Sie hatten schon genügend Schwierigkeiten gehabt, einen Marktanteil für Libyen zu finden, wo die Ölvorkommen erst Ende der fünfziger Jahre entdeckt worden waren, und mußten ihre Schwierigkeiten nicht noch durch eine Erhöhung des iranischen Anteils vergrößern.* Als ihnen Nixons Ersuchen vorgelegt wurde, weigerten sich die amerikanischen Partner des Konsortiums, ihm nachzukommen, und zwar auch, wenn sich das Verteidigungsministerium bereit erklären sollte, einen Teil seines Bedarfs im Iran zu beziehen, denn der amerikanische Anteil an der iranischen Förderung war viel geringer als etwa in Saudi-Arabien. Flanigan schrieb am 10. Januar 1970 in einer von mir angeforderten Denkschrift, »ein wesentlicher Teil der Gewinne aus diesen Verkäufen wird nicht amerikanischen Gesellschaften zufließen, wenn wir uns um iranisches Öl bemühten«. Am 30. Juli 1970 – neun Monate, nachdem Nixon dem Schah versprochen hatte, ihm beim Verkauf seines Öls zu helfen – mußte er ihm schreiben, daß er nicht in der Lage wäre, sein Versprechen zu halten.

Nichts illustriert besser die falschen Vorstellungen, die einer großen Umwälzung vorausgehen können. Die demokratischen Industrienationen, die Ölgesellschaften und die Erzeugerländer ließen sich von ei-

* Ein amerikanischer Wissenschaftler hat ihr Dilemma wie folgt dargestellt:
Als die in Libyen geförderten Ölmengen ständig zunahmen, mußten sich die großen Ölgesellschaften zunehmend Gedanken darüber machen, ob die Länder am Persischen Golf die zum Ausgleich notwendigen Produktionssenkungen und die damit verbundene Verringerung ihrer Einnahmen hinnehmen würden. Da die Produktionsmengen der Großen im Nahen Osten ihre Fördermengen in Libyen um das Zwanzigfache überstiegen, konnten sie in dem ersteren Gebiet bedeutend mehr verlieren, als sie jemals im letzteren gewinnen konnten. Wenn sie jedoch die Produktion in Libyen einstellten, würden ihre Konzessionen wahrscheinlich an die Unabhängigen vergeben werden, die dann nur das Volumen der unkontrollierten Förderung vergrößern würden.[2]

nem Kaleidoskop der Illusionen blenden, von der angeblichen Überschußkapazität in den Vereinigten Staaten, von der Furcht vor einer Ölschwemme, die zu massiven Preiseinbrüchen führen könnte, von dem augenscheinlichen Interesse der verschiedenen Erzeugerländer, ihre Produktion zu erhöhen, und von der Annahme, daß einzelne Erzeuger immer bereit sein würden, Preise zu unterbieten, um ihre Einnahmen auf Kosten der anderen zu erhöhen – Vorstellungen, die im direkten Widerspruch zu der Wirklichkeit standen, die allmählich sichtbar wurde. Ihre ganze Bedeutung konnte zunächst nicht erkannt werden, weil die Ölgesellschaften seit mehr als einer Generation praktisch die Preise diktiert und die Marketingentscheidungen getroffen hatten. Die Regierung der Vereinigten Staaten scheute sich aus grundsätzlichen Erwägungen, die Arbeitsweise eines Markts zu beeinflussen, da sie ihr effizient erschien und augenscheinlich mit den Langzeitinteressen des Landes im Einklang stand.

Der Sturm braut sich zusammen: 1970 bis 1973

Mit Beginn des neuen Jahrzehnts begann sich alles zu ändern. Das Verhältnis von Angebot und Nachfrage auf der ganzen Welt verschob sich unaufhaltsam zuungunsten der Verbraucher. Die Nachfrage stieg, am stärksten in den Vereinigten Staaten. Schon bald verfügten wir nicht mehr über die Kapazität, mehr zu produzieren, als wir brauchten. Anfang 1972 hob die Texas Railroad Commission zum erstenmal alle Förderungsbeschränkungen in den Vereinigten Staaten auf. Ende des Jahres produzierten die Vereinigten Staaten mit voller Kapazität – ohne im Notfall in der Lage zu sein, die Produktion zu steigern. Damit trat eine entscheidende Wende ein. Der Bedarf im Inland und in der ganzen Welt nahm zu, und die Weltwirtschaft steuerte auf das Ende eines über drei Jahrzehnte fast ununterbrochenen wirtschaftlichen Aufschwungs zu. Amerika importierte das Öl nicht mehr, weil es bequemer war, sondern weil es die Importe brauchte. 1947 hatten die Vereinigten Staaten 8,1 Prozent ihres Ölbedarfs importiert, 1973 waren es 36,1 Prozent.[3] Wir konnten den Ölpreis auf dem Weltmarkt nicht mehr drücken, indem wir die eigene Produktion steigerten, ja, wir konnten uns nicht einmal mehr vor den Folgen eines Lieferstops schützen und verloren daher die Möglichkeit, den Markt zu beeinflussen. Das Gleichgewicht der Kräfte auf dem Energiesektor verlagerte sich von der Texas Gulf zum Persischen Golf. Die ölfördernden Länder der OPEC nahmen das Steuer in die Hand. Es war nur noch eine Frage der Zeit, bis sie diesen Vorteil für sich ausnutzten.

Das Ausmaß dieses Wandels ließ sich nicht sofort erkennen, denn eine Zeitlang wurden die Preise noch zwischen den privaten Ölgesellschaften und den Förderländern ausgehandelt. Deshalb hielt man auch weiterhin an der Illusion fest, daß man einen im Welthandel üblichen Vorgang und nicht eine revolutionäre Umwälzung erlebte. Weil die Symptome, die Anfang der siebziger Jahre zu verzeichnenden Preiserhöhungen, sehr bescheiden waren, schien diese Entwicklung keine wesentlichen Auswirkungen auf die Binnenwirtschaft zu haben, ganz zu schweigen von der nationalen Sicherheit.

Der unmittelbare Anlaß bildete die im September 1969 in Libyen erfolgte Machtübernahme durch den radikalen Oberst Muammar Khadhafi, der den prowestlichen König Idris gestürzt hatte. (Ich muß jedoch ausdrücklich darauf hinweisen, daß die Preisexplosion nicht die Folge einer persönlichen Entscheidung gewesen ist. Die Verhältnisse auf dem Ölmarkt hätten sie in jedem Fall herbeigeführt, wenn sich die Entwicklung vielleicht auch über längere Zeit hinausgezogen hätte.) Bis dahin spielten die konservativen Regierungen unter den Ölförderländern die beherrschende Rolle. Ihr Interesse an einer Erhöhung ihrer Einkünfte wurde durch ihre Erwartung gemäßigt, von den demokratischen Industrienationen gegen äußere (und vielleicht sogar gegen innere) Bedrohungen geschützt zu werden. Khadhafi waren solche Vorstellungen fremd. Als leidenschaftlicher Radikaler war er entschlossen, sich von jedem westlichen Einfluß zu befreien. Daß er die Weltwirtschaft dabei schwächte, war ihm gleichgültig. Unsere Regierungsbeamten, besonders die im Außenministerium, hingen immer noch der romantischen Vorstellung nach, der Radikalismus in der Dritten Welt wäre nichts anderes als ein frustrierter westlicher Liberalismus. Sie glaubten, daß die führenden Politiker in der Dritten Welt sich dem Extremismus zugewandt hätten, weil der Westen sich hinter die Konservativen gestellt hatte, weil wir ihre Reformbestrebungen nicht begriffen und weil ihre Gesellschaften rückständig wären und einen radikalen Wandel verlangten[4] – sie führten praktisch jede nur denkbare Erklärung ins Feld, nur nicht die naheliegendste, daß nämlich diese Leute überzeugte Anhänger einer Ideologie waren, die unversöhnlich antiwestliche Doktrinen vertrat.

Ich habe schon davon gesprochen, daß ich in Nixons erster Amtsperiode keine aktive Rolle in der Nahost-Politik gespielt habe. Hin und wieder wurde im Rahmen der WSAG beiläufig darüber gesprochen, welche Haltung wir gegenüber der neuen libyschen Regierung einnehmen sollten. Auf einer Sitzung am 24. November 1969 fragte ich, ob der Vierziger-Ausschuß sich mit der Möglichkeit der Einschaltung unseres Geheimdienstes beschäftigen sollte. Die Nachrichtendienste legten eine Studie über die wirtschaftlichen und politischen Schwachpunkte in Libyen an, hatten aber kein besonders großes Interesse für diese Fragen. Alle Vorschläge für ein direktes Eingreifen wurden abgelehnt, was mich zu dem Ausruf veranlaßte, ich wäre dagegen, dem Präsidenten ein Papier vorzulegen, das nur den Vorschlag enthielt, nichts zu unternehmen. Aber damit änderte sich nichts an der gemeinsamen Auffassung der an diesem Gespräch Beteiligten. Die meisten glaubten, daß die wirkliche Gefahr der Radikalisierung in unserer *Opposition* gegen Khadhafi läge. Der große Luftwaffenstützpunkt Wheelus – den wir auf Khadhafis Verlangen räumen sollten – hatte angeblich keine besondere Bedeutung. Man erklärte, daß wir unsere Interessen im Hinblick auf die Ölversorgung am besten schützen könnten, wenn wir dieses Problem von allen militärischen Belangen trennten. Nach einem von den Ministerien für eine Sitzung der WSAG gemeinsam verfaßten Papier war die Energieversorgung nur gefährdet, wenn wir etwas unternähmen, was die neue revolutionäre Regierung in Libyen verärgern könnte:

> Wir erkennen keine unmittelbare Bedrohung dieser (Öl-)Interessen, wenngleich sie entstehen könnte, wenn das Regime bedroht wird oder zunehmend instabil wird, wenn es um Wheelus zu einer wirklichen Konfrontation kommt oder wenn die Feindseligkeiten im Nahen Osten wiederaufgenommen werden.

Die Behörden stimmten darin überein, daß uns nichts anderes übrigblieb, als uns mit Khadhafi zu arrangieren:

> Unsere gegenwärtige Strategie ist bestrebt in dem Bemühen, befriedigende Beziehungen zu dem neuen Regime herzustellen. Die Wiederherstellung des Zahlungsausgleichs und die Sicherheit der amerikanischen Investitionen in der Ölproduktion sind nach unserer Auffassung die wichtigsten Erfordernisse. Wir wollen uns darum bemühen, uns die militärischen Einrichtungen zu erhalten, aber nicht auf Kosten einer Bedrohung unserer wirtschaftlichen Gewinne. Wir wollen auch die Interessen der von dem libyschen Öl abhängigen Europäer schützen. Es ist buchstäblich das einzige »unersetzliche« Öl in der Welt, und zwar sowohl nach der Qualität als auch nach der geographischen Lage.

Während sich die Vereinigten Staaten damit begnügten, passiv zu bleiben, wollten die Westeuropäer sich aktiv um die Gunst des radikalen Herrschers von Libyen bemühen. Europa hatte sich allerdings sehr viel mehr vom importierten Öl und besonders vom libyschen Öl abhängig gemacht. 1950 wurden fünfundsiebzig Prozent des europäischen Energiebedarfs durch Kohle gedeckt. 1970 hatte die durch Regierungsinitiativen gestützte Vorstellung, man könnte auf lange Sicht mit billigem und reichlich fließendem Öl rechnen, dazu geführt, daß dieser Energiebedarf zu sechzig Prozent mit fast ausschließlich importiertem Öl gedeckt wurde. Fünfundzwanzig Prozent des in Europa für die Energieerzeugung benötigten Öls lieferte Libyen. Die Folge war, daß Frankreich vier Monate, nachdem Khadhafi an die Macht gekommen war, mit Libyen einen Vertrag über den Verkauf von hundert hochmodernen Düsenflugzeugen unterzeichnete. Die Franzosen beruhigten ihr Gewissen, indem sie Libyen verpflichteten, diese Maschinen nicht den Nachbarstaaten Israels zur Verfügung zu stellen, ein absurdes und in der Praxis nicht durchzusetzendes Verlangen. Da es in Libyen nur sehr wenige an Düsenflugzeugen ausgebildete Piloten gab, konnten diese Maschinen nur dafür bestimmt sein, sie auf irgendeine Weise den arabischen Bruderstaaten zur Verfügung zu stellen. Andere europäische Länder schlossen sich dieser Beschwichtigungspolitik an. Besonders freundliche Beziehungen entwickelten sich zwischen Libyen und der Bundesrepublik Deutschland.

Wie so oft werden Entscheidungen, die zu der Zeit, da sie getroffen werden, als Ausdruck der Weisheit und Mäßigung angesehen werden, von der Nachwelt als unverantwortlich und gefährlich erkannt. Aus kurzfristigen wirtschaftlichen Erwägungen akzeptierte der Westen Khadhafis Revolution, und wie sich herausgestellt hat, wurden dadurch auch die politischen Beziehungen des Westens zu den konservativen Ölförderländern beeinflußt. Libyen hat den Herrschern dieser Länder eine nachdrückliche Lektion erteilt: Die demokratischen Industriestaaten waren nicht bereit, befreundete Regierungen zu schützen, wenn ihre radikalen Nachfolger, die sich offen zu ihrer Feindschaft gegenüber den Konservativen bekannten, den Demokratien nicht den Zugang zum Öl verwehrten. Daher hatte es offenbar keinen Sinn, sich den guten Willen des Westens erkaufen zu wollen, indem man sich beim Ölpreis oder auf irgendeinem anderen Gebiet Zurückhaltung auferlegte. Während der ersten ein oder zwei Jahre ergab sich nicht die Gelegenheit, diese Erkenntnisse praktisch wirksam werden zu lassen. Doch als sich die Verhältnisse auf dem Markt veränderten, begann man es auch in der Haltung der gemäßigten Regierungen zu spüren.

So veränderte sich das politische Gleichgewicht ebenso, wie sich durch die veränderten Verhältnisse auf dem Weltmarkt das wirtschaftliche Gleichgewicht verschob. Dann löste das radikale Libyen einen Prozeß aus, in dessen Verlauf die Förderländer allmählich feststellten, welchen beherrschenden Einfluß sie auf dem Ölmarkt hatten, und begannen, diesen Einfluß auszuüben. Die nun beginnende Revolution vollzog sich in drei deutlich voneinander zu unterscheidenden Phasen. Zunächst kam es zu einem schleichenden Anstieg der Ölpreise. Dann lösten die Förderländer die Ölgesellschaften allmählich als Eigentümer ab und übernahmen die Förderung in eigener Regie. Und schließlich sahen sich die Regierungen der Ölförderländer in der Lage, den Verkauf des Öls an politische Bedingungen zu knüpfen, besonders im arabisch-israelischen Konflikt.

Anfang 1970 verlangte Libyen höhere Lizenzgebühren von den Gesellschaften, die auf libyschem Boden das Öl förderten. Die Libyer befanden sich in einer relativ günstigen Verhandlungsposition, denn die großen Ölgesellschaften hatten die Produktion hier nicht so fest im Griff wie am Persischen Golf. Da Libyen verhältnismäßig spät mit der Ölförderung begonnen hatte und weil die großen Ölgesellschaften ihre Öllieferanten nur ungern wechselten, übernahmen die »Unabhängigen« den größten Teil der Produktion in Libyen. Doch sie waren viel schwächere Verhandlungspartner als ihre großen Konkurrenten. Sie konnten den Ausfall libyscher Lieferungen nicht mit Produktionssteigerungen am Persischen Golf ausgleichen und nichts gegen die Drohung Libyens unternehmen, ihre Förderanlagen zu schließen. Am 29. Januar 1970 wurde die Lage kritisch, als die libysche Regierung den Barrel-Preis um vierzig Cent – das waren zwanzig Prozent – erhöhte. Diese Preiserhöhung war zwar, verglichen mit späteren Preissprüngen, noch bescheiden, aber es war der größte Preisanstieg, den es bis dahin im Rahmen der Verhandlungen um den Ölpreis gegeben hatte. Die Ölgesellschaften weigerten sich zunächst, den geforderten Preis zu zahlen; daraufhin griffen die Libyer zu beispiellosen Einschüchterungsmethoden.

Libyen wandte sich zunächst gegen das schwächste Glied in der Kette, die unabhängige Gesellschaft Occidental Petroleum, und zwang sie zu erheblich stärkeren Produktionskürzungen als ihre Konkurrenten. Am 12. Juni 1970 wurde die Produktion von Occidental von achthunderttausend Barrel täglich auf fünfhunderttausend und am 19. August noch einmal auf vierhundertvierzigtausend gesenkt; damit verringerte sich der Ausstoß von Occidental um fünfundvierzig Prozent. Hier hatte ein Förderland zum erstenmal praktisch ein Embargo verhängt. Die großen Ölgesellschaften demonstrierten ihre Kurzsichtigkeit, als sie einen unbequemen Konkurrenten einfach hängenließen und es ablehnten, die Occidental durch Ersatzlieferungen zu stützen, damit sie ihre Verluste ausgleichen konnte. Die auf diese Weise isolierte und schwer getroffene Gesellschaft beugte sich am 4. September 1970 den erpresserischen Forderungen Libyens und erhöhte den Ölpreis um dreißig Cent pro Barrel. Dieser Preis stieg im Lauf der folgenden fünf Jahre um weitere vierzig Cent. Die anderen Gesellschaften schlossen sich sehr bald an.[5]

In dieser Phase waren die wirtschaftlichen Auswirkungen der Preiserhöhungen weniger deutlich spürbar als die politischen Folgen. Bis jetzt hatten die Ölgesellschaften die Preise gemeinsam ausgehandelt. Jetzt war die geschlossene Front der Gesellschaften aufgebrochen, und damit verschwand ein ausgleichendes Element zwischen den Ölförderländern und den Ölverbrauchern. So entstand zwischen den Lieferländern im Mittelmeerraum und denen am Persischen Golf ein System, innerhalb dessen sich die Preise gegenseitig in die Höhe trieben. Libyen rechtfertigte seine höheren Preise mit den Argumenten, daß die Transportkosten für das libysche Öl niedriger waren als für das aus dem Golf kommende, daß das libysche Öl eine bessere Qualität hatte und daß Libyen das Geschäft mit unabhängigen Ölgesellschaften abwickelte. Die Produzenten am Persischen Golf wollten es nicht zulassen, daß ihr Konkurrent höhere Gewinne erzielte, und steigerten deshalb ihrerseits die Preise, um sie den libyschen anzugleichen. Als nun Libyen den Preisvorsprung verloren hatte, stellte es neue Forderungen, die wieder eine Preiserhöhung am Persischen Golf zur Folge hatten, und der ganze Vorgang wiederholte sich. Diese Spirale konnte zunächst kein Ende finden. Die im Verlauf einer Generation entstandene Struktur des internationalen Erdölmarktes brach zusammen.

Daran war deutlich zu erkennen, daß irgendwo schwere Fehler begangen worden waren, aber zunächst begriff man das noch nicht. Die Preissteigerungen, die prozentual zwar erheblich waren, hatten auf einer sehr niedrigen Stufe angefangen. Zunächst blieben die Preise unter drei Dollar pro Barrel und lagen damit niedriger als die amerikanischen Inlandspreise. Die Steigerung widersprach daher augenscheinlich nicht der Forderung der demokratischen Industrieländer und ihrer Wirtschaft, daß ihnen ausreichende Mengen preisgünstigen Öls zur Verfügung stehen müßten. Deshalb hielten sich die Regierungen der westlichen Länder aus den Verhandlungen über die sprunghaft ansteigenden Ölpreise zwischen den Erzeugerländern und den Ölgesellschaften heraus. Als Nixon auf seiner Europa-Reise am 3. Oktober 1970 nach Chequers kam, teilte der britische Außenminister Sir Alec Douglas-Home dem amerikanischen Außenminister William Rogers mit, man habe den britischen Ölgesellschaften in Libyen gesagt, daß sie sich von ihrem »kaufmännischen Urteilsvermögen« leiten lassen sollten. Mit anderen Worten, da hier keine Sicherheitsinteressen berührt wurden, ließ die Regierung sie allein.

Im Dezember 1970 folgten die OPEC-Länder dem libyschen Beispiel. Ihre Vertreter kamen zu einer Konferenz in Caracas zusammen und verlangten neue Verhandlungen über die Preise zwischen den großen Ölgesellschaften und allen Erdöl exportierenden Ländern – was bedeutete, daß die Ölproduzenten Förderung und Verkauf ihres Öls von nun an selbst in die Hand nahmen. Die Ölgesellschaften reagierten zu spät auf diese Entwicklung. Im Januar 1971 faßten sie einen Entschluß, zu dem sie sich noch vor vier Monaten nicht hatten durchringen können. Von nun an wollten sie nur noch gemeinsam über die Preise verhandeln und sich vor Erpressungsversuchen schützen, indem sie sich das vorhandene Öl teilten. Ironischerweise wollten sie der Preistreiberei durch ihr Verlangen begegnen, daß auch die OPEC-Länder geschlossen über die Preise verhandeln sollten. Die OPEC ging auf diesen Vorschlag nur allzu gern ein und bildete ein wirksames Kartell, das jetzt bereit war, im Gegensatz zur bisherigen Praxis die Produktion fast aller Mitglieder zu senken.

Endlich interessierte sich auch die Regierung der Vereinigten Staaten für diese Entwicklung – auf Drängen der Ölgesellschaften, die, wie es ihrer Grundeinstellung entsprach, erst im allerletzten Augenblick um Unterstützung baten, aber auch nur um ein kurzfristiges Eingreifen der Regierung, denn sie fürchteten, im Rahmen einer langfristig angelegten Strategie unter staatliche Kontrolle zu geraten. Sie baten das Justizministerium um die Genehmigung, eine geschlossene Front zu bilden, das für diesen Fall das Antitrust-Gesetz außer Kraft setzen mußte, was es auch tat. Auf das Drängen der Ölgesellschaften reiste Unterstaatssekretär John N. Irwin II. am 16. Januar 1971 in den Nahen Osten, um die Ölförderländer zu bitten, sich bei ihren Forderungen zu mäßigen.

Leider fiel es unserer Regierung schwer, genau zu sagen, was sie unter dem Begriff »Mäßigung« verstand. Die taktische Notwendigkeit, die von der OPEC für neue Verhandlungen gesetzten Fristen einzuhalten, verschleierte das Erfordernis, die Situation auf dem Ölmarkt von Grund auf zu überprüfen. Am 14. Januar hatten meine tüchtigen Mitarbeiter C. Fred Bergsten und Harold Saunders aufgrund ihrer Beobachtungen bei den rasch voranschreitenden Verhandlungen der Ölgesellschaften empfohlen, die Vor- und Nachteile eines Eingreifens der amerikanischen Regierung gründlicher zu untersuchen. Sie begründeten ihre Auffassung, die Regierung sollte sich aus den Auseinandersetzungen zwischen den Ölproduzenten und den Ölgesellschaften heraushalten: Der Anstieg der Energiepreise werde sich in erster Linie in Europa und Japan auswirken und wahrscheinlich die Wettbewerbssituation für die Vereinigten Staaten verbessern. Um eine Konfrontation überstehen zu können, würden wir unter Umständen das Öl rationieren müssen, um das europäische Wirtschaftsgefüge zu stützen – ein schwieriges Unternehmen in einem Land, das schwer unter den Auswirkungen des Vietnam-Krieges zu leiden hatte. Um ihre Verhandlungsposition gegenüber den Ölproduzenten zu stärken, könnten die Ölgesellschaften die Regierung unter Druck setzen und von ihr verlangen, in den arabisch-israelischen Konflikt einzugreifen, was unserer Strategie widersprach, zu demonstrieren, wo die Grenzen des sowjetischen Einflusses lagen. Eine Konfrontation würde außerdem den Beziehungen zwischen den Vereinigten Staaten und der arabischen Welt schaden.

Aber meine Mitarbeiter hatten sich auch überlegt, welche Argumente für ein Eingreifen der Regierung sprachen, und dazu gehörte vor allem die Notwendigkeit, zu verhindern, daß die von den Erzeugerländern in Gang gesetzte Preisspirale sich politisch auswirkte. Es bestand außerdem die Gefahr einer Unterbrechung der Ölversorgung, was nicht nur unsere eigene Sicherheit, sondern auch die unserer Verbündeten gefährden würde. Wenngleich ich persönlich eher zu der Auffassung neigte, daß sich die Regierung aktiver einschalten sollte, glaubte ich, eine solche Empfehlung in dieser Lage noch nicht geben zu können. Deshalb wählte ich einen bewährten Ausweg. Am 15. Januar 1971 gab ich die Anweisung zur Ausarbeitung einer Studie über die Auswirkungen des Problems auf die nationale Sicherheit.

Noch bevor die Arbeit an dieser Studie recht in Gang gekommen war, setzten sich die Argumente gegen eine Intervention der Regierung durch, was den in den Vereinigten Staaten schon lange geltenden politischen Grundsätzen entsprach. Die amerikanische Regierung griff im allgemeinen nicht in handelspolitische Kontroversen ein. Wir hatten etwas dagegen unternommen, daß amerikanische Firmen ohne angemessene Entschädigung enteignet wurden, aber soweit mir bekannt war, hatten wir uns noch niemals an Verhandlungen über Preise beteiligt.

Am 18. Januar, Irwin war in den Nahen Osten abgereist, legte ich Nixon eine Denkschrift vor, an der Bergsten und Saunders mitgearbeitet hatten und die über den gegenwärtigen Stand der Verhandlungen zwischen den OPEC-Ländern und den Ölgesellschaften berichtete. Hier erklärte ich, wenn wir die Ölgesellschaften ermutigten, sich den Forderungen der Erzeugerländer zu widersetzen, dann müßten sechs Fragen beantwortet werden:

> Werden die Gesellschaften zusammenhalten und sich gemeinsam den Forderungen Libyens widersetzen? ... Wird Libyen bei seinen extremen Forderungen bleiben und das libysche Öl nicht mehr fließen lassen, wenn diese Forderungen nicht erfüllt werden? ... Werden die anderen Araber zu Libyen halten und auch ihre Produktion einstellen? ... Werden die europäischen Regierungen wegen der möglichen Ölknappheit in eine Panik geraten, direkte Verhandlungen mit Libyen anstreben und dabei die Ölgesellschaften umgehen? Oder werden sich die Europäer zusammenschließen und sich den arabischen Forderungen energisch widersetzen? Werden wir dann den Öl-

verbrauch im Inland rationieren, um den Europäern bei ihrem Widerstand gegen die Araber zu helfen, und/oder werden wir Israel erneut unter Druck setzen, um die Araber politisch in unserem Sinne zu beeinflussen?

Meine Denkschrift schloß mit der Warnung: »Doch alles, was bisher geschehen ist, waren taktische Schritte und Reaktionen. Ich habe deshalb angeordnet, daß rasch eine Studie angefertigt werden soll, die zeigt, welches unsere Grundinteressen in dieser Lage sind und welche Rolle wir übernehmen sollten, um einer Lösung näherzukommen.«

Bevor diese Fragen beantwortet und die Studien angefertigt werden konnten, waren die Verhandlungen schon abgeschlossen. Irwin war auf die Reise geschickt worden, nachdem Nixon ein Gespräch mit Außenminister William Rogers geführt hatte, an dem ich nicht teilgenommen habe. Ich weiß nicht, ob man ihm besondere Anweisungen mit auf den Weg gegeben hat. Wahrscheinlich sind es nur ganz allgemeine Instruktionen gewesen. Wenn amerikanische Unterhändler nicht direkt beauftragt werden, es auf eine Konfrontation ankommen zu lassen, neigen sie instinktiv dazu, ihren Verhandlungspartner zunächst von unseren Absichten zu unterrichten, und zwar in dem Sinne, daß ein Beweis des guten Willens die Atmosphäre günstig beeinflußt. Es überraschte uns daher nicht, als Irwin dem Präsidenten am 25. Januar stolz meldete, er hätte die zwei Länder, die er besucht hatte (Saudi-Arabien und Kuweit), ausdrücklich darauf hingewiesen, daß wir uns – unserer Tradition folgend – nicht in die Details von Wirtschaftsverhandlungen einmischen würden. Damit hatte er diesen Ölförderländern die einzige Furcht genommen, die sie zur Mäßigung hätten veranlassen können, die Furcht vor einer Einmischung der Regierung der Vereinigten Staaten. Wenn eine Konfrontation vermieden werden sollte, und wenn unsere Regierung sich in die Einzelheiten nicht einmischte, dann würden die Ölgesellschaften nachgeben müssen.

Nachdem sie erkannt hatten, in einer wie günstigen Verhandlungsposition sie sich befanden, drehten die politischen Führer, mit denen Irwin gesprochen hatte, den Spieß um. Sie erklärten, das Verlangen, mit allen OPEC-Staaten gemeinsam zu verhandeln, wäre ein Manöver der Ölgesellschaften, um die einzelnen Förderländer gegeneinander auszuspielen. Im Widerspruch zu allem, was wir in jüngster Zeit erlebt hatten, behaupteten sie, Einzelverhandlungen mit den Ölerzeugern am Persischen Golf und am Mittelmeer wären die beste Methode, sie zur Mäßigung zu veranlassen. Die Ölproduzenten am Persischen Golf erklärten, sie wollten selbständig vorgehen, denn wenn sie gemeinsam mit den Libyern verhandelten, werde Khadhafi gegen ihre Vorschläge sein Veto einlegen. Sie behaupteten (mit Recht), daß der reale Ölpreis in den vergangenen fünf Jahren gefallen wäre – unter Berücksichtigung der Inflation –, während die Preise für die von ihnen importierten Güter gestiegen seien.

Wir erlebten eine Verhandlungstaktik, die sich während der nächsten zehn Jahre zu einer Kunstform entwickeln sollte. Jede Gruppe innerhalb der OPEC machte, wenn sie zu diesem Problem Stellung nahm, andere für den Preisanstieg verantwortlich. Es gab komplexe saudische Theorien, die dem Schah die ganze Verantwortung aufbürdeten, und ebenso komplexe iranische Argumente, die zu beweisen suchten, daß die arabischen Ölproduzenten am Golf, besonders die Saudis, die treibende Kraft wären. Man konnte nur staunen, wie es eine Gruppe von politischen Führern fertiggebracht hatte, etwas zu tun, das so gar nicht ihrer Überzeugung entsprach. In Wirklichkeit waren natürlich alle Ölförderländer für die Preissteigerungen. Kein Mitglied der OPEC war bereit, das Kartell zu brechen. In der Praxis unterstützten sie alle eine Strategie, die nur zu einem Ergebnis führen konnte: zu einem ganz erheblichen Preisanstieg, der sich über ein Jahrzehnt fortsetzen würde.

Irwin kam zu dem Schluß, daß die Ölgesellschaften versuchen sollten, die günstigsten Bedingungen auszuhandeln. In seinem Bericht an den Präsidenten erklärte er:

> Sie (die OPEC-Länder) weisen ausdrücklich darauf hin, daß sie sich in den Verhandlungen den Ölgesellschaften widersetzen werden, auch wenn es dabei zur totalen Einstellung der Produktion kommen müßte. Zwar glaube ich, mit meiner Reise etwas Zeit gewonnen und den drei Regierungen eine Perspektive vermittelt zu haben, die ihnen bisher fehlte, aber ich bin, was ihre Entscheidungen betrifft, alles andere als optimistisch, es sei denn, die Unterhändler der Ölgesellschaften können die Förderländer davon überzeugen, daß sie ernsthaft und im sachlichen und zeitlichen Rahmen der Beschlüsse der OPEC-Konferenz in Caracas verhandeln wollen.

Unser Entschluß, uns nicht einzumischen, nahm das Ergebnis vorweg; die Ölgesellschaften mußten nachgeben. Sie erklärten sich mit »getrennten«, aber »gleichlaufenden« Verhandlungen einverstanden, mit anderen Worten, sie beugten sich der preistreiberischen Taktik der Ölproduzenten. Das Ergebnis waren die am 14. Februar 1971 abgeschlossenen Vereinbarungen von Teheran, nach denen der Ölpreis am Persischen Golf um etwa vierzig Cent pro Barrel heraufgesetzt wurde. Nach den am 2. April in Tripolis getroffenen Vereinbarungen stieg der Ölpreis, wie nicht anders zu erwarten, um einen noch etwas höheren Betrag. Beide Erzeugergruppen sagten zu, dieses Preisniveau für die nächsten fünf Jahre halten zu wollen – wahrscheinlich ist noch nie ein feierliches Versprechen dieses Umfangs so rasch wieder gebrochen worden.

Während der folgenden Monate hatte man den Eindruck, daß der Ölmarkt sich stabilisiert hätte. König Faisal kam im Mai 1971 nach Washington. Bei diesem Besuch ist über das Öl offenbar nicht gesprochen worden. Der Preisanstieg für Öl aus dem Nahen Osten hatte sich noch nicht wesentlich auf die Wirtschaft der demokratischen Industrienationen ausgewirkt, am wenigsten auf die der Vereinigten Staaten. Es ist daher ein Beweis dafür, daß Nixon einen hervorragenden Instinkt hatte, drohende Probleme vorauszusehen und ihnen vorzubeugen, wenn er am 4. Juni 1971 den Kongreß dringend ersuchte, sich um die Erschließung alternativer Energiequellen zu bemühen. Bei einer Besprechung im Weißen Haus erklärte Nixon stolz, »das war das erstemal, daß ein Präsident dem Kongreß eine ausführliche Botschaft zum Energieproblem geschickt hat«. Die Botschaft des Präsidenten ist von den zuständigen Behörden vorbereitet worden. Ich war nicht daran beteiligt. Man hatte noch nicht das Gefühl, da es sich um ein dringendes Problem handelte, und niemand dachte an eine internationale Krise. Man konnte sich nicht vorstellen, daß die Ölförderung über längere Zeit hinaus gefährdet werden könnte. Nixon hatte sich in einer Botschaft mit einer Frage beschäftigt, die uns wahrscheinlich erst in ferner Zukunft berühren würde.

Die Regierungen der OPEC-Länder übernehmen die Kontrolle

Diese Zukunft hatte schon begonnen. Die fundamentale Veränderung der Verhandlungspositionen wurde unterstrichen durch die Geschwindigkeit und Intensität des Verlangens der OPEC-Staaten, das gleiche Thema wiederaufzunehmen. Nur wenige Monate nach Abschluß der Vereinbarungen vom Februar und April 1971, mit denen die Preise für fünf Jahre hätten stabilisiert werden sollen, wurden auf der OPEC-Konferenz in Beirut im September neue Preisforderungen erhoben. Jetzt erklärte man einfach, daß der im Sommer erfolgte Kursverfall des Dollars ausgeglichen werden müßte – was zu einem weiteren Preisanstieg von fast neun Prozent und zu der Aussicht führte, den Ölpreis jeweils nach Ablauf eines Vierteljahres korrigieren zu müssen. Noch wichtiger war, daß die OPEC von den Ölgesellschaften eine »Billigkeitsbeteiligung« verlangten. Darin steckte der Beginn der Verstaatlichung und hatte natürlich die praktische Auswirkung, daß die Förderländer ihre Gewinne vergrößerten. Die Ölgesellschaften hatten die Wahl, entweder die Preise anzuheben oder sich mit den durch die teilweise Beteiligung der Regierungen entstehenden Verlusten abzufinden.

Die Verhandlungen über die »Beteiligung« begannen im März 1972 zwischen den Gesellschaften und einer Verhandlungsdelegation der OPEC unter Scheich Ahmed Zaki Yamani von Saudi-Arabien.* Zunächst verlangten die OPEC-Länder eine Beteiligung von zwanzig Prozent. Unter dem starken Druck der Saudis erklärten sich die Ölgesellschaften einverstanden. Doch nach kurzer Zeit erhöhten die OPEC-Länder ihre Forderungen. Die Saudis wollten sich zunächst mit zwanzig Prozent zufriedengeben, aber nach Ablauf einer bestimmten Zeit verlangten sie (ebenso wie die radikalen Staaten und vielleicht unter deren Druck) einundfünfzig Prozent. Diese galoppierende Verstaatlichung mußte dazu führen, daß die großen Ölgesellschaften nur noch die Aufgaben des Marketing und der Verwaltung übernahmen. Der Ölpreis konnte unter solchen Voraussetzungen nicht mehr ausgehandelt werden, sondern wurde von den Regierungen der Erzeugerländer festgesetzt.

Sehr bald wurden die Verhandlungen über die Beteiligung der Regierungen zum Spiegelbild der Preisverhandlungen. Ein anfängliches Zugeständnis führte nicht zu festen Vereinbarungen, sondern zu gesteigerten Forderungen. Es gab auf diesem Markt augenscheinlich keine obere Grenze mehr für das, was die Ölproduzenten verlangen konnten.

Im Sommer 1972 gerieten die Verhandlungen zwischen Yamani und den Ölgesellschaften ins Stocken, weil man sich über die finanzielle Entschädigung der Gesellschaften nicht einigen konnte, und die OPEC drohte mit Zwangsmaßnahmen. Zum erstenmal fühlten sich die Saudis stark genug, die Regierung der Vereinigten Staaten zur Intervention *gegen* die Ölgesellschaften aufzufordern, und beriefen sich dabei auf die zwischen Faisal und Nixon bestehende persönliche Freundschaft. Auch die Ölgesellschaften appellierten an das Weiße Haus. Sie erinnerten an den Grundsatz, daß die Regierung zum Eingreifen verpflichtet wäre, wenn amerikanische Firmen ohne angemessene Entschädigung enteignet wurden. In dem saudischen Angebot war der Wert des amerikanischen Eigentums in der Tat viel zu niedrig angesetzt worden.

Der damalige stellvertretende Ölminister von Saudi-Arabien, Prinz Saud Faisal, kam Anfang August 1972 nach Washington. Ich hatte an den Verhandlungen bisher noch nicht teilgenommen, führte aber auf Bitten der Gesellschaften ein längeres Gespräch mit ihm (genauso wie der höhere Beamte im Außenministerium Flanigan). Mir ging es dabei

* Die hier beteiligten OPEC-Staaten waren Saudi-Arabien und die kleinen Golfstaaten. Der Iran beteiligte sich nicht an den Verhandlungen, denn die iranische Regierung behauptete, daß sich die Struktur ihres Ölgeschäfts nicht für eine staatliche Beteiligung nach dem in Aussicht genommenen Muster eigne. Libyen ging seinen eigenen Weg, ebenso auch in anderer Form der Irak und Algerien.

mehr um die Tatsache der Enteignung als um die Höhe der Entschädigung. Mit dem Vorgehen der Saudis entstand die Gefahr, daß amerikanische Firmen zu Instrumenten fremder Regierungen wurden, wobei sich jede Meinungsverschiedenheit zu einer Konfrontation der Regierungen auswachsen konnte. Gegenüber Saud vertrat ich die Auffassung, daß es zwar nicht unseren politischen Gepflogenheiten entsprach, bei Verhandlungen mit privaten Firmen einzugreifen, daß jedoch in diesem Fall die niedrige Entschädigung und der hohe Wert des Eigentums, an dem die saudische Regierung beteiligt werden sollte, die Bedeutung einer solchen Enteignung erhöhten. Unsere Beziehungen zu Saudi-Arabien gründeten sich nicht allein auf wirtschaftliche Überlegungen, wenn wir jedoch auf dem Gebiet der Wirtschaft in die Enge getrieben würden, dann könnte sich das auch auf unsere politischen Beziehungen auswirken.

Der intelligente und feinfühlige Saud hätte nicht aufmerksamer und höflicher zuhören können. Er sagte, Saudi-Arabien suche keinen Konflikt mit den Vereinigten Staaten. Sein Land werde das Äußerste tun, um zu einer gerechten Lösung zu kommen. Es sei zu Verhandlungen über eine angemessene Entschädigung bereit und wäre daran interessiert, unsere Ansichten über die Beteiligung der Regierung zu hören. Die Saudis würden es begrüßen, wenn wir ihnen mitteilen könnten, welche Vertragsbedingungen die Vereinigten Staaten hinsichtlich beider Fragen für gerechtfertigt ansähen.

Ich hatte den Eindruck, wir näherten uns einem Kompromiß. Doch als ich den Ölgesellschaften mitteilte, wie Saud reagiert hatte, erlebte ich eine Überraschung. Sie waren durchaus bereit gewesen, die Regierung der Vereinigten Staaten einzuschalten, damit sie ganz allgemein Druck auf ihre Verhandlungspartner ausübte, wünschten aber nicht, daß wir in ihrem Namen die Verhandlungen führten, und lehnten mein Angebot ab, den Saudis ihre Vorschläge für eine gerechte Entschädigung oder für die Art der Beteiligung der saudischen Regierung vorzutragen, hinter die sich die amerikanische Regierung stellen würde. Sie interessierten sich vielmehr dafür, daß die Entschädigung heraufgesetzt würde, als daß die Saudis sich in geringerem Maß beteiligten. Die Entschädigung würde in der Bilanz zum Ausdruck kommen. Eine Verringerung der saudischen Beteiligung faßten die Ölgesellschaften vielleicht nur als ein Hinausschieben des Unvermeidlichen auf. Oder ihre Erfahrungen mit Irwins Mission hatten sie verschreckt. Sie fürchteten, daß es sich schließlich doch zu ihrem Nachteil auswirken könnte, wenn die Regierung in ihrem Namen die andere Seite unter Druck setzte.

Saudi-Arabien nahm in den folgenden Monaten hinsichtlich der Entschädigung eine zugänglichere Haltung ein. Die Ölgesellschaften ihrerseits stimmten einer fünfundzwanzigprozentigen saudischen Beteiligung zu, die sich bis 1982 auf einundfünfzig Prozent erhöhen sollte. Das einmalige Eingreifen der amerikanischen Regierung hatte den Gesellschaften sofort finanzielle Vorteile gebracht. Aber die Gesellschaften hatten – und das war nach meiner Auffassung kurzsichtig, jedenfalls was das nationale Interesse der Vereinigten Staaten betraf – in der, wie sich später herausstellte, wichtigsten Frage nachgegeben. Wenn die Erzeugerländer einundfünfzig Prozent der Anteile besaßen, dann mußten die Ölgesellschaften zu Instrumenten von Nationen werden, deren Interessen nicht unbedingt den unseren entsprachen.

Solange reichliche Mengen zur Verfügung standen und die Kosten relativ niedrig lagen, hatten die Gesellschaften die Exploration, die technologische Entwicklung und das Marketing mit großem Erfolg selbst in der Hand gehabt und damit ganz wesentlich zum weltweiten wirtschaftlichen Wachstum beigetragen. Aber nichts in der Organisation oder in der Grundeinstellung der Gesellschaften befähigte sie, mit den Problemen fertig zu werden, die entstanden, wenn sich das Öl ständig verteuerte, dessen Preis und Förderung von einem aus mehreren Regierungen gebildeten Kartell kontrolliert wurden. Die Gesellschaften scheuten sich vor der Konfrontation mit den Förderländern, weil sie glaubten – aus ihrer Sicht mit Recht –, daß sie an gutem Willen verloren, was sie bei einer Kraftprobe vielleicht gewinnen könnten. Sie hatten sich darauf spezialisiert, mit den Ländern in diesem Gebiet gut auszukommen. Für einen Belagerungszustand waren sie emotional nicht ausgerüstet. Immer schneller näherte sich der Zeitpunkt, zu dem die Fördermengen und der Preis des Öls einseitig von den Regierungen der Ölproduzenten festgesetzt werden würden und nicht mehr mit den Ölgesellschaften ausgehandelt werden mußten.

Doch Denkkategorien, an die man sich gewöhnt hat, lassen sich nicht leicht verdrängen. Das zeigte sich in der amerikanischen Haltung, als Nixon im Mai 1972 den Iran besuchte. Anstatt zu versuchen, den Iran als Alternativquelle für den Fall übertriebener Forderungen der arabischen Mitglieder der OPEC zu entwickeln, empfahl man dem Präsidenten, bei der gegenwärtigen politischen Linie zu bleiben. Peter Flanigan folgte in einer Denkschrift, die ich für Nixon in verkürzter Form zusammenfaßte, der orthodoxen Auffassung, daß

> der Schah bei Ihren Gesprächen in Teheran nicht in seinem Verlangen bestärkt werden sollte, das iranische Öl auf dem amerikanischen Markt unterzubringen. Er (Flanigan) argumentiert, das werde unsere Beziehungen zu den anderen persischen Golfstaaten und zu Venezuela erheblich belasten und uns die Erfüllung der schon ohnedies

außerordentlich schwierigen Aufgabe unmöglich machen, das durch Gesetz festgelegte Ölimportprogramm durchzuführen.

Als ich Nixon Flanigans Auffassungen vortrug, erklärte ich, daß ich ihm, soweit es die kurzfristige Entwicklung beträfe, zustimmen müßte, daß ich mir aber über ein langfristiges Problem Sorgen machte: Wie sollten wir erreichen, daß wir mit unserem Importprogramm von uns potentiell feindlich eingestellten Lieferanten unabhängiger würden?

Nach meiner Überzeugung gibt es in diesem Zusammenhang eine wichtige Frage, die wir entscheiden müssen, und zwar die Frage nach den Kriterien für die Auswahl der Länder, aus denen wir Öl und andere Energieträger importieren sollen, wenn unser Bedarf an importierter Energie sich in den nächsten zehn Jahren wesentlich erhöhen wird. Es wäre zum Beispiel möglich, Kriterien festzulegen, nach denen wir uns für befreundete Länder entscheiden, um unseren Bedarf bei ihnen und nicht bei uns weniger freundlich gesonnen zu decken.

Nixon ließ meine Analyse unbeachtet. In seinen Gesprächen mit dem Schah erwähnte er das Öl kaum. Der Schah machte eine kurze, weitsichtige Bemerkung und sagte, da die Industrieländer im Lauf der Zeit einen immer größeren Prozentsatz ihres Energiebedarfs importieren müßten, nähme die strategische Bedeutung des Nahen Ostens ständig zu. Doch weder er noch Nixon erörterten die praktischen Konsequenzen ihrer theoretischen Erkenntnisse.

Wenige Wochen nach Nixons Besuch nutzte der Schah seine gute Verhandlungsposition dazu aus, die Gewinne des Iran zu steigern. Wie gesagt hatte der Iran an den Verhandlungen über die Beteiligung der Ölförderländer an den Ölgesellschaften nicht teilgenommen, weil seine Industrie anders strukturiert war als die der arabischen Länder am Persischen Golf. Nun kam der Schah jedoch auf einen Vorschlag zurück, den er vor zwei Jahren gemacht hatte. Er ergriff gegenüber dem Konsortium eine Reihe von Maßnahmen, um die Ölproduktion des Iran zu steigern, die Gewinne zu erhöhen und die direkte Beteiligung des Iran an der Ölwirtschaft zu intensivieren. Als Gegenleistung sollten die Verträge der Ölgesellschaften im Iran von 1979 an um weitere fünfzehn Jahre verlängert werden. Diese Vereinbarungen wurden von unserer Regierung so behandelt, als wären sie unanfechtbar. Die preistreibenden Taktiken der Förderländer waren noch nicht ausreichend analysiert. So schickte Nixon auf Empfehlung der interessierten Behörden dem Schah ein Telegramm und beglückwünschte ihn zu seiner gemäßigten Haltung.

Aber dieser Glückwunsch kam zu früh. Man hatte den Eindruck, daß die Ölverhandlungen die Lage niemals würden stabilisieren können.

Saudi-Arabien, das sich mit den Gesellschaften über eine staatliche Beteiligung von einundfünfzig Prozent geeinigt hatte, begann sehr bald, seine Ölpolitik mit seinem Bemühen um eine Lösung des arabisch-israelischen Konflikts zu verknüpfen. Und als der Schah begriffen hatte, welche Zugeständnisse Saudi-Arabien mit der staatlichen Beteiligung gemacht worden waren, nahm er seinen Vorschlag, die Verträge um fünfzehn Jahre zu verlängern, wieder zurück, mit der Begründung, daß seine innenpolitische Position es ihm nicht erlaubte, sich mit ungünstigeren Bedingungen zufriedenzugeben als Yamani. Anfang 1973 begann er neue Verhandlungen und verstieß praktisch gegen die im vergangenen Jahr getroffenen Vereinbarungen. Dabei legte er einen Plan vor, der die mit den OPEC-Verhandlungen eingeleitete Entwicklung zum logischen Abschluß brachte. Praktisch lief dieser Plan darauf hinaus, die Ölgesellschaften in Verkaufsagenturen für den Iran zu verwandeln. Die unmittelbaren Auswirkungen auf den Ölpreis waren unwesentlich. Doch hinter diesen Entscheidungen stand ebenso wie hinter Yamanis Verhalten ein revolutionärer Wandel, denn nun hatten die Regierungen der OPEC-Staaten die Möglichkeit, den Ölpreis einseitig festzusetzen.

Ende 1972 wurde es bei den Gesprächen über den Preis und die Eigentumsverhältnisse immer deutlicher, daß der Anstieg der amerikanischen Ölimporte uns auf die Dauer immer verwundbarer machen mußte. Es kam zu Anhörungen im amerikanischen Repräsentantenhaus, und die Regierung der Vereinigten Staaten setzte eine ganze Reihe von Energie-Ausschüssen ein. Anfang 1973 beauftragte Nixon John Ehrlichman (der bald von der Bildfläche verschwinden sollte), George Shultz und mich, zu untersuchen, welche Beziehungen zwischen der Energiepolitik, der Außenpolitik und der Sicherheitspolitik bestünden. Bevor diese Untersuchung abgeschlossen werden konnte, beantworteten die Ereignisse diese Fragen.

Mich beunruhigten zunehmend die eskalierenden Forderungen der Ölproduzenten. Ich war überzeugt, daß die Vereinigten Staaten dieses Problem nicht allein lösen könnten. Alle Verbraucherländer mußten zusammenarbeiten. Am 16. Januar 1973 sprach ich in diesem Sinne mit dem britischen Kabinettssekretär, Sir Burke Trend:

> Ich könnte mir vorstellen, daß die Ölversorgung unterbrochen wird. Das wird sicher geschehen, wenn die Verbrauchernationen so uneinig bleiben, wie sie es sind. Wir sollten darüber sprechen, welche umfassenden Maßnahmen getroffen werden müssen, um mit dem Energieproblem fertig zu werden ... Zuerst müssen wir deutlich sagen, was wir erreichen wollen; welches ist der Bedarf, wo liegen die Energiequellen, und wie können wir die Energie produzieren-

den Nationen daran hindern, die Verbrauchernationen gegeneinander auszuspielen? Wie macht man so etwas? Alternative Energiequellen für einige Länder, oder ein gemeinsames Vorgehen oder beides?

Am 8. März teilte ich den Nachrichtendiensten mit, daß der Präsident »angeordnet hat, eine Studie zu der Frage anzufertigen, welche Auswirkungen die Versorgung der Welt mit Energie und ihre Verteilung auf die nationale Sicherheit haben kann«. Am 18. April 1973 legte Nixon dem Kongreß umfangreiche Vorschläge zum Energieproblem vor, die Initiativen zum Energiesparen, zur Steigerung der amerikanischen Produktion und zur Schaffung der organisatorischen Voraussetzungen für die Behandlung dieses Problems durch die Regierung enthielten. Das Quotensystem sollte durch ein einfacheres Lizenzsystem ersetzt werden (nach dem Importmengen, die über dem Niveau von 1973 lagen, mit Sonderabgaben belegt werden sollten). Auf eine Rationalisierung sollte verzichtet werden. In seiner Botschaft räumte der Präsident freimütig ein, daß »es notwendig sein wird, größere Mengen von Brennstoff zu importieren«. In einer zweiten Botschaft zur Energieversorgung vom 29. Juni ordnete Nixon weitere organisatorische Maßnahmen an. Der Gouverneur von Colorado, John A. Love, wurde zum Direktor eines erweiterten energiepolitischen Büros im Exekutivbüro des Präsidenten ernannt.

Am 29. April appellierte ich noch einmal an Burke Trend, sich für die Zusammenarbeit der Ölverbraucher einzusetzen, und berichtete ihm über das, was wir inzwischen unternommen hatten:

Wenn alle ölverbrauchenden Nationen darauf warten, daß eine der anderen in eine Katastrophe gerät, damit sie selbst einspringen und ihre Reserven aufstocken können, dann werden wir früher oder später einen Präzedenzfall dafür haben, alles zu zerschlagen, was es in den Industrienationen gibt. Wir brauchen eine Idee dafür, wie wir zusammenarbeiten sollten, um diese Gefahren zu vermeiden. Wir sind bereit, es zu tun.

Am 23. April forderte ich die demokratischen Industrienationen in meiner Ansprache zum Europa-Jahr auf, dem immer dringenderen Energieproblem mit einer konzertierten Reaktion zu begegnen. Im gleichen Sommer wies ich auf einer interministeriellen Besprechung über die amerikanische Libyen-Politik darauf hin, für wie wichtig ich die Zusammenarbeit der Verbraucherländer hielt:

Ich kenne die Legende, nach der jeder Versuch der Verbraucherländer, sich zusammenzuschließen, zu einer Konfrontation mit den Erzeugerländern führen wird. Das ist eine Art Glaubensbekenntnis, und wir sollten es auf seinen Wahrheitsgehalt prüfen.

Es gab auch eine Gruppe von Leuten, welche die Solidarität der Verbraucherländer nicht für so wichtig hielten. Nach ihrer Auffassung war das Ölproblem im wesentlichen eine bilateral zwischen den Vereinigten Staaten und Saudi-Arabien zu lösende Frage. Deshalb sollten wir unsere politischen und militärischen Beziehungen zu diesem Land festigen. Der stellvertretende Verteidigungsminister, William Clements, empfahl, die Zusammenarbeit auf dem Verteidigungssektor zu intensivieren. Der stellvertretende Finanzminister, William Simon (der bald darauf zum Direktor der Bundesenergiebehörde ernannt wurde), befürwortete eine wirtschaftliche Partnerschaft. Eine immer größer werdende Zahl von Experten behauptete, daß die Fördermengen Saudi-Arabiens entscheidend von unserer Haltung gegenüber Israel beeinflußt würden.[6]

Ich war entschieden dafür, unsere bilateralen Beziehungen zu Saudi-Arabien auszubauen. Im Lauf dieses Jahres waren wir in der von Clements und Simon empfohlenen Richtung ein gutes Stück vorangekommen. Was jedoch die Verknüpfung der Ölpolitik mit dem arabisch-israelischen Konflikt betraf, so hielt ich es für unklug, wenn wir es täten, aber gefährlich für Saudi-Arabien. Da sich die Saudis ohnedies schon sehr stark engagiert hatten, würde sich ihre Lage noch mehr komplizieren, wenn sie die Verantwortung für arabisch-israelische Verhandlungen übernehmen sollten. Entweder riskierten sie damit eine Konfrontation mit den radikalen Arabern, wenn sie sie jedoch unterstützten, riskierten sie einen Konflikt mit uns und den Beweis, daß sie unfähig waren, auf dem Wege zur Lösung dieses Problems voranzukommen. Denn auch wenn wir es gewollt hätten, hatten wir keine Möglichkeit, »den Saudis das zu geben, was sie verlangten«, solange die Autorität des Präsidenten so geschwächt war wie zu dieser Zeit.

Diese Meinungsverschiedenheiten über die richtige Taktik wurden sehr bald von den Ereignissen eingeholt. Im Lauf von drei Jahren hatten die Ölförderländer eine neue Infrastruktur entwickelt und dabei die Schwäche und Unentschlossenheit der Verbraucher ausgenutzt. Das Bekenntnis zu den Grundsätzen des freien Marktes hatte die Regierungen, und besonders die Regierung der Vereinigten Staaten, veranlaßt, sich nicht an den Verhandlungen zu beteiligen, während die Ölgesellschaften selbst wehrlos dem Diktat der Förderländer folgen mußten. Politische Forderungen waren mit wirtschaftlichen verknüpft worden. Als das auf der westlichen Hemisphäre geförderte Öl die Importe aus der arabischen Welt nicht mehr ersetzen konnte, wurde ein Produktionsstop der OPEC-Länder plötzlich zur tödlichen Waffe. Im Oktober-Krieg konnte sie triumphieren. Erstaunlicherweise hatte man die ganze Bedeutung dieses Zwangsmittels bei Kriegsbeginn noch nicht begriffen. Wahrscheinlich hat das nichts geschadet, denn andernfalls hätten wir vielleicht nicht die Einigkeit und Entschlossenheit aufgebracht, an einem Kurs festzuhalten, der uns durch die geopolitischen Zwänge diktiert wurde.

Der Oktober-Krieg und das Energieproblem: der erste Ölschock

Bei Kriegsausbruch sprach man in Regierungskreisen bei uns vorsichtig von der Möglichkeit eines Ölembargos. Man erinnerte sich an die Erfahrungen des Jahres 1967, und nur wenige glaubten, daß ein Embargo auf die Dauer ernste Folgen haben könnte. Der stellvertretende Staatssekretär Roy Atherton sagte jedoch schon auf der ersten Sitzung der WSAG am Vormittag des 6. Oktober ein Embargo voraus, und der stellvertretende Außenminister Kenneth Rush erklärte besorgt, wir hätten für diesen Fall keine geeigneten Maßnahmen vorgesehen. Noch am gleichen Abend verlangte ich von den zuständigen Behörden, die für diesen Fall notwendigen Vorbereitungen zu treffen, und tat das von nun an auf jeder Sitzung der WSAG, ohne selbst eine klare Vorstellung davon zu haben, was geschehen müßte. Bill Simon, Gouverneur Love und Charles DiBona, als Energieberater des Präsidenten, haben hervorragende Pionierarbeit geleistet. Aber die Ereignisse überschlugen sich dermaßen, daß wir mit unseren Planungen nicht hinterherkommen konnten. Man erwog die Möglichkeit, das Benzin zu rationieren, aber alle Behörden vertraten die Auffassung, dafür sei es noch zu früh. Ich empfahl, die Verbrauchernationen sollten eine geschlossene Front bilden und Pläne ausarbeiten, für den Fall eines Embargos die vorhandenen Ölreserven zu teilen, aber keiner unserer Verbündeten war bereit, über einen solchen Plan auch nur zu sprechen.

Das zeigte sich am 11. Oktober, als der französische Außenminister Michel Jobert mich zum erstenmal nach meiner Ernennung zum Außenminister besuchte. Jobert warnte mich und sagte, die Ölproduzenten würden den Ölpreis demnächst verdoppeln. Würden wir diese Erhöhung akzeptieren? Natürlich nicht, aber wenn nur die Vereinigten Staaten sich dagegen wehrten, würde es nichts nützen. Jobert war jedoch gegen die Solidarität der Verbraucher. Ich sagte Jobert, der Preisdruck sei nicht in erster Linie eine Folge des Krieges. Die Konferenz der OPEC-Staaten, die am 8. Oktober in Wien begann, war schon lange vor Ausbruch der Feindseligkeiten für diesen Termin einberufen worden. Wenn man nun dem Preisanstieg begegnen wollte, dann ergäben sich zwei Probleme. Bisher wären die Verhandlungen von den Ölgesellschaften geführt worden, die eine Beteiligung der Regierungen an diesen Gesprächen ablehnten, und sie hätten den Preisanstieg an die Verbraucher weitergegeben. Wenn jedoch die Regierungen jetzt versuchten, etwas gegen die Preisspirale zu unternehmen, dann müßten alle Verbraucher zusammenarbeiten. Ich sagte:

> Wir haben keine Strategie ... Es steckt wirklich eine Art Wahnsinn darin. Ihr Eigentum wird in Algerien verstaatlicht, und dann gehen unsere Gesellschaften dorthin und nehmen Ihren Platz ein. Unser Eigentum könnte anderswo verstaatlicht werden, und an unsere Stelle treten wieder andere. Über all das sollten wir mit den Verbrauchernationen sprechen.
>
> Es ist eine Illusion zu glauben, daß es nach Beendigung des Krieges keine Probleme mit dem Öl mehr geben wird. Aber die Methode, mit der wir diese Frage behandeln, ist selbstmörderisch. Zuerst müssen wir das eigene Haus in Ordnung bringen. Wir sind bereit, mit Ihnen auf sehr vertraulicher Basis darüber zu sprechen. Wenn Sie uns jemanden schicken wollen, der das tun könnte, würden wir es begrüßen.

Jobert kam auf das Angebot, vertrauliche Gespräche zu führen, nicht zurück und nahm gegenüber der Möglichkeit einer Zusammenarbeit der Verbraucherländer auch weiterhin eine kühl-ablehnende Haltung ein. Der amerikanische Vorschlag, eine gemeinsame Strategie der Verbrauchernationen zu entwickeln, lag seit meiner Rede zum Europa-Jahr vor sechs Monaten auf dem Tisch. Er war seither mehrmals wiederholt worden. Man hatte ihn ignoriert, weil besonders Frankreich in der Energiefrage freie Hand behalten wollte. Die Franzosen wollten die Krise dazu ausnutzen, mit den Förderländern günstige bilaterale Absprachen zu treffen.

Am 16. Oktober gab die OPEC die Taktik der schleichenden Ölpreiserhöhung zugunsten eines dramatischen Preisanstiegs auf. Mit einem aufsehenerregenden, beispiellosen Schritt und ohne mit den Verbrauchern darüber gesprochen zu haben, erhöhten sechs Golf-Staaten den bisherigen Ölpreis um siebzig Prozent – von Dollar 3,01 auf Dollar 5,12. Auf einer Konferenz in Kuwait kamen die arabischen Mitglieder der OPEC am folgenden Tag überein, ihre Ölproduktion um fünf Prozent zu senken und jeden Monat um weitere fünf Prozent herunterzugehen, bis Israel veranlaßt worden wäre, alle besetzten arabischen Gebiete zu räumen. Am 18. Oktober erklärte Saudi-Arabien, daß es über die vereinbarte Produktionskürzung hinausgehen und seine Produktion um zehn Prozent senken werde, bis die arabischen Bedingungen für eine Beilegung der Krise im Nahen Osten erfüllt wären. Diese Produktionskürzungen ermöglichten, ganz abgesehen von dem politischen Hintergrund, die Aufrechterhaltung des höheren

Preises und legten den Grund für noch dramatischere Preissteigerungen.

Die Lage spitzte sich sehr bald noch mehr zu. Am 19. Oktober bat Nixon den Kongreß um Genehmigung eines 2,2-Milliarden-Dollar-Pakets für die Unterstützung Israels mit Kriegsmaterial, das über die Luftbrücke nach Israel geflogen werden sollte. Dieser Antrag wurde in der Form einer in erster Linie finanzpolitischen Routineentscheidung vorgelegt. Es gab im Etat der amerikanischen Regierung keinen Posten, aus dem die Luftbrücke nach Israel bezahlt werden konnte. Das Verteidigungsministerium fürchtete, es werde diese Kosten übernehmen und andere Programme einschränken müssen. Leute, die Erfahrungen im Umgang mit der Legislative hatten, meinten, daß es leichter sein würde, die Zustimmung des Parlaments zu einem Zusatzetat zu erreichen, solange der Krieg andauerte, als nach Beendigung der Kampfhandlungen. Die Entscheidung, den Antrag zu stellen, wurde daher aufgrund von technischen Erwägungen getroffen. Ich habe keine Unterlagen dafür finden können, daß uns irgend jemand vor einer möglichen Reaktion der Araber gewarnt hat. Aber es hat vor Beginn der Luftbrücke durchaus solche Befürchtungen gegeben. Jetzt, fast eine Woche später, glaubte man, das Schlimmste wäre vorüber.

Der Zeitpunkt für den Antrag hätte nicht ungünstiger gewählt werden können. Bis dahin war es uns gelungen, den Eindruck zu erwecken, daß unsere Luftbrücke eine Reaktion auf sowjetische Kriegsvorbereitungen und das Scheitern unserer Waffenstillstands-Initiative wäre. In den Vereinten Nationen hatten wir die Vorlage von Resolutionen verhindert, gegen die wir unser Veto hätten einlegen müssen, und dadurch vermieden, die Araber zu sehr zu verärgern. Als wir aber nun am letzten Wochenende des Krieges, während sich die ägyptische Armee in großer Bedrängnis befand und israelische Streitkräfte vor Damaskus standen, unser Hilfsprogramm in Höhe von 2,2 Milliarden Dollar bekanntgaben, hatten die Araber den konkreten Anlaß zur Verärgerung gefunden. Es wäre viel klüger gewesen, die offizielle Vorlage auf einen Zeitpunkt nach der Vereinbarung des Waffenstillstandes zu verlegen. Dann hätten wir die Maßnahme als Beitrag zur Beendigung des Krieges hinstellen können.

Die Araber reagierten sofort. Am Tage nach der Bekanntgabe unserer Maßnahme – ich flog am gleichen Tag nach Moskau, um über einen Waffenstillstand zu verhandeln – verkündete Saudi-Arabien ein totales Ölembargo für die Vereinigten Staaten. Später dehnten die arabischen Mitglieder der OPEC das Embargo auf die Niederlande aus, die europäische Regierung, die unsere Politik am deutlichsten unterstützt hatte. Die Entscheidung der OPEC vom 16. Oktober, den Ölpreis zu erhöhen, die am 17. Oktober in Kuwait getroffene Entscheidung, die Ölproduktion der arabischen Staaten zu kürzen und das arabische Ölembargo vom 20. Oktober haben zusammengenommen den Weltmarkt für Erdöl revolutioniert.

Die Verantwortlichen verstanden von der Struktur des Ölmarkts so wenig, daß die Hauptsorge zunächst dem Embargo galt. Während der folgenden fünf Monate drehte sich alles um die Frage, wie dieses Embargo wiederaufgehoben werden könnte, und zwar zum Teil, weil Nixon glaubte, hier einen spektakulären Erfolg erringen zu können, mit dem sich Watergate überwinden ließ. In Wirklichkeit war das arabische Embargo eine symbolische Geste und hatte kaum praktische Auswirkungen. Natürlich wurden die Öllieferungen aus Saudi-Arabien und anderen arabischen Staaten in die Vereinigten Staaten eingestellt. Aber da die Ölgesellschaften über gemeinsame Vorräte verfügten, ersetzten sie das arabische Öl, auf dem das Embargo lag, durch anderes, nichtarabisches Öl, das frei geliefert werden konnte, und verschoben die anderen Zuteilungen entsprechend. Das Embargo hatte in der Hauptsache psychologische Auswirkungen. Die Befürchtung, daß es ausgedehnt werden könnte – daß die Araber noch weitere Produktionskürzungen vornehmen würden –, löste eine Welle von Panikkäufen der europäischen Länder und Japans aus, so daß Versorgungsengpässe entstanden und die Preise noch mehr in die Höhe getrieben wurden.

In Wirklichkeit waren es die Produktionssenkungen, welche die Veränderungen auf dem Markt herbeiführten. Sie beeinflußten eine Verschiebung des Gleichgewichts zwischen Angebot und Nachfrage und demonstrierten, daß die Ölförderländer einen ungeheuer wirksamen Hebel in der Hand hatten. Durch ihr Zögern vergrößerten die Verbrauchernationen ihre Schwierigkeiten. Weil sie nicht zusammenarbeiten wollten, machten sie sich immer abhängiger von den Ölproduzenten und erzwangen praktisch die Fortdauer der Krise.

Auf einer Sitzung des Stabes des Außenministeriums am 18. Oktober widersprach ich der Behauptung, daß die Ölgesellschaften keine andere Wahl hätten und sich mit den neuen Preissteigerungen abfinden müßten:

> Was wollen wir tun? ... Im nächsten Jahr werden sie auf zehn Dollar hinaufgehen. Wird man das auch akzeptieren müssen? Dann gehen sie auf zwanzig Dollar. Gibt es irgendeinen Punkt, an dem wir Widerstand leisten müssen? Mein Instinkt sagt mir, da die Lage immer ernster wird, ist es besser, es rechtzeitig zu einer Konfrontation kommen zu lassen.

Die Zahlen, mit denen ich sarkastisch hatte demonstrieren wollen, zu wie absurden Verhältnissen es führen könnte, wenn die Ölverbraucher einfach resignierten, begannen schon im Lauf von sechs Wochen Wirklichkeit zu werden. Ich hatte recht gehabt, aber ebenso auch der Unterstaatssekretär für wirtschaftliche Angelegenheiten, William J. Casey, als er erwiderte: »Gut und schön, aber was bedeutet eine Konfrontation? Niemand in dieser Regierung hat bisher gesagt, wie man solchen Forderungen begegnen soll.« Jede Ölstrategie mußte damit beginnen, daß sich alle größeren Verbrauchernationen solidarisch zusammenschlossen – was durch sechs Monate andauernde transatlantische Spannungen verhindert wurde, die sich jetzt durch die von den Preissteigerungen, Produktionskürzungen und dem Embargo ausgelöste Panik noch verschärften. Keine europäische Regierung ging auf unser Angebot ein, vertraulich über eine Zusammenarbeit auf dem Energiesektor mit uns zu sprechen. Sie alle ließen keine Gelegenheit vergehen, sich von unserer Nahost-Politik zu distanzieren – wie ich im 16. Kapitel geschildert habe. Die europäischen Nationen weigerten sich sogar, ihre Ölvorräte mit den Niederlanden zu teilen, die ebenfalls von dem Ölembargo getroffen waren, weil sie fürchteten, daß die Förderländer als Gegenmaßnahme das Embargo auf sie ausdehnen würden.

In dieser Lage waren die Vereinigten Staaten gezwungen, eine einseitige Strategie zu entwickeln. Sie hatte drei Komponenten: ein nationales Energieprogramm, mit dem wir versuchen wollten, auf dem Weltenergiemarkt das Gleichgewicht einigermaßen wiederherzustellen; eine Nahost-Politik, die sich keinem Druck beugte, ob er nun von unseren Verbündeten oder von den Ölproduzenten ausging, und zwar ohne Rücksicht darauf, wie schmerzlich das für uns war. Unter solchen Voraussetzungen hofften wir, unsere Bemühungen um die Solidarität der Verbraucher wiederaufnehmen zu können.

Am 7. November 1973 verkündete Nixon das Projekt »Unabhängigkeit«, mit dem sich die Vereinigten Staaten verpflichteten, sich bis 1980 durch Sparmaßnahmen und die Entwicklung alternativer Energiequellen von importierter Energie unabhängig zu machen. In gewisser Beziehung war das eine sehr großsprecherische Erklärung, denn alles deutete darauf hin, daß sich unsere Abhängigkeit von importierter Energie bis 1980 verstärken und nicht verringern würde. Doch andererseits wies Nixon, wenn er zur Erreichung dieses Ziels auch eine viel zu kurze Zeit ansetzte, dem Land die richtige Richtung. Wenn Nixon vor ein außenpolitisches Problem gestellt wurde, suchte er nach Möglichkeiten, dieses Problem mit den Wurzeln auszureißen, und nicht, es zu mildern. Amerika mußte lernen, im Umgang mit Energie sparsamer zu sein, und bei der Entwicklung von alternativen Energiequellen mehr Initiative entwickeln und entschlossener vorgehen. Wenn es uns gelang, uns unabhängiger von importiertem Öl zu machen, dann mußte sich die Verhandlungsposition *aller* Ölverbraucher in dramatischer Weise verbessern, was auch geschehen ist, wenn es auch länger gedauert hat, als Nixon glaubte.

Mit einer solchen Langzeitstrategie ließ sich natürlich das uns unmittelbar bedrängende Problem der Meinungsverschiedenheiten mit unseren Verbündeten über die richtige politische Linie nicht lösen.

Mit dem »Projekt Unabhängigkeit« demonstrierten wir gleichzeitig, daß man das Tempo oder den Inhalt unserer Diplomatie nicht beeinflussen konnte, wenn man uns unter Druck setzte. Wir hielten an der von uns zu Beginn des Krieges entwickelten politischen Linie fest, wenngleich wir von vielen unserer Verbündeten unter Druck gesetzt wurden, die die Ölproduzenten besänftigen wollten, indem sie sich hinter ihre politischen Forderungen stellten. So schmerzlich es für uns auch war, wir glaubten, den Interessen unserer Verbündeten am besten zu dienen, wenn wir ihnen zeigten, daß sie unsere Entscheidungen nicht beeinflussen konnten, denn dadurch nahmen wir den Ölproduzenten den Anlaß, Druck auf sie auszuüben.

Es dauerte Monate, bis unsere Strategie Wirkung zeigte, und wir mußten einen Preis dafür bezahlen, besonders in den Beziehungen zu unseren Verbündeten. Der Distanzierungsprozeß – den wir nicht eingeleitet hatten – entwickelte sich zum Circulus vitiosus. Für stolze Nationen, die bis vor nicht langer Zeit eine beherrschende Rolle im Nahen Osten gespielt hatten, bedeutete es eine schwere Demütigung, erkennen zu müssen, daß sie in der Nahost-Politik nichts mehr zu sagen hatten. Aber sie selbst haben wesentlich dazu beigetragen, die Spannungen zu verschärfen. Im Dezember 1973 erfuhren wir, daß einige unserer Verbündeten von den Arabern verlangt hatten, bevorzugt behandelt zu werden, weil sie sich gegen unsere Politik gestellt hätten. Sie erklärten sogar, daß die Vereinigten Staaten auch dann nicht belohnt werden dürften, wenn sie mit ihren diplomatischen Bemühungen Fortschritte erzielten. Das gegen uns verhängte Embargo müßte also mehrere Monate in Kraft bleiben, denn sonst würde sich herausstellen, daß die Distanzierung der Europäer und Japaner von unserer Politik sinnlos gewesen war. Wir haben nicht den Beweis dafür erbringen können, daß dies wirklich so gewesen ist, aber die Berichte darüber waren zu zahlreich, als daß sie völlig unbegründet hätten sein können. Jedenfalls war diese Periode in den Beziehungen innerhalb des Bündnisses nicht sehr glücklich.

Im Hinblick auf den von den Förderländern ausgeübten Druck glaubten wir, daß es im Interesse der gemäßigten unter ihnen läge, wenn wir sie davor bewahrten, die Verantwortung für die sicherlich sehr komplexen und mit großer Erbitterung geführten Verhandlungen über einen arabisch-israelischen Frieden übernehmen zu müssen. Wenn wir Saudi-Arabien in die Einzelheiten dieser Verhandlungen hineinzögen, dann setzten wir einen von uns hochgeschätzten Freund dem Druck aller möglichen Seiten aus, obwohl das nicht notwendig wäre.

Die gemäßigten arabischen Ölproduzenten befanden sich ohnedies in einer sehr komplexen Situation. Nachdem sie in einem von Emotionen bestimmten Augenblick zur Ölwaffe gegriffen hatten, fiel es ihnen schwer, sie wieder aus der Hand zu legen. Die Notwendigkeit, die Geschlossenheit aller arabischen Länder zu wahren, verschaffte den Radikalen praktisch das Vetorecht.

Sadat hatte während des Krieges dazu beigetragen, daß die Ölwaffe eingesetzt wurde. Bei unseren ersten Gesprächen mit ihm erklärte er ebenso wie seine arabischen Brüder, daß das Embargo durch eine multilaterale Entscheidung zustande gekommen wäre und auch nur durch einen gemeinsamen Entschluß aufgehoben werden könnte. Er müßte deshalb auf Fortschritte in den Friedensgesprächen hinweisen können, bevor er eine Aufhebung des Embargos empfehlen könnte. Solange er nicht versuchte, mehr von uns zu verlangen als vor dem Embargo – und damit nicht eine neue Eskalation heraufbeschwor –, waren wir bereit, diese seine Haltung hinzunehmen. Aber wir haben ihn von vornherein darauf aufmerksam gemacht, daß wir unsere diplomatischen Bemühungen nicht über die ägyptisch-israelische Truppenentflechtung hinaus fortsetzen könnten, wenn das Embargo nicht aufgehoben wurde. Damit richteten wir die Ölwaffe jetzt gegen die Ölproduzenten. Da Sadat diese Drohung begriffen hatte, drängte er seit Ende November auf die schrittweise Aufhebung der Beschränkungen, und zwar parallel zu der Verwirklichung der ersten Vereinbarungen über die Truppenentflechtung. Aber sogar für Sadat war es leichter gewesen, die Ölwaffe in die Hand zu nehmen, als sie wieder beiseite zu legen.

König Faisal sagte mir, er könnte das Embargo weder einseitig noch auf Empfehlung eines einzelnen arabischen Führers wie Sadat aufheben, und ich glaube, er hat das ehrlich gemeint. Eine Aufhebung des Embargos ohne die Zustimmung der anderen arabischen Ölstaaten hätte unangenehme Folgen für ihn gehabt. Die Verbesserung der Beziehungen zu den Vereinigten Staaten hätte ihm die Bedrohung durch die Radikalen eingebracht, und dieser Preis wäre zu hoch gewesen. Dieses Risiko wollte Faisal nicht eingehen, bevor nicht an der syrischen Front Fortschritte erkennbar waren. Doch wir konnten nicht so lange warten. Die Truppenentflechtung auf den Golan-Höhen würde sich noch Monate hinziehen. Und wenn wir es den Ölförderländern erlaubten, eine Hürde nach der anderen aufzubauen, dann würde das Wettrennen niemals ein Ende finden. Jeder Erfolg würde nur zu neuen politischen Forderungen führen, und wir wären ständig dem Druck mit der Ölwaffe ausgesetzt. Andererseits würde die Ölwaffe wirkungslos sein, wenn wir uns weigerten, die Truppenentflechtung an der syrischen Front voranzutreiben – soweit die Ölförderländer an der Lösung dieses Problems ein Interesse hatten, was auf die meisten zutraf. Deshalb überließ ich es ihnen, sich aus dem Dilemma zu befreien, in das sie durch eigene Schuld geraten waren.

Der arabische Politiker, der für den Westen der wichtigste Gesprächspartner in der Öldiplomatie zu sein schien, war der saudische Ölminister, Scheich Ahmed Zaki Yamani. Ich war mit ihm schon mehrmals zusammengetroffen, bevor er als Folge der Ölkrise zu einer gefürchteten Persönlichkeit geworden war und er auf seinen Weltreisen von seinen Verehrern umschmeichelt und von den Journalisten verfolgt wurde, die begierig jedes seiner Worte registrierten. Ich hatte ihn als sehr intelligenten und gebildeten Mann kennengelernt. Man konnte sich mit ihm über die verschiedensten Themen unterhalten, sein besonderes Interesse galt der Soziologie und der Psychologie. Mit seinen hellwachen Augen und dem kleinen Van-Dyke-Bart sah er aus wie ein etwas hochmütiger junger Mann aus reichem Hause, der sich zum Vergnügen mit der Ölpolitik beschäftigte und selbst kaum an die apokalyptische Botschaft glaubte, die er zu verkünden hatte, besonders da er sie mit sanfter Stimme und entschuldigendem Lächeln vortrug, in einer Haltung, die den von ihm vertretenen Maßnahmen und ihren Folgen eigentlich nicht entsprach.

In einer anderen Gesellschaft oder zu einer anderen Zeit wäre Yamani vielleicht Gelehrter oder der Führer einer Splitterpartei der gemäßigten Rechten oder Linken geworden, deren Einfluß nicht von der Zahl, sondern von der intellektuellen Integrität ihrer Mitglieder ausging – was zum Beispiel für die Republikanische Partei Italiens gilt, die stolz darauf ist, daß ihre wenigen Mitglieder rigorose moralische Grundsätze vertreten. Aber da er in seinem Land und zu dieser Zeit wegen seiner Herkunft nicht zur politischen Führung gehören konnte, die dem hohen Adel vorbehalten war, und andererseits zu begabt war, um in der Masse unterzugehen, eroberte er sich schließlich eine Stellung, in der er zwar nicht an den Hebeln der Macht saß, in der er jedoch eine ungeheuer wichtige Aufgabe zu erfüllen hatte. Yamani wurde zum Techniker par excellence, fast unentbehrlich für die Industrie, die in der Wirtschaft seines Landes und schließlich auch in der Weltwirtschaft eine zentrale Rolle spielte. Nichts war ohne ihn möglich. Aber die letzten Entscheidungen wurden von anderen getroffen, und zwar aufgrund von Überlegungen, für die er nur die technischen Daten lieferte, und als Reaktion auf Zwänge, die er nicht beeinflussen konnte (aber vielleicht auf seine Weise auszunutzen wußte).

Yamanis Einfluß auf die weltpolitische Entwicklung entsprach daher in keiner Weise seiner persönlichen Stellung innerhalb Saudi-Arabiens. In der Welt genoß er hohes Ansehen und wurde von vielen gefürchtet. Er war gewissermaßen die Stimme des Königreichs und manchmal sogar der ganzen arabischen Welt. Aber in Saudi-Arabien nahm er eine viel bescheidenere Stellung ein. Er gehörte nicht zur königlichen Familie und nicht zur Aristokratie, sondern hatte seinen Aufstieg in einer von alten Traditionen geprägten Gesellschaft seiner ungewöhnlichen Begabung zu verdanken. Er stand außerhalb des inneren Kreises und hat nur selten an den Gesprächen teilgenommen, die ich mit den Fürstlichkeiten führte. Wenn er zugegen war, saß er seinem protokollarischen Rang entsprechend in der Reihe der mittleren Staatsbeamten und hat sich niemals zu Wort gemeldet. Ich habe mir manchmal überlegt, ob die gelegentlich scharfen Äußerungen Yamanis nicht Ausdruck seiner eigenen Unsicherheit und des Bedürfnisses gewesen sind, seine Stellung unter den wichtigsten arabischen Führern in den Augen der Welt zu behaupten, und nicht immer der offiziellen Haltung des Königreichs entsprachen.

In diesem Sinne war Yamani die Verkörperung der Widersprüchlichkeiten, in die sein Land als einer der größten Ölproduzenten geraten war. Der Übergang vom Feudalismus in das moderne technische Zeitalter ist immer ein traumatischer Vorgang. Das Dilemma Saudi-Arabiens liegt darin, daß die hohen Einkünfte aus dem Öl, die ihm eine so entscheidende Stellung in der Weltwirtschaft verschafft haben, auch den Prozeß der internen Modernisierung in einem Tempo vorantreiben, das bisher noch keine Gesellschaft auf einer vergleichbaren politischen Evolutionsstufe erlebt hat. Die Führungsschicht Saudi-Arabiens betrachtet eine so ungeheuer rasche Entwicklung sicherlich mit gemischten Gefühlen. Die politische Basis feudaler Gesellschaften sind die durch die Tradition begründeten und in den meisten Fällen ganz persönlichen gegenseitigen Verpflichtungen. Der moderne Staat setzt rechtliche oder bürokratische Normen, um berechenbar zu bleiben. Der Feudalstaat betont den Status. Die Gesellschaft eines modernen Staates ist eine Leistungsgesellschaft. Yamani war der Vertreter eines neuen Verdienstadels, dessen Einfluß ebenso rasch wachsen würde wie die Gewinne aus dem Öl, die zu steigern seine Aufgabe war. Die wirtschaftliche und gesellschaftliche Entwicklung bedeutete eine Herausforderung für die traditionellen Lebensgewohnheiten und die alten Machthaber. Die Modernisierung erfordert es, daß Tausende im Ausland ausgebildet werden und dabei Wertmaßstäbe kennenlernen, die sich nicht leicht mit denen eines nach innen blickenden, autoritären Staates vereinbaren lassen, der sich auf die Loyalität von Beduinenstämmen stützt. Ein einzelner Yamani hatte für Saudi-Arabien einen großen Wert. Aber was würde geschehen, wenn es eines Tages Zehntausende von Yamanis gäbe? Wie würde sich der Status dieser neuen gesellschaftlichen Gruppen mit den Ansprüchen einer herrschenden Klasse vereinbaren lassen, die ihre Stellung einer alten Familientradition verdankte? Wie ließen sich Vergangenheit und Zukunft erfolgreich miteinander verschmelzen?

Die so künstlich wirkenden saudi-arabischen Städte, die ich in einem der vorangegangenen Kapitel geschildert habe, symbolisierten den Übergang von der Tradition der Beduinen zu einem neuen Lebensstil. Sie sollten zur Heimat nicht nur des neuen Verdienstadels, sondern auch eines entpersonalisierten, aus den Stammesverbänden herausgerissenen Proletariats werden, das gerade deshalb, weil es nicht verarmte und daher nicht von der unmittelbaren Sorge um das Überleben bedrängt war, von Unruhe ergriffen wurde. Die Vereinigten Staaten hatten in erster Linie die Beziehungen zu der Welt der Prinzen gepflegt. Sie waren die guten Freunde unseres Landes, und es gab nach meiner Auffassung keine alternative Herrschaftsform, die für uns nicht ungünstiger gewesen wäre. Ich wünschte ihnen Erfolg bei ihrer Bemühung, den neuen Herausforderungen gerecht zu werden, die mit ihrer eigenen Ölpolitik auf sie zukamen. Sie beschleunigte den inneren Wandel, der Saudi-Arabien sehr rasch in eine Zukunft führen wird, über die sich heute noch nichts aussagen läßt.

Yamani hat diese Schwierigkeiten mit keinem Wort erwähnt; er war ihre Verkörperung, während er sich wahrscheinlich gleichzeitig gegen sie wehrte. Er hat die ihm zugeteilten Aufgaben mit bewundernswertem Geschick gelöst. Aber die Geschichte wird unter Umständen beweisen, daß er, als er dazu beitrug, die Weltwirtschaft zu revolutionieren, für seine eigene Gesellschaft eine monumentale Herausforderung auf dem Felde der politischen Entwicklung heraufbeschworen hat.

Unmittelbar nach dem Ölembargo sah sich Saudi-Arabien in einer höchst unangenehmen Lage. Seine freundschaftlichen Beziehungen zu den Vereinigten Staaten bedeuteten ihm aus emotionalen und praktischen Gründen sehr viel. Es fürchtete die Auswirkungen des Radikalismus in der arabischen Welt, aber die Solidarität des arabischen Lagers entsprach seiner moralischen Überzeugung und den Sicherheitsbedürfnissen des Königreichs. Saudi-Arabien konnte sich eine Isolierung in der arabischen Welt nicht leisten. Es durfte sich nicht mit dem Stigma des aus der Gemeinschaft ausgestoßenen Reaktionärs belasten oder vorwerfen lassen, daß es sich zu wenig für die arabische Sache einsetzte. Mit der Anwendung der Ölwaffe geriet das Land jedoch in eine immer schwierigere Lage.

Die Folge waren eine Reihe von saudischen Erklärungen, in denen zum Ausdruck kam, in wie viele verschiedene Richtungen Saudi-Arabien sich gedrängt fühlte, und diese Erklärungen schienen einander auszuschließen. Am 11. November schickte mir Yamani eine Botschaft, die er ausdrücklich als »nichtoffiziell« bezeichnete, um ihre Bedeutung einzuschränken. (Im übrigen ist es nicht üblich, daß saudische Minister einem amerikanischen Außenminister private Botschaften schicken, wenn sie nicht glauben, dazu bevollmächtigt zu sein.) Hier hieß es, daß nur dann »etwas« im Hinblick auf das Embargo getan werden könnte, wenn die Vereinigten Staaten eine »Erklärung über die Beachtung der Resolution 242 des Weltsicherheitsrats und insbesondere über den Abzug aus dem besetzten arabischen Gebiet« abgeben würden. Mit anderen Worten, Yamani verlangte von uns, daß wir uns dazu verpflichteten, Israel bis auf die Grenzen von 1967 zurückzudrängen. Eine solche Verpflichtung konnten die Vereinigten Staaten nicht übernehmen. Auf einer Pressekonferenz in Peking beantwortete ich am 12. November eine Frage nach amerikanischen Garantien sehr viel allgemeiner (mit einer Standardantwort). Hier erklärte ich mich im Prinzip mit Gebietsräumungen einverstanden, aber unter der Voraussetzung, daß die dabei entstehenden neuen Grenzen in Verhandlungen festgelegt werden müßten:

> Wir haben noch keine besonderen Garantien gegeben. Aber ich würde annehmen, wenn die Friedensverhandlungen erfolgreich verlaufen, wird es, besonders für Israel, ein sehr ernstes Problem geben, und zwar wird die Frage beantwortet werden müssen, wie Israel seine Sicherheit wahren soll, wenn die endgültigen Grenzen nicht mehr an der Waffenstillstandslinie liegen werden und wenn Gebietsräumungen erforderlich werden sollten, wie sie die Resolution 242 des Weltsicherheitsrats vorsieht ...

In meiner Antwort an Yamani machte ich aus der Not eine Tugend und erinnerte ihn an diese Aussage.

Am 17. November erhielt ich eine etwas andere Analyse: Man teilte mir mit, daß König Faisal nicht bereit wäre, das Embargo als Gegenleistung für die Räumung eines nur wenige Kilometer breiten Wüstenstreifens auf der Sinai-Halbinsel aufzuheben. Er verlangte vielmehr, daß Israel auf seine Souveränitätsrechte in Jerusalem verzichtete. Darüber hinaus verlangte jede Modifizierung des Embargos die Zustimmung Syriens, Kuwaits, Ägyptens und Algeriens. Gleichzeitig teilte man uns mit, daß Yamani andere arabische Hauptstädte aufsuchen werde, um sich dort über die Stimmung unterrichten zu lassen. Allerdings sagte man uns nicht, zu welchem Zweck diese Reisen stattfinden sollten.

Am Tage darauf übermittelte mir der Beauftragte eines sehr einflußreichen Prinzen eine andere Version der saudischen Absichten. Das Verlangen Faisals, Israel sollte bis auf die Grenzen von 1967 zurückgehen, stellte das letzte Ziel Saudi-Arabiens dar, es werde jedoch nicht unbedingt das Verhalten Saudi-Arabiens im Hinblick auf seine Ölpolitik bestimmen. Eine Modifizierung des Embargos wäre möglich, sobald »wirksame und konkrete« Schritte in Richtung auf den Frieden unternommen würden. Das könnte zum Beispiel der *Beginn* eines israelischen Rückzugs aus den gegenwärtigen Linien sein. Der Beauftragte sagte dabei jedoch nicht, ob der gleichzeitige Rückzug an der ägyptischen und der syrischen Front oder nur ein Abzug israelischer Truppen an der ägyptischen Front gemeint war.

Am gleichen Tage, dem 18. November, verknüpften die arabischen Ölminister auf ihrer Konferenz in Wien das Öl wiederum mit der Nahost-Politik. Sie gaben bekannt, daß sie in »Anerkennung« der Haltung der Europäischen Gemeinschaft gegenüber dem Nahen Osten auf die für Dezember vorgesehene fünfprozentige Produktionssenkung verzichteten. Damit belohnten die arabischen Minister die Europäische Gemeinschaft nur mit der Aufrechterhaltung eines außerordentlich schwer zu ertragenden Status quo. Sie unternahmen nichts gegen die Folgen der beiden vorangegangenen Produktionssenkungen, welche die gefährliche Krise ausgelöst hatten. Das Embargo gegen die Niederlande blieb bestehen und, was noch bezeichnender war, wurde von den anderen Ölstaaten gebilligt.

Am 19. November teilte uns Yamani die Ergebnisse seiner Konsultationen mit den anderen arabischen Staaten mit. Dabei kehrte er zu seiner harten Haltung zurück und verknüpfte die Aufhebung des Embargos mit der Zustimmung Israels zu »einem Zeitplan« für den Abzug aus »allen« besetzten Gebieten. Yamani stellte diesen Beschluß sogar so dar, als erwiesen die Araber den Vereinigten Staaten damit einen besonderen Gefallen. Die Forderung würde unserer Stimme in den Verhandlungen mit den Israelis ein größeres Gewicht verleihen, und wir würden sie leichter dazu bewegen können, an einer Friedenskonferenz teilzunehmen und die von ihnen besetzten Gebiete zu räumen. Auf solche Vorschläge konnten wir nicht eingehen. Wir hatten sehr viel Verständnis für die Schwierigkeiten unserer Freunde in Saudi-Arabien. Wenn wir uns jedoch verpflichteten, als Gegenleistung für Öllieferungen von anderen gestellte Bedingungen durchzusetzen, befanden wir uns auf schlüpfrigem Boden. Saudi-Arabien würde es in diesem Fall nicht dabei bewenden lassen können. Die radikalen Staaten würden es drängen, weitere Forderungen zu stellen. Früher oder später würden wir uns endgültig weigern müssen, solchen Forderungen nachzukommen. Die Saudis, die sich dann darum bemühen mußten, sich von den Zwängen zu befreien, die sie in entgegengesetzte Richtungen drängten, würden schließlich zwischen den Forderungen der Radikalen und dem Widerstand der Vereinigten Staaten gefangen sein. Deshalb war es vernünftiger, wenn wir uns solchen Forderungen widersetzten, bevor die Entwicklung außer Kontrolle geriet – so der wesentliche Inhalt eines Briefes, den ich am 21. November dem Prinzen Fahd schrieb, als ich ihn zu einem Besuch in Washington einlud. Darin teilte ich ihm warnend mit, daß es für uns »sehr schwierig sein wird, in den bevorstehenden Verhandlungen alles zu tun, was wir tun möchten, wenn wir mit der Fortsetzung des Ölboykotts bedroht werden«. Das wäre kein »freundschaftliches Verhalten«, sondern könnte zu einer Konfrontation führen, die sich nicht mit der »Haltung« vereinbaren läßt, »die wir einnehmen müssen, wenn die Verhandlungen überhaupt eine Chance auf Erfolg haben sollen«.

Wenn man seinen Verhandlungspartner in einem Nervenkrieg von der eigenen Entschlossenheit überzeugen will, dann ist es manchmal sehr nützlich, eine offizielle Haltung einzunehmen, die man nicht ohne Prestigeverlust aufgeben kann. Deshalb wiederholte ich am gleichen Tag auf einer Pressekonferenz, was wir bisher den Ölförderländern nur vertraulich gesagt hatten:

> Die Länder, die versuchen, die Vereinigten Staaten wirtschaftlich unter Druck zu setzen, sollten sich überlegen, ob es angemessen ist, solche Maßnahmen zu ergreifen, während die Friedensverhandlungen vorbereitet werden oder sogar schon im Gange sind. Ich möchte im Namen der Regierung der Vereinigten Staaten erklären, daß wir unseren Kurs nicht unter einem solchen Druck ändern werden, daß wir deutlich gesagt haben, welche Politik wir verfolgen, daß wir erklärt haben, welches unsere Verpflichtungen sind, und daß wir diesen Verpflichtungen nachkommen werden und nicht bereit sind, irgendeinem Druck nachzugeben ...

Darüber hinaus würden die Vereinigten Staaten Erpressungsversuche künftig nicht passiv hinnehmen. An einem bestimmten Punkt müßte man mit Gegenmaßnahmen rechnen:

> Es ist klar, daß die Vereinigten Staaten, wenn wir weiter in unvernünftiger Weise und auf nicht absehbare Zeit unter Druck gesetzt werden, darüber nachdenken müssen, welche Gegenmaßnahmen sie treffen sollten. Wir würden das außerordentlich ungern tun, und wir hoffen immer noch, daß es nicht soweit kommen wird.

Das waren keine leeren Drohungen. Ich forderte bei den zuständigen Behörden eine Reihe von Studien über mögliche Gegenmaßnahmen an, die gegen die arabischen Mitglieder der OPEC ergriffen werden könnten, wenn das Embargo nicht aufgehoben wurde. Bis Ende des Monats lagen mir eine Reihe von Maßnahmekatalogen vor.

Yamani reagierte sofort. Daß er an einem empfindlichen Punkt getroffen war, zeigte sich in seinem unbeherrschten Verhalten bei einem Fernsehinterview in Kopenhagen am 22. November. Er drohte, die Ölproduktion um achtzig Prozent zu senken, wenn die Vereinigten Staaten, Europa oder Japan Gegenmaßnahmen ergreifen sollten, und erklärte, daß jedes militärische Vorgehen der Vereinigten Staaten »Selbstmord« wäre, denn dann würden die Araber die Ölfelder in die Luft sprengen. Da er jedoch wußte, daß die Vereinigten Staaten nicht so sehr vom arabischen Öl abhängig waren, warnte er die Europäer davor, sich den Gegenmaßnahmen Amerikas anzuschließen, denn »Ihre (europäische) Wirtschaft wird dann mit Sicherheit sofort zusammenbrechen«.[7] Yamani und der ihn auf dieser Reise begleitende algerische Ölminister Belaid Abdessalam äußerten sich überall in Europa zu dem gleichen Thema, ließen aber die Möglichkeit offen, daß Europa (mit Ausnahme der Niederlande) und Japan mit einer bevorzugten Behandlung rechnen könnten, wenn sich diese Länder von den Vereinigten Staaten distanzierten und eine araberfreundliche Politik trieben.

Am gleichen Tage sprach unser neuer Botschafter in Riad, der Ölexperte James Akins, mit dem saudischen Außenminister, Omar Saqqaf, und drängte ihn, das Ölembargo aufzuheben. Saqqaf wiederholte, was Yamani schon früher gesagt hatte, daß nämlich die Produktionssenkungen und Embargos eigentlich dazu bestimmt wären, den Vereinigten Staaten einen Hebel in die Hand zu geben, um Israel zu Zugeständnissen zu bewegen. Eigentlich erwiese uns Saudi-Arabien damit einen Gefallen. Akins sagte, daß die Vereinigten Staaten sich unter Umständen besänftigen lassen würden, wenn unsere 6. Flotte wieder mit Öl versorgt und die nächste vorgesehene Produktionssenkung um fünf Prozent aufgehoben werden würde. In einem Telegramm erinnerte ich Akins daran, daß es nicht unserer Ölstrategie entspräche, eine teilweise Aufhebung des Embargos anzustreben:

> Unsere Strategie ist es, den Arabern klarzumachen, daß sie, wenn sie wollen, daß wir uns in die Friedensbemühungen einschalten, zuerst die beschlossenen Lieferbeschränkungen aufheben müssen, die sie jedoch nicht von Fortschritten in den Verhandlungen abhängig machen dürfen. Wir wünschen zwar, daß unsere Flotte auch weiterhin mit Öl versorgt wird, aber darüber hinaus verlangen wir die Rückkehr

> zu der Lage vor den Produktionssenkungen und Embargos und nicht nur den Verzicht auf weitere Produktionssenkungen und Restriktionen.

Am 25. November hielt Nixon eine größere Rede und erläuterte darin ein ausführliches Energie-Sparprogramm. Durch Haig hatte ich erfahren, daß er beabsichtigte, einen persönlichen Beauftragten nach Riad zu schicken, der sich um die Aufhebung des Embargos bemühen und bestimmte Zusicherungen für unser Verhalten auf der Genfer Konferenz machen sollte. Ich war entschieden dagegen. Meine Haltung ist wahrscheinlich zum Teil auch die normale Reaktion eines Unterhändlers gegen den Eingriff in seinen vermeintlichen Verantwortungsbereich gewesen. Es entsprach aber auch nicht unserer Strategie. Wenn wir einen Sonderbeauftragten nach Riad schickten, um mit Zugeständnissen in Genf eine Aufhebung des Ölembargos einzuhandeln, dann konnten wir kaum den Eindruck vermitteln, daß wir gegen jeden Erpressungsversuch gefeit wären; doch davon hing der Erfolg unserer Politik ab. Wir wären als Bittsteller aufgetreten und hätten die Saudis allen Gefahren ausgeliefert, die sich für sie in den arabisch-israelischen Verhandlungen verbargen. Es gelang mir, den Präsidenten von dieser Idee abzubringen. Auf der Sitzung der WSAG am 29. November erläuterte ich meine Gedankengänge wie folgt:

> Wenn wir uns dem Embargo beugen und mit den Saudis über die auf der Konferenz anzunehmenden Bedingungen verhandeln, werden wir uns in eine Zwickmühle begeben. Es würde viel zu lange dauern. Die Saudis würden damit die Verantwortung für jeden arabischen Erfolg übernehmen müssen und von den Radikalen in die Enge getrieben werden. Die Briten und Franzosen würden zu Bocksprüngen ermutigt werden . . . Sie mögen ein Monopol auf das Öl haben, aber wir haben ein Monopol auf politischen Fortschritt.

Es war schon schwierig genug, alle Mitglieder unserer Regierung von der Richtigkeit dieser Argumentation zu überzeugen; unsere Verbündeten wollten nichts davon hören. Sie distanzierten sich auch weiterhin von unserer Politik. Am 22. November nahm Japan eine ähnliche Stellung ein wie die europäischen Länder am 6. November. Am 28. November belohnten die Araber Japan auf einer Gipfelkonferenz in Algier, indem sie ihm die gleichen Zugeständnisse (Verzicht auf die nächste Produktionssenkung) machten wie der Europäischen Gemeinschaft am 18. November. Und in London sicherte Yamani – nach Presseberichten – den Briten (und damit auch anderen europäischen Ländern) zu, daß Großbritannien für seine araberfreundliche Haltung mit der Garantie belohnt werden würde, mit den gleichen Ölmengen versorgt zu werden wie vor dem arabisch-israelischen Krieg.

Unterdessen gingen die vorsichtigen Manöver in Saudi-Arabien weiter. Die Saudis wollten das Embargo aufheben, aber nur mit Zustimmung der Radikalen. Damit war in nächster Zukunft nicht zu rechnen, und so gab sich Saudi-Arabien die größte Mühe, das Unvereinbare miteinander auszusöhnen. Sein Vorgehen ging uns zwar gelegentlich auf die Nerven, aber die Saudis zeigten dabei ein erstaunliches Geschick. Sie umschifften die gefährlichen Untiefen, ohne daß es zur Katastrophe kam, und hoben schließlich das Embargo auf, ohne daß die Radikalen allzu scharf dagegen protestierten.

Zur Vorbereitung brauchte Saudi-Arabien Zeit. Man teilte uns am 3. Dezember mit, daß Prinz Fahd die Einladung nach Washington angenommen hätte. Seine Absicht wäre es, sich mit uns über die Modalitäten der Aufhebung des Embargos und die Zurücknahme der Produktionssenkung zu einigen, die während meines für den 14. Dezember vorgesehenen Besuchs in Riad bekanntgegeben werden sollten. Die einzigen Bedingungen würden die vorherige Zustimmung Sadats, Asads und Boumediennes und die Verwirklichung des Sechs-Punkte-Programms sein, das im November vor der Genfer Konferenz vereinbart worden war. (Diese letzte Bedingung war schon erfüllt.) Am gleichen Tag kabelte ich Fahd, daß ich überzeugt wäre, es würde möglich sein, etwas zu erreichen, während Nixon einen freundlichen Brief an König Faisal schrieb, in dem er auf die beiden für uns wichtigen Themen hinwies. Wenn das Embargo und die Produktionssenkungen nicht rückgängig gemacht würden, wird es uns die öffentliche Meinung in Amerika

> nicht erlauben, Ihnen gegenüber auch weiterhin mit solcher Zurückhaltung zu begegnen, wie es nach Ihrer und unserer Ansicht notwendig ist ... Eine Atmosphäre der sich verschärfenden Konfrontation würde sich nur zu unserem beiderseitigen Nachteil auswirken und denen nützen, die an der Aufrechterhaltung des Status quo interessiert sind.

In einer handschriftlichen Nachschrift verpflichtete sich Nixon persönlich, alles für die vollständige Beachtung der Resolution 242 und 338 tun zu wollen.

Aber schon am nächsten Tag, dem 4. Dezember, nahm der saudische Ministerrat seine Entscheidung zurück, von der er uns erst vierundzwanzig Stunden zuvor in Kenntnis gesetzt hatte. Fahd werde nicht nach Amerika kommen, und Saudi-Arabien wünschte nicht, daß die Aufhebung des Embargos als bilaterale amerikanisch-saudische Entscheidung angesehen würde. Das geeignete Gremium für die Durchführung des Programms vom 3. Dezember – und diese Absicht wurde bestätigt – werde eine Konferenz der arabischen Ölminister am 8. Dezember in Kuwait sein. Dem gemeinsamen Interesse wäre besser damit gedient, wenn Prinz Fahd jetzt im Nahen Osten bliebe und dort für die Aufhebung des Embargos und der Produktionssenkungen innerhalb des vereinbarten Rahmens wirkte.

Der 5. Dezember brachte eine weitere augenscheinliche Verhärtung des arabischen Standpunkts. Die reisenden Ölminister von Saudi-Arabien und Algerien, Yamani und Abdessalam, suchten mich auf ihrer Reise durch die Industrieländer der Welt in Washington auf. Bei diesem Gespräch nahm Yamani wieder eine harte Haltung ein. Er erklärte, das Embargo könnte nur aufgehoben werden, und Saudi-Arabien könnte zu dem Vorkriegsniveau der Produktion nur zurückkehren »nach einem Zeitplan, der dem Zeitplan des Abzugs der israelischen Truppen entspricht«. Mit anderen Worten, was man uns am 3. Dezember angedeutet hatte – daß das Embargo in Verbindung mit der Genfer Konferenz aufgehoben werden würde –, galt jetzt nicht mehr. Dieses Ansinnen lehnte ich ab:

> Das ist eine Grundsatzfrage. Wir haben Ihrem König und anderen arabischen Führern hinsichtlich unserer Absichten unser Wort gegeben. Sollen wir uns jetzt erpressen lassen, während wir guten Glaubens versuchen, den arabischen Wünschen entgegenzukommen?

Am folgenden Tag wurde die Lage durch das, was Yamani mir sagte, noch unübersichtlicher. Diesmal hatte er den radikalen Algerier nicht mitgebracht und erklärte, daß die offizielle Haltung seines Landes in der Praxis sehr flexibel interpretiert werden könne. Das Embargo würde aufgehoben, wenn es uns gelänge, die ägyptisch-israelische Truppenentflechtung wie geplant im Januar durchzuführen.

Die Konferenz der arabischen Ölminister am 8. Dezember in Kuwait beendete den Schwall dieser widersprüchlichen Erklärungen, mit denen die Entscheidungen über das Öl einmal an die Verpflichtung Israels gebunden wurden, alle besetzten Gebiete zu räumen, dann wieder an die Beendigung einer Phase der Truppenentflechtung, an die Beachtung des Sechs-Punkte-Plans und schließlich auch an die Truppenentflechtung an der syrischen Front. Das Schlußkommuniqué der Konferenz bewies, daß niemand sich gegen die Radikalen stellen wollte. Die Minister verknüpften die Aufhebung des Embargos an die Annahme eines »Zeitplans« für die vollkommene Räumung aller besetzten Gebiete einschließlich von Jerusalem durch Israel und den tatsächlichen Beginn des Abzugs der Israelis aus diesen Gebieten. Diese Forderungen konnten zu keiner Lösung führen, und die Minister wußten das auch. Dennoch versuchten sie, uns auch noch in einem anderen Punkt zu erpressen: Der Verzicht auf die für Dezember vorgesehene fünfprozentige Produktionssenkung würde für diejenigen Nationen rückgängig gemacht werden, die »nicht konkrete Beweise für ihre freundliche Haltung liefern, indem sie zum Beispiel die Vereinigten Staaten oder Israel unter Druck setzen«.

Wir waren entschlossen, keine Bedingungen für Friedensverhandlungen zu akzeptieren, die noch nicht einmal begonnen hatten, um so für den Fall, daß wir nicht schnell genug auf diese Forderungen eingingen, weitere Zwangsmaßnahmen durch die Araber zu legitimieren. Die arabischen Förderländer ließen uns keine andere Möglichkeit. Mitte Dezember mußten wir erkennen, daß sich die Situation sehr bald vollkommen festgefahren haben würde.

Der zweite Ölschock: Teheran und Kuwait

Die Ölminister hatten sich eine sehr geschickte Taktik zurechtgelegt. Sie stellten die außenpolitischen Fragen in den Vordergrund, die am leichtesten zu Differenzen mit unseren Verbündeten führen konnten. Wir waren entschlossen, in dem Tempo vorzugehen, das wir für richtig hielten, um nicht in eine Krise zu geraten. Unsere Verbündeten hatten sich so sehr an ein ununterbrochenes wirtschaftliches Wachstum gewöhnt, daß sie nicht bereit waren, Risiken auf sich zu nehmen, und sie beurteilten diese Risiken danach, was die aggressiven, radikalen Araber ihnen sagten. Doch trotz der Enttäuschung über das Verhalten unserer Verbündeten glaubten wir immer noch, daß der Schlüssel für eine Strategie auf lange Sicht die Solidarität unter den Öl verbrauchenden Nationen wäre. Sie allein berechtigte zu der Hoffnung, daß sich die Verhältnisse auf dem Markt verändern und das Gleichgewicht in der Weltwirtschaft wiederherstellen ließ. Außerdem hielten wir es für die politische Gesundung der von der wirtschaftlichen und sozialen Krise erschütterten Demokratien für wichtig, daß sie ihr Schicksal selbst in die Hand nahmen.

Aber die Europäische Gemeinschaft bestätigte auf der am 14. und 15. Dezember in Kopenhagen zusammengetretenen Gipfelkonferenz ihre am 6. November gegebene Erklärung zur Nahost-Politik und nahm sogar eine noch härtere Haltung ein. Damit stellte sie sich vor der Öffentlichkeit gegen die von uns eingeschlagene außenpolitische Richtung. Außerdem wurde auf der Konferenz beschlossen, die Möglichkeiten für einen regelmäßigen »europäisch-arabischen Dialog« zu erkunden. Die praktische Konsequenz eines solchen Dialogs konnte nur sein, daß die atlantischen Differenzen institutionalisiert wurden. Die folgenden Monate waren gekennzeichnet durch das Schwanken unserer Verbündeten zwischen Zusammenarbeit mit uns und Distanzierung von uns sowie durch den Versuch, sich um eine Entscheidung zu drükken, indem sie versuchten, beides gleichzeitig zu tun.

Wir konnten gegen die europäische Beschwichtigungspolitik nur etwas erreichen, wenn wir selbst bewiesen, daß man uns nicht unter Druck setzen konnte. Ich bemühte mich, diesen Eindruck im Dezember auf meiner Reise in den Nahen Osten zu verstärken, als ich die Genfer Konferenz vorbereitete (siehe 17. Kapitel). Überall wies ich ausdrücklich darauf hin, daß es nicht möglich sei, das einzige Land zu erpressen, das in der Lage war, für Fortschritte auf dem Wege zum Frieden zu sorgen, und erhebliche Anstrengungen unternahm, dieses Ziel zu erreichen. Ich warnte meine jeweiligen Gastgeber und sagte ihnen, sie dürften nicht damit rechnen, daß wir uns von den Europäern von unserem Kurs abbringen lassen würden. Der algerische Präsident Boumedienne zeigte Verständnis dafür, daß kein Land, das sich seine Selbstachtung bewahren will, sich unter Druck setzen lassen darf. Er sagte, er wäre dafür, daß die Ölförderung wieder in vollem Ausmaß aufgenommen würde, weil Algerien Devisen brauchte. Sadat versprach, sich um die Aufhebung des Ölembargos zu bemühen, sobald wir uns über die Truppenentflechtung an der ägyptischen Front geeinigt hätten. Als ich am 14. Dezember nach Riad kam, schien König Faisal Sadats Vorstellungen zu teilen und deutete an, daß die Produktion wieder in vollem Umfang aufgenommen würde, sobald das Embargo aufgehoben sei.

Am 19. Dezember kam aus Saudi-Arabien ein neues positives Signal, als Saqqaf unserem Botschafter Akins versicherte, daß die Araber erreicht hätten, was sie wollten; jetzt müßte das Ölembargo aufgehoben werden. Faisal werde den arabischen Ölministern seinen Standpunkt auf einem Treffen unmittelbar nach der Genfer Konferenz am 25. Dezember erläutern. Nach anderen Berichten hatte Yamani ähnliche Äußerungen getan.

Während dieser ganzen Zeit machten sich die wirtschaftlichen Konsequenzen der Energiekrise immer unangenehmer bemerkbar. Weder die Beschwichtigungspolitik der Europäer gegenüber den Arabern noch meine Reisediplomatie konnten die wirtschaftlichen Auswirkungen der Produktionssenkungen oder den psychologischen Schock des Embargos erträglicher machen. Und dann, wenige Tage nach den ermutigenden Gesprächen in Riad, kam es zu einem völlig unerwarteten Ereignis mit verheerenden Folgen: Der Ölpreis wurde noch einmal verdoppelt.

Die Ölförderländer hatten zwei wichtige Konferenzen anberaumt: Die Mitgliedsstaaten der OPEC am Persischen Golf sollten am 22. und 23. Dezember in Teheran zusammenkommen, um über die Ölpreise zu beraten. Anschließend sollten sich die arabischen Mitglieder der OPEC am 24. und 25. Dezember in Kuwait treffen, um über das Embargo und die Produktionseinschränkungen zu sprechen. Am 21. Dezember, unmittelbar vor seiner Abreise nach Teheran, sagte Yamani unserem Botschafter Akins, Faisal und seine Minister hätten die Lage noch einmal erörtert. Sie hätten in den letzten Tagen eine zu extreme Haltung eingenommen. Doch mit einer vollständigen Aufhebung des Embargos riskierten sie die Opposition aller radikalen Araber und vielleicht sogar Sadats Widerstand. Saudi-Arabien könnte daher nur auf einer Abschwächung des Embargos und eine begrenzte Erhöhung der Produktion hinwirken.

Überraschender war jedoch der Umstand, daß Yamani einen Tag vor der Konferenz von Teheran plötzlich von einer neuen Anhebung des Ölpreises sprach, obwohl er behauptete, Saudi-Arabien sei nicht dafür. Niemand hatte bisher von einer solchen Möglichkeit gesprochen. Bei meinem Besuch in Riad vor einer Woche war das Thema unserer Besprechungen nur die Aufhebung des Embargos gewesen. Nun erklärte Yamani, Saudi-Arabien wäre nur ein unschuldiger Zuschauer, der Schuldige sei der Schah des Iran. Akins bat uns nun, auf alle OPEC-Staaten mäßigend einzuwirken. Ich erhielt den telegrafischen Bericht von Akins am 21. Dezember in Genf. Am folgenden Tag schickte ich an den Iran und alle anderen Regierungen der OPEC-Staaten Depeschen, in denen ich sie dringend aufforderte, keinen weiteren Preissteigerungen zuzustimmen. Darüber hinaus appellierte ich an die Regierungen aller Industrienationen im Westen und an Japan, sich bei der OPEC gegen Preissteigerungen stark zu machen. Nichts deutete darauf hin, daß sie es getan haben, jedenfalls nicht mit dem notwendigen Nachdruck.

Unsere Bemühungen blieben erfolglos; man muß allerdings bezweifeln, daß zu einem so späten Zeitpunkt überhaupt noch etwas hätte erreicht werden können. Am 22. und 23. Dezember setzten die Ölminister der OPEC in Teheran den Ölpreis von Dollar 5,12 pro Barrel auf Dollar 11,65 pro Barrel herauf, ein Preisanstieg um 128 Prozent über den siebzigprozentigen Anstieg vom Oktober hinaus. Damit war der Ölpreis innerhalb von zwei Monaten um 387 Prozent gestiegen.

Heute wissen wir, daß diese Entscheidung eines der wichtigsten Ereignisse in der Geschichte unseres Jahrhunderts gewesen ist. Allein die Statistik vermittelt uns ein erschütterndes Bild. Innerhalb von achtundvierzig Stunden erhöhte sich die Ölrechnung für die Vereinigten Staaten, Kanada, Westeuropa und Japan um jährlich vierzig Milliarden Dollar – ein unerhörter Schlag gegen die Zahlungsbilanzen, das wirtschaftliche Wachstum, die Beschäftigungslage, die Preisstabilität und den sozialen Zusammenhalt dieser Länder. Die Entscheidung von Teheran kostete auch für die Entwicklungsländer mehr als die Summe aller Auslandshilfsprogramme der demokratischen Industrienationen, und es entstanden wieder die verzweifelten Zustände, die mit der Auslandshilfe hatten beseitigt werden sollen. Aber die Auswirkungen auf lange Sicht waren noch schwerwiegender. *Alle* betroffenen Länder, auch die Ölförderstaaten selbst, standen vor gewaltigen Umwälzungen ihrer inneren Struktur.

Die relativ ruhige innenpolitische Lage in den demokratischen Industrienationen war dem über zwei Jahrzehnte fast ununterbrochen andauernden wirtschaftlichen Wachstum zu verdanken. Eine ständige Zunahme des Bruttosozialprodukts hatte die Finanzierung eines weit gespannten Netzes der sozialen Sicherheit ermöglicht. Es war möglich gewesen, bestimmten gesellschaftlichen Gruppen zu helfen, ohne anderen etwas fortzunehmen. So war die Bürgerrechtsrevolution in Amerika zum Beispiel ein deutliches Zeichen für den zunehmenden Wohlstand der schwarzen Amerikaner nach 1945, und diese Entwicklung machte immer größere Fortschritte. Man hatte das glückliche Gefühl, daß alle gesellschaftlichen Gruppen gleichzeitig und auf unabsehbare Zeit an diesem Fortschritt partizipieren könnten. Diese Vorstellung war durchaus gerechtfertigt. Die Studentenunruhen der sechziger Jahre in fast allen Industrieländern waren natürlich ein Warnzeichen gewesen und hatten demonstriert, daß der materielle Wohlstand nicht genügte, eine Gesellschaft zusammenzuhalten, und daß das wirtschaftliche Wachstum einer neuen Generation, die nach einem tieferen Sinn des Lebens suchte, nicht automatisch eine emotionale Befriedigung bot. Aber man durfte hoffen, daß diese Probleme, wenn sie einmal erkannt waren, gelöst werden würden.

Die Wirtschaftskrise, die in den siebziger Jahren begonnen hat und sich in die achtziger Jahre fortsetzt, hat diese Hoffnungen zerstört. Innerhalb der Länder und zwischen ihnen werden die Konflikte und nicht der Zusammenhalt begünstigt. Der übertriebene Preisanstieg beim Mineralöl hat zu einer Inflation und zum Sinken der Nachfrage geführt. Der Schwund der Kaufkraft in der Weltwirtschaft – der sich darin ausdrückt, daß in den OPEC-Ländern viele Milliarden Dollar festliegen, die nicht ausgegeben werden – ließ sich durch die Regierungen nicht beseitigen, die versuchten, der Inflation Herr zu werden, während die Ölpreis-Explosion das Wirtschaftsgefüge der Länder erschütterte und die Arbeiter die Preissteigerungen durch erhöhte Lohnforderungen auszugleichen suchten. Eine restriktive Geldpolitik und protektionistische Tendenzen im Handel waren und sind immer noch an der Tagesordnung. Der Mittelstand, dessen Ersparnisse das Wachstum ermöglicht hatten und dessen Zurückhaltung die Basis für eine im Geiste der Versöhnung geführte Politik gewesen war, wurde überall immer wieder zur Kasse gebeten. Die Erbitterung, mit der die gesellschaftlichen Konflikte Mitte und Ende der siebziger Jahre in einigen europäischen Ländern ausgetragen wurden – in Großbritannien, Italien, Spanien, Portugal, Frankreich und sogar in der Bundesrepublik Deutschland –, waren das Erbe der Ölpreis-Explosion.

Noch heute spüren wir die innenpolitischen Folgen dieser Entwicklung. Das politische Dilemma der Demokratie liegt darin, daß die Zeit, die man braucht, um gegenwärtig bestehende wirtschaftliche Probleme zu lösen, viel länger ist als die Wahlperioden, nach deren Ablauf die Leistungen der politischen Führer auf den Prüfstein der Wahlurnen gelegt werden. Wie viele Politiker gibt es, die ihre Stellung riskieren, indem sie offen sagen, daß die guten Zeiten vorüber seien? Wer ist bereit, seinen Wählern zu erklären, daß eine vernünftige Politik ein zumindest zeitweiliges Absinken des Lebensstandards zur Folge haben wird? Und was geschieht in der enttäuschenden Periode, wenn junge Männer und Frauen die Schulen und Universitäten verlassen, um festzustellen, daß die von ihnen erworbenen Kenntnisse nicht gebraucht werden und sie sich in die Reihen der Millionen von Arbeitslosen gedrängt sehen, die als Folge der Ölkrise ihre Arbeitsplätze verloren haben? Diese Situation öffnet der Demagogie, der politischen Polarisation und der Gewalt Tür und Tor.

Wenn es richtig war, daß die in den Entwicklungsländern gewährte Wirtschaftshilfe notwendig gewesen ist, um zu verhindern, daß es auf unserem Planeten nur sehr wenige reiche und sehr viele arme Länder gibt, und wenn es notwendig ist, diese Kluft zu schließen, um den Frieden zu erhalten, dann hat der Anstieg des Ölpreises genau in die entgegengesetzte Richtung gewirkt. Die meisten Entwicklungsländer sind vollkommen von dem importierten Mineralöl abhängig, um ihre Industrien und ihre Landwirtschaft weiter zu entwickeln; sie brauchen eine Ausweitung des Welthandels, Investitionen und Entwicklungshilfe. Ihre Hoffnungen auf Fortschritt wurden durch die Ölpreis-Explosion zerstört. Für sie beginnt eine neue düstere Phase der Verschuldung und des Mangels – und dazu kommt der beunruhigende Umstand, daß ihre Zahlungsunfähigkeit das Bankwesen in den fortgeschrittenen Ländern unterminieren könnte, das ihnen seit Jahrzehnten die notwendigen Kredite zur Verfügung gestellt hatte. Unser Mitgefühl schwächt sich vielleicht deshalb ein wenig ab, weil wir nicht verstehen können, daß diese Länder sich den ungebührlich hohen Forderungen der Ölproduzenten widerspruchslos beugten, aber dem Westen bittere Vorwürfe machten, der ebenso wie sie zum Opfer dieser Ölpolitik geworden war. Darin zeigt sich entweder ihre Hilflosigkeit oder die Tatsache, daß sie von falschen Ideologien verführt wurden. In Wirklichkeit war es, wie ich im September 1975 in einer Ansprache vor den Vereinten Nationen gesagt habe, so, daß »der vernichtendste Schlag gegen die wirtschaftliche Entwicklung in diesem Jahrzehnt nicht von der ›imperialistischen Raubgier‹, sondern von dem Kartell der Erdöl exportierenden Länder geführt wurde, die ihr Monopol dazu ausnutzten, die Preise willkürlich heraufzusetzen«. Und doch haben die armen Länder von Zeit zu Zeit ihrem Verständnis für die politischen Ziele der radikalen Ölstaaten Ausdruck verliehen. Diese Unterwürfigkeit hat ihnen natürlich kaum etwas genützt. Hier und da wurde ihnen ein Bröckchen vorgeworfen, aber die Hilfszusagen wurden nur selten eingehalten.

Es ist in der Geschichte bisher noch niemals vorgekommen, daß eine Gruppe von relativ so schwachen Nationen gegen so geringen Widerstand dramatische Veränderungen dieses Ausmaßes im Leben der überwältigenden Mehrheit der übrigen Weltbevölkerung hat erzwingen können. Die ausgleichende Gerechtigkeit – wenn man das so bezeichnen darf – liegt darin, daß sie mit diesem »Erfolg« ihre eigene Stabilität gefährden, was auch ihnen allmählich zum Bewußtsein kommen könnte. Nur wenige politische Strukturen können auf die Dauer eine derartige Beschleunigung der Wachstumsrate aufrechterhalten, die durch eine so enorme Verschiebung des Reichtums ermöglicht worden ist. Es muß dabei zu Erschütterungen kommen, denen auch stabilere politische Systeme und Traditionen kaum standhalten könnten. Die politischen Institutionen in den meisten Ölländern gehören nicht in diese Kategorie.

Der Umsturz, der sich Ende der siebziger Jahre im Iran vollzogen hat, war eine Karikatur und eine Warnung. Die überhitzte wirtschaftliche Entwicklung, die durch den Preisanstieg ermöglicht wurde, provozierte eine elementare Reaktion, mit der die materialistischen Werte abgelehnt wurden, die das rasche Wachstum veranlaßt hatten. Das Endresultat war ironischerweise die systematische Verarmung des Landes. Aber die Ölförder-Länder werden nicht nur von inneren Umwälzungen bedroht. Der Umstand, daß die demokratischen Industrienationen wirtschaftlich geschwächt werden, könnte noch dazu führen, daß sich das von den Ölländern angesammelte Kapital verflüchtigt wie eine Fata Morgana. Denn eine Finanzkrise des Westens würde auch die Investitionen der Ölproduzenten in diesen Ländern vernichten. Oder wenn der Westen wirtschaftlich nicht mehr in der Lage sein sollte, den militärischen Schutz des Persischen Golfs zu garantieren – oder wenn er das Interesse daran verliert, Nationen zu schützen, die die Weltwirtschaft systematisch zerstören –, dann könnten viele Erdöl produzierende Länder zur leichten Beute raubgieriger ausländischer Mächte werden.

So geraten die Förderländer in ein Dilemma, das die Geschichte denjenigen auferlegt, die sie in eine bestimmte Richtung zwingen wollen. Wenn sie ihre übermäßig hohen Gewinne zu rasch ausgeben, riskieren sie innenpolitische Umwälzungen; wenn sie sie horten, nehmen sie eine Schwächung des internationalen Wirtschaftssystems in Kauf, die so weit gehen kann, daß sie zu Opfern ihrer eigenen Politik werden.

Die Ölkrise hat sich für alle nachteilig ausgewirkt. Doch ein Ereignis von so großer historischer Bedeutung verlangt eine ernsthaftere Analyse als die durchsichtigen Entschuldigungen einiger Ölproduzenten oder die demagogische Suche nach Sündenböcken, auf die sich andere begeben haben. Das absurdeste Beispiel ist vielleicht die immer wieder aufgestellte Behauptung, man hätte uns immer wieder vor der Gefahr der Preissteigerungen gewarnt, und wir hätten diese Warnungen nicht beachtet, weil Washington mit den hohen Gewinnen aus dem Ölgeschäft die iranische Aufrüstung finanzieren wollte.[8] Aus der Darstellung der Ereignisse auf diesen Seiten läßt sich unschwer erkennen, daß weder wir noch die mit uns verbündeten Industriestaaten davon unterrichtet worden sind, daß ein so gewaltiger Preisanstieg geplant war, bis wir unmittelbar davor standen und nichts mehr dagegen unternehmen konnten. Wir haben uns im letzten Augenblick energisch dagegen gewehrt. Die Vereinigten Staaten haben in dem Preisanstieg nie etwas anderes als eine Katastrophe gesehen, und niemand hat sie als ein Mittel zur Finanzierung iranischer Waffenkäufe oder anderer Vorhaben begrüßt. Wir wissen heute, wie diese den Tatsachen widersprechenden Behauptungen in die Welt gesetzt worden sind. Am 29. Dezember 1973 habe ich dem Schah in Nixons Namen eine Botschaft geschickt, in der ich in schärfster Form gegen den Preisanstieg protestierte:

> Der Präsident macht sich die größten Sorgen um die destabilisierenden Auswirkungen, die der in Teheran vereinbarte Preisanstieg für Rohöl aus dem Persischen Golf auf die Weltwirtschaft haben wird, und um die katastrophalen Schwierigkeiten, in die das internationale Währungssystem dadurch geraten kann. Es wird nicht nur zu Preiserhöhungen für Fertigwaren führen, sondern auch schwere Nachteile für die Wirtschaft der Ölverbraucher mit sich bringen, was zu einer weltweiten Rezession führen könnte, die schließlich niemandem etwas nützte, auch nicht den Erdöl exportierenden Ländern.
>
> Wir glauben, daß diese drastische Preiserhöhung besonders unvernünftig ist, da sie zu einem Zeitpunkt vorgenommen wird, in dem die Ölvorräte künstlich reduziert werden ... Wir verlangen mit allem Nachdruck, daß (1) die jüngsten in Teheran getroffenen Entscheidungen überprüft werden, daß (2) Schritte eingeleitet werden, um in solche Beratungen einzutreten, die nach unserer Auffassung im Interesse der meisten Verbraucher und Förderländer liegen und daß (3)

die Ölförderländer gründlich untersuchen, welche nachteiligen Auswirkungen der Preisanstieg auf die Zahlungsbilanzen praktisch aller Nationen der freien Welt haben wird und welche Folgen sich daraus für den Welthandel im allgemeinen und das internationale Währungssystem im besonderen ergeben werden.

Die Behauptung, daß Washington die Öl produzierenden Länder zu den Preissteigerungen ermutigt oder mit ihnen unter einer Decke gesteckt hätte, ist demagogische Ignoranz, aber es ist schon schwieriger zu sagen, welche OPEC-Länder die Verantwortung dafür tragen. Während der vergangenen drei Jahre der zunächst allmählich und dann rapide erfolgenden Preissteigerungen hat es die OPEC mit großem Geschick verstanden, die Verantwortung immer wieder von einem Mitglied auf das nächste abzuwälzen. Die beiden großen Rivalen am Persischen Golf, der Iran und Saudi-Arabien, haben sich darin besonders hervorgetan. Wenn wir mit den Vertretern eines dieser beiden Länder sprachen, dann war immer der andere der Schuldige. Wenn wir unseren Gesprächspartnern glauben wollten, dann mußten wir nur staunen, wie es möglich gewesen war, daß es angesichts ihrer entschiedenen Ablehnung eines solchen Verfahrens zu diesen Preissteigerungen hatte kommen können. In Wirklichkeit haben *alle* wichtigen Mitglieder der OPEC die Preissteigerungen unterstützt. Der Schah verfügte über einen besser organisierten Behördenapparat und die geeigneten Mitabeiter, um eine im westlichen Sinn logische Begründung zu formulieren, mit der der Ölpreis mit den Mindestpreisen für alternative Energiequellen verknüpft wurde. Er hat jedoch niemals versucht, den Markt zu beeinflussen, indem er die Produktion drosselte. Ein Grund dafür war der Umstand, daß die Kapazität des Iran nicht ausreichte und der eigene Bedarf zu groß war, um einen Produktionsrückgang zuzulassen, der den Weltmarktpreis für Erdöl hätte beeinflussen können.

Komplexe Theorien zu entwickeln liegt den Saudis nicht. Saudi-Arabien gab seine Entscheidungen über die Fördermengen, welche die Preisgestaltung wesentlich beeinflußten, nur bekannt und überließ es anderen, die Zusammenhänge zu erläutern. Die Metaphysiker können sich bis in die Ewigkeit darum streiten, was wirksamer gewesen sei, die Theorie ohne Aktion oder die Aktion ohne Theorie. Beide Faktoren waren die notwendigen Voraussetzungen für das, was nun geschah.

Ernstzunehmende Analytiker stimmen darin überein, daß sich der Iran nicht deshalb hinter die Preiserhöhungen vom Dezember gestellt hat, weil er mit den Vereinigten Staaten unter einer Decke steckte, sondern weil die Gebote auf einer Auktion für iranisches Öl Mitte Dezember auf dem sogenannten Spot-Markt, dem freien Markt, so stark gestiegen waren, wie man es bisher noch nie erlebt hatte, und zwar bis auf sechzehn bis siebzehn Dollar pro Barrel.[9] Der Schah folgerte daraus, daß der offizielle Festpreis, der damals bei Doller 5,12 lag, zu niedrig wäre, und machte den Vorschlag, die OPEC sollte den Preis auf Dollar 11,65 anheben; alle anderen Mitgliedstaaten der OPEC schlossen sich dieser Meinung bereitwillig an. Das plötzliche Eingreifen des Schah war als solches schon eine Überraschung, denn bisher hatte er bei der Preisgestaltung keine entscheidende Rolle gespielt.[10] Seine Fördermengen waren nicht groß genug, als daß er eine solche Rolle hätte beanspruchen können. Der Iran hatte sich weder an dem arabischen Ölembargo noch an der Drosselung der Produktion im Oktober beteiligt, die den Anstoß zu den Preissteigerungen gegeben hatten. Vielleicht wollte er damit innenpolitische Lorbeeren ernten. Höchstwahrscheinlich begrüßte er die Gelegenheit, seine Solidarität mit seinen arabischen Nachbarn zu beweisen, nachdem er sich während des Nahost-Krieges von ihnen distanziert und Israel mit Öl beliefert hatte. Damals hatte er unsere Flotte mit Öl versorgt und das Embargo und die Produktionseinschränkungen noch bis zum Tag vor Beginn der Konferenz in Teheran verurteilt. Welches seine Motive auch gewesen sein mögen, später mußte er es hinnehmen, daß man ihn für die Ölpreis-Explosion verantwortlich machte, die eine wirtschaftliche und politische Umwälzung herbeigeführt hat, obwohl er weniger dazu beigetragen hat als viele andere und obwohl es keinen Beweis dafür gibt, daß seine Kollegen gegen diese Maßnahmen Einspruch erhoben hätten (außer im vertraulichen und im Flüsterton geführten Gespräch mit ihren Opfern). Der Schah hat für seine Eitelkeit, einmal im Rampenlicht der Weltgeschichte stehen zu wollen, einen sehr hohen Preis zahlen müssen.

Die OPEC-Staaten bewiesen sehr bald, daß sie gelernt hatten, sich die politische Uneinigkeit der demokratischen Industrienationen zunutze zu machen. Am 24. und 25. Dezember kamen die arabischen Ölminister in Kuwait zusammen, um die Verbraucher davon abzuhalten, eine geschlossene Front zu bilden, aber auch, um diejenigen zu belohnen, die sich von den Vereinigten Staaten distanziert hatten, und über das Embargo und die Produktionskürzungen zu sprechen. Das Ergebnis sah ganz anders aus, als wir erwartet hatten. Das Embargo gegen die Vereinigten Staaten wurde weder aufgehoben noch modifiziert. Dagegen wurden die den Europäern und Japanern auferlegten Lieferbeschränkungen gelockert (aber nicht für die Niederlande). Man verzichtete auf die für Januar vorgesehene fünfprozentige Produktionskürzung und erhöhte die Fördermengen statt dessen um zehn Prozent. Yamani gab die Entscheidung bekannt. Er rechtfertigte die Diskriminierung der Vereinigten Staaten mit einem »sehr offensichtlichen Unterschied zwischen denen, die zu den Arabern stehen, und denen, die zum Feinde stehen, sowie denen, die dazwischen stehen«. Während die Minister einen »allmählichen Wandel« in der Haltung der Vereinigten Staaten feststellten, beschlossen sie trotzdem, bei dem gegen Amerika gerichteten Embargo zu bleiben, bis, wie Yamani sagte, »fruchtbarere Ergebnisse« erreicht wären.

Wir reagierten auf diese Beschlüsse nicht mit der kühlen Zurückhaltung, die dem Staatsmann von den Lehrbüchern empfohlen wird, und fühlten uns nach wochenlangen Gesprächen mit den verschiedenen arabischen Führern getäuscht. Der starke Preisanstieg wurde doppelt schmerzlich empfunden, weil er völlig unerwartet kam und von einer Bestätigung der gegen die Vereinigten Staaten gerichteten diskriminierenden Praktiken begleitet war.

Der feinfühlige Yamani und seine komplexe Regierung waren nicht so entgegenkommend gewesen, wie wir es nach ihren Worten hätten erwarten dürfen. Die Steigerung der Ölförderung, die nur der übrigen Welt zugute kommen sollte, führte zu einer Vermehrung der Ölreserven auf dem Weltmarkt. Die Ölgesellschaften, die das vorhandene Öl auf die Verbraucher verteilten, verfügten jetzt über größere gemeinsame Vorräte, und der bisher herrschende Mangel war behoben. In dieser Lage war die Beibehaltung des Embargos eine Behinderung und eine Beleidigung, aber das Embargo schadete uns nicht wesentlich. Doch zunächst hatte man einen ganz anderen Eindruck. Für das Land, das die Hauptlast der Friedensbemühungen trug, war der Symbolismus der andauernden Diskriminierung schwer zu ertragen. Auch gab es nichts, womit die verheerenden wirtschaftlichen Auswirkungen des Preisanstiegs hätten ausgeglichen werden können.

Wie nicht anders zu erwarten, gab Yamani in seinen Gesprächen mit Akins Kuwait, Abu Dhabi und dem Irak die Schuld an der Katastrophe, wie er vorher den Iran dafür verantwortlich gemacht hatte, aber das änderte nichts an der Lage. Am 28. Dezember schrieb Nixon einen sehr scharfen Brief an Faisal und warnte den König, daß dieses Vorgehen die guten Beziehungen seines Landes zu den Vereinigten Staaten aufs schwerste gefährdete:

> Sie wissen, einen wie großen Wert ich auf enge Beziehungen zur arabischen Welt und besonders zu Saudi-Arabien lege. Aber die deutlich diskriminierenden Maßnahmen der Ölproduzenten können dazu führen, daß die Vereinigten Staaten den wirksamen Beitrag nicht mehr leisten können, den zu leisten sie in den nächsten Tagen entschlossen waren. Deshalb muß ich Ihnen vertraulich sagen, daß es absolut notwendig ist, das Ölembargo und die gegen die Vereinigten Staaten gerichteten Produktionseinschränkungen sofort zu beenden.

Am gleichen Tag schrieb ich in diesem Sinne an Saqqaf und protestierte gegen die »drastischen und ungerechtfertigten Preiserhöhungen«, die in Teheran bekanntgegeben worden waren: »Ich möchte Ihre Regierung davon in Kenntnis setzen, daß uns die unvermeidlichen und in katastrophaler Weise destabilisierenden Auswirkungen auf die Wirtschaft und das Währungssystem der freien Welt zutiefst beunruhigen.« Auch an Sadat schrieben Nixon und ich am 28. Dezember und wiesen ihn darauf hin, daß die Vereinigten Staaten die »sofortige« Aufhebung des Embargos und der Produktionskürzungen verlangten. Wir erklärten, die Vereinigten Staaten würden, solange das Embargo andauerte, ihre Friedensbemühungen nicht fortsetzen. Aus unserer Botschaft an den Schah vom 29. Dezember, in der wir energisch gegen den Preisanstieg protestierten, habe ich oben schon zitiert.

Die Preisexplosion war ein weiterer Beweis dafür, daß die Uneinigkeit unter den Verbrauchernationen uns allen schadete. Jetzt mußten die Verbraucher Solidarität beweisen. Am 29. Dezember appellierte ich an Sir Alec Douglas-Home:

> Die Entscheidungen wurden natürlich einseitig getroffen, ohne auch nur den Schein zu wahren, daß man mit den internationalen Gesellschaften oder den Verbrauchernationen verhandeln wollte. Darüber hinaus müssen wir wahrscheinlich im nächsten Frühjahr mit weiteren kräftigen Preiserhöhungen rechnen, wenn wir nicht sofort etwas unternehmen, um die ganze Entwicklung in einem vernünftigen Rahmen zu halten.
>
> Weil ich mit dem Szenarium gerechnet habe, das wir jetzt erleben, habe ich den Vorschlag gemacht, eine energiepolitische Aktionsgruppe zu bilden. Wir sind dabei, ein Programm zu entwickeln, das wir für die Schaffung einer solchen Gruppe vorschlagen wollen, aber bevor ich Ihnen einen Plan vorlegen kann, möchte ich Ihnen sagen, wie sehr mich die jüngsten Maßnahmen der Erzeugerländer beunruhigen. Man kann es kaum begreifen, daß sich die Verbrauchernationen angesichts einer solchen Lage paralysieren lassen.

Aber die Europäer reagierten tatsächlich so, daß sie wie gelähmt nichts unternahmen. Home sprach sich in einer Antwort prinzipiell für die Zusammenarbeit der Verbrauchernationen aus, erklärte jedoch, er zweifelte daran, daß sich mit der Schaffung einer für die Dauer bestehenden Organisation etwas erreichen ließe. Mehrere Verbündete sahen sich durch die Beschlüsse in Kuwait in ihrer Haltung bestätigt. Sie hatten sich von den Vereinigten Staaten distanziert und waren dafür bevorzugt behandelt worden.

Bei Jahresende standen die Vereinigten Staaten praktisch mit ihrer Forderung nach einer sofortigen Aufhebung des Embargos allein da. Ägypten und Saudi-Arabien wollten uns keine eindeutige Antwort geben. Beide Länder behaupteten, das Embargo werde aufgehoben, sobald der Konsens unter allen arabischen Staaten hergestellt wäre. Am 29. Dezember teilte uns Saqqaf mit, er wäre überrascht von der Heftigkeit unserer Reaktion. Sadat versprach, nach Riad zu reisen und persönlich die Aufhebung des Embargos zu empfehlen, sobald die Truppenentflechtung an der Sinai-Front beendet wäre. Saqqaf versprach am 31. Dezember und am 3. Januar 1974, das Embargo werde nach der Truppenentflechtung an der ägyptischen Front aufgehoben, gab uns aber zu verstehen, daß noch weitere Bedingungen daran geknüpft werden könnten.

Wir stellten uns auf den Standpunkt, daß wir keine Bittsteller seien. Auf einer Pressekonferenz am 2. Januar 1974 erklärte ich, daß die Aufrechterhaltung des Embargos immer sinnloser würde. Auf die Frage nach möglichen amerikanischen Gegenmaßnahmen beschränkte ich mich darauf zu sagen, daß »gegenwärtig keine besonderen Maßnahmen« vorgesehen seien – eine verhaltene Drohung. Am 7. Januar warnte Verteidigungsminister Schlesinger öffentlich vor der Möglichkeit von Vergeltungsmaßnahmen gegen die Ölproduzenten, was in der arabischen Welt einen Sturm der Entrüstung auslöste. In einigen Ländern schien man die Doktrin zu verbreiten, daß der Kampf gegen den wirtschaftlichen Würgegriff der Vereinigten Staaten (und anderer demokratischer Industrienationen) in stoischer Ruhe und Passivität durchgestanden werden müßte. Schlesinger hatte mir vorher nicht gesagt, daß er diese Erklärung abgeben werde. Wir hatten zwar schon häufig über strategische Fragen gesprochen, aber auf diesem Gebiet noch keine bestimmte Taktik verabredet. Aber seine Bemerkung war durchaus angebracht, und deshalb widersprach ich seiner Drohung auf meiner Pressekonferenz am 10. Januar nicht, sondern sagte nur, ich hoffte, die Umstände würden es erlauben, daß wir nicht davon Gebrauch machen müßten:

> Nun, soweit ich den Verteidigungsminister Schlesinger verstanden habe, hat er von einer theoretischen Möglichkeit gesprochen, die sich ergeben könnte, wenn der Druck sich übermäßig verstärkt. Wenn ich ihn richtig verstehe, dann hat er auch darauf hingewiesen, daß dieser Punkt noch nicht erreicht sei.

Am 11. Januar flog ich kurz nach Mitternacht ab, um die letzte Verhandlungsphase zum Abschluß zu bringen, die ihren Höhepunkt in den Vereinbarungen zwischen Ägypten und Israel über die Truppenentflechtung fand. Während der folgenden Tage und Wochen wurden wir mit den verwirrendsten Berichten überschüttet. Nachdem ich die Hälfte meiner Gespräche absolviert hatte, erhielt ich am 13. Januar ein beunruhigendes Signal. Die Saudis hatten erklärt, daß die Truppenentflechtung auf dem Sinai allein nicht genügen würde. Damit würde sich sogar die militärische Lage Israels verbessern, denn dann läge eine entmilitarisierte Zone zwischen den israelischen und den arabischen Streitkräften. Man brauchte »konkrete Beweise« dafür, daß Israel sich zu weiteren »unverzüglichen« Gebietsräumungen verpflichten werde und daß die Rechte der Palästinenser bei einer Friedensregelung berücksichtigt wurden. Wir waren uns nicht sicher, was dieser Bericht bedeutete, außer daß die Saudis unter erheblichem Druck standen. Denn Sadat blieb optimistisch. Am 14. Januar wiederholte er in Assuan sein Versprechen, sofort nach Abschluß der Truppenentflechtung auf der Sinai-Halbinsel nach Riad zu gehen. Er war überzeugt, erreichen zu können, daß das Embargo nicht später als bis zum 28. Januar aufgehoben würde. Ich warnte ihn und sagte, die Truppenentflechtung würde nicht vollzogen werden, wenn das Embargo nicht aufgehoben würde.

Im Weißen Haus herrschte große Aufregung, als man dort erfuhr, wie rasch wir in der Frage der ägyptisch-israelischen Truppenentflechtung vorangekommen waren. Meine täglichen Berichte an Nixon, in denen ich Sadats Versprechen erwähnte, eine baldige Aufhebung des Embargos herbeizuführen, weckten in Nixon das Verlangen, möglichst bald eine Erklärung des Weißen Hauses abzugeben. Scowcroft teilte mir deshalb am 19. Januar fernschriftlich mit, daß Nixon die Aufhebung des Embargos in seiner vom Fernsehen übertragenen Rede vor dem Kongreß zur Lage der Nation am 30. Januar persönlich bekanntgeben wollte. Angesichts der Tatsache, daß Saudi-Arabien seine Haltung schon so oft unter dem Druck der Radikalen geändert hatte, durften wir nicht damit rechnen, daß Riad es den Vereinigten Staaten erlauben würde, ein Ereignis bekanntzugeben, das, wie die Saudis immer wieder betont hatten, eine rein arabische Entscheidung wäre. Von Syrien aus schickte ich Scowcroft am 20. Januar ein recht unbeherrschtes Telegramm:

> Es besteht gar keine Möglichkeit, die Aufhebung des Ölembargos so zu arrangieren, daß der Präsident eine Erklärung zu dieser Aufhebung abgeben könnte. Es ist doch kein Geheimnis, daß wir es mit zehn arabischen Ländern zu tun haben, von denen sechs radikal sind.

Aber das Ereignis, um das es bei diesem Tauziehen ging, stellte sich nicht so rasch ein, wie wir geglaubt hatten. Faisal hatte praktisch den Staaten, deren Ansprüche noch nicht befriedigt waren und die kein Interesse daran hatten, den Vereinigten Staaten zu helfen, ein Vetorecht eingeräumt. Eines dieser Länder war Syrien. Am 21. Januar verlangte Hafez al-Asad, daß die Ölwaffe zu seiner Unterstützung ebenso eingesetzt werden sollte, wie sie auch Ägypten zur Verfügung gestanden hatte. Das Embargo sollte wenigstens solange in Kraft bleiben, bis die erste Truppenentflechtung an der syrischen Front abgeschlossen war.

Saudi-Arabien wollte die Vereinigten Staaten nicht verärgern, befand sich aber in einer zu gefährlichen Lage, als daß es hätte wagen können, sich in der arabischen Welt isolieren zu lassen. So wechselte die Haltung der Saudis diesmal noch rascher als zuvor. Zum Beispiel sprach Saqqaf am 20. Januar mit Akins und sagte ihm, Saudi-Arabien werde das Embargo aufheben, und zwar ohne Rücksicht auf das, was die anderen Öl produzierenden Länder täten. Die Aufhebung würde unmittelbar nach einer Konferenz der arabischen Ölminister in Kairo am 22. Januar erfolgen. Aber am 23. Januar teilte der König Akins mit, daß er sich noch immer um die Zustimmung der anderen arabischen Staaten bemühte. Inzwischen schickte mir Sadat eine enttäuschte Botschaft nach seiner Rundreise durch die arabische Welt. Zwar gab sich Kairo die größte Mühe, aber es stellte sich heraus, daß die »arabischen Brüder« immer mehr dazu neigten, die Aufhebung des Embargos mit konkreten Fortschritten bei der Truppenentflechtung an der syrischen Front zu verknüpfen. Die Saudis fanden immer neue Ausflüchte. Am 27. Januar teilte uns Saqqaf mit, daß er noch immer hoffte, Nixon vor seiner Ansprache im Kongreß eine positive Antwort geben zu können.

Aber der 30. Januar ging vorüber, ohne daß etwas geschah. Andeutungen in der amerikanischen Presse über eine wichtige Erklärung des Präsidenten in seiner Rede über die Lage der Nation erfüllten sich nicht. Nixon konnte am Fernsehen nur sagen, er glaubte, die Araber würden demnächst zusammenkommen, um über die Aufhebung des Embargos »zu sprechen«, was nicht unbedingt heißen mußte, daß es aufgegeben würde. Am 3. Februar ließ uns Faisal wissen, daß seine Bemühungen gescheitert waren. Die Araber schienen sich darin einig zu sein, als Voraussetzung für eine Aufhebung des Embargos Fortschritte an der syrischen Front zu verlangen. Wir erfuhren, daß Boumedienne die Aufhebung des Embargos empfohlen hätte, aber Asad wäre hart geblieben.

Wir wollten dieses Spiel nicht länger mitmachen. Hier stand unsere Glaubwürdigkeit auf dem Spiel. Wir verlangten die Einhaltung der uns gegebenen Zusagen und erhoben diese Forderung mit sehr deutlichen Worten.

Nixon schrieb Faisal einen verärgerten Brief, in dem er dem König mitteilte, daß die Vereinigten Staaten sich getäuscht fühlten. Wir würden auf keine neuen Bedingungen eingehen und die Truppenentflechtung an der syrischen Front nicht einleiten, solange das Embargo in Kraft blieb. Er deutete sogar an, daß wir die früheren Zusagen Saudi-Arabiens öffentlich bekanntgeben würden, was Saqqaf zu der kühlen (aber nicht unberechtigten) Antwort veranlaßte, dann werde er die Öffentlichkeit wissen lassen, daß unsere Forderungen ebenso oft mit den innenpolitischen Bedürfnissen wie mit dem nationalen Interesse der Vereinigten Staaten verknüpft gewesen wären, und damit wäre wieder zum Ausdruck gekommen, wie sehr wir durch Watergate gedemütigt worden waren.

Ich selbst schrieb verärgerte Briefe an Sadat, Asad und Boumedienne und sagte ihnen, wenn die arabischen Ölförderländer uns ernst nähmen und glaubten, was sie selbst gesagt hätten – daß Israel ohne unsere Hilfe nicht zum Abzug seiner Truppen veranlaßt werden könnte –, dann hätte sich das Blatt gewendet. Sie und nicht wir müßten eine Möglichkeit finden, das Embargo aufzuheben.

Nach Empfang dieser Briefe änderte sich der Ton der arabischen Antworten. Die arabischen Ölförder-Länder hatten auf ihren Konferenzen in den vergangenen Monaten immer höhere Forderungen gestellt, weil sie wußten, daß ihnen keine Gegenmaßnahmen drohten. Aber das energische Auftreten der Vereinigten Staaten veranlaßte sie jetzt, ihre Haltung zu überdenken. Niemand sprach mehr von einer Drosselung der Produktion, womit man bisher ständig gedroht hatte. Wenn die Ölförderung im gleichen Ausmaß weiterlief, dann ließen sich die Auswirkungen des Embargos berechnen. Seine Bedeutung lag in erster Linie darin, daß damit die Fähigkeit demonstriert werden konnte, einseitig Druck auszuüben, aber wir waren entschlossen, uns dagegen zu wehren. Auch neue politische Forderungen wurden jetzt nicht mehr aufgestellt. Fast alles, was uns die Araber mitteilten, betraf neuerdings taktische Fragen im Zusammenhang mit der Aufhebung des Embargos.

Am 6. Februar sprach Faisal wieder mit Akins und teilte ihm mit, daß er sich um die Zustimmung der Araber (es waren vor allem die Syrer) zur Beendigung des Embargos bemühe. Am folgenden Tag schickte er Saqqaf nach Syrien, um einen arabischen Minigipfel vorzuschlagen, an dem Faisal, Sadat, Boumedienne und Asad am 12. bis 13. Februar in Assuan teilnehmen sollten. Asad stimmte dem Treffen widerwillig zu, weigerte sich aber, nach Ägypten zu gehen. Welches der Verhandlungsort auch sein würde, er kann kaum einen Zweifel daran gehabt haben, was ihn dort erwartete. Seine Brüder würden ihn drängen, das Embargo aufzuheben. Vielleicht konnte er den Termin verzögern, aber auf die Dauer ließ sich die Aufhebung nicht mehr verhindern. Die Ölwaffe würde Syrien bei den Verhandlungen über die Truppenentflechtung nicht mehr zur Verfügung stehen.

Am 9. Februar beantwortete Asad meinen Brief und erklärte zweideutig, daß das Ölproblem eine pan-arabische Angelegenheit wäre. Er beschwerte sich darüber, daß im Hinblick auf Syrien noch keine konkreten Fortschritte erzielt worden wären, die es ihm ermöglichen würden, seine Haltung zu ändern – was wie eine an uns gerichtete Aufforderung, ja fast wie eine dringende Bitte klang, die Verhandlungen mit Syrien in Gang zu bringen, um ihm die Möglichkeit für eine Änderung seiner Haltung zu geben. Für uns gab es viele Gründe, das gleiche zu wünschen. Wir hatten den Eindruck, daß sich in der arabischen Welt allmählich der gemäßigte Kurs durchsetzen werde.

Am 11. Februar schlug Sadat vor, das Minigipfeltreffen in Algier zu veranstalten – ein kluger Vorschlag. Boumedienne, der sich eben darum bemühte, die Beziehungen zu den Vereinigten Staaten wieder aufzunehmen, würde wahrscheinlich nicht darauf bestehen, das Embargo aufrecht zu erhalten, wenn die Gespräche in seiner Hauptstadt geführt wurden, und als »Radikaler« war Boumedienne Syriens zuverlässigster Fürsprecher. Am 12. Februar erhielt ich eine Botschaft von Boumedienne, mit der er diese Vermutung bestätigte. Er teilte mir mit, er würde sich für die Aufhebung des Embargos einsetzen. Er hoffte, die Vereinigten Staaten würden Maßnahmen oder Erklärungen vermeiden, welche die Atmosphäre stören könnten.

Auf dem arabischen Minigipfel fand man eine Formel, mit der man das Gesicht wahren konnte; ich sollte im Februar eine Erkundungsreise durch den Nahen Osten unternehmen, um die Truppenentflechtung an der syrischen Front vorzubereiten. Diesem Vorschlag konnte ich ohne weiteres zustimmen. Einen Monat später wurde das Ölembargo aufgehoben. (Ich werde diese Reise im 21. Kapitel schildern.)

Wir hatten eine schwierige Periode hinter uns gebracht, ohne uns erpressen zu lassen. Die Aufhebung des Embargos stand unmittelbar bevor, und wir hatten demonstriert, daß wir uns gegen die Ölwaffe wehren konnten. Jetzt konnte sich die Panik unserer Verbündeten legen.

Aber wir durften uns keine Illusionen machen. Es war nur ein vorübergehender und in erster Linie taktischer Erfolg. Die Verhältnisse auf dem Weltmarkt hatten sich nicht geändert. Die Wirtschaftskrise in den demokratischen Ländern hatte erst begonnen. Die politischen und gesellschaftlichen Konsequenzen ließen sich erst sehr undeutlich erkennen. Wir mußten immer noch die Frage beantworten, ob und wie die demokratischen Industrienationen ihr Schicksal wieder selbst in die Hand nehmen könnten. Dieser Aufgabe wandten wir uns jetzt zu.

Anmerkungen

X. Kapitel

1 Siehe Henry Kissinger, *Memoiren 1968–73 a. a. O.,* besonders S. 33–44.

2 Siehe z. B. H. R. Haldeman mit Joseph DiMona, *The Ends of Power,* New York 1978, S. 94–97; Bill Gulley mit Mary Ellen Reese, *Breaking Cover,* New York 1980, S. 133, 251.

3 Fred Greenstein und Robert Wright, »Reagan ... Another Ike?« *Public Opinion,* Bd. 3, Nr. 6 (Dez. 1980/Jan. 1981), S. 52–53. Siehe auch Greenstein & Wright, »The Political Savvy of Dwight Eisenhower«, *Wall Street Journal,* 28. Januar 1981.

4 Haldeman, *a. a. O.,* S. 176–177. Herb Klein behauptet, er habe Ende 1972 nach den Wahlen gehört, wie ich Haldeman fragte, wann ich zum Nachfolger von Rogers ernannt werden würde. Aber aus dem Bericht von Haldeman aus der gleichen Zeit geht klar hervor, daß damals Kenneth Rush als Nachfolger von Rogers vorgesehen war. Siehe Herbert G. Klein, *Making It Perfectly Clear,* Garden City 1980, S. 309–310.

5 Mir ist bekannt, daß Nixon die Sache gegenüber David Frost anders dargestellt hat. Siehe David Frost, *I Gave Them a Sword: Behind the Scenes of the Nixon Interviews,* New York 1978, S. 166–167.

6 Siehe z. B. »The Talk of the Town«, *The New Yorker,* 17. September 1973; William Safire, »Advise and Condone«, *New York Times,* 13. September 1973.

7 Aussage des Justizministers Elliot Richardson vor dem Außenpolitischen Senatsausschuß am 10. September 1973. Siehe Anmerkung 8 unten. Siehe auch Stellungnahme von William Ruckelshaus, ehemals amtierender Direktor des FBI, in der CBS-Fernsehsendung »Face the Nation« am 16. Juni 1974: »Es war nicht seine (Kissingers) Idee, die Abhörvorrichtungen anzubringen; er hat sich nur über die undichten Stellen beschwert.«

8 U. S. Congress, Senate, Committee on Foreign Relations, *Hearings on Dr. Kissinger's Role in Wiretapping Before the Committee on Foreign Relations,* 93. Kongreß, 2. Sitzungsperiode, 29. September 1974, enthält meine Aussage in öffentlichen und Exekutivsitzungen 1973 und 1974.

9 Muskie wird erwähnt in »U. S. Split on Defense Costs, Muskie Told Soviet Premier«, *Washington Star,* 26. Januar 1971.

10 Siehe Kissinger, *Memoiren 1968–73,* München 1979, S. 47–57.

XI. Kapitel

1 Siehe Abba Eban, *An Autobiography,* New York 1977, S. 502. Der damalige Oppositionsführer und heutige Premierminister von Israel, Mena-

chem Begin, hat mir später fälschlich vorgeworfen, ich hätte Zayyats Version von den Ereignissen jenes Morgens übernommen und »automatisch« vorausgesetzt, Israel habe den Krieg mit dem angeblichen Angriff seiner Flottenverbände begonnen. Das ist einfach nicht wahr. Siehe das Interview mit Premierminister Menachem Begin von Israel mit Robert Siegel, »Communiqué«, *The Weekly Report on World Affairs from National Public Radio (NPR)*, 18. Juni 1981.

2 Roberta Wohlstetter, *Pearl Harbor: Warning and Decision*, Stanford 1962.

3 Barton Whaley, *Codeword BARBAROSSA*, Cambridge, Mass. 1973.

4 Sun Tzu, *The Art of War*, übersetzt und mit einer Einführung von Samuel B. Griffith, Oxford 1963, S. 66.

5 Siehe z. B. Commission of Inquiry – Yom Kippur War (The Agranat Commission), *Partial Report*, 2. April 1974, (State of Israel, Government Press Office, Press Bulletin), Abschn. 9–12; Lt. Gen. Haim Bar Lev, »Surprise and the Yom Kippur War«, eine dem Internationalen Symposium zur Untersuchung der militärischen Aspekte des israelisch-arabischen Konflikts vorgelegte Denkschrift, Jerusalem, Oktober 1975, in Louis Williams, Hrsg., *Military Aspects of the Israeli-Arab Conflict*, Tel Aviv 1975, S. 259–265.

6 Eban, *An Autobiography a. a. O.*, S. 496.

7 Siehe Ray S. Cline, »Policy Without Intelligence«, *Foreign Policy*, Nr. 17 (Winter 1974/75), besonders S. 131–133.

8 Anwar el-Sadat, *In Search of Identity*, New York 1977, S. 246.

9 Ebenda, S. 247, 249, 252–254.

10 Siehe *New York Times*, 29. September 1973, S. 1. Siehe auch Claire Sterling, *The Terror Network*, New York 1981, S. 144–145.

11 Siehe Golda Meir, *My Life*, New York 1975, S. 426–427; Moshe Dayan, *Story of My Life*, New York 1976, S. 460–461; »Israel Knew Attack Was Coming, Envoy to the US Asserts«, *New York Times*, 11. Oktober 1973, S. 18; Edward N. Luttwak, »Strategy for a War«, *Washington Star News*, 14. Oktober 1973.

12 Dayan, *Story of My Life a. a. O.*, S. 460; Eban, *An Autobiography*, S. 508–509.

13 Sadat, *In Search of Identity a. a. O.*, S. 252–254.

14 Siehe z. B. Edward N. Luttwak und Walter Laqueur, »Kissinger and the Yom Kippur War«, *Commentary*, September 1974.

15 Siehe *Washington Post*, 15., 16. und 18. Oktober 1973.

XII. Kapitel

Die Resolution des UN Sicherheitsrats 338 vom 22. Oktober 1973, deren Text in Moskau ausgearbeitet wurde, hat folgenden Wortlaut:

Der Sicherheitsrat

1. Fordert alle an den gegenwärtigen Kämpfen beteiligten Parteien auf, sofort und nicht später als zwölf Stunden nach dem Augenblick der Annahme dieser Entscheidung in den Stellungen, die sie jetzt einnehmen, jedes Feuer einzustellen und alle militärischen Aktivitäten zu beenden;

2. Fordert die betreffenden Parteien auf, unmittelbar nach der Feuereinstellung mit der Befolgung der Resolution 242 (1967) des Sicherheitsrats in allen ihren Teilen zu beginnen;

3. Beschließt, daß sofort und gleichzeitig mit der Feuereinstellung zwischen den betroffenen Parteien unter den notwendigen Sicherheitsvorkehrungen Verhandlungen aufgenommen werden mit dem Ziel, im Nahen Osten einen gerechten und dauerhaften Frieden herzustellen.

2 Siehe Henry Kissinger, *Memoiren 1968–73,* München 1979, S. 1223 bis 1224. Der Flugkapitän schloß auf einen Computerfehler. J. F. terHorst und Oberst Ralph Albertazzi, *The Flying White House: The Story of Air Force One,* New York 1979, Kapitel 9.

3 Die Resolution 339 vom 23. Oktober lautet wie folgt:

Der Sicherheitsrat

bezugnehmend auf seine Resolution 338 (1973) vom 22. Oktober 1973

1. bestätigt seinen Beschluß über eine sofortige Einstellung jeden Feuers und aller militärischen Aktionen und fordert die Streitkräfte beider Seiten dringend auf, sich auf die Stellungen zurückzuziehen, die sie eingenommen haben, als die Feuereinstellung in Kraft trat;

2. ersucht den Generalsekretär, Maßnahmen für die sofortige Entsendung von Beobachtern der Vereinten Nationen zu ergreifen, welche die Einhaltung der Feuereinstellung zwischen den Streitkräften Israels und der Arabischen Republik von Ägypten überwachen sollen; zu diesem Zweck soll das Personal der Vereinten Nationen verwendet werden, das sich jetzt im Nahen Osten aufhält, in erster Linie das Personal in Kairo.

4 Richard Nixon, *RN: The Memoirs of Richard Nixon,* New York 1978, S. 938.

5 Siehe Kissinger, *Memoiren a. a. O.*, S. 654–672.

6 Siehe US Congress, House, Committee on Foreign Affairs, *Inquiring into the Military Alert Invoked on October 24, 1973,* Report No. 93–970 to Accompany H. Res. 1002, 93. Kongreß, 2. Sitzungsperiode, 1974, wo die Anweisungen in allgemeiner Form beschrieben sind und der Administration zugestimmt wird, daß entsprechende öffentliche Erklärungen gemacht wurden.

7 Resolution 340 vom 25. Oktober hat folgenden Wortlaut:
Der Sicherheitsrat
erinnert an seine Resolutionen 338 (1973) vom 22. Oktober und 339 (1973) vom 23. Oktober 1973 und stellt mit Bedauern fest, daß wiederholte Verletzungen der Feuereinstellung in Nichtbeachtung der Resolutionen 338 (1973) und 339 (1973) gemeldet worden sind, und entnimmt mit Besorgnis dem Bericht des Generalsekretärs, daß die Militärbeobachter der Vereinten Nationen noch nicht in die Lage versetzt worden sind, sich beiderseits der Feuereinstellungslinie zu postieren. Deshalb
1. verlangt der Sicherheitsrat die sofortige und vollständige Einhaltung der Feuereinstellung und den Rückzug der Parteien auf die Stellungen, die sie am 22. Oktober 1973 um 16.50 Uhr GMT eingenommen haben;
2. ersucht er den Generalsekretär, als sofortige Maßnahme die Zahl der Militärbeobachter der Vereinten Nationen auf beiden Seiten zu vergrößern;
3. beschließt er, sofort eine ihm unterstellte Sicherheitstruppe der Vereinten Nationen aufzustellen, die sich aus Personal zusammensetzt, das den Mitgliedsstaaten der Vereinten Nationen mit Ausnahme der ständigen Mitglieder des Sicherheitsrats angehört, und ersucht den Generalsekretär, innerhalb von vierundzwanzig Stunden zu melden, welche Schritte er zu diesem Zweck unternommen hat;
4. ersucht er den Generalsekretär, den Rat dringlich und laufend davon zu unterrichten, wie weit die vorliegende Resolution sowie die Resolutionen 338 (1973) und 339 (1973) befolgt werden;
5. ersucht er alle Mitgliedsstaaten, den Vereinten Nationen ihre uneingeschränkte Mitarbeit für die Durchsetzung der vorliegenden Resolution sowie der Resolutionen 338 (1973) und 339 (1973) zu gewähren.

XIII. Kapitel

1 Siehe William B. Quandt, *Decade of Decisions: American Policy toward the Arab-Israeli-Conflict, 1967–1976,* Berkeley 1977, S. 251–252; Edward R. F. Sheehan, *The Arabs, Israelis, and Kissinger: A Secret History of American Diplomacy in the Middle East,* New York 1976, passim.

2 Siehe Henry Kissinger, *Memoiren 1968–1973,* München 1979, S. 1321–1323 und Kapitel XXVIII, Anmerkungen 3 und 4, S. 1601–1602.

3. Siehe Richard Valeriani, *Travels with Henry,* Boston 1979, S. 249–251; Marvin und Bernard Kalb, *Kissinger,* Boston 1974, S. 505–506; John P. Wallach, »Mr. K as tourist . . . diplomat . . . negotiator«, *Boston Sunday Herald Adviser,* 16. November 1973, S. A 24.

4 Miles Copeland, *The Game of Nations*, New York 1969, S. 177.
5 Siehe Anwar el-Sadat, *In Search of Identity. An Autobiography*, New York 1977, S. 228–231; Henry Kissinger, *Memoiren 1968–1973*, München 1979, S. 1373–1375.
6 Kalb und Kalb, *Kissinger*, S. 509.
7 Siehe Sheehan, *The Arabs, Israelis, and Kissinger*, S. 51–61.

XIV. Kapitel

1 Siehe Norman Podhoretz, »AWACS: The Ghost of Presidents Past«, *Washington Post*, 26. April 1981, S. C 7.
2 Siehe z. B. Nixons Bericht über Außenpolitik, *U.S. Foreign Policy for the 1970's: Building for Peace*, 25. Februar 1971, Teil I, »The Nixon Doctrine«.

XVI. Kapitel

1 Siehe *Christian Science Monitor*, 26. Oktober 1973.
2 Ebenda, 11. und 30. Oktober 1973.
3 Siehe *New York Times*, 15. Oktober 1973, S. 16.
4 *Christian Science Monitor*, 29. Oktober 1973.
5 Paul Kemezis, »Common Market Said to Resist U.S. on Joint Statement«, *New York Times*, 9. November 1973.
6 Siehe Nan Robertson, »French Criticise U.S.-Soviet Role«, *New York Times*, 13. November 1973.
7 Zitiert bei David Binder, »U.S. and 3 Allies Try to Heal Rift«, *New York Times*, 3. November 1973.
8 Zbiginiew Brzezinski, »The Mideast: Who Won?« *Washington Post*, 21. November 1973.
9 Siehe Ezra Vogel, *Japan as Number One*, Cambridge/Mass. 1979. Siehe auch Chie Nakane, *Japanese Society*, London 1970.
10 Siehe Henry Kissinger, *Memoiren 1968–1973*, München 1979, S. 363–368.
11 Masayoshi Ohira, *Brush Strokes: Moments from My Life*, Tokyo 1979, S. 119–120.
12 Ebenda S. 118.

XVII. Kapitel

1 Der Text der Verlautbarung vom 28. November 1973 der arabischen Konferenz in Algier ist abgedruckt in der *New York Times* vom 29. November 1973.
2 Marvin und Bernard Kalb, *Kissinger*, Boston 1974, S. 520.
3 Ebenda S. 524.

4 Einladungsbrief der Außenminister der Vereinigten Staaten und der UdSSR an den Generalsekretär der UN, Kurt Waldheim, vom 18. Dezember 1973:

Sehr geehrter Herr Generalsekretär!

Am 22. Oktober 1973 nahm der Sicherheitsrat die Resolution 338 an, für die die Sowjetunion und die Vereinigten Staaten gemeinsam verantwortlich zeichnen. Sie fordert Verhandlungen zwischen den Parteien, und zwar mit angemessenem Beistand und in der Absicht, einen gerechten und dauerhaften Frieden im Nahen Osten zu schaffen.

Die Sowjetunion und die Vereinigten Staaten sind jetzt über die Bereitschaft der Parteien informiert worden, an einer Friedenskonferenz teilzunehmen, die am 21. Dezember in Genf beginnen soll. Die Konferenz sollte unter der Schirmherrschaft der Vereinten Nationen einberufen werden.

Die Parteien haben zugestimmt, daß die Sowjetunion und die Vereinigten Staaten gemeinsam den Vorsitz in der Konferenz führen sollen. Außerdem haben die Parteien zugestimmt, daß die Frage weiterer Teilnehmer aus dem Nahen Osten während der ersten Verhandlungsrunde besprochen werden soll.

Wir hoffen, daß Sie es ermöglichen können, an der Eröffnungsrunde der Konferenz teilzunehmen, wo, wie angenommen wird, die betroffenen Regierungen jeweils durch ihre Außenminister und später durch zu diesem Zweck ernannte Repräsentanten im Rang von Botschaftern vertreten sein werden. Außerdem hoffen wir, daß Sie einen Repräsentanten benennen können, der Sie über die Fortschritte der Konferenz vollständig informiert.

Schließlich würden wir es dankbar anerkennen, wenn die Vereinten Nationen angemessene Maßnahmen treffen könnten, um der Konferenz die notwendigen Gelegenheiten zu schaffen.

Wenn Sie, wie wir hoffen, Ihre Teilnahme ermöglichen können, so würden es die gemeinsamen Vorsitzenden, die Sowjetunion und die Vereinigten Staaten, zu schätzen wissen, wenn Sie sich damit einverstanden erklären könnten, sowohl die Konferenz einzuberufen als auch das Präsidium in der Eröffnungsrunde zu übernehmen.

Wir ersuchen Sie, diesen Brief bei den Mitgliedern des Sicherheitsrats zu deren Information umlaufen zu lassen. Wir glauben, daß es dem Präsidenten des Sicherheitsrates dienlich sein könnte, sich informell mit den Mitgliedern zu beraten, in der Absicht, eine förderliche Übereinstimmung im Rat zu erzielen.

Hochachtungsvoll ...

5 DENKSCHRIFT FÜR DEN PRÄSIDENTEN 19. Dezember 1973
VON: Minister Kissinger

Da wir der Eröffnung der Nahost-Konferenz in Genf am Freitag entgegensehen, könnten Sie meines Erachtens einen Ausblick darauf erwarten, wo wir uns befinden und was wir erreichen wollen. Die Strategie, die wir im Kielwasser des arabisch-israelischen Krieges verfolgt haben, entwickelt sich in etwa nach Plan. Wir haben uns auf die Waffenstillstands- und Verhandlungsformalitäten gestützt, die während meiner Reise nach Moskau vom 20. bis 22. Oktober ausgearbeitet worden sind, um den Waffenstillstand an der israelisch-ägyptischen Front zu festigen und um den Verhandlungsprozeß demnächst in Genf in Gang zu setzen. Der geschichtliche Moment besteht darin, daß zum ersten Mal in einem Vierteljahrhundert Araber und Israelis von Angesicht zu Angesicht miteinander verhandeln werden. Wir haben dies erreicht, indem wir unseren Einfluß in der arabischen Welt erhöhten und den der UdSSR verminderten.
Ägypten, Jordanien und Israel werden teilnehmen. Syrien, in der Geschichte der große Bösewicht im Nahen Osten, hat sich fürs erste entschieden, fernzubleiben.
Waldheim wird anwesend sein und eine beschränkte Aufgabe übernehmen und uns einigen europäischen und nicht auf der Linie liegenden Druck von hinten abnehmen, wenn wir israelische Interessen befriedigen.
Die syrische Entscheidung, nicht teilzunehmen, ist für uns sehr befriedigend – ein Glück im Unglück. So vermieden wir nur knapp eine Situation, wo alle drei arabischen Staaten nach Genf kommen, woraufhin Israel, das mitten im Wahlkampf steckt, sich entschieden hätte, nicht zu kommen, weil die Syrer sich hartnäckig weigern, eine Liste der Gefangenen herauszugeben.
Aber Asad bleibt unter dem Druck der Baath-Partei fest bei der Ansicht, daß zuerst ein syrisch-israelischer Waffenstillstand vereinbart werden muß, bevor er an der Konferenz teilnimmt. Wenn er diese Bedingung aufgegeben hätte, würde Israel nicht teilgenommen haben, bis Syrien eine Liste der Kriegsgefangenen übergeben und Besuchen des Roten Kreuzes zugestimmt hätte. Das war nicht zu erwarten. Wenn es Israel gewesen wäre, das man sich hätte weigern sehen, dann hätten unsere ganze Anstrengung und hart erkämpfter Rückgewinn an Vertrauen in der arabischen Welt einen Rückschlag erlitten; die Wahrscheinlichkeit einer Wiederaufnahme des Krieges hätte zugenommen; jede Möglichkeit, das *Öl*embargo zu lockern, wäre entschwunden und weitere Einschränkungen wären erfolgt; und die Möglichkeiten für eine Zunahme des russischen Einflusses in diesem Gebiet wären vergrößert worden.
Unter den gegenwärtigen Umständen können wir 1. uns konzentrie-

ren auf ein Abkommen zwischen Ägypten, Jordanien und Israel; wird 2. die Tatsache, daß in Genf eine Konferenz stattfindet, in den nächsten sechs Wochen dazu beitragen, die Streitkräfte zu entflechten; sorgt die Genfer Konferenz 3. dafür, daß eine gewisse, wenn nicht sogar eine endgültige Abneigung entsteht, die Feindseligkeiten wiederaufzunehmen; 4. sorgt sie dafür, daß Faisal einen Vorwand erhält, um, hoffentlich schon irgendwann im Januar, das *Embargo* aufzuheben.

Aus diesen Gründen sollten wir eine Zeitlang *Asad in seinem eigenen Saft schmoren lassen* und abwarten, bis der arabische Druck und vielleicht auch etwas sowjetischer Druck abgeklungen sind, während er aufmerksam voll Mißtrauen und Argwohn den Entwicklungen in Genf entgegensieht. Wir müssen ihn sorgfältig beobachten und *den Sowjets klarmachen,* daß sie einem weiteren Krieg im Nahen Osten Vorschub leisten, wenn sie Syrien wesentlich unterstützen, und daß ein weiterer Krieg eine ernsthafte Beeinträchtigung unserer Beziehung nach sich ziehen würde. Neuerdings deuten Geheimdiensthinweise auf eine *mögliche Wiederaufnahme der Kämpfe* an der syrisch-israelischen Front hin; wir sollten daher den Russen klarmachen, daß sie, um dies zu verhindern, alle Mittel gegenüber ihrem syrischen Verbündeten anwenden müssen. Wenn es doch dazu kommen sollte, könnte Sadat sich ihm nicht entziehen und Hussein würde unter noch größeren Druck als in der Vergangenheit geraten, sich in entscheidender Weise zu beteiligen. Wir würden wiederum vor dem Gespenst einer sowjetisch-amerikanischen Auseinandersetzung stehen.

Vorsichtig ausgedrückt *glaube ich, daß eine echte Chance für eine ägyptisch-israelische Vereinbarung für eine Entflechtung besteht.* Sadat hat unser Konzept einer Annäherung Schritt für Schritt übernommen. Er hat sich als durch und durch zuverlässig erwiesen – er hat sich entschieden, auf jeden Fall nach Genf zu gehen.

Die Aussichten zwischen Jordanien und Israel sind ebenfalls hoffnungsvoll, da sie sich in dem wechselseitigen Interesse treffen, die radikalen Palästinenser vom Westufer fernzuhalten. Beide scheinen bereit zu sein, Vorstellungen zu erörtern, um Husseins Herrschaft über das Westufer zu stärken, damit radikale Übergriffe isoliert werden können.

Was Syrien betrifft, so wird es möglicherweise später teilnehmen, wenn es mit unserer Hilfe hinter den Kulissen zu Fortschritten bei der Entscheidung über die Kriegsgefangenen und bei einer Vereinbarung über die Richtlinien für eine syrisch-israelische Entflechtung kommt. Auf diese Weise haben wir von allem das beste. Trotz ihrer Nichtteilnahme, ihrer Nichtbereitschaft, mit den Israelis separat zu verhandeln, und ihrem Mißtrauen gegenüber Teillösungen haben sich unsere Beziehungen zu Syrien verbessert. Ein Ergebnis meines Gespräches mit Präsident Asad besteht darin, daß wir in Damaskus bald eine Interessenvertretung einrichten werden. Dadurch werden wir uns besser verständigen können und in der Lage sein, zwischen Israel und Syrien eine effektivere Rolle zu spielen.

Die Funktion der Russen wird erneut geprüft werden. Ich glaube nicht, daß sie sich widersetzen werden, andererseits werden sie auch nicht besonders hilfreich sein. Wir müssen dem starken arabischen Wunsch entgegenkommen, mit uns direkt zu verhandeln; die Araber wünschen Vereinbarungen, die in erster Linie auf amerikanischen Anstrengungen beruhen. Zur gleichen Zeit müssen wir die Russen im Auge behalten und unsere Bemühungen mit den ihrigen soweit wie möglich koordinieren.

Was Israel betrifft, so wird ihm seine reale Situation langsam bewußt. Falls Frau Meirs Labour-Partei ausreichend unterstützt wird, steht endlich die Tür offen. Israel sieht sich unfähig, einen weiteren Zermürbungskrieg auf sich zu nehmen, und zur gleichen Zeit unfähig, einen überwältigenden, entscheidenden Sieg zu erringen. Langsam beginnen sie dieses sehr ungemütliche Faktum zu begreifen. Unter Qualen richten sie sich anscheinend auf ernsthafte Verhandlungen ein. In diesem Zusammenhang ist die Aufrechterhaltung unseres Waffennachschubs über See unabdingbar. Doch ein Sieg der Rechten könnte unsere Friedensbemühungen ernsthaft komplizieren; wir werden es bald wissen.

XVIII. Kapitel

1 Richard Nixon, *RN: The Memoirs of Richard Nixon,* New York 1978, S. 971.

2 Siehe US Congress, Senate, Committee on Armed Service, *Transmittal of Documents from the National Security Council to the Chairman of the Joint Chiefs of Staff, Hearings,* 93. Kongreß, 2. Sitzungsperiode, Teil 1 (6. Februar 1974) und Teil 2 (20./21. Februar 1974).

3 J. F. terHorst und Oberst Ralph Albertazzie, *The Flying White House: The Story of Air Force One,* New York 1979.

4 Über die Erlebnisse der mitreisenden Journalisten siehe Richard Valeriani, *Travels with Henry,* Boston 1979.

5 Die ägyptisch-israelische Vereinbarung über eine Entflechtung der Streitkräfte in Ausführung der Genfer Friedenskonferenz, unterzeichnet am 18. Januar 1974 bei Kilometer 101 durch die Stabschefs von Ägypten (Gamasy) und Israel (Elazar) und bezeugt von UNEF-Befehlshaber Siilasvuo, hat den folgenden Wortlaut:

A. Ägypten und Israel werden den vom UN-Sicherheitsrat geforderten Waffenstillstand zu Land, zur See und in der Luft auf das Genaueste beachten und werden vom Zeitpunkt der Unterzeichnung dieses Dokuments an alle militärischen oder paramilitärischen Handlungen gegeneinander unterlassen.
B. Die militärischen Streitkräfte Ägyptens und Israels werden in Übereinstimmung mit den folgenden Grundsätzen entflochten:
1. Alle ägyptischen Streitkräfte auf der Ostseite des Kanals werden westlich der Linie, die auf der beigefügten Karte als Linie A bezeichnet ist, aufgestellt. Alle israelischen Streitkräfte, einschließlich derjenigen, die westlich des Suez-Kanals und der Bitterseen stehen, werden östlich der Linie aufgestellt, die auf der beigefügten Karte als Linie B bezeichnet ist.
2. Das Gebiet zwischen den ägyptischen und israelischen Linien wird zu einer Zone der Entflechtung, in der die Streitkräfte der Vereinten Nationen (UNEF) stationiert werden. Die UNEF wird weiterhin aus Einheiten der Länder zusammengesetzt werden, die nicht zu den ständigen Mitgliedern des Sicherheitsrats gehören.
3. In dem Gebiet zwischen der ägyptischen Linie und dem Suez-Kanal werden Waffen und Streitkräfte begrenzt.
4. Das Gebiet zwischen der israelischen Linie (Linie B auf der beigefügten Karte) und der Linie, die auf der beigefügten Karte als Linie C bezeichnet wird und die sich entlang des westlichen Fußes der Berge entlangzieht, wo der Gidi- und der Mitla-Paß liegen, werden Waffen und Streitkräfte begrenzt.
5. Die Begrenzungen nach Paragraph 3 und 4 werden von der UNEF beaufsichtigt. Bestehende Verfahren der UNEF einschließlich der Zuteilung ägyptischer und israelischer Verbindungsoffiziere zur UNEF werden beibehalten.
6. Luftstreitkräfte beider Seiten dürfen bis zu ihren jeweiligen Linien unbehindert von der anderen Seite operieren.
C. Die detaillierte Ausführung, wie die Streitkräfte entflochten werden, wird von den militärischen Vertretern Ägyptens und Israels, die sich über die Stufen dieses Vorgangs einigen werden, ausgearbeitet. Diese Vertreter werden sich nicht später als achtundvierzig Stunden nach Unterzeichnung dieser Vereinbarung in dieser Absicht unter dem Schutz der Vereinten Nationen bei Kilometer 101 treffen. Sie werden diese Aufgabe innerhalb von fünf Tagen abschließen. Die Entflechtung wird innerhalb von achtundvierzig Stunden nach Abschluß dieser Arbeit durch die militärischen Vertreter beginnen, unter keinen Umständen später als sieben Tage nach der Unterzeichnung dieser Vereinbarung.

Der Vorgang der Entflechtung wird nicht später als vierzig Tage nach seinem Beginn abgeschlossen sein.

D. Diese Vereinbarung wird von Ägypten und Israel nicht als ein endgültiger Friedensvertrag betrachtet. Sie bildet einen ersten Schritt zu einem endgültigen, gerechten und dauerhaften Frieden, in Übereinstimmung mit den Verfügungen der Resolution 338 des Sicherheitsrats und im Rahmen der Genfer Konferenz.

Für Ägypten: (unterzeichnet) Mohammad Abdel Ghani Al-Gamasi, Generalmajor, Stabschef der Ägyptischen Bewaffneten Streitkräfte

Für Israel: (unterzeichnet) David Elazar, Generalleutnant, Stabschef der Israelischen Verteidigungsstreitkräfte

Zeuge: (unterzeichnet) Ensio P. H. Siilasvuo, Generalleutnant, Stabschef der UNEF

6 Der »Vorschlag der Vereinigten Staaten« über die Begrenzung der Streitkräfte, unterzeichnet von Präsident Sadat und Golda Meir, hat den folgenden Wortlaut:

In der Absicht, die Vereinbarung zwischen Ägypten und Israel zu erleichtern und als Teil dieser Vereinbarung und um die genaue Beachtung der Feuereinstellung zu Land, in der Luft und zur See zu unterstützen und aufrechtzuerhalten, schlagen die Vereinigten Staaten das folgende vor:

1. daß innerhalb der Gebiete begrenzter Bewaffnung und Streitkräfte, die in dieser Vereinbarung bezeichnet sind, sich befinden werden: (a) nicht mehr als acht verstärkte Bataillone der bewaffneten Streitkräfte und dreißig Panzer; (b) keine Artillerie, ausgenommen Panzerabwehrgeschütze, Panzerabwehrraketen, Granatwerfer und sechs Batterien Haubitzen bis zu einem Kaliber von 122 mm (M-3) mit einer Reichweite von nicht mehr als zwölf Kilometer; (c) keine Waffen, die in der Lage sind, Flüge der anderen Partei über deren Streitkräften zu behindern; (d) keine dauerhaften, festen Stellungen für Raketenbasen. Die komplette Streitkraft einer jeden Partei soll siebentausend Mann nicht überschreiten.

2. daß in einer Entfernung von dreißig Kilometern westlich der ägyptischen Linie sowie östlich der israelischen Linie keine Waffen sich innerhalb dieser Gebiete befinden werden, die die andere Linie erreichen können.

3. daß in einer Entfernung von dreißig Kilometern westlich der ägyptischen Linie sowie östlich der israelischen Linie keine Boden-Luft-Raketen sich befinden werden.

4. daß die obige Beschränkung von dem Zeitpunkt an, zu dem die Vereinbarung über das Auseinanderrücken Ägyptens und Israels von den Parteien unterschrieben ist, angewendet und in Übereinstim-

mung mit dem Zeitplan der Ausführung der zugrunde liegenden Vereinbarung ausgeführt wird.

XIX. Kapitel

1 US Cabinet Task Force on Import Control, *The Oil Import Question: A Report on the Relationship of Oil Imports to the National Security,* Februar 1970, S. 124–125.

2. John M. Blair, *The Control of Oil,* New York 1978, S. 215.

3 Craufurd D. Goodwin (Hg.), *Energy Policy in Perspective: Today's Problems, Yesterday's Solutions,* Washington 1981, Tabelle A-4, S. 694.

4 Siehe z. B. David D. Newsom, »Our Arsenal Must Include Our Values«, *Washington Star,* 2. April 1981. Newsom war Abteilungsleiter im Außenministerium und verantwortlich für die Beziehungen zu Libyen, als Khadhafi die Macht übernahm.

5 Blair, *The Control of Oil,* S. 221.

6 So riet zum Beispiel James E. Akins, Energiefachmann des Weißen Hauses und später Botschafter in Saudi-Arabien, 1973 den Ölgesellschaften mindestens zweimal (einmal während des Oktober-Krieges), Saudi-Arabien zu drängen, seine Ölpolitik mit einer »befriedigenden« Änderung der amerikanischen Politik in der arabisch-israelischen Auseinandersetzung zu verknüpfen. US Congress, Senate, Committee on Foreign Relations, *Multinational Oil Corporations and US Foreign Policy, Report by the Subcommittee on Multinational Corporations,* 93. Kongreß, 2. Sitzungsperiode, 2. Januar 1975, S. 143.

7 Siehe *New York Times,* 23. November 1973.

8 So die lächerliche Behauptung in einem Teil des CBS-Fernsehen-Nachrichtenprogramms *60 Minutes* – »The Kissinger-Shah-Connection« –, die am 4. Mai 1980 gesendet wurde, ebenso in vielen Artikeln von Jack Anderson in der *Washington Post,* z. B. am 5., 10. und 26. Dezember 1979. Vergleiche auch den noch absurderen Bericht von Jean-Jaques Servan-Schreiber, *The World Challenge,* New York 1981, S. 51–56, 65–70.

9 US Senate, *Multinational Oil Corporations and US Foreign Policy,* S. 150; Edith Penrose, »The Development of Crisis«, in Raymond Vernon u. a., »The Oil Crisis: In Perspective«, *Daedalus* 104, Nr. 4, Herbst 1975. Vergleiche auch Mohammed Reza Pahlevi, *Answer to History,* New York 1980, S. 97.

10 Blair, *The Control of Oil,* S. 264.

GOLDMANN VERLAG

Sachbücher Sternbücher

Informationen zu Themen der Zeit.

11331

11385

11656

11376-77

11371

11529

11531

11530